土耳其

本书作者

詹姆斯·班布里奇（James Bainbridge）　　布雷特·阿特金森（Brett Atkinson）

史蒂夫·法隆（Steve Fallon）　　杰西卡·李（Jessica Lee）

维吉尼亚·马克斯威尔（Virginia Maxwell）　　休·迈克诺坦（Hugh McNaughtan）

约翰·诺贝尔（John Noble）

Thrace & Marmara
色雷斯和马尔马拉
150页

İstanbul
伊斯坦布尔
64页

İzmir & the North Aegean
伊兹密尔和爱琴海北部
182页

Western Anatolia
安纳托利亚西部
316页

Ankara & Central Anatolia
安卡拉和安纳托利亚中部
442页

Black Sea Coast
黑海海岸
534页

Ephesus, Bodrum & the South Aegean
以弗所、博德鲁姆和爱琴海南部
230页

Cappadocia
卡帕多基亚
487页

Eastern Anatolia
安纳托利亚东部
557页

Antalya & the Turquoise Coast
安塔利亚和蓝绿海岸
353页

Eastern Mediterranean
地中海东部

中国地图出版社

计划你的行程

欢迎来土耳其	6
土耳其亮点	8
土耳其Top 19	10
行前参考	20
初次到访	22
新线报	24
如果你喜欢	25
每月热门	29
旅行线路	33
户外活动	37
和当地人吃喝	42
带孩子旅行	49
地区速览	52

土耳其软糖

伊斯坦布尔
见64页

在路上

伊斯坦布尔 …… 64
景点	72
活动	104
团队游	113
节日和活动	113
住宿	114
就餐	120
饮品和夜生活	128
娱乐	132
购物	132
伊斯坦布尔周边	**145**
王子群岛	145

色雷斯和马尔马拉 …… 150
埃迪尔内	151
泰克尔达	159
加里波利半岛	160
埃杰阿巴德	169
恰纳卡莱	170
特洛伊	175
格克切岛	177

伊兹密尔和爱琴海北部 …… 182
博兹贾阿达	184
贝赫拉姆卡莱和阿索斯	187
艾瓦哲克	190
埃德雷米特湾	191
艾瓦勒克	192
仲达（阿里贝伊岛）	197
贝尔加马（帕加马）	198
钱达尔勒	204
老福恰	205
伊兹密尔	207
马尼萨	220
切什梅	222
阿拉恰特	225
瑟阿哲克	228

阿库姆和提欧斯	229

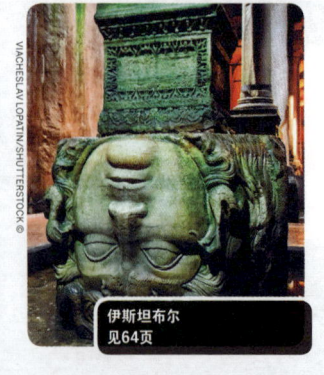

以弗所、博德鲁姆和爱琴海南部 …… 230
以弗所及周边	232
以弗所	232
以弗所周边	259
塞尔柱	260
斯利因斯	268
库沙达斯	269
普里埃内、米利都、迪迪马及周边	**277**
普里埃内	277
米利都	278
迪迪马	280
巴法湖	281
米拉斯及周边	282
博德鲁姆半岛	**283**
博德鲁姆	285
比特兹	295
奥塔肯特	296
图尔古特雷伊斯	297
古姆斯鲁克	297
亚勒卡瓦克	299
古恩多干	300
古托克布库	300
托尔巴	302
半岛东部	302
马尔马里斯及周边	**303**
马尔马里斯	303
达特恰半岛和博兹布伦半岛	307
阿克亚卡	313

安纳托利亚西部 … 316
伊兹尼克	318
布尔萨	320
穆当亚	332
埃斯基谢希尔	333
弗里吉亚谷	**336**

目录

伊斯坦布尔
见64页

帕穆克卡莱（棉花堡）及周边 337

帕穆克卡莱
（棉花堡） 337

阿佛洛迪西亚斯 343

湖区 **345**

埃里迪尔 345

萨迦拉索斯 350

**安塔利亚和
蓝绿海岸** **353**

达利扬 355

达拉曼 360

戈西克 361

费特希耶 362

卡亚寇伊 369

死海 371

蝴蝶谷和法拉雅 373

卡巴克 374

特洛斯 375

萨克利肯特峡谷 375

普那拉 376

桑索斯 376

莱顿 377

帕塔拉 377

在路上

卡尔坎..................380
伊斯兰穆拉尔.........384
贝齐尔干..............384
卡什....................385
于恰鄂兹和凯考瓦....390
卡莱克伊..............391
代姆雷.................392
奥林帕斯和西拉里...393
安塔利亚..............397
安塔利亚周边........408
塞尔盖和桥谷........410
西戴....................411

地中海东部 415
阿拉尼亚..............417
阿拉尼亚周边........421
阿纳穆尔..............422
塔舒朱.................424
锡利夫凯..............425
锡利夫凯周边........426
吉斯克莱西...........427
吉斯克莱西周边.....428
梅尔辛（伊切尔）....429
塔尔索.................431
阿达纳.................432
阿达纳周边...........435
安塔基亚（哈塔伊）
及周边.................437

安卡拉和
安纳托利亚中部...442
安卡拉.................444
安卡拉周边...........456
萨夫兰博卢
（番红花城）.........457
博阿兹卡莱、哈图沙什和
雅兹勒卡亚..........462
阿拉加霍裕克........466
乔鲁姆.................467
阿马西亚..............468

阿拉尼亚
见417页

伊斯坦布尔
见64页

托卡特 472	开塞利 529	**了解土耳其**
锡瓦斯 475	埃尔吉亚斯山 533	
科尼亚 478		今日土耳其 596
科尼亚周边 485	**黑海海岸** 534	历史 599
	阿玛斯拉 536	建筑 615
卡帕多基亚 487	阿玛斯拉至锡诺普 .537	艺术 619
格雷梅 490	锡诺普 538	民族 624
乌奇希萨尔 501	萨姆松 542	环境 628
恰乌辛 503	温耶 543	
帕夏贝 504	奥尔杜 545	**生存指南**
济尔维 505	特拉布宗 546	
戴夫兰特峡谷 505	苏美拉修道院 552	出行指南 634
阿瓦诺斯 505	长湖 554	交通指南 648
阿瓦诺斯周边 508	里泽 554	健康指南 660
内夫谢希尔 508	霍帕 555	语言 664
古玉谢希尔 509		幕后 672
哈吉贝克塔什 509	**安纳托利亚东部**...557	索引 673
奥塔希萨 511	**埃尔祖鲁姆** 560	地图图例 677
于尔古玉普 513	**卡奇卡尔山** 564	我们的作者 678
穆斯塔法帕夏 519	卡奇卡尔山西部 567	
艾瓦勒 520	卡奇卡尔山东部 570	
索安利 522	**远东北** 573	
尼代 522	格鲁吉亚山谷 573	
阿拉山国家公园 524	卡尔斯 577	
厄赫拉热峡谷 525	阿尼 581	
古泽尔育尔特 527	多乌巴亚泽特 586	
阿克萨赖 528	阿勒山 589	
阿克萨赖周边 529	**内姆鲁特山国家公园**...590	

特别呈现

圣索菲亚大教堂 58	加里波利战场 239	蓝色航行 247
托普卡帕宫 60	伊兹密尔和 爱琴海北部亮点 ..241	地中海东部古迹 249
伊斯坦布尔的 巴扎 63	爱琴海南部的古迹 .243	卡帕多基亚 壁画入门 251
以弗所 236	安纳托利亚西部亮点..245	历史亮点 253

欢迎来土耳其

在这片有着厚重历史的土地上，你可以品尝美味的菜肴，可以饱览从洁白沙滩到巍峨雄峰的多样风光，当然还可以领略那座伟大的城市——伊斯坦布尔。

波澜壮阔的历史

古代港口城市以弗所历史悠久，圣索菲亚大教堂拜占庭风格的穹顶高耸——这些遗迹声名斐然，却仍不足以尽显土耳其的魅力。在历史的长河中，千古帝王和无数名人都在这个丝绸之路沿线的重要国度烙下了印记，这里留有罗马人、拜占庭人和奥斯曼人的遗产。若想感受这些历史遗迹，你可以前往苏丹私密的宅邸，拜访托普卡帕宫的后宫，也可以参观地中海海滩上那浪漫而神秘的利西亚遗址。

诗意的风景

从爱琴海沿岸的橄榄林到东部的干草原，土耳其丰富多样的地理环境为许多宏伟的遗迹提供了诗意盎然的背景画面。地处亚洲的安纳托利亚拥有土耳其最如梦如幻的美景，这里有地中海美不胜收的海岸线、卡帕多基亚惊为天人的"仙人烟囱岩"和逶迤山谷、卡奇卡尔山的高山草原，以及18公里长的帕塔拉黄金沙滩。无论你是在群山环绕的埃里迪尔湖边住下，还是去探索丘陵起伏的内陆，土耳其的风景都将令你难以忘怀。

丰富的活动

土耳其的活动能满足各类人群的旅行需求，不论是户外探险还是文化之旅，这里应有尽有。水中的活动包括潜水、风帆冲浪、漂流和山地峡谷溪降、在凯考瓦的水底遗址划皮划艇，以及在地中海和爱琴海上乘坐传统的木帆船航行。你也可以选择乘刺激的高崖滑翔伞飞到"死海"上空，或乘坐热气球游览卡帕多基亚。如果想从全新的角度来领略土耳其的惊人美景，可徒步前往高山草原，或走一段利西亚之路。在城市里，你可以参加美食课程，也可以在土耳其浴室感受氤氲热气的蒸腾，还可以前往伊斯坦布尔的大巴扎购买地毯或平织的基里姆地毯。

美食探险

从地中海港口的特色开胃菜到使用自家菜园的新鲜食材烹饪的家庭旅馆早餐，品尝土耳其特色菜肴都会引领你进入土耳其文化的核心。对于喜好社交和以家庭为中心的土耳其人，聚在一起享用美食是备受珍视的传统。所以，为了加深你对土耳其的了解，坐下来享用沾满橄榄油的爱琴海蔬菜和辣味十足的安纳托利亚烤肉串，用郁金香形状的杯子啜饮土耳其红茶，再来点儿果仁蜜饼作为甜点吧。

我为什么喜欢土耳其

本书作者 詹姆斯·班布里奇

我第一次去土耳其是在20年前，伊斯坦布尔是我欧洲之旅的终点。当时我拜访了蓝色清真寺，欣赏了苏丹艾哈迈德的风景。我在青旅屋顶露台上啜饮红茶，在笔记本上随意涂鸦，眺望前往亚洲的渡轮……这些美好的回忆如今依然历历在目。因为想要游览欧亚大陆之间的风景，我坐船去了王子群岛，岛上一位老人驾着马车捎了我一程。那是我第一次体会到土耳其人的友好和热情，这种体验至今仍然处处可感。

更多关于作者的信息，见678页。

上图：博斯普鲁斯海峡的渡轮，伊斯坦布尔（见64页）

土耳其亮点

加里波利半岛
曾经的"一战"战场,如今平静安宁(160页)

达特恰半岛和博兹布伦半岛
沿海渔村(307页)

伊斯坦布尔
参观历史景点,乘船往返于欧亚之间(64页)

萨夫兰博卢(番红花城)
遍布奥斯曼祖屋的童话小镇(457页)

以弗所
地中海沿岸保存最完好的遗址(232页)

帕穆克卡莱(棉花堡)
这里有白色方解石岩架和一座罗马古池(337页)

费特希耶
乘木帆船航行(362页)

凯考瓦岛
坐船驶过利西亚水下遗址(390页)

利西亚之路
徒步穿越山岭,村庄和遗址(363页)

地图说明（中文及地名标注）：

比例尺：0–200 km / 0–100 miles

国家与地区标注：
- UKRAINE 乌克兰
- RUSSIA 俄罗斯
- GEORGIA 格鲁吉亚
- AZERBAIJAN 阿塞拜疆
- ARMENIA 亚美尼亚
- IRAN 伊朗
- IRAQ 伊拉克
- SYRIA 叙利亚
- LEBANON 黎巴嫩
- JORDAN 约旦

要点说明框：
- 卡帕多基亚：观赏神奇的仙人烟囱岩和洞穴居所（487页）
- 卡奇卡尔山：徒步穿越高山牧场（564页）
- 阿尼：前亚美尼亚旧都的荒凉遗址（581页）
- 苏美拉修道院：背靠悬崖峭壁而建，俯瞰山谷（552页）
- 内姆鲁特山：巨大的石刻头像散落在山上（590页）
- 科尼亚：托钵僧在梅乌拉那节旋转（478页）

主要城市：
- T'BILISI 第比利斯
- YEREVAN 埃里温
- Sukhumi
- Kutaisi
- Vanadzor
- Gyumri 久姆里
- Ani 阿尼
- Batumi 巴统
- Sarp
- Hopa
- Artvin
- Mt Kaçkar (Kaçkar Daği) 卡奇卡尔山 (3937m)
- Yusufeli
- Çıldır Gölü
- Türkgözü
- Aktaş
- Göle
- Kars
- Sarıkamış
- Tortum
- Horasan
- Kağızman
- Tuzluca
- Iğdır
- Mt Ararat (Ağrı Daği) 阿勒山 (5137m)
- Gürbulak
- Bafra
- Samsun 萨姆松
- Giresun 吉雷松
- Ünye
- Ordu
- Trabzon 特拉布宗
- Rize 里泽
- Sumela Monastery 苏美拉修道院
- Gümüşhane
- Bayburt
- Çoruh River
- Karasu River
- Kelkit River
- Erzurum 埃尔祖鲁姆
- Pasinler
- Tercan
- Ağrı
- Doğubayazıt
- Patnos
- Bazargan
- Muradiye
- Özalp
- Van 凡城
- Lake Van (Van Gölü) 凡湖
- Gürpınar
- Geva ş
- Başkale
- Sero
- Yüksekova
- Hakkari
- Mt Cilo (Cilo Daği) (4168m)
- Amasya 阿马西亚
- Reşadiye
- Niksar
- Turhal
- Tokat 托卡特
- Koyulhisar
- Suşehri
- Refahiye
- Erzincan
- Sivas 锡瓦斯
- Zara
- Şarkışla
- Divriği
- Tunceli
- Keban Dam
- Bingöl
- Muş
- Mt Nemrut (Nemrut Daği) (3050m)
- Tatvan
- Bitlis
- Baykan
- Siirt
- Kurtalan
- Şırnak
- Çatak
- Esendere
- Gürün
- Elbistan
- Doğanşehir
- Elazığ 埃拉泽
- Karakaya Dam
- Malatya 马拉蒂耶
- Nemrut Daği (Mt Nemrut) 内姆鲁特山 (2106m)
- Murat River 穆拉特河
- Kahta
- Atatürk Dam
- Adıyaman
- Batman
- Diyarbakır 迪亚巴克尔
- Siverek
- Tigris River 底格里斯河
- Mardin 马尔丁
- Qamishle
- Nussaybin
- Kayseri 开塞利
- Göksun
- Kahramanmaraş 卡赫拉曼马拉什
- Gölbaşı
- Gaziantep 加济安泰普
- Kozan
- Karatepe
- Osmaniye 奥斯曼尼耶
- Ceyhan
- İskenderun
- Hatay (Antakya) 哈塔伊（安塔基亚）
- Kilis
- Öncüpınar
- Birecik
- Şanlıurfa 尚勒乌尔法
- Harran 哈兰
- Akçakale
- Barak
- Viranşehir
- Ceylanpınar
- Reyhanlı
- Bab al-Hawa
- Elbeyli
- Aleppo (Halab) 阿勒颇
- Lake al-Assad
- Yayladağı
- Lattakia
- Hilvan
- Deir ez-Zur
- Euphrates River 幼发拉底河
- Mosul 摩苏尔
- Erbil 埃尔比勒
- Kirkük 基尔库克
- Tripoli
- Palmyra
- BEIRUT 贝鲁特
- DAMASCUS 大马士革

海拔高度图例：
- 3000m
- 2500m
- 2000m
- 1500m
- 1000m
- 700m
- 500m
- 200m
- 100m
- 0

土耳其
Top 19

穿越欧亚大陆

1 在伊斯坦布尔乘通勤轮渡,不到一个小时就可以在欧洲和亚洲之间往返一趟。每天,载满当地人的轮渡船队都会拉响嘹亮的汽笛,越过博斯普鲁斯海峡并横渡马尔马拉海。早晨,轮渡船队、小型渔船和大型集装箱货轮穿梭于同一条水道,一群群海鸥高声鸣叫着盘旋在船队四周。日暮时分,尖锥形的宣礼塔和老城拜占庭教堂的穹顶映衬在暗红色的天空之下,这是伊斯坦布尔最美妙的景致。

卡帕多基亚

2 卡帕多基亚有着坚硬的蜂窝状地貌,看上去像是由一群天赋异禀的蜜蜂构筑而成的。实际成因也非常神奇——蜂窝状地貌其实是火山灰形成的凝灰岩受到侵蚀而成的。人类也在这里留下了自己的印记,比如在岩石上凿出的教堂和错综复杂的地下城里绘制的拜占庭壁画。在卡帕多基亚(见487页)地区游览就意味着能够肆意享受美好的时光:品佳酿、享用美食、住五星级洞穴酒店、骑马、去山谷徒步,以及乘热气球观光。光是这些活动就足以让你在这里马不停蹄地玩上好几天。

11

圣索菲亚大教堂

3 即便是在卓然不群的伊斯坦布尔,也没有什么地方能超越圣索菲亚大教堂(或称神圣智慧教堂;见58页)。在曾经的数百年光阴里,它一直是基督教世界最伟大的教堂。作为复兴罗马帝国计划中辉煌的一部分,拜占庭皇帝查士丁尼一世在6世纪建造了这座教堂。抬头仰望宏伟的悬浮穹顶,你很难相信这座布满精美壁画的建筑奇迹没能凭一己之力重振罗马雄风。闪闪发光的马赛克镶嵌画描绘了《圣经》中的场景和古代人物,包括拜占庭时代三女皇之一的佐伊女皇(Empress Zoe)。

以弗所

4 毫无疑问,以弗所(见232页)是土耳其诸多古迹中最著名的一处,也是公认的地中海沿岸保存最为完好的古迹,堪称对希腊艺术与罗马建筑技艺的完美致敬。从大理石铺就的库瑞忒斯之路漫步而下,沿途迷人的风景会令你不停地举起相机,尤其是拥有两层柱子的塞尔苏斯图书馆以及露台屋,那里惟妙惟肖的壁画与巧夺天工的马赛克镶嵌画打开了一扇了解这座城市上流社会日常生活的窗户。图为塞尔苏斯图书馆(见255页)。

计划你的行程 土耳其 Top 19

利西亚之路

5 被誉为世界十佳长途徒步路线之一的利西亚之路(见363页)位于费特希耶与安塔利亚之间,全长500公里,路标清晰。这条路线位于泰凯半岛上,那是古老且神秘的利西亚文明的繁盛之地。徒步路线穿越松树林,远处是海拔近3000米的巍峨群山,沿途有村落和迷人的海岸风光,以及普那拉、桑索斯、莱顿和奥林帕斯等古城中的遗迹。除非你有充足的时间和精力,否则建议还是分时分段走完这条利西亚之路。

海滩

6 土耳其的海滩世界闻名，这里的阳光、细沙和蔚蓝海水总能给人美妙的夏日体验。其中最著名的要数地中海和爱琴海沿岸的海滩，如卡尔坎附近的小海湾卡普塔什（见380页）迷人的浅滩，以及土耳其最长的海滩帕塔拉。许多魅力十足的地中海海滩点缀在利西亚之路上，而绵长的爱琴海沙滩则为游客提供参加各种海上活动的机会，包括在阿拉恰特、阿克亚卡和格克切岛体验风筝冲浪。黑海海岸也风光无限，历史古镇阿玛斯拉和锡诺普周边的沙滩颇受本地游客的欢迎。

凯考瓦

7 这座地中海小岛被水下遗迹环绕，你可以乘船前往。毗邻卡莱克伊的十字军要塞下有家庭旅馆、鲜鱼餐厅和利西亚石棺，可乘船或沿利西亚之路前往此地。利西亚斯门纳的遗址环绕着凯考瓦岛（见390页），这座曾经风光无限的古城因接连不断的地震于2世纪沉入水底。乘坐皮划艇或玻璃底船，可以看到散落在地中海海底的双耳细颈酒罐碎片、建筑地基、阶梯和泊船设施。

阿尼

8 阿尼（见581页）的确非同寻常。悠久的历史、厚重的文化和鬼斧天工般的地貌，令这座漂浮在"绿草海洋"上的幽灵之城宛如电影中的场景。阿尼恰好坐落在土耳其与亚美尼亚的边界地带，人烟稀少，笼罩着一种荒凉的氛围。阿尼曾是繁华的都市，是丝绸之路上的仓库，在961年至1046年是亚美尼亚王国的都城，1236年，蒙古人大举入侵后，这座城市就被废弃了。如今，阿尼古城废墟中有几座著名的教堂，另外还有在987~1010年建造的一座大教堂。图为救世主教堂（见583页）。

公共浴室

9 在土耳其，大多数公共浴室会提供许多额外的服务，如水浴疗法、面部护理、修脚等。不过，我们推荐你尝试经过验证的真正的传统土耳其浴：先将身体淋湿再磨搓，接下来好好享受一次土耳其敲背。经历过这样的清洁仪式和体验后，会感觉整个世界（还有你的身体）跟以前不大一样了；之后一定要留出时间喝杯红茶。想要体验一次难忘的土耳其浴，可以去氛围十足的安塔利亚老城或伊斯坦布尔历史悠久的苏丹艾哈迈德区（见112页）。

计划你的行程 土耳其 Top 19

木帆船航行

10 在土耳其旅行有很多亮点可供探寻，其中之一就是乘坐被当地人称作gület的土耳其传统木帆船（如图），沿地中海西部的蓝绿海岸来一次四天三夜的航行，当地人将其称为蓝色航行（见247页）。这趟航行让你有机会一探那些人迹罕至的海滩并观赏日落，更重要的是，还能让你逃离尘世的一切繁杂，身处大海并远离互联网——这在如今可是罕有的乐趣。蓝色航行的航线通常是从费特希耶（见362页）出发至奥林帕斯，中途在蝴蝶谷等地中海亮点停靠，不过也有行家称费特希耶至马尔马里斯航线的风景更加迷人。

加里波利半岛

11 这片狭长的土地（见160页）守卫着曾经战火最猛烈的达达尼尔海峡入口，这里风景优美，满山的松木郁郁葱葱，山下就是背包客最爱的埃杰阿巴德和克依利特巴希尔城堡。对于许多人来说，在这片平静的乡村土地上旅行略感沉重：随处可见的纪念碑和墓地下面，长眠的是一个世纪前从遥远的异国前来土耳其参战却惨死他乡的年轻士兵。当地导游会向你讲述加里波利战役是何等的徒劳与惨烈——这也是第一次世界大战历史上最惨痛的一次战役。

小酒馆

12 若是在小酒馆中小酌一杯，记得向正在喝酒的土耳其人说一声"干杯"（şerefe）。彻夜狂欢，开胃菜配rakı（八角茴香白兰地），还有现场音乐，这一切组成了土耳其人历史悠久的传统活动。甜瓜、白奶酪和鱼特别适合与aslan sütü（狮子奶——清澈的八角茴香酒加水后会逐渐变成乳白色）搭配，而音乐从芭蕾舞曲到fasıl（一种曲风活泼的吉卜赛音乐）风格多样。体验土耳其夜生活的最佳去处是伊斯坦布尔的贝伊奥卢（见129页），独立大街周围的小酒馆每到周五和周六的夜晚总是人声鼎沸。

在巴扎购物

13 土耳其的集市种类繁多,既有伊斯坦布尔举世闻名的大巴扎(见88页),也有多彩芬芳的香料巴扎;既有布尔萨穹顶巴扎上传统的皮影木偶,也有在安塔利亚İki Kapılar Hanı出售的奥斯曼风格瓷砖、水烟管(nargiles)和蜘蛛侠戏服。若要把最精致的土耳其地毯买回家,你必须要有如苏丹一般的财富基础。不过不用灰心,你可以在市场上买点喜欢的小东西,跟店主喝杯红茶。你要这样想,或许你没能砍下最好的价格,但是至少练就了一身讨价还价的本事。图为大巴扎。

苏美拉修道院

14 苏美拉修道院(见552页)背靠悬崖,与黑海腹地青翠的景色相得益彰。蜿蜒的小路缓缓经过淳朴的河畔鱼餐厅,一直通到这座拜占庭修道院。你可以从附近的特拉布宗前往苏美拉修道院,途中也许会和一群堵在路上的短尾羊不期而遇——它们正要前往鲜草肥美的牧场。旅途的最后几公里可以一睹对面松林密布的峡谷中苏美拉地区的蜜色岩壁,风景迷人。最后一段需要步行穿过一条林间小路,尽头就是这座从岩石中凿出来的静修处。苏美拉修道院经过修复,如今已重新开放。

计划你的行程 土耳其 Top 19

内姆鲁特山

15 内姆鲁特山（见590页）有公元前1世纪修建的王陵，一个男人的自大和骄傲在那裸露的山顶上回荡了好几个世纪。早晨，当太阳刚刚露出地平线，内姆鲁特山巨大的石刻头像笼罩在模糊的阴影中，随着太阳缓缓升起，山下壮观的风景清晰可见。瑟缩在清晨的冷冽中时，来一杯暖人的红茶是再好不过的了。在山顶玩尽兴后，不要忘了去附近Cendere河上那座造型优美的罗马古桥逛逛。

帕穆克卡莱（棉花堡）

16 帕穆克卡莱（棉花堡；见337页）以错综复杂的石灰华（方解石岩架）地貌闻名，古罗马帝国和拜占庭温泉城市希耶拉波利斯的遗迹也为其增色不少。"棉花堡"是土耳其最不同寻常的瑰宝之一，这里在白天是一片虚无缥缈的雪白幻境，夜间则是一座奇形怪状的滑雪斜坡。先探索罗马剧场等古迹，再将双脚踩进清澈的钙华池温泉里泡一泡，然后踮起脚尖经过一排碟状岩石，来到帕穆克卡莱村。你还可以去希耶拉波利斯古池坍塌的大理石石柱间游个泳。

观看托钵僧旋转仪式

17 随着身穿长袍的托钵僧不停旋转，sema（托钵僧的旋转仪式）迸发出来的精神能量越来越强大，这是由一组舞者呈现的灵魂出窍般的仪式。这种仪式在开始和结束时都要吟唱《古兰经》中的诗篇，而且极具象征意味：托钵僧的毡帽代表了他们的墓碑，而舞蹈则意味着放弃世俗生活，并在与真主的一种神秘结合中得以重生。能够在现场观看sema的地方包括伊斯坦布尔、卡帕多基亚、布尔萨和科尼亚。科尼亚的梅乌拉那博物馆（见479页）能让你对最早的托钵僧仪式梅夫拉维（Mevlevi）有所了解。

达特恰半岛和博兹布伦半岛

18 这两座峰峦叠嶂的半岛（见307页）从马尔马里斯延伸向希腊的锡米岛，构成了爱琴海和地中海之间一道风景优美的分界线。从以造gület船为业的村庄博兹布伦到位于达特恰半岛尖端的尼多斯古城遗迹，这两座相邻的半岛将假日的魅力和古朴的宁静感完美地结合起来。老达特恰有鹅卵石街巷和覆盖着九重葛的石屋，塞利米耶则是一座新发展起来的村子，有几家很不错的餐馆。图为尼多斯古城（见310页）。

萨夫兰博卢（番红花城）

19 1994年，萨夫兰博卢（番红花城；见457页）被联合国教科文组织列入永久保护名单，是土耳其奥斯曼古镇重放异彩的典范。土耳其国内的游客饱含怀旧的情怀来到这里，只为在那些似乎仅存于儿童故事书中的砖木结构房子里住一住。不过，神奇之旅到此尚未结束。在鹅卵石街道两旁，都是卖糖果和藏红花的小贩，手工艺人和补鞋匠们在中世纪的清真寺下继续操持着历经数百年沧桑的传统手艺。当夏日暴雨中的闪电照亮整个夜空时，这里幻境般的画面才算完整。

计划你的行程 土耳其 Top 19

行前参考

更多信息,请参见"生存指南"章节(见633页)。

货币
土耳其里拉(Türk Lirası; ₺)

语言
土耳其语和库尔德语

签证
中国大陆旅行者在https://www.evisa.gov.tr/zh申请有效期180天、停留时间30天以内的单次入境电子签证,签证费60美元。

现金
自动柜员机分布广泛,城市和旅游区的大部分商业场所都接受信用卡和借记卡。带有银联和"Garanti Bank"标志的柜员机支持银联卡取现。

手机
中国移动、中国联通和中国电信的手机均支持在土耳其的国际漫游。
当地的SIM卡随处都可以买到,价格65里拉起,包括35里拉的租金。数据包1GB的价格为20里拉起。但网络会在120天后屏蔽未经注册的外国手机。

时间
全年采用欧洲东部时间(格林尼治标准时间加3小时),比北京时间晚5小时。

何时去

İstanbul
伊斯坦布尔
4月至5月和9月前往

Eastern Anatolia
安纳托利亚东部
5月至6月和9月前往

Cappadocia
卡帕多基亚
5月和9月至10月前往

Aegean
爱琴海地区
5月至6月和9月前往

Mediterranean
地中海地区
4月和9月至10月前往

沙漠干燥气候
夏季温暖至炎热,冬季温和
夏季温和至炎热,冬季寒冷

旺季(6月至8月)
➜ 价格和气温都是最高的时候。
➜ 预计游客将爆满,酒店需要预订。
➜ 土耳其学校的暑假从6月中旬开始至9月中旬结束。
➜ 圣诞节到新年和复活节期间也是旺季。

平季(5月和9月)
➜ 游客相对较少,但古尔邦节(近几年在7月和8月间)期间除外。
➜ 春季和秋季气候温暖,特别是西南部。

淡季(10月至次年4月)
➜ 10月是秋季,而春季从4月开始。
➜ 旅游区的酒店纷纷歇业或打折。
➜ 滑雪度假村旺季。
➜ 伊斯坦布尔的旅游淡季是11月至次年3月。

网络资源

Lonely Planet（www.lonelyplanet.com/turkey）提供目的地信息,酒店预订,游客论坛等信息。

Turkey Travel Planner（www.turkeytravelplanner.com）提供有用的旅行信息。

Turkish Cultural Foundation（www.turkishculture.org）侧重文化和遗产,方便查阅考古遗址。

Go Turkey（www.goturkey.com）官方旅游网站。

Good Morning Turkey（www.goodmorningturkey.com）英语和土耳其语的土耳其新闻网站。

All About Turkey（www.allaboutturkey.com）多语简介。

重要号码

土耳其国家代码	☏90
国际接入码	☏00
救护车	☏112
火警	☏110
警察	☏155

汇率

人民币	CNY1	TRY0.81
港币	HKD1	TRY0.74
澳门元	MOP1	TRY0.71
新台币	TWD1	TRY0.19
新加坡元	SGD1	TRY4.22
英镑	GBP1	TRY7.42
美元	USD1	TRY5.76
欧元	EUR1	TRY6.41

查询实时汇率请登录www.xe.com。

每日预算

**经济:
少于150里拉**

➡ 宿舍床位费用: 7~24欧元

➡ 伊斯坦布尔至加里波利半岛的长途汽车票: 45里拉

➡ 烤鱼三明治（Balık ekmek）: 8~10里拉

➡ 啤酒: 7~12里拉

**中档:
150~350里拉**

➡ 双人间: 90~180里拉

➡ 伊斯坦布尔和博德鲁姆的双人间: 90~200欧元

➡ 伊斯坦布尔至卡帕多基亚的航班: 50里拉起

➡ 鱼和开胃菜的一餐: 40里拉

➡ 乘船一日游: 35里拉

**高档:
高于350里拉**

➡ 双人间: 180里拉以上

➡ 伊斯坦布尔和博德鲁姆的双人间: 200欧元以上

➡ 4日木帆船航行: 200~300欧元

➡ 热气球观光飞行: 160~175欧元

➡ 小汽车日租金: 20欧元起

营业时间

我们提供的是调研期间夏季旺季的营业时间；平季和淡季营业时间一般会更短。下面列出的是标准营业时间。

信息咨询处 周一至周五8:30至正午和13:30~17:00

就餐 11:00~22:00

饮酒 16:00至深夜

夜店 23:00至深夜

购物 周一至周五9:00~18:00（旅游区和大城市的营业时间较长,周末也开门）

政府部门、办公场所和银行 周一至周五8:30至正午和13:30~17:00

抵达土耳其后

阿塔图克国际机场（伊斯坦布尔；见141页）有地铁和有轨电车前往苏丹艾哈迈德（8里拉,6:00至午夜,1小时）; Havataş机场大巴（14里拉,3:30至次日1:00,1.5小时）前往塔克西姆广场（11里拉,4:00至次日1:00,45分钟）; 也有出租车前往苏丹艾哈迈德（155里拉,1.25小时）和贝伊奥卢（55里拉,45分钟）。

伊斯坦布尔新机场（见141页）目前有巴士前往塔克西姆广场（18里拉,6:10至19:20,100分钟）

萨比哈·格克琴国际机场（伊斯坦布尔；见141页）有Havataş机场大巴前往塔克西姆广场（14里拉,3:30至次日1:00,1.5小时）,那里有索道缆车（5里拉）和有轨电车（5里拉）前往苏丹艾哈迈德（30分钟）; Havataş机场大巴前往卡德廓伊（9里拉,4:30至次日1:00,1小时）; 有出租车前往苏丹艾哈迈德（155里拉,1.25小时）和贝伊奥卢（140里拉,1小时）。

比于克长途汽车总站（伊斯坦布尔；见141页）往返阿克萨赖和阿塔图克国际机场的地铁可前往橄榄角（5里拉）,然后在那里搭乘有轨电车前往苏丹艾哈迈德和卡巴塔什/塔克西姆（5里拉,全程1小时）; 有出租车前往苏丹艾哈迈德或塔克西姆广场,价格约35里拉（30分钟）。

当地交通

长途汽车 高效实惠,班次频繁,往来于主要城市和旅游目的地之间。冬天的班次一般会少一些。

飞机 国内航班价格实惠,又能缩短交通时间。如今从各地往返伊斯坦布尔有了更多的选择。

火车 不断发展的高速列车网络提供了穿梭于安纳托利亚的快速通道。长途汽车常常比普通列车更快。

小汽车 是探索乡村地区的好方式,城市和机场都有租车公司。土耳其行驶规则为靠右行驶。汽油很贵。

渡轮 有常规渡轮穿越马尔马拉海,并连接爱琴海沿岸的城市。

关于**当地交通**的更多信息,见653页。

计划你的行程 行前参考

初次到访

更多信息,请参考"生存指南"章节(见633页)。

备忘录

➡ 检查你的护照在进入土耳其之后是否还有至少6个月的有效期。

➡ 在网站www.evisa.gov.tr上申请签证。

➡ 将你的旅行计划告知信用卡发卡行。

➡ 确认自己是否接种了旅行疫苗。

➡ 订好机票,在网上租车。

➡ 预订热门旅行地的酒店。

➡ 规划好转机行程。

携带物品

➡ 护照
➡ 护照复印件,方便出行携带
➡ 电子签证的打印件
➡ 信用卡和借记卡
➡ 银行联系方式
➡ 备用欧元和美元
➡ 口服补液盐
➡ 造访清真寺所需的较保守的服饰
➡ 卫生卷纸/卫生纸
➡ 肥皂或洗手液
➡ 充电器和转换插头
➡ 保险公司的联系方式

旅行重要提示

➡ 土耳其就像几个国家合并在一起的大国:东部人口稀少,这里的穆斯林信仰虔诚,而爱琴海的大部分地区、地中海地区和伊斯坦布尔更加西化。

➡ 土耳其是伊斯兰国家,不过对非伊斯兰教信徒相当宽容和欢迎。

➡ 旅游区大多开发良好,基础设施运营高效。

➡ 土耳其是一个民族主义情绪浓厚的国家:国旗和国父阿塔图克的肖像无处不在;要对此表示尊重,因为土耳其人引以为荣。

➡ 设法远离热门线路——村庄里人们的好客和家常菜是令人难忘的体验。

➡ 曾经的自杀式炸弹袭击让人心有余悸,但土耳其总体来说还是安全的。

➡ 游行示威经常发生,当有可能导致与警方的冲突时,最好避开。

穿什么

伊斯坦布尔以及爱琴海与地中海地区的旅游城市都已习惯于西式着装,包括沙滩上的比基尼和夜店里的超短裙。而安纳托利亚东部和中部地区,民风颇为保守,连男人都要穿长裤。在伊斯兰教教义严格的城市,如埃尔祖鲁姆,最好连T恤和凉鞋都不要穿。除非是进入清真寺,女性无须用头巾遮挡头部。当地男人认为外国女性"过于开放",这种误会可能会给女性游客带来麻烦,因此最好穿得保守一点。

住宿

一般不需要预订住宿。不过如果你在旅游旺季去热门目的地,如伊斯坦布尔或博德鲁姆,预订很有必要。土耳其的住宿选择可满足各类需求。更多信息参见638页。

伊斯兰教和斋月

土耳其是一个伊斯兰国家，不过对其他宗教和生活方式持宽容态度——特别是在土耳其西部，那里的酒吧和清真寺一样多，有时候你会忘了自己身处一个伊斯兰国家。不过要牢记在斋月时期多多注意，穆斯林在这个月从黎明至黄昏斋戒，2019年的斋月从5月6日开始，2020年则从4月24日开始。斋月期间你要让着点儿当地人：酷暑中的斋戒可能会令他们的脾气暴躁。白天不要在公共场合吃喝或抽烟，而且如果你不是斋戒的穆斯林，不要图便宜去提供开斋晚餐（iftar）的帐篷里享用食物。

讨价还价

讨价还价在巴扎很常见，淡季住宿处和长途出租车也可讲价。在其他情况下，你应该支付定价。

小费

土耳其在小费方面非常欧化，你不会被纠缠索要小费。在餐厅、酒店和乘出租车时，给小费是习惯，其他地方可以有选择性地给。

餐厅 在廉价的餐厅，可以留一些硬币作为小费，而在中高档餐厅，小费的数额一般是账单数额的10%~15%。

酒店行李员 只有入住中高档酒店，才需要付给行李员房费的3%作为小费。

出租车 将计价器显示金额的零头凑成整50库鲁（kuruş）即可。

> ### 语言
> 在伊斯坦布尔和土耳其西部，英语的普及率很高；在安纳托利亚中部和东部，说英语的人却不多，最好学几句与旅行相关（如住宿）的土耳其语，这样也能获得当地人的好感。土耳其语发音简单，学起来很有乐趣。另外，许多土耳其人也会说德语。

礼仪

宗教 在清真寺要衣着得体，并要保持肃穆。

餐厅 一般而言，由邀请一起用餐的人付账。

饮酒 酒吧很常见，但在旅游区外的公共场合，最好不要饮酒或醉酒。

打招呼 土耳其人讲究尊重，与人相见时，请和所有人握手，不论男女。

语言 学几句土耳其语；这很有用，土耳其人也会对此赞赏有加。

人际交往 不要在公共场合与你的伴侣有过多的身体接触；要注意避免让当地人产生误解。

政治 少谈论政治——如果你无法做到谈话委婉和老练的话，随意批评土耳其民族主义会让你入狱。

购物 在巴扎，准备好和店主讨价还价并喝杯红茶吧。

排队 土耳其人在公共场合可能很没有耐心，你可以更强势一点。

计划你的行程 初次到访

新线报

崭新的博物馆

新近开放的新特洛伊博物馆（见176页）展现了土耳其逝去的辉煌历史。安卡拉新开放的埃里姆坦考古和艺术博物馆（见447页）的藏品大多是罗马时代的文物，件件精美。安纳托利亚文明史博物馆（见445页）经过修缮，现已全面开放。新建的博德鲁姆海事博物馆（见289页）藏有大量精致的船舶微缩模型，向游客揭示了半岛的海事历史。

以弗所

土耳其当局已经批准在古代港口以弗所和爱琴海之间开凿一条运河，届时游客可乘船前往古城，以弗所的港城身份届时又会实至名归。（见232页）

奥斯曼宫殿的御膳房

位于托普卡帕宫的宫廷厨房规模宏大（见83页），御厨们曾在此为皇室准备丰盛的宴席。这里经过细致的修葺，现已重新开放。多玛巴赫切宫的御膳房也经过修复，现在是伊斯坦布尔的宫殿藏品博物馆（见103页）。

折扣卡

除伊斯坦布尔外，折扣卡现已覆盖卡帕多基亚（包括格雷梅的露天博物馆）、爱琴海（包括以弗所和帕加马）、地中海和整个土耳其的博物馆和景点。（见636页）

以弗所博物馆

塞尔柱的以弗所文物博物馆经过修缮，现已重新开放，馆藏包括普利阿普斯的阴茎雕像，以及两座多乳的阿尔忒弥斯大理石塑像。（见260页）

新的活动体验

新推出的活动包括针对儿童的大巴扎寻物游戏、招手即停的金角湾渡轮观光（见109页）、伊兹密尔后街美食徒步团队游（见213页）和卡帕多基亚的5月卡帕多克斯节（见502页）。

伊斯坦布尔的重生

金角湾古老的巴拉特街区（见110页）重获新生；托普哈内现已成为一个设计精妙的街区；而在伊斯坦布尔位于亚洲的城区，曾经凌乱不堪的Yeldeğirmeni如今散发着文化魅力。

徒步变得更便利

世界最长的缆车、布尔萨8.2公里长的乌鲁达缆车（见331页）运送喜欢新鲜空气的游客到达乌鲁达山（2543米）。Boğazcık村的Apollonia Lodge（见391页）为利西亚之路上的徒步者在卡什和于恰鄂兹之间提供了一个落脚地。

建筑成就

令人震撼的修复成果包括伊斯坦布尔的奴鲁奥斯玛尼耶清真寺（见94页）、埃迪尔内犹太大教堂（见153页）和安塔利亚的圣彼得教堂（见439页），伊斯坦布尔带有瓷砖外饰的小亭子Hünkâr Kasrı（见93页）也已对公众开放。

更多推荐及评价信息，参见 lonelyplanet.com/Turkey。

如果你喜欢

巴扎

千百年前，塞尔柱和奥斯曼帝国的商人在漫漫丝绸之路上跋涉，时而停留在驿站做生意。这个传统和讨价还价的交易方式依旧在土耳其迷宫般的巴扎里延续着。

大巴扎 在伊斯坦布尔最原始也是最棒的购物中心里，你可以磨炼讨价还价的技巧。（见88页）

室内集市 布尔萨14世纪的古镜市场里有很多皮影戏店铺。（见324页）

香料巴扎 在伊斯坦布尔芳香的市场中，如同珠宝一般闪亮的土耳其软糖（lokum）和堆成金字塔形的香料将为你呈现一场华丽的视觉盛宴。（见93页）

拱顶集市 伊兹密尔这座迷宫般的集市中有商店、餐馆、工匠工作坊、清真寺、咖啡馆、茶园和犹太会堂。（见209页）

公共浴室

又被称作土耳其浴，是欧洲人在领略了这种奥斯曼人创造的蒸汽腾腾的愉悦后命名的。你可以做个按摩，或只是浸泡在那令人平静的氛围中。

塞法公共浴室 这个修复后的13世纪瑰宝位于卡莱伊奇（安塔利亚老城），保留着塞尔柱时期的种种特色。（见399页）

克里奇·阿里帕夏公共浴室 在这座修复后的16世纪伊斯坦布尔公共浴室中，高质量的服务与精美的内饰相得益彰。（见112页）

新温泉 实际上是布尔萨最古老的温泉，6世纪时由拜占庭皇帝查士丁尼一世建造。（见326页）

凯勒贝克土耳其浴水疗 卡帕多基亚最豪华的土耳其浴体验，提供附加水疗的全套服务。（见494页）

海滩

土耳其被地中海、爱琴海、黑海和马尔马拉海环绕，有无数海滩，可以让你与"葡萄酒色般浓重的大海"（荷马如是称呼爱琴海）为邻。

卡普塔什 浅色的沙湾和蔚蓝的大海绝美如画。（见380页）

卡巴克 骑车长驱直下或沿利西亚之路就可到达这个位于地中海的静谧之地。（见374页）

帕塔拉 地中海最长的海滩之一，拥有绵延18公里的白色沙滩以及遗迹和海龟。（见377页）

阿雅兹玛 它是博兹贾阿达最好的海滩，上面耸立着一座希腊正教修道院的遗址。（见184页）

格克切岛 你也许能独享这座人迹罕至的爱琴海岛屿海滩。（见177页）

吉斯克莱西 顺着温暖的海水游向不远处建于12世纪的拜占庭要塞遗址。（见427页）

历史

土耳其人对本国悠久、辉煌的历史感到自豪，在土耳其各地的清真寺、宫殿、古代遗址和博物馆中游览，你很容易就能感受到这份热情。

托普卡帕宫 伊斯坦布尔的每一处遗迹都诉说着它在历史上的重要性，特别是这座最伟大的奥斯曼皇宫。（见81页）

加里波利半岛 凄美的纪念碑和公墓令人回想起"一战"时发生在这里的惨烈战役。（见160页）

卡亚寇伊 这座"鬼城"令人想起长达一个世纪的人口交换，许多希腊人流离失所。（见369页）

济尔维露天博物馆 有许多土耳其基督教遗址，包括卡帕多基亚峡谷中那些在岩石中雕凿而出的修道院。（见505页）

哈图沙什 离开热门路线，探索安纳托利亚文明的都城，包括赫梯帝国的核心地带。（见464页）

饮食

从街头小吃到美食餐厅，土耳其可谓美食家的乐园。各地都有独特的菜肴，而且你还能在许多独具特色的餐厅和风景怡人的露台上品尝美食。

Cappadocia Home Cooking 在山谷村庄里的家庭有机花园品尝地道的卡帕多基亚家常菜。（见520页）

Limon Aile Lokantası 在博德鲁姆半岛，Limon提供备受喜爱、原汁原味的爱琴海开胃菜和海鲜。（见298页）

Alex's Place 伊斯坦布尔时髦的贝伊奥卢区遍地都是小鸡尾酒吧，比如这里。（见131页）

Hatay Sultan Sofrası 这里的开胃菜和香辣烤肉是安塔基亚受叙利亚和阿拉伯美食影响的绝佳例证。（见440页）

Zeytin Bağı 这家氛围悠闲的餐厅可以俯瞰埃德雷米特湾，提供的早餐可能是土耳其最棒的。（见191页）

活动

从巍巍山脉到碧海沙滩，土耳其的地貌和风光优美且多样，因此成为户外活动的绝佳场所，活动结束后等待你的是土耳其红茶加果仁蜜饼，还有以弗所啤酒加开胃菜。

徒步 土耳其的徒步项目多样，既有半天穿越卡帕多基亚山谷的线路，也有500公里长的地中海沿岸徒步选择。（见37页）

萨克利肯特峡谷 费特希耶附近18公里长的萨克利肯特峡谷非常适合溪降。（见375页）

计划你的行程

如果你喜欢

上图：潜水，卡什（见385页）
下图：苏莱曼清真寺（见417页），伊斯坦布尔伟大的建筑成就之一

水上运动 在爱琴海与地中海地区,活动项目有潜水、帆板、风筝冲浪、划独木舟和滑水。(见40页)

优素费利 在安纳托利亚东北部的户外活动之都,你可以参加各种刺激的激浪漂流和山间徒步。(见566页)

凯考瓦 乘坐海上皮划艇,从利西亚"沉没之城"的城墙、散落的双耳陶罐碎片和其他遗迹的上方驶过。(见390页)

乌鲁达国家公园 土耳其国内有许多滑雪村,布尔萨城镇上方的这座就是其中之一。(见331页)

遗迹

无论在城市中心还是陡峭山崖,土耳其的遗迹都可以引发你的浪漫主义历史情怀。许多遗迹仍在持续发掘之中,不断提供揭示古代历史的新线索。

以弗所 地中海东岸保存得最为完好的古代城市,反映了罗马时代的日常生活。(见236页)

内姆鲁特山 在内姆鲁特山顶,有许多倾倒的雕像头部。这些雕像是公元前1世纪由一位国王下令修建的。(见590页)

帕加马 希腊风格的剧院有着令人震撼的奇观,阿斯克勒庇恩(Asclepion)是罗马时期杰出的医学中心。(见198页)

阿尼 这座10世纪的亚美尼亚都城有许多迷人的古代文化遗产,包括与格鲁吉亚和拜火教相关的遗址。(见581页)

风景

除了伸入欧洲的那根脚趾之外,土耳其的大部分国土属于亚洲,因此,对于这片土地的千姿百态以及令人惊叹的美丽景色,人们应该不会感到丝毫惊讶。

卡帕多西亚 探寻仙人烟囱岩(岩石结构)和凝灰岩山谷的最佳方式是徒步或者骑马。(见487页)

阿勒山 土耳其的最高峰(5137米),也是安纳托利亚岩石风景中最经典的一处。(见589页)

阿玛斯拉至锡诺普 一条绝美的驾车路线,带你走过黑海海滩和碧绿的山丘。(见537页)

贝赫拉姆卡莱 这个山坡上的村落拥有梦幻的爱琴海景色。(见187页)

埃里迪尔湖 安纳托利亚群山环绕的湖区,例如巴法和伊兹尼克的湖区,都在土耳其冷门美景之列。(见345页)

达特恰半岛和博兹布伦半岛 这片原生态风光是爱琴海和地中海的分界线,海湾和松林星罗棋布。(见307页)

内姆鲁特山 山顶的石雕头像凝视着远处的东南托罗斯山脉。(见590页)

阿拉山国家公园 瀑布从托罗斯山脉的石灰岩峭壁上飞流直下。(见524页)

建筑

时代更迭,各个强大的帝国为土耳其留下无数精美的建筑遗产:宫殿、清真寺、教堂、修道院和商队驿站,不胜枚举。这些古老的建筑勾起了人们对逝去时代的追忆。

圣索菲亚大教堂 现存最伟大的拜占庭建筑,是伊斯坦布尔苏丹艾哈迈德的宏伟建筑之一。(见58页)

伊沙克帕夏宫 这座盘踞在草原上的18世纪建筑混合了塞尔柱、奥斯曼、格鲁吉亚、波斯和亚美尼亚等多种风格。(见586页)

大清真寺和医院 石门上的雕刻是如此的错综复杂,以至于当地人认为这些雕刻证明了神的存在。(见473页)

萨夫兰博卢(番红花城) 这座遗产城镇和爱琴海海岸古老的希腊村落中,改建为精品酒店的奥斯曼宅邸随处可见。(见457页)

伊斯坦布尔海军博物馆 这座展览馆是伊斯坦布尔迷人的当代美术馆和博物馆建筑之一,其中陈列着来自19世纪的划艇。(见103页)

博物馆

从赫梯山民到奥斯曼苏丹,在一个经历过数个伟大王朝的国家,每一个以悠久历史为荣的城市都有一座保存当地历史的博物馆。

伊斯坦布尔考古博物馆 伊斯坦布尔有历史悠久的博物馆,比如这座位于古玉哈内公园里的考古博物馆,也有各种各样的当代艺术馆。(见86页)

格雷梅露天博物馆 只有在超现实主义的卡帕多基亚,才能将一个布满拜占庭教堂的山谷称为博物馆,这些教堂是在岩石中开凿的。(见491页)

安纳托利亚文明史博物馆 安卡拉的明星景点展示了安纳托利亚周围草原上那些兴盛之后又日渐衰落的古代文明。(见445页)

以弗所博物馆 塞尔柱的精美藏品包括从以弗所发掘的文物,其中有著名的男性生殖神普里阿普斯的阴茎雕塑。(见260页)

水下考古博物馆 位于博德鲁姆15世纪的圣彼得城堡内,展示着

计划你的行程 如果你喜欢

计划你的行程 如果你喜欢

阿玛斯拉（见536页）

从古代沉船中打捞上来的宝物。（见287页）

伊兹密尔历史和艺术博物馆 土耳其文物藏品最丰富的博物馆之一，包括从爱琴海海岸古代遗址发掘出的精美雕塑。（见210页）

哈塔伊考古博物馆 已在新址重新开放，完美呈现了安塔基亚伟大的古典马赛克镶嵌画收藏。（见437页）

城市

土耳其人有着浓厚的地方主义情结，他们会无一例外地告诉你自己的城镇是en çok güzel（最美的）——不过要想体验土耳其的城市，下面这些地方才是最好的。

伊斯坦布尔 这座全球唯一横跨两个大陆的巨城，曾是数个帝国的首都。（见64页）

安塔利亚 兼具历史古城的典雅与现代都市的时尚，是通往土耳其亚热带海滨度假胜地的门户。（见397页）

伊兹密尔 土耳其的第三大城市，坐落在爱琴海岸边；在这里的Kordon（海滨长廊）漫步绝对是一种享受。（见207页）

安塔基亚（哈塔伊） 这里是《圣经》中古叙利亚首都安条克（Antioch）的所在地，这座城市散发着独特的阿拉伯风情。（见437页）

科尼亚 安纳托利亚的这座新兴都市古老而神秘，有塞尔柱建筑和托钵僧旋转舞遗产。（见478页）

精品酒店

无论是半木结构的奥斯曼宫殿还是希腊式的石头房屋，土耳其的这些建筑精品正越来越多地被改造成精致、小巧的快捷酒店。这些特色鲜明的酒店令住客体验到与时尚融合的土耳其风情。

Kelebek Hotel 可以住在仙人烟囱（岩石构造）中，体验一回奢华的穴居生活。（见497页）

阿拉恰特 数十座爱琴海村庄中的希腊石屋被改造成了精品住所。（见225页）

萨夫兰博卢（番红花城） 在高耸的岩壁之间，这座仙境般的城镇风景优美，拥有众多奥斯曼建筑改造而成的酒店。（见457页）

White Garden Pansion 几家精品酒店的存在也为安塔利亚这片古罗马—奥斯曼老城区增添了不少魅力。（见400页）

Nişanyan Hotel 这座修复过的19世纪的石头宅邸位于以弗所附近的山村斯利因斯。（见269页）

每月热门

最佳节庆

伊斯坦布尔音乐节，6月

卡帕多克斯节，5月

阿斯潘多斯歌剧和芭蕾舞节，9月

山间徒步，7月

伊斯坦布尔郁金香节，4月

1月

在土耳其的隆冬时节，就连伊斯坦布尔的大街上也不见熙熙攘攘的人群，无论是本地人还是外国游客都不见了踪影。大雪将安纳托利亚东部的山路封锁，也令长途汽车延误。旅游区的大多数旅馆都关闭了。

新年

在这个伊斯兰国家，新年是一个代替了圣诞节的节日，人们用节日装饰、交换礼物及赠贺年卡来庆祝。庆祝活动自新年前夜开始，并在元旦这个公共假期持续一整天。圣诞节和新年期间，酒店爆满，房价上涨。

3月

同前几个月一样，3月份来到土耳其，你可能会在一些顶级旅游景点独享美景，仍开门营业的酒店会提供折扣。

☆ 伊兹密尔欧洲爵士节

爵士乐节期间，欧洲和当地著名的表演团队会在这座爱琴海边的城市聚集。演奏会、工作坊、研讨会和花园派对使城市分外热闹，是爵士爱好者探访此地的好时机。（见213页）

恰纳卡莱海军胜利纪念日

3月18日，土耳其民众会来到加里波利半岛和恰纳卡莱，纪念"恰纳卡莱海战大捷"，并缅怀在"一战"中牺牲的13万名士兵。这些地区，特别是位于半岛南部的土耳其纪念场所，都会挤满前来悼念的人。（见170页）

马尼萨的梅斯尔糕糖节

与别处迥然不同的春分庆祝方式。在马尼萨的这个受到联合国教科文组织保护的节日上，人们会制作Mesir macunu（梅斯尔糕糖）庆祝，这是一种使用数十种香料制作的美味小吃，曾经治好过苏莱曼大帝母亲的病。节日时间为3月21日前后的一周。（见222页）

4月

春天到了。4月和5月是伊斯坦布尔的旅游旺季，而其他城市则进入了旅游平季。虽然土耳其北部地区的4月还不是一个晒太阳的好季节，但西南部已经微风习习、花草芬芳了。

阿拉恰特香草节

想要拜访这座爱琴海边的美食之都，最好选择阿拉恰特香草节期间前来。这里有许多精致餐厅和精品酒店。这个节日是为了纪念当地的美味香草，有大量品尝香草调味的菜肴的机会。（见226页）

伊斯坦布尔郁金香节

伊斯坦布尔的公园和花园里到处都是华丽鲜艳的郁金香。这种原产于土耳其的花卉在奥斯曼帝国时期被出口至荷兰。土耳其人常常把多种颜色的郁金香种在一起，构成他们最喜爱的辟邪物"魔眼"。郁金香在每年的3月底或4月初开放。（见113页）

☆ 伊斯坦布尔电影节

在为期两周的伊斯坦布尔电影节（Istanbul Film Festival）上，全城各处的电影院会上映一系列土耳其本土和海外的影片，并举办各种活动。这是快速了解土耳其电影的绝佳机会，不过得提前预订。

✯ 加里波利半岛澳新军团日

4月25日，人们会缅怀"一战"那场争夺达达尼尔海峡的战役和盟军士兵。在黎明悼念仪式开始前，来自澳大利亚和新西兰的缅怀者就住在澳新军团海湾。这段时间加里波利半岛又会是人山人海。（见168页）

5月

5月也是去土耳其旅行的好时节。伊斯坦布尔之外的地方依旧是平季，好处是旅行花费能节省一些。但随着春末夏初的到来，爱琴海和地中海沿岸的海滩热度开始升温。

🏃 阿拉恰特的帆板冲浪

在土耳其的帆板冲浪中心阿拉恰特，帆板冲浪季于5月中旬开始。这个受保护的爱琴海海湾在8月会举办帆板冲浪世界杯，而帆板冲浪季会在11月初走向尾声，那时8所住宿学校大都关门歇业了。（见226页）

👁 遗迹、清真寺、宫殿和博物馆

如果你想避开人群清静地参观爱琴海和地中海沿岸的著名景点，比如以弗所，这是9月前的最后一段时间了。到了夏天旅游旺季，去那儿参观的人简直多得令人无法忍受。

🏃 埃里迪尔的Dedegöl登山节

Dedegöl登山节将见证埃里迪尔的登山俱乐部成员登上Dedegöl山（海拔2998米），此时春天已将托罗斯（Taurus）山脉的冰雪融化。快来注册参加为期两天（5月19日）的免费活动吧，活动还包括大本营的一晚住宿。（见346页）

☆ 国际布尔萨节

在为期2周半的音乐节和舞蹈节期间，游客能欣赏到各地的音乐，届时会有国际大腕出席。节日期间有免费表演，顶级演出价格在40里拉左右。节日一般在5月中旬开始。（见327页）

✯ 乌奇希萨尔的卡帕多克斯节

这个为期3天的艺术节在卡帕多基亚举办，是一场融音乐、自然徒步、艺术展览、瑜伽和烹饪为一体的土耳其当代文化盛宴，与当地的绝美风景相得益彰。（见502页）

6月

夏季，伊斯坦布尔进入旅游平季，而其他地方则开始进入旺季，一直持续到8月底。这段时间内，你将要面对酷暑高温、不打折的酒店房费和景点内的汹涌人潮。为避开人群，建议提早、推迟或在午饭时间进入景点参观。

✯ 恰穆里海姆辛阿迪尔节

6月的第1或第2个周末举办，这个初夏的节日以民间舞蹈和音乐见长，展现了恰穆里海姆辛的当地文化。节日期间，流传于土耳其东北部的残忍的斗牛活动也会在此举办，比赛中两头公牛相抵，直至一头退却。（见569页）

☆ 伊斯坦布尔音乐节

可能是土耳其最重要的音乐节，包括歌剧、舞蹈、交响乐和室内乐表演。音乐节声名斐然，表演场地（包括托普卡帕宫中的拜占庭教堂圣埃尼尔）气氛浓厚。（见114页）

✯ 埃迪尔内的克尔克普那尔传统涂油摔跤节

涂油摔跤是一项有着超过650年历史的运动，来自土耳其各地的壮硕的摔跤手们，从头到脚都涂满了橄榄油，在一起相互较量。节日时间一般在6月底或7月初。（见155页）

7月

每到7月和8月，爱琴海和地中海沿岸地区的主要旅游景点就都变成了人们尽情享受阳光和挥洒快乐的天堂，而此时全国各地的气温也达到了全年最高。蔚蓝的天空激发出土耳其人性格中最为热情好客的那一面。

🏃 山间徒步

在安纳托利亚黑海海岸和东北部的大草原之间，每年7月和8月，积雪从卡奇卡尔山山口消退，可进行多日徒

步，途中可以观赏高原牧场的景色。详情可参考www.cultureroutesinturkey.com。

☆ 音乐节

土耳其每年夏天都会举办一系列音乐狂欢节，包括在伊斯坦布尔、伊兹密尔和布尔萨举办的高水平音乐节。这些城市举办流行、摇滚、爵士和舞曲等音乐活动，同时像阿拉恰特和博德鲁姆半岛这样的夏日游乐场则变为袖珍版的西班牙伊维萨岛。节日时间为6月至8月。

8月

即使到了晚上，天气也依旧炎热潮湿；一定要带上防晒霜和驱蚊剂。若是要进行徒步或是其他活动，最好选择在一大早或日落时分进行。

✦ 卡帕多基亚的节日

在仙人烟囱岩林立的卡帕多基亚，每年会有两个重大的节日。除了在山谷中举办的夏季室内音乐会系列之外，每到8月16日至18日，一年一度的哈吉·贝克塔什·维利朝圣和节日会让昏昏欲睡的哈吉贝克塔什区焕发活力。

9月

伊斯坦布尔第二个旅游旺季会在9月拉开序幕。而在伊斯坦布尔之外的其他地方，这时则进入了旅游平季，气温、物价会下降，游客减少。酒店住宿和旅游活动如乘船游览等都因冬季将近而降温。

上图： 卡奇卡尔山（见564页）
下图： 埃迪尔内的克尔克普那尔传统涂油摔跤节（见155页）上的选手

计划你的行程 每月热门

☆ 阿斯潘多斯歌剧和芭蕾舞节

享有国际声誉的阿斯潘多斯歌剧和芭蕾舞节在安塔利亚附近极具氛围的罗马剧场中举行（6月或8月底和9月）。（见408页）

🚶 潜水

在土耳其，5月至10月的水温最温暖宜人，9月的水温可达25℃左右。土耳其的水肺潜水中心是地中海区域的卡什（Kaş），爱琴海区域的马尔马里斯、博德鲁姆、库沙达斯和艾瓦勒克等地也有潜水活动运营商。

✨ 伊斯坦布尔双年展

这是伊斯坦布尔最重要的视觉艺术盛会，也被认为是全世界最负盛名的艺术双年展之一，伊斯坦布尔双年展会在每个奇数年的9月中旬到11月中旬举办。全城各处场馆都会举办世界级的展览活动。（见114页）

☆ 博德鲁姆的日光节

这个热门的音乐节于9月中旬在博德鲁姆半岛尖端的亚勒卡瓦克的Xuma海滩上举行，届时海滩会成为电子、爵士和世界音乐的海洋，DJ和乐手都将云集于此，为繁忙的夏季画上句号。（见299页）

10月

进入10月之后，土耳其的秋天才算真正到来了。在伊斯坦布尔之外的地方，许多酒店都关门歇业迎接冬季的到来。北方很难遇到好天气，但在地中海和爱琴海沿岸地区，你还可以继续享受阳光明媚、秋高气爽的天气。

☆ Akbank爵士音乐节

每年10月，Akbank爵士音乐节上就会出现土耳其本土和外国表演者济济一堂的演出盛况，展现出伊斯坦布尔这座城市对爵士乐的热爱。这个音乐节已经举办了25年，比每年7月举办的伊斯坦布尔爵士音乐节的历史还要久。（见114页）

🚶 徒步

进入秋季之后，安纳托利亚东部地区的天气开始变得不再宜人，但在西南部地区，秋季和春季是欣赏美景的最佳季节，免遭夏日的大汗淋漓之苦。详情可参见www.trekkinginturkey.com和www.cariantrail.com。

11月

即使是在沿海地区，夏天也已成为遥远的记忆。伊斯坦布尔和黑海地区开始下雨，南方的度假村人声渐息，而安纳托利亚东部地区则被冰雪覆盖。

✨ 布尔萨的卡拉格兹节

为期一周的卡拉格兹节是为了纪念布尔萨的文化遗产卡拉格兹皮影戏，届时来自当地和世界各地的皮影表演者纷纷登台献艺。时间为每个奇数年的11月。（见327页）

12月

土耳其人用热红茶和烤肉贴出的秋膘来抵御严寒。此时，土耳其大部分地区都湿冷刺骨或冰天雪地，只有西部地中海沿岸的气候稍显温和，尚可进行日间徒步。

👁 滑雪季节

去滑雪场吧：土耳其的滑雪季从国内6个滑雪胜地开始，其中包括卡帕多基亚的埃尔吉亚斯山、布尔萨附近的乌鲁达山和埃尔祖鲁姆附近的帕拉杜肯以及卡什附近的萨勒卡默什。时间为11月末至次年4月初。

🚶 安纳托利亚的雪景

如果你足够幸运，在埃尔吉亚斯山滑雪之后，可以向西前往中部的卡帕多基亚，皑皑白雪覆盖下的仙人烟囱岩景色更加奇幻。安纳托利亚东部地区也被积雪覆盖，气温会低得令人难以忍受。

旅行线路

10天 土耳其经典游

大多数初次游览土耳其的旅行者总是把两个古老的地名挂在嘴边:伊斯坦布尔和以弗所。穿越马尔马拉海然后沿着爱琴海海岸前行的经典游,会经过这两个地方。

你至少需要在**伊斯坦布尔**花上3天,才能将这座城市上千年历史的浮光掠影看个大概。在伊斯坦布尔,必看的三大景点是圣索菲亚大教堂、托普卡帕宫和蓝色清真寺。不过这座城市其他的景点和活动就像苏丹的宝藏一样丰富,包括博斯普鲁斯海峡的乘船游、独立大街的夜生活,还有大巴扎。

从伊斯坦布尔出发,别急着去这座城市的长途汽车总站,而是应该搭乘轮渡前往**班德尔马**。在那里,你可以乘坐长途汽车或火车经伊兹密尔直奔塞尔柱(为了前往以弗所),不过更有趣的是向西前往达达尼尔海峡岸边充满活力的大学城**恰纳卡莱**。你可以参加团队游,参观附近**加里波利半岛**上惨烈的"一战"战场,这会是令人难忘的体验。

从恰纳卡莱出发,乘坐3.5小时的长途汽车就到了**艾瓦勒克**,这里有破败的希腊老区和鱼餐馆。最后,乘坐长途汽车(途经**伊兹密尔**)到**塞尔柱**。这是一座令人愉悦的古朴小镇,也是前往宏伟古城**以弗所**的基地,以弗所是地中海东部地区保存得最为完好的古城。

3周 海岸航行

在**伊斯坦布尔**小憩几天后，乘渡轮前往**班德尔马**，然后搭乘汽车或火车经由**伊兹密尔**前往**塞尔柱**。算好时间，拜访塞尔柱周六开放的集市。参观**以弗所**壮观的遗址之后，还可以去一趟山顶的**斯利因斯村**。

接着，去往游轮港口**库沙达斯**游览南爱琴海海岸，这里比卡拉OK酒吧更有趣，你可以在这儿参加**普里埃内**、**米利都**和**迪迪马**的"PMD"一日游。这些古迹分别是两座古代港口城市和一座阿波罗神庙，是以弗所之旅的有趣点缀，能让你更加全面地认识本地区过去的历史。在时髦的**博德鲁姆半岛**逗留一两天，品尝炸鱿鱼，喝点儿鸡尾酒，然后乘轮渡穿过**格科瓦湾**去往**达特恰半岛**。达特恰半岛和相邻的**博兹布伦半岛**拥有渔村和荒凉崎岖的青翠山脉，非常适合租一辆踏板车游览或者徒步探索。

沿着地中海海岸继续前进，你会到达美丽的**死海**岸边，在这里你既可以从巴巴山之巅乘坐滑翔伞翱翔，也可以躺在沙滩浴巾上享受阳光。在这里，可以考虑住在僻静的**卡亚寇伊**，这里有荒废的希腊古城。长达509公里的利西亚之路，离死海仅一步之遥。沿着风光迷人的乡间小路徒步行走1天，在仙境般的**法拉亚**过夜，可以俯瞰蝴蝶谷；沿着这条路继续前进绝对是你"下次"来此旅行的首选。

同样位于利西亚之路上，在氛围悠闲的**卡什**，漂亮的港口广场每天晚上都有友好的当地人享受着凉爽的海风、美景、新鲜的土耳其开胃菜，以及一两瓶啤酒。从这里出发可以体验土耳其最令人陶醉的游船线路之一，途中会游览**凯考瓦岛**上沉陷海底的利西亚古城。从卡什出发，两三个小时就能抵达**奥林帕斯**，这里最著名的亮点是自燃的奇美拉之火和海滩树屋。

坐1.5小时的长途汽车可以到达**安塔利亚**，城中的罗马-奥斯曼城区卡莱伊奇非常值得一逛，它背靠绵延不绝的山脉，令人赞叹。从安塔利亚出发，你可以飞回伊斯坦布尔，或者乘坐9小时的长途汽车穿越平原前往卡帕多基亚。

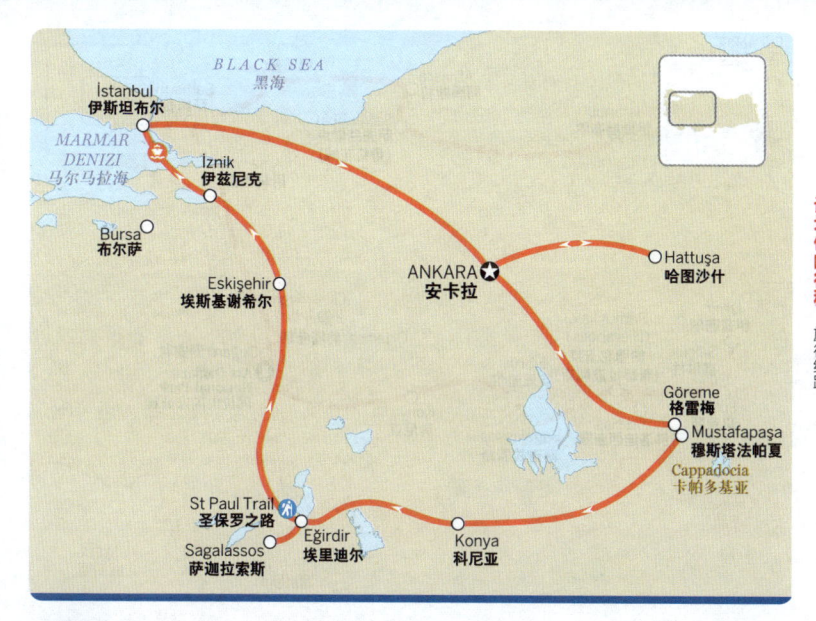

2周 卡帕多基亚漫步

从**伊斯坦布尔**乘坐长途汽车或火车快车前往首都**安卡拉**。这座政治之都名气虽然比不上博斯普鲁斯海峡岸边那座声名远扬的古都，但安卡拉城内还是有两处重要的景点能让你深入了解了土耳其古代以及当代历史：一个是土耳其国父陵，即位于山顶上的阿塔图克陵墓。另一个便是安纳托利亚文明史博物馆，这座经过修复的15世纪顶篷市场摆着附近大草原的产物。从顶篷市场向东绕行，前往与世隔绝、唤起人们怀古幽情的**哈图沙什**，它是青铜时代晚期赫梯帝国的都城。

留出3天时间探索卡帕多基亚——可以在**格雷梅**的洞穴酒店住下，那里环绕着布满仙人烟囱岩的山谷。这种著名的岩石构造遍布通向各个景点的道路旁，景点含格雷梅露天博物馆在岩层中雕凿出来、绘有壁画的教堂，以及位于凯马克勒和代林库尤的拜占庭地下城。在乘热气球旅行、山谷徒步和骑马的间隙，记得安排一点时间在**穆斯塔法帕夏**这样的村庄坐下来，村庄多依山而建，有希腊石头房屋和建于18世纪的教堂。

你可以直接飞回伊斯坦布尔，如果你时间充裕并且对安纳托利亚的山脉和草原感兴趣的话，也可以乘长途汽车继续旅行。在去往**埃里迪尔**的途中，可在**科尼亚**享用午餐，然后游览蓝绿色屋顶的梅乌拉那博物馆，里面有13世纪梅乌拉那（旋转托钵僧）教派创立者的墓穴。位于湖畔的埃里迪尔有一座岛屿和破败的希腊老城区，四周环绕着沙滩和托罗斯山脉（Toros Dağları），是分段徒步**圣保罗之路**的一个安静基地。一日游也可前往令人震撼的**萨迦拉索斯**遗址，这座古希腊罗马城镇位于托罗斯山脉海拔1500米的高处。

你可以从埃里迪尔乘坐汽车返回伊斯坦布尔，或从附近的伊斯帕尔塔（Isparta）飞回伊斯坦布尔。如果最后一夜想体会安纳托利亚的宁静氛围，而非伊斯坦布尔式的喧闹，可以前往湖畔的**伊兹尼克**，这里的古罗马-拜占庭墙壁之间展示了奥斯曼时代瓷砖烧制的遗产。必须在**埃斯基谢希尔**或**布尔萨**换车才能抵达这里，旅途的最后一程可乘坐渡轮跨越马尔马拉海返回伊斯坦布尔。

3周 环游安纳托利亚

旅程始于奥斯曼和拜占庭帝国曾经的首都**伊斯坦布尔**,你可以在这里的清真寺、宫殿和1400万人之间徜徉几日。接下来,往东去**萨夫兰博卢(番红花城)**,那里蜿蜒的街道边到处都是奥斯曼宅邸。随后可以向北转往**阿玛斯拉**,你会看到度假的土耳其人在拜占庭城堡漫步。从阿玛斯拉驱车经过起伏的群山之后,就可抵达**锡诺普**,又一个漂亮的黑海港口城市,也是哲学家第欧根尼的出生地。

下一站,乘坐6小时的长途汽车途经**萨姆松**抵达**阿马西亚**,这里有奥斯曼建筑、本都陵墓和古代城堡。在Yeşilırmak河边的露台上可以将所有风景尽收眼底,再喝几杯装在郁金香形杯子里的红茶,然后搭乘长途汽车,穿过安纳托利亚草原抵达卡帕多基亚。这片拥有仙人烟囱岩和洞穴教堂的迷人土地,背靠热门旅游路线,不过你可以用步行或骑马的方式探索山谷,避开乘坐旅游大巴的旅行团。同样,格雷梅和于尔古玉普也是游客的热门落脚点,不过你可以住在游人较少的村子,如**奥塔希萨**,那里还有修建在陡峭山崖上的城堡。**索安利**位于卡帕多基亚中部地区以南,也有石窟教堂,而且没有拥挤的人群。两个山谷内都有拜占庭修道院。然后去往**阿拉山国家公园**,你能欣赏到托罗斯山脉那堪称土耳其最惊心动魄的美景。

科尼亚恢宏的清真寺令人想起它作为塞尔柱鲁姆苏丹国首都的往昔,在去埃里迪尔的途中,这里是便利的午餐地点。湖畔的**埃里迪尔**坐拥托罗斯山脉的美景,还有一些人迹罕至的景点,例如**萨迦拉索斯**——一座海拔1500米的古希腊罗马城镇。在**希耶拉波利斯**还有更多令人难忘的古迹,这座古代温泉城从方解石山顶上俯瞰着**帕穆克卡莱**村庄。附近的**阿佛洛迪西亚斯**也同样美得令人难以置信,你也许可以独享拥有3万个座位的竞技场。

从代尼兹利(帕穆克卡莱附近)搭乘长途汽车或火车,只需要几个小时就能抵达**塞尔柱**,这里是游览**以弗所**的大本营。离开塞尔柱,你可以从附近的**伊兹密尔**直接飞回伊斯坦布尔,或者按照我们制定的"土耳其经典游"路线继续陆地之旅。

计划你的行程
户外活动

无论你是想泛舟驶过沉陷海底的考古遗迹，还是挑战高耸的山峰，抑或是要在马背上探索乡村，在土耳其都不成问题。不管你是皮划艇爱好者还是滑雪高手，这里都为你准备了一流的场地。这里的安全标准也很高，只要你选择声誉不错的经营者，就会有符合资质、会说英语的员工为你提供帮助。

步行游览和徒步穿越

土耳其人和外国游客都越来越热衷于徒步旅行，而且越来越多的本地与外国旅行社也开始组织徒步假日游的项目。土耳其的国土层峦叠嶂、山川壮丽，从西南部的托罗斯山脉至东北部的卡奇卡尔山，都为旅行者提供了绝佳的徒步旅行路线。徒步旅行是深度探索那些游客稀少的村落和景点的最佳途径，你将有机会体验土耳其的乡村生活。

步行游览的选择范围很广，既可选择颇具挑战性的多日徒步旅程，例如500公里的圣保罗之路，从安塔利亚附近的柏尔盖出发，穿过安纳托利亚西部乡村，最后在埃里迪尔湖结束；也可以选择舒适的午后散步，比如在卡帕多基亚四处走走。

若要了解更多在土耳其徒步的信息，请登录Trekking in Turkey（www.trekkinginturkey.com）和Culture Routes in Turkey（cultureroutesinturkey.com）这两个网站。

安全建议

除了少数最著名和路况很好的徒步路线之外，大多数道路都没有路标。你最好雇个导游，或者在出发前向当地人咨询。

最佳地区

安塔利亚和蓝绿海岸

地中海西部地区提供丰富多彩的户外活动，包括海上皮划艇、乘船游、潜水、两条路标清楚的徒步路线、溪降、漂流和滑翔。

卡帕多基亚

卡帕多基亚是绝佳的半日或一日徒步旅行地，这里起伏的山谷和仙人烟囱岩有着超现实般的景色。另外，你在这里还可以进行山间徒步、骑马，以及在埃尔吉亚斯山滑雪。

安纳托利亚东部

前往安纳托利亚东部探险，特别是该地区的北段，在那里你可以参加山间徒步、激浪漂流、骑马、滑雪、滑板滑雪，以及越野滑雪等活动。

爱琴海南部

带上你的泳衣前往爱琴海更加热门的南部地区，博德鲁姆、马尔马里斯和阿克亚卡等地区的户外运动组织者会提供各种乘船游，还有水上运动，包括潜水、滑水、风帆冲浪和风筝冲浪等。

土耳其的天气瞬息万变，因此出发前要准备妥当，并确认当地的气候等状况。

一日徒步游

如果你想要进行半天或一天徒步旅行，卡帕多基亚就是最适合的地方。在格雷梅和厄赫拉热峡谷附近有十几座山谷你能轻松穿越。这些路线大多能在1个或数个小时内走完，坡度平缓，非常适合休闲徒步者甚至是家庭游客。仙人烟囱岩的风光令人难忘，而徒步则是欣赏这里的美景和地形地貌的最佳途径，你还可以探索很少有游客到达的地方。毕竟，全世界没几个地方能像这里一样，让你在有如月球表面般的地形中，徒步经过一个又一个岩石上雕凿出来的古老教堂。

长距离徒步路线

Culture Routes in Turkey开发了两条标志性的徒步路线——利西亚之路和圣保罗之路，沿途都有路标。此外还有几条新的长距离路线，如艾维利亚·塞勒比之路——追溯奥斯曼时代著名旅行家足迹的道路和爱琴海南部的卡利亚之路。春秋是长距离徒步的最佳时节，你也无须走完全程，大可以选择一小段路走走。登录网站（www.cultureroutesinturkey.com），了解关于徒步路线的信息、指导手册和地图。

利西亚之路（Lycian Way）

509公里长的利西亚之路在费特希耶和安塔利亚之间，部分路段在内陆，部分在古老的利西亚海岸沿线，途经帕塔拉、卡尔坎、卡什、菲尼克、奥林帕斯和特基罗瓦。途中的亮点包括令人惊艳的海岸线风光、松树和柏树林、安逸舒适的村落、古代城市遗址，以及奥林帕斯山和巴巴山。凯特·克劳（Kate Clow）一手打造了这条徒步旅行线路，她在徒步旅行指南 *The Lycian Way* 一书中对此路做了详尽的介绍。

圣保罗之路（St Paul Trail）

圣保罗之路全长500公里，从安塔利亚以东10公里处的柏尔盖一路向北延伸至埃里迪尔湖东北的Yalvaç，和圣保罗在小亚细亚首次传教之旅的部分路线重合，比利西亚之路更有挑战性，上坡更多。沿途会穿过峡谷、瀑布、森林、一条中世纪古道、古罗马浴场和水道桥，还有无数古雅的村庄。

凯特·克劳和特里·理查德森（Terry Richardson）撰写的《圣保罗之路》（*St Paul Trail*）对这条路线做了详细介绍。埃里迪尔是个充当基地的好地方，那里有专门服务于这条路线的活动中心。

登山路线

土耳其有几条非常不错的登山路线。

阿勒山 雄伟壮观而极具挑战性的阿勒山海拔5137米，是土耳其的最高峰。它位于土耳其与亚美尼亚的边境线附近，是这片地区最好的登山选择之一，从附近的多乌巴亚泽特出发需要5天时间完成（包括适应当地水土）。准备好现金，耐心地等待办理通行证的全部手续和流程——2015年和2016年曾经停止发放登山必需的许可证。

卡奇卡尔山 在安纳托利亚东北部，卡奇卡尔山有湖泊、森林和其他植被，分布在海拔2000米至3937米的山上。有许多条路线，包括数小时的短途和数天的跨越山脊和山口的长途跋涉。

卡帕多基亚 卡帕多基亚南部美丽的阿拉山国家公园拥有一些绝佳的多日徒步路线，经过一日的艰难攀登，便可抵达海拔3268米的哈桑山峰顶。

骑马

土耳其的骑马机会很多，卡帕多基亚是首选，诸多骑马小道在绝佳的景色中星罗棋布。当地提供的导游骑行从1小时到数天的行程都有。此外，费特希耶和安塔利亚（圣保罗之路沿途）周边乡村也有骑马的好机会，可沿艾维利亚·塞勒比之路骑好几天。

乘热气球旅行

土耳其最具标志性的户外运动之一就是乘坐热气球飘浮在卡帕多基亚连绵起伏的岩石山谷上空。这项体验花费不菲，而且需要早起赶时间，但能够俯瞰那如同月球表面一般的地貌，大部分游客都会觉得物有所值。热气球之旅全年均可参加，但具体要视天气而定。

39

计划你的行程 户外活动

上图：在西戴（见411页）附近的马纳夫加特河上激浪漂流

下图：在内夫谢希尔（见508页）骑马

水上运动

懒洋洋地躺在银色的沙滩上晒太阳固然惬意，但这里也有更多的机会让你下水享受海洋的乐趣。

水肺潜水

尽管这里不是红海，但世界上还有什么地方能让你在古代沉船的双耳陶罐上方畅游呢？土耳其还有礁石、陡坡和水下洞穴等多种选择。海面少有风浪，平均能见度为20米（以地中海的能见度标准来说不算太差）。这里少有远洋生物，但是小型礁石生物的种类非常丰富。你可以在水下与石斑鱼、牙鲷、海鳗、海鲷、章鱼和鹦嘴鱼嬉戏，偶尔还能看到鲥鱼、梭鱼和鳐鱼。你无需很多潜水经验，这里有适合各种水平潜水者的项目。经验丰富者可以去探索巨大的红色珊瑚（通常位于水下30米）。

这里的潜水设施质量较高，有非常专业的潜水中心，配有训练有素、会讲英语的潜水教练。大多数潜水中心都是国际认可的组织。与其他地方相比，在土耳其潜水的花费很低，是学习潜水的好地方。大多数潜水公司都会为初学者安排入门课程和价格合理的开放水域潜水认证课程。

虽然土耳其海域全年都可以潜水，但最佳季节是每年5月至10月，此时水温最高（9月的水温可达25℃）。

最佳潜水地点

卡什是土耳其的水肺潜水中心，有绝佳的地中海潜点和众多的运营商。在爱琴海海岸，马尔马里斯、博德鲁姆、库萨沙达斯和艾瓦勒克等地的潜水活动也名声在外。

海上皮划艇和划独木舟

地图清晰地显示出西部地中海曲折的海岸线，那里到处都是隐蔽的峡湾、深蓝色的海湾、松林密布的山脉、若隐若现的岛屿和悠闲的村落。扬起双桨才是舒适地抵达原始地貌（有些地方没有路）并欣赏蓝绿海岸这片绝景绿色的最好方式。旅途中你可能会看到飞鱼和海龟，足够幸运的话还能遇到嬉戏的海豚。

泛舟游通常只有一日，不过也可安排时间更长的旅程，加上在人迹罕至的海滩上伴着繁星露营过夜的活动。费用包括交通、导游、装备和餐食。包括阿克亚卡在内，爱琴海海岸也有可以泛舟的地方。

最佳泛舟地点

凯考瓦沉没之城（见392页）利西亚遗址有一部分淹没在海面以下6米深处，这个神奇的下陷古城是你从卡什出发划海上皮划艇进行游览的完美地界。这趟美妙的一日游老少皆宜，你能够划着小艇，慢慢掠过沉在水底的城墙、残存的地基和台阶，透过清澈的海水。这些被2世纪的几次地震沉入水中的古代遗迹清晰可见。

帕塔拉（见377页）桑索斯河（Xanthos River）的独木舟之旅会为你提供一次极具特色的体验，你将划船经过丛林般的河岸、探索丰富多样的生态系统，看到各类飞鸟、螃蟹和海龟。土耳其最长的海滩帕塔拉将为这个旅程画上完美的句号。

溪降

溪降混合了登山、徒步、绳降、游泳和一些相当剧烈的跳跃或骤降元素——从瀑布、河流峡谷和湿滑的水道降入天然的深水潭。相关的活动经验并非必需，但最好能够有合格的身体素质并稍识水性。溪降探险活动中心都会提供潜水服、头盔和绳具，而且会有合格的教练带领。费特希耶东南方向，在18公里长的萨克利肯特峡谷（见375页），你可以纵身一跃跳进天然水潭，游过狭窄的水道，攀爬岩石，然后用绳索在瀑布速降。

激浪漂流

若要体验刺激而安全的冒险之旅，一定要选择声誉较好的组织方，因为经验、技术和装备都非常重要。下水前，你的导游应该详尽、全面地给你讲解安全须知，并训练你的划桨技巧。以下是最佳激浪漂流地点：

乔鲁河（见566页）因为修筑大坝，许多水上漂流运动目前都已停止运营，但乔鲁河及其支流（伊斯皮尔和伯赫尔河）依然能为漂流者提供冒险之旅。优素费利大坝预计于2019年开闸，届时城市（组织团队游的主要基地）和周边地区将被洪水淹没，当地漂流运营商认为，以后的漂流活动只能在伯赫尔河上进行了。

恰穆里海姆辛（见567页）在卡奇卡尔山的另一侧，拥有较缓和的激流和令人难忘的风景。

桥谷（见410页）桥谷位于安塔利亚和西戴之间的蓝绿海岸上，是土耳其最热门的激浪漂流目的地之一。有大量的漂流运营商提供漂流项目（一般是2~3小时）。

萨克利肯特峡谷（见375页）费特希耶附近一条长18公里的峡谷，提供漂流活动（不是激浪漂流）。

扎曼提河 位于卡帕多基亚的阿拉山国家公园内。

乘船之旅

想乘船沿爱琴海或地中海海岸游览，这里机会很多，包括沿着爱琴海北部的艾瓦勒克绕海岸前行，直达地中海东部的阿拉尼亚的一日游，以及租一艘优雅的传统木帆船（gület）进行的多日游览。最受欢迎的木帆船游览路线是在代姆雷（城堡；靠近奥林帕斯）和费特希耶之间。

风帆和风筝冲浪

切什梅半岛上的阿拉恰特是职业帆板协会（Professional Windsurfers Association，简称PWA）世界杯的举办地。从5月中旬至11月初，阿拉恰特拥有持续而强劲的海风（风速可达25节），2公里长的海滩上尽是浅滩，水面平静，是世界级的风帆场所。它还是理想的学习地点，有会说英语的教练和各种级别的课程，以及一流的风筝冲浪地。此外，阿克亚卡（马尔马里斯附近）也日益受到风帆和风筝冲浪爱好者的青睐。

冬季运动

土耳其以夏季运动闻名，但外界很少知道，这个国家也有许多冬季运动场所，尤其是出色的滑雪（土耳其语中叫kayakcı）胜地。

滑雪

尽管这里不是阿尔卑斯山，但是滑雪爱好者一定会惊喜于土耳其高品质的滑雪设施，还有12月至次年4月的一流雪况。无论你是经验丰富的老手还是滑雪新手，在这里都能找到适合你的场地。近年来，绝大多数滑雪场都在经历升级改造，拥有良好的设施，包括设备齐全的酒店——而且价格比许多西方国家度假村都低。

大多数酒店提供一日或一周的套餐，包括滑雪缆车套票和全食宿的费用。你可以租赁装备并雇用教练指导，不过很难找到会说英语的滑雪教练。大多度假村可进行单板滑雪，一些度假村还有越野滑雪和雪鞋行走项目。

滑雪胜地

乌鲁达山（见331页）位于布尔萨附近，这个大型度假村有许多连锁酒店以及一条通往城市郊区的缆车线。它在冬天的周末很受伊斯坦布尔滑雪爱好者的欢迎。

帕拉杜肯 埃尔祖鲁姆市郊的一个大型度假村（www.skiingturkey.com/resorts/palandoken.html）。

萨勒卡默什 这座松林环绕的度假村位于卡尔斯附近，拥有深厚而干燥的积雪（http://www.skiingturkey.com/resorts/sarikamis.html）。

达乌拉孜山 达乌拉孜山耸立于埃里迪尔附近的三个湖泊之间，提供北欧式滑雪、速降滑雪和单板滑雪项目。

埃尔吉耶斯山 位于卡帕多基亚地区的开塞利上方，埃尔吉耶斯山提供出色的滑雪道，能满足各种水平的运动者的需求。

高崖跳伞

想象一下自己优雅地掠过在天鹅绒一般柔软的靛蓝色海面，感受微风的抚摸……想要体验这样的奇妙之旅，从死海巴巴山（1960米）斜坡上乘坐滑翔伞是首选，从4月底到11月初，当地的上升暖气流一直延绵不断。对于初学者来说，当地的运营商可提供牵引式飞行，无须训练和经验。你只需要跑几步，其余的就可以完全交给飞行员控制，会有挽具将你们绑在一起。死海也提供帆伞运动，卡什和棉花堡也是高崖跳伞的热门场所。

计划你的行程
和当地人吃喝

在土耳其,用餐是极具仪式感的活动。当地美食以应季的新鲜食材见长,让人食之难忘。土耳其人烤肉烤鱼的技艺经过几个世纪的打磨,如今已近乎完美。烤肉鲜嫩多汁,开胃小菜日日供应,炭烤鲜鱼经过简单的装盘端上餐桌,搭配土耳其著名的茴香饮品——拉克酒。土耳其定会让你酒足饭饱、心满意足。

美食时节表

春季(3月至5月)

多宝鱼(kalkan)、海鲈鱼(levrek)、鳕鱼(mezgit)和虾(karides)大量上市,还有采用洋蓟、蚕豆、水萝卜、黄瓜制作的沙拉、草莓和青李子。

夏季(6月至8月)

沙丁鱼(sardalya)和龙虾(ıstakoz)是夏日美食。此时的开胃菜中会有新鲜的洋蓟、蚕豆和核桃。季节沙拉中有黄瓜、玉米和番茄。此外这里还有长达4个月的西瓜和无花果供应期。

秋季(9月至11月)

当地人开始庆祝为期4个月的鲲鱼、鲣鱼和竹荚鱼供应季,以及短暂的鲷鱼季。石榴在10月上市,一直大量供应至次年2月底。

冬季(12月至次年2月)

享用鱼类的最佳季节:11月的鲲鱼最出名,1月最好的要数马鲛鱼、竹荚鱼和鲣鱼。板栗开始收获,在街头巷尾有烤板栗出售。

吃什么

当地的农作物从采摘到烹饪耗时极短,保证了食材的鲜美滋味。

开胃菜

Meze(类似西班牙的小菜)并非一道菜肴,而是全套用餐体验。如果在当地人家用餐,主人可能会在主菜上桌之前,端出一些精心准备的开胃菜供客人品尝。在酒馆(meyhanes)中,服务员会端着盛满冷食的托盘四处转悠,供食客随意挑选——热的开胃菜要从菜单上选。开胃菜一般以蔬菜为主,不过也有海鲜。

肉

总的来说,土耳其饮食以肉类为主,如果你是素食主义者,这将是个问题。在土耳其,烹饪牛肉、羊肉(包括羊羔肉)、肝脏、鸡肉的方式数不胜数。最著名的要数烤肉,分为块状(şiş)和片状(döner),炒肉块(köfte,saç kavurma)和陶罐炖肉加蔬菜(güveç)也很常见。

土耳其最受欢迎的香肠是辣味的牛肉sucuk。加了大蒜的pastırma(在香料中保存的牛肉干)经常被用作鸡蛋类菜肴的配菜,偶

鱼

这里的鱼很美味，但价格不菲。在鱼餐厅（balık restoran）里，你一般需要和当地人一样，在水缸中挑选食材。挑完称重，价格以当天每公斤的单价计算。

销量最好的鱼类包括凤尾鱼（hamsi）、竹荚鱼（lüfer）、大比目鱼（kalkan）、黑鲈（levrek）、青锯石斑鱼（lahos）、牙鳕（mezgit）、金头鲷（çipura）和鲣鱼（palamut）。

蔬菜和沙拉

土耳其人热爱蔬菜，夏天会吃鲜菜，冬季则会吃腌菜（türşu的意思就是泡菜）。土耳其有两种特别的蔬菜烹饪方法：第一种是zeytinyağlı（用橄榄油煎），第二种是dolma（用大米或肉类填馅）。

土耳其沙拉（salata）的制作方法极其简单，爽口的新鲜食材浇一点油和醋就端上桌，作为开胃菜食用，也会搭配肉或鱼的主食一起食用。

糖、香料和一切美味

土耳其人一般不会以甜点作为尾菜，最后一道菜通常都是水果。大多数土耳其人都喜欢在下午过半时吃些甜食，他们经常会去牛奶布丁店（muhallebici）、蛋糕店（pastane）或果仁蜜饼店（baklavacı），吃一片蘸糖浆的果仁蜜饼、一碟巧克力泡芙，或者有牛奶、糖和一丝异国香料味道的大米布丁（fırın sütlaç）。其余值得一试的特色甜点还有kadayıf，蘸糖浆、浇一层kaymak（浓缩稀奶油）的面圈；künefe，用甜奶酪将多层kadayıf黏在一起，蘸糖浆、撒一些开心果，最好趁热吃。还有katmer，一种薄的多层甜点，填有浓缩稀奶油和无花果，同样最好趁热吃。

喝什么
酒类饮品

土耳其最受欢迎的酒类是拉克酒（rakı），这是一种放有洋茴香的葡萄烈酒。与希腊的乌佐酒（ouzo）类似，这种酒盛放在薄壁长玻璃杯中，直接喝或兑水喝，加水后会将这种干净的液体变成乳白色；如果想加冰（buz），要先加水，因为直接加冰会破坏口感。

啤酒（bira）也很受欢迎。当地产的Efes是一种独特的比尔森啤酒，有瓶装的、罐装的，也有桶装。

土耳其也有自产自酿的葡萄酒（şarap），经过几十年的发展，质量已得到极大的提高，但因为高额征税，价格非常高。如果想喝红葡萄酒，可以选择kırmızı şarap，白葡萄酒的精品佳酿则是eyaz şarap。当地热门的葡萄酒包括boğazkere，一种烈性红葡萄酒；kalecik karası，一种优雅的红葡萄酒，有一丝香草和可可的味道；emir，一种轻型花香白葡萄酒；narince，一种果味干白。

非酒精类饮品

喝茶是国民性的休闲活动，这个国家的茶叶来自黑海地区。糖块是唯一的添加物，你会发现，其效用和长时间发酵的茶类差不多，不过你一般都可以要求口味淡一些（açık）。

完全是化学产品的苹果茶（elma çay）不含咖啡因，只对游客供应——当地人绝不会喝这东西。

土耳其咖啡（Türk kahve）是一种浓郁强劲的酿造饮品，喝一两口就能醉。如果点一杯，店员会询问你要什么样的甜度——çok şekerli是"非常甜"，orta şekerli是"中等"，az şekerli是"少许"，şekersiz或sade是"不甜"。

Ayran是一种提神饮品，以酸奶加水和盐搅打制成，是搭配烤肉的传统饮品。

Sahlep是一种热的牛奶饮品，能抵御冬季的寒冷。用野生兰花球茎制作，据说可以催情。

美食体验

想来一次史诗般的美食之旅？那你算是来对了。

一生难忘的一餐

Asitane（见123页）和**Deraliye**（见121页）这两家伊斯坦布尔餐厅专门研究并再现苏丹的宫廷御膳。

Cappadocia Home Cooking（见520页）在艾瓦勒峡谷（Ayvalı Gorge）边缘的家庭住宅里享用乡村家常菜，参加烹饪课程。

Lǎl Girit Mutfağı（见198页）仲达制作的出色的克里特风味开胃菜，食谱来自一位备受爱戴的老奶奶。

Okyanus Balık Evi（见541页）位于黑海海岸的这家海鲜餐厅，遵循严格的"应季"原则，有一系列不寻常的开胃菜可供选择。

Orfoz（见293页）经常被誉为土耳其最好的海鲜餐厅，这家博德鲁姆的餐厅提供非同一般的美味菜肴。

Zeytin Bağı（见191页）被我们票选为该国最好的土耳其早餐餐厅，埃德雷米特湾的风景是额外加分项。

廉价小吃

鱼肉三明治（Balık ekmek）烤鱼排搭配沙拉和柠檬汁，夹在面包里。在全国各地轮渡码头旁边上的小摊上都有卖。

芝麻面包圈（Simit）表面布满芝麻粒儿的面包圈，面包房和街头小摊都有售。

贝壳五香米饭（Midye dolma）填满五香米饭的贻贝，街头小摊有售。

旋转烤肉（Döner kebap）羊肉在一根旋转的直立串肉扦上烹饪，然后切成薄片，与沙拉和一点儿五倍子粉调料一起夹在面包中食用。

煎饼（Gözleme）可口的薄饼，包上奶酪、菠菜、香菇或马铃薯等馅料；在安纳托利亚中部地区特别流行。

艾瓦勒克吐司（Ayvalık tost）烘烤三明治，里面有奶酪、辣香肠、腌黄瓜、番茄、番茄酱、蛋黄酱和制造者能够想到的任何东西；以它的发明地爱琴海北部城市的名字命名。

敢尝尝吗

烤羊肠（Kokoreç）腌制过的羊肠中塞满内脏碎，在炭火上烤熟后夹在面包里；烤羊肠小摊（kokoreçis）有售。

钵扎（Boza）黏糊糊的浆汁，配料是水、糖和发酵的大麦，以补充体力和壮阳闻名。最好的品尝地点是伊斯坦布尔的历史老店Vefa Bozacısı（见129页）。

肚子汤（İşkembe）或**羊蹄汤**（kelle paça çorba）前者据说是缓解宿醉的良方。

仙甘汁（Şalgam suyu）熬煮胡萝卜并加醋制成的深红色酸味饮品；在地中海东部城市梅尔辛特别受欢迎。

牛奶布丁（Tavuk göğsü）加入鸡胸肉的甜牛奶布丁。

Söğüş 水煮舌头、脸颊肉和脑花，与洋葱、欧芹、薄荷、番茄、小茴香、辣椒粉一起夹在面包中冷食。

当地特色菜
伊斯坦布尔

除了没挂首都之名，伊斯坦布尔在各个方面都是土耳其真正的中心。这里有来自全国各地的人，意味着当地餐厅可以提供各地区的风味美食。土耳其东南部受叙利亚影响的菜肴在当下特别流行，不过，外出就餐的首选无疑是黑海风格的鱼餐厅或小酒馆（meyhane）。堪称这座城市独一无二菜肴的，只有那些苏丹及其群臣曾经用膳的奥斯曼餐厅所重现的丰盛混搭菜品。

色雷斯和马尔马拉

在马尔马拉，尤其是其首府埃迪尔内，肝脏烹饪之佳，全国无出其右，通常是油炸，并搭配酥脆的煎辣椒和酸奶一起吃。色雷斯菜肴的主角是鱼而不是内脏，而且当地人很喜欢甜点，如格克切岛上的埃菲杏仁饼干（efi badem，用大杏仁、黄油和面粉制作的撒满糖霜的饼干）。近些年来，当地酒庄酿造了一些土耳其最令人难忘的葡萄酒，可以沿着刚刚开辟的色雷斯葡萄园之旅（见160页）造访这些酒庄。

爱琴海

使用海鲜、新鲜采摘的蔬菜、野生香草和当地出产的橄榄油制作的开胃菜，是土耳

45

计划你的行程 和当地人吃喝

上图：开胃菜陈列橱

右图：Imam bayıldı（著名的茄子菜肴）

热门菜肴

acılı ezme 香辣番茄和洋葱糊

Adana Kebap 阿达纳烤肉,穿在扁钎上烤的香辣肉丸

alinazik 茄子泥配酸奶和肉丸

balık ekmek 鱼肉三明治

beyti sarma 香辣肉碎,放在面包里烤,配酸奶吃

börek 甜或开胃馅料的糕点

büryan 地炉慢烹羔羊肉

cacık 酸奶浸大蒜和薄荷

çiğ köfte 生羔羊肉拌碾碎的干小麦和香料

çoban salatası 番茄、黄瓜、洋葱和甜椒沙拉

döner kebap 直立旋转烤肉叉上烤制的羔羊肉或牛肉,然后切成细条

fava salatası 蚕豆泥沙拉

fıstıklı kebap 羔羊肉泥拌开心果

gözleme 填馅煎饼

haydari 酸奶浸茄子和大蒜

hünkâr beğendi 炖羔羊肉或牛肉,浇在茄子泥上

imam bayıldı 橄榄油慢烹茄子、洋葱、番茄和胡椒

içli köfte 羔羊肉泥和洋葱裹碎干小麦

işkembe çorbası 牛肚汤

İskender kebap 亚历山大烤肉,源于布尔萨的烤肉,盖番茄和焦黄油酱

karışık ızgara 混合烤羔羊肉

kısır 保加利亚沙拉

kokoreç 调味烤羊肠

köfte 肉丸;ızgara köfte是烤肉丸

kuru fasulye 香辣番茄酱烹扁豆

lahmacun 薄脆阿拉伯比萨,上有碎羔羊肉

mantı 肉馅小方饺,上有酸奶、番茄和黄油

mercimek çorbası 扁豆汤

muhammara 核桃、面包、芝麻酱、橄榄油和柠檬汁蘸料

pastırma 香辣牛肉干

patlıcan kebap 羔羊肉块或碎末烤茄子

patlıcan kızartması 炸茄子配番茄

perde pilavi 鸡肉和米饭点心

pide 土耳其比萨

piyaz 白豆沙拉

sigara böreği 雪茄形状的白奶酪馅油炸糕点

şiş kebap 用烤肉叉烤的小片羔羊肉

su böreği 类似意式宽面的多层糕点,配奶酪和欧芹

tavuk şiş 烤肉叉烤的无骨小鸡块

testi kebap 密封陶罐慢烹羔羊肉或鸡肉

tokat kebap 羔羊肉块烤土豆、番茄、茄子和大蒜

Urfa kebap 阿达纳烤肉的清淡版

yaprak sarma/yaprak dolması 葡萄叶包米饭和香草

其爱琴海菜系的中流砥柱，令游客垂涎欲滴。鱼是海滨地区菜单上的主力，而内陆的村民喜爱本地产的羊羔肉，用其制作一些不同寻常的菜肴，如肉丝小麦泥（keşkek，羊肉撕碎，麦粒打成泥）。博兹贾阿达岛上点缀着风景如画的葡萄园，为岛上三家广受好评的本地酒庄供应葡萄，伊兹密尔的葡萄也逐渐在土耳其国内声名鹊起。

安纳托利亚西部和中部地区

土耳其腹地的烹饪主菜非土耳其烤肉莫属。已经成为国家级珍馐的地方美食包括浓香而令人上瘾的伊斯肯德尔或布尔萨烤肉（转烤的羊羔肉片铺在土耳其比萨饼块上，再浇上酸奶、热番茄酱汁和烧得有点焦的黄油）和托卡特烤肉（羊肉串和茄子片穿在烤肉扦上垂直悬挂，炙烤，然后在木炭炉中烘烤，吃的时候配烤大蒜）。它们的名字都来自其起源的城市。最受欢迎的甜点包括糖渍栗子（kestane şekeri）。

地中海地区

地中海东部地区拥有三座美食之城：锡利夫凯、阿达纳和安塔基亚。锡利夫凯以其酸奶闻名，阿达纳则有用它名字命名的烤肉（剁碎的牛肉或羔羊肉混合红辣椒粉，然后穿在烤肉扦上烘烤，最后撒上一些微酸的五倍子调料粉），而安塔基亚的代表菜是其受叙利亚影响的丰富蘸料、沙拉、炸丸子和甜点，这些甜点中最受人喜爱的是künefe，粉丝似的细面条被甜奶酪粘着，浸泡在糖浆里，撒上开心果碎趁热吃，口感又黏糊又酥脆，很容易上瘾——我们可是警告过你了。

黑海地区

黑海海岸沿线的土耳其人对鳀鱼（hamsi）深深喜爱。一代又一代的黑海厨师在面包、羹汤和肉汁米饭（pilafs）中使用这种细长的银色小鱼，把它们扔在烤架上，或裹上面粉后下油锅煎。当然，它并不是这里唯一的特色美食。玉米奶酪糊（Muhlama，黄油和奶酪煮玉米面）、绿甘蓝汤（karalahana çorbası）和极为香浓的拉兹饼（Laz böreği，薄面皮上一层层铺着奶油冻和榛子）也是等待你去探寻的美食。值得注意的还有奥尔杜周边出产的榛子和里泽出产的红茶。

安纳托利亚东北部

在土耳其的这个偏远的角落里，来自森林和田野的果实担当重头戏。在面包上涂抹厚厚的一层来自养蜂人的花蜜，再抹上一层超油的凝脂奶油（kaymak）——这样的早餐，如今流行于全国各地。而鸭肉（kaz）和羔羊肉会以烧烤或炖菜的方式呈现，令人联想到邻国伊朗、格鲁吉亚和亚美尼亚菜的风格。在卡尔斯，肥沃的山坡草场上放养的动物产的奶被用来制作各种美味的奶酪。十分特别的饮料包括使用紫罗勒调制的reyhane。

安纳托利亚东南部

该地区首屈一指的美食之地是加济安泰普——开心果爱好者的首选目的地。当地出产的开心果饱满、味浓，常常出现在这座城市著名的果仁蜜饼（baklava）和香脆酥饼（katmer，薄面皮一层层夹着浓缩奶油和坚果，顶上撒上开心果，烘烤后从炉子里拿出来就吃）上。值得一提的还有尚勒乌尔法——乌尔法烤肉（配西红柿、洋葱片和辣椒的烤肉串）之乡，以及土耳其全国最好的阿拉伯风味极薄比萨，它也被称为拉马军（lahmacun）。其他当地美食还包括来自马拉蒂亚的甜杏。

饮食之道

就像所有拥有伟大饮食传统的国家一样，土耳其也有关于饮食地点、时间的规则和礼仪。

何时吃

早餐（Kahvaltı）通常在家或酒店吃，不过也有很多人选择在路上购买千层饼（böreks，香甜或可口的带馅面饼）和芝麻面包圈（simits），边走边吃。

午餐（Öğle yemeği）通常于正午前后，在咖啡馆、提供现成菜肴的小餐馆（lokanta）或在速食小摊上吃。

晚餐（Akşam yemeği）一天中最重要的一餐，和

Gözleme（开胃薄饼）

家人或者朋友吃，乡村地区的晚餐时间是18:00左右，城市是19:30至20:00。

去哪吃

Balık restoran 鱼餐厅。

Hazır yemek lokanta（常缩写成lokanta）提供现成菜肴的小餐馆。

Kebapçı 烤肉餐厅。

Köfteçi 肉丸子（Köfte）餐厅。

Meyhane 供应开胃菜、烤肉和烤鱼的酒馆，有时候有现场音乐表演。

Ocakbaşı 顾客可观看在炭火上现场烧烤的烤肉餐厅。

Pideci 土耳其比萨店。

菜单解码

Ana yemekler 主菜；通常是肉类或鱼类菜肴。

Bira 啤酒；当地最受欢迎的牌子是Efes Pilsen。

Dolma 里面填有米饭或肉的菜。

İçmekler 饮品。

Meze 开胃菜，有热的或冷的，开餐前食用。

Porsiyon 一份食物。"Yarım porsiyon"是半份。

(Kırmızı/Beyaz) Şarap （红/白）葡萄酒。

Servis ücreti 服务费。

Su 水；"maden suyu"是矿泉水。

Tatlı(lar) 甜点；通常是果仁蜜饼（baklava）、炖水果或牛奶布丁。

Zeytinyağlı 用橄榄油烹饪的食物。

计划你的行程
带孩子旅行

孩子（Çocuklar）是土耳其家庭生活中备受珍爱的一员，也是家庭的中心，你的孩子无论去哪里都会受到欢迎。你的旅途会点缀着"Maşallah"（意为"荣耀归于神"）的赞叹声，陌生人友好的怀抱也常常向你的孩子敞开。

孩子们的土耳其

土耳其人向来以家庭生活为重，带着孩子在这个国家旅行是一件幸福的事——侍者们会逗逗婴儿，走到哪儿都会有当地人过来哄小朋友开心，景点也常对儿童免费或打折。不过要牢记一点，适合小孩子的设施比较缺乏，而且安全意识也很难达到西方的标准。

游览亮点
住宿
洞穴旅馆，卡帕多基亚 以及像奥林帕斯的树屋和卡巴克（Kabak）的沙滩度假村，可以给孩子们带来新奇的住宿体验。

活动
双人滑翔伞，黑海 地中海西部地区诸多融沙滩乐趣与水上运动一体的目的地之一。

度假村，博德鲁姆 美丽的城镇周围环绕着度假村和海滩，库沙达斯和马尔马里斯有水上公园，让爱琴海成为惬意度假的优选。

骑马，卡帕多基亚 这里的岩石峡谷令人难忘，乘热气球游览也让人回味无穷。

徒步 青少年会享受卡帕多基亚和卡奇卡尔山的徒步之旅。

烹饪课程 伊斯坦布尔等城市还提供烹饪课程。

最适合孩子们的地区
伊斯坦布尔
博斯普鲁斯海峡边有冰激凌，还可乘渡轮、逛大巴扎、参观宫殿和氛围浓郁的遗迹。

以弗所、博德鲁姆和爱琴海南部
古迹适合年龄较大的孩子，如以弗所，此外还有适合所有孩子的海滩。库沙达斯、博德鲁姆、马尔马里斯以及阿克亚卡等度假地有许多美景、设施、度假村、水上公园和运动场所，附近还有游客较少的海岸地带。

安塔利亚和蓝绿海岸
提供无数水上运动和活动的选择，包括双人滑翔伞和乘海上皮划艇观看沉没于海底的古迹。如果孩子年龄较小，可以去卡什这样的假日小镇，那里有风景如画的街巷和细沙绵延的海滩。

卡帕多基亚
仙人烟囱岩的奇幻地貌和地下城以及洞穴旅馆，会让年龄较大的孩子兴奋不已。安全又令人放松的乡村地区有骑马、热气球观光和徒步等活动。

伊兹密尔和爱琴海北部
这里有爱琴海沙滩。伊兹密尔的海滨适合儿童游玩，宽阔、平坦、漂亮，有许多餐饮选择。

历史遗迹

主要景点 对于年龄稍大的儿童和青少年来说,土耳其有无数迷人且浪漫的遗产,从以弗所到阿尼,从帕加马到阿佛洛迪西亚斯,不一而足。

竞技场,伊斯坦布尔 对于刚刚蹒跚而行的孩子来说,类似这座拜占庭时代的竞技场这样的历史遗迹,有巨大的空间让他们释放过剩的精力。

地下水宫,伊斯坦布尔 走在悬浮在水面上空的通道,孩子们会爱上伊斯坦布尔地下水宫那种令人毛骨悚然的气氛。

卡帕多基亚 对于年龄较大的孩子,探索仙人烟囱岩、洞穴和地下城是难忘的经历。

蓝绿海岸 在地中海沿岸区如帕塔拉和凯考瓦岛,除了游览历史遗迹之外,孩子们可以在沙滩上玩耍,体验乘船游或是划海上皮划艇。

博物馆

拉哈米·M.考契工业博物馆,伊斯坦布尔(见110页)和**安卡拉**(见447页)互动性强,展品包括飞机、火车和汽车。

博德鲁姆海事博物馆(见289页)有缩微船只模型,以及6000枚炮弹。

伊斯坦布尔海军博物馆(见103页)大展厅中陈列着精美的轻巧小舟,令人印象深刻。

以弗所博物馆(见260页)陈列的展品让以弗所的古代世界在眼前活灵活现。

交通

渡轮 在伊斯坦布尔和伊兹密尔非常普遍。

索道缆车和古老的有轨电车,伊斯坦布尔 新奇的攀登贝伊奥卢山的体验。

缆车,布尔萨 全球最长的空中缆车从布尔萨出发,攀爬8.2公里登上乌鲁达山(海拔2543米)。

马车,王子群岛 伊斯坦布尔的王子群岛提供马车(fayton)和自行车游览。

零食

甜点 土耳其除了烤肉之外还有很多甜食,包括果仁蜜饼、冰激凌(dondurma)和土耳其软糖(lokum)。

计划行程

儿童相关用语

或许有必要学习一下描述孩子年龄和性别的土耳其语——ay(月)、yil(年)、erkek(男孩)和kız(女孩)。礼貌地向其他人询问有关孩子的问题:Kaç tane çocuklariniz varmı?(你有几个孩子?)

住宿

➡ 许多酒店提供家庭套房,各种价位和档次都有。

➡ 自炊公寓和别墅在博德鲁姆等旅游区十分常见。

➡ 儿童床越来越普遍;只要事先告知,许多酒店都可以准备一张儿童床。

➡ 度假村会提供儿童俱乐部,而且旅游区的酒店有可能安排儿童照管服务。

就餐

➡ 在旅游区之外很少有专门为儿童准备的菜单,但酒店和餐厅常常可以为儿童特别准备菜肴。

➡ 儿童高脚餐椅一点儿也不常见,但在旅游景区有时能找到(伊斯坦布尔除外)。

设施

➡ 给婴儿换尿布的公共设施非常少,不过一些连锁餐厅里有。

➡ 在公共场所给婴儿哺乳并不常见;最好在私密的地方哺乳。

➡ 海边城镇通常都会有游乐场,但要注意检查一下游乐设施是否安全。

当地交通

➡ 长途汽车常常缺少洗手间,但通常会几个小时停站一次。

➡ 孩子们在城市中乘坐公共交通工具通常是免票的,而长途旅行的儿童票一般也会有优惠。

➡ 只要多付一点费用,大多数租车公司都会为你提供儿童安全座椅。

➡ 疯狂驾驶的司机和崎岖不平的道路,让推着婴儿车出行变成一种极限运动。

探索格雷梅露天博物馆（见491页），卡帕多基亚

➡ 如果你是步行游览景点的话，"婴儿背包"相当有用。

健康指南

➡ 在炎热潮湿的环境中，皮肤上的任何伤口都有可能导致感染。伤口部分一定要先清洗，然后保持干爽和清洁。

➡ 提醒你的孩子注意避开狗或其他哺乳动物，以防染上狂犬病和其他疾病。

➡ 对于儿童以及处于孕期或哺乳期的妇女来说，出发前最好再次确认，医生和药剂师所开的药品和剂量是否适合旅行，同理，也适用于土耳其医师。

➡ 你可以在旅游健康网站上查找到某些药品的适用性和推荐剂量。

实用物品

➡ 在土耳其，请仔细检查孩子们拿到的医药处方是否合适。

➡ 经过巴氏消毒的UHT盒装牛奶随处都有售，但鲜奶却很难买到。

➡ 最好自己带一些婴儿食物，因为你在当地找到的有限的几种食物，孩子可能还不爱吃，这样的话，你唯一能给他吃的就是捣碎的香蕉泥。

➡ Migros超市出售的婴儿食品品种最全。

➡ 大多数超市备有配方奶粉（相当昂贵）和添加维生素的米粉。

➡ 一次性婴儿尿不湿在超市中随处都可以买到。

➡ 普瑞玛（Prima）和好奇（Huggies）这两个品牌的尿不湿产品最好，药房和超市都有售，建议不要购买本地产的廉价品牌。

参考信息

➡ Lonely Planet出版的《带孩子旅行》会为你提供实用信息和建议。

安全

➡ 要特别注意酒店和其他建筑物中开放式的电源插座。

➡ 许多水龙头都没有标注"冷热"，而且土耳其水龙头的冷热方位是反过来的（左边是冷水，右边是热水）。

在大街上，要注意以下事项：

➡ 土耳其司机的危险驾驶"名声在外"，尤其要小心在人行道上骑行的机动脚踏车。

➡ 包裹不严密的电线。

➡ 开放式的楼梯井。

➡ 大的坑洼。

➡ 开放式的排水沟。

➡ 安保不严密的建筑工地。

地区速览

考虑到土耳其地域广袤,明智的做法是将你的旅行聚焦在一两个区域。你并不需要局限于这个国家的某一部分——穿越安纳托利亚草原的国内航班快捷、经济。你可以前往宏伟的伊斯坦布尔,还可以轻松搭乘长途汽车或火车前往土耳其西部的许多景点,或者坐飞机朝东,远离热门路线去探险。尽管土耳其全国有很多共同的元素,到处都有非常棒的食物,但同时它也是一个极具多样性的国家,绝对会让你得到丰富多彩的体验。每个地区都有其独特的魅力,明智地做出选择,你就能在狂野的安纳托利亚东北部徒步翻越积雪覆盖的山岳,在国际大都市伊斯坦布尔闲庭信步,或者在地中海的沙滩上享受日光浴。

伊斯坦布尔

历史
夜生活
购物

恢宏的帝都

这座曾经叫作君士坦丁堡的超级大都市曾是历史上数个帝国的首都。圣索菲亚大教堂——这座先是教堂后被改造成清真寺、现已成为博物馆的建筑,正是拜占庭帝国留下的最壮观的遗产;而奥斯曼帝国留下的地标包括蓝色清真寺和托普卡帕宫。

贝伊奥卢的酒吧

在黄昏和黎明的宣礼声之间,贝伊奥卢就像一座令人愉悦的大熔炉,兴奋的人们穿梭往来,涌向屋顶酒吧、步行街以及波希米亚风格的夜店。

集市和巴扎

这座城市的著名巴扎包括向四周蔓延的大巴扎、芳香的香料集市,以及充斥着地毯和陶瓷商店的阿拉斯塔巴扎。伊斯坦布尔还有许多集市和购物中心,包括位于亚洲部分的卡德廓伊食品集市,而值得一逛的街区从出售古董和收藏品的Çukurcuma到时尚大本营加拉塔,应有尽有。

见64页

色雷斯和马尔马拉

军事历史
建筑
爱琴海文化

"一战"战场

"一战"期间,超过10万名士兵战死在加里波利半岛,对于澳大利亚人、新西兰人和土耳其人来说,这里是一个缅怀之地。那些散落在海滩和山间的纪念墓碑、战场和战壕令人伤感。

奥斯曼时代的瑰宝

埃迪尔内的奥斯曼建筑瑰宝包括塞利米耶清真寺——大建筑师米马尔·希南最精美的作品之一。恰纳卡莱的奥斯曼旧镇有清真寺、公共浴室和19世纪的钟楼。

与希腊的联系

土耳其西北角就是最著名的古城特洛伊的遗址,直至特洛伊战争之前,那里一直是与希腊往来贸易的城市。布拉德·皮特主演的电影《特洛伊》中使用过的道具木马现在就站立在恰纳卡莱海边。从加里波利和恰纳卡莱搭乘轮渡抵达格克切岛,就能体会到慢节奏的爱琴海生活方式,还能游览一些属于希腊遗产的山顶村庄。

见150页

伊兹密尔和爱琴海北部

历史
慢速游览
食物

多文化足迹

许多民族都曾在这片土地上留下烙印。艾瓦勒克和博兹贾阿达岛中古老的希腊区留存着希腊移民的历史,伊兹密尔有独特的塞法迪犹太教堂和黎凡特建筑。继续回溯,帕加马的山顶遗迹被公认为可跻身土耳其顶级之列,比阿半岛上还有很多游人较少的景点。

乡村生活

在博兹贾阿达岛、比阿半岛、贝赫拉姆卡莱、艾瓦勒克和帕加马这些闲适的地区,夏季旅游旺季过后,生活又回归到田园般的舒缓步调。季节的更替和每周的集市仍是当地的大事件。

开胃菜和海鲜

这里是坐在海景阳台上尝试土耳其经典开胃菜、鱼和拉基酒的好地方。如果鱼太贵,可以尝试橄榄油泡的开胃菜。

见182页

以弗所、博德鲁姆和爱琴海南部

历史
夜生活
阳光与冲浪

古典时代遗址

土耳其最热门的古代遗迹以弗所的库瑞忒斯之路曾挤满了罗马人。游客少些的景点包括怪异的普里埃内——一座位于山顶的爱奥尼亚城市;古代港口米利都;迪迪马的阿波罗神庙——曾是世界上第二大神庙;以及尼多斯古城——达特恰半岛上的多利安人港口。

浪漫日落

博德鲁姆的旅游设施创造了丰富、热闹的夜生活,那里的两座海湾布满临海酒吧和俱乐部。博德鲁姆半岛上另一个热辣的夜生活地点是古托克布库,那里是伊斯坦布尔富豪名流们的夏季游乐场。

阳光和冲浪

达特恰和博兹布伦半岛中隐藏着幽静的峡湾和蔚蓝的海水,你还可以登上传统木帆船,在马尔马里斯和费特耶之间的海岸线漂荡。博德鲁姆半岛的海滩更加热闹,也非常适合游泳和水上运动。

见230页

安纳托利亚西部

历史
遗迹
活动

古代帝国

布尔萨曾是奥斯曼帝国的首都，那里饱经风霜的伊兹尼克城的石门和圣索菲亚大教堂彰显了拜占庭时期的辉煌。在弗里吉亚山谷中，那些用岩石雕凿成的遗迹则可以追溯至遥远的弗里吉亚王国时代。而在埃斯基谢希尔，既有斑斓的奥斯曼老城区，又有充满活力的夜生活。

山顶遗迹

古代温泉名城希耶拉波利斯坐落在棉花堡闪闪发光的石灰华上。游人较少的遗迹包括托罗斯山脉的萨迦拉索斯——经历了皮西迪亚、古希腊和古罗马时代的城池，以及阿佛洛迪西亚斯，某个罗马行省恢宏的首府。

徒步

这里有两条长途徒步路线——弗里吉亚之路和圣保罗之路。前者蜿蜒穿越弗里吉亚山谷，后者翻越从地中海延伸至安纳托利亚西部的托罗斯山脉。这里的乌鲁达山是土耳其夏季徒步的理想地点。

见316页

安塔利亚和蓝绿海岸

海滩
徒步
遗迹

沙滩和风景

帕塔拉是土耳其最长的海滩，达利扬地区既有大量沙滩，也有古代遗迹和筑巢的海龟。除海滩外，奥林帕斯还因为利西亚人的遗迹和如龙焰般的野火而闻名。在黑海地区，乘坐滑翔伞能看到下方美丽的海滩和潟湖。

历史足迹

地中海西部地区有两条路标清楚的徒步路线，利西亚之路和圣保罗之路，它们得名于曾穿越这里的历史人物。利西亚之路横穿泰凯半岛，到处都是数千年前利西亚人留下的坟墓和雕花石棺。

令人感伤的利西亚遗迹

利西亚文明标志性的丧葬遗迹至今还能在一些偏僻的海湾和陡峭的崖壁上看见，比如桑索斯、普那拉和卡莱克伊。

见353页

地中海东部

历史
食物
圣经遗产

超现实风景

这里的历史有一种童话故事般的感觉：吉斯克莱西城堡（女儿塔）看起来好像漂浮在海面上，而地狱谷据说就是宙斯将九头怪物泰丰囚禁的地方。阿奈姆里乌姆是一片四散蔓延的静谧的古罗马-拜占庭遗迹，它向山下延伸500米，到达一片卵石海滩，那里巨大的城墙是山顶古城的等比例缩小版。

阿拉伯的影响

安塔基亚也荟萃了土耳其和阿拉伯美食。这里的食物受到邻国叙利亚的影响，比如会用柠檬片和薄荷为土耳其烤肉和当地特色菜肴添加滋味。

圣保罗的足迹

塔尔索斯有圣保罗的房屋遗迹，朝圣者们如今会从这里的井中取水喝。圣保罗和圣彼得都曾经在安塔基亚（《圣经》中的安提俄克）传教，而锡利夫凯的圣特克拉教堂让人回想起圣保罗的早期追随者。

见557页

安卡拉和
安纳托利亚中部

历史
建筑
遗迹

重大活动

就是在这里，亚历山大大帝斩断了戈耳狄俄斯之结，迈达斯国王点石成金，阿塔图克开始了革命生涯，托钵僧开始了第一次旋转仪式，恺撒大帝则在此说出了那句千古名言"Veni,vidi,vici"（我来，我见，我征服）。

奥斯曼遗产

萨夫兰博卢和阿马西亚是奥斯曼古镇，现在那些半木头构造的黑白房屋里面都是精品酒店。

地标风景

戈尔迪的弗里吉亚人陵墓（约公元前700年）或许是世界上最古老的木结构建筑，3000多年前的哈图沙什是赫梯人的都城。当地人称，迪夫里伊拥有780年历史的清真寺建筑群的门，和上面用石头雕刻的星星是如此精美，其技艺证明了神的存在。

见442页

卡帕多基亚

历史
活动
风景

拜占庭基督徒

卡帕多基亚曾是拜占庭基督徒的避难所，他们在岩石中开凿出修道院，在洞穴的墙壁上留下了精美壁画，并在地下城中躲避伊斯兰军队的搜捕。

徒步

卡帕多基亚是土耳其最佳的徒步旅行地之一，既可以在梦幻般的山谷中悠闲地游览，也可以来一次庄重的徒步旅行。在森林茂盛的厄赫拉热峡谷南边，海拔3268米的哈桑山和阿拉山国家公园都是极具挑战性的徒步地点。

岩石结构

在卡帕多基亚，火山灰构成的凝灰岩悬崖峭壁和超现实的仙人烟囱岩中布满大大小小的洞穴。一些洞穴里面坐落着有上百年历史的教堂，而另一些则长期有人居住。许多洞穴如今都被改造成了酒店，让游客得以舒适地体验穴居生活。清晨乘坐热气球从空中欣赏这些梦幻的岩石峡谷，看到的景色令人难忘。

见487页

黑海海岸

历史
慢速游览
风景

历史

安纳托利亚的北部海岸曾经是古王国本都的疆域，而奥斯曼希腊人曾试图在"一战"后建立本都邦。这里令人赞叹的遗址包括倚悬崖峭壁而建的拜占庭修道院苏美拉，以及特拉布宗由教堂变成清真寺的圣索菲亚。

当地体验

外国游客可以在黑海体验到不同的风情，比如在产茶的里泽省啜饮土耳其红茶，在阿玛斯拉和锡诺普的古代防御工事中漫步，以及在奥尔杜和温耶的古希腊和亚美尼亚城区驻足；探索奥尔杜上方崎岖多岩的山区牧场。

美妙的海岸线

从阿玛斯拉至锡诺普蜿蜒曲折的公路就是土耳其版本的美国加州1号公路，而且在亚森布尔努（亚森海角）周围还有更多海岸景色，其中的小礼拜堂标记的是伊阿宋和阿尔戈为寻找金羊毛而路过的地方。

见534页

计划你的行程 | 地区速览

安纳托利亚东部

遗迹
活动
风景

遥远的贸易基地

中世纪的亚美尼亚和格鲁吉亚教堂点缀在这片草原和山谷中,而孤零零的亚美尼亚都城阿尼曾是丝绸之路上的一个贸易中心。在土耳其和伊朗的边境附近,山腰上的伊沙克帕夏宫如同《一千零一夜》中所描述的魔幻建筑,内姆鲁特山顶峰的石雕头像更形成了传奇般的景观。

户外探险

优素费利是激浪漂流和远足的中心;恰穆里海姆辛附近的卡奇卡尔山有漂流地点、一日和多日徒步步道。

高山风景

在卡奇卡尔山,萨福赛特和阿尔达努斯周边的卡尔卡奇山中的山区牧场里,能看到村落、遗迹和传统木屋;高加索地区也从那里开始,向东延伸至里海,向北抵达俄罗斯。

见557页

在路上

Thrace & Marmara
色雷斯和马尔马拉
150页

İstanbul
伊斯坦布尔
64页

İzmir & the North Aegean
伊兹密尔和爱琴海北部
182页

Western Anatolia
安纳托利亚西部
316页

Ephesus, Bodrum & the South Aegean
以弗所、博德鲁姆和爱琴海南部
230页

Antalya & the Turquoise Coast
安塔利亚和蓝绿海岸
353页

Ankara & Central Anatolia
安卡拉和安纳托利亚中部
442页

Cappadocia
卡帕多基亚
487页

Eastern Mediterranean
地中海东部
415页

Black Sea Coast
黑海海岸
534页

Eastern Anatolia
安纳托利亚东部
557页

圣索菲亚大教堂

大事年表

537年 查士丁尼一世主持了拜占庭新教堂圣索菲亚大教堂（神圣智慧教堂）的竣工仪式，而查士丁尼本人的肖像亦成为教堂中最著名的 ❶ **镶嵌画** 之一。

557年 巨大的 ❷ **圆顶** 在地震中受损、坍塌并得到了重修。

843年 第二次拜占庭毁坏圣像运动（Iconoclastic）结束，各种象征性的马赛克 ❸ **镶嵌画** 开始出现在教堂内部，包括女皇佐伊及其第三任丈夫君士坦丁九世的肖像画。

1204年 在威尼斯总督恩里科·丹多洛的领导下，参加第四次十字军东征的士兵征服并洗劫了君士坦丁堡。丹多洛的 ❹ **坟墓** 最终也被建在这座他曾经亵渎过的教堂之中。

1453年 君士坦丁堡落入奥斯曼帝国之手；穆罕默德二世下令将圣索菲亚大教堂改为清真寺，并重新进行命名。

1577年 苏丹谢里姆二世被埋葬在特殊定制的 ❺ **陵墓** 中，墓穴位于圣索菲亚大教堂中其他四位奥斯曼苏丹陵墓的旁边。

1847~1849年 苏丹阿卜杜勒·麦吉德一世下令重修和重新装饰圣索菲亚大教堂；教堂中殿添置了巨大的 ❻ **奥斯曼帝国大圆匾**

1935年 在新土耳其共和国总统穆斯塔法·凯末尔·阿塔图克的命令下，圣索菲亚大教堂被改成了博物馆。

2009年 在针对中殿开展的大型修复工程中，圆顶下方的四尊 ❼ **六翼天使** 中的一位天使的面孔得以重见天日。

2012年 针对外墙和西边上层画廊的修复工作已经展开。

独家贴士

如果你想要仔细地欣赏后殿和圆顶之下的肖像镶嵌画，最好记得带上双筒望远镜。

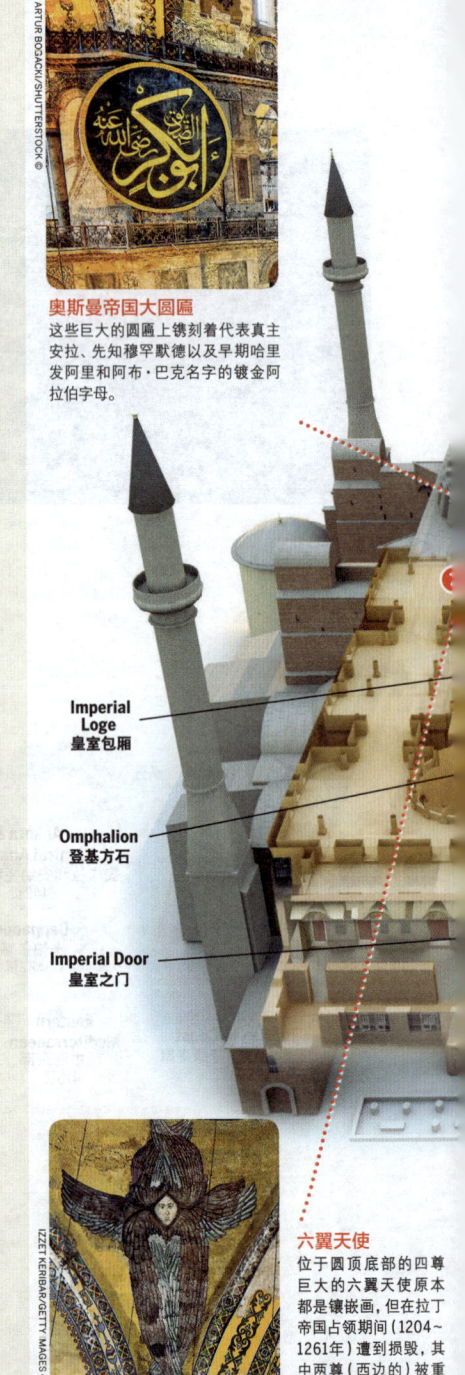

奥斯曼帝国大圆匾
这些巨大的圆匾上镌刻着代表真主安拉、先知穆罕默德以及早期哈里发阿里和阿布·巴克名字的镀金阿拉伯字母。

Imperial Loge 皇室包厢

Omphalion 登基方石

Imperial Door 皇室之门

六翼天使
位于圆顶底部的四尊巨大的六翼天使原本都是镶嵌画，但在拉丁帝国占领期间（1204~1261年）遭到损毁，其中两尊（西边的）被重新创作成壁画。

《女皇佐伊和君士坦丁九世与基督》镶嵌画

上层画廊的这幅镶嵌画描绘了女皇佐伊的形象，她是凭借自身实力统治拜占庭帝国的三位女性国王之一。

圆顶

高耸的圆顶距离地面56米，原本被覆盖上了金色的马赛克，但在1847年至1849年的修复过程中又以书法文字装饰，此次修复工程的监督者为出生于瑞士的建筑师加斯帕德·福萨蒂和朱塞佩·福萨蒂。

奥斯曼帝国陵墓

五位奥斯曼苏丹及其家人的陵墓位于圣索菲亚大教堂南边的角落里，从Babıhümayun Caddesi可进入。其中的一座陵墓曾经是教堂的洗礼堂。

Aya Sofya Tombs 圣索菲亚墓群

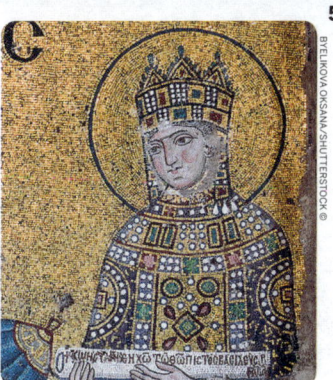

Former Baptistry 从前的洗礼池

Muvakkithane （决定祷告时间的场所）

Exit 出口

Ablutions Fountain 净身泉

Primary School 小学

Main Entrance 正门

恩里科·丹多洛之墓

在率领十字军扫荡了君士坦丁堡的一年后，即1205年，恩里科·丹多洛这位威尼斯总督便逝世了。上层画廊中一个19世纪的标记，指示了其坟墓可能的位置。

《君士坦丁大帝、圣母玛利亚和查士丁尼一世》镶嵌画

这幅11世纪的镶嵌画展现了君士坦丁大帝（右）向圣母玛利亚奉献君士坦丁堡的情形。查士丁尼一世（左）则手捧着圣索菲亚大教堂。

托普卡帕宫

帝国宫廷中的日常生活

流连于这座带有庭院、后宫和凉亭的宏伟宫廷建筑群,能让你管窥奥斯曼苏丹们的生活。在全盛时期,包括妃嫔、皇子、侍女、宦官和仆人在内,共有4000人生活在托普卡帕宫中。

苏丹及其亲属很少会离开宫殿,他们依靠侍臣和外交官向外界传递消息。大多数拜访者都会被直接请入 ❶ **帝国议事厅**,那里是苏丹的宰相和议会(dîvân)定期会面商讨国事和接见外国政要的地方。很多拜访者还会带来精美的礼物和贡品,以充实苏丹的 ❷ **帝国宝库**。

接见来宾并与议会会面之后,宰相会穿过 ❸ **吉兆之门** 进入第三庭院,即宫殿的居住区。在有柱廊的 ❹ **觐见室** 中,他会向苏丹简短地汇报议会的审议意见和相关决议。

与此同时,日复一日的家务琐事和尔虞我诈也在 ❺ **后宫** 不断上演,仆人们会在巨大的 ❻ **宫廷厨房** 中准备筵席。在一片喧闹声之中,❼ **大理石露台** 反倒成了一处幽静的休憩之所,苏丹会在这里放松心情,俯瞰城市,或许还会为自己与世隔绝的生活方式而感到懊丧。

独家贴士

从Konyalı Restaurant的露台和第四庭院的大理石露台之上,皆能欣赏到壮丽的景色。

后宫

在后宫中,苏丹、皇太后和加冕皇子都拥有装饰豪华的私人行宫,其中最漂亮的行宫当属为加冕皇子所用的双子宫(如上图所示)。

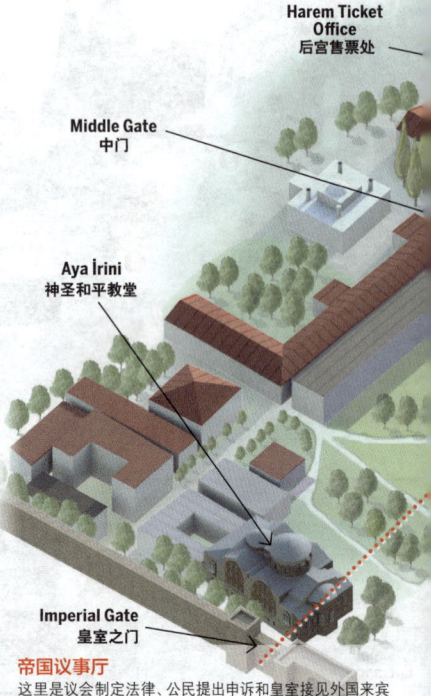

Harem Ticket Office
后宫售票处

Middle Gate
中门

Aya İrini
神圣和平教堂

Imperial Gate
皇室之门

帝国议事厅

这里是议会制定法律、公民提出申诉和皇室接见外国来宾的地方。苏丹有时候会通过带有金色格栅的窗户监听议事过程。

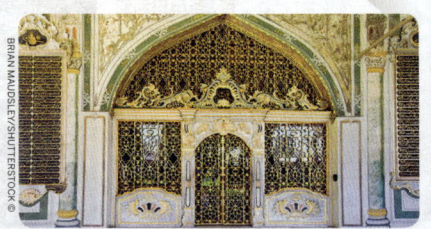

大理石露台

这处华美的露台是巴格达亭和烈万亭以及以瓷砖铺就的帝国割礼殿和开斋凉棚的所在地。开斋凉棚是一处带有镀金天棚的观景平台,在斋月期间,苏丹会在这里享用开斋餐(iftar)。

Kiosk of Mustafa Pasha 穆斯塔法帕夏之亭

Baghdad Kiosk 巴格达亭

Revan Kiosk 烈万亭

Library of AhmetIII 艾哈迈德三世图书馆

Head Physician's Pavilion 首席太医阁

Circumcision Room 割礼室

Dormitory of the Privy Chamber (Royal Portraits) 皇家密室寝宫(皇室肖像画)

Sacred Safekeeping Rooms 圣物保藏室

Outer Treasury (Arms & Armour) 外宫宝库(武器和盔甲)

Mecidiye Kiosk 麦吉迪耶凉亭

Terrace 露台

Dormitory of the Expeditionary Force (Costume Collection) 远征军寝宫(服饰收藏)

Ticket Office 售票处

帝国宝库

帝国宝库中最著名的藏品之一便是托普卡帕之剑。1747年,苏丹马哈茂德一世(Mahmud I)造了这把短剑给波斯的纳迪尔·沙阿(Nadir Shah of Persia),但沙阿在收到礼物之前就遭到了暗杀。

吉兆之门

这扇洛可可式的大门只在苏丹即位或葬礼等国家仪式举行时使用。下图是由宫廷画家克斯坦丁·卡皮达格里(Kostantin Kapidagli)于1789年绘制的作品,它记录了苏丹谢里姆三世登基仪式的盛况。

觐见室

觐见室被一条带有22根柱子的柱廊所环绕。这处近期经过修复的凉亭,是苏丹坐在带天棚的王座上接见大臣和外国来宾的地方。

宫廷厨房

解决托普卡帕宫内4000位居民的吃饭问题堪称一项艰巨的任务。托普卡帕宫的宫廷厨房占据了10个圆顶建筑,拥有20根烟囱,有800名员工工作和生活在这里。

1. 待售的水壶，大巴扎（见88页） 2. 大巴扎（见88页）
3. 香料巴扎（见93页） 4. 展示的灯具，大巴扎（见88页）

伊斯坦布尔的巴扎

土耳其人古老的购物习惯和还价技艺已经过了数个世纪的打磨。在伊斯坦布尔,建于奥斯曼时代的巴扎既是集市,又是时代的纪念碑。这里的建筑和所营造出的氛围几乎和其中售卖的货物一样令人难忘。

大巴扎

大巴扎作为世界上最古老、最受喜爱的购物市场,从1461年征服者穆罕默德下令修建以来,一直吸引着购物者走进它迷宫一般的巷道和隐蔽的驿站。来这里可以购买地毯(包括基里姆地毯)、洗浴用品、珠宝和其他织物。不要忘记探索其中极好的快餐。

香料巴扎

位于艾米努诺渡轮码头对面的建筑散发着诱人的香气,因此不可避免地挤满了购物者,自从17世纪以来,它一直丰富着千家万户的储藏室。彼时,这里是富于传奇色彩的香料之路的最后一站,从中国、波斯和印度来的骆驼商队在此停留;现在,这里是购买干果和香料的好地方。

阿拉斯塔巴扎

在蓝色清真寺的荫庇下,这片细长的开放式拱廊商铺有着悠闲的氛围,同拥挤热闹的大巴扎和香料巴扎形成了鲜明的对比。你可以来购买地毯(包括基里姆地毯)、洗浴用品、陶瓷和其他织物。

集市

伊斯坦布尔有极好的集市供应新鲜物产。你可以考虑去以下几个:

➡ **卡德廓伊集市**(见104页)

➡ **鱼市场,贝伊奥卢**(İstiklal Caddesi, Galatasaray;🚇Kabataş,然后乘坐隧道缆车到Taksim)

➡ **女士市场,泽伊雷克**(Kadınlar Pazarı, Zeyrek; İtfaiye Caddesi, Fatih;🚇Aksaray)

伊斯坦布尔

人口 1507万

包括 ➡

景点	72
活动	104
团队游	113
节日和活动	113
住宿	114
就餐	120
饮品和夜生活	128
娱乐	132
购物	132
伊斯坦布尔周边	145

最佳餐饮

- ➡ Antiochia（见124页）
- ➡ Çiya Sofrası（见127页）
- ➡ Develi Baklava（见121页）
- ➡ Eleos（见126页）
- ➡ Hayvore（见123页）

最佳住宿

- ➡ Hotel Empress Zoe（见116页）
- ➡ Hotel Ibrahim Pasha（见117页）
- ➡ Karaköy Rooms（见119页）
- ➡ Louis Appartements（见118页）
- ➡ Marmara Guesthouse（见115页）

为何去

有些古城只是各种历史古迹堆砌起来的产物，但还有一些古城，譬如伊斯坦布尔，却将更丰富的内涵注入那种亘古不变的气质之中。在这里，你的一天可以这样安排：早晨去游览拜占庭教堂或奥斯曼清真寺，下午在时尚的精品店中购物，然后整晚沉浸于酒吧和夜店之中。在只有咫尺之遥的空间内，你既能听到从老城的锥形宣礼塔传出的宣礼声，也能听到往来于欧亚大陆之间的繁忙船只发出的洪亮汽笛声，甚至售卖时令鲜货的街头小贩们不绝于耳的高高叫卖声。简言之，这座神奇的大都市会让你经历别处不可能给你的感官诱惑。

如果让当地人描述他们爱伊斯坦布尔的原因，他们会耸耸肩，笑一笑，仅仅告诉你："世界上没有任何一个地方像这里一样。"在这座城市待上几天，你就会明白他们所说的话的真正含义。

何时去

伊斯坦布尔

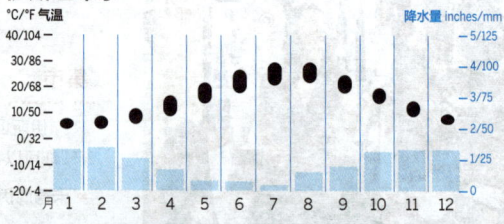

4月 阳光以及和煦的微风宣告着多彩的伊斯坦布尔郁金香节的到来。

6月和7月 遍布全城的场馆会举办备受瞩目的古典、爵士和当代音乐节。

9月 酷热散去，当地人开始享用应季的竹荚鱼（lüfer），这是一种深受当地人喜爱的鱼类。

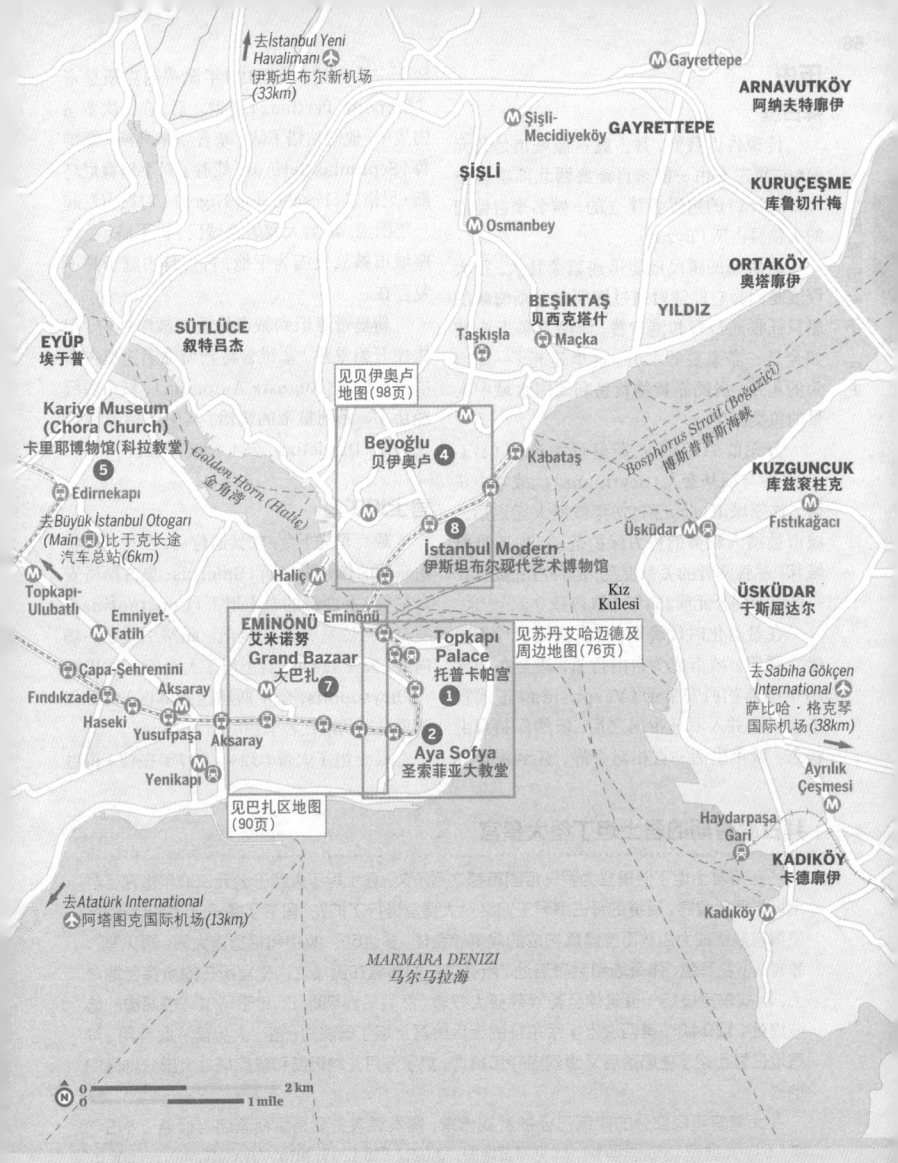

伊斯坦布尔亮点

① **托普卡帕宫**（见81页）探秘苏丹奢华的后宫。

② **圣索菲亚大教堂**（见72页）探访令人惊叹的、世上最伟大的建筑之一。

③ **公共浴室**（见111页）感受土耳其浴。

④ **贝伊奥卢**（见97页）先在一家屋顶酒吧喝上一杯，再找家传统餐馆享用晚餐。

⑤ **卡里耶博物馆**（科拉教堂；见94页）欣赏拜占庭时期的精美马赛克镶嵌画。

⑥ **渡轮**（见144页）沿着宽阔的博斯普鲁斯海峡游览。

⑦ **大巴扎**（见88页）在商队驿站和小巷中彻底放逐自己。

⑧ **伊斯坦布尔现代艺术博物馆**（见103页）思索先锋艺术。

⑨ **茶室**（见128页）找一个传统的茶园，与当地人一起休闲放松。

历史

拜占庭

传说告诉我们，拜占庭这座城市是公元前667年左右由一群来自雅典西北部墨伽拉（Megara）的殖民者建立的。城名来自他们的头领拜占斯（Byzas）。

这块新的殖民地能迅速繁荣壮大，很大程度是因为它能够对通过博斯普鲁斯海峡的船只征收通行费和港口费。博斯普鲁斯海峡如今是一条重要的水道。这里建起了一座繁荣的集市，居民靠货物贸易和周围水域中大量的鱼类谋生。

公元前512年，波斯皇帝大流士（Darius）在与斯基泰人（Scythians）的战争中获得了这座城市。公元前478年波斯人撤退后，城市被纳入雅典的势力保护范围，加入雅典城邦。尽管两者的关系混乱，但拜占庭被雅典一直统治到公元前355年才取得独立。

在希腊化时代晚期，拜占庭同罗马帝国建立联盟。城市成为自由行省，甚至在公元79年维斯帕西安皇帝（Vespasian）正式宣布这里被并入罗马帝国之后，依然保持自由状态。城市生活一直相对平静，直至领导者铸下一个大错：公元193年佩蒂纳克斯皇帝（Emperor Pertinax）逝世之后，在一次罗马内战中，他们站错了队。塞普蒂米乌斯·塞维鲁（Septimius Severus）战胜了对手培森尼乌斯·尼格尔（Pescennius Niger），对城市发起三年围困，最后大肆屠杀城民，铲平城墙，这座城市被战火夷为平地，古代拜占庭于是不复存在。

新皇帝意识到城市的重要战略地位，很快便开始重建。塞维鲁将新城命名为奥古斯塔安东尼娜（Augusta Antonina），城市后续经历了一系列皇帝的统治，其中包括戴克里先大帝（Diocletian, 284~305年在位）。

君士坦丁堡

戴克里先下令，在其退位后，罗马帝国将由东部的伽列里乌斯（Galerius；奥古斯塔安东尼娜）和西部的君士坦丁（Constantine；罗马）两位皇帝共同统治。此举引发了一场内战，公元324年，君士坦丁大帝于索波里斯（Chrysopolis，今于斯屈达尔郊区）击败伽列里乌斯的继任者李锡尼（Licinius）。

君士坦丁大帝（324~337年在位）得胜

拜占庭时期的君士坦丁堡大皇宫

在将君士坦丁堡确立为罗马帝国首都之后不久，君士坦丁大帝于公元330年修建了君士坦丁堡大皇宫。后继的拜占庭君王们又对大皇宫进行了扩充，留下了属于自己的印记，这使得它最终成为由数百座建筑构成的建筑综合体，多达6层，其中包括皇宫大殿、觐见室、教堂、小礼拜堂、体育场和温泉浴池。所有这一切都建在围墙之内皇宫所在的阶梯台地之上，从战车竞技场一直延伸至圣索菲亚大教堂，然后沿斜坡而下，止于马尔马拉海边的防波堤处。1204年，第四次十字军东征的士兵将君士坦丁堡洗劫一空，大皇宫从此弃用。其遗址在君士坦丁堡陷落后又遭到掠夺和填埋，成了苏丹艾哈迈德和章库塔兰大部分地区的地基。

大皇宫不同部分的建筑已经被发掘出来，其发掘者主要是早期酒店老板兼"考古学家"们。**大皇宫镶嵌画博物馆**（见74页地图；0212-518 1205；http://ayasofyamuzesi.gov.tr/en/museum-great-palace-mosaics；Torun Sokak；15里拉；4月中旬至9月 9:00~19:00，10月至次年4月中旬 至17:00，最后入场时间为闭馆前30分钟；Sultan-ahmet）中的镶嵌画曾经让这里的地板充满了优雅格调，而位于圣索菲亚大教堂附近的**苏丹艾哈迈德考古公园**（Sultanahmet Archaeological Park；见76页地图；Kabasakal Caddesi；Sultanahmet）的发掘工作令大皇宫的其他部分重见天日。充满争议性的是，发掘出的一些遗址曾被纳入相邻的豪华的四季酒店（Four Seasons Hotel）的扩建部分，直到引发公众抗议才作罢。

欲获取更多信息，可登录www.byzantium1200.com网站，网站上有电脑生成的三维图像，重现了古拜占庭时期的景象。

后,成为重新统一的帝国的唯一皇帝。他同时也成了第一位皈依基督教的皇帝,尽管他是在临终时才正式皈依。为了巩固自己的政权,他于325年在尼西亚(Nicaea,今伊兹尼克)召开了第一次大公会议,开创了皇帝在教会事务中拥有至高无上权力的先例。

君士坦丁大帝还决定将帝国的都城迁往博斯普鲁斯海峡两岸,因为那里之前是帝国东西两部分的分界线。他在拜占庭旧城周围修建了一座更大更新的城墙,并在城内建起一座宏伟的城市。新城在330年5月11日被更名为"新罗马"(New Rome),不久便被改称"君士坦丁堡"。

城市在后续历代君王的统治之下继续兴旺发展。狄奥多西二世(Theodosius Ⅱ,408~450年在位)在匈奴王阿提拉(Attila the Hun)大军的劫掠威胁下,下令在城市周围修建一座更大更坚固的城墙。这座将城内全部七座山都环绕在内的城墙于413年竣工,但447年便被一连串地震夷平。城墙在两个月内被匆忙修复——阿提拉和匈奴人的迅速接近是一个强有力的激励。在接下来的757年里,狄奥多西修建的城墙成功抵御了侵略者,并一直耸立至今,不过目前越来越处于亟待修复的状态。

狄奥多西二世死于公元450年,在他死后又有几位君王继位,其中就包括拜占庭皇帝中最著名的查士丁尼大帝(Justinian the Great)。公元565年至1025年,几位勇武的皇帝都成功地牵制住了入侵者,例如波斯人和阿瓦尔人。尽管外国军队多次设法一直入侵到卡尔西登(Chalcedon,今卡德廓伊),但没有人能攻破狄奥多西的城墙。

1071年,罗曼努斯四世皇帝第欧根尼(Romanus Ⅳ Diogenes,1068~1071年在位)率领军队东进安纳托利亚(Anatolia)同塞尔柱突厥人(Seljuk Turks)作战,后者是被攻城略地的蒙古人赶出中亚的。然而,在曼兹克特[Manzikert,马拉兹吉特(Malazgirt)],拜占庭人遭到惨败,皇帝被俘被囚禁,之前是拜占庭腹地的安纳托利亚地区因此对突厥入侵者和殖民者敞开了大门。

在突厥人的势力在君士坦丁堡东部逐渐稳固的同时,威尼斯(一直是君士坦丁堡在海事和商业领域的对手)的势力也在西方逐渐扩大。同时,第一次十字军东征开始,第一批十字军于1096年抵达君士坦丁堡。

1204年,由威尼斯执政官恩里科·丹多洛(Enrico Dandolo)率领的第四次十字军东征队伍袭击并洗劫了这座城市。之后他们同弗兰德斯伯爵鲍德温(Count Baldwin of Flanders)共同统治这座城市,直至1261年,拜占庭帝国的一位流亡贵族米哈伊尔八世帕里奥洛哥斯(Michael Ⅷ Palaiologos)崛起,成为尼西亚城的协同统治者,其率领的士兵成功夺回城市。拜占庭帝国得以恢复统治。

伊斯坦布尔

米哈伊尔重建君士坦丁堡的20年后,一位名叫埃尔图鲁尔(Ertuğrul)的军阀在尼西亚附近的瑟于特村(Söğüt)去世。他给儿子奥斯曼(Osman)——名为加济(Gazi,为信念而战的战士)——留下一小片领土。奥斯曼的追随者在拜占庭帝国被称为"奥斯曼里斯"(Osmanlıs),而在西部被称为"奥斯曼人"(Ottomans)。

奥斯曼在1324年去世后,其子奥尔汗(Orhan)继承领地。1326年,奥尔汗攻占了布尔萨,将其作为都城,冠名为"苏丹"。其子穆拉德一世(Murat Ⅰ,1362~1389年在位)于1371年攻占了阿德里安堡(Adrianople,今埃迪尔内)。

穆拉德之子巴耶塞特一世(Beyazıt,1389~1402年在位)于1394年围攻君士坦丁堡,但未获成功,接着于1396年在多瑙河击败一支拥有100,000精兵的十字军队伍。1402年,巴耶塞特一世在安卡拉被帖木儿击败并俘房。他的四个儿子之间随后爆发了一场恶战,穆罕默德一世(Muhammad I,1413~1421年在位)得胜,奥斯曼人的人口和力量继续增长。到1440年时,奥斯曼军队在穆拉德二世(1421~1451年在位)的统治下,已经得到了塞萨洛尼基(Thessalonica),围困过君士坦丁堡和贝尔格莱德(但未成功),并同基督教的军队展开过夺取特兰西瓦尼亚(Transylvania)之战。正是在这个历史节点,"征服者"穆罕默德二世(1451~1481年在位)掌权,宣誓要获得最终胜利——君士坦丁堡。

拜占庭人用沉重的锁链封锁了金角湾的入口处,以阻止奥斯曼人的船只进入海湾攻

İstanbul 伊斯坦布尔

伊斯坦布尔 历史

击北边的城墙。为了突破封锁，穆罕默德率领船队在一处小海湾（现为多玛巴赫切宫的所在地）集结，利用滑轮连夜将所有船只经由陆地运进山谷（现为希尔顿酒店的所在地），再从另一侧下山至卡瑟姆帕夏（Kasımpaşa）进入金角湾，出其不意地将拜占庭守军一举俘虏。很快，穆罕默德就控制了金角湾。

牢固的城墙是穆罕默德面临的最后一个巨大障碍。无论他的大炮如何猛轰，拜占庭人都会连夜修好城墙，等到第二天一早，

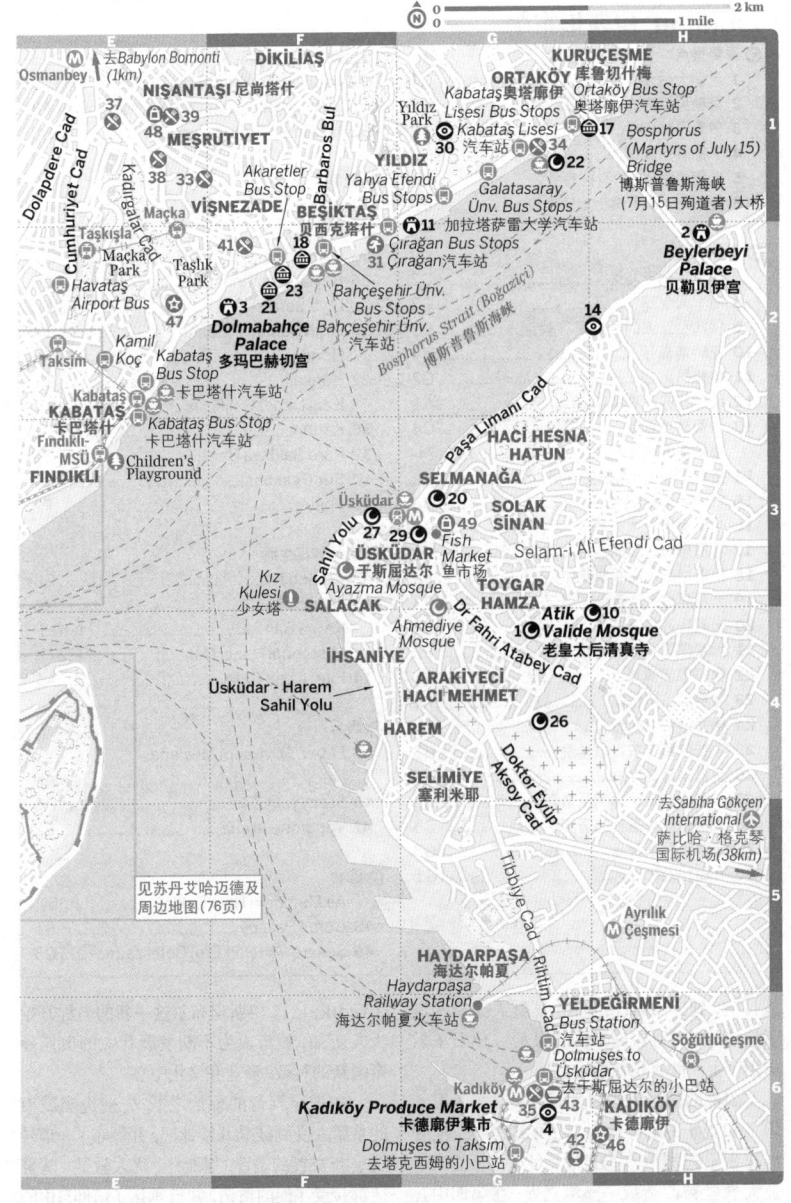

这位冲动的年轻苏丹发现自己还是在原地踏步。最终，穆罕默德采纳了一位名叫乌尔班（Urban）的大炮建造者的建议。此人来自匈牙利，他原本的目的是帮助拜占庭国王捍卫基督教和对抗异教徒。但当他发现拜占庭国王囊中羞涩后便很快抛弃了自己的宗教信念，并向穆罕默德提出，只要报酬合适，自己可以帮助他建造前所未有的巨型大炮，穆罕默德欣然接受。最终这尊巨炮轰开了西城墙，奥斯曼人杀入城内。1453年5月28日，最后的攻坚

İstanbul 伊斯坦布尔

◎ 重要景点
1 老皇太后清真寺 G4
2 贝勒贝伊宫 H2
3 多玛巴赫切宫 F2
4 卡德廓伊集市 G6
5 卡里耶博物馆（科літ教堂）................. B3
6 拉哈米·M.考契工业博物馆 B2

◎ 景点
7 阿依纳勒卡瓦克宫 C2
8 海军司令部 C3
9 保加利亚人的圣斯蒂芬教堂 B3
10 瓷砖清真寺 H4
11 契拉昂宫 G2
12 埃于普苏丹清真寺 A1
13 法蒂赫清真寺 C4
  费希梅苏丹雅丽 .... （见17）
14 费提·艾哈迈德帕夏雅丽 H2
15 费特希耶博物馆 B3
16 哈斯廓伊犹太人墓地 C1
17 哈提婕苏丹雅丽 H1
18 伊斯坦布尔海军博物馆 F2
19 米利玛苏丹清真寺 B3
20 米利玛苏丹清真寺 G3
21 国家宫殿绘画博物馆 F2
22 奥塔廓伊清真寺 G1
23 宫殿藏品博物馆 F2
24 圣乔治宗主教教堂 C3
25 法纳尔希腊东正教学院 B3
26 萨奇琳清真寺 G4
27 沙姆西艾哈迈德帕夏清真寺 F3
28 亚乌兹苏丹塞利姆清真寺 C3
29 新皇太后清真寺 G3
30 Yıldız陶瓷工厂 G1

✪ 活动、课程和团队游
31 Four Seasons Istanbul at the
    Bosphorus F2
32 Mihrimah Sultan Hamamı B3

◎ 就餐
33 Alancha E1
  Asitane .... （见5）
34 Banyan G1
35 Baylan Pastanesi G6
  Çiya Sofrası .... （见4）
36 Fatih Damak Pide C4
  Honeyci .... （见4）
37 Hünkar E1
  Kadı Nimet Balıkçılık .... （见43）
38 Kantın E1
39 Pare Baklava Bar E1
40 Sur Ocakbaşı C4
41 Vogue F2

◎ 饮品和夜生活
42 Arkaoda G6
43 Fazıl Bey G6
  Karga Bar .... （见42）
  Mistanbul Hancı Cafe .... （见27）
44 Pierre Loti Café A1

◎ 娱乐
45 EMAV Silivrikapı Mevlana
    文化中心 A5
46 Süreyya歌剧院 H6
47 Vodafone Arena E2

◎ 购物
  Ali Muhiddin Hacı Bekir .... （见35）
48 Gönül Paksoy E1
49 Şekerci Aytekin Erol Caferzade G3

战打响，到5月29日傍晚，土耳其人完全控制了这座城市。拜占庭帝国的最后一位君王君士坦丁十一世战死在城墙上。

21岁的征服者穆罕默德将自己视为君士坦丁和查士丁尼等伟大君王的继承人，他立即着手重建城市，并迁入大量居民。圣索菲亚大教堂被改造成一座清真寺；在第四山丘上建起了一座新的清真寺，即法蒂赫（Ftih，意为征服者）清真寺；旧宫（Eski Saray）营建在第三山丘上，数年后又在萨拉基里奥角（Sarayburnu）修建了一座新宫。他修复了城墙，并建起一座新的堡垒耶迪库勒（Yedikule）。伊斯坦布尔这一新的名称开始为人所知，城市成为不断发展壮大的奥斯曼帝国新的行政、商业和文化中心。

在穆罕默德的统治之下，先前逃离城市的希腊人受到鼓励开始返回，并颁布了一道号召重新安置的圣旨；穆斯林、犹太教徒、基督徒都接受了他的邀请，并被承诺了信仰自由的权利。曾与拜占庭交战的热那亚人得到宽恕，被允许居住在加拉塔（Galata），不过，环绕在他们居住点周围的防御工事被拆毁了，只有加拉塔塔被允许保留。

穆罕默德于1481年逝世，继位的巴耶塞

特二世（1481~1512年在位）被其子，即残酷的谢里姆一世（Selim the Grim, 1512~1520年在位）推翻，谢里姆一世在他较短的统治期间，处死了七位大维齐尔和无数亲族。

穆罕默德掀起的建筑热潮在继任者苏莱曼大帝（Süleyman the Magnificent, 1520~1566年在位）统治期间得到了进一步的延续。苏莱曼委任的建筑师米马尔·希南（Mimar Sinan）负责完成了大量建筑的修建工作。

尽管如此，这座在苏莱曼统治时代地球上最文明的城市，最终却随着奥斯曼帝国的没落而逐渐衰败。到了19世纪，伊斯坦布尔那曾经显赫一时的荣耀几乎消失殆尽。

城市的衰落也导致了苏丹君主地位的衰落。从西方进口的民主概念于19世纪落地生根，苏丹被迫做出妥协。1876年，阿卜杜勒·哈米德二世（Abdül Hamid II）允许拟定了一部奥斯曼宪法，并建立了奥斯曼国会。1908年，工会与进步委员会（Committee for Union and Progress，简称CUP）——更为人所熟知的名字是青年土耳其党（Young Turks）——迫使苏丹退位，恢复宪法，夺取了帝国统治权。

在第一次世界大战中，青年土耳其党之所以决定与同盟国结盟，其中一个原因在于，他们惧怕协约国（尤其是俄国）对伊斯坦布尔的垂涎。不幸的是，同盟国战败，党派政治生涯也随之死亡。青年土耳其党的领导者辞职，离开伊斯坦布尔开始流亡生涯，城市被依照《穆德洛斯停战协定》（Armistice of Mudros）驻扎此处的英、法、意军队占领，奥斯曼帝国退出战争。1923年《洛桑协定》（Treaty of Lausanne）签署之后，城市被归还给奥斯曼帝国；协定还划定了现代土耳其的国界。

1923年共和国成立，在安卡拉（Ankara）建立了新政府。被剥夺了首都地位的伊斯坦布尔失去了大量的社会财富和文化氛围，接下来的半个世纪里，城市的街道和社区开始衰败，各种基础设施既没得到维护也没得到改善，经济发展近乎陷入停滞。

不远的过去

伊斯坦布尔的经济疲软也波及了这个国家的其他地区，这就导致了人们对随后一系列政府的不满情绪。1960年和1971年，土耳其爆发军事政变，20世纪六七十年代末期的特征是左翼激进主义和政治暴力。这种情绪逐渐增强到惊人的程度，1977年5月1日，竞争的政治派系之间怒气高涨，导致塔克西姆广场（Taksim Meydanı）爆发了声势浩大的示威游行。安保部队介入，约有40名反抗者被杀。

20世纪80年代，在经济学家图尔古特·厄扎尔（Turgut Özal）总统的管理下，自由市场导向的经济和旅游业开始蓬勃发展。厄扎尔政府也主持取得了城市化的巨大发展，安纳托利亚东部人口大量乘坐火车，来到伊斯坦布尔工业蓬勃发展区域寻找工作。当时的城市基础设施无法应对这种局面，而现在尽管已经经过将近40年的大规模市政建设，情况仍然有待改进。

1999年4月的全国选举，将比伦特·埃杰维特（Bülent Ecevit）的民主左翼党领导的联合政府推上执政舞台。经过福利救济党（Refah Partisi）这一保守右翼党的数年领导，这次选举结果是土耳其向欧洲风格的社会民主转变的开端。

不幸的是，新政府在2001年遭遇了土耳其经济的大衰退，因此导致了其在2002年选举中的落败。胜出的是浴火重生的雷杰普·塔伊普·埃尔多安（Recep Tayyip Erdoğan）领导的温和派正义与发展党（Adalet ve Kalkınma Partisi, 简称AKP）。在伊斯坦布尔，AKP的候选人获选成为大多数直辖区的当权者，包括强大的法蒂赫区，其辖区包括艾米诺努广场（Eminönü）。随后的选举也取得了同样的结果。

2013年的加济公园（Gezi Park）抗议对当代政治影响深远。这些抗议活动围绕着塔克西姆广场举行，一开始只是公众对于在广场东北边缘重建公园计划的回应，后来转变成为一场声势更加浩大的、伊斯坦布尔人反抗他们认为正变得日趋专制与不民主的土耳其政府的抗争，被调集起来的警察使用催泪瓦斯和高压水炮驱散人群，由此导致的暴力冲突致使8000人受伤，至少4人死亡，数千人被捕。

加济公园抗议之后，当局开始镇压任何被认为是反政府目的的政治示威，认定任何在塔克西姆广场及周边的集会都属于非法。当地被认定为反政府的媒体也成了目标,有些被强迫关闭,有些被政府接管。许多活跃在伊斯坦布尔的作家、记者和编辑受到重罪起诉,罪名包括是恐怖组织成员、间谍罪和泄露机密文件罪。依据土耳其刑法典第301条作出的诉讼日趋普遍,该条款将冒犯土耳其或各政府机构(包括总统)的行为界定为应受处罚的罪行。

2016年7月,公众成员走上街头包围民主选举出来的AKP政府,由军队中一支小的派系领导的政变失败。官方对有任何参与或支持政变嫌疑的人均实施了严厉报复,数千名市民遭到逮捕,媒体关闭,大学和学校被整肃。这场混乱使得造访城市的游客数量大幅下降,如此一来,当地经济继续衰退也就不足为奇了。政变结束两年后,埃尔多安提前举行大选,巩固了自己的地位,土耳其提前成为一个总统制国家,旅行者也重新涌入这座伟大的城市。

◉ 景点

伊斯坦布尔是世界上唯一一座横跨两片大陆的城市,马尔马拉海是这两片大陆的分界线。大部分时间,你将在城市的欧洲部分,探索苏丹艾哈迈德(Sultanahmet)的景点、贝伊奥卢(Beyoğlu)的餐厅和酒吧,不过,强烈推荐你到城市的亚洲区一游,乘坐观光渡轮欣赏两片海岸之间的风景,游览卡德廓伊(Kadıköy)和于斯屈达尔(Üsküdar)等郊区,一瞥当地迷人的生活氛围。

◉ 苏丹艾哈迈德及周边(Sultanahmet & Around)

很多来到伊斯坦布尔的游客甚至从未踏出苏丹艾哈迈德区。这虽然让人感到羞愧,却不令人惊讶。毕竟,几乎没有多少城市像伊斯坦布尔这样,在轻松的步行范围内集中了如此多的历史景点、购物区、酒店和餐厅。这片街区非常适合步行探索,它就像是城市恢宏历史的一个展览窗口,塞满了古罗马、拜占庭和奥斯曼时代遗留下来的清真寺、宫殿、教堂和民居。

★ **圣索菲亚大教堂** 博物馆
(Aya Sofya, Hagia Sophia;见76页地图;

在伊斯坦布尔的……

2天

如果你只有2天的游览时间,那可真得抓紧点儿!第一天的上午可以去拜访蓝色清真寺(见80页)、圣索菲亚大教堂(见本页)和地下水宫(见79页),中午在Sirkeci的Hocapaşa Sokak巷中迅速解决午餐,然后下午按照我们的建议步行游览(见94页)大巴扎(见88页),晚上前往贝伊奥卢。

第二天的游览重点应该放在托普卡帕宫(见81页)和博斯普鲁斯海峡(Bosphorus)。上午去宫殿游玩,然后在艾米诺努(Eminönü)搭乘私人游船,或者在卡巴塔什(Kabataş)搭乘随上随下的游船游览博斯普鲁斯海峡。之后步行穿过加拉塔(Galata),来到独立大街(见96页),在某处屋顶酒吧喝上一杯,然后再找个附近的地方享用晚餐。

4天

前两天按照两日游的行程安排。第三天上午前去参观伊斯坦布尔考古博物馆(见86页)或土耳其伊斯兰艺术博物馆(见81页);中午在大巴扎或周边吃饭,然后下午去苏莱曼清真寺(见89页);晚上可以折返穿过加拉塔大桥(Galata Bridge),去贝伊奥卢找家餐厅解决晚饭。第四天可以贡献给位于贝伊奥卢的众多当代艺术美术馆和奥尔罕·帕慕克的纯真博物馆(见100页),或者乘坐渡轮沿着金角湾前往埃于普;到了晚上,加拉塔大桥另一端的酒吧、餐厅和夜店又在等你前来。

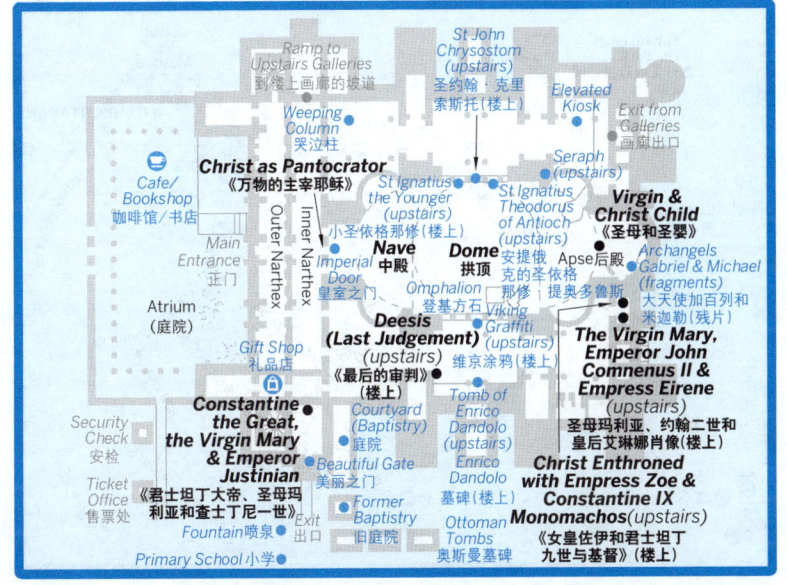

Aya Sofya 圣索菲亚大教堂

地图说明：
- Ramp to Upstairs Galleries 到楼上画廊的坡道
- St John Chrysostom (upstairs) 圣约翰·克里索斯托（楼上）
- Elevated Kiosk
- Exit from Galleries 画廊出口
- Weeping Column 哭泣柱
- Christ as Pantocrator《万物的主宰耶稣》
- Cafe/Bookshop 咖啡馆/书店
- St Ignatius the Younger (upstairs) 小圣依格那修（楼上）
- St Ignatius Theodorus of Antioch (upstairs) 安提俄克的圣依格那修·提奥多鲁斯
- Seraph (upstairs)
- Virgin & Christ Child《圣母和圣婴》
- Main Entrance 正门
- Outer Narthex
- Inner Narthex
- Imperial Door 皇室之门
- Dome 拱顶
- Nave 中殿
- Omphalion 登基方石
- Apse 后殿
- Archangels Gabriel & Michael (fragments) 大天使加百列和米迦勒（残片）
- Atrium（庭院）
- Viking Graffiti (upstairs) 维京涂鸦（楼上）
- Deesis (Last Judgement) (upstairs)《最后的审判》（楼上）
- The Virgin Mary, Emperor John Comnenus II & Empress Eirene (upstairs) 圣母玛利亚、约翰二世和皇后艾琳娜肖像（楼上）
- Gift Shop 礼品店
- Security Check 安检
- Constantine the Great, the Virgin Mary & Emperor Justinian《君士坦丁大帝、圣母玛利亚和查士丁尼一世》
- Courtyard (Baptistry) 庭院
- Tomb of Enrico Dandolo (upstairs)
- Enrico Dandolo 基碑
- Christ Enthroned with Empress Zoe & Constantine IX Monomachos (upstairs)《女皇佐伊和君士坦丁九世与基督》（楼上）
- Ticket Office 售票处
- Beautiful Gate 美丽之门
- Former Baptistry 旧庭院
- Ottoman Tombs 奥斯曼墓碑
- Fountain 喷泉
- Exit 出口
- Primary School 小学

伊斯坦布尔 景点

☏0212-522 1750, 0212-522 0989; http://www.ayasofyamuzesi.gov.tr/en; Aya Sofya Meydanı 1; 门票成人/12岁以下儿童 72里拉/免费; ⊙4月1日到10月31日 9:00~19:00，11月1日至次年3月31日 至17:00，最后售票时间为关门前1小时; ⊡Sultanahmet）伊斯坦布尔拥有很多重要的古迹，但庄严的圣索菲亚大教堂以其创造性的建筑结构、丰富的历史内涵、重要的宗教价值以及非凡之美而超越了其他遗迹。圣索菲亚大教堂由伟大的拜占庭君主查士丁尼下令建造，于537年完工；1453年，征服者穆罕默德将其改为清真寺；1935年，阿塔图克下令将其变成博物馆。2019年4月1日起，圣索菲亚大教堂在周一也会开放。

➡ 底层（Ground Floor）

当你进入该建筑，走在内前廊，抬头就能看见位于第三扇门——也是最大一扇门（皇室之门，Imperial Door）——上方那幅光彩夺目的马赛克镶嵌画《万物的主宰耶稣》（Christ as Pantocrator）。穿过这扇门就是建筑的主空间，以穹顶、巨大中殿和金色的马赛克镶嵌画而著称。

这一层的重点是半圆形后殿，那里有一幅创作于9世纪的华丽镶嵌画《圣母和圣婴》（Virgin and Christ Child）。后殿上方的镶嵌画曾经描绘了大天使加百列和米迦勒，现如今只剩下一些残片。

历任拜占庭君主都是在这里加冕的，加冕时皇帝的宝座会被放置在正厅的登基方石位置，就是主层镶嵌着大理石的那块地板。

奥斯曼时期新增的设施包括一个讲经坛（mimber）和一个用来指示麦加方向的朝圣壁龛米哈拉布（mihrab），镌刻着镀金阿拉伯字母的19世纪的巨大圆匾，被称为"苏丹包厢"（hünkar mahfili）的奇特悬空亭，以及登基方石后面华丽的图书馆。

抬头向东北方向（如果你面对着后殿，就是向左）看去，在穹顶下方北边墙上的半圆形楣拱内有3幅9世纪时的马赛克镶嵌画，不过最近几年被一座用于修复工作的脚手架塔楼挡住了。画面描绘的分别是小圣依格那修（St Ignatius the Younger）、"金口若望"圣约翰·克里索斯托（St John Chrysostom）和安条克的圣依格那修·提奥多鲁斯（St Ignatius Theodorus of Antioch）的肖像。在其右边的一处穹隅上（穹顶下方的凹面三角形区域），有一幅刻画了六翼天使（守护上帝宝座的天使，长着6只翅膀）面容的马赛克镶嵌画，创作于14世纪。

Sultanahmet 苏丹艾哈迈德

Sultanahmet 苏丹艾哈迈德

◎ 景点
- **1** 阿拉斯塔巴扎 A3
- **2** 大皇宫镶嵌画博物馆 A3

✪ 活动、课程和团队游
- **3** Cooking Alaturka B3

🛏 住宿
- **4** Big Apple Hostel C2
- **5** Four Seasons Istanbul at Sultanahmet C1
- **6** Hanedan Hotel C1
- **7** Hotel Alilass C2
- **8** Hotel Alp Guesthouse D1
- **9** Hotel Empress Zoe C1
- **10** Hotel Grand Peninsula C2
- **11** Hotel Peninsula D1
- **12** Hotel Şebnem D2
- **13** Hotel Uyan B1
- **14** Marmara Guesthouse C2
- **15** Metropolis Hostel C2
- **16** Osman Han Hotel C2
- **17** Sarı Konak Hotel B3

🍴 就餐
- **18** Balıkçı Sabahattin C3
- Cooking Alaturka .... （见3）

🍷 饮品和夜生活
- A'YA Rooftop Lounge .... （见5）
- **19** Cafe Meşale B2
- **20** Derviş Aile Çay Bahçesi A1

🛍 购物
- **21** Cocoon A3
- **22** İznik Classics B2
- **23** Jennifer's Hamam A3
- **24** Mehmet Çetinkaya Gallery A2

通往楼上画廊斜坡底部的侧廊上有一根哭泣柱（Weeping Column），柱上有张残破的铜制面孔，面孔上还被刺穿了一个洞。传说这根柱子受过奇迹创造者圣格里高利（St Gregory the Miracle Worker）的祝福，如果你将手指伸进洞里时变湿了，据说你身上的疾病就会痊愈。

➡ **楼上画廊（Upstairs Galleries）**

从内前廊北侧尽头走上一段旋转的石头路面坡道即可进入画廊。

画廊南侧（向前直走然后左转，穿过6世纪的大理石门扇）保存了马赛克镶嵌画《最后的审判》(Deesis)的残余部分。在这幅创作于13世纪的华丽画作中,基督在中间,圣母玛利亚在其右,施洗者约翰在其左。

继续往前,来到画廊东侧尽头(后殿),一幅名为《女皇佐伊和君士坦丁九世与基督》(Christ Enthroned with Empress Zoe and Constantine IX Monomakhos)的11世纪马赛克镶嵌画映入眼帘。

该画像的右侧是一幅12世纪的马赛克镶嵌画,描绘了圣母玛利亚、约翰二世和皇后艾琳娜的肖像(The Virgin Mary, Emperor John Comnenus II and Empress Eirene)。被称为"好人约翰"的约翰二世位于圣母的左边,以慈善行为而著称的皇后则站在圣母右边。艾琳娜旁边是他们的儿子阿历克塞(Alexius),不幸的是,他在画像完成后不久就去世了。

➡ 离开教堂

在离开教堂内前廊之前,千万别忘了回头看看门口内部半圆壁上的壁画。这幅名为《君士坦丁大帝、圣母玛利亚和查士丁尼一世》(Constantine the Great, the Virgin Mary and the Emperor Justinian)的马赛克镶嵌画创作于10世纪。画面中,君士坦丁大帝(右)正在向手托着幼年耶稣的圣母玛利亚奉上伊斯坦布尔,而查士丁尼一世(左)则献上了圣索菲亚大教堂。

当你从美丽之门(Beautiful Gate)——可追溯至公元前2世纪的宏伟青铜大门——离开教堂后,会发现左边还有一个通往一座小庭院的门。在6世纪时,这座小庭院曾经是洗礼堂的一部分。到了17世纪,洗礼堂变成了易卜拉欣一世(İbrahim I)和穆斯塔法一世的陵墓。庭院中的石雕水池原本就是作为洗礼之用。

许蕾姆夫人浴室(Baths of Lady Hürrem)位于圣索菲亚广场(Aya Sofya Meydanı)的对面,修建于1556~1557年。由希南(Sinan)设计,苏莱曼大帝下令建造,并以大帝的妻子哈塞基·许蕾姆苏丹——即历史上著名的罗克塞拉娜(Roxelana)——的名字命名。

圣索菲亚墓群 陵墓

(Aya Sofya Tombs, Aya Sofya Müzesi Padişah Türbeleri; 见76页地图; ☎0212-522 1750; http://ayasofyamuzesi.gov.tr/en; Babıhümayun Caddesi; ⊙9:00~17:00; ⓂSultanahmet) 免费 墓群虽属于圣索菲亚大教堂,但要从Babıhümayun Caddesi进入。这些陵墓是16世纪和17世纪的5位苏丹——穆罕默德三世、谢里姆二世(Selim II)、穆拉德三世(Murad III)、易卜拉欣一世(İbrahim I)和穆斯塔法一世(Mustafa I)的安息之地,他们当中的大多数人都和家人安葬在了一起。陵墓华丽的内部装饰体现了奥斯曼帝国时期最精湛的瓷砖、书法以及装饰性的漆染艺术。

穆罕默德三世的陵墓始建于1608年,穆拉德三世的陵墓则始建于1599年,两处陵墓都装贴了特别精美的伊兹尼克瓷砖。穆拉德的陵墓旁边就是他5个孩子的墓,他们死于一场鼠疫;陵墓是由希南设计完成的,里面的彩绘装饰简洁而漂亮。

由希南设计并建造于1577年的谢里姆二世陵墓却是颇为凄惨的一个,因为它同时埋葬了谢里姆二世的5个儿子,他们在1574年12月的某天晚上同时遇害,以确保长子穆拉德三世和平继位。这里还埋葬了穆拉德三世的19个儿子,他们在1595年1月遇害,为确保穆罕默德三世顺利登基。不过,这19人也是最后一批被兄弟谋杀的皇室王子——自那以后,继位苏丹的弟弟们都被囚禁在了托普卡帕宫的"笼子"(牢房)里。

第五座陵墓原本是圣索菲亚大教堂的洗礼堂(Baptistry),在17世纪时被改成了苏丹易卜拉欣一世和穆斯塔法一世的陵墓。

地毯博物馆 博物馆

(Carpet Museum, Halı Müzesi; 见76页地图; ☎0212-518 1330; Babıhümayun Caddesi和

> ℹ️ **歇业时间**
>
> 计划参观日程时要绕过主要景点每周的歇业时间:
>
> **周一** 地毯博物馆,多玛巴赫切宫(见102页)
>
> **周二** 托普卡帕宫(包括后宫和神圣和平教堂;见81页)
>
> **周四** 多玛巴赫切宫
>
> **周日** 大巴扎(见88页)

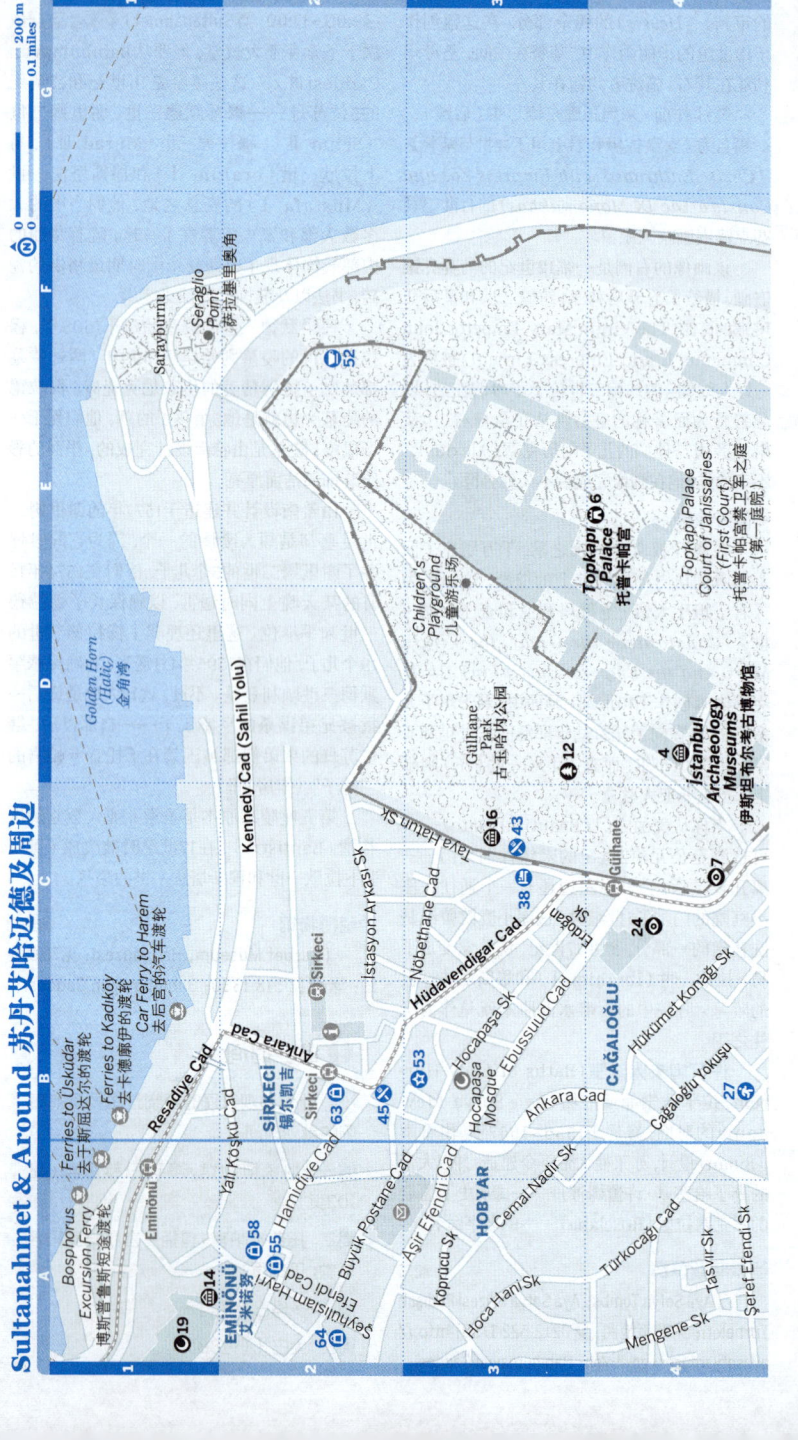

Sultanahmet & Around 苏丹艾哈迈德及周边

77

伊斯坦布尔 景点

Bosphorus Strait (Boğaziçi) 博斯普鲁斯海峡

MARMARA DENİZİ 马尔马拉海

CANKURTARAN 詹库塔兰

İshakpaşa Cad

Aya Sofya 圣索菲亚大教堂

Basilica Cistern 地下水宫

Aya Sofya Meydanı 圣索菲亚广场

Sultanahmet Park 苏丹艾哈迈德公园

SULTANAHMET 苏丹艾哈迈德

见苏丹艾哈迈德地图 (74页)

Kennedy Cad (Sahil Yolu)

Akbıyık Mosque

Blue Mosque 蓝色清真寺

BİNBİRDİREK

Museum of Turkish & Islamic Arts 土耳其和伊斯兰艺术博物馆

ALEMDAR

Molla Feneri Sk

ÇEMBERLİTAŞ 君士坦丁纪念柱

KÜÇÜK AYASOFYA

Sokullu Şehit Mehmet Paşa Mosque

见巴扎地图 (90页)

Sultanahmet & Around 苏丹艾哈迈德及周边

◎ 重要景点
- **1** 圣索菲亚大教堂 C6
- **2** 地下水宫 C5
- **3** 蓝色清真寺 B7
- **4** 伊斯坦布尔考古博物馆 D4
- **5** 土耳其伊斯兰艺术博物馆 B6
- **6** 托普卡帕宫 E4

◎ 景点
- **7** 艾哈迈德·哈姆迪·唐帕纳尔
   文学博物馆 C4
- **8** 神圣和平教堂 D5
- **9** 圣索菲亚墓群 D6
- **10** 地毯博物馆 D5
- **11** 苏丹艾哈迈德三世喷泉 D5
- **12** 古玉哈内公园 D3
- **13** 竞技场 B6
- **14** Hünkâr Kasrı A1
- **15** 皇室之门 D5
- **16** 伊斯坦布尔伊斯兰科技史博物馆 .. C3
- **17** 德皇威廉喷泉 B6
- **18** 小圣索菲亚教堂 A8
- **19** 新清真寺 A1
- **20** 狄奥多西方尖碑 B7
- **21** 粗石方尖碑 B7
- **22** Sphendone B7
- **23** 螺旋圆柱 B7
- **24** 崇高之门 C4
- **25** 苏丹艾哈迈德考古公园 D6

◎ 活动、课程和团队游
- **26** 圣索菲亚许蕾姆苏丹公共浴室 C6
- **27** Cağaloğlu Hamamı B4
- **28** İstanbul Walks B8

◎ 住宿
- **29** Ahmet Efendi Evi D8
- **30** Arcadia Blue Hotel A6
- **31** Cheers Hostel C5
- **32** Dersaadet Hotel B8
- **33** Emine Sultan Hotel & Suites B8
- **34** Hotel Amira A8
- **35** Hotel Ibrahim Pasha A7
- **36** Hotel Nomade B5
- **37** Ottoman Hotel Imperial C5
- **38** Sirkeci Mansion C3
- **39** Zeynep Sultan Hotel C5

◎ 就餐
- **40** Çiğdem Pastanesi B5
- **41** Deraliye B5
- **42** Erol Lokantası A5
- **43** Gülhane Kandil Tesisleri C3
- **44** Hafız Mustafa B6
- **45** Hafız Mustafa B2
- **46** Karadeniz Aile Pide ve Kebap
   Salonu B5
   Matbah .... (见37)
- **47** Sedef İskender A6
- **48** Sefa Restaurant B5
- **49** Tarihi Sultanahmet Köftecisi
   Selim Usta C6

◎ 饮品和夜生活
- **50** Cihannüma C5
- **51** Kybele Cafe B5
- **52** Set Üstü Çay Bahçesi F2

◎ 娱乐
- **53** Hodjapasha Cultural Centre B3
- **54** Les Arts Turcs C5

◎ 购物
- **55** Ali Muhiddin Hacı Bekir A2
- **56** Cocoon B8
- **57** Galeri Kayseri A6
- **58** Hafız Mustafa A2
- **59** İznik Classics C7
- **60** Jennifer's Hamam B8
- **61** Khaftan B7
- **62** Mehmet Çetinkaya Gallery B7
- **63** Özlem Tuna B2
- **64** Vakko İndirim A2

Soğukçeşme Sokak交叉路口；门票10里拉；◎4月中旬至10月中旬 周二至周日 9:00~18:00, 10月中旬至次年4月中旬 至16:00；🚇Sultanahmet或Gülhane）这座博物馆栖身在一座18世纪的施粥所（imaret）内, 位于圣索菲亚大教堂建筑群里。游客要经过一座壮观的巴洛克式大门进入博物馆, 馆内的展品生动地向游客展示了安纳托利亚地毯制作的历史。这些地毯来自土耳其全国各地的清真寺, 制作于14世纪至20世纪。

这里有3个展厅, 每个展厅都有一个类似《神秘博士》里的时光机Tardis一样的控制湿度的入口。第一个展厅位于宴会厅（me'kel）, 展示的是安纳托利亚时代早期的地毯, 上面有几何和抽象图案, 为了纪念荷兰画家小汉斯·荷尔拜因（Hans Holbein the Younger），它们有时也会被称为"荷尔拜因地毯"，因为他经常在自己的绘画里描绘那些图案。这里还有最为人们熟知的那种土耳其地毯：16世纪和17世纪的乌沙克（Uşak）地毯。

第二个展厅位于厨房（aşhane），展示着带有安纳托利亚中部和东部图案的小地毯，这些图案包括星形勋章和钥匙孔，后者据说是受到了米哈拉布（清真寺壁龛，mihrab，有展板解答众多符号的含义）的启发。不要错过房间最里面左侧尤为精美的红黄色19世纪海雷凯（Hereke）小地毯，它们来自锡尔凯吉（Sirkeci）的穆斯塔法清真寺（Mustafa Mosque）。

位于面包房（fodlahane）的第三个展厅是最令人难忘的，里面有巨大的来自苏莱曼清真寺（Süleymaniye Mosque）的17世纪和18世纪的乌沙克地毯，以及另外一张来自蓝色清真寺的19世纪地毯，后者也是saf祷告毯的晚近范例；其多座壁龛的装饰图案之上可供数人并排祷告。

★ 地下水宫　　　　　　　　　蓄水池

（Basilica Cistern, Yerebatan Sarnıçı；见76页地图；📞0212-512 1570；www.yerebatan.com；Yerebatan Caddesi；门票 20里拉；⏰4月中旬至9月 9:00~18:30, 11月至次年4月中旬 至17:30；🚇Sultanahmet）这处地下结构是查士丁尼在532年下令修建的。作为伊斯坦布尔现存最大的拜占庭时期蓄水池，地下水宫在修建过程中使用了336根圆柱，其中很多圆柱都来自荒废的神庙，饰有精美的雕刻。水宫的对称性和极为宏伟的建筑相当令人震撼，洞穴般的深度让这里成为夏天避暑的绝佳场所。

与伊斯坦布尔的大多数遗址一样，水宫也拥有一段不同寻常的历史。最初被称作"地下水宫"是因为它位于柱廊大殿（Stoa Basilica）的地下。柱廊大殿是当时伊斯坦布尔最大的广场之一，就位于第一山丘上。修建水宫是为了给大皇宫和周边的建筑蓄水。水宫的蓄水量高达80,000立方米，水源通过20公里长的沟渠从黑海附近的一座水库中被引至这里，但在拜占庭皇室从大皇宫迁走之后，水宫就被关闭了。在穆罕默德征服伊斯坦布尔之前的一段时间里，城市管理者似乎已经将其彻底遗忘，直到1545年它才得以重见天日。当时，一位名叫彼得鲁斯·吉利乌斯（Petrus Gyllius）的学者在伊斯坦布尔研究拜占庭古迹时，当地居民告诉他，他们只要将水桶扔进地窖下面一处黑漆漆的洞里，就能奇迹般地打到水，有些人甚至还用这种方式抓到过鱼。在好奇心的驱使下，吉利乌斯对周边环境进行了勘测，最终从一处地窖进入了水宫。但是，即便在吉利乌斯发现了水宫之后，奥斯曼人（他们将水宫称为Yerebatan Saray）也没有对这处所谓的地下宫殿表现出应有的尊重——它成了人们倾倒各种垃圾甚至抛尸的场所。

1985年，伊斯坦布尔大都会市政局（İstanbul Metropolitan Municipality）对地下水宫进行了清理和重修，于1987年对公众开放。如今，它已经成为伊斯坦布尔最受欢迎的旅游景点之一。走在高高架起的木制平台上，你会感觉到水珠从拱形的天花板上滴落下来，看到成群的鲤鱼如鬼影般从水中闪过——水宫果然魅影重重。

竞技场　　　　　　　　　　　公园

（Hippodrome, Atmeydanı；见76页地图；Atmeydanı Caddesi；🚇Sultanahmet）拜占庭时期的历代君王最酷爱的活动莫过于在下午举行战车比赛了，而这个沿苏丹艾哈迈德公园伸展的矩形的竞技场就成了理想的比赛场地。在这项运动最火热的时期，竞技场上装饰着方尖塔和雕像，有些遗址直到今天还保持在原来的位置。在经过近期的重新美化后，它更是成了伊斯坦布尔最受欢迎的聚会和散步场所之一。

竞技场最初由两层画廊、一片中心区域、起跑线和南边半圆形的终点区组成，终点区被称为Sphendone（见76页地图；Nakilbent Sokak; Hippodrome；🚇Sultanahmet），其部分遗址依然矗立在此。曾经位于这座岩石建筑顶端的画廊在第四次十字军东征期间遭到了破坏，在奥斯曼帝国时期更是被完全拆除——很多石柱都被拿来修建苏莱曼清真寺了。

在长达1000年的时间里，竞技场一直是拜占庭的生活中心，在之后的400年里又成为奥斯曼的生活中心，而且还是无数政治戏码的舞台。在拜占庭时代，两支对立的双轮战车队伍"绿队"和"蓝队"都有各自不同的宗派体系。人们根据自己的政治派别支持相应的队伍，而一支战队的胜利会对政策产生重要影响。绿队和蓝队偶尔会联合起来对付皇帝的势力，就像在公元532年发生的那件事一样——当时有一场战车比赛被反对查士丁尼高税收政策的抗议打断，事态升级演变为"尼卡暴动"[后来的命名，因为抗议者们高呼"尼卡！"（Nika，胜利之意）]，最终导致数万抗议者在竞技场被皇家军队屠杀，毫不意外地，战车比赛之后的一段时间里被禁止了。

奥斯曼苏丹也密切注视着竞技场的活动。如果帝国将要发生什么糟糕的事情，在这里聚集的板着脸的人群可能就是骚乱开始的信号，然后是暴动，继而是一场革命。1826年，改革者马哈茂德二世（Mahmut Ⅱ）苏丹下令在这里屠杀了腐败的近卫军部队（苏丹的私人保镖队）。1909年，发生在这里的暴动导致阿卜杜勒·哈米德二世（Abdül Hamit Ⅱ）被废黜。

尽管始于竞技场的威胁一直是颠覆皇位运动的序幕，历代帝王和苏丹还是不遗余力地对其进行美化，包括从帝国的各处偏远角落里搜罗各式各样的雕像，来装饰竞技场的中心区域。但不幸的是，这些由古代大师雕刻的无价雕像，很多已经不见踪迹了，窃取这些文物的罪魁祸首当属参加第四次十字军东征的士兵们，他们在1204年入侵了君士坦丁堡这座同属基督教文明的盟友城市。

在竞技场的最北边，那座带有精美石雕的小亭台被称作德皇威廉喷泉（Kaiser Wilhelm's Fountain）。1898年，德国皇帝威廉二世对土耳其进行国事访问，并在1901年将这座亭台作为礼物送给了当时的苏丹阿卜杜勒·哈米德二世（Abdül Hamit Ⅱ），以彰显两国友谊。亭子穹顶内部的浮雕是阿卜杜勒·哈米德姓名首字母构成的组合图案（tuğra）以及威廉二世名字的首字母，象征着他们在政治上的联盟。

竞技场中心保存完好的狄奥多西方尖碑（Obelisk of Theodosius）由粉红色的花岗岩所制，它是图特摩斯三世（Thutmose Ⅲ，公元前1549年至前1503年在位）统治期间在埃及雕刻完成的，并竖立在卡纳克（Karnak）的阿蒙神庙（Amon-Re temple）中。公元390年，狄奥多西大帝（379~395年在位）将其从埃及带回君士坦丁堡。方尖碑下方的大理石墩座墙镌刻着狄奥多西及其妻子、儿子以及国家官员和护卫们一起在皇家包厢（kathisma）里观看战车赛的情景。

在狄奥多西方尖碑的南边，有一根从地面孔洞中伸出的奇特圆柱。这根被称为**螺旋圆柱**（Spiral Column）的柱子以前要高得多，顶上曾经盘踞着3个巨蛇的蛇头。铸造圆柱的最初目的是纪念希腊联军在普拉蒂亚（Plataea）之战中打败了波斯人，从公元前478年开始，它就一直矗立在德尔斐（Delphi）的阿波罗神庙（古希腊）前，直到公元330年君士坦丁大帝将其带回新首都。尽管在拜占庭时期，螺旋圆柱曾遭到严重破坏，但直到18世纪早期，柱顶上的蛇头依然存在。如今，这些蛇头只剩下一块从圣索菲亚一个地下室中发现的上颌，目前被保存在伊斯坦布尔考古博物馆（见86页）中。

1204年，第四次十字军东征的士兵在洗劫了圣索菲亚大教堂之后，又将位于竞技场南端的**粗石方尖碑**（Rough-Stone Obelisk）上的所有装饰牌都扯了下来，因为他们误以为这些装饰牌是由纯金制成的（事实上，它们只是镀金的铜制品）。十字军还偷走了著名的青铜铸造的四马二轮战车，其复制品如今放置在威尼斯圣马可大教堂（Basilica di San Marco）主入口的顶端，原件藏于这座教堂内部。

★ 蓝色清真寺

清真寺

（Blue Mosque, Sultanahmet Camii；见80页地图；📞0545 577 1899；www.bluemosque.co；Hippodrome；免费；⊙每天6次的祈祷时间不对非穆斯林开放；🚇Sultanahmet）蓝色清真寺（苏丹艾哈迈德清真寺）可谓伊斯坦布尔最适合拍照留念的建筑之一，建成于苏丹艾哈迈德一世（1603~1617年在位）统治期间，艾哈迈德一世的陵墓就位于清真寺的北边，面朝苏丹艾哈迈德公园（Sultanahmet Park）。在优美的曲线形外观的衬托下，蓝色清真寺那层叠的圆顶和6座细长的尖塔显得极为惹眼。其内部使用了伊兹尼克蓝色瓷砖装饰，"蓝色清真寺"这一常用的非官方名称即由此而来。

建筑师赛德夫哈尔·穆罕默德·阿加（Sedefhar Mehmet Ağa）以强烈的视觉冲击令这座建筑的外观在震撼效果上足以媲美圣索菲亚大教堂的内部。它的曲线造型充满了极致诱惑，6座宣礼塔（比当时的其他清真寺都多）耸立其上；它的庭院面积在所有奥斯曼帝国时期的清真寺中是最大的。清真寺的内部设计同样规模宏大：装饰使用了数万块伊兹尼克瓷砖，光是窗户就有260扇，中央用于祷告的空间也极为宽敞。

为了更好地欣赏蓝色清真寺的设计，你可以选择从竞技场而不是艾哈迈德考古公园进入这里。一进入和清真寺内部面积相当的庭院，你立刻就会感受到这座建筑的完美布局。

蓝色清真寺是一处极为受欢迎的旅游景点，为了保持寺内的神圣氛围，参观人数受到了限制。除此之外，只有前来做礼拜的教徒才可以走正门，游客只能从南门（有指引标示）进入。清真寺每天6次祈祷时间，分别为日出前2小时、日出、正午、下午、日落和最后一丝阳光消失之前，祈祷期间不对非信徒开放。

★ 土耳其和伊斯兰艺术博物馆　博物馆

（Museum of Turkish & Islamic Arts, Türk ve Islam Eserleri Müzesi；见76页地图；www.tiem.gov.tr；Atmeydanı Caddesi 46, Hippodrome；门票 成人/12岁以下儿童 25里拉/免费；⊙11月至次年4月中旬 9:00~17:00，4月中旬至10月 至19:00，最后入场时间为关闭前半小时；⚑Sultanahmet）这座奥斯曼宫殿是苏莱曼大帝为自己的童年好友、妹夫、大维齐尔（职务相当于宰相）易卜拉欣·帕夏（İbrahim Paşa）修建的，建成于1524年，最近完成了翻新。宫殿中收藏了无数珍贵的手工艺术品，包括精美的书法藏品和一批世界上令人印象最深刻的古董地毯。有些大尺寸地毯被从上层房间移至地毯博物馆（见75页），但其中的藏品依然很迷人，包括宫廷地毯、祷告毯，以及17世纪的奥斯曼焚香炉等闪耀的文物。

出生于希腊的易卜拉欣·帕夏在孩提时代就被囚禁在奥斯曼帝国，后被当成奴隶卖给了伊斯坦布尔皇室。之后他便成为托普卡帕宫中的一名男侍者，并逐渐与同龄的苏莱曼结下了友谊。在苏莱曼成为苏丹之后，易卜拉欣接连担任了首席驯鹰人、皇室主管和大维齐尔等重要职位。苏莱曼还将一座宫殿赠送给易卜拉欣，一年之后又将自己的妹妹哈蒂婕（Hadice）嫁给了他。但这段童话般的友谊并没有维系很久。易卜拉欣的财富、权势和对于君主的影响力如此之大，以致引起其他想左右苏丹的当权者的妒忌，尤其是苏莱曼权势倾天的妻子许蕾姆苏丹（罗克塞拉娜，Roxelana）。在易卜拉欣的对头控告其不忠后，罗克塞拉娜终于使自己的丈夫相信易卜拉欣会对自己产生威胁，于是苏莱曼在1536年下令勒死了易卜拉欣。

博物馆收藏的文物历史可从8世纪一直延续到19世纪，出处遍及中东，其中包括带有苏丹名字母花押的圣谕手稿（müknames）、来自萨非王朝（Safavid）时期（1501~1722年）的伊朗古书、12世纪和13世纪来自大马士革和吉兹雷（Cizre）的木柱和门扇；霍尔拜因式（Holbein）、洛托式（Lotto）、科尼亚式（Konya）、乌沙克式（Uşhak）、伊朗式和高加索式的地毯；甚至还有一节先知的胡须。入口附近能看到部分竞技场围墙。

小圣索菲亚教堂　清真寺

（Little Aya Sofya, Küçük Aya Sofya Camii, SS Sergius & Bacchus Church；见76页地图；Küçük Ayasofya Caddesi；⊙日出至日落；⚑Sultanahmet或Çemberlitaş）免费 就在修建圣索菲亚大教堂之前，查士丁尼及其妻子狄奥多拉在公元527年至536年的某段时间里建造了小圣索菲亚教堂。严格说来，如今这里的正式名字是塞尔吉乌斯和巴克斯教堂。时至今日，我们依然可以看见由他们姓名首字母构成的图案镌刻在带裙边的白色柱顶上。尽管这里在16世纪被改造成了一座清真寺，并且在2007年的彻底修缮中损失了许多原本的特色，但这座建筑仍然是伊斯坦布尔最美丽的拜占庭建筑之一。

★ 托普卡帕宫　宫殿

（Topkapı Palace, Topkapı Sarayı；见76页地图；☎0212-512 0480；www.topkapisarayi.gov.tr；Babıhümayun Caddesi；门票 王宫 成人/12岁以下儿童 60里拉/免费，后宫 成人/6岁以下儿童 35里拉/免费；⊙4月中旬至10月 周三至周一 9:00~18:45，11月至次年4月中旬 至16:45，最后入

Topkapı Palace (Topkapı Sarayı) 托普卡帕宫

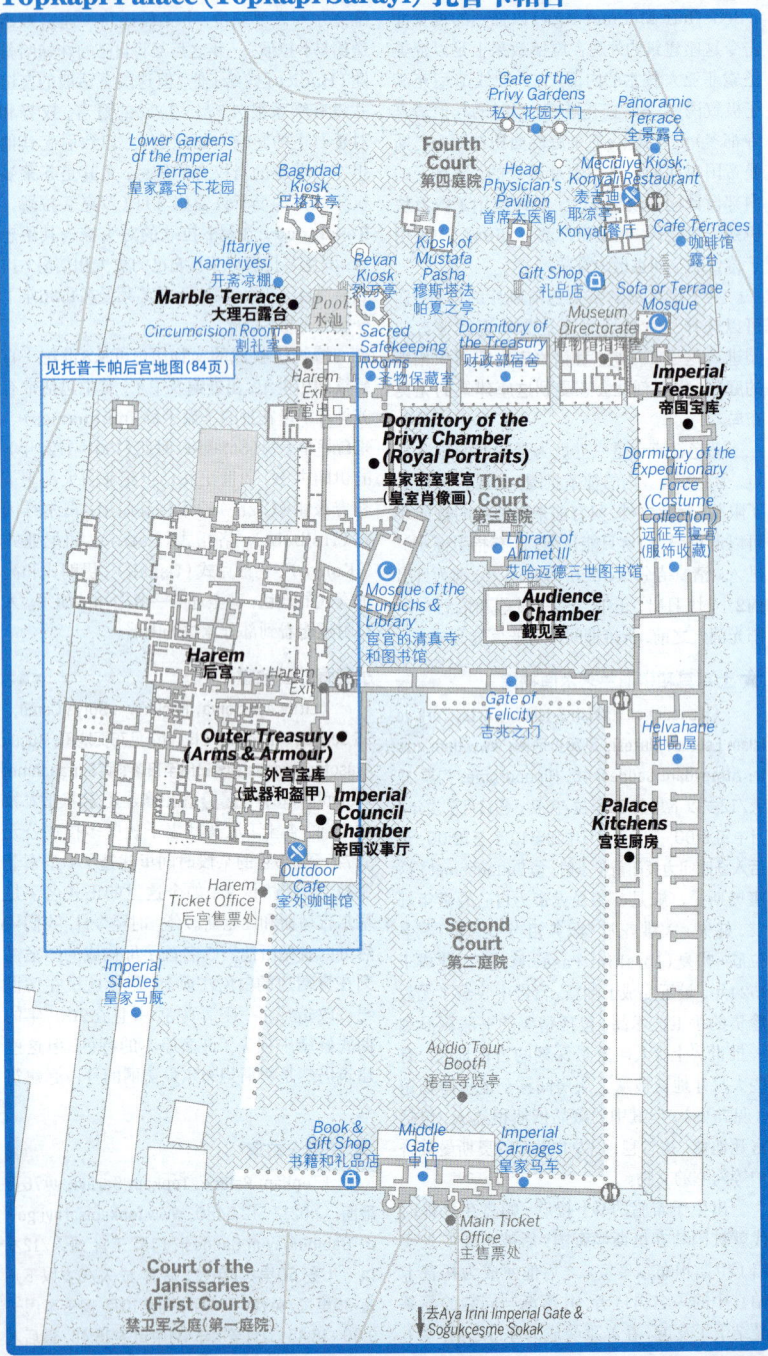

场时间为关闭前45分钟；☏Sultanahmet）围绕着托普卡帕宫发生的各种传奇故事，可能比全世界所有博物馆的故事加在一起的还要多。从15世纪到19世纪，托普卡帕宫一直是奥斯曼帝国君王们的宫殿，荒淫无度的苏丹、野心勃勃的侍臣、美艳无双的妃嫔以及诡计多端的宦官们曾经一起在这里生活和工作。透过那些豪华奢侈的楼阁、堆满首饰的宝库和错综复杂的后宫，游客们得以一瞥他们曾经的生活。

1453年，在征服伊斯坦布尔之后不久，穆罕默德二世就完成了托普卡帕宫第一阶段的修建，并在这里生活到1481年去世。接下来的历任苏丹也都居住在这种考究精致的环境中。直到19世纪，苏丹们才搬到他们在博斯普鲁斯海峡岸边修建的奢华欧式宫殿中。

在进入托普卡帕宫的皇室之门（Bab-ı Hümayun, Imperial Gate）前，别忘了欣赏门外鹅卵石广场周围的华丽建筑。这里有洛可可风格的苏丹艾哈迈德三世喷泉（Fountain of Sultan Ahmet Ⅲ，见72页地图；Babıhümayun Caddesi），它是由酷爱郁金香的艾哈迈德三世在1728年修建的。

主售票亭位于第一庭院，就在通往第二庭院的门前。

➡ 第一庭院（First Court）

穿过皇室之门即可进入第一庭院，它也被称为"禁卫军之庭"（Court of the Janissaries; Babıhümayun Caddesi & Soğukçeşme Sokak交叉路口；☏Sultanahmet）或阅兵院（Parade Court）。左边是拜占庭时期的Hagia Eirene教堂，俗称神圣和平教堂（Aya İrini, Hagia Eirene, Church of the Divine Peace; 见76页地图；☎0212-512 0480; http://topkapisarayi.gov.tr/en/hagia-irene-0; 1st Court, Topkapı Palace; 门票 成人/6岁以下儿童 20里拉/免费；⊙4月至10月中旬 周三至周一 9:00～19:00, 10月中旬至次年3月 至17:00; ☏Sultanahmet）。

➡ 第二庭院（Second Court）

中门（Ortakapı或Bab-üs Selâm）通向皇宫用于处理国事的第二庭院。在奥斯曼时代，只有苏丹和皇太后（苏丹的母亲）可以骑马穿过中门，包括宰相在内的其他任何人在经过这里时都必须下马。

第二庭院被布置得如同花园一般。不像典型的欧洲宫殿那样通常有一座较大的主体建筑并在周围环绕花园，托普卡帕宫是在一块中心封闭区域周围构筑起一系列阁楼、宫廷厨房、兵营、觐见室、凉亭和起居区等。

进入庭院时，右手边（东侧）宏伟的宫廷厨房（Palace Kitchens）经过数年修缮，已经向公众重新开放。这里保存着托普卡帕宫大量收藏的中国青花瓷的一小部分，这些瓷器不仅美观大方，而且据说在碰到有毒食物时会变色，因此深受诸位苏丹的珍爱。

第二庭院的左边（西侧）是装饰华丽的帝国议事厅（Dîvânı Hümâyûn），议会在这里开会商讨国家大事，而苏丹有时会通过墙上高高的黄金格子窗监听。议事厅右边的房间展示着来自宫廷收藏的钟表。

帝国议事厅的北边是外宫宝库（Outer Treasury），展示了来自奥斯曼帝国及欧洲的各种武器和盔甲藏品。

➡ 后宫（Harem）

后宫的入口位于第二庭院西侧正义之塔（Tower of Justice）的下方。我们强烈推荐你去后宫游览，不过，在游览之前，你需要购买后宫的专用门票。游览后宫的路线可能因为房间修缮暂时关闭而稍作调整，因此，上文所提到的某些区域在你拜访期间可能并不会开放。

在大众的印象中，后宫是苏丹们随心所欲纵情酒色之所。但事实上，后宫属于皇室住地，在这里的每一个生活细节都会受到传统、义务和礼仪的约束。"harem"一词的字面含义即为"禁地"或"私人"之意。

苏丹在后宫可拥有多达300位妃嫔，不过实际人数通常要低于这一数字。一旦进入后宫，这些女孩就需要接受伊斯兰教、土耳其文化以及语言方面的专门教育，除此之外，还要学习装扮、仪态、音乐、阅读、写作、刺绣和舞蹈等各种技艺。之后她们便成为后宫的"储备人才"，先作为侍女来服侍苏丹的嫔妃和子女，然后服侍苏丹皇太后，如果姿色和才艺的确出众，那么她们最终会去服侍苏丹本人。

伊斯兰教法允许苏丹拥有4位合法妻子，她们会得到妻子（kadın）的名分。如果谁为

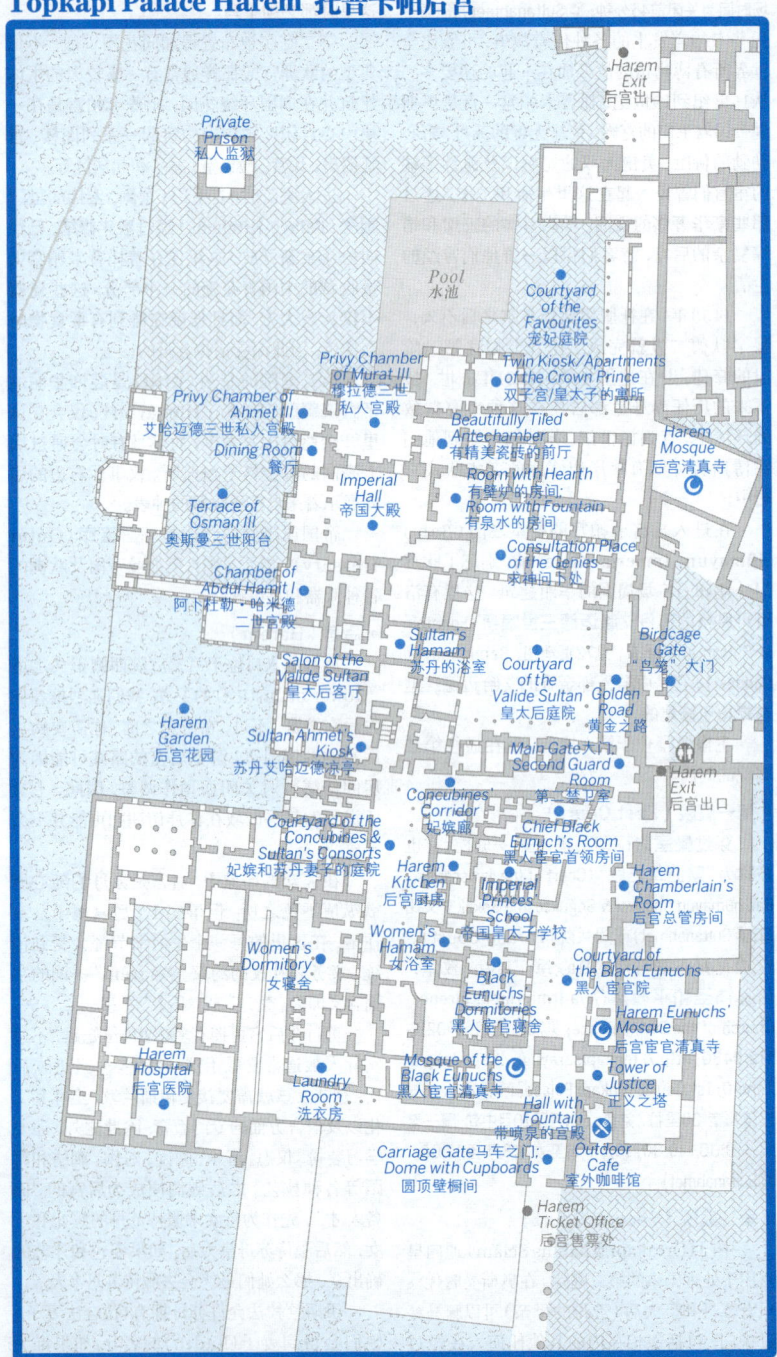

Topkapı Palace Harem 托普卡帕后宫

伊斯坦布尔 景点

- Private Prison 私人监狱
- Pool 水池
- Courtyard of the Favourites 宠妃庭院
- Privy Chamber of Murat III 穆拉德三世私人宫殿
- Twin Kiosk/Apartments of the Crown Prince 双子宫/皇太子的寓所
- Privy Chamber of Ahmet III 艾哈迈德三世私人宫殿
- Beautifully Tiled Antechamber 有精美瓷砖的前厅
- Dining Room 餐厅
- Room with Hearth 有壁炉的房间
- Imperial Hall 帝国大殿
- Room with Fountain 有泉水的房间
- Terrace of Osman III 奥斯曼三世阳台
- Consultation Place of the Genies 求神问卜处
- Chamber of Abdul Hamit I 阿卜杜勒·哈米德二世宫殿
- Harem Exit 后宫出口
- Harem Mosque 后宫清真寺
- Sultan's Hamam 苏丹的浴室
- Salon of the Valide Sultan 皇太后客厅
- Courtyard of the Valide Sultan 皇太后庭院
- Birdcage Gate "鸟笼"大门
- Golden Road 黄金之路
- Harem Garden 后宫花园
- Sultan Ahmet's Kiosk 苏丹艾哈迈德凉亭
- Main Gate & Second Guard Room 第二禁卫室
- Harem Exit 后宫出口
- Concubines Corridor 妃嫔廊
- Courtyard of the Concubines & Sultan's Consorts 妃嫔和苏丹妻子的庭院
- Chief Black Eunuch's Room 黑人宦官首领房间
- Harem Kitchen 后宫厨房
- Imperial Princes School 帝国皇太子学校
- Harem Chamberlain's Room 后宫总管房间
- Women's Dormitory 女寝舍
- Women's Hamam 女浴室
- Courtyard of the Black Eunuchs 黑人宦官庭院
- Black Eunuchs Dormitories 黑人宦官寝舍
- Harem Eunuchs' Mosque 后宫宦官清真寺
- Harem Hospital 后宫医院
- Mosque of the Black Eunuchs 黑人宦官清真寺
- Tower of Justice 正义之塔
- Laundry Room 洗衣房
- Hall with Fountain 带喷泉的宫殿
- Carriage Gate 马车之门
- Dome with Cupboards 圆顶壁橱间
- Outdoor Cafe 室外咖啡馆
- Harem Ticket Office 后宫售票处

苏丹生了一个儿子,她就会被尊称为"haseki sultan";如果生的是女儿,则会被称为"haseki kadın"。

管理后宫的是苏丹皇太后,她常常拥有大片登记在自己名下的地产,并通过黑人宦官管理它们。因为能够向宰相直接下令,所以她常常能对苏丹本人、苏丹妻子和妃嫔以及国家事务施加重大影响。

后宫中最早的300多间房屋是在穆拉德三世(1574~1595年在位)统治期间建造完成的,之前历任苏丹的后宫都安置在今天巴耶塞特广场(Beyazıt)附近的旧宫殿(Eski Sarayı,现已拆毁)。

后宫为6层建筑,但其中只有一层对游客开放。你可以通过马车之门(Carriage Gate)进入,门后是圆顶壁橱间(Dome with Cupboards),再往里是后宫宦官护卫们驻守的房间,房间里装饰着17世纪精美的屈塔希亚(Kütahya)瓷砖。

过了这个房是同样装饰着屈塔希亚瓷砖的狭窄的黑人宦官院(Courtyard of the Black Eunuchs)。左侧的大理石柱廊后面是黑人宦官的寝宫。早期后宫中当差的都是白人宦官,黑人宦官是被奥斯曼帝国后来控制的埃及地区的执政官当作礼物送入后宫的。曾经有多达200位宦官住在这里,他们负责守卫大门和服侍后宫中的女性。

宦官庭院的尽头则是通往后宫的主入口,以及一间带有两块巨大镀金玻璃的警卫室。妃嫔走廊向左通向妃嫔和苏丹妻子的庭院(Courtyard of the Concubines and Sultan's Consorts),庭院被浴室、一座洗衣喷泉、一个洗衣房、数间寝宫和私人套房环绕着。

庭院里妃嫔走廊的对面是装饰着砖砌烟囱的苏丹艾哈迈德凉亭(Sultan Ahmet's Kiosk),然后是苏丹皇太后寓所(Apartments of the Valide Sultan),这里相当于后宫的权力中心。在装饰华丽的房间中,苏丹皇太后可以俯瞰和执掌自己的整个大"家族"。尤其值得一提的是皇太后客厅(Salon of the Valide Sultan),里面有描绘伊斯坦布尔田园风光的19世纪精美壁画。

穿过皇太后庭院(Courtyard of the Valide Sultan)就来到了一间带有大壁炉的华丽接待室,接待室通往铺设有17世纪屈塔希亚瓷砖和伊兹尼克瓷砖的前厅。王子、苏丹皇太后和宠妃会在这里等待进入豪华的帝国大殿(Imperial Hall)觐见苏丹。大殿修建于穆拉德三世(Murat Ⅲ)在位时期,并在奥斯曼三世(1754~1757年在位)的命令下重新被装修成了巴洛克风格。

大殿旁边是穆拉德三世私人宫殿(Privy Chamber of Murat Ⅲ),后宫中最奢华的房间之一。它建造于1578年,其内部装饰几乎完好地保存了下来,并且被认为出自希南之手。经过修复的3层大理石喷泉专门用来制造如同瀑布一般的水声,以保证苏丹的谈话内容不被他人窃听。带天篷的镀金休息区是在18世纪后期另外增加的。

继续前行来到艾哈迈德三世私人宫殿(Privy Chamber of Ahmed Ⅲ),瞅一瞅1705年修建的毗邻的餐厅。餐厅镶有木制墙板,上面装饰着漆绘的花朵和水果图案。

返回穿过穆拉德三世私人宫殿,就到了后宫最漂亮的两个房间——双子宫(Twin Kiosk)。它们是皇太子的寓所。这两个房间修建于1600年前后,留意第一个房间里的上色帆布圆顶和第二个房间壁炉之上的精美的伊兹尼克瓷砖墙板,彩绘玻璃也值得一看。

经过这些房间,就到了宠妃庭院(Courtyard of the Favourites)。站在庭院的边缘(实际上是一处平台),你会看到一个巨大的空水池。庭院上方是众多昏暗小房间的小窗户,它们是苏丹用来囚禁兄弟或儿子的"笼子"(kafes)。

从宠妃庭院走出去,沿着一条被称为"黄金之路"(Golden Road)的通道走出去,可进入托普卡帕宫的第三庭院。沿着走廊北上,出去后就到了割礼殿旁的第四庭院。

→ 第三庭院(Third Court)

从吉兆之门(Gate of Felicity)可进入第三庭院。第三庭院属于苏丹的私人区域,白人宦官负责这里的日常和安保工作。庭院内部有建于16世纪的觐见室(Audience Chamber),18世纪时又进行了翻新。重要官员和外国大使都会被带到这处小凉亭中,与苏丹一起商讨国家大事。苏丹会坐在巨大的长椅上,外国使节带来的礼物和贡品则会被从左侧的门传进来供苏丹过目。

观见室的后面就是漂亮的**艾哈迈德三世图书馆**(Library of Ahmet III)，建于1719年。

第三庭院的最东边是**远征军寝宫**(Dormitory of the Expeditionary Force)，现在主要用于展出由金线银线制成的皇袍、长衫和制服等精美藏品。除此之外，这里还有一些珍贵的辟邪衬衣，传说这些衬衣会保护穿着者免遭敌人和各种霉运的侵害。

庭院另一侧是**圣物保藏室**(Sacred Safekeeping Rooms)。这些房间使用伊兹尼克瓷砖进行了豪华的装饰，其中存放者大量先知穆罕默德的遗物。苏丹在此居住期间，这些房间一年只打开一次，以便让皇家族成员在斋月的第15天入内向先知表达敬意。

圣物保藏室旁边是**皇家密室寝宫**(Dormitory of the Privy Chamber)，这里展示着36位苏丹的肖像。亮点是一幅描绘苏丹谢里姆三世登基典礼(1789年)的精美画作，出自康斯坦丁·卡皮达格里(Konstantin Kapidagli)之手。

► 帝国宝库（Imperial Treasury）

位于第三庭院东端的帝国宝库拥有令人难以置信的精美藏品，它们是使用金、银、红绿宝石、翡翠、珍珠及钻石制作或装饰的各种物件。这座建筑是穆罕默德二世在1460年修建的，起初用作接待室。

四个房间里的第二间展览的是作为礼物或战利品收藏的非奥斯曼帝国器物，例如来自伊朗大不里士的一块装饰着黄金的闪闪发光的镀锌水壶。其中的小型印度雕像主要以小粒珍珠制作，值得探访。宝库中最著名的展品托普卡帕之剑(Topkapı Dagger)位于第四个房间，它也是朱尔斯·达辛(Jules Dassin)1964年执导的电影《托普卡帕》(Topkapi)中匪徒们抢夺的目标。托普卡帕之剑的剑柄上有3颗巨大的绿宝石，剑柄的圆头上还嵌入了一块表。除此之外，房间里还有一颗制勺者(Kaşıkçı)钻石，这是一颗重达86克拉的泪滴形钻石，周围环绕着数十颗较小的钻石。1648年，参加登基典礼的穆罕默德四世第一次佩戴这颗钻石。它也是世界上最大的钻石之一。

► 第四庭院（Fourth Court）

用作休闲的亭台楼榭占据了托普卡帕宫的第四庭院，其中包括阿卜杜勒·麦吉德一世(Abdül Mecit,1839~1861年在位)按照19世纪的欧洲建筑风格建造的**麦吉迪耶凉亭**(Mecidiye Kiosk)。凉亭下方是Konyalı餐厅，餐厅露台上的风景很好，但食物品质令人失望。凉亭台阶向上是**首席太医阁**(Head Physician's Pavilion)。有趣的是，首席太医通常出自苏丹的犹太臣民之中。在这座露台，你还可以看到**穆斯塔法帕夏之亭**(Kiosk of Mustafa Pasha)，它有时也被称作沙发阁(Sofa Köşkü)。在艾哈迈德三世在位期间，亭外的郁金香花园内种满了各式各样的郁金香。

从郁金香花园尽头的楼梯走上去是**大理石露台**(Marble Terrace)，露台上有一个装饰用的水池、3座凉亭以及一处**开斋凉棚**(İftariye Kameriyesi)，这个风景如画的小巧建筑是易卜拉欣一世(İbrahim I，绰号"疯子")于1640年为开斋之用而修建的。

从波斯人手中夺回了埃里温城(Yerevan，现位于亚美尼亚境内)后，穆拉德四世在1636年修建了**烈万亭**(Revan Kiosk)以示纪念。1639年，为了庆祝自己攻克巴格达城，他又下令修建了**巴格达亭**(Baghdad Kiosk)，它是宫廷建筑的经典典范之一，亭中精致的伊兹尼克瓷砖、壁画天花板和珍珠母及镶嵌的龟甲让人印象深刻。面积不大的**割礼殿**(Sünnet Odası)由易卜拉欣一世修建于1640年，专门用于举办穆斯林男孩的成年礼仪式，房间外墙上装饰着尤为精美的瓷砖。

★ 伊斯坦布尔考古博物馆 博物馆

(İstanbul Archaeology Museums, İstanbul Arkeoloji Müzeleri; 见76页地图; ☎0212-520 7740; www.istanbularkeoloji.gov.tr/; Osman Hamdi Bey Yokuşu Sokak, Gülhane; 门票 成人/12岁以下儿童30里拉/免费; ⓧ4月15日至10月2日 9:00~19:00，其余时间 9:00~17:00; 🚇Gülhane)这座一流的博物馆展出了来自托普卡帕宫收藏的各种考古文物和艺术珍宝。博物馆占据了3座建筑，展品包括古老的手工艺品、经典艺术雕像以及一个追溯伊斯坦布尔历史的展览。这里的亮点很多，来自西顿皇家墓地(Royal Necropolis of Sidon)的石棺是其中最引人注目的。

博物馆由3个主要部分构成：古代东方博物馆（Eski Şark Eserler Müzesi）、考古学博物馆（Arkeoloji Müzesi）和瓷砖亭（Çinili Köşk）。这些博物馆的宫廷藏品是由馆长、艺术家兼考古学家奥斯曼·哈姆迪·贝（Osman Hamdi Bey）在19世纪末收集整理的。从托普卡帕宫第一庭院的坡道直接走下来，或者从古玉哈内公园正门走上山坡，都可以轻松抵达博物馆。

➜ 古代东方博物馆（Museum of the Ancient Orient）

一进入博物馆，左手边便是古代东方博物馆。这座修建于1883年的建筑主要展出从奥斯曼帝国辽阔国土上收集来的各种前伊斯兰时期的文物。重点展品包括一系列大块的黄蓝相间的琉璃砖，它们曾经被铺设于古代巴比伦的仪仗队行进的街道和伊什塔尔门（Ishtar gate）上。这些琉璃砖描绘了狮子、龙和公牛等现实或神话中存在的动物。

➜ 考古博物馆（Archaeology Museum）

通往古代东方博物馆的立满柱子的庭院对面，就是这座高耸的新古典建筑，我们到访时，四周搭满了脚手架和油布，正在进行修复。馆中陈列着大量经典的雕塑和石棺，以及记录了伊斯坦布尔历史的各种展品。

镇馆之宝是来自西顿（现在黎巴嫩境内的西戴）皇家墓地的石棺，1887年由奥斯曼·哈姆迪·贝（Osman Hamdi Bey）发掘出土。其中非凡的亚历山大石棺（Alexander Sarcophagus）和Mourning Women Sarcophagus在我们到访时没有展出。不过通往博物馆的路途中展出了一些精美雕塑，包括一座来自帕加马（Pergamum）的亚历山大头像。

1楼（1st floor）有一个虽然陈旧但令人着迷的"伊斯坦布尔历史岁月"（İstanbul Through the Ages）展览，它通过不同时代各街区的变化追溯了这座城市的历史，包括原始时期、古希腊时代、罗马时代、拜占庭时期和奥斯曼时期；2楼（2nd floor）是"安纳托利亚和特洛伊历史岁月"（Anatolia and Troy Through the Ages）展；3楼（3rd floor）的"安纳托利亚、塞浦路斯、叙利亚和巴勒斯坦的邻近文化"（Neighbouring Cultures of Anatolia, Cyprus, Syria and Palestine）展在本书写作时关闭。

我们到访时，有一个独立入口通往一个古代石棺展览，展品来自叙利亚、黎巴嫩、萨洛尼卡（Thessalonica）和以弗所（Ephesus）等地，包括令人印象深刻的西顿类人石棺（anthropoid sarcophagi）。三个展厅中摆满装饰细节丰富的石碑和石棺，大部分可以追溯到公元140年至270年，很多展品看起来就像是小型的庙宇或宅邸，不要错过来自科尼亚地区的西达马拉石棺（Sidamara Sarcophagus）。这部分的最后一个展室展出的是古罗马地板马赛克镶嵌画作品，以及安纳托利亚建筑的样板。

➜ 瓷砖亭（Tiled Pavilion）

整个博物馆建筑群的最后一个亮点便是这座漂亮的瓷砖亭，它是1472年在征服者穆罕默德二世的命令下修建的。带有14根大理石柱的柱廊建造于阿卜杜勒·哈米德苏丹在位期间（1774~1789年），先前的柱廊在1737年被烧毁。

目前这里正在展出的是塞尔柱帝国、安纳托利亚和奥斯曼时期的砖瓦和陶瓷，其历史可追溯到12世纪末至20世纪初。展品包括一些14世纪中期至17世纪的伊兹尼克瓷砖。当时的伊兹尼克可以制造出全世界色彩最鲜艳的瓷砖。走进中心展厅，你一定不会错过来自卡拉曼（Karaman）的易卜拉欣·贝伊·伊玛莱特（İbrahim Bey İmâret）的漂亮米哈拉布（mihrab），它修建于1432年。

古玉哈内公园 公园

（Gülhane Park, Gülhane Parkı；见76页地图；⊙7:00~22:00；🚇Gülhane）古玉哈内公园曾经是托普卡帕宫的外花园，只有皇室成员才能进入。如今，本地居民会来这里在树荫下野餐，漫步穿过精心培育的苗圃，又或者前往公园东北端的Set Üstü Çay Bahçesi茶室尽享博斯普鲁斯、马尔马拉海和王子群岛的美丽风光。在伊斯坦布尔郁金香节（见113页）期间，公园特别漂亮，届时郁金香会排列成象征"邪恶之眼"（nazar boncuk）的形状。

公园中的人行道和便利设施最近都进行了绿化升级，还增添了一座博物馆，伊斯坦布尔伊斯兰科技史博物馆（İstanbul İslam Bilim

值得一游

于斯屈达尔

于斯屈达尔（Üsküdar）是一个工薪阶层聚集的郊区，居民保守。这里不像卡德廓伊一样满是热闹开放的餐厅、酒吧和咖啡馆，但它自有一份非常重要的资产：一系列宏伟的皇家清真寺，其中最重要的一座是老皇太后清真寺（Atik Valide Mosque, Atik Valide Camii；见68页地图；Valide Imaret Sokak；Üsküdar，Üsküdar）。它是希南为谢里姆二世（"酒鬼"）的妻子、穆拉德三世的母亲，即努尔巴努皇太后（Valide Sultan Nurbanu）修建的，建成于1583年。原本的清真寺建筑群（külliye）中的大多数建筑都保存了下来，位于于斯屈达尔最高的山上，位置显赫。附近的瓷砖清真寺（Çinili Camii, Tiled Mosque；见68页地图；Çinili Hamam Sokak；Üsküdar，Üsküdar）与之相比显得较矮，但其内部装饰的色彩缤纷的伊兹尼克瓷砖很出名。继续往山上走一小段，是城市里少有的具有建筑价值的现代清真寺之一的萨奇琳清真寺（Şakirin Mosque；见68页地图；Huhkuyusu Caddesi和Dr Burhanettin Üstünel Sokak交叉路口；6、9A、11P、11V、12A、12C）。它位于通往卡德廓伊的路旁，在Zeynep Kamil医院对面，由Hüsrev Tayla设计，Zeynap Fadıllıoğlu进行内部装饰。

从渡轮码头向下是米利玛苏丹清真寺（Mihrimah Sultan Mosque, Mihrimah Sultan Camii；见68页地图；Paşa Limanı Caddesi；Üsküdar，Üsküdar），这座清真寺是苏莱曼大帝的女儿委托米马尔·希南设计的，建造于1547~1548年；还有新皇太后清真寺（Yeni Valide Camii, New Queen Mother's Mosque；见68页地图；Demokrasi Meydanı；Üsküdar，Üsküdar），它是艾哈迈德三世委托为自己的母亲修建的。码头南部是希南的另一件设计作品：1580年修建的谢姆西帕夏清真寺（Şemsi Paşa Camii, Kuskonmaz Camii；Paşa Limanı Caddesi；Üsküdar，Üsküdar），旁边是很受欢迎的Mistanbul Hancı Cafe（见68页地图；Sahil Yolu 12；9:00至午夜；Üsküdar，Üsküdar），这是一座水边的茶室，你可以一边喝茶、咖啡或软饮，一边欣赏风景，观赏在下方汹涌的水流中赌运气的钓鱼人群。在离开这片郊区之前，你可以到紧邻Hakimiyeti Milliye Caddesi大街的鱼市（Balıkçılar Çarşısı）的Şekerci Aytekin Erol Caferzade（见139页）买些非同一般的美味土耳其软糖。

从卡德廓伊前来，你可以从Tuyol码头前的汽车站乘坐12或12A路公共汽车，或者附近接送乘客的dolmuşes（规定路线上的任何地方都可以停靠的小巴）。于斯屈达尔有渡轮返回艾米努诺、卡拉廓伊、卡巴塔什和贝西克塔什。

参观清真寺时，女性应该带一条围巾或披肩来作为遮盖头部的头巾，所有游客都应该正确着装（即不穿短裤、短裙和暴露的上衣）。

---

ve Teknoloji Tarihi Müzesi；见76页地图；0212-528 8065；www.ibttm.org；Has Ahırlar Binaları；成人/12岁以下儿童 10шt拉/免费；4月中旬至10月周三至周一 9:00~18:30，11月至4月中旬至16:30，最晚入场时间为关闭前30分钟；Gülhane）。

公园南门入口旁边是阅兵亭（Alay Köşkü），如今作为艾哈迈德·哈姆迪·唐帕纳尔文学博物馆（Ahmet Hamdi Tanpınar Edebiyat Müze Kütüphanesi；见76页地图；0212-520 2081；周一至周六 10:00~19:00；Gülhane）**免费**向公众开放。

在街道对面，公园正门下山100米处有一座曲线造型极其夸张的洛可可式大门，西方人称其为崇高之门（Sublime Porte；见76页地图；Alemdar Caddesi；Gülhane），因为它的入口很华丽。大门通向宰相（奥斯曼帝国首相）曾经的官邸，如今那里是伊斯坦布尔各省级（Vilayeti）政府机构的办公地。

◉ 巴扎区 (Bazaar District)

著名的大巴扎（Kapalı Çarşı）是这座城市的第一处（也是最能勾起人的历史回忆的）商业购物中心。巴扎区还有两座最宏伟的奥斯曼建筑——苏莱曼清真寺和巴耶塞特清真寺（Beyazıt Mosques）。

★大巴扎
市场

(Grand Bazaar, Kapalı Çarşı, Covered

Market；见136页地图；www.kapalicarsi.org.tr；免费；◎周一至周六 8:30~19:00，最后入场时间是18:00，周日不开放；ⓜBeyazıt Kapalıçarşısı）几个世纪以来，色彩缤纷、热闹杂乱的大巴扎一直是老城区的核心。它的前身是穆罕默德二世于1461年下令修建的一座面积不大的圆顶货仓（bedesten），后来随着货仓、邻近商店和商队客栈（hans）之间的巷道被加盖上了屋顶，大片区域被囊括了进来，四处延伸如迷宫般复杂的市场开始形成并保存至今。

身处大巴扎，千万别忘了透过各个门廊一瞥内里隐秘的古老客栈，在窄巷中拐个弯就能看到正在工作的工匠们。在市场的主要街道上闲逛时，你务必要擦亮眼睛，仔细辨别哪些是糊弄游客的劣质商品，哪些又是真正的珍宝。你可以灌上一肚子茶水，不厌其烦地货比三家并通过手势来讨价还价——在这里属于必修技能。逛大巴扎至少要预留3个小时，有的游客甚至在这里逛了3天还意犹未尽！

★苏莱曼清真寺

清真寺

（Süleymaniye Mosque；见90页地图；免费；Professor Sıddık Sami Onar Caddesi；ⓜVezneciler）伊斯坦布尔有7座山丘，苏莱曼清真寺就坐落在其中一座山顶上。它俯瞰着金角湾，是整座城市的一座地标性建筑。尽管苏莱曼清真寺不是面积最大的，但却是最壮观和最美丽的奥斯曼清真寺之一。它的特别之处还在于其原始的清真寺建筑群（külliye）被保留了下来，而且得到了极为和谐的再利用。

由苏莱曼大帝下令建造的苏莱曼清真寺是伊斯坦布尔的第四座皇家清真寺，它的壮观程度的确配得上苏莱曼苏丹的赫赫威名。清真寺及其周围建筑群的设计者是帝国所有建筑师中最著名且最富有才华的米马尔·希南，他的坟墓（türbe）就在清真寺的围墙花园外侧，紧挨着已废弃不用的神学院建筑。

➡ **清真寺主体（Mosque）**

苏莱曼清真寺的主体建筑修建于1550年至1557年，其出色的布置和规划令人折服，具体表现在各个花园以及带有中央穹顶洗礼喷泉的三面式前庭上。4座宣礼塔连同10处美丽的露台（şerefe）据说代表着苏莱曼大帝是统治伊斯坦布尔的第四任奥斯曼苏丹，同时也是

自帝国建成以来的第十位苏丹。

清真寺后面的花园中有一处可以俯瞰金角湾和博斯普鲁斯海峡美景的露台，下方的街道曾经坐落着清真寺建筑群的商铺，如今这些商铺已经被改造成了露台的挡土墙。不远处是一所5层的预备学校（mülazim）。

清真寺的内部宏大得令人惊叹，同时又质朴得让人心生愉悦。希南将4个扶壁纳入建筑的墙体之中，营造出美妙的"通透感"来，这很容易让人联想起圣索菲亚大教堂的类似架构，尤其是清真寺的穹顶，也几乎和圣索菲亚大教堂的穹顶大小相当。

圣龛（尖塔中指向麦加方向的壁龛）贴满了伊兹尼克瓷砖，而其他内部装饰包括镶嵌着珍珠母的百叶窗、华美的彩色玻璃窗、彩绘的蜂窝式枕梁（muqarnas）、一张壮观的柿子色地毯、用精美书法装饰的穹隅（pendentives）和圆圆。

➡ **清真寺建筑群（Külliye）**

苏莱曼大帝曾经专门规定，苏莱曼清真寺中必须配有全部的公共服务设施，施粥所（imaret）、神学院、公共浴室、医院（darüşşifa）等要一应俱全。带有迷人花园庭院的施粥所现在已经变成了**Dârüzziyafe**（见90页地图；☏0212-511 8414；www.daruzziyafe.com.tr；◎11:00~23:00；ⓜVezneciler）咖啡馆——一个非常适合饮茶的美妙之地。餐厅右边（北侧）是一处云游托钵僧旅舍（tabhane），本书写作期间正在修复；左边（南侧）则是很受欢迎的茶室Lale Bahçesi（见129页），坐落在一个下沉式庭院里。

你可从Professor Sıddık Sami Onar Caddesi，即从前所谓的瘾君子市场（Tiryaki Çarşışı）进入清真寺的正门。这里曾有3所神学院和一所小学，如今它们已经变成了苏莱曼图书馆和众多极受欢迎的街边豆类（fasulye）餐馆——以前是卖鸦片的茶馆（这条街道从前的名字即由此而来）。Professor Sıddık Sami Onar Caddesi和Şifahane Sokak的交叉路口有一家正在修缮的医院。

现在依然营业的**苏莱曼浴室**（Süleymaniye Hamamı）位于清真寺的东侧。

➡ **陵墓（Tombs）**

正门入口的右边（东南方向）是墓园，

Bazaar District 巴扎区

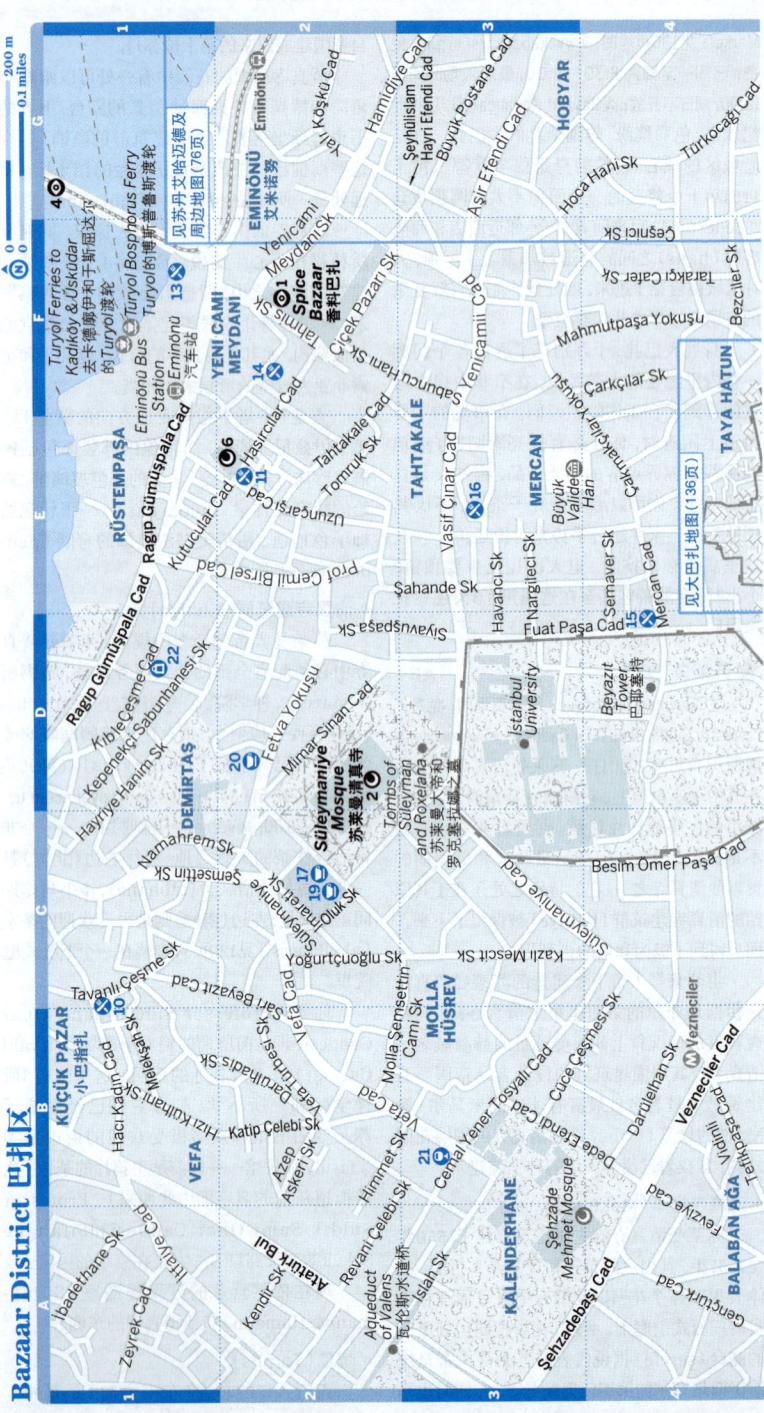

伊斯坦布尔 景点

街道/地点名称

KÜÇÜK PAZAR 小巴扎尔
VEFA
KALENDERHANE
MOLLA HÜSREV
BALABAN AĞA
DEMIRTAŞ
RÜSTEMPAŞA
YENI CAMI MEYDANI
EMINÖNÜ 艾米诺努
HOBYAR
TAHTAKALE
MERCAN
TAYA HATUN

景点标注

- 1 Spice Bazaar 香料巴扎
- 2 Süleymaniye Mosque 苏莱曼清真寺
- Tombs of Süleyman and Roxelana 苏莱曼大帝和罗克塞拉娜之墓
- Aqueduct of Valens 瓦伦斯水道桥
- Şehzade Mehmet Mosque
- Istanbul University
- Beyazıt Tower 巴耶塞特
- Büyük Valide Han

交通

- Turyol Ferries to Kadıköy & Üsküdar 去卡德廓伊和于斯屈达尔的Turyol渡轮
- Turyol Bosphorus Ferry Turyol的博斯普鲁斯渡轮
- Eminönü Bus Station
- Eminönü 汽车站

见苏丹艾哈迈德及周边地图 (76页)
见大巴扎地图 (136页)

街道名

Ibadethane Sk, Zeyrek Cad, İtfaiye Cad, Hacı Kadın Cad, Hızır Külhanı Sk, Melekşah Sk, Tavanlı Çeşme Cad, Sarı Beyazıt Cad, Darülhadis Sk, Vefa Cad, Kepenekçi Sabuhanesi Sk, Hayriye Hanım Sk, Kıble Çeşme Cad, Ragıp Gümüşpala Cad, Kutucular Cad, Hasırcılar Cad, Tahtakale Cad, Tomruk Cad, Uzunçarşı Cad, Sabuncu Han Sk, Çiçek Pazarı Sk, Tahmis Cad, Yalı Köşkü Cad, Hamidiye Cad, Şeyhülislam Hayri Efendi Cad, Büyük Postane Cad, Hoca Hanı Sk, Türkocağı Cad, Asır Efendi Sk, Çeşnici Sk, Mahmutpaşa Yokuşu, Çarkçılar Sk, Çakmakçılar Yokuşu, Bezciler Sk, Tarakçı Cafer Sk, Yeniçamii Cad, Vasıf Çınar Sk, Mercan Cad, Semaver Sk, Nargileci Sk, Havancı Sk, Şahande Sk, Sıvacıoğlu Sk, Prof. Cemil Birsel Cad, Fetvâ Yokuşu, Mimar Sinan Cad, Namahrem Sk, Şemsettin Sk, Süleymaniye Cad, Siraci Minare Sk, Yoğurtçuoğlu Sk, Kazıl Mescit Sk, Molla Şemsettin Cami Sk, Beşim Ömer Paşa Cad, Dede Efendi Cad, Cemal Yener Tosyalı Cad, Cüce Çeşmesi Sk, Darülelhan Sk, Vezneciler Cad, Vidinli Tevfikpaşa Cad, Feyziye Cad, Gençtürk Cad, Şehzadebaşı Cad, Himmet Sk, Azep Askeri Sk, Revani Çelebi Sk, Islah Sk, Atatürk Bul, Kendir Sk, Katip Çelebi Sk, Fuat Paşa Cad

91

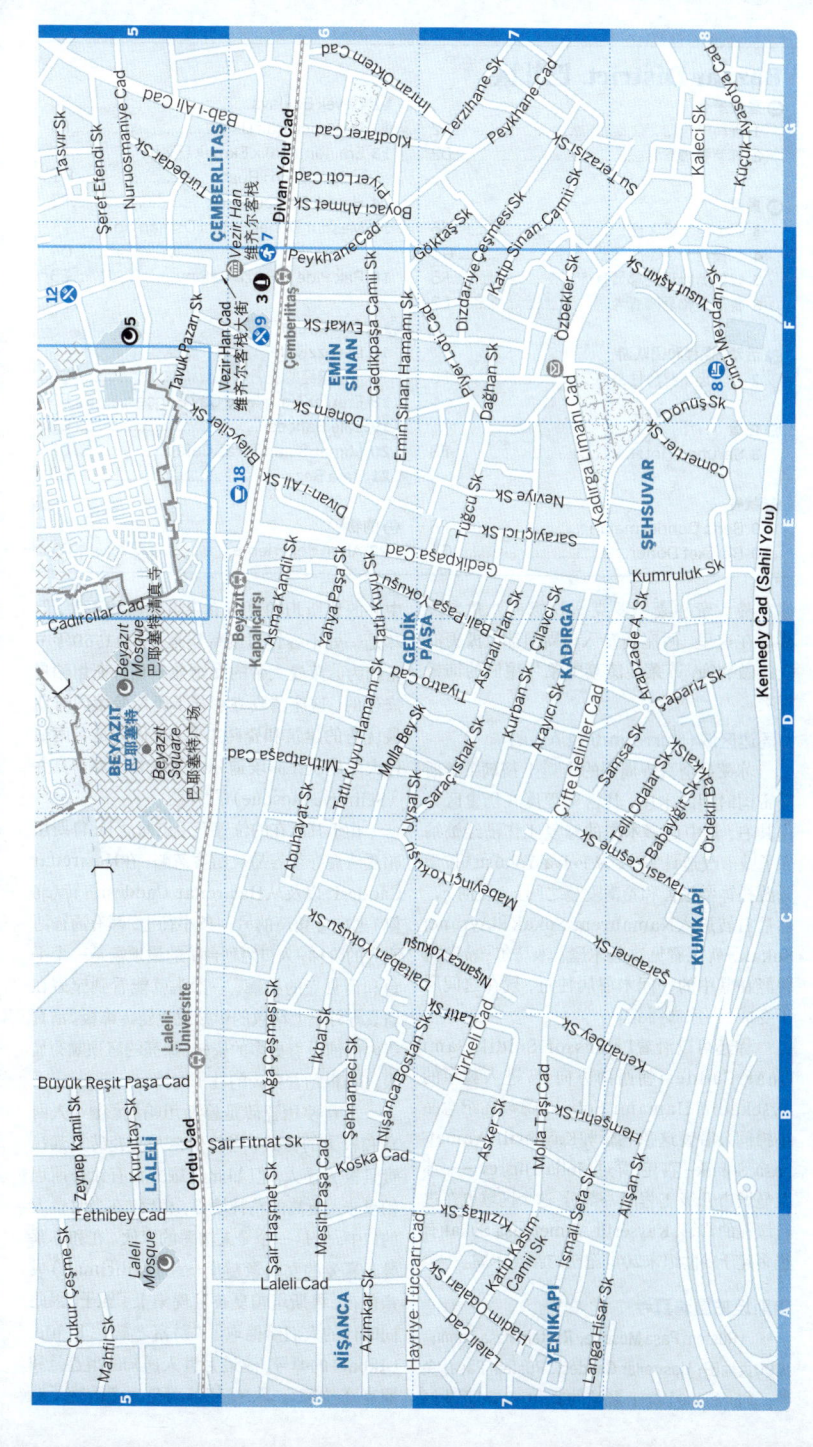

伊斯坦布尔 景点

Bazaar District 巴扎区

◎ 重要景点
- 1 香料巴扎..F2
- 2 苏莱曼清真寺..D2

◎ 景点
- 3 君士坦丁纪念柱....................................F6
- 4 加拉塔大桥..G1
- 5 奴鲁奥斯玛尼耶清真寺........................F5
- 6 鲁斯坦帕夏清真寺................................E2

⊙ 活动、课程和团队游
- 7 君士坦丁纪念柱浴室............................F6

⊡ 住宿
- 8 Saruhan Hotel..F8

⊗ 就餐
- 9 Bena Dondurmaları...............................F6
- 10 Bereket Döner......................................C1
- 11 Develi Baklava......................................E2
- 12 Dürümcü Raif Usta...............................F5
- 13 Eminönü Balık Ekmek (Fish Sandwich) Boats..................................F1
- 14 Hamdi Restaurant................................F2
- 15 Meşhur Dönerci Hacı Osman'ın Yeri...D4
- 16 Pak Pide & Pizza Salonu....................E3

⊙ 饮品和夜生活
- 17 Darüzziyafe (曾经的施粥所)..C2
- 18 Erenler Nargile ve Çay Bahçesi.........E6
- 19 Lale Bahçesi..C2
- 20 Mimar Sinan Teras Cafe....................D2
- 21 Vefa Bozacısı......................................B3

⊙ 购物
- 22 Altan Şekerleme..................................D1

苏莱曼大帝和妻子罗克塞拉娜的八角形陵墓都在这里。两座陵墓入口周围都以极美的瓷砖做装饰,苏莱曼陵墓中象牙镶嵌的饰板很美。

➡ 周边区域(Surrounding Area)

苏莱曼清真寺周围的街道上挤满了奥斯曼帝国时期的木屋,其密集程度在历史区无出其右,其中许多木屋的修复工作已经纳入了城市改造计划中。从Felva Yokuşu(位于云游托钵僧旅舍和希南陵墓之间)一直向下,然后右转进入Namahrem Sokak和Ayrancı Sokak,就能看见这些木屋。米马尔·希南就曾经在其中的一间木屋居住过,现在这间屋子变成了一家咖啡馆。

你还可以沿着Professor Siddık Sami Onar Caddesi朝西南方向走,进入狭窄的Ayşekadin Hamamı Sokak(隐藏在纪念品小摊间),沿着这条巷子和Kayserili Ahmetpaşa Sokak一直走,穿过Molla Hüsrev——苏莱曼城市升级工程的一部分,这个区域也在进行缓慢的修缮。Kayserili Ahmetpaşa Sokak有很多建于19世纪末20世纪初的漂亮木屋。

鲁斯坦帕夏清真寺　　　　　　清真寺

(Rüstem Paşa Mosque, Rüstem Paşa Camii; 见90页地图; Hasırcılar Caddesi, Rüstem Paşa; 免费; 🚇Eminönü)位于繁忙的Tahtakale商业区中心的鲁斯坦帕夏清真寺虽然面积不大,但却是一处不容错过的稀罕地。它是1560年由希南为苏莱曼大帝的女婿兼宰相鲁斯坦帕夏修建的。这座清真寺彰显了奥斯曼帝国时期最优秀的建筑和瓷砖工艺,被认为是希南最伟大的建筑作品埃迪尔内的塞利米耶清真寺(Selimiye Mosque)的原型。

由于其所在的位置高于街面,因此鲁斯坦帕夏清真寺很容易被游客忽略。在Hasırcılar Caddesi,以及从Hasırcılar Caddesi右转(北侧)通向金角湾的另一条小街上,都有通往清真寺的阶梯。入口两列石阶的最顶端是一个平台和清真寺的柱廊,一抬头就能看到镶嵌在清真寺外墙上精致的伊兹尼克瓷砖饰板。清真寺内部铺设着更多的瓷砖,漂亮的穹顶颇为显眼,由4根贴着瓷砖的柱子支撑。

大量使用瓷砖是鲁斯坦帕夏彰显个人财富和权力的方式,当年伊兹尼克瓷砖尤其昂贵且极为迷人。但如此炫耀并没有让鲁斯坦帕夏步入更高的精神境界,相反,在当时世人的口中,他是一个令人憎恶的家伙。在和苏莱曼最喜爱的女儿米赫里马赫(Mihrimah)成亲前夜,鲁斯坦帕夏被发现染上了虱子,因此同时代的人们给他取了"财富之虱"(Kehle-i-Ikbal)的绰号。他最为世人所知的事迹是和罗克塞拉娜合谋,促使苏莱曼大帝改变了对自己最喜爱的儿子穆斯塔法的态度。两人的阴谋最终得逞，1553年苏莱曼下令将穆斯塔法勒死。

★ 香料巴扎　　　　　　　　　　　　市场

（Spice Bazaar, Mısır Çarşısı, Egyptian Market；见90页地图；📞212-513 6597；www.misircarsisi.org；免费；⊙8:00~19:30；🚇Eminönü）在这个始于奥斯曼帝国时代的集市上，各种颜色鲜艳的香料摆在宝石一般的土耳其软糖（lokum）旁边，挑逗着每天云集于此的成千上万的游客和当地人的视觉神经。除了香料外，货摊上还出售鱼子酱、干草药、蜂蜜、坚果和果脯。虽然售卖旅游纪念品的摊位每年都在增加，但这里依然是采购美食纪念品的首选之地，你可以与小贩们聊天说笑，并欣赏那些保存完好的古建筑。

新清真寺　　　　　　　　　　　　清真寺

（New Mosque, Yeni Camii；见76页地图；Yenicamii Meydanı Sokak, Eminönü；免费；🚇Eminönü）只有在伊斯坦布尔，一座拥有400年历史的清真寺才会仍被冠以"新"之称谓。修建于1597~1665年的新清真寺在设计风格上同时参考了蓝色清真寺和苏莱曼清真寺，有一个巨大的前庭和一个正方形的圣殿，顶上有一系列半圆形的屋顶和一个宏伟的中央穹顶。清真寺内部用大量的金箔、彩色伊兹尼克瓷砖和大理石雕刻进行了丰富的装饰。

Hünkâr Kasrı　　　　　　　　　　博物馆

（Hünkâr Mahfili；见76页地图；Arpacılar Caddesi 29, Eminönü；⊙展览 周二至周六 9:00~17:00；🚇Eminönü）**免费** 这座附属于新清真寺的小亭子（kasrı）或者说是包厢（mahfili）建在一座大拱门之上，建造年代与新清真寺相同，其作用是作为苏丹的等待区和休息所，其中包括一个沙龙、一间卧室和一个厕所，内外都以精美的伊兹尼克瓷砖装饰。进入这里要通过一个极其宽长的阶梯，楼梯现在被土耳其商会（İstanbul Ticaret Odası）用作临时展览空间。

加拉塔大桥　　　　　　　　　　　　桥梁

（Galata Bridge, Galata Köprüsü；见90页地图；🚇Eminönü, Karaköy）要想体验最富魔幻魅力的伊斯坦布尔，最佳方式莫过于在日落时分漫步于加拉塔大桥之上。暮色中的加拉塔塔（Galata Tower）四周飞翔着鸣叫的海鸥，柔和的粉红色天空映衬着矗立在7座山丘顶端的清真寺，桥下的水烟咖啡馆不时飘荡出一阵阵苹果烟草的香气，令人思绪万千。

👁 西区 （Western Districts）

这片位于历史半岛以西的街区是伊斯坦布尔民族多样性和漫长迷人历史的证明，这里的巴拉特有犹太人建造的犹太会堂，法纳尔有希腊人建的教堂。近代，土耳其东部的移民定居在此，吸引他们的原因主要是法蒂赫热闹的周三街头集市，以及两座重要的伊斯兰教朝圣场所：征服者穆罕默德之墓和Ebu Eyüp el-Ensari。

法蒂赫清真寺　　　　　　　　　　清真寺

（Fatih Mosque, Fatih Camii, Mosque of the Conqueror；见68页地图；Fevzi Paşa Caddesi, Fatih；🚌从Eminönü乘28路，从Taksim乘87路）法蒂赫清真寺是奥斯曼帝国征服伊斯坦布尔之后修建的第一座大型皇家清真寺。当时，穆罕默德二世将已经废弃的圣使徒教堂（Church of the Apostles）所在的山顶选作这座清真寺的建造地点，圣使徒教堂是君士坦丁大帝和其他拜占庭君王们的埋葬之地，穆罕默德本人决定死后也埋葬于此——他的陵墓就在清真寺的后面，这里不可避免地挤满了怀着崇拜之情前来瞻仰的参观者。

费特希耶博物馆　　　　　　　　　博物馆

（Fethiye Museum, Fethiye Müzesi, Church of Pammakaristos；见68页地图；📞0212-635 1273；ayasofyamuzesi.gov.tr/en；Fethiye Caddesi；门票 5里拉；⊙4月中旬至10月底 周四至周二 9:00~19:00，10月至次年4月中旬 至17:00；🚌从Eminönü乘99、99A、99Y路，从Taksim乘55T路）在征服伊斯坦布尔后不久，穆罕默德二世就拜访了这处始建于13世纪的教堂，与东正教的牧首探讨了一些神学问题。他们谈话的地点即教堂南侧的小礼拜堂（parecclesion），那里装饰着金色的马赛克镶嵌画，如今已经变成了一处对外开放的小型博物馆。

教堂由米克哈尔三世皇帝帕莱奥勒古斯的侄子捐建于1292~1294年。礼拜堂由他的妻子(半圆顶底部的基督头像周围的铭文写的是"修女玛利亚以她的丈夫,立功凯旋的高级军将米哈伊尔·格拉巴斯·杜卡斯,即Michael Glabas Ducas的名义承诺救赎")于1315年捐建。1455~1587年,这间礼拜堂是基督正教主教座堂,此后被改造成清真寺,更名为"法蒂赫"(Fethiye,意为"征服者"),用于纪念苏丹穆拉德三世在战格鲁吉亚和阿塞拜疆的胜利。整个建筑的其中一部分仍保留着清真寺的功能,但是礼拜堂被改造成了博物馆。在小礼拜堂中,最引人注目的镶嵌画是装饰在穹窿上的《主与十二先知》(Pantokrator and 12 Prophets),以及半圆形后殿中的《基督与圣母及施洗者圣约翰》(Deesis)。

米利玛苏丹清真寺 清真寺

(Mihrimah Sultan Mosque, Mihrimah Sultan Camii;见68页地图;Ali Kuşçu Sokak, Edirnekapı;从Eminönü乘28路,从Taksim乘87路)伟大的希南在整个伊斯坦布尔留下了自己的建筑印记,紧挨着埃迪尔内卡普区古老城墙、建于16世纪60年代的米利玛苏丹清真寺,就是他的代表作之一。由苏莱曼大帝最疼爱的女儿米利玛下令建造的这座清真寺,内部使用了精致的彩色玻璃窗以及特殊的"鸟笼"式吊灯进行装饰,获得了明亮通风的效果。

★卡里耶博物馆(科拉教堂) 博物馆

(Kariye Museum, Chora Church, Kariye Müzesi;见68页地图;0212-631 9241;www.choramuseum.com;Kariye Camii Sokak 18, Edirnekapı;门票 成人/儿童 30里拉/免费;4月15日至10月底 周四至周二 9:00~19:00,10月底至次年4月14日 至17:00,最晚入场时间为关闭前30分钟;从Eminönü乘28路,从Taksim乘87路;Ayvansaray)虽然伊斯坦布尔保留了众多拜占庭时期的遗址,但很少有建筑能像布满马赛克镶嵌画和壁画的科拉教堂这般美艳夺目。这座教堂位于狄奥多西二世时期修建的宏伟城墙附近,现在是圣索菲亚大教堂附属的博物馆。虽然它所吸引的参观人数只相当圣索菲亚大教堂的一小部分,但在这里,你同样能一睹拜占庭时期艺术的迷人风采。博物馆的部分区域在本书写作时正关闭整修,建议参观前先查询清楚。

步行游览
大巴扎

起点:君士坦丁纪念柱电车站
终点:旧书集市(Sahaflar Çarşısı)
全程:1公里;3小时

巴扎里有上千家店铺,初来乍到的游客会大感震撼。跟着这里推荐的路线,你可以了解巴扎的历史、布局和它作为周围零售区中心的重要地位。

步行线路起点是被称之为❶**君士坦丁纪念柱**的高大纪念柱旁边的电车站。从电车站开始,沿着维齐尔客栈大街(Vezir Han Caddesi)直走,很快就会走到维齐尔客栈(Vezir Han)的入口,这是一所修建于1659年至1660年的商旅客栈(han),其修建者是奥斯曼帝国时代最声名显赫的克普吕律(Köprülü)家族。其5位家族成员都是苏丹的维齐尔,客栈名字便由此而来。在奥斯曼时代,这座客栈会为商人提供住宿及交易场地。尽管依然有黄金制造商在这里工作,但不幸的是,客栈已陷入年久失修状态。你可在大门上方寻找苏丹的tuğra(花押字或顶饰)。

沿着维齐尔客栈大街继续往前走,左转进入一条铺有鹅卵石的步行街。直走便来到巴洛克风格的❷**奴鲁奥斯玛尼耶清真寺**(Nuruosmaniye Mosque, Nuruosmaniye Camii, Light of Osman Mosque; Vezir Han Caddesi, Beyazıt;Çemberlitaş)。旁边就是大巴扎的主入口之一——奴鲁奥斯玛尼耶门(Nuruosmaniye Kapısı),即所谓的1号门,上面还装饰着另一位苏丹的tuğra。

前方灯光明亮的街道就是大巴扎最繁忙的皮帽匠街(Kalpakçılarbası Caddesi)。这条起初以皮帽商店而得名的街道现在则挤满了珠宝店,由于位置极佳,这里的铺面租金极高。沿着皮帽匠街继续前行一小段距离,右转即可进入丝绸市集街(Sandal Bedestenı Sokak),再向左转来到阿加街(Ağa Sokak),这条街道一直延伸至大巴扎最古老的区域——❸**内市集**(İç Bedesten),是大巴扎中大多数古董店的所在地。

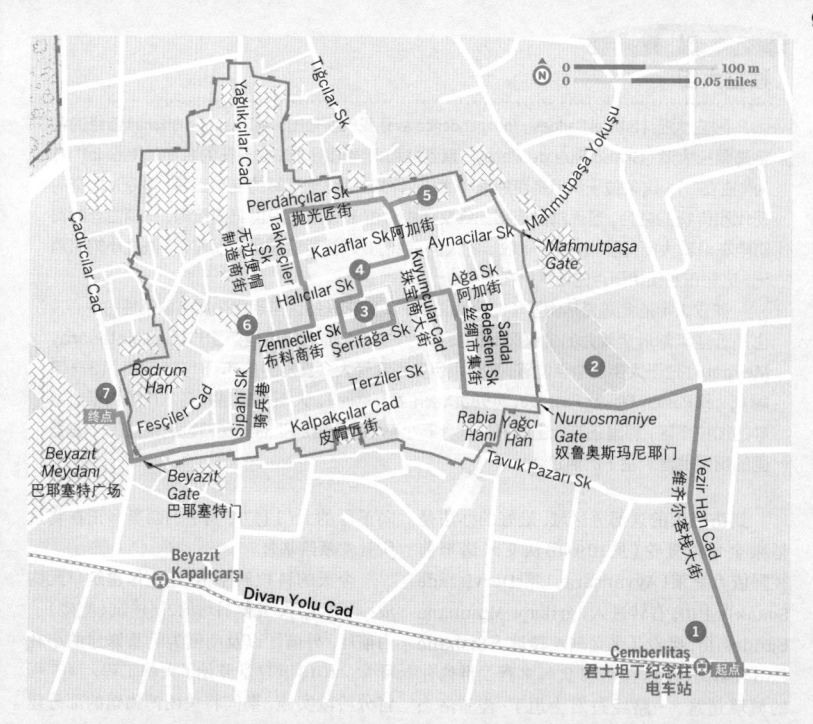

从北门离开老市集，即可来到大巴扎的第一条十字街道，即 ④ **Halıcılar Sokak**，这里是热门的浴室用品和纺织品商店所在地。

向东走（右转）是珠宝商大街（Kuyumcular Caddesi），左转并走过街道中间的小亭子——这座被称为东方亭（Oriental Kiosk）的建筑建于19世纪。亭子里曾经有一家非常著名的牛奶布丁店（muhallebici）。稍往前走几步，街道右手边就是 ⑤ **锁链客栈**（Zincirli Han）的入口。

折回珠宝商大街，向左垂直转弯进入抛光匠街（Perdahçılar Sokak），再左转来到无边便帽制造商街（Takkeçiler Sokak），这条街道有大理石建的公共饮水喷泉（sebils）。

向右转便是布料商街（Zenneciler Sokak），它与大巴扎的另一条主要街道骑兵巷（Sipahi Sokak）有一处交会点，⑥ **Şark Kahvesi**（见129页）这家传统的咖啡屋就在交会点的拐角处。

向左拐进入骑兵巷并一直向前走，直到折回皮帽匠街。右转从巴耶塞特门（Beyazıt Kapısı，即7号门）就可以离开大巴扎。再右转穿过集市货摊，从左边的第一个出口出去就是 ⑦ **旧书集市**，这个书籍和纸品市场自拜占庭时代就已经存在了。其绿荫庭院的中央有一座İbrahim Müteferrika（1674~1745年）的半身像，他于1732年在土耳其印刷了第一本书。

不要错过

独立大街

独立大街（İstiklal Caddesi, Independence Ave；见98页地图；MTaksim, Şişhane）曾经的名字是佩拉大道（Grand Rue de Pera），直到共和国建国初才改成现在的名字（"İstiklal"意为"独立"）。这条位于贝伊奥卢的繁华大街堪称21世纪土耳其的完美缩影，是令人兴奋的现代和传统的融合。当代精品店和先锋文化中心位于宏伟的19世纪建筑内，一辆古老的有轨电车沿着大街行驶，伴着街上散步的人群，他们要赶往熙熙攘攘的咖啡馆、法式小馆和酒吧，这些正是贝伊奥卢的名声所在。

独立大街的北端是热闹繁华的塔克西姆广场，它既是这座现代化城市象征性的中心，也是近些年常诉诸暴力的抗议风潮的舞台。另外一个广场加拉塔萨雷广场（Galatasaray Meydanı）位于大街的中点位置，靠近贝伊奥卢深受大众喜爱的鱼市场（见137页）和鲜花廊（Çiçek Pasajı, Flower Passage；见98页地图；MTaksim）。大街南端是杜乃尔广场和相对僻静的加拉塔区，那里还有氛围很好的鹅卵石小巷，以及热那亚商人在13世纪修建的一座坚固的殖民地建筑留下的痕迹。

到访城市的这部分区域，最好的办法是搭乘金角湾渡轮（见109页）从艾米诺努前往阿依万萨莱（Ayvansaray），沿Dervişzade Sokak街上山，右转进入Eğrikapı Mumhane Caddesi街，接着几乎立刻左转进入Şişhane Caddesi街。从这里沿着狄奥多西二世修建的城墙遗址，一路经过君士坦丁·普菲洛杰尼图斯宫（Palace of Constantine Porphyrogenitus）。从Hoca Çakır Caddesi街左转进入Vaiz Sokak街，然后就会抵达通往城墙壁垒的陡峭阶梯，接着左转进入Kariye Sokak街，就到了这座博物馆。

科拉（"Chora"，意为"乡下"）教堂最初被叫作"墙外的神圣救世主教堂"（Church of the Holy Saviour Outside the Walls），因为最初修建时它位于君士坦丁大帝所修筑的城墙外边。

现如今我们看到的已经不是最初的教堂。它经历了至少5次重建，其中以11世纪、12世纪和14世纪的重建工程最为重要。实际上，教堂内部的所有装饰——著名的马赛克镶嵌画和知名度较低但同样引人注目的壁画——皆可追溯至约1320年，修建这些装饰的出资人是西奥多·梅托齐特斯（Theodore Metochites），一位诗人兼文学家，也是皇帝安德洛尼卡二世（Andronikos Ⅱ，1282~1328年在位）统治期间的官员（logothetes），负责管理拜占庭帝国的国库。教堂内最精美的马赛克镶嵌画位于内前厅通向正厅的大门上方，画中的西奥多正在将这所教堂献给基督。

今天的科拉教堂由5座主体建筑单元构成：教堂正厅、北侧另增的2层建筑（配楼）、内前厅、外前厅以及南侧为陵墓修建的小礼拜堂。2013年教堂开始了大修工程。该工程将分阶段实施，期间将关闭博物馆的部分建筑。首先将关闭教堂正厅和北侧的2层配楼，接着是前厅，最后关闭的是外前厅和小礼拜堂。因为小礼拜堂中的壁画最为精美，所以在三期工程期间，教堂也许不值得前来。

➡ 马赛克镶嵌画

教堂内部的大多数地方都覆盖着描绘基督和圣母玛利亚生活场景的马赛克镶嵌画，譬如《卡尔基岛的耶稣》（*Khalke Jesus*），它展现了基督和圣母玛利亚与两位捐赠人——伊萨克·科穆宁王子（Prince Isaac Comnenos）和拜占庭皇帝米克哈尔八世帕莱奥勒古斯（Mikhael Ⅷ Palaiologos）的女儿梅兰妮（Melane）——在一起的情形。这幅画位于内前厅右侧穹顶的下方。而穹顶上还有一幅描绘了耶稣及其祖先的华丽镶嵌画《耶稣家族》（*The Genealogy of Christ*）。门厅左侧穹顶上的另一幅镶嵌画显得安详而美丽，名为《被祖先们环绕的玛利亚和婴儿耶稣》（*Mary and the Baby Jesus Surrounded by Ancestors*）。

教堂正厅里还有3幅镶嵌画，它们分别是《基督》（*Christ*）、《玛利亚和婴儿耶稣》

（Mary and the Baby Jesus）和《圣母升天》（the Dormition of the Blessed Virgin/ Assumption）——你要转过身去才能看到第3幅画，因为它就在正门上方。耶稣手中托着的"婴儿"实际上是玛利亚的灵魂。

→ 壁画

位于教堂正厅右侧的小礼拜堂是用来安放教堂创始人及其亲属、亲密朋友和合作伙伴陵墓的地方。这里装饰着各种与死亡和复活主题相关的壁画，其场景皆取材于《圣经·旧约》（Old Testament）。在后殿被称为《复活》（Anastasis）的精美壁画中，基督在圣者和国王们的注视下将亚当和夏娃从石棺中托举起来，地狱之门出现在基督双脚下面。穹顶上的装饰壁画描绘了圣母玛利亚和12位陪侍天使，虽然壮观程度不及前者，但其美丽的程度毫不逊色。在这座穹顶和半圆形后殿之间的天花板上，出自《启示录》场景的壁画《最后的审判》采用炫目的白色和金色描绘，引人注目，一个环绕着天堂唱诗班的图案代表高高耸起的天堂。

圣乔治宗主教教堂　　　　　　　　教堂

（Patriarchal Church of St George, St George in the Phanar；见68页地图；☎0212-531 9670；www.ec-patr.org；Sadrazam Ali Paşa Caddesi, Fener；◉8:30~16:30；🚌从Eminönü乘99、99A、99Y路，从Taksim乘55T路）这座教堂建于1836年，是希腊宗主教的一部分。教堂内部的文物包括拜占庭时代的镶嵌画，宗教遗物和一只木头镶嵌制作的宗主位，最吸引人的是一座精美的木雕圣障（圣像屏风），于1994年复原，上面有富丽的镀金。

亚乌兹苏丹塞利姆清真寺　　　　清真寺

（Yavuz Sultan Selim Mosque, Sultan Selim Camii, Mosque of Yavuz Selim；见68页地图；Yavuz Selim Caddesi, Çarşamba；◉陵墓 9:00~17:00；🚌从Eminönü乘99、99A、99Y路，从Taksim乘55T路）这座清真寺被进献的对象（苏莱曼大帝之父塞利姆一世，人称"冷酷者"）为了保证自己和儿子能继位，杀害了自己的2个兄弟、6个侄子和3个儿子，并因这一系列暴行而闻名于世。不过，他也为儿子的成功统治打下了基础，直至今日，伊斯坦布尔人仍然热爱他的清真寺。

◉ 贝伊奥卢及周边 (Beyoğlu & Around)

作为城市热闹的餐饮娱乐中心，游客和当地人都喜欢来贝伊奥卢寻找好的餐厅和酒吧、音乐现场、时髦酒店和前卫的精品店。这片地区围绕着主要林荫大道独立大街（İstiklal Caddesi）而建，包括波希米亚风情的住宅区Çukurcuma和Cihangir、喧闹的娱乐飞地Asmalımescit、已变成潮流中心的传统富人区如抵普哈内（Tophane）、加拉塔和卡拉廓伊（Karaköy）。

如果有时间，最好花上2天多的时间探索这个街区。第一天，你可以在托普哈内、卡拉廓伊、加拉塔和杜乃尔（Tünel）度过，参观诸如伊斯坦布尔现代艺术博物馆等地，在迷人的街巷中漫步；第二天，你可以徒步，从塔克西姆广场出发，沿独立大街拐进Cihangir、Çukurcuma、Asmalımescit和Tepebaşı区。

如果你还有一天时间，可从塔克西姆广场出发，沿独立大街下山，探索鱼市场（Balık Pazarı），然后前往Tepebaşı参观佩拉博物馆（Pera Museum），接着一路穿过加拉塔，来到卡拉廓伊。

即便住在其他街区，你也可以每晚跟随当地人来这里用晚餐，或者逛酒吧和夜店。

★ 佩拉博物馆　　　　　　　　　博物馆

（Pera Museum, Pera Müzesi；见98页地图；☎0212-334 9900；www.peramuseum.org；Meşrutiyet Caddesi 65, Tepebaşı；门票 成人/学生/12岁以下儿童 20/10里拉/免费；◉周二至周四和周六 10:00~19:00，周五 至22:00，周日 正午至18:00；Ⓜ Şişhane, 🚋Tünel）这座博物馆令人印象深刻，其中有许多值得看的地方，不过亮点毫无疑问是3楼土耳其东方主题画作的展览。展品由苏娜和伊南·基拉克（Suna and İnan Kıraç）夫妇收藏，能让人快速了解奥斯曼帝国17世纪至20世纪的迷人氛围，包括最受人喜爱的画作——奥斯曼·哈姆迪·贝（Osman Hamdi Bey）1906年创作的《驯龟人》（The Tortoise Trainer）。其余楼层会举办引人注目的临时展览（以往展览曾陈列过安迪·沃霍尔、德·基里科、毕加索和波特罗的作品）。

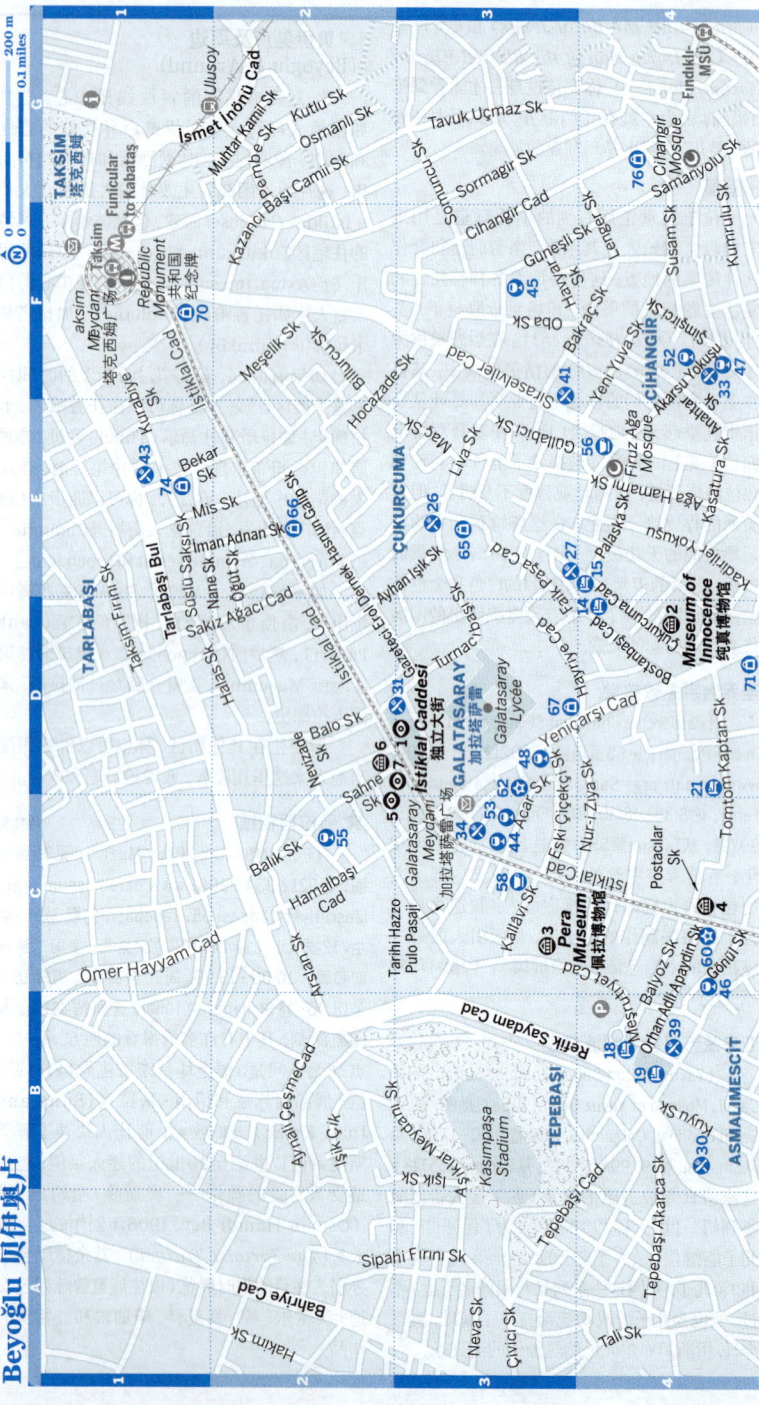

Beyoğlu 贝伊奥卢

99

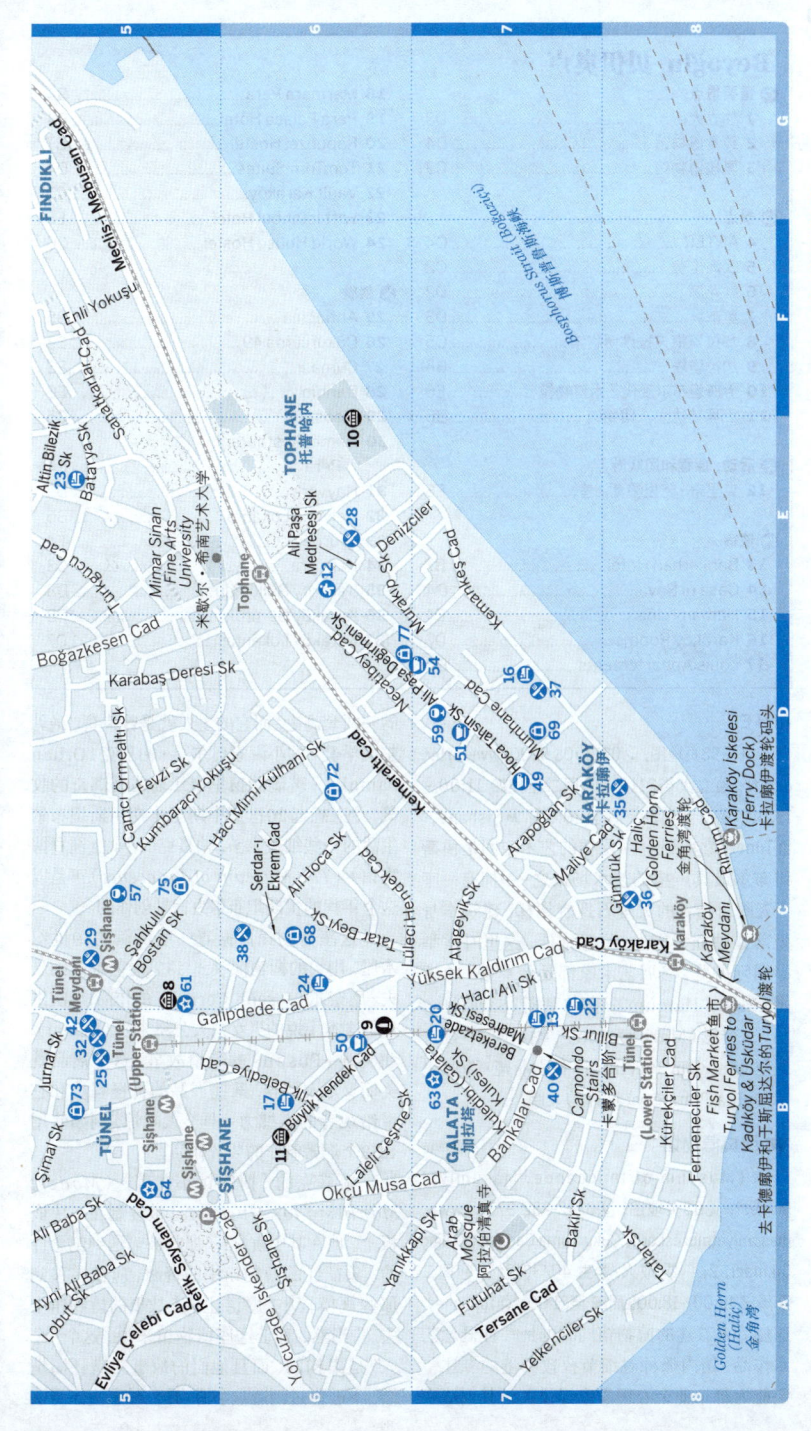

伊斯坦布尔 景点

FINDIKLI

Meclis-i Mebusan Cad
Enli Yokuşu
Sanat Kalar Cad
Altın Bilezik Sk 23
Batarya Sk
Türkgücü Cad
Boğazkesen Cad
Karabaş Deresi Sk

Mimar Sinan Fine Arts University 米歇尔·希南艺术大学
Tophane

TOPHANE 托普哈内

Ali Paşa Medresesi Sk
10
28
12
Denizciler
Müeyyet Sk
Kemankeş Cad
Necatibey Cad
Ali Paşa Değirmeni Sk
77 54
Mumhane Cad
59
51 16
Hoca Tahsin Sk
37
69
49

KARAKÖY 卡拉柯伊

Arapoğlan Sk
35
Maliye Cad
Haliç (Golden Horn) Ferries 金角湾渡轮
Gümrük Sk
36
Karaköy
Rıhtım Cad
Karaköy İskelesi (Ferry Dock) 卡拉柯伊渡轮码头
Karaköy Meydanı

Camcı Ormealtı Sk
Fevzi Sk
Kumbaracı Yokuşu
Hacı Mimi Külhanı Sk
72
Serdar-ı Ekrem Cad
Ali Hoca Sk
Lüleci Hendek Cad
Tatar Beyi Sk
Yüksek Kaldırım Cad
Alageyik Sk
Karaköy Cad

ŞİŞHANE

57 75
29
Şahkulu Bostan Sk
38
68
M Şişhane
8 61
24
Tünel Meydanı
42
32
73 25
Tünel (Upper Station)
Jurnal Sk
Şimal Sk
Galipdede Cad
50
9
İlk Belediye Cad
20
Hacı Ali Sk
Bereketzade Medresesi Sk
13
Bilur Sk
22
Tünel
Camondo Stairs 卡蒙多台阶
Tünel (Lower Station)
Fermeneciler Sk
Kürekçiler Sk
Fish Market 鱼市
Turyol Ferries to Kadıköy & Üsküdar 去卡德廓伊和于斯屈达尔的Turyol渡轮

GALATA 加拉塔

17
11
Büyük Hendek Cad
63
Kuledibi (Galata Kulesi) Sk
40
Bankalar Cad
Laleli Çeşme Sk
Okçu Musa Cad

Evliya Çelebi Cad
Refik Saydam Cad
Şişhane Sk
Yolcuzade İskender Cad
64
Ali Baba Sk
Ayni Ali Baba Sk
Lobut Sk
Yanıkkapı Sk
Arab Mosque 阿拉伯清真寺
Futuhat Sk
Bakır Sk
Tersane Cad
Yelkenciler Sk
Tahin Sk

Golden Horn (Haliç) 金角湾

Bosphorus Strait (Boğaziçi) 博斯普鲁斯海峡

Beyoğlu 贝伊奥卢

◎ 重要景点
- **1** 独立大街 D3
- **2** 纯真博物馆 D4
- **3** 佩拉博物馆 C3

◎ 景点
- **4** ARTER C4
- **5** 欧洲走廊 C2
- **6** 鲜花廊 D2
- **7** 鱼市场 D3
- **8** 加拉塔梅夫拉维博物馆 C5
- **9** 加拉塔塔 B6
- **10** 伊斯坦布尔现代艺术博物馆 E6
- **11** 土耳其犹太人博物馆 B6

✦ 活动、课程和团队游
- **12** 克里奇·阿里帕夏浴室 E6

🛏 住宿
- **13** Bankerhan Hotel B7
- **14** Casa di Bava D4
- **15** Hamamhane E4
- **16** Karaköy Rooms D7
- **17** Louis Appartements B6
- **18** Marmara Pera B4
- **19** Pera Palace Hotel B4
- **20** Rapunzel Hostel B7
- **21** TomTom Suites D4
- **22** Vault Karaköy C7
- **23** Witt Istanbul Hotel E5
- **24** World House Hostel C6

✖ 就餐
- **25** Antiochia B5
- **26** Çukurcuma 49 .... E3
- **27** Cuma E3
- **28** Dandin E6
- **29** Eleos C5
- **30** Hamdi Restaurant Pera B4
- **31** Hayvore D3
- **32** Helvetia Lokanta B5
- **33** Journey F4
- **34** Kafe Ara C3
- **35** Karaköy Güllüoğlu D8
- **36** Karaköy Gümrük C8
- **37** Karaköy Lokantası D7

ARTER
美术馆

（见98页地图；☎0212-708 5800；www.arter.org.tr；独立大街211号；⊙周二至周四 11:00～19:00，周五至周日 正午至20:00；Ⓜ Şişhane，🚋 Tünel）**免费** 这座4层楼的艺术空间是伊斯坦布尔最具声望的艺术场馆之一，拥有一座令人瞠目结舌的大理石螺旋楼梯，建筑本身坐落在独立大街上，位置绝佳。这里时常举办国际展览，参展艺术家都是像莫娜·哈透姆（Mona Hatoum）、萨尔基斯（Sarkis）、马克·奎恩（Marc Quinn）、帕萨西亚·皮奇尼尼（Patricia Piccinini）和索菲娅·蓬佩里（Sophia Pompéry）这样的大腕。

★ 纯真博物馆
博物馆

（Museum of Innocence, Masumiyet Müzesi；见98页地图；☎0212-252 9738；www.masumiyetmuzesi.org；Çukurcuma Caddesi, Dalgıç Çıkmazı, 2；门票 成人/学生 40/30里拉；⊙周二至周日 10:00～18:00，周四 至21:00；🚋 Tophane）这座令人着迷的博物馆同时也是一件概念艺术作品，馆内那种对细节孜孜不倦的专注一定能为每个业余心理学家提供关于其创造者的一两套高论，而它的主人就是曾荣获"诺贝尔文学奖"的小说家奥尔罕·帕慕克（Orhan Pamuk）。玻璃橱窗里展示着古怪离奇的收藏，令人想到20世纪中期至末期伊斯坦布尔生活的一些细枝末节，帕慕克的小说《纯真博物馆》（*The Museum of Innocence*）正是以这个年代的伊斯坦布尔为背景创作的。

这座博物馆占据着一座低调的19世纪木屋，用它的橱窗[令人想到美国艺术家约瑟夫·康奈尔（Joseph Cornell）的作品]再次讲述了这本小说的男女主人公凯末尔（Kemal）和芙颂（Füsun）的爱情故事。这些展品既美丽又令人动容，某些展品的古怪程度和它带给观者的震撼力一样令人吃惊，例如使用4213个烟蒂制作的装置作品。

帕慕克的《博物馆小宣言》（*Modest Manifesto for Museums*）被复制在一块嵌板上。他在其中宣称："那些被输送到纪念性的、象征性的博物馆中的资源，应被转移到那些规模较小的、讲述个人故事的博物馆中去。"当然，对于这座博物馆来说，这个"个人"是虚构的，而且他们的故事充满怀旧情结，不过通过创造这个博物馆，帕慕克亲身实

38	Mavra		C6
39	Meze by Lemon Tree		B4
40	Neolokal		B7
41	Savoy Pastanesi		F3
42	Sofyalı 9		B5
43	Zübeyir Ocakbaşı		E1

🍸 饮品和夜生活

44	360		C3
45	5 Kat		F3
46	Alex's Place		C4
47	Cihangir 21		F4
48	CUE İstiklal		D3
49	Dem		D7
50	Federal Coffee Company		B6
51	Fil		D7
52	Geyik		F4
53	Indigo		C3
54	Karabatak		D7
55	Kloster		C2
56	Kronotrop		E4
57	Leb-i Derya		C5
58	Manda Batmaz		C3
	Mikla		(见18)
59	Unter		D7

✪ 娱乐

60	Borusan Art		C4
61	Galata Mevlevi Museum		C5
62	Garajistanbul		D3
63	Nardis Jazz Club		B7
64	Salon		B5

🛍 购物

65	A La Turca		E3
66	Ali Muhiddin Hacı Bekir		E2
67	Antijen Design		D3
68	Arzu Kaprol		C6
69	Eyüp Sabri Tuncer		D7
70	Hafız Mustafa		F1
71	Hamm		D4
72	Hiç		D6
73	Misela		B5
74	Nahıl		E1
75	NYKS		C5
76	Opus3a		G4
77	Selda Okutan		D6

践了自己口中宣称的理念并获得了成功。

租一个音频导览（5里拉）可以获得一份珍贵的解说，强烈推荐！

加拉塔梅夫拉维博物馆　　博物馆

（Galata Mevlevi Museum, Galata Mevlevihanesi Müzesi; 见98页地图; www.galatamevlevihanesi muzesi.gov.tr; Galipdede Caddesi 15, Tünel; 门票10里拉; ⊙周二至周日9:00~16:00; MŞişhane, ⓕTünel）加拉塔梅夫拉维博物馆原本是一处托钵僧客栈（tekke），客栈中心的旋转托钵僧大厅（semahane）修建于1491年，并于1608年和2009年进行了修复。客栈中的其他建筑包括庭院（meydanı şerif）、饮水喷泉（çeşme）、陵墓（türbesi）和墓地（hamuşan）。这里不仅是伊斯坦布尔城中仅存的6座梅夫拉维托钵僧客栈（Mevlevihaneleri）中的一家，也是其中历史最悠久的一家。1946年，这座客栈被改成了博物馆。

梅夫拉维教派（Mevlevi tarika）于13世纪创立于安纳托利亚中部城市科尼亚，随后流行于整个奥斯曼帝国。不管其信条是什么，梅夫拉维教派像其他几个教派一样，强调人类在真主面前的团结一致。

梅夫拉维教派的名字来自伟大的苏非派神秘主义者兼诗人杰拉莱丁·鲁米（Celaleddin Rumi, 1207~1273年），他被门徒称为"梅夫拉纳"（Mevlana, 意为"我们的领袖"）。梅夫拉维教派的信徒追求的是通过包括吟唱、祈祷、音乐和旋转舞蹈在内的一种仪式（sema）与真主达成神秘的交流。这座托钵僧客栈的首位阿訇（şeyh）是穆罕默德·切莱比（Şemaî Mehmed Çelebi），伟大的梅夫拉纳的孙子。

由于托钵僧教派奉行极端保守的宗教政治理念，因此在土耳其共和国成立初期遭到禁止。虽然目前相关禁令早已解除，但在伊斯坦布尔只剩下几处还在运转的托钵僧客栈，其中就包括加拉塔梅夫拉维博物馆以及位于法蒂赫（Fatih）的伊斯坦布尔科学与艺术文化和教育协会（İstanbul Bilim Sanat Kültür ve Eğitim Derneği）。科尼亚依然是梅夫拉维教派的中心。

托钵僧大厅下方是一处有趣的展厅，专门展示梅夫拉维服饰、头巾和各种饰品。楼上（mahfiller）则陈列着客栈所收藏的传统乐

值得一游

多玛巴赫切宫

现如今,对于那些深受包豪斯(Bauhaus)建筑学派"少即是多"美学理念影响的建筑师和评论家们来说,嘲讽类似多玛巴赫切宫(Dolmabahçe Palace, Dolmabahçe Sarayı;见68页地图;0212-327 2626;www.dolmabahcepalace.com;Dolmabahçe Caddesi, Beşiktaş;门票 成人 礼宾殿 30里拉,后宫 20里拉,联票 40里拉;周二、周三和周五至周日 9:00~16:00;Kabataş)这样的建筑似乎已经成了一种时尚。然而那些蜂拥来到这座拥有新古典主义风格外观和繁复内饰的皇家享乐宫殿的人群显然并不像他们那么想,人们来到这里参观它的礼宾殿(Selâmlık)、后宫(Harem)和皇太子寝宫(Veliaht Dairesi),后者如今容纳了新近开张的国家宫殿绘画博物馆(National Palaces Painting Museum, Milli Saraylar Resim Müzesi;见68页地图;0212-236 9000;www.millisaraylar.gov.tr;Dolmabahçe Caddesi, Beşiktaş;门票 20里拉;周二、周三和周五至周日 9:00~16:00;Akaretler, Kabataş)。

"多而非少"显然是阿卜杜勒·迈吉德一世(Abdül Mecit I, 1839~1861年在位)的哲学,他决定将自己的宫廷从托普卡帕宫搬到博斯普鲁斯海峡的岸边。至于地址,他选择了这处填海花园(dolma bahçe)——他的前任苏丹艾哈迈德一世(Ahmet I)和奥斯曼二世(Osman II)已经将这里的小海湾填平,用来建造一个带有木结构亭台楼榭的皇家公园。

阿卜杜勒·迈吉德命令皇家建筑师尼克戈斯(Nikoğos)和加拉贝德·巴良(Garabed Balyan)建造一座融合奥斯曼与欧洲风格的宫殿,务必做到让所有人过目难忘。这里摒弃了传统奥斯曼宫廷建筑的形式——没有亭台楼榭,而且整座宫殿背向华丽的风景而不是正对着它们。巴黎歌剧院的设计师被请来做内饰,这也许就是其夸张戏剧风格的来源。工程最终于1854年完工,苏丹及皇室家庭在两年后搬了进来。虽然它的美令人惊叹,但阿卜杜勒·迈吉德奢华的建筑工程使得帝国陷入破产的窘境,并预示着奥斯曼王朝的终结。在土耳其共和国成立初期,阿塔图克将这座宫殿用作自己的宅邸,并于1938年11月10日在此去世。

宫殿的游客入口在装饰华丽的皇帝门,里面也有一座同样华丽的钟楼,钟楼是萨尔基斯·巴良(Sarkis Balyan)在1890~1895年为阿卜杜勒·哈米德二世(Abdül Hamid Hamit II, 1876~1909年在位)设计的。钟楼附近还有一处户外咖啡馆,这里不仅有价格合理的咖啡,而且还能欣赏到博斯普鲁斯海峡的美景(没错,是真的)。

这座宫殿坐落在一连串经过精心维护的花园里,需要通过装饰华丽的皇室之门进入。它由3个部分组成:礼宾殿、后宫和皇太子寝宫。进入参观必须加入极为匆促的由皇宫导游带领的团队(每团最多50人),团队游的重点是礼宾殿,不过也会参观部分后宫建筑,你可以自己参观国家宫殿绘画博物馆(National Palaces Paintings Museum)。在游客众多的时候,说英语的团队游每隔10分钟左右发一次团,游客较少时的间隔时间有可能是25分钟。

多玛巴赫切宫每天的参观人数被限制在3000人,不过一到周末和假期,实际参观人数很容易便到达这一上限。因此,最好尽可能地选择周中参观,即便如此,你也要做好排队的准备(常常要排很长时间,而且是在烈日炙烤下)。如果你在15:00(夏季)或14:00(冬季)之前来到这里,你必须购买礼宾殿和后宫的团队游参观联票,在此之后,你只能参加其中一处景点的团队游(我们推荐礼宾殿),因为其中有巨大的枝形吊灯和水晶楼梯。注意:这里的门票不在伊斯坦布尔博物馆通票的涵盖范围内。

门外Muallim Naci Caddesi上的多玛巴赫切清真寺(Dolmabahçe Mosque, Dolmabahçe Camii)是由萨尔基斯·巴良设计的,于1853年建成。

器、书法手稿和湿拓作品（ebru）。

博物馆的墓地中摆满了刻有优雅的土耳其语铭文的石碑，卡利普·德德（Galip Dede）的墓碑也在其中——博物馆所在的街道正是以这位17世纪诗人的名字来命名的。石碑顶的形状反映了死者生前戴的帽子的形状，每种帽子又代表不同的宗教阶层。

土耳其犹太人博物馆　　　　　　　　博物馆

（Museum of Turkish Jews, 500 Yıl Vakfı Türk Musevileri, The Quincentennial Foundation Museum of Turkish Jews；见98页地图；☎0212-292 6333；www.muze500.com；Büyük Hendek Caddesi 39, Şişhane；门票 成人/12岁以下儿童 20里拉/免费；⊙周一至周四 10:00~16:00，周五 至13:00，周日 至14:00；MŞişhane，🚋Tünel）这座博物馆位于靠近加拉塔塔的和平绿洲犹太会堂（Neve Shalom）里一座附属建筑中，成立于2001年，主要是为了纪念西班牙犹太人抵达奥斯曼帝国500周年，于2014年搬迁到目前地址。互动展览的策划颇富想象力，按编年顺序排列，包括照片、视频、音频和器物，记录了犹太人在土耳其的历史。游客必须持带有照片的身份证件入内。

加拉塔塔　　　　　　　　　　　　　　塔

（Galata Tower, Galata Kulesi；见98页地图；www.galatakulesi.org；Galata Meydanı, Galata；门票 成人/12岁以下的儿童 25/5里拉；⊙9:00~20:30；🚌Karaköy，🚋Tünel）圆柱形的加拉塔塔如哨兵一般巍然俯瞰着"新"伊斯坦布尔。这座建造于1348年的石塔数百年来一直是城市中的最高建筑，现如今它依然主宰着金角湾以北的天际线。站在令人眩晕的塔顶平台，你可以360度全方位尽览城市景观，不过尽管风景壮观，我们还是认为门票定价有点儿高。

注意排队人数可能很多，观景台会非常拥挤。电梯几乎能通向最顶部，不过还有一段台阶要爬。

★伊斯坦布尔现代艺术博物馆　　　　美术馆

（İstanbul Modern, İstanbul Modern Sanat Müzesi；见98页地图；☎0212-334 7300；www.istanbulmodern.org；Meclisi Mebusan Caddesi, Tophane；门票 成人/学生/12岁以下儿童 60/40里拉/免费；⊙周二、周三、周五和周六 10:00~18:00，周四 至20:00，周日 11:00~18:00；🚌Tophane）这座资金充足的创新型大博物馆收藏着大量的土耳其艺术作品，高调的当地和国际艺术家还经常推出不断变化且内容精彩的多媒体展览。永久展馆在博斯普鲁斯岸边的托普哈内，不过目前加拉塔港浩大的重新开发工程仍在进行之中，博物馆暂时要搬迁到贝伊奥卢的另一个地址。

⊙ 贝西克塔什（Beşiktaş）

宫殿藏品博物馆　　　　　　　　　　博物馆

（Palace Collections Museum, Saray Koleksiyonları Müzesi；见68页地图；☎0212-236 9000；www.millisaraylar.gov.tr；Beşiktaş Caddesi, Beşiktaş；门票 成人/儿童 5/2里拉；⊙周二至周日 9:00~17:00；🚌Akaretler，🚌Kabataş）这座博物馆位于多玛巴赫切宫仓库般的厨房里，展出的都是奥斯曼帝国晚期和土耳其共和国早期皇宫中使用的器物。这里有趣地汇聚了将近5000件物品，包括宫廷肖像、照片、茶具、瓷砖伊斯兰教墙壁铭文、祷告毯和刺绣。也有粗羊毛地毯和Yıldız陶瓷工厂（Yıldız Porselen Fabrikası, Yıldız Porcelain Factory；见68页地图；☎0212-260 2370；www.millisaraylar.gov.tr；Yıldız Parkı, Yıldız；门票 成人/儿童和学生 5/1里拉；⊙周一至周五 9:00~18:00；🚌Kabataş Lisesi）生产的陶瓷。

伊斯坦布尔海军博物馆　　　　　　　博物馆

（İstanbul Naval Museum, İstanbul Deniz Müzesi；见68页地图；☎0212-327 4345；www.denizmuzeleri.tsk.tr；Beşiktaş Caddesi 6, Beşiktaş；门票 成人/学生和儿童 6.50里拉/免费；⊙5月中旬至10月中旬 周一至周五 9:00~17:00，周六和周日 10:00~18:00，10月中旬至次年5月中旬 周二至周日 9:00~17:00；🚌Bahçeşehir Ünv.）这座博物馆建于一个多世纪以前，目的是庆祝和纪念土耳其的海军历史，现已完成漫长的大修。建筑上值得注意的包铜的展览厅于2013年开放，展出壮观的19世纪的皇家轻舟，即皇室使用的装饰精美的木头划艇。临时展览在楼下的美术馆举行。

⊙ 卡德廓伊（Kadıköy）

近年来，城市里从欧洲区域搬迁至亚洲

区域的当地人口数量与日俱增,他们在博斯普鲁斯(7月15日殉道者)大桥以南安家。这其中,热闹的卡德廓伊及附属的Moda最吸引游客,这里有伊斯坦布尔最好的产品市场、美味的餐厅、气氛欢乐的咖啡馆和摇滚酒吧,呈现出一派当下流行的时尚氛围。

★ 卡德廓伊集市　　　　　　　　　市场

(Kadıköy Produce Market, Kadıköy Pazarı; 见68页地图; Güneşlibahçe Sokak周围街道; ⊙周一至周六; 🚇Kadıköy)卡德廓伊集市展现了城市里最新鲜的物产,芳香、缤纷、诱人,对于当地人来说,这里是一个美食中心,现在也越来越受到游客的欢迎。独自探索,或者参加导览美食徒步游都很值,这里小到足够保存当地氛围,又大到能够支持各种经销商。

来这里要从欧洲跨越到亚洲,最好的办法是乘坐渡轮——在甲板上,你将欣赏到海峡两岸高耸在天际线上的穹顶和尖塔,看到海鸥在头顶飞旋。上岸后,横穿主渡轮码头(iskele)前方的Rihtim Caddesi,沿Muvakkithane Caddesi或Yasa Caddesi上行,就能抵达集市中心。最好的产品商店在Güneşlibahçe Sokak街——你会看见鲜鱼在碎冰床上闪闪发光,还有时令水果和蔬菜、

当 地 知 识

卡德廓伊街头艺术

卡德廓伊是伊斯坦布尔街头艺术的中心,渡轮码头附近Yeldeğirmeni区域的街道两边,聚集着许多当地的和外地到访的艺术家。你可以去铁路附近的Karakolhane Sokak、Misak-ı Milli Sokak、İzzettin Sokak和Macit Erbudak Sokak欣赏他们的作品;其余可欣赏的地点还包括Moda Caddesi附近;想找Adekan的壁画,可以去Gerekli Şeyler书店和紧邻Osman Yeki Üngör Sokak街的Hüseyin Bey Sokak上的网球场侧面;想找广场上的Canavar的壁饰,可以去Dr Esat Işık Caddesi的Mopas超市;在Neşe Sokağı的希腊学校侧面能看到Yabanci的壁画;在街巷漫步时,你还能看到Yok创作的有趣标记(土耳其语"无"的意思)。

琥珀色泽的蜂蜜、一桶桶气味刺鼻的泡菜、一箱箱新烘烤出炉的坚果,不一而足。

巴扎内部和周围的餐饮场所很多: Honeyci(见68页地图; ☎0533 515 8888; www.honeyci.com.tr; Güneşli Bahçe Sokak 28; 酸奶和蜂蜜桶 5里拉; ⊙9:00~22:00; ☑; 🚇Kadıköy)有奶油酸奶和蜂蜜, Çiya Sofrası(见127页)有安纳托利亚地区特色菜, Kadı Nımet Balıkçılık(见68页地图; ☎0216-348 7389; www.kadinimet.com; Serasker Caddesi 10a; 开胃菜 9~25里拉; ⊙11:00~23:00; ✱ ☑; 🚇Kadıköy)有当天的收获, Baylan Pastanesi(见127页)有甜腻的蛋糕, Fazıl Bey(见131页)有城里最好的土耳其咖啡。想采买带回家的礼物,可考虑Ali Muhıddın Hacı Bekir(见135页)的土耳其软糖(lokum), Fazıl Bey的咖啡, Güneşlibahçe Sokak街上的草药医生售卖的橄榄油香皂。

如果你想认真地体会当地的食文化,可参加İstanbul Eats(见114页), Turkish Flavours(见114页)或İstanbul on Food(见114页)的徒步游——这三家公司都以了解当地最好的饮食和商铺为傲。

🏃 活动

🏃 博斯普鲁斯海峡渡轮观光 (Bosphorus Ferry Tours)

Divan Yolu和独立大街上总是人潮如织,但两条街均不是城市的交通干道。这一荣耀要归于博斯普鲁斯海峡,它在加拉塔大桥以北32公里处,将马尔马拉海和黑海连接起来。几百年来,跨越海峡的包括征服者军队、勇敢的商人,许多人都有一颗热衷探险的心。现在,成千上万的伊斯坦布尔人沿着它通勤,渔船在浪涛中碰运气,巨大的油轮和集装箱货运船沿着中央航道威风地顺流而下,游客乘坐巡航船游览整座海峡。一边是欧洲,另一边是亚洲,两岸都排满古老的海滨宅邸(yalıs),景点密布。因此,花一天时间乘渡轮和/或汽车探索非常超值。

从艾米诺努到贝西克塔什 (Eminönü to Beşiktaş)

你可以在加拉塔桥附近的艾米诺努码头

上的博斯普鲁斯渡轮码头（Boğaz Iskelesi）跳上一艘船。比开船时间提前30分钟抵达码头是明智的，这可以确保你排在队伍前列。当门打开可以上船时，动作利索一些，以便找到适于观景的好位置。最佳的观景座位是上层甲板靠近船头的两侧或船尾。

当渡轮沿博斯普鲁斯海峡顺流而上时，亚洲海岸位于右侧，左侧是欧洲海岸。踏上旅途之初，在靠近于斯屈达尔的亚洲海岸一侧，你可以看到一座小岛和**少女塔**（Kız Kulesi）。这座18世纪的建筑是伊斯坦布尔最与众不同的地标之一，兼做灯塔、检疫站和餐厅。少女塔还曾出现在1999年的007系列电影《黑日危机》（*The World Is Not Enough*）中。

在第一次停靠贝西克塔什之前，渡轮会经过富丽堂皇的多玛巴赫切宫（见102页），它由苏丹阿卜杜勒·迈吉德于1843年至1854年建造于欧洲海岸。

从贝西克塔什到坎勒加（Beşiktaş to Kanlıca）

在贝西克塔什短暂停留之后，渡轮就会将左侧海岸边若隐若现的**契拉昂宫**（Çırağan Palace, Çırağan Sarayı；见68页地图；Çırağan Caddesi 84, Ortaköy；🚌Çırağan）抛至身后，那里曾经是苏丹阿卜杜勒·阿齐兹（Abdül Aziz）的家，现在是一座豪华酒店。接下来在其左侧是四季酒店，右侧是一长溜黄色建筑群，此处即是著名的加拉塔萨雷大学（Galatasaray University）的所在地。对面的亚洲海岸上则矗立着**费提·艾哈迈德帕夏雅丽**（Fethi Ahmed Paşa Yalı；见68页；Kuzguncuk；🚌从Üsküdar乘15路），这是一栋带有红瓦屋顶的白色宽体建筑，修建于18世纪晚期，坐落在风景秀美的库兹衮柱克（Kuzguncuk）郊区。"雅丽"（Yalı）一词源于希腊语中的"海岸"（coast），特指奥斯曼贵族在博斯普鲁斯海峡建造的消夏别墅，这些修建于17、18和19世纪的宅邸如今都是土耳其遗产保护法的保护对象。

左边再往前一些是最近刚修复完成的**奥塔廓伊清真寺**（Ortaköy Mosque, Ortaköy Camii, Büyük Mecidiye Camii；见68页地图；Iskele Meydanı, Ortaköy；🚌Ortaköy），在**博斯普鲁斯海峡（7月15日殉道者）大桥**的映衬下，清真寺的圆顶和两座尖塔显得特别袖珍。大桥开通于1973年土耳其共和国建国50周年纪念日。

博斯普鲁斯海峡大桥下方的欧洲海岸一侧是两座巨大的雅丽：红顶的**哈提婕苏丹雅丽**（Hatice Sultan Yalı；见68页地图；Ortaköy；🚌从Kabataş乘22、25E路，从Beşiktaş乘22RE、40路，从Taksim乘40、40T和42T路），它曾是苏丹穆拉德五世之女哈提婕的宅邸；还有**费希梅苏丹雅丽**（Fehime Sultan Yalı；见68页地图；Ortaköy；🚌从Kabataş乘22、25E路，从Beşiktaş乘22RE、40路，从Taksim乘40、40T和42T路），它曾是哈提婕的姐姐费希梅的宅邸。两处都正在进行大修，将改造成为豪华酒店。位于亚洲一侧的则是精美的**贝勒贝伊宫**（Beylerbeyi Sarayı, Beylerbeyi Palace；见68页地图；📞0212-327 2626；www.millisaraylar.gov.tr；Abdullah Ağa Caddesi, Beylerbeyi；门票 成人/学生/7岁以下儿童 40/20里拉/免费；⊙4月至10月 周二、周三和周五至周日 9:00~17:00，11月至次年3月 至16:30；🚌从Üsküdar乘15路）。瞧一瞧海滩上的两座奇特的大理石沐浴亭，一座供男士使用，另一座供后宫中的女性使用。

越过位于亚洲海岸的琴盖廓伊（Çengelköy）小村之后便迎来了壮观的**库来利军事学院**（Kuleli Military School；见146页地图；Çengelköy；🚌从Üsküdar乘15、15E、15H、15KÇ、15M、15N、15P、15ŞN、15T、15U路，从Kadıköy乘15F路），它修建于1860年，伊尔凡·欧加（İrfan Orga）在回忆录《一个土耳其家庭的肖像》（*Portrait of a Turkish Family*）中对其所作的描述令这所学校声名远扬。校园里有两座巫师帽造型的塔楼。

位于欧洲海岸的**阿纳夫特廓伊**（Arnavutköy，意为"阿尔巴尼亚村庄"）几乎就在库来利军事学院正对面，这里以数量众多的奥斯曼时期三角形木屋和希腊正教教堂闻名。其上方山坡上的建筑是从前的美国女子大学（American College for Girls）。哈莉黛·埃迪布·阿迪瓦尔（Halide Edib Adıvar，1883~1964年，土耳其小说家，妇女解放运动先驱）是这所学校最著名的校友，她曾在创作于1926年的作品《哈莉黛·埃迪布回忆录》（*The Memoir of Halide Edib*）中描写了当年在这里度过的岁月。这座建筑现在是著从阿纳夫特廊伊可以径直来到魅力十足的**贝贝克**（Bebek）郊区，这里以高档商店和时髦的咖啡馆酒吧闻名，例如 **Lucca**（见146页地图；📞0212-257 1255；www.luccastyle.com；Cevdetpaşa Caddesi 51b, Bebek；⏰10:00至次日2:00；🚌从Kabataş乘22、22B和25E路，从Beşiktaş乘22RE和40路，从Taksim乘40、40T和42T路）。这里也有城里最具魅力的星巴克（就在水上，有一座可爱的露台）。贝贝克的商店环绕着一座小公园而建，还有一座土耳其复兴运动风格的**贝贝克清真寺**（Bebek Mosque；见146页地图；🚌从Kabataş乘22、22B和25E路，从Beşiktaş乘22RE和40路，从Taksim乘40、40T和42T路）；这些建筑的东部是渡轮码头，南部是**埃及领事大楼**（见146页地图；Bebek；🚌从Kabataş乘22和25E路，从Beşiktaş乘22RE和40路，从Taksim乘40、40T和42T路），一些评论家认为那是意大利建筑师雷蒙多·达伦科（Raimondo D'Aronco）的作品。这座华丽的新艺术风格迷你宫殿是为最后一任埃及总督阿巴斯·希勒米二世（Abbas Hilmi Ⅱ）的母亲Emine Hanım修建的。建筑是白色的，有两座复折式屋顶的塔楼和一座装饰精美的铸铁栅栏。

贝贝克对面的亚洲海岸上是**康迪利**（Kandilli），即"灯之地"，过去人们常在这里点起灯火警告过往船只注意海岬处的危险水流，这也正是它名字的由来。这里还有数量众多的"雅丽"，包括规模巨大的红色**孔特·奥斯托罗格雅丽**（Kont Ostorog Yalı；见146页地图；Kandilli；🚌从Üsküdar乘15、15F和15T路），它是奥斯曼宫廷的波兰顾问Count Leon Ostorog在19世纪修建立的，皮埃尔·洛蒂（Pierre Loti）在19世纪90年代访问伊斯坦布尔时曾来过这里。再往前一些，越过康迪利便是白色狭长的**塞浦路斯雅丽**（Kıbrıslı Yalı；见146页地图；Kandilli；🚌从Üsküdar乘15、15E、15H、15KÇ、15M、15N、15P、15ŞN、15T、15U路，从Kadıköy乘14R和15YK路），其历史可追溯至18世纪60年代。

在塞浦路斯雅丽旁便是**大天堂溪流**（Büyük Göksu Deresi）和**小天堂溪流**（Küçük Göksu Deresi），它们起源于亚洲海岸一侧的山坡上，最终汇入博斯普鲁斯海峡。河流之间有一处肥沃的三角洲，植被茂盛，奥斯曼时期的上流阶层将这里视为野餐的绝佳之所。外国定居者认为这里是"甜美的亚洲水域"。如果天气晴好，甚至连苏丹本人也会屈尊前来——那样的话排场就大了。苏丹阿卜杜勒·迈吉德（Sultan Abdül Mecit）版本的野餐毯子是**库曲克苏宫**（Küçüksu Kasrı；见146页地图；📞0216-332 3303；Küçüksu Caddesi, Küçüksu；成人/学生/7岁以下儿童 5/1里拉/免费；⏰4月至10月 周二、周三和周五至周日 9:00~16:30，11月至次年3月 至15:30；🚌从Üsküdar乘15、15E、15H、15KÇ、15M、15N、15P、15ŞN、15T、15U路，从Kadıköy乘14R和15YK路，⛴Kabataş），这座精美的狩猎下榻处修建于1856年至1857年。之前的苏丹在这里只建了一些木头亭子，不过建筑师尼戈戈斯·巴里扬（Nikoğos Balyan）为他的皇帝设计了一座洛可可风格的大理石建筑瑰宝。从渡轮上你就能看到宫殿华丽的铸铁围栏、泊船码头及其婚礼蛋糕般的外观。

法蒂赫苏丹穆罕默德大桥（Fatih Sultan Mehmet Bridge）附近的欧洲海岸矗立着雄伟的**如梅利堡垒**（Rumeli Hisarı, Fortress of Europe；见146页地图📞0212-263 5305；Yahya Kemal Caddesi 42, Rumeli Hisarı；门票 10里拉；⏰周四至周二 9:30至正午和12:30~16:00；🚌从Kabataş乘22和25E路，从Beşiktaş乘22RE和40路，从Taksim乘40、40T和42T路）和**阿纳多卢堡垒**（Anadolu Hisarı, Fortress of Anatolia；见146页地图；Anadolu Hisarı；🚌从Üsküdar乘15、15KÇ和15ŞN路，从Kadıköy乘15F路）。征服者穆罕默德在1452年仅用了4个月时间便建成了这座城堡，以便为自己的君士坦丁堡围攻计划做准备。他选择的地点正是博斯普鲁斯海峡的最狭窄处，对面就是苏丹巴耶塞特一世（Sultan BeyazıtⅠ）在1394年修筑的阿纳多卢堡垒。这样穆罕默德就能够控制整个海峡的交通，进而切断君士坦丁堡的海上补给。

为了加速如梅利堡垒的竣工，穆罕默德命令手下的三名维齐尔分别负责三座主要塔楼中的一座。如果塔楼未能如期竣工，负责的维齐尔就将付出生命，因此工程能按时完工就不足为奇了。这座坚固堡垒的军事寿命只持续了不到一年。君士坦丁堡被征服后，这里有一段时间被用作宏伟的海峡收费亭，接着曾作为军营、监狱,最后成了一座露天剧院。

堡垒之内有公园般的院落、一座露天剧场和一座清真寺遗迹的尖塔。陡峭的台阶(没有栏杆,所以要小心!)通往壁垒和塔楼,从上面能看到壮丽的海峡风景。如梅利堡垒旁边有很多广受欢迎的咖啡馆和餐馆,最著名的是 Sade Kahve(见146页地图;☏0212-263 8800; www.sadekahve.com.tr; Yahya Kemal Caddesi 20a, Rumeli Hisarı; 早餐拼盘5~12里拉, gözleme和börek 14~15里拉; ⊙7:00至午夜; 🚌从Kabataş乘22和25E路,从Beşiktaş乘22RE和40路, 从Taksim乘40、40T和42T路)。

在如梅利堡垒和法蒂赫苏丹穆罕默德大桥之间,有一座看上去很奇怪的塔楼状建筑,被当地人称为鬼宅(Perili Köşk)。其正式的名称是优素福·兹雅帕夏(Yusuf Ziya Pasha)宅,建筑动工于1910年前后,但在1914年奥斯曼帝国被卷入"一战"后就停工了,所有的建筑工都被迫辞去工作,应召入伍。这座10层楼建筑的施工于是停止,空置至今,使得它获得了"鬼宅"的称号。80年后,工程才终于继续,完工的建筑成为一座文化中心,即博卢桑当代博物馆(Borusan Contemporary; 见146页地图; ☏0212-393 5200; www.borusancontemporary.com; Perili Köşk, Baltalimanı Hisar Caddesi 5, Rumeli Hisarı; 成人/学生/12岁以下儿童 10/5里拉/免费; ⊙周六和周日 10:00~20:00; 🚌从Kabataş乘22和25E路,从Beşiktaş乘22RE和40路,从Taksim乘40、40T和42T路)。

渡轮在如梅利堡垒不停;你可以在坎勒加下船,在法蒂赫大桥对面乘坐出租车(包括过桥费一共约25里拉),或者在从萨勒耶尔(Sarıyer)回城时游览。不过阿纳多卢堡垒不作为博物馆开放,游客可免费游览那里废弃的城墙。

阿纳多卢堡垒内外有很多在建筑美学和历史意义上都具有重要价值的雅丽,其中包括克普吕律·阿姆卡扎德·侯赛因帕夏雅丽(Köprülü Amcazade Hüseyin Paşa Yalı; 见146页地图; Anadolu Hisarı; 🚌从Üsküdar乘15、15KÇ和15ŞN路, 从Kadıköy乘15F路), 它是一座悬臂式盒状建筑,是1698年为穆斯塔法二世在位期间的一位宰相建造的,也是博斯普鲁斯海峡最古老的雅丽,目前正在进行大修。这座建筑的隔壁是建造于19世纪早期的扎里夫·穆斯塔法帕夏雅丽(Zarif Mustafa Paşa Yalı; 见146页地图; Anadolu Hisarı; 🚌从Üsküdar乘15、15Kç和15ŞN路, 从Kadıköy乘15F路), 修建者是苏丹穆罕默德二世的官方咖啡供应商。雅丽楼上的客厅被特殊的弯曲木制框架承托着,延伸到水面之上。

巨大的4层岩石建筑托普哈内·姆希利·泽基帕夏雅丽(Tophane Müşiri Zeki Paşa Yalı; 见146页地图; Rumeli Hisarı; 🚌从Kabataş乘22和25E路,从Beşiktaş乘22RE和40路,从Taksim乘40、40T和42T路)几乎就在法蒂赫大桥正下方的欧洲海岸上。这座宅邸建于20世纪早期,是为奥斯曼军队中的一位陆军元帅修建的,后来被出售给最后一任苏丹穆罕默德六世的女儿萨比哈苏丹(Sabiha Sultan)及其丈夫伊莫尔·法鲁克·埃凡提(İmer Faruk Efendi),后者是苏丹阿卜杜勒·阿齐兹(Abdül Aziz)的外孙。1922年苏丹君主制被废除后,穆罕默德六世从这座房子里走出并登上一艘英国军舰,从此再未踏上土耳其的土地。

穿过法蒂赫大桥,在亚洲海岸一侧,渡轮的下一站是坎勒加,这座迷人的村庄以当地产的品种丰富且美味可口的酸奶著称,渡轮和水滨树荫下的两家咖啡馆都有出售。广场上小巧的Gâzi İskender帕夏清真寺(见146页地图; Kanlıca; ⛴Kanlıca)建于1560年,由米马尔·希南(Mimar Sinan)设计。渡轮抵达和出发时能看到许多美丽的雅丽建筑。

高高耸立于坎勒加岬角上的建筑是埃及总督别墅(Hıdiv Kasrı, Khedive's Villa; 见146页地图; www.beltur.com.tr; Çubuklu Yolu 32, Çubuklu; ⊙9:00~22:00; ⛴Kanlıca) **免费**, 最后一任埃及总督修建了这栋充满了新艺术风格的豪华别墅,作为家人每年造访伊斯坦布尔时的避暑宅邸。你从渡轮上就能看到白色的方形塔楼(经常有土耳其国旗飘扬)。

从坎勒加到萨勒耶尔 (Kanlıca to Sarıyer)

坎勒加对面的海岸上是富裕的埃米尔冈郊区,这里有令人难忘的萨基普·萨班哲博物馆(Sakıp Sabancı Museum; 见146页地图; ☏0212-277 2200; www.sakipsabancimuzesi.org; Sakıp Sabancı Caddesi 42; 门票 成人/学生/14岁以下儿童 20/10里拉/免费, 周三免费;

⊙周二、周四和周五至周日10:00~17:30，周三至19:30；🚌从Kabataş乘22和25E路，从Beşiktaş乘22RE和40路，从Taksim乘40、40T和42T路）。这座博物馆的永久藏品包括奥斯曼时代的手稿和书法，不过最著名的还是重磅的临时展览。永久收藏位于一座1925年的宅邸中，是意大利建筑师爱德华·德·纳里（Edouard De Nari）为埃及王子默罕默德·阿里·哈桑（Mehmed Ali Hasan）设计的，临时展览在一座由当地公司Savaş, Erkel and Çırakoğlu设计的令人印象深刻的现代风格的扩建筑中。

埃米尔冈上方的山坡上是**埃米尔冈林地**（Emirgan Korusu），这片巨大的公共保留地每到4月就变得十分美丽，漫山遍野开满郁金香。

伊斯丁耶（İstinye）小海湾位于埃米尔冈北边，那里停泊着众多游艇，在它附近还有一处渡轮码头。不远处的郊区**耶尼廓伊**（Yeniköy）是欧洲海岸延伸至海面的一片区域，这里也是奥斯曼时代备受欢迎的夏季度假胜地，码头附近大量修建于18世纪和19世纪的豪华雅丽就是明证，其中最引人注目的当属白色镶边的**艾哈迈德·阿斐夫帕夏雅丽**（Ahmed Afif Paşa Yalı；见146页地图；Yeniköy；🚌从Kabataş乘25E路，从Beşiktaş乘40B路，从Taksim乘40T和42T路），它是由亚历山大·瓦罗历（Alexandre Vallaury）在19世纪设计建造的，他也是贝伊奥卢的Pera Palas Hotel酒店的建筑师。

在海岸另一侧是以玻璃器皿加工厂而著称的**帕夏巴赫切**（Paşabahçe）村。继续向前是渔村**贝伊科兹**（Beykoz），其中一座优雅的洗礼喷泉，即İshak Ağa Çeşmesi，建于1746年，就在村广场附近。村子向北沿着海峡伸展的土地大部分是军事区。

欧洲海岸的**塔拉比亚**（Tarabya）海湾由于气候宜人，最初被叫作"疗养地"（Therapeia）。几个世纪以来，这里一直是伊斯坦布尔富人们最喜爱的夏日戏水胜地，不过近些年的某些现代开发活动，例如建在海岬上的多层建筑Grand Hotel Tarabya，让它的魅力打了些折扣。哈罗德·尼克尔森（Harold Nicholson）在其1921年创作的小说《甘泉》（Sweet Waters）中描绘了塔拉比亚海湾鼎盛时期的景象。尼克尔森最为人所熟知的身份是维塔·萨克维尔-韦斯特（Vita Sackville-West）的丈夫，在1912~1914年，他是英国驻君士坦丁堡大使馆的三等秘书，时值巴尔干战争期间，他对疗养地非常了解。在这部小说中，以维塔为原型创作的主人公艾里尼（Eirene）在这里避暑。

塔拉比亚北边是过去外国列强修建的一些夏日使馆。每当天气炎热疾病增多时，外国大使便会进驻海岸边这些带有美丽花园的豪宅。这些大使宅邸一直向北延伸至以教堂、避暑大使馆和**萨德柏克女士博物馆**（Sadberk Hanım Museum；见146页地图；📞0212-242 3813；www.sadberkhanimmuzesi.org.tr；Piyasa Caddesi 27-29, Büyükdere；门票 成人/学生 7/2里拉；⊙周四至周二10:00~16:30；🅿；🚢Sarıyer）而著称的比于克代雷（Büyükdere）村。博物馆是以已故土耳其商业大亨维埃比·考契（Vehbi Koç）妻子的名字命名的，位于一座19世纪末期修建的2层雅丽中，展出的是考契夫人收藏的土耳其伊斯兰教文物，以及著名的Hüseyin Kocabaş收藏的文物。馆内藏品包括伊兹尼克瓷砖和屈塔希亚陶瓷、奥斯曼时期的丝绸制品、刺绣，还有一些来自迈锡尼文明、古代和古典时代的精美王冠。展品标签有英文和土耳其文的双语展示，附设一座很棒的礼品店。若要来这里，你要从萨勒耶尔下船，从渡轮码头向左（南）步行约10分钟。

从比于克代雷上山，紧邻着的位于欧洲侧海岸的村子就是**萨勒耶尔**。这里的居民自古以来就靠捕鱼为生，现在依然能看到渔民们在码头北边修补渔网、贩卖鱼获。

从萨勒耶尔到阿纳多卢卡瓦吉（Sarıyer to Anadolu Kavağı）

从萨勒耶尔出发，渡轮很快就可抵达**如梅利卡瓦**（Rumeli Kavağı），这片陡峭的村庄唯一热闹的时候就是渡轮抵达和出发之时。村子以南有伊斯兰教圣徒**Telli Baba**的圣祠，据称他能为来此祈祷的年轻女子找到合适的郎君。

对岸的**阿纳多卢卡瓦**就是博斯普鲁斯长线观光旅程的终点站。阿纳多卢卡瓦从前是一个渔村，现在这里的经济支柱是旅游业。镇子的中央广场上遍布着品位一般的鱼餐馆和招揽生意的人。

阿纳多卢卡瓦城堡(Anadolu Kavağı Kalesi, Yoros Kalesi; 见146页地图; Anadolu Kavağı; 🚇Anadolu Kavağı)的废墟耸立于小镇的最高处,能俯瞰黑海和博斯普鲁斯海峡。这座中世纪的城堡曾在城墙上建有8座巨大的塔楼,但现在幸存下来的原始建筑很少。古堡最早是由拜占庭人修建的,1300年热那亚人和后来的奥斯曼人都对其进行了维修和加固。近来这里正在进行考古发掘,因此限制人内。不过,新近通行的亚乌兹苏丹塞利姆(第三)大桥风景很美。从村子向上到达堡垒需要30至50分钟;另外,你可以在渡轮码头向东的村广场喷泉附近看到等待载客的出租车,往返价格约20里拉,中途会等待30分钟。步道两边的餐厅和茶馆餐饮均非常昂贵。

到达和离开

博斯普鲁斯海峡长线游(Uzun Boğaz Turu)大多数一日游游客会选择**İstanbul Şehir Hatları** (İstanbul City Routes; 📞153; www.sehirhatlari.com.tr)经营的博斯普鲁斯海峡长线游。渡轮会穿越整个海峡(单程95分钟),每天上午10:35从位于艾米诺努(Eminönü)的渡轮码头(iskele)出发,15:00从阿纳多卢卡瓦返回。往返票价(çift)成人/6岁以下的儿童/6岁至11岁的儿童分别为25里拉/免费/12.50里拉,单程(tek yön)票价为15里拉/免费/7.50里拉。渡轮会停靠贝西克塔什、**坎勒加**(见146页地图)、**萨勒耶尔**(见146页地图)、**如梅利卡瓦**(见146页地图)和**阿纳多卢卡瓦**(见146页地图)。不能用同一张票在沿途的停泊点上下船。

博斯普鲁斯海峡短途游(Kısa Boğaz Turu)每年的3月初到5月以及9月中旬到10月,İstanbul Şehir Hatları(见本页)还会经营2小时的短途游。渡轮会在每天14:30离开艾米诺努,20分钟后停在奥塔廓伊让乘客上船。航线的最远端是法蒂赫苏丹穆罕默德大桥,然后再返回艾米诺努,票价成人/6岁以下儿童/6岁至11岁儿童分别为12里拉/免费/6里拉。从11月到次年3月初,该游览项目只限于周六、周日和节假日。

随上随下宫殿观光(Hop-Off Palace Tour) **Dentur Avrasya** (📞444 6336; www.denturavrasya.com)经营的随上随下式乘船游从卡巴塔什的加油站后面的渡轮码头出发,票价为15里拉,每天4班,发船时间分别为12:45、13:45、14:45、15:45,而且允许乘客在埃米尔冈(见146页地图)、库曲克苏(见146页地图)、Kasrı和贝勒贝伊宫下船,然后持同一张船票在渡口再次上船。如果想在这3站都停留参观的话,仅仅预留一个下午的时间可能会很紧张,不过在其中的两站停留参观还是可行的。要注意的是,库曲克苏宫和贝勒贝伊宫的关闭时间是15:30(冬季)和16:30(夏季)。Dentur Avrasya每天还分别运营一个长途和一个短途游览,从Kabataş出发(详情请查看网站)。

短途团队游(Excursion Tours)许多公司提供从艾米诺努出发前往阿纳多卢堡垒再返回、中途不停靠的项目,其中,Turyol大概是声誉最好的。在工作日的10:00至18:00,Turyol公司每隔1小时会有1班船从加拉塔大桥西侧的码头出发。其他公司经营的游船会从Boğaz码头附近和金角湾渡轮码头附近出航。整个旅程约90分钟,票价一般为12里拉。

公共汽车 所有的公共汽车和通勤渡轮价格都是5里拉(刷伊斯坦布尔交通卡İstanbulkart为2.60里拉)。

➤ **从萨勒耶尔** 回城,25E路和40路公共汽车会向南开到埃米尔冈。

➤ **从埃米尔冈** 发车的22路、22RE路和25E路公共汽车开往卡巴塔什,40路、40T路和42T路开往塔克西姆。所有线路都会经过如梅利堡垒、贝贝克、奥塔廓伊、耶尔德兹(Yılız)和贝西克塔什。

➤ **在阿纳多卢卡瓦** 15A路公共汽车从渡轮码头前的广场开出,前往Kavacik。你可以在坎勒加下车去参观埃及总督别墅,或者在Beykoz转乘15路,它会带你向南前往于斯屈达尔,途经库曲克苏(Küçüksu)站(可参观库曲克苏宫)和Beylerbeyi Sarayı站(可参观贝勒贝伊宫)。15F路或15BK路的路线与15A路相同,但会继续向前开往卡德廓伊。

🚢 金角湾渡轮观光 (Golden Horn Ferry Tour)

来伊斯坦布尔的游客中,听说过金角湾(Haliç)全境渡轮游的人很少。这片位于加拉塔大桥以北的狭长水域曾遭受严重污染,其附近区域也没有多少吸引游客的东西。但最近情况改善了很多,金角湾两岸的美化升级工程正在进行(包括建设了许多公园)。前往埃于普的渡轮之旅能让你饱览旧城山顶宏伟的皇家清真寺,一瞥古老的城墙全景,将包

> **ⓘ 博斯普鲁斯海峡长线观光**
>
> 如果购买了博斯普鲁斯海峡长线观光往返票,你必须在专门坑游客的村子阿纳多卢卡瓦浪费3小时。更好的选择是购买1张单程票,在那里、萨勒耶尔或Kanlıca下船,乘公交车返回伊斯坦布尔;或者从卡巴塔什乘坐随时上下的Dentur Avrasya的观光项目。

括法纳尔、巴拉特和阿依万萨莱在内的古代郊区尽收眼底。对岸能看到奥斯曼时代的墓地(mezarlıgıs),以及军械库和海军码头的遗址。

从于斯屈达尔到卡瑟姆帕夏(Üsküdar to Kasımpaşa)

从亚洲海岸一侧的于斯屈达尔出发后,渡轮先停靠卡拉廓伊(见68页地图)的金角湾渡轮码头(iskelesis)和艾米诺努。卡拉廓伊的码头在加拉塔大桥的北侧,卡德廓伊码头前面;艾米诺努码头在加拉塔大桥汽车站西侧,渡轮从下方经过金角湾地铁大桥(Haliç Metro Bridge)和阿塔图克大桥(又叫Unkapani)之后,会在金角湾对面的卡瑟姆帕夏(见68页地图)停靠。这里曾经是16世纪至20世纪初奥斯曼皇家海军船厂的所在地,至今还保留着一些最初的建筑。码头左侧像宫殿一样的建筑是19世纪的海军司令部(Bahriye Nezareti;见68页地图;☐Kasimpaşa),当时海军的管理部门曾驻扎在此,这座建筑目前在进行大修。它上方的山坡上有一座18世纪建筑和一座钟楼,这里最初是海军学院,后来在19世纪50年代被改造成一家医院,克里米亚战争期间,法军士兵曾在此接受治疗。

这里的造船厂有望得到重新开发,它将被改造成包含商铺、酒店和餐厅的大型综合体,不过当地人对项目能否在近期开展颇感怀疑。

从卡瑟姆帕夏到哈斯廓伊(Kasımpaşa to Hasköy)

在渡轮驶向下一个停泊点哈斯廓伊(见68页地图)的途中,你可以看到西侧(左边)海岸上引人入胜的法纳尔(Fener)和巴拉特(Balat)郊区,它们都属于西区(Western District)。

法纳尔是伊斯坦布尔希腊人的传统聚集地,虽然目前住在这里的希腊居民并不多,但这里依然保存了不少重要的希腊东正教建筑。山坡上醒目的红砖建筑及圆顶塔楼是著名的法纳尔希腊东正教学院[Phanar Greek Orthodox College,又称迈加利学校(Megali School)、格瑞特学校(Great School),Kırmızı Mektep;见68页地图;Sancaktar Caddesi, Fener;☐从Eminönü乘99、99A、99Y路,从Taksim乘55T路],它是伊斯坦布尔最古老的学府。早在土耳其人征服伊斯坦布尔之前,它就已经存在于法纳尔了——如今的建筑始建于1881~1883年。遗憾的是,这所学校目前只有不到100名在校学生。

从这里能眺望到山脊线上的亚乌兹苏丹塞利姆清真寺(见97页)的美景,还能看到水边的哥特复兴风格的保加利亚人的圣斯蒂芬教堂(Church of St Stephen of the Bulgars, Sveti Stefan Church;见68页地图;Mürsel Paşa Caddesi 85, Fener;☐从Eminönü乘99、99A、99Y路,从Taksim乘55T路),它拥有独特的镀金圆顶塔。

下一个郊区景点巴拉特曾是大批伊斯坦布尔犹太人的故乡,不过现在聚满了从土耳其东部来的移民。

经过最初的加拉塔大桥业已荒废的遗址后,渡轮会停泊在哈斯廓伊(Hasköy;见68页地图)。几百年间,这里是一个主要居住着犹太人的小村,在奥斯曼帝国时期,这里成为一处海军造船厂的所在地,同时也是苏丹的围猎场。现在这里还有两处令游客感兴趣的景点:拉哈米·M.考契工业博物馆(Rahmi M Koç Museum, Rahmi M Koç Müzesi;见68页地图;☎0212-369 6600;www.rmk-museum.org.tr;Hasköy Caddesi 5, Hasköy;博物馆 门票 成人/学生/7岁以下儿童 15里拉/6里拉/免费,蒸汽船 5里拉/3里拉/免费,潜艇 成人/学生 7/5里拉,天文馆 2里拉;⊙10月至次年3月 周二至周五 10:00~17:00,周六和周日 至18:00,4月至9月 周六和周日 至19:00;☐Hasköy)就在渡轮商店（Hasköy İskelesi）左侧；不远处的**阿依纳勒卡瓦克宫**（Aynalıkavak Kasrı, Aynalıkavak Pavilion；见68页地图；☎0212-256 9750；www.millisaraylar.gov.tr；Aynalıkavak Caddesi, Hasköy；门票 成人/学生 5/1里拉；⊙4月至10月 周二、周三和周五至周日 9:00~16:30，11月至次年3月 至15:30；🚌从Eminönü乘47、47E、47N路，从Taksim乘36T、54K、54T路），这座华美的18世纪皇家狩猎行宫坐落在一座美丽的花园中，现在收藏着一些古老的乐器。要去那里的话，沿着Hasköy Caddesi向东南方向（右侧）步行，然后先右拐进入Okmeydanı Caddesi，再右拐来到Sempt Konağı Sokak，沿着它一直走就会进入Kasimpaşa-Hasköy Caddesi。

哈斯廓伊后山山坡上有大量古老的墓地，其中包括**哈斯廓伊犹太人墓地**（Hasköy Musevi Mezarlığı；见68页地图；🚌Sütlüce），世世代代的伊斯坦布尔犹太人都埋葬在那里。

从哈斯廓伊到埃于普（Hasköy to Eyüp）

渡轮的下一处停靠点位于对岸的**阿依万萨莱**。从这里你可以参观卡里耶博物馆（科拉教堂；见94页），或者步行上山前往Edirnekapı，参观古老城墙中保存很好的一部分。从渡轮上也可以看见一部分城墙。

离开阿依万萨莱之后，渡轮会横穿海峡前往**叙特吕杰**（Sütlüce；见68页地图），然后再返回西海岸来到位于**埃于普**（见68页地图）的终点站。这片民风保守的城郊地区以**埃于普苏丹清真寺**（Eyüp Sultan Camii, Mosque of the Great Eyüp；见68页地图；Camii Kebir Sokak, Eyüp；⊙陵墓 9:30~16:30；🚌从Eminönü乘99、99A、99Y路，从Taksim乘55T路；⛴Eyüp）为中心，这所清真寺是土耳其最重要的宗教遗址之一。参观完埃于普苏丹清真寺之后，你可以去**Pierre Loti Café**（见68页地图；Gümüşsuyu Balmumcu Sokak 1, Eyüp；⊙8:00至午夜；⛴Eyüp）喝喝茶或咖啡，同时欣赏一下那里的全景风光。

到达和离开

你可以在卡拉廓伊或艾米诺努乘坐渡轮，花半天时间探索金角湾，途中可以在哈斯廓伊（参

观拉哈米·M.考契工业博物馆）或埃于普（参观埃于普苏丹清真寺）下船，然后重新乘船返程。如果你有整天的时间，两处都可以参观，从拉哈米·M.考契工业博物馆出来后，还可以参观阿依纳勒卡瓦克宫。另外一个好的选择是在返程途中在阿依纳勒卡瓦克宫（Aynalıkavak Kasrı）下船，沿着古老的城墙上山，参观卡里耶博物馆（科拉教堂）。

渡轮 İstanbul Şehir Hatları（见109页）运营着金角湾通勤渡轮。从7:30到20:45，每隔1小时会有1班金角湾渡轮从于斯屈达尔（Üsküdar）出发，沿着金角湾前往埃于普，中途会在卡拉廓伊和艾米诺努搭载大部分乘客，最后一班渡轮会在19:45从埃于普返回（周日是20:45）。整个航程需要55分钟（从艾米诺努开始35分钟），价格为5里拉（刷伊斯坦布尔交通卡为2.60里拉）。如果中途下船，乘坐下一趟需要重新付费。注意：所有乘客在埃于普都必须下船。你可以上网查询船运时间表和票价的最新信息。

Dentur Avrasya（见109页）提供的随时上下的渡轮（15里拉）从贝西克塔什出发的时间为10:00、正午、14:00和18:00，途中停靠站包括Kabataş（大部分乘客上船的地方）、哈斯廓伊、埃于普和叙特吕杰的Miniatürk主题公园，然后返航。日程更新可上网查询。

公共汽车 所有汽车票价格都是5里拉（刷伊斯坦布尔交通卡为2.60里拉）。

➡ **从埃于普** 出发，可在渡轮前面的Necip Fazıl Kısaküre站台乘坐36CE、44B、48E、99、99Y和399B/C路公共汽车前往艾米诺努，途中会经过巴拉特、法纳尔和卡拉廓伊。39路公共汽车开往阿克萨赖（Aksaray），途中会经过埃迪尔内卡普（Edirnekapı），也就是说，你可以在回来的路上顺便去参观一下卡里耶博物馆（科拉教堂）。

➡ **从哈斯廓伊** 出发，乘坐36T、54K或54HT路公共汽车可前往塔克西姆，乘坐47、47E或47N路公共汽车可前往艾米诺努。

🚶 公共浴室 (Hamams)

到蒸汽缭绕的公共浴室享受搓澡工的服务，是土耳其的经典体验之一。然而，并不是所有人都对在公众面前暴露全部（或大部分）身体感到无所谓，如果你属于此列，城里有许多水疗提供私人的土耳其浴服务。

圣索菲亚许蕾姆苏丹公共浴室 公共浴室

(Ayasofya Hürrem Sultan Hamamı; 见76页地图; ☏0212-517 3535; www.ayasofyahamami.com; Aya Sofya Meydanı 2; 沐浴 85~170欧元, 按摩 40~75欧元; ◎8:00~22:00; ⓢSultanahmet) 经过一丝不苟的修缮之后, 这座建于1556年的公共浴室现在可以提供最为奢侈的传统沐浴体验。在苏莱曼大帝的命令下, 米马尔·希南在1556年至1557年设计并修建了这处位于圣索菲亚大教堂对面的浴室, 目的是纪念苏丹的妻子许蕾姆苏丹, 即著名的罗克塞拉娜。

在遗产管理机构的密切监督下, 针对该建筑进行的历时3年、耗资1300万美元的修复工作于2011年竣工, 并最终获得了巨大成功: 不仅保留了希南原本的朴素设计风格, 还恰如其分地融入了些许现代奢华的气质。浴室内有数个单独的男性浴池和女性浴池, 都配备了精致的冷泉放松室 (soğukluk), 浴池周围还有全木的更衣间。

这里的服务非常专业, 环境也十分整洁。35分钟的基础沐浴护理的费用为85欧元, 包括搓澡和香皂按摩, 此外, 还包含护理中用到的橄榄油香皂和搓澡过程中需要用到的一次性手套 (kese)。旺季要预约, 天气暖和的时候, 露台上的户外咖啡餐吧也会开始营业。

★克里奇·阿里帕夏浴室 公共浴室

(Kılıç Ali Paşa Hamamı; 见98页地图; ☏0212-393 8010; http://kilicalipasahamami.com; Hamam Sokak 1, 紧邻Kemeraltı Caddesi, Tophane; 传统公共浴室服务程序 170里拉; ◎女士 8:00~16:00, 男士 16:30~23:30; ⓢTophane) 对于这座1580年由米马尔·希南设计的建筑, 人们花了7年时间才制定出保护方案并一丝不苟地完成了修缮, 幸运的是, 一切等待都是值得的。这座公共浴室的内饰美到令人瞠目结舌, 管理也极为专业, 以确保宾客获得干净舒适的土耳其浴体验。服务包括传统浴室程序 (170里拉) 和按摩 (140里拉起)。

Cağaloğlu Hamamı 公共浴室

(见76页地图; ☏0212-522 2424; www.cagaloglihamami.com.tr; Prof Kazım İsmail Gürkan Caddesi 24; 沐浴、搓澡和按摩套餐 40~120欧元, 自助服务 30欧元; ◎8:00~22:00; ⓢSultanahmet) 这家华丽的公共浴室是1741年在苏丹马哈茂德一世 (Sultan Mahmut Ⅰ) 的命令下修建的。浴室中有分别对男宾和女宾开放的独立浴池, 还能提供各种沐浴服务, 只是相对于这里的沐浴、搓澡和按摩服务的速度和质量, 其定价太过高昂。你可以只选择自助洗浴 (30欧元)。

君士坦丁纪念柱浴室 公共浴室

(Çemberlitaş Hamamı; 见90页地图; ☏0212-522 7974; www.cemberlitashamami.com; Vezir Han Caddesi 8; 自助洗浴 70里拉, 沐浴、搓澡和香皂按摩 115里拉; ◎6:00至午夜; ⓢÇemberlitaş) 在一座始建于1584年的古老建筑中享受土耳其浴, 可谓人生中难得的际遇。君士坦丁纪念柱浴室就是这样一座极为富丽堂皇的男女混合浴室, 尤其他是建筑大师米马尔·希南设计的杰作, 也是伊斯坦布尔最美丽的公共浴室之一。

这座建筑是为努尔巴努皇太后修建的, 她是谢里姆二世 (Selim Ⅱ) 的妻子, 穆拉德三世的母亲。它的两个浴室间都有一个巨大的大理石圆形加热平台 (sıcaklık) 和一个带玻璃开孔的穹顶。男宾部的入口前厅 (camekan) 是原来的, 女宾部的则是新建的。

另加付75里拉即可享受到标准洗浴之外的精油按摩服务, 不过这里所有的按摩和其他服务都给人感觉略有敷衍之意, 因此我们不建议体验, 你可以选择更便宜的自助洗浴。价格中已经包含了服务费用, 持国际学生证 (ISIC) 还可以享受8折优惠。

Mihrimah Sultan Hamamı 公共浴室

(见68页地图; ☏0212-523 0487; www.mihrimahsultanhamami.com; Fevzi Paşa Caddesi 333, Edirnekapı; 沐浴 25里拉, 包括搓澡和按摩 45里拉; ◎男性 7:00~23:00, 女性 9:00~20:00; ⓢ从Eminönü乘28路, 从Taksim乘87路) 来这家修复过的浴室能以负担得起的价格获得一份地道体验。这里缺乏苏丹艾哈迈德那座的建筑之美, 但干净程度令人满意, 氛围友好。男女区域独立。

Four Seasons Istanbul at the Bosphorus 水疗

(见68页地图; ☏0212-381 4000; www.

fourseasons.com/bosphorus; Çırağan Caddesi 28, Beşiktaş; 30/45/60分钟土耳其浴室体验125/155/185欧元; ⊙9:00~21:00; ⩎Bahçeşehir Ünv.或Çırağan）这家水疗位于豪华酒店，设施令人惊叹，包括一个极好的室内浴池区、蒸汽浴房、桑拿和休闲区。提供面部护理和按摩，包括皮肤深层护理、热石护理等，如果你想体验豪华土耳其浴室，华美的大理石公共浴室堪称完美。包括公共浴室和疗养的套餐可使用所有的水疗设施。

👉 团队游

★ İstanbul Walks　　　　步行

（见76页地图；☎0554 335 6622, 0212-516 6300; www.istanbulwalks.com; 2楼, Şifa Hamamı Sokak 1; 游览 成人 35~75欧元, 2岁以下/7岁儿童免费/7折; ⩎Sultanahmet）这家由历史爱好者管理的公司专门经营文化旅游项目，包括为游客提供各种徒步旅行线路。公司的导游不仅知识丰富，而且英语流利。İstanbul Walks的旅行线路主要集中在伊斯坦布尔的各个社区，不过也有游览主要名胜古迹的线路、一条土耳其咖啡之旅路线，以及乘坐私人游船游览博斯普鲁斯海峡和金角湾的项目。

★ Urban Adventures　　　文化

（☎0535 022 2003; www.urbanadventures. com; 团队游 27欧元起）这家极其专业的机构运营多种文化团队游，包括3.5小时的贝伊奥卢夜间徒步，晚饭时间会到访Small Projects Istanbul，这是城里一家致力于支持叙利亚难民的非政府组织，其所有收入都归慈善组织。

★ Alternative City Tours　　团队游

（www.alternativecitytours.com; 团队游 6人 150欧元加午餐费）在伊斯坦布尔生活多年后，出生于纽约的摄影师莫妮卡·弗里茨（Monica Fritz）决定将自己这些年知晓的关于这座城市的一些秘密分享给摄影爱好者们。她的团队游能提供很多知识，富于趣味，包括欧洲和亚州海岸，以及其他地方，她还会提供许多文化和历史背景。

Artwalk Istanbul　　　　徒步

（☎0537 797 7525; www.artwalkistanbul. com; 团队游 每人 75~100里拉, 私密团队游要协商; ⊙4月至12月）萨里哈·亚乌兹（Saliha Yavuz）和她所带领的策展人、艺术家和批评家小组提供的英语导览游，可前往商业和艺术家运营的美术馆及艺术家工作室，并对城市热闹的当代艺术氛围进行出色的介绍。团队游集中在社区之中，有加拉塔、托普哈内、塔克西姆和尼尚塔什（Nişantaşı）的美术馆徒步，还有一个前往卡德廓伊艺术家工作室的项目。

Les Arts Turcs　　　　　文化

（见76页地图；☎0212-527 6859; www.lesartsturcs.com; 4楼, Incili Cavus Sokak 19, Alemdar; 70里拉; ⩎Sultanahmet）这个历时很久的文化旅游机构总部设在地下水宫附近，每周提供两次机会前往法蒂赫的EMAV Silivrikapı Mevlana文化中心参加托钵僧旋转舞仪式（sema），时间为周四的20:00。票价包括一个15分钟的英文问答环节，一个导游，以及面包车接送苏丹艾哈迈德往返。

🎉 节日和活动

伊斯坦布尔电影节　　　　电影节

（İstanbul Film Festival; film.iksv.org/en）如果你想看最好的土耳其电影，还想在看电影的时候撞见一些当地明星的话，就一定要参加这个活动。伊斯坦布尔电影节每年4月上旬在伊斯坦布尔周边的电影院举行，特别受欢迎。电影节期间会设立电影回顾展，还会展映土耳其和海外最新上映的影片。

伊斯坦布尔郁金香节　　　文化节

（İstanbul Tulip Festival; ⊙4月）**免费** 郁金香（在土耳其语中为"lale"）是伊斯坦布尔的传统象征，而当地政府通过每年种植1000多万株郁金香的方式来纪念这一传统。这些郁金香会在4月开放，用明媚的春色装点着几乎所有的街道和公园，同时也为人们提供了摄影留念的好机会。

清凉节　　　　　　　　　音乐节

（Chill-Out Festival; www.chilloutfest.com）5月举办的一个为期2天的活动，在博斯普鲁斯萨勒耶尔的生命公园（Life Park）举办，内容包括概念舞台、文化和艺术活动，以及瑜伽项目和大量的音乐（从灵魂乐到放克、世界音乐在内的所有类型）。

伊斯坦布尔音乐节　　　　　　　　音乐节

（İstanbul Music Festival; muzik.iksv.org/en）这座城市首屈一指的艺术盛典，有歌剧、舞蹈、管弦音乐会和室内乐演奏等各种表演。这些极具国际知名度的表演通常于6月在艺术氛围浓厚的场馆中举行，譬如位于苏丹艾哈迈德的神圣和平教堂（见83页），以及卡德廓伊的Süreyya歌剧院[见68页地图；0216-346 1531; www.sureyyaoperasi.org; Gen Asim Gündüz (Bahariye) Caddesi 29; Kadıköy]。

伊斯坦布尔爵士音乐节　　　　　　音乐节

（İstanbul Jazz Festival; caz.iksv.org/en）该音乐节于每年6月底到7月底举行，是传统爵士乐、电子乐、鼓打贝斯、世界音乐和摇滚乐的一场巧妙融合。演出场馆包括Salon in Şişhane和全城各处的公园。

伊斯坦布尔双年展　　　　　　　　艺术节

（İstanbul Biennial; bienal.iksv.org/en）这一伊斯坦布尔最大型的视觉艺术盛会在奇数年举办，从9月中旬持续到11月中旬。国际策展人或策展团队会提名一个主题，并组织一系列前卫的展览，然后在伊斯坦布尔的各大场馆中进行展示。

Akbank爵士音乐节　　　　　　　　音乐节

（Akbank Jazz Festival, Akbank Caz Festivali; www.akbanksanat.com）Akbank爵士音乐节的历史比伊斯坦布尔国际爵士音乐节还要久远。这一经典音乐盛会重在推介传统和前卫的爵士乐以及中东各种融合音乐，此外，还包括一个专门介绍新兴爵士乐的特别单元。该音乐节每年10月举办，演出场馆分散在伊斯坦布尔各处。

伊斯坦布尔设计双年展　　　　　　设计展

（İstanbul Design Biennial; biennial.iksv.org/en）作为伊斯坦布尔文化艺术基金会（İKSV）较新的展览活动，该主题设计双年展旨在庆祝伊斯坦布尔设计界的职业成就，并对其未来展开批评性的讨论。展览活动每逢偶数年的10月到11月举办。

🛏 住宿

伊斯坦布尔有各种不同风格的住宿选择，你既可以像苏丹一样住在世界级的豪华酒店中，也可以在青年旅舍的宿舍里凑合一晚，还可以选择入住时髦的精品酒店。秘诀在

烹饪课程和团队游

如果问伊斯坦布尔人：是什么让他们的城市拥有独特性？答案一般直接来自他们的肚子。当地菜肴的粉丝俱乐部人数众多，呼声也很多，粉丝们最喜欢的就是向游客介绍城市的食物、餐馆和食材提供商。简言之，这是所有美食、烹饪和食品商店爱好者梦寐以求的目的地，尤其是这里还有大量的烹饪课程和聚焦食物的徒步团队游，包括：

Cooking Alaturka（见74页地图；0212-458 5919; www.cookingalaturka.com; Akbıyık Caddesi 72a, Cankurtaran; 班级每人含餐 65欧元; 周一至周六 10:30和16:30 凭预约参加; Sultanahmet）运营适合所有技术水平的班级，很受欢迎。

İstanbul Eats（http://istanbuleats.com; 团队游 75~125美元）奇妙的食品团队游，在迷人的Kurtuluş社区有一个一日烹饪班。

İstanbul on Food（0538 966 7671; http://istanbulonfood.com; 团队游 100美元）一个新公司推出的美食团队游。

Turkish Flavours（0532 218 0653; www.turkishflavours.com; 团队游每人 80~125美元）徒步团队游和出色的烹饪课程，在城市亚洲一侧的一个私人住所举行。如果要求，课程会聚焦西班牙犹太人菜单。

Urban Adventures（见113页）各种美食团队游。

于挑选最符合你兴趣的街区，然后寻找符合你的风格和预算的住宿处。

苏丹艾哈迈德及周边

苏丹艾哈迈德是这座城市最主要的旅游观光区，因此，这里以及东边[章库塔兰(Cankurtaran)]、南边[小圣索菲亚教堂(Küçük Ayasofya)]和西北边(Binbirdirek、君士坦丁纪念柱、Alemdar和Cağaloğlu)几个毗邻区域的酒店在地理位置上都极为便利。主要的缺点是卖地毯的小贩数量太多，也没有几家像样的酒吧和餐馆。章库塔兰区有些酒店周围很吵闹，Akbıyık Caddesi街上的旅舍和酒吧会播放很嘈杂的音乐。到了清晨时分，伊沙克帕夏清真寺(İşak Paşa Mosque, Akbıyık Caddesi的东北角)的祈祷声又会打断你的好梦。

★ Marmara Guesthouse　　家庭旅馆 $

（见74页地图；☏0212-638 3638；www.marmaraguesthouse.com；Terbıyık Sokak 15, Cankurtaran；双 65~85欧元，标三 80~100欧元，家 95~115欧元；❀❋@🛜；🚇Sultanahmet）苏丹艾哈迈德区家庭经营的旅馆中，很少有能在洁净、舒适程度、精心程度等细节上与Marmara Guesthouse相提并论的。旅馆经营者艾丽芙·阿耶特金(Elif Aytekin)及其团队竭力为客人营造宾至如归之感，并提供大量关于旅游方面的建议。旅馆还会在覆满葡萄藤且面朝大海的屋顶露台上为客人们准备好美味的早餐。房间拥有土耳其帷幔的四柱床、设施良好的浴室（有的很小）和双层玻璃窗。

老板家的其他家庭成员还在Kadırga的主要住宅区经营同样令人印象深刻的Saruhan Hotel（见90页地图；☏0212-458 7608；www.saruhanhotel.com；Cinci Meydanı Sokak 34, Kadırga；标单/双/家 70/75/105欧元；❀❋@🛜；🚇Çemberlitaş）。

★ Hotel Alp Guesthouse　　酒店 $

（见74页地图；☏0212-517 7067；www.alpguesthouse.com；Adliye Sokak 4, Cankurtaran；标单/双 55/80欧元；❀❋🛜；🚇Sultanahmet）这家酒店地处苏丹艾哈迈德小型酒店集中地带，品质配得上其优越的地理位置，并提供各式各样价格公道的优单、双、三人和家庭客房。浴室虽小但非常干净，便利设施也很多。酒店的屋顶露台也是这片区域最好的露台之一，舒适的室内和室外座椅为欣赏美丽海景提供了极大的方便，还提供免费的茶水和咖啡。

★ Hotel Şebnem　　酒店 $

（见74页地图；☏0212-517 6623；www.sebnemhotel.net；Adliye Sokak 1, Cankurtaran；标单 50欧元，双 70~80欧元，标三/家 90/110欧元；❀❋@🛜；🚇Sultanahmet）这家酒店弥漫着一种迷人的简洁和私密感。15个时髦的房间装点着古董，配备木地板、现代化浴室和舒适的床铺，其中2间还有私人庭院花园。楼上的大露台有一家咖啡馆兼酒吧，能看到马尔马拉海。

★ Metropolis Hostel　　青年旅舍 $

（见74页地图；☏0212-518 1822；www.metropolishostel.com；Terbıyık Sokak 24, Cankurtaran；铺 15~16欧元，双 60~65欧元，标单/双/标三 不含浴室 44/46/49/68欧元；🅿❀❋🛜；🚇Sultanahmet）这个亲切的住所位于一条安静的街道上，可以保证一夜安眠，提供4至6床宿舍，包括一间女生宿舍套房，有6张床，能看到无敌的马尔马拉海风景。屋顶露台上有一家酒吧，能看到海景，与许多更贵的酒店享受同样的风光，丰富的娱乐项目包括夏季烤肉和肚皮舞。

淋浴间和厕所很干净，只是数量有限。陡峭的台阶对许多游客来说会是个挑战。

Ahmet Efendi Evi　　家庭旅馆 $

（见76页地图；☏0212-518 8465；www.ahmetefendievi.com；Keresteci Hakkı Sokak 23, Cankurtaran；标单 45~65欧元，双 50~80欧元，家 70~95欧元；🅿❀❋🛜；🚇Sultanahmet）Ahmet先生的房子能给客人带来真正的宾至如归之感，而且特别适合家庭入住，女主人Gönül和家人都很热情。它位于一个住宅区里（这在苏丹艾哈迈德可不多见），有不同大小的9间客房，采用现代化的装潢和设备；一间带露台，能看见蓝色清真寺和马尔马拉海。

Hotel Nomade　　精品酒店 $

（见76页地图；☏0212-513 8173；www.hotelnomade.com；Ticarethane Sokak 15；

标单/双/标三 40/45/70欧元；🅿️❄️✳️📶；🏠Sultanahmet）时尚的设计风格和低价通常难以兼得，但Nomade却将其合二为一。这家酒店距离繁华的帝国议会路（Divan Yolu）仅几步之遥，所提供的客房较为简单，有些客人甚至会觉得面积太小，建议尽量选择最大的房间。所有人都喜欢屋顶的露台酒吧（位于圣索菲亚大教堂正对面）。

Hotel Grand Peninsula 酒店 $

（见74页地图；📞0212-458 7710；www.grandpeninsulahotel.com; Cetinkaya Sokak 3, Cankurtaran; 双 50~65欧元，标单/标三/家 40/80/90欧元；🅿️❄️✳️📶）Grand Peninsula是附近 **Hotel Peninsula**（见74页地图；📞0212-458 6850; www.hotelpeninsula.com; Adliye Sokak 6, Cankurtaran; 双 35~50欧元，标三 60欧元，家 65~100欧元；➡️❄️@📶；🏠Sultanahmet）和 **Hanedan Hotel**（见74页地图；📞0212-516 4869; www.hanedanhotel.com; Adliye Sokak 3, Cankurtaran; 标单 45欧元，双 50~55欧元，标三 70欧元，家 85~95欧元；➡️❄️@📶；🏠Sultanahmet）的姐妹酒店，于2016年经过升级，怡人的房间里铺有地毯，装饰格调迷人。小双人间名副其实，大双人间（例如304号）是舒适的低预算选择。

早餐在屋顶露台供应，从那里能看到城市的亚洲区域和王子群岛。

Cheers Hostel 青年旅舍 $

（见76页地图；📞0212-526 0200; www.cheershostel.com; Zeynep Sultan Camii Sokak 21, Sultanahmet; 铺 15~24欧元，双 60~70欧元，标三 90~105欧元，家 135欧元；🅿️❄️✳️@📶；🏠Gülhane）这里的5~10人宿舍和那些较大的青年旅舍里缺乏人情味的营房式隔间完全不同。它们明亮通风，配备了木地板、垫毯、储物柜和舒适的床铺，大多数房间有空调，浴室干净且宽敞。虽然是基本款，但地理位置优越，还有一个惬意的屋顶酒吧，那里景色壮观，冬季会燃起篝火。

Big Apple Hostel 青年旅舍 $

（见74页地图；📞0212-517 7931; www.hostelbigapple.com; Bayram Fırını Sokak 12, Cankurtaran; 铺 15~45欧元，房间 30~75欧元；➡️❄️@📶；🏠Sultanahmet）这座青年旅舍也许缺少旅行的氛围，不过6人的宿舍（有一间女性宿舍）有舒适的床铺和独立浴室，还有酒店风格的单间，里面有浴室、卫星电视和冰箱。屋顶还有一个可欣赏海景的酒吧兼早餐室。

Zeynep Sultan Hotel 酒店 $

（见76页地图；📞0212-514 5001; www.zeynepsultanhotel.com; Zeynep Sultan Camii Sokak 25, Alamdar; 标单/双/标三 50/60/75欧元；🅿️➡️❄️📶；🏠Sultanahmet, Gülhane）世界上敢说自己的地下室有一座拜占庭时代小教堂的酒店并不多，不过这一家可以。22个升级过的客房外观是白色的，装修现代，有冰箱以及泡茶和咖啡的机器，浴室采用迷人的大理石装饰。你可以在酒店后方的露台上享用早餐，顺便可一览圣索菲亚大教堂的景色。

★ Sirkeci Mansion 酒店 $$

（见76页地图；📞0212-528 4344; www.sirkecimansion.com; Taya Hatun Sokak 5, Sirkeci; 标单 110~247欧元，双 149~247欧元，标三 199欧元，家 209~224欧元；➡️❄️📶✳️；🏠Gülhane）这家俯瞰古玉哈内公园的酒店深受宾客喜爱，客房干净到无可挑剔，面积适中且设施便利，有些带面朝公园的阳台。酒店里还有一家供应豪华早餐的餐厅、一座室内游泳池和一处公共浴室。此外，非常关注细节的工作人员，以及包括步行游览和下午茶在内的各种娱乐活动，也为这家酒店加分不少。

★ Hotel Empress Zoe 精品酒店 $$

（见74页地图；📞0212-518 2504; www.emzoe.com; Akbiyik Caddesi 10, Cankurtaran; 标单 60~90欧元，双 140~160欧元，标三 150欧元，套 180~300欧元；➡️❄️📶；🏠Sultanahmet）这家酒店是以一位脾气暴躁的拜占庭女皇的名字命名的，是城里最令人印象深刻的精品酒店之一。4座楼中有26个各异的房间，迷人的花园套房可以俯瞰一座15世纪的公共浴室和开满鲜花的美丽庭院。当天气温暖时，客人们还可以在庭院里享用早餐。到了晚上，你还可以在庭院里小酌几杯，或者去露台酒吧一边饮酒一边欣赏海景。

★ Hotel Amira 精品酒店 $$

（见76页地图；📞0212-516 1640; www.

❶ 住宿

这里的酒店很抢手,所以要尽量提前订房间,尤其是如果你在旺季(复活节至5月、9月至10月和圣诞节/新年)出游。近年来,伊斯坦布尔的游客数量大量增加,所以现在大多数酒店在定价时都会使用收益管理系统。也就是说,淡季时,价格会大幅下降(有时会高达5折),旺季会飞涨。所以我们列出的价格仅能作为参考——可能你看到的价格会很不一样。注意伊斯坦布尔的酒店大多以欧元定价,我们这里也以欧元列出。

hotelamira.com; Mustafapaşa Sokak 43, Küçük Ayasofya; 房间 129~159欧元; ❸❋@⛁)这家历史悠久的酒店有32个奥斯曼帝国风格的迷人房间。整日观光之后,这里可谓一个休闲的天堂,配有茶和咖啡、拖鞋、一个保险柜和大量瓶装水。周到的服务更添魅力,附设一座水疗,从屋顶露台能眺望到小圣索菲亚,下沉的休息室中还会提供附赠的下午茶。

标间和豪华套房的唯一区别在于面积,前者的浴室尤其小。

★ Hotel Ibrahim Pasha 精品酒店 $$

(见76页地图; ☏0212-518 0394; www. ibrahimpasha.com; Terzihane Sokak 7; 房间 标准/豪华套房 125/175欧元; ❸❋@⛁; 🚇Sultanahmet)这间典型的设计酒店的前台和24个房间里都堆满了文化类书籍,舒适的休闲室中有篝火,露台酒吧上能看到附近蓝色清真寺和竞技场。房间华丽,但有些很小,新开设区域里的房间和豪华套房的空间更大。

Hotel Alilass 设计酒店 $$

(见74页地图; ☏0212-516 8860; www.hotelalilass.com; Bayram Fırını Sokak 9, Cankurtaran; 标单 60~90欧元,双 70~100欧元; ❋⛁; 🚇Sultanahmet)这家超值的设计酒店有22个小但时髦的房间,装饰着低垂的吊灯和老伊斯坦布尔的黑白照片,浴室里有奥斯曼瓷砖和玻璃墙。便利设施包括大堂里的一个咖啡馆和屋顶露台,后花园里还有一个温室一般的早餐台。

Hotel Uyan 酒店 $$

(见74页地图; ☏0212-518 9255; www. uyanhotel.com; Utangaç Sokak 25, Cankurtaran; 房99~150欧元,家/套 180/200欧元; ℗❸❋@⛁; 🚇Sultanahmet)酒店雅致的装饰有些奥斯曼风格的味道,但古董家具、印花布和单色花卉寝具并不会显得太过刻意。房间很舒适,而且多数面积都不小——廉价单人间(60欧元)是例外,不过虽然面积小但也是可用的。早餐在楼顶或露台上供应,从那里能看到蓝色清真寺和海景。

Ottoman Hotel Imperial 酒店 $$

(见76页地图; ☏0212-513 6151; www. ottomanhotelimprial.com; Caferiye Sokak 6; 房间 100欧元起; ❋@⛁; 🚇Sultanahmet)这家四星级酒店地处托普卡帕宫的围墙之外,环境非常安静。宽大舒适的客房拥有很多便利设施,包括小冰箱和咖啡机,还装饰了各种奥斯曼风格的艺术品;尽量选择一间可以欣赏圣索菲亚大教堂景致的房间或位于后方附属建筑中的客房。旅馆虽没有屋顶露台,但却是大受欢迎的Matbah(见121页)餐厅的所在地。

Osman Han Hotel 酒店 $$

(见74页地图; ☏0212-458 7702; www. osmanhanhotel.com; Çetinkaya Sokak 1, Cankurtaran; 标单/双 160/170欧元,豪华套房 180/190欧元; ❸❋⛁; 🚇Sultanahmet)这家友好的小酒店的设施水平很高,房间有舒适的床铺、免费迷你吧、茶和咖啡设备以及卫星电视。标准间和豪华间的区别在于面积,前者的浴室很狭窄。一楼的房间(标单/双 130/140欧元)就在前台旁。

周末价格为每间房贵10欧元。

Dersaadet Hotel 酒店 $$

(见76页地图; ☏0212-458 0760; www. hoteldersaadet.com; Kapıağası Sokak 5, Küçük Ayasofya; 标单 70欧元起,双 84~152欧元,套 180~200欧元; ❸❋@⛁; 🚇Sultanahmet)Dersaadet是土耳其语,意思是"快乐之地",客人在这个经营良好的地方一定会感到快乐的。酒店采用奥斯曼时代风格装潢,到处都能看到马尔马拉海。它位于一座修复过的宅邸中,17个舒适的房间里包括一个豪华的顶楼套房。便利设施包括一座电梯和一座能饱览风光的露台。

Arcadia Blue Hotel 酒店 $$

（见76页地图；☏0212-516 9696；www.hotelarcadiablue.com；İmran Öktem Caddesi 1, Bindirbirek；房间 经济型/标准型/海景房/豪华套房 63/108/129/171欧元起；🅿❄❉@🛜；🚇Sultanahmet）这座现代化酒店的露台餐厅兼酒吧可以欣赏到圣索菲亚大教堂、蓝色清真寺、博斯普鲁斯海峡和马尔马拉海的风景，一楼的咖啡馆提供下午茶。酒店还有一个公共浴室和一间健身房。房间极为舒适，所有房间面积都很大，海景房值得多付一点钱。

Emine Sultan Hotel & Suites 精品酒店 $$

（见76页地图；☏0212-458 4666；www.eminesultanhotel.com；Kapıağası Sokak 6, Cankurtaran；标单 55~115欧元，双 60~125欧元，标三/四 145/160欧元；🅿❄❉@🛜；🚇Sultanahmet）这座木头高楼的5楼和6楼有带顶棚和开放的露台，10个稍显俗套的小房间采用漂亮的奶油色和粉色装潢，有些能看到海景。

Sarı Konak Hotel 精品酒店 $$

（见74页地图；☏0212-638 6258；www.istanbulhotelsarikonak.com；Mimar Mehmet Ağa Caddesi 26, Cankurtaran；房间 104~134欧元，标三/家/套 154/234/234欧元；🅿❄❉@🛜；🚇Sultanahmet）这里的客人可以在屋顶露台上一边放松、一边欣赏马尔马拉海和蓝色清真寺的美景，楼下舒适的休息室和庭院也是休憩的好去处。楼上简洁的标间采用奥斯曼元素和老伊斯坦布尔的印花布装饰，同样令人印象深刻。

Four Seasons Istanbul at Sultanahmet 酒店 $$$

（见74页地图；☏0212-402 3000；www.fourseasons.com/istanbul；Tevkifhane Sokak 1, Cankurtaran；房间 400欧元起；🅿❄❉@🛜；🚇Sultanahmet）这家豪华酒店位置便利，靠近圣索菲亚和蓝色清真寺，屋顶的酒吧餐厅不仅能看到这两座建筑，还能看到博斯普鲁斯海峡。便利设施包括一个水疗馆和绿意盎然的内庭里的一间出色的餐厅。入门级别的高级房间都很宁静，装饰着土耳其原创艺术作品和手工编织的基里姆地毯（无纺机织地毯）。

🏷 贝伊奥卢

★ Louis Appartements 酒店 $

（见98页地图；☏0212-293 4052；www.louis.com.tr/galata；İlk Belediye Caddesi 10, Şişhane；双/套 90/200欧元；➖❄@🛜；🚇Şişhane, 🚋Tünel）这家酒店靠近加拉塔塔，维护精心，价格低廉，提供12个套房和房间，是绝佳之选。所有房间都有一张大床，TV/DVD播放器，熨烫工具，配备厨具的小厨房，还有一台浓缩咖啡机；装潢低调却讨人喜欢。员工乐于助人。可选早餐每人9欧元。

Rapunzel Hostel 青年旅舍 $

（见98页地图；☏0212-292 5034；www.rapunzelistanbul.com；Bereketzade Camii Sokak 3, Galata；铺 14~24欧元，标单 35欧元，标双 40~70欧元；❄@🛜；🚇Şişhane, 🚋Tünel）这家靠近加拉塔塔的私密青年旅舍是经济型预算游客的上佳选择，员工知识渊博，友好热情。宿舍和房间虽小，但都有空调、干净的独立浴室、阅读灯和幻灯片；混合宿舍和女性宿舍里都有储物箱；还有一个舒适的电视房，屋顶露台能看到历史半岛。

World House Hostel 青年旅舍 $

（见98页地图；☏0212-293 5520；www.worldhouseistanbul.com；Galipdede Caddesi 85, Galata；铺 9~22欧元，双 36~68欧元，标三 48~78欧元；@🛜；🚇Şişhane, 🚋Tünel）这家历史悠久且很受欢迎的青年旅舍隐藏在Latife Cafe背后，既靠近贝伊奥卢的娱乐区，离苏丹艾哈迈德的各大景点也不远。非标准化的旅舍中配备双层玻璃窗和一个内部餐馆（提供现成的食物；午餐10里拉）。所有宿舍都是混合型（最好的在房子前部），浴室干净（每9张床位共用一个淋浴间/厕所）。

★ Casa di Bava 酒店 $$

（见98页地图；☏0538-377 3877；www.casadibavaistanbul.com；Bostanbaşı Caddesi 28, Çukurcuma；经济型套房 140欧元，1床公寓 180欧元，2床顶楼套房 320欧元；➖❄🛜❉；🚇Taksim）这家新近才开始营业的套房酒店的

2卧顶楼公寓绝对令人印象深刻,19世纪80年代建筑中的11个独卧公寓也让人难忘。所有房间装潢都很时尚,而且打理得很好,有原创艺术作品、全套的厨房用具和洗衣机。地下室套房稍小,价格也更便宜;全都提供每日打扫服务。客房早餐每人6欧元。

★ Karaköy Rooms　　　精品酒店 $$

(见98页地图;☏0212-252 5422; http://karakoyrooms.com; Galata Şarap İskelesi Sokak 10, Karaköy;标准房间 80~130欧元,公寓式套房 130~200欧元; ❄@☎; ⓜKaraköy)这家华丽的酒店占据着城里最受欢迎餐厅之一的楼上5层,只有12个房间,建议提前预订。双人间和豪华间宽敞舒适,配备齐全,而且提供超值服务。更贵一些的公寓式套房很宽敞,有配置齐全的小厨房。整体装潢都超级时尚,早餐奢华美味(在餐厅提供)。

★ TomTom Suites　　　精品酒店 $$

(见98页地图;☏0212-292 4949; www.tomtomsuites.com; Tomtom Kaptan Sokak 18, Tophane;标准套房 150~170欧元,豪华套房 170~325欧元; ❄@☎; ⓜTophane)这家酒店位于紧邻独立大街的一座从前的圣方济各修会的女修道院中,我们强烈推荐这里。其当代风格的装潢朴实高雅,服务水准很高,套房宽敞,而且打理得很精心。美味丰盛的早餐在屋顶露台餐厅提供,那里能看到全景风光。可惜的是,晚餐相对来说没那么好。

★ Witt Istanbul Hotel　　精品酒店 $$

(见98页地图;☏0212-293 1500; www.wittistanbul.com; Defterdar Yokuşu 26, Cihangir;双套 125~285欧元,露台套房 195~450欧元; ❄@☎; ⓜTaksim, ⓜTophane)这家位于Cihangir时尚郊区的时尚套房酒店就如同任意一期的Monocle杂志那样,展示了诸多设计特色。酒店拥有宽敞的套房,并全部配备了客厅、CD/DVD播放器、浓缩咖啡机、超大床和时髦的浴室。大多数房间有厨房,有些带有全景露台(屋顶还有一个公共露台)。酒店距离托普哈内(Tophane)电车站很近,但要爬一个陡坡。

Marmara Pera　　　　　酒店 $$

(见98页地图;☏0212-251 4646; www.themarmarahotels.com; Meşrutiyet Caddesi 1, Tepebaşı;房/家/套 120/240/300欧元; ❄❄@☎; ⓜŞişhane, ⓜTünel)贝伊奥卢主要娱乐区中心的绝佳位置让这栋高层现代酒店成为住宿者们的上佳选择。酒店的附加设施包括一个康乐中心、一个不大的室内游泳池、一个真正的豪华早餐自助餐厅(每人15欧元)以及时髦的Mikla屋顶酒吧兼餐厅(见130页)。海景房大约要贵30%。

Bankerhan Hotel　　　精品酒店 $$

(见98页地图;☏0212-243 5617; www.bankerhan.com; Banker Sokağı 2, Galata;标单/双 79/99欧元,标双 120欧元,大床和复式 120~129欧元; ❄@☎; ⓜKaraköy)这家新近开业的酒店难以置信地将经济型和精品酒店融合在一起,地址位于加拉塔和卡拉廓伊边缘,所以可以正当地宣称属于两个区域。店主收藏的著名当代艺术作品装点着整座建筑。36个房间时髦舒适,最便宜的房间很狭窄——如果可能,请选择稍好的房间。

Vault Karaköy　　　精品酒店 $$

(见98页地图;☏0212-244 6434; www.thehousehotel.com; Bankalar Caddesi 5, Karaköy;标单 109~209欧元,双 134~234欧元,套 159~959欧元; ❄@☎; ⓜŞişhane, ⓜKaraköy)这家伊斯坦布尔House Hotel集团的旗舰产业时髦地将传统和现代奇妙地融合在一起。它占据着一座拥有若干拱顶(vault;名字也由此而来)的宏大的银行大楼,配套设施包括一个健身房、公共浴室、大堂酒吧兼餐厅和屋顶休息室。房间宽敞,配置齐全(如果可能,请选择豪华套房,因为经典房和高级房稍稍有些挤)。

Istanbul Place Apartments　　公寓 $$

(☏0506 449 3393; http://istanbulplace.com;公寓1床80~121欧元,2床109~230欧元,3床115~270欧元; ❄❄)这家公寓出租公司由一对分别来自英国和土耳其夫妇经营,有9套打理得很好且陈设漂亮的公寓,就位于加拉塔和塔克西姆对面的古老建筑群中。

Hamamhane　　　精品酒店 $$

(见98页地图;☏0212-293 4963; www.hammamhane.com; Çukurcuma Caddesi 45,

Çukurcuma；公寓式套房110欧元，家庭房和套房140欧元；❀❀@🛜；🛎Tophane）Hamamhane是贝伊奥卢少数保留了原本社区氛围的飞地之一，所以是城市短居的绝佳选择。宽敞的公寓式套房价格便宜，每一间都配有全套厨具和洗衣机/烘干机。装潢为宜家风格，一楼有非常讨人喜欢的用餐室和露台。

值得注意的是，店主还计划修复并开放旁边的公共浴室。届时，建设噪声和灰尘可能会是个问题。

★ Pera Palace Hotel 历史酒店 $$$

（见98页地图；☎0212-377 4000；www.perapalace.com；Meşrutiyet Caddesi 52，Tepebaşı；房间150~325欧元，套330~550欧元；P❀❀@🛜🏊；🛎Şişhane）这座著名酒店在2010年斥资2300万欧元进行了一次修复，结果相当棒。房间豪华，而且极为舒适，便利设施包括一家氛围良好的酒吧和休息室（后者经常因为私人原因关闭）、水疗、健身房和餐厅。最让人印象深刻的是这里的服务既友好又高效。早餐25欧元。

🍴 就餐

🍴 苏丹艾哈迈德及周边

苏丹艾哈迈德环境好，视野开阔，饭食却经常让人失望。即便如此，我们吃遍了整个街区，幸运地发现了几处宝地。

如果午餐时你在锡尔凯吉（Sirkeci）街区，和当地人一起去Hocapaşa Sokak吧，这条步行街两边有便宜的餐馆。这里的熟食餐馆提供现成食物（hazır yemek），肉夹店有香气四溢的肉夹，烤肉店可现点烤肉，比萨店提供新鲜出炉的土耳其风味比萨。更多锡尔凯吉就餐信息，可查询http://sirkecirestaurants.com。

Küçük Ayasofya街区是另一个能找到更地道和便宜餐馆的好去处。

Sefa Restaurant 土耳其菜 $

（见76页地图；☎0212-520 0670；www.sefarestaurant.com.tr；Nuruosmaniye Caddesi 11，Cağaloğlu；每份菜8~14里拉，土耳其烤串20里拉；⏰7:00~17:00；🍴；🛎Sultanahmet）这家受欢迎的餐厅自称以土耳其菜肴为主，但实际提供的是现成菜品和以及土耳其烤串，价格公道。你可以用英语菜单点菜，不过，忙碌时更容易的做法是从双层蒸锅中直接挑选当天的特色菜。中午就餐时尽量早点来，因为13:30时，很多菜肴就卖完了。不能饮酒。

Erol Lokantası 土耳其菜 $

（见76页地图；☎0212-511 0322；Çatal Çeşme Sokak 3，Cağaloğlu；每份菜5.50~15.50里拉；⏰周一至周六11:00~21:00；🍴；🛎Sultanahmet）作为苏丹艾哈迈德的最后一批lokantas（提供现成菜品的餐馆）之一，这里的室内装潢无甚可取之处，但它温暖的服务和食物则令人刮目相看。放置在双层蒸锅中的菜肴都是Erol家庭成员每天用新鲜的应季食材烹饪的，这个家庭经营这间餐馆已经有几十年了。

Çiğdem Pastanesi 咖啡馆 $

（见76页地图；Divan Yolu Caddesi 62a；点心1.50~7.50里拉，蛋糕3~10里拉；⏰7:30~23:30；🛎Sultanahmet）Çiğdem位于圣索菲亚广场和大巴扎之间的主街上，地理位置极好。自1961年开张以来，它就一直在用橱窗里让人直流口水的法式糕点和酥皮点心诱惑当地人。不如进去喝杯茶（2.50里拉）或咖啡（白咖啡7.50里拉），再配上填馅点心（börek）、果仁蜜饼或tavuk göğsü（用牛奶、大米和碎鸡胸肉制作的一种甜点）。

Karadeniz Aile Pide ve Kebap Salonu 土耳其比萨、烤肉 $

（见76页地图；☎0212-522 9191；www.karadenizpide.net；Hacı Tahsinbey Sokak 7，紧邻Divan Yolu Caddesi；比萨16~24里拉，烤肉18~32里拉；⏰11:00~22:00；🛎Sultanahmet）这家原创黑海风味比萨店于1985年在这片飞地开业，提供美味的比萨和烤肉，很受当地人欢迎。你可以在注重实用性的内部找个桌子（女性一般在楼上就坐），或者在巷子里找位。不能饮酒。

店面在街角。一定不要把这里同附近的店弄混，那些店厚脸皮地抄了名字，但口味完全无法与这里相提并论。

Tarihi Sultanahmet Köftecisi Selim Usta 肉丸店 $

（见76页地图；☎0212-520 0566；www.

sultanahmetkoftesi.com; Divan Yolu Caddesi 12; 肉丸 16里拉, 豆子 7里拉, 汤 5里拉; ⏱11:00~22:00; 🚇Sultanahmet)不要和附近的Meşhur Sultanahmet Köftecisi弄混, 这家店毫无虚饰, 靠近苏丹艾哈迈德有轨电车车站, 是旧城最出名的餐馆。从1920年就开始向当地食客供应稍稍有些韧劲的烤肉丸(ızgara köfte)和豆子沙拉, 顾客至今没有流失的迹象——门外往往大排长龙。

Sedef İskender   土耳其烤串 $

(见76页地图; ☎0212-516 2420; www.sedefdoner.com; Divan Yolu Caddesi 21b; 旋转烤肉 13里拉起; ⏱11:00~22:00; 🚇Sultanahmet)当地人打赌说这里的旋转烤肉(döner kebap, 叉烤羊羔肉片)是全苏丹艾哈迈德最好的, 所以大厨忙着用他巨大的刀将牛羊肉或鸡肉切成薄片来招待他们。在刚做出的面包(yarım ekmek)里夹一份肉, 就是一份出色的午餐, 但当天晚些时候可能会不太新鲜。你可以在后面的咖啡馆吃, 或者外带(paket)更便宜。

Gülhane Kandil Tesisleri   土耳其菜 $

(见76页地图; ☎0212-444 6644; www.beltur.istanbul; Gülhane Park; 三明治 6.50~16.50里拉, 全天早餐拼盘 22里拉, 主菜 19里拉; ⏱11:00~22:00; 🚇Gülhane)这个可爱的地方就在古玉哈内公园古老的城墙中, 春天, 大量盛开的风信子的香气会飘到这座户外花园咖啡馆来。天气好的时候, 你可以过来吃早餐、午间简餐, 或者喝杯咖啡休息一下(土耳其咖啡 5里拉, 茶2.50里拉)。

★Deraliye   奥斯曼风味 $$$

(见76页地图; ☎0212-520 7778; www.deraliyerestaurant.com; Ticarethane Sokak 10; 主菜 34~64里拉; ⏱11:00~22:00; 🚇Sultanahmet)先来一杯刺激味蕾的石榴花汁, 在这里, 你可以品尝一下曾经出现在伟大的奥斯曼宫殿的奢华菜肴。菜单上提供了每道菜的秘史, 你可以点一份曾献给苏莱曼大帝的烤鹅, 或者穆罕默德二世最爱的炖羊肉, 以满足你宫廷晚宴的幻想。

★Cooking Alaturka   土耳其菜 $$$

(见74页地图; ☎0212-458 5919; www.cookingalaturka.com; Akbıyık Caddesi 72a,

Cankurtaran; 午餐或晚餐套餐 65里拉; ⏱午餐 13:00~15:00, 晚餐 19:00~21:00 周一至周六需预约; 🚇Sultanahmet)这家烹饪学校兼餐厅是苏丹艾哈迈德区域最佳用餐体验地之一, 提供4道或5道菜的土耳其家常菜肴、安纳托利亚特色菜和奥斯曼经典菜套餐。推荐品尝菜肴, 如imam bayıldı(意思是"伊玛目晕倒了", 橄榄油慢烹茄子、洋葱、番茄和胡椒), 配一杯当地葡萄酒, 是体验地道土耳其美食的绝佳方式。

★Balıkçı Sabahattin   海鲜 $$$

(见74页地图; ☎0212-458 1824; www.balikcisabahattin.com; Seyit Hasan Koyu Sokak 1, Cankurtaran; 开胃菜 10~40里拉, 鱼 40~60里拉; ⏱11:00~22:00; 🚇Sultanahmet)长久以来, 这里一直是远近有眼光的土耳其人的最爱, 他们喜欢限量供应的开胃菜和海鲜, 包括红鲣(red mullet)和舌鳎鱼(sole)。这里是苏丹艾哈迈德最有声誉的餐厅, 食物也是最佳的, 不过服务却差强人意。你可以在花园(分为吸烟区和禁烟区两个部分)茂盛的树冠下享受美食。

Matbah   奥斯曼风味 $$$

(见76页地图; ☎0212-514 6151; www.matbahrestaurant.com; Ottoman Hotel Imperial, Caferiye Sokak 6/1; 开胃菜 15~23里拉, 主菜 29~61里拉; ⏱正午至22:30; 🚇Sultanahmet)伊斯坦布尔的餐厅数量越来越多, Matbah便是其中之一, 擅长烹任所谓的"奥斯曼宫廷菜"——这里的菜肴最先创制于13世纪至19世纪君士坦丁堡的御膳房里。菜单随季节改变, 并包含一些不常见的食材, 如鹅、鹌鹑、柑橘和糖浆。可尝试水手的前菜卷(用生面卷七片奶酪, 炸制, 然后淋上蜂蜜)。

巴扎区

★Develi Baklava   甜点 $

(见90页地图; ☎0212-512 1261; Hasırcılar Caddesi 89, Eminönü; 每份 10~12里拉; ⏱周一至周六 7:00~19:00; 🚇Eminönü)就像土耳其的很多事情一样, 吃果仁蜜饼也有相应的仪式。爱好者们不使用刀叉, 相反地, 他们用食指和大拇指将果仁蜜饼上下颠倒, 然后再扔进自己嘴里。你可以到这家靠近香料巴扎的著名商店里来效仿他们，这可是伊斯坦布尔最好的果仁蜜饼店之一。

★ Fatih Damak Pide　　　　土耳其比萨 $

（见68页地图；☎0212-521 5057；www.fatihdamakpide.com；Büyük Karaman Caddesi 48, Fatih；土耳其比萨 17~25里拉；⏱7:00~23:00；ⓂVezneciler）多走点路来这家俯瞰着瓦伦斯水道桥（Aqueduct of Valens）附近的法蒂赫消防公园（Fatih İtfaiye Park）的餐馆用餐，肯定会让你觉得不虚此行。这里制作的黑海风味比萨在历史半岛地区名声在外，随餐附送免费茶水的做法让人感觉很不错（第一壶免费，随后的收费）。

★ Bereket Döner　　　　土耳其烤串 $

（见90页地图；Hacı Kadın Caddesi和Tavanlı Çeşme Sokak交叉路口, Küçük Pazar；旋转烤肉三明治 3.50里拉起；⏱周一至周六 11:00~20:00；ⓂHaliç）这个当地小餐馆在艾米诺努和Atatürk Bulvarı之间，位于破败的小巴扎（Küçük Pazar）商业街上，供应巴扎区（也许甚至是全城）最好的肉夹馍。绝对值得专门前来。

Gaziantep Burç Ocakbaşı　　　土耳其烤串 $

（见136页地图；Parçacılar Sokak 12, 紧邻Yağlıkçılar Caddesi, Grand Bazaar；土耳其烤串 15~20里拉；⏱周一至周六 正午至16:00；ⓂBeyazıt-Kapalı Çarşı）这家简约餐馆的大厨（usta）操持着一个木碳烤架，将每种肉都烤得恰到好处。你可以找个凳子，或者点一份面包卷肉（dürüm）带走。我们特别推荐香辣的Adana kebap烤串和美味的dolması（在茄子和红辣椒里填上米饭和香草馅料）。

Dönerci Şahin Usta　　　　土耳其烤串 $

（见136页地图；☎0212-526 5297；www.donercisahinusta.com；Kılıççlar Sokak 9, Nuruosmaniye；旋转烤肉 9里拉起；⏱周一至周六 11:00~15:00；ⓂÇemberlitaş）土耳其人对待家庭、足球和食物很认真。说到食物，很少有菜肴能和简单的旋转烤肉一样得到如此广泛的品尝和点评。在大巴扎问问任何一位店主附近谁家的旋转烤肉做得最好，你很可能得到同一个答案："当然是Şahin Usta。"这里只接受外带。

Pak Pide & Pizza Salonu　　　土耳其比萨 $

（见90页地图；☎0212-513 7664；Paşa Camii Sokak 16, Mercan；土耳其比萨 9~14里拉；⏱周一至周六 11:00~15:00；ⓂEminönü）寻找这家土耳其比萨餐馆（pideçisi）的过程本身就是一场探险，因为它隐藏在Büyük Valide Han后面狭窄而陡峭的小巷里，但当你吃到刚从烤炉里端出来的无与伦比的土耳其比萨时，就会觉得一切努力都是值得的。

Dürümcü Raif Usta　　　　土耳其烤串 $

（见90页地图；☎0212-528 4910；Küçük Yıldız Han Sokak 6, Mahmutpaşa；dürüm旋转烤肉 10~12里拉；⏱周一至周六 11:30~18:00；ⓂÇemberlitaş）聚集在大厨身旁协助他的繁忙员工佐证了这里特色菜的优良品质和受喜爱的程度。阿达纳（Adana）烤肉或乌尔法（Urfa）烤肉搭配生洋葱和芹菜，夹在lavaş面包里吃。注意：阿达纳是辣味的，乌尔法不辣。

Meşhur Dönerci Hacı
Osman'ın Yeri　　　　土耳其烤串 $

（见90页地图；Fuat Paşa Caddesi 16, Mercan；旋转烤肉 4.5里拉起；⏱周一至周六 11:00~17:00；ⓂBeyazıt-kapalı Çarşı）这个肉夹馍小摊占据着Mercan Caddesi街角Ali Paşa Camii外面的一座雅致的喷泉，极受附近的店主、顾客和伊斯坦布尔大学学生们的青睐。

Bena Dondurmaları　　　甜点、冰激凌 $

（见90页地图；☎0212-520 5440；Gazı Atik Ali Paşa Camii 12b, Çemberlitaş；冰激凌每勺 1里拉，甜点 3~5里拉；⏱周一至周六 10:00~18:00；ⓂÇemberlitaş）这家小小的土耳其冰激凌（dondurma）店位于Çemberlitaş电车站附近Atik Ali Paşa Camii的庭院内，每到下午总会排起长队。虽然土耳其冰激凌是这里的主要卖点，但是我们倾向于选择大米布丁（fırın sütlaç）或美味的trileçe（奶油浸海绵蛋糕，在顶上浇焦糖）。

Eminönü Balık Ekmek
(Fish Sandwich) Boats　　　海鲜 $

（见90页地图；鱼三明治 8里拉；⏱8:00~22:00；ⓂEminönü）来这里品尝城市里最受欢迎的街头食物，可搭配泡菜（tursucusu；

2里拉),或者从旁边小摊上买一瓶酸萝卜汁(salgam;2里拉)。

Sur Ocakbaşı 土耳其烤串 $$

(见68页地图;📞0212-533 8088;www.surocakbasi.com;İtfaiye Caddesi 27, Fatih;土耳其烤串 15~30里拉;⏰11:00至次日1:00;🚇Vezneciler)这家极受欢迎的本地餐馆位于妇女市场(Women's Bazaar),供应的烤串总是引得食客如潮。餐馆所处的广场上挤满了购物和闲聊的当地人,而在安东尼·波登(Anthony Bourdain)在此拍摄《美味情缘》(*No Reservations*)并报道了这家餐馆之前,很少会有游客出现在这里。

这里提供了大量选择,考虑一下Sur烤肉拼盘(30里拉)、içli köfte(炸干小麦裹的羔羊肉和洋葱肉丸;4里拉)、çiğ köfte(肉末配香料生吃;10里拉)和lahmacun(肉馅薄比萨;5里拉)。这里没有酒,不过有自制的酸奶饮品(ayran)。

Hamdi Restaurant 土耳其烤串 $$

(见90页地图;📞0212-444 6463;www.hamdirestorant.com.tr;Kalçın Sokak 11, Eminönü;开胃菜 11.50~26里拉,烤肉 28~50里拉;⏰正午至午夜;🅿️❄️📶;🚇Eminönü)这家烤肉店是城里最受欢迎的餐厅之一,靠近香料巴扎,店主Hamdi Arpacı从20世纪60年代做路边摊起家。他制作的美味乌尔法烤肉太受欢迎,很快就从不起眼的路边摊搬进了这座建筑,从顶楼的露台上能看见旧城、金角湾和加拉塔的风景。

食物很棒,可尝试yoğurtlu şakşuka(酸奶开胃菜,配炸茄子、胡椒和土豆)、içli köfte(肉丸裹干小麦)和lahmacun(薄皮肉馅比萨),之后再任意来一种烤肉,你会满意而归;如果再来一份自制果仁蜜饼、katmer(薄片糕点,填着开心果和浓缩奶油)或künefe[多层kadayif(糖浆浸生面团,盖一层浓缩奶酪)用甜奶酪黏合,浸入糖浆,加少许开心果,趁热上桌],你会吃得很撑。这种好地方总是很繁忙,所以一定要预约,别忘记要屋顶观光餐桌(天热可以坐在外面)。

一个小建议:员工工作辛苦,而且被明确规定,要尽快翻桌,所以不要指望有太多的个人服务,几道菜之间的间隔时间很短,做好准备。

贝伊奥卢Radisson Blu Hotel的屋顶露台上还有一家分店。

🍴 西区

Vodina Caddesi街区有许多时髦的咖啡馆、出色的餐厅、社区烘焙店和面向当地人的超市。

★ Asitane 奥斯曼风味 $$$

(见68页地图;📞0212-635 7997;www.asitanerestaurant.com;Kariye Oteli, Kariye Camii Sokak 6, Edirnekapı;前菜 18~28里拉,主菜 58里拉;⏰正午至22:30;🅿️;🚌从Eminönü乘28路,从Taksim乘87路,🚇Ayvansaray)这家位于卡里耶博物馆隔壁的高雅餐厅专门烹饪来自托普卡帕宫、埃迪尔内和多玛巴赫切宫御膳房的宫廷菜式。餐厅的大厨们多年以来一直在潜心研究奥斯曼时期的古老菜谱,这里的各色美食连最具现代口味的美食家们(包括素食主义者)也无法拒绝。

🍴 贝伊奥卢及周边

★ Hayvore 熟食餐馆 $

(见98页地图;📞0212-245 7501;www.hayvore.com;Turnacıbaşı Sokak 4, Galatasaray;汤 6~10里拉,土耳其比萨 16~23里拉,一份熟食 10~20里拉;⏰11:30~23:00;❄️📶;🚇Taksim)现在的贝伊奥卢出名的lokantas(提供现成食物的传统餐馆)很少,而且彼此相隔很远。所以,加拉塔萨雷中学(Galatasaray Lycée)旁边这家热闹的店面让人由衷地感激。店内擅长黑海菜肴,美味的绿叶蔬菜、肉菜烩饭、鲜凤尾鱼(hamsi)、汤和比萨最好在中午享用,建议早点去找个桌子。

★ Karaköy Güllüoğlu 甜品、千层饼 $

(见98页地图;📞0212-293 0910;www.karakoygulluoglu.com;Katlı Otopark, Kemankeş Caddesi, Karaköy;一份果仁蜜饼 8~17里拉,一份千层饼 7.50~8里拉;⏰周日至周四 7:00~23:00,周五和周六 8:00~23:30;📶;🚇Karaköy)这家很受欢迎的果仁蜜饼店开办于1949年,是19世纪20年代在加济安泰普成立的品牌在伊斯坦布尔开办的第一家分店。因为经营家族的不和,城里其他地方也开办了分店,但这家还是

最好的。不管吸引你视线的是什么,都先要去登记处点餐,然后将票交给柜台。

最受欢迎的蜜饼口味是开心果(fıstıklı)和核桃(cevzli),许多常客还会点一份浓缩奶油(kaymak),一杯茶可帮助去腻。注意:这里的馅点(börek)也很棒。

Savoy Pastanesi 咖啡馆 $

(见98页地图;📞0212-249 1818;www.savoypastanesi.com;Sıraselviler Caddesi 91a, Cihangir;千层饼7里拉,千层糕7.50里拉;⊙周一至周六 7:00~23:00;🛜🍴;🚇Taksim)伊斯坦布尔有许多标志性的老字号,这里毫无疑问就是其中之一。这家店建于1950年,位于从塔克西姆广场下山途中,以其美味的蛋糕(尤其是奶油千层糕)、牛奶布丁、饼干和千层饼而闻名。顾客可坐在楼上或街边露台上。

Mavra 咖啡馆 $

(见98页地图;📞0212-252 7488;Serdar-ı Ekrem Caddesi 31, Galata;早餐16~32里拉,三明治12~24里拉,意大利面18~22里拉;⊙9:30至次日1:00;🛜🍴;🚇Şişhane, 🚇Tünel)Serdar-ı Ekrem Caddesi是加拉塔最有趣的街道之一,这里都是精美的19世纪的公寓群和先锋艺术精品店。Mayra是这片地区开办的第一家咖啡馆,现在依然是最好的,提供简餐和饮品,装潢简约休闲。

Helvetia Lokanta 土耳其菜 $

(见98页地图;📞0212-245 8780; General Yazgan Sokak 8a, Tünel;拼盘12.50~15里拉;⊙周一至周六 正午至22:00;🍴;🚇Şişhane, 🚇Tünel)这家小lokanta的开放式厨房深受当地人的欢迎,他们很喜欢来这里享用当日烹制的素食者友好型食物。你可以选择家常菜肴做拼盘,在休闲的用餐空间享用。不能饮酒,只收现金。

★ Antiochia 安纳托利亚东南部菜 $$

(见98页地图;📞0212-244 0820;www.antiochiaconcept.com; General Yazgan Sokak 3, Tünel;开胃菜和沙拉13~18里拉,比萨21~22里拉,烤肉24~52里拉;⊙周一至周六 正午至午夜;❄🛜🍴;🚇Tünel)这家餐厅的特色是土耳其东南部城市安锡基亚(Antakya)的美食。冷盘开胃菜有橄榄和野生香草,热菜有美味的içli köfte(羔羊肉末和洋葱裹于小麦)和özel peyniri(辣味炸奶酪)。这里的烤串同样风味十足,建议尝试一下鲜嫩多汁的烤羊羔肉。套餐非常超值,午间可享受8折,届时主打比萨。

★ Karaköy Lokantası 土耳其菜 $$

(见98页地图;📞0212-292 4455;www.karakoylokantasi.com; Kemankeş Caddesi 37a, Karaköy;开胃菜10~24里拉,午餐 一份菜肴13~25里拉,主菜28~55里拉;⊙周一至周六 午至16:00和18:00至午夜,周日18:00至午夜;❄🛜;🚇Karaköy)Karaköy Lokantası以华丽的瓷砖内饰、和蔼可亲的店主和热闹的店内氛围著称,其美味又实惠的美食培养出了众多本地老主顾。这里白天是餐馆,晚上就成了小酒馆,价格稍高一些。晚饭来此就餐绝对需要预订。

★ Zübeyir Ocakbaşı 土耳其烤串 $$

(见98页地图;📞0212-293 3951; Bekar Sokak 28;开胃菜10里拉,土耳其烤串28~38里拉;⊙正午至午夜;❄🛜;🚇Taksim)每天清晨,这家广受欢迎的烧烤店(ocakbaşı)的厨师们

伟大的希南

今天没有任何一位明星建筑师对一个城市的影响力,能与米马尔·希南在50年职业生涯中对君士坦丁堡的影响相提并论。

生于1497年的希南通过"血盟"(Devşirme)制度——奥斯曼帝国军队(janizaries)一年一度的年轻基督徒招募活动——应征入伍。随后,他成为一名穆斯林(所有入伍新兵必须如此),并最终在军队中担任了军事工程师一职。苏莱曼大帝在1538年任命他为帝国首席建筑师。

希南一生总共设计了321座建筑,其中的85座现在依然矗立在伊斯坦布尔。他于1588年去世,埋葬在苏莱曼清真寺一个角落中他亲自设计的坟墓(türbe)里,这座清真寺也被许多人认为是他最伟大的作品。

就开始准备最上等的鲜肉——辣鸡翅、阿达纳烤串、风味肋排、辣肝烤串以及卤汁羔羊肉烤串——等到晚上，这些肉类会被放在漂亮的铜制烤炉中炙烤。由于名声太过响亮，来此就餐绝对需要预订。

Hamdi Restaurant Pera 土耳其烤串 $$

（见98页地图，☎0212-377 2500；http://hamdi.com.tr/en/pera；Radisson Blu Hotel, Refik Saydam Caddesi 19, Tepebaşı；开胃菜11.50~26里拉，土耳其烤串28~50里拉；※🖥⚙；MŞişhane，ⓂTünel）贝伊奥卢新开的这家时髦餐厅是很受欢迎的艾米诺发餐厅的分店，有一个露台，能饱览金角湾的风景。

Dandin 咖啡馆 $$

（见98页地图；☎0212-245 3369；www.dandin.co；Kılıçalipaşa Mescidi Sokak 17a, Karaköy；三明治21~26里拉，蛋糕8~15里拉；⏱周日至周四10:00~23:00，周五和周六至午夜；※🖥⚙；ⓂTophane）一排排令人垂涎的蛋糕、糕点和小吃是这家咖啡馆的主打，开胃菜肴，包括比萨和三明治，都是值得信赖的选项。复式建筑般的白色空间中装饰着悬挂式的黄铜灯和巨大的瓷砖柜台，环境讨人喜欢，你可以在那里先享用鲜榨果汁、美味浓缩咖啡或香草茶。

Çukurcuma 49 比萨 $$

（见98页地图；☎0212-249 0048；Turnacıbaşı Caddesi 49, Çukurcuma；比萨18~40里拉；⏱10:30~22:30；※🖥⚙；ⓂTaksim）这家比萨店是街区居民的最爱，嬉皮氛围，柔和的爵士乐和意大利风味的比萨都很卖座。我们喜欢这里便宜的"疯狂的自酿葡萄酒"（采用爱琴海岛屿博兹贾阿达上的Yunatçılar酒庄产品制作的一款非常可口的红酒），也喜欢百里香、马苏里拉奶酪和pastırma（香料保存的压缩牛肉）口味的比萨。

可登录Facebook查看对于每周现场爵士演奏会的评价。

Karaköy Gümrük 新派土耳其菜 $$

（见98页地图；☎0212-244 2252；http://karakoygumruk.com.tr；Gümrük Sokak 4, Karaköy；小吃和小拼盘22~45里拉，主菜23~52里拉；⏱周一至周六10:00至午夜；※🖥）ⓂKaraköy）这家店是休闲时尚餐厅的范本，在伊斯坦布尔已经热门了一些年，菜单每天根据市场新产品而更换。菜看一般都是巧妙地改良自土耳其的传统街头食物——想想摆盘精美的肉菜烩饭、美味的内脏菜肴、可口的鱼肉三明治（balık ekmek）。

Journey 咖啡馆 $$

（见98页地图，☎0212-244 8989；www.journeycihangir.com；Akarsu Yokuşu 21a, Cihangir；三明治19~22里拉，沙拉19~24里拉，主菜18~44里拉；⏱周二至周日9:00至次日2:00，周一至次日1:00；🖥⚙🗺；ⓂTaksim）这家休闲咖啡馆位于Cihangir外围，供应很多地中海式美食，包括三明治、汤类、比萨和意大利面。有些食物使用有机食材烹饪，素食者、严格素食主义者和无麸质饮食的人也可以找到适合自己的食物。当地人喜欢在前面的沙发上吃早餐，然后一直待到打烊。

Sofyalı 9 餐厅、酒吧 $$

（见98页地图；☎0212-252 3810；www.sofyali.com.tr；Sofyalı Sokak 9, Asmalımescit；开胃菜5.50~26里拉，主菜26~52里拉；⏱周日至周四13:00至午夜，周五和周六至次日2:00；※🖥🗺；ⓂTaksim，ⓂTünel）这家餐厅的桌位在周五或周六夜会很受欢迎，因为届时当地人会蜂拥过来享受美食和欢乐氛围。常客喜欢开胃菜，会从侍者的托盘上选择冷食，从菜单上点炸鱿鱼（kalamar tava）、箔纸烤章鱼（folyoda ahtapot）和阿尔巴尼亚炸肝（Anavut ciğeri）。

Kafe Ara 咖啡馆 $$

（见98页地图；☎0212-245 4105；http://kafeara.com；Tosbağ Sokak 2, Galatasaray；三明治24~34里拉，意大利面26~28里拉，主菜26~40里拉；⏱周一至周四7:30至23:00，周五至次日1:00，周六10:30至次日1:00，周日至10:00~23:00；⚙🗺；ⓂŞişhane，ⓂTünel）这家休闲咖啡馆是以店主兼本地传奇摄影师阿拉·古勒尔（Ara Güler）的名字命名的。它由一个车库改造而成，在加拉塔萨雷中学（Galatasaray Lycée）对面那条街上。店里的沙拉、三明治和一系列土耳其菜式皆味美价廉。在街边桌上享受一顿周日的早午餐（35里拉）尤其惬意。不能饮酒。

★ Cuma　　　　　　　　新派土耳其菜 $$$

（见98页地图；☏0212-293 2062；www.cuma.cc；Çukurcuma Caddesi 53a, Çukurcuma；早餐拼盘42里拉，午餐菜肴19~34里拉，晚餐主菜30~36里拉；◉周一至周六 9:00~23:00，周日 至20:00；✲❄✦；ⓂTaksim）Banu Tiryakioğulları的这座悠闲的美食爱好者乐园位于苏库尔库玛区（Çukurcuma）中心，拥有城市里最虔诚的顾客群之一。桌子摆在绿荫露台或氛围很好的楼上用餐空间，菜单主打健康的时令菜肴，轻重口味选择都很多，早餐尤其美味（我们喜欢水果慕斯和自制面包）。

★ Eleos　　　　　　　　小酒馆 $$$

（见98页地图；☏0212-244 9090；www.eleosrestaurant.com；3层，独立大街231号，Tünel；开胃菜 10~30里拉，主菜 30里拉起；◉14:30至午夜；✲❄✦；ⓂŞişhane, 🚋Tünel）Eleos隐藏在破旧的Hıdivyal Palas楼上，用美食将食客从贝伊奥卢送到了希腊群岛。时尚的蓝白装饰和壮丽的博斯普鲁斯海峡风景奠定了基调，食物是重点——五彩缤纷的开胃菜有大量的香草和大蒜，还有柔嫩的章鱼和鱿鱼，以及完美的烤鱼，最后还可以来点新鲜水果。必须预订。

★ Neolokal　　　　　　　新派土耳其菜 $$$

（见98页地图；☏0212-244 0016；www.neolokal.com；2层，SALT Galata, Bankalar Caddesi 11, Karaköy；主菜 42~62里拉；◉周二至周日 18:00~23:00；✲❄；🚋Karaköy）大厨Maksut Aşkar于2014年底开办了这家时髦的餐厅，他对传统土耳其菜肴前所未有的改良令人振奋，让当地和国外食客都连连惊呼。你可以一边享用他以慢食基金会"美味方舟"（Slow Food Foundation's Ark of Taste）列出的食材精心制作的美味菜肴，一边欣赏旧城的壮丽风光，室内和露台均可坐来。

餐厅要通过1楼咖啡馆的楼梯进入——不幸的是，楼下的食物与楼上完全无法相提并论。

Meze by Lemon Tree　　　新派土耳其菜 $$$

（见98页地图；☏0212-252 8302；www.mezze.com.tr；Meşrutiyet Caddesi 83b, Tepebaşı；开胃菜 14~39里拉，主菜 40~56里拉，4道菜赏味精品双人套餐 196里拉；◉18:00至午夜；✲❄；ⓂŞishane, 🚋Tünel）在这家位于Pera Palace Hotel酒店对面、气氛亲切的餐厅里，大厨吉恩凯伊·乌克尔（Gençay Üçok）创造了全伊斯坦布尔最有趣且最美味的新派土耳其菜肴。熟客会选择赏味套餐，或者从冷热开胃菜中选择，而不是自己点主菜。预订很有必要。

🍴 贝西克塔什、奥塔廓伊和尼尚塔什

学生和职业人口保证了贝西克塔什和奥塔廓伊永远不缺餐馆。每到周末，奥塔廓伊清真寺后面出售烤马铃薯（kumpir）和华夫饼的摊位就会变得非常火爆。人们也热爱诸如Kitchenette和House Cafe等的连锁店。从主广场向里走，许多土耳其烤肉店（kebapçıs）和其他物美价廉的小餐馆遍布小巷和Muallim Naci Caddesi。类似的情况也出现在贝西克塔什，学生和当地中产阶级被坐落在Ortabahçe Caddesi和向东延长至Barbaros Bulvarı街道附近鱼市旁的便宜海鲜店吸引。你可以去富裕的Nişantaşı尝试最美味的当代土耳其小吃。

Pare Baklava Bar　　　　甜点 $

（见68页地图；☏0212-236 5920；www.parebaklavabar.com；Şakayık Sokak 32, Nişantaşı；◉周一至周六 8:00~22:00，周日 10:00~16:00；✲❄；ⓂOsmanbey）这家小巧的店铺自称是土耳其第一家果仁蜜饼吧，每天都从加济安泰普（Gaziantep）空运顶级的果仁蜜饼和katmer（一种薄皮点心，以甜开心果和浓缩奶油为馅料）。你可从精心陈列的产品中挑选，然后配一杯茶或精心制作的咖啡坐下享用。

Kantın　　　　　　　　新派安纳托利亚菜 $$

（见68页地图；☏0212-219 3114；www.kantin.biz；Maçka Caddesi 35a, Milli Reasürans Pasajı 16 ve 60, Nişantaşı；主菜 15~44里拉；◉周一 11:00~17:00，周二至周六 至23:30；ⓂOsmanbey）店名的意思是"餐厅"，Kantın是一家比较早就接受了慢食哲学的餐厅，很受欢迎，现在仍然是伊斯坦布尔最好的法式小馆（高档外卖店）之一。店主兼主厨Semsa

Denizsel是土耳其"从农场到餐桌"运动的先锋，提供的"新式伊斯坦布尔菜肴"反映了这座城市的融合之风，将土耳其、希腊、亚美尼亚、犹太家庭菜肴融为一体。只采用当地产的时令食材，菜单经常更换。

Hünker　　　　　　　　　　安纳托利亚菜 $$

（见68页地图；☎0212-225 4665；www.hunkarlokantasi.com；Mim Kemal Öke Caddesi 21, Nişantaşı；开胃菜 10里拉，主菜 35里拉；⏱正午至22:30；🅿；Ⓜ Osmanbey）如果决定在尼尚塔什花一天或半天时间购物，你可以考虑歇息一下，在这家城里最好的熟食餐厅之一吃点东西。餐厅于1950年开始营业，提供所有经典的开胃菜和烤肉菜肴。

Alancha　　　　　　　　　　新派土耳其菜 $$$

（见68页地图；☎0212-261 3535；http://en.alancha.com；Maçka Kempinski Residence, Şehit Mehmet Sokak 9, Maçka；菜肴 240里拉；⏱19:30~22:00；Ⓜ Osmanbey）这里的装潢和店内富于艺术气息的五彩缤纷的膳食同样吸引人，菜品包括整份供应的野生海鲈鱼和菲力牛排。你可以选择安纳托利亚体验套餐，包括用来自安纳托利亚7个地区的20多种食材准备的菜肴，从填馅贻贝开始，接着是开心果烤肉、果仁蜜饼和土耳其软糖。佐餐葡萄酒价格为160里拉。

Banyan　　　　　　　　　　亚洲菜 $$$

（见68页地图；☎0212-259 9060；www.banyanrestaurant.com；3层, Salhane Sokak 3, Ortaköy；寿司 40里拉，主菜 80里拉；⏱正午至午夜；🅿；🚇 Kabataş Lisesi）这里的菜单主要是亚洲菜，包括泰国菜、日本菜、印度菜、越南菜和中国菜，有汤、寿司、沙嗲烤肉和沙拉，宣称是提供抚慰灵魂的食物。你可以一边享用，一边欣赏奥塔廓伊清真寺和博斯普鲁斯海峡大桥的非凡风景，或者日落时分端一杯鸡尾酒（60里拉）到前面开放式的露台酒吧上逗留。

Vogue　　　　　　　　　　各国风味 $$$

（见68页地图；☎0212-227 4404；www.voguerestaurant.com；14层, A Blok, BJK Plaza, Spor Caddesi 92, Akaretler, Beşiktaş；前菜 26~50里拉，主菜 30~75里拉；⏱正午至次日2:00；🅿；

🚇 Akaretler）这家精致的酒吧兼餐厅位于贝西克塔什一个商务区，于1997年开业，似乎是从阿塔图克入住附近的多玛巴赫切宫后就开始变得受欢迎起来。菜单上有意大利面、海鲜、寿司、羊腿和烤鸭，全景式博斯普鲁斯海峡风光和各种分子鸡尾酒使得这里成了尼尚塔什权贵的最爱。

🍴卡德廓伊

Baylan Pastanesi　　　　　　　甜品 $

（见68页地图；☎0216-336 2881；www.baylanpastanesi.com.tr；Muvakkithane Caddesi 9；冻糕 16~19里拉，蛋糕 16里拉；⏱7:00~22:00；🚇 Kadıköy）凯德廓伊这家蛋糕店开业于1961年，前窗和内饰经受住了时间的考验，顾客们对这家位于卡德廓伊的老店的喜爱程度也是如此。老顾客一般会点一个冰激凌圣代或者一堆巧克力和焦糖冻糕，不过意式浓缩咖啡搭配一盘自制马卡龙（14里拉）也是诱人的选择。

★Çiya Sofrası　　　　　　　安纳托利亚菜 $$

（见68页地图；☎0216-330 3190；www.ciya.com.tr；Güneşlibahçe Sokak 43；一份菜肴 12~30里拉；⏱11:30~22:00；❄🅿🚭；🚇 Kadıköy）作为饮食圈的知名餐厅，穆萨·达格德韦伦（Musa Dağdeviren）的这家餐馆以土耳其地方美食而著称，是一处品鉴lahmacun（阿拉伯风味比萨）、içli köfte（炸干小麦肉丸）和perde pılavı（鸡肉、大米馅点心）等的绝佳地点。没有酒，不过自产serbet（甜水果饮品）很美味。

素食主义者在这里能被照料得很好，但应该避开隔壁的kebapçı（土耳其烤串18~40里拉），其中提供各式各样的肉类美食。

Cibalikapı　　　　　　　　　海鲜 $$$

（☎0216-348 9363；www.cibalikapibalikcisi.com；Moda Caddesi 163a, Moda；开胃菜 8~20里拉，鱼类主食 24里拉；⏱正午至午夜；❄；🚇 Kadıköy）Cibalikapı被广泛认为是城市最好的鱼餐厅，它有两家店：一家在金角湾，另一家就是这里。你可以在怡人的餐厅享用超新鲜的开胃菜和海鲜，也可以在花园露台上吃。如果想外带一个大份开胃菜，当天的体验套餐（180里拉2人）很超值。

金角湾的分店在法内尔的卡迪尔·哈斯大学（Kadir Has University）旁。

🍷 饮品和夜生活

🍷 苏丹艾哈迈德及周边

苏丹艾哈迈德的大多数酒店有售酒许可，Şeftali Sokak（靠近地下水宫）、毗邻的İncili Çavuş Sokak和低处Cankurtaran的Akbıyık Caddesi是寻找酒吧的好地方。虽然很少有能与贝伊奥卢相比的，但不要绝望。为什么不用香烟或咖啡代替酒，去街区里比比皆是、氛围良好的茶馆里坐坐呢？

Set Üstü Çay Bahçesi   茶园

（见76页地图；Gülhane Park；⊙7:00～22:00；🚇Gülhane）在这处位于山坡上的茶园中，你可以一边欣赏往来于欧亚之间的渡轮，一边享用一壶热茶（1/2人 10/15里拉）加开水（土耳其茶常常煮得极浓，喝时需要再添水调淡）。快餐（3~10里拉）有烤奶酪三明治（tost）和土耳其肉丸三明治（köfte ekmek）。

Derviş Aile Çay Bahçesi   茶园

（见74页地图；Dalbastı Sokak和Kabasakal Caddesi交叉路口；⊙4月至10月 7:00至午夜；🚇Sultanahmet）位于蓝色清真寺正对面的Derviş茶室，以舒适的藤椅和凉爽的树荫吸引了众多老主顾。服务周到，价格公道，再加上观察街上行人的绝佳视野，使得这里成为休闲喝茶（3里拉）、品水烟（22里拉）、烤三明治（7里拉）和玩西洋双陆棋的好地方。

Cafe Meşale   水烟馆

（见74页地图；Arasta Bazaar, Dalbastı和Torun Sokaks交叉路口；⊙24小时；🚇Sultanahmet）Meşale水烟馆位于蓝色清真寺后面的下沉庭院中，虽是个标准的"旅游高价陷阱"，但水烟馆本身依然魅力不凡。一波波的背包客们也经常加入当地人的行列，坐在加了衬垫的长椅上享用茶水和水烟。晚上偶尔还有现场的土耳其音乐表演，气氛热烈。

Kybele Cafe   酒吧、咖啡馆

（见76页地图；📞0212-511 7766；www.kybelehotel.com; Yerebatan Caddesi 23；⊙7:30～23:30；🚇Sultanahmet）Kybele酒店位于地下水宫附近，它的休闲酒吧兼咖啡馆充斥着古董家具、色彩浓郁的地毯，以及古老的蚀刻版画和照片，不过其标志性的风格来自天花板上悬吊着的数百只彩色玻璃灯泡。

A'YA Rooftop Lounge   酒吧

（见74页地图；📞0212-402 3000；www.fourseasons.com/istanbul；苏丹艾哈迈德伊斯坦布尔四季酒店，Tevkifhane Sokak 1, Cankurtaran；⊙16:00至深夜；🚇Sultanahmet）这家屋顶酒吧夏季开放，能看到圣索菲亚大教堂、许蕾姆苏丹浴室和博斯普鲁斯海峡全景，蓝色清真寺有一点点被遮挡了。鸡尾酒（49里拉）、开胃菜（30里拉）和令人难忘的烈酒更添魅力。冬季时，顾客可坐在楼下的休闲酒吧或庭院花园。

Cihannüma   酒吧

（见76页地图；📞0212-512 0207；www.cihannumaistanbul.com; And Hotel, Yerebatan Caddesi 18；⊙正午至午夜；🚇Sultanahmet）这家屋顶酒店餐厅靠近圣索菲大教堂，不推荐在这里用餐，但狭窄阳台和玻璃墙餐厅的风景是旧城最佳之一（能看到圣索菲亚大教堂、蓝色清真寺、托普卡帕宫、加拉塔塔和博斯普鲁斯海峡大桥），所以是下午喝东西或日落小酌的好地方。

🍷 巴扎区

★ Mimar Sinan Teras Cafe   水烟馆

（见90页地图；📞0212-514 4414；Mimar Sinan Han, Fetva Yokuşu 34-35, Süleymaniye；⊙8:00至次日1:00；📶；🚇Vezneciler）这家很受学生欢迎的咖啡馆位于苏莱曼清真寺附近一栋破破烂烂的建筑里，从它宽敞的户外露台可以眺望全城的壮观景色。白天和夜晚的景色都很棒，你可以一边喝咖啡一边欣赏，还能抽一袋水烟放松一下，或者喝杯红茶、玩两局西洋双陆棋。

★ Erenler Nargile ve Çay Bahçesi   茶园

（见90页地图；Yeniçeriler Caddesi 35, Beyazıt；⊙7:00至午夜；🚇Beyazıt-Kapalı Çarşı）这家水烟茶室坐落于克普鲁·阿里帕夏神学院（Çorlulu Ali Paşa Medrese）藤萝密布的庭院中，距离大巴扎不远，是老城区氛围最浓的。

Vefa Bozacısı
钵扎店

(见90页地图；☎0212-519 4922；www.vefa.com.tr；66 Vefa Caddesis, Molla Hüsrev；钵扎3里拉；◎8:00至午夜；MVezneciler）这家著名的钵扎（boza）店创立于1876年，但直到现在，当地人仍然蜂拥至此饮用这种黏稠的饮品——用水、糖和发酵大麦酿制而成，有一股清淡的类似柠檬的酸味。在上面洒一些干鹰嘴豆和肉桂末，据说有恢复体力和壮阳的神奇功效，而且喝着喝着你就会喜欢上它。

夏季，酒吧还提供一种发酵的葡萄汁。

Şark Kahvesi
咖啡馆

(Oriental Coffee Shop；见136页地图；☎0212-512 1144；Yağlıkçılar Caddesi 134, Grand Bazaar；◎周一至周六 8:30~19:00；MBeyazıt-Kapalı Çarşı）拱形天花板泄露了这里曾经是一个巴扎的街道的一部分——几年前，一些很有事业心的咖啡馆老板（kahyeci）将这片区域围了起来，改造成了一家咖啡馆。它就在巴扎的一条主要通路上，很受摊主和游客的欢迎，他们会进来喝一杯茶、咖啡（土耳其咖啡、浓缩咖啡或滴滤咖啡）或冷饮。

Lale Bahçesi
茶园

(见90页地图；Şifahane Caddesi 2, Süleymaniye；◎9:00~23:00；MVezneciler）走下台阶来到苏莱曼清真寺对面的一处下沉庭院中，就能找到这家迷人的户外茶室，它很受来自附近神学院和伊斯坦布尔大学的学生们的喜爱，他们喜欢来这里喝茶和吸水烟。

🍷 贝伊奥卢

贝伊奥卢有数百家酒吧，主要的酒吧聚集区是Balo、Nevizade、Gönül和Sofyalı Sokaks。一般来说，街边摊的饮品价格比屋顶酒吧便宜得多。注意：这里的许多夜总会在夏季（6月至9月）会歇业，那时派对人群会转移到南部海岸。

★ Federal Coffee Company
咖啡馆

(见98页地图；☎0212-245 0903；www.federal.coffee；Küçük Hendek Caddesi 7, Galata；◎8:00至午夜；☎；MŞişhane, 🚇Tünel）这里是城中最近遍地开花的咖啡烘焙工坊中我们最爱的一家，自称是"澳大利亚咖啡豆烘焙品牌"，澳新地区的游客在时尚的环境中品味着打磨完美的浓缩咖啡，当然会觉得宾至如归。躺椅、阅读材料和无线网络使得这个空间能完美地为咖啡因爱好者"充电"。

Dem
茶室

(见98页地图；☎0212-293 9792；www.demkarakoy.com；Hoca Tahsin Sokak 17, Karaköy；◎10:00~23:00；🚇Tophane）与人们想象中的传统茶馆差别很大，Dem提供60种新鲜烹煮的茶水，会装在精致的瓷杯中，如果你要求的话，还会配上牛奶。还提供各种帕尼尼、卷饼、蛋糕和司康饼，你可以在街边餐位享用，也可以在主空间超时髦的Zettel'z 5灯光背景下享用。

★ Unter
酒吧

(见98页地图；☎0212-244-5151；unter.com.tr；Kara Ali Kaptan Sokak 4, Karaköy；◎周二至周四和周日 9:00至午夜，周五和周六 至次日2:00；☎；🚇Tophane）这家酒吧体现了新卡拉廓伊风格：富有魅力，又不会让人感觉过于造作，而且有一种暧昧的艺术氛围。天气晴好时，一层的临街窗户会打开，让繁忙时刻的熙熙攘攘散播到街道上。

除了内容丰富的菜单（早餐18~32里拉，主菜27~48里拉）外，优质的鸡尾酒和以色雷斯葡萄酒为特色的酒单，也是这里极具吸引力的主要原因。

360
酒吧

(见98页地图；☎0533 691 0360；www.360istanbul.com；9层，独立大街163号；◎周日至周四 正午至次日2:00，周五和周六 至次日4:00；☎；MŞişhane, 🚇Tünel）作为伊斯坦布尔最著名的酒吧，360可谓名副其实。坐在酒吧露台的高脚凳上，你会欣喜地发现眼前的景色竟如此非凡。周五和周六的午夜之后，这里会变成夜店，附加服务费约为50里拉（包括一杯饮品）。食物费贵，而且没什么特色，所以不推荐在这里就餐。

★ Manda Batmaz
咖啡

(见98页地图；Olivia Geçidi 1a, 紧邻独立大街；◎10:00~23:00；MŞişhane, 🚇Tünel）厌倦了其器尘上的现代咖啡文化？不关心你的咖啡豆是在哪里烘焙，或者咖啡馆店员是否在展示他的文身？如果是这样，那么这家小咖啡馆就是为你准备的。这里提供贝伊奥卢最好的土耳其咖啡，营业历史超过20年，这里的超浓且芳香扑鼻的咖啡比其他到处可见的平庸拿铁要便宜很多。

Fil
咖啡馆

（见98页地图；☎0212-243 1994；www.filbooks.net；Ali Paşa Değirmeni Sokak 1, Karaköy；◉周二至周日10:00~22:00；ⓂKaraköy）卡拉廓伊的这家书店咖啡馆主营摄影书籍、创意工作室和咖啡，店面挤在一个小地方的2层楼中，装饰时尚，有一个大理石吧台和舒适的人行道，楼上有工作椅。员工非常友好，有一种包容并蓄的氛围。还有蛋糕（15~16里拉）和三明治（12~14里拉）。

★ Mikla
酒吧

（见98页地图；☎0212-293 5656；www.miklarestaurant.com；Marmara Pera Hotel, Meşrutiyet Caddesi 15, Tepebaşı；◉仅夏季营业 周一至周六18:00开始；ⓂŞişhane, ⓉTünel）尽管这家时尚屋顶酒吧的服务偶尔稍显怠慢，但这里拥有伊斯坦布尔最美丽的景致，可以享受出色的鸡尾酒。冬天，饮酒区会搬至楼下的高档餐厅。

CUE İstiklal
俱乐部

（见98页地图；☎0536 460 7137；6层，Yeniçarşı Caddesi 38, Galatasaray；入场费不等；◉周二至周六22:00至次日4:00；ⓂŞişhane, ⓉTünel）这家热门俱乐部是电子音乐爱好者的圣地，精彩的场景、宽敞的舞池、出色的音响系统和精心制作的鸡尾酒都是吸引点。这里演出的主要音乐风格包括深度浩室（deep-house）、高科技舞曲、科技浩室等，可以查看其Twitter和Facebook获取演出信息。

Karabatak
咖啡馆

（见98页地图；☎0212-243 6993；www.karabatak.com；Kara Ali Kaptan Sokak 7, Karaköy；◉周一至周五8:30~22:00，周六和周日9:30~22:00；ⓇⓉTophane）Karabatak从维也纳进口了朱丽亚・麦诺（Julius Meinl）咖啡粉，并用它调制出了卡拉廓伊最棒的咖啡。户外座位通常十分紧俏，不过室内的安静餐桌也同样吸引人。你可以选择滴滤咖啡、意式浓缩咖啡或土耳其咖啡，如果饿的话，还可以要一个夹心面包卷（panino）或三明治。

Kronotrop
咖啡馆

（见98页地图；☎0212-249 9271；www.kronotrop.com.tr/en；Firuzağa Cami Sokak 2b, Cihangir；◉周一至周五7:30~21:00，周六10:00~22:00，周日10:00~21:00；ⓇⓂTaksim）近年来，特色咖啡馆在伊斯坦布尔层出不穷，位于Cihangir的Firuz Ağa Mosque清真寺对面的这家时髦店铺就是其中的先锋。店主是著名的餐厅老板Mehmet Gürs，他从世界各地搜索咖啡豆，在附近Maslak专门兴建的烘烤设备中烘焙。可选种类有浓缩咖啡、冷滴、过滤、爱乐压、凯梅克斯（烧杯式）和传统土耳其咖啡。

Geyik
酒吧、咖啡馆

（见98页地图；☎0532 773 0013；Akarsu Yokuşu 22, Cihangir；◉10:00至次日2:00；ⓂTaksim）一座咖啡烘焙工坊兼鸡尾酒吧？是的，你没看错。这个超级时髦的地方由曾经的土耳其咖啡师冠军Serkan İpekli及酒吧调酒师Yağmur Engin经营，白天很受咖啡爱好者的喜欢，晚上则成了酒类爱好者的天下。周五和周六人潮汹涌，从木板装饰的室内到店外的街道上都挤满了人。

Indigo
俱乐部

（见98页地图；☎0212-244 8567；http://indigo-istanbul.com；2~6层，309 Akarsu Sokak, Galatasaray；入场费不等；◉周五和周六23:30至次日5:00，夏季歇业；ⓂŞişhane, ⓉTünel）贝伊奥卢的这家4层楼的电子音乐俱乐部这些年来的流行程度一直起起落落，但最近又重新成为当地舞迷爱好者的心头爱。一流的本地或外来DJ及现场乐队在聚光灯下尽情演出，主要音乐类型为浩室、科技浩室和科技迪斯科，有时也有电子摇滚演出。抽烟者会聚集在楼上的露台。

Kloster
俱乐部

（见98页地图；☎0533 258 9393；http://kloster.com.tr；Kamer Hatun Caddesi 10；入场费不等；◉周三至周六22:00至次日6:00；ⓂTaksim）3层楼，3个不同的舞台和1个著名的屋顶露台使这里成了城市里最大的电音俱乐部。欧洲DJ经常造访；可登录Facebook查看详情。

Cihangir 21　　　　　　　　酒吧

（见98页地图；☎0212-251 1626；Coşkun Sokak 21, Cihangir；⊙9:30至次日2:30；☎；MTaksim）这家社区酒吧最棒的地方是它的包容性——常客包括全身黑色装束的波希米亚式颓废青年、西装革履的职业人士、移居国外的闲人，以及许多难以归类的人物。这里有扎啤（Efes和Miller两个牌子）及一个吸烟区，当办公室的人们下班后，这里就会变得熙熙攘攘，而白天的时候气氛则相当悠闲。

5 Kat　　　　　　　　　　酒吧

（见98页地图；☎0212-293 3774；www.5kat.com；6层，Soğancı Sokak 7, Cihangir；⊙周一至周五 17:00至次日2:00，周六 10:00至次日2:00，周日 11:00至次日2:00；☎；MTaksim）如果贝伊奥卢许多高调的酒吧不合你胃口，那么在伊斯坦布尔经营了20多年的5 Kat肯定会让你觉得惊喜。冬天，你可以在5楼装饰成闺房风格的酒吧间里小酌；夏天，你又可以消遣地换至室外屋顶露台。从这两个地方都能看到博斯普鲁斯海峡的风景。

Leb-i Derya　　　　　　　酒吧

（见98页地图；☎0212-293 4989；www.lebiderya.com；7层，Kumbaracı İş Hanı, Kumbaracı Yokuşu 57, Galata；⊙周一至周四 16:00至次日2:00，周五 至次日3:00，周六 10:00至次日3:00，周日 至次日2:00；☎；MŞişhane, ⊡Tünel）Lebi Derya位于独立大街附近一栋杂乱建筑的顶层。你可以从这里远眺整个老城区的迷人风景或俯瞰博斯普鲁斯海峡，这意味着室外小露台上或吧台的座位会非常抢手。许多人喜欢这里昂贵的现代地中海食物，但是我们没有觉得印象深刻，所以只作为酒吧推荐。

Alex's Place　　　　　　　酒吧

（见98页地图；Gönül Sokak 7, Asmalımescit；⊙周二至周六 18:00至次日1:00；MŞişhane, ⊡Tünel）这家酒吧是在Asmalımescit娱乐区域非法经营的一个地方，很受当地艺术文化领域波希米亚人士的喜爱。美国店主Alex Waldman十分热爱鸡尾酒，他手工研发的鸡尾酒让许多啤酒和葡萄酒爱好者也爱上了鸡尾酒。

奥塔廓伊和库鲁切什梅

博斯普鲁斯海峡的海岸线在奥塔廓伊和库鲁切什梅之间的部分经常被称作"黄金地带"（Golden Mile），因为这里聚集着许多高端的海滨夜总会。到访这些俱乐部的最佳时间是夏季，届时它们会在夜间营业，水滨露台将变成名副其实的梦幻派对场地。不过，在这里度过夜晚并非适合每一个人：饮品昂贵，俱乐部的餐厅质量很差，而且价格很高，进门的要求时常变化，门卫更是出了名的粗鲁贪婪。

周五和周六夜晚一般有入场费，不过预约餐厅一般就无须支付。

卡德廓伊

★Fazıl Bey　　　　　　　咖啡馆

（见68页地图；☎0216-450 2870；www.fazilbey.com；Seraskar Caddesi 1；⊙8:00~23:00；☑Kadıköy）伊斯坦布尔最好的土耳其咖啡出自哪里？这是个让人为难的问题，不过我们的票投给了Fazıl Bey——Seraskar Caddesi上最受欢迎的咖啡屋（kahvehan）。几十年来，一边享用咖啡一边观看街上川流不息的购物人潮，已成为深受当地人喜爱的消闲方式。在Tavus Sokak和Bağdat Caddesi还有其他一些氛围稍逊的分店。

Arkaoda　　　　　　　酒吧、咖啡馆

（见68页地图；☎0216-418 0277；www.arkaoda.com；Kadife Sokak 18；⊙正午至次日2:00；☎；☑Kadıköy）这个悠闲的地方是一个独立音乐和艺术的聚集地，常有音乐会、DJ演出、艺术节、派对、主题集市和电影放映。楼上休息室舒服的沙发是端一杯咖啡或茶消磨白天时间的绝佳场所；夜间活动转移到后院，冬季会有顶棚。

Karga Bar　　　　　　　酒吧

（见68页地图；☎0216-449 1725；www.karga.com.tr；Kadife Sokak 16；⊙11:00至次日2:00；☎；☑Kadıköy）占据好几层的Karga是伊斯坦布尔最著名的酒吧之一，提供廉价饮品、震耳欲聋的音乐（DJ和现场音乐演奏），墙上还展示了前卫艺术。酒吧的标志不明显，是一个小小的黑鸟图案。

☆ 娱乐

在伊斯坦布尔，很少有哪一周是静悄悄地过完，没有什么特别的活动、庆典或表演的。当地人喜欢听现场音乐（爵士乐尤其受青睐），经常光顾电影院，也很支持当地一小批数量正在增加的剧院、歌剧院和舞蹈机构。

Biletix　　　　　　　　　　预订
（☎0216-556 9800；www.biletix.com）搜索城市音乐会和活动门票的最佳网络资源。

★ Babylon Bomonti　　　现场音乐
（见146页地图；☎0212-334 0190；www.babylon.com.tr；Tarihi Bomonti Bira Fabrikası, Birahane Sokak 1, Bomonti; MOsmanbey）**免费** 这处伊斯坦布尔最杰出的现场音乐表演场所自1999年开张以来便深受欢迎，其吸引力丝毫没有消退的迹象，尤其是现在搬到了Bomonti高端艺术飞地的一家氛围很好的旧啤酒厂之中，空间更大，距离Osmanbey地铁站相当近。

Borusan Art　　　　　　　表演艺术
（Borusan Sanat；见98页地图；☎0212-705 8700；www.borusansanat.com/en；独立大街160a号；MŞişhane, ⛴Tünel）这家令人振奋的文化中心由私人投资，位于İstiklal的一座漂亮建筑中，音乐厅中会举办古典乐、爵士乐、世界音乐和新音乐的演奏会。偶尔也有舞蹈表演。

Garajistanbul　　　　　　文化中心
（见98页地图；☎0212-244 4499；www.garajistanbul.org；Kaymakem Reşet Bey Sokak 11a, Galatasaray；MŞişhane, ⛴Tünel）这处表演场所占据了从前的一个停车库，位于独立大街后面的一条狭窄的街道上，上演伊斯坦布尔表演艺术圈内最新潮前卫的节目。这里也会举办临时性的舞蹈表演、诗歌朗诵、戏剧表演和现场音乐演奏（尤其是爵士乐）。

Nardis Jazz Club　　　　　爵士乐
（见98页地图；☎0212-244 6327；www.nardisjazz.com；Kuledibi Sokak 14, Galata；入场费不等；⛭周一至周四 21:30至次日0:30，周五和周六 22:30至次日1:30，7月和8月不营业；MŞişhane, ⛴Tünel）以迈尔斯·戴维斯（Miles Davis）同名专辑命名的这家店面位于加拉塔塔附近，由爵士他手奥恩德尔·福坎（Önder Focan）和他的妻子祖哈尔（Zuhal）经营。这里的表演者包括富有天赋的业余演奏家、当地的爵士名家和来访的国际艺术家。由于场地不大，如果想找个好位子欣赏表演的话，就必须预订。晚餐/小吃菜单品种不多。

Salon　　　　　　　　　　现场音乐
（见98页地图；☎0212-334 0700；www.saloniksv.com；1层，İstanbul Foundation for Culture & Arts, Sadi Konuralp Caddesi 5, Şişhane；⛭10月至次年5月；MŞişhane, ⛴Tünel）这处气氛融洽的表演场所位于伊斯坦布尔文化和艺术基金会的大楼里，经常会举办当代音乐表演（古典乐、爵士乐、摇滚乐、另类音乐和世界音乐等），还有戏剧和舞蹈表演，登录Facebook和Twitter可查询节目安排，通过Biletix或演出售票处订票。

Vodafone Arena　　　　　体育场
（İnönü Stadyumu；见68页地图；www.vodafonearena.com.tr；Kadırgalar Caddesi 1, Beşiktaş；⛴Kabataş）这里是土耳其超级联赛（Turkey's Super League）顶级足球俱乐部之一贝西克塔什（意为"黑海之鹰"）的主场。联赛通常在8月到次年5月的周末举行，一般都是周六晚上。球票于比赛当天在体育场出售，不过大部分球迷会通过Biletix提前购买。

🛍 购物

伊斯坦布尔的购物环境经过几个世纪的打磨已经接近完美，多数造访城市的游客很快就能适应。古老的巴扎、五彩缤纷的街头集市、不断增多的现代购物商场能满足每个人的愿望，使得寻找纪念品的过程既简单又令人满足。

🛍 苏丹艾哈迈德及周边

苏丹艾哈迈德最好的购物场所是**阿拉斯塔巴扎**（Arasta Bazaar；见74页地图；紧邻Torun Sokak；⛴Sultanahmet）及周边，这是一条开满商店的古老拱廊，曾是蓝色清真寺（苏丹艾哈迈德清真寺）建筑群（külliye）的一部分。土耳其最知名的一些挂毯和陶瓷贸易商在周边街道都开有商铺。

观看托钵僧旋转仪式

如果你曾经认为只有克里纳教徒（Hare Krishnas）或哈莱姆（Harlem）集会才会以音乐和动作来庆祝自己的宗教信仰，现在可要重新想想了。在土耳其，一些被称为"旋转托钵僧"（whirling dervishes）的苦修士们从13世纪起就开始以一种速度越来越快的旋转舞来表达精神诉求，并丝毫没有减速的迹象。

在伊斯坦布尔有很多观看旋转舞仪式的机会，其中最著名的是位于杜乃尔的加拉塔梅夫拉维博物馆（Galata Mevlevi Museum, Galata Mevlevihanesi Müzesi；见98页地图；www.galatamevlevihanesimuzesi.gov.tr; Galipdede Caddesi 15, Tünel；70里拉；⊙表演 周日17:00；MŞişhane，ⓈTünel）。在其旋转托钵僧大厅（semahane）中举办的旋转仪式，每周日17:00举行一次，每次持续1小时，收费每人70里拉，建议早点儿来买票。

在EMAV Silivrikapı Mevlana文化中心（EMAV Silivrikapı Mevlana Kültür Merkezi；见68页地图；☎0212-588 5780；www.emav.org; Yeni Tavanlı Çeşme Sokum 6, Silivrikapı；ⓈÇapa-Şehremini）举行的仪式时间要长得多，也更加原汁原味，从每周四19:30持续到23:00，仪式包括问答讲习（土耳其语）、祷告和旋转舞蹈（sema）。你需要在地上坐很长一段时间。门票乐捐。想获得旋转舞蹈英语解释的，可以通过Les Arts Turcs（见113页）预约一名导游陪同，并乘坐小巴往返苏丹艾哈迈德。

想获得更具旅游性质的体验，Hocapaşa文化中心（Hocapaşa Culture Centre；☎0212-511 4626；www.hodjapasha.com; Hocapaşa Hamamı Sokak 3b, Sirkeci；表演 成人100里拉起，12岁以下儿童 40~50里拉；ⓈSirkeci）可以满足你的愿望，该中心位于艾米诺努一处经过改造的15世纪公共浴室中，那里每周至少有3个晚上会举行旋转舞表演，全年皆是如此。

身为游客的你一定要切记，旋转舞是一种宗教仪式——信徒们相信，通过旋转他们可以获得与真主更深层次的联系。因此，当旋转或吟诵还在继续时，不要交头接耳、离开座位或使用闪光灯拍照。

★ **Jennifer's Hamam** 浴室用品、家居用品

（见74页地图；☎0212-516 3022；www.jennifershamam.com; Öğül Sokak 20；⊙4月至10月 8:30~21:00，11月至次年3月 至19:00；ⓈSultanahmet）这家商店的主人是加拿大人珍妮弗·高迪特（Jennifer Gaudet），专门出售包括毛巾、长袍和浴袍（peştemals）在内的各种高品质浴室用品，而且它们都是使用认证有机棉花并用老式梭织机制造的。除此之外，这里还出售天然皂和粗麻编织的搓澡手套（kese）。价格固定，不能还价。这里是旗舰店，在阿拉斯塔巴扎（见74页地图；Arasta Bazaar 135；⊙4月至10月 8:30~21:00，11月至次年3月 至19:00；ⓈSultanahmet）还有一家分店。

★ **Özlem Tuna** 珠宝、家庭用品

（见76页地图；☎0212-527 9285；www.ozlemtuna.com；6层，Nemlizade Han, Ankara Caddesi 65, Eminönü；⊙周一至周五 9:00~18:00；ⓈSirkeci）作为土耳其当代设计运动的弄潮儿，厄兹莱姆·图纳（Özlem Tuna）制造极具格调的珠宝和家庭用品，并在自己能俯瞰锡尔凯吉火车站的工作室里出售自己的作品。她的作品使用反映伊斯坦布尔历史和文化的形状和色彩（郁金香、海鸥、拜占庭马赛克、邪恶之眼nazar boncuk符号），产品包括公共浴室大酒杯、咖啡具与茶具、杯垫、戒指、耳环、袖扣和项链。

★ **Galeri Kayseri** 书店

（见76页地图；☎0212-516 3366；www.galerikayseri.com; Divan Yolu Caddesi 11 & 58；⊙9:00~20:00；ⓈSultanahmet）这个双子书店从1996年就开始出售文学作品，有精心陈列的英语小说、历史书、地图和土耳其咖啡桌作品，员工知识丰富，能推荐出色的假期读物。第二家较小，位于路对面半个街区之外，靠近圣索菲亚大教堂。

Cocoon
地毯、纺织品

（见76页地图；☎0212-518 0338；www.yastk.com；Küçük Ayasofya Caddesi 17；⏰9:00~18:00；🚇Sultanahmet）苏丹艾哈迈德遍地都是挂毯和纺织品商店，但是这家值得一看。这里有来自中亚的毡帽、毡和绸子面料的围巾、挂毯、坐垫套，陈列富于艺术气息。阿拉斯塔巴扎（见74页地图；Arasta Bazaar 93；⏰9:00~19:00；🚇Sultanahmet）也有一家分店。

Mehmet Çetinkaya Gallery
地毯、珠宝

（见74页地图；☎0212-517 1603, 0212-517 6808；www.cetinkayagallery.com；Tavukhane Sokak 5-7；⏰9:00~20:00；🚇Sultanahmet）穆罕默德·瑟廷卡亚（Mehmet Çetinkaya）是土耳其国内古代东方地毯和基里姆地毯鉴定方面的权威专家之一。他的这家旗舰店建在一口拜占庭水井上，专门出售美学和民族历史价值并重的物品，店内都是真正的珍宝，包括地毯、基里姆地毯、纺织品和珠宝首饰。在阿拉斯塔巴扎（见74页地图；Arasta Bazaar 58；⏰9:00~20:00；🚇Sultanahmet）还有一家出售地毯和古董首饰的分店。

İznik Classics
陶瓷

（见74页地图；☎0212-516 8874；www.izniklassics.com；Utangaç Sokak 17；⏰9:00~20:00, 冬季 18:30闭店；🚇Sultanahmet）这家店是城里寻找采用真正石英和金属氧化物为原料制作的手绘陶瓷的最佳场所之一。你可以欣赏店内陈列的作品，也可以前往阿拉斯塔巴扎（见74页地图；☎0212-517 3608；Arasta Bazaar 119；⏰9:00~20:00, 冬季 18:30关闭；🚇Sultanahmet）和大巴扎（见136页地图；☎0212-520 2568；www.izniklassics.com；Şerifağa Sokak 188, İç Bedesten, Grand Bazaar；⏰周一至周六 8:30~19:00；🚇Beyazıt-Kapalı Çarşı）的分店。隔壁13号的商店出售屈塔希亚陶瓷，包括瓷砖、盘子和碗。

Khaftan
艺术品、古董

（见76页地图；☎0212-458 5425；Nakilbent Sokak 16；⏰9:00~19:00；🚇Sultanahmet）这家迷人的商店里可以找到闪闪发光的俄罗斯徽章、精致的书法（古老和现代的都有）、陶瓷、卡拉格（Karagöz；皮影剧场）木偶、奥斯曼印刷品以及当代画作。

🔒 巴扎区

城市里两大最著名的购物场所大巴扎和香料巴扎都在这个区。两家之间是热闹的当地购物街区Tahtakale。

★ Epoque
古董

（见136页地图；☎0212-527 7865；Sandal Bedesten Sokak 38, Grand Bazaar；⏰周一至周六 8:30~19:00；🚇Beyazıt-Kapalı Çarşı）想购买古董的人应该来这家靠近巴扎努卢奥斯玛尼耶大门（Nuruosmaniye Gate）的古老商店。优雅的店铺里出售银烛台和托盘、搪瓷烟匣、首饰、手表和一系列非凡的圣像。年长的店主和这里的销售员十分欢迎游客来逛逛看看。

★ Necef Antik & Gold
珠宝

（见136页地图；☎0212-513 0372；necefantik@outlook.com；Şerifağa Sokak 123, İç Bedesten, Grand Bazaar；⏰周一至周六 8:30~19:00；🚇Beyazıt-Kapalı Çarşı）几十年来，在这家位于İç Bedesten的小店里面，店主Haluk Botasun一直在手工制作24K的黄金首饰，创造出拜占庭和奥斯曼风格的迷人物件。有精致马赛克图案的耳环和袖扣尤其吸引人。

★ Abdulla Natural Products
纺织、浴室用品

（见136页地图；☎0212-527 3684；www.abdulla.com；Halıcılar Çarşışı 60, Grand Bazaar；⏰周一至周六 8:30~19:00；🚇Beyazıt-Kapalı Çarşı）作为大巴扎这一古老市场中出现的第一家西式风格品牌店，Abdulla专门销售顶级的棉质被单枕套和毛巾、来自东土耳其的手纺羊毛床罩、棉浴袍以及纯橄榄油香皂。

★ Altan Şekerleme
食物和饮品

（见90页地图；⏰0212-522 5909；Kıble Çeşme Caddesi 68, Eminönü；⏰周一至周六 8:00~19:00, 周日 9:00~18:00；🚇Haliç）这个店铺开业于1865年，位于苏莱曼清真寺脚下的小巴扎（Little Bazaar）里。不只是喜欢糖果的孩子们，各个年龄段的伊斯坦布尔人都会来这里购买便宜而美味的土耳其软糖、芝麻糖（helva）和硬糖（akide）。

Derviş 纺织品

（见136页地图；☎0212-528 7883；www.dervis.com；Halıcılar Sokak 51, Grand Bazaar；◎周一至周六 8:30~19:00；⊠Beyazıt-Kapalı Çarşı）原棉和丝绸浴袍与传统的土耳其嫁衣及订婚礼服一起摆在商店的货架上。如果你对这些商品不感兴趣，那么纯橄榄油香皂和老式的公共浴室浴盆肯定会让你中意。这家店在Yağlıcılar Caddesi路边还有一家分店（见136页地图；☎0212-528 7883；www.dervis.com；Cebeci Han 10, Grand Bazaar；◎周一至周六 8:30~19:00；⊠Beyazıt-Kapalı Çarşı）。

Dhoku 地毯

（见136页地图；☎0212-527 6841；www.dhoku.com；Takkeçiler Sokak 58-60, Grand Bazaar；◎周一至周六 8:30~19:00；⊠Beyazıt-Kapalı Çarşı）在大巴扎中, Dhoku（意为"纹理"）属于新一代的地毯商店，这里专门出售设计充满艺术感和有着鲜明现代风格的羊毛基里姆地毯。对面的姐妹店EthniCon（见136页地图；☎0212-527 6841；www.ethni.con.com；Takkeçiler Sokak 58-60, Grand Bazaar；◎周一至周六 8:30~19:00；⊠Beyazıt-Kapalı Çarşı）也销售类似风格的彩色地毯。

Vakko İndirim 时装和饰品

（Vakko Sale Store；见76页地图；Sultan Hamamı Caddesi 8a, Eminönü；◎周一至周六 10:00~18:30；⊠Eminönü）这家伊斯坦布尔最著名的打折时装批发商店是所有"淘宝"客的福音。这些品质一流的男装和女装通常都是在意大利设计和生产的，但它们在这里的售价要比原价低得多。

Ümit Berksoy 珠宝

（见136页地图；☎0212-522 3391；İnciler Sokak 2-6, Grand Bazaar；◎周一至周六 8:30~19:00；ⓂVezneciler, ⊠Beyazıt-Kapalı Çarşı）珠宝商乌米特·贝尔克索伊（Ümit Berksoy）的小店就在İç Bedesten外面，他在这里用古老的金币手工制作精美的拜占庭风格戒指、耳环和项链。他还会创作一些当代风格的作品。

Ali Muhıddin Hacı Bekir 食品

（见76页地图；☎0212-522 8543；www.hacibekir.com；Hamidiye Caddesi 33, Eminönü；◎9:00~19:30；⊠Eminönü）这是一家由同一家族经营了200年之久的老店，许多人认为在这里能买到伊斯坦布尔最好的土耳其软糖。店里有各种口味的软糖，包括原味（sade）、核桃味（cevizli）、开心果味（fıstıklı）、杏仁味（badem）和玫瑰味（roze）等。在贝伊奥卢（☎0212-244 2804；www.hacibekir.com.tr；独立大街83号；ⓂTaksim）和卡德廓伊（☎0216-336 1519；Muvakkithane Caddesi 6；◎8:00~20:00；⊠Kadıköy）还各有一家分店。

Hafız Mustafa 食品

（见76页地图；☎0212-513 3610；www.hafizmustafa.com；Hamidiye Caddesi 84, Eminönü；◎周一至周六 8:00至20:00，周日 9:00~20:00；⊠Eminönü）🍴这家店坐落在Ali Muhıddin Hacı Bekir对面，出售美味的土耳其软糖。你可以买一些新出炉的品尝，也可以买一些作为礼品带回家。最好的是，员工很乐意让你先品尝再购买（当然，不能"尝"得太过分）。在锡尔凯吉（☎0212-527 6654；www.hafizmustafa.com；Muradiye Caddesi 51, Sirkeci；薄饼 5里拉，果仁蜜饼 6~7.50里拉，布丁 6里拉；◎9:00~18:00；☎；⊠Sirkeci）和苏丹艾哈迈德（☎0212-514 9068；Divan Yolu Caddesi 14, Sultanahmet；◎9:00~18:00；☎；⊠Sultanahmet）也有分店。

Mekhann 纺织品

（见136页地图；☎0212-519 9444；www.mekhann.com；Divrikli Sokak 49, Grand Bazaar；◎周一至周六 8:30~19:00；⊠Beyazıt-Kapalı Çarşı）这家位于大巴扎的商店，货架上满满当当，有来自乌兹别克斯坦色彩艳丽的成卷手工编织丝绸，以及一系列织工精美的披肩、带有美丽刺绣的床罩和枕套。店家对于商品质量的要求很高，所以价格也很贵。还有一家分店在托普哈内的有轨电车站旁。

Muhlis Günbattı 纺织品

（见136页地图；☎0212-511 6562；www.muhlisgunbatti.com.tr；Perdahçılar Sokak 48, Grand Bazaar；◎周一至周六 8:30~19:00；⊠Beyazıt-Kapalı Çarşı）作为大巴扎最著名的商店之一，Muhlis Günbattı专门销售来自乌兹

Grand Bazaar 大巴扎

伊斯坦布尔 购物

地图标注

- Örücüler Kapısı 织工之门
- Örücüler Hamamı Sk
- Küçük Safran Han 藏红花驿栈
- Astarcı Han
- Safran Han
- FABRIC 纺织品区域
- Çukur Han
- Mercan Han 珊瑚驿栈
- Kızlar Ağası Hanı
- SILVERWARE 银器区域
- Tığcılar Sk
- Tacirler Kapısı 珊瑚之门
- Mercan Kapısı
- Imameli Han
- COPPERWARE 铜器区域
- İç Cebeci Han
- Cebeci Hanı
- Perdahçılar Sk
- Ağa Hanı
- Yorgancılar Cad
- Takkeçiler Sk
- Terlikçiler Sk
- Sahaflar Bedesteni
- CARPETS 地毯区域
- ANTIQUES & JEWELLERY 古董及珠宝区域
- Acı Çeşme Sk
- Kuyumcular Cad
- Kavaflar Sk
- Evliya Han
- Yeşildirek Sk
- Halıcılar Sk
- Grand Bazaar 大巴扎
- İç (Inner) Bedesten
- Şerifağa Sk
- Yorgancılar Kapısı
- Gani Çelebi Sk
- Ortakazalar Sk
- Ressam Basmacılar Sk
- Zenneciler Sk
- Ali Paşa Hanı
- Yarım Taş Han
- Keseciler Cad
- CARPETS 地毯区域
- Kolancılar Sk
- Terziler Sk
- Çadırcılar Cad
- Bodrum Han
- LEATHER 皮革区域
- Püskülcüler Sk
- Koltuk Kazaslar Sk
- Divrikli Sk
- LEATHER 皮革区域
- Fesçiler Cad
- Kazaslar Sk
- Kalpakçılar Cad
- Kebabçı Han
- Kürkçüler Çarşısı
- Fesçiler Kapısı
- Serpuşcular Sokağı
- Sipahi Sk
- GOLD 黄金区域
- Beyazıt Kapısı 巴耶塞特门
- Çarşı Kapısı
- Beyazıt Meydanı 巴耶塞特广场

别克斯坦的传统刺绣（suzani）织物。这些华丽的床罩、桌布和壁挂都是用精棉制作而成，上面还装饰着丝绣。除纺织品外，店里还摆着顶级的地毯、色彩鲜艳的基里姆地毯和少量利用金线刺绣的古代奥斯曼面料。

Yazmacı Necdet Danış 纺织品

（见本页地图；Yağlıkçılar Caddesi 57, Grand Bazaar; 周一至周六 8:30~19:00; Beyazıt-Kapalı Çarşı）来自世界各地的时尚设计师和买家都知道，伊斯坦布尔就是寻找极品

Grand Bazaar 大巴扎

◎ **重要景点**
1 大巴扎 C4

⊗ **就餐**
2 Dönerci Şahin Usta F4
3 Gazientep Burç Ocakbaşı C3

◯ **饮品和夜生活**
4 Şark Kahvesi B4

◯ **购物**
5 Abdulla Natural Products D4
6 Derviş D3
7 Derviş 2 .... B2
8 Dhoku C4
9 Epoque E4
10 EthniCon C4
11 İznik Classics D4
12 Mekhann D5
13 Muhlis Günbattı C3
14 Necef Antik & Gold D4
15 旧书集市 A5
16 Ümit Berksoy D4
17 Yazmacı Necdet Danış C2

🛍 贝伊奥卢及周边

独立大街（İstiklal Caddesi）长久以来一直是当地最具魅力的购物区，但近年来失去了光芒，可能是因为贝伊奥卢以北的富裕郊区开业的时髦购物中心太受欢迎了。你能在独立大街找到城里最好的书店和唱片店，但别的就没有什么值得一提的了。

靠近鲜花通道（Çiçek Pasajı），沿着Şahne Sokak伸展的是贝伊奥卢的鱼市场（Balık Pazarı；见98页地图；Şahne Sokak，紧邻独立大街，Galatasaray；MTaksim），摊位上出售水果、蔬菜、鱼子酱、泡菜和其他产品。紧邻鱼市场的是新古典主义的欧洲走廊（Avrupa Pasajı，European Passage；见98页地图；MTaksim），这个美丽的走廊上有一些商店，出售游客纪念品和古董印刷品。附近的Aslıhan Pasajı是一座2层的拱廊，有许多二手书店。

杜乃尔广场（Tünel Meydanı）和加拉塔库莱斯（Galata Kulesi Meydanı）周围的街道都被先锋时尚和家居用品设计师挤满了，是令人激动的购物场所。两个广场之间的Galipdede Caddesi集中了许多乐器行。

纺织品的地方。这里有样式繁多的整卷布料——带光泽的、简易的、透明的以及精致复杂的。同样也有浴袍、围巾和衣服。隔壁的Murat Danış和这家店是同一伙人开办的。

苏库尔库玛周围狭窄蜿蜒的街道上能找到古董商店,托普哈内和外国居民飞地Cihangir散落着小的时装店。这三个区都很值得一逛。

★ Hiç　　　　　　　　　　　家庭用品、手工艺品

(见98页地图;☎0212-251 9973;www.hiccrafts.com;Lüleci Hendek Caddesi 35,Tophane;⊙周一至周六 10:30~19:00;◎Tophane)室内设计师埃迈欧·古恩塔什(Emel Güntaş)是伊斯坦布尔的时尚偶像之一,而在托普哈内(Tophane)新近开张的这家手工艺品商店是这座城市的设计师们纷至沓来的时尚地标。商店里出售的商品有靠垫、地毯、基里姆地毯、丝绸围巾、灯具、家具、玻璃器皿、瓷器以及毛毡工艺品。这里所有的商品都既华丽又匠心独运。

★ Nahıl　　　　　　　　　　手工艺品、浴室用品

(见98页地图;☎0212-251 9085;www.nahil.com.tr;Bekar Sokak 17,Taksim;⊙周一至周六 10:00~19:00;◎Taksim)这家可爱的商店出售毛毡、蕾丝、刺绣、各种天然香皂和毛线玩具,所有商品都是由土耳其乡村地区经济条件不佳的妇女制作的,所有利润都会返还给她们,以便让她们和她们的家庭过上更好的生活。

★ NYKS　　　　　　　　　　　　　　　家庭用品

(见98页地图;☎0212-252 6957;www.nyks.com.tr;Serdar-ı Ekrem Sokak 49/1a,Galata;◎Şişhane,◎Tünel)在这家位于城市最迷人的购物街之一的可爱店铺中,华丽的黄铜、大理石、玻璃和陶瓷容器中陈列着橄榄油蜡烛,散发出薄荷、百里香、月桂、松树、薰衣草、柏树、佛手柑、迷迭香和绿柑橘的香气,并且都有出售。价格实惠,与众不同,特别适合作为带回家或送给朋友家人的旅行纪念品。

Eyüp Sabri Tuncer　　　　　　　　　美容

(见98页地图;☎0212-244 0098;www.eyupsabrituncer.com;Mumhane Caddesi 10,Karaköy;⊙10:00~19:00;◎Karaköy)土耳其各个年龄层的人都喜欢这家成立于1923年的当地公司生产的古龙水和美容产品。考虑到质量,自然橄榄油(doğal zeytınyağlı)身体乳和香皂都惊人地便宜。

A La Turca　　　　　　　　　　　　地毯、古董

(见98页地图;☎0212-245 2933;www.alaturcahouse.com;Faik Paşa Caddesi 4,Çukurcuma;⊙周一至周六 10:30~19:30;◎Taksim)在这家位于Çukurcuma的商店里,古老的安纳托利亚基里姆地毯和纺织品就摆放在奥斯曼时代的珍贵古董旁边。Çukurcuma是在伊斯坦布尔寻找古玩珍品的最佳地点,而A La Turca大概是这里最有趣的商铺。进门之前要先按门铃。

Antijen Design　　　　　　　　　　　　服装

(见98页地图;☎0212-251 8614;www.niluferkaraca.com.tr;Yenicarşi Caddesi 9,Galatasaray;⊙周一至周六 10:00~19:00;◎Taksim)当地设计师Nilüfer Karaca创作的哑光色泽雕塑般的服饰,可以直接在货架上购买,也可以订做,两三天后交付。她所设计的裹身式夏季连衫裙和庄重的冬季外套尤其值得购买。

Arzu Kaprol　　　　　　　　　　　　　服装

(见98页地图;☎0212-252 7571;www.arzukaprol.net;Serdar-ı Ekrem Sokak 22,Galata;◎Şişhane,◎Tünel)Arzu Kaprol在巴黎接受培训,她卓越的设计在土耳其广受赞誉。她的女性服饰和配饰曾经出现在巴黎时装周,深受包括伦敦的哈罗兹百货在内的跨国零售商喜爱。这家商店展示她的时尚成衣系列。

Misela　　　　　　　　　　　　　时装和饰品

(见98页地图;☎0212-243 5300;www.miselaistanbul.com;Meşrutiyet Caddesi 107e,Tepebaşı;⊙周一至周四 11:00~19:00,周五 至20:00,周六 正午至20:00;◎Şişhane,◎Tünel)当地所有典型的时尚人士都会人手一个由当地女设计师Serra Türker所设计的时尚手包。高质量的材质和缝制工艺是这个品牌的特色,所以你也要付出相应的价格。

Hamm　　　　　　　　　　　　　　　家庭用品

(见98页地图;☎0533 234 1122;www.hamm.com.tr;Boğazkesen Caddesi 71a,Tophane;⊙周一至周六 10:00~19:00,周日 11:00~17:00;◎Tophane)这家商店坐落在托普哈内电车站

附近的Boğazkesen Caddesi，是贝伊奥卢的时尚中心之一，是了解当代土耳其时尚的好地方。其中展示着在伊斯坦布尔设计和制作的家具、照明灯具和家居用品。

Selda Okutan　　　　　　　　　　珠宝

（见98页地图；☏0212-514 1164；www.seldaokutan.com；Ali Paşa Değirmeni Sokak 10a, Tophane；◎周一至周六 10:00~19:00；🚌Tophane）赛欧达·奥库唐（Selda Okutan）设计的以裸体小人像为特色的雕刻饰件深受本地时尚界人士的欢迎。她的设计工作室位于托普哈内，你可以前来一探究竟。

Hafız Mustafa　　　　　　　　　　甜点

（见98页地图；独立大街35号，Taksim；◎8:00至次日1:00；Ⓜ Taksim）这家很受欢迎的甜点商店贝伊奥卢分店的招牌为"Hakkı Zade"，地址靠近塔克西姆广场。

Opus3a　　　　　　　　　　　　　音乐

（见98页地图；☏0212-251 8405；www.opus3a.com；Cihangir Caddesi 3a, Cihangir；◎11:00~20:30，6月至8月 至21:30；Ⓜ Taksim）渴望补充土耳其音乐CD或黑胶唱片的人应该来这家位于Cihangir的大店铺，这里的员工会讲英语，知识丰富，可以带你找到最好的古典、爵士、另类和流行音乐唱片。

🔒 贝西克塔什、奥塔廊伊和库鲁切什梅

热衷购物的人、到访的名流、公共关系专家和城里富有的年轻人都会被高端的尼尚塔什（Nişantaşı）吸引。这片地区位于塔克西姆广场以北2公里处，可乘坐地铁（Osmanbey站）进入。主街Teşvikiye Caddesi周边的街道能找到国际时尚和设计商店，使得当地一些人将那里称为Teşvikiye。尼尚塔什是伊斯坦布尔重要的时尚中心之一，尤其是Abdi İpekçi Caddesi，在那里可以找到土耳其和国际设计师的商店。

Gönül Paksoy　　　　　　　　　　服装

（见68页地图；☏0212-236 0209；gonulpaksoy@gmail.com；Demet Apt 4a, Akkavak Sokak, Nişantaşı；◎周二至周六 10:00~19:00，周一13:00起；Ⓜ Osmanbey）Paksoy创作和出售的都是一些超越了时尚而进入艺术领域的

东西。事实上，她的作品曾经在伊斯坦布尔拉詹·哈什美术馆（Rezan Haş Gallery）参展。她独特的服饰采用自然染织的织物（主要是丝绸、亚麻、棉、开司米、山羊毛和绒）手工制作。

她还创作和出售精致的丝绸和棉质针织品，以及以传统奥斯曼图案为基础的精致首饰。

Lokum Istanbul　　　　　　　　　食品

（☏0212-257 1052；www.lokumistanbul.com, Kuruçeşme Caddesi 19, Kuruçeşme；◎周一至周五 9:00~20:00，周六和周日 10:00起；🚌Kuruçeşme）在这家精品店中，土耳其软糖被提升至艺术品的高度。店主兼品牌创始人泽伊内普·凯伊曼（Zeynep Keyman）希望能重新找回一些土耳其经典特产的风味、美感和制作方法，再现它们曾经给人们带来的快乐。这些特产包括五彩缤纷的胖乎乎的石榴和开心果软糖（一小盒65里拉）、传统水煮棒棒糖（akide）、古龙水和香烛。这些包装精美的商品非常适合作为礼物送人。

Zorlu Center　　　　　　　　　购物中心

（见146页地图；☏0212-924 0124；www.zorlucenter.com；Beşiktaş；Ⓜ Gayrettepe）这里包括一家购物中心、一个居民区和一家表演艺术中心，其中的高档商店、当地和国际艺术家举办的演奏会、食物连锁店（包括Eataly和Jamie's Italian）和一座14块银幕的综合电影院是吸引点。

🔒 于斯屈达尔

Şekerci Aytekin Erol Caferzade　　食品

（见68页地图；☏0216-337 1337；www.caferzade.com.tr；Atlas Sokak 21；◎8:00~21:00；🚌Üsküdar, Ⓜ Üsküdar）这家甜食店是于斯屈达尔热闹的鱼市场（Balıkçılar Çarşısı）的热门店铺之一，从1945年开始向当地人售卖土耳其软糖，以像石榴和开心果（narlı çifte kavrulmuş fıstıklı）这样别出心裁的口味出名。也出售大量五彩缤纷的硬糖（akide）。

ℹ️ 实用信息

危险和麻烦

➡ 最近，土耳其国内和地区政治局势紧张，并已

导致一场最终未获成功的暴力军事政变。游客频繁出入的区域和设施还发生了包括炸弹袭击在内的恐怖主义事件。游客应该关注自己国家的旅行建议,随时保持警醒。

➡ 游览城市街区时,要随时用常识判断周围情况。在古城墙周边尤其要注意,因为那里会藏匿流浪汉和吸毒人员——不要在这里独自行走,也避免天黑后到这里。

➡ 步行时,随时给车辆让路;法律认定行人的权力,但街头并不理会这一套。人行道和马路的路面经常维护得很差,一些商店的地下室需要从路面经由一段没有栏杆的陡峭楼梯挤进入——小心脚下!

医疗服务

伊斯坦布尔的食品卫生标准很高,游客很少会因为食物生病。安全起见,品尝街头食物时要谨慎,如果在熟食餐馆(lokanta)用餐,一定要选择看起来刚做好还是热的食物。

伊斯坦布尔的自来水加氯消毒过,但还是不能保证安全(许多当地人都不喝)。矿泉水很便宜,到处都有330ml、1.5L、3L的塑料瓶装水出售。

土耳其没有与其他国家签署互惠的医疗保险协议,所以强烈建议购买旅行保险。

小病一般可以在药房咨询药剂师(eczane)的建议。许多药剂师都会说英语,会当场开具处方。许多在西方国家要有处方才能购买的药物,在这里的柜台就能购买(最危险或致瘾的除外),而且一般也更便宜。一定要知道你需要的药物的通用名称,因为它们在土耳其的商售名称可能不一样。

土耳其的大多数医生会说英语,伊斯坦布尔有一半的内科医生都是女性。如果女性去找男性医生看病,一般参加任何身体检查或治疗都需要有同伴陪同。

尽管较为昂贵,但如果在伊斯坦布尔旅行时需要医疗护理,最简便的方法是去以下所列举的私人医院就诊。他们的护理标准一般都相当高,要找会英语的员工也毫无障碍。2家医院都接受信用卡,标准挂号费约300里拉。

American Hospital(Amerikan Hastenesi;☏0212-444 3777, 0212-311 2000;www.americanhospitalistanbul.com;Güzelbahçe Sokak 20, Nişantaşı;⊙24小时;MOsmanbey)设有儿科、牙科和其他许多门诊。

Memorial Hospital(☏0212-444 7888, 0212-314 6666;www.memorial.com.tr/en;Piyalepaşa Bulvarı, Şişli;MŞişli)设有急诊部、眼科中心和儿科门诊。

现金

伊斯坦布尔到处都可以找到自动柜员机,大多数商店、酒店和高端餐厅都接受信用卡。

邮局

中央邮局(Central Post Office, Merkez Postane;见76页地图;☏444 1788;www.ptt.gov.tr;Büyük Postane Caddesi;⊙8:30~17:00;ⓈSirkeci)国际包裹服务在进门右侧。这里也有自动柜员机。

旅游信息

土耳其文化和旅游部(Ministry of Culture & Tourism;www.turizm.gov.tr)目前在伊斯坦布尔运营着3所旅游信息办公室,在2座国际机场都有信

ⓘ 博物馆通票

大多数游客都会在伊斯坦布尔至少停留3天,并且会尽可能多地参观博物馆,所以可以考虑购买一张**伊斯坦布尔博物馆通票**(Museum Pass İstanbul; http://www.muze.gov.tr/en/museum-card)。有效期120小时(5天),时间从你参观第一座博物馆时算起,价格为185里拉,允许单次进入托普卡帕宫和后宫、圣索菲亚大教堂、神圣和平教堂、伊斯坦布尔考古博物馆、土耳其和伊斯兰教艺术博物馆、大皇宫马赛克博物馆、卡里耶博物馆(科拉教堂)、加拉塔梅夫拉维博物馆、费特希耶博物馆、如梅利堡垒、Yıldız Sarayı和伊斯坦布尔伊斯兰科技史博物馆。如果单独购买,这些景点的门票将花费超过300里拉,所以这张通票可以为你省下很大一笔费用,有时还能帮你避开买票排队。

除让你进入这些政府运营的博物馆之外,通票还能提供私营博物馆门票折扣,例如纯真博物馆、佩拉博物馆和拉哈米·M.考契工业博物馆。

通票可通过一些酒店购买,也可从覆盖的所有博物馆售票处购买。

ℹ️ 电话区号

如果你在伊斯坦布尔的欧洲部分，想给亚洲部分打电话，必须在号码前面加0216；如果你在亚洲部分，想给欧洲部分打电话，加0212；拨打同一边的电话，不需要加区号（0212/6）。

息亭。根据我们的经验，锡尔凯吉的办公室用处最大，苏丹艾哈迈德的办事处是最没用的。

阿塔图克国际机场旅游办公室（☎0212-465 3347；Atatürk International Airport国际到达大厅；⏰9:00~21:00）

萨比哈·格克琴国际机场旅游办公室（Sabiha Gökçen International Airport；☎0216-588 8794；⏰8:00~19:00）

锡尔凯吉火车站旅游办公室（☎0555 675 2674, 0212-511 5888；Sirkeci Gar, Ankara Caddesi, Sirkeci；⏰4月中旬至9月 9:30~18:00，10月至次年4月中旬 9:00~17:30；🚇Sirkeci）

苏丹艾哈迈德旅游办公室（☎0212-518 8754；Hippodrome, Sultanhamet；⏰4月中旬至9月 8:30~18:30，10月至次年4月中旬 9:00~17:30；🚇Sultanahmet）

塔克西姆旅游办公室（☎0212-233 0592；www.kulturturizm.gov.tr；1层, Seyran Apartmanı, Mete Caddesi, Taksim；⏰4月中旬至9月 9:30~18:30，10月至4月中旬 9:00~17:30；🚇Taksim）

ℹ️ 到达和离开

伊斯坦布尔不是首都，胜似首都，所以要到这里很容易。城市目前有2座国际机场，第三座伊斯坦布尔新机场在2018年底开始正式运营，并将逐渐取代阿塔图克国际机场投入使用。这里有一个汽车站（otogar），提供国内和国际的汽车往来服务。本书写作之时，这里没有国际铁路连接，但等全国铁路线路升级完成后，土耳其东部和叙利亚安全局势有所改观后，这一局面有可能会发生改变。

通过www.lonelyplanet.com/bookings可预订航班、小汽车和团队游。

飞机
伊斯坦布尔新机场

2018年10月29日，位于市区以北35公里处的伊斯坦布尔新机场（İstanbul Yeni Havalimanı；代码ISL；☎444 1 442；www.istanbulhavalimani.com/en；Tayakadın District Terminal Street No.1 Arnavutköy）开始正式运营，这座新机场将成为亚欧非最大的交通中转站。2019年4月7日，阿塔图克机场的所有客运航班将逐步挪至这个新机场运营。由于正在紧急建设之中，新机场的设施可登录网站进行了解。

阿塔图克国际机场

城市的主要机场**阿塔图克国际机场**（Atatürk International Airport, Atatürk Havalimanı, 代码IST；见146页地图☎+90 444 9828；www.ataturkairport.com）位于苏丹艾哈迈德以西23公里处的耶西尔柯伊（Yeşilköy）。1

国际抵达区有汽车租赁处手机通讯公司的摊点、货币兑换处、24小时药房、自动柜员机和邮局，前往地铁的过道中有一家24小时营业的超市。

行李寄存处 在出海关后的右手边，提供行李寄存服务，每箱或每个背包每24小时收费为20里拉；整日开放。

旅游信息 国际抵达大厅有一个小的办公室，开放时间为9:00~21:00。提供地图和建议。

萨比哈·格克琴国际机场

城市第二国际机场**萨比哈·格克琴国际机场**（Sabiha Gökçen International Airport, Sabiha Gökçen Havalimanı, 代码SAW；☎0216-588 8888；www.sgairport.com）位于伊斯坦布尔亚洲一侧的彭迪克（Pendik）/Kurtköy地区。

国际抵达大厅有自动柜员机、汽车租赁处、手机通讯公司的摊点、货币兑换处、一家迷你超市和邮局。

行李寄存 国际抵达大厅的一个服务亭提供行李寄存服务。

旅游信息 国际抵达大厅有一座小的办公室，开放时间为9:00~19:00。提供地图和建议。

长途汽车

比于克长途汽车总站（Büyük İstanbul Otogarı, Big İstanbul Bus Station；☎0212-658 0505；www.otogaristanbul.com）是伊斯坦布尔主要的长途汽车站，既有国内城际线路，也有国际线路。人们通常简称其为长途汽车站（Otogar）。它地处Esenler，在贝拉姆帕夏（Bayrampaşa）区的辖区内，在苏丹艾哈迈德以西约10公里的地方。从阿克萨赖（Aksaray）开往阿塔图克机场的地铁会在此停靠（Otogar站），从Otogar，你可以乘坐地铁线前往Zeytinburnu，然后轻松地换乘电车（5里拉）前往苏丹艾哈迈德或卡巴塔什（Kabataş）/塔克西姆。如果要去贝伊奥卢，6:00～22:50，每隔15分钟有一趟830路公共汽车从长途汽车站中心出发，大约1小时抵达塔克西姆广场，票价为5里拉，比地铁和电车更慢。乘出租车前往苏丹艾哈迈德和塔克西姆的费用都是35里拉左右。

在**Alibeyköy**还有一个规模小得多的长途汽车站，从安纳托利亚中部（包括安卡拉和卡帕多奇亚）开往Esenler的长途汽车会在途中停靠此。乘客可以从这里乘坐中转大巴（servis）前往塔克西姆，中转费用包含在票价里。这条线路唯一的问题是中转大巴的司机很少有会说英语的，而且乘客有时必须等待中转大巴——直接坐到Esenler或许是更轻松的选择。注意：没有车次前往苏丹艾哈迈德。

伊斯坦布尔的第三座长途汽车站位于亚洲一侧的**Ataşehir**，在O-2和O-4两条高速公路的交会处。有中转大巴会将乘客从Ataşehir运送到亚洲一侧的郊区，包括卡德廓伊和于斯屈达尔。

火车

在本书写作期间，伊斯坦布尔没有国际列车在运营；每天往来于伊斯坦布尔和布加勒斯特（Bucharest）、途经索非亚（Sofia）的Bosfor Ekspres，在伊斯坦布尔和索非亚之间提供的是汽车服务，在索非亚和布加勒斯特之间才是火车。每天22:00发车（65里拉到索非亚，125里拉到布勒加斯特）。

安卡拉和彭迪克（Pendik）之间运营着1班快速列车，后者位于伊斯坦布尔亚洲一侧，卡德廓伊东南方向20公里处。车程约3.5小时，票价70里拉起。不幸的是，去往彭迪克的交通很不便利。你需要搭乘地铁从锡尔凯吉前往Ayrılık Çeşmesi，然后转乘地铁M4线前往该线路位于卡尔塔尔（Kartal）的终点站。从卡尔塔尔可以乘坐17B路公共汽车或乘坐出租车再走6公里才能抵达彭迪克火车站。未来地铁M4线有望延伸至彭迪克和Kaynarca，但相应的时间表尚未公布。

❶ 当地交通

➡ 可在售票机、电车站的办公室、渡轮和缆车、地铁站购买代币（Jetons），但使用伊斯坦布尔交通卡更便宜和简单。

➡ 乘坐公共汽车必须有伊斯坦布尔交通卡。

➡ 乘坐合乘小巴（dolmuş）时向司机交费；票价根据目的地和旅途长短而定。

➡ 公私渡轮服务的票价一般相同；伊斯坦布尔交通卡在一些私营渡轮上也能使用，但并非全部。

➡ 伊斯坦布尔交通卡不能支付博斯普鲁斯海峡渡轮观光服务。

抵离伊斯坦布尔新机场
机场巴士

公共汽车IETT（www.iett.istanbul/en）和Havataş（Havaş）机场大巴（☏444 2656；http://havatas.com）都会运营从新机场前往市区的巴士，Havataş的巴士票价根据不同目的地为16~25里拉不等，可在网站上查询详细路。

地铁

本书调研时，抵达伊斯坦布尔新机场的地铁M11线正在建设当中，未来可从地铁M2线的Gayrettepe站换乘M11至Yeni Havalimanı/2站。

抵离阿塔图克国际机场
机场巴士

如果你住在贝伊奥卢，从阿塔图克国际机场**乘坐Havataş（Havaş）机场大巴**（☏444 2656；http://havatas.com）可能是最便利的选择。大巴从凌晨4:00到次日凌晨1:00每30分钟发出1班，行驶时间取决于交通状况，全程约需要40分钟到1个小时不等。票价为11里拉，大巴停靠在塔克西姆广场附近Cumhuriyet Caddesi上的Point Hotel酒店门前。注意大巴和车站的标志有时会写成"Havas"而不是"Havataş"。

有一趟公共汽车（96T）可从到达大厅外Havataş大巴旁边的车站出发前往塔克西姆广场（5里拉，2小时，每天6班），你可以登录İETT的网站（www.iett.istanbul/en）查询发车时间。要乘坐这趟车，必须有伊斯坦布尔交通卡。1楼低处的地铁站入口的机器有售。

酒店班车

如果你住宿3晚或更长时间，许多酒店都提供阿塔图克国际机场的免费接机服务。从酒店返回机场时，也有很多廉价但速度很慢的班车可供你选择，价格约25里拉，详情可向你的酒店咨询。

地铁和电车

从机场到耶尼卡帕（Yenikapı）之间的地铁很高效，从那里可以乘M2地铁前往Hacıosman站。这条线停靠巴扎区的Vezneciler，贝伊奥卢的Şişhane和塔克西姆；另一条服务线路是到Ayrılık

ⓘ İSTANBULKART交通卡

伊斯坦布尔的公共交通系统极为便利，可充值的İstanbulkart交通卡是其主要亮点，它类似于伦敦的牡蛎卡（Oyster Card）、香港的八达通和巴黎的Navigo。

İstanbulkart交通卡使用起来极为简便：进入公共汽车、穿过渡轮码头或地铁站的十字转门时，只要刷一下卡，费用就能自动从你的卡内余额中被扣除。使用此卡可享有一定程度的折扣（根据目的地，一般在2.6里拉，平时票价5里拉的车票，在2小时内第一次换乘刷卡只需1.85里拉，第二次换乘是1.4里拉，以后所有的换乘都是0.9里拉）。它还能供多名乘客使用（每人每程刷一次）。

此卡可在地铁站或缆车站的机器上购买，收费10里拉（不退），其中有4里拉的余额。如果从电车站或公共汽车站附近的街边亭子中购买（寻找"Akbil""Dolum Noktası"或"İstanbulkart"的标识），你需要支付8里拉买一张带塑料卡套的卡，不要塑料卡套的话是7里拉。里面没有余额。

可以在渡轮码头、地铁站和公共汽车站为卡充值，单次充值的额度为5~150里拉之间。

Çeşmesi的马尔马拉铁路（Marmaray），中途停靠艾米诺努渡轮码头附近的锡尔凯吉和亚洲海岸的于斯屈达尔。

要前往苏丹艾哈迈德，可从Zeytinburnu乘地铁，从那里轻松换乘前往苏丹艾哈迈德、艾米诺努和卡巴塔什的电车。从卡巴塔什有隧道缆车前往塔克西姆广场。注意：如果要从市中心去机场，应该乘坐Bağcılar而非Cevizlibağ，后者终点站在Zeytinburnu之前。

地铁站位于国际出发大厅的地下底层——顺着"Metro/Subway"标示沿自动扶梯下楼，穿过地下通道即可到达。每次乘坐地铁，每个人都需要在主入口的自动售票机购买一枚代币（jeton；5里拉）或买一张可重复充值的İstanbulkart交通卡（10里拉，包括4里拉押金）。地铁每6~10分钟发1班，运营时间为凌晨6:00至午夜。在Zeytinburnu出地铁站后，正前方就是电车站台。你需要再购买一张代币（5里拉）穿过十字转门。

出租车

从机场乘坐出租车到苏丹艾哈迈德的车费约45里拉，到贝伊奥卢约55里拉，到卡德廓伊约80里拉。

往返萨比哈·格克琴国际机场
机场巴士

从机场到塔克西姆广场的**Havataş**（见142页）机场大巴在凌晨3:30至次日1:00之间发车，前往卡德廓伊的班车运营时间为凌晨4:00至次日1:00；前往塔克西姆的票价是14里拉（全程1.5小时），前往卡德廓伊的是9里拉（全程1小时）。如果从塔克西姆前往老城区，你可以先乘坐隧道缆车从塔克西姆前往卡巴塔什（5里拉），再从卡巴塔什坐电车前往苏丹艾哈迈德（5里拉）。从卡德廓伊出发可以坐渡轮前往艾米诺努（5里拉）。

酒店班车

酒店很少提供萨比哈·格克琴国际机场的免费接机服务。从酒店返回机场的班车收费高达75里拉，但班次并不多——具体细节需要和入住酒店核实。全程长达2小时，所以要预留出充裕的时间。

出租车

从这座机场到城里很贵。到贝伊奥卢需要花费约140里拉；去苏丹艾哈迈德约155里拉。

公共汽车

伊斯坦布尔的公共汽车系统非常高效，不过城里的交通拥堵意味着乘坐公共汽车出行常常要花很长时间。Metrobüs线路（公交车专用车道）的引入就是为了缓解这个问题，但是这些线路都倾向于服务城市中心以外的居民区，因此游客能享受到的便利度有限。主要的几个公共汽车站分别位于塔克西姆广场下方、贝西克塔什、卡巴塔什、艾米诺努、卡德廓伊和于斯屈达尔，大部分公共汽车线路的运营时间为6:00至23:00。城市公共汽车线路目的地和主要车站会标注在公交车（otobüs）右侧（kerb）的一块标牌上，或者标注在前方的电子屏上。你必须拥有İstanbulkart交通卡才能上车。

对旅行者最有用的线路是那些沿着博斯普鲁斯海峡和金角湾两岸、在西区以及在于斯屈达尔和卡德廓伊之间运行的班次。

渡轮

游览伊斯坦布尔最享受的方式当属乘坐渡轮。穿梭于亚洲和欧洲海岸之间，在金角湾和博斯普鲁斯海峡游弋，向王子群岛进发……这些船只非常高效，也很受本地人的青睐。一些渡轮是国有公司İstanbul Şehir Hatları经营的，其他船只属于私人公司，如**Dentur Avrasya**（☎444 6336；www.denturavrasya.com）和**Turyol**（☎0212-251 4421；www.turyol.com）。渡轮码头贴有时刻表。

在欧洲一侧，主要渡轮码头位于金角湾入口（艾米诺努和卡拉廓伊）、贝西克塔什以及距加拉塔大桥2公里远的卡巴塔什电车站旁。

渡轮每年按照2张时间表行驶：冬季（9月中旬至次年5月）和夏季（6月至9月中旬）。票价很便宜（通常为5里拉），而且大部分路线都可以使用İstanbulkart交通卡。

也有海上巴士（deniz otobüsü）和快速渡轮（hızlı feribot）服务，但是这些线路对游客来说没什么吸引力，也比便利渡轮更昂贵。更多信息可查看**İstanbul Deniz Otobüsleri**（İDO；☎0850 222 4436；www.ido.com.tr）网站。

路线

下面列出的是一些对游客来说非常有用的航线，定期有渡轮往返运营：

➡ 贝西克塔什—卡德廓伊
➡ 贝西克塔什—于斯屈达尔
➡ 艾米诺努—阿纳多卢卡瓦（Anadolu Kavağı）
➡ 艾米诺努—卡德廓伊
➡ 艾米诺努—于斯屈达尔
➡ 卡巴塔什—卡德廓伊
➡ 卡巴塔什—卡德廓伊—Kınalıada—Burgazada—海贝利阿达（Heybeliada）—比于卡达（Büyükada）（王子群岛渡轮）
➡ 卡巴塔什—于斯屈达尔
➡ 卡拉廓伊—卡德廓伊（部分船只停靠在海达尔帕夏）
➡ 卡拉廓伊—于斯屈达尔
➡ 萨勒耶尔（Sarıyer）—如梅利卡瓦（Rumeli Kavağı）—阿纳多卢卡瓦
➡ 于斯屈达尔—卡拉廓伊—艾米诺努—卡瑟姆帕夏—哈斯廓伊—阿依万萨莱（Ayvansaray）—叙特吕杰—埃于普（金角湾渡轮）

也有少量线路往返市区与博斯普鲁斯海峡郊区及其郊区之间。

隧道缆车和缆车

伊斯坦布尔有2条隧道缆车路线（funıküleri）和2条缆车（teleferic）路线。都是短途，可使用伊斯坦布尔交通卡。

一辆叫作Tünel的隧道缆车将乘客从加拉塔大桥（Galata Köprüsü）下的卡拉廓伊运往独立大街尽头的杜乃尔广场。运营时间是7:00至22:45，每隔5分钟1班，票价5里拉。

第二条缆车线路将乘客从卡巴塔什（电车线路的终点站）运往塔克西姆广场，乘客可以在那里换乘地铁。缆车运营时间是6:00至午夜，每隔5分钟1班，票价4里拉。

缆车可往返于水边的埃于普和Pierre Loti Café（8:00~22:00）；另一条线路往返Maçka（塔克西姆附近）和Taşkışla的伊斯坦布尔技术大学（İstanbul Technical University, 8:00~19:00）之间。每趟需要花费票价为5里拉的代币。

地铁

从6:00至午夜，地铁每5分钟1班，可使用票价为5里拉的代币或İstanbulkarts交通卡。

M1A线路连接苏丹艾哈迈德西南部的耶尼卡帕和阿塔图克国际机场，所停靠的16站之中包括阿克萨赖和比于克长途汽车总站。

M2线路连接耶尼卡帕和塔克西姆，沿途停靠3个站：大巴扎附近的Vezneciler，跨越金角湾的新桥（Haliç站），以及位于贝伊奥卢的杜乃尔广场附近的Şishane站。从塔克西姆出发，另一条向东北方向前进的线路开往Hacıosman，途经9站。支线M6连接其中的一站Levent和博斯普鲁斯海峡附近的海峡大学（Boğaziçi Üniversitesi）。

第四条线马尔马雷（Marmaray）线路连接老城区西部的Kazlıçeşme和亚洲一侧的Ayrılak Çeşmesi。这条地铁线会通过马尔马拉海地下隧道，沿途停靠耶尼卡帕、Sirkeci和于斯屈达尔3站，与M4共同运营卡德廓伊和卡尔塔尔（Kartal）之间的地区。有小部分当地人拒绝使用这条隧道线路，因为他们认为建设期间为了加快开放速度，安全标准有折扣。

出租车

伊斯坦布尔有许多黄色出租车。有些司机很疯，有些是骗子，但大部分两者都不是。如果您遇到第一类，快被车速吓崩溃时，可说"yavas"（慢点！）。骗子司机喜欢宰客。所有出租车都有电子计价器，不过有些司机会要求一口价，或者假装计价器无法使用，以便在旅程最后敲你一笔。对付这种情况的最好方法是告诉他们：不打表不上车。不要搭乘在圣索菲亚大教堂附近等活儿的出租车——我们接到过宰客的举报。

出租车的费用很合理，而且白天和夜间的计价标准相同。在贝伊奥卢和苏丹艾哈迈德之间往来需要大约15里拉。

出租车很少有安全带。如果乘出租车从欧洲经过博斯普鲁斯海峡大桥前往亚洲，你需要付过桥费（4.75里拉）。司机会将费用加到你的车费中。从亚洲到欧洲无须交费。

有轨电车

有轨电车（tramvay）服务相当不错，从伊斯坦布尔西边的Bağcılar开往Zeytinburnu（在这里与来自机场的地铁相连），然后继续开往苏丹艾哈迈德和艾米诺努，随后穿过加拉塔大桥抵达卡拉廓伊（与Tünel缆车相连）和卡巴塔什（与开往塔克西姆广场的隧道缆车相连）；还有另一条线路从Cevizlibağ出发，先前往同一条线路上的苏丹艾哈迈德站，然后前往卡巴塔什。两条线都是从6:00至午夜，每5分钟开出1班，票价为5里拉；每个电车站的机器上都可以购买交通代币，也可使用İstanbulkart交通卡。

有一列小型的古董电车会从杜乃尔广场附近的电车站出发，沿着独立大街一路行驶至塔克西姆广场（7:00~22:20）。你可以在Tünel隧道缆车的售票处购买电车车票（5里拉），也可使用İstanbulkart交通卡。

另有一条电车线路沿环线穿过卡德廓伊和相邻的郊区Moda，6:55~21:20之间每10分钟1班，代币为5里拉，也可使用伊斯坦布尔交通卡。

伊斯坦布尔周边
（AROUND ISTANBUL）

王子群岛（Princes' Islands）

大多数伊斯坦布尔人都将王子群岛（又称"普林斯群岛"）简称为"群岛"（Adalar）。群岛位于城市东南方向20公里的马尔马拉海上，是躲避城市喧嚣的一日游绝佳目的地，但5月到10月间人很多，届时周末游客数量每天高达50,000人。9座岛屿中有5座都有人居住，但大部分游客会选择去其中最大

的2座：比于卡达岛（Büyükada）和海贝利阿达岛（Heybeliada）。

这片群岛从公元前4世纪就有人居住，现在的名字来源于其公元6世纪的主人——拜占庭王子贾斯廷。这里的第一座希腊正教修道院建于846年，于1846年开始有渡轮频繁往返伊斯坦布尔，那时，富裕的伊斯坦布尔人开始在这里购买度假别墅。比于卡达岛和布尔加扎达岛（Burgazada）很受希腊及犹太后裔家庭的喜欢；海贝利阿达岛上主要是希腊人。

最好是在暖和的月份游览群岛。许多餐厅和大部分的酒店在11月到次年4月间都会歇业；渡轮服务有时会因为恶劣的天气而取消，导致游客被困在岛上，但又没有住宿处。

王子群岛的政府（Adalar Belediyesi, Princes' Islands Municipality; ☎0216-382 3382; www.adalar.bel.tr; ⛴from Kabataş）有一个英语网站，提供旅游信息和马车（fayton）价格。

❶ 到达和离开

夏季周末，你至少要比出发时间早半小时上渡轮才能找到座位，否则只能站完全程。在渡轮的右侧，你可以欣赏途中的各个岛屿。在渡轮驶向马尔马拉海的过程中，乘客们既能尽情领略右侧托普卡帕宫、圣索菲亚大教堂和蓝色清真寺的壮美，也可以欣赏左边的少女塔、海达尔帕夏火车站和马尔马拉大学（Marmara University）那独特的尖塔式钟楼。在卡德廓伊短暂停留之后，渡轮便驶向第一座岛屿克纳利阿达岛（Kınalıada；航程需要30分钟），之后抵达布尔加扎达岛（15分钟），然后是群岛中的第二大岛屿海贝利阿达岛（15分钟），接着是群岛中最大的比于卡达岛（10分钟）。

一定要查看所有公司的网站，因为日程和路线经常改变。

Dentur Avrasya（见109页）运营的小渡轮班次频繁，停靠于卡达岛和海贝利阿达岛（6里拉），从卡巴塔什加油站背后的码头出发。

İDO（☎0850-222 4436; www.ido.com.tr）每天提供2趟渡轮班次，从卡巴塔什出发（代币11里拉，或使用İstanbulkart交通卡8.6里拉）。

Istanbul Şehir Hatları（见109页）6:50~23:00（6月至9月中旬 至21:00），每天至少有8班渡轮从卡巴塔什前往群岛。出发地点在阿达拉尔渡轮码头（Adalar İskelesi）。一日游最方便的出发时间是8:40和10:40（6月到9月中 8:30、9:30和10:30）。前

Around İstanbul 伊斯坦布尔周边

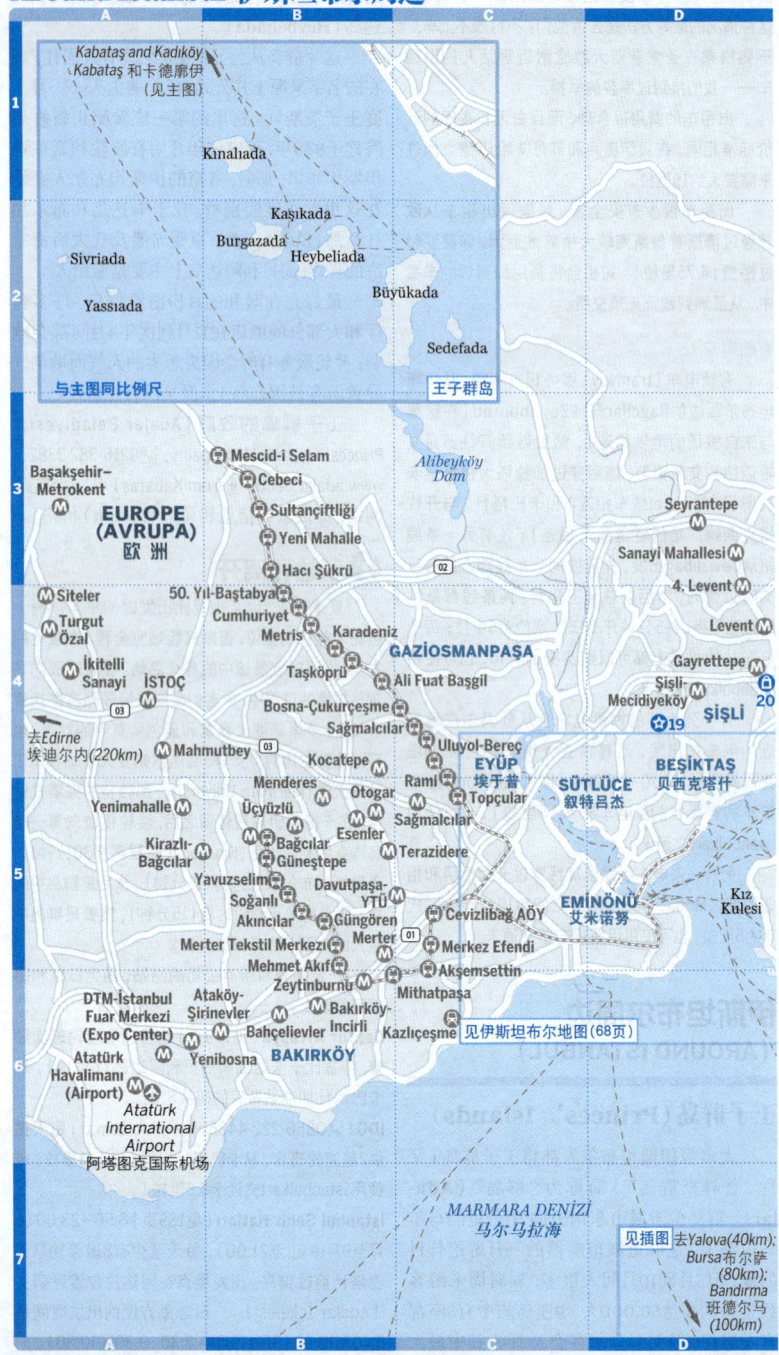

伊斯坦布尔 王子群岛

Kabataş and Kadıköy Kabataş 和卡德廊伊 (见主图)

- Kınalıada
- Kaşıkada
- Burgazada
- Heybeliada
- Sivriada
- Büyükada
- Yassıada
- Sedefada

与主图同比例尺 — 王子群岛

- Başakşehir–Metrokent
- Mescid-i Selam
- Cebeci
- Sultançiftliği
- Yeni Mahalle
- Hacı Şükrü
- Alibeyköy Dam
- Seyrantepe
- Sanayi Mahallesi
- 4. Levent
- Levent
- EUROPE (AVRUPA) 欧洲
- Siteler
- Turgut Özal
- İkitelli Sanayi
- İSTOÇ
- 50. Yıl-Baştabya
- Cumhuriyet
- Metris
- Karadeniz
- GAZİOSMANPAŞA
- Taşköprü
- Ali Fuat Başgil
- Gayrettepe
- Şişli-Mecidiyeköy
- ŞİŞLİ
- 去Edirne 埃迪尔内(220km)
- Bosna-Çukurçeşme
- Sağmalcılar
- Mahmutbey
- Kocatepe
- Uluyol-Bereç
- EYÜP 埃于普
- Rami
- Topçular
- BEŞİKTAŞ 贝西克塔什
- SÜTLÜCE 叙特吕杰
- Menderes
- Otogar
- Sağmalcılar
- Yenimahalle
- Üçyüzlü
- Esenler
- Terazidere
- Kirazlı-Bağcılar
- Bağcılar
- Güneştepe
- Yavuzselim
- Davutpaşa-YTÜ
- Soğanlı
- Akıncılar
- Güngören
- Cevizlibağ AÖY
- EMİNÖNÜ 艾米诺努
- Kız Kulesi
- Merter Tekstil Merkezi
- Merter
- Merkez Efendi
- Mehmet Akif
- Akşemsettin
- Zeytinburnu
- Mithatpaşa
- DTM-İstanbul Fuar Merkezi (Expo Center)
- Ataköy-Şirinevler
- Bakırköy-İncirli
- Kazlıçeşme
- 见伊斯坦布尔地图(68页)
- Bahçelievler
- Atatürk Havalimanı (Airport)
- Yenibosna
- BAKIRKÖY
- Atatürk International Airport 阿塔图克国际机场

MARMARA DENİZİ 马尔马拉海

见插图 去Yalova(40km); Bursa布尔萨(80km); Bandırma 班德尔马(100km)

Around İstanbul
伊斯坦布尔周边

◎ 重要景点
1 埃及总督别墅 F3

◎ 景点
2 艾哈迈德·阿斐夫帕夏雅丽 E3
3 阿纳多卢堡垒 E3
4 阿纳多卢卡瓦城堡 F1
5 贝贝克清真寺 E4
6 博卢桑当代博物馆 E3
7 埃及领事大楼 E4
8 Gâzi İskender帕夏清真寺 E3
   塞浦路斯雅丽 .... (见9)
9 孔特·奥斯托罗格雅丽 E4
10 克普吕律·阿姆卡扎德·侯赛因
    帕夏雅丽 E4
11 库曲克苏宫 E4
12 库来利军事学院 E4
13 如梅利堡垒 E3
14 萨德柏克女士博物馆 E2
15 萨基普·萨班哲博物馆 E3
    托普哈内·姆希利·泽基帕夏雅丽 .. (见6)
16 扎里夫·穆斯塔法帕夏雅丽 E3

◎ 就餐
17 Sade Kahve E3

◎ 饮品和夜生活
18 Lucca E4

◎ 娱乐
19 Babylon Bomonti D4

◎ 购物
20 Zorlu Center D4

往群岛旅途价格为5.50里拉（使用伊斯坦布尔交通卡是4.40里拉），群岛之间和返程价格相同。每2小时左右有1班渡轮返回伊斯坦布尔。离开比于卡达岛的最晚时间为18:15和20:20，海贝利阿达岛为18:30和20:35（6月到9月中旬离开比于卡达岛的最晚时间为21:15和22:15，离开海贝利阿达为21:30和22:30）。

Turyol（☎0212-251 4421；http://turyol.com）运营的小渡轮，每天3~5班从卡拉廓伊和艾米诺努前往比于卡达岛（6里拉）。

ⓘ 当地交通
王子群岛最好的一点是没有汽车，主要交通

海贝利阿达岛 (Heybeliada)

海贝利阿达岛是群岛中最漂亮的一座，上面都是19世纪建造的精致的木头别墅，有大量的观景台能看到壮丽的海景，非常受伊斯坦布尔一日游旅客的欢迎，他们大都在周末成群结队来到岛上，去松树林里散散步，然后去一般都很拥挤的小小的海滩附近游泳。山顶的圣三一修道院（Haghia Triada Monastery）是岛上最主要的地标式建筑，它俯瞰着一排风景如画的白杨树林，这片区域在拜占庭时代是一所希腊修道院，在来时的渡轮码头左侧还能看到建于1824年的土耳其中央学院（Deniz Lisesi）。

从码头（iskele）一路欢快地向着位于Refah Şehitleri Caddesi尽头的酒店Merit Halki Palace行进，途中会经过众多建在精心打理的花园中的大型木屋别墅。有很多通往野餐点及观景台的巷道。

圣三位一体修道院（Hagia Triada Monastery, Aya Triada；020216-351 8563；Ümit Tepesi；每天根据预约；Heybeliada）高耸在一片风景如画的杨树林里，这里从拜占庭时期起就是一座希腊修道院，修建于1844年，建成后一直是一个希腊东正教神学院，直到1971年被政府下令关闭。正教牧首（Ecumenical Orthodox Patriarchate）正在不断呼吁，要求重开这所神学院。修道院建筑中还包括一座带有华丽祭坛的小教堂以及一座具有国际知名度的图书馆，图书馆中保存着很多古老的珍稀手稿。

食宿

海贝利阿达岛只有几家酒店，其中最好的是高档酒店 **Merit Halki Palace**（0216-351 0025；www.merithotels.com；Refah Şehitleri Caddesi 94；@🛜🏊；Heybeliada）。

Heyamola Ada Lokantası 土耳其菜 $$
（0216-351 1111；www.heyamolaadalokantasi.com；Mavi Marmara Yalı Caddesi 30b；开胃菜10~22里拉，沙拉10~14里拉，主菜22~40里拉；9:00~23:00，11月至次年4月 周一歇业；Heybeliada）这家繁忙的餐厅位于İDO码头对面，提供的大量蔬菜、酸奶和海鲜开胃菜令顾客赞叹不已。不确定吃什么的人可以选择混合开胃菜拼盘（小/大 30/50里拉），再来2个海鲜热菜。夏天周末夜晚有时会有现场音乐会。

❶ 当地交通

岛上有几家商店出租自行车（每小时/天10/30里拉），阿塔图克雕像背后的Araba Meydanı上有马车站。你可以租一辆马车花1小时游览岛屿（büyük turu，63里拉），也可以选择25分钟游览（küçük turu，50里拉）。

比于卡达岛 (Büyükada)

作为群岛中最大的一座岛屿，比于卡达岛（意为"大岛"）上的景致从渡轮上远观就足以令人感到震撼。山坡上有很多华美的别墅，Palas Hotel酒店的2座球形圆屋顶是极为醒目的地标。这里有很多项目可将游客吸引整整一天，有一座出色的博物馆，展览岛上生活的方方面面，街头点缀着美丽的19世纪建造的木头别墅，茂密的松林中有步道，还有一座位置优越的希腊正教修道院和许多干净的海滩。

下船的地方有一座迷人的奥斯曼复兴式风格建筑，其历史可追溯至1915年，装饰着迷人的屈塔希亚瓷砖。博物馆、修道院、森林和海滩都很怡人，不过总是要爬山、步行或乘马车走一小段距离。

⊙ 景点和活动

比于卡达岛有一些很好的游泳沙滩，不过你需要付钱才能使用。可试着去Nakibey、Yörükali和Viranbağ，这三处每天每人价格为20~40里拉（含一个日光躺椅和一个阳伞）。

王子群岛博物馆 博物馆
（Adalar Müzesi；0216-382 6430；www.adalarmuzesi.org；Yılmaz Türk Caddesi；成人/学生 5/3里拉，周三免费；4月至10月 周二至周日 9:00~18:00，11月至次年3月 至17:00；Büyükada）这座出色的博物馆位于岛上东南部的圣尼古拉海滩（Aya Nikola Beach）旁一

块隐蔽的地方,经常被游客忽视,但我们强烈推荐来看一看。多媒体展览聚焦群岛历史和文化,包括岛上生活的方方面面,例如地理、花卉、宗教遗产、食品、建筑、音乐、节日和文学。解释牌和视频有土耳其语和英语,还有大量展品可供参观。

圣乔治教堂和修道院　　　　　　　　　修道院

（Church and Monastery of St George, Aya Yorgi Kilise ve Manastırı；Büyükada）这座希腊正教修道院位于一座名叫Yücetepe的203米高的山顶上,没有太多可看的地方,但是露台上的全景风光使得1小时的跋涉很值。唯一值得一观的建筑是一座俗丽的小教堂,所以大部分游客都会将时间花在怡人的Yücetepe Kır Gazinosu餐馆。户外的餐桌可以看到伊斯坦布尔以及附近的Yassıada岛和Sivriada岛的景色。

食宿

夏季如果想在岛上过夜,需要预订。比于卡达岛被列入遗产名录的 Splendid Palas Hotel（0216-382 6950；www.splendidhotel.net；23 Nisan Caddesi 53；房间 145欧元,带海景 175~200欧元；Büyükada）和 More Guesthouse（0507 792 9500；http://morecafepansiyon.com；Malul Gazi Caddesi 2；房间 含/不含浴室 100/90欧元,套 130欧元；Büyükada）都全年开放。

Yücetepe Kır
Gazinosu Restaurant　　　　　　　土耳其菜 $

（0216-382 1333；Monastery of St George；主菜 14~20里拉；4月至10月 每日供应,11月至次年3月 仅周六和周日；Büyükada）这家朴素的餐馆位于圣乔治修道院所在山丘的最高处,从摆着长冕和椅子的露台上可俯瞰大海和伊斯坦布尔。食物虽简单却很不错,肉丸（köfte）尤为美味。你也可以在露台享用一杯啤酒或茶。

Teras Restaurant　　　　　　　　土耳其菜 $$

（Eskibağ Teras；0535 521 2724；Halık Koyu Beach；早午餐 35里拉,主菜 30里拉起；10:00～23:00；Büyükada）这家餐厅能俯瞰比于卡达岛上最长的海滩,全年都是一个适合在周末悠闲享用早午餐的好地方,也是夏季用晚餐的好地方（日落前到达）。早午餐包括的热门菜肴有menemen（鸡蛋拌胡椒、番茄和一些奶酪）和börek（带馅点心）；晚餐有叉烤羔羊肉和超新鲜的鱼。从Luna Park步行5分钟即到（从驴子园旁边的路走）,马车价格45里拉。

Prinkipo　　　　　　　　　　　　　熟食餐馆 $$$

（0216-382 3591；Gülistan Caddesi 11；套餐含酒 125里拉；11:00至午夜；Büyükada）这家长期以来一直很受欢迎的餐厅由当地名人Fıstık Ahmet经营,靠近港口,以其出色的开胃菜和大份的酒（不是会吸引禁酒者的地方）而闻名。夏季必须预订,尤其是在周五和周六晚上,届时会有现场音乐演奏。

❶ 当地交通

岛上有几家商店出租自行车（每小时/天 10/30里拉）,集市街道上的店铺可提供野餐补给品。马车站在钟楼左侧。租一辆,70分钟可以游览小镇、群山和海岸（büyük turu, 95里拉）；或者可以选择短途游览（küçük turu, 80里拉）；35里拉可以前往王子群岛博物馆。

色雷斯和马尔马拉

包括 ➡

埃迪尔内..................151
泰克波达...................159
加里波利半岛............160
埃杰阿巴德................169
恰纳卡莱..................170
特洛伊......................175
格克切岛..................177

最佳餐饮

➡ Barba Yorgo Taverna（见181页）
➡ Kilye Suvla Lokanta（见169页）
➡ Mustafanın Kayfesi（见180页）
➡ Sardalya（见171页）
➡ Umurbey Winehouse（见159页）

最佳住宿

➡ Anemos Hotel（见179页）
➡ Hotel Casa Villa（见169页）
➡ Gallipoli Houses（见168页）
➡ Limon Hostel（见156页）
➡ Son Vapur Konuk Evi（见179页）

为何去

精彩绝伦的故事在土耳其的这个角落上演了数千年，留下一座超凡脱俗的考古遗址（特洛伊）、一座布满奥斯曼时代建筑的城市（埃迪尔内）、一个充满历史氛围的重要战场（加里波利），以及一座拥有灿烂文化和迷人美景的美丽岛屿（格克切岛）供旅行者参观探索。就是在这里，亚历山大大帝在征服波斯的途中跨越了赫勒斯蓬特海峡（即达达尼尔海峡），希腊人和特洛伊人进行了荷马在史诗《伊利亚特》中传颂的不朽战争，穆罕默德二世从奥斯曼帝国的首都埃迪尔内发动了征服君士坦丁堡的战争。而将近500年后，"一战"的协约国联军在加里波利（盖利博卢）半岛登陆，引发了与土耳其军队长达9个月的血腥对峙，这场战役也帮助塑造了现代的土耳其、澳大利亚和新西兰。历史的回声依旧，而在恰纳卡莱的学生酒吧和色雷斯的葡萄园里，当代活力也日趋高涨。

何时去

埃迪尔内

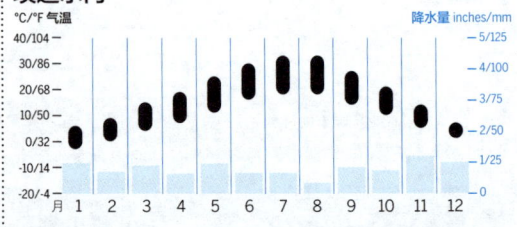

°C/°F 气温　　　　　　　　　　　　　　　降水量 inches/mm

4月和5月 在加里波利半岛，各色野花开遍山坡。

5月和6月 享受格克切岛上的有机黑莓和半荒弃的海滩。

8月 特罗亚节期间，当地人在恰纳卡莱的海滨举办派对。

埃迪尔内（EDIRNE）

☎ 0284 / 人口 173,000

在穆罕默德二世征服君士坦丁堡之前，奥斯曼帝国的首都就是埃迪尔内，这里拥有皇家建筑群、杰出的烹饪传统，以及弥久且倍加珍贵的公民自豪感。这里靠近希腊和保加利亚边境，整个城市散发着一股欧洲风情，在夏天尤为明显，此时，当地人会在Tunca河和Meriç河两岸举办派对，并为世界著名的克尔克普那尔传统涂油摔跤节（见155页）上的选手们加油喝彩。

历史

公元2世纪初，罗马皇帝哈德良（Hadrian）将这座名为"哈德良堡"[Hadria-

色雷斯和马尔马拉亮点

❶ **塞利米耶清真寺**（见153页）在奥斯曼帝国的旧都**埃迪尔内**参观这座被列入世界遗产名录的精美建筑。

❷ **色雷斯葡萄园之旅**（见160页）在这些位于绝美风景中的葡萄园品尝当地葡萄酒和美食。

❸ **格克切岛**（见177页）在这座爱琴海岛上探索令人着迷的希腊遗产和美丽的风蚀地貌。

❹ **加里波利半岛**（见160页）沿着"一战"士兵的足迹，反思战争的恐怖。

❺ **恰纳卡莱**（见170页）找个滨海茶园，欣赏达达尼尔海峡的美景，消磨一下午的时光。

❻ **特洛伊**（见175页）在这座考古遗址探索这段古老历史的诸多层面。

Edirne 埃迪尔内

◎ 景点
1 埃迪尔内考古和民族志博物馆..............D1
2 埃迪尔内土耳其和
   伊斯兰教艺术博物馆.....................D2
3 埃迪尔内犹太大教堂......................A4
4 克尔克普那尔屋..........................A3
5 老清真寺...............................B2
6 塞利米耶基金会博物馆....................C2
7 塞利米耶清真寺..........................C1
8 三阳台清真寺............................B2

◉ 住宿
9 Efe Hotel A2
10 Hotel Edirne Palace....................C3
11 Limon Hostel..........................A3
12 Sarı Pansiyon.........................A3

◎ 就餐
13 Balıkçım Yasem A3
14 Balkan Piliç A2
15 Köfteci Osman.........................B2
16 Niyazi Usta A3
17 Patio Cafe & Restaurant A2

◎ 饮品和夜生活
18 Çalgılı Meyhane B4
   Kahverengi ....（见17）

◉ 购物
19 Ali Paşa Covered Bazaar A2
20 Arslanzade B2
21 Keçecizade............................ A2
22 Keçecizade............................ C2
23 Selimiye Arastası.....................C2
24 Turkuaz.............................. A2

nopolis，后来称作阿德里安堡（Adrianople）]的城市建设成了罗马帝国色雷斯行省的主要中心城市。14世纪中叶，新兴的奥斯曼帝国开始扩张自己的疆域和实力。1363年，奥斯曼军队跨过达达尼尔（Dardanelles）海峡，绕开君士坦丁堡，攻占了哈德良堡，并将其改名为"埃迪尔内"，使这座城市成为奥斯曼帝国的第三座首都。

直到1453年，君士坦丁堡被穆罕默德二世征服并被设为新首都之后，埃迪尔内才结束了作为帝国首都的岁月。后来的苏丹们通过维持其工业和保存其建筑来延续埃迪尔内在历史上的重要性。希腊独立战争期间，它曾在1829年被沙皇俄国军队短暂占领；在1877年至1878年的俄土战争中，它也在1878年被短暂占领过，不过并没有因为这些事件遭受大的损坏；在1912年至1913年的巴尔干战争中，埃迪尔内作为保卫奥斯曼帝国君士坦丁堡和东色雷斯的堡垒，作用十分突出，这一次它遭受了重大的人员伤亡和城市破坏。

第一次世界大战后，奥斯曼帝国土崩瓦解。协约国将色雷斯转交给希腊，并宣布伊斯坦布尔成为一座国际城市。1920年夏天，希腊军队占领了埃迪尔内，随后却被阿塔图克领导的军队赶了回去。1923年签订的《洛桑条约》（*The Treaty of Lausanne*）将色雷斯东部和埃迪尔内归还给了土耳其人。

◉ 景点

◉ 市中心

塞利米耶清真寺　　　　　　　　　清真寺

（Selimiye Mosque, Selimiye Camii；见152页地图）奥斯曼土耳其建筑师米马尔·科贾·希南（Mimar Koca Sinan，1497~1588年）最著名的建筑作品装点着伊斯坦布尔的天际线，包括宏伟的苏莱曼清真寺，但很多人认为他最伟大的建筑成就是这座精致优美的塞利米耶清真寺。在苏丹谢里姆二世的命令下，这座清真寺在1569年至1575年建成，坐落在埃迪尔内的制高点上。它有4座高达71米的宣礼塔，位于一片广阔的清真寺建筑群（külliye）正中央，这片建筑群包括一座伊斯兰高级神学院（medrese）、穆罕默德圣训学校（darül Hadis），以及商铺骑楼（arasta）。

主入口位于西侧庭院，那里有一座可爱的大理石洗礼喷泉（şadırvan）。走进建筑内部，宽广高耸的穹顶达31.3米，比伊斯坦布尔圣索菲亚大教堂的穹顶还稍大一些。穹顶由8组低调的柱子、拱门和侧壁支撑，营造了一个特别宽敞的室内空间。因为每根柱子都只承载了一小部分穹顶的重量，所以它们还能轻松支撑起几十扇窗户。阳光透过这些窗户照射进来，凸显出清真寺内色彩斑斓的书法装饰。

联合国教科文组织在2011年将这座清真寺及其建筑群列入世界遗产名录。

埃迪尔内犹太大教堂　　　　　　　犹太教堂

（Grand Synagogue of Edirne；见152页地图；Maarif Caddesi 75） **免费** 曾经有一个超过20,000人的西班牙犹太社区在埃迪尔内，这座犹太大教堂是这段历史唯一的纪念品。在关闭了36年后，历经了长达5年、耗资250万美元的修复，教堂现已重新开放。这座优雅的建筑始建于1906年，用以取代1903年在埃迪尔内大火中被焚毁的13座较小的会堂，其中有一座拥有色调精美的拱形屋顶和美丽的瓷砖地板。

最初建完时，教堂能容纳1200名信徒。现在，它生动的黄色外观在往日犹太社区逐渐褪色的木头房屋和四方建筑中很显眼。埃迪尔内的犹太人口现在只剩下个位数，不过这座教堂除宗教用途外，还是一座博物馆。

埃迪尔内土耳其和
伊斯兰艺术博物馆　　　　　　　　博物馆

（Edirne Turkish & Islamic Art Museum, Edirne Türk-İslam Eserleri Müzesi；见152页地图；☏0284-225 5748；塞利米耶清真寺；门票5里拉；⊙9:00~17:00）优雅的穆罕默德圣训学校中的这些小展室位于塞利米耶清真寺庭院的东北角，里面收藏了种类多样的奥斯曼时代文物，包括书法、武器、玻璃、木艺、陶瓷、服饰和珠宝。有些房间里展示着民族研究风格的人体模型：我们最喜欢的是割礼室（Circumcision Room；注意那年轻男孩脸上的表情）。漂亮的特卡作品展室（Tekke Works Room）陈列了和托钵僧有关的古兰经、拜毯和乐器。

塞利米耶基金会博物馆　　　　　　　博物馆

（Selimiye Foundation Museum, Selimiye Vakıf Müzesi；见152页地图；☎0284-212 1133；塞利米耶清真寺建筑群；◎周二至周日 9:00~17:00）**免费** 这座博物馆也位于塞利米耶清真寺建筑群一座同样漂亮的建筑里（庭院东南角的一个神学院），里面收藏的艺术品和文物来自埃迪尔内及周边的清真寺和宗教建筑。

埃迪尔内考古和民族志博物馆　　　　博物馆

（Edirne Archaeology & Ethnography Museum, Edirne Arkeoloji ve Etnografya Müzesi；见152页地图；☎0284-225 1120；Kadır Paşa Mektep Sokak 7；门票5里拉；◎9:00~17:30）在塞利米耶清真寺后面就是这座分为两部分的博物馆：一部分展览的是考古学内容；另一部分是民族志。考古学部分的亮点包括色雷斯墓碑林；民族志部分陈列着地毯、刺绣、纺织品、书法作品和珠宝。不要错过木质的埃迪尔内风格漆器（Edirnekâri），这种上漆技术是奥斯曼时代在当地发展起来的。博物馆位于塞利米耶清真寺背后。

三阳台清真寺　　　　　　　　　　　清真寺

（Üç şerefeli Mosque, Üç Şerefeli Cami；见152页地图；Hükümet Caddesi）这座清真寺俯瞰着埃迪尔内的城市中心（merkez），在穆拉德二世（Murat Ⅱ）的命令下建造于1437年至1447年，拥有4座迥然不同的宣礼塔。"三阳台"这个名字来自最高的那座宣礼塔上的三个阳台（Üç Şerefeli），而第二高的尖塔上就只有两个阳台，剩余两座塔上各有一个阳台。

老清真寺　　　　　　　　　　　　　清真寺

（Old Mosque, Eski Camii；见152页地图；Muaffıklarhane Sokak）虽然在埃迪尔内的天际线上不如塞利米耶清真寺和三阳台清真寺那样突出，但老清真寺仍然是城内的重要地标性建筑，有很多虔诚的当地人来此礼拜。它建于1403年至1414年，是这座城市最古老的皇家清真寺之一，整体呈方形、类似堡垒的形状，其拱廊上有一系列小型穹顶。清真寺室内的墙壁上有巨大的书法铭文。

这座清真寺最初拥有一片广阔的寺区建筑群（külliye），但如今只留下了漂亮的室内巴扎（bedesten）。它有36个金库，顶上覆盖着2排各7个的穹顶。室内巴扎在15世纪时是埃迪尔内商业活动的中心，金库用来保管贵重货物，如珠宝、盔甲和地毯等。遗憾的是，如今这里商店出售的货物都很稀松平常。

老城（Kaleiçi）　　　　　　　　　历史遗址

kaleiçi翻译过来的意思大概是"城堡之内"。埃迪尔内的老城指的是Talat Paşa Caddesi以南、Saraçlar Caddesi以西的老街。自中世纪以来，老城就是这座古老城市的中心，如今还保留着许多建于18世纪、19世纪和20世纪初的精美木屋，以及几座漂亮的石头民用建筑。

在这里探索时，记得寻找克尔克普那尔屋（Kırkpınar Evi, Kırkpınar House；见152页地图；☎0284-212 8622；www.kirkpinar.org；Maarif Caddesi；◎10:00至正午和14:00~18:00），就在警察公园（Polis Parkı）对面。这里收藏的涂油摔跤节相关纪念品相当单调乏味，但建筑本身是埃迪尔内传统房屋的良好范例。一些老房子最近得到了修缮（如Gazipaşa Caddesi上的Mihran Hanım Konağı大厦），但遗憾的是许多房屋还处在年久失修的状态。其他有趣的建筑包括Maarif Caddesi上的警察局和Manyas Caddesi上最近刚刚修复的大犹太教堂（Great Synagogue）。犹太教堂最初建于1906年，现在已重新对公众开放。

穆拉迪耶清真寺　　　　　　　　　　清真寺

（Muradiye Mosque, Muradiye Camii；Mimar Sinan Caddesi）这座清真寺是1426年至1436年为苏丹穆拉德二世修建的，有趣的是，这里曾经建有一座旋转托钵僧宿舍。T字形的平面图有两座拱形大厅（eyyans），一座非同一般的圆屋顶，内墙上贴着精美的伊兹尼克瓷砖，外面有醒目的书法。从塞利米耶清真寺向东北步行15分钟即可轻松到达。

◉ 市中心北部

苏丹巴耶塞特二世清真寺建筑群　　　清真寺

（Sultan Beyazıt Ⅱ Mosque Complex, Beyazıt Ⅱ Camii ve Külliyesi；Beyazıt Caddesi, Yıldırım Beyazıt Mahallesi）这片独自矗立在Tunca河北岸的清真寺建筑群，是1484年至1488年在苏丹巴耶塞特二世（Bayezid Ⅱ）的命令下建造的。其建筑风格介于埃迪尔内另外两座清真

寺之间：祈祷堂有一个大穹顶，这一点和塞利米耶清真寺相似，但同时它也有庭院和喷泉，这则与三田台清真寺一样。寺区建筑群包括旅舍（tabhane）、收容所（tımarhane）、医学院（tip medresesi）和医院（darüşşifa）。

从市中心到这里，乘坐出租车需要10分钟（15里拉），你也可以走路，虽然比较远，但一路上的风景令人心旷神怡：沿着Horozlu Bayır Sokak走，穿过Yalnıgöz桥和Sultan Beyazıt Ⅱ桥即到。Yalnıgöz（意为"孤独的拱形"或"独眼"）桥建于1570年，是米马尔·希南设计的，Beyazıt Ⅱ桥建于1488年。你还可以从过了清真寺建筑群的旅游办公室对面乘坐小巴（dolmuşes；2.50里拉）前往Yenimaret（Y.Maret）。

健康博物馆 博物馆

（Museum of Health, Sağlık Müzesi；📞0284-224 0922；www.saglikmuzesi-en.trakya.edu.tr；Sultan Beyazıt Ⅱ mosque complex, Beyazıt Caddesi, Yıldırım Beyazıt Mahallesi；门票5里拉；⏰9:00~17:30）这座苏丹巴耶塞特二世清真寺建筑群中极为美丽的医院（darüşşifa）和医学院（tip medresesi），如今是记录着伊斯兰医药史的博物馆，目前由Trakya大学（Trakya Üniversitesi）负责管理。博物馆的亮点是这里的医院和医学院自1488年至1909年开发和利用的创新医疗手段。打扮成奥斯曼时代的医生、病人和医学生的展示模特被用在展示各种医疗过程的场景中，还有信息板说明医院的结构设计及其与治疗手段之间的联系。

内宫（Sarayiçi） 历史遗址

15世纪，苏丹穆拉德二世下令在这里修建旧皇宫（Eski Sarayı）。这座宏伟的建筑如今已所剩无几，它在1877年至1878年俄土战争爆发前就被土耳其人炸掉了，为的是防止俄国人获得其中储存的武器。幸运的是，创造出奥斯曼宫廷菜式的御膳房已经重建。如今，曾经是奥斯曼苏丹私人猎苑的区域成了一座现代体育场，也是著名的克尔克普那尔涂油摔跤节的举办地。

体育场旁边矗立着法院大厦（Adalet

克尔克普那尔涂油摔跤节

令人血脉偾张的克尔克普那尔传统涂油摔跤节（Tarihi Kırkpınar Yağlı Güreş Festivali, Historic Kırkpınar Oil-Wrestling Festival；http://kirkpinar.org；⏰6月或7月）闻名全土耳其，每年6月底至7月初的一周内都会吸引很多人来到埃迪尔内。观众们为浑身涂满橄榄油的精壮汉子们加油助威，选手们全身只穿一条紧身皮短裤（kispet），试图将对手压在地上或举过肩膀。这并不是国际男同性恋游行上的主题活动，而是严肃的土耳其式运动。

根据当地传说，该节日的起源可追溯到1363年，当时苏丹奥尔汗·加齐（Sultan Orhan Gazi）派遣他的兄弟苏莱曼帕夏（Süleyman Paşa）和40名战士去夺取位于Domuz的拜占庭要塞。这40名战士都是摔跤好手，在他们胜利攻克要塞之后，就开始互相较量起来。其中两人旗鼓相当，比了好几天都不分胜负，最终双双累死在赛场上。他们的遗体被埋在附近一棵无花果树下，后来，旁边竟奇迹般涌出了一股泉水。人们把那里命名为克尔克普那尔（意为"40泉"），以纪念那40名战士。

土耳其共和国成立后，每年都会在埃迪尔内郊外的内宫（Sarayiçi）举办为期3天的摔跤比赛，如今还要在比赛之前进行为期4天、以摔跤为主题的欢宴。参赛选手并非以体重分级，而是根据身高、年龄和经验分为13个级别分别竞技。从初学者（minik）到一等组（baş），几十名参赛者同时在内宫体育场内开始比赛。现在，每个回合的时间是30分钟或40分钟，随后是一定定胜负的"突然死亡"加时赛。当全部对抗结束后，将颁发最佳风度、最佳技术以及最令人梦寐以求的优秀摔跤手等奖项。

摔跤比赛的第一天是免费观看的，但后两天需要门票。现场有售票亭，你也可以在Biletix（www.biletix.com）网上购买门票。需要注意的是，城内和周边的酒店在这一周很快就会客满。

Kasrı, 1561年), 体育场两侧是青铜铸成的摔跤优胜者 (başpehlivan) 雕像。法院大厦是一栋锥形屋顶的石头建筑, 历史可以追溯到苏莱曼大帝 (Süleyman the Magnificent, 1520~1566年在位) 时期。大厦前方有两根方形石柱: 右侧的请愿石 (Seng-i Hürmet) 供人们向苏丹递交请愿书, 左侧的警戒石 (Seng-i İbret) 上陈列着曾惹怒苏丹的最高法院官员们的头颅。

法院大厦 (Adalet Kasrı) 后面是一座小桥, 名叫"征服者之桥" (Fatih Köprüsü; 1452年); 跨过小桥, 右边是肃穆的巴尔干战争纪念碑 (Balkan Wars memorial); 继续向前, 左侧是零星的旧皇宫遗址。

要到达这里, 你可以沿Hükümet Caddesi向北步行, 经马鞍桥 (Saraçhane Köprüsü; 1451年) 跨过Tunca河; 或者沿Mimar Sinan Caddesi和Saray Yolu向北, 经Kanumi桥或宫殿桥 (Kanumi/Saray Köprüsü; 1560年由米马尔·希南设计) 跨过Tunca河; 你也可以从苏丹巴耶塞特二世清真寺建筑群出发, 沿河北岸的道路步行1公里, 沿途风景优美。

⊙ 市中心南部

天气晴好时, 埃迪尔内的社交活动会集中在Tunca河与Meriç河的河岸上。从位于Hürriyet Meydanı上的旅游办公室步行到这里, 需要走20~25分钟。想要加入这些活动的话, 可以沿着Saraçlar Caddesi前行, 穿过体育场, 跨过Tunca桥 (Tunca Köprüsü; 一座建于1615年的奥斯曼石拱桥), 随后再走过一座更长且极为优雅的Meriç桥 (Meriç Köprüsü, 1847年) 就到了。

河流以南的其他游览选择还包括乘坐马车 (phaeton), 或者租一辆自行车骑几个小时。在埃迪尔内的主要购物步行街Saraçlar Caddesi南端尽头, 两种交通工具都可找到。

🛏 住宿

★ Limon Hostel   青年旅舍 $

(见152页地图; ☎0284-214 5577; www.facebook.com/limonhostel; Türkocağı Arka Sokak 14; 房间 每人 20里拉; ❄ 🛜) 这座新开的青年旅舍提供简单却干净的宿舍, 五彩缤纷的艺术装饰显得很有活力, 步行不远就能找到很好的咖啡馆和餐厅。店员会讲的英语不多, 但友好的店主致力于让宾客感到宾至如归。内院有顶棚, 散布着植物和阳伞, 是和其他旅客交流的好地方。

Sarı Pansiyon   家庭旅馆 $

(见152页地图; ☎0284-212 4080; www.saripansiyon.com; Mehmet Karagöz Sokak 17; 标单/双 不带浴室 45/90里拉; @🛜) 这个不事张扬的地方以其水仙黄色的外表命名, 提供带单人床和卫星电视的简朴房间。公用卫浴很干净, 24小时有热水。位置很便利, 但正对一所学校, 所以早上会有点吵。年迈的老板虽然不会说英语, 但他很乐意用自己电脑上的翻译软件进行交流。

Efe Hotel   酒店 $$

(见152页地图; ☎0284-213 6080; www.efehotel.com; Maarif Caddesi 13; 标单/双 100/150里拉; ❄ @ 🛜) 这家老店位于繁忙(吵闹)的Maarif Caddesi上, 充满了年代感。房间里有老奶奶式的装潢和老旧的家具设施。位于地下室的酒吧兼餐厅是吃早饭的地方, 那里的苏格兰格子呢地毯在20世纪70年代一定很流行。不过好在这里很干净, 而且会说英语的经理总会不遗余力地帮助你。

★ Hotel Edirne Palace   酒店 $$$

(见152页地图; ☎0284-214 7474; www.hoteledirnepalace.com; Vavlı Cami Sokak 4; 房间 50~75欧元; ❄ @ 🛜) 这家现代商务酒店藏身于老清真寺下方安静的后街小巷中, 提供舒适、明亮、一尘不染的房间, 并附带一系列良好设施。员工非常乐于助人, 早餐比平均水准好, 有美味的鸡蛋菜肴和新烘焙的糕点。它绝对是市中心最好的住宿之选。

🍴 就餐

市中心到处是ciğercisi (烹饪牛肝的餐馆), 供应这座城市标志性的菜肴炸小牛肝 (tava ciğer; 将切成薄片的小牛肝油炸, 搭配炸脆的红辣椒), 通常和酸奶饮料 (ayran) 搭配享用。其他当地特色美食包括杏仁蛋白软糖 (badem ezmesi) 和老兵糖果 (gaziler helva) ——一种将黄油、面粉、牛奶、糖和大杏仁混合起来制作的甜点。

Saraçlar Caddesi和Maarif Caddesi一带有多种风味的餐厅可供选择。市中心以南的大多数河畔餐厅大多只在夏季营业，而且在周末往往会被预订一空。

Köfteci Osman 土耳其菜 $

（见152页地图；☎0284-214 1717；www.edirnelikofteciosman.com；Saraçlar Caddesi 3；炸肝或肉丸 15里拉；⏱11:00~22:00）许多当地人都极力推荐这里美味的炸小牛肝和肉丸（köfte），这家餐馆位于埃迪尔内主步行街的入口处，非常好找。高效率的服务员会保证室内和室外的餐桌快速翻台。

Balıkçım Yasem 海鲜 $

（见152页地图；☎0284-225 4247；Balık Pazarı Caddesi 9；鱼肉三明治 5里拉，鱼类菜肴 10~15里拉；⏱8:00~21:00）这家小小的店面位于紧邻Saraçlar Caddesi的鱼喷泉附近，毗邻这座城市最繁忙的鱼摊，烹饪当天捕捞的鲜鱼，顾客也总是川流不息。你可以外带，也可以坐在街边的5张餐桌上吃。

Niyazi Usta 土耳其烤肉 $$

（见152页地图；☎0284-213 3372；www.cigerciniyaziusta.com.tr；Alipaşa Ortakapı Caddesi 5/2；一份/半份 16/10里拉；⏱9:00~21:00）这家明亮、现代且非常友好的小吃店可能是在埃迪尔内品尝炸小牛肝的最佳选择。饮料可以搭配酸奶饮料（ayran）或酸萝卜汁（şalgam）。

Balkan Piliç 土耳其菜 $$

（见152页地图；☎0284-225 2155；Saraçlar Caddesi 14；一份 5~14里拉；⏱周一至周六 11:00~16:00）橱窗里烘烤的鸡肉（piliç）展示着这家深受喜爱的esnaf lokanta（出售现成菜肴的食肆）的特色菜。你可以点一份（porsyon）鸡肉，佐以pilav（白米饭，或者米饭煮碎麦或扁豆），抑或是从隔水炖锅中选择每天都不一样的肉类和蔬菜炖菜。

Patio Cafe & Restaurant 咖啡馆 $$

（见152页地图；www.patiocaferestaurant.com；Aziziiye Sokak 5；主菜 20~35里拉；⏱8:00~22:00）咖啡馆隐藏在一座窄门之后，宽敞的内廷是埃迪尔内最悠闲的餐饮场所之一。菜单上搭配土耳其菜肴（可尝试炭烤章鱼）的有国际风味的沙拉和意大利面，还有啤酒、葡萄酒和鸡尾酒。天气凉爽时，露天区域会盖上一块屋顶。这里也有鲜榨果汁。

🍷 饮品和夜生活

城里遍布茶园（cay bahçesis），最受青睐的位于市中心以南的Tunca Köprüsü桥和Meriç Köprüsü桥附近，或者Maarif Caddesi上的警察公园里，以及市中心米马尔·希南雕像周围。大多数酒吧位于Saraçlar Caddesi和Maarif Caddesi之间的北侧街道，以及连接两座桥的街道一带。

Çalgılı Meyhane 小酒馆

（见152页地图；☎0284-213 8945；Saraçlar Caddesi；⏱21:00至深夜）醉醺醺的氛围、友好的员工和每周5天的现场民谣音乐（halk meziği）表演是这家传统小酒馆的吸引力所在。店内提供简易的酒馆（meyhane）食品，不过只喝酒也挺好的。一大杯冰爽的EFES啤酒只要15里拉。离开之前要记得给演奏音乐的人小费。

Kahverengi 酒吧

（见152页地图；☎0284-214 4210；www.kahverengibistro.com；Orhaniye Caddesi 14；⏱10:00至次日3:00）悠闲的气氛、令人愉悦的户外装饰和便宜的小吃啤酒套餐让这里非常受当地年轻人的青睐。EFES啤酒是首选，不过也供应进口啤酒和有劲的鸡尾酒。背景音乐很好听，我们到达时这里聚集了一群埃迪尔内的嬉皮士。

🛍 购物

传统的埃迪尔内旅游纪念品包括水果形香皂（meyve sabunu）和杏仁蛋白软糖（badem ezmesi）。

Keçecizade 食品和饮品

（见152页地图；☎0284-212 1261；www.kececizade.com；Saraçlar Caddesi 50；⏱9:00~20:00）埃迪尔内的居民特别偏爱甜食，城里遍布的大量甜食店（şekerlemes）就是明证。Keçecizade是当地专门制作土耳其软糖（lokum）和杏仁蛋白软糖（badem ezmesi）

的两家颇受欢迎的连锁店之一，也是品尝这两种食品的好地方。老清真寺对面还有一家**分店**[见152页地图；☎0284-225 2681；www.kececizade.com；Belediye Dükkanları (Eski Camii Karşısı) 4；⏱9:00~20:00]。

Arslanzade   食品和饮品

[见152页地图；www.arslanzade.com.tr；Belediye Dükkanları (Eski Camii Karşısı) 2；⏱10:00~20:00] Arslanzade不仅制作杏仁蛋白软糖和土耳其软糖，还供应美味的devâ-i misk helvası（用糖、蛋清和41种不同香料制作的甜点）和kallavi kurabiye（使用开心果、藏红花和蜂蜜制作的饼干）。

阿里帕夏室内巴扎   巴扎

(Ali Paşa Covered Bazaar；见152页地图；⏱7:00至日落) 1569年，米马尔·希南设计了这座长长的、富有气势的巴扎。巴扎内的**Turkuaz**(见152页地图；☎0284-214 1171；Ali Paşa Çarşısı 125；⏱7:00至日落)是在埃迪尔内购买水果形香皂最好的地点之一。

Selimiye Arastas   市场

(Selimiye Arcade；见152页地图；⏱日出至日落) 这座位于塞利米耶清真寺下方的古老市场也叫Kavaflar Arastası，意为"补鞋匠的拱廊"，曾经是最初的清真寺建筑群的一部分。商铺包括Arslanzade的分店和Keçecizade的甜食分店。

❶ 实用信息

旅游办公室(Tourist Office；见152页地图；☎0284-213 9208；edirnetourisminformation@gmail.com；Hürriyet Meydanı 17；⏱8:30至正午和13:00~17:30)非常实用的地方，提供英文版的游客手册和城市地图。

❶ 到达和离开

长途汽车和小巴

埃迪尔内的长途汽车站(otogar)位于市中心东南9公里处，在E80公路的入口处。长途汽车公司提供的班车(servise bus；见152页地图)可以为持票旅客提供长途汽车站和市中心之间的免费换乘服务。班车从埃迪尔内塞利米耶清真寺外西南角破旧的茶园外发车，比票面上的发车时间大约提前45分钟。乘坐出租车往来于长途汽车站和市中心需要约35里拉。

小巴(Dolmuşes)既有市内路线，也前往保加利亚和希腊边境。

恰纳卡莱(Çanakkale；40里拉，4小时) Truva (www.truvaturizm.com)和Metro (www.metroturizm.com.tr)每天至少有4班车。

伊斯坦布尔(30里拉，2.75小时) Metro、Ulusoy和Nilüfer有开往位于Esenler的比于克(Büyük)长途汽车站的班车，车次频繁。需求很大，要提前订票。

卡珀库莱(Kapıkule；10里拉，25分钟)有小巴前往这个位于保加利亚西北18公里处的边境小城，发车地点在Talat Paşa Caddesi的旅游办公室对面的Şekerbank分店附近(见152页地图)。

帕扎库莱(Pazarkule)这座最近的希腊边境小镇在埃迪尔内西南9公里处。在Talat Paşa Caddesi南侧旅游办公室附近的**汽车站**(见152页地图)跳上一辆开往Karaağac(4里拉，15分钟)的小巴，然后告诉司机你想去帕扎库莱即可。

索非亚(保加利亚；30~65里拉，5.5~6.5小时)

值得一游

圣卡克拉尔清真寺

在现代土耳其，很少有先锋建筑师被任命来设计宗教建筑，因此当代大多数清真寺都是对奥斯曼时代建筑的东拼西凑，引不起人的兴趣。色雷斯比于克切克梅杰湖(Büyükçekmece Lake)附近的这座非凡的**圣克拉尔清真寺**(Sancaklar Camii)却打破了这条定律。它由埃姆里·阿罗拉特建筑事务所(Emre Arolat Architects)设计，建造于2011年至2012年，最显眼的特征是其位于地下的内堂，在设法让人感受到戏剧性的同时，又引人深刻思考。

要来这里，可从伊斯坦布尔走O-3(收费)和E80公路。抵达比于克切克梅杰湖之前，下公路朝阿尔肯特(Alkent)方向走。右转穿过阿尔肯特200居民区，前往Toskana Vadisi Evleri住宅开发区；清真寺就在这片地区旁边，托斯卡纳市场(Toskana Çarşısı)对面。

Metro Turizm公司每天提供5班车。

火车

埃迪尔内火车站位于老清真寺东南4公里处，在时刻表上写作Kapıkule。若要从市中心前往火车站，有小巴和城市公交沿Talat Paşa Caddesi街（包括3路公共汽车）向东南行驶，你可以在米格罗斯超市（Migros Supermarket）附近下车，沿着İstasyon Caddesi街步行即可到达。乘坐出租车前往的价格大约为15里拉。

伊斯坦布尔

在本书写作时，埃迪尔内到伊斯坦布尔的铁路路段正在架设之中，使用公共汽车接驳。可登录"国际列车"（International Trains）网站www.tcdd.gov.tr查看最新时刻表。

欧洲

Bosfor Ekspresi列车2:52离开埃迪尔内开往布加勒斯特（Bucharest，罗马尼亚），途中经过保加利亚的索非亚和普罗夫迪夫（Plovdiv）。

泰克尔达（TEKIRDAĞ）

☎0282/人口 183,000

泰克尔达俯瞰着马尔马拉海北岸一处风景秀丽的海湾，有一片热闹的海滨区域，点缀着公园、游乐场和茶园。虽然肯定不值得专程前往，但从加里波利半岛往返希腊的话，这里的海滨和散布着的18世纪木屋还是可以顺道一观的。

◉ 景点

泰克尔达考古和民族志博物馆 博物馆

（Tekirdağ Archaeological & Ethnographical Museum, Tekirdağ Arkeoloji ve Etnografya Müzesi；☎0282-261 2082; Rakoczi Caddesi 1；◐周二至周日 9:00~17:00）**免费** 这座低调的博物馆位于泰克尔达总督府（Tekirdağ Vali Konağı，一座建于1927年的精致奥斯曼复兴风格建筑）内，提供了了解色雷斯历史的绝佳契机。最令人难忘的展品是可追溯到公元前4世纪末期Naip古墓（tumulus）中的大理石家具和银盘陈设，这大概展现的是宴饮欢庆的场面。

要从旅游办公室来到这里，应该沿着海滨向西走大约1公里，穿过Atatürk Bulvarı，然后踏上陡峭的台阶来到Vali Konağı Caddesi，博物馆就在右边。

拉科齐博物馆 博物馆

（Rákóczi Museum, Rakoczi Müzesi；☎0282-263 8577; Hikmet Çevik Sokak 21；门票 3里拉；◐周二至周日 9:00至正午和13:00~17:00）这座住宅博物馆是敬献给特兰西瓦尼亚王子弗朗西斯二世拉科齐（Prince Ferenc Ⅱ Rákóczi，1676~1735年）的圣祠，他在1703年至1711年匈牙利独立战争时期领导了反对哈布斯堡王朝的第一次起义。被迫流亡后，这位特兰西瓦尼亚人在1720年得到了苏丹艾哈迈德三世的庇护，并在这座可爱的18世纪木结构宅邸（konak）中生活了许多年。宅邸中的内部陈设是按照原来的样子制作的精美复制品，原件被送回了匈牙利的卡萨（Kassa），如今在斯洛伐克的科希策（Košice）。展品包括肖像画、武器和信件。

博物馆位于泰克尔达考古和民族志博物馆西边，马路的对面。

🛏 食宿

海滨步道对面的一排餐厅供应这座城市著名的泰克尔达肉丸（Tekirdağ köftesi，一种子弹形状的土耳其肉丸，搭配红色辣酱）。

Golden Yat Hotel 酒店 $$

（☎0282-261 1054; www.goldenyat.com; Yalı Caddesi 21; 标单 110~130里拉；双 150~170里拉；❉❄）镇上的住宿选择有限，这家位于海滨对面的酒店算是其中不错的。建于20世纪70年代的这家酒店声称自己是三星级的，然而每次我们前来，都觉得这里看起来更加破旧了。临街的房间会很吵，而后面较安静且稍微便宜的房间会比较小，也更暗。这是城里最好的酒店。

★Umurbey Winehouse 西班牙小吃、土耳其菜 $$$

（☎0282-260 1379; www.umurbeyvineyards.com; Atatürk Bulvarı；西班牙小吃 8~17里拉，主菜 16~30里拉；◐15:00至午夜）泰克尔达靠近海滨的这座餐厅属于Umurbey葡萄酒庄，位于从汽车站下山约800米处，菜单上主要是多人分享的西班牙小吃[可尝试品尝拼盘（17里拉）或当地奶酪（25里拉）]和美味的意大利面、烤肉及鲑鱼。

葡萄酒之旅（15~20里拉）可品尝Umurbey的解百纳、梅鹿汁和索维农白葡萄酒，可询问参观乡村风情的Umurbey Şarapları葡萄园，位于泰克尔达前往恰纳卡莱途中西南约16公里处。

Özcanlar　　　　　　　　土耳其肉丸 $$

（☎0282-263 4088；www.ozcanlarkofte.com；Liman Karşısı 68, Atatürk Bulvarı；肉丸15~30里拉；◉10:00~22:00）俯瞰着海滨的Özcanlar是最受欢迎的肉丸餐厅之一，自从1953年起就开始供应种类有限的汤、肉类菜肴和当地甜点。户外露台上的餐桌很抢手，因为自助餐厅风格的室内餐厅会很吵。

❶ 到达和离开

长途汽车站位于主要的海滨步道东北方向1公里处。乘坐长途汽车从伊斯坦布尔（17里拉，2.5小时）或埃迪尔内（20里拉，2小时）抵达后，你就能很轻松地沿着Çiftlikönü Caddesi走下来。往返埃杰阿巴德（Eceabat；35里拉，3小时）以及恰纳卡莱（30里拉，3.5小时）的长途汽车都会途经长途汽车站和海滨，沿着Atatürk Caddesi招手即停。

会有小巴经过城镇及边远郊区，你可以直接向司机购买车票（2.50里拉）。

加里波利半岛
（GALLIPOLI PENINSULA）

☎0286

如今的加里波利（盖利博卢）半岛战场已是一片覆盖着松林的保护区，环绕着海滩和小海湾。但1915年发生在这里的战争在许多人的记忆中依然鲜活，并在土耳其、澳大利亚和新西兰的国家叙事中都占有十分重要的地位。澳大利亚人和新西兰人会将加里波利[如今已经受到保护，成为加里波利国家历史公园（Gallipoli Historical National Park）]看作缅怀朝圣之地，每年都有成千上万的人前来造访，但仍远不及土耳其人多。英勇的第57团及其指挥官穆斯塔法·凯末尔（Mustafa Kemal，即后来的阿塔图克）的传说吸引着越来越多的土耳其人前来致敬。

造访这片战场最方便的落脚点是达达尼尔海峡（Dardanelles）西岸的埃杰阿巴德和东岸的恰纳卡莱（Çanakkale），从埃杰阿巴德乘坐载车渡轮（25分钟）即可抵达。恰纳卡莱是个更加有趣的目的地，这里的咖啡馆、酒吧和餐厅更好。值得考虑的还有未受破坏的格克切岛（Gökçeada），从卡巴泰派（Kabatepe）乘坐75分钟的载车渡轮可达。战场地区本身没有什么可选择的落脚点。

强烈推荐开自己的车来，这能让你最大限度地探索这片地区。恰纳卡莱租车的地方很多。你也可以从恰纳卡莱或埃杰阿巴德雇一个有车的私人向导，或者加入有组织的战场大巴团队游。

许多团队游公司提供从伊斯坦布尔出发的一日游，往返需要在迷你小巴上坐10~12个小时。我们不推荐这种一日游，实在是太累

色雷斯葡萄园之旅

色雷斯从古代就开始栽培葡萄。荷马曾经在《伊利亚特》中提到过这里生产的蜂蜜一样甜的黑葡萄酒，而一代又一代的农民就利用这里肥沃的土壤、平缓的地形和温和的气候种植用于酿酒的葡萄。

受意大利葡萄酒之路（Strade del Vino）的启发，色雷斯葡萄园之旅的目的是吸引游客参观色雷斯的葡萄园，享用当地美食，探访地区文化遗产，欣赏该地区令人惊叹的景色。这条路线穿过山脉、森林和三海（马尔马拉海、爱琴海和黑海）围绕的一系列小气候环境。

葡萄园的导览团队游从4月底葡萄萌芽开始，持续到10月葡萄丰收。团队游，葡萄园餐厅和其中的住宿要预订。**Arcadia**（☎0533 514 1490；www.arcadiavineyards.com；◉根据预约）和**Barbare**（☎0212-257 0700；www.barbarewines.com；◉根据预约）都有值得一尝的餐厅，其他葡萄园也提供夏季餐饮。在泰克尔达附近的Umurbey Winehouse也能找到出色的食物，以及匹配的葡萄酒。推荐提前预订葡萄园里的餐厅。

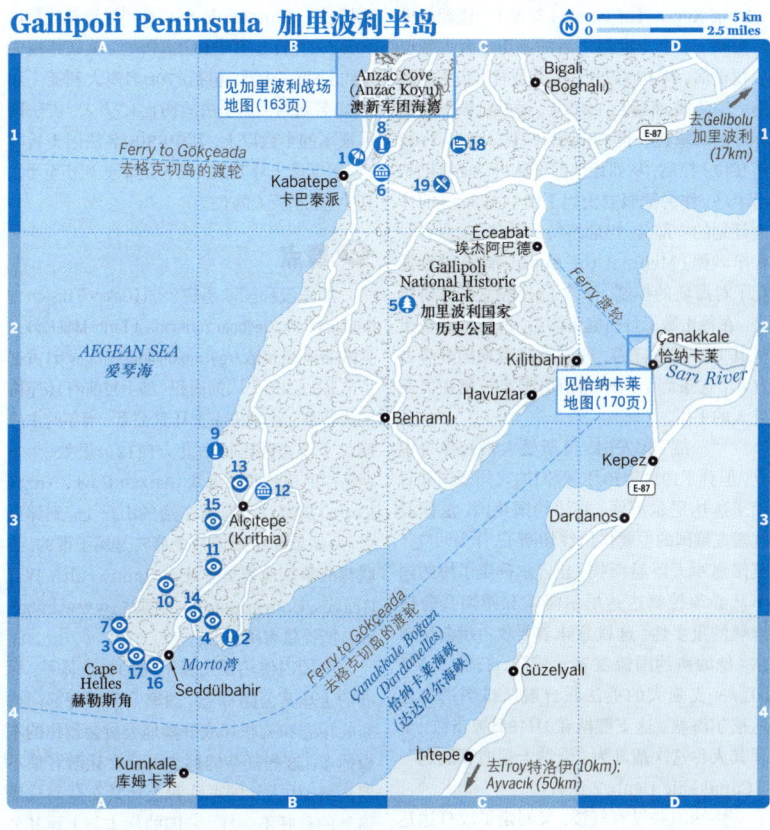

Gallipoli Peninsula 加里波利半岛

Gallipoli Peninsula 加里波利半岛

◎ 景点
- **1** 布莱顿海滩 B1
- **2** 恰纳卡莱烈士纪念碑 B4
- **3** 赫勒斯角不列颠纪念碑 A4
- **4** 法兰西战争纪念碑和公墓 B4
- **5** 加里波利国家历史公园 C2
- **6** 加里波利战役模拟中心 B1
- **7** 兰开夏登陆公墓 A4
- **8** 亲爱的小穆罕默德纪念碑 B1
- **9** Nuri Yamut纪念碑 B3
- **10** 粉红农场公墓 A3
- **11** 多面堡公墓 B3
- **12** 萨利姆·穆特鲁战争博物馆 B3
- **13** Sargı Yeri公墓 B3
- **14** 斜桥公墓 A3
- **15** 十二树林公墓 B3
- **16** "V"形海滩公墓 A4
- **17** 雅哈亚中士之墓 A4

🛏 住宿
- **18** Gallipoli Houses C1

🍴 就餐
- **19** Doyuranlar Aile Çay ve Gözleme C1

了,而且我们还听说为了节省交通时间,司机常常超速和危险驾驶。

历史

恰纳卡莱海峡(Çanakkale Boğazı)更有名的可能是达达尼尔海峡(Dardanelles)或者Hellespont。海峡最窄处甚至不到1500米,无论对游客还是军队来说,都是往来欧洲和小亚细亚的最佳通路。

公元前481年,波斯国王薛西斯一世

（King Xerxes I of Persia）架设了一座船桥横跨海峡。一个半世纪之后的亚历山大大帝也故技重演。拜占庭时代，这里是君士坦丁堡的第一道防线，但到了1402年，海峡就已被奥斯曼苏丹巴耶塞特一世（Beyazit Ⅰ，1390~1402年在位）控制，从而让他的军队得以征服巴尔干半岛。作为征服君士坦丁堡（1453年）的伟大计划的一部分，巴耶塞特的重孙"征服者"穆罕默德（Mehmet the Conqueror）继续强化了对海峡的控制，修建了8座独立的军事堡垒。在他击败了拜占庭帝国后，海峡依然被土耳其人严防死守着，这就意味着向国外势力宣示：这条海上战略通道仍牢牢控制在奥斯曼人的手里。

"一战"爆发时，奥斯曼人最初保持中立，但到了1914年10月，他们加入同盟国并封锁了达达尼尔海峡，将协约国英国、法国及其盟友俄国的主要供给线切断了。作为回应，英国海军大臣温斯顿·丘吉尔确定了协约国军队必须控制达达尼尔海峡和博斯普鲁斯海峡的重要性，这就意味着要攻占伊斯坦布尔。他的协约国盟友表示赞同，于是1915年3月，一支强大的英法联合舰队试图进攻达达尼尔海峡。这支舰队在3月18日被击败，土耳其人称这次战斗为"恰纳卡莱海军胜利"（Çanakkale Deniz Zaferi）。

协约国并没有气馁，又制定了攻打达达尼尔海峡的另一套战略。同年4月25日，英国、澳大利亚、新西兰和印度军队在加里波利半岛登陆，为了牵制土军，法国军队在恰纳卡莱附近的库姆卡莱（Kum Kale）登陆。这次半岛登陆作战对协约国军队是一场灾难，英军第29师在赫勒斯角（Cape Hellas）遭到重创，而澳新军团部队没有抵达计划中位于卡巴泰派（Gaba Tepe, Kabatepe）附近的登陆地点，而是在偏北的一片地形相对恶劣的海滩登陆。协约国军队没有按照他们预想的那样击退土耳其守军、迅速穿过加里波利半岛抵达达达尼尔海峡，而是被敌人拦在原地，被迫挖掘战壕用来防御，并从战壕里发动一次次血腥的冲锋。经历了9个月的苦战后，协约国军队几乎没有进展，只好在1915年12月和1916年1月撤退。

加里波利战役[被土耳其人称为"恰纳卡莱战役"（Çanakkale Savaşı）]导致总数高达50万人的伤亡，其中13万人阵亡。英联邦损失了约3.6万名士兵，包括8700名澳大利亚人和2700名新西兰人。法国伤亡4.7万人，占法国远征军的半数以上，其中8800名法国士兵阵亡。奥斯曼土耳其的50万人的军队死伤至半，其中近8.67万人阵亡。

◎ 景点

<u>加里波利国家历史公园</u>（Gallipoli Historical National Park, Gelibolu Yarımadası Tarihi Milli Parkı；见161页地图；http://gytmp.milliparklar.gov.tr）占据了半岛33,500公顷的面积。岛上目前有40座协约国公墓，至少20座土耳其公墓。当年的主战场位于埃杰阿巴德西北方向12公里处、半岛西海岸的澳新军团海湾（Anzac Cove, Anzac Koyu）周围以及海湾东边的山丘上。到那里之后，如果你想知道某个墓穴是属于谁的，英联邦战争墓地委员会（Commonwealth War Graves Commission）的网站（www.cwgc.org）能提供有用的信息。

公园内使用了几套不同的标志体系：标准的土耳其公路标志、国家公园管理部门树立的标志和英联邦战争墓地委员会制作的木板标志。这些复杂的标志可能会让游客摸不着头脑，因为外国军队和土耳其军队对战场遗址的称呼不一样。公园的标志与土耳其公路上立的标志不一定相吻合。我们使用了英语和土耳其语两种名称。

◎ 半岛北部 (Northern Peninsula)

埃杰阿巴德以北3公里，通向卡巴泰派（Kabatepe）的一条公路向西进入国家公园。

加里波利战役模拟中心

<u>加里波利战役模拟中心</u>（Çannakale Destanı Tanıtım Merkezi；见161页地图；☎0284-810 0050；http://canakkaledestani.milliparklar.gov.tr；Kabatepe；20里拉；◎9:30~11:00和13:30~17:00）令人难忘且信息量丰富，位于卡巴泰派村以东大约1公里处，如果你是自由行，这里是很好的旅行出发点。博物馆里包括11个带有高科技3D模拟设备的展厅，从土耳其和协约国军队双方的视角让参观者重

Gallipoli Battlefields 加里波利战场

Gallipoli Battlefields 加里波利战场

◉ 景点

1 第57团公墓 B2	14 Johnston's Jolly B3
2 澳新军团纪念遗址 B2	15 血腥山脊题刻处 B3
3 澳新军团海湾 A3	16 凯斯克戴莱公墓 B2
4 阿热布努公墓 A2	17 孤松公墓 B3
5 阿热布努海岸纪念碑 A2	Mesudiye大炮 .... (见6)
6 Baby 700公墓 C2	18 山峡 B2
7 海滩（地狱沙嘴）公墓 A3	19 新西兰2号哨所公墓 B1
8 坎特伯雷公墓 B2	20 2号哨所公墓 B1
9 庄克拜尔新西兰公墓和纪念碑 D1	21 Plugge高地公墓 B2
10 庄克拜尔阿塔图克纪念像 D1	22 奎因哨所公墓 B2
11 科科尼和斯蒂尔哨所公墓 B2	23 穆罕默德中士纪念碑 B2
12 Düztepe纪念碑 C2	24 Shrapnel山谷公墓 A3
13 登陆码头公墓 B1	25 水道纪念碑 D1
	26 Talat Göktepe纪念碑 C1

温加里波利的海上和陆地战役。这里的技术可以让游客选择介绍的语言，并和展览进行互动。2015年，为了纪念第一次世界大战中这场发生在1915年的战役的100周年，馆内增添了更先进的历史展览。如果觉得展览太过真实，还有一个小咖啡馆可以让你舒缓一下神经。

卡巴泰派村

海港小村卡巴泰派（Kabatepe）很可能就是1915年4月25日协约国军队预计登陆的位置。但黎明前的黑暗和未预见的洋流迫使协约国的登陆艇向北漂移到了阿热布努（Arıburnu）的陡峭悬崖——也许这个小小的厄运从一开始就预示了战役的结局。如今的卡巴泰派没有太多值得关注的地方，只有一片露营地、一家咖啡馆和往来格克切岛的渡轮停靠的码头。海岬以北是一片被称作**布莱顿海滩**（Brighton Beach；见161页地图）的沙滩，战役期间是澳新军团士兵最喜欢的游泳地点。如今这里也是加里波利半岛上唯一被官方批准可以游泳的地方。加里波利国家公园（Gelibolu Milli Parkı）的一个小办事处在这里出售地图、纪念品和小吃。

澳新军团海湾

从布莱顿海滩沿着海滨公路向北前进，驾车开一小段路就来到了**海滩（地狱沙嘴）公墓**[Beach (Hell Spit) Cemetery；见163页地图]。在公墓前面，一条土路向内陆延伸，通往孤松（Lone Pine；1.5公里）。穿过从公墓停车场出发的道路，还有另一条向内陆延伸的土路通往**Shrapnel山谷公墓**（Shrapnel Valley Cemetery；见163页地图）和**Plugge高地公墓**（Plugge's Plateau Cemetery；见163页地图）。

从岔路继续向前走400米，或者从海滩公墓徒步经过"二战"地堡，就到了**澳新军团海湾**（Anzac Cove；见163页地图）。这段极为狭窄的沙滩正位于阿热布努南面的悬崖下方，倒霉的协约国军队在1915年4月25日正是在这里登陆的。得到向内陆挺进的命令后，他们最初确实占领了一些土地，但就在当天晚些时候就遭到了凯末尔率领的奥斯曼军队的顽强抵抗。凯末尔预计到了协约国军队会在这里登陆，所以违抗了上级让他前往赫勒斯角（Cape Helles）的命令而守在这里。

同年8月，协约国军队发起了一次全面进攻，试图从海滩阵地推进到庄克拜尔（Chunuk Bair）和萨热拜尔（Sarı Bair，黄坡）的山脊一线。这次进攻引发了在孤松和山峡（Nek）的战斗，也是加里波利战役中最血腥的两场战斗。但协约国军队仍然没能取得什么进展。

再往前走300米，是**阿热布努海岸纪念碑**（Arıburnu Sahil Anıtı, Arıburnu Coastal Memorial；见163页地图），这是一座非常让人动容的土耳其纪念碑，碑上刻着阿塔图克1934年一次关于和平与和解的演讲："对我们而言，那些'约翰'和'穆罕默德'没有区别。那些把儿子从异国他乡送来的母亲，请擦干你们的泪水，你们的儿子安息在我们的土地上……他们在这里失去生命后，也已经变成了我们的儿子。"

纪念碑后面就是**阿热布努公墓**（Arıburnu Cemetery；见163页地图），再往北750米是**坎特伯雷公墓**（Canterbury Cemetery；见163页地图）。两片公墓之间是北海滩（North Beach）上的**澳新军团纪念遗址**（Anzac Commemorative Site, Anzac Tören Alanı；见163页地图），也就是澳新军团日（4月25日）黎明纪念仪式的举办地，亦即出镜率很高的澳新军团纪念碑的所在地。站在砂岩悬崖下往上看，你很容易能从岩壁上辨认出一个雕像——一名绰号"斯芬克斯"、途经埃及来到这里的年轻"开发者"（澳大利亚对步兵的戏称）。

沿着手边的海岸公路向前不到1公里，陆地一侧就是**2号哨所公墓**（No 2 Outpost；见163页地图）和**新西兰2号哨所公墓**（New Zealand No 2 Outpost；见163页地图）。新西兰2号哨所公墓往左200米是**登陆码头公墓**（Embarkation Pier Cemetery；见163页地图）。

前往孤松沿途

返回位于卡巴泰派以东约1公里处的加里波利战役模拟中心后，跟随标志往山上走不到3公里，就能来到孤松。

沿途经过的第一座纪念碑是**亲爱的小穆罕默德纪念碑**（Mehmetçiğe Derin SaygıAnıtı；见161页地图），就在约1公里处的右手边。这座纪念碑是献给"小穆罕默德"（Mehmetçik，对土耳其士兵的别称）的，他曾把一名新西兰士兵救出险境。

继续向前1200米，你会来到"**血腥山脊题刻处**"（Kanlısırt Kitabesi, Bloody Ridge Inscription；见163页地图），上面的铭文从土耳其人的角度描述了孤松战役。

孤松

从题刻处向上400米就是**孤松**（Kanlısırt；见163页地图）。这里也许是所有澳新军团公墓中最感人的一处。1915年8月6日下午，澳大利亚军队占领了土耳其军队原本在此的阵地。在战斗中，为了夺取这一片足球场大小的地方，超过4000名士兵阵亡，受伤的士兵更多。1994年，覆盖这片公墓的树林被大火烧毁，只留下了一棵松树。这棵树的种子来自战斗刚开始时就生长在这里的另一棵孤松（这片战场由此得名）。

墓碑上的墓志铭都非常感人，墓中埋葬的士兵最年轻的只有14岁。公园后面还能看到当年战壕的遗址。

从这里出发，走3公里单行路，就可以到达位于庄克拜尔的新西兰纪念碑。

Johnston's Jolly至奎因哨所

从孤松继续向上走，战斗的惨烈程度越来越明显。在有些地方，两军的战壕只相隔几米。进攻的命令意味着必然的死亡，而随着双方士兵都接到这样的命令，他们几乎都踏上了不归路。

中间的道路标志着两军战壕之间狭窄的无人区，这片区域一直延伸到孤松右侧200米的Johnston's Jolly（Kırmızı Sırt；见163页地图），科特尼和斯蒂尔哨所公墓（Courtney's & Steele's Post；见163页地图）也在差不多200米开外，奎因哨所（Quinn's Post；见163页地图）则在山上100米处。

第57团公墓和凯斯克戴莱公墓

从孤松向山上走1公里，穿过小穆罕默德雕像前的道路，就是奥斯曼第57团公墓（57 Alay Şehitliği；见163页地图）和纪念碑。4月25日，这个团在穆斯塔法·凯末尔的指挥下，几乎以全员为代价阻止了澳新军团占领庄克拜尔高地的企图。

这里还有一座雕像，展现一位老人指着战场遗址给孙女看的场景。老人名叫侯赛因·凯克麦兹（Hüseyin Kaçmaz），曾参加过巴尔干战争、加里波利战役和土耳其独立战争中关键的多鲁佩纳尔战斗（Battle of Dumlupınar）。1994年，老人以111岁高龄去世，是参加过加里波利战役的最后一位土耳其老兵。

从雕塑往下走一段路，就是凯斯克戴莱公墓（Kesikdere Cemeteries；见163页地图），埋葬着57团的其他1115名土耳其战士和来自其他团的士兵。

穆罕默德中士纪念碑和山峡

从第57团公墓继续往山上走大约100米，有一条向西的道路通往穆罕默德中士纪念碑（Sergeant Mehmet Monument；见163页地图），这座纪念碑是为了纪念一名土耳其中士，他在子弹用尽之后用拳头和石块与敌人搏斗。旁边就是山峡（the Nek；见163页地图）。1915年8月7日早晨，就是在这里，澳新军团第3轻骑兵旅的第8团（维多利亚团）和第10团（西澳大利亚团）的战士们从战壕冲向重火力把守的阵地，结果在冲到敌人战线之前就被弹雨扫

战场徒步

探索战场的最好方式无疑是追随当初战斗者们的脚步。在这里的山丘和谷地间穿行，你能一窥1915年的士兵们面对的挑战。徒步者还能欣赏到国家公园壮丽的美景。

澳大利亚政府的退伍军人事务部网站（www.anzacsite.gov.au）上有详细的一日游徒步路线，可以探索战役期间澳新军团占领的主要区域。这条路线从北海滩开始，包括澳新军团海湾和孤松等地，结束于山峡附近的高地和步行者山脊（Walker's Ridge）。网站提供步行指南、可下载的音频讲解和许多历史信息。新西兰视角可登录www.ngatapuwae.govt.nz寻找音频导览、地图，还有一个出色的可下载的手机应用程序，能让你切实感受战场历史。

Crowded House Tours（见167页）提供多种步行团队游。专家级别的导游熟悉很多步行路线，包括澳新军团部分的战场一日游，沿着新西兰部队的进军路线到达庄克拜尔的半天"新西兰之路"游，还有在赫勒斯角周边，沿着英军进军路线的全日游。导游会尽量照顾到游客的特别兴趣，包括造访特定的墓地。价格取决于参团人数的多少。费用包括午餐以及从埃杰阿巴德或恰纳卡莱往返起点和终点的交通。

徒步者一定要带上结实的鞋子，岛上的路会有点陡峭难走。在气候温暖的月份，帽子和防晒霜是必需品，雨衣在一年中的其他季节很有用。别忘了带水和食物。

色雷斯和马尔马拉 加里波利半岛

倒在战场上了。彼得·韦尔（Peter Weir）1981年拍摄的电影《加里波利》（Gallipoli）中重现了这一幕。

Baby 700公墓和Mesudiye大炮

从山峡右边的支线山路上坡200米，是Baby 700公墓（Baby 700 Cemetery；见163页地图）和一门叫作Mesudiye大炮（Mesudiye Topu；见163页地图）的奥斯曼军队山地火炮。700是指它海拔700英尺，而Baby 700是澳新军团第一次冲锋到达最远处的地标代号，这里埋葬的大多是4月25日阵亡的士兵。

Düztepe纪念碑和Talat Göktepe纪念碑

Baby 700公墓往上的Düztepe纪念碑（Düztepe Monument；见163页地图）是奥斯曼第10团的阵地，从这里眺望到的达达尼尔海峡和乡村的景色非常壮美。再向前约1公里是一座当代设立的纪念碑（见163页地图），纪念恰纳卡莱林区的一位森林官员Talat Göktepe，他在1994年与森林大火的搏斗中不幸牺牲。

庄克拜尔及周边

在山顶，经过Talat Göktepe纪念碑大约500米的丁字路口向右转，你就可以到达东边的水道纪念碑（Watercourse Monument, Suyatağı Anıtı；见163页地图）。连续四天四夜不眠不休地指挥作战后，穆斯塔法·凯末尔在这里度过了1915年8月9日的夜晚，并指挥了对协约国军队的部分反击战。

回到丁字路口，向左拐就通往庄克拜尔（在土耳其语中被称作Conk Bayiri）。这里是1915年4月协约国军队登陆的第一个目的地，如今是庄克拜尔新西兰公墓和纪念碑（Chunuk Bair New Zealand Cemetery & Memorial, Conkbayırı Yeni Zelanda Mezarlığve Anıtı；见163页地图）和庄克拜尔阿塔图克纪念像（Conkbayırı Atatürk Memorial, Conkbayırı Atatürk Anıtı；见163页地图）所在地，后者是这位土耳其英雄的巨大雕像。

随着澳新军团在4月25日登上这个灌木丛生的山坡，穆斯塔法·凯末尔对他带领的第57步兵团下达了一道著名的命令："我不是命令你们进攻，我命令你们赴死。等我们全部战死，会有其他部队和指挥官来接替我们的位置。"

庄克拜尔在1915年8月6日至10日的战斗也是整个半岛的核心战区，大约16,000名士兵战死在这条山脊上。澳新军团在8月6日至7日发动了极端猛烈的进攻，进攻部队包括新西兰来复枪队和毛利人军团。接下来的几天里，他们的进攻越发凶猛，根据穆斯塔法的回忆，"无法用语言来形容"当时战斗的惨烈。

◎ 半岛南部（Southern Peninsula）

从卡巴泰派出发大约12公里就到了阿哲泰派（Alçıtepe）村，这里原名克里提亚（Krithia）。村子里主干道十字路口的北边不远就是萨利姆·穆特鲁战争博物馆（Salim Mutlu War Museum, Salim Mutlu Müsezi；见161页地图；门票2里拉；⊙8:00～20:00），这里收藏了许多战场上锈迹斑斑的物品，它们可以让你直观地感受到战场上有多少怒吼的火炮。在十字路口还有一块向右的指示牌，指向大约1.5公里外的土耳其Sargı Yeri公墓（Sargı Yeri Cemetery；见161页地图），那里有一尊巨大的"穆罕默德"雕像和坚固的Nuri Yamut纪念碑（Nuri Yamut Monument；见161页地图）。在第一个路口左转，2公里后能到达十二树林公墓（Twelve Tree Copse Cemetery；见161页地图），3公里远的地方是粉红农场公墓（Pink Farm Cemetery；见161页地图）。

从粉红农场公墓出发，公路会经过兰开夏登陆公墓（Lancashire Landing Cemetery；见161页地图）。在到达Seddülbahir村之前1公里处向右拐，可抵达赫勒斯角不列颠纪念碑（Cape Helles British Memorial；见161页地图），这块居高临下的方尖碑用于纪念2万多名战死在这里又没有专门墓地的英国和澳大利亚士兵。协约国的第一拨进攻分成两翼：除北部在澳新军团海湾登陆的一翼外，还有一翼在半岛尖端的"V"形海滩海湾登陆。雅哈亚中士之墓（Yahya Çavuş Şehitliği, Sergeant Yahya Cemetery；见161页地图）则用于纪念在此地率领部队抵抗的协约国登陆军队和对其造成重大伤亡的土耳其军官雅哈亚。山坡下500米可以看到"V"形海滩公墓（'V' Beach Cemetery；见161页地图）。

在Seddülbahir村的北部，道路分成两条：左侧的分支通向**斜桥公墓**（Skew Bridge Cemetery；见161页地图），之后是**多面堡公墓**（Redoubt Cemetery；见161页地图）；右侧的分支向东延伸，沿指示牌可以到达Morto湾（Morto Bay）的Abide或者恰纳卡莱烈士纪念碑，沿途会经过**法兰西战争纪念碑和公墓**（French War Memorial & Cemetery；见161页地图）；1915年3月，法国军队（含一个非洲军团）攻击了亚洲一侧海岸的库姆卡莱，取得完胜，然后又重新上船，以协助英国军队在赫勒斯角登陆，却几乎全军覆没。这座人迹罕至的法国公墓气氛极为感伤，摆放着成排的金属十字架和5个白色混凝土骨灰瓮，每个瓮中放置着3000名士兵的骨灰。

恰纳卡莱烈士纪念碑（Çanakkale Martyrs' Memorial, Çanakkale Şehitleri Anıtı；见161页地图）也叫作Abide（纪念碑），是一个巨大的岩石构造的建筑体，以纪念所有在加里波利半岛浴血奋战和牺牲的士兵。

在返回埃杰阿巴德和恰纳卡莱的途中，**克依利特巴希尔**（Kilitbahir）小村有一座宏伟的要塞。本书调研期间它正在修缮，不对外开放，但其壮丽的外观值得欣赏。城堡是由征服者穆罕默德在1452年修建的，一个世纪之后，苏莱曼大帝又在内部加盖了7层的恢宏塔楼。它和位于恰纳卡莱的草地城堡（Çimenlik Kalesi）确保了奥斯曼人对达达尼尔海峡的控制权。

👉 团队游

导览团队游是探索这片战场的常用方式。我们推荐的下列旅行社一般提供3小时的上午团队游和5小时或6小时的下午团队游，费用含小巴和导游。大多数也含午餐。

★ **Crowded House Tours** 团队游
（📞0286-814 1565；www.crowded

加里波利背景调查

彼得·威尔1981年拍摄的《加里波利》是一部澳大利亚经典电影，值得你在造访之前观看。2014年，出生于新西兰的澳大利亚演员罗素·克劳（Russell Crowe）的导演处女作《占水师》（*The Water Diviner*）上映。这部电影讲述了一位澳大利亚父亲前往土耳其寻子的故事，他的3个儿子在加里波利战役结束后全都失踪了。

动身之前阅读下列至少一本书会让你受益匪浅：

《加里波利》（*Gallipoli*, 2001年）这本由澳大利亚获奖历史学者和记者莱斯·卡利昂（Les Carlyon）在2001年出版的著作，对这场战役进行了扣人心弦的描述，得到了军事历史学家的高度评价。

《加里波利战场指南》（*Gallipoli Battlefield Guide, Çanakkale Muharebe Alanları Gezi Rehberi*, 2006年）由Gürsel Göncü和Şahin Doğan编著的这本参考书的英文版出版于2006年，在恰纳卡莱和埃杰阿巴德的一些书店仍然有售。

《加里波利》（*Gallipoli*, 2011年）军事历史学家彼得·哈特（Peter Hart）是帝国战争博物馆一位收集声音档案的口述历史学家。在2001年出版的这本书里，他专注于描写英国部队对这场战役的贡献。

《加里波利》（*Gallipoli*, 1956年）这本1956年的经典之作是出生于澳大利亚的外国通讯记者阿兰·穆尔黑德（Alan Moorehead）的作品，2002年以精装版（Perennial Classics）再次发行。

《加里波利——新西兰的故事》（*Gallipoli-The New Zealand Story*, 1998年）由德高望重的新西兰军事历史学家克里斯托弗·帕格斯利（Christopher Pugsley）撰写。

《加里波利》（*Gallipoli*, 2015年）澳大利亚著名作家彼得·菲茨西蒙斯（Peter Fitzsimons）为纪念这场"一战"战役100周年而撰写。

housegallipoli.com; Zubeyde Hanim Meydani 28, Eceabat）这家团队游位于埃杰阿巴德海边一处宽敞的新地址，是加里波利半岛最专业的旅游公司，强烈推荐，要是你能参加由和蔼可亲且知识广博的Bülent "Bill" Yılmaz Korkmaz任领队的团队游就更棒了。它的主打路线包括是澳新军团主要战场和公墓的下午团队游（25欧元）。

其他选择包括赫勒斯角的上午团队游（30欧元），在澳新军团海湾的一艘"一战"时期沉船周围浮潜（15欧元）；下午乘船游览澳新军团的登陆地点（50里拉），以及从伊斯坦布尔出发，囊括加里波利半岛和特洛伊的两日游（价格详询）。

Bülent Korkmaz还组织战场步行游览。

Kenan Çelik 团队游

（☎0286-217 7468；www.kcelik.com；小团体半日/全日团队游120/150欧元）作为土耳其最著名的加里波利战役专家之一，Kenan Çelik已经从恰纳卡莱俄克马特大学（Çanakkale Onsekiz Mart University）英语语言和文学教师的职位上退休，如今专注于组织这片战场的私人团队游。他提供全天游览，目的地集中在重要的澳新军团或土耳其军队遗址，还可以前往苏夫拉湾（Suvla Bay）和赫勒斯角。

如果需要交通工具，则另外收取50/100欧元的费用。

Hassle Free Travel Agency 团队游

（☎0286-213 5969；www.anzachouse.com；Cumhuriyet Meydanı 59, Çanakkale）位于恰纳卡莱的这家老牌旅行社提供澳新军团战场和公墓的半天团队游（40欧元），以及包括澳新军团登陆海滩乘船游、澳新军团海湾浮潜和参观卡巴泰派战役模拟中心（Kabatepe Simulation Centre）的游览套餐（50欧元）。它还提供加里波利和特洛伊团队游，含去往伊斯坦布尔或塞尔柱/以弗所的交通。

✲ 节日和活动

每年有两个日子会吸引大批人群：3月18日，在恰纳卡莱会庆祝土耳其海军在达达尼尔海峡的胜利，而4月25日是协约国军队登陆纪念日。

澳新军团日 纪念仪式

（☯4月25日）"一战"澳新军团（Anzacs）登陆日的黎明纪念仪式（dawn service）上气氛肃穆庄重，每年从澳新地区吸引多达1万名旅行者前来。

🛏 食宿

加里波利战场附近没有就餐处。途中在出色的Doyuranlar Aile Çay ve Gözleme用顿早餐或午餐，喝杯茶，吃点土耳其风味煎饼（gözleme）很有必要。

★ Gallipoli Houses 精品酒店 $$$

（见161页地图；☎0286-814 2650；www.thegallipolihouses.com；Kocadere；标单55~75欧元，双65~85欧元；☯3月中旬至11月中旬；✲）这家酒店坐落在加里波利国家历史公园的一个农庄内，是你游览加里波利半岛时明智的下榻之选。10间客房有的是最初的石头房屋，有的是后来专门建造的建筑，都可以欣赏乡村美景。需要注意：这里通常需要至少入住2晚，且不接待10岁以下儿童。

房间宽敞舒适，还有一个宜人的吧台区供客人在晚饭（17.50欧元）前饮酒聊天。酒店主人是比利时人Eric和他的土耳其妻子Ozlem，他们会热情地为旅客准备家常土耳其菜或为他们定制战场游览路线。也提供午餐盒饭。

Doyuranlar Aile Çay ve Gözleme 土耳其菜 $

（见161页地图；☎0286-814 1652；主菜7~12里拉；☯从7:30起；✲）这家路边餐馆兼茶园位于埃杰阿巴德和卡巴泰派的中途，掌管这里的乡村妇女们会呈上丰盛的早餐、土耳其肉丸（köfte）和白奶酪番茄炒蛋配胡椒（menemen），不过常客都会选择这里的当家特色菜——酥脆美味的风味煎饼（gözleme）和一杯酸奶饮品（ayran）是最好的搭配。

ⓘ 实用信息

Visit Gallipoli（www.gallipoli.gov.au）可以提供大量的信息。

ⓘ 到达和当地交通

自驾车的话，你能够很方便地在一天内游览

半岛北部的战场遗址。你可以在恰纳卡莱和埃杰阿巴德租车。如果起个大早,甚至可以在一天内逛完半岛的南北两部分。没有自己的交通工具的话,参加导览游是探索本地区的最高效的方式。

小巴
加里波利半岛上唯一固定运行的公共交通就是埃杰阿巴德和克依利特巴希尔(Kilitbahir)之间的渡轮(2里拉,每45分钟1趟)以及埃杰阿巴德和卡巴泰派之间的小巴(4里拉,15分钟)。后者全年和来自格克切島的渡轮接驳,而且在夏天班次更频繁。每天通常有两三辆小巴从克依利特巴希尔开往Seddülbahir和Alçıtepe,但时间表总是不定。

渡轮
Gestaş公司(0286-444 0752; www.gdu.com.tr)运营横跨达达尼尔海峡的渡轮,在恰纳卡莱和埃杰阿巴德之间,以及恰纳卡莱和克依利特巴希尔之间往返。还有跨越爱琴海,往返于卡巴泰派和格克切岛的渡船。

出租车
乘坐出租车往来于卡巴泰派和埃杰阿巴德之间需要大约50里拉。

埃杰阿巴德(ECEABAT)
0286/人口 5630

埃杰阿巴德古称"迈多斯"(Maydos),是达达尼尔海峡南岸一个毫不起眼的海滨小镇。它唯一的亮点就是离加里波利主战场遗址很近,而且可以坐轮渡去恰纳卡莱。渡轮就停靠在共和国广场(Cumhuriyet Meydanı)旁边,附近环绕着宾馆、餐厅、自动柜员机、一座邮局、公交公司办公室、小巴车站和出租车停靠点。

食宿
★ Hotel Casa Villa   精品酒店 $$
(0286-814 1320; www.otelcasavilla.com; Çamburnu Sokak 75; 房间 160里拉; ❀❁)这家酒店位于山顶,将其地理环境的优势发挥到最大,优雅的房间里能看到壮丽的风景,大量的户外家具使得这里很轻松就能欣赏到大海和小镇的风光。早餐——在一座阳光明媚的玻璃温室中供应——是土耳其西部最佳之一;菜肴包括新做的sigara böreği(炸奶酪糕

点)和煎蛋卷,大多数早上都供应。

Hotel Crowded House   酒店 $$
(0286-810 0041; www.hotelcrowdedhouse.com; Hüseyin Avni Sokak 4; 标单/双/标三 30/40/50欧元; ❀@❁)现代型房间中,床铺舒适,浴室干净。房费中包含一顿简易的早餐,房间后面还有一个庭院餐厅,是吃午餐和晚餐的地方(包括夏天的户外烧烤)。楼下有很多澳大利亚和新西兰纪念品。

★ Kilye Suvla Lokanta   新派土耳其菜 $$
(0286-814 1000; www.suvla.com.tr; Suvla Winery, Çınarlıdere 11; 主菜 15~28里拉; ⏰lokanta 正午至15:00, 品酒室和概念商店 8:30~17:30;)Suvla的60公顷有机认证葡萄园位于半岛对面的卡巴泰派附近,但配备餐厅、品酒室和产品商店的酿酒酒庄却在埃杰阿巴德的边缘。值得专程前来,提供的菜单令人印象深刻,既有进行了现代化改造的土耳其经典菜肴如肉丸,也有新鲜的沙拉和土耳其风格的比萨。你可尝试山羊乳奶酪饺子配当地产的迷人的索维农白葡萄酒。

ℹ️ 到达和离开

恰纳卡莱
Gestaş(0286-444 0752; www.gdu.com.tr)有往返埃杰阿巴德和恰纳卡莱的渡轮(每人/车3/30里拉, 25分钟), 7:00至午夜每小时1班,午夜至次日7:00大约每2小时1班。售票亭就在渡轮边乘客入口的旁边。

港口对面Grand Eceabat Hotel酒店大楼的一层有**Truva**(Cumhuriyet Meydanı; ⏰8:00~22:00)和**Metro**(Cumhuriyet Meydanı; ⏰8:00~22:00)公司的办公室,可以购买长途汽车票。

卡巴泰派
夏天,每天都有定期小巴前往卡巴泰派渡口(4里拉, 15分钟)。冬天只有与渡轮班次接驳的小巴。如果提出要求,小巴可以把你放在**加里波利战役模拟中心**(见161页),这里的东南方向750米处就是通往孤松和庄克拜尔上坡路的起点。

克依利特巴希尔
小巴每45分钟1班(2里拉, 10分钟)。

伊斯坦布尔
有长途汽车前往伊斯坦布尔;前往位于

Esenler的比于克长途汽车站的长途汽车车次较多（45里拉，5小时）；前往亚洲一侧卡德廓伊区（Kadıköy）附近的Ataşehir长途汽车站的车次较少。**Truva Turizm公司**（见172页地图；☎0286-212 2222；www.truvaturizm.com）的服务是最好的。

恰纳卡莱（ÇANAKKALE）

☎0286 / 人口 123,000

如果你认为恰纳卡莱之所以值得前去，只是因为这里是游览战场的起点，现在得再想想了。声誉卓著的恰纳卡莱俄色克马特大学（Çanakkale Onsekiz Mart University）的存在，为这座小城带来了人数可观的学生群体，他们最爱做的事情莫过于在钟楼（saat kulesi，建于1897年）周围和海滨步道（kordon）一带氛围十足的鹅卵石街巷中享用美食、饮酒和举行派对。加入他们的欢宴是旅行的一大亮点。

作为这一地区无可争议的中心，恰纳卡莱有许多与之相关的传说。在古希腊神话中，利安得（Leander）就是从它北边的古城阿拜多斯（Abydos）每天晚上游过达达尼尔海峡去见自己的情人海洛（Hero）的。而在金羊毛的传说中，阿塔玛斯（Athamas）的女儿赫勒（Helle）就是在达达尼尔海峡的这个位置淹死的，所以这条水道古代的名字是赫勒斯蓬特海峡（Hellespont）。恰纳卡莱附近就是古特洛伊城的遗址，荷马在他的史诗《伊利亚特》中曾描述过它。

◉ 景点和活动

达达尼尔海峡两岸
海军司令部博物馆　　　　　　　　博物馆

（Dardanelles Straits Naval Command Museum, Çanakkale Boğaz Komutanliği Deniz Müzesi；见172页地图；☎0286-213 1730；Çimenlik Sokak；门票7里拉；⊙周二至周日 9:00至正午和13:30~17:00）海滨步行道（kordon）的南端是一座点缀着枪、加农炮和军用物品的公园。公园入口附近是一座小型军事博物馆，其中陈列着丰富的加里波利战役相关展品和一些战争遗物。持博物馆门票还可以登上Nusrat号布雷舰（Nusrat minelayer）的复制品，这艘军舰在恰纳卡莱海军胜利中发挥了重要作用。还可以参观公园后面的草地城堡（Çimenlik Kalesi, Meadow Castle, 1452年由征服者穆罕默德下令建造）。

城市博物馆　　　　　　　　　　　　博物馆

（Kent Müzesi, City Museum；见172页地图；☎214 3417；www.canakkalekentmuzesi.com; Fetvane Sokak 31；⊙4月至8月周二至周日 10:00~19:00，9月至次年5月 至17:00）**免费** 恰纳卡莱居民自奥斯曼时代以来的生活是这座小型博物馆展示的重心，其展板上的许多内容都来自口述历史。展品还包括照片、报纸文章和一些文物。可询问英文翻译版的文字，以最大限度探索展览。

特洛伊木马　　　　　　　　　　　　纪念碑

（Trojan Horse；见172页地图）沃尔夫冈·彼得森（Wolfgang Petersen）2004年导演的电影《特洛伊》对恰纳卡莱地区产生了巨大影响，不仅体现在特洛伊遗址剧增的游客数量上，而且海滨步行道的北段还增设了这只曾用于电影拍摄的木马。木马下面有特洛伊古城模型和相关信息展示。

木屋浴室　　　　　　　　　　　　公共浴室

（Yalı Hamam；见172页地图；Çarşı Caddesi 5；全套洗浴服务50里拉；⊙8:00~23:00）女性在这家建于17世纪的公共浴室里可能会感到有些不舒服，因为这里的设备是男女共用的，且服务生全部是男的。话虽这样说，但是它很干净，按摩高台（göbektaşı）热得发烫，而土耳其敲背式按摩会让人非常享受。

✦ 节日和活动

恰纳卡莱海军胜利纪念日　　　　　纪念日

（Çanakkale Naval Victory, Çanakkale Deniz Zaferi；⊙3月18日）土耳其人在3月18日庆祝"一战"中达达尼尔海峡海战胜利。

特洛伊节　　　　　　　　　　　　文化节

（Troia Festivali, Troia Festival；⊙8月中旬）8月中旬，海滨步道上充斥着游行、音乐会和展览，土耳其大牌音乐人会在共和国广场（Cumhuriyet Meydani）进行为期5天的免费表演。

横渡达达尼尔海峡　　　　　　　　体育节

（Hellespont & Dardanelles Swim；www.

swimhellespont.com；☉8月30日）8月30日（土耳其胜利日），达达尼尔海峡的海上交通会封闭1.5小时，游泳健儿将从埃杰阿巴德至恰纳卡莱横渡4.5公里。

住宿

如果你打算在重大活动（见170页）期间入住恰纳卡莱，一定要提前很早就预订，并且准备好支付定金。周末（尤其是3月中旬到6月中旬和9月），这里很受土耳其游客的欢迎，所以可尝试平时前往，周五到周日一定要预订住宿处。

Anzac House Hostel   青年旅舍 $

（见172页地图；☎0286-213 5969；www.anzachouse.com；Cumhuriyet Meydanı 59；铺/标单/双/标双 30/50/80/80里拉；❄️📶）恰纳卡莱唯一的青年旅舍，由出色的Hassle Free Tours经营，现已经过改造，成为本地区最好的低预算旅行者住宿处。房间简单，不是每间都有窗户，但都打理得很好。战场、特洛伊木马和较远地区的团队游都在楼下进行，附近还有恰纳卡莱最好的咖啡馆。

Pansiyon Egem   家庭旅馆 $

（见172页地图；☎0286-213 2623；www.egempansiyon.com；Kemalyeri Sokak 9；标单/双60/100里拉起；❄️📶）新店主接手改造后，这家旅馆成了一个超值住宿选择，地址位于旧城一片有趣的地区，靠近咖啡馆和餐厅。装潢清爽，采用白色的现代风格，全新的浴室一尘不染；前台年轻的团队会讲英语，一般对还价保持开放态度。不是所有房间都有窗户。

Anzac Hotel   酒店 $$

（见172页地图；☎0286-217 7777；www.anzachotel.com；Saat Kulesi Meydanı 8；标单25~30欧元，双33~40欧元；❄️📶）这家位于钟楼对面的酒店最近刚刚装修过，价位非常亲民，一支非常专业的管理团队确保它可以良好地运营并为客人提供高品质服务。房间很大，有煮茶和咖啡的器具及双层玻璃窗户。中间楼层有一个气氛欢快的酒吧，每天晚上都播放《加里波利》和《特洛伊》这两部电影。

Hotel Kervansaray   精品酒店 $$

（见172页地图；☎0286-217 8192；www.otelkervansaray.com；Fetvane Sokak 13；标单/双45/50欧元起；❄️📶）这家酒店位于一座奥斯曼时代的建筑中，在20世纪初曾经为一位法官所有，是恰纳卡莱最古老的住宿处。老一些的房间里可能弥漫着往日的气息，但这种氛围也很有趣。较新建成的区域内的房间配备浴缸而非淋浴。途中的花园是一片小绿洲。

Hotel Limani   酒店 $$$

（见172页地图；☎0286-217 2908；www.hotellimani.com；Yalı Caddesi 12；标单/双160/260里拉；❄️📶）俯瞰着港口的Limani酒店堪称恰纳卡莱最好的高端酒店。房间比较小，但很舒适，有非常漂亮的装饰。值得多付一些钱观赏陆地或海上风景，因为便宜的房间没有窗户。楼下的餐厅兼酒吧提供相当好的饭菜和极其丰盛的自助早餐。

Hotel des Etrangers   精品酒店 $$$

（见172页地图；☎0286-214 2424；www.hoteldesetrangers.com.tr；Yalı Caddesi 25-27；房间90~100欧元；❄️📶）这家充满历史感的酒店是一个氛围十足的住宿之选，8个房间都有白色木地板、内嵌木天花板和非常有品位的乡村风格家具。前面的4个房间比较大，还有小阳台可以俯瞰港口和熙熙攘攘的Yalı Caddesi大街。需要注意，窗户不是双层玻璃的，临街房间会比较吵。带领团队进行第一次特洛伊考古的Heinrich Schliemann曾下榻于此。

就餐

★ Sardalya   海鲜 $

（见172页地图；Küçük Hamam Sokak 24b；小吃 6里拉起；☉8:00~23:00）这家简朴的餐厅得名于一种鱼，很受当地人的欢迎，提供的菜式包括鱼三明治（balık ekmek）、炸贻贝或鱿鱼拼盘、炸沙丁鱼配沙拉等。你可以在吧台找个座位，一边和当地人聊天，一边品尝美味食品；或者可以外带，然后走一小段路到达海滨。

Çonk Coffee   咖啡馆 $

（见172页地图；Kemalyeri Sokak 3；小吃 3里拉起；☉8:00~22:00）这家小咖啡馆气氛极其友好，墙壁上装饰着老式收音机、照相机和老照片，供应土耳其式咖啡和意式浓缩咖啡以

Çanakkale 恰纳卡莱

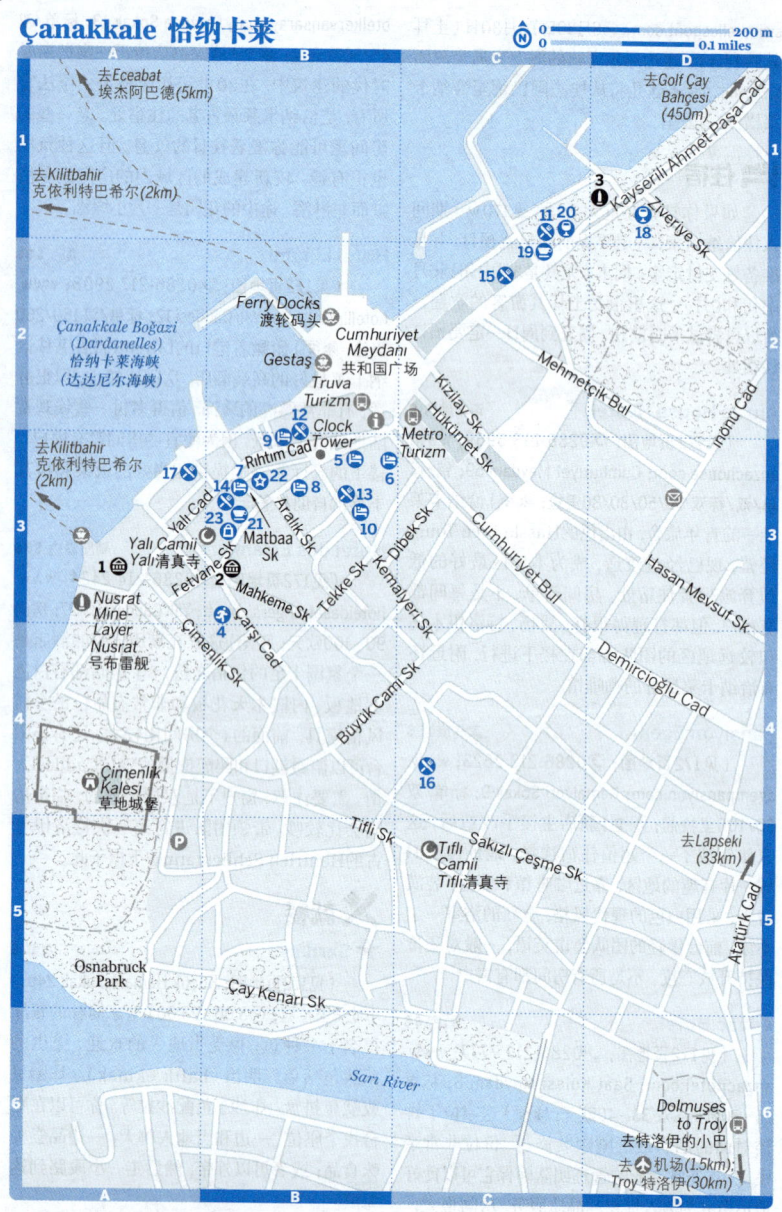

及热狗、三明治和恰纳卡莱最好的烤三明治（tosts）。也有美味的鲜榨橙汁。

Hüsmanoğlu Babalığın Torunları 甜点 $

（见172页地图；☎0286-217 7733；YalıCaddesi 29；20 里拉/公斤；⏱8:00~19:00）镇上品

Assos Cafe 咖啡馆 $$

（见172页地图；☎0532 784 6484；Kayserili Ahmet Paşa Caddesi 27；餐 13~27里拉；⏱8:00至

Çanakkale 恰纳卡莱

◎ 景点
1 达达尼尔海峡两岸海军司令部博物馆.....A3
2 城市博物馆..B3
3 特洛伊木马..D1

◎ 活动、课程和团队游
4 Yalı Hamam...B3

◎ 住宿
5 Anzac Hotel...B3
6 Anzac House Hostel..................................B3
7 Hotel des Etrangers..................................B3
8 Hotel Kervansaray....................................B3
9 Hotel Limani..B3
10 Pansiyon Egem..B3

◎ 就餐
11 Assos Cafe...C1
12 Cafe du Port..B2
13 Çonk Coffee...B3
14 Hüsmanoğlu Babalığın Torunları.......B3
15 Kavala...C2
16 Sardalya...C4
17 Yalova...A3

◎ 饮品和夜生活
18 Akava Lounge..D1
19 Bayramefendi Osmanlı Kahvecisi......C2
20 Helles Cafe...C1
21 Yalı Hanı...B3

◎ 娱乐
22 Joker Bar..B3

◎ 购物
23 Kepenek Keramik....................................B3

次日2:00；☎）这个聚会之地位于特洛伊木马附近，你可以来这里要一份汉堡、鸡肉卷或比萨，搭配冰爽的啤酒再好不过。随着夜色渐深，音乐声也越来越大，这里播放的是欧美音乐而不是土耳其流行乐。老顾客们喜欢来这里会朋友，使用免费Wi-Fi和玩西洋陆棋（tavla）。可品尝到各种美味的土耳其和国际品牌啤酒。

Yalova   海鲜 $$

（见172页地图；☎0286-217 1045；www.yalovarestaurant.com；Gümrük Sokak 7；开胃菜8~22里拉，主菜25~40里拉）自1940年以来，当地人就爱来这里享用高档美食。这家位于海滨步道上的海鲜餐厅有2层，前方停泊的渔船当天的捕鱼收获，常常刚靠岸就被送到这里了。楼上展示着各种开胃菜和鱼，可以尽情挑选，别忘了一定要配上当地产的苏夫拉（Suvla）葡萄酒。

Kavala   海鲜 $$

（Kavala Balık Lokantası；见172页地图；☎0284-214 3519；www.canakkalekavala.com；Kayserili Ahmet Paşa Caddesi 5；开胃菜8~22里拉，主菜20~40里拉；⊙8:00至午夜）这个氛围非常友好的餐厅位于海滨步道北段，它的户外露台总是挤满了当地人，所以要记得预订，否则就只能准备坐在室内了。装潢是希腊海岛风格，但食物是传统土耳其风味，供应各种常见的开胃菜和鱼类菜肴。

Cafe du Port   各国风味 $$

（见172页地图；☎0286-217 2908；Yalı Caddesi 12；主菜22~28里拉；⊙8:00~23:00）Hotel Limani酒店的这家餐厅之所以这么受欢迎，原因有很多：位于海滨步道，前面是玻璃墙，建筑风格时尚诱人；大厨是恰纳卡莱最多才多艺的；服务很棒。特色包括牛排、沙拉、意大利面，以及经理在伊斯坦布尔定期逗留期间激发他灵感的任何东西。不为别的，就算是在一天的最后，进去喝一杯莫吉托也是值得的。

饮品和娱乐

恰纳卡莱到处都是学生，所以这儿有健康的咖啡馆、酒吧和夜店。钟楼附近的Fetvane Sokak一带有很多酒吧和夜店，被当地人称为"Barlar Sokağı"（酒吧街）。这座城市最不寻常的一点在于，海滨步道沿线的许多茶园和咖啡馆除了供应茶和咖啡之外，还出售酒类。

★ Yalı Hanı   茶园、酒吧

（见172页地图；Fetvane Sokak 26；⊙8:00~22:00，冬季歇业）这家氛围十足的茶园兼酒吧藏身于一个19世纪末商队驿站的庭院里，

院子里有茂盛的紫藤花，还是现场表演和播放电影的场所。这里是波希米亚式文艺青年最爱流连的地方，他们喜欢在这里来杯葡萄酒，聚在一起评论一番刚刚看到的艺术展览。常常会有艺术展览在这里的顶层空间举办。

Golf Çay Bahçesi 茶园

(Gazi Bulvarı; ☉8:00~22:00)作为达达尼尔海峡日暮时分最棒的休闲场所之一，这里有一个巨大的户外露台，你可以一边欣赏落日西沉的景色，一边享用一杯啤酒或茶。它就在海滨步道北端刚过一点的地方，靠近尼塞普帕夏清真寺（Necip Paşa Mosque）。

Helles Cafe 酒吧

(见172页地图; Kayserili Ahmet Paşa Caddesi 29a; ☉8:00至次日2:00)恰纳卡莱竟然有土耳其精酿啤酒——谁想得到？这里友好的氛围和露天饮酒的魅力越来越受人欢迎，就在海滨步道旁边，提供穆拉省西南部的Gara Guzu啤酒厂生产的精酿，种类包括一种啤酒花酿造的琥珀色艾尔和一种比利时淡金色艾尔，如果Efes尝着有些淡的话，上面两种都相当烈。

Akava Lounge 酒吧

(见172页地图; www.akava.com.tr; Kayserili Ahmet Paşa Caddesi 24a; ☉8:00至次日2:00)恰纳卡莱最嬉皮的地方，也是城里历史最长、储量最丰富的酒吧。常客会涌进来喝鸡尾酒，周围装饰着五颜六色的街头艺术和墙壁壁画作品，国际风味的菜单上能看到比萨、意大利面、牛排、沙拉和墨西哥牛排。从酒桶直接放出来的啤酒种类多得超乎一般，甚至还有一些可口有趣的国际品牌瓶装佳酿。

Bayramefendi Osmanlı Kahvecisi 咖啡馆

(见172页地图; Kayserili Ahmet Paşa Caddesi; 咖啡 4里拉起; ☉8:00至午夜)城里最受欢迎的咖啡馆，就是这座五彩缤纷的用木头装饰的咖啡馆，这里提供多种方法制作的咖啡。恰纳卡莱的一些嬉皮士下午会坐在这里聊天抽烟消磨时间。你可以在外面找张桌子，坐在海滨步道边，吹吹海风——可找找从招牌到咖啡馆上到处都有的复古"小胡子"商标。

Joker Bar 现场音乐、酒吧

(见172页地图; www.jokerbarcanakkale.com; Matbaa Sokak 3; 音乐会25~35里拉; ☉正午至次日1:00)这里是恰纳卡莱最好的小型音乐表演场所之一，你可以端着冰啤坐在户外，欣赏来自全国各地的乐队的演出。当地学生会蜂拥而来欣赏演奏会，一般是周五和周六晚上20:00左右开始。周围的Matbaa Sokak小巷还有许多其他的酒馆、咖啡馆和餐厅。

🛍 购物

Kepenek Keramik 陶瓷

(见172页地图; www.kepenekkeramik.com; Yalı Hanı 28/30, Fetvane Sokak; ☉10:00~18:00)恰纳卡莱有悠久的陶瓷制造历史，这里的设计经常会根据它著名的传统风格做有趣的更新。店里超值系列的亮点包括风格原始的陶土厨具，生动的彩色陶釉的使用，使其显得很有生气，乡村风味的小雕像是很好的礼品和纪念品。装有轮子的小特洛伊木马尤其有趣！

ℹ 实用信息

旅游办公室（Tourist Office; 见172页地图; ☎0284-217 1187; İskele Meydanı 67; ☉周一至周五 8:30~17:30, 周六和周日 10:00~12:30和13:30~16:00)这家便利的办公室贴心地位于码头和钟楼之间，可以提供城市地图、加里波利战场和小巴时刻表的信息。

ℹ 到达和当地交通

飞机

Anadolu Jet（www.anadolujet.com）由土耳其航空（Turkish Airlines）运营，每天有往返安卡拉的航班（115里拉起，90分钟）。**恰纳卡莱机场**（☎0286-213 1021; www.canakkale.dhmi.gov.tr）有市政小巴接驳航班，开往市中心（3里拉）；乘坐出租车需要约30里拉。

长途汽车

往返恰纳卡莱最便利的公共交通方式是乘坐长途汽车。新长途汽车站在离码头市中心以东约7公里处，不过许多长途汽车都在轮渡码头上下客；如果没有，当地9路公交车（2里拉）可下山前往市中心。**Metro Turizm**（见172页地图; ☎0286-213

1260; www.metroturizm.com.tr)和**Truva Turizm**（见172页）两家公司提供更频繁的车次，因为它们的车次最多，不过其他公司在恰纳卡莱也有车次。

安卡拉（70里拉，10小时）每天Truva1班，Metro2班。
布尔萨（40里拉，4.5小时）Truva和Metro每天都至少有4班。
埃迪尔内（40里拉，4.5小时）Truva和Metro每天都至少有2班。
伊斯坦布尔（55里拉，6小时）有前往位于欧洲一侧Esenler区的比于克长途汽车站（Metro and Truva）以及亚洲一侧卡德廓伊附近Ataşehir长途汽车站（Truva）的车次。
伊兹密尔（45里拉，5.75小时）途经艾瓦勒克（30里拉，3.25小时），Truva和Metro每天都有很多班次。

船
渡轮都由**Gestaş**（见172页地图；0286-444 0752; www.gdu.com.tr）公司经营，在恰纳卡莱有一座现代化的宽敞售票厅和等候室。

渡轮出发点包括**主渡轮码头**（见172页地图）和远一些的水滨的**南码头**（见172页地图）。

博兹贾阿达（Bozcaada；10里拉）每周六8:00开船，17:00返航。
埃杰阿巴德（每人/车 3/35里拉，25分钟）从5:00至午夜每小时1班，午夜之后每1~2小时1班。
格克切岛（Gökçeada；10里拉，仅搭载乘客）周一8:00和周五19:30出发，从格克切岛返回的时间为周四和周日18:00。更多前往格克切岛的可搭载车辆的渡轮是从加里波利半岛西部的卡巴泰派（经埃杰阿巴德抵达）出发。
克依利特巴尔（每人/车 2/30里拉，20分钟）从7:30至次日0:30，每30~60分钟1班，从主码头或南边较小的码头出发。

小巴
去**特洛伊**（见172页地图）的**小巴**（5里拉，35分钟，每小时1班）9:30~17:00每半小时一班，从恰纳卡莱Sarı River大桥北端的车站出发，在考古遗址停车场下客。夏季，第一班小巴从恰纳卡莱的出发时间为7:30，最后一班从特洛伊返程的时间为20:15。

特洛伊 [TROY (TRUVA)]
0286

特洛伊虽然不是土耳其最著名的古代遗址，但却是神话对人类经验重要意义的证明。要想还原城市原本的壮丽景象，需要费些想象力，如果有一名好的导游，你很快就能唤醒这个作为荷马的《伊利亚特》史诗发生地的地址。特洛伊是学校组织周末活动的热门目的地，你可以尝试着周中前来。

历史
早在青铜时代早期（公元前4000年末），这里就有人类居住。被称作特洛伊一期（Troy Ⅰ）至特洛伊五期（Troy Ⅴ）的有城墙的城市大约出现在公元前3000年至前1700年，它们的文化比较接近青铜时代，但在公元前1700年到前1250年的特洛伊六期（Troy Ⅵ）出现了受迈锡尼文明（Mycenae）影响的特征，城市规模扩大了一倍，与附近的希腊定居点之间的贸易也繁荣起来。到特洛伊六期时，这座城市很可能覆盖了整个高地，成为爱琴海地区最大的城镇之一。公元前1350年的一场地震摧毁了城墙，但是又得到了重建。公元前1250年左右（特洛伊七期）出现了广泛的火灾和屠杀证据，这让很多历史学家相信特洛伊战争（Trojan War）就是这个时候爆发的。爱琴海地区在这段时期的经济和政治历史表明，这场战争的真正起因是特洛伊和迈锡尼王国在商业利益上的严重对立，而战争的赢家将获得达达尼尔海峡的控制权以及黑海地区的贸易权。

这座城市在公元前第二个千年的末期遭到遗弃，但在公元前8世纪被来自利姆诺斯岛（Lemnos）的希腊定居者占据（特洛伊八期，公元前700年至前85年）。公元前188年，古罗马人断定这里就是《荷马史诗》中的伊利翁（Ilion），并将其尊为罗马的母亲城（Ilium Novum），免除了这里的税赋。这座城市在罗马人的统治下兴旺发达，并挺过了公元6世纪初的一次剧烈地震，公元9世纪再遭遗弃，之后在拜占庭时代再次迎来新的居民，这一次，直到进入奥斯曼时代很久之后才终于又无人烟。

这片古迹在1998年被列入联合国教科文组织的《世界遗产名录》。在联合国教科文组织的记录中，这片古迹被描述为"安纳托利亚文明和地中海地区文明首次接触的重要见证"。

Troy (Truva) 特洛伊

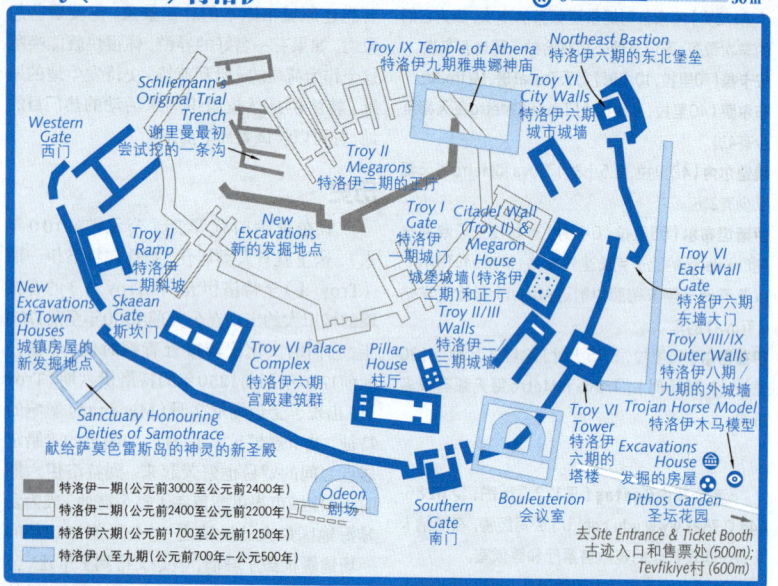

地图标注：
- Troy IX Temple of Athena 特洛伊九期雅典娜神庙
- Northeast Bastion 特洛伊六期的东北堡垒
- Schliemann's Original Trial Trench 谢里曼最初尝试挖掘的一条沟
- Troy VI City Walls 特洛伊六期城市城墙
- Western Gate 西门
- Troy II Megarons 特洛伊二期的正庁
- Troy II Ramp 特洛伊二期斜坡
- New Excavations 新的发掘地点
- Troy I Gate 特洛伊一期城门
- Citadel Wall (Troy II) & Megaron House 城堡城墙（特洛伊二期）和正厅
- Troy VI East Wall Gate 特洛伊六期东墙大门
- New Excavations of Town Houses 城镇房屋的新发掘地点
- Skaean Gate 斯坎门
- Troy II/III Walls 特洛伊二、三期城墙
- Troy VIII/IX Outer Walls 特洛伊八期／九期的外城墙
- Troy VI Palace Complex 特洛伊六期宫殿建筑群
- Pillar House 柱厅
- Sanctuary Honouring Deities of Samothrace 献给萨莫色雷斯岛的神灵的新圣殿
- Troy VI Tower 特洛伊六期的塔楼
- Trojan Horse Model 特洛伊木马模型
- Excavations House 发掘的房屋
- Odeon 剧场
- Southern Gate 南门
- Bouleuterion 会议室
- Pithos Garden 圣坛花园
- 去Site Entrance & Ticket Booth 古迹入口和售票处 (500m); Tevfikiye村 (600m)

图例：
- 特洛伊一期（公元前3000至公元前2400年）
- 特洛伊二期（公元前2400至公元前2200年）
- 特洛伊六期（公元前1700至公元前1250年）
- 特洛伊八至九期（公元前700年-公元前500年）

色雷斯和马尔马拉　特洛伊

发现特洛伊

直到19世纪，还有很多历史学家质疑古特洛伊是否真实存在。但有一个人却着了魔似的相信它的存在，他就是德国商人海因里希·谢里曼（Heinrich Schliemann, 1822~1890）。他在1871年获得了奥斯曼帝国政府的许可，允许他在Hisarlık村附近的一座山丘进行发掘。之前已经有考古学家发现这里可能是特洛伊古城的遗址所在。

谢里曼更像是个饥渴的寻宝猎人而非严谨的考古学家。他很快就将遗址挖开，展现了古城遗址的面貌，并确信这就是《荷马史诗》中的特洛伊城。他还发现了大量黄金制品，并将其命名为"普里阿摩斯的宝藏"（Priam's Treasure）。

匆忙之中，谢里曼没有发现特洛伊并不是单独的一座城市，而是在大约2500年的历史中，不断由当地居民在原址基础上建造起来的一系列居住地。后来的考古学家辨认出了9个不同年代的特洛伊遗址，可惜有很大一部分在谢里曼头脑发热、急功近利的挖掘中遭到了损毁。接下来，人们发现他珍视的那些宝藏并非来自荷马史诗中的特洛伊时期，而是早得多的特洛伊二期。

谢里曼的放纵行为在他停止挖掘后仍然毫无改善。他将部分"普里阿摩斯的宝藏"偷渡带出了奥斯曼帝国，大部分被带到柏林展览，"二战"末期又被占领柏林的苏联军队掠走。后来的几十年里没人承认自己知道宝藏的去向，直到人们在莫斯科的普希金博物馆发现了它们，至今仍保存在那里。

宏伟的新特洛伊博物馆坐落在旁边的Tevfikiye村，经历了一系列的工程延误后，在2018年开幕。在本书写作时，有推测称，莫斯科的普希金博物馆（Pushkin Museum）中收藏的珍品有可能回到土耳其的特洛伊展出，但土俄之间因为叙利亚形势而持续存在的外交紧张局面，使得这一预测的可能性在不久的将来尚无法确定。

◉ 景点

特洛伊遗址　考古遗址

（Ruins of Troy; ☏0286-283 0536; 门票 成人/12周岁以下儿童 25里拉/免费; ◉4月至10月 8:00~19:30, 11月至次年3月 至17:00) 如果你来到特洛伊，期望看到一座像以弗所那样得到重建的古代城市，那可能要失望了。遗址看起来就像是一个杂草丛生的考古挖掘坑，很难想象原来古城的样子。幸运的是，有信息丰富的音频导游（10里拉）可以帮助那些没有参加团队导览游的游客想象这座古城往昔的面貌。

靠近遗址，沿着右手边的石头台阶向上，它们会把你带到特洛伊八/九期的外城墙上，在那里你能看到特洛伊六期城墙的东城门和塔楼等防御工事。

沿原路从台阶上下来，然后走右边宽阔的步行道，在厚厚的石墙之间走上一座小山，你就能看到特洛伊二期和三期最初的一些红砖墙（还有一些重建的）。砖墙上方有曲线形保护性屋顶和公元1874年发掘之前Hisarlık村土丘的形状及高度一样。

沿道路继续向前，会经过防御严密的特洛伊六期的东北堡垒、希腊-罗马风格的特洛伊九期雅典娜神庙的遗址以及特洛伊二期和三期的城墙。你能从同一时期的遗址中辨认出一个带门廊的正厅（megaron）的石头基石。

接下来，越过早中期特洛伊的城墙（特洛伊一期南门），还有更多特洛伊二期的正厅遗址，当初里面住的都是"上层阶级"，穷人只能挤在下面的平地上。

之后这条道路穿过谢里曼最初尝试挖的一条沟，这条沟直接穿透了特洛伊各个时期的所有层次。有标志指出了这条沟15米高的侧壁上9个时期城市地层各自的位置。

就在这个角落周边有一段城墙，据说就是特洛伊六期宫殿建筑群开始的地方，之后是特洛伊八期和九期的一座圣殿遗址，在此享受祭拜的神灵是谁已不可考。接着，一座新的圣殿在原址上建起，显然是献给萨莫色雷斯岛（Samothrace）的神灵的。最终，道路经过罗马剧场（Roman Odeon）前，那里是举办音乐会的场所，右边是会议室（Bouleuterion），这样就回到了你出发的地方。

团队游

加里波利半岛上，提供带导游的特洛伊遗址半日团队游的旅行社包括Hassle Free（见168页）和Crowded House（见167页），价格在35欧元左右。两家旅行社都组织一日游，包括上午游览特洛伊，中午在埃杰阿巴德午餐，下午游览战场，价格约75欧元。当地导游Uran Savaş（☎0542 263 4839；uransavas17@hotmail.com）住在特洛伊遗址旁边的Tevfikiye村，他经营着家庭旅馆Trpoa Pension，英语说得很好，还组织针对考古遗址的私人团队游（150里拉）。

食宿

Troia Pension 家庭旅馆 $

（☎0286-283 0571；www.troiapension.com；Truva Mola Noktası, Tevfikiye；露营/露营卡车营地不含早餐15欧元，标单/双 30/50欧元；✺☏）这家简朴的旅馆位于一家咖啡馆兼纪念品商店后面，从特洛伊遗址步行一小段路就可到达。由团队游导游Uran Savaş经营，提供4个标准双床间和为带帐篷或者开露营卡车的游客准备的营地，除了干净的淋浴间和厕所外，营地还有更换卡车厕所用水的设施。你可以在咖啡馆吃饭。

❶ 到达和离开

前往特洛伊（5里拉，35分钟，每小时1班）的小巴9:30～17:00每半小时1班，从恰纳卡莱Sarı河上那座桥北端的一个车站出发，在特洛伊遗址的停车场下客。夏季，第一班小巴从恰纳卡莱出发的时间为7:30，最后一班从特洛伊返程的时间为20:15。旅游信息办公室提供便利的最新信息传单。

格克切岛（GÖKÇEADA）

☎0286/人口 8640

被称为"天堂岛"的格克切岛距加里波利半岛11海里，是爱琴海上一个漂亮的边境海岛。在夏天的周末和节假日，许多伊斯坦布尔和伊兹密尔居民会被未经破坏的自然风光、沙滩和受希腊影响的文化吸引到这里来。在一年当中的其他时候，这是一个宁静的岛屿，游人稀少，一派田园风光。

我们百思不得其解的是，为什么格克切岛没有成为探索附近加里波利战场的大本营。有一班渡轮将这座岛屿和位于加里波利半岛核心地带的卡巴泰派连接起来，乘客和车辆都可上船，而且只需要75分钟。岛上的

Gökçeada 格克切岛

住宿选择虽然不多，但很诱人，还有很多进行游泳、风筝冲浪、徒步和文化旅游等活动的机会。

历史

格克切岛曾是一个以希腊人为主要居民的岛屿，曾经的名字是Imbros或İmroz。"一战"期间，这里是加里波利战役的重要基地，实际上，协约国军队的指挥官伊恩·汉密尔顿将军（General Ian Hamilton）就把指挥部设在了岛上东南海岸的阿伊丁塞克（Aydıncık）村（后来转移到Kefalos）。1923年，作为《洛桑条约》的一部分，格克切岛和南边稍小的博兹育阿达岛（Bozcaada）被移交给新成立的土耳其共和国，但免予进行人口交换，保持了希腊人为主的人口构成。然而，土耳其政府在1946年开始在这里安置第一拨来自黑海地区的土耳其定居者，开始了明显但从未挑明的"土耳其化"过程，并于20世纪60年代和70年代时达到高潮，当时共有多达6000名来自土耳其本土（许多来自东部）的土耳其人被安置在此。希腊学校被迫关闭，许多希腊教堂遭到破坏，岛上90%的耕地从希腊居民的手中被收走，大多数希腊人别无选择，只好远走他乡。1970年，这座岛屿被土耳其政府重新命名为格克切岛。如今岛上只有大约200名希腊居民，大多数是老年人。

◉ 景点

这里的主要景点是村庄。从格克切岛镇（更常用的名字是Merkez，意为"中心"）向西前行，3公里后你会经过塞汀利（Zeytinli，即Aya Theodoros），再走7公里就是泰派廊伊（Tepeköy，即Agridia），再向西5公里是德莱廊伊（Dereköy，即Shinudy）。所有这些村庄都建造在俯瞰岛屿中央峡谷的半山腰上，选择这样的位置是为了避免海盗侵扰。村庄里的许多石头房子都已被遗弃，处于年久破败的状态。不过，多亏了居住在塞汀利和泰派廊伊的一些热心和富于创业精神的希腊裔居民，这些村庄正在从小规模旅游业中受益，而且从前的居民和他们的家人也在回归。

卡莱克伊（Kaleköy） 村

卡莱克伊港口上方的山腰上有一个可爱的村庄——"上卡莱克伊"（又称high Kaleköy，从前的名字是Kastro）。它围绕着一座废弃的热那亚堡垒修建，俯瞰着爱琴海上的萨莫色雷斯岛（Samothraki，Samothrace），这里的大多数建筑都修建于希腊人定居时期，而所有希腊人都在20世纪60年代和70年代被迫离开了。村庄里有一座废弃不用的教堂、一个迷人的咖啡商店、三两家餐厅、许多家庭旅馆和两家精品酒店。有一班小巴将它和港口与镇中心（Merkez）连接起来。

在村子下面的港口，海滩和附近的鱼餐厅很受土耳其游客的欢迎。卡莱克伊和库祖利曼（Kuzulimanı）之间的海岸构成了一个国家海洋公园（sualtımilli parkı）。

老巴德姆利（Eski Bademli） 村

作为一个位于山顶的希腊村庄，老巴德姆利俯瞰着相当丑陋的新巴德姆利（Yeni Bademli），越过下面的山谷就能看到爱琴海。村庄有鹅卵石街巷、古老的石头房子和许多巴旦木（"bademli"在土耳其语中就是大杏仁的意思）。

⊙ 海滩

阿伊丁塞克（Aydıncık）村的沙滩是岛上最好的。这片沙滩毗邻盐湖（Tuz Gölü），每年11月至次年3月会有很多粉红的火烈鸟来此过冬。盐湖水中富含硫，据说对皮肤很好。在更西边的Kapıkaya和Uğurlu也有很优质的沙滩。

节日和活动

希腊复活节（Greek Easter） 宗教节日

许多从前的居民会返回岛上庆祝复活节。住宿很难保证。

圣母玛利亚节 宗教节日

（Festival of the Virgin Mary, Panayia; ⊙8月15日）有教堂礼拜仪式和盛宴，纪念圣母玛利亚。

住宿

大多数住宿处都在卡莱克伊和镇中心（Merkez）周围，希腊村庄如塞汀利和泰派廖伊，也有一些个性化选择。在夏天，当地人走过来向你推荐自己家里空房间（ev pansiyonu）的情况并不罕见，价格比家庭旅馆和酒店低得多。旅游淡季有很多设施会关闭。

镇中心和老巴德姆利（Merkez & Eski Bademli）

Taylan Hotel 酒店 $

（☎0286-887 2451; omertaylanada@hotmail.com; Atatürk Caddesi; Merkez; 标单/双 60/90里拉; ❄☎）这家酒店位于镇上的主街道，虽然没有以前好，不过还算干净，员工亲切友好（不过不会说英语），楼下还有一个热闹的餐厅。

Hotel Kale Palace 酒店 $$

（☎0286-888 0021; www.hotelkalepalace.com; Atatürk Caddesi 54, Merkez; 标单/双/标三 100/150/200里拉; ❄☎）想找任何一点点的个性色彩，在这里都是枉然。这家现代化的酒店提供维持得很好的宽敞三星级房间，价格合理。员工会的英语很少。位置优越，靠近餐厅和公共交通工具，探索岛屿其余部分很方便。

★ Son Vapur Konuk Evi 精品酒店 $$$

（☎0286-887 2085; Eski Bademli; 房 250~300里拉）这家精品酒店坐落在老巴德姆利的一座山的山坡上，有五彩缤纷的房间，虽然有一些乡村气息，但友好的家庭经营者营造的氛围很好。挂毯和古董营造了一种惬意、热情的氛围，附设的Ada Vapuru餐厅（7月至9月开放）露台上能看到令人震惊的风景，包括希腊萨莫色雷斯岛的壮观轮廓。

上卡莱克伊（Yukarı Kaleköy）

★ Anemos Hotel 精品酒店 $$$

（☎0286-887 3729; www.anemos.com.tr; YukarıKaleköy 98, Yukarı Kaleköy; 基本型/标准房/高级房 280/360/430里拉; ❄☎❄）"Anemos"在土耳其语中的意思是"风"，而这家酒店引领了格克切岛的新风尚。这里率先在当地引入了精品酒店的概念，吸引了从前本来会去时髦的博德鲁姆度假的土耳其大陆游客。底层的基本房有点小，标准房比较宽敞，高级房很大（有些还带专属露台）。所有房间都配备了良好的设施。

Castle 精品酒店 $$$

（☎0554 676 5155; www.hotelthecastle.com; Yukarı Kaleköy 29-30, Yukarı Kaleköy; 房间250里拉起; ⊙5月至11月; ❄☎）岛上的大部分老房子是用遍布全岛的金色岩石建造的。这座迷人的酒店位于上卡莱克伊的高处，将两座希腊式老房子融合成一家酒店，能看到很棒的风景。有5间面积超大能睡3个人的标准间，还有4间能睡4个人的套房。所有房间都带小厨房。

阿伊丁塞克（Aydıncık）

Şen Camping 露营地 $

（☎0286-898 1020; Aydıncık; 露营 每人15

里拉；☉5月至9月）海水就徘徊在这个露营地的帐篷边上。虽然它看起来有点破败，但其实很整洁，所有营地都能使用浴室。餐厅和咖啡馆兼酒吧在旅游旺季很热门。如果你喜欢帆板运动，这里还租赁设备并提供教练。

Gökçeada Sörf Eğitim Merkezi 度假村 $$$

（Gökçeada Surf Training Centre Hotel；☎0286-898 1022；www.surfgokceada.com；Aydıncık；标单/双 200/330里拉；☉5月至9月；❄❀）这家度假村可以为客人提供正规的帆板课程，有6节课的套餐，持续3~4天（480里拉）。酒店四周环绕着花园，直接通向沙滩。46间客房都有瓷砖地板和沙子颜色的墙壁。沙滩上的咖啡馆兼酒吧以及餐厅绝对是一大亮点。

塞汀利和泰派廊伊 (Zeytinli & Tepeköy)

Pansyon Agridia 家庭旅馆 $$

（☎0286-887 2138；www.facebook.com/dimitris.assanakis；Tepeköy；标单/双 30/40欧元）老板Dimitris Assanakis对自己这家位于村庄最高点的白色家庭旅馆十分自豪。这儿有3个简单装饰的房间，床铺很舒服，一个双人间和一个双床标准间共用一个浴室，另外一个双床标准间有独立卫浴。所有房间在夏天都会很热，但坐拥山谷美景的阳台绝对能补偿这点缺憾。

Zeytindali Hotel 精品酒店 $$$

（☎0286-887 3707；www.zeytindalihotel.com；Zeytinliköy 168, Zeytinli；标单/双 240/300里拉；☉5月至10月；❄❀）位于老村庄顶端的两座重建的希腊石头房子充分诠释了海岛的风格，也十分舒适。16个房间（每个房间都以一位希腊神祇命名）都有卫星电视，能看到村庄或大海的风景，大厅和露台才有Wi-Fi。位于底层的餐厅很受一日游游客的青睐。

就餐

梅尔克兹

Balbadem Cafe 咖啡馆 $

（Yesilada Sokak 8, Merkez；小吃和主菜 8~18里拉；☉7:00~23:00）这是我们在镇中心最爱的咖啡馆，位于一座古老的石屋中，四周环绕着葡萄架，从主广场徒步很短一段距离即可到达。深色走廊摆满五颜六色的桌子；有大量出色的茶和咖啡；如果当你在吃köy kahvaltı（蔬菜风格的早餐；18里拉）时，当地人家的猫耐心地列队等待，请不要惊讶。

Meydanı Pastanesi 法式糕点 $

（☎0286-887 4420；www.efibadem.com.tr/meydani；Atatürk Caddesi 31, Merkez；茶和杏仁糖霜饼干 3里拉；☉6:00~23:00）每一个来到格克切岛的游客都可能会造访这个岛上最受欢迎的咖啡馆，吸引他们的是这里最著名的产品杏仁糖霜饼干（efi badem）。用大杏仁、黄油和面粉制作并在表面洒满糖霜的饼干，是一杯热茶的绝配。除此之外，还有酥皮糕点，其他饼干以及按块卖的比萨。

卡莱克伊

★ Mustafanın Kayfesi 咖啡馆 $$

（☎0286-887 2063；www.mustafaninkayfesi.com；Kaleköy；乡村早餐套餐 20里拉；☉9:00~21:00）循着圣玛丽娜教堂（Ayia Marina）的独立式钟楼就能找到这家深受喜爱的咖啡馆，它就隐藏在钟楼毗邻的花园里。乡村风格的早餐非常美味，而且这里的土耳其咖啡是全岛最好的。在傍晚时分，来个水烟和咖啡的套餐是最好的享受。

Yakamoz 土耳其菜、海鲜 $$

（☎0286-887 2057；www.gokceadayakamoz.com；Yukarı Kaleköy；主菜 25~35里拉；☉11:00~15:00和18:00~23:00）想在傍晚一边小酌一边欣赏千金难换的美景，就来这家位于Yakamoz Motel的露台餐厅吧。

塞汀利和泰派廊伊

Nostos Cafe 咖啡馆 $

（Zeytinli；咖啡和蛋糕 10里拉；☉10:00~21:00）这家咖啡馆建于1860年，现在依然由当初店主的后裔经营，位于希腊山村塞汀利，是进去喝一杯烈性dibek咖啡的绝佳选择。自制柠檬水非常提神，甜点包括丝绸般顺滑的奶冻和焦糖奶油。可逗留一会儿，欣赏有趣的海岛生活的古老黑白照片。

★ Barba Yorgo Taverna 爱琴海菜 $$

（☏0286-887 4247；www.barbayorgo.com；Tepeköy；主菜25~30里拉；⏱5月至9月 正午至15:00和18:00~23:00）这家氛围十足的乡村餐馆俯瞰着葡萄园和建于1780年的Ayios Yioryios教堂，一定能让你度过一段好时光。菜单包括山羊肉炖菜、口感柔嫩的章鱼和满盘的开胃菜，搭配这里自酿的葡萄酒再好不过。Baba Yorgo酿造的松香味希腊葡萄酒（retsina）令人难抑心中的兴奋，还有口感平易近人的混合型红葡萄酒，以及更加精致的有机赤霞珠红葡萄酒。

🛍 购物

格克切岛是土耳其仅有的9座"慢城"（Cittaslow；www.cittaslowturkiye.org）之一，还致力于生产有机食材。在这方面走在前列的是当地的有机农场 **Elta-Ada**（☏0216-336 2376；www.elta-ada.com.tr）。梅尔克兹（merkez）主广场周边的商店出售本地制造的产品，包括手工香皂、橄榄油、果酱、蜂蜜和dibek咖啡。最好的是 **Ada Rüzgarı**（☏0286-887 2496；www.adaruzgari.com；Suluoğlu İş Merkezi 24b, Merkezi；⏱8:00~22:00）。

ℹ 实用信息

远离海岸大约6公里的梅尔克兹有一个银行、若干自动柜员机和一个邮局，这里也是岛上大部分人口居住的地方。

旅游办公室（Tourist Office；☏0286-887 3005；Cumhuriyet Meydanı；⏱9:00~14:00和15:00~19:00）在镇上最主要的小巴车站旁边的木亭子里。开门时间很随意。

ℹ 到达和离开

登录**Gestaş**（见169页）的网站或你的酒店确定渡轮出发时间，因为它们会随季节变动。

轮渡

加里波利半岛（Gallipoli Peninsula）从9月至次年5月，渡轮在卡巴泰派和格克切岛（每人/车3/35里拉，75分钟）之间每天各方向往来3次，6月和7月每天5次，8月的定时班次更多。

恰纳卡莱（Çanakkale）渡轮（每人10里拉，1.5小时）在周一8:00和周五19:30从恰纳卡莱出发，在周四和周日18:00从格克切岛返回。本书写作之时，这班渡轮仅限乘客乘坐，所以如果你有自己的交通工具，可能需要从卡巴泰派上岛。

ℹ 当地交通

小汽车

注意岛上唯一的加油站位于库祖利曼（Kuzulimanı）路上，距离梅尔克兹2公里。岛上有3家租车公司，包括位于梅尔克兹的 **Gökçeada-Rent-A-Car**（☏0286-887 2417；Atatürk Caddesi 84），一辆小型轿车每天收费150里拉。

小巴

从位于库祖利曼的渡轮码头可以乘坐小巴前往梅尔克兹（3里拉，15分钟，每天8班）。在梅尔克兹可以换乘小巴，继续往北5公里即可抵达卡莱克伊（2里拉，25分钟）。有些前往卡莱克伊的小巴中途停靠新巴德姆利和上卡莱克伊。

出租车

雇一辆出租车在岛上半日游的费用是350里拉。短途费用大约如下：

库祖利曼—梅尔克兹 20里拉，10分钟
库祖利曼—卡莱克伊 30里拉，20分钟
库祖利曼—上卡莱克伊 40里拉，25分钟
梅尔克兹—卡莱克伊 15里拉，5分钟
梅尔克兹—塞汀利 20里拉，10分钟
梅尔克兹—泰派廓伊 25里拉，20分钟
梅尔克兹—阿伊丁塞克 30里拉，15分钟

伊兹密尔和爱琴海北部

包括 ➡

博兹贾阿达 184
贝赫拉姆卡莱和阿索斯...187
埃德雷米特湾................191
艾瓦勒克 192
仲达(阿里贝伊岛) 197
贝尔加马(帕加马) 198
老福恰 205
伊兹密尔 209
马尼萨 220
切什梅 222
阿拉恰特 225
瑟阿哲克 228

最佳餐饮

- ➡ Lǎl Girit Mutfağı (见198页)
- ➡ Asma Yaprağı (见227页)
- ➡ Zeytin Bağı (见191页)
- ➡ Horasan (见224页)

最佳住宿

- ➡ Assos Alarga (见188页)
- ➡ Taş Otel (见227页)
- ➡ Swissôtel Büyük Efes (见214页)
- ➡ Nar Konak (见188页)
- ➡ Assosyal Otel (见188页)

为何去

在达达尼尔和切什梅半岛短短的海岸线上,有大量非凡的景点等待游客去探索。这里有大片沙质的海滩和数不清的观光点,从海岸看去,希腊的莱斯博斯岛(Lesbos)和希俄斯岛(Chios)就像是漂浮在闪闪发光的爱琴海海面上一般。

这里也有许多文物提醒着人们本地区在古代历史上的重要地位,最著名的是贝尔加马(帕加马)非凡的卫城和药神殿,以及勾起人们回忆的提欧斯遗迹和贝赫拉姆卡莱(阿索斯)壮观的雅典娜神庙遗址。

不过,尽管这里有出色的海滩和遗迹(还有伊兹密尔城市里的迷人景点),大多数游览这一地区的人都表示,让他们记忆最持久的,是希腊甜苦参半的遗产痕迹对当地饮食、建筑的影响,这些遗产也丰富了当地居民的生活。

何时去

伊兹密尔

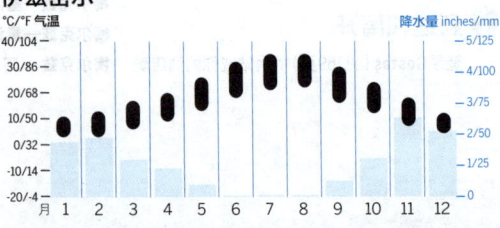

4月 阿拉恰特会举办阿拉恰特香草节。

6月 国际伊兹密尔节是音乐的狂欢。

9月 博兹贾阿达举办葡萄酒节,以庆祝葡萄丰收。

伊兹密尔和爱琴海北部亮点

❶ **博兹贾阿达**（见184页）到一个海岛度假地享受美味的葡萄酒、鲜鱼和希腊风格的开胃菜。

❷ **贝尔加马（帕加马**；见198页）探索土耳其最壮丽的古城遗址之一。

❸ **艾瓦勒克老城**（见192页）在这座颇有情调的希腊社区小巷里徘徊。

❹ **贝赫拉姆卡莱和阿索斯**（见187页）从雅典娜神庙上欣赏瑰丽的海景。

❺ **伊兹密尔**（见207页）迷失在古老的拱门市场迷宫般的街巷中。

❻ **阿拉恰特**（见225页）在切什梅半岛这座美丽的小镇上和名流一起派对狂欢。

❼ **马尼萨**（见220页）欣赏16世纪的穆拉迪耶清真寺的美。

博兹贾阿达（Bozcaada）

☏0286 / 人口 2754

海风吹拂的博兹贾阿达（希腊语为"Tenedos"）作为周末和夏季度假地，在伊斯坦布尔、恰纳卡莱和伊兹密尔居民中非常受欢迎。这里呈现出一种爱琴海式的乡村风情，比阿拉恰特和博德鲁姆（Bodrum）更脚踏实地，但旺季时依然人满为患，价格昂贵。大多数景点集中在镇中心（或称"博兹贾阿达镇"），这里有一座极富氛围的古老的希腊街区，里面颜色鲜艳的房屋都已经被改造成精品酒店、民宿、小酒馆和酒吧。

岛屿面积不大（还不到40平方公里），有沙质海滩和风景如画的葡萄园。这些保证了博兹贾阿达精品酿酒厂的葡萄供应，他们的产品可以在酒窖内品尝，你在镇中心许多希腊风格的小酒馆里也可以喝到。

除了旅游旺季（6月中旬至9月中旬），11月到次年3月，海岛安静得像墓地。http://en.bozcaadarehberi.com和www.gobozcaada.com提供更多关于岛屿的信息。

◉ 景点和活动

最好的游泳海滩位于岛屿南侧，包括**Akvaryum**（意思是养鱼池）、**阿雅兹玛**（Ayazma）和**Sulubahçe**。夏季全部人潮拥挤。若论人气和设施，阿雅兹玛海滩出类拔萃（伞和帆布躺椅每天租赁价为10里拉），这里有几家酒馆，山上还有一所小型希腊东正教修道院——**阿雅·帕拉凯威修道院**（Aya Paraşkevi Monastery, Ayazma Monastery；见185页地图；Ayazma Beach）。岛屿北侧的**Çayır海滩**是热门的风帆冲浪和风筝冲浪目的地。

博兹贾阿达城堡 城堡

（Bozcaada Castle, Bozcaada Kalesi；见185页地图；门票 5里拉；◷10:00~13:00和14:00~18:00）一般认为，博兹贾阿达镇上这座巨大城堡的历史可追溯到拜占庭时代，不过，威尼斯人、热那亚人和奥斯曼人都对它进行过大规模重修。干涸的护城河以及双层城墙之内有一座清真寺、数个军火库、一处兵营、一间医务室以及若干罗马石柱的遗迹。城堡紧邻渡轮码头。

博兹贾阿达博物馆 博物馆

（Bozcaada Museum, Bozcaada Yerel Tarih Araştırma Merkezi；☏0532-215 6033；http://bozcaadamuzesi.net；Lale Sokak 7；成人/学生和儿童10/5里拉；◷4月底至10月底 10:00~20:00）这座小博物馆和当地历史研究中心位于古希腊区渡轮码头向西100米处，存放了小岛上的各种古玩：地图、印刷品、照片、贝壳，还有日用工艺品。

圣玛利教堂 教堂

（Church of St Mary, Meryem Ana Kilisesi, Teodoku Eastern Orthodox Church；20 Eylül Caddesi 42/a）这座19世纪的老教堂坐落在城堡西面的旧希腊人聚居区，是岛上现存的2座希腊东正教教堂之一（原本有超过30座）。风格独特的钟楼建于1865年。教堂周日8:00开放弥撒，其余时间关闭。

🛏 住宿

最好提前订好住宿处，尤其是在6月至9月。大多数酒店和家庭旅馆都在镇中心，古老的希腊人聚集区圣母马利亚教堂周围有许多选择。睡眠浅的人应该注意，这片街区在凌晨很吵；想找一个安静些的地方，可以考虑城堡背后山上的土耳其人聚集区。许多住宿处只在旺季营业。

★ Latife Hanım Konağı 精品酒店 $

（Madam Latife Mansion；☏0286-690 0030；www.latifehanimkonagi.com；Atatürk Caddesi 23；双/套 260/750里拉；❋🐕）这是岛上最时尚的酒店，位于一座精心修复过的百年老宅中，就在希腊人聚集区的圣母马利亚教堂旁。标准房中装饰着高雅的白色寝具和基里姆地毯，但很小。2楼屋顶露台视野开阔，早餐也在那里提供。酒店在岛上另外一个地方有一片私人海滩。总之非常超值。

Kale Pansiyon 家庭旅馆 $

（Castle Pension；☏0286-697 8840；www.kalepansiyon.net；İnönü Caddesi 69；地下室 双/标三 150/200里拉，双/标三 220/270里拉；◷6月中旬至9月中旬；❋🐕）沿着旧希腊区一个陡坡上行，便可到达这个家族经营的"城堡"。旅馆从小镇最高点俯瞰全城，提供简约却一尘不染的客房；地下室的那些客房较暗，但价格更

Bozcaada 博兹贾阿达

便宜。店主很友好,还有个花园供客人早餐。旅馆由2座粉红色的房子组成,右边那座的浴室较好,现金支付可享受15%的折扣。

Kaikias Otel　　　　　　　　　精品酒店 $$

(☎0532 363 2697; www.kaikias.com; Eskici Sokak 1; 标单 300里拉, 双 400~500里拉, 套 900里拉; ◎6月中旬至9月中旬; ❋⑨)这家设计巧妙的酒店位于2座建筑内, 拥有20个房间, 装潢迷人, 有时稍显古怪, 房间类型很多。标准房很挤——如果可以的话, 建议选择VIP或套房。露台就在水上, 是一大卖点, 但店内有咖啡馆, 意味着会有噪声。

Bademlik Otel　　　　　　　　　民宿 $$

(☎0535 825 6812; www.bademlikotel.com; Asmalı Fırın Sokak 19; 双 275~325里拉, 标三 425~475里拉; P❋⑨)这家设计师民宿开办于2015年, 位于城堡附近的土耳其人聚集区, 有5个房间, 装饰着白墙、极简风格的家具, 瓷砖浴室很漂亮但有些挤。早餐在迷人的露台前提供。

✗ 就餐

当地的特色食品包括用大杏仁和乳香(sakızlı)制作的饼干(kurabiye), 以及oğlak kapama(山羊肉炖莴苣和茴香)和domates reçeli(番茄酱)。

岛上的许多餐馆和咖啡馆都只在旺季开放, 其余的只在周末和周三营业, 届时码头和Alaybey清真寺之间的Hamam Sokak上会有物产市场开放。

Çiçek Pastanesi　　　　　　　　咖啡馆 $

(☎0286-690 0053; www.renklisen.com; Cumhuriyet Meydanı 17; ◎7:00~23:00)这家友好的咖啡馆和面包房建于1959年, 位于Alaybey清真寺附近的一座漂亮的广场上, 但这只是它的卖点之一。店里有室内餐桌, 但可以选择坐在外面的树下。风味糕点(poğaças)和饼干很美味(可尝试Tenedos kurabiye或acıbadem kurabiye, 都是用杏仁做的)。

Cabalı Meyhane　　　　　　　　爱琴海菜 $$

(☎0286-697 0118; Kazanlar Sokak 12; 鱼按公斤计价; ◎5月至9月 正午至次日2:00)这家餐厅位于距博兹贾阿达城堡不远的水边, 位置优越, 让它在竞争中占据了优势地位, 不过, 派对般的氛围和出色的希腊风味海鲜以及开胃菜才是主要卖点。

Cafe at Lisa's　　　　　　　　咖啡馆 $$

(☎0286-697 0182; Cami Sokak 1; 比萨和意大利面19~28里拉，蛋糕12里拉; ⊙4月至11月10:00至次日1:00; ☎)这家悠闲的咖啡馆位于一座旧面包房中，由澳大利亚人丽莎·雷（Lisa Lay）于20年前开办，地址靠近码头。从营业起，这里已经建立起一群忠诚的移民和游客主顾。菜单选择有限，包括蛋糕、烤三明治、意大利面和比萨。你可以在外面的大树下找张桌子用餐。

Boruzan　　　　　　　　　　　　海鲜 $$

(☎0286-697 8414; www.boruzanrestoran.com; Liman İçi; 开胃菜10~25里拉，主菜20~40里拉; ⊙9:00至次日1:00)蓝白相间的Boruzan是我们最爱的鱼餐厅，在港口（liman）边，提供各种开胃菜，使用的食材都是在餐厅自有的菜地里种的，还有简单的海鲜菜肴，如烤鱿鱼（kalamar tava）。夏天还会在阿雅兹玛海滩开一家分店。

🍷 饮品和夜生活

Polente　　　　　　　　　　　　酒吧

(☎0530 967 2724; İskele Caddesi 41; ⊙5月中旬至9月9:00至次日2:00; ☎)这座古雅的咖啡馆酒吧位于连接码头和主广场的路边，外观刷成岛屿标志性的蓝白色，夏天是岛上主要聚会场所，闷热的夜晚总是挤满了人。这里的鸡尾酒会使用新鲜的当季水果（樱桃、桑葚、葡萄等），很有想象力。

博兹贾阿达的美酒

博兹贾阿达自古以来就是土耳其上佳的葡萄酒产区之一，每年的酒神狄俄尼索斯节上，总有巨量美酒供人肆意享用。没有人知道为什么，只是这座海岛的气候、地形和土质就如魔法点金术一样，完美契合了葡萄种植的条件。岛上最著名的葡萄酒制造商包括Corvus、Talay、Amadeus和Yunatçılar，后者的营销品牌为Çamlıbağ。

有4个本地葡萄品种，其中Vasilaki和Cavus用于酿造白葡萄酒，Kuntra和Karalahana酿造红葡萄酒。一般说来，这里出产的卡白内红葡萄酒和卡白内沙拉子最令人难忘。

每年一度的博兹贾阿达葡萄酒节（Bozcaada Wine Festival）于葡萄成熟的9月第一个周末举行。

Corvus Vineyard（见185页地图; ☎0286-697 8181; www.corvus.com.tr）岛上最著名的葡萄酒厂，是著名土耳其建筑师Reşit Soley的产业，地址在前往Akvaryum海滩的路上，从中心区驾车很快就可抵达。有一家时髦的咖啡馆出售奶酪品牌、开胃菜之类的食物，还有杯装和瓶装的大奖葡萄酒，例如Corpus Reserve和Corvus Blend Number 5（一杯20里拉起）。

Amadeus Vineyard（见185页地图; ☎0533 371 0470; info@amadeuswine.com; ⊙5月至9月）奥地利酿酒师Oliver Gareis是Gareis家族在博兹贾阿达这座葡萄园和酒厂背后的推动力量，他的酒赢得了土耳其全国各地的粉丝。你可以去酒厂付费品尝（小杯/杯5/10里拉），或者也可以在窖门购买瓶装酒。他的红葡萄酒让人尤其难忘。

Çamlıbağ Saraplari（☎0286-697 8055; Emniyet Sokak 24; ⊙8:00~19:00）岛上第一座由土耳其人建立的葡萄酒厂（1925年），营销品牌为Çamlıbağ。出产当地混合品种的葡萄酒，包括Kuntra和Karalahna，你可在Cumhuriyet Meydanı附近的展室品尝（多次品尝12里拉）。

Corvus（☎0286-697 8181; Çınarlı Çarşı Caddesi 53; ⊙10:00~18:00，6月中旬至9月中旬21:30）岛上最著名的葡萄酒厂，在镇中心的Cumhuriyet Caddesi街边有一家零售店。

Talay（☎0533 370 3030; www.talay.com.tr; Lale Sokak 3; ⊙8:00~18:00）遗憾的是，这里的展厅不提供品尝服务，不过你可以购买瓶装酒。如果商店没开门，可按商店对面酒窖（şarapçılık）的门铃——两处之间的街上有一只桶。

Bakkal 酒吧

(☎0543 210 9410; Lale Sokak 22; ⓘ5月至9月 正午至次日2:00) 这家位于博物馆对面的氛围友好的酒吧体现了博兹贾阿达的嬉皮风情，提供浓缩咖啡、当地产葡萄酒、鸡尾酒、冰沙和三明治。座位有带衬垫的长椅，路边也有餐位，你也可以坐在里面角落储存的货物之中。

❶ 实用信息

镇中心Çınar Çeşme Caddesi上的邮局旁边有一排自动柜员机。

码头附近有一座小的木质**信息亭**（www.gobozcaada.com; İskele Caddesi; 6月至9月中旬9:00~18:00）。

❶ 到达和离开

长途汽车

夏季，Metro、Truva、Pammukale和其他公司运营的车次往返于伊斯坦布尔的长途汽车站和盖伊克利（Geyikli）的装载码头（Yükyeri İskelesi）之间（60~70里拉，8小时45分钟），从那里有渡轮前往海岛。一定要确保你的车次能和渡轮衔接——最好是夜里乘车，赶早晨的渡轮。

夏季之外的季节，汽车一般最远只开到埃齐内（Ezine），从那里你需要乘坐出租车或小巴前往码头，行程20公里（6里拉）。

船

Gestaş（☎444 0752; www.gdu.com.tr）位于盖伊克利西边4公里处，特洛伊南边。每天均有数班渡轮从装载码头（35分钟; 往返 每人/车 7/70里拉）开往博兹贾阿达，旺季以外的月份，他们每天运营有3~4班渡轮。旺季期间，班次更多。登录Gestaş的网站查看最新时刻表，因为班次会经常变化。

旺季时，Gestaş每天有水翼艇从恰纳卡莱出发（单程10里拉），周一除外，要进一步确认出发时间。这家公司也运营少量往返克切岛和博兹贾阿达的船次（单程10里拉）。

❶ 当地交通

位于主广场角落旁的**Akyüz**（☎0545 541 9515; Cınarlı Çarşı Caddesi; ⓘ6月中旬至9月中旬）出租山地自行车。

小巴

每小时1班，起点站靠近博兹贾阿达镇码头，开往阿雅兹玛海滩（3里拉）。夏季小巴会增加班次，还增加途经Sulubahçe海滩前往阿雅兹玛海滩的线路，并有车可载游人前往最西端的Polente灯塔（Polente Feneri）看日落。

出租车

从博兹贾阿达镇到阿雅兹玛，收费约30里拉。

贝赫拉姆卡莱和阿索斯（Behramkale & Assos）

☎0286

古希腊定居点阿索斯（Assos）就在山顶村庄（köyü）贝赫拉姆卡莱（Behramkale）里面。这里有一座壮丽的雅典娜神庙，一座剧院和一座卫城。村子下方是一个海港，有一片不大的鹅卵石海滩；当地人把村子的这部分称为码头区（İskele Mevkii）。在这里，以前的石屋和仓库纷纷被改建为酒店和鱼餐厅。

从4月初到8月末，到此游玩应尽量避开周末和公众假期，届时游客会蜂拥而来。11月至次年2月一定不要过来，因为届时气温会骤降，寒风肆虐。

除了上部有一台自动柜员机和一家药店，村子几乎没有什么其他服务设施。

历史

阿索斯的密斯阳（Mysian）城由莱斯沃斯岛（Lesbos）的殖民者建于公元前8世纪，到公元前540年时，他们又兴建了一座宏伟的雅典娜神庙。这座城市在赫米亚斯（Hermeias）的统治下繁华一时，这位柏拉图的学生曾鼓励哲学家来阿索斯定居。公元前348至公元前345年，亚里士多德本人就曾在此生活，最后还娶了赫米亚斯的侄女皮提亚（Pythia）为妻。直到波斯人进犯，将赫米亚斯钉死在十字架上，迫使柏拉图流亡，阿索斯的兴盛时代便戛然而止。

亚历山大大帝赶走了波斯人，但随着北方亚历山大特罗亚（Alexandria Troas）的崛起，阿索斯的优势地位又遭到挑战。自公元前241年至公元前133年，这座城市由贝尔加马的诸位国王统治着。

圣保罗在第三次传道之旅上曾短暂到访过阿索斯，他从亚历山大特罗亚步行到此与圣路加会面，然后乘船前往莱斯沃斯岛。到拜占庭时代后期，这座城市逐渐缩小，成为一个村庄并保留至今日。

◉ 景点

雅典娜神庙
遗迹

（Temple of Athena；门票10里拉；◎8:00~17:00，4月至9月 至19:00）在埃德雷米特湾上方，矗立于海拔238米山丘顶端的就是这座神庙。它建于公元前540年，敦实的多利安式短柱子经过重建，效果却有损无益，不过神庙位置不错，能远眺希腊莱斯沃斯岛的壮美风光，非常值得购票一览。神庙由莱斯沃斯岛移民建造，曾经装饰着饰板，现在已经被收藏在伊斯坦布尔考古博物馆（İstanbul Archaeology Museum）。

剧场
遗迹

（Theatre；入场费包括在10里拉的考古遗址门票中）**免费** 在市场的下方，你会看到一座已完成大修的剧场和古城墙的遗迹（剧场大门在蜿蜒通往港口的道路旁），周围散落着来自古老卫城的石棺（sarcophagi，来自希腊语，意为"食肉者"）。按照老普林尼（Pliny the Elder）的说法，被雕刻成石棺的石头具有腐蚀性，会在40天内将死者身上的肉"吃"光。剧场仅间歇性开放。

胡达文迪加尔清真寺
（Hüdavendigar Camii）
清真寺

这座疏于维护的建于14世纪的清真寺位于雅典娜神庙入口旁，是一座架构简洁的奥斯曼式清真寺——四四方方的房子上面用突角拱支撑着一个穹顶。它的建筑材料来自一座公元6世纪的教堂，像这样的奥斯曼式清真寺，目前土耳其仅存2座（另一座在布尔萨，"胡达文迪加尔"实际上是对这座城市诗意的称呼）。

🛏 住宿

精品酒店都在贝赫拉姆卡莱，度假村风格的住宿处都在水边。在旅游旺季，海港周围几乎所有的酒店都会坚持只提供半膳宿（yarım pansiyon，即每天提供早餐和晚餐）的方式。

🛏 村庄

★ Assosyal Otel
精品酒店 $

（☎0286-721 7046；www.assosyalotel.com；Alan Meydanı 8, Behramkale；标单/双/家 80/90/200欧元；❄️🛜）在有类似这样的经济型住宿处可选择时，干吗还要住在家庭旅馆呢？这家有16个房间的酒店摆满了当代艺术作品，提供奢华美味的早餐，有一系列能看到山地景色的露台。酒店就位于一座爬满葡萄藤的石屋中，已经经过现代化改造，房间虽小但舒适。

可爱的店主讲不了太多英语，但会尽她所能帮助客人。里面还有一家酒吧和餐厅。

Tekin Pansiyon
家庭旅馆 $

（☎0286-721 7099；Behramkale；标单/双 15/30欧元；❄️🛜）这个简朴但干净的地方位于村子上部，满足了对家庭旅馆的基本要求，虽然在8个客房中无法观赏到贝赫拉姆卡莱的全景风光，但坐在开放式露台的小桌边，仍可俯视村庄来往的人群。员工不会英语。

★ Assos Alarga
精品酒店 $$

（☎0286-721 7260；www.assosalarga.com；Berhamkale；房间 100~130欧元，套 140~190欧元；🅿️❄️🛜🏊🍽）这家可爱的酒店位于村庄尽头的安静之处，就在雅典娜神庙下面，只有5间客房，但却保证了每位客人都能享受到和蔼可亲的老板Ece的明星服务。环境很棒，有许多树和一座迷人的泳池，所有的房间都能看到山地全景。注意：最便宜的房间"Viya"没有无线网络。

舒适的房间里摆满了艺术品，有鲜艳的基里姆地毯，不过让人印象最深刻的却是2个套房：Orsa有迷人的传统装潢；时髦的现代型房间Ancora有一个小厨房和带浴缸的时髦浴室。如果提前24小时通知，Ece能安排在酒店用晚餐（根据菜单内容，40~75里拉）。

★ Nar Konak
精品酒店 $$

（☎0533 480 9393；www.assosnarkonak.com；Behramkale Köyü 62, Behramkale；房间 90~120欧元；◎3月至12月；❄️🛜）世界上曾有圣保罗布道的酒店不多，不过，在Gizem和Juan经营的这家迷人的客栈里，在开满鲜花的花园中，有一块巨大的岩石，它显然曾是使徒的布道所。5个美丽的房间里有钩针编织的寝具和五彩挂毯；最好的房间（Daphne）有一座露台，能看到卫城风景。还有一座露台酒吧和一个舒适的休息室。

🏨 海港

Yıldız Otel 家庭旅馆 $

(📞0286-721 7025; muzafferozden17@gmail.com; İskele Mevkii; 标单/双 36/53欧元; ❄) 旅馆房间的墙壁用亮色装饰，小双人床上铺着干净的白色床单，还有小冰箱和干净的浴室。紧邻热闹的露台餐厅和休闲室的房间不是很理想——建议要求一间前面的房间，那里能看到海港。

Dr No Antik Pansiyon 家庭旅馆 $

(📞0286-721 7397; www.assosdrnoantikpansiyon.com; İskele Mevkii; 标单 15~22欧元，双 30~43欧元; ❄🛜) 这家设施非常简单，但待客热情的家庭旅馆有6个狭窄的客房，楼下有个同名的餐厅，是海港地区最实惠的选择。

Assos Kervansaray Hotel 酒店 $$

(📞0286-721 7093; www.assoskervansaray.com; İskele Mevkii; 标单 60~90欧元，双 80~120欧元，标三 110~170欧元; 🅿❄🛜🏊) 酒店位于一座19世纪的橡子货栈中，已完成升级，变得很讨人喜欢。酒店提供的40个房间中，有16个能看到海景，是家庭游客的绝佳选择。水边露台上有一家鱼餐厅，还有一片小的卵石海滩，一张泳池餐桌，以及两个户外游泳池（一个是儿童专用）。

Assos Nazlıhan Hotel 度假村 $$

(📞0286-721 7385; www.assosnazlihanspahotel.com; İskele Mevkii; 标准 标单/双 56/115欧元，标准半膳宿 标单/双 80/150欧元，水疗 标单/双 65/130欧元; 🅿❄🛜🏊) 度假村位于港口西端的3座建筑中，最近经历了改造，成为一处spa疗养胜地（有一个公共浴室，提供桑拿和按摩疗养）。新的水疗建筑中的房间最好，有5间能看到海景（可选择Leb-ı derya或Kaptan Deryaı），全部都带按摩浴缸。夏季标准间只提供早餐和一顿主餐。

🍴 餐饮

不要指望在这里能吃得很好。海港的鱼餐厅拥挤程度令人不悦，质量勉强能接受，

值得一游

比阿半岛

明信片般完美的爱琴海风光和荒废的古代遗迹，使得博兹赛阿达和贝赫拉姆卡莱（阿索斯）之间的这条海岸路线成了本地区最惬意的自驾路线之一。沿途还有一些相对隔绝的沙滩，虽然并不完全偏离旅游热门路线，但也绝对没有南边的其他沙滩那样拥挤。

散落在达尔扬（Dalyan）村周围的**亚历山大特罗亚**（Alexandria Troas）**免费**遗迹位于**Geyikli**东南10公里处。亚历山大大帝在公元前323年去世后，他麾下的一名将领安提柯（Antigonus）征服了这片土地，于公元前311年建立了安提哥尼亚（Antigoneia）。

再往南大约32公里就是**居尔珀纳尔**（Gülpınar, 1333年出现），这个以务农为业的村子只有一条街，却曾是古城Chryse（或称Krysa）所在地，以其建于公元前2世纪的爱奥尼亚式阿波罗神庙闻名。遗迹名为**阿波罗斯敏特昂**（Apollon Smintheion, Apollo Smintheus, 即老鼠之王阿波罗; 📞0286-742 8822; www.smintheion.com; 5里拉; ⏰8:00~17:00, 6月中旬至9月中旬至19:30)，进入村子后，沿着一条支路前行300米，就能找到指示牌。

沿着一条从居尔珀纳尔出发的道路向西9公里，经过一片巨大而不太雅观的住宅开发区，便来到了**巴巴卡莱**（Babakale, 古代的Lekton）——土耳其大陆的最西端。这里一片静寂，像是被那座18世纪的**要塞**震慑住了一样，那是奥斯曼帝国在今天的土耳其境内修建的最后一座城堡。

想乘坐公共交通穿越半岛很难，最好是自己开车、骑摩托或自行车。每天有6班小巴往返于居尔珀纳尔/巴巴卡莱（10/11里拉）和艾瓦哲克之间，其余地方车次很少。

却很昂贵——点餐前务必确认鱼类和酒类的价格。

其余选择虽然便宜一些，但也好不到哪里去。如有可能，我们推荐你就在酒店里用餐。

Uzune Ev　　　　　　　　　　　　海鲜 $$

（☎0286-721 7007；İskele Mevkii；开胃菜8~25里拉，主菜30里拉起；⊙8:00至次日3:00）"长房子"（店名）是这里最好的海滨餐厅之一，吸引了很多最具活力的人，尤其是旺季的周末。露台上摆放着蓝色木椅，而室内的感觉则像是一家气氛热烈的土耳其小酒馆。试试汁多味美的特色菜"秘制蒸黑鲈"（sea bass à l' Aristotle）或是各种海鲜开胃菜。

Aile Çay Bahçesi　　　　　　　　　茶园

（Family Tea Garden；Behram Köyü Yolu；☎）这是在村子上部主广场上喝杯咖啡或可乐的好地方，有个阴凉的露台可以欣赏美丽的景色，服务很好。

❶ 到达和离开

飞机

BoraJet（www.borajet.com.tr）往返伊斯坦布尔（萨比哈·格克琴机场）和埃德雷米特的科贾塞伊特机场（Koca Seyit）。接着有接驳巴士开往Küçükkuyu（20里拉），从那里你可以乘坐出租车（40里拉）。

小巴

每天有2班小巴往返于恰纳卡莱（18里拉，1.5小时），也有固定班次的小巴往返于恰纳卡莱和艾瓦勒克（12里拉，半小时1班），从那里有小巴往返贝赫拉姆卡莱（6里拉，每天5~7班）。运营时间为8:00~19:00。

要乘小巴去Küçükkuyu、居尔珀纳尔或巴巴卡莱，你必须先经过艾瓦哲克（Ayvacık）。

出租车

出租车往返艾瓦勒克的价格为30里拉，往返Küçükkuyu为70里拉。

❶ 当地交通

小汽车和摩托车

海港几乎没有停车位，道路尽头很窄，司机会很紧张，很容易被困在里面。通往山下的曲折道路边有一座大的收费停车场——停在那里，不要冒着被困的风险继续往下开。

小巴

5月至10月中旬，有1班小巴连接海港和村庄，白天每30分钟1趟（2.50里拉）。出租车费用为10里拉。陡峭的坡道步行需要约30分钟。港口的小巴车站在主路Rıhtım Büfe的旁边。

艾瓦哲克（Ayvacık）

☎0286 / 人口 8480

艾瓦哲克的主要卖点是周五巨大的集市，在汽车站和Kültür公园周围的街道两边举行。农民会从周边的村子赶来出售新鲜物产，质量和种类都让人相当震撼。那些穿着长袍或是包着鲜艳头巾的人，是15世纪在这片地区定居的土库曼游牧民（Yörüks）的后代。小镇也以袖珍地毯闻名，这一区域大约有20多个村庄以及土库曼人群落至今还在制作这种地毯。

汽车站在镇中心的Edremit Caddesi街上。

天然染料项目（Dobag Project, Dobag Projesi；www.dobag-teppiche.de；İzmir-Çanakkale Yolu；⊙9:00~18:00）在镇外1公里处通往恰纳

往返艾瓦哲克长途汽车站的汽车

目的地	票价（里拉）	发车频率	出发时间
巴巴卡莱	11	每天6班	8:30~18:45
贝赫拉姆卡莱（阿索斯）	6	每天5~7班	8:00~19:00
恰纳卡莱	12	每半小时1班	8:00~19:00
居尔珀纳尔	10	每天6班	8:30~18:45
Küçükkuyu	6	每天5~7班	8:00~19:00

卡莱的主公路上，Total汽车修理厂对面一座丑陋的现代化建筑中，建了一座地毯销售室，目的是帮助村庄妇女通过使用天然染色的羊毛编织地毯，来过上体面的生活。零售店在楼上，淡季这里可能空空如也。

埃德雷米特湾（Bay of Edremit）

如果你是经由E87公路从恰纳卡莱来到伊兹密尔，或者从贝赫拉姆卡莱（阿索斯）来到艾瓦勒克，你将沿着海滨公路（即550号公路）经过这片海岸线，这里非常靠近希腊的莱斯沃斯岛。海湾沿岸的村镇是热门的度假地，建满了丑陋的现代酒店和购物中心，但是内陆曾经是希腊人生活的村庄——包括耶希尔尤尔特（Yeşilyurt）和阿达泰普（Adatepe）——相对来说被破坏得没那么严重，里面有漂亮的石屋，周围环绕着茂密的松林和古老的橄榄林。

橄榄是本地区最著名的产业，相关产品包括橄榄油和香皂，在镇中心的许多农贸集市都能买到；最好的是埃德雷米特（周五）和阿尔特诺卢克（Altınoluk，周二和周六）。

◉ 景点和活动

美丽的阿达泰普村周围的地区很适合徒步，有若干瀑布，你可以在瀑布下的水潭里游泳。瀑布附近的Başdeğirmen还有座罗马桥。

阿达泰普橄榄油博物馆   博物馆

（Adatepe Olive-Oil Museum, Adatepe Zeytinyağı Müzesi; ☎0286-752 1303; www.adatepedukkan.com; İzmir-Çanakkale Yolu, Küçükkuyu; ⊙9:00~18:00）**免费** 这座低调却有趣的博物馆设在一家橄榄油厂里，会有导游讲解制作橄榄油的全过程，图解产品的多种用途。楼下有座咖啡馆，还有一家出色的商店，出售橄榄油和所有你能想象到的橄榄油制品。

安坦德洛斯   考古遗址

（Antandros; ☎0266-395 0493; www.antandros.ege.edu.tr; Altınoluk; ⊙10:00~16:00）**免费** 古希腊城市安坦德洛斯位于海滨爱达山的山坡上，建于公元前7世纪，以其造船厂和港口而闻名。几个世纪过去后，城市丧失了战略意义，最终完全消失，到了近代才被部分发掘出来。这座古罗马时代的别墅是遗址中的一部分，目前正由伊兹密尔爱琴海大学（Ege Universitesi）的考古学家进行发掘，其中装饰着壁画和马赛克地板的房间对公众开放参观。

别墅就在阿尔特诺卢克以东的主要海滨公路边一片林间空地上。标识不是太清楚，所以你需要擦亮眼睛。遗址旁有一座小停车场，还有一位负责安全的看守。

阿里拜库达尔民族志美术馆   博物馆

（Alibey Kudar Etnografya Galerisi, Alibey Kudar Ethnographic Gallery; ☎0266-387 3340; www.etnografya-galerisi.com; Tahtakuşlar; 成人/学生和儿童 4/2里拉; ⊙8:00~19:00）这家位于Tahtakuşlar村下方的私营博物馆中收藏的器物，可以帮助你对当地土耳其人的历史（许多属于阿列维派）有所了解，他们是15世纪搬来本地区的民族的后裔。展品从一座园丁帐篷到纺织品，应有尽有，还掺杂着世界各地萨满文化的展品。

🛏 食宿

阿达泰普和耶希尔尤尔特村中都是村舍酒店，Çamlıbel村中也有一些。

阿克恰伊（Akçay）海滩及背后有大量的简易餐馆，Küçükkuyu的主要市场和购物街Süleyman Sakallı Caddesi也有一些。

★ Zeytin Bağı   爱琴海菜 $$$

（☎0266-387 3761; www.zeytinbagi.com; Çamlıbel; 前菜 12~25里拉，主菜 20~45里拉，标单/双/家 200/270/350里拉; ⊙8:00至午夜）店主兼大厨Eran Seker很为他这家融餐厅、酒店和烹饪学校于一体的餐饮产业自豪，这里能俯瞰到埃德雷米特湾，他喜欢为从世界各地而来的宾客讲述爱琴海当地的乐趣。你可以在优雅的室内餐厅或全景视野的花园露台上享受当地特色菜，晚上可以在简单却漂亮的客房中入住。

强烈推荐在这里过夜，因为这里的早餐（包括房内用餐的价格，否则只需30里拉）以其新鲜、多样和美味而享誉全国。如果春

秋两季报名参加全天烹饪课程（50美元，含餐），你甚至可以回家后烹饪类似的菜肴。

❶ 到达和离开

飞机
BoraJet（www.borajet.com.tr）往返伊斯坦布尔（萨比哈·格克琴机场）和埃德雷米特的科贾塞伊特机场。有接驳汽车前往Küçükkuyu（20里拉）和阿尔特诺卢克（15里拉）。

汽车
每小时会有1班汽车在Küçükkuyu的汽车站停靠，它们会沿着主公路前往恰纳卡莱（20里拉）、伊兹密尔（25~30里拉）和伊斯坦布尔（65~85里拉）。

小巴
每天8:45到18:30之间，会有6班小巴往返于艾瓦勒克和Küçükkuyu之间（6里拉）；出租车往返于两地的价格为50里拉。

出租车
从Küçükkuyu乘坐出租车，前往耶希尔尤尔特需要15里拉，前往阿达泰普需要20里拉，前往贝赫拉姆卡莱（阿索斯）需要70里拉。

艾瓦勒克（Ayvalık）
☎0266 / 人口 39,100（包括仲达）

乍一看，艾瓦勒克似乎没什么特别，不过是个和本地区其他许多地方差不多的港口城镇。但若是你沿着几条街从海滨延到后方，就会发现一个虽然被外界遗忘，然而却生机勃勃的古希腊村庄。五颜六色、紧闭的门后，掩藏的是修复过的石屋精品酒店，以及欢迎信徒前来祷告的由希腊东正教教堂改造而成的清真寺，隐秘的广场周围排列着挤满当地人的古老咖啡馆。简单来说，这里四处弥漫着爱琴海风情。

爱琴海橄榄油制造是艾瓦勒克的核心产业，这里有很多出售成品的商店。镇中心的破烟囱就属于业已废弃的橄榄油工厂。现在，当地的工厂搬到了镇子郊区。

◉ 景点

市区往南几公里，有很多不错的沙滩，名字诡异的大蒜海滩（Sarımsaklı Plaj, Garlic Beach）是其中最受欢迎的一处，夏天几乎总是挤满了人。你也可以再坐一会儿公共汽车去西边的Badavut海滩（Badavut Plaj），那里会比较安静。

★ 老城　　　　　　　　　　　　　历史遗址
（Old Town；见193页地图）艾瓦勒克的老城探索起来很有意思。港口东部错综复杂的街道就像一个迷宫，里面充斥着集市广场、氛围很好的咖啡馆、希腊东正教教堂和奥斯曼时代希腊居民建造的美丽石屋。一定要到Barbaros Caddesi街两边逛一逛，这里有一些古老的店铺，例如Karamanlar Unlu Mamülleri面包房，还可以参观Alibey Cami Caddesi街上很有情调的Şeytan Kahvesi（见195页），即"魔鬼咖啡馆"（the Devil's Coffeehouse）。

塔克西亚尔西斯纪念馆　　　　　　教堂
（Taksiyarhis Memorial Museum, Taksiyarhis Anıt Müzesi；见193页地图；☎0266-327 2734; Mareşal Fevzi Çakmak Caddesi；门票 5里拉；⊙周二至周日 9:00~17:00）这座往昔的希腊东正教主座教堂的部分建筑可追溯至1844年，但从来没有被当作宗教场所，2013年经过彻底整修后，如今它在正午的阳光下熠熠生辉。留意这里装饰着鹈鹕和一只冠冕的主教座位（catedra）、华丽的讲道坛和教堂后殿中的18世纪人像。这座教堂很大，有3个中殿和1个独立式钟塔。

斯纳尔利清真寺　　　　　　　　　清真寺
（Çınarlı Cami；见193页地图；Yeni Hamam Sokak）这座可爱的建筑建于1790年，原本是Ayios Yorgis希腊东正教堂，1923年被改成清真寺，包括三座中殿和三座半圆形后殿，曾经用于分隔中殿和高坛的宏伟石雕也得以保存下来。不幸的是，其中的圣像很早以前就被移走了。这座清真寺也叫"阿里贝清真寺"（Alibey Cami）。

村集市　　　　　　　　　　　　　市场
（Köy Pazarı；见193页地图）周四，紧挨主集市（pazar yeri）的小广场上会举办村集市（köy pazarı），届时那里会挤满货摊。

🚶 活动

艾瓦勒克周边水域在潜水者中颇负盛

Ayvalık 艾瓦勒克

◎ 重要景点
- **1** 老城 C3

◎ 景点
- **2** 斯纳尔利清真寺 D3
- **3** 村集市 C4
- **4** 钟楼清真寺 C2
- **5** 塔克西亚尔西斯纪念馆 D1

🛏 住宿
- **6** Bonjour Pansiyon C1
- **7** Çeşmeli Han C1
- **8** Hotel Ayvalık Palas B2
- **9** Madra House D4
- **10** Taksiyarhis Pansiyon D1

🍴 就餐
- **11** Avşar Büfe B4
- **12** Café Caramel B4
- **13** Deniz Yıldızı Restorant B1
- **14** Hatipoğlu Pastaneleri B4
- **15** Pino D4

🍷 饮品和夜生活
- **16** Açelya Cafe A4
- **17** Şeytan Kahvesı D3
- **18** White Knight Café B2

🛍 购物
- **19** Çöp (m) adam D3

名,因为在 **Deli Mehmet** 和 **Kerbela** 地带有罕见的深海红珊瑚。2009年发现的一艘喷气机残骸是另一个吸引潜水者的重要原因。艾瓦勒克有若干家潜水公司,可以组织前往以上地点游览并参观那里的海洋生物(如海鳗、石斑鱼、章鱼和海马等)。

除了潜水点和夏季通往莱斯沃斯岛的渡轮之外，还有环绕仲达（阿里贝伊岛）等海湾诸岛巡航的游船，中途会不时停靠，让游客游泳、日光浴和散步。游船一般从11:00出发，18:30返航，收费约30里拉/人，含午餐。

住宿

★ Taksiyarhis Pension　　　　　　家庭旅馆、青年旅舍 $

（见193页地图；☎0266-312 1494；www.taksiyarhispension.com；Maraşal Çakmak Caddesi 71；铺 60里拉，标单/双 不带浴室 80/150里拉；❄️📶）这座希腊建筑已有200年的历史，前方是同名的东正教堂，其中装饰的都是土耳其织物和艺术作品。旅舍的便利设施包括一座公用厨房，一个藤蔓环绕的露台。客房风格古朴时尚，小宿舍最多可住6人，相当迷人。浴室干净宽敞，不过只有一楼有无线网络，早餐15里拉。

Madra House　　　　　　　　　　家庭旅馆 $

（见193页地图；☎0533 545 1620；www.madrahouse.com；13 Nisan Caddesi, Aralığı 29；每人150里拉；❄️@📶）澳大利亚－土耳其夫妇戴安娜和根格斯（Genghis）于2016年开办了这家迷人的家庭旅馆。旅馆有7个房间（1个是2卧套房），还有一座大的露台花园。房屋本身是一座建于19世纪末的希腊建筑，建筑的许多原始细节得到保留。

Bonjour Pansiyon　　　　　　　家庭旅馆 $$

（见193页地图；☎0535 783 2663；www.bonjourpansiyon.com；Mareşal Fevzi Çakmak Çeşme Sokak 5；标单/双 不含浴室 75/150里拉；❄️）这座漂亮的古老宅邸曾属于一位被派遣到苏丹的大使，有一种时光斑驳的辉煌的历史感，提供11个干净的房间和2间公用浴室。在贴有瓷砖的后庭院旁边，还有一座现代化附属建筑，有2个带浴室的拥挤、黑暗的房间。年长的店主Yalçın和Hatice很和善。

Macaron Konağı　　　　　　　　　精品酒店 $$

（☎0266-312 7741；18 Sokak 54；标单/双 175/250里拉；✕6月至9月；❄️@📶）"马郁兰客栈"提供13个房间，位于老城中心。建筑本身始建于1880年，本来是一个希腊牧师的居所，其中有一座石头台阶和一座可爱的内庭花园，你可以在那里享受早餐和下午茶。房间非常漂亮，但其中一些房间面积有点小。

Hotel Ayvalık Palas　　　　　　酒店 $$

（见193页地图；☎0266-312 1064；www.ayvalikpalashotel.com；Gümrük Meydanı Oteler Aralığı

昔日幽灵

20世纪20年代早期对艾瓦勒克而言，可谓是一段五味杂陈的历史记忆。这座小镇在土耳其独立战争中扮演了重要的角色。战争第一枪在此打响，这固然值得自豪，但随后发生的一切却又给这样的自豪情绪泼上冷水。占艾瓦勒克人口绝大多数的奥斯曼希腊人被迫抛弃他们祖先的土地，迁徙到希腊莱斯沃斯岛，而来自莱斯沃斯岛的一些土耳其人也不得不在艾瓦勒克重新开始生活。尽管被迫的人口交换带来了沉重的压抑情绪，但在那一时期，艾瓦勒克和莱斯沃斯之间的人口交换仍被视为破坏性较小的事件之一。这里的人口交换之所以没有像其他地区那样引起严重的骚乱，在很大程度上是由于这两个地区仅一水之隔，两边的移民都可以很方便地重访故居——当然，在这样的旅程中，他们心里必定有着百般滋味——而且这两个地区都出产橄榄油，有许多共同之处。

时至今日，来自过去的低语仍然在这里处处回响。一些本地长者还会说希腊语，镇上众多以前的希腊东正教教堂依然屹立未倒，不过现在已经改建为清真寺。1923年，从前的圣约翰（AyiosIoannis）教堂成为钟楼清真寺（Saatlı Camii；见193页地图；Çarşi Sokak），以其钟楼命名，如今钟楼成了宣礼塔；曾经的圣乔治（AyiosYioryios）教堂则成了梧桐树清真寺（ÇınarlıCamii），以寺内生长的梧桐树命名。宏伟的希腊主座教堂从未被改建成清真寺，但如今已经被改建成了塔克西亚尔西斯纪念馆（Taksiyarhis Memorial Museum）。

1；标单80~120里拉，双140~240里拉；P❄︎🅿︎）这家酒店迫切地需要升级，其闻名之处只有楼上朝海的露台和超大的停车场（每晚10~15里拉），后者在艾瓦勒克可算是比较奢侈了。33个狭小的房间里配备的是设施简单的浴室；有些能看到海景。一楼有一座酒馆。

Çeşmeli Han　　　　　　　　民宿 $$$

（见193页地图；📞0266 312 8084；www.cesmelihan.com；Mareşal Fevzi Çakmak Caddesi 87；双/标三210/260里拉；⊘5月至10月；😊❄︎🅿︎）华丽的庭院花园和楼上的全景露台是这家家庭民宿的主要卖点，民宿共有7个小房间，采用裸露的砖石墙壁、瓷砖地板和干净的浴室。住客都很喜欢这里奢华的家庭早餐。

🍴 就餐

艾瓦勒克有许多很好的经济型就餐处，但没有值得一提的餐厅——晚上可以去仲达用餐。周四（镇中心）和周日（İsmet İnönü Kültür Merkez大楼旁边的Atatürk Bulvarı）有集市。

Hatipoğlu Pastaneleri　　甜点、冰激凌 $

（见193页地图；📞0266-312 2913；Atatürk Bulvarı 110；⊘6:00至次日1:00，夏天 至次日3:00；❄︎）这家让人倍感亲切的法式蛋糕店位于主街上，有很多精选的传统土耳其酥皮糕点和蛋糕，是吃早午餐或下午歇息的好去处。试试艾瓦勒克的特色蜜渍海绵蛋糕（lok）吧，再来一勺乳香冰激凌（sakızlı dondurma）。

Pino　　　　　　　　　　　咖啡馆 $$

（见193页地图；13 Nisan Caddesi；主菜15~30里拉；⊘8:00~21:00，冬季 周一歇业）这家友好的咖啡馆以其会讲英语的店主Pinar（朋友们叫她Pino）的名字命名，位于一座古老的石屋中，于2016年开业，是喝咖啡或享用午间简餐的好去处。里面有垫高的座位，街边也有一些餐桌。菜单上有汉堡、意式面包、意大利面和乳蛋饼。没有酒，但提供鲜榨果汁。

Deniz Yıldızı Restorant　　海鲜 $$

（见193页地图；📞0266-312 6666；www.ayvalikdenizyildizi.com；Karantina Sokak 5a；开胃菜7~20里拉，鱼 按公斤计价；⊘正午至午夜）这个时尚的室内/室外活动场所里的食物不会赢得任何美食奖项，但它就位于海边，从这里能观赏仲达闪烁的灯光。

Café Caramel　　　　　　　　咖啡馆

（见193页地图；📞0266-312 8520；Barbaros Caddesi 9 Sokak；⊘周一至周六 9:00~20:00）老城这家非常受欢迎的特别的咖啡馆会播放怀旧的爵士乐，提供各式甜点（蛋糕、舒芙蕾和提拉米苏）、自制苏打饮料和简单美味的菜肴，如土耳其饺子和胡椒西红柿炒蛋（menemem）。室内室外都有餐位。

Elvani Mutfağı　　　　　　　土耳其菜

（Barbaros Caddesi和16 Sokak交叉路口；一份6里拉起；⊘周一至周六 9:00~16:00）在这家老城的简单的厨房（mutfak）中，当地女厨师在炉灶前忙活。简单的用餐选择包括胡椒西红柿炒蛋，以及每天提供的大量蒸菜，主要的服务对象是当地住户。茶水由隔壁咖啡馆提供。最好的餐位在户外的紫藤下。

🍷 饮品和夜生活

★ Şeytan Kahvesi　　　　　　　咖啡馆

（Palabahçe Kahvehanesi；见193页地图；Alibey Cami Caddesi；⊘6:00~20:00，6月至9月 至23:00）Şeytan Kahvesi（意思是"魔鬼咖啡馆"）是镇上最受欢迎，历史最悠久的咖啡馆之一，名字来源于现在店主的祖父，他一定有个名副其实的有趣名字。街边露台是欣赏来往行人的好地方，你可以点一杯土耳其咖啡或koruk suyu（6月到11月供应的未发酵鲜榨葡萄汁）。

Açelya Cafe　　　　　　　　　咖啡馆

（见193页地图；📞0266-312 4141；www.ayvalikacelacafe.com；Atatürk Caddesi；⊘6月至9月 7:00至次日2:00，10月至次年5月 9:00至午夜）户外露台就在水边，使得这里成了当地热门的选择，尤其是在日落时分，户内就餐空间里每逢超级联赛（Süper Lig）比赛直播期间，大电视前总是挤满了人。可选择的食物包括华夫饼、冰激凌、填馅土豆（kumpir）、比萨和艾瓦勒克吐司（当地版烤三明治）。

White Knight Café　　　　　　小酒馆

（见193页地图；📞0266-312 3682；Cumhuriyet

艾瓦勒克的快餐

艾瓦勒克或许是以出产橄榄油而闻名于世的，但时至今日，它风靡土耳其更重要的理由，却是一种不太能登大雅之堂的小吃——艾瓦勒克吐司（Ayvalık toast）。这种小城快餐其实就是在烤白面包三明治里塞进各种馅料，比如奶酪、辣味小牛肉或牛肉香肠（sucuk）、萨拉米腊肠、泡菜和番茄。然后再在这些馅料上抹上厚厚的番茄酱和蛋黄酱（除非你特别说明要别的）。胆小的你可以只选择一两样，不过毫无疑问这种做法会让人皱眉。

全镇的咖啡馆和小摊都出售这种快餐，不过，在**Avşar Büfe**（见193页地图；Atatürk Caddesi；菜4~8里拉；⏲5月至9月 24小时，10月至次年4月 7:00至次日3:00）及其周边的餐馆，才是找张公用餐桌和长凳坐下来享用吐司的好地方。

Meydanı 13；⏲10:00至次日2:00；☎）这家小酒馆兼咖啡馆位于阿塔图克（Atatürk）雕像后面，是个悠然小酌的好地方（播放大型足球赛的时候除外），在艾瓦勒克数量不多的外籍居民中人气很高。

🛍 购物

★ Çöp (m) adam 艺术和手工艺品

（见193页地图；☎0266-312 1360；www.copmadam.com；紧邻13 Nisan Caddesi；⏲冬季 周一至周六 8:30~17:30，夏季 周一至周六 9:30~18:30）"车库女士"是一家社会企业，旨在帮助无业女性通过采用废弃材料制作时尚用品来谋生，每年能从垃圾堆中回收至少6吨废弃物，出售超过4000件物品。其工作室和零售店在老城的Şeytan Kahvesi（见195页）附近，产品有卡片、围裙、包、玩具和茶巾。

ℹ 实用信息

Cumhuriyet Meydanı广场以南的海滨有一个**旅游信息亭**（见193页地图；☎0266-312 4449；Yat Limanı；⏲一至周五 9:00至正午和13:00~17:00，6月至9月 周六 9:00~13:00）提供地图和旅游信息。

ℹ 到达和离开

船

开往位于希腊莱斯沃斯岛的Mytilini（土耳其语为Midilli）的船从Atatürk Bulvarı北端的港口大楼出发。可寻找"TC Ayvalık Deniz Hudut Kapısı"的标志。

每周至少有3班（单程/往返 20/30欧元）船，旅途需要1.5小时。6月至8月，每天都有船。

注意：发船时刻可能会更改，你必须在出发前24小时预订（亲自前往或致电）。取票时要带上护照。

如欲咨询及购票，请联系**Jale Tour**（☎0266-331 3170；www.jaletour.com；Gümrük Binası Karşısı, Atatürk Bulvarı；⏲周一至周六 10:00~19:00）或 **Turyol**（☎0266-331 6700；www.turyolonline.com；Güzide İş Karşısı, Atatürk Bulvarı 296/2；⏲周一至周六 10:00~19:00）；这两家轮船公司在港口大楼对面的Atatürk Bulvarı都有办公室。

长途汽车

艾瓦勒克有2座长途汽车站：恰纳卡莱到伊兹密尔主公路上的新车站（Yeni Garaj）和镇中心Atatürk Bulvarı街上的老车站（Eski Garaj）。下列车次前往返于新车站：

恰纳卡莱 有固定时刻的班次服务（25~35里拉，170公里），有时是前往伊斯坦布尔的车次。

伊斯坦布尔（65~80里拉，9.5小时，560公里）一般都经过恰纳卡莱。

伊兹密尔 有固定时刻的班次服务（20~25里拉，2小时，160公里）。

小汽车

与海滨公路相比，经Kozak前往贝尔加马的内陆路线慢不了多少，而风景却优美得多。汽车将蜿蜒穿越田园牧歌般的青松覆盖的山坡。原路返回，向北朝埃德雷米特的方向开10公里，然后向东拐。

小巴

贝尔加马 每小时有1班车前往贝尔加马汽车站，在老车站对面的Garaj Büfe外上车，在Atatürk Bulvarı沿路的车站也会停靠（10里拉）。

仲达 有很多小巴（2.50里拉）往返艾瓦勒克和仲达之间的两条路线：新路（Yeni Yol）往返仲达的海港，老路（Eski Yol）从海滩前往仲达。艾瓦勒克的主要停车站在Atatürk Bulvarı上的旅游信息亭外。

埃德雷米特 7:00~20:15有许多车次往返于老车站（8.50里拉）。

当地交通

小汽车
在艾瓦勒克老城狭窄不堪的巷道中穿行，会令你万分郁闷。建议你在海边停车场找个车位。一般每天收费10~15里拉。

小巴
小巴在市中心有车，沿着一连串短途固定路线行驶，可随时上下客。大多数小巴能在米格罗斯超市附近和Cumhuriyet Meydanı以南旅游信息亭附近的车站乘坐。价格一般是2.50里拉。

有频繁的车次往返新车站和Cumhuriyet Meydanı（2.50里拉）。一般会在Cumhuriyet Meydanı和旅游信息亭对面的车站载客，然后前往Sarımsaklı附近的海滩。

出租车
从新车站到镇中心收费约30里拉。运营镇中心和仲达之间这条路线的出租车价格可能高达40里拉。

仲达（阿里贝伊岛）
[Cunda（Alibey Island）]

☏0266

阿里贝伊岛（Alibey Adası）以土耳其独立战争中一位英雄的名字命名，当地人习惯称其为"仲达岛"（Cunda Adası）或"仲达"。它与艾瓦勒克隔水相望，与陆地之间有一条堤道相连（可以坐小汽车、渡轮或小巴出租车前往），而且这个岛一般被视为艾瓦勒克在海上更安静的延伸地带，两地的居民经常互相往来。

渡轮停靠在一个小码头上，码头旁边有很多鱼餐厅。在码头和餐馆后面矗立着一座漂亮的小镇，由古老的（有些已经非常破败）希腊石头房子组成。像艾瓦勒克一样，这里的居民在20世纪20年代初被迫进行人口交换，迁移到这里的是来自希腊克里特岛（土耳其语为Giritli）的穆斯林。

渡轮码头东边就是小镇的主广场。广场后面是一个小型旅游集市，出售首饰和其他小饰品。

👁 景点和活动

岛上最漂亮的部分在西边，那里有可爱的海滩可以晒日光浴和游泳。小岛北边大部分被Patericia Nature Reserve自然保护区占据，那里有很不错的步行路线，北海岸还有希腊月光修道院（Ayışığı Manastırı）的遗迹。

拉哈米·M.考契博物馆　　　　　博物馆
（Rahmi M Koç Museum；☏0266-327 2734；www.rmk-museum.org.tr/taksiyarhis/en/；Şeref Sokak 6a；门票 5里拉；⊙10月至3月 周二至周日10:00~17:00，4月至9月 至19:00）这座博物馆位于修复过的宏伟的大天使教堂（Taksiyarhis Church）——一座建于1873年的希腊东正教教堂内部，现在被粉刷成独特的黄色——是伊斯坦布尔那座出色的博物馆的姊妹馆，展品同样主要聚焦于交通和工程领域。

🛏 住宿

Tutku Pansiyon　　　　　　　　家庭旅馆 $$
（☏0266-327 1965；www.tutkupansiyon.com；Çarşı Sokak 3；标单/双 75/150里拉；❄🛜）作为阿里贝伊岛最经济的家庭旅馆之一，这家名为"激情"的住处，地理位置居中，在一个很受欢迎的葡萄酒酒庄对面，与海边隔着几条街。它有5个小巧而简单的房间，铺着红砖地面，有小电视机和冰箱。老板Şevket和Abidin亲切友善。

Taş Bahçe　　　　　　　　　　精品酒店 $$$
（☏0266-327 2290；www.tasbahcebutikotel.com；15 Eylül Caddesi 33；标单/双 250/400里拉，豪华 标单/双 350/400里拉；🅿❄🛜）这家可爱的精品酒店名为"石头花园"，酒店有2座联排别墅，虽然是新建的，但看起来好像有几百年的历史了。它位于进入小镇的主路的路边，距离海边只有100米，不过10个房间里的窗户都安装了双层玻璃，保证了房间的安静。有一座休闲图书馆，以及可以享用早餐的可爱的花园。豪华房间风景很好。

Cunda Fora 精品酒店 $$$

(☎0266-327 3031; www.cundafora.com; 1 Sokak 7, 紧邻Mevlana Caddesi; 房间 520里拉; [P][※][☎])这家相对较新的酒店就位于从港口往回走的主街旁边，所以比海岸附近的大多数酒店都要安静，很受蜜月夫妇的欢迎。酒店里有一条迷人的后走廊，能看到海景，还有一间室内公共浴室（很受顾客赞扬），舒适的房间里装潢迷人，配备高品质的便利设施。早餐是亮点。

✕ 餐饮

★ Lâl Girit Mutfağı 希腊菜 $$

(Ruby Cretan Cuisine; ☎0266-327 2834; Altay Pansiyon Yanı 20; 开胃菜 8~25里拉, 主菜 38里拉; ⊙9月至6月 正午至午夜, 7月和8月 19:00至次日1:00)店主兼大厨Emine的祖母传授她克里特菜肴的精髓，制作的菜肴简单却激动人心。她可能会从厨房出来解释开胃菜的组合。你选择的菜式一定新鲜、独特和美味。慢烹羔羊肉是唯一的主菜。

★ Ayna 爱琴海菜 $$

(☎0266-327 2725; www.aynacunda.net; Çarşı Caddesi 22; 汤 9里拉, 前菜 20~30里拉, 主菜 29~36里拉; ⊙2月至12月 周二至周日 10:00至午夜; [※][☎])这家热情且极其时尚的餐馆位于海港的Taş Kahve背后，我们喜欢这里的一切。餐馆由Kürsat橄榄油坊经营，提供美味的时令菜肴，包括野菜馅饼（börek），橄榄油烹蔬菜，家常风味的汤和主菜。甜点也很美味。你可以进来吃顿午餐；晚餐要预订。

★ Taş Kahve 酒吧

(☎0266-327 1166; www.taskahve.com.tr; Sahil Boyu 20; 茶 1.50里拉, 啤酒 8里拉; ⊙7:00至午夜)哪怕仅仅是到这里喝点茶或聊聊钓鱼，也值得来岛上一游。这个好像洞穴的地方有彩色的玻璃窗，斑驳的混凝土墙壁上装饰着黑白老照片和美术作品。前面的露台上夏天会挤满人。

Vino Şarap Evi 葡萄酒吧

(Wine House; ☎0535-737 3384; www.vinosarapevicunda.com; Cumhuriyet Caddesi 8)在这家靠近海港的欢乐的葡萄酒吧里，端一杯葡萄酒，坐在街边桌子上，是当地很受欢迎的一种休闲方式。葡萄酒的可选种类有本土和国际品牌，包括一种味道不错的自制口味。许多顾客会留下来吃一顿简单的意大利面。

❶ 到达和离开

船

5月底到10月，每天10:10~12:30，每隔30分钟就有渡轮往返于艾瓦勒克和仲达海港（5里拉）。

小汽车

8:00至午夜，海滨停车是要收费的（5里拉），如果没有停车票会被罚款。

小巴

有很多小巴（2.50里拉）往返仲达和艾瓦勒克之间的两条路线：走新路（Yeni Yol）往返仲达海港和走老路（Eski Yol）往返海滩。

出租车

从艾瓦勒克市中心到阿里贝伊岛需要约40里拉。

贝尔加马（帕加马）
[Bergama（Pergamum）]

☎0232 / 人口 63,825

贝尔加马是个悠闲的集镇，其前身是曾经辉煌一时的古城帕加马，与终年人头攒动的以弗所不同，帕加马在多数时间仍然是个宁静而富于古典美的地方。这里的遗址——尤其是药神殿（Asclepion, 古罗马非同凡响的医学中心）——也很特别，在2014年6月被联合国教科文组织列入《世界遗产名录》，是全球第999个（土耳其的第14个）获此殊荣的地方。

历史

帕加马的繁荣要归功于利西马克斯（Lysimachus），他是亚历山大大帝麾下的一位将军。公元前323年亚历山大大帝去世后，幅员辽阔的帝国也随之分崩离析，利西马克斯趁机统治了大部分爱琴海海域。在抢夺战利品的斗争中，利西马克斯大发横财，聚敛的黄金超过9000他连得（talent, 古代一种计量单位）。在动身与塞琉古（Seleucus）争夺小亚细亚的

Bergama (Pergamum) 贝尔加马(帕加马)

伊兹密尔和爱琴海北部 贝尔加马（帕加马）

Bergama（Pergamum） 贝尔加马（帕加马）

◎ 景点
1 贝尔加马考古博物馆 B3
2 红厅 C1

✪ 活动、课程和团队游
3 Hacı Hekim Hamamı B2

⌂ 住宿
4 Aristonicus Boutique Hotel D1
5 Hera Hotel C1
6 Odyssey Guesthouse C1

✕ 就餐
7 Arzu C1
8 Bergama Sofrası C2
9 Kervan A4
10 Kybele D1
11 Paksoy Pide C1
12 Sarmaşık Lokantası C1

◉ 饮品和夜生活
13 Zıkkım Birahanesi B3

◉ 购物
14 Şen Naoe Ev Tekstil B2

控制权之前，他将这些黄金交给了他在帕加马的指挥官菲勒塔路斯（Philetaerus）。但利西马克斯于公元前281年战败身亡，菲勒塔路斯便摇身一变成了领主。

菲勒塔路斯本人是个宦官，他的侄子兼继承人欧迈尼斯一世（Eumenes Ⅰ，公元前263年至公元前241年在位）继承了领主之位，然后又传位于其养子阿塔罗斯一世（Attalus

I，公元前241年至公元前197年在位）。阿塔罗斯自立为国王，不断扩张势力，并与罗马结盟。

在阿塔罗斯之子欧迈尼斯二世（Eumenes Ⅱ，公元前197年至公元前159年在位）统治期间，帕加马迎来了自己的黄金时代。他创建了一所图书馆，足以与当时世界上最伟大的知识宝库——埃及亚历山大图书馆相提并论。部分原因是这里有大规模生产的羊皮纸（pergamena），这种用动物的皮制作的书写材料比纸莎草纸更坚固耐用。

欧迈尼斯二世还在卫城之上的建筑群中增建了宙斯祭坛（Altar of Zeus），在半山腰的平台上兴建了"中间城"（middle city），并扩建和美化了阿斯克勒庇恩神庙（药神殿）。经历了千百年的劫掠毁坏（以及西方博物馆特别是位于柏林的帕加马博物馆的不断掠夺）之后，他和帕加马诸位国王所修的大部分建筑已遭到毁坏，不过，遗留下来的部分仍然令人震撼，引人瞩目，相当值得一观。

欧迈尼斯二世的兄弟阿塔罗斯二世（Attalus Ⅱ，公元前160年至公元前138年在位）的统治延续了之前良好的局面，但在他儿子阿塔罗斯三世（Attalus Ⅲ，公元前138年至公元前133年）的短暂统治下，王国开始四分五裂。没有继承人的阿塔罗斯三世将王国拱手赠与罗马。公元前129年，帕加马成为罗马的亚洲省省。

与伊兹密尔、萨迪斯（Sardis）和以弗所一样，帕加马也是《新约》最后一章中圣约翰提到的早期基督教教堂——七教堂[Seven Churches of the Revelation（或Apocalypse）]之一。"撒旦王座之所在"（Rev 2:13）指的可能就是红厅（Red Hall；见202页）。

⊙ 景点和活动

如果参观本地区的博物馆和考古遗址，一定要购买一张博物馆通票：The Aegean（www.muze.gov.tr），它能让你进入31家博物馆和考古遗址，包括卫城、药神殿、博物馆和红厅。价格为75里拉，有效期为7天。

★ 贝尔加马卫城　　　考古遗址

（Bergama Acropolis; Bergama Akropol; Akropol Caddesi 2；门票 25里拉；⊙10月至次年3月 8:00~17:00，4月至9月 至19:00）宏伟的贝尔加马卫城坐落在镇中心东北的一座小山上，是土耳其最令人震撼的考古遗址之一。这座古代定居地有许多值得一看的地方，大大小小的遗迹散落在上城和下城，其中最主要的是图拉真神庙（Temple of Trajan）、拥有10,000个座位、让人头晕目眩的希腊剧场（Hellenistic theatre）、宙斯祭坛（不幸的是，原本华丽的雕带已经被剥走，现藏在柏林）遗迹、Building Z中充满奇思妙想的马赛克地板。

有两种方法可前往遗址。你可以驾车到达上城的停车场（停车费5里拉），也可以沿着Akropol Caddesi上的指示牌走到位于山脚的贝尔加马卫城缆车站（Bergama Acropolis Cable Car, Bergama Akropolis Teleferik；⁂0232-631 0805；www. akropolisteleferik.com.tr; Akropol Caddesi；往返15里拉；⊙4月至9月 8:00~17:00，10月至次年3月 至19:00），这里也有一座收费停车场（也是5里拉）。坐缆车上山需要5分钟。

从位于顶端的上城（Upper City）开始，一串基本已经褪色的蓝点标记出了主要建筑物周围的推荐路线，你还可以考虑花10里拉租一个语音导游。这些建筑包括让贝尔加马声名远播的图书馆和有大理石柱子的庞大的图拉真神庙（Temple of Trajan, 或Trajaneum），神庙建于罗马皇帝图拉真和哈德良（Hadrian）统治期间，信徒除了祭拜宙斯之外，也会膜拜这两位皇帝。这座神庙是卫城硕果仅存的罗马建筑，地基在中世纪时曾被用作蓄水池。

从神庙往下走两步，穿过拱顶甬道一般的神庙地基，就到了非同凡响的希腊剧场（Hellenistic theatre）。它的兴建者当初之所以把剧场建在山腰，既是为了更好地使建筑与这一带壮丽的美景相辉映，也是为了留出山顶宝贵的空间。一般来说，希腊剧场要更宽阔、浑圆一些，不过这个贝尔加马的剧场建在了山腰，就不可能是完整的圆形，所以只能靠增加高度来弥补。

剧场阶梯北端是已被损毁的狄俄尼索斯神庙（Temple of Dionysus）遗址，南端则是宙斯祭坛（又称"大祭坛"），这里先前覆盖着宏伟的雕带装饰，描绘了奥林匹亚山诸神与地下仇敌之间的战争。但19世纪时，德国挖掘机获准将这座著名建筑的绝大部分拆下并运往柏林，这里只留下了地基。

卫城顶上的瓦砾堆曾是五座独立的宫殿，包括欧迈尼斯二世的一座宫殿，还能看到一度巍然矗立的防护墙以及兵营和军械库留下的残迹。

要想避开人群，好好欣赏一番剧场和图拉真神庙的雄姿，就往山下走到宙斯祭坛背后去，或者在剧场最下面的台阶左转，沿着指示牌穿过上层集市（Upper Agora）和浴室兼体育场，前往古街（antik yol）。在曾经是一片居住区域的中间城之间有一栋现代建筑Building Z（2004年），其中保存着部分列柱走廊和美丽至极的马赛克地板拼贴画。注意寻找带有怪异的野生动物图案的面具、儿童模样的酒神狄俄尼索斯（Dionysus）在西勒努斯（Silenus）的陪伴下从酒杯里饮酒的画面，还有墙壁上残存的染色灰泥。接着你会看到更多浴室、体育场，以及豪华的阿塔罗斯一世宫殿（Palace of Attalus Ⅰ），直到抵达下层集市（Lower Agora）。

阿斯克勒庇恩（药神殿） 遗迹

(Asklepion, Asclepion; Prof Dr Frieldhelm Korte Caddesi 1；门票 20里拉；10月至次年3月 8:00~16:45, 4月至9月 至18:45) 药神殿也许没有卫城那样引人注目，但从某些方面来说，它其实更独特。作为古罗马世界最重要的疗养中心，这里在全盛时期拥有浴场、神庙、一座剧场、图书馆、治疗中心和公共厕所。许多建筑的遗址都原地保存了下来，现在我们看到的样子和它们在哈德良皇帝（公元前138年至公元前117年）在位时期相当接近。

据说，药神殿是由当地人阿基亚斯（Archias）创建的，他的疾病曾在埃皮达鲁斯（Epidaurus，希腊）的药神殿里得以治愈。贝尔加马的这座药神殿提供许多种不同的治疗方式，包括泥浴、药草药膏、灌肠和日光浴，往往通过解梦进行诊断。

药神殿是在盖伦（Galen，公元129~216年）在世时奠定其医药中心的地位。盖伦出生于此，曾先后在亚历山大、希腊和小亚细亚学习，后来开了一家诊所，为贝尔加马的角斗士们诊治。盖伦被认为是最伟大的早期医师，对循环系统和神经系统知识领域贡献良多，还系统整理了当时的医学理论。在他的影响下，贝尔加马的医学院在整个古代世界声名鹊起。他也

Acropolis
卫城

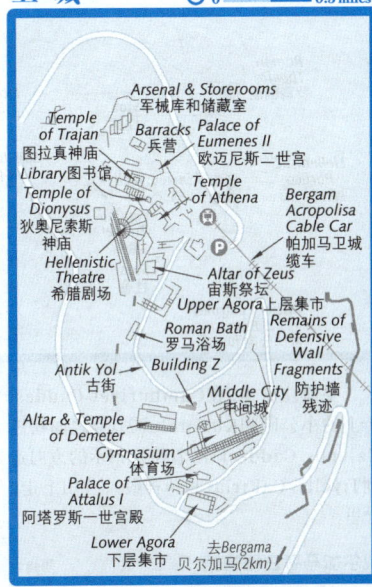

Arsenal & Storerooms 军械库和储藏室
Temple of Trajan 图拉真神庙
Barracks 兵营
Palace of Eumenes II 欧迈尼斯二世宫
Library 图书馆
Temple of Dionysus 狄奥尼索斯神庙
Temple of Athena
Bergam Acropolisa Cable Car 帕加马卫城缆车
Hellenistic Theatre 希腊剧场
Altar of Zeus 宙斯祭坛
Upper Agora 上层集市
Roman Bath 罗马浴场
Remains of Defensive Wall Fragments 防御墙残迹
Antik Yol 古街
Building Z
Middle City 中间城
Altar & Temple of Demeter
Gymnasium 体育场
Palace of Attalus I 阿塔罗斯一世宫殿
Lower Agora 下层集市
去Bergama 贝尔加马(2km)

为西医奠定了基础，其影响延续到16世纪。

罗马时代的 Via Tecta 是一条有柱廊的神圣之路，从入口延伸到圣殿，那儿有根刻满蛇的柱基，这是医药之神阿斯克勒庇俄斯（Aesculapius）的象征，就像蛇蜕皮后"重生"一样，意味着在药神殿的病人也要"蜕去"病痛。有指示牌标出了环形的阿斯克勒庇恩神庙（Temple of Asclepios）、一座图书馆，以及更远处的一座经过大规模重建的罗马剧场（Roman theatre）。

主庭院西南角的一条水沟上方有一个公共厕所，你可以从庭院中央的圣水井（sacred well）中取水饮用。从这里穿过拱形隧道，来到治疗中心（treatment centre），这里供奉的是另一位医药之神泰莱斯福路斯（Telesphorus）。睡在圆形神庙里的病人们希望泰莱斯福路斯托梦给他们，告知治病神方或是病情的诊断情况。泰莱斯福路斯两个女儿的名字：许癸厄亚（Hygeia，司健康的女神）和帕那刻亚（Panacea，司治疗的女神），都已成为医学术语。

在遗址的小吃吧可以买到软饮料和小吃。

伊兹密尔和爱琴海北部 贝尔加马（帕加马）

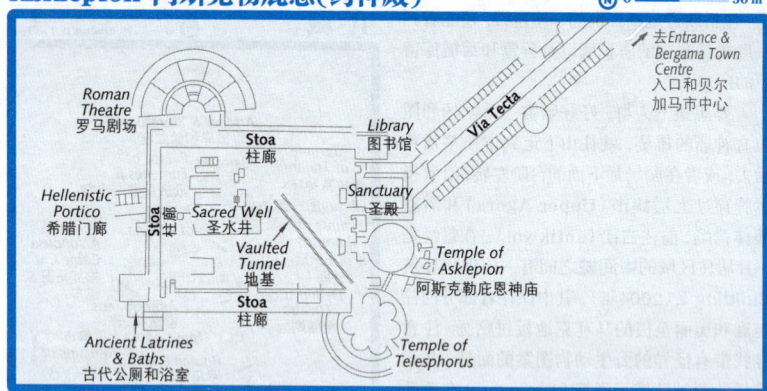

Asklepion 阿斯克勒庇恩(药神殿)

地图标注：
- Roman Theatre 罗马剧场
- Stoa 柱廊
- Library 图书馆
- Via Tecta
- 去 Entrance & Bergama Town Centre 入口和贝尔加马市中心
- Hellenistic Portico 希腊门廊
- Stoa 柱
- Sacred Well 圣水井
- Sanctuary 圣殿
- Vaulted Tunnel 地基
- Temple of Asklepion 阿斯克勒庇恩神庙
- Stoa 柱廊
- Ancient Latrines & Baths 古代公厕和浴室
- Temple of Telesphorus

要前往这里，在Cumhuriyet Caddesi街上的小公园和Kursunlu清真寺之间拐进Galenos Caddesi（沿着路标指示的方向走到Tıyelti、Çakırlar和药神殿），往山上走2公里。

贝尔加马考古博物馆　　　　博物馆

（Bergama Archaeology Museum, Bergama Müze Müdürloğu；见199页地图；☎0232-483 5117；Cumhuriyet Caddesi 6；门票5里拉；⊙11月至次年3月周二至周日 8:00~17:00，4月至10月 至17:00）这里的藏品数量虽少，但令人印象深刻，值得游览。展出有卫城浮雕，包括一尊来自德墨忒尔平台（Demeter Terrace）的罗马时代的精美浮雕，以及来自雅典娜平台（Athena Terrace）的古希腊腰带和楣梁。让人印象深刻的还有许多来自药神殿的雕象和一座描绘着美杜莎头部的源于下城市场（Lower Agora）的马赛克地板。民族志展馆主要展出奥斯曼时期的工艺品、服饰和习俗。

你还可以参观一下宙斯祭坛的复制模型（原件在柏林的贝尔加马博物馆），以及从卫城和药神殿发掘、抢救出来的许多器物（陶瓷、釉陶、铁器、大理石和玻璃器）。民族志展馆中收藏的帕加马地区独特的服饰——受游牧民族土库曼人（Yürük）的影响——最让人难忘。

红厅　　　　遗迹

（Red Hall；Kızıl Avlu；见199页地图；Kınık Caddesi；门票5里拉；⊙4月至9月 8:00~19:00，10月至次年3月 至17:00）规模宏大的红厅有时又叫"红色教堂"（Red Basilica），被认为是罗马人于2世纪所建，最初是用于祭拜埃及神灵塞拉比斯（Serapis）和伊西斯（Isis）的。这座宏伟的建筑包括2座圆顶大厅；游客可进入南部的圆形大厅，但不能进入主殿和北部大厅（目前正在修复）。南部大厅用于举行宗教和祭祀仪式——可以去寻找那座可能是用来放置祭祀雕塑的大壁龛。

这里原本的排场必定令人望而生畏。圣约翰（St John the Divine）不但在新约《圣经》的启示录中将这里列为天启七教堂之一，还将它单独列为"魔鬼王座"。事实上，由于这座建筑规模太大，早期基督徒无法将其整体改造成教堂，而是于5世纪在里面建了一个教堂。

Hacı Hekim Hamamı　　　　公共浴室

（见199页地图；☎0232-631 0102；Bankalar Caddesi 42；洗浴 25里拉，搓澡和按摩 40里拉；⊙男宾 6:00~23:00，女宾 8:30~19:00）这座建于16世纪的公共浴室紧邻Kulaksız清真寺（Kulaksız Mosque）的北部，有分别供男宾和女宾进入的入口，全套洗浴服务收费40里拉。女性入口在侧面。

住宿

Cumhuriyet Caddesi北端的老城区是最安静和氛围最好的住宿区。

Odyssey Guesthouse　　　　家庭旅馆 $

（见199页地图；☎0232-631 3501；www.

odysseyguesthouse.com; Abacıhan Sokak 13; 铺/标单/双/标三 25/65/85/120里拉, 标单/双 不带浴室 40/70里拉; ☉1月至2月中旬歇业; ❋@☎)这座经营完善的家庭旅馆氛围友好, 从楼上的露台休息室可以尽览全部3个古迹的景色, 这是旅馆的许多卖点之一。9个设施简单的房间分布在两幢建筑之中, 还有一座图书交换室和一个公共厨房。每间客房里都有一本荷马的《奥德赛》, 感觉很特别。早餐10里拉。

★ **Aristonicus Boutique Hotel** 精品酒店 $$

（见199页地图; ☎0232-632 4141; www.aristonicus.com; Taksim Caddesi 37; 标单/双/套 85/165/215里拉; P❋☎) 这家刚营业的酒店由两座石屋改造而成, 风格迷人, 非常超值。提供6个干净的房间, 备有卫星电视、水壶和小冰箱。单间很小, 有些双人间里的浴室稍微有些挤, 不过大部分都很舒适。早餐在小院子里供应。

Hera Hotel 精品酒店 $$$

（见199页地图; ☎0232-631 0634; www.hotelhera.com; Tabak Köprü Caddesi 38; 标单/双/标三310/410/425里拉; P❋☎) 2座有200年历史的希腊房屋被修缮一新, 成为最不落俗套的酒店。10间客房中的每一间都以希腊神话中的诸神命名, 装饰着木质天花板、镶木地板、基里姆地毯。最好的房间是"宙斯"和"赫拉", 2间的风景都很好, "宙斯"的浴室尤其大。有一个花园和全景早餐露台。

🍴 餐饮

贝尔加马周一会在医院附近的街道举办热闹的集市, 那里是购买最新鲜的水果蔬菜的好地方。

暖和的晚上, 当地人会前往奥斯曼巴扎周边的茶馆和咖啡馆见朋友。届时会播放大量的音乐, 营造出一种派对的氛围。

★ **Arzu** 土耳其比萨、烤肉 $

（见199页地图; ☎0232-612 8700; İstiklal Meydanı 35; 土耳其比萨 10~12里拉, 旋转烤肉 13里拉; ☉6:00至次日1:00) 这家超级友好的土耳其比萨店位于一个繁忙的街角, 可能是镇上最受欢迎的餐馆。比萨很棒, 推荐尝试非同一般的biberli maydanozlu (青辣椒和芹菜) 馅料; 也提供汤和烤肉, 包括旋转烤肉 (或布尔萨烤肉; 烤肉馅的新鲜比萨, 配番茄酱和棕色黄油)。

Bergama Sofrası 土耳其菜 $

（见199页地图; ☎0232-631 5131; Bankalar Caddesi 44; 一份 8~14里拉; ☉7:30~22:00) 这里是镇上位于主街的大量熟食餐馆之一, 室内室外都有餐位, 明亮的灯光照耀着洁净的地面和开放式厨房。特色菜是辣肉丸 (köfte)。一般的熟食店定律在这也适用——最好在这儿吃午餐, 中午的食材比较新鲜。

Paksoy Pide 土耳其比萨 $

（见199页地图; ☎0232-633 1722; İstiklal Meydani 39; 土耳其比萨 9~12里拉; ☉周日至周五 6:30~22:30) 袖珍型的Paksoy很干净, 但是比萨绝对是远优于其他地方的, 而且氛围友好, 就在Arzu旁边。

Sarmaşık Lokantası 土耳其菜 $

（见199页地图; ☎0232-632 2745; Istiklal Meydani 9; 一份 9~12里拉; ☉周一至周六 8:00~23:00) 作为主街上比较可靠的几家本地餐厅之一, "常春藤"源源不断地供应多种多样的现成炖菜、汤、米饭和菜肴。

Kervan 土耳其比萨、烤肉 $

（见199页地图; ☎0232-633 2632; Atatürk Caddesi 16; 汤 5~7.50里拉, 比萨 7~13里拉, 烤肉 12~32里拉; ☉8:00~23:00; ❋) 这里有便宜且很不错的菜肴, 深受本地人的喜爱。特色菜包括多种多样的烤肉 (kebaps)、土耳其比萨 (pide) 和汤 (çorba), 甜点则有烤饼包芝士 (künefe, 将面团和奶酪一起浸泡在糖浆里, 再洒上开心果)。

Kybele 土耳其菜 $$

（见199页地图; ☎0232-632 3935; http://tr.lespergamon.com; Les Pergamon Hotel, Taksim Caddesi 35; 前菜 10~20里拉, 主菜 25~50里拉; ☉19:00~22:00) 这家餐厅是贝尔加马唯一一个正式餐厅, 在优雅的餐厅和氛围很好的庭院花园中提供精致的土耳其菜。甜点尤其好——冰激凌配巧克力泡芙吸引了大批爱好者。

Zıkkım Birahanesi 小酒馆

（见199页地图; Cumhuriyet Caddesi;

10:30至次日1:00)这家很酷的啤酒馆有一个紧邻主路的阴凉的花园,是镇中心一个不错的旅行歇脚地,也是Cumhuriyet Caddesi街附近3家热闹的啤酒屋(birahanesi)之一。

购物

Şen Naoe Ev Tekstil 艺术和手工艺品
(见199页地图;☎0232-633 4488; Kapalı Çarşı 9;◎6月至9月 8:00~21:00, 10月至次年5月10:00~17:00)这家位于老室内集市(Bedesten)的商店是日本人经营的,出售可爱的手工编织洗浴毛巾、围巾披肩和桌布等类似商品。

实用信息

旅游办公室(见199页地图;☎0232-631 2851; bergamaturizm@kultur.gov.tr; Cumhuriyet Caddesi 11;◎8:30至正午和13:00~17:30)这家办公室就在博物馆北面省府办事处(Hükümet Konaği)的一楼,对游客的帮助很大。

到达和离开

长途汽车

贝尔加马的新(yeni)长途汽车站距镇中心7公里,在伊兹密尔—恰纳卡莱高速公路和通往镇上的主公路交会处。从汽车站出发,每小时有1班小巴前往红厅(2里拉)附近的**Soma Garaj**(见199页地图)。可前往下列地方:
安卡拉(85里拉, 8.5小时, 480公里, 夜间行车)
恰纳卡莱(30~35里拉, 220公里, 4.5小时)
伊兹密尔(10里拉, 2小时, 110公里, 每45分钟1班)

小巴

有固定班次的小巴从**Kantar Garaj**(见199页地图)前往艾瓦勒克(10里拉)和钱达尔勒(Çandarlı; 5里拉),其余时间,它们从新车站出发。

火车

伊兹密尔的İzban高速铁路通往Aliağa(刷城市卡2.40里拉),那里有汽车和小巴继续前往贝尔加马(5里拉)。

当地交通

现代贝尔加马镇区沿着一条长主街伸展,主街经常改名,在两边你可以找到你需要的所有设施,包括酒店、旅游办公室、餐厅、银行和邮局。

贝尔加马的各处景点太过分散,很难在一天之内全部步行参观。红厅距旅游办公室约1公里,到药神殿在2公里开外,到卫城则在5公里开外。

小巴

6:00~22:00每半小时有1班小巴绕圈串联小镇(2里拉)。

出租车

"市区游"从镇中心到药神殿、红厅和卫城,在前两处停留30分钟,在卫城停留1小时,收费约为100里拉。出租车会在考古博物馆、Kulaksız清真寺和长途汽车站周围等客。公园附近的出租车前往药神殿则需要单独收费,约为20里拉,前往卫城则收费25里拉。

钱达尔勒(Çandarlı)

☎0232/人口 6159

度假小镇钱达尔勒(古代的Pitane)坐落在伸入爱琴海的一座半岛上,位于贝尔加马西南方向33公里处。它最醒目的景点是一座规模不大但经过精心修复的钱达尔勒城堡,是15世纪威尼斯人修建的。这里还有一小片狭长的沙滩。

夏天是旅游旺季,源源不断的当地游客会使大部分家庭旅馆人满为患;而在淡季,钱达尔勒则很有点鬼城的感觉。

商店、网吧和邮局都位于距海边200米远的镇中心。城堡、家庭旅馆和餐厅都排列在海岸沿线。周五有集市。

钱达尔勒城堡 城堡
(Çandarlı Castle, Çandarlı Kilesi;◎24小时) **免费** 这座15世纪的奥斯曼城堡是大维齐尔小钱达尔勒·哈利勒帕夏(Çandarlı Halil Pasha the Younger)下令修建的。

食宿

大多数酒店和家庭旅馆位于城堡的西边,面对着一条狭窄、粗糙的海滩。

好的就餐选择很少,而且相距甚远,所以你可能得依靠快餐。城堡以东的海滩上有冰激凌摊。

Kaffe Pansiyon 家庭旅馆 $$

(☎0545 689 8789, 0232-673 3122; Sahil Plaj Caddesi 1; 标单/双 60/120里拉; 🛜)这家漂亮的家庭旅馆位于海滩对面的一个咖啡馆楼上,有15个非常简单的小房间,只有公共休息室才有无线网络。不过价格实惠,有些房间朝海。

Otel Samyeli 酒店 $$

(☎0232-673 3428; www.otelsamyeli.com; Sahil Plaj Caddesi; 标单/双/标三 100/180/240里拉; P❄🛜)这家酒店的主要卖点是面朝海滩,不过,房间丑陋,而且设施简朴,有些还很挤。幸运的是,员工很热情。

❶ 到达和离开

钱达尔勒和伊兹密尔(12里拉,1.5小时)之间有很多班次的长途汽车,途经Dikili(3里拉,20分钟)。每天至少有6班小巴往返于贝尔加马(5里拉,30分钟)。

老福恰(Eski Foça)

☎0232/人口 26,036

老福恰(Eski Foça)这个名字是为了和它较新(也更沉闷无趣)的邻居、位于山上的新福恰(Yeni Foça)区分开。这个气氛欢快的假日小镇同时横跨在大海(Büyük Deniz)和风景如画的小海(Küçük Deniz)上。面朝小海的老房子融合了奥斯曼式和希腊式的建筑风格,堪称爱琴海海岸最精致的房屋,房门开向童话般的海滨步道,当地人和游客都喜欢在那里玩乐、散步和露天用餐。大海和小海海湾之间小岬角上的废弃建筑几千年来一直不停地被重建,古代自然女神库珀勒(Cybele)神庙和一座雅典娜神庙的遗迹正在被缓慢发掘。

福恰曾经是古弗西亚(Phocaea)的所在地,后来成了一个奥斯曼和希腊式风格混杂的渔港和贸易港,如今则是个兴旺发达的中产阶级度假小镇,郊外聚集着一片片度假村,还有一条狭长无趣的海滩,上面有一些游泳设施。北边朝着新福恰的方向有一些更隐蔽的海滩。

长途汽车站就位于紧邻大海(Büyük Deniz)的内陆地区,从这里向北,大海和它的游船就在你的左手边;你还可以穿过镇中心前往小海(Küçük Deniz),你将经过旅游办公室、邮局、市政厅(belediye)和银行,大约前行350米后就会到达港口。沿着小海海岸继续向北走,大部分家庭旅馆都在那里。

历史

福恰是古弗西亚(Phocaea)的所在地,弗西亚建于公元前8世纪,这个名字来自在塞壬岩滩(Siren Rocks)的海边晒日光浴的海豹(在希腊语中叫作"phoce")。在其黄金时代(公元前5世纪),弗西亚人大多是优秀的水手,他们制造的快船由多达50支桨提供动力,在爱琴海、地中海和黑海上驰骋;贝什卡普拉尔城堡对面就有一艘复制品。他们还在黑海地区建立了萨姆松(Samsun),以及位于如今意大利、科西嘉(Corsica)、法国和西班牙的其他城镇。

◉ 景点

一座废弃的剧院,长途汽车站附近高架引水渠的遗迹,以及海滨步道上敬献给女神库珀勒(Cybele)的两座神龛残存的痕迹,就是这里古代定居点留存下来的所有了。在小镇以东大约7公里处、前往伊兹密尔的高速路左侧,坐落着一座纪念陵墓(anıt mezarı),其历史可追溯至公元前4世纪。

贝什卡普拉尔 要塞

(Beşkapılar; Five Gates)如果你继续向西,经过库珀勒室外圣殿,就会来到城墙和经过部分重建的贝什卡普拉尔,它实际上是一座城堡的泊船区,由拜占庭人修建,后来又经历热那亚人和奥斯曼人的修复(1539年),并且很显然那之后又经历了多次重建。不幸的是,那里面经常塞满了垃圾。

外城堡(Dış Kale) 要塞

这座建于17世纪末的外城堡守卫着城镇的西南角,只能从海面上观看(可以参加乘船游),因为城堡里面是军事区域。

🏃 活动

5月至9月底,每天大约在11:00,大海和小海都有游船出发前往偏远海岛进行一日游。沿途会在一些游泳点停靠,大约17:00返回。大部分游船停泊在塞壬岩滩，一般收费45里拉，含午餐和茶。

Valinor: the Lord of the Boats　　　　乘船游

（☎0532-798 6317；www.valinortour.com；Büyük Deniz；乘船游 含午餐 45里拉）Valinor: the Lord of the Boats是一家历史悠久的乘船游经营者，位于大海边，在Büyük Deniz的警察（jandarma）局门前。

Belediye Hamamı　　　　公共浴室

（☎0232-812 1959；115 Sokak 22；洗浴 20里拉，搓澡和按摩 50里拉；⊙8:00至午夜）这家俯瞰大海的公共浴室对游客很友好，全套洗浴服务仅收费50里拉。

🛏 住宿

Siren Pansiyon　　　　家庭旅馆 $$

（☎0232-812 2660, 0532 287 6127；www.sirenpansiyon.com；161 Sokak 13；标单/双/标三 100/180/220里拉；☏）这个友好的家庭旅馆很受经济型旅行者的欢迎，其位置紧邻海滨步道，非常安静。13个房间中最好的在楼上（可选择后面的双人间，能看到花园；或选择带露台的三人间）。店主Remzi非常好客，能看到海景的屋顶露台是很好的休闲场所。

İyon Pansiyon　　　　家庭旅馆 $$

（☎0232-812 1415；www.iyonpansion.com；198 Sokak 8；双/标三/四 160/200/210里拉；❄☏）İyon美丽的花园中种满了柑橘、梅子和杏子树，夏季是避开海滨酒馆的宁静场所。10间客房虽然设施简单，能加床，不过经营者鞑靼人一家非常热情，床垫太过松软这一缺点很快就会被抛诸脑后。乘船游（45里拉）很受欢迎。

Lola 38 Hotel　　　　精品酒店 $$$

（☎0232-812 3826；www.lola38hotel.com；Reha Midilli Caddesi 140；房间 400~500里拉；套600里拉；🅿❄☏）首先要提醒一下：这里的豪华间色彩华丽，装潢夸张，一般无法满足所有人的欣赏品味。好消息是：它位于小海宁静的末端，由一栋希腊石头房子改造而成，背后的花园房间很舒适、迷人，而且维持得很漂亮。不接待10岁以下的儿童。

Bülbül Yuvası Hotel　　　　精品酒店 $$$

（☎0232-812 5152；www.bulbuluyvasi.com.tr；121 Sokak 20；标单/双 300/320里拉，豪华双 420~520里拉；❄☏）这家名为"夜莺之巢"的酒店，装潢稍有些过度，但总的来说还是很讨人喜欢的，11个美丽的房间有厚重的窗帘。有些标准间很挤，所以可以考虑升级到较大的海景房。位于一条死胡同的末端，比许多其他精品酒店都更安静。

🍴 餐饮

福恰的餐厅大多供应土耳其素食。周二集市的范围遍及老城区的每一条后街。

Nazmi Usta Girit Dondurmaları　　　　冰激凌 $

（Reha Midilli Caddesi 82；⊙9:00至次日1:00）冰激凌和海滨，就像"弗雷德与琴吉""辣妹与小贝"一样般配，这里是在福恰吃冰激凌的最好去处。Nazmi Usta是一家久负盛名的冰激凌（dondurma）制造商，水果和坚果口味冰激凌受到各个年龄层的当地人和游客的欢迎。

Harika Köfte Evi　　　　肉丸 $

（☎0232-812 5409；91 Sokak 2；汤 8里拉，肉丸 14里拉，沙拉 4里拉；⊙8:00至午夜）除了4种肉丸（根据风评是镇上最好的）之外，"好肉丸屋"还供应各种类型的汤（çorba）和烤鸡肉串（tavuk şiş）。

Çarşı Lokantası　　　　土耳其菜 $

（☎0232-812 2377；210 Sokak 18；一份 8~25里拉；⊙8:00至23:00）这个供应现成菜肴的小餐馆（lokanta）是个吃午餐的好地方。你可从蒸锅里选择肉、蔬菜和米饭（友善的老板兼大厨Mesut和Fatoş会帮忙）。

Letafet　　　　土耳其菜 $$

（☎0232-812 1191；197 Sokak 3；开胃菜 6~28里拉，主菜 22~35里拉；⊙正午至次日1:00）这个热门的酒馆和葡萄酒屋藏身于老城区一面白墙后面，但并不难找，因为音乐开得很大声，人群喧闹和刀叉碰撞的声音也很响亮。兴高采烈的食客们在这里享用价格合理的经典土耳其菜式，除周一外，每晚都有音乐家现场演奏。

Foça Restaurant　　　　海鲜 $$

(☎0232-812 2446; Sahil Caddesi 56; 开胃菜8~30里拉, 主菜20~35里拉; ⊙9:00至午夜) 这家海鲜餐厅受到当地人的强烈推荐, 其码头区的位置非常好, 就在库珀勒圣殿的对面。这儿的开胃菜尤其好。

★ Kavala Cafe　　　　咖啡馆、酒吧

(☎0530 939 9975; www.kavalacafe.com; Reha Mıdılli Caddesi 47)这座精心修复过的石屋位于Reha Midilli Caddesi街的尽头, 日落时分在其海滨露台上小酌, 是福恰的一大亮点, 上午也可以在阳伞下喝咖啡。有许多很好的瓶装啤酒, 拉基酒(茴香白兰地)更好, 也有很棒的浓缩咖啡。

❶ 实用信息

旅游办公室 (☎0232-812 1222; kocogluharun@hotmail.com; Foça Girişi 1; ⊙周一至周五 8:30至正午和13:00~17:30, 6月至9月 周六 10:00~19:00)这家小办公室只在夏季的主要节日期间开放, 提供地图和建议。

❶ 到达和当地交通

自行车

从公共浴室附近的 **Göçmen** (☎0232-812 3743; 119 Sokak 2; 每天40里拉; ⊙9:00~20:00)可以租赁自行车。

公共汽车

6:30~21:15(夏天至23:00), 前往伊兹密尔(10里拉, 1.5小时, 86公里)的长途汽车每半小时1班, 途经梅内门(Menemen; 5里拉), 你可以在梅内门换车前往马尼萨(Manisa)。

每天有3~5班城市公共汽车往返于新福恰(5里拉, 30分钟, 22公里), 沿途有可爱的小海湾、海滩和露营地。

伊兹密尔(Izmir)

☎0232/人口 289万

伊兹密尔是土耳其第三大城市, 以其自由的风气为傲, 文化底蕴深厚。整个城市环绕着天蓝色的伊兹密尔湾展开, 从古代开始就一直是爱琴海上的重要港口, 当时这里是希腊城市士麦那(Smyrna), 海滨沿线区域(kordon)是它的生命线, 与世界上任何地方相比都毫不逊色。

城市丰富而迷人的遗产反映出, 这里在几个世纪以来, 曾先后是希腊人、亚美尼亚人、犹太人、黎凡特人和土耳其人的家园。近年来虽然文化不再那么多元, 但依然保留着犹太人和黎凡特人社区, 独特的美食便是社区存在的佐证。

造访这里的外国游客主要是商务旅行者和前往以弗所的游客。这种现象让我们很不解, 因为这座城市拥有许多引人注目的景点, 包括土耳其最有趣的巴扎之一, 以及一座历史和艺术博物馆。当地人悠闲又好客。

历史

伊兹密尔旧称"士麦那"(Smyrna), 创建于约公元前1000年, 由来自希腊的殖民者建立。此后的千年间, 在相继统治这一地区的各类势力手中, 士麦那的影响力得以渐渐扩大: 先是吕底亚, 然后是希腊, 最后是罗马。2世纪时, 士麦那已和以弗所、帕加马并列为罗马帝国亚洲行省最重要的三座城市。然而, 在拜占庭帝国时期, 由于政府将重心转向了北面的君士坦丁堡, 这里的地位也逐渐式微。直到1415年奥斯曼人接手后, 士麦那才又重新崛起, 迅速成为土耳其最精致也最成功的商业城市。

随着"一战"结束后奥斯曼帝国的瓦解, 希腊人趁机入侵, 但最终又被赶出了土耳其, 在双方的激烈交战以及此后的一场毁灭性的熊熊大火中, 希腊人和亚美尼亚人社区的绝大部分遭到破坏, 数千居民死伤。阿塔图克及其军队收复士麦那之日(1922年9月9日)标志着土耳其独立战争的胜利。

◉ 景点

徒步是游览伊兹密尔的最佳方式。从17世纪到20世纪初, 城市一直是奥斯曼帝国在地中海东岸文化最多元的城市之一, 拥有大型黎凡特人、希腊人和亚美尼亚人社区。虽然1922年9月发生的可怕火灾将城市里希腊人和亚美尼亚人的社区大部分都烧毁了, 但海滨沿线的Alsancak和市中心东北方的Bornova依然有一些原本的建筑保留了下来。城市的穆斯林遗产展现在拱顶集市(Kemeraltı

İzmir 伊兹密尔

208

ALSANCAK

Bay of İzmir
伊兹密尔湾

伊兹密尔和爱琴海北部 伊兹密尔

Pasaport Pier
Pasaport码头
İzdeniz Ferries
İzdeniz的渡轮

Cumhuriyet Meydanı

Atatürk Monument
阿塔图克纪念碑

Havaş Buses to Airport
Havaş开往机场的巴士

Akdeniz Cad

Sevgi Yolu (Love St)

İzmir Museum of History & Art
伊兹密尔历史和艺术博物馆

Parachute Tower

Kültürpark (Fuar)

Lozan Meydanı

Montrö Meydanı

KONAK

Konak Pier
Konak码头

Konak Pier Shopping Centre Konak
码头购物中心

Kemeraltı Market
拱顶集市

Çankaya

Dolmuş to Kadifekale
去卡迪菲卡雷堡的小巴

Basmane Garı

Dokuz Eylül Meydanı

去Meşhur Tavacı Recep Usta (80m);
Leman Kültür (100m);
Karşıyaka Pier码头 (2km)

Kordon
海滨地带

去Manisa马尼萨 (30km);
Villa Levante &
Kafe Pi (10km); 长途
汽车站 (11km)

去Manisa
马尼萨 (30km)

去Konak
政府大楼 (300m)

去Hoşgör Hamamı (1.1km);
Asansör & Bet Israel Synagogue (1.5km);
Ahmed Adnan Saygun Sanat Merkezi (6km)

İzmir 伊兹密尔

◎ 重要景点
- **1** 伊兹密尔历史和艺术博物馆 C4
- **2** 拱顶集市 B5
- **3** 海滨地带 C1

◎ 景点
- **4** 集市 B6
- **5** 考古博物馆 A7
- **6** Arkas艺术中心 B3
- **7** 阿塔图克博物馆 C2
- **8** 圣波利卡普教堂 B4
- **9** 城市博物馆和档案馆 B5
- **10** 民族志博物馆 A7
- **11** 政府大楼 A6
- **12** 犹太教堂街 B6
- **13** 希萨尔清真寺 B5
- **14** 伊兹密尔面具博物馆 C2
- **15** 卡迪菲卡雷堡 D7
- **16** Kestanepazarı清真寺 B6
- **17** Kızlarağası Hanı
  政府大楼钟楼 .... (见11)
- **18** 政府大楼广场 A6
- **19** 政府大楼码头 A5
- **20** Şadırvan清真寺 B5
  海滨清真寺 .... (见11)
- **21** Zübeyde Hanım号博物馆 A4

◎ 活动、课程和团队游
- **22** Bisim自行车租赁 B3
- **23** Horse-Drawn Carriage Tours C2
- **24** Pürovel Spa & Sport B4

◎ 住宿
- **25** Hotel Baylan Basmane C5
- **26** InHouse Hostel D1
- **27** İzmir Palas Oteli B3
- **28** Key Hotel A5
- **29** Met Boutique Hotel C5
- **30** Otel Antik Han C6
- **31** Otel Kilim A4
- **32** Shantihome D1
- **33** Swissôtel Büyük Efes B4

◎ 就餐
- **34** Altın Kapı C2
- **35** Ayşa B6
- **36** Bizim Mütfak B5
- **37** Can Döner A6
  Deniz Restaurant .... (见27)
- **38** Dostlar Fırını D1
- **39** Köfteci Salih Arslan B6
- **40** Kumrucu Apo B5
- **41** Léone C3
- **42** Meşhur Hisarönü Şambalicisi B5
- **43** Sakız B3
- **44** Sevinç C2
- **45** Veli Usta Balık Pişiricisi C2

◎ 饮品和夜生活
- **46** Jackson's C1
  Kahveci Ömer Usta .... (见13)
- **47** Kovan C1
- **48** Sunset Cafe C2
- **49** Tren C1

◎ 娱乐
- **50** İzmir Milli Kütüphane A6

◎ 购物
- **51** Altan Manisalı B6
- **52** Şekercibaşı Ali Galip A6

伊兹密尔和爱琴海北部 伊兹密尔

Market)及周边,犹太遗产可见巴斯曼(Basmane)、拱门周围的犹太教堂街和Konak广场以南的Karataş。

如果要参观本地区的博物馆和考古遗址,建议你购买一张博物馆通票:The Aegean(www.muze.gov.tr)是理智选择,它能让你参观31家博物馆和考古遗址。价格75里拉,有效期为7天。

★ 拱顶集市　　　　　　　　　　　市场

(Kemeraltı Market, Kemeraltı Çarşısı; 见208页地图; ⊙周一至周六 8:00~19:00; MÇankaya, Konak)这座迷宫般的巴扎从政府大楼广场一直扩展到古代市场,其历史可追溯到17世纪,里面有商店、餐馆、工匠工坊、清真寺、咖啡馆、茶馆和犹太教堂。花一天时间探索这里五颜六色的拥挤街道、古老的祭祀场所、隐藏的庭院和大型的商队驿站,你可以见识到伊兹密尔的真正面貌——这里就像是一个当地的机构,更精准的描绘是城市真正的心脏和灵魂。

巴扎的主要街道是Anafartalar Caddesi——可将它与古老的希萨尔(Hisar)、**Şadırvan**(见208页地图;紧邻892 Sokak, Kemeraltı Market; MÇankaya, Konak)和**Kestanepazarı**(见208页地图;紧邻873 Sokak, Kemeraltı

Market；MÇankaya, Konak）清真寺作为导航助手。你一定会迷路，就连当地人也会；但迷路、邂逅未知的惊喜本就是吸引力的一部分。你可以寻找Kızlarağası Hanı（Cevahir Bedesteni；见208页地图；紧邻895 Sokak, Kemeraltı Market；◎8:00~17:00；MÇankaya, Konak），它建于1744年，是一座奥斯曼时代的仓库（bedesten）和商队驿站（kervansaray），类似于伊斯坦布尔著名的大巴扎中的İç（内部）Bedesten。其余的亮点包括希萨尔清真寺和Kızlarağası Han之间的Kahveciler Sokak，这里提供城市著名的fincanda pişen Türk kahvesi（土耳其杯煮咖啡）；还有古老的犹太人飞地中的Hayra（犹太教堂）Sokak上的物产市场。如果想在巴扎及周围花一天时间寻找美食，可以考虑加入Only in İzmir Culinary Walk导览美食徒步游（见213页），由评价很好的Culinary Backstreets运营。

注意：晚上游览拱顶集市不安全，尤其是犹太教堂街周围的区域。

希萨尔清真寺　　　　　　　　　　清真寺

（Hisar Mosque, Fortress Mosque；见208页地图；紧邻904 Sokak, Kemeraltı Market；MÇankaya, Konak）拱门市场里的这家清真寺是城市最大的清真寺，建于1597年，周围排列了密密麻麻的热门的咖啡馆。清真寺内部是典型的伊兹密尔风格：跟经典的奥斯曼设计相比，穹顶天花板上蓝色和金色交织的流动图案比较简单，东方情调没有那么明显。你可以找找妇人走廊（women's gallery）底部雕刻的玫瑰和葡萄。

★海滨地带　　　　　　　　　　　水滨

（Kordon；见208页地图；🚌12, 253, 811, MKonak）很难想象没有标志性海滨步道的伊兹密尔会是什么样子，它北从共和国广场（Cumhuriyet Meydanı）到阿尔桑贾克（Alsancak），南至政府大楼码头到政府大楼广场。经过成功的城市改造，这两片区域已种满绿草，建起了自行车和步行道路，东部边缘环绕着酒吧、咖啡馆和餐馆。当地人会在一天结束的时候来到这里，见见朋友，坐在草地上放松，欣赏如画的日落。

海滨地带有一系列博物馆和景点，包括Zübeyde Hanım号博物馆(Zübeyde Hanım Müze Gemisi；见208页地图；Pasaport Pier, Konak；◎周二至周日8:00~16:00；🚢；MKonak) 免费 、Arkas艺术中心（Arkas Sanat Merkezi, Arkas Art Centre；见208页地图；📞0232-464 6600；www.arkassanatmerkezi.com；1380 Sk 1, Alsancak；◎周二、周三、周五至周日10:00~18:00,周四至20:00；🚌12, 253） 免费 和阿塔图克博物馆（Atatürk Müzesi；见208页地图；📞0232-464 8085；Atatürk Caddesi 248, Alsancak；◎周二至周日8:30~17:00；🚌12, 253, 811） 免费 。这里也有自行车出租（见220页），还提供马车（见208页地图）短途团队游。

★伊兹密尔历史和艺术博物馆　　博物馆

（İzmir Museum of History & Art, İzmir Tarih ve Sanat Müzesi；见208页地图；📞0232-445 6818；靠近Montrö Meydanı entrance, Kültürpark；5里拉；◎8:00~16:45；🚌12, 253, MBasmane）许多造访伊兹密尔的游客都会漏掉这座博物馆，这真是一大遗憾。博物馆包括3座展览馆，是土耳其古代文物最丰富的地方之一，其中的雕塑馆摆满了来自古代士麦那、提欧斯、米莱特斯和帕加马的杰作，非常好!珍贵器物展览和陶瓷馆收藏着珠宝、钱币和罐子，展览方式虽然有些过时，但却有详细的英语解说。

亮点包括珍贵器物馆的钱币藏品，其中有一些是在克吕萨斯王（King Croesus）统治时期的萨迪斯（Sardis）铸造的，其历史可追溯到公元前7世纪早期，以银金矿铸造，这是一种掺杂了其他元素的金银合金。这个展馆里的珠宝也令人印象深刻。

雕塑馆里的珍宝如此之多，很难只单独挑出几个来讲。不要错过提欧斯狄俄尼索斯神庙（Temple of Dionysos）、米莱特斯剧场和其他建筑的雕带——米莱特斯剧场的雕带尤其让人震撼。楼上其他值得注意的还有来自以弗所附近的贝列维陵墓（Belevi Mausoleum）的雕塑片段，其历史可追溯到公元前3世纪。

楼下可寻找古罗马时代的河神Kaistros雕像（公元2世纪），来自艾丁（Aydın）特拉勒斯（Tralleis）的惊艳的真人大小希腊风格三雕像石柱，来自伊兹密尔市场的德墨忒尔和波塞冬的高大浮雕。

市场　　　　　　　　　　　　　　遗迹

（Agora；见208页地图；Agora Caddesi；10

伊兹密尔西班牙犹太人的犹太教堂

1492年，费迪南德国王和伊莎贝拉女王将犹太人从西班牙和葡萄牙驱赶出去，许多犹太人最后在奥斯曼帝国的城市定居，尤其是君士坦丁堡（今伊斯坦布尔）、萨洛尼卡[Salonika，今希腊塞萨洛尼基（Thessaloniki）]和士麦那（今伊兹密尔）。在接下来的几个世纪里，他们都是商贸活动的主导力量。实际上，苏丹曾这样评论道："你们还说费迪南德是个明智的国王，看他把自己的土地变得多么贫穷，让我们的土地变得富有起来。"遵循西班牙系犹太人的传统并讲一口叫拉迪诺语（Ladino，一种中世纪西班牙语）的犹太人，在信仰伊斯兰教的奥斯曼帝国享受到了在基督教欧洲国家不曾有过的宽容。例如，这里和西方不同，对犹太人所能从事的职业没有任何限制。

在奥斯曼时代，犹太人集中在Mezarlıkbaşı区或犹太教堂街（Havra Sokağı；Synagogue Street, 929 Sokak；见208页地图；MÇankaya）周围，这两个地点如今都在拱顶集市（见209页）里面或周边。他们按照传统的西班牙风格在这里建造了30多座犹太教堂，其中的8座保留至今，状况不一。伊兹密尔项目（Izmir Project；见213页）是一个由当地社区发起的国际倡议活动，旨在拯救犹太遗产，包括教堂中的4座——Şalom、Algazi、La Sinyora（圣母马利亚）和Bikur Holim——都建于17和18世纪，现在仍在运转。曾是一位知名拉比的故居，现已经过修复的Bet Hillel；另一处是正在修复中的生命之树（Etz Hayim）。该组织还经营着"犹太遗产之旅"（Jewish Heritage Tours；见213页）。所有的犹太教堂中都有一座三合一的《摩西五经》约柜。在Mezarlıkbaşı有4座cortijos（土耳其语是yahudhane），这是一种特色鲜明的西班牙系犹太民宅，带一个庭院和喷泉。

另外一个值得造访的地方是Karataş区，位于市中心以南3公里处，伊兹密尔许多犹太社区都曾住在这里。在这里，你能找到伊兹密尔最大的犹太教堂——建于1907年的Bet Israel（☎0232-421 4709; Mihat Paşa Caddesi 265; ◎10, 21），以及同年修建的一架电梯Asansör（紧邻Mithatpaşa Caddesi, Karataş; ◎10, 21）**免费**，出资人是一位犹太银行家，目的是便利Karataş区和海滨地之间的贸易——否则就只能爬155级的台阶。在电梯脚下有一块铭牌标记着一栋伊兹密尔老宅，它是已故犹太歌手、Canım İzmir（我亲爱的伊兹密尔）的演唱者Darío Moreno（1921~1968年）的故居。不幸的是，城市里的犹太社区中现在只有1500个居民。

你可以自行参观犹太教堂（20里拉/人），也可以参加半日/全日团队游参观城市里的犹太人遗址（45/75欧元/人）。两种选择都可通过ÇİT-TUR Travel Agency（☎0232-446 4400; www.cittur.com; Gazi Osmanpaşa Bulvarı 10/1-b, Pasaport; MÇankaya）安排，该旅行社同伊兹密尔的游览项目一道，将这份重要的遗产介绍给所有有信仰的人们。出于安全考虑，必须预订；更多有关犹太教堂的信息，可查看www.izmirjewishheritage.com和www.wmf.org/project/central-izmir-synagogues网站。

里拉; ◎8:00~16:30; MÇankaya）士麦那的古老市场建于公元前4世纪末期，毁于178年的一次地震，之后在罗马皇帝马可·奥里利乌斯（Marcus Aurelius）的命令下很快得到修复。重建的柯林斯式柱廊和福斯蒂娜门（Faustina Gate）很容易吸引人的注意力，但2座长方形会堂（stoas）地下室中的拱顶内庭和水池更有趣，让游客能充分想象这座矩形的多层市场在其全盛时代的模样。考古调查仍在持续。

原址上后来修建了一座穆斯林公墓，在集市周围还能看到许多老墓碑。售票处在南侧，就在Gazi Osmanpaşa Bulvarı旁边。

政府大楼广场 广场

（Konak Meydanı; 见208页地图; 紧邻Mustafa Kemal Sahil/Atatürk Bulvarı, Konak; MKonak）这个宽阔的政府大楼广场位于Cumhuriyet Bulvarı的一段步行道上，以位

于广场东边建于1872年的奥斯曼时代雄伟的**政府大楼**（Hkümet Konağı；见208页地图；Konak Sq；MKonak）命名，标记着城市中心的位置。这里还有一座奥斯曼晚期的**政府大楼钟楼**（Konak Saat Kulesi；见208页地图；Konak Meydanı, Konak；MKonak）和建于1755年的可爱的**海滨清真寺**（Yalı Mosque, Waterside Mosque, Konak Mosque；见208页地图；Konak Meydanı；MKonak），其上覆盖着屈塔希亚瓷砖。

在北边延伸入海中的，是1890年的**政府大楼码头**（Konak Pier, Konak Iskelesi；见208页地图；Cumhuriyet Caddesi, Konak，MKonak）。它是古斯塔夫·埃菲尔（Gustave Eiffel）的作品，近年被改造成了一个高档的购物中心。

圣波利卡普教堂　　　　　　　　教堂

（Church of St Polycarp, Sen Polikarp Kilisesi；见208页地图；☎0232-484 8436；Necati Bey Bulvarı 2, İsmet Kaptan；⊙周一至周六 15:00~17:00；MÇankaya）这座天主教教堂建于17世纪早期，是城市里仍在运转的基督教教堂中最古老的一座。1922年的大火将周围所有的建筑都夷为平地，但教堂却幸存下来，这不可谓不是一个奇迹。内部墙壁上覆盖的壁画是在19世纪由本地建筑师Raymond Charles Père增加的，他在壁画中按照自身形象创作了殉道者圣波利卡普的形象（被绑住双手的大胡子就是他），壁画现已经过修复。

考古博物馆　　　　　　　　　博物馆

（Archaeology Museum, Arkeoloji Müzesi；见208页地图；☎0232-489 0796；www.izmirmuzesi.gov.tr；Halil Rifat Paşa Caddesi 4, Bahri Baba Parkı；10里拉；⊙4月中旬至9月 周二至周日 8:00~19:00，10月 至18:30，11月至4月中旬 至17:00；MKonak）这座考古博物馆不如伊兹密尔历史和艺术博物馆那般震撼，不过也有一些瑰宝，包括一尊来自Aliağa附近的库迈（Kyme）的希腊时代晚期的青铜雕像，曾经屹立在以弗所的巨大图密善（Domitian）雕像的头部。从政府大楼广场往山上走，不远就是。

民族志博物馆　　　　　　　　博物馆

（Ethnography Museum, Etnografya Müzesi；见208页地图；☎0232-489 0796；Halil Rifat Paşa Caddesi 3, Bahri Baba Parkı；⊙周二至周日 8:30~17:30；MKonak）**免费** 民族志博物馆位于一座宏伟的石头建筑中，从前是一家医院，如今收藏着本地各种艺术品、手工艺品和传统习俗。实景模型、展览、照片和信息板聚焦了当地传统。虽然不可否认，实景模型有些简陋，但许多展品都很迷人。主题包括斗骆驼、制陶术、镀锡、毛毡制作、刺绣以及武器制造等。

城市博物馆和档案馆　　　　　博物馆

（City Museum & Archive, Ahmet Piristina Kent Arsivi ve Müzesi, Apikam；见208页地图；☎0232-293 3900；www.apikam.org.tr；Şair Eşref Bulvarı 1；Cankaya；⊙周一至周六 9:30~16:30；MCankaya）**免费** 这座小博物馆专注于展示伊兹密尔的历史，其名字来源于城市的前市长Ahmet Piriştina，他领导了城市港口和海滨地带的再开发项目，以及伊兹密尔地铁的建设项目，并建了许多新的公园。

卡迪菲卡雷堡　　　　　　　　要塞

（Kadifekale，天鹅绒城堡；见208页地图；Rakım Elkutlu Caddesi）传说4世纪，亚历山大大帝在帕格斯山（Mt Pagos）上选择了这处关隘，用于建造士麦那的卫城。希腊时代的定居点没有任何遗迹留存，现存的部分城堡遗址可追溯到古罗马时代，山腰还有一座仍有待挖掘的剧场。现在的遗址没有太多值得看的地方，不过伊兹密尔湾的景色十分壮观。你可以乘坐**小巴**（见208页地图；Anafartalar Caddesi；单程2.50里拉）过来。

在这里，你会看到有来自土耳其东南部的妇女在用临时搭建的铁锅烤面包，编织五颜六色的织物，她们很乐意向游客出售她们制作的东西。据称，古罗马剧场的挖掘和遗址的延伸部分一路连接到市内的市场，但尚无具体的工程或时间通知。

伊兹密尔面具博物馆　　　　　博物馆

（İzmir Mask Museum, İzmir Mask Müzesi；见208页地图；☎0232-465 3107；www.izmirmaskmuzesi.com；1448/Cumbalı Sokak 22, Alsancak；⊙周二至周日 10:00~19:00；🚌12, 253）**免费** 这座小小的博物馆藏在一条酒吧林立的街上，位于一座老宅中，共有3层。这里收集了来

自世界各地的难懂的仪式和装饰面具，还有一些土耳其名人的面具，包括阿塔图克、他的继任总统伊斯麦特·伊诺努（İsmet İnönü）和诗人纳辛·辛克美（Nâzım Hikmet）。

✈ 活动

★ Only in İzmir Culinary Walk　　步行游览

（http://culinarybackstreets.com/culinary-walks/izmir; 每人125美元）这个历时5.5小时的拱顶区内及周边导览徒步游可探索伊兹密尔许多不同寻常的美食，这个活动在带领大家了解城市历史文化的迷人信息之外，还能让所有的参加者有机会最大限度地吃喝。建议穿一双舒服些的鞋子，不吃早餐。

★ Jewish Heritage Tours　　团队游

（☏ 0232-446 4400; www.izmirjewishheritage.com; 每人45欧元; ⊙周一至周五和周日）这是当地一个犹太社区发起的一项活动，由İzmir Project经营，旨在与ÇİT-TUR Travel Agency（见211页）合作，组织的半日导览团队游会参观拱门市场犹太教堂街周边的犹太教堂，探访4座仍在运转的礼拜场所：Şalom、Algazi、La Sinyora（圣母）和Bikur Holim犹太教堂，全部都建于17世纪和18世纪。

Pürovel Spa & Sport　　水疗

（见208页地图; ☏ 0232-414 0000; www.swissotel.com/hotels/izmir; Swissôtel Büyük Efes, Gazi Osmanpaşa Bulvarı 1; 游泳池和健身房通票每天125里拉; ⊙ 6:00~23:00; ⓜ Çankaya）这处水疗设施位于高端的Swissôtel Büyük Efes，是土耳其最好的水疗和健身中心之一，提供一座健身房、网球场、室内和室外游泳池、普拉提场地、瑜伽工作室、按摩浴缸、公共浴室、桑拿和蒸汽浴场。还提供美容和休闲疗养服务，包括按摩（200~350里拉）。

✻ 节日和活动

伊兹密尔欧洲爵士节　　爵士音乐节

（İzmir European Jazz Festival; ☏ 0232-482 0090; www.iksev.org/en/caz-festivali）这个热门的节日每年3月举办，由伊兹密尔文化、艺术和教育基金会（İKSEV）组织，会召集一系列欧洲和当地的爵士演奏者。场地包括İKSEV Salonu和Ahmed Adnan Saygun Sanat Merkezi（AASSM）。

国际伊兹密尔节　　节日

（International İzmir Festival, Uluslararasıİzmir Festivali; ☏ 0232-482 0090; www.iksev.org/en）这个每年一度的节日在初夏举行，由伊兹密尔文化、艺术和教育基金会（İKSEV）组织，主要聚焦于古典乐。场地包括伊兹密尔的Ahmed Adnan Saygun Sanat Merkezi（AASSM），以及以弗所的Celsus Kütüphanesi和Büyük Tiyatro。

🛏 住宿

伊兹密尔海滨基本上都是大型高端商务酒店，绝大多数中低档酒店都在阿尔桑贾克或巴斯曼。所有的住宿价格在定期举办的贸易展览会期间都会飙涨；最受欢迎的是3月举行的大理石展览会（Marble Fair）。因为有展览会，所以一般提前订住宿处比较明智。

要注意，城市大部分酒店都允许室内抽烟。幸运的是，大型酒店一般会有无烟楼层。

🛏 巴扎和巴斯曼（Bazaar & Basmane）

1296 Sokak就在巴斯曼火车站西南边，这里被称作"酒店街"（Oteller Sokak），因为建有许多中低档酒店，大部分都在修复后的奥斯曼老宅中。这些地方一般到了晚上都不太安全，也不太让人愉快。

Hotel Baylan Basmane　　酒店 $

（见208页地图; ☏ 0232-483 0152; www.hotelbaylan.com; 1299 Sokak 8, Basmane; 标准 标单/双/标三 30/40/46欧元，豪华 标单/双 34/46欧元; ⓟ ❄ @ 🛜; ⓜ Basmane）这家酒店是合理的三星之选，有一批忠实的商务客户，所以你需要预订才能抢到房间。这里也是城里最干净、经营最专业的酒店之一，有免费的停车场和多种房型，包括带私人露台的豪华间、拥挤的双人间和一些只有充足照明窗口的单间。

Otel Antik Han　　酒店 $

（见208页地图; ☏ 0232-489 2750; www.otelantikhan.com; Anafartalar Caddesi 600,

Çankaya;标单/双/标三 35/45/55欧元;✴@☎;Ⓜ Çankaya, Basmane)虽然辉煌的岁月已过去很久,但这座设在Anafartalar Caddesi上、位于一座1857年建筑内的酒店,依然在提供各种风格和标准的有烟味的房间。酒店王牌是中央庭院花园和餐厅。你可以在前面的部分要一个修整过的房间,避开环绕着庭院的夹楼"套间"。注意:这个位置不适合胆小的人。

Met Boutique Hotel 精品酒店 $$

(见208页地图;☎0232-483 0111; www.metotel.com; Gazi Bulvari 124;标单/双/套 100/125/200里拉;✴☎;Ⓜ Basmane)这里一定不是其宣称的精品水平酒店,更像一个商务酒店,但不管怎样都值得考虑。酒店提供38个陈设很好的房间,都带水壶、卫星电视和优质床铺,最引人注目的亮点是位于中央的地理位置和时髦的门厅咖啡馆。前面的房间可能会吵,因为下面就是繁忙的Gazi Bulvarı。

阿尔桑贾克和海滨 (Alsancak & Seafront)

城市最好的青年旅舍位于餐饮和娱乐活动的热门场所阿尔桑贾克。大部分中高档住宿选择都在海滨地带或其周围,最好的靠近共和国广场。

InHouse Hostel 青年旅舍 $

(见208页地图;☎0232-404 0014; www.inhousehostel.com; 1460 Sokak 75, Alsancak;铺 36~42里拉,双 120里拉,标单/双 不含浴室 75/110里拉;✴@☎;🚌12, 253, Ⓡ Alsancak)这家青年旅舍开办于2015年,提供56个床位,有私人房间,也有可以入住4~10人的宿舍。宿舍床下有储物柜,采用的是硬板床,公用浴室干净但狭窄。有24小时前台服务,一间公用厨房,一个小的门厅休息室。旅舍会组织一个娱乐项目,主要是逛夜店。地理位置优越。

★ Otel Kilim 酒店 $

(见208页地图;☎0232-484 5340; www.kilimotel.com.tr; Atatürk Caddesi;标单/双 50/75欧元,豪华房 90欧元;Ⓟ✴@☎;Ⓜ Çankaya)这家多层酒店位于海滨Pasaport一段,装潢老派(有时会显得滑稽),但房间价格实惠、舒适、干净、设备齐全,有水壶、写字台和阅读灯。豪华房朝海,但都没有阳台。一楼有一个咖啡馆和鱼餐厅,提供许多免费停车位。

Shantihome 青年旅舍 $

(见208页地图;☎0546 235 0805; www.shantihome.org; 1464 Sokak 15, Alsancak;铺 30~35里拉,标单/双 不含浴室 60/70里拉;☎;🚌12, 253, Ⓡ Alsancak)住在这家旅舍,你会感觉像是穿越到了1968年的瑞诗凯诗(Rishikesh),店主Veli十分悠闲,会讲英语。旅舍坐落在阿尔桑贾克一条很有氛围的街上,提供的小宿舍中有电源插座和阅读灯,但没有储物柜(Veli告诉我们世界需要更多的爱与信任)。浴室很宽敞。房客喜欢每天提供的素食早餐(餐费乐捐)。

★ Swissôtel Büyük Efes 酒店 $$

(见208页地图;☎0232-414 0000; www.swissotel.com/hotels/izmir; Gazi Osmanpaşa Bulvarı 1;标单/双 140/150欧元,行政 标单/双 190/200欧元;Ⓟ✴@☎🏊🐕;Ⓜ Çankaya)据称,这里的住客在伊兹密尔停留期间都不会离开酒店。说实在的,我们一点也不感到惊奇。酒店房间舒适、装备齐全,不过,葱翠的花园和令人难忘的便利设备才是真正吸引人的地方。还有室内和户外游泳池,以及网球场、水疗、健身房,能看到全景海湾风光的屋顶酒吧。

花园里摆满了重要的艺术作品,包括 Antony Gormley和Fernando Botero的创作,餐饮可选择屋顶的Equinox Restaurant 和花园的Aquarium Restaurant。早餐自助餐(10欧元)在一楼的Cafe Swiss供应,既奢华又美味。

Key Hotel 酒店 $$

(见208页地图;☎0232-482 1111; www.keyhotel.com; Mimar Kemalettin Caddesi 1, Konak;房间145~200欧元 套 320~500欧元;Ⓟ✴@☎;Ⓜ Çankaya)这家时髦的酒店靠近政府大楼的码头,位于一座从前的银行建筑中;原本的圆厅现在是一座玻璃顶的中庭。很受到访高官的欢迎,也是热门的会议和婚礼场所,提供31个豪华房间,配备高科技设备、写字台、淋浴和超大床铺。顶楼的巨大套间有让人欲罢不能的全景风光。

Izmir Palas Oteli 酒店 $$

(见208页地图；☎0232-465 0030；www.izmirpalas.com.tr; Vasif Çınar Bulvarı 2；标单/双65/90欧元，含海景 70/100欧元，套 130里拉；❄@❄；🚌12, 253)建于1927年，位于海滨地带，拥有138间价格公道的客房，几十年来一直能饱览壮丽海景。不幸的是，许多房间的视野现在被对面新开发的巨大建筑遮挡了。房间面积宽敞，维护较好，但稍显懒散，配备的是大床，有写字桌和双层玻璃窗。有一个顶楼酒吧，一楼有鱼餐厅（主菜35里拉起）。

博尔诺瓦（Bornova）

Villa Levante 精品酒店 $$

(☎0232-343 1888；www.hotelvillalevante.com; 80 Sokak 25；标准 房间 140欧元，套 200欧元；P❄❄；🚌Bornova)这里是伊兹密尔唯一的一家精品酒店，位于市中心以外9公里处，绿荫繁茂的博尔诺瓦。原本是一座建于1831年的黎凡特别墅，现在已经经过精心改造，提供6个标准间和5个套房，全部都配有枝形吊灯、木地板、高耸的天花板、舒适的床铺、卫星电视和写字台。后面花园里有个很受欢迎的餐厅（主菜 25~55里拉）。

🍴就餐

大多数海滨餐厅都主打海鲜，都有可以观赏海湾景色的露台。最便宜的食物在拱门市场及其周围，最好的咖啡馆在阿尔桑贾克。

★Ayşa 熟食餐馆 $

(见208页地图；☎0232-489 8485；www.bosnakborekcisiaysa.com; Abacıoğlu Han, Anafartalar Caddesi 228, Kemeraltı Market; 开胃菜 拼盘 8~9里拉，一份10里拉起；⊙周一至周六 8:00~18:00；❄❄；🚌Konak, Çankaya)这家时髦的餐厅位于美丽的Abacıoğlu Han，室内室外都有餐位，提供波斯尼亚食物，与土耳其家

当地知识

伊兹密尔的快餐

美食之旅现如今是一个巨大的商机，对那些想大量缩减美食愿望清单[加济安泰普的果仁蜜饼，黑海的凤尾鱼（hamsi）等]的饕餮来说，土耳其是一个热门目的地。近年来，越来越多热爱美食的人都开始被有关西班牙犹太人风味的迷人快餐的报道吸引，前往伊兹密尔。在这座城市，一定要尝试下列食物：

Boyo（复数：boyoz）一种用面粉、葵花籽油和少量芝麻酱炸制的糕点；传统上会搭配煮过熟的鸡蛋和一杯sübye（西瓜籽和糖水制作的饮品）食用。可尝试阿尔桑贾克的**Dostlar Fırını**（见208页地图；☎0232~421 9202；www.alsancakdostlarfirini.com; Kıbrıs Şehitleri Caddesi 120, Alsancak; boyoz 1.25~1.50里拉，煮过的熟鸡蛋 1.25里拉；⊙6:30~19:00；🚌12, 253, 811）。

Gevrek 当地版本的simit（有嚼劲的面包圈蘸水和糖浆，裹一层芝麻），使用少量芝麻和盐制作而成。全城街边摊都有出售。

Kumru 使用软面包，来自卡尔斯的陈年kasar奶酪、乌法的香肠和当地番茄酱制作的三明治；这个名字是根据它的形状起的，意思是"斑鸠"。注意：有些路边摊卖的是用白奶酪、新鲜番茄和青辣椒制作的，不正宗；你可以去拱门市场的**Kumrucu Apo**（见208页地图；1318 Sokak 12, Kemeraltı；三明治5里拉起；🚌Konak, Çankaya）。

Şambali 一种使用撒有杏仁的粗面粉、酸奶和糖制作的蛋糕。做好以后，放进糖浆，再涂一层乳脂（kaymak）。最佳品尝地点位于拱门市场的**Meşhur Hisarönü Şambalicisi**（见208页地图; 901 Sokak, Kemeraltı Market; şambali 2.50里拉；⊙周一至周六 9:00~19:00；❄；🚌Konak, Çankaya）。

Söğüş 水煮羊舌头、羊头肉和脑花，冷却后同碎洋葱、芹菜、薄荷、番茄、小茴香、干辣椒一同夹在面包中食用。胆小的人不要尝试。

常菜肴非常类似。你可以从陈列的DIY开胃菜（好吃！）中选择，如果有薄饼，一定要抢一块。主菜陈列在蒸锅中，肉和蔬菜都有。

★ Léone 咖啡馆 $

（见208页地图；☎0232-464 3400；www.leone-tr.com；Vasıf Çınar Bulvarı 29a；牛角面包4里拉，蛋糕7~12.50里拉，面包片7~10里拉，法式火腿干酪三明治13里拉；⊙周一至周六 8:00~20:30，周日 10:00~16:00；🚋12, 253）这家时髦的咖啡馆位于市中心的Lozan Meydanı广场，是一家巴黎式风格的娱乐场所，阿尔桑贾克的女性非常喜欢来此用午餐，她们会聚集在街边露台的餐桌旁边。咖啡很棒，牛角面包和法式糕点简单美味。午餐的长棍面包三明治（tartines）和烤火腿、奶酪、贝夏梅尔调味酱三明治（croque monsieurs）是热门选择。

Bizim Mütfak 熟食餐馆 $

（见208页地图；☎0232-484 9917；www.bzmmutfak.com；914 Sokak 12, Kemeraltı Market；汤 15里拉，一份 10~20里拉；⊙周一至周六 7:30~16:30；Ⓜ Konak, Çankaya）这家热门的餐馆位于希萨尔清真寺附近Mirkelam Han的庭院中，蓝白格子的桌布赋予了它一种希腊海岛的风情，不过食物绝对是伊兹密尔风味，主打味道特别的汤（猪蹄、兔子、鸭或鱼）和当地特色菜，包括伊兹密尔香辣烤肉丸。开办于1905年，有一群热心的忠实顾客。

Sevinç 咖啡馆 $

（见208页地图；☎0232-421 7590；www.sevincpastanesi.com.tr；Ali Çetinkaya Bulvarı 31, Alsancak；蛋糕11里拉，糕点 3~7.50里拉；⊙7:00至午夜；🚋12, 253）浪漫约会、聚会、定期碰头——这家历史悠久的咖啡馆的露台，60年来一直在举办这三类活动。这里是沿着海滨步道漫步之后悠闲歇息的出色选择。

Köfteci Salih Arslan 肉丸 $

（见208页地图；☎0232-446 4296；879 Sokak 16a, Kemeraltı Market；一份肉丸15里拉，沙拉4里拉；⊙周一至周六 11:00~16:00；Ⓜ Konak, Çankaya）这家小餐馆位于拱门的坚果市场（Kestane Pazarı）区，从1970年起就一直在供应温和美味的马其顿/阿尔巴尼亚风味肉丸和白豆沙拉（piyaz），在此过程中建立了一群忠实的当地食客。注意：会提供非常辣的干辣椒作为搭配！

Can Döner 烤肉 $$

（见208页地图；☎0232-484 1313；www.candoner.com；Millıküpüphane Caddesi 6b, Kemeraltı；旋转烤肉 22里拉；⊙11:00~18:30；❄；Ⓜ Konak）拱门最受欢迎的烤肉餐厅（kebapçı），位于政府大楼的广场附近，提供出色的旋转烤肉。室内或街边餐桌都可用餐。

Altın Kapı 烤肉 $$

（见208页地图；☎0232-422 2709；www.altinkapi.com；1444 Sokak 9, Alsancak；肉夹馍25里拉；⊙11:00~23:00；🚋12, 253）许多人认为这里提供的肉夹馍是城里最好的，这家干净、讨人喜欢的餐厅位于紧邻步行街Kıbrıs Şehitleri Caddesi的一条小街上。

Meşhur Tavacı Recep Usta 安纳托利亚菜 $$$

（☎0232-463 8797；http://tavacirecepusta.com；Atatürk Caddesi 364, Alsancak；烤肉 33~44里拉；⊙周一至周四 正午至22:30，周五至周六 10:00起；🚋12, 253）这家热门餐厅里有些美味菜肴是从东南部的迪亚巴克尔传来的，很受为节假日庆贺的人群和家庭顾客的欢迎，也因为周末的早午餐套餐（每人35里拉）而闻名。你可以点一份主菜，还会获得附赠的开胃菜、沙拉、lavaş面包和甜点。特色菜是lık kaburga dolma（羊肋排，2人98里拉）。

Veli Usta Balık Pişiricisi 海鲜 $$$

（见208页地图；☎0232-464 2705；www.balikpisiricisiveliusta.com；Atatürk Caddesi 212a, Alsancak；开胃菜 5~30里拉，主菜 30里拉起；⊙正午至23:00；🚋12, 253）在伊兹密尔，只要用3种食材就能制作一顿完美的膳食：鱼（balık）、芝麻菜（roca）和拉基酒。这家友好的露台餐厅位于海滨步道，是品味这3种食物的好地方，很受当地人的欢迎。一定要点卷筒斑鱼、石斑鱼或海鲂，这些都是标志性鱼类。

Sakız 新派土耳其菜 $$$

（见208页地图；☎0232-464 1103；www.

sakizalsancak.com; Şehıt Nevresbey Bulvarı 9a; 开胃菜 7~38里拉, 主菜 24~50里拉; ⓥ周一至周六 10:00~23:45; ✹⚏; Ⓜ Çankaya, Basmane) 这家高档餐厅位于Swissôtel, 专门烹饪爱琴海和克里特岛风味的菜肴, 新鲜开胃菜和海鲜主菜中有许多爱琴海香草。餐厅名称来源于芳香的乳香树, 这是爱琴海地区的一种本土树种, 菜单上的许多甜点里都含有这种香料。周三、周五和周六有传统音乐的现场表演。

Deniz Restaurant 海鲜 $$$

（见208页地图; ☎0232-464 4499; Atatürk Caddesi 188 b; 开胃菜 17~34里拉, 主菜 35里拉起; ⓥ11:00~23:00; ✹⚏; ⚏12, 253) 这家位于海滨的老牌餐厅附属于İzmir Palas酒店, 被普遍认为是城里最好的餐厅之一。最好的座位在露台上——建议预订, 保证能在那里抢到座位, 而不用坐到里面。

🍷 饮品和娱乐

阿尔桑贾克是伊兹密尔夜生活的中心, 尤其是在Kıbrıs Şehitleri Caddesi和Cumhuriyet Caddesi之间的小街上——可以走1452 Sokak、1453 Sokak和1482 Sokak。

想要享受传统的土耳其咖啡, 你可以去拱顶市场希萨尔清真寺背后的Kahveciler Sokak (咖啡师街)。这里的咖啡馆全部提供当地特色的fincanda pişen Türk kahvesi (杯子煮的土耳其咖啡, 而非使用一般的长柄黄铜咖啡锅)。

Kovan 酒吧

（见208页地图; ☎0232-463 2393; 1482 Muzaffer İzgü/Sokak 6, Alsancak; ⓥ8:00至次日2:00; ⚏12, 253) 伊兹密尔喜欢派对的年轻人可能会是这里的常客。酒吧位于一座谷仓般的建筑内, 后面有一个露天庭院, 周五和周六的夜晚会挤满人。卖点是包容的氛围、便宜的啤酒、酒吧食物（比萨、薯条和萨莫萨三角饺）, 还有店内DJ播放的热闹的音乐。

Sunset Cafe 酒吧

（见208页地图; ☎0232-463 6549; Ali Çetinkaya Bulvari 2a; ⓥ7:00至次日2:00; ⚏12, 253) Sunset位于海滨大道上, 是个特别适合在日暮时分喝酒闲谈的地方, 有街边的室外餐桌和一群悠闲自在的年轻客人。

Leman Kültür 酒吧、咖啡馆

（☎0232-463 0133; www.lmk.com.tr; Kıbrıs Şehitleri Caddesi 179, Alsancak; ⓥ10:00至午夜; ⚏; ⚏12, 253) 这家装潢得五彩缤纷的咖啡馆酒吧位于阿尔桑贾克主步行商场的北端, 很受城市里20多岁年轻人的喜爱。

Kahveci Ömer Usta 咖啡馆

（见208页地图; ☎0232-425 4706; www.kahveciomerusta.com; 905 Sokak 15, Kemeraltı; ⓥ9:00~20:00; Ⓜ Çankaya, Konak) 拱门市场中希萨尔清真寺背后热门的咖啡馆之一, 主打fincanda pişen Türk kahvesi, 即用杯子煮的土耳其咖啡。

Jackson's 夜店

（见208页地图; ☎0232-422 6045; 1453 Sokak 17, Alsancak; ⓥ22:00至次日4:00; ⚏12, 253) Jackson's或许是阿尔桑贾克最受欢迎的夜店之一, 位于曾经的英国领事宅邸内, 有打碟DJ, 一座小舞池, 氛围相当包容。

Tren 夜店

（见208页地图; ☎0544 463 8736; www.trenfoodmusic.com; 1453 Sokak 13, Alsancak; ⓥ17:00至次日4:00; ⚏12, 253) Tren (意思是"火车") 可能是阿尔桑贾克最受欢迎的夜店, 周五和周六的夜晚往往挤满了人。

İzmir Milli Kütüphane 表演艺术

（见208页地图; ☎0232-484 2002; www.izmirmillikutuphane.com; Millikütüphane Caddesi 39, Konak; Ⓜ Konak) 这座建于1912年的奥斯曼复兴风格的漂亮建筑是伊兹密尔国家歌剧和芭蕾舞公司 (İzmir Devlet Opera Ve Balesi) 的大本营。

🛍 购物

Şekercibaşı Ali Galip 食品和饮品

（见208页地图; ☎0232-483 7778; www.aligalip.com; Anafartaler Caddesi 10, Konak; ⓥ周一至周六 8:30~19:00; Ⓜ Konak) 这家很受欢迎的甜食店于1901年开业, 现在依然是许多造访拱门市场的游客的第一选择。出售土耳其

软糖、巧克力和helva（芝麻糖），都是在商店位于伊兹密尔的工厂生产的。

Altan Manisalı
食品和饮品

（见208页地图；☎0232-425 5346；www.manisali.com；Havra/929 Sokağı 13, Kemeraltı Market；◎8:30~19:00；MÇankaya）这家店是市场最著名的食物商店之一，从1885年就开始出售特别美味的芝麻糖、芝麻酱和葡萄糖浆（pekmez）。同一家族的成员还经营着隔壁的Beşe，出售同样的产品，历史一样悠久，也很受欢迎。

❶ 实用信息

旅游办公室（Tourist Office；见208页地图；☎483 5117；1344 Sokak 2, Konak；◎5月至9月8:30~19:30，10月至次年4月8:00~17:00；MKonak）位于用新艺术风格粉饰得十分华美的伊兹密尔文化和旅游理事会（Valiliği İl Turizm Müdürlüğü）一楼，提供城市地图和一些宣传册。员工一般不会说英语，所以想得到有用的建议，有时会很有挑战性。

❶ 到达和离开

飞机

有众多国内和欧洲航班飞往伊兹密尔高效又现代的**阿德南·曼德列斯机场**（Adnan Menderes Airport；☎0232-455 0000；www.adnanmenderesairport.com）。有些航空公司提供接驳巴士，可从机场前往目的地。

Anadolu Jet（www.anadolujet.com）往返伊兹密尔和安卡拉。

Atlasglobal（Atlasjet；www.atlasglb.com）往返伊兹密尔和伊斯坦布尔（阿塔图克），也往返伊兹密尔和"北塞浦路斯"（埃阿坎）。

Borajet（www.borajet.com.tr）往返伊兹密尔和伊斯坦布尔（萨比哈·格克琴国际机场）。

Onur Air（www.onurair.com.tr）往返伊兹密尔和伊斯坦布尔（阿塔图克国际机场）。

飞马航空（Pegasus Airlines；www.flypgs.com）往返伊兹密尔和伊斯坦布尔（阿塔图克和萨比哈·格克琴）、安卡拉、开塞利、安塔利亚、尚勒乌尔法萨姆松、阿达纳和马尔丁，也前往"北塞浦路斯"（埃阿坎）和荷兰（阿姆斯特丹）。

Sun Express（www.sunexpress.com.tr）往返伊兹密尔、凡城、卡尔斯、安塔利亚、迪亚巴克尔、埃尔祖鲁姆、马拉蒂亚，以及奥地利（维也纳）和德国的许多城市。

土耳其航空公司（☎484 1220；www.thy.com；Halit Ziya Bulvarı 65）往返伊兹密尔和伊斯坦布尔（阿塔图克和萨比哈·格克琴国际机场）和德国（柏林）。

长途汽车

伊兹密尔庞大且高效的长途汽车站位于市中心东北6.5公里处。如果想要周五、周六前往伊兹密尔以北的海滨小镇的话，需要提前1天买票，旺季则需要提前2天。你也可以在市中心长途汽车公司的办公室买票，这些办公室大部分都位于巴斯曼的Dokuz Eylül Meydanı。

往返地区之间的汽车及其售票点都在长途汽车站的下层；地区性的公共汽车（如塞尔柱、贝尔加马、马尼萨、赛迪斯）从上层发车（上车买票）。城市公共汽车和小巴从下层前方的一个院子里发车。

短途汽车（例如至切什梅半岛）的发车地点是位于Üçkuyular的一个较小的本地公交总站，在政府大楼西南方向6.5公里处。不过它们也在长途汽车站上下客。

火车

大部分城际列车抵达**阿尔桑贾克火车站**（Alsancak Garı；☎0232-464 7795）或从这里出发，不过，塞尔柱的车次进巴斯曼火车站（Basmane Garı）或从这里出发。要去土耳其北部和东部，可在安卡拉或科尼亚中转。

安卡拉

每天都有1班车开往安卡拉（44里拉，14小时），18:35从阿尔桑贾克发车，途经埃斯基谢希尔（Eskişehir；40.50里拉，12小时）。

贝尔加马

伊兹密尔的İzban高速铁路开往Aliağa（刷城市卡2.40里拉；见220页），从那里有汽车和小巴开往贝尔加马（5里拉）。

科尼亚

每天有1班车开往科尼亚（45.50里拉，14小时），21:10从阿尔桑贾克出发。

马尼萨

每天有6班往返于阿尔桑贾克和马尼萨（5.50~7里拉，1.75小时）的列车。

塞尔柱

每天有6班列车从巴斯曼火车站发往塞尔柱（6里拉，1.5小时），发车时间从7:45直到18:25。

船

İzdeniz（见208页地图；☏0232-330 8922；www.izdeniz.com.tr；⏱7:15~23:30）的渡轮6月至9月不定时往返于伊兹密尔和福恰（10里拉）。从2017年5月开始，有一班渡轮连接伊兹密尔和希腊的莱斯沃斯岛。

抵离机场

伊兹密尔的阿德南·曼德列斯机场在市中心以南15公里处，在通往以弗所和库沙达斯的路上。

Havaş汽车

有一个最简单的往返机场和市中心的方式。凌晨3:30到23:30，每小时就有1班**Havaş**（见208页地图；www.havas.net；单程10里拉）巴士（1小时）从Swissôtel Büyük Efes外的Gazi Osmanpaşa发车；8:40到3:30也有从国内到达大厅开往同一酒店的大巴。

Havaş也有巴士从机场开往切什梅（Çeşme）、库沙达斯（Kuşadası）和艾登（Aydın）。

当地公共汽车

当地202路公共汽车往返于2座大厅和共和国广场，途经Üçkuyular汽车站；刷城市卡，票价4.80里拉。公车2:00和4:00从Swissôtel Büyük Efes门外出发，接着整点发车直到午夜。从机场返回的时间为1:00、4:00，接下来整点发车直至深夜。

204路公共汽车（刷城市卡4.80里拉）往返于机场到大厅和博尔诺瓦地铁站，5:40到次日3:40，每小时1班。

出租车

往返于机场和共和国广场，需要大约55里拉。

火车

城市通勤铁路系统**İzban**（www.izban.com.tr）在机场有一站，在市中心的阿尔桑贾克（刷城市卡2.40里拉）有一站。

抵离长途汽车站

如果乘坐较大客运公司运营的城际长途汽车，会有免费班车（servis）往返于汽车站和汽车公司在市中心Dokuz Eylül Meydanı的办公室；你也可乘坐当地302路公共汽车往返汽车站和政府大楼，刷城市卡价格为2.40里拉。

伊兹密尔长途汽车站发车信息

目的地	票价（里拉）	行程（小时）	距离（公里）	班车（每天）	经由
安卡拉	75	8	550	每小时1班	阿菲永
安塔利亚	65	7	450	每小时1班	艾登
贝尔加马	10	2	110	每半小时1班	梅内门
博德鲁姆	30	3	286	每小时1班	米拉斯
布尔萨	40	5	300	每小时1班	巴勒克埃西尔
恰纳卡莱	40	6	340	每小时1班	艾瓦勒克
切什梅	17	1.75	116	每小时1班	阿拉恰特
代尼兹利	33	3	250	每半小时1班	艾登
老福恰	10	1.5	86	每半小时1班	梅内门
伊斯坦布尔	80	8	575	每小时1班	布尔萨
科尼亚	45	10.5	575	每天6班	阿菲永
库沙达斯	15	1.25	95	每小时1班	塞尔柱
马尼萨	9	1	45	频繁	萨尔尼克
马尔马里斯	40	4	320	每小时1班	艾登
萨利赫利	14	1.5	90	每半小时1班	萨迪斯
塞尔柱	10	1	80	频繁	拜莱坞

出租车往返市中心和汽车站价格约35里拉。

你如果要去Üçkuyular长途汽车站，可乘坐地铁（Fahrettin Altay站，刷城市卡2.40里拉）；或者乘坐当地302路公共汽车，往返车站和政府大楼，刷城市卡价格为2.40里拉。

❶ 当地交通

伊兹密尔有两种交通卡，涵盖公共汽车、地铁、İzban和渡轮。在车站、码头和带Kent Kart标识的商店可购买和充值。

买Kent Kart（城市卡）卡需要支付7里拉的押金，然后可储值。使用卡片时，会扣除2.40里拉，接下来90分钟内乘坐交通工具免费。

Üç-Beş（三五卡）有2、3或5个点数，每个点数可乘坐一次，价格为5.50/7.75/12.25里拉。很难买到。

自行车

伊兹密尔有一个叫作Bisim（见208页地图；✆0232-433 5155; www.bisim.com.tr；每小时2.40里拉; ⏰6:00~23:00; 🚻169）的公共自行车租赁项目，有二三十个停放点，大多数分布在海滨步行道沿线。

船

İzdeniz（见219页）运营的固定班次的渡轮（买票3里拉，刷城市卡2.40里拉）可从政府大楼开往Karşıyaka，或是海湾对面的Bostanlı，从Pasaport和阿尔桑贾克开往同样目的地的船次较少。

公共汽车

公共汽车由ESHOT（✆3200 320; www.eshot.gov.tr/en/Home）运营，你可以登录网站查看路线信息。城市主要的**本地汽车站**在政府大楼，靠近地铁站。

小汽车

大型国际汽车租赁特许公司在机场有24小时服务柜台，部分公司在市内也有办公室。

在市区停车要收费。政府大楼码头前、文化公园和阿尔桑贾克市政停车场有便利停车场。收费为1~3小时6里拉，12~24小时22里拉。

地铁

伊兹密尔地铁（www.izmirmetro.com.tr；票价2.40里拉; ⏰6:00至次日00:20）干净快速，而且很便宜。目前有17个地铁站，从Fahrettin Altay到政府大楼站（Konak）、Çankaya站、巴斯曼站和爱琴海大学（Ege Universitesi）。刷城市卡费用为2.40里拉。

出租车

你可以在街上招手叫停，也可以在出租车停靠点或各大酒店门外上车。起步价3里拉，然后每公里2.45里拉。

火车

城市的通勤铁路系统叫作**İzban**（见219页）。北线从贝尔加马附近的Aliağa到阿尔桑贾克；南线从阿尔桑贾克到城南的Cumaovası。南线途中会在机场停靠。刷城市卡（见220页）2.40里拉。有计划要将北线延伸至贝尔加马和马尼萨，将南线延伸至塞尔柱。

马尼萨（Manisa）

📞0236 / 人口 380,000

马尼萨在古代被称为"马格尼西亚的锡皮卢姆"（Magnesia ad Sipylum），其战略意义非常重要。拜占庭时期，这里逐渐繁荣壮大，在奥斯曼时期达到顶峰，当时这里成为皇储（şehzades）为其神圣使命受训的地方。历史中心的许多建筑都建于苏莱曼大帝及其母亲艾莎·哈福赛苏丹（Ayşe Hafsa）在此居住的9年间。来这里的主要理由是参观精美的穆拉迪耶清真寺（Muradiye Mosque）和参加每年一度的梅萨节（MesirMacunu Festivalı），后者已登上联合国教科文组织的非物质文化遗产名录。

◎ 景点和活动

★ 穆拉迪耶清真寺　　　　　　清真寺

（Muradiye Mosque, Murat Caddesi）这座精美的清真寺是苏丹穆拉德三世下令，于1583~1585年修建的，建筑天才米马尔·希南在其中充分地展示出他的才华。欣赏过双子尖塔和前门廊后，进入装饰精美的大门（一座木头和大理石的嵌花大门），你将看到奥斯曼时代所有清真寺中内部空间最美丽的一座，这里装饰着大量的伊兹尼克瓷砖和精美的彩色玻璃。

内部装饰很多都是Sedefkar Mehmed Aga的作品，他也是伊斯坦布尔蓝色清真寺

值得一游

萨迪斯

萨迪斯（Sardis）曾是强大的吕底亚（Lydian）王国的首都，在波斯人到来之前，这个王国占据着爱琴海大部分地区。它还是《新约》(《启示录》)中提到的"天启七教堂"之一的所在地。从公元前560年到公元前546/547年，这座城市由克里萨斯王（Croesus）统治。在他统治的年代，当地冶金家发现了金银分离的秘诀，并且制造出一种至今都无法得知其纯度的金币和银币。这使得萨迪斯富裕起来，而克里萨斯的名字便也成了财富的代名词。出于这个原因，萨迪斯经常被描述为现代货币的发源地。

萨迪斯遗迹（Ruins of Sardis；门票8里拉；⊙8:00～17:00,4月至9月至19:00）遗迹从伊兹密尔（80公里远）散布在Sartmustafa（或称Sart）村周围，是一日游并度过充实一天的好选择。一天到访这里和马尼萨非常方便。遗址位于村庄的东端，就在路北，包括拜占庭商店、一座犹太教堂、体育学校（palestra，一片开阔地，曾经矗立着健身馆和浴室）、古罗马别墅、阿尔忒弥斯神庙和4世纪的教堂。

沿着一条长18米的铺装罗马道路进入遗址，你会经过一个保存完好的拜占庭时期的公共厕所和一排将近30个的拜占庭时期商店，它们属于4世纪的犹太商人和工匠（犹太人早在公元前547年就开始在此定居）。在罗马道路的尽头向左拐，进入犹太教堂（synagogue, havra），令人难忘的不只是它的体量，还有美丽的内饰。南边的神龛里放着《律法书》。

犹太教堂旁边是体育学校，这片建筑群很可能是在3世纪初建造的，616年萨珊王朝（Sassanian）入侵后则遭到了遗弃。

在它的末端是一座醒目的2层建筑，叫作帝国崇拜大厅大理石庭院（Marble Court of the Hall of the Imperial Cult），虽然这里经历了大规模的重建，但仍然可以从中一窥这栋建筑从前的荣光。

朝着南边村庄方向的继续游览，这里已经挖出了一段吕底亚城墙和一座罗马别墅，别墅的着色城墙下面还有一座更早的吕底亚宅邸。

一块指示牌指引着阿尔忒弥斯神庙（Temple of Artemis）的位置，就在指示牌往南1公里。如今只剩下一些柱子仍然矗立着，它们属于曾经恢宏但永远不能完工的建筑。尽管如此，这座神庙的规划仍然十分清楚，并且非常令人震撼。附近是可追溯至4世纪早期的基督教堂（Christian church）。

到达和离开

伊兹密尔的长途汽车站每半小时就有1班车开往萨利赫利（14里拉，1.5小时，90公里），途中经过Sartmustafa。你还可以在萨利赫利长途汽车站后面搭乘小巴前往Sartmustafa（2.5里拉，15分钟，9公里）。

你可以在路边招手叫停往返萨利赫利开往马尼萨（11里拉，1小时）的长途汽车，这样就可以在一天之内造访马尼萨和萨迪斯。

的建筑师，是监督清真寺完工的2位建筑师之一。其中贴有瓷砖的米哈拉布（mihrab，宣礼塔中用来指示麦加方向的祭坛）尤其漂亮。

清真寺前面有一座漂亮的花园庭院，建有一座干净的公共厕所（1里拉）。

医疗历史博物馆　　　　　　博物馆

（Medical History Museum, Hafsa Sultan Şifahanesi Tıp Tarihi Müzesi; ☎0236-201 1070; www.cbu.edu.tr; ⊙10:00～22:00）**免费** 这座厉害的博物馆位于苏丹清真寺一座美丽的精神医院（bimarhane）之中，追溯了全世界医药历史的发展。医院本身是由苏莱曼大帝在1539年下令修建的，作为清真寺建筑群的一部分。博物馆由杰拉勒·拜亚尔大学（Celal Bayar Üniversitesi）运营，展览很有趣，但有时会显得很可怕。庭院里有一间怡人的咖啡馆。

塔利希苏丹公共浴室　　　　公共浴室

（Tarihi Sultan Hamam；[☎]0236-231 2051；www.sultanhamammanisa.com；2505 Sokak 1；DIY洗浴30里拉，洗浴服务100~150里拉；⊙男宾7:00~23:00，女宾11:00~18:00）这座建于16世纪的公共浴室是原本苏丹清真寺建筑群中的一部分。有男女分开的浴室；女性需要提前致电预约。

节日和活动

梅斯尔糕糖节　　　　文化节

（Mesir Macunu Festivalı, Mesir Festival；www.manisakulturturizm.gov.tr）春天来到马尼萨的人能幸运地赶上梅斯尔糕糖节，这个为期一周的节日就是为了庆祝梅斯尔糕糖（Mesir macunu）的，这种使用糖和香料制作的糖膏在全国有许多热情的粉丝，也有许多持反对意见的批评者。节日一般在3月底或4月举行。

就餐

Gülcemal　　　　烤肉 $

（[☎]0236-231 5342；www.gulcemalkebap.com；1603 Sokak，紧邻Cumhuriyet Meydanı；马尼萨烤肉14里拉；⊙8:00~19:00）是品尝这里特色马尼萨烤肉（圆柱形肉丸放在土耳其比萨上，盖上番茄酱和酸奶）的最佳选择。

❶ 到达和离开

从伊兹密尔去马尼萨最简单的方法是乘坐汽车（9里拉，1小时，每15分钟1班）。不要去第一座（蓝色）车站（即老车站），因为要前往旧城区，你必须去新车站，然后乘坐小巴。从车站西侧出发的车次接下来会开向快餐站。1路小巴（2.50里拉）可前往Mustafa Kemal Paşa Caddesi上的Vilayet或Valiligi（市政厅）。从那里步行很短距离就能抵达清真寺和博物馆。

从新车站前往萨利赫利（Salihli）的长途汽车途经萨迪斯（11里拉，1小时，每半小时1班）。

切什梅（Çeşme）

[☎]0232 / 人口 25,340

　　与本地区许多度假城镇不同的是，切什梅保留了当地文化和饮食风味。这个小镇距离希腊的希俄斯岛（Chios，土耳其语为Sakız）只有8公里，拥有漫长的海岸线，是散步的完美选择，还有一座由热那亚人建造的宏伟城堡，一座繁荣的商业中心（merkez），其中聚集了许多商店和便宜的餐馆。伊兹密尔人，以及被附近阿拉恰特（Alaçatı）的昂贵物价和浮夸风格所吓到的人，喜欢来这里度周末，这里也是探索本地区的优秀的大本营。

◉ 景点和活动

　　切什梅周围海滩环绕。钻石海滩（Pırlantı Plajı）是风筝冲浪和风帆冲浪的好地方，超级热门的Altınkum有沙质海湾，适合游泳。两处海滩都在市中心以南，乘坐小巴可以轻松地抵达。

　　5月底至9月，Simay（见223页地图；[☎]0532 151 2835；www.simayturizm.com；1015 Sokak/Hulusi Öztin Çarşısı Caddesi 3）和Çeşme Lady Bente（[☎]0536 310 0560；www.cesmeladybente.com；巡游 含自助午餐40~50里拉）等公司运营的土耳其传统木帆船（gülets）组织的乘船游可前往附近的驴岛（Donkey Island）、绿湾（Green Bay）、蓝湾（Blue Bay）、天堂岛（Paradise Island）和Aquarium湾，你可以在那里游泳和浮潜。巡航一般每人40~50里拉，包括午餐，船上会举办许多派对。出发时间为10:00~10:30，返回时间为傍晚。

切什梅博物馆　　　　要塞

（Çeşme Museum, Çeşme Müzesi；见223页地图；1015 Sokak；8里拉；⊙8:30~17:30）热那亚人建造的这座宏伟要塞的历史可追溯到1508年，后来在征服者苏丹、穆罕默德之子苏丹巴耶塞特二世（Sultan Beyazıt II）的命令下进行过重修，目的是抵御海盗从海岸袭击。经过细心修复后，这里现在是2座博物馆的所在地。Umur Bey塔楼和内庭（bailey）周围的房间里陈列的是考古和历史展览，平台庭院中有许多墓碑和石柱。从城垛能看到小镇和海港的壮丽风景。

哈桑帕夏雕像　　　　纪念物

（Statue of Cezayirli Gazi Hasan Paşa；见223页地图；1015 Sokak）背对要塞，面朝大海的就

Çeşme 切什梅

Çeşme 切什梅

◎ 景点
- 1 圣哈拉兰姆博斯教堂.................................. C2
- 2 切什梅博物馆.. C3
- 3 哈桑帕夏雕像.. C3

🛏 住宿
- 4 Antik Rıdvan Otel.................................... C4
- 5 Dantela Butik Otel....................................B2
- 6 Yalçın Otel C3

✖ 就餐
- 7 Horasan... C2
- 8 İmren Lokantası....................................... C2
- 9 Rumeli... C2
- 10 Tikos Meyhanesı..................................... C2
- 11 Tokmak Hasan' ın Yeri............................ C3

⊙ 饮品和夜生活
- 12 Friendly Corner....................................... C2
- 13 Kaffé... C2

ℹ 交通
- Ege Bırlık... (见14)
- 14 Erturk... C3

是这位奥斯曼舰队司令 (1713~1790年) 的雕像, 他曾经被卖作奴隶, 但后来成了一名伟大的宰相, 并且在对抗沙俄的切什梅之战中担任帝国舰队司令。雕像旁边是他的宠物狮子, 据说是从非洲带过来的。

圣哈拉兰姆博斯教堂 *教堂*

(Ayios Haralambos Church, Ayios Haralambos Kilisesi; 见223页地图; İnkılap Caddesi) 在切什梅要塞的北边, 这座高耸但已无人传道的19世纪希腊东正教教堂在2012年进行了全面修复, 如今用于举办临时展览。

🛏 住宿

★ Yalçın Otel　　　　　　　酒店 $$

（见223页地图；☎0232-712 6981；www.yalcinotel.com；1002 Sokak 14；标单/双/标三85/200/270里拉；🅿❄🛜）这间很棒的小酒店位于可以俯瞰码头的半山腰上，由Ebullient Bülent Ulucan经营。酒店有18个一尘不染、相当舒适的房间（有些浴室最近刚升级过），不过最大的亮点是超级友好的氛围、2座面朝海港的露台、休闲室（有免费茶水）、小花园和周六晚上的烤鱼与现场音乐（35里拉）。非常超值。

Antik Rıdvan Otel　　　　　酒店 $$

（见223页地图；☎0232-712 9772；www.antikridvanotel.com；1015 Sokak 10；经济型 标单/双 80/160里拉，标单/双 200/300里拉；⊙4月至11月；🅿❄🛜）这家老派的酒店位于一座拥有120年历史的宅邸中，提供的12个房间装潢老派，带基本型浴室、小冰箱和卫星电视。不过房间很宽敞，2个顶楼房间（一个双人间，一个标三）能看到码头。早餐在一座贴有瓷砖的露天庭院提供。地下室"经济型"房间里没有空调，光线很暗。

Dantela Butik Otel　　　　民宿 $$$

（见223页地图；☎0232-712 0389；www.dantelabutikotel.com；3054 Sokak 4；房间300~400里拉；❄🛜）这家民宿就在海滨地区，靠近娱乐区，在Penguen Restaurant餐厅的楼上，由同一个非常友好的老板经营。7个房间装潢都很漂亮、雅致——可选择楼上的房间（前面的能看到海港，后面的面积更大）。餐厅露台上提供奢华的早餐。夏季会有些吵。

🍴 餐饮

Rumeli　　　　　　　　　面包房 $

（见223页地图；☎0232-712 6759；www.rumelipastanesi.com.tr；İnkılap Caddesi/2001 Sokak 46, Merkez；冰激凌 每勺2.50里拉；⊙8:00至次日2:00）这家法式蛋糕店位于一栋改造过的奥斯曼石头建筑内部，自1945年起就因为其自制的土耳其冰激凌（dondurma）而享誉当地。这里也提供牛奶制作的布丁、饼干、果酱和蜜饯。

Tikos Meyhanesı　　　　　土耳其菜 $

（见223页地图；☎0532 170 9730；2008 Sokak 8a；开胃菜 8~10里拉，烧烤15里拉；⊙24小时）这家简陋的小酒馆靠近希腊东正教教堂，是深夜欢宴的热门场所。菜单上包括汤、标准存储级别的开胃菜和烤肉。

★ Horasan　　　　　　　　海鲜 $$

（见223页地图；☎0232-712 7469；3047 Sokak 8, off İnkılap Caddesi/2001 Sokak, Merkez；开胃菜 8~30里拉，主菜25里拉起；⊙16:00至午夜，淡季周二歇业）这家友好的鱼餐厅（balık pişiricisi）由隔壁鱼店老板经营，是切什梅美食爱好者的热门就餐地。街边有6张桌子，室内稍多，所以提前预订比较明智。开胃菜新鲜美味，主菜包括烤鱼、胡椒海鲜意大利干面。甜点也很出色，可要求拼盘。不接受信用卡。

Tokmak Hasan'ın Yeri　　　熟食餐馆 $$

（见223页地图；☎0232-712 0519；1015 Sokak/Çarşı Caddesi 11；汤 8~10里拉，一份 9~17里拉，肉夹馍 6~24里拉；⊙7:00~16:30；❄）这家历史悠久，氛围友好的熟食餐馆因为有镇上最大最好的肉夹馍而获得嘉奖，非常受当地人的欢迎，他们会在午餐时结队而来。要穿过一条排满纪念品商店的走廊进入，建议早些过去，从蒸锅中统一陈列的大量美味菜式中挑选。你也可以选择外带（paket）。

İmren Lokantası　　　　　土耳其菜 $$

（见223页地图；☎0232-712 7620；İnkılap Caddesi/2001 Sokak 6, Merkez；一份 15~22里拉，烧烤 18~39里拉；⊙正午至22:00）1953年开业，是切什梅的第一家餐厅，坐落在一个竹子覆顶的中庭里，种满植物的庭院里还有一座喷泉。午餐时很受当地购物者和办公人群的欢迎。

Kaffé　　　　　　　　　　咖啡

（见223页地图；☎0543 931 5455；İnkılap Caddesi/2001 Sokak 54；⊙9:00至午夜）这家嬉皮士风格的咖啡馆是从伊斯坦布尔的Cihangir搬来的，那里的人们对待咖啡非常认真，招待切什梅居民的有浓缩咖啡、凯克梅斯（Chemex）、爱乐压（Aeropress）和法式滤压的咖啡，搭配自制饼干和蛋糕。

Friendly Corner 小酒馆、咖啡馆

（见223页地图；☎0232-712 1751；3025 Sokak 2；⊙9:00至次日3:00）这家自称"友好"的聚会场所可以说是名副其实，能同时吸引当地人和人数不多的外籍居民。老板兼大厨兼服务员于一身的Münür总是能让每个人都感到宾至如归。酒吧目录上有意大利面（20～23里拉）和比萨（18～20里拉）。

❶ 实用信息

旅游办公室（见223页地图；☎0232-712 6653；İskele Meydanı 4；⊙6月至9月 周一至周五 8:30至正午和13:00～17:30，周六和周日 9:00～17:00）、渡轮公司办公室和有自动柜员机的银行全都位于共和国广场（Cumhuriyet Meydanı）附近。

❶ 到达和当地交通

飞机
Simay（见222页）运营的接驳巴士往返于切什梅和伊兹密尔的阿德南·曼德列斯机场（20里拉/人）。5:00至午夜，每天10班。

长途汽车
乘坐长途汽车往来于切什梅和土耳其主要的旅游目的地，都必须在伊兹密尔转车。切什梅的长途汽车站位于共和国广场以南1公里处，汽车公司在那里有办公室。大多数小巴从汽车站出发，在城里许多地方有停靠站（可寻找一个很大的"D"字标识）。

安卡拉
Metro公司每天有2班前往安卡拉（70里拉，9小时）的长途汽车。

伊斯坦布尔
Metro公司（80里拉）和Ulusoy公司（80里拉）有前往伊斯坦布尔（10小时）的早晚班长途汽车；夏天的时候，其他公司也会提供另外的车次。

伊兹密尔
Çeşme Seyahat运营的车次每隔15～40分钟开往伊兹密尔的主汽车站（17里拉，1.75小时）和较小的位于西边的Üçkuyular汽车站（15里拉，1.5小时）。

小巴
阿拉恰特和阿尔提恩库姆

开往阿拉恰特（4里拉）的小巴从汽车站出发，每天7:30～19:30，每隔10分钟1班；19:30～21:00，每隔半小时1班；22:00和23:00各1班。这些车次也会在İnkılap Caddesi（1015 Sokak）东端载客，途经阿尔提恩库姆（3里拉）。

阿尔提恩库姆

开往**阿尔提恩库姆**（4里拉；见223页地图）的小巴每半小时1班，从切什梅的长途汽车站发车，并且可以在旅游办公室以南20米的主街上车。

渡轮
Erturk（见223页地图；☎0232-712 6768；www.erturk.com.tr；1015 Sokak/Hulusi Öztin Çarşısı Caddesi 6-7；慢/快船去希俄斯岛 每人 26/32欧元，汽车 90欧元，⊙9:00～20:00）、**Ege Bırlık**（见223页地图；☎0232-712 3040；www.egebirlik.eu；1015 Sokak/Hulusi Öztin Çarşısı Caddesi 3；每人/车 26/70欧元）和**Sunrise Tours**（☎0232-712 9797；www.chiossunrisetours.com.tr；Atadağ Caddesi 2，Çeşme Liman）全都运营有前往希腊希俄斯岛的渡轮；慢船（50分钟）车子和人都可搭乘，快速双体船（20分钟）仅运载乘客。当天往返的价格为：慢船26欧元，快船32欧元，包括2欧元的港口税。汽车价格约100欧元。

7月至9月间，渡轮每天至少2班，10月至次年6月，每周3班（一般是在周三或周五以及周六和周日）。无须提前购票，除非你有汽车要运。乘船需要护照。

出租车
乘坐出租车前往阿拉恰特需要约50里拉。

阿拉恰特（Alaçatı）

☎0232/人口 9954

仅仅在20年前，位于切什梅东南方向大约10公里处的阿拉恰特还只是一个相当低调的希腊村庄，其最出名的是本地生产的优质橄榄油和世界级的帆板运动。然而多亏了那些眼光超前的酒店老板们——他们把荒废的石头（taş evleri）建筑改造成了高端精品酒店，阿拉恰特已经成为花钱大手大脚的土耳其中产阶级最热门的旅游目的地。沿着镇中心的Kemalpaşa Caddesi就能找到镇上的主要景点：世界级的精品酒店、主打爱琴海风味菜肴的餐厅、时髦的咖啡馆和针对男女潮人的高端精品店。旺季（5月到9月）这里人

很多,经常很喧嚣,是个可以停留数日的悠闲小镇。

✿ 节日和活动

阿拉恰特香草节 节日

(Alaçatı Herb Festival, Alaçatı Ot Festivalı; www.alacatiotfestivali.com)土耳其重要的美食节,于3月底或4月初举行,用来庆祝野菜(ot)这一深受爱琴海地区喜爱的食材。节日期间会举办研讨会、特别宴会,市镇府(belediye)附近的Uğur Mumcur Sokak上还会有大量的街边摊。

🛏 住宿

住宿价格在旅游淡季便宜得多,不过,有些酒店和餐厅只在从5月中旬至10月中旬以及圣诞节和新年假期这段时间营业。旅游旺季需要预订。

Çiprika Pansiyon 家庭旅馆 $

(☎0232-716 7303; www.ciprika.com; 3045 Sokak 1; 房间 60里拉; ✳🐾)这家低调的家庭旅馆是镇上少数经济型住宿处之一,供应7个面积不算小但有些破旧的石头房间。最大的惊喜是角落里巨大的花园。

İncirli Ev 精品酒店 $$

(Fig Tree House; ☎0232-716 0353; www.incirliev.com; 3076 Sokak和3074 Sokak交叉路口; 房间 160~200欧元; ✳🐾)安静但靠近中心区的地理位置并不是这家精品酒店的唯一卖点。酒店位于一座百年老宅中,8个房间迷人且舒适,店主Sabahat和Osman都极为热情。宾客喜欢这里奢华的早餐和下午茶,餐点会在花园的老无花果树(incir)下供应,酒店的名称也由此而来。

Yucca 青年旅舍 $$

(☎0232-716 7871; www.yuccaalacati.com; 18000 Sokak 35, Liman Mevkii; 标单/双 90/110欧元; 🐾)想在阿拉恰特主要冲浪海滩附近的葱

在阿拉恰特玩帆板冲浪

20世纪70年代,几个勇敢的德国露营者发现阿拉恰特是一个帆板冲浪的圣地。这里强劲且持续不断的北风风速可达25海里/小时,让它成为冲浪爱好者的天堂。主要的帆板冲浪海滩是阿拉恰特冲浪天堂(Alaçatı Surf Paradise, Alaçatı Sörf Cenneti)。

不幸的是,这片帆板冲浪海滩在最近几年都遭到了破坏。一座码头的建设侵占了1公里长的海滩,使它缩减到2公里长,而且来往船只也对冲浪者的安全造成了潜在威胁。那里的道路两边如今都是大房子,而这些房子正是在进行的阿拉恰特港住宅开发项目的一部分。

目前看来,帆板冲浪活动大体上受到的影响较小,仍在进行中。

5月中旬至11月初是帆板冲浪的主要时节(很多运营机构在这段时间以外关门歇业)。ASPC和Myga Surf Company是最大的运营机构。下列运营中心一般都有会说英语的教练以及用于风筝冲浪的冲浪板。冲浪板的租赁时间越长,每天的费用就越低。

Active Alaçatı Windsurf Centre (☎0232-716 6383; www.active-surf.com; Liman Mevkii)出租帆板价格为每天120~180里拉,取决于帆板,初学者1小时课程费用为180里拉;三级9小时的风筝冲浪课程费用为900里拉。

ASPC (Alaçatı Surf Paradise Club; ☎0232-716 6611; www.alacati.info; Liman Mevkii)这家土耳其人和德国人联合经营的公司提供好评帆板冲浪课程和高端设备,三日全套设备(冲浪板、防寒泳衣、安全带和鞋)收费110~170欧元。提供基础、运动和专业冲浪板。5小时的入门课程(3名及以上学员是10小时)分为3天授课,收费230欧元。也出租海上皮艇和山地自行车。

Myga Surf Company (☎0232-716 6468; www.myga.com.tr; Liman Mevkii)这家机构提供一系列设备,一日全套设备需130~230里拉。5小时的入门课程(2名学员7.5小时,3名及以上学员10小时)可分为数天授课,收费590里拉。

芘花园中找个精心设计的避世住宿处？好吧，这家经济型住宿处就能满足你的愿望。这家设计师设计的旅舍提供12个简单的房间和一座花园，里面有吊床、日光躺椅、酒吧和餐厅。旅舍呈现出一种派对的氛围（尤其是在周末），员工乐于助人。

★ Taş Otel 精品酒店 $$$

(Stone Hotel; ☎0232-716 7772; www.tasotel.com; Kemalpaşa Caddesi 132, Merkez; 标单 150欧元，双 185~220欧元，别墅 250~330欧元; ❄@⑤☒❄)它是阿拉恰特的第一家（可能也是最好的）精品酒店，在超级友好的经理Salih的协助下，老板Zeynep创造了一片宁静的绿洲，其中的主建筑里有7个简单但迷人的房间，后面的两座别墅最多能住6人，非常适合家庭住客，还有一座好的图书馆休息室，一座围墙花园，里面有一个大泳池。早餐和下午茶（赠送）很美味。

Bey Evi 精品酒店 $$$

(☎0232-716 8085; http://beyevi.com.tr/en; Kemalpaşa Caddesi 126, Merkez; 标准/豪华房间215/250欧元，套 275欧元; ❄⑤☒)这家热门的酒店很难归类。其装潢、面积和私人服务方面属于精品酒店，但住宿种类、带酒吧和比萨餐厅的时髦泳池区却让人想到度假村。房间迷人，配备齐全——如有可能，建议选择宽敞的豪华间或套间。

✕ 就餐

阿拉恰特是一个当之无愧的美食圣地，所以在这里你会享受到许多美食。大多数餐厅的目标客户是时尚人士，所以经济型预算的游客需要依靠快餐生存。许多餐厅在午餐时段不营业，此时所有人都会跑到海滩上去；许多餐厅在淡季也会歇业。物产市场（Alaçatı Pazarı）每周六在Şehitlik Caddesi（3000 Sokak）举办。

Gözleme Stands & Cafes 安纳托利亚菜 $

(Merkez; 风味煎饼 10里拉，土耳其饺子 20里拉) 镇中心的Pazaryeri清真寺周边的小巷中散落着小的咖啡馆和餐馆，提供风味煎饼（gözleme）和土耳其饺子（mantı）。大多数只有户外餐桌，所以只在旺季营业。

★ Asma Yaprağı 爱琴海菜 $$

(☎0538 912 1290; www.asmayapragi.com.tr; 1005 Sokak 50; 开胃菜 10~15里拉，主菜 55里拉; ⏰早餐 9:30起，午餐 13:00起，晚餐 20:00起)对于美食家来说，在葡萄叶下吃一餐是必不可少的体验。4月至11月，座位设在氛围很好的庭院，12月至次年3月座位设在室内。就坐之后，你要等候依序参观厨房，从令人垂涎的超级新鲜的开胃菜和主菜中挑选。不幸的是，葡萄酒种类有限，服务也很混乱。必须预订。

Roka Bahçe 爱琴海菜 $$

(☎0232-716 9659; Kemalpaşa Caddesi 107, Merkez; 开胃菜 13~26里拉，主菜 25~48里拉; ⏰16:00至次日3:00)这家时髦的庭院餐厅是当地美食界的新星，位于主要的饮食和购物区域，提供特别的爱琴海菜肴，包括甜菜和蓟炖山羊肉、砂锅小肉丸（tire köfte）及爱琴海蔬菜鱿鱼。必须预订。

Su'dan 爱琴海菜 $$$

(☎0232-716 0737; www.sudan.com.tr; 1200 Sokak 23, Merkez; 早午餐 40里拉，开胃菜 20~38里拉，主菜 49~54里拉; ⏰4月底至10月中旬 早午餐 9:00~15:00，5月中旬 晚餐 周四至周日)这家咖啡馆的早午餐享誉全国，旺季时是非常热门的目的地。咖啡馆坐落在一座带庭院的优雅石屋中，是享受新鲜爱琴海食物的时髦场所。旺季周末可提供多达20人享用的晚餐，楼上有少量民宿房间（双 150欧元，三/四人公寓 200/270欧元）。

Agrilia 地中海菜 $$$

(☎0232-716 8594; Kemalpaşa Caddesi 86, Merkez; 前菜 14~36里拉，意大利面 32~34里拉，主菜 34~68里拉; ⏰7月至9月 19:00至午夜，10月至6月 周五 19:00至午夜，周六和周日 13:00至午夜)这家历史悠久的土耳其传统餐馆最近搬到了Alayya酒店中非常时髦的位置。主厨兼店主Melih Tekşen创作的是现代地中海菜肴，但要极大地依赖当地产的爱琴海食材，以制作他的季节性美味。熟客喜欢牛排和艺术导向的鸡尾酒。

Ferdi Baba 海鲜 $$$

(☎0232-568 6034; www.ferdibababalik.com; Liman Caddesi, Yat Limanı; 鱼按公斤计价;

10:00至午夜）这家店毫无疑问是阿拉恰特码头上最好的餐厅，提供的都是标准级别的食物，以其开胃菜的新鲜程度和鱼的质量而著称。在镇中心的Kemalpaşa Caddesi还有一家分店。

Barbun
现代土耳其菜 $$$

(☏0232-716 8308; www.alacatibarbun.com; 1001 Sokak 5, Merkez; 开胃菜 10~32里拉, 意大利面 26~35里拉, 主菜 35~58里拉; ◎5月底至10月 19:00至深夜, 11月至次年4月 正午至15:00和19:00至午夜)这家餐厅里年轻而富于激情的大厨采用当地出产和搜罗来的食材，制作美味的爱琴海风味菜肴，每天的菜单上都有五颜六色的美味开胃菜、自制意大利面、简单但精致的主菜。用餐环境时尚，有一个开放式厨房。

🍷 饮品和夜生活

Traktör
酒吧、咖啡馆

(☏0232-716 0679; 11005 Sokak和11001 Sokak交叉路口, Merkez)时髦的员工，庭院花园，美味的客房，冷冻啤酒和现场爵士乐演奏——这些就是打造一座完美酒吧咖啡馆的秘诀！这里是镇上最好的水滨酒吧之一，而且幸运地避免了附近许多场所夸张的特点。位于Pazaryeri清真寺附近。

Dutlu Kahve
咖啡馆

(0232-716 0597; 2001 Sokak 85, Merkez)下午，在这家咖啡馆外面的桌子上品尝美味的土耳其咖啡，是打发时间很好的方式；晚上，开胃菜和拉基酒是热门选择。

ℹ️ 到达和当地交通

自行车
ASPC(见226页)和**Işıltı**(☏0232- 716 8514; www.isiltirentacar.com; Atatürk Bulvarı 55a; 山地自行车/小摩托/小汽车 每天 30/60/140里拉起)出租山地自行车。

长途汽车
要前往伊兹密尔和其他主要目的地，需要在切什梅转车。

小汽车和摩托车
你可以在Işıltı租到小汽车和小摩托。

小巴
每天7:30至19:30，有小巴往返阿拉恰特和切什梅的汽车站(4里拉, 10分钟, 10公里), 19:30至23:00班次减少。从5月中旬至9月, 有小巴往返位于小镇以南4公里处的阿拉恰特冲浪天堂(Alaçatı Surf Paradise; 3里拉), 就在海港(liman)的西侧。

瑟阿哲克(Sığacık)
☏0232

瑟阿哲克是一个小村庄，围绕着一座16世纪的热那亚城堡和一座丑陋的码头。这里能做的很少，只能在海滨漫步，观看满载而归的渔民，他们的船里装满了当地著名的乌贼(kalamar)和胭脂鱼(barbunya); 你也可以去附近的海滩或探索向北2公里处的提欧斯遗址。

🛏️ 食宿

Teos Lodge
酒店 $

(☏0232-745 7463; 126 Sokak 26; 标单 120, 双 250~300; P❄🛜)这家友好的酒店靠近码头，近些年才由一座家庭旅馆改造而成，简单的房间里配有水壶，有些能看到海景。主打卖点是附设的餐厅，那里有一座美丽的露台，能俯瞰水面。

Beyaz Ev
家庭旅馆 $$

(☏0532-598 1760; www.sigacikpansiyon.net; 162 Sokak 19; 标单/双/套 130/170/200里拉; ❄🛜)拥有3个房间的"白宫"是一家很受欢迎的可爱的家庭旅馆，靠近内陆，但有一个俯瞰海滨的巨大露台。房间宽敞明亮，套间有一个客厅和厨房。

Liman
海鲜 $$

(☏0232-745 7011; www.sigaciklimanrestaurant.com; 紧邻Liman Caddesi; 开胃菜 8~35里拉, 主菜 20~40里拉; ◎9:00至午夜)这家名叫"港口"(Liman)的餐厅就在港口旁边, 新鲜的鱼和开胃菜享誉整个地区。你可选择坐在露台, 也可坐在巨大的内部餐厅, 透过大玻璃窗能看到海滨美景。

到达和离开

切什梅
想直达切什梅,你必须取道伊兹密尔,或者从切什梅乘长途汽车,最远可到Güzelbahçe(大学校园所在地),在那里换乘730路(每半小时1班)往返伊兹密尔和塞费里希萨尔(Seferihisar)。

伊兹密尔
6:00至23:25之间,730路公交往返于塞费里希萨尔和伊兹密尔的Üçkuyular长途汽车站(6里拉,70分钟,每小时1班)。

塞费里希萨尔
从塞费里希萨尔出发,每半小时有一班黄蓝小巴前往阿库姆(2.50里拉)和瑟阿哲克(2.50里拉)。

阿库姆和提欧斯 (Akkum & Teos)

0232

这座海滨定居点很受土耳其本国游客的欢迎,他们来这里是为了到2座沙质海滩游泳或玩风帆冲浪,以及入住时髦的海滨度假村。大阿库姆(Büyük Akkum)是这里主要的海滩,拥有最好的设施。小阿库姆(Küçük Akkum)一般来说更安静。

提欧斯考古遗址需要驾车3公里,或者可步行前往。

景点

★ 提欧斯 考古遗址

(Teos; 0232-745 1413; www.teosarkeoloji.com; 5里拉; ⊙7:00~19:00)这座让人浮想联翩的古城遗迹属于爱奥尼亚联盟(Ionian League)的12座城市之一,散落在一座多小山的低矮地峡之中,现在被用作农场。提欧斯在古希腊和古罗马时代是一个繁荣的海港,拥有2个港口,以其葡萄酒、剧场和狄俄尼索斯神庙(Temple of Dionysis)而闻名;后两处遗址可实地探索,而安卡拉大学正在进行的发掘也一直在陆续出土其他遗迹。

这里有5座主要遗址,全部可通过最近修建的步道前往:矩形的议事厅(bouleuterion)、市场神庙、剧场、带柱廊的狄俄尼索斯神庙(古代世界最大的狄俄尼索斯神庙)和古海港。提供土耳其语和英语的双语解释牌。

遗址没有餐饮处,不过,沿着前往阿库姆的道路前行1公里,就可抵达提欧斯公园(Teos Park),林业部门指定的野餐绿地。这里夏季有一个树荫下的餐馆,有一家商店全年营业,你可以买一些小吃和冷饮,坐在阴凉的松树下俯瞰爱琴海。

到达和离开

小巴
有蓝黄色的小巴往返大海滩和塞费里希萨尔(2.50里拉,20分钟),中途会在瑟阿哲克停靠(2.50里拉)。

出租车
乘坐出租车从瑟阿哲克到阿库姆需要大约15里拉,到提欧斯的往返费用(含等待时间)为50里拉。

以弗所、博德鲁姆和爱琴海南部

包括 ➡

以弗所	232
塞尔柱	260
库沙达斯	269
普里埃内	277
米利都	278
迪迪马	280
博德鲁姆	285
马尔马里斯	303
达特恰半岛和博兹布伦半岛	307

最佳就餐

- Orfoz（见293页）
- Kaplan Dağ Restoran（见265页）
- Culinarium（见309页）
- Limon（见298页）
- Ney（见306页）

最佳住宿

- Nişanyan Hotel（见269页）
- Mr Happy's Liman Hotel（见272页）
- El Vino Hotel（见291页）
- Sabrinas Haus（见313页）
- Big Blue Otel（见314页）

为何去

土耳其熠熠生辉的爱琴海海岸有着几千年的文明史。确实，巴法湖上的贝什帕马克山中发现的洞穴壁画的历史可追溯到公元前6000年，是土耳其有人类活动的最早证据。本地区的历史遗迹不少，其中最著名的是古罗马的小亚细亚之都以弗所。附近普里埃内和米利都的古老港口及欧罗莫斯和迪迪马的神庙，也都呈现出几个世纪前的爱琴海风貌。

夏季，爱琴海岸人声鼎沸。游客蜂拥前往马尔马里斯、库沙达斯和博德鲁姆——这是土耳其最迷人的海滨度假地。虽然有无休无止的派对，但这个映衬在15世纪城堡下的白色城镇仍保留了优雅的气质。它周围精品酒店和时尚餐厅不断涌现，而在博德鲁姆半岛的精致的海岸村庄，情形也大致相似。在博兹布伦半岛和达特恰半岛，还有崎岖山地、渔村和爱琴海美景。

何时去

塞尔柱

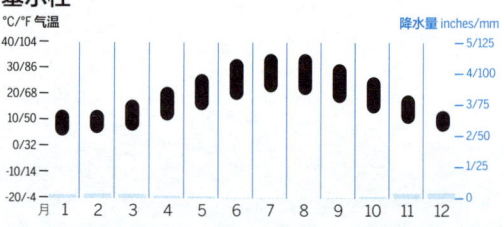

5月和6月 在天气晴好，但尚未闷热、人还不多时游览古城遗址。

7月和8月 在博德鲁姆和马尔马里斯，和土耳其居民及外国旅客参加派对到天亮。

9月 在海水仍然温暖、价格较低时畅游海滩。

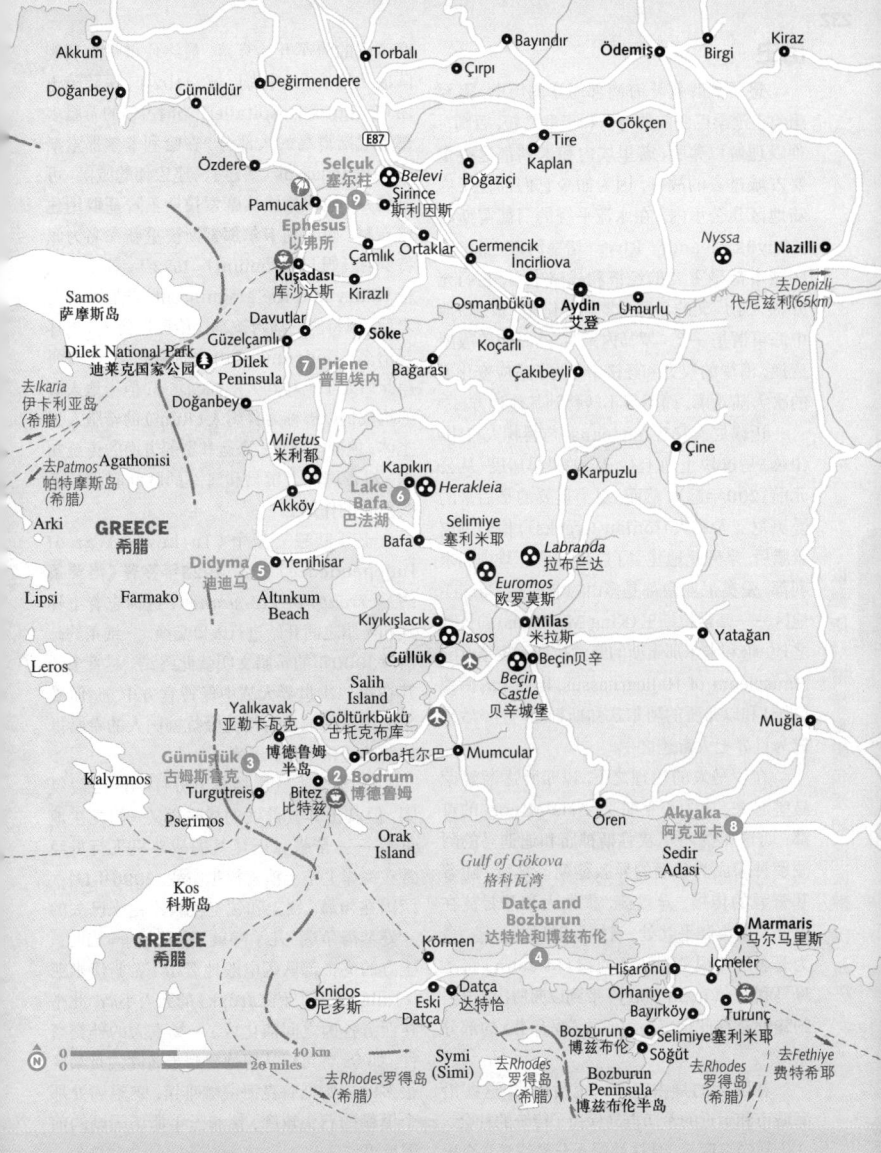

以弗所、博德鲁姆和爱琴海南部亮点

① **以弗所**（见235页）漫步于大理石街道，这里是欧洲保存得最为完好的古代城市。

② **博德鲁姆**（见285页）尽享这座度假城市的佳肴与夜生活吧。

③ **古姆斯鲁克**（见297页）在博德鲁姆半岛的村庄品尝鲜鱼，享受海景。

④ **达特恰和博兹布伦**（见307页）在崎岖的半岛上随意探索。

⑤ **迪迪马**（见280页）欣赏这座古代定居点的阿波罗神庙。

⑥ **巴法湖**（见281页）在散落着拜占庭遗迹的山顶为落日干杯。

⑦ **普里埃内**（见277页）探索古代港口的沧海变桑田。

⑧ **阿克亚卡**（见313页）想逃离爱琴海海岸汹涌的人群，那就去松林山地环抱的河口海滩城镇吧。

⑨ **塞尔柱**（见260页）在地区中心的集市上品尝当季产品。

历史

想要了解爱琴海南部海岸的历史，需要想象它沧桑巨变前的海湾和半岛之貌，否则，难以理解以弗所、普里埃内和米利都这些重要古城过去的故事，因为如今它们都位于内陆地区几公里内。在水流平缓的门德雷斯河（Büyük Meander River）堵塞河道之前，这些城市都是重要的经济和战略中心，它们充分融入了广义的希腊-罗马文化圈。彼时，地中海可谓是一个"罗马内湖"。然而随着版图变换，海岸的权力和经济中心为了适应变化了的次大陆轮廓，而不得不转移到其他地方。

迈锡尼人（Mycenaeans）与赫梯人（Hittites）是这块土地上有记录的最早居民（从公元前1200年起）。然而，更为重要的是后来的爱奥尼亚希腊人（Ionian Greeks），他们逃离希腊后，来到此地建立了以弗所、普里埃内和米利都。爱奥尼亚南部是多山的卡里亚（Caria）地区——摩索拉斯王（King Mausolus）的长眠之地。哈利卡尔那索斯的摩索拉斯王陵墓（the Mausoleum of Halicarnassus，即如今的博德鲁姆）和以弗所的阿尔忒弥斯神庙一样，后来成为世界七大奇迹之一。

在罗马人的治理之下，以弗所逐渐繁荣昌盛起来，成为小亚细亚（Asia Minor）的首都；而这里的阿尔忒弥斯神庙和迪迪马的阿波罗神庙成为壮丽的异教徒朝圣之所。随着基督教的传播，异教徒、犹太人和基督徒在这个大城市和平共处，奇妙地混居在一起。最为著名的传说莫过于圣约翰（St John）将圣母玛利亚（Virgin Mary）带到以弗所，据说圣约翰就是在此地书写了他的《福音书》的部分章节。

在随后的拜占庭帝国统治期间，这些沿海城市和附近的希腊群岛保持了传统的社会、文化和经济联系。具体的领土分界线常常会出现变化，但拜占庭军事区域（被称为themes）大体介于（中北部沿海地区的）色雷斯（Thracesion）和（南部的）Kibyrrhaeoton之间。后者包括某些爱琴海岛屿，是拜占庭海军的重要基地，尤其被用来抵御阿拉伯舰队的威胁。

在11世纪末期和12世纪时，土耳其塞尔柱人（Seljuk）经由陆路的扩张与十字军夺回耶路撒冷的东征同时发生。在此过程中，拜占庭帝国的海军开始衰落，最终使得意大利舰队成功统治了地中海区域。1402年，医院骑士团（Knights Hospitaller，当时占领的希腊多德卡尼斯群岛的大部分）在哈利卡尔那索斯（Halicarnassus）兴建了一座宏伟的城堡。可耻的是，他们竟然从摩索拉斯王陵墓取用建筑石材。而哈利卡尔那索斯被重新命名为佩特罗尼乌姆（Petronium）。1522年，苏莱曼大帝（Süleyman the Magnificent）征服罗得岛之后，佩特罗尼乌姆被割让给奥斯曼人（土耳其语名"Bodrum"便由此而来）。尽管该海岸此后处于土耳其人的控制之下，但当地人口的构成仍以被称为鲁姆人（Rum）的希腊人为主体，他们在航海、海运和造船方面的传统知识，对帝国海上贸易和海军的胜利起到了至关重要的作用。

土耳其独立战争（Turkey's War of Independence）之后，1923年签署《洛桑条约》（*Treaty of Lausanne*），这标志着土耳其和希腊之间开始进行人口交换。一纸条约，沿海3000年的希腊文明就此终结。尽管土耳其在第二次世界大战中保持官方中立，但爱琴海沿岸的弧形海湾为骚扰德国人的希腊抵抗舰队提供了保护屏障。

如今当地虽然拥有万分祥和的度假氛围，但其土耳其前线的战略意义一如既往地重要——希腊和土耳其的战斗机飞行员经常在海岸上空上演着模拟空战。1996年1月，两国在领海、领土和领空主权上由来已久的"爱琴海争端"几乎酿就了一场战争。当时，土方的突击部队闪电般地袭击了希腊伊米亚（Imia，土耳其语Kardak）的无人小岛，此举在西方各国之间演化成了一场重大的外交事件。如今，你可以从博德鲁姆半岛慵懒且禁区很多的古姆斯鲁克海滨咖啡馆，眺望远处那个模糊的石头轮廓，揣测当年那场闹剧的前因后果。

以弗所及周边（EPHESUS AND AROUND）

以弗所（Ephesus）

与其他地方相比，希腊-罗马文明在以弗所依然生机勃勃。经过近150年的发掘，修复的建筑使以弗所成为欧洲最完整的古典大都市——这座城市还有80%的部分依然深埋地下！

作为罗马小亚细亚的都城，以弗所曾经是个活力四射的城市，拥有超过250,000名居民，是帝国的第四大城市，位列罗马、亚历山大港和安条克（Antioch）之后。算上商人、海员和阿尔忒弥斯神庙的朝圣者，这个数字还会更多一些。这意味着，在以弗所就能充分领略地中海世界的包罗万象、丰富多样及各色人等。当时的以弗所是如此重要和富裕，其阿尔忒弥斯神庙（位于今日塞尔柱的西部边界）是世界上最大的庙宇，同时也是世界七大奇迹之一。

历史

早期传说

据说早在公元前10世纪，多利安人（Dorian）的入侵迫使安德罗克勒斯（Androclus），即雅典的爱奥尼亚王子，不得不寻求一个更加安全的处所。他先去咨询了著名的德尔斐神谕（Delphic oracle）。神谕预言"鱼、火和野猪"将建立一座新的爱奥尼亚之城。

穿越爱琴海之后，安德罗克勒斯和他的船员们在安纳托利亚的海滩歇息，并用捕获的鲜鱼熬汤。鱼鲜活无比，竟然一下子跳出了平底锅。坍塌的煤堆点燃了附近的森林，浓烟之下，森林中窜出一头野猪，安德罗克勒斯将其追捕并猎杀。就在该地，他下决心建立以弗所城。另外也有说法称以弗所是由一个亚马孙部落所建。两种传说的一些内容都在哈德良神庙（见256页）的一块雕带上有描绘。

阿尔忒弥斯崇拜

爱琴海海岸地区的土著民族之一的莱莱格人（Lelegians）是在安德罗克勒斯和他的爱奥尼亚追随者之前来到海岸的，他们信奉的是安纳托利亚的丰产女神西布莉（Cybele）。爱奥尼亚人将自己的宗教仪式与当地人的宗教仪式结合起来，将阿波罗美丽的孪生妹妹阿尔忒弥斯尊奉为以弗所独有的丰产女神。虽然一场发生在公元前7世纪的大洪水损毁了这座神庙，随后整座城市在约公元前650年被辛梅里安（Cimmerian）的入侵者夷为平地，但人们对阿尔忒弥斯的崇拜从未停止，坚定的居民在每次劫难后都会重建神庙。

克罗伊斯和波斯人

以弗所通过海上贸易和前来阿尔忒弥斯神庙朝圣的圣徒，逐渐积累了巨大的财富。这引起了吕底亚（Lydia）国王克罗伊斯（Croesus）的妒忌，他在约公元前560年对以弗所发动了袭击。独裁专制的国王将百姓迁移到了内陆地区，即新的以弗所城所处的位置（神庙的南部边沿）。然而，克罗伊斯也是阿尔忒弥斯的虔诚信徒，他资助神庙的重建工程长达10年之久，直至公元前550年。

以弗所人按时向吕底亚和随后塞勒斯（Cyrus）统治下的波斯入侵者进贡，当地一直太平无事。直到公元前498年，以弗所反叛波斯，成为希波战争的导火线。这场战争暂时将东方的入侵者驱逐出境，而以弗所也加入了雅典和斯巴达结成的提洛同盟（Delian League）。然而，在后来的爱奥尼亚战争中，以弗所成为失败的一方，又一次被波斯统治。

公元前365年，也就是亚历山大大帝出生的这年，一位名叫赫洛斯塔图斯（Herostratus）的追名逐利的年轻人，纵火焚烧了阿尔忒弥斯神庙，以求借此名垂历史。愤怒的以弗所长老处死了赫洛斯塔图斯，并宣布任何胆敢提及这个名字的人都同样会被处死。建造一座比以往任何时候都更加宏伟壮丽的新神庙立刻被提上了议程。公元前334年，亚历山大大帝提出支付建造费用，前提是建成之后要将神庙献给他。以弗所人为了保护自己的女神而不惜代价，他们拒绝了亚历山大大帝提出的要求，并巧妙地解释为让一个神为另一个神修建神庙有失妥当。这座神庙建造完成后，成为世界七大奇迹之一。

利西马科斯和罗马人

亚历山大大帝去世后，他手下一位名叫利西马科斯（Lysimachus）的将军占领了爱奥尼亚。然而，彼时小门德雷斯河（即River Cayster，土耳其语为Küçük Menderes）的泥沙已经开始堵塞以弗所的海港。利西马科斯将居民们都向东搬迁到了如今建立在两山之

Ephesus 以弗所

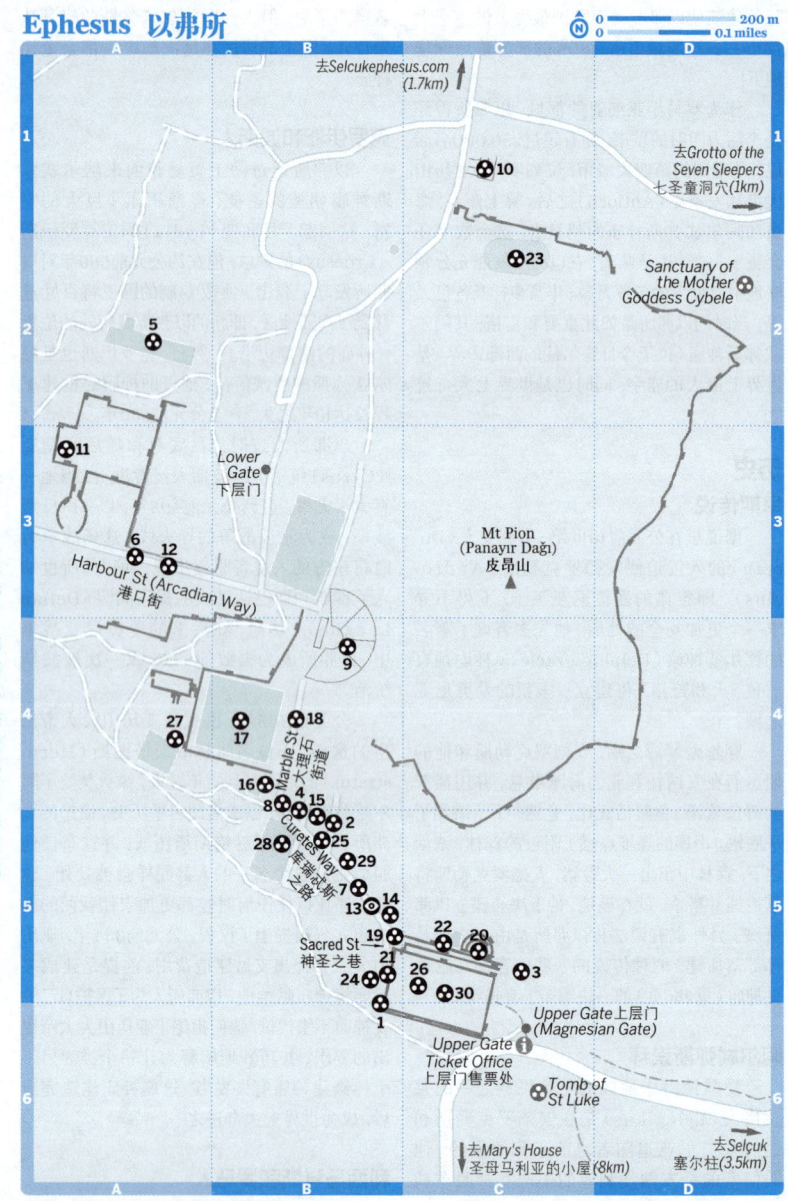

去 *Selcukephesus.com* (1.7km)

去 Grotto of the Seven Sleepers 七圣童洞穴(1km)

Sanctuary of the Mother Goddess Cybele

Lower Gate 下层门

Mt Pion (Panayır Dağı) 皮昂山

Harbour St (Arcadian Way) 港口街

Marble St 大理石街道

Curete Way 库蕾忒斯之路

Sacred St 神圣之巷

Upper Gate 上层门 (Magnesian Gate)

Upper Gate Ticket Office 上层门售票处

Tomb of St Luke

去 *Mary's House* 圣母马利亚的小屋(8km)

去 Selçuk 塞尔柱(3.5km)

以弗所、博德鲁姆和爱琴海南部 以弗所

间、由10公里长和5.6米厚的城墙保护且具有战略位置的以弗所城。然而,以弗所人又一次站出来进行反抗,利西马科斯的死敌塞琉古(Seleucid)趁机大举入侵,由此开启了一段征服与被征服的混乱时期。直到公元前133年,以弗所被献给罗马王朝,乱世才得以终结。

公元前27年,奥古斯都(Augustus)决定把以弗所定为小亚细亚的首府,此举为这座城市带来了意外之喜。城市人口增长至约250,000,无数移民、商人和帝国的赞助接踵

Ephesus 以弗所

◎ 景点

1 阿斯克勒庇恩	B6
2 斯寇拉斯提卡ócio场	B5
3 瓦利乌斯浴室	C5
4 妓院	B5
5 圣母教堂	A2
6 福音传道者石柱	A3
7 库瑞忒斯之路	B5
8 哈德良门	B4
9 大剧场	B4
10 维迪厄斯体育馆	C1
11 港口浴场	A3
12 港口街	A3
13 海格力斯门	B5
14 喷泉	B5
15 厕所	B5
16 塞尔苏斯图书馆	B4
17 下层集市	B4
18 大理石街道	B4
19 莫密乌斯纪念碑	B5
20 剧场	C5
21 波利奥喷泉	B5
22 城市公共会堂	C5
23 竞技场	C2
24 图密善神庙	B5
25 哈德良神庙	B5
赫斯提亚神庙	(见22)
26 伊西斯神庙	B5
27 塞拉皮斯神庙	A4
28 露台屋	B5
29 图拉真喷泉	B5
30 上层集市	C5

而来。每年庆祝阿尔忒弥斯（即这时罗马人的狄安娜女神）的节日，成为长达一个月的盛典，吸引罗马帝国成千上万的人蜂拥至此。此外，以弗所也吸引了基督徒的定居，其中就包括圣约翰。传说他在耶稣死后与圣母玛利亚一起定居于此，并在此书写了《福音书》。圣保罗（St Paul）也曾在三次来访中在以弗所居住过3年（可能在公元1世纪60年代）。

衰亡和陷落

除了帕加马的阿塔罗斯二世（Attalus Ⅱ）曾对海港进行重新修缮之外，尼禄（Nero）的总督也在公元54年对海港进行了清淤工作，但海港最终还是未能逃离被淤塞殆尽的命运。百年之后，哈德良皇帝（Emperor Hadrian）试图对小门雷雷斯河进行引流，但淤泥最后仍将海水推回至远到如今的帕穆卡克（Pamucak）。随后，疫气弥漫的沼泽地开始肆虐，这个港口失去作用；以弗所基督教徒也日渐增多，意味着阿尔忒弥斯（狄安娜）能获得的异教徒赞助日益减少。公元263年，日耳曼哥特人（Germanic Goths）入侵以弗所，神庙又一次付之一炬。7世纪，以弗所被阿拉伯人夺取，加速了衰败的进程。

即便如此，以弗所凭借与耶稣二位门徒（且不说圣母玛利亚）的深厚联系，以及作为亚细亚七大教会之一的宗教地位（依据《圣经·启示录》所述），仍能得到虔诚的拜占庭皇帝尽其所能的挽救。4世纪时，君士坦丁大帝（Constantine the Great）重建了许多公共建筑，弗莱维厄斯·阿卡狄奥斯皇帝（Flavius Arcadius, 395～408年在位）也监督进行了其他诸多工作。两个世纪之后，查士丁尼一世（Justinian Ⅰ）在艾亚素鲁克山（Ayasuluk Hill），即如今的塞尔柱上，修建了一座大教堂专门供奉圣约翰。

那里的要塞后来成为著名的阿尔戈斯·塞奥洛戈斯（Agios Theologos, 即希腊语的Divine Theologian）——后来的土耳其名称"艾亚素鲁克"（Ayasuluk）便得名于此。有意思的是，熟稔古典作品的中世纪十字军，行经此处时惊讶地发现，这里只是个孤零零的小村庄，而不是他们梦寐以求的史诗古城。

对以弗所的现代考古研究源于1863年，当时英国的建筑师约翰·特特尔·伍德（John Turtle Wood）在大英博物馆的资助下，开始研究阿尔忒弥斯神庙，6年后他发掘出了建筑的部分；150年后，故事仍在继续。

◎ 景点

游览以弗所（www.ephesus.us；主要遗址门票 成人/儿童 40里拉/免费，露台屋 20里拉，停车7.50里拉；⏰4月至10月 8:00～19:00, 11月至次年3月 至17:00，最晚入场为关闭前1小时）至少需要2小时（如果你想参观露台屋的话，还要多用半个小时）。建议你在早晨或傍晚时分出发开始游览，以避开游客高峰和烈日（下接254页）

以弗所

古城一日闲

在以弗所游历时,人们可能会顿失方向感,但漫步在曾是罗马第四大城市的古城才不枉你来土耳其一趟。我们看到的(右图)是以弗所鼎盛时期的容貌,不过到目前为止,发掘工作只进行了20%而已,还有更多的秘密就埋藏在我们的脚下,我们又怎能窥一斑而知全豹呢?让我们期待考古学家们的发掘工作吧,每年他们都会有新的发现让人眼前一亮。

以弗所典型的一天可能是从❶**音乐厅**的市政辩论开始的。人们可能在从❷**库瑞忒斯之路**到❸**公共厕所**之间的路上深思熟虑。当他们走到图拉真喷泉旁边,看到图拉真国王立于圆球之上的庄严雕像的那一瞬间,脑海里就突然能想出某个完善的观点来。在回到❹**露台屋**的家中享用午餐之前,以弗所人可能会在后广场的小商铺前面四处瞅瞅。然后,他们可能会在❺**塞尔苏斯图书馆**阅读几部经典,或是去附近的❻**妓院**寻欢作乐一番。循规守矩的居民可能会在❼**哈德良神庙**祈求上天赐福于人,然后走进以弗所辉煌的❽**大剧院**欣赏一出跌宕起伏的戏剧。

史料补充

» 以弗所的女艺术家声名卓著,如提玛拉塔(Timarata),她为以弗所的守护女神阿尔忒弥斯创作了画像。
» 大剧院最多可容纳25,000名观众。
» 根据古希腊的传说,以弗所为亚马孙人(Amazons)所建立,亚马孙人是古希腊神话中的女战士。
» 在以弗所"本土著名人物"中,有一位伟大的前苏格拉底时代的哲学家,即赫拉克利特(Heraclitus)。

妓院(Brothel)

正如古代世界的其他地区一样,男人去妓院寻花问柳被视为极为正常的事情。游客们进门之后要进行清洁工作,此举在当时富有进步意义。然后才能抵达铺有大理石地面的妓院内部,此处装饰着爱情之神维纳斯的雕像。大理石街的人行道上印有一个脚印,这是去往入口方向的标记。

哈德良神庙(Temple of Hadrian)

这座拥有玲珑精细的拱门与石柱的宏伟殿堂是公元138年,为了供奉哈德良皇帝而建造的。建成之后,它便成了以弗所最让人过目不忘的建筑之一。

塞尔苏斯图书馆(Library of Celsus)

图书馆建于2世纪,一代代伟大的思想家就在这座建筑工艺先进的图书馆里求取真知。该馆是当时世界上第三大图书馆(仅次于亚历山大图书馆和帕加马图书馆),建馆的初衷是保护其1.2万卷典籍免受极端温度和潮湿的侵蚀。

237

剧院 (Great Theatre)
剧院依山而建，坐落如今非常著名的佩因的山脚之下，是以弗人欣赏经典戏剧和喜剧表演的场所。大剧院用三层建筑结构，座位依次排列，装饰有精美的雕像，演出时人山人海，蔚为壮观。

公共厕所 (Latrines)
任何一座希腊罗马式城市都会有这么一座固定建筑，这种公厕采用了一种复杂的排水系统。有些富有的以弗所人拥有厕所的"会员资格"，凭此可以享有属于自己的专座。

音乐厅 (Odeon)
音乐厅有1400个座位，声音效果非常出色，是用来举行市政会议的场所。演讲大师们在此高谈阔论，各抒己见。古希腊人和古罗马人对此非常推崇。

露台屋 (Terraced Houses)
透过这些当地富庶人家的房屋，古以弗所人的生活便可见一斑。这些连栋房屋用大理石建成，装饰有镶嵌图案和壁画，是奢华与舒适之地。

库瑞忒斯之路 (Curetes Way)
这是以弗所最为宽阔的一条街道，长长的道路用大理石铺就，两旁曾遍布热闹的商铺和当地名人、罗马皇帝与神祇的雕像。

1

2

加里波利战场

朝圣是最古老（往往也是最值得）的旅行方式。土耳其有许多古代朝圣目的地，但只有一处源自现代，却吸引了国内外游客：第一次世界大战期间血腥的加里波利战役所在的松香飘拂的半岛。

公墓

有将近130,000名土耳其和协约国士兵在加里波利战死，这片战场有超过60座精心维护的墓地。可供默哀和纪念的场所包括协约国在海滩（地狱沙嘴）、阿热布努（澳新军团海湾）、孤松、庄克拜尔和V形海滩的公墓，以及土耳其第57军团和凯斯克戴莱公墓。

纪念碑

加里波利是一个纪念勇敢与牺牲的场所，也是现代国家的故事被锻造的地方。半岛上最著名的纪念碑是阿热布努海岸纪念碑，上面记录着阿塔图克有关澳新军团和土耳其战士们之间的和平与和解的名言。其余纪念碑还包括赫勒斯角的方尖碑，纪念20,000多名牺牲在半岛南部却没有坟墓的英国和澳大利亚士兵。

登陆海滩

很少有像澳新军团湾一样同国家认同联系得如此紧密的地方了。1915年4月25日，澳大利亚和新西兰军队在这里登陆。今天，附近的北部海滩每年都会举办澳新军团日黎明悼念仪式。与赫勒斯角的五座海滩尤其是V形和W形海滩相比，在澳新军团海湾发生的伤亡相对轻，而在其他海滩上的牺牲人数都数以千计。

1. 孤松墓地（见164页）
2. 澳新军团海湾（见164页）
3. 赫勒斯角不列颠纪念碑（见166页）

1. 北部海岸，博兹贾阿达（见184页） **2.** 老房子，仲达（阿里贝伊岛；见197页） **3.** 古罗马剧场里的座位，药神殿（见201页），贝尔加马 **4.** 下酒菜

伊兹密尔和爱琴海北部亮点

游客们都被本地区的丰富选择宠坏了，虽然听起来显得有些陈词滥调，但也要冒着风险说一句：这里确实能满足每个人的愿望。古老的城市让历史复活，海滩难能可贵地和别处一样自在，食物和美酒属土耳其最佳之列，往昔的灵魂再一次浮现眼前。

遗迹

古城帕加马（现在叫"贝尔加马"）在每个人的游览清单上都排在第一位，贝赫拉姆卡莱的阿索斯和其他地方一样引人注目。不过，不要错过名气稍逊一些的那些遗迹中的瑰宝，例如比加半岛上的提欧斯，或伊兹密尔东部的萨迪斯。

海滩

博兹贾阿达的海滩名副其实，而且很容易抵达。不过可以多往前走几公里，抵达艾瓦勒克南边的Badavut Plaj。如果你更喜欢水上运动，而非游泳，那么就去阿拉恰特冲浪天堂，这里是土耳其帆板冲浪运动的中心。

记忆

爱琴海北部的殖民历史已有数千年，也是土耳其民族最多元的地区之一。尤其是在艾瓦勒克等地，能看到、感觉到有时甚至是听见本地区多元历史的回响，独立之前，许多希腊人曾在艾瓦勒克定居，而伊兹密尔有西班牙犹太人的社区。

饮食

在本地区的饮食中，尤其能感受到多元民族文化的深远影响，这里的饮食从希腊、克里特岛和犹太人的烹饪方式中吸取了很多东西。在博兹贾阿达和伊兹密尔西南部有著名的葡萄酒庄。

1. 阿波罗神庙,迪迪马(见280页) 2. 尼多斯古城(见310页) 3. 雅典娜神庙,普里埃内(见277页) 4. 大剧场,米利都(见278页)

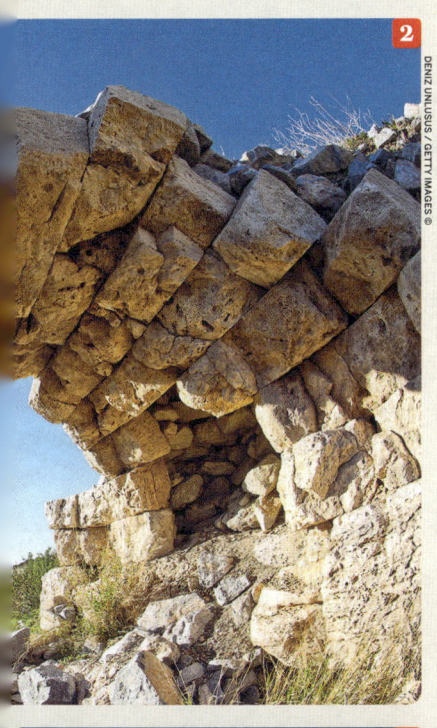

爱琴海南部的古迹

罗马人、卡里亚人、爱奥尼亚希腊人和拜占庭人的古文明都在这片遗迹遍地的海岸线上留下了自己的印记,虽然这里的地形地貌已经发生了变化,但风化的剧场和神庙依然屹立着。

以弗所

在这座古罗马行省首府的石板上,你可以沿着历史名人(如亚历山大大帝和圣保罗)走过的足迹漫步。

普里埃内

去过以弗所之后会发现,普里埃内安静得令人神清气爽,像位于其北方但更繁忙的邻居一样,这里曾经也是一座港口城市。门德雷斯河的泥沙让爱琴海海岸向西后退到现在的位置,将这些港口变成了内陆城市,这也是它们加速衰落的原因。

米利都

米利都的命运和附近的以弗所以及普里埃内一样。它最令人难忘的遗迹是拥有15,000个座位的大剧场,而阿波罗神庙标志着一条通往迪迪马的圣路的起点。

迪迪马

拥有高耸柱子的迪迪马阿波罗神庙是土耳其最能令人思绪驰骋的古迹。它还能助你想象古代世界七大奇迹之一——以弗所阿尔忒弥斯神庙那早已逝去的恢宏景象。

哈利卡尔那索斯的摩索拉斯王陵墓

卡里亚国王摩索拉斯(Mausolus)的陵墓也是古代世界七大奇迹之一。位于博德鲁姆的遗址展览再现了白色大理石的陵墓,顶上则有阶梯金字塔和四马二轮战车。

尼多斯古城

这座多里安港口城市横跨达特恰半岛的两个海湾,它生动地说明了在土耳其爱琴海和地中海地区,古迹那令人沉醉的环境为它们增添了怎样的诗意。

1. 四柱殿（纪念大门），阿佛洛迪西亚斯（见343页） 2. 古罗马剧场（见339页），希耶拉波利斯 3. 劳迪西亚（见344页） 4. 安东尼水神殿（见351页），萨迦拉索斯

安纳托利亚西部亮点

作为古代文明曾经兴旺发达的地区,这里四散着许多远古遗迹。在城镇街巷的角落和疾风劲吹的高地上,风化的铭文和斑驳的雕像讲述着弗里吉亚人、希腊人、罗马人、奥斯曼人和其他民族的故事。而且最妙的是,因为安纳托利亚西部的大多数遗迹都远离旅游路线,在某些遗址你会发现只有你自己、安纳托利亚的风和一个总想跟你聊上几句的售票员。早点儿或晚点儿来,你就可以独享广阔的剧场和广场。

希耶拉波利斯

希耶拉波利斯在罗马和拜占庭时代,是一座文化多元的温泉城市,它的遗迹矗立在帕穆克卡莱由石灰华岩石构造形成的著名的雪白山峰上,显露出日益颓坏的壮丽。

阿佛洛迪西亚斯

无与伦比的阿佛洛迪西亚斯拥有土耳其西部风景最美的两个遗迹。当阿佛洛迪西亚斯还是罗马卡里亚行省的首府时,凯旋门(tetrapylon)就在这里欢迎旅行者的到来,而能容纳3万人的体育场仿佛依然回响着角斗士和观众们的呐喊。

萨迦拉索斯

罗马时代的萨迦拉索斯也是一座重要的皮西迪亚(利西亚北部的区域)城市,它的遗迹散布在托罗斯山脉海拔1500米的地方,诗意盎然,风景无与伦比。

劳迪西亚

沿着一条有柱廊的街道进入,劳迪西亚曾是一座位于两条贸易路线上的繁荣城市,亚洲七大教堂(Seven Churches of Asia,出自《新约》中的《启示录》)中的一座也在这里。

伊兹尼克

伊兹尼克的罗马城墙和拜占庭教堂令人回想起它的黄金时代——第一次大公会议召开的时候,就是这次会议塑造了后来的基督教原型。

1. 于恰鄂兹港，靠近凯考瓦（见390页）
2. 费特希耶湾（见361页） 3. 死海海滩和潟湖（见372页）
4. 卡什（见385页）

蓝色航行

蓝色航行是最具风格的观光方式。登上一艘土耳其传统木帆船（gület），尽情体验蓝绿海岸的美景，游泳或是晒日光浴，慵懒地度过一天，日暮时分在地中海最可爱的角落之一祝酒干杯。

解缆

对想要体验海上生活的陆地人士来说，费特希耶是最受欢迎的出发点。更有经验的船主（以及租赁了一整艘船舱而不是一个船舱的人）常常前往戈西克或卡什。

第一天

土耳其传统木帆船从费特希耶出发，匆匆掠过郁郁葱葱的海岸线抵达死海，然后继续前往蝴蝶谷峭壁镶边的海滩。第一天通常结束于圣尼古拉斯岛，在那里有很多时间可以游泳、浮潜和——如果你不想让自己的腿忘了怎么在地上走路的话——探索岛上的古代遗址。

第二天

一整天都可以在甲板上晒太阳，还有很多游泳的机会。在第二天，一般会沿着整洁的港口小镇卡尔坎和卡什航行，并停泊在阿兹海滩半岛附近。

第三天

将历史融入阳光和泛着咸味的浪花中，第三天途经小巧的于恰鄂兹前往凯考瓦岛著名的水下城市遗址，然后来到卡莱克伊，爬上山顶参观古城西美纳的要塞遗址。

第四天

在这一天，你会沿着海岸向东航行，中途有许多地方可以游泳的停靠点，在那可以欣赏美景。代姆雷南边的Çayağzı（古代的安德里亚科港）通常是上岸的地方。

248

地中海东部古迹

想摆脱人群,探索崎岖破败的遗迹?地中海东部就是合适的地方。这里到处都是大片的考古遗址、重要的早期基督教遗址和悬崖峭壁上的城堡,它们几乎都处于接近被遗忘的状态,这也让探索更具乐趣。

阿奈姆里乌姆古城

这片东倒西歪的遗址顺着悬崖一直散落到海滩上。从城堡高高的城墙上俯瞰这座城市,或者穿行在曾经奢华的罗马浴室,沉浸在昔日的宏伟中。

天堂与地狱洞

地下的世界在召唤。站在地狱洞的深渊上方,走进天堂洞宽阔大张的洞口,走出洞口时你已造访过众神的住所。

伊兰城堡

如果你在地中海东部只看一座城堡的话,就选择阿达纳南部的这座紧紧依附在山顶上、壁垒和塔楼林立的城堡吧。攀登到最高处的塔楼是一个苦差事,但是上面的风景会让你觉得一切都是值得的。

黑山

公元前8世纪的赫梯城镇Azatiwataya如今只剩下石板上的巨大铭文浮雕,由怒目圆睁的斯芬克斯和狮子守护着。

乌兹恩加伯克

在这座地中海内陆村庄,找到了古罗马和希腊化时期的遗迹,包括宙斯神庙的柱廊。

1. 赫梯陶器,黑山(见437页)
2. 阿拉汗修道院(见427页)
3. 马赛克镶嵌画,阿奈姆里乌姆古城(见422页)

最佳基督教遗址

➡ 圣彼得教堂(见439页)

➡ 塔尔索(见431页)

➡ 阿拉汗修道院(见427页)

➡ 圣塔克拉教堂(见425页)

250

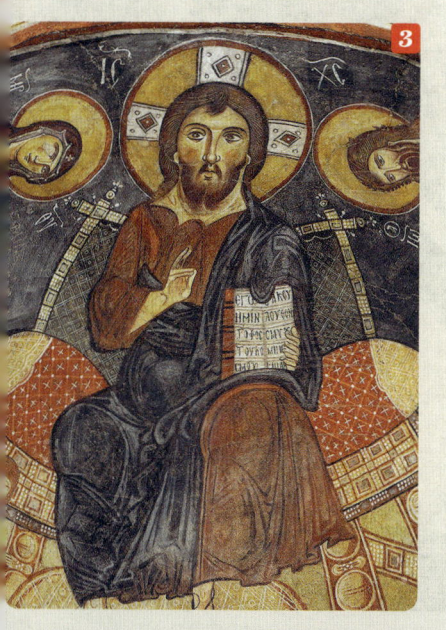

卡帕多基亚壁画入门

确切地说,卡帕多基亚岩穴教堂的壁画是干壁画(用蛋彩颜料在干灰泥上作画)。这里的大部分壁画的历史可追溯至10~12世纪。

全能的基督

全能的基督:一般画在教堂的穹顶上,画中的耶稣一手拿一本书,另外一只手赐福。

耶稣的诞生

描绘耶稣在伯利恒的诞生。老古穆斯勒修道院中的耶稣诞生图尤其令人难忘。

耶稣显圣容

耶稣在门徒面前施展变形神迹的肖像。托卡勒教堂中有一幅壁画对这个场景做了精美的描绘。

复活

《复活》(*The Resurrection*):和先知在同一画面中的基督将灵魂从地狱中拯救出来。黑暗教堂里有一幅很好的画作。

三圣像

和《全能的基督》相似,只不过基督是坐着的,两边分别是圣母玛利亚和施洗者约翰。

最后的审判

《审判日》:正直的灵魂在这天会升上天堂。古玉谢希尔的圣约翰教堂描绘了这一场景。

1. 最后的审判壁画,圣让教堂(见509页),古玉谢希尔
2. 耶稣的诞生壁画,老古穆斯勒修道院(见523页)
3. 全能的基督壁画,黑暗教堂(见491页),格雷梅

认识壁画中的圣徒

圣乔治 传说圣乔治就是在埃尔吉耶斯山上完成屠龙壮举的。

伟大的圣巴塞尔 恺撒利亚大主教,被认为是开始在卡帕多基亚修道院生活的第一人。

"理论家"圣格里高利 圣巴塞尔的朋友,君士坦丁堡大主教。

圣芭芭拉 早期叙利亚基督教皈依者,被她的父亲砍头殉教。

1. 西部台地，内姆鲁特山（见590页） **2.** 圣格里高利教堂（蒂格兰霍恩茨；见583页），阿尼遗址 **3.** 陵墓细节，伊沙克帕夏宫（见586页） **4.** 壁画，苏美拉修道院（见552页）

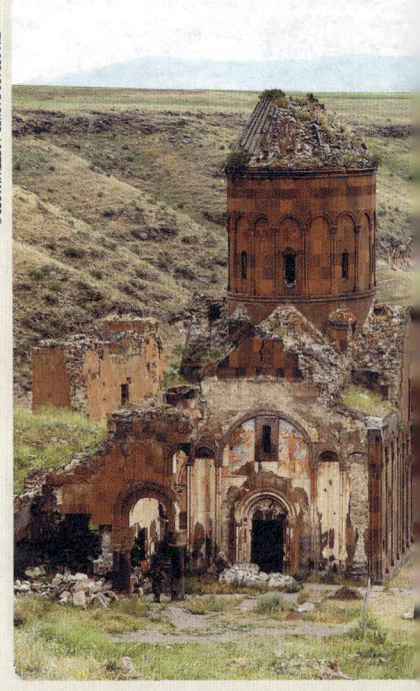

历史亮点

在地形崎岖的安纳托利亚北部和东部,征服、贸易和殖民文明的历史兴衰在一系列古代城市、宏伟的纪念碑和缄默的宗教建筑中体现得淋漓尽致。在这片由沙漠、山丘和干草原构成的土地上,你会发现12,000年历史变迁的各种见证,并沉浸在狂野而美丽的景色中。

苏美拉修道院

从黑海的银色海岸一路攀爬,穿过雾气朦胧的山林,最终抵达这座拜占庭时代的修道院。这座建于4世纪的修道院依附在陡峭的岩壁上,好像已经摆脱了重力的束缚。

阿尼

在土耳其和亚美尼亚边境地带这片荒凉的干草原上,阿尼曾是古代丝绸之路上至关重要的一站,不禁令人想到这座曾经引领世界的城市的力量、荣光和最终的衰落。

四教堂

探索东北部中世纪浪漫的格鲁吉亚教堂遗址,这些与世隔绝的场所是绝佳的探险圣地;尤其是这座现在看上去依然壮观的建于10世纪的四教堂,它位于一座绿色河谷中,距离特克城堡6公里。

伊沙克帕夏宫

这座宫殿颇具文化气息,让人想起安纳托利亚东部地区多元文化交融、发展的历史,建筑融汇了塞尔柱、奥斯曼、波斯、亚美尼亚和其他民族的装饰风格。可置身其中欣赏神圣的石雕和土耳其最高峰阿勒山的全景风光。

内姆鲁特山

这座在古代土地上耸立的山峰有许多巨大的岩石头像,站在它们之间,你会被人类表现出的狂妄自大震惊。在山顶看日出或日落,都会有一种时光流逝的感觉,让人感叹庞大帝国的无常变迁。

(上接235页)暴晒（9:30~13:30最拥挤）。清晨的柔和光线最适合拍摄遗迹，但遗址一般在15:00之后才最安静，届时团队游客都离开了。如果可能，请避开节假日。带上帽子、太阳镜、防晒霜和大量的水，否则只能在入口的商店和咖啡馆购买，那里价格很高。

以弗所的2座大门相隔3公里远。最常选择的入口是上层门[Upper Gate，也称马格内西亚大门（Magnesia Gate）]，沿着库瑞忒斯之路（Curetes Way）一直向下走，塞尔苏斯图书馆（Library of Celsus）就在脚下，然后从下层门（Lower Gate）出。不过，下层门更安静，因为从游船和旅游大巴上来的人较少，公共交通更方便抵达。不管怎样，如果从同一座门进出，从台阶折返并不会太艰难，你还可以将遗址游览上两遍。

👁 下层以弗所 (Lower Ephesus)

圣母教堂 遗迹
（Church of St Mary, Double Church；见234页地图；停车场）以弗所下层城门停车场周围环绕着一些茶馆（çay bahçeleri）、餐厅和纪念品商店，路西是圣母教堂的遗迹，也称"双层教堂"。原本这里的建筑是一座缪斯女神大厅（Hall of the Muses），一个用于演讲、教学与讨论的地方。4世纪被大火烧毁后重建成教堂——第一座以圣母命名的教堂。

后来这里成了以弗所议会（431年）所在地，这个议会将基督教派定义为异教，并拒绝承认玛利亚是"神之母"。几个世纪以来，这里也建起其他一些教堂，遮盖了原始的布局。教堂区域出口的碎石堆是一堆里程碑，曾用于标记往返以弗所的距离。

维迪厄斯体育馆 遗迹
（Gymnasium of Vedius；见234页地图）这座建于公元2世纪的体育馆遗迹，位于下层停车场和塞尔柱—库沙达斯公路之间的小路上，馆内含运动场地、浴室、厕所、训练室、游泳池和典礼大厅。遗憾的是，目前无法参观。

竞技场 遗迹
（Stadium；见234页地图）下层门（Lower Gate）外的竞技场起源于2世纪，后来拜占庭人将这里大多数精美的石材都搬走，用于修建在艾亚素鲁克山上的城堡和圣约翰教堂。这种从古老的、经常被地震摧毁的建筑中"开采"预先切好的建筑石材的做法，在以弗所历史上屡见不鲜。竞技场不对外开放。

港口街 遗迹
（Harbour Street, Arcadian Way；见234页地图）530米长的海港大街由拜占庭皇帝阿卡迪亚（约395~408年在位）修筑，用于连接大剧场和海港中门（Middle Harbour Gate），他在统治后期意图通过此工程重振衰退中的城市。那时，这条大街是以弗所最为富丽堂皇的长街，精美的商店里陈列着进口货物，一到晚上，路旁的柱廊上便点起50盏灯，彻夜通明——是除罗马和安条克之外唯一有路灯的城市。

在街道尽头的入口拱廊的高大石柱之下，你可以亲自感受当年的海究竟有多辽远。

福音传道者石柱 遗迹
（Columns of the Evangelists；见234页地图）港口大街（阿卡迪亚之路）的中央有科林斯式石柱的柱基，6世纪，这上面曾经高耸着4位福音传道者的雕像。

港口浴场 遗迹
（Harbour Baths；见234页地图）这里的浴场建于公元1世纪末，曾经属于一个大型建筑群的一部分，其中还包括一座体育馆和一个运动区，在262年被一次地震严重损坏，直至4世纪才被修复。

大剧院 遗迹
（Great Theatre；见234页地图）大剧院由希腊化时期的利西马科斯国王首建，罗马人在公元41年至117年对其进行了重建，据称圣保罗曾在此传道。然而，它仍然保留了不少原来的设计元素，如精巧的梯形座位（cavea），其中有些部分有顶棚遮盖。座位呈一定坡度倾斜，拾级而上，这意味着上层的观众也能有很好的视野和听觉效果——考虑到会有将近25,000名观众会集于此，这个设计非常有实用性。

事实上，考古学家利用估算法：即简单地用大剧院可容纳的观众人数乘以10，便可得出以弗所的总人口数；据此估计，以弗所人口最多时曾达250,000人。不过从20世纪

90年代起,这里就不再举办摇滚音乐会了,剧场现在仍被用于举行其他活动,能容纳8000人。

大理石街道
遗迹

(Marble Street;见234页地图)这条街道以大理石块铺砌,地基稍稍抬高用以排水,是连接城市中心与阿尔忒弥斯神庙的神圣之路(Sacred Way)的一部分。车辙显示,这里经常有车辆通行;检修孔是为了进入下水道。街道两侧墙壁中的孔洞是十字军为了得到金属而扯掉路灯时留下的。

可寻找一块铺路石上蚀刻的印记,是一位女士头部和一个矩形,它指示的是通往妓院的道路。

下层集市
遗迹

(Lower Agora, Commercial Agora;见234页地图)此处占地110平方米,有一座巨大的柱廊。其中的商店出售纺织品和食品;靠近海港的位置说明这里是货物的进口场所。

塞拉皮斯神庙
遗迹

(Temple of Serapis;见234页地图)从下层集市西南角的一座大理石台阶可前往这座巨大的建筑,里面可能曾有一座献给塞拉皮埃及谷物之神的神庙。希腊是古罗马的粮仓之一,亚历山大港和以弗所有着密切的经济往来。

塞尔苏斯图书馆
遗迹

(Library of Celsus;见234页地图)这座宏伟的图书馆建于2世纪初,是以弗所最著名的纪念建筑,现在大部分已得到修复。起初,图书馆只是一座综合建筑的一部分,看起来要比实际更大:凸起的外立面基座提升了中央建筑的高度,而中间的立柱和柱头也要比两边的更大一些。图书馆外立面的壁龛里摆放着四尊希腊美德女神的雕像复制品:从左到右依次是智慧女神(Sophia)、仁慈女神(Arete)、思想女神(Ennoia)和学识女神(Episteme)。

雕像的原件被收藏在维也纳的以弗所博物馆中,20世纪70年代,奥地利考古研究所对该图书馆进行了修复。

阶梯前的希腊文与拉丁文铭文证明,塞尔苏斯之子、执政官盖乌斯·朱利斯·亚奎拉(Gaius Julius Aquila)在110年为纪念其亡父建造了这座图书馆,他的父亲是105年至107年小亚细亚的统治者盖乌斯·朱利叶斯·塞尔苏斯·波乐曼努斯(Gaius Julius Celsus Polemaeanus),而塞尔苏斯就被埋葬在图书馆的西边。塞尔苏斯图书馆是当时世界上第三大图书馆(仅次于亚历山大图书馆和帕加马图书馆),其壁龛能够容纳多达12,000卷典籍。图书馆内墙和外墙之间隔了一个1米的空间,这样可以保护珍贵书卷免受极端温度和湿度的侵蚀。

库瑞忒斯之路 (Curetes Way)

库瑞忒斯之路(见234页地图)得名于帮助勒托生下阿尔忒弥斯和阿波罗的众小神,它是以弗所主要的街道,长210米,两边环绕着雕像、宏伟的宗教和市民建筑,以及售卖焚香、丝绸与杂物的商铺、工坊甚至餐馆。漫步在这条大街上,你可以深刻地感受到古以弗所人的日常生活。

光滑的大理石地面上,零星地凿刻着规格的圆形洼地和直线形的沟槽,走在上面的游客因此不至于滑得人仰马翻。这种构造不仅在冬季多雨时能够发挥重要作用,在炎热夏季也同样必不可少。店铺的老板会定期在滑溜溜的路面上泼洒从喷泉汲取的水,这样就可以降温。

道路和店铺两旁曾遍植开满鲜花的树木,以起到降温的作用。树的下方间或铺有石质桥台,上面有12个圆形凹坑作为装饰——这些是古以弗所人用来玩耍甚至赌博的棋盘。这种游戏的拉丁文名称为Ludus Duodecim Scriptorum(意思是"十二条线的游戏"),是一种类似于如今西洋双陆棋的游戏。

街道上的大理石板铺排得相当混杂,由于古代与现代的建筑翻新,多数石板已经不在最初始的位置上了。有些石板上用希腊语刻着极小的首字母签名,它们是筑路工人在自己负责的路段上留下的标记。工人们通过这些标记,来计算工作量以获取报酬,同时这也是他们辛勤工作的有效凭证。

沿街有些建筑的墙壁上,含有零散的椭圆形凹槽,这是古以弗所人用来放置油灯的地方。一到晚上,这些油灯就会发出奇异的光芒,照亮整条主街道。大理石中大一些的洞是放火炬用的。

哈德良门
遗迹

（Gate of Hadrian；见234页地图）这座连接库瑞忒斯之路和大理石街的巨大拱门被认为是献给到访以弗所的哈德良的。

妓院
遗迹

（Brothel；见234页地图）这个地方在标识牌上被正经地称作"爱之屋"（Love House），是游客们热切渴望一探究竟之地，但如今荒草丛生，使得想象当初纵情声色的场面是一个相当大的挑战。事实上，有些专家坚信，造访此地的海员和商人无非就是为了找个地方歇歇脚、泡泡澡，当然也不排除有人想要寻花问柳。塞尔柱的以弗所博物馆（见260页）中收藏的男性生殖神的阴茎雕塑，就是在这里的井中找到的。

不管这些妓院最初的目的是什么，据说，其管理者要求来客在进入内厅前要进行一系列程序烦琐的清洁工作。妓院没有窗子，内厅设有多个维纳斯（Venus）的小型雕像和四季的马赛克镶嵌画（描绘冬和春的两幅依然很清晰）；也有谣传说可能有一条地下通道从妓院直通对面的塞尔苏斯图书馆。

露台屋
遗迹

（Terraced Houses；见234页地图；门票20里拉）在这个带屋顶的建筑群中，如今尚有7座罗马家庭住宅保存完好，值得额外花费进入参观。随着一步步攀上房屋外围的旋转楼梯，你会看到越来越多的细节，它们显示了每一栋建筑在不同时期的功能。即便你对历史兴趣寥寥，这些彩色的马赛克、壁画和大理石也足以使人获得窒息般的美感，带你走进失落的以弗所及其贵族世界。

请注意2号房墙上的涂鸦：这些手工绘成的潦草图案包罗万象，从角斗士和动物到情诗和购物清单不胜枚举。3号房中有九位缪斯、莎士、阿波罗的画像，宽敞的内庭中还有这一时代著名哲人的画像。6号房曾有一座185平方米的大理石大厅，还有一个非常不错的浴室，可提供热水浴和冷水浴，其历史可追溯至3世纪。

整座居民区从前曾是墓地——罗马人在这里的露台上建造家园和其他希腊式建筑。

哈德良神庙
遗迹

（Temple of Hadrian；见234页地图）以弗所最重要的景点中仅次于塞尔苏斯图书馆的，就是这座装饰华丽、科林斯风格的神庙。它是献给图拉真的继任者哈德良的，138年竣工时，曾配有木质屋顶和门。请注意它的主拱门，只由中央的一块挡心石支撑，尽管其并不含有水泥砂和石灰浆等成分，但它却保持了完美的平衡。神庙的设计师在其整个建筑结构上应用了错综复杂的装饰和花纹，如命运神堤喀（Tyche）装饰着第一座拱门，而美杜莎（Medusa）则被雕刻在第二座拱门上吓阻邪灵。

海员和商人尤其信奉命运女神堤喀，以祈求保佑他们漫长的旅行，她也是以弗所的守护女神。第一个拱门之后，在左上角的地方，有一个骑着骏马追赶野猪的男人的浮雕，这表现了神话中以弗所的创建者安德路克鲁斯（Androclus）。右侧拱门上有一支亚马孙人的队伍，还有其他可能的创建者。齐肩高处的希腊回纹图案代表了附近的门德雷斯河。

厕所
遗迹

（Latrines；见234页地图）这是一个空旷的广场形建筑，沿着后墙设有一排用来蹲号的"座位"，上方有屋顶。尽管有钱人愿意在家独享专厕，但他们有时也会使用公共厕所；有些人甚至缴纳会员费，就是为了能获取一个专座。进入内部之后，你会发现一个小洞，工作人员便在此收取游客的费用。尽管整个过程基本上都是公开示人的，但古以弗所人穿的宽大托加袍多少会起点儿遮羞作用。

室内其余部分都是露天的，有一块铺着马赛克（虽然你走的是木地板，但依然可以看见）的地板。古代"厕纸"是一根用棍子夹着浸泡在醋溶液中的海绵状物。

图拉真喷泉
遗迹

（Trajan Fountain；见234页地图）这座纪念喷泉建于2世纪初期，前面曾经矗立着伟大的战神皇帝图拉真（98~117年在位）的巨大雕像，他手抓长旗，脚踩圆球。喷泉的铭文这样写道："我已经征服了这座城市的每一个角落，现在它臣服在我的脚下。"今天，雕像只有圆球和一只脚幸存下来。泉水自雕像下方流出，溢上库瑞忒斯之路，将其清洗得干干净净。注意对面很棒的马赛克镶嵌画。

斯寇拉斯提卡浴场　　　　　　　遗迹

（Baths of Scholasticia；见234页地图）图拉真喷泉后的大理石阶梯通往浴场街，可以由此前往这座巨大的公共浴室。其中一座壁龛中有无头的斯寇拉斯提卡雕像，他于4世纪修复了这座浴场。

海格力斯门　　　　　　　　　　城门

（Hercules Gate；见234页地图）这座2层楼的城门于4世纪建造，两边的大石柱上都有大力神赫拉克勒斯的浮雕，是库瑞忒斯之路的上层边界。城门的功能之一就是阻止马车进入库瑞忒斯之路。

◎ 上层以弗所（Upper Ephesus）

喷泉　　　　　　　　　　　　　遗迹

（Hydreion；见234页地图）这座矩形喷泉有4座石柱，位于莫密乌斯纪念碑旁。

莫密乌斯纪念碑　　　　　　　　遗迹

（Memmius Monument；见234页地图）这座纪念碑建于公元1世纪，是献给曾在公元前84年洗劫以弗所的独裁者苏拉（Sulla）的侄子凯乌斯·莫密乌斯（Caius Memmius）的。它矗立在一座巨大的方形地基上，立有装饰着舞蹈人像的柱子。

波利奥喷泉　　　　　　　　　　遗迹

（Pollio Fountain；见234页地图）这座喷泉背靠集市，是为了纪念附近一座渡槽的建造者。喷泉从侧面反映出古以弗所人造喷泉的豪奢气势，它的大部分建于古罗马时代，整个城市都响彻着舒缓人心绪的泉声。

图密善神庙　　　　　　　　　　遗迹

（Temple of Domitian；见234页地图）神庙遗址让人回忆起图密善（81~96年在位）这个暴戾的君王，他曾将圣约翰放逐到帕特莫斯岛（Patmos，圣约翰在该岛上写就了《启示录》），并因自己的侄子对基督教产生兴趣而将其处死。尽管这位暴君生前利用淫威为自己建立石碑，但在他遇刺的消息传到以弗所后，人们果断地将其夷为平地。雕像的头部现藏在位于塞尔柱的以弗所博物馆（见260页）。

阿斯克勒庇恩（药神殿）　　　　遗迹

（Asclepion；见234页地图）有一条叫作神圣之巷（Sacred St）的小巷子沿着集市的西侧直通以弗所的这座药神殿，即今以弗所的医疗中心。由于受到医药之神阿斯克勒庇俄斯（Asclepius）及其女儿健康女神许癸厄亚（Hygieia）的庇护，这里的医生用阿斯克勒庇俄斯之杖（Rod of Asclepius）作为医神的象征之物。你可在附近寻找一个大理石块，上面就有一个这样的符号，还有一只制药杯。

以蛇作为象征，在于蛇的皮肤可以蜕下并再生；在那个时候，古人已经发现蛇毒也具有医疗效果，以弗所就曾因这里的医学院而名闻天下。

城市公共会堂　　　　　　　　　遗迹

（Prytaneum，市政厅；见234页地图）以弗所6根多利克立柱中的2根曾是城市公共会堂和城市金库遗址的入口标志，会堂是以弗所最重要的市政建筑之一。在献给女灶神的赫斯提亚神庙（Temple of Hestia）中，有永远不允许熄灭的城市神圣之火。这里也是宗教和政府官员接待官方来客的地方。

导游可能会为你讲解爱奥尼亚希腊人和罗马人在立柱建筑风格上的不同之处：前者装饰奢华，石柱呈螺旋上升状；后者则较为光滑，平实朴素。两种不同风格的立柱在这里共存，散布于遗址各处，这是古代人翻新建筑和现代人搬迁的结果。类似的不同之处还有拱门：爱奥尼亚希腊人的能工巧匠使用单一材料建造平衡协调的拱门；而罗马人则注重实用性，使用石灰砂浆建造拱门。

赫斯提亚神庙　　　　　　　　　遗迹

（Temple of Hestia；见234页地图）城市公共会堂同时也是神庙的所在之处，这座城市永恒不灭的火焰由维斯塔贞女们（vestal virgins）守护；神庙之前矗立着一座巨大的阿尔忒弥斯雕像，现藏于塞尔柱的以弗所博物馆（见260页）。丰产女神雕像的胸部很夸张，双臂外张，而其双手（多半为金子所铸）早已消失不见。

当地知识

参观以弗所和塞尔柱

下面是深度游指南:

➡ 从下层门进入以弗所。走这条路能避开巡游船和团队游大巴的拥挤人群,他们都是从上层门进城的。

➡ 炎热的夏季要带上阳伞,因为这里一处阴凉地儿也没有。

➡ 厕所只在城门入口处——进入遗址后是没有厕所的。

➡ 露台屋不容错过(不过要额外花钱)!

➡ 圣母马利亚的小屋最好下午参观,届时比较清静,天气也会更凉爽。

➡ 在塞尔柱最少要住2晚,因为以弗所周边地区有太多值得游览的景点,包括热闹的周六集市。

以弗所很多女神、皇帝和其他名人的雕像最初都镶嵌着精雕细琢的宝石眼睛——这也从侧面反映出了以弗所人的富有。

剧场 遗迹

(Odeon;见234页地图)这座曾经奢华无比的大厅建于公元150年前后,拥有1400个装饰着狮爪和其他雕刻的大理石座位。它主要用来举办讲座和音乐演出,不过因为靠近集市,这里被主要用作处理城市政府事务的**议事厅**(bouleuterion),议事厅内有450个座位。

以弗所有当时世界上最为先进的输水系统之一,现存的**赤陶输水管道**就是过往的遗迹。管道沿路一直铺设到了这座剧场。上方断断续续出现的坑洞是开启管道用的。

上层集市 遗迹

(Upper Agora, State Agora;见234页地图)这座大广场面积为58米×170米,曾经是用来制定法律以及讨论政治的场所。广场两侧当初矗立着宏伟的柱子,地面铺着打磨光亮的大理石。广场中央有一座小型的**伊西斯神庙**(Temple of Isis;见234页地图),代表着以弗所和埃及亚历山大港深厚的文化和经贸联系。

广场的柱子后来被一座基督教**大教堂**挪用,就是集市东北角那座典型拜占庭风格的拥有木顶三中殿的教堂。从此处放眼望去,你可以看到远处的几座拱门,它们曾被当作储存食物的仓库。

瓦利乌斯浴场 遗迹

(Baths of Varius;见234页地图)浴室就坐落在古城的主入口处,方便游客们可以盥洗完毕再进门。2世纪修建的那些浴场位于上层集市入口,旁边是1世纪维斯帕先皇帝(Emperor Vespasian)时期修建的Magnesian Gate。这种希腊—罗马式浴室还有一个社会功能,便是作为会面和按摩的地点。这是以弗所4座浴场建筑群中的1座。

☞ 团队游

如果参加团队游,最好先确定导游的资质,保持消息灵通,弄清楚在景点停留的具体时间,对比有多少时间是被用在绕行去地毯店和其他商店购物的。

在遗址大门口游荡等客的导游2小时收费约200里拉(官方价格为300里拉多一点)。这里的多语种语音导览(20里拉)服务混乱,无法提供更多信息,不推荐。许多遗迹都有很好的英语引导标识。

总部设在塞尔柱的运营者,例如Enchanting Tours(见263页)和No Frills Ephesus Tours(见263页),提供的团队游值得参加。

Selcukephesus.com 观光飞行

(📞0530 884 0854;www.selcukephesus.com;20/60分钟飞行 300/500里拉)如果想感受完全不一样的以弗所,那么就去以弗所考古遗址以北5公里处的塞尔柱以弗所机场乘坐2个座椅的微型飞机吧。飞机会带你飞过塞尔柱和考古遗址主要景点,然后在库沙达斯海岸盘旋,欣赏海景。可在线预订。

🛈 到达和离开

酒店除非拥有旅行社许可,否则不包往以弗所的服务,所以游客需要打的、乘车或随团出行。塞尔柱距2座大门都需要徒步大约3.5公里,通往下层门的途中会经过阿尔忒弥斯神庙,有桑树遮阴。你可以骑自行车,不过途中大部分时间要走一条拥挤的道路。

有小巴(Dolmuşes)前往下层门(2.5里拉),夏季每半小时1班,冬季每小时1班。另外,往返塞尔柱和库沙达斯之间的小巴可以在通往下层门的路口上下客,这里距离遗迹步行大约需要20分钟。

往返任意一座大门的出租车花费约为20里拉。

以弗所周边(Around Ephesus)

不要错过游览这个据称是圣母在基督死后的住所的机会。另外,七圣童洞穴流传着一个迷人的故事。

多数以弗所的旅游线路都会经过附近景点,不过你还是提前询问确定一下为好。

圣母玛利亚的小屋所在的Meryemana距离以弗所的上层城门有8公里,距离下层城门9.5公里。小巴不去那里;从塞尔柱的汽车站乘坐出租车的价格为40/70里拉单程/往返(包括30分钟的等待时间)。七圣童洞穴位于下层城门东北2公里处,最好是游览过Meryemana和以弗所之后再去。往返塞尔柱和东南8.5公里处的Çamlık(5里拉,20分钟)的小巴很多。

◉ 景点

圣母玛利亚的小屋　　　　　　　　基督教

(Mary's House, Meryem Ana Evi; ☎0232-894 1012; Meryemana; 门票 20里拉,停车 10里拉; ◎8:00~18:00,弥撒 周日 10:30, 4月至10月 周日至周五 18:00, 11月至次年3月 每天 17:00)坐落在夜莺山(Bülbül Dağı,即Mt Coressos)斜坡之上的一座废弃房屋的地基之上,周围树木繁茂,据称圣母玛利亚曾住在这里。现在,小教堂的朝圣者和游客络绎不绝。因为游人如织,你可能无法仔细欣赏这座小教堂的内部,祭坛前面点着蜡烛,你可以留意出口上的小壁画和外墙地基较大的橙色砖块,它指示的就是原来的地基。

教堂下方有一堵"许愿墙",上面挂满了白布条、纸条、塑料片或其他手头有的物品,都是信徒许愿时绑系在墙上的。这里水龙头的水是可饮用的泉水。

房屋地基建于公元6世纪(不过有些部分的历史可能更为久远),于1881年由法国教士朱利安·古伊(Julien Gouyet)发现。尽管传说一再证明传道者约翰将晚年的圣母玛利亚带到了以弗所,后者在此度过了余生(37~48年),但直到19世纪这里才成为一个朝圣地。古伊声称他是根据卧病在床的德国修女安妮·卡特里安·艾默里希(Anne Catherian Emmerich,1774~1824年)所见的异象,发现了圣母玛利亚的小屋。从那以后,4任罗马教皇[最近则是本笃十六世(Benedict XVI),于2006年来此]均来此进行拜谒。虽然梵蒂冈并未授予该地官方地位,但已故的约翰·保罗二世(John Paul II)却在2004年加封了艾默里希为圣徒。

在通往小屋的路边,你可以看到多种语言写成的告示板,也提供小册子和宣传页。咖啡馆对面的书店里能买到P.尤金·波林(P Eugene Poulin)所著的《圣母玛利亚的小屋:被发现的真实故事》(The Holy Virgin's House: The True Story of Its Discovery;6里拉)。

参观时要着装言行得体,因为许多基督教信徒认为这里是圣地。

七圣童洞穴　　　　　　　　　　　遗迹

(Grotto of the Seven Sleepers; Yedi Uyuyanlar Mağarası) 免费 往返以弗所下层城门的路上要经过这处位于皮昂山(Panayır Dağı)的洞穴墓地,其中埋葬的是于250年受到德西乌斯皇帝(Emperor Decius)迫害的七位传奇般的年轻基督教徒。从停车场向南步行200米就能看见遗迹,沿着山路向右走即到。洞穴透过一道铁丝网清晰可见,不过很多场景只能依靠想象。

传说七圣童拒绝放弃自己的基督教信仰,将财产全部捐给穷人后,来到皮昂山山顶

不要错过

以弗所博物馆

以弗所博物馆（Ephesus Museum；见262页地图；www.ephesus.us/ephesus/ephesusmuseum.htm；Uğur Mumcu Sevgi Yolu Caddesi；门票10里拉；◉4月至10月 8:00~18:30，11月至次年3月 至16:30）这座出色的博物馆在经过了一次大规模翻修之后，于2014年带着9个重新组织的展厅重新开放，其中收藏着**以弗所露台屋**（见256页）和**阿尔忒弥斯神庙**（见261页）的各种物品，包括度量衡、珠宝和首饰盒以及钱币、陪葬品和古雕像等，其中不乏**2号展厅**里著名的生殖之神普里阿普斯（Phallic god Priapus）的雕像；**4号展厅**大部分空间用来供奉厄洛斯（Eros）的雕像；**8号展厅**里的丰产之神阿尔忒弥斯的大理石雕像有多个乳房，堪称艺术品中的上乘之作。

从**角斗士墓**中出土的物品也在这里进行了展示，馆方对其武器装备、训练机制以及职业风险等都进行了注解说明。同样值得一看的还有**9号展厅**中的哈德良神庙的雕刻饰带，它是献给皇帝的。展现了4位具有英雄气概的亚马孙女战士，她们的乳房都被割去了一只——在早期的希腊作家笔下，她们是以弗所的建立者。

最好是游览完以弗所之后再造访这座博物馆，那样可以了解这些文物的出处。趁上午人少时去。

的一处洞穴里进行祷告。不久，他们就睡着了，然后德西乌斯下令将山洞密封起来。几百年过去了，有个地主想要使用这个洞穴，便将其唤醒。七人醒来之后以为自己只睡了一天而已，并谨慎地派人去异教信仰的以弗所城进行确认。派出之人迷迷糊糊地到了以弗所，惊讶地发现这座城市已经有了基督教教堂；而以弗所人也意外地发现有人在使用200年前的货币。当地的主教史蒂芬（Stephen）会见了七位圣徒。七圣徒于450年前后逝世后，人们将遗体安葬在了他们当年沉睡的洞穴之中。

主教迅速将神迹告知天下，并立即举行了一个后来延续了近千年的拜占庭朝圣仪式。这段传奇流传到了遥远的法国和英国，甚至还出现了一个《古兰经》的版本，用于吸引穆斯林朝圣。

1927年，人们开始对洞穴进行发掘。出土的物品里面有几百件4世纪到5世纪的陶制油灯，上面刻有基督教标识，有些还有异教的标识。他们指出，这些发现和这片古代墓场的大量石雕坟墓表明，这个地方曾经在很多年里对很多人而言都极其重要。

塞尔柱（Selçuk）

🗐 0232 / 人口 29.190

要不是因为旁边有以弗所，塞尔柱可能就是另一座土耳其的农业城镇，每周有一次热闹的集市，耕犁锈烂在小街边。可以这么说，这座通往以弗所的门户本身就拥有诸多名胜：罗马和拜占庭水渠遗迹、古代世界七大奇迹之一所遗留的一根石柱、山顶的拜占庭圣约翰大教堂遗迹，以及艾亚素鲁克堡垒——上面还有美丽的鹳鸟巢。

与所有面向短期游客的小地方一样，塞尔柱当地的旅游业也充满了竞争。这是一把双刃剑，既能为游客提供满意的价格，也会导致令人厌恶的施压战术。然而不管怎么说，塞尔柱终归是一个惹人喜爱且民风质朴的城镇，融合传统乡村风情和繁忙的旅游城市为一体，而在家庭旅馆中你可以感受土耳其人的好客、品尝当地家常菜。这个悠闲的地方可供你歇歇脚。

◉ 景点

圣约翰大教堂   教堂

（Basilica of St John; Aziz Yahya Kilisesi; 见262页地图; St Jean Caddesi; 含艾亚素鲁克堡垒10里拉; ◉4月至10月 8:00~18:30，11月至次年3月至16:30）尽管进行了长达一个世纪的修缮，单数这座由拜占庭皇帝查士丁尼（约527～565年在位）修建的宏伟大教堂目前仍只是一个有名无实的空架子。不过，这里却是观赏山顶风景的好去处，而且是日落摄影的最佳场所。从信息板和比例尺模型，以及大理石台阶和纪念碑式样的大门，你能想象到建筑当年的恢宏气势。

随着时间的流逝，地震和入侵者毁坏了查士丁尼的这座献给传道者约翰的宏伟教堂。据称圣约翰曾两度造访以弗所。第一次（在37~48年）造访时，圣约翰带着圣母玛利亚；第二次（95年）造访时，圣约翰在这座山上写就了《福音书》。以上种种传说，再加上人们又发现了一座4世纪、埋藏着圣约翰遗物的坟墓，使得查士丁尼决心在此修建这座大教堂。直至拜占庭时代末期，该教堂吸引着数以千计的朝圣者蜂拥至此。至圣所中有一块大理石厚板，标记圣约翰坟墓所在地，周围环绕着查士丁尼大教堂的十字形轮廓。注意：支撑穹顶的12根柱子上雕刻着基督教图案，还有一座4世纪的全浸式浸礼池。

艾亚素鲁克堡垒 要塞

（Ayasuluk Fortress, Ayasuluk Kalesi; St Jean Caddesi; 门票 含圣约翰大教堂10里拉; ◎4月至10月 8:30~18:30，11月至次年3月 至16:30）这个塞尔柱与高无上的名胜，需要和圣约翰大教堂用同一张门票进出，大教堂是城堡的主要建筑。之前这里曾进行过广泛发掘，一直持续到25年后的1998年，出土的物品显示了这座堡垒的山顶不仅定居过最初的以弗所人，它的历史甚至可以追溯到新石器时代。如今要塞位于教堂以北约350米处，已经完成部分修复，遗迹可追溯至拜占庭帝国、塞尔柱王朝和奥斯曼帝国时代，非常值得一游。

进入要塞要通过一座所谓的迫害之门（Gate of Persecution），经过教堂后往山上走，穿过西门后，遗迹中有清晰的路标指示，能看到一座公共浴室、几座水池和重建的城堡清真寺（Castle Mosque），清真寺里面有可辨别出的米哈拉布（指向麦加方向的神龛）。从2010年起，人们利用原始材料对超过100米的西部围墙和高塔进行了修复。

2009年，城堡的一部分，即完成部分修复的堡垒宫殿[Castle Palace，或称内部堡垒（Inner Fortress）]，一经发掘就引起了轰动。原来，人们上一次听说它还要追溯到1670年，借由一位英国旅行家约翰·科维尔（John Covell）之口。该府邸是某个奥斯曼掌权家族所建，而且很有可能与附近的伊萨贝清真寺（İsa Bey Camii）出自同一建筑师之手。

近期出土的宫殿文物揭开了清真寺以南其余3间房屋的面纱。这片总计15间寝室的区域被人们称为南面露台屋（Southern Terrace Houses）。有记录表明，奥斯曼时代伟大的旅行家艾维亚·瑟勒比（Evliya Çelebi）在17世纪末曾在这里停留。

古罗马和拜占庭水道桥 遗迹

（Roman & Byzantine Aqueduct; 见262页地图）这条古罗马和拜占庭水道桥从艾亚素鲁克山南路一路向东。每年的3月至9月，这条又长又高的水道桥就成了随季节迁徙的鹳鸟筑巢造窝的好地方。

伊萨贝清真寺 清真寺

（İsa Bey Camii; 见262页地图; St Jean Caddesi）宏伟的伊萨贝清真寺（1375年）位于艾亚素鲁克南部山脚下，采用了塞尔柱王朝末期、奥斯曼帝国初期这一过渡时期的建筑风格，当时塞尔柱是艾登省酋长国的首都。主门上方的一块阿拉伯语铭文表明，清真寺建于1375年。除了祷告时间，伊萨贝清真寺均对游客开放。

阿尔忒弥斯神庙 遗迹

（Temple of Artemis, Temple of Artemision, Artemis Tapınağı; 见262页地图; 紧邻Dr Sabri Yayla Bulvarı; ◎4月至10月 8:00~19:00，11月至次年3月 8:30~18:00）**免费** 阿尔忒弥斯神庙位于镇中心以西的一块空地上，曾位列世界七大奇迹之一，规模宏大，目前仅有一根重建时的台柱独立于世。鼎盛时期，这座神庙有127根立柱；如今想要重温那时的壮观场面，你就要去迪迪马保存稍微完好的阿波罗神庙（122根立柱）缅怀过去了。

1000多年来，阿尔忒弥斯神庙受到了来自洪水（周边地区至今在春天仍然经常被淹）以及一波波入侵者的损害，但一直在被重建，这表明了以弗所人对其丰产女神（即罗马人的狄安娜）爱恋有加。每每举行的祭祀活动都会给这座城市带来丰厚的财富回报，前来朝圣的信徒和捐助者，包括当时最为强大的国王与皇帝都做出了巨大的贡献。

Selçuk 塞尔柱

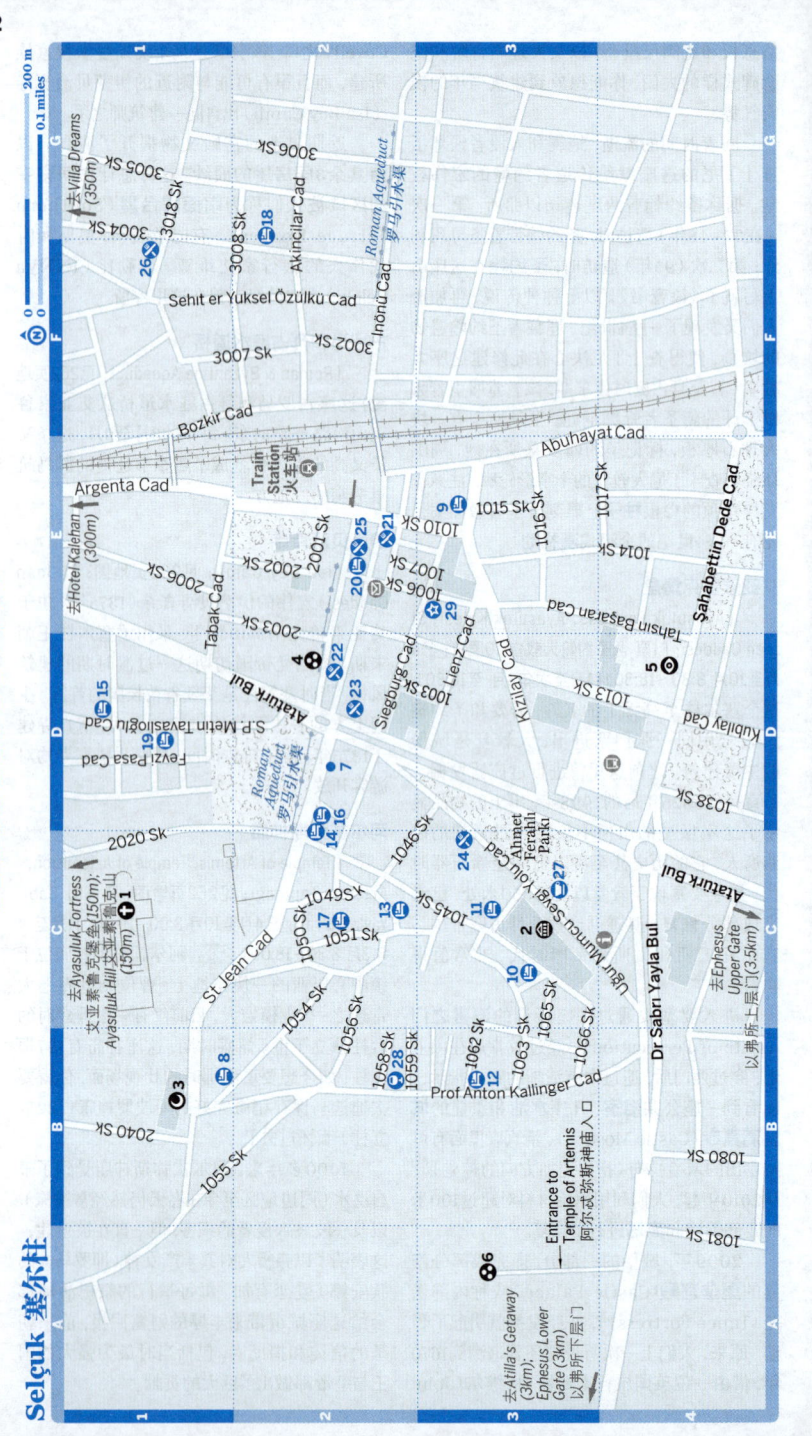

262

以弗所、博德鲁姆和爱琴海南部 塞尔柱

- 去Villa Dreams (350m)
- 3005 Sk
- 3018 Sk
- 3004 Sk
- 3008 Sk
- 3006 Sk
- Akıncılar Cad
- Roman Aqueduct 罗马引水渠
- Sehit er Yuksel Özülkü Cad
- 3007 Sk
- 3002 Sk
- İnönü Cad
- Bozkir Cad
- Abuhayat Cad
- Argenta Cad
- Train Station 以车站
- 2001 Sk
- 2002 Sk
- 2003 Sk
- 1010 Sk
- 1015 Sk Sk
- 1006 Sk
- 1007 Sk
- 1016 Sk
- 1017 Sk
- 1014 Sk
- 去Hotel Kalehan (300m)
- Tabak Cad
- 2006 Sk
- Atatürk Bul
- Siegburg Cad
- 1003 Sk
- Lienz Cad
- Kızılay Cad
- Tahsin Başaran Cad
- Şahabettin Dede Cad
- 1013 Sk
- Kubilay Cad
- 1038 Sk
- Fevzi Pasa Cad
- S.P. Metin Tavaslıoğlu Cad
- Roman Aqueduct 罗马引水渠
- Ahmet Ferahlı Parkı
- 2020 Sk
- 1046 Sk
- 1045 Sk
- Uğur Mumcu Sevgi Yolu Cad
- Atatürk Bul
- 去Ephesus Upper Gate 以弗所上层门 (3.5km)
- Dr Sabri Yayla Bul
- 去Ayasuluk Fortress (150m); Ayasuluk Hill 艾亚赛鲁克堡/艾亚赛鲁克山 (150m)
- St Jean Cad
- 1049 Sk
- 1050 Sk
- 1051 Sk
- 1054 Sk
- 1056 Sk
- 1058 Sk
- 1059 Sk
- 1055 Sk
- 1062 Sk
- 1063 Sk
- 1065 Sk
- 1066 Sk
- Prof Anton Kallinger Cad
- 2040 Sk
- 1080 Sk
- 1081 Sk
- Entrance to Temple of Artemis 阿尔忒弥斯神庙入口
- 去Atilla's Getaway (3km); Ephesus Lower Gate (3km) 以弗所下层门

200 m / 0.1 miles

Selçuk 塞尔柱

◎ 景点
- 1 圣约翰大教堂 C1
- 2 以弗所博物馆 C3
- 3 伊萨贝清真寺 B1
- 4 古罗马和拜占庭水道桥 D2
- 5 周六集市 D4
- 6 阿尔忒弥斯神庙 A3

⊕ 活动、课程和团队游
- Enchanting Tours .... (见14)
- 7 No Frills Ephesus Tours D2

🛏 住宿
- 8 Akay Hotel B1
- 9 Artemis Guesthouse E3
- 10 Barım Pension C3
- 11 Boomerang Guesthouse C3
- 12 Casa Callinos B3
- 13 Homeros Pension C2
- 14 Hotel Bella C2
- 15 Nazar Hotel D1
- 16 Nazhan D2
- 17 Nilya Hotel C2
- 18 Nur Pension G2
- 19 Tuncay Pension D1
- 20 Wallabies Aquaduct Hotel E2

⊗ 就餐
- Boomerang Garden Restaurant .... (见11)
- 21 Ejder Restaurant E2
- 22 Seçkin & Firuze D2
- 23 Sişçi Yaşar' ın Yeri D2
- 24 St John's Café C3
- 25 Wallabies Aquaduct Restaurant E2
- 26 Wednesday Market F1

⊙ 饮品和夜生活
- 27 Çadır Lounge C3
- 28 Destina B2

⊗ 娱乐
- 29 Pink Bistro Cafe E3

从南部能看到伊萨贝清真寺石柱顶上的鹳鸟巢和后面的艾亚素鲁克山。若详细研究这片地区，你还能发现一座古代**至圣所**的遗迹和阿尔忒弥斯**大祭坛**的遗址。

周六集市 市场

（见262页地图；Şahabettin Dede Caddesi；◎周六 冬季9:00~17:00，夏季8:00~19:00）想自己做饭的人和观光客会喜欢这个位于汽车站以东的热闹周末集市。与东北方那座较小的**周三集市**（见262页地图；3018 Sokak；◎周三 冬季9:00~17:00，夏季8:00~19:00）一样，这里也有周边地区村里农庄出产的水果、蔬菜和奶酪。

👉 团队游

★ No Frills Ephesus Tours 团队游

（见262页地图；☏0232-892 8828, 0545 892 8828；www.nofrillsephesustours.com；St Jean Caddesi 3/A；半日/全天观光40/55欧元；◎4月至10月 9:00）Mehmet Esenkaya和他的澳大利亚妻子Christine注意到这里的地毯商让时间紧缺的自由行游客感到厌烦，于是就发起了这些小规模的团队游，由信息灵通、讨人喜欢的导游带领，不会绕道去任何街边商店购物。半日团队游可前往阿尔忒弥斯神庙和以弗所；全天会增加以弗所博物馆和圣母玛利亚的小屋。游览圣约翰大教堂、露台屋和斯利因斯（Şirince），每处需要额外多加10欧元。

Enchanting Tours 团队游

（见262页地图；☏0232-892 6654, 0535 245 3548；www.enchantingtoursturkey.com；St John Caddesi 3/B, Hotel Bella）这家机构位于塞尔柱的Hotel Bella，提供以弗所全天团队游，也可前往圣母玛利亚的小屋、阿尔忒弥斯神庙、圣约翰大教堂或斯利因斯。半日4小时的私人团队游只能前往以弗所，导游有资格证，需要350里拉；全天价格翻倍，可前往露台屋。

🛏 住宿

塞尔柱有大量物美价廉、家庭经营式的小旅馆，也有更高档一些的酒店。不过，享受了殷勤的服务、免费的附加产品、车站接送、机场中转和热情的帮助后，就会有压力得买点儿什么了（地毯等）。提高警惕。

Atilla's Getaway 度假村 $

（☏0232-892 3847；www.atillasgetaway.

com; Acarlar Köyü; 露营 8 欧元，铺/标单/双/标三 13/22/36/54 欧元；❀@🛜）这个气氛友好的"游客度假村"得名于其和蔼可亲的土耳其籍澳大利亚店主，你在这里可以完全放松。这里有一个古典的休息区可以眺望山地，花园里种满果树，酒吧里有台球桌、夜里很热闹。每周有2次烤肉（20里拉），早餐有6种选择，排球场和乒乓球桌更添乐趣。

这座路边酒店位于塞尔柱以南3公里处，有免费的班车，每20分钟有1班小巴（2里拉）；向山上徒步50分钟即可到达以弗所上层山门。有7间需要共用设施的基本型平房，也有20个舒适的现代风格套房，2间各有9张床位的宿舍。

Artemis Guesthouse 客栈

（见262页地图；📞0539 450 0187, 0232-892 6191; www.artemisguesthouse.net; 1012 Sokak 2; 铺/标单/双/标三 35/55/80/120 里拉；❀@🛜）这家一尘不染的经济型住宿处位于镇中心，距离汽车站只有几分钟路程，很受旅行者喜欢。带有围墙的花园中有一座游泳池，还有指示箭头告诉游客他们离家多远（顺便一提，这里距离悉尼有14,938公里），讨人喜欢，员工了解的信息很多，而且待人热情。20个房间中有一间混合宿舍，包括4张床。

Nur Pension 家庭旅馆 $

（见262页地图；📞0232-892 6595; info@nurpension.com; 3004 Sokak 20; 铺/标单/双/标三 10/20/27/33 欧元；❀🛜）Nur Pension 位于一处僻静的居民区，远离常规道路，但是就在火车站的铁轨上方，由土耳其籍日本人 Nur 经营，7个朴素但干净的明亮客房占据着2层楼，带修整过的浴室。各有一个男女宿舍，包括3张床和公共浴室。屋顶露台有一个酒吧和厨房。

★ Hotel Bella 酒店 $$

（见262页地图；📞0232-892 3944; www.hotelbella.com; St Jean Caddesi 7; 标单 120~160 里拉，双和标双 130~175 里拉，标三/家 200/220 里拉；❀🛜）这家时髦的小酒店位于水道桥对面一条坡道街边，有11间精心设计的客房，采用奥斯曼风格装饰，一楼还有一间地毯、瓷砖和陶瓷商店。即便是经济房，也有相当豪华的

地毯和后宫画，屋顶休息室和餐厅中也点缀着古董和工艺品。

大一些的房间包括6号的3人间，12号的家庭房。与众不同的是，这里每天9:30和13:30会为住客提供去以弗所的交通工具。为了有资格从事这项服务，酒店还专门开办了一家旅行社。返程时间为3小时后。

★ Boomerang Guesthouse 客栈 $$

（见262页地图；📞0534 055 4761, 0232-892 4879; www.boomerangguesthouse.com; 1047 Sokak 10; 铺/标单/双/标三/家 10/30/40/60/70 欧元起；❀@🛜）一直有回头客光顾这家热情的土耳其/澳大利亚籍中国人开办的旅馆，可以在石头庭院的树荫下度过悠闲的夜晚，有一个出色的酒吧兼餐厅。10个房间里有些带阳台（例如11号和14号），4号房有独立的庭院，所有房间都有冰箱，也提供带公用浴室的经济型住宿（标单/双/标三 20/30/45 欧元）。

宿舍里有12张床和2间公用浴室。和蔼的店主 Hüseyin 很了解当地信息，还出租自行车（15里拉/天）。

★ Homeros Pension 家庭旅馆 $$

（见262页地图；📞0232-892 3995, 0535 310 7859; www.homerospension.com; 1048 Sokak 3; 标单/双 60/120 里拉；❀@🛜）这家一直很受欢迎的住宿处有10个房间，位于两幢楼上，悬挂着五颜六色的织物，家具都是店主兼木匠 Dervis 手工制作的，他也是个古董收藏者，非常热情。你可以在屋顶露台上享用膳食，欣赏镇上最好的风景。旧楼的4个房间更浪漫，新楼的6个房间风景更好。

3个房间是带公共浴室的经济型。

Nazar Hotel 酒店 $$

（见262页地图；📞0232-892 2222; www.nazarhotel.com; Şehit Polis Metin Tavaslıoğlu Caddesi 34; 标单/双/标三/家 38/55/60/80 欧元起；❀@🛜）酒店位于艾亚素鲁克城堡下的一处居民区，由土耳其/法国人经营，服务尤其优质。店主 İlker 对所有事情都很热心，露台早晚餐（10欧元）都是家常菜肴，在那里能眺望要塞的风景。13个客房虽简单（铺设的是亚麻地毡），但有像样的浴室；4个带阳台（如301号）。我们喜欢围墙花园，里面有泳池，还

值得一游

泰尔和卡普兰

塞尔柱东北40公里处的农业市镇泰尔（Tire）位于Bozdağler山下的沃野中。热门的周二集市能一窥土耳其乡村生活的面貌。集市蔓延在镇中心，街道上都弥漫着新采香草和烤kokorec（调味羊羔肉或羊肠）的气息。周五还有一个规模较小的集市。

泰尔依附其传统的毛毡（keçeci）制造业而发展，Lütfü Paşa Caddesi街上有一些生产商仍然在生产羊毛混纺的产品，从小小的**雷瑟清真寺**（Leyse Camii, 1543年）一直延伸到山上的鹅卵石街道旁。

要从主广场/转盘到这里，你需要沿着Atatürk Caddesi向南，在Ziraat Bankası对面左拐（东）进入Akyol Caddesi，右边（北）是Lütfü Paşa Caddes街。

从泰尔沿着一条5公里长的陡峭蜿蜒道路可到达卡普兰（Kaplan，意思是"老虎"）山村，名字很酷，Kaplan Dağ Restoran餐厅与其美丽的风景一样吸引游客。

Kaplan Dağ Restoran（虎山，📞0232-512 6652, 0507 745 7372; www.kaplandag.com; 开胃菜7里拉，主菜16～25里拉；⊙周二至周日12:30~21:30; 🅿）是我们在土耳其外省的最爱，提供富含橄榄油和野生香草的当地菜肴，如豆油鱼、西葫芦花，主菜有泰尔风味的肉丸和烤肉卷饼。周二和周末要预约。

从塞尔柱到泰尔的小巴（10里拉，45分钟）每40分钟1班。出租车价格约70里拉。

从泰尔乘出租车前往卡普兰再返回（这是抵达卡普兰的唯一方式），价格为50里拉。你可以给司机**Mehmet Yıldırımer**（📞0531 883 2655）打电话，他全年无休。

有关在笼中的鸟儿，在一台古老的缝纫机上还有一台给客人用的电脑。

Akay Hotel 酒店 $$

（见262页地图；📞0232-892 3172; www.hotelakay.com; 1054 Sokak 7; 标单/双 35/50欧元起；❄🛜🏊）这家靠近伊萨贝清真寺的时髦酒店位于一座修复过的旧楼中，24个客房设备完善，能眺望到一座诱人的蓝绿色游泳池和酒吧。悠闲的屋顶露台上可提供晚餐，便宜的7欧元。泳池畔的高价客房浴室很小，不值得额外花钱。

Wallabies Aquaduct Hotel 酒店 $$

（见262页地图；📞0232-892 3204, 0535 669 0037; www.wallabiesaquaducthotel.com; Cengiz Topel Caddesi 2; 标单/双 75/120里拉；❄🛜）这家酒店几乎快成了拜占庭水道桥的一部分，有24个时髦客房，采用乡村风情的家具陈设，顶楼能看到遗迹顶部的鹳鸟巢和城镇那头的要塞，如205号房。虽然没有什么特色，但小电梯、自助早餐以及屏蔽了海滩喧闹的双层玻璃窗使这里足够宜人。

Barım Pension 家庭旅馆 $$

（见262页地图；📞0232-892 6923; http://barimpension.com; 1045 Sokak 42; 标单/双 50/90里拉；❄🛜）这家经营年代很长的家庭旅馆的特色是铸铁家具，由两位从事金属加工的友好兄弟制作，旅馆也是他们和妻子共同经营的。位于一座很有个性的140年的石屋中，可在绿荫茂密的后花园用早餐。10个房间都相当现代，有很好的浴室；2号和5号房是很棒的双人间（5号要通过一段私人台阶进入）。

店主Adnan和Recep都很热心于自行车运动，可协助租赁自行车，给予一些关于当地车道的建议。

Tuncay Pension 家庭旅馆 $$

（见262页地图；📞0232-892 6260, 0536 433 8685; info@tuncaypension.com.tr; Şehit Polis Metin Tavaslıoğlu Caddesi 13; 标单/双/标三 65/90/120里拉；❄🛜）11个刷成白色的木头房间相对宽敞，拥有全新的床铺和民间风情的家具。有一座可爱的露台可供纳凉，还能看到城堡，庭院里点缀着小摆设。

Casa Callinos 精品酒店 $$

（见262页地图；📞0232-892 4030; www.casacallinos.com; 1062 Sokak 2/A; 双/标三 50/60欧元；❄🛜）这家新精品酒店位于阿尔

弥斯神庙对面,标准和地理位置都很超值。酒店包括3座建筑,共8个房间,2个能看到街道,其余的朝向一个宁静的庭院。陈设不讨喜,但客房中使用的砖块和木头是个加分项。浴室很大。

Nilya Hotel　　　　　精品酒店 $$$

（见262页地图；☎0232-892 9081；www.nilya.com；1051 Sokak 7；标单/双/标三/套 180/200/240/260里拉；❋☎❄）这家酒店和附近的Hotel Bella由同一个店主经营,并呈现出类似的艺术风格,12间客房都有手工雕刻的榛子木床头柜、玫瑰色天花板、屈塔希亚瓷砖、奥斯曼风格的缩小型细密画和钙华池浴室。整修后的石头建筑有一个美丽的庭院,还有一个能越过平原看到爱琴海的阳台。2楼的7个房间更好。

Villa Dreams　　　　　家庭旅馆 $$$

（☎0232-892 3514，0545 379 5210；http://ephesusvilladreams.com；3046 Sokak 15；标单/双/家 50/65/80里拉；❋☎❄）读者推荐的这家旅馆景观非常棒,拥有露天泳池和公用厨房,提供10个现代风格的标准间和2间面积很大的配闪亮木质地板和阳台的家庭房。站在屋顶露台上,你可以欣赏到绝美的城堡风光。提供往返市中心的免费班车服务。位于通往斯利因斯的路边,有些远,不过每天有6班免费的接驳车。

每个房间都有阳台,8个能看到艾亚素鲁克要塞,3个能看到花园(有15只乌龟在巢穴边休息)。可要求员工指示从屋顶露台上能看到的3座城堡。

Nazhan　　　　　精品酒店 $$$

（见262页地图；☎0532 214 2509，0232-892 8731；www.nazhan.net；1044 Sokak 2；标单/双 60/70欧元；❋☎）Nazhan旅馆占据着一座百年历史的希腊住宅,庭院和休息室很有品位地用大量的工艺品和古玩装饰,在12个小客房中,白色墙壁配着地毯。屋顶小露台能眺望风景,家常晚餐和早餐采用的都是当地食材,包括自家果园出品的橄榄。

Hotel Kalehan　　　　　酒店 $$$

（☎0532 272 6584，0232-892 6154；

www.kalehan.com；Atatürk Caddesi 57；标单/双 50/75/100欧元；❋☎❄）酒店位于塞尔柱北郊,距离镇中心约600米,这家"城堡商队驿站"有开满鲜花的花园,客房融现代设施和复古氛围于一体,散落着古董和黑白照片。酒吧兼餐厅是游览遗址一天后的快乐休息处。

🍴 就餐

塞尔柱的食物价格公道、质量有保证,不过,许多家庭旅馆和酒店提供的家常菜更加美味。有照明的拜占庭水道桥边的户外餐厅和茶园,是享用夏夜晚餐的浪漫选择。

Boomerang Garden Restaurant　　中国菜 $

（见262页地图；☎0232-892 4879，0534 055 4761；1047 Sokak 10；主菜 10~28里拉；⏲8:00至午夜；✈）如果真的无法忍受没有米饭、面条和酸甜口味的食物,那就去这家以自制中国菜为傲的怡人庭院餐厅(和酒吧)。不过不要束缚自己,如果想吃土耳其菜(从烤肉到奶酪肉丸)或任何素食菜肴,Candy(Çağıran)都能帮忙。氛围总是很热情。

Seçkin & Firuze　　　　　土耳其菜 $

（见262页地图；☎0232-892 1184；Cengiz Topel Caddesi 20；开胃菜 6~10里拉,主菜 15~25里拉；⏲8:00~23:00）这家由家庭经营的可爱餐厅位于塞尔柱的"餐厅街",藤条桌椅摆在外面的人行道上,提供烤肉和海鲜,尝起来像妈妈(ana)做的味道,因为就是妈妈们在厨房忙碌。开胃菜也很棒。

Sişçi Yaşar'ın Yeri　　　　　肉丸 $

（见262页地图；☎0232-892 3487；Atatürk Caddesi；主菜 10里拉起；⏲10:00~22:00）这家店位于一座14世纪清真寺旁的葡萄藤下,是午间品尝烤肉(izgara)、肉丸和çöp şiş(şiş烤肉与洋葱、欧芹卷在薄薄的土耳其比萨里)的好地方。

★ Wallabies Aquaduct Restaurant　　　　　土耳其菜 $$

（见262页地图；☎0232-892 3204，0535 669 0037；www.wallabiesaquaductrestaurant.com；Cengiz Topel Caddesi 2；开胃菜 10~14里拉,主菜 15~35里拉；⏲11:00至午夜）这家酒店餐厅位于渡槽下方的广场上,有将近36张餐桌的

地方供应夏季晚餐。将传统安纳托利亚菜搭配得更为国际化，包括素食菜肴和鱼。你可尝试本店特色菜tavuklu krep sarması（20里拉），这是一道调味鸡肉菜肴，放在碎土豆块下烘烤，并涂上了一层厚厚的调味酱。

St John's Café　　　　　地中海菜 $$

（见262页地图；☎0232-892 4005, 0533 415 3434; http://stjohn-cafe-ephesus.com; Uğur Mumcu Sevgi Yolu Caddesi 4/C; 菜 10~25里拉; ⊘8:00~23:00; 🛜）除了是塞尔柱最适合游览的咖啡馆商店（或许也正是因为这个原因），这里有镇上最多的咖啡品种、吐司、蛋糕、冰激凌和其他国际风味的零食。还有一个针对坐不住的小孩子的游乐区。

Ejder Restaurant　　　　土耳其菜 $$

（见262页地图；☎0232-892 3296, 0542 892 3296; Cengiz Topel Caddesi 9/E; 开胃菜 6~10里拉，主菜 10~25里拉; ⊘10:00至午夜）这家户外餐厅位于水渠旁的步行街上，是晴天用午餐的好地方。菜色选择众多，包括分量很足的tavuk şiş（烤鸡肉串）。老板穆罕默德、妻子Rahime和儿子Arkan很亲切，他们喜欢向客人炫耀留言板，包括1999年克林顿一家造访时拍摄的合影。

🍷 饮品和夜生活

与库沙达斯狂野的海边夜生活不同，塞尔柱零散的咖啡馆和酒吧存在的主要意义，是给当地男人一个走出家门观看球赛实况的机会。通常来说，与住宿处的旅伴和老板开怀畅饮要更有意思得多。

塞尔柱最热闹的酒吧在拜占庭水渠以南的鹅卵石步行街上，还有一些分布在阿尔忒弥斯神庙以东的Prof Anton Kallinger Caddesi两旁。

Destina　　　　　　　　　　　酒吧

（见262页地图；☎0532 423 8223; Prof Anton Kallinger Caddesi 26; ⊘9:00至次日1:00）酒吧门前的小花园能眺望到阿尔忒弥斯神庙附近的绿意，是傍晚喝茶和日落时分喝啤酒的完美选择。

Çadır Lounge　　　　　　　咖啡馆

（见262页地图；Uğur Mumcu Sevgi Yolu Caddesi; 小吃 8~15里拉; ⊘8:30至次日1:00, 冬季 至19:00）这家讨人喜欢的名叫"帐篷"的咖啡馆有一座帆布屋顶，与其说是一个休息室，更像是一座咖啡馆，有美味的咖啡、果汁和三明治。是在以弗所博物馆逛了一上午（或下午）之后歇脚的好地方。

Pink Bistro Cafe　　　　　现场音乐

（见262页地图；☎0232-892 0205; Siegburg Caddesi 26; ⊘周日至周四 10:00至次日2:00, 周五和周六 至次日3:00）塞尔柱最古老的饮酒场所，自称法式小馆的咖啡馆，看上去像一座酒馆，但却是一家酒吧夜店。周五和周六20:00会有现场音乐演奏。

❶ 实用信息

旅游办公室（Tourist Office; 见262页地图; ☎0232-892 6954; www.selcuk.gov.tr; Uğur Mumcu Sevgi Yolu; ⊘5月至9月 每天 8:30至正午和13:00~17:30, 10月至次年4月 周一至周五）就在地标建筑以弗所博物馆对面。

危险和麻烦

当心"硬币男"（coin-men）那种骗人的鬼把戏！尽管聪明的游客都会敬而远之，但还是有很多天真的游客愿意付出数百美元或欧元，让当地人在模具里面捣鼓，用普通金属和家用化学制品制造几枚据称是古代钱币的玩意儿出来，他们自己还认为物有所值。抛开这种试图倒卖文物、明显属于违法的行为不说，这根本就是在白白浪费你的金钱。这类骗子多见于艾亚素鲁克要塞、阿尔忒弥斯神庙和以弗所的大门附近。

❶ 到达和当地交通

抵离阿德南·曼德列斯（ADNAN MENDERES）机场

有大量的交通工具可往返伊兹密尔的阿德南·曼德列斯机场。

班车 Atlasjet航空公司有免费搭载其乘客到塞尔柱的班车。返程时从医院门外发车。Havas的班车每小时1班，从汽车站出发，**No Frills**（见263页）的也一样，价格都是25里拉。

出租车 花费大约为120里拉。

火车 最简单便宜的公共交通工具，去机场单程需要1小时（5里拉）。每天有8班，但是车次的时间不准确，你必须要在检票前2小时到火车站。没有固定席位，也许你只能站着。还要注意：火车在机场的停靠站到达航站楼还需要徒步15~20分钟。

长途汽车和小巴

长途汽车从**汽车站**（见262页地图；Atatürk Caddesi）发车。

博德鲁姆（35里拉，3小时）Metro夏季每天有1班车发出，冬季必须在库沙达斯和艾登中转。

代尼兹利（35里拉，3小时）去帕穆克卡莱（棉花堡）和费特希耶、安塔利亚等海滨目的地。Metro全年每天上午（11:45）和下午（16:30）各有1班车发出，夏季还增开前往帕穆克卡莱（棉花堡）的车次。

费特希耶（50里拉，4小时）总部在费特希耶的Tribe Travel Bus（☎0252-614 4627, 0543 779 4732; www.fethiyeselcukbus.com; 1-way 50里拉）每周二、四、六的9:00，有1班直达车从费特希耶开往塞尔柱，抵达时间为13:30。从塞尔柱返回费特希耶的时间为当天的14:30，到达时间为18:30。可安排酒店接车，或在**No Frills**（见263页）会合。

伊斯坦布尔（85里拉，10小时）Metro全年每天有2班车发出，时间分别为11:00和20:50，夏季增开3班去帕穆克卡莱（棉花堡）的车次（10:40、14:15和22:30）。

伊兹密尔（10里拉，1小时）从6:30至20:30（冬季至18:00）之间，每40分钟1班车。

库沙达斯（6里拉，25分钟）6:30至午夜（冬季至19:00）每30分钟1班。途经帕穆克（3.50里拉，10分钟）。

帕穆克卡莱（棉花堡）（35里拉，3.25小时）直达帕穆克卡莱（棉花堡）的车，夏季9:30和16:30出发，夏季会增加1班。或者你可以在代尼兹利中转。

火车

每天大约有8班车至伊兹密尔（6.50里拉，1.5小时），途经机场，还可到代尼兹利（16.50里拉，3小时）。

出租车

乘坐出租车穿越城镇花费约为10里拉。

斯利因斯（Şirince）

☎0232/人口 600

斯利因斯位于塞尔柱东南方9公里处，在一条长窄路的尽头，地势抬升，蔓延到山头。越过葡萄藤、桃子和苹果园，就到斯利因斯了，当地到处都有用石头构建和灰泥粉刷的红瓷瓦房屋。田园般的风光和悠久的酿酒传统，使得这里成为深受土耳其人和外国游客喜欢的地方，周末非常繁忙。尽管这种形式给斯利因斯原始的魅力带来了一丝阴霾，但其仍不失为一个风光旖旎之处。一到夜晚，这里就安静下来，有针对富有人士的高雅精品酒店，提供过夜住宿。

历史

斯利因斯大概是在以弗所没落之际才有人定居，不过如今你能看到的遗迹大多只能追溯到19世纪。传说15世纪时，一群获得自由的希腊奴隶定居于此，并将村庄称为Çirkince（意为"卑鄙之地"）以防止外人跟踪前来骚扰。到19世纪时，其名称已改为Kirkinje。20世纪20年代，人口大交换后，大批希腊人迁走，Şirince（意为"愉悦与美好"）这个更实在的名称开始被使用。

随后，土耳其人从希腊北部迁来斯利因斯。他们在此建立了清真寺，但保留了原来当地的酿酒业。如今，你可以在当地的餐厅和咖啡馆品尝到他们口味独特的水果酒（用树莓、草莓、桃子、黑莓、苹果等酿制）。不幸的是，你到处都能看到葡萄做的şarap（酒）。

◎ 景点

在斯利因斯，上午晚些时候至午后是这里最繁忙的时段，到了晚上，人群就会散去。纪念品摊点和游客餐厅此时人满为患，最终在圣乔治浸礼会教堂（见268页）附近人潮散开，凉爽新鲜的空气就会扑面而来。沿着高处的鹅卵石小路，你可以看到很多漂亮的老房子。

圣德米特里厄斯教堂 (Church of St Demetrius) 教堂

这座18世纪的教堂位于村子最北端，进了斯利因斯后沿着塞尔柱路右转上台阶后到。1923年后这里成了一座清真寺，不过现在已经废弃，完全开放。可看一看绘有壁画的拱顶天花板、唱诗班阁楼、圣障和大理石地板还有什么遗留下来。

圣乔治浸礼会教堂 (Church of St John the Baptist) 教堂

免费 这里是斯利因斯2座教堂中较为重

要的一座，其历史可追溯到1805年，高耸在村子的最南端。在被现代土耳其忽略了几十年后，才被美国一个慈善团体（勉强）整合起来，教堂和其中褪色的拜占庭壁画都急需修复，暂时仍处于关闭状态。

🛏 住宿

Kırkınca Pansiyon　　　　　家庭旅馆 $$

（☏0232-898 3133, 0232-898 3069; www.kirkinca.com; 标单 140~200里拉，双 180~350里拉; ❄）旅馆位于斯利因斯最北端，包括3座修复完好的拥有250年历史的老宅，有24个以花的名字命名的优雅房间。有些配备四柱床和壁炉，Lale（郁金香）里甚至有一个迷你的公共浴室。主楼的绿荫屋顶露台景色壮观。

★ Nişanyan Hotel　　　　　精品酒店 $$$

（☏0232-898 3208, 0533 304 0933; www.nisanyan.com; 双 100~170欧元; ⓦ❄）这家出色的精品酒店位于南部山上，提供大量住宿选择。主旅馆位于一座经修复的19世纪石屋中，5个房间装饰各不相同，都有古董和壁画，还有一间图书室，一间出色的餐厅和真正的公共浴室。在农庄上方的开阔地界，还有石屋和一座12米高的塔楼。

Güllü Konak　　　　　　　精品酒店 $$$

（Rosy Mansion; ☏0232-898 3131; www.gullukonak.com; 房间 125~245欧元; ❄ⓦ）这家精品酒店的12个客房装饰各不相同，全部都按照不同品种的玫瑰名字命名。酒店由2栋木头和石头大宅组成，被橄榄园和一座精致的花园环绕着。我们最爱的是玫瑰花园（Gülistan），这是一个套房，位于低处的一座房屋中，足有35平方米，带有壁炉，景色绝美。

🍴 餐饮

这里大多数餐厅都有户外餐位，并且大多都全天供应很棒的乡村早餐（köy kahvaltısı），一般花费为15里拉，包括各种蜂蜜、奶酪、煮过熟的鸡蛋、无限续杯的茶等。炖干豆（Kuru fasülye）经常都有，但并不是都有肉（etli）是另外一种当地热门菜式。

有卖酒许可的游客餐厅都集中在清真寺附近。

Pervin Teyze　　　　　　　土耳其菜 $

（☏0232-898 3083, 0532 284 2831; 家常饼 8里拉，开胃菜和主菜 10~15里拉; ⏰8:00~22:00）这家破旧的露台餐厅从圣乔治浸礼会教堂上能看到路标，提供由乡村妇人制作的简单菜式，菜单根据季节和实际状况变化。你可一边欣赏着动人风景，一边大口咀嚼gözleme（填馅风味薄饼）、dolmas（填有米饭或肉的葡萄叶或甜菜）、mantı（土耳其饺子），当然还有早餐（kahvaltı）。

Şirincem Restaurant　　　安纳托利亚菜 $$

（☏0232-898 3180, 0537 831 8297; www.sirincempansiyon.com; 开胃菜 5~10里拉，主菜 10~35里拉; ⏰8:00至午夜; 🍷）这家位于绿荫下的简朴餐厅从进村主路上台阶即到，由一个友好的水果庄园家族经营，提供大量开胃菜、肉食和安纳托利亚葡萄酒，也有早餐。还有大量的素食菜肴。

Yorgo Şarapevi　　　　　　葡萄酒吧

（☏0555 824 2684; www.sirinceyorgo.com; ⏰9:00~23:00, 冬季 至19:00）比棚屋大不了多少，但这家名为"乔治"的餐厅却有着最好的葡萄酒产品可供品尝，包括酒精度在8%到13%的水果酒（25~30里拉一瓶）、真正的红白葡萄酒以及40里拉起一瓶的品牌。

ℹ 到达和离开

从塞尔柱开往斯利因斯的小巴（3里拉）夏季每20分钟（周末15分钟）发1班车，冬季半小时发1班车。在村口停车收费10里拉。

库沙达斯（Kuşadası）

☏0256 / 人口 77,860

库沙达斯是热门的团队游目的地，作为以弗所的海滨门户，这里也是土耳其最繁忙的巡游码头。虽然缺少博德鲁姆的景点和氛围，多样性也不及马尔马里斯，这里仍然是爱琴海滨第二大派对城市，但爱尔兰酒馆、迪斯科舞厅和会讲多国语言的商贩绝对会让你对这里的粗鄙氛围印象深刻。如果想为以弗所之行配上夜生活和海滩风景，而非塞尔柱式的乡村氛围，那么库沙达斯是你的正确选择，这里有许多很好的酒店和餐厅，一个出人意

Kuşadası 库沙达斯

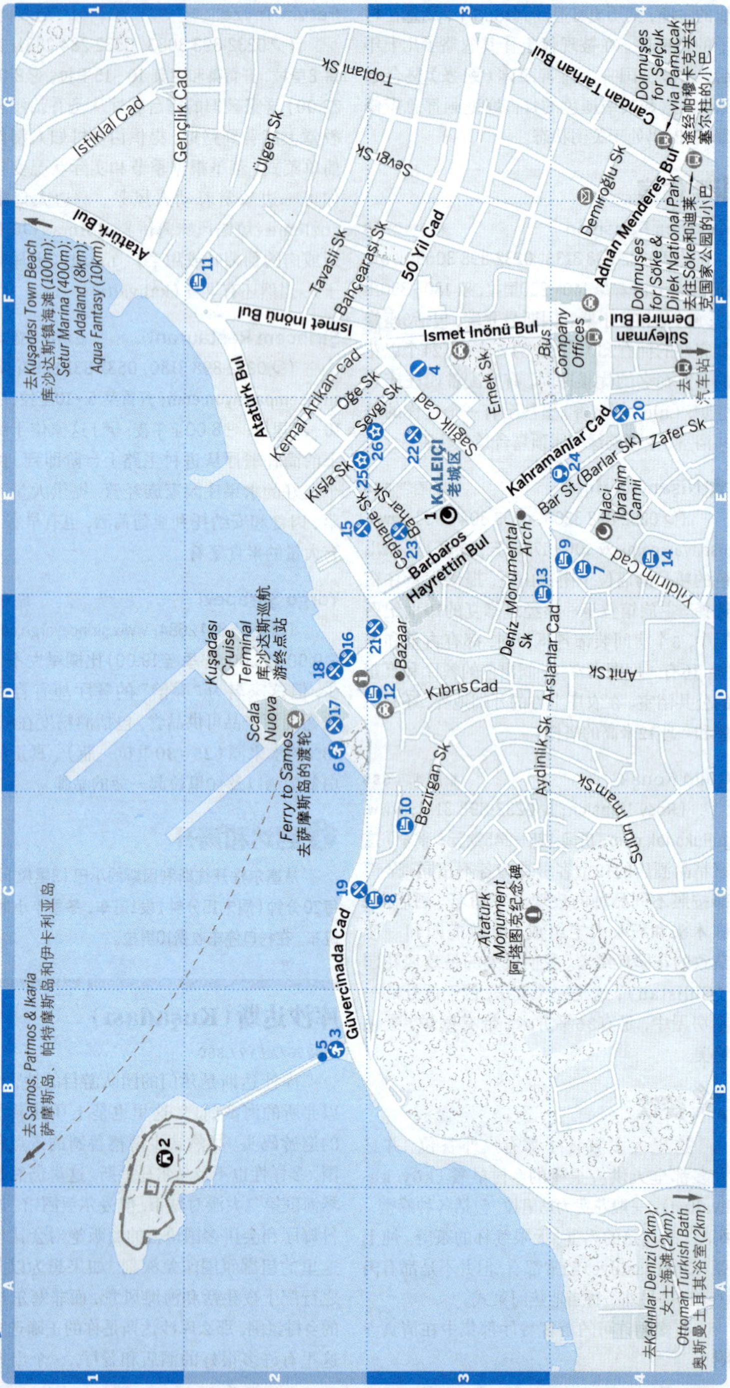

Kuşadası 库沙达斯

◎ 景点
1	老城清真寺	E3
2	库沙达斯城堡	B1

✪ 活动、课程和团队游
3	Ali Kaptan 2	B2
4	Aquaventure Diving Center	F3
5	Aydın Kaptan 53	B2
6	Matador	D2

🛏 住宿
7	Anzac Golden Bed Pension	E4
8	Efe Boutique Hotel	C3
9	Ephesian Hotel Guesthouse	E4
10	Hotel Stella	C3
11	Ilayda Avant Garde	F2
12	Mr Happy's Liman Hotel	D3
13	Sezgin Hotel Guest House	E3
14	Villa Konak	E4

🍴 就餐
15	Avlu	E2
16	Black & White	D2
17	Ferah	D2
18	Fish Market	D2
19	Hasan Kolcuoğlu Kebap	C2
20	Holiday Inn	E4
21	Kazım Usta	D3
22	Saray	E3
23	Yuvam	E3

🍷 饮品和夜生活
24	Bar St	E4

🎭 娱乐
25	Adı Meyhane	E2
26	Orient Bar	E3

料的非传统式巴扎以及两片更加安静的古老社区。

⊙ 景点和活动

当地旅行社,如Barel Travel(见276页)和Meander Travel(见276页)提供去以弗所(半天/全天35/60欧元)、普里埃内、米利都和迪迪马(45欧元)和棉花堡(50欧元)等其他更远地区的旅途,全部包含午餐。

老城清真寺 　　　　　　　　　　清真寺
(Kaleiçi Camii;见270页地图;紧邻Barbaros Bulavarı)这座清真寺由大维齐尔Öküz Mehmed Paşa于17世纪修建,是库沙达斯最令人难忘的清真寺,能容纳550人礼拜。

库沙达斯城堡 　　　　　　　　　　堡垒
(Kuşadası Castle;见270页地图;Güvercin Adası)库沙达斯的这座风景如画的小型堡垒是名副其实的精品城堡,地址位于连接鸽子岛(Güvercin Adası)的堤道上,夜晚灯光下很迷人。绕行小岛东部的小路能看到库沙达斯美景——很受散步情侣、渔民和猫的青睐。城堡正在进行全面改造,计划要在里面开放一座博物馆。

女士海滩 　　　　　　　　　　　海滩
(Kadınlar Denizi, Ladies Beach)库沙达斯最著名的海滩(字面意思是"女士之海"),位于镇子以南,海边公路上有小巴往返。这是一座小海滩,上面挤满了大酒店,不过沙滩爱好者却喜欢这里的熙攘。往南的海岸上还有几座小海滩,每一座都有大酒店。

库沙达斯镇海滩
(Kuşadası Town Beach) 　　　　海滩
这座小型人造海滩在镇中心以南2.5公里处,被对比得黯然失色,沿着Güvercinada Caddesi街往返的小巴很多。不错,但夏季会被附近大酒店的团队游客挤得满满当当。

奥斯曼土耳其浴室 　　　　　　公共浴室
(Ottoman Turkish Bath, Osmanlı Türk Hamamı; ☎0256-622 1050, 0535 864 3700; www.kusadasiottomanturkishbath.com; 3 Sokak 5, Hüseyin Can Bulvarı;门票 含洗浴和泡沫按摩25欧元;⊙8:00~23:00)库沙达斯有4家公共浴室,靠近女士海滩的这家据说是爱琴海海岸最棒的。提供男宾、女宾和混合区,外加女性服务员和市中心免费接送。

⊙ 乘船游
系在通往库沙达斯城堡的堤道或码头旁的船只提供的1小时日落巡游,4月至10月价格约10里拉,还有一日游往返美丽的当地各地区

（40里拉包括午餐和软饮）。运营者包括Ali Kaptan 2（见270页地图；☎0535 438 0801, 0535 515 6821; www.kusadasitekneturu.com）、Matador（见270页地图；☎0532 461 3889; https://www.facebook.com/matadorboattrip）和Aydın Kaptan 53（见270页地图；☎0532 206 4545, 0534 317 2623; https://www.facebook.com/aydinkaptan53boattrip/），每天9:30出发，16:30返回。

停靠站一般包括Soğuksu湾，Klaros岛和Baradan海滩。你可以提前致电，要求来你的住宿处接车。

🛏 住宿

库沙达斯市中心有家庭旅馆和商务酒店，团队游度假村和豪华酒店一般位于边远海滨。

Anzac Golden Bed Pension　　家庭旅馆 $

（见270页地图；☎0256-614 8708; www.anzacgoldenbed.com; Uğurlu Sokak 1, Cıkmazı 4; 房间90里拉起, 标三和家 130里拉; ❄@🛜）旅馆位于旧城区山上，由和蔼的澳大利亚人Sandra Galloway经营，9间客房装点着古董家具，还有一座超赞的屋顶花园露台，早餐、下午茶或烤肉时间可欣赏迷人的风景。4个房间有阳台，全部都带修整过的浴室。自从1990年以来这里就是最受欢迎的酒店。

前台区域有一座私人起居室/餐厅。304和305房间能看到可爱的海景，不过我们最爱的是202号房。

Sezgin Hotel Guest House　　客栈 $

（见270页地图；☎0256-614 4225; www.sezginhotel.com; Arslanlar Caddesi 68; 铺/标单/双/标三 15/25/35/50欧元; ❄@🛜❄）客栈位于酒吧山上的酒吧街上，20个明亮宽敞的客房有现代风格的浴室、人造仿木亚麻地毯、卫星电视、冰箱和吹风机。前台和走廊没什么特色，但后面的庭院有休闲区，泳池边分种着橘树。2个宿舍中分别有5张和6张床。

热情的店主Sezgin旅游经验丰富，会分享信息，提供从汽车站免费接车服务。机场接送服务2人60欧元。

Ephesian Hotel Guesthouse　　客栈 $

（见270页地图；☎0553 428 4335, 0256-614 6084; http://ephesianhotel.com; Aslanlar Caddesi 9; 标单/双/标三/家 18/30/36/44欧元; ❄@🛜）这间家庭经营的经济型旅馆位于一座古希腊建筑中，距离酒吧街很近，有许多惹人喜欢的地方。16个房间都很小，但装饰高雅，而且全部都有阳台（有些能看到大海），让人惊艳的屋顶露台上有休闲棋类游戏，店主Ceyhan乐于助人，旅行经验丰富，很乐意分享旅行信息。

★ Mr Happy's Liman Hotel　　酒店 $$

（见270页地图；☎0256-614 7770, 0532 775 8186; www.limanhotel.com; Kıbrıs Caddesi和Güvercinada Caddesi交叉路口; 标单/双/标三 35/55/65欧元; ❄@🛜）由季节性旅行者Hasan Değirmenci经营，这家名为"海港"的酒店将一切都尽收眼底，是一个很适合游客的热情天堂。14个房间（有电梯！）不只是舒适，它们有阳台（有一半朝海）和修整过的浴室。住在这里的真正乐趣是能享受到一种假日情谊的氛围。

酒店有一个大厅休息室，前台乐于助人，会帮助你搞定包括参观公共浴室，以及汽车票和当地短途游在内的所有事情。早餐在屋顶露台上供应，下面的码头上有巡游艇在闪闪发光。4月中旬到10月，露台也是喝酒和晚上烤肉的地方，经常还有Hasan的兄弟Ömer演唱土耳其流行歌曲。你可以坐下欣赏，假装山上的高楼大厦都远在海的那一边。里面还有2个经济型房间，每晚35欧元。

Villa Konak　　精品酒店 $$

（见270页地图；☎0256-614 6318; www.villakonakhotel.com; Yıldırım Caddesi 55; 房间 55~70欧元, 家 120欧元; ❄🛜❄）酒店位于离海滩很远的山上一处僻静的老社区中，有一座拥有160年历史的古老石头建筑，装饰着库沙达斯的老照片，奥斯曼风格的小摆件散布在17间客房之中。泳池畔花园中有舒适的帆布躺椅和平装书架之类的设施，营造出一种休闲乐园的氛围，下午茶的自制饼干让这一切更完美了。

酒店分布在7座历史不一的房屋之中，有鹅卵石小路连接，所以有些里面的浴室

在库沙达斯湿身

Aqua Fantasy（☎0232-850 8500；www.aquafantasy.com；以弗所海滩, Sultaniye Köyü；成人/儿童/3岁以下 24/17欧元/免费, 在线 21/15欧元；◉5月至10月 10:00~18:30）自称是土耳其最好的水上乐园，**Adaland**（☎0256-618 1252；www.adaland.com；Çamlimanı Mevkii；成人/儿童/3岁以下15/12欧元/免费；◉5月至9月 10:00~18:00）则自称欧洲最好。两处都在库沙达斯以北约10公里靠近帕穆克卡莱（棉花堡）的地方，有无数游泳池、滑道等设施。3岁以下儿童在两处都免费。如果在线预订，Aqua Fantasy有优惠，旁边还有一家带餐厅、公共浴室和水疗的酒店。

Aquaventure Diving Center（见270页地图；☎0256-612 7845, 0542 434 7642；www.aquaventure.com.tr；Sağlık Caddesi, Miracle Beach Club；◉8:00~18:00）提供展示/暗礁潜水（25/30欧元起）和专业潜水教练协会（PADI）的开放水域课程（250欧元），不过，更好的潜水地是在卡什（Kaş）等地。这处潜水中心在镇上有办公室，潜水位于**Kadınlar Denizi**（见271页），提供往返于大多数酒店的免费接送服务。

和其他细节比显得更旧。不接受6岁以下的儿童。

Hotel Stella 酒店 $$

（见270页地图；☎0533 425 5666, 0256-614 1632；www.hotelstellakusadasi.com；Bezirgan Sokak 44；铺 10欧元, 标单 35~40欧元, 双 50~60欧元；❉🛜🍽）Stella就位于山腰，你可从海滨一座悬崖电梯进入，从酒店的西面能看到城堡和海湾美景。20个客房有些乏味，走廊很阴暗，但超赞的台、舒适的早餐厅，房间里有小冰箱，店主会讲英语，还能帮忙预订交通工具和团队游。

顶楼的宿舍走廊有淋浴间和厕所，每人10欧元，不含早餐。

Efe Boutique Hotel 酒店 $$$

（见270页地图；☎0256-614 3660；www.efeboutiquehotel.com；Güvercinada Caddesi 37；标单/双/标三 200/300/450里拉；❉🛜）40间通风的客房和套房都装饰着时髦的灯具和镜子，还有黑白、巧克力和蓝绿色的家具，透明的椅子，圆形床铺和镜面等离子电视。所有房间都有面朝大海的阳台，不过因为建筑是金字塔形，所以高层客房虽然视野开阔，但空间较小。

你可以选择101和301豪华房，从浴室能饱览美景。

Ilayda Avant Garde 酒店 $$$

（见270页地图；☎0256-614 7608；www.ilaydaavantgarde.com；Atatürk Bulvarı 42；房间/套 65/140欧元起；❉🛜🍽）富有的海滩爱好者们在这家设计酒店会感觉宾至如归，这里采用装饰艺术的设计风格。85个简洁时尚的客房虽然有点小，但有双层玻璃窗，感觉很宁静，装饰的是镶木地板和多种颜色的家具。便利设施还包括3楼的大堂酒吧、屋顶游泳池和酒吧兼餐厅。

🍴 就餐

海滨用餐氛围虽好，但价格可能会很昂贵。鱼按重量计价，所以点餐前先确定海鲜的价格。小心：侍者会在账单中多加几里拉，习惯了巡游世界的富裕游客可能不会发现。如果不挑剔环境，可去内陆找更便宜的烤肉店。库沙达斯老城区（Kaleiçi）有许多特色的背街餐厅和一些更具土耳其风情的有趣咖啡厅。热门的街头食物是midye dolması（填有米饭的贻贝）。

Holiday Inn 烤肉 $

（见270页地图；☎0256-612 8940；40 Kahramanlar Caddesi 61；土耳其比萨 12里拉, 烤肉18里拉；◉8:00至午夜）当地人喜欢这里的土耳其比萨、阿拉伯式比萨（lahmacun, 3.50里拉）和烤肉，而这里的特色菜是一种融合了鸡肉、羊肉、牛肉和番茄的Vali烤肉（35里拉）。位于Barlar Sokak底部附近的人行道边，如果没吃饱，再去隔壁的baklavacı（果仁蜜饼店）来点甜点吧。

Avlu
熟食餐馆 $

（见270页地图；☎0256-614 7995；Cephane Sokak 15；开胃菜 5里拉起，主菜 7~14里拉起；⏰10:00~23:00）熟客会定期来这座前端是玻璃墙的"庭院"餐厅品尝其开放式厨房里展示的土耳其传统菜肴，不过我们发现员工非常不友好。你可从菜单上点烤肉，或者点每天的特色菜和开胃菜。有户外用餐区。

鱼市
海鲜 $

（Fish Market, Balık Halı; 见270页地图；Atatürk Bulvarı; 鱼三明治 6~10里拉；⏰9:00至午夜）鱼市现代广场喷泉周围的餐馆会制作鱼面包（balık ekmeği），就是将鱼或贻贝同沙拉一起夹在面包片中。你也可以在这里买鱼，请附近的餐厅制作，餐厅会收取每公斤约10里拉的服务费，不过提前问好，不然结账时你要多交钱。

Yuvam
熟食餐馆 $

（见270页地图；☎0256-614 9460, 0256-614 2928; 7 Eylül Sokak 4; 主菜 10~20里拉；⏰10:00~18:00）这家只在白天营业的舒适餐厅位于旧城中心，提供一些美味的家常菜，都是在全开放式厨房中制作。店里特色菜是bulamaç çorbası，是一种用面粉和粗小麦粉制作的汤。

Hasan Kolcuoğlu Kebap
烤肉 $$

（见270页地图；☎0256-614 9979; Güvercinada Caddesi 37, Efe Boutique Hotel; 烤肉 18~36里拉；⏰7:00~23:00）这家出色的高档烤肉店位于Efe Boutique Hotel之下，宽阔的露台上有很好的餐位，能看到城堡前排风景。早餐（22.50里拉）非常超值，不过库沙达斯最好的菜肴之一是一道固定菜式50里拉的套餐，有5种不同的开胃菜、一种烤肉、甜点和一种软饮。

Black & White
海鲜 $$

（见270页地图；☎0256-614 1881; Belediye Çarsısı 35; 开胃菜 8里拉，主菜 25里拉起；⏰9:00至午夜）如果想从鱼市及周边的几十家餐厅中挑选一家适合你的习惯的，那么可尝试这家。这里的鱼堪称完美，价格合理，员工非常热情友好。

Ferah
海鲜 $$

（见270页地图；☎0256-614 1281, 0536 321 2547; İskele Yanı Güvercin Parkı İçi; 开胃菜 8里拉，海鲜一份 20~35里拉；⏰8:30至次日2:00）这家店位于小公园和城市茶园旁边，是库沙达斯水边很受欢迎的鱼餐厅之一，能看到绝美的日落海景，品尝到高质量的海鲜和开胃菜。

★ Kazım Usta
海鲜 $$$

（见270页地图；☎0256-614 1226; Liman Caddesi 4; 开胃菜 10~30里拉，主菜 28~50里拉；⏰7:00至次日1:00）这家店已经有超过60年的历史，但依然很受欢迎，是库沙达斯最好（价格也最高）的鱼餐厅之一，菜式有剑鱼串、养殖鲤鱼和肉等选择。鱼按公斤计价（1公斤80~120里拉），建议夏季提前订个海滨餐桌。服务温暖热情。

Saray
各国风味 $$$

（见270页地图；☎0544 921 6224, 0256-612 7088; www.sarayrestaurant.com; Bozkurt Sokak 25; 主菜 17~45里拉；⏰11:00至次日3:00; ✈）这家位于老城的巨大"宫殿"能满足每个人的每个愿望，提供混合各国风味的菜肴（从中国菜到墨西哥菜）和像样的土耳其菜肴，也有一些素食选择。大多数夜晚有现场音乐演奏，周三是刻奇的"土耳其之夜"，周五是卡巴莱表演。巡航游客可能会喜欢。

他们还可以提供接送服务（2:00之前）。

🍷 饮品和娱乐

你可去Atatürk Bulvarı大街寻找海滨茶园和咖啡馆。酒吧街（见本页）和老城是日落后的好去处。

在老城区很有氛围的拥挤街道，可寻找Türkü酒吧，当地人在这里狂饮茴香白兰地（rakı）、和着土耳其民间音乐跳舞。这里也以小酒馆（meyhanes）出名，街道上的特色石墙酒吧包括Cephane、Bahar、Tuna和Kışla Sokaks。

酒吧街
小酒馆

（Bar St, Barlar Sokak; 见270页地图）这个喧闹粗鄙的地带挤满了各种刺青和穿孔店，还有性用品商店、俗气的酒吧，充斥着卡拉OK声、电视足球赛声和叫卖声。最北端有历史悠久

值得一游

迪莱克半岛

占地277平方米的迪莱克半岛-大门德列斯国家公园（Dilek Yarımadası-Büyük Menderes Deltası Milli Parkı, Dilek National Park; www.dilekyarimadasi.com; 门票 每人/车 4.50/14里拉; ⏱6月至9月 7:00~19:00, 10月至次年5月 8:00~17:00, 最晚进入时间为关闭前1小时)是个山地保护区，其间有徒步小径，景观令人震惊，蔚蓝色的海湾适合游泳，苍翠的森林中则栖居着野猪、小鹿和超过250种鸟类，包括鸬鹚、鹖和火烈鸟。

穿过大门，公路下方躺着4个有沙子或鹅卵石海滩的圆形海湾，那里的指定停靠点上景色绝佳。道路在半岛末端覆盖着的高安全性军事建筑物旁逐渐变细消失，那里身着制服的军人会用双筒望远镜观察对面萨摩斯岛上嬉闹的游客。

第一片海湾İçmeler Köyü（距离入口1公里）有一片沙滩，不过因为游人最多，会有些脏，从这里能看到库沙达斯市区。继续前行4公里，Aydınlık Köyü要安静一些，这片800米长的鹅卵石海滨背后伴着松林，其繁忙程度足够建立一座救生站，不过并不是一直都有很多人。

继续行进1公里，过了jandarma（省警察）站岔路口后，有路标指向左边的溪谷这里的木板上有公园地图和相关信息。顺着森林小径下行15公里，Doğanbey村有美丽的海滨石屋，已经过一些富裕的新来者的修复，也有公园游客中心。村庄向西几公里处的渔村和古代希腊港口Karine有一家海滨鱼餐厅。小径的头6公里对所有人开放，不过之后就需要征得许可或者找个持证导游。公园大门以东的Güzelçamlı有一条25公里长的环道到达Doğanbey村。

迪莱克的第三座海湾Kavaklı Burun Köyü（溪谷入口过后1公里）有一片半月形鹅卵石海滩。最后一座对公众开放的海滩是鹅卵石海滩Karasu Köyü（入口11公里处），是最平静的一片海滩，海面上能看到萨摩斯岛的山峦。如果幸运，你还能看到海豚，甚至能看到稀有的地中海僧海豹。

所有的四片海滩上都有免费的木椅，不过很快就会被占据，也有遮阳伞和折叠椅出租。

公园入口东南约200米处有一个棕色的标牌，指向宙斯洞（Zeus Mağarası）的方向，里面有蔚蓝色的海水，冬暖夏凉。

夏季每20分钟有1班小巴从库沙达斯开往迪莱克（7里拉，45分钟），不过最远只到第三座海湾（Kavaklı Burun Köyü）。淡季时，如果小巴比较空，司机会在公园门口停车。入园费可在车上交。夏季从瑟凯到Doğanbey（途经普里埃内）也有固定班次的小巴。如果自驾车，你可以开车去瑟凯西南30公里处的Doğanbey；注意普里埃内到米利都之间的公路上的岔路口。

从6月到10月，有一艘渡轮（6里拉）连接库沙达斯和公园入口以东的Güzelçamlı，每天3班，时间分别为8:30、13:00和午夜，返程时间为7:00、11:00和18:00。

的Jimmy's Irish Bar, 对面是红男绿女喜爱的Kitty O'Shea; 走到一半下行, Kuşadası Club & Bar是当地年轻人很喜欢的聚会场所。

Orient Bar
现场音乐

(见270页地图; ☎0256-612 8838; www.orientbar.com; Kışla Sokak 14; ⏱11:00至次日4:00)这家一直很受欢迎的酒吧位于老城区一条小街上一座很有氛围的石头老建筑中，是逃离附近酒吧街的好去处，可以聆听夜场吉他演奏，或者在葡萄藤下舒适地聊天。

Adı Meyhane
现场音乐

(见270页地图; ☎0256-614 3496; Bahar Sokak 18; ⏱正午至次日3:00)这家稍微有些古怪的特性地方位于老城区，灯光昏暗，有石墙，悬挂有乐器，很受土耳其和外国游客的欢迎。现场会演奏出色的土耳其音乐。

ⓘ 实用信息

Özel Kuşadası Hastanesi（☎0256-613 1616; www.kusadasihastanesi.com; Ant Sokak）市中心以北3公里处（塞尔柱公路上）的一家优秀的私人医院，员工会讲英语。

旅游办公室（见270页地图；☎0256-614 1103; Liman Caddesi; ☺周一至周五 8:00至正午和13:30~17:30）靠近游船码头；工作人员会讲少量英语，有地图和宣传册提供。

ⓘ 到达和当地交通

抵离阿德南·曼德列斯机场

往返伊兹密尔阿德南·曼德列斯机场的交通方式很多：

公共汽车 此时最好的选择是乘坐小巴至塞尔柱转车，不过有传言称，火车线路将会延伸至库沙达斯。

班车 有许多公司，包括**Last Minute Travel**（☎0256-614 6332; www.kusadasihavalimaniservis.com/en/faq.asp; 长途汽车站）经营着班车（20里拉），大约每2小时1班，从库沙达斯的汽车站发车。Atlasjet航空公司会为乘客提供免费往返长途汽车站对面Jappa车库的班车，每架航班起飞前2.75小时从库沙达斯出发。Havas（15里拉）的班车每小时1班，从汽车站发车。**Sözgen Turizm**（☎0256-612 4949; www.izmirhavalimaniservisi.com; 长途汽车站）也有类似的服务。

出租车 约170里拉。

船

Meander Travel（☎0256-612 8888; www.meandertravel.com; Mahmut Esat Bozkurt Caddesi 14/B; ☺4月至10月 7:00~23:00, 11月至3月 周一至周六 9:00~18:00）有**渡轮**（见270页地图）可至希腊的萨摩斯岛（Samos）。4月至10月每日9:00从库沙达斯出发，17:00从萨摩斯岛返程。

1.5小时渡轮船票价格为单程35欧元，同日往返40欧元，不限日期往返55欧元，包含10欧元的港口税。要在开船时间1小时前抵达办理海关手续。如果要返回库沙达斯，先确认你的土耳其签证是否允许多次入境。

Barel Travel（☎0256-614 4463, 0545 768 8932; www.bareltravel.com; Guvercinada Caddesi, Scala Nuova Shopping Center; ☺4月至10月 7:30~22:00, 11月至次年3月 9:00~17:00）的高速渡轮更快，前往萨摩斯岛（单程/同日往返/不限日期往返 40/45/60欧元）只需要45分钟，可从那里中转前往其他岛屿。船次从库沙达斯出发时间为9:00, 4月至10月返回时间为19:00或20:00。周二和周四也有船前往帕特莫斯岛（Patmos），周六和周日有船前往伊卡利亚岛（Ikaria）（价格都是50/55/60欧元）。

长途汽车和小巴

库沙达斯长途汽车站位于Süleyman Demirel Bul最南端，高速公路的支路上，通常有免费接驳车往返于**汽车公司**在İsmet İnönü Bulvarı上的办公室（见270页地图）。小巴从长途汽车站以及市中心的Candan Tarhan Bulvarı开出。

Şehiriçi的小巴（5路, 2里拉）夏季每隔几分钟就有1班从长途汽车站沿海滨开往Kadınlar Denizi（冬季每15~20分钟1班）的车。

博德鲁姆（34里拉, 2.5小时）夏季帕穆克卡莱（棉花堡）上午、下午和晚间各有1班车次；其余时间需乘坐小巴去瑟凯中转，那边的发车时间为每半小时1班。

伊兹密尔（17里拉, 1小时）夏季每半小时有1班车，冬季为每小时1班。

帕穆克卡莱（36里拉, 3.5小时）每天2班，经过塞尔柱和艾登。

塞尔柱（见270页地图; 6里拉, 20分钟）小巴每20~30分钟1班，从Candan Tarhan Bulvarı最南端的转盘出发，途经帕穆克和以弗所下层门的岔路口。

瑟凯（见270页地图; 6里拉, 30分钟）小巴每20~30分钟1班，从同一个转盘出发。

小汽车

Budget、Europcar、Avis和其他公司均有小汽车出租，Economy Car Rentals（www.economycarrentals.com）有很大折扣。

出租车

城里遍布出租车停靠站，包括**Güvercinada Caddesi**（见270页地图）、**Adnan Menderes Bulvarı**（见270页地图）和**İsmet İnönü Bulvarı**（见270页地图）都有，一般会标有长途的价格。60欧元往返以弗所，80欧元包括圣母玛利亚的小屋。其余长途选择包括迪莱克半岛（Dilek Peninsula, 50欧元）、普里埃内（80欧元）和帕穆克卡莱（棉花堡）（160欧元）。短途按里程打表计价，4里拉起步，每公里增加4里拉。

普里埃内、米利都、迪迪马及周边（PRIENE, MILETUS, DIDYMA & AROUND）

古定居点普里埃内、米利都和迪迪马在库沙达斯以南约80公里处一字排开，乘坐小汽车或参加导览游可轻松一日9小时游完。团队游值得考虑——这些遗址发掘程度和路标指示完善程度都不及以弗所，所以有专业导游的话会帮助你再现过去的生活场景。塞尔柱和库沙达斯的旅行社都提供PMD（普里埃内、米利都和迪迪马）之旅，价格约45~60欧元，包括交通、午餐、每个遗址1小时停留参观，可能还包括1~2处附加景点，比如瑟脑集市和/或阿尔提恩库姆海滩（Altınkum Beach）。团队游一般需要至少4人参加。建议提前确定会去哪些目的地以及参观多长时间；要确保团队游一定包括米利都博物馆（见278页），这里有时会被遗忘，但绝对值得一游。

乘坐公共交通工具一日游览3处遗址很麻烦。有固定班次的小巴连接瑟凯和全部3处遗址，但是在淡季车次很少，你可能在只参观了2处时就得返回瑟凯。不过，如果运气好，瑟凯在夏季有新增班车，也许可以一日游完3座遗址。

普里埃内（Priene）

普里埃内 遗迹

（门票 5里拉；⊙4月至10月 8:30~19:00，11月至3月 至17:00）在古代，普里埃内和以弗所一样，都是拥有2座海港的繁忙港口城市。但是当大门德雷斯河改变航道，2座海港都被泥沙淤泥后，形势发生了变化。虽然当地更多需要游客发挥想象的特色遗址较少，不过普里埃内高踞迈卡莱山（Mt Mykale）之巅，比

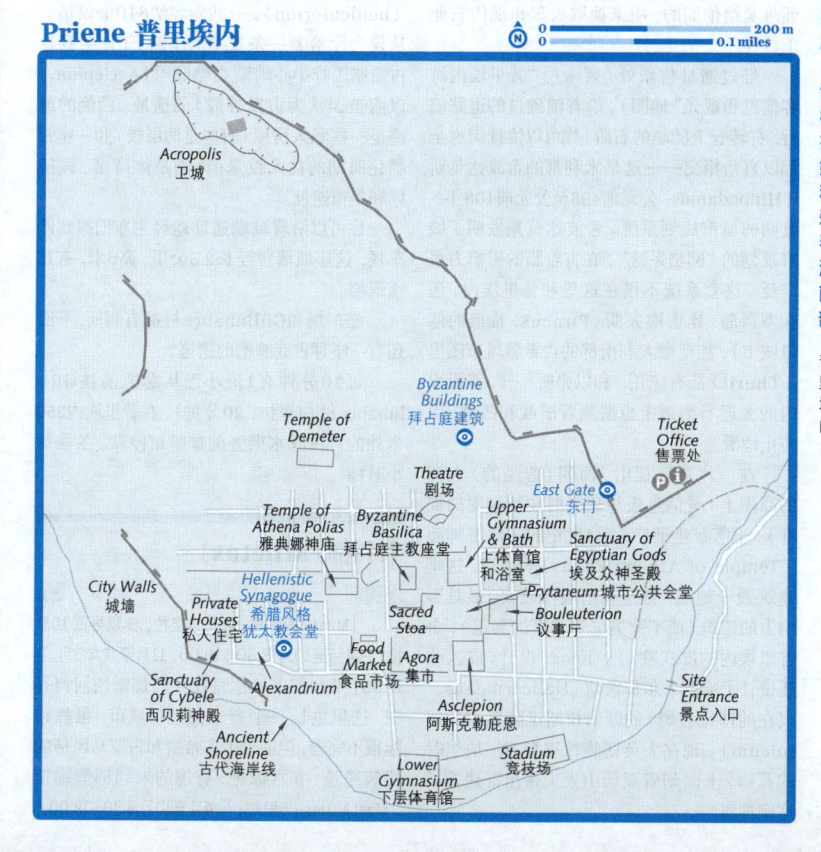

以弗所多了一重自然的高贵气质。普里埃内能遮阴的树也很茂盛,游客较少,能看到片片田地。

在公元前300年左右,普里埃内曾是一个很重要的城市,当时爱奥尼亚城邦联盟的议会和节日庆典都在这里举行,不过它还是比邻近的米利都要小。罗马帝国时期,这里的希腊建筑也较少被改建,所以独特的"希腊"风貌得以保留至今。但到公元2世纪,这座曾以造船工业和航海传统闻名的港口城市的河道完全淤积了,大部分居民都迁居米利都。乱石堆中的希腊小村Samson一直延续了下来,直到1923年,希腊人被驱逐出境,余下的土耳其人也都迁移到了旁边的Güllübahçe村。

直到19世纪末期,这里才在英国和德国考古学家的带领下进行挖掘开发。所以,很多这里出土的大理石雕像和其他文物,都躺在英国和德国的博物馆里。有几个还是当时的苏丹卖给他们的,用来换取火车和现代农业工具等。

经过遗址售票处(要一份"普里埃内游客信息和观光"地图),沿着铺砌过的道路前行,右转登上陡峭的石阶。你可以留意街道全都以直角相交——这是米利都的希波达莫斯(Hippodamus,公元前498至公元前408年)发明的城市规划系统。希波达莫斯发明了城市规划的"网格系统",在古希腊的影响力很广泛。这套系统不仅在这里和普里埃内,还在罗得岛、比雷埃夫斯(Piraeus,雅典的港口城市),甚至意大利南部的古希腊城市图里(Thurii)都有应用。和以弗所一样,普里埃内的大理石街道上也凿刻着横线和凹槽,以防止地滑。

在一片背靠荒山、面朝(曾经的)大海的高崖上(看信息板想象当时泥沙淤泥的程度),坐落着建于公元前4世纪的**雅典娜神庙**(Temple of Athena Polias)的遗迹,这座建筑毁于地震。曾是普里埃内最大、最具影响力的建筑(成了爱奥尼亚建筑的典范),由普里埃内的皮忒欧(Pytheos)设计。皮忒欧还设计了哈利卡尔那索斯(Halicarnassus,现在的博德鲁姆)的摩索拉斯王陵墓(Mausoleum)。现在大英博物馆里存有一块当时的石碑,上面刻着亚历山大大帝出资建造了这座神庙。

不同于希波达莫斯——亚里士多德曾经称其有自由的灵魂(他从来不剪头发,全年都穿同一件衣服)——皮忒欧则是个极端追求细节的人。他认为,自己设计的经典爱奥尼亚神庙解决了过去多立克式(Doric)建筑设计在他眼中的"不完美性"。今天,雅典娜神庙的遗迹中有5根柱子被重新竖起,让人稍见当年的原貌。不过还有许多柱子仍然胡乱堆放在周围的废墟之中。

普里埃内的剧场(6500座位)是世界上保存最完好的希腊剧场之一。你可以在剧场里吹吹口哨,测试一下剧院的声学设计,再亲手触摸一下前排prohedria(为VIP准备的大理石座位)靠背上精美的狮爪雕纹。

附近有个5世纪的拜占庭教堂遗址,可留意精美的石头讲道坛和通往半圆形后殿的台阶。还可以参观一下旁边的**议会厅**(bouleuterion),一共能容纳640个议员。从议会厅沿着一条狭窄的小路下山,会到达古希腊医疗中心**阿斯克勒庇恩**(Asclepion,以前被误认为宙斯神殿)的遗址。西侧的遗迹是一些私人房屋(有些是两层楼)和一座希腊化时期的犹太教堂;南侧是**体育馆**、**竞技场**和集市遗址。

你可以沿着**城墙**遗址途经主东门回到停车场,这座城墙曾经长2.5公里、高6米,有16座**塔楼**。

停车场和Güllübahçe村都有厕所,下面还有一座拜占庭渡槽的遗迹。

每20分钟有1班小巴从瑟凯前往Güllübahçe村(4里拉,20分钟),在普里埃内250米外的拜占庭水渠旁的咖啡馆停靠。冬季每小时1班。

米利都(Miletus)

米利都 遗迹

(Milet;10里拉,停车4里拉,音频导览10里拉;❂4月至10月 8:30~19:00,11月至次年3月至17:00)米利都古城遗址在大门雷斯河河谷中,这里也是一个繁荣的港口城市。虽然路标很不完善,但混合了古希腊和古罗马风格的建筑遗迹,非常惊艳,有趣的**米利都博物馆**(Milet Müzesi;5里拉;❂4月至10月 8:30~19:00,

Miletus 米利都

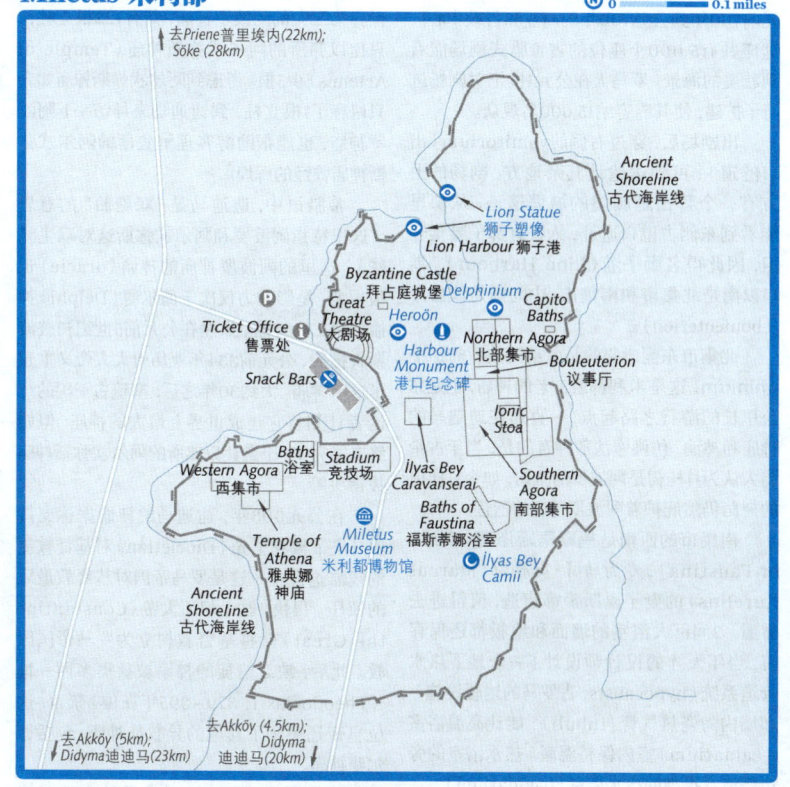

地图标注：
- 去Priene普里埃内(22km); Söke (28km)
- Ancient Shoreline 古代海岸线
- Lion Statue 狮子塑像
- Lion Harbour 狮子港
- Byzantine Castle 拜占庭城堡
- Delphinium
- Capito Baths
- Great Theatre 大剧场
- Heroön
- Northern Agora 北部集市
- Bouleuterion 议事厅
- Ticket Office 售票处
- Harbour Monument 港口纪念碑
- Snack Bars
- Ionic Stoa
- Baths 浴室
- Stadium 竞技场
- Ilyas Bey Caravanserai
- Western Agora 西集市
- Southern Agora 南部集市
- Baths of Faustina 福斯蒂娜浴室
- Temple of Athena 雅典娜神庙
- Miletus Museum 米利都博物馆
- Ilyas Bey Camii
- Ancient Shoreline 古代海岸线
- 去Akköy (5km); Didyma迪迪马(23km)
- 去Akköy (4.5km); Didyma迪迪马(20km)

11月至次年3月 至17:00)展出的物品不仅只来自米利都,也有的来自附近的普里埃内,展现了这两个邻近古城的关系。将博物馆作为参观的第一站,可以在这里拿一份信息丰富(且免费)的《米利都巡游》地图。忽略音频导览吧——让人迷惑不清,而且过分详细。

尽管米利都的古老起源尚未明确,目前认为可能是米诺斯的克里特人(Minoan Cretans)在青铜时代创建的(Miletus这个词就源自克里特语)。爱奥尼亚的希腊人在公元前1000年将米利都兼并,在随后的几个世纪里,米利都成为希腊的思想和文化中心。最令人注目的是,米利都学派(Milesian School of philosophy,公元前6世纪创建)中走出了泰勒斯(Thales)、阿那克西曼德(Anaximander)和阿那克西美尼(Anaximenes)等伟大的思想家。他们对自然的观察更侧重于理性的思辨,而非依赖神秘主义的解释。可以说,世界上最早的一批科学家都是米利都人。

与本地区其他沿海城市一样,米利都在雅典和波斯之间几经征战易手,最终在公元前334年被亚历山大大帝解放,他为这座城市带来了黄金年代。200年后,罗马人占领了这里,约公元57年,在圣保罗于第三次传教之旅结束期间到访之后,发展出一小支基督教会。在拜占庭帝国时期,米利都是一个大主教区的中心。与其他沿海城市不同的是,这里的港口足够深,没有淤积的困扰。整个14世纪,塞尔柱王朝仍然能利用这里的港口进行海上贸易。港口最终被淤泥阻塞后,奥斯曼帝国放弃了这座城市,自此以后,大门德雷斯河的淤积效应让米利都距海有了10公里远。

你很快就会注意到,米利都的街道按当地出生的规划师希波达莫斯的设计,成直角相交。从停车场进城的游客,会先看到醒目的

大剧场（Great Theatre）。这里是米利都从公元前700年到公元700年的商业和行政中心。这座共有5,000个座位的古希腊式剧场能看到壮美的海景。罗马人在公元1世纪对剧场进行了扩建，使其能容纳15,000名观众。

出剧场后，穿过右侧的vomitorium（出口隧道），可到达遗址其余地方。剧场的上方有一个**拜占庭城堡的城墙**遗迹，从那里能看到东ების古港口遗址，入口有狮子雕塑守卫，因此得名**狮子港**（Lion Harbour）。港口以南是北集市和南**集市**，中间则是**议会厅**（bouleuterion）。

北集市东侧毗邻的是献给阿波罗的**Delphinium**，这是米利都最古老的神庙，也是15公里长的游行之路起点，一直通往迪迪马的神庙和神谕。仿佛魔法般神奇的是，当年古希腊人认为月桂树是阿波罗的圣树，如今月桂树的树荫仍然庇护着阿波罗神庙的遗迹。

南集市的西面是**福斯蒂娜浴室**（Baths of Faustina），专为马可·奥勒留（Marcus Aurelius）的妻子福斯蒂娜建造，值得进去看看。2间巨大浴室的墙面和地板都还保存着，当年天才的设计师设计了一个地下热水管道系统（hypocausts，古罗马的地暖设施）和墙内陶瓷热气管（tubuli），能让高温浴室（caldarium）室内保持温暖。热水浴室的旁边是清爽提神的冷水浴室（frigidarium）。

浴室西南是能容纳15,000名观众的**竞技场**和米利都博物馆，东南是后塞尔柱时期的**伊雅斯贝清真寺**（İlyas Bey Camii，建于1404年），于2012年修复，正门入口非常精致。

入口附近有咖啡馆，有一座是在14世纪的商队驿站旁边。这里能找到公共厕所。

有小巴连接瑟凯（8里拉，40分钟）和迪迪马（5里拉，20分钟），途经米利都，夏季每小时1班，冬季每2小时1班。

迪迪马（Didyma）

☎0256/人口 59,865

阿波罗神庙 遗迹

（Temple of Apollo；门票10里拉，语音导游10里拉；⊙5月中旬至9月中旬 8:30～19:00，9月中旬至次年5月中旬 至17:00）迪迪马（现在叫Didim）在古代并不是一座城市，而只是一座宗教中心。这里壮观的阿波罗神庙是古代世界第二大的阿波罗神庙，共有122根立柱，只比以弗所的阿尔忒弥斯神庙（Temple of Artemis）少5根。考虑到阿尔忒弥斯神庙如今只留存了1根立柱，到迪迪马来拜访一下阿波罗神庙，也能帮助游客理解失落的阿尔忒弥斯神庙曾经的辉煌。

希腊语中，迪迪马是"双胞胎"的意思（这里特指阿波罗和阿尔忒弥斯这对双生兄妹）。这里的阿波罗神庙的神谕（oracle）也很重要，是影响力仅次于德尔斐（Delphi）神谕的第二大神谕。虽然在公元前5世纪初被波斯人摧毁，公元前334年亚历山大大帝又重建了这座神庙。大约30年之后，塞琉古王国的统治者计划将它建成世界上最大的神庙，但始终未能完工，于是让以弗所的阿尔忒弥斯神庙拔得头筹。

在公元303年，迪迪马的神谕据称支持罗马皇帝戴克里先（Diocletian）对基督教徒的残酷迫害——这是罗马帝国对基督教最后的镇压。很快，君士坦丁大帝（Constantine the Great）就将基督教树立为罗马帝国国教。此后，缺乏信徒的神谕被狄奥多西一世（Theodosius I，379～395年在位）禁言，这位皇帝还关闭了其他的异教徒神庙，包括德尔斐神庙。

从售票处进入遗址，沿着神庙的13级宽**台阶**向上攀登，就能看到令人震撼的粗壮**立柱**。

在神庙的门廊尽头，在一个名为**chresmographeion**的房间，有一扇刻着神谕诗的大门，这些神谕诗都是向神请愿的人刻下的。一条向下倾斜的有顶走廊通往一座名为**内殿**（cella，希腊语中叫naos）的内部建筑，神谕者就在里面。每次发布神谕前，都要先喝下这里的圣泉。通过两座拱顶斜坡走廊就能抵达。

神庙以东是**涤罪井**（purification well）和**圆形祭坛**（circular altar），神谕的救济对象会向这里献祭。不要错过巨大的**美杜莎之头**，旁边的外立柱上方的楣梁上曾经有着让这里引以为傲的雕带。继续向东有一条华丽雕像装饰的**神圣之路**（1858年雕像被迁移到大英博物馆），通向米利都。

🛏 食宿

迪迪马有基本的住宿处,夜晚非常安静,能看到梦幻的神庙风景。在这里住宿可以赶早或晚上参观神庙,能避开团队游客。

★ Medusa House　　　　家庭旅馆 $$

(☎0536 767 6734, 0256-811 0063; www.medusahouse.com; Hisar Mahallesi 246; 标单/双 40/60欧元; ⊛)旅馆离阿波罗神庙入口很近,是一栋修复后的150年历史的可爱希腊石屋,新建了一座附属建筑,10间舒适客房,前后都有迷人的花园。旧楼中的6个房间有木头天花板和壁炉,外面建筑里的房间较大,也更现代。

Poseidon Sofrasi　　　　土耳其菜 $$

(☎0543 677 1813, 0256-813 3353; www.facebook.com/pages/Table-of-Poseidon-Poseidon-Sofrasi/841607029239988; Hisar Mahallesi 26/A; 小吃 8~14里拉,主菜 25~45里拉; ⊗10:00至次日2:00)这家名为"波塞冬餐桌"的餐厅高耸在一片宽阔的露台上,能眺望到村子的主广场和后面的阿波罗神庙,提供的小吃有汉堡和馅点(börek),也有量更大的肉和鱼类主食。是当地人喜欢的餐厅。

Kamacı　　　　自助餐 $$

(☎0256-811 0033; Hisar Mahallesi 96/A; 开胃菜 5里拉,主菜 18~25里拉; ⊗10:00至午夜)这家店面朝神庙的2根坚固石柱,提供烤肉、肉丸、鲜鱼和针对当地人和游客的超值开胃菜。你可尝试美味的炖(güveç)章鱼或完美烹饪的烤海鲈鱼。不要被同名的旅游团自助餐所迷惑,后者位于停车场旁。

ℹ 到达和离开

从瑟凯到迪迪马(7里拉,40分钟)和阿尔提恩库姆(Altınkum; 8里拉,1.25分钟)的小巴都很频繁。冬季班次减少。

巴法湖(Lake Bafa)

☎0252/人口 1570(巴法)

70平方公里的巴法湖被内陆所包围,但50%是咸水,它是爱琴海从前在内陆地区所留下的最后痕迹。这是个宁静的地方,周围环绕着传统村落,如湖泊最东部岸边的卡皮吉利村(Kapıkırı)。巴法山上有许多从前拜占庭时期的遗迹和教堂,该地区动植物资源丰富,能看到兰花(多达20种)、猫头鹰、蝴蝶和变色龙等各种物种。尤其是这里还有约350种鸟类,包括鹰、火烈鸟、鹈鹕和鸬鹚等。

海拉克利亚(Heracleia;见281页)的遗迹遍布整座村庄,小村里有鸡群、猴子和兜售小玩意和手工艺品的老妇。遗迹有许多留待想象的部分;其乡村风情的"别致"景观和湖畔风景弥补了其余方面的不足。

上面的村子是大多数遗迹所在地,被称为"村边",下面的卡皮吉利村被称为"岛边"。

◉ 景点和活动

家庭旅馆的店主会组织乘船游和钓鱼游(每人150里拉起)和半日到达拥有6000年历史的新石器时代的洞穴的徒步活动(每人150欧元起),还有可能在山地搭帐篷过夜。许多还会组织观鸟、植物和摄影之旅;可联系 Latmos Travel (☎0252-543 5445, 0532 416 3996; www.latmos-travel.com; Agora Pansiyon, Kapıkırı)了解详情。

海拉克利亚　　　　遗迹

(Heracleia; 卡皮吉利村) 免费 古代卡里亚人的港口城市海拉克利亚散落在整个卡皮吉利村。在村子的上部,中心集市以西就是庞大的雅典娜神庙(Temple of Athena),位于一座能眺望湖面的岬角上,虽然仅剩三面墙壁,但有完美雕刻的砖石(没有抹灰泥)还是让人震撼。其余有路标指示的小路可前往东面一座私家花园内的议会厅,一座独一无二的古罗马浴室和未经修复的剧场,后者仅剩几排座椅(曾经能容纳4000名观众)。

古希腊风格的古城墙(约公元前300年)长约6.5公里。想体验湖光山色,可沿着道路经过由岩石建造的恩底弥翁神庙(Temple of Endymion)和一座俯瞰着大墓地石墓的拜占庭城堡遗址。湖边有座拜占庭教堂的遗址,注意对面的岛屿——其底部隐藏着古代建筑的地基。岛屿曾经与大陆相连,现在即便是水位下降时,也只能乘船前往。

食宿

巴法湖很受德国游客欢迎,许多家庭旅馆店主德语都比英语讲得好。要想在田园风情的卡皮吉利住宿需要花大价钱,不过长期居住可以获得折扣。大多数旅馆餐厅都对外开放;巴法湖罕见地融咸水和淡水于一体(咸度和黑海相当),因此同一片水域既有海鱼,也有湖鱼,都可以在餐厅吃到。

当地的一大特色菜是腌鳗鱼。巴法村的集市是在周五。

Karia Pansiyon　　　　　　　家庭旅馆 $$

(📞0543 846 5400, 0252-543 5490; www.kariapensin.com; Kapıkırı; 标单/双 含半膳宿 55/70欧元, 露营地 每人 4欧元; ✳🛜)这家小店及其热情的店主Emin提供的住宿位于村中心,大露台餐厅能看到最美的湖面风景,温馨的客房位于陡峭的山腰。有一座平房(90欧元)能入住4人。露营是在旅馆花园,有吊床和野餐桌。

Kaya Pansiyon　　　　　　　家庭旅馆 $$

(📞0252-543 5579, 0542 723 4214; info@kayapansiyon.com; Kapıkırı; 标单/双 含半膳宿 45/75欧元; ✳🛜)"岩屋"是距离海滩最近的住宿处,提供的住宿处是在木头小屋中,还有一座石头平房,高耸在一座幽静山谷的圆石之上。6个房间都富于乡村风情,而且都不大,但早餐和晚餐是在露台上提供,采用农场新产的食材,免费提供湖面微风和海岛风景。

★ Agora Pansiyon　　　　　　家庭旅馆 $$$

(📞0532 416 3996, 0252-543 5445; www.agorapansiyon.com; Kapıkırı; 标单/双 民宿 50/65欧元, 含半膳宿 65/100欧元, 公寓 35~48欧元; ✳🛜)这家讨人喜欢的旅馆位于花园和有吊床、橄榄树的绿荫露台之间,现在已有30年历史,提供10个客房和装点着民俗艺术和基里姆地毯的木屋,外加一座公共浴室。店主两兄弟Mithat和Oktay Serçin很热情,信息灵通。妈妈味道的菜肴富于传奇色彩。

Selene's Pension　　　　　　家庭旅馆 $$$

(📞0542 316 4550, 0252-543 5221; www.selenespansion.com; Kapıkırı; 双/标三 含半膳宿 90/120欧元; ✳🛜)这是卡皮吉利村最大的一家家庭旅馆,有15间客房和木屋,宛如一个小村落,位于通往海滩的路边。101号双人房和102三人间能看到无敌湖景,附设的露台餐厅上也能看见。雅典娜神庙下的花园讨人喜欢。

ℹ️ 到达和离开

长途汽车和小巴会让你在巴法村(从前叫Çamıçı)公路上的卡皮吉利村岔路口下车。从那里向北10公里就是卡皮吉利;上午和下午各有两半小巴(5里拉)往返两地,出租车花费为20里拉。如果连住几日,旅馆会安排免费接车。

米拉斯及周边 (Milas & Around)

📞0252 / 人口 58,390(米拉斯)

米拉斯(也称Mylasa)是古代卡里亚(Caria)王国的首都,曾被哈利卡尔那索斯(Halicarnassus,今博德鲁姆)的摩索拉斯(Mausolus)统治。这个农业小镇最有趣的场景是周二的农民集市,周边地区隐藏着几座特别的考古遗址。

👁️ 景点

米拉斯最好的景点都在方圆25公里之内。镇上的遗迹包括Baltalı Kapı(斧子城门),这是一座保存完好的罗马城门。北侧雕

卡里亚之路

土耳其20条长途徒步小径中最长的这条**卡里亚之路**(Carian Trail, Karia Yolu; www.cariantrail.com)从米拉斯地区蜿蜒820公里向南来到达特恰半岛和博兹布伦半岛,中途会穿越古代卡里亚王国大部分旧址。一路上会经过大多数重要的考古遗址,如果你放慢脚步,会看到翠绿的山林、蔚蓝的爱琴海海湾;还可以离开旅游线路到达秘密角落,例如巴法湖的新石器时代的**壁画洞穴**;你也可以在整条线路中选取一段徒步,可在官网和**土耳其文化之路**(Culture Routes in Turkey; www.cultureroutesinturkey.com)上查找《卡里亚之路指南》(19欧元)、比例尺为1:100,000的地图和更多信息。

刻着一把希腊风格的双刃斧（labrys）。它也被叫作宙斯门。从Gümüşkesen Caddesi上的一条陡峭小路上行可到达隔成房间的公元2世纪的罗马古墓，名为<u>Gümüşkesen</u>（意思是"削银者"），这座古墓可能是根据哈利卡尔那索斯的摩索拉斯王陵墓仿造的。

欧罗莫斯　　　　　　　　　　遗迹

（Euromos；门票5里拉；⏱5月至9月 8:00~19:00, 10月至次年4月 至17:00）欧罗莫斯建于公元前6世纪，鼎盛时期是在公元前200年至公元200年，先后被希腊和罗马统治。原本是本地神的神庙，后来改为祭拜宙斯，部分经过修复的科林斯式<u>宙斯挥斧神庙</u>（Temple of Zeus Lepsynus）就是其例证。西部柱子上的铭文记录着显贵的捐赠；可到南侧寻找双刃斧的雕刻，这是<u>宙斯的标识</u>，旁边有两只耳朵，暗示其中有神谕。

神庙地处巴法村（从前叫Çamıçı）和米拉斯之间，在塞利米耶（Selimiye）村以南的公路上有路标。要到达这里，乘坐往返米拉斯和巴法村/瑟凯的长途汽车或小巴，在公路以北200米处的遗迹下车。

拉布兰达　　　　　　　　　　遗迹

（Labranda；⏱5月至9月 8:00~19:00, 10月至次年4月 至17:00）**免费** 这座遥远的山腰遗址是米拉斯的饮用水源地，也是卡里亚最有趣的地方之一。拉布兰达从来都不是一座城市，而只是一座宗教中心，通过<u>神圣之路</u>与米拉斯连接，从公元前6世纪就有本地的神明崇拜，后来成了宙斯的圣殿。庞大的<u>宙斯挥斧神庙</u>是为了纪念其战争能力而建。拉布兰达曾举行过节日和运动会，可能也拥有神谕。

要抵达神庙，从主入口的守卫亭向西，经过与众不同的<u>多立克式房屋</u>（Doric House），登上一座拥有24级台阶的宏伟<u>阶梯</u>。<u>神庙</u>和其他宗教建筑坐落在一系列陡峭的人造台地上。

米拉斯西北不远的公路上有拉布兰达岔路口的路标。那里距离遗址还有14公里；除非自驾车，不然得从米拉斯乘坐出租车（40里拉，包括1小时等待时间）到此。

贝辛城堡　　　　　　　　　　遗迹

（Beçin Castle, Beçin Kalesi；门票5里拉；⏱4月中旬至10月 8:00~19:00, 11月至次年4月中旬 至17:00）在贝辛村口，距离米拉斯公路通往Ören段段以南6公里处，有一条带有路标的陡峭山道上行至崖壁顶端的贝辛城堡。这里原本是一座拜占庭要塞，后来在14世纪被短命的Menteşe酋长国（beylik）改建。城堡高耸在一座210米高的岩石露头上，从城墙看去，下方的米拉斯极为壮观。

山谷中和另一座小山上能找到更多的Menteşe时期的建筑，包括<u>Kızılhan</u>（红色商队驿站）、<u>Bey Konağı</u>（省长宅邸）、<u>奥尔罕清真寺</u>（Orhan Mosque）、<u>大浴室</u>（Büyük Haman）和精心修复的<u>埃赫迈特·加齐陵墓</u>（Ahmet Gazi Madrasah）。你可以从城堡售票处借阅英语指南。每半小时有1班小巴往返于米拉斯和贝辛村之间（3里拉）。

伊阿索斯（Iasos）　　　　　　遗迹

免费 海滨小村克伊克石拉哲克周围环绕着古城伊阿索斯的遗址，这座卡里亚古城曾经是一座小岛，以出色的港口、高产的渔场和附近山区出产的独特的红白大理石而繁荣。作为古代提洛联盟（Delian League）的成员，伊阿索斯参与过伯罗奔尼撒半岛战争（Peloponnesian Wars），后陷入衰落，并被斯巴达人占领。然而，从公元5~9世纪，这里绝对是拜占庭的一个主教区，最终在15世纪被遗弃。

ℹ 到达和离开

米拉斯长途汽车站位于村中心以北1公里处，靠近公路上的拉布兰达岔路口，去往村中心的**长途汽车站**（Köy Tabakhane Garaji; Milas）非常方便，从那里有小巴前往当地各目的地。

博德鲁姆半岛
（BODRUM PENINSULA）

博德鲁姆半岛的名字来自中心某处热门的夏季旅游景点。这里有许多高级度假村和悠闲的海滨小村落，让你尽享游泳和高档餐厅的乐趣。尽管现代化的醒目旅游设施对古韵有一定的侵蚀，不过当地的露天蔬菜集市、岩石嶙峋的海岸线和周围几乎荒无人烟的山丘，还是保存了一部分宁静的历史感。这一区域的小巴系统高效，价格便宜，往返博德鲁姆和边远洞穴非常方便。只要稍微提前订好，就能用仍然很实惠的价格找到超值的海滩住宿。

❶ 到达和当地交通

飞机
米拉斯－博德鲁姆机场（BJV；www.bodrumairport.com）位于博德鲁姆市东北39公里处，有来自欧洲各地的航班，多数是租赁型和廉价型的航空公司，例如只在夏季营业的易捷航空公司（EasyJet）和Sun Express。Anadolu Jet、Atlasjet、Onur Air、飞马航空（Pegasus Airlines）、Thomas Cook和土耳其航空都有前往伊斯坦布尔（两个机场）和（或）安卡拉的航班。Bora Jet可飞往阿达纳和米克诺斯岛（Mykonos；希腊）。

Havaş（www.havas.net/en）和**Muttaş**（☏0252-212 4850）提供机场和博德鲁姆长途汽车站之间的接驳服务（10里拉，45分钟），每一班Anadolu Jet、Onur Air、飞马航空、Sun Express和土耳其航空国内航班起飞前2小时从博德鲁姆长途汽车站发车。Atlasjet有免费接驳车，起飞前3小时从图尔古特雷伊斯（Turgutreis）出发，途中停靠比特兹（Bitez）、古姆贝特（Gümbet）、博德鲁姆长途汽车站和科纳哲克（Konacık）。两个公司的服务也都能满足进港航班的需求。否则你只能乘昂贵的出租车（120里拉）。

船
可以去运营商办公室或致电确认发船信息，因为网站信息通常不太可靠。还要确认渡轮是从博德鲁姆城堡附近的旧港出发，还是从城镇南部的游轮新港出发。自驾车尤其要预订，通常可在线预约。**博德鲁姆渡轮协会**（Bodrum Ferryboat Association, Bodrum Feribot İşletmeciliği；见286页地图；☏0252-316 0882；www.bodrumferryboat.com; Kale Caddesi 22；◐5月至9月 9:00~19:00,10月至次年4月 至18:00）和**博德鲁姆特快航线**（Bodrum Express Lines；见286页地图；☏0252-316 1087；www.bodrumexpresslines.com; Kale Caddesi 18；◐5月至9月 8:00~23:00,10月至次年4月 至20:00）提供前往达特恰和下列希腊岛屿的班次：

达特恰（单程/往返/小汽车/自行车 35/60/105/10里拉；1.5小时）6月至10月，每日2~4班。渡轮码头位于半岛海滨北部的Körmen，票价包括前往达特恰的15分钟接驳车。

卡林诺斯岛（Kalymnos；单程/同日往返/不限日期往返 25/32/50欧元；1小时）6月初到9月底从图尔古特雷伊斯出发的时间为周六10:00,返回时间为17:00。

科斯岛（Kos；单程/同日往返/不限日期往返 17/19/30欧元；45分钟）全年每天9:30出发,16:30返回（冬季为16:00,天气允许）。5月至10月中旬每天也有1班往返图尔古特雷伊斯和科斯岛之间的船次,出发时间为9:30,返回时间为17:30。6月中旬至10月,**Yeşil Marmaris**（☏0252-313 5045；www.kosferry.com; Cruise Port）每天有1班快速双体船从博德鲁姆的巡航码头前往科斯岛（单程20欧元,同日往返24欧元,不限日期往返35欧元；20分钟）。

罗得岛（Rhodes；单程/同日往返/不限日期往返 50/60/75欧元；2小时）7月上旬至9月下旬周六和周日运营。Yeşil Marmaris也有船次前往罗得岛（单程/同日往返 65欧元,不限日期往返 78欧元）。

锡米岛（Symi）本书调研时服务暂停。

长途汽车
所有的大型汽车公司都有到**博德鲁姆**长途汽车站（见286页地图）的服务。有些还前往图尔古特雷伊斯和亚勒卡瓦克。Metro有从博德鲁姆到达大部分地区的班次；沿海岸向东,帕穆克卡莱（棉花堡）是更好的选择,每天至少上午和晚上各1班前往安塔利亚（60里拉,7小时）,途经米拉斯、穆拉、达拉曼和费特希耶。Has Turizm公司每天也有几班车前往马尔马里斯（25里拉,3小时）,途经穆拉。

小汽车和摩托车
博德鲁姆和机场都有许多公司租赁小汽车、摩托车和小轮摩托车,包括**Avis**（☏0252-316 2333；www.avis.com; Neyzen Tevfik Caddesi 66/A；◐9:00~19:00）,在图尔古特雷伊斯也有；Economy Car Rentals（www.economycarrentals.com）和总部设在博德鲁姆的**Neyzen Trave**（☏0252-316 7204,汽车租赁 0252-313 3330；www.neyzen.com.tr; Kıbrıs Şehitler Caddesi 34）。

小巴
博德鲁姆每10分钟（冬季半小时）就有1班小巴前往半岛各地,车窗上显示目的地。花费不到6

Bodrum Peninsula 博德鲁姆半岛

里拉就能到达大部分村落，运营时间8:00~23:00（6月至9月昼夜不歇）。从博德鲁姆到半岛最远的亚勒卡瓦克需要30分钟。

也有车次从图尔古特雷伊斯到阿克亚拉尔（Akyarlar）、古姆斯鲁克（Gümüşlük）、亚勒卡瓦克、古恩多干（Göndoğan）和古托克布库（Göltürkbükü），以及从亚勒卡瓦克到古姆斯鲁克。如果在各村庄间游览，必须在博德鲁姆长途汽车站中转，或者在路上凭运气搭乘过路小巴。

博德鲁姆（Bodrum）

0252 / 人口 37,815

虽然每年有超过100万的游客涌向这里的海滩、精品酒店、时尚餐厅和夜店，不过博德鲁姆（古称"哈利卡尔那索斯"）的迷人风情似乎从未消失。这里比土耳其其他滨海地区更加神秘优雅，从城中的大城堡和波光粼粼的码头，到鲜花盛开的咖啡馆和整洁的白灰小巷，都渗透着悠闲的氛围。甚至在夏季最高峰，你也能在城里某些角落找到一片宁静。

城市的规划者也在努力保留博德鲁姆独特的爱琴海气质，因为在20世纪20年代的人口交换时期，这里曾受到克里特岛移民的影响。现在，法律严格限制了建筑的高度，白墙蓝窗衬线的房屋也唤醒了对古老年代的追忆。城市四处神秘的城堡、古老的遗迹和奥斯曼清真寺，也都让博德鲁姆能够卓尔不群，保持着自己的独特魅力。

只是在近几十年，博德鲁姆才会和悠闲舒适的海滩、波光灵动的夏日假期联系在一起。这里过去只是一个简陋的小渔村和海绵采集村庄，城里的老人仍然记得，那时城里很多东西的位置都和现在不一样，有些甚至都没有出现。在棕榈树海滨和高档海鲜餐厅出现之前，博德鲁姆并没有什么吸引人的地方，实际上，这里曾经住满了被驱逐至此的、对新生的土耳其共和国不满的异议分子。

一切从一个异议分子被投进当地监狱后开始改变。作家Cevat Şakir Kabaağaçlı（也被称作"哈利卡尔那索斯的渔民"）在1925年被流放至沉寂的博德鲁姆，很快就爱上了这里。在服刑完毕后，他在20世纪40年代中期致力于宣扬博德鲁姆的魅力，影响了整整一代土耳其的知识分子、作家和艺术家。

从此以后，这里的改变势不可当。20世纪80年代中期，衣着光鲜的外国人开始来这

Bodrum 博德鲁姆

Cevat Şakir Cad
去Neyzen Travel & Yachting (300m)
去Marmara Bodrum (500m)
Pamili Sk
Yaka Sk
Derviş Görgün Cad
Uslu Sk
Yıllıkçı Sk
Artemis Cad
Üçkuyular Cad
Sevenceler Sk
Mandalin Sk
2430 Sk
Dere Sk
Kule Sk
Fabrika Sk
Atatürk Cad
Ilqın Sk
Çilek Sk
Tarla Sk
Zeki Müren Cad
去Aegean Gate (700m)
Cumhuriyet Cad
去Cumba Suites (100m); Cruise Port (1.5km)
Adliye Sk
Bahçe Sk
Helvacılar Sk
Uslu Sk
Hüseyin Nafiz Özsoy Cad
Cemil Uyar Cad
Kumbahçe Bay
Taşlık Sk
Marsmabedi Cad
Külcü Sk
Türkkuyusu Camii
Türkkuyusu Cad
Bazaar 巴扎
Belediye
Merkez Adliye Camii
Kale Cad
Dr Alim Bey Cad
Göktepe Sk
Gerence Sk
Turgutreis Cad
Davut Sk
1201 Sk
Yangi Sk
Neyzen Tevfik Cad
Ancient Harbour 古代港口
Bodrum Ferryboat Association 博德鲁姆渡轮协会
Bodrum Express Lines 博德鲁姆快线
Ferry
Menekşe Sk
İmbat Çık
TEPECİK
Hamam Sk
Tepecik Camii
Salmakis Bay
Araplar Sk
1205 Sk
Saray Sk
Marina
Adnan Toker Sk
Fırkateyn Sk
Kıbrıs Şehitler Cad
ESKİÇEŞME
Şafak Sk
去Myndos Gate 大门(200m)
400 m
0.2 miles

Bodrum 博德鲁姆

◎ 景点
- **1** 古代剧场 B1
- **2** 博德鲁姆城堡 D4
- **3** 博德鲁姆海事博物馆 E3
- **4** 陵墓 C2
- **5** 奥斯曼船厂 A3

✦ 活动、课程和团队游
- **6** Ezgi Boats G4
- **7** Tarihi Bardakçı Hamamı F2
- Yağmur .... (见6)

⌂ 住宿
- **8** Albatros Otel C2
- **9** Antique Theatre Hotel B1
- **10** Artunç Hotel F2
- **11** Atrium Otel F2
- **12** El Vino Hotel F1
- **13** Hotel Güleç F3
- **14** Kaya Pansiyon E2
- **15** Marina Vista B3
- **16** Su Otel D2

⊗ 就餐
- **17** Avlu E3
- **18** Bodrum Denizciler Derneği D3
- **19** Fish Market E2
- Fruit & Vegetable Market .... (见40)
- **20** Gayıkcı E2
- **21** Gemibaşi B2
- **22** Kalamare E3
- **23** La Pasión E3
- **24** Le Man Kültür F4
- **25** Musto B2
- **26** Nazik Ana D2
- **27** Orfoz G4
- **28** Red Dragon B2
- **29** Tepecik Döner C2

◎ 饮品和夜生活
- **30** Helva D2
- **31** Körfez E3
- **32** Küba D2
- **33** Marina Yacht Club B3
- **34** Moonlight E3
- **35** White House F3

◉ 娱乐
- **36** Halikarnas F4
- **37** Kule Rock City E3
- **38** Marine Club Catamaran D3
- **39** Mavi Bar G4

◉ 购物
- **40** Bodrum Market E1

里旅游。今天，博德鲁姆已经是很多人首选的热门景点，无论是欧洲的旅行团，还是土耳其国内的大亨，都喜欢这里。但这座城市充满艺术感的定位，都要归功于Kabaağaçlı早年的影响，他避免了博德鲁姆变得如同土耳其其他小渔村演化出来的度假村那样庸俗不堪。

◎ 景点

博德鲁姆城堡 　　　　　　　　　　　　城堡

（Bodrum Castle, Bodrum Kalesi; 见286页地图; ☏0252-316 2516; www.bodrum-museum.com; İskele Meydanı; 门票 30里拉, 语音导览 15里拉; ⊘4月至10月 8:30~18:30, 11月至次年3月至16:30）博德鲁姆宏伟的城堡由医院骑士团（Knights Hospitaller）建于15世纪初期，是献给圣彼得的，从这里的城垛能看到壮丽的景观。现在这里有水下考古博物馆（Museum of Underwater Archaeology; Sualtı Arkeoloji Müzesi），它可能是世界上同类型博物馆中最

重要的一座，怎样让古代展品焕发生机，这里可谓上了精彩的一课。展品陈列富于创意，照明充足，还配有信息板、地图、模型、素描、壁画、实景模型和视频，全部都是为了让展品更鲜活。

1402年帖木儿对安纳托利亚的入侵，不仅削弱了奥斯曼人的实力，也让罗得岛的骑士团有机会建立这座城堡并在这里站稳了脚跟。他们使用从著名的摩索拉斯王陵墓中挖出的大理石和岩石进行建设（王陵于一场地震中崩塌），并将这座城市重命名为佩特罗尼乌姆（Petronium），以纪念圣彼得。1437年，他们建成了城堡，并一直不断加强新的防御工事（护城河、城墙和蓄水池等），直到1522年苏莱曼大帝（Süleyman the Magnificent）占领罗得岛。骑士团不得不撤出圣彼得城堡，胜利的穆斯林苏丹很快就将小教堂改造成一座清真寺，并配套建设了新的尖塔。后来的几百年中，城堡也一直没有经历战火的考验，直

到第一次世界大战中，法国军队的大炮击毁了清真寺的方尖塔（1997年重建了方尖塔）。

博物馆散布在城堡之中，照明迷人，信息量大，还进行了一些重建工作，有多媒体展示搭配文物展览，全部游览完毕大约需要2小时。城堡的小房间内会非常拥挤，可能会引起幽闭恐惧症者的不适，因此建议尽早到达。可寻找地面上的绿/红马赛克箭头，分别指示短/长游览路径。在城堡周围，你会看见孔雀漫步，召唤潜在的伴侣。

➡ 主庭院

走进售票亭，你会经过一尊大理石十字军铠甲——这里的250件此类雕塑中的一座。从一段台阶的顶部穿过大门，就到了城堡的主庭院，中间有一棵古老的桑树（被修剪得很厉害）。庭院里还有一个大型的双耳细颈酒罐展（amphorae collection）：从公元前14世纪到当代的都有，全是从南部海岸的水下打捞上来的。

庭院东侧的小教堂（1406年）中，有一个按照公元626年在亚斯塔达（Yassıada）附近沉没的晚期罗马帝国轮船仿制的全尺寸船尾，旁边还有一个微缩的模型。你可以走上甲板，操作一下舵轮，再看看下面的厨房和两耳细颈酒罐。

向上爬进入东部塔楼，接下来在左边会看到玻璃失事船展厅（Glass Wreck Hall），里面展出着一艘15米长、5米宽的沉船，它于1025年在马尔马里斯海沉没。当时它装载着30吨玻璃器皿，从拜占庭的一家玻璃工厂（在多瑙河或黑海沿岸）运往法蒂玛王朝时期的叙利亚（Fatimid Syria）。对于这艘沉船的发现，考古学家和历史学家非常激动，因为它不仅能揭示11世纪的造船技术和工艺（有近20%在展），也能展示法蒂玛王朝时期的玻璃。

继续向前，小型的玻璃制品展厅（Glass Hall）里也有展览，展品从公元前15世纪到公元14世纪，包括迈锡尼（Mycenaean）的玻璃装饰珠、罗马的玻璃瓶和伊斯兰的玻璃砝码。

➡ 法国塔楼和卡里亚公主展厅

北面稍远一点的法国塔楼（French Tower）里的展品来自Tektaş Burnu——世界上唯一一艘被完整打捞的希腊古典时期的沉船（船沉没于公元前480至公元前400年）。展品包括从船上发现的双耳细颈酒罐、画着辟邪符文的盘子和厨房里的容器等炊具，还有切什梅半岛（Çesme Peninsula）遗址2001年发掘工程现场的照片。一些古代硬币（包括克罗伊斯时期的卡里亚硬币）和珠宝也在展示之列。

旁边的卡里亚公主展厅（Carian Princess Hall）不容错过，里面展出金王冠、项链、手镯、戒指和一个罕见的黄金桃金娘叶纹花环。这些珠宝都来自一个不明身份的女人的雕像，很多人都认为她是卡里亚最后一位女王Ada（摩索拉斯的妹妹，亚历山大大帝在公元前334年吞并哈利卡尔那索斯之后，重新扶持这位女王上台），她的遗骸被陈列在沉重的陶棺之中，也在这里展出。

➡ 英国塔楼

守卫城堡东南角的是三层的英国塔楼（English Tower），也称"狮子塔楼"，建于英格兰国王亨利四世在位时期（1399~1413年）。1401年，亨利成为第一位（也是历史上唯一一位）宴请拜占庭皇帝曼努埃尔二世·帕里奥洛格斯（Manuel II Palaeologos）的英格兰君主。他郑重考虑了曼努埃尔提出的警告，即基督教欧洲正在面临来自土耳其穆斯林的威胁。于是，这座塔楼象征着两位君主为共同利益而互相支持。

如今塔楼里的房间被布置成一个稍显刻奇的中世纪大餐厅，有一张长餐桌，围绕着一圈铠甲、鹿角和狮头，以及医院骑士团和他们的土耳其对手的人像。最有趣的是七大洋主权（Sovereign of the Seven Seas）模型，这艘船是查尔斯一世（Charles I）于1637年下令建造的；还有500年前由医院骑士团在许多墙面所刻画的拉丁文涂鸦。

➡ 青铜时代沉船展厅

英国塔楼对面的大厅中包括三艘青铜时代沉船遗迹（Bronze Age shipwrecks）的文物，包括世界上最古老的打捞沉船——公元前14世纪的乌鲁布伦沉船，它沉没在了卡斯海岸8公里远的地方。展厅里展示着沉船中的战利品完整尺寸的复制品，以及遗迹在海滩上的位置。旁边的珍宝间里展出迦南（Canaanite）的金银珠宝、青铜匕首、象牙梳妆盒、木质写字板和埃及女王娜芙蒂蒂（Nefertiti）的圣金甲虫（scarab），它们也是在一次船难中发现的，当时就已有几百年历史。

➡ 加提诺塔楼和蛇塔楼

左转出展厅，沿城垛绕行城堡到达加提诺塔楼（Gatineau Tower）的地下室，可以看到骑士囚禁、折磨敌人（1513~1523年）的地方。内侧大门上歪歪曲曲刻着的文字表明了"这里没有上帝"（Inde Deus abest）。抓好孩子的手，当心你的头，因为24级台阶又陡又窄。途中你会经过3座看上去让人不舒服卧室——中世纪户外厕所。

返回出口的途中，蛇塔楼（Snake Tower）有更多的文物和雕塑展览。其名称来自石头上雕刻的蛇形图案，这里在骑士团和后面的奥斯曼时期都曾被用作医院。

博德鲁姆海事博物馆　　　　博物馆

（Bodrum Maritime Museum, Bodrum Deniz Müzesi; 见286页地图; ☎0252-316 3310; www.bodrumdenizmuzesi.org; Esiki Besdesten Binasi; 门票 成人/优惠 5/2.50里拉; ◉6月至10月 周二至周日 11:00~22:00, 11月至次年3月 至18:00)这座小博物馆设计得很好，位于2层楼中，通过精心制作的缩微船只模型和一个出色的讲述传统"博德鲁姆风格"船只建造过程的视频，重现了博德鲁姆的海事历史。对博德鲁姆作为海绵采集中心的角色和当地作家Cevat Şakir Kabaağaçlı——备受爱戴的"哈利卡尔那索斯的渔民"也有许多介绍。

摩索拉斯王陵墓　　　　遗迹

（Mausoleum, Mausoleion; 见286页地图; Turgutreis Caddesi; 门票 10里拉; ◉4月至10月 8:00~19:00, 11月至次年3月 至17:00)摩索拉斯王陵墓是古代世界七大奇迹之一，是卡里亚国王摩索拉斯（Mausolus, 公元前376至公元前353年在位）最伟大的成就。摩索拉斯将都城从米拉斯迁至哈利卡尔那索斯。仅存的古迹是王陵前的楼梯、墓穴内庭、通往王陵内庭的狭窄入口、阻挡入口的一块巨大的青石、王陵的排水系统、一点点围墙和几根巨大的凹槽大理石立柱底座。

在摩索拉斯死前，他规划了自己的陵墓，并请皮忒欧（普里埃内的雅典娜神庙的设计师）设计整个陵墓。摩索拉斯死后，他的妻子（也是他的妹妹）阿尔特米西亚（Artemisia）监督完成了这座宏大的有柱廊的白色大理石陵墓，一座24级阶梯的金字塔和一辆四马二轮战车，一辆四匹马拉的战车运载着摩索拉斯本人。15世纪晚期，医院骑士团发现王陵已经严重受损，可能是遭到一场地震的毁坏，于是在1494年至1522年将王陵的所有材料都重新利用起来，建造城堡，或者烧制石灰，用以加固墙壁。幸运的是，最美丽的一些墙壁雕饰被装在了圣彼得堡堡的墙上，摩索拉斯和阿尔特米西亚的雕像原件则被运往大英博物馆。

遗址上还有令人心旷神怡的花园。西侧是考古发掘现场，一条带顶长廊通往东边，长廊里有一些藏在大英博物馆中的雕饰的复制品。最近新挖掘出的4件真品碎片也在展出。有一些模型、绘画和文档展示着陵墓当年的宏大规模。还有一个按比例缩小的摩索拉斯时期的哈利卡尔那索斯模型展出。

奥斯曼造船厂　　　　遗迹

（Osmanlı Tersanesi; 见286页地图; Şafak Sokak; ◉周二至周日 9:00~18:00) **免费** 修复过的奥斯曼帝国造船厂就坐落在码头上方。1770年，俄罗斯海军在切什梅摧毁了奥斯曼帝国的舰队。后来奥斯曼帝国就在这样的小船厂中重建自己的海军。18世纪和19世纪，为了抵御海盗的侵扰，造船厂里增添了一座瞭望塔。现在，这里偶尔会在造船厂的塔楼里举办一些艺术展。塔楼顶上有一些墓石，大约是拉丁字母正在取代以阿拉伯字母为基础的eski yazı(旧式文字)的年代留下的。风景非常好。

古代剧场　　　　遗迹

（Ancient Theatre, Antik Teatro; 见286页地图; Kıbrıs Şehitler Cad-desi) 古代哈利卡尔那索斯的剧场位于通往图尔古特雷伊斯主公路旁的一座岩石山腰上，建于公元前4世纪，能容纳5000名观众，不过在公元3世纪，为了决斗比赛，座席被增加到13,000个。夏季这里会举办音乐会和其他活动。

Myndos大门

大门

（Myndos Kapısı; Cafer Paşa Caddesi）Myndos大门被修复的残存部分，可能是公元前4世纪摩索拉斯王所修建的7公里长的城墙的一部分。门前是一条护城河的遗迹，公元前334年，这条河曾夺去很多亚历山大大帝士兵的生命。

🏃 活动

旅行社遍布全市，提供团队游和各种活动，包括Cumhuriyet Caddesi向内陆方向伸展的Dere Sokak上的几家。团队游可到达以弗所，2.5小时车程，价格约50欧元（65欧元包括途中可停留一两处，例如欧罗莫斯和米利都等）；出租车收费约135欧元，最多可坐5人。

两处海湾停靠的船只都提供环半岛海滩和海湾一日游（一般11:00~17:00)，一般收费约45里拉，包括5处左右的停靠和午餐。黑岛（Karaada）上有一个温泉洞窟，是比较常见的巡游目的地。你可以在岛上游泳，还可以在据说能够强身健体的橙色泥土中躺一会儿。

可以通过你的酒店预订巡游服务，或者直接向运营商——Bodex Travel & Yachting Agency（📞0252-313 2843, 0533 638 1264; www.bodextravel.com; Ataturk Caddesi 74）、Ezgi Boats（见286页地图; 📞0542 345 4392; Cumhuriyet Caddesi; ⏰11:00~18:00）或Yağmur（见286页地图; 📞0533 341 1450; Cumhuriyet Caddesi）咨询，最好提前一天。

Tarihi Bardakçı Hamamı

公共浴室

（见286页地图; 📞0536 687 3743; Dere Sokak 32; 洗浴 35里拉, 精油按摩 35里拉; ⏰8:00~23:00）1749年开业的这家公共浴室，是博德鲁姆最古老的公共浴室，提供各种洗浴服务。有Facebook主页，你可以搜索看看。

Neyzen Travel & Yachting

乘船游

（📞0252-316 7204; www.neyzen.com.tr; Kibris Sehitleri Caddesi 34）Neyzen旅行社提供的Gület（传统土耳其木帆船）游览——有4艘船，4~8个客舱。航程包括一周观光游，从博德鲁姆开往尼多斯古城（Knidos）、达特恰、博兹布伦（Bozburun）和塞利米耶（Selimiye），再沿海岸返回，每人700欧元，包括全部餐饮。

🛏 住宿

在博德鲁姆夏季旅游高峰期，酒店总是很快客满，如果您没能提前订好，很可能只能流落街头了。海滨地区的酒店因为靠近酒吧街，晚上特别吵。如果你乘公共汽车来，很可能在车站被人缠住介绍"实惠住宿"，你可以自己决定，我们会对这些人视而不见。

★ Kaya Pansiyon

家庭旅馆 $

（见286页地图; 📞0252-316 5745, 0535 737 7060; www.kayapansiyon.com.tr; Eski Hükümet Sokak 10; 标单/双 180/250里拉; ⏰4月至10月; ❄📶）博德鲁姆最好的家庭旅馆之一，非常靠近镇中心，12间客房简洁干净，外加一个工作室公寓，有吹风机、保险柜和电视，其中6间带阳台。你可在屋顶露台吃早餐，从那里能看到城堡，还有一个美丽的花园，里面有一个酒吧可供休息。热情的店主Mustafa和Selda能帮你安排游玩行程。

Albatros Otel

酒店 $

（见286页地图; 📞0252-316 7117; www.albatrosotelbodrum.com; Neyzen Tevfik Çıkmazı 6; 标单/双 200/250里拉; ❄📶）一番彻底的改造让这家从前有20个房间的低调酒店换上了一幅全新的现代化面孔。房间采用非同寻常的紫色和蓝绿色配色（非常成功）和木头天花板。位于紧邻码头的一条僻静小巷中。友好的服务和位于海湾西部的位置，使得它很受自由行游客和小家庭的欢迎。

Hotel Güleç

酒店 $

（见286页地图; 📞0252-316 5222, 0532

ℹ 博德鲁姆住宿

博德鲁姆地区的住宿比其他海滨地区的要贵，但如果一定要坚持以这里为大本营，别忘了预订：许多酒店预订会有折扣。冬季也营业的酒店会在天价的8月稍微降价，7月的价格就会更低一些。许多酒店业者10月至次年5月会关门歇业；即便到了5月中旬，像图克布库（Türkbükü）这样的度假城镇有时也感觉像是建筑工地，因为要准备迎接又一个旺季了。

433 1847; www.hotelgulec.com; Üçkuyular Caddesi 22; 房间 40~65欧元; ❄️）价廉物美的酒店有18个房间，地段位于市中心，房间简单但干净明亮（白色的地毯将这里点得很亮）。小浴室虽让人没什么想法，但可在阳光花园中用早餐，有一座精美的大理石台阶，还有许多亲切的员工可以帮忙找停车场等。

Su Otel 精品酒店 $$

（见286页地图；📞0252-316 6906; www.bodrumsuhotel.com; Turgutreis Caddesi, Sokak 1201; 标单/双/套 65/95/135欧元起; ❄️@🛜🏊）这座休闲的"水之酒店"从外面看是博德鲁姆白色和天蓝色审美基调的体现，25间客房和套间大部分有阳台，毗邻一座游泳池，附设的奥斯曼风格的露天餐厅和酒吧。内部的配色方案（想想蓝色配红色和黄色）和艺术装饰多一分就显得俗媚，但好看。

套房带厨房和公共浴室风格的浴室。沿着从Turgutreis Caddesi伸展的铺有蓝色瓷砖的人行道走就能找到。

Marina Vista 度假村 $$

（见286页地图；📞0252-313 0356, 0549 792 9613; www.hotelmarinavista.com; Neyzen Tevfik Caddesi 168; 标单/双 280/375里拉; ❄️🛜🏊）这家迷你连锁酒店前台处的木雕令人难忘，庭院大泳池能俯瞰码头，酒吧里有皮质凳子，有92个房间，是博德鲁姆海滨休闲之选。这里也提供水疗和儿童活动。

Antique Theatre Hotel 精品酒店 $$

（Atik Tiyatro Oteli; 见286页地图；📞0252-316 6053; www.antiquetheatrehotel.com; Kıbrıs Şehitler Caddesi 169; 房间 120~140欧元，套 160~180欧元; ❄️🛜🏊）这家可爱的酒店得名于对面的古代剧场，能观赏到绝美的城堡和海景，还有一个很大的室外游泳池和美丽花园。18个客房里摆放着原创的艺术品和古董，每间房间都有自己的特色，而且比套房超值。可惜的是，它位于一条繁忙的马路上。

Aegean Gate 精品酒店 $$

（📞0532 223 5089, 0252-316 7853; www.aegeangatehotel.com; Guvercin Sokak 2; 标单/双/标三 105/140/175欧元; ❄️🛜🏊）坐落在城堡东北2.5公里外的一座宁静小山上，位于巡航码头上方，酒店有6个豪华的套房和一个带酒吧的舒适泳池。看上去可能有些过时，酒店旁50米有一个24小时的出租车候车点，步行5分钟可以到达前往博德鲁姆市中心的小巴车站，步行20分钟可到达博德鲁姆主要派对区。

注意：酒店至少2晚起住，而且不接受信用卡。

Artunç Hotel 家庭旅馆 $$

（见286页地图；📞0532-236 3541, 0252-316 1550; www.artuncotel.com; Fabrika Sokak 32; 标单/双 50/90欧元; ❄️🛜🏊）2015年经过一番全面提升后，这家稍显过时的家庭旅馆变成了一座可爱的蓝白色小酒店，12个房间里都铺设着浅黄色的木地板，走廊中铺的是富丽的蓝色地毯，泳池畔的柠檬树下挂着吊床。为了前台玻璃下年轻的店主收藏的鲜红色的法拉利模型，我们也愿意再入住这里。

Atrium Otel 酒店 $$

（见286页地图；📞0252-316 2181; www.atriumbodrum.com; Fabrika Sokak 21; 标单/双 100/120里拉; 🅿️❄️🛜🏊）博德鲁姆最古老的酒店之一，看上去似乎会一直开下去，57间客房虽简单但都很宽敞，无论是家庭还是单人游客入住都很实惠。酒店自带一个游泳池（还有分隔开的儿童区），一个泳池边的酒吧和两个餐厅以及乒乓球桌。这里是想打造成罗马别墅的样子，但我们没看出来。

Cumba Suites 酒店 $$

（📞0532 336 2193, 0252-313 0517; www.cumasuites.com; Kumbahçe Pasatarlası; 套 150~200里拉; ❄️🛜）如果想找个清静的经济型住宿处，同时又很靠近海边，那么就选这里吧。有3个套房，位于一座受欢迎的咖啡馆和法式小馆之上。就在巡航码头上面，公共交通方便。套房是舒适的基本型，其中有2间带朝海的阳台。

★ El Vino Hotel 精品酒店 $$$

（见286页地图；📞0252-313 8770; www.elvinobodrum.com; Pamili Sokak; 房/套 185/235欧元; ❄️🛜🏊）这家美丽的"城市度假村"有31个房间，分布在几座石头建筑中，散落在背街的一大片花园里，你永远都不会相信这是在博德鲁姆。可试着挑一个能同时看到游泳池花园和大海的房间（如303号房）。屋顶餐厅是博德鲁姆最佳酒店餐厅之一。

可尝试店主自酿的葡萄酒（H6），他们同时也是葡萄酒商。有两座游泳池（其中一座带屋顶，水很浅），一座户外按摩浴缸，每天11:00有一班车前往酒店在半岛古托克布库的私人海滩。

Marmara Bodrum　　　　豪华酒店 $$$

（☎0252-999 1010; www.themarmarahotels.com/the-marmara-bodrum-hotel.aspx; Suluhasan Caddesi 18; 标单/双 270/290欧元起; ❋@≋≋）这家高端的Marmara酒店位于一个高崖之上，97个时髦房间风景绝美——一定要选一个面朝右侧的房间！作为五星连锁的酒店成员，其内部设施包括网球、水疗、健身房和2个游泳池。我们喜欢走廊上装饰的土耳其乡村人民的肖像照片，还有展示的古董锁具和钥匙。

免费专车可送客人前往半岛古托克布库的一片私家海滩。屋顶的有一个巨大的按摩浴缸、2个阳台和一个私人屋顶露台，能让你纵情彻夜狂欢。

注意：不接受12岁以下的儿童。

🍴 就餐

与所有海滨度假村一样，博德鲁姆的海边有很多带多语种菜单的高价餐厅（也不全是很糟糕），不过小巷里也有低调的人气美食、快餐店、一些优秀的鱼市餐厅。总体而言，海湾西部的餐饮比较高档，海湾东部有更多亲民的餐厅，面向的客户群也大多是邻近的酒吧和夜店的顾客。周五有**果蔬市场**（见286页; Külcü Sokak; ⊙周五 7:00～14:00），其中也有烤肉摊。

★ Nazik Ana　　　　熟食餐馆

（见286页地图; ☎0252-313 1891; www.nazikanarestaurant.com; Eski Hükümet Sokak 5; 开胃菜 7～10里拉, 烤肉 11～20里拉; ⊙8:30～23:00）这家简洁的餐厅位于一条后巷中，采用民俗风情的乡村风格装饰，提供现成的冷热食物，摆在柜台前，看上去是熟食餐馆的风格，在公共餐桌上可品尝各种不同的传统土耳其菜。当然，你也可以点烤肉和肉丸。午餐时段因为上班族的到来会很繁忙，会提供博德鲁姆最地道的美食体验。

Tepecik Döner　　　　烤肉 $

（见286页地图; ☎0252-313 3737; Neyzen Tevfik Caddesi 13; 烤肉 6～18里拉起; ⊙11:00至次日1:00）这家很受欢迎的小餐馆位于同名清真寺对面，提供美味的烤肉，盖在自制面包上吃，包括亚历山大烤肉（羊羔肉盖在比萨饼上，浇热番茄酱、融化的黄油和酸奶）口味。

博德鲁姆海员协会　　　　咖啡馆

（Bodrum Denizciler Derneği, Bodrum Mariners Association; 见286页地图; ☎0252-316 1490, 0542 316 4835; www.bodrumdenizcilerdernegi.com; İskele Meydanı 44; 小吃和主菜 5～13里拉; ⊙7:00至午夜）博德鲁姆海员协会咖啡馆吸引了包括饮茶狂热分子和抱着Efes Malt麦芽酒不放的年轻人在内的各种本地顾客。提供的食物有汉堡、香肠和薯片，以及吐司三明治和早餐，在这里能毫无遮挡地看到游艇和巡游船只。非常友好。

Gayıkcı　　　　烤肉 $

（见286页地图; ☎0252-313 2842, 0532 271 8295; Cevat Şakir Caddesi 15/D; 烤肉 8～22里拉; ⊙9:00至次日2:00）这家前开放式的烤肉店（kebapçı）干净且相对便宜，位于鱼市入口，提供肉食特色菜，包括亚历山大烤肉。

★ Kalamare　　　　海鲜 $$

（见286页地图; ☎0544 316 7076, 0252-316 7076; www.facebook.com/kalamare48; Sanat Okulu Sokak 9; 开胃菜 10～15里拉, 主菜 18～35里拉; ⊙正午至次日1:00）这家看上去很破旧的餐馆有些拥挤，且位于内陆，摆的是刷白的桌子，墙壁色调柔和，是博德鲁姆我们最喜欢的海鲜餐厅之一。提供章鱼、鱿鱼、海鲈鱼等（为不喜欢吃鱼的人也准备了肉食）。吸引了时髦的年轻食客，他们会挤在奢华的高迪风格烟囱下的庭院里。

Red Dragon　　　　中国菜 $$

（见286页地图; ☎0533 954 8334, 0252-316 8537; www.reddragon.com.tr; Neyzen Tevzik Caddesi 150; 主菜 18.50～40里拉; ⊙10:00至午夜）别指望在这里能吃到地道的中国食物，不过如果你非常渴望米饭或面条，这里可以满足你的愿望。有一座面对码头的大露台。

Avlu
现代土耳其菜 $$

（见286页地图；☎0252-316 3694, 0535 328 8441; www.avlubistrobar.com; Sanat Okulu Sokak 14; 主菜25~48里拉; ◎14:00至午夜）这家名叫"庭院"的小酒馆位于鹅卵石小巷旁的一座古老的石头建筑中，可以选择在庭院或两层楼的私密室内餐厅就座。有大量精选葡萄酒，提供的多是土耳其改良食物，也有一些国际风味的食物，能满足每个人的愿望。

Le Man Kültür
咖啡馆 $$

（见286页地图；☎0252-316 5316; www.lmk.com.tr; Cumhuriyet Caddesi 161; 主菜21~38里拉; ◎8:00至午夜）这家炫酷的土耳其连锁店——原本是艺术家和作家在伊斯坦布尔的一个避难所——装饰着漫画书和街头艺术作品，很受学生欢迎，有冰沙、咖啡、鸡尾酒和一座朝海的大露台。小吃和菜肴包括三明治、汉堡、比萨（12.50~21里拉）和早餐（7~22里拉）。

Gemibaşi
海鲜 $$

（见286页地图；☎0252-316 1220; Neyzen Tevfik Caddesi 132; 开胃菜8.50里拉起，主菜28~35里拉; ◎正午至次日1:00）"船长"（店名）是一家人气很旺的海鲜餐厅，有户外餐位，背后是一座极富氛围的古老石头建筑。面朝码头，晚上非常繁忙。

鱼市
海鲜 $$

（见286页地图；Fish Market; 紧邻Cevat Şakir Caddesi; ◎10:00至午夜）博德鲁姆鱼市（当地人有时称作manavlar，土耳其语水果店，因为这个后街小巷组成的集市入口处有几家水果店），提供独特的来料加工就餐方式：在鱼贩子堆得像金字塔一样的冷冻柜台上，直接挑选各类鲜鱼和其他海鲜。买下来后拿着海鲜花费约15里拉到旁边任意一家餐厅代为烹饪。

如果你挑海鲜犹豫不决，餐厅服务员也能帮你选择——包括告诉你哪些是高档海鲜，哪些是家常鱼类。10里拉左右就可以买到养殖的黑鲈和鲤鱼，不过很少有鱼贩愿意将价钱谈到那么低，许多人还想要卖给你整整1公斤（25里拉）的鱼。海鱼花费约为80里拉每公斤，所以在这里或其他所有海鲜餐厅中，如果你吃到的鱼价格低于25里拉，那么可能不新鲜或者是养殖鱼。

整个街区都能找到这样的普通餐厅，往往人气爆棚，毫无环境可言。如果不知该选哪家，建议选择人最多的那家——当地人对自己喜欢的餐厅都很忠诚。

★ Orfoz
海鲜 $$$

（见286页地图；☎0544 316 4285, 0252-316 4285; www.orfoz.net; Zeki Müren Caddesi 13; 套餐120里拉起，含葡萄酒200里拉起; ◎6月中旬至9月中旬19:00至次日1:00, 9月中旬至次年6月中旬 周二至周日18:00至午夜）Orfoz位于地标建筑Zeki Müren Art Museum旁，名字来源于土耳其最伟大的歌手。这里常常会被列入土耳其最好的鱼餐厅榜单，提供美味海鲜，例如帕尔玛干酪牡蛎、熏鳝鱼、小鱿鱼配洋葱大蒜、扇贝、海胆和蓝螃蟹等。必须预约。有出色的土耳其葡萄酒。

La Pasión
西班牙菜 $$$

（西班牙餐厅；见286页地图；☎0530-643 8444, 0252-313 4594; www.lapasionbodrum.com; Uslu Sokak 8; 西班牙小吃12~30里拉，主菜30~60里拉; ◎9:00至午夜）想试试不一样的东西，那就来这座精美的西班牙小吃酒吧和餐厅吧。餐厅位于一条鹅卵石小街上，提供西班牙小吃、出色的海鲜饭（2人80~100里拉）或意大利面。餐厅位于一座古老的希腊石屋中，可以在鲜花庭院的无花果树下用餐，还能伴着微风中传来的西班牙音乐。

午间3菜套餐（25里拉）每周更换，包括精致的主菜和甜点，淡季提供。

Musto
国际风味 $$$

（见286页地图；☎0252-313 3394; www.mustobistro.com; Neyzen Tevfik Caddesi 130; 主菜18~45里拉; ◎8:00至午夜）这座酒吧餐厅提供健力士啤酒和酒吧食物，环境富于艺术气息，挤挤挨挨的餐桌营造出一种繁忙的法式小馆的氛围。菜肴包括意大利面（17~35里拉）、汉堡和奶酪拼盘。也有早餐。

🍷 饮品和娱乐

博德鲁姆多样的夜生活可以满足来自世界各地的游客。土耳其的有钱人喜欢挤在海

港的夜店，外国游客则喜欢去吵闹的海滨酒吧和夜店，比如著名的酒吧街（Dr Alim Bey Caddesi和Cumhuriyet Caddesi）。夏季旺季，博德鲁姆变成了一个昼夜无休的城市，许多夜店狂欢至黎明，半岛海滩和海湾中还散布着更多各种风格的酒吧和夜店。

城堡和古剧院里会上演歌剧、芭蕾和摇滚乐。查看近期的节目表和购票信息可以登录Biletix Ticketmaster（www.biletix.com）。

White House 夜店

（见286页地图；0536 889 2066；www.facebook.com/WhiteHouseBodrum；Cumhuriyet Caddesi 147；9:00至次日5:00）这家拥有20年历史的酒吧是博德鲁姆派对场所的"老前辈"，已有将近30年历史，有海滨休闲沙发，舞厅地板上震荡着豪斯音乐和欣喜若狂的游客。

Helva 夜店

（见286页地图；0533 652 7766, 0252-313 2274；www.facebook.com/helvabar；Neyzen Tevfik Caddesi 54；20:00至次日4:00）Helva比旁边的Küba的气氛稍微轻松一些，主打海军风，不那么狂热，但也吸引着另一类土耳其年轻人——喜欢在玻璃墙的露台上休息。

Moonlight 酒吧

（见286页地图；0536 860 7150, 0252-313 2085；www.moonlightbodrum.com；Cumhuriyet Caddesi 60/B；10:00至次日2:00）这家休闲酒吧右侧朝向海滩，服务热情，紧邻酒吧街，是结识朋友或享受城堡景色的好去处。

Körfez 酒吧

（见286页地图；0252-316 5966；Uslu Sokak 2）不要和另一家名字很像的建于1927年的海鲜餐厅弄混，这家酒吧很低调，却是老顾客的心头最爱。面朝大海，背靠小镇，暗色木头装饰的气氛和酒吧很合拍，有户外小巷餐位。有饮品优惠时段。

Marina Yacht Club 酒吧

（见286页地图；http://english.marinayachtclub.com；Neyzen Tevfik Caddesi 5；10:00至次日2:00）海滨这家微风轻拂的大型夜店有4家酒吧，全年大多数夜晚都提供现场音乐演奏。海边码头上散布着餐位聚集着狂欢的人群，冬季港口大门旁的内场区更受欢迎。

Küba 夜店

（见286页地图；0252-313 4450；www.kubabar.com；Neyzen Tevfik Caddesi 50；19:00至次日4:00）博德鲁姆最华丽的夜店，也是土耳其夜猫子的最爱。这里有等离子屏幕、叛逆的DJ、闪亮的灯柱和激光射线等一切你在夜店期待的东西。露台酒吧兼餐厅是海滨饮酒的好去处。

Kule Rock City 现场音乐

（见286页地图；0555 824 8834, 0252-313 2850；www.kulebar.com；Dr Alim Bey Caddesi 55/B；11:00至次日6:00）这家摇滚酒吧和夜店以博德鲁姆标准来看，简直堪称丑陋，但是这里有许多美人在外面的甲板上逗留。有时提供买一送一的饮品促销。墙壁上挂着很好的旧摩托车，如果有人想投篮，这里还有一个篮筐。

Halikarnas 夜店

（见286页地图；0252-316 8000, 0530 372 2985；www.halikarnas.com.tr；Cumhuriyet Caddesi 132）这家狂欢派对的圣地开办于1979年，仿造的古典石柱和阳台烘托着气氛，有DJ打碟，6个休闲和户外舞台上一片狂欢场面。Jade Jagger（滚石乐队主唱米克·贾格尔的女儿）为这里设计了Secret Garden餐厅。入场费一般为60里拉，含一杯饮品；订一个桌子价格为900里拉。

Marine Club Catamaran 夜店

（见286页地图；0252-313 3600；www.clubcatamaran.com；Dr Alim Bey Caddesi 10；75里拉起；6月至9月 22:00至次日4:00）欧洲最大的水上迪斯科夜店，这艘狂欢的游艇每天凌晨1:30起航，在海上整整狂欢3小时。透明的舞池能容纳2000个人一起跳舞，还有现场DJ打碟。每10分钟就会有免费的摆渡船，驶往海湾东部。

Mavi Bar 现场音乐

（见286页地图；0252-316 3932；www.facebook.com/pages/Bodrum-Mavi-Bar/241401119308343；Cumhuriyet Caddesi 175）这家

蓝白色调的小夜店在大多数晚上都有现场音乐演出,凌晨1:00之后这里才迎来高潮。

购物

博德鲁姆集市 市场

(见286页地图;Külcü Sokak;◎周五7:00~14:00)这座白色建筑每周二会举办服装集市,是挑选仿制T恤、织物、手表和阿塔图克相关物品的好去处,周五则是果蔬市场。

实用信息

博德鲁姆国立医院(Bodrum State Hospital;☎0252-313 1420;http://bodrumdh.saglik.gov.tr;Elmadağ Caddesi 33)

旅游办公室(见286页地图;☎0252-316 1091;Kale Meydanı 48;◎周一至周五 8:00至正午和13:00~17:00,6月至10月 每天开放)

到达和当地交通

有1班市内的小巴线(3里拉),不过经常堵在车流中。博德鲁姆市中心道路繁忙,行驶速度慢,大部分都是按顺时针方向的单行线——如果你没有在该转弯的地方转弯,就意味着要原路重走一遍。

出租车按里程计价,4里拉起步,每公里加收4.50里拉,夜间不涨价。穿越市区需要约12里拉。**Köşem Taxi**(☎0542 326 3312;Atatürk Caddesi)服务热情且值得信赖。**Cevat Şakir Caddesi**(见286页地图)、**Türkkuyusu Caddesi**(见286页地图)、**Neyzen Tevfik Caddesi中段**(见286页地图)和**西段**(见286页地图)有出租车站。

市区停车场(Otoparks)每小时收费约5里拉起,30里拉一天;东部有一座停车场。酒店也许可以安排附近的免费车位。

比特兹(Bitez)

☎0252/人口 9725

比特兹(距离博德鲁姆最近的度假村)虽然不如东边的古姆贝特(Gümbet)繁忙,但也是夏季海滨夜生活的重要中心,吸引的外国游客和土耳其游客一样多。实际上,这里是个真正的小村庄,周围环绕着可爱的果园,所以冬季也不会完全陷入休眠。村子中心下面2公里处的平整沙滩适合游泳,上面满是遮阳伞和闲荡的游客,背后则点缀着餐厅和咖啡馆。

夏季,**Siesta Daily Boat Cruises**(☎0535 920 5242;www.bitezbeach.com/siesta.htm;旅途含午餐和茶 50~70里拉)提供以海滩为起点的一日游,10:00出发,大约18:00返回。

想获得文化熏陶,可参观**Pedasa**遗迹,在连接博德鲁姆—图尔古特雷伊斯D330主路进比特兹村的岔路口前有路标。这座小小的遗址是一座利西亚失落文明的遗迹,年代早于卡里亚王国时期,能看到带有防御城墙的地基和遗迹,以及大量的墓室。

博德鲁姆长途汽车站的发车信息

目的地	票价(里拉)	里程(小时)	距离(公里)	班次(每天)
安卡拉	75	12	689	3班
安塔利亚	60	78	496	上午1班,晚上1班
代尼兹利	35	5	250	3班
伊斯坦布尔	90	12	851	4班
伊兹密尔	25	3.5	286	每小时1班
科尼亚	70	12	626	上午1班,下午1班
库沙达斯	25	3	151	傍晚1班
马尔马里斯(经穆拉)	36	31	160	每小时1班
穆拉	17	2	110	每小时1班
瑟凯	19	2.5	125	每小时1班

住宿

★ Ambrosia 度假村 $$

(☎0252-363 7920; www.hotelambrosia.com.tr; Yalı Caddesi; 标单/双 含半膳宿 220/300里拉; ❋🛜🏊)这座E形的度假村酒店就在海滩边上，一开始给人留下深刻印象的是圆顶大厅和巨大的水晶枝形吊灯。风景优美的花园中的大游泳池让人欢喜；酒吧图书室就在大厅旁边，是躲避日光的绿洲。106个房间都采用蓝色色调，以轻型松木装饰，面积相当宽敞，大多数能看到海景。

有一座带公共浴室的满满当当的水疗中心。最好的是这里全年开放。周末10:00~14:00的自助早午餐非常受当地人的欢迎。

Garden Life 度假村 $$

(☎0252-363 9870; www.bitezgardenlife.com; Bergamut Caddesi 52; 标单/双 含全膳宿和饮品90/120欧元; ❋🛜🏊)这里位于比特兹周边的果园中，在从古姆贝特过来的海滨公路边，得名于大量的绿色植物，有几座游泳池（总共有4座）、酒吧、一座私人海滩，以及176个清爽宜人的蓝色调客房。

3S Beach Club 度假村 $$

(☎0532 321 5005, 0252-363 8001; www.3sbeachclub.com; Yalı Caddesi 112; 标单/双含半膳宿 250/350里拉起; ❋🛜🏊)度假村位于海滩西端，从高处俯瞰着比特兹村，有一间泳池酒吧、私人海滩、公共浴室、桑拿和健身中心。62个客房虽不是特别吸引人，但都相当宽敞，有电视、小冰箱和阳台。

就餐

比特兹有一些很好的全年营业餐厅。周末海滨餐厅的自助早午餐已经成为当地传统。

Bitez Mantıcı 土耳其菜 $

(☎0252-363 0440; Atatürk Bulvarı 60; 主菜 10~15里拉; ⏰10:00~22:00)位于村子路边平台上的这处低调餐厅有出色的土耳其淀粉类食物，包括土耳其饺子（mantı）、馅饼和风味薄饼。

Black Cat 土耳其菜 $$

(☎0252-363 7969; Şah Caddesi 8/7; 开胃菜 10里拉，主菜 23~33里拉; ⏰8:00~23:00)和蔼可亲的Ferhan经营的这家奇思妙想的餐厅，装点着由度假儿童创作的黑猫画作，白天提供午餐，晚餐更丰盛。特色菜是Özel（"特色"）烤肉，即肉沫酸奶茄子；还有kadayıf（由浸了糖浆的面团制成，盖有一层凝脂奶油）甜点。位于距海滩一个街区的地方。

Lemon Tree 地中海菜 $$$

(☎0252-363 9543; Sahil Yolu 28, Mart Kedileri; 主菜 27~40里拉; ⏰8:00至深夜)这家大型餐厅位于海滩步道小Yalı清真寺附近，采用活泼的白色和绿色装饰。餐厅很受欢迎，可以在室内就餐、饮酒、休闲，也可以选择沙滩躺椅。有土耳其和地中海风味菜肴品尝套餐（可尝试镇店的"柠檬树鸡肉"——一种清爽的酸甜鸡肉）。

就连当地人也会选择这里分量之大、种类之多甚至让人觉得荒谬的自助早午餐（35里拉，周日 9:30~15:30），3道菜的套餐价超值，只要42里拉。夜里也是喝一杯的热闹去处。

奥塔肯特（Ortakent）

☎0252 / 人口 8530

半岛山腰上蜿蜒着由夏季度假建筑组成的波浪，它们惊人地呈现出统一的巨大白色立方体形状，随着这条波浪的无止无尽，奥塔肯特也变得越来越热门。现在，宽阔的蓝色海湾上，大部分海平面风景还未被开发。夏季3公里长的Fink海滩上摆满了躺椅，这里是半岛上最长的海滩，但这里的海水却是半岛上最干净（也最冰凉）的，这得益于海浪的流动。东部的石头海滩（Stone Beach）更加僻静。

食宿

Yilmaz Hotel 酒店 $

(☎0252-358 5508; www.yilmazhotel.com; Zümrüt Sokak; 双 含早餐/含半膳宿 75/90欧元; ⏰6月至10月; ❋🛜🏊)这家滨海的酒店有30间客房，能看到海景或花园，旨在吸引家庭游客、独行游客和度假者，提供冲浪、航海课程和附近的巡游之旅。饭食的有机蔬菜来自酒店花园，酒店还提供下午茶。双卧室公寓适合长期住客。

Satsuma Suites　　　　　　公寓 $$

(☏0252-348 4249, 5437 282 925; www.satsumasuites.com; Eren Sokak 17; 标单/双 80/130欧元起; ❄☎≋)对那些想逃离博德鲁姆喧嚣的游客来说，这里10个带有优雅浴室的奢华套间是理想选择，厨房里设备一应俱全，四周围绕着花卉，在Fink海滩旁还有一座游泳池。早餐同样值得信赖。

Ayana　　　　　　　　　　海鲜 $$

(☏0252-358 6290, 0532 666 9277; www.ayanabodrum.com; Fink Beach; 开胃菜 10~15里拉, 鱼 30里拉起; ⓘ8:00~23:00)这座热门的鱼餐厅沿袭半岛传统，就在沙滩上用餐，提供大量家常美味开胃菜和鱼类菜肴，搭配当地葡萄酒。

Kefi　　　　　　　　　土耳其菜 $$$

(☏0252-348 3145; http://kefibodrum.com; Yalı Caddesi 38; 小吃 12~15里拉, 主菜 30~50里拉)这座新开度假村中的海滨酒吧兼餐厅提供各种菜肴，包括肉丸、炖菜、汉堡、海鲜和当地特色çökertme（薯条烧肉浇蒜味酸奶）。每周二晚能看到一个希腊乐队的现场演出。

图尔古特雷伊斯（Turgutreis）

☏0252-人口 22,190

图尔古特雷伊斯曾经是一个海绵采集中心，现在将视线转向了旅游业，尤其是长期的别墅和公寓出租。这里有5公里长的沙质海滩，岸边有超过十几座小岛和一些物流上的优势。作为半岛上仅次于博德鲁姆的第二大市镇，图尔古特雷伊斯的接驳车、商店、渡轮和小巴相比周边地区要多，混凝土建筑也更多；平庸的周六集市与安纳托利亚中部的类似，而非爱琴海风情。事实上，海滨上紧握橄榄枝、身穿蓝色和绿色服饰的妇女雕像，寓意着爱琴海地区的和平与多元。这里是半岛上的平凡城镇之一，如果短途旅行，周边的村庄是更好的选择。

1972年，当时还被叫作卡拉托普拉克（Karatoprak）的村子被按照奥斯曼人钦佩的图尔古特·雷斯（Turgut Reis）重新命名。图尔古特1485年就在此地诞生，1565年于马耳他围攻战中逝世，在这之前他曾指挥多场海战。

古姆斯鲁克（Gümüşlük）

☏0252-人口 4700

从博德鲁姆—图尔古特雷伊斯主路前进，顺着一条可爱的乡村小路翻山越岭就到了古姆斯鲁克村，这里有一种与世隔绝的氛围。海滩上适合游泳饮酒，那些简单却不失时尚的餐厅里可以吃到鲜鱼。然而，正是因为这份地道，才使得村子弥足珍贵，当地的住宿和餐饮价格水平也随着越来越多的富裕游客的到来而水涨船高。

据说著名的卡里亚国王摩索拉斯建造梅诺突斯（大部分地区都有待发掘）是因为其战略位置和海港——实际上，兔子岛以北的海域就非常幽深。越过军士岛（Sergeant Island, Çavuş Adası）水面能模模糊糊看到两座岩石，即卡达克（Kardak, 希腊称Imia），1996年为了争夺其归属权，土耳其和希腊几乎开战，随后这里毫无来由地改换了旗帜，被一个更危险但也更短命的土耳其游击队控制。如今这一地区严禁入内。

停车场（每天5里拉）和自动柜员机位于主海滩附近。

⊙ 景点和活动

与许多现代旅游业拥抱的渔村不同，古姆斯鲁克因为坐落在古代卡里亚的梅诺突斯（Myndos）周边而一直被丑化，但也幸亏如此，才躲过了大规模的开发。作为一处保存完好的考古遗址，这座村庄从法律上来说是不允许过度开发的，至少遗址消失在海中的那片海滨地区不行。遗址从海中消失一直到兔子岛（Rabbit Island, Tavşan Adası）再冒出头来，退潮时，可以步行到达岛上。

Victoria's的农场寄宿提供骑马（每小时50里拉）和15分钟的骑小马驹（25里拉）的活动，也有英语教练的课程。

🛏 住宿

古姆斯鲁克相对贵，但家庭经营的旅馆仍然存在，还有一些假日房屋出租。不管怎样，记得预订。

Victoria's
农场寄宿 $

(☎0532 137 0111, 0252-394 3264; www.victoriasclub.net; 1396 Sokak 4, Çukurbük; 标单/双 60/90欧元; ❄⑳☒)这家乡村隐居处位于一座农场和私人海滩之间,将博德鲁姆的闪亮转变成了清爽的田园风情。住宿处是5间设备齐全的高架小屋,俯瞰着马厩,还提供骑马活动。餐厅特色菜(主菜25~40里拉)是炖黑鲈(levrek buğulama)。

Club Hotel Zemda
度假村 $$

(☎0252-394 3151; www.clubhotelzemda.com; 标单/双 80/110欧元起; ❄⑳☒)这家地中海风情度假村位于海湾南端,有30个房间和套间,融活泼的色彩和日光漂白的白色于一体,很适合开展航海、风帆冲浪等各种活动。酒吧兼餐厅位于泳池和海滩之间。

Otel Gümüşlük
酒店 $$

(☎0252-394 4828, 0544 645 2661; www.otelgumusluk.com; Yalı Mevkii 28; 标单/双 100/120欧元; ❄⑳☒)这家2层的农场风格酒店远离海滨全年营业,有36间通风的极简主义客房,围绕着一座泳池。徒步3分钟就能到达小巴车站,酒店还提供古姆斯鲁克、亚勒卡瓦克和比特兹2~4卧室的别墅和公寓出租。

🍴 餐饮

古姆斯鲁克海滩上的小餐厅和咖啡馆极富氛围,是就餐、饮酒或者只是消磨时间的好去处。在海滩北端,有一排海滨鱼餐厅,能看到兔子岛波光粼粼的梦幻风景。

自炊型游客可以在码头上等待归来的渔民(8:00~10:00),帮他们减轻点担子,反正这些鱼和海鲜也都是要卖给当地餐厅的(只接受现金)。

Limon Aile Lokantası
海鲜 $

(☎0252-394 4010, 0554 740 6265; www.limongumusluk.com; Gümüşlük Köyü; 主菜 15~20里拉; ⏱10月至次年5月 8:30~20:30)"柠檬家族餐厅"将山顶同伴的魔幻风采带来了一丝给镇子,这里的菜单经常更新,包括无盖托盘肉食和海鲜,环境很适合家庭食客。

Leleg
海鲜 $$

(☎0533 283 0679, 0252-394 4747; Gümüşlük Yalısı; 开胃菜 10里拉, 主菜 25~30里拉; ⏱9:00至午夜)这里与古姆斯鲁克的许多其他餐厅一样,都是海滨鱼餐厅,不过这里以高质量开胃菜和店主的友好服务脱颖而出,总是会热情地欢迎食客。你可尝试甜味粗面粉(irmek)做甜点。

Siesta
土耳其菜 $$

(☎0532 326 6521, 0252-394 3627; Gümüşlük Yalısı; 开胃菜 10里拉, 主菜 25~30里拉; ⏱9:00至次日2:00)这家店位于Gümüşlük Yalısı餐厅街的起点,位置优越,提供相同比例的鱼与肉类菜肴,都是大份。员工也很友好。

★ Limon
海鲜 $$$

(☎0544 740 6260, 0252-394 4044; www.limongumusluk.com; Kardak Sokak 7; 开胃菜 10里拉, 主菜 30~50里拉; ⏱4月至10月中旬 9:30至次日2:00; 🅿)这家店位于古姆斯鲁克的山上,盘踞在环绕着白墙农舍的一系列花园露台上,能眺望到一座罗马浴室和一座拜占庭教堂遗址。菜肴包括海鲜和生牛肉片,素食主义者会喜欢这里的特色橄榄油开胃菜,如填馅西葫芦花和改良的sigara böreği(雪茄形状的炸面点)。

Ali Ruza' nin Yeri
海鲜 $$$

(☎0505 652 8987, 0252-394 3047; www.balikcialirizaninyeri.com/; Gümüşlük Yalısı; 开胃菜 8里拉起, 主菜 25~45里拉; ⏱8:00至午夜)这家海滨经典餐厅1972年就开始提供专业的鱼菜肴,由当地一个渔民家族经营,他们的渔船就在附近随波起伏。有8种茴香白兰地可供选择,鱼类菜肴绝对是这里的重头戏。

Mimoza
海鲜 $$$

(☎0252-394 3139; www.mimoza-bodrum.com; Gümüşlük Yalı; 开胃菜 15~40里拉起, 主菜 30~50里拉; ⏱4月至10月 9:00至次日2:00)这家时髦的餐厅位于海滩北端,可爱的白色餐桌俯瞰着大海,对面封闭的海湾里渔船随波起伏。提供多种海鲜主菜和开胃菜,包括特色鱿鱼肉丸和绿色贻贝配奶酪,很受富有的土耳其游客欢迎。晚餐需预订。

Jazz Cafe
酒吧

(☎0252-394 3977; http://gumusluk.com/

en/r/jazz-cafe; Çayıraltı Halk Plajı 21）这家随性的海滨酒吧由爵士乐名人Cengiz Sanli和Mete Gurman于2008年创建，周末晚上有现场爵士乐和蓝调演出。

亚勒卡瓦克（Yalıkavak）

☎0252/人口 14,160

亚勒卡瓦克从前只是一个渔业和采集海绵的村庄，现在却因为与博德鲁姆相距较远的地理位置而吸引到更多高端的土耳其游客。然而，这里并没有逃离度假建筑热潮，也因高端私人海滩而闻名——Xuma Beach Club和Dodo Beach Club都很热门。这里的码头使村庄在淡季时也能相对热闹，一日往返游客经常能发现有新餐厅开业。

9月中旬，新近迁来的日光节（Sunsplash Festival; http://sunsplash-festival.com）会在Xuma海滩上请来各种电子、世界和爵士乐DJ以及音乐家。

◎ 景点

Dibeklihan文化和艺术村　　　　美术馆
（Dibeklihan Kültür ve Sanat Köyü；☎0532 527 7649；www.dibeklihan.com；Çilek Caddesi 46/2, Yakaköy；⏱5月至10月）这里位于几乎被废弃的Yakaköy村，就在亚勒卡瓦克和奥塔肯特之间的公路旁，建筑群包括一座美术馆、电影院、商店、Dibek Sofrası餐厅和一个展览，展出的奥斯曼文物包括珠宝匕首、古代钢笔和馆长收藏的华丽咖啡杯。不要错过。

住宿

4 Reasons Hotel　　　　精品酒店 $$
（☎0252-385 3212；www.4reasonshotel.com; Bakan Caddesi 2；标单/双/标三/四 170/190/255/300欧元起；❄@🛜🏊）这家位于山腰的友好酒店有20间自称是"新波希米亚风格"的客房，充斥着许多小的设计细节，以及采用当地大理石制作的精美装饰。花园是滚地球、按摩、瑜伽和普拉提的场地，泳池畔的酒馆提供爱琴海风味菜肴，能看到亚勒卡瓦克湾的景色，以及算得上是土耳其爱琴海最佳的日落。

Sandima 37　　　　公寓 $$$
（☎0252-385 5337, 0530 330 0637; www.sandima37suites.com; Atatürk Caddesi 37；套235~395欧元；❄🛜🏊）位于山腰一条通往村子的路上，37间时尚套房被葱翠的花园环绕，能看到码头和周边山地的无敌景色。泳池畔修复后的石屋里，水疗浴场很有气氛。员工很热情，且能提供许多餐厅推荐和建议。

🍴 就餐

亚勒卡瓦克村几乎全年营业，一日游客一般会发现至少有些餐厅会开放。西部地区，朝古姆斯鲁克方向的Geriş Altı可买到当日捕到的鲜鱼。村子集市是半岛上色彩最鲜艳的，周四在海滨向内陆徒步10分钟的Çinaraltı举行。

Le Café　　　　意大利菜、印度菜 $$
（☎0532 362 3909, 0252-385 5305; www.lecafebodrum.com; İskele Caddesi 33；主菜 20~30里拉；⏱周一至周五 正午至午夜，周六 10:00~12:30，周日 10:00至午夜）这家由印度人经营的意大利菜印度菜餐厅能满足每个人的愿望，提供比萨、意大利面和特色菜、帕尔玛干酪鸡肉，也提供帕可拉炸蔬菜、萨莫萨三角饺和咖喱鸡块。耐心请求，他们也会为你做土耳其菜。Davendra不仅是专业大厨，也是一位很有魅力的店主。位于海滨，位置优越。

Özmasa　　　　安纳托利亚菜 $$
（☎0532 221 9099, 0252-385 3107; www.ozmasabodrum.com; İskele Meydanı；主菜 19~35里拉；⏱9:00~23:00）由来自加济安泰普（Gaziantep）的一个家庭经营，特色是安纳托利亚菜，例如用陶锅封闭烹饪的testi kebabı（羔羊肉洋葱蘑菇）和Halep işi kebap（香辣牛肉沫配酸奶、热番茄酱）；也有自制土耳其比萨、tuzda balık（盐焗鱼）、羊小腿和有机乡村早餐（köy kahvaltısı）。

Yalı Kıyı　　　　海鲜 $$
（☎0530 920 1113, 0252-385 4143; İskele Meydanı 37/A; 开胃菜 10里拉，主菜 25~35里拉；⏱8:00~23:00）这家海鲜餐厅因为位于水边，向西能看到无敌风景，提供新鲜鱼类菜肴和开胃菜，很受欢迎。

古恩多干（Gündoğan）

☎0252／人口 7565

宁静的古恩多干海湾是博德鲁姆半岛上海水最深的地方，正中间的沙质海滩适合游泳，到了夜里相对宁静。短期和长期住户多数是从伊斯坦布尔和安卡拉来的富裕退休人员，他们都住在两边山腰的别墅中，虽然是非宗教主义者，但他们也没能让当地清真寺里的伊玛目降低音量——这将是古恩多干唯一能将你从床上吵醒的声音。

这里出现定居点的历史可能开始于约公元1100年，不过附近早在罗马时代就有了城镇Vara。1961年，村庄从原本的希腊语名字（Farilya）改名为古恩多干。

虽然远离历史旅游圈的视线，但这里的山间隐藏着**莱莱格人的石墓**（Lelegian rock tombs），而从村子乘船15分钟就能到达**阿波斯托尔岛**（Apostol Island），也称"小兔岛"（Kücük Tavşan Adası），岛上最高处有一座保存完好的9世纪的**拜占庭教堂**，其中有许多精美壁画——可请当地人安排游览。

🛏 食宿

海湾西部时髦的新酒店层出不穷，有私人海滩和码头。

Villa Joya　　　　　　　　　　公寓 $

（☎0536 238 3819；www.villajoyabodrum.com；Kızılburun Caddesi 34/A；4人别墅 90欧元；❄🛜）是古恩多干几家由家庭经营的自炊型出租屋之一，3套公寓均有厨房和可爱的花园。每套公寓可住4人，只有1间主卧（其余两个是起居室里的卧铺）。不过，厨房里配有全套设施，价格很超值。

Costa Farilya　　　　　　　度假村 $$$

（☎0252-387 8487；www.costafarilya.com；Yalı Mevkii 62；房间 105～335欧元；❄🛜🏊）可以从半岛上无所不在的白色建筑中换换口味了，这座自称"特级酒店"的超级现代住宿处的70间客房都位于灰色建筑群中，最新的一些是由金属网格填充碎石建成。房间里有硬木地板，采用灰白主题色调，矮矮的床铺，从阳台能看到海湾对岸的壮丽风光，非常安宁静谧。

设施包括水疗、极好的大泳池和酒吧、健身中心、多家餐厅和每周2次的瑜伽。

★ Plaj Cafe Restauran　　　　海鲜 $$

（Terzi Mustafa'nin Yeri；☎0252-387 7089，0535 925 0912；www.terzimustafaninyeri.com；Atatürk Caddesi 10；开胃菜 8～10里拉起，主菜 25里拉起；⏱8:00至午夜）这家店位于海滨中央的沙滩对面，很受当地人喜爱，由一个渔民家庭经营，提供大量开胃菜、主菜、海鲜和其他食物。除了风声、海浪和鸟鸣声之外别无噪声，除了月光和星光之外别无光亮——是那些想边品尝美食边安静聊天的游客的理想之选，不管他们管这里叫"海滩咖啡馆"还是"Tailor Mustafa's Place"。

鱼类菜肴大约20里拉起，包括一道卤汁黑鲈和开胃冷菜，不过这里的特色菜是烤鱼。

古托克布库（Göltürkbükü）

☎0252／人口 4800

古托克布库是图克布库（Türkbükü）和格尔廓伊（Gölköy）两个相邻村庄的联合——有土耳其爱琴海地区最精美的度假滩，每年夏天云集到此的伊斯坦布尔和安卡拉的名人政要和商界名流使得这一盛名延续至今。半岛上别处可能也有比较好的海滩，但古托克布库能让你有机会品尝美味菜肴和时尚鸡尾酒。

其实，哪怕是在一个女士们都会穿着高跟鞋、带着镶钻太阳镜去沙滩的地方，人们的社会阶层还是会通过某些东西体现出来。在图克布库，人们戏称海滩上的木质小桥是"欧洲部分"和"亚洲部分"的分界线（参考

> ### ℹ 假日租赁
>
> 别墅出租非常超值，尤其是在半岛长期居住，也有按天、周和月租赁的家具齐全的公寓。古姆斯鲁克、图尔古特雷伊斯和古恩多干这些村庄都提供租赁。想租赁别墅，还可以查询www.bodrum-exclusiveholidayrentals.com、www.bodrumresidence.com.tr和www.bodrumvillarentals.com等网站。

伊斯坦布尔），这就是在暗讽两边之间的贫富差距——西边是极致奢华的住宅和宾馆，而东边则有些相形见绌。现在，就像当地一个酒店业者说的一样，随着这里的时髦度假村越建越美，这更像是"欧洲"和"欧洲东部"的区别。

🛏 住宿

毋庸置疑，古托克布库的住宿价格非常昂贵，但是你总能遇见某些有趣的邻居。需要注意，在夏季，夜店会一直喧闹到深夜。

Villa Kılıç Hotel　　　　　酒店 $$

（☎0252-357 8118；www.villakilic.com；36 Sokak, Gölköy；标单/双 120/180欧元起；❄🐕🏊）这家酒店位于格尔廓伊，就在图克布库村中心以南1公里处，有33间装修豪华的房间，铺着硬木地板，用大理石装饰。酒店内设有一个很大的游泳池和一家很棒的餐厅。你也可以选择去格尔廓伊最大的浴场（面积300平方米），夏季里面会有DJ打碟，举办海滩派对。

Maçakızı　　　　　　　豪华酒店 $$$

（☎0533 642 5976, 0252-311 2400；www.macakizi.com；Narçiçeği Sokak, Türkbükü；房间含半膳宿 495欧元起；❄🐕🏊）这家由澳大利亚人经营的豪华酒店是古托克布库时髦人群的聚集地，也是内海湾最后一家酒店，74个房间融度假村和精品极简主义风格于一体。房内全部都带阳台或露台，面积巨大，有些用玻璃围合的淋浴间里能看到海景。有便于交际的餐厅、热闹的酒吧、巨大的公共浴室和水疗。

No:81 Hotel　　　　　精品酒店 $$$

（☎0530 266 8490, 0252-377 6105；http://no81hotel.com；Mimoza Sokak 10, Türkbükü；房间 280欧元起；🕐5月中旬至10月；❄🐕🏊）这家由家庭经营的酒店很受伊斯坦布尔权势人物的欢迎，夏季这里就是一场永不停歇的派对，有大木头露台，可以在上面的抱枕上休息，也有游泳池和海滩酒吧；还有一座延伸到海面上的夜店。49个房间和套房都装饰着艺术元素，例如树脂玻璃椅子，墙上还挂着原创油画。服务热情友好。

LifeCo　　　　　　　　度假村 $$$

（☎0543 819 2084, 0252-377 6310；www.thelifeco.com；Bağarası Caddesi 136, Türkbükü；标单/双 含排毒 235/420欧元起；❄@🐕🏊）这里是LifeCo Well-being Centres在古托克布库的分店，环境清静，有排毒项目，清爽的走廊边种着橙子和柑橘树。有1~21天的打包住宿，也有不含住宿的一日项目（135欧元）。海滨有一家LifeCo Beach的分店，14个房间，价格相同。

Kuum　　　　　　　豪华酒店 $$$

（☎0533 688 8233, 0252-311 0060；www.kuumhotel.com；Atatürk Caddesi 150, Türkbükü；房间 含半膳宿 600欧元起；❄🐕🏊）这家时髦的天堂很受土耳其精英人士的欢迎。它是青草露台上的一栋棕色建筑，营造出一种20世纪60年代科幻电影般的梦幻氛围。这种印象一直持续到64个40~80平方米的套房中，其中配备的是现代化的绿色金属丝编的椅子、奢侈的玻璃墙浴室，能看到绝美海景。

设施包括私人海滩、水疗、古典穹顶公共浴室和海滨餐厅。

Divan　　　　　　　　　酒店 $$$

（☎0252-377 5601, 0530 405 9218；www.divan.com.tr；Keleşharim Caddesi 22, Türkbükü；房间 250欧元起；❄🐕🏊）这家酒店位于海滨酒店群上方的一座小山上，坐落在一片带游泳池的花园中，有60个房间，带水疗和疗养中心。大约有12个房间都有面朝大海的房间。连接前台大厅和客房的木头天井独具特色。

5 Oda　　　　　　　精品酒店 $$$

（Beş Oda；☎0252-377 6219；www.otel5oda.com；İnönü Caddesi 161, Türkbükü；房间 250~300欧元；🕐5月至10月；❄🐕）"五间房"店如其名，小规模保证了个性化的服务。这家规矩的精品酒店有清新、面朝大海的客房，石头和木材结合的自然风格的设计令人印象深刻。附设的地中海风味餐厅很受欢迎。

🍴 餐饮

高级的酒店内通常有很棒的餐厅（价格也十分高昂），其他餐饮店则聚集在海边一带，其中一些露天酒吧只有站席，顾客一般是

光鲜亮丽的社会名流。席位需要预订。

Miam
国际风味 $$$

(☎0252-377 5612; Atatürk Caddesi 51/A, Türkbükü; 开胃菜10~25里拉, 主菜34~52里拉; ⓢ8:30至午夜)这家小餐厅由当地人推荐, 有海滨餐桌, 是品尝海鲜小憩的好地方。菜式包括熟食和奶酪拼盘, 羊排和菲力小牛排配戈根索拉干酪(gorgonzola)、奶油或胡椒汁。

Garo's
海鲜 $$$

(☎0252-377 6171; www.garosturkbuku.com; 83 Sokak 9, Türkbükü; 开胃菜15里拉, 主菜30~50里拉; ⓢ9:00至午夜)本地最受欢迎的餐厅, 虽然价格昂贵, 但因为开胃菜的缘故很受欢迎。店主也是大厨, 提供海鲜和肉食, 包括bonfile(沙朗牛排), 餐桌上铺着蓝白桌布, 头顶是摇曳的灯光和爱琴海的天空。

Ship Ahoy
鸡尾酒吧

(☎0252-377 5070; Yalı Mevkii, Türkbükü; ⓢ5月至10月 11:00至次日2:00)再没有比这里更能彰显权势的地方了, 实际上它只是一座延伸到水面上的宽阔露台, 完全不是豪华娱乐夜总会的概念, 也是这里第一家主要针对本地最富有和知名的夏季度假客的地方。你可以去参观, 长长见识。

托尔巴(Torba)

☎0252/人口 2500

尽管就在博德鲁姆东北方6公里处, 托尔巴却比较安静, 也比半岛上其他大多数地方都更加具有家的感觉。托尔巴有一个美丽的海滩, 虽然相比半岛上其他更加偏远的角落, 它没有那么的隐蔽, 而且工作氛围更浓。

🛏 住宿

Izer Hotel & Beach Club
度假村 $$

(☎0549 367 1755, 0252-367 1910; www.izerhotel.com; İsmet İnönü Caddesi 87; 每人含全膳宿、饮品和活动 75欧元起; ⓢ5月至10月; ❋⛱☰)这里很受英国团队游客的欢迎, 经营得当, 附带水滨游泳池, 还有一座带巨大的斜坡, 以及一座比博德鲁姆半岛上的要长的酒吧。你可以选择家庭导向的俱乐部区的120个小房间, 那里会组织各种活动, 孩子也能得到精心看护, 70个安静的大客房位于酒店的花园别墅中。

欢乐、多彩, 很适合家庭游客, 也有网球场和自己的圆形剧场。

★Casa Dell'Arte Residence
豪华酒店 $$$

(☎0252-367 1848; www.casadellartebodrum.com; İsmet İnönü Caddesi 64-66; 套 450~950欧元; ❋⛱☰)这座精致的"艺术休闲之屋"有12个不同的套间, 由一家爱好艺术品收藏的土耳其家庭经营, 入住这里就像是在参观一位著名策展人的家。线条流畅的室内装饰着现代艺术品和古董, 泳池畔装点着雕塑——浓浓的艺术氛围甚至还包括一个奇怪的装置、一座摆满艺术图书的图书馆和一趟美术馆之旅。

不要错过花园按摩浴缸、一座带疗养功能的水疗和网球场等奢侈设施, 而且可以升级到三卧室石头别墅(1600欧元)或游艇(2000欧元起)。

Casa Dell'Arte Village
度假村 $$$

(☎0252-367 1848; www.casadellartebodrum.com; İsmet İnönü Caddesi 64-66; 套含半膳宿 300~550欧元; ❋⛱☰)因为艺术酒店Casa Dell'Arte Residence不允许12岁以下的儿童入住, 所以家庭游客可以选择这个有36间套房的度假村, 其中有儿童游泳池以及可以任由孩子们发挥创造力的画室。6岁以下儿童免费, 12岁以下40欧元。

🍴 就餐

度假村有很多餐馆, 不过, 在村子里可以找到烤肉餐馆, 在海滩能找到鱼餐厅。

Gonca Balık
海鲜 $$

(☎0252-367 1796; www.goncabalik.com; Mutlu Sokak 15; 开胃菜12~15里拉, 鱼30里拉起; ⓢ9:00~23:00)在这家友好的餐厅, 活泼的橙色和蓝色餐桌沿着沙滩一字排开, 面对着退潮后的海岸。这里是在托尔巴品尝鲜鱼和开胃菜的好地方。

半岛东部(Eastern Peninsula)

☎0252

博德鲁姆东南部海湾名气不比西部, 部

分原因是环境限制了酒店的发展。内陆地区的乡村和街巷宁静简朴，不过总体氛围不够，欠缺地道的半岛魅力。

住宿

Hapimag Sea Garden Resort 度假村 $$

(0252-311 1280; www.hapimag-seagarden.com; Yalıçiftlik; 每人 含全膳宿和饮品150欧元; ⏱5月至10月; ❄@☏☐) 这家占地19公顷的地方，包括一座对公众开放的拥有285个房间的酒店和一座与大量瑞士顾客分时共享的度假村，其中有你在3座蓝绿海湾上所梦想的一切: 2座海滩和1座设施齐全的健康中心。餐厅提供包括意大利菜和土耳其菜在内的各种食物，夜店中有一座巨大的鎏金佛像，还有许多针对孩子们的水上游乐项目。

Kempinski Barbaros Bay 豪华酒店 $$$

(0252-311 0303; www.kempinski-bodrum.com; Kızılağaç Köyü; 标单/双 400/450欧元起; ⏱4月至9月; ❄☏☐) 德国著名连锁酒店在博德鲁姆的这家分店位于一座面朝海面的悬崖中，远离一切外界干扰，有一片私人海滩和码头。173个超级现代风格的客房有各种期待的便利设施(也有海景阳台)，旺季时会开放5间餐厅，还有3家酒吧、水疗中心和公共浴室。

这里真正令人惊艳的还在于巨大的椭圆形泳池(也许是土耳其最大的一座)，尖塔形的灯盏直射天空，旁边带床铺的全木休闲区绿荫如盖。酒店很受家庭游客的欢迎，夏季每天都有儿童活动，还有一个儿童俱乐部。

马尔马里斯及周边
(MARMARIS & AROUND)

马尔马里斯(Marmaris)

0252/人口 33,760

马尔马里斯是一座热门的度假城镇，夏季这里人口会暴增到25万，因此随时随地都很喧闹和匆促，显得咄咄逼人，是海岸上少数几个离开会让你感觉比抵达时更爽的地方之一。

也就是说，如果是在这里度过最后一夜，比如乘坐传统土耳其木帆船沿海岸航行，或是从希腊乘渡轮归来，那么这座旅游天堂几乎是必不可少的一站。酒吧街上的声色犬马无与伦比，而在海滨步道(kordon)，包租船的售票会会很乐意载着你向东疾驰前往费特耶和更远的地方。马尔马里斯是一座漂亮的海港，最高处有一座城堡，周围停满了木壳游艇和到访船员的船只。这里甚至还有一段值得称道的历史。1798年，英国海军上将霍雷肖·纳尔逊(Horatio Nelson)就是从这里组织了舰队，在埃及北部的阿布吉尔湾(Abukir)发动了对英国的袭击。

◉ 景点和活动

马尔马里斯城堡和博物馆 城堡

(Marmaris Kalesi ve Müzesi; 见304页地图; 8里拉; ⏱4月至10月 8:00~19:00, 11月至次年3月至17:00) 马尔马里斯山顶的这座城堡(建于1522年)是苏莱曼大帝20万大军的集合地，曾经用来夺回被医院骑士团占据的罗德岛。城堡中设有一座小博物馆，展出双耳细颈酒罐、墓石、雕像、油灯和其他来自周边考古遗址的文物，有些来自尼多斯古城和达特恰。漫步城堡城墙和雉堞上，可俯视下方热闹的码头。

老城 历史遗址

(Old Town; 见304页地图) 马尔马里斯城堡周围分布着崎岖的街道，这些极富氛围的街巷仿佛远离了闪闪发亮的停满游艇的新码头的喧嚣，其间分布着最后残存着的传统建筑。

金安花园 花园

(Jinan Garden; 见304页地图; Atatürk Caddesi) 这座禅趣花园中有一座宝塔，水流平静，用于纪念马尔马里斯在中国的友好城市——山东省济南市。这里还有一家餐厅。

Armutalan Hamamı 公共浴室

(0252-417 5374; www.armutalanturkishbath.com; 515 Sokak, 紧邻Yeni Datça Yolu/D400; 洗浴和搓澡 50里拉, 精油按摩 80里拉; ⏱4月至10月 9:00~19:00) 这座全方位服务的巨大"梨园"公共浴室位于市立大医院和Kipa超市(市中心以西2公里处)西面。这座水上建筑群中有4座公共浴室、游泳池、桑拿和按摩室。下午是最安静的时候，届时团队游客都已离开。

Marmaris 马尔马里斯

Marmaris 马尔马里斯

景点
1. 金安花园 A2
2. 马尔马里斯城堡和博物馆 C3
3. 老城 C3

活动、课程和团队游
4. Black Pearl B2
5. 专业潜水中心 C3
6. Yeşil Marmaris C3

住宿
7. Barış Motel A2
8. Halıcı Hotel A2
9. Maltepe Pansiyon A2
10. Marina Apart Otel C1

就餐
11. Aquarium Kitchen Cafe C3
12. Fellini C3
13. Köfteci Ramiz B1
14. Meryemana Mantı Evi C2
15. Ney C3
16. Pineapple D2
17. Rota D2

饮品和夜生活
18. B52 .... B2
19. Bar St D2
20. Kahve Dünyası D2
21. Panorama Restaurant & Bar C3

娱乐
22. Davy Jones's Locker D2

你可要求免费接车，蓝色的4路小巴会从19 Mayıs Gençlik Meydanı开过来(3里拉)。

海滩

马尔马里斯市内有一片狭窄的卵石海滩，允许游泳，不过更好的海滩还是İçmeler和Turunç(分别位于西南部10公里和20公里处)。4月下旬至10月，有水上出租车(见304页地图)往返İçmeler(12.50里拉，30分钟，每半小时1班)和Turunç(15里拉，每小时1班，50分钟)。

19 Mayıs Gençlik Meydanı旁有小巴也可到İçmeler(3里拉)、Turunç(7里拉)和马尔马里斯东南部3.5公里处的Günlücek

Park森林公园保护区中的海滩。

乘船游

马尔马里斯海湾一日游（35～40里拉，含午餐、软饮、接车）能看到令人惊艳的风景和迷人的游泳场。提供乘船游的船只（5月到10月一般10:30～16:30）就排列在码头上随波起伏。Black Pearl（见304页地图；☎0535 549 2605, 0538 633 0863；Atatürk Caddesi）值得信赖。签约前，先确认清楚所有细节（具体的船只、路线、午餐等）。"套餐"（包括啤酒）价格为50～60里拉。

你也可以和朋友或新结识的游客一起租赁游艇，沿着海岸来一次愉快的蓝色航行。推荐Yeşil Marmaris（见304页地图；☎0252-412 6486；www.bluevoyageyachts.com；Barbaros Caddesi 13；每天8处和12处停靠1500欧元，16处停靠1900欧元，半/全膳宿 每人30/45欧元）提供的巡游服务；也可以问问其他的地方，比价，多问几处好议价。Yeşil提供的7～10日路线包括蓝绿海岸或达特恰半岛及罗得岛。达利扬是短途旅程的热门目的地。

潜水

Yeni Kordon Caddesi大街Ziraat银行对面停泊着几只潜水游船，能提供短途旅游和课程（4月至10月）。

与许多巡游项目一样，运营船只很多，所以要仔细挑选；设备、保险、午餐和接车一般都会包括。因为潜水比游艇巡游潜在风险更大，所以问清楚运营者是否有土耳其水下运动联合会（Turkish Underwater Sports Federation）的认证。还要确认带队潜水员是认证教练还是"助理教练"，后者一般是带着水肺的普通水手，不能保证绝对安全。一定要事先报告真实的身体状况。

专业潜水中心　　　　　　　　　　潜水

（Professional Diving Centre；见304页地图；☎0533 456 5888；www.prodivingcentre.com；Yeni Kordon Caddesi）提供短途游（100里拉含2次潜水和午餐）和4日专业潜水教练协会（PADI）的开放水域课程（300欧元）。

🛏 住宿

因为团队游客众多（一般都住在城外海滩的大酒店），因此市中心的超值选择很少。

Barış Motel　　　　　　　　　　家庭旅馆 $

（见304页地图；☎0534 650 7374, 0252-413 0652；www.barismotel.com；66 Sokak 16；标单/双 不含早餐20/26欧元；❄ 🛜）这家慵懒的"和平"旅馆位于通往Atatürk Caddesi的运河东面，有9个虽简朴但很干净的客房，前面还有露台。早餐3欧元。注意别和城市另一地区的Barış Hotel & Apart弄混。

Maltepe Pansiyon　　　　　　家庭旅馆 $$

（见304页地图；☎0252-412 1629；www.maltepepansiyon.com；66 Sokak 9；标单/双/标三/四50/100/150/200里拉；❄🛜）有一座绿荫庭院，住客可以在葡萄架下喝elma çay（苹果茶），不过这只是这个有22个房间的旅馆的吸引点之一，几十年来，这里一直是背包客的最爱。房间虽小但一尘不染，友好的经理Mehemt会竭尽所能提供帮助。提供可自己做饭的厨房，比较便宜的客房需使用公用浴室。

Marina Apart Otel　　　　　　公寓、酒店 $$

（见304页地图；☎0252-412 2030；www.marinaapartotel.com；Mustafa Kemal Paşa Sokak 24；双/四 35/40欧元；❄ @ 🛜）这里的10个房间和40个自炊型4人公寓虽然数量很少，但超值，每一套都有厨房设施、餐具、沙发和阳台。前台有咖啡厅兼酒吧，旁边的面包房可补给食品。价格包括早餐，酒店提供去达拉曼机场（50欧元）等地的接驳服务。

Halıcı Hotel　　　　　　　　　　酒店 $$$

（见304页地图；☎0252-412 3626；www.halicihotel.com；Çam Sokak 1；标单/双 60/120欧元起；⊙4月至10月；❄🛜）这家名为"地摊销售商"的酒店规模超大，拥有174个房间，主要针对团队游客，所以拥有几乎所有可能的便利设施——从泳池、酒吧到一座观光热带花园。要找到地方，从海边沿着运河往上走。根据管理方的提醒判断，他们会尽最大努力，将音量控制在正常的社交水平。

🍴 就餐

注意码头上的不良餐厅虽然会提供一瓶免费的佐餐葡萄酒，但接着会靠面包、服务等费用抵价。

Meryemana Mantı Evi 土耳其菜 $

（Virgin Mary Mantı House；见304页地图；☎0542 662 4863, 0252-412 7855；35 Sokak 5/B；主菜 6~15里拉；⊙7:30~23:00）除了土耳其饺子和薄饼之外，这家名为"圣母玛利亚饺子馆"的餐厅还提供薄饼，以及现成的etli yemek（肉食）和sebzeli yemek（素食），是品尝土耳其经典菜式的好地方。

★ Ney 土耳其菜 $$$

（见304页地图；☎0252-412 0217；39 Sokak 324；开胃菜 10里拉，主菜 21~32里拉；⊙正午至午夜）这家虽小但讨人喜欢的餐厅在一座250年的希腊石屋之中，位于码头西端的几级台阶上方。装饰有贝壳和风铃，提供美味的家常菜，例如tavuklu mantı（土耳其饺子和鸡肉）、et güveç（砂锅肉）和很好的开胃菜。

Köfteci Ramiz 肉丸 $$$

（见304页地图；☎0532 441 3651；www.kofteciramiz.com；General Mustafa Muğlalı Caddesi 5/A；主菜 15~40里拉；⊙9:00至午夜）到了午餐时间，当地人会在这家拥有悠久历史的肉丸连锁店里的沙拉吧（7.50里拉）前大排长龙，不用说里面曾获大奖的肉丸、烤肉和其他烧烤了。菜品丰富。由一对来自马其顿的兄弟于1928年开办。

Pineapple 国际风味 $$$

（见304页地图；☎0252-412 0976；www.pineapple.com.tr；Netsel Marina；主菜 28~45里拉；⊙8:00至午夜）这家两层餐厅靠近码头，紧挨着水面。楼上有一座宽阔的阳台，前面也有一座同样宽阔的露台。比萨、意大利面和沙拉（16~32里拉）占据菜单的大部分内容，不过也有量更大的海鲜和烧烤。

Rota 烤肉 $$$

（见304页地图；☎0252-413 0584, 0555 374 6585；Netsel码头；主菜 12.50~45里拉；⊙7:00~23:00）这家"船上菜"餐厅远离酒吧街，位于桥对面购物中心最里面，提供肉食、土耳其比萨和沙拉，有户外带顶棚餐位。

Aquarium Kitchen Cafe 国际风味 $$$

（见304页地图；☎0252-413 1522；Barbaros Caddesi 55；主菜 28~48里拉；⊙9:30至次日2:00）这是海滨凉爽且更富创意的餐厅中的一家，吧台后面有一座鱼箱，桌子上放有女鞋，散放着国际象棋，播放着萨尔萨音乐。提供分量很大的烧烤和牛排，午间简餐包括鱼、薯条、卷饼和比萨等。

Fellini 意大利菜 $$$

（见304页地图；☎0252-413 0826；Barbaros Caddesi 71；主菜 25~45里拉；⊙8:00至次日1:00）这家热门的海滨餐厅有活泼的黄色椅子，布置着人造鲜花，提供美味的薄皮比萨、意大利面、海鲜、牛排和烤肉。开业已有25年历史。

🍷 饮品和娱乐

马尔马里斯夜晚的霓虹灯比维加斯还亮，几乎所有醉汉都信誓旦旦地觉得自己才刚喝了一杯而已。在远离声名狼藉的酒吧街灯红酒绿的地方，也有一些可以边喝酒边欣赏港口风景的僻静处，包括更加宁静的海滨Barbaros Caddesi和码头上的酒吧兼餐厅。

酒吧街 街区

（Bar St；见304页地图；39 Sokak）这处放肆喧闹的街区上充斥着狂放的大型酒吧夜店。如果喜欢激光灯束、舞曲音乐、烈酒、半打出售的龙舌兰酒和文身店堂，来这里对了。主要位于Eski İbrahim Ağa清真寺和Netsel码头天桥之间。多数酒吧每天19:00至次日4:00营业。

随着夜幕的降临，街道越来越喧闹，每家店都把音量调到最大，借以压倒周边店家。啤酒花费为15里拉，子弹酒为5~10里拉，鸡尾酒15~20里拉。欢乐时光有免费烈酒和买一赠一促销，但不敢保证"名牌"烈酒的货真价实。

从Eski İbrahim Ağa清真寺向东，首先来到一条民谣酒吧（Türkü Bars）和小酒馆（meyhanes）街，这里有现场土耳其民谣和奥斯曼传统fasıl音乐演奏；值得停下来看看土耳其人是如何靠几杯茴香白兰地放松的。到了码头办公区附近，这种景象逐渐消失，取而代之的是强劲的节奏和闪闪发光的子弹酒。

B52 夜店

（见304页地图；☎0252-413 5292；39 Sokak

120）这里分为两部分：一边是喧闹的夜店，一边是悠闲的鸡尾酒吧，外面有餐位。

Kahve Dünyası　　　　　　　　　咖啡馆

（见304页地图；☏0252-412 9600；www.kahvedunyasi.com；Günücek Yolu，Netsel Marina；⏰8:00至午夜）这家连锁咖啡馆就像是塞纳河畔的左岸，与桥对面的俗气酒吧街对比鲜明，是喝咖啡、吃蛋糕的悠闲去处。

Panorama Restaurant & Bar　　　酒吧

（见304页地图；☏0252-412 8961；Hacı İmam Sokağı 40；主菜25～35里拉；⏰9:00至次日1:00）这家紧邻26 Sokak的酒吧里，能看到码头的露台比食物更出名，但仍然是日落时分来喝一杯、吃点小吃的好地方。

Davy Jones's Locker　　　　　　现场音乐

（见304页地图；☏0252-412 1510；39 Sokak 156）这家2层楼的店铺位于酒吧街最里面，是马尔马里斯唯一的摇滚酒吧，尤其喜欢20世纪90年代的英美音乐。夏季会有乐队现场演出。

❶ 实用信息

旅游办公室（见304页地图；☏0252-412 1035；İskele Meydanı 2；⏰9月中旬至次年5月 周一至周五 8:00至正午和13:00～17:00，6月至9月中旬每天）提供地图和可信信息，帮助非常大。

❶ 到达和当地交通

飞机

最近的机场是达拉曼（东南95公里）和米拉斯-博德鲁姆（西北130公里）。Havaş（www.havas.net/en）的接驳车能往返达拉曼国际机场（15里拉，1.5小时）；或者**Marmaris Koop**（见304页地图；☏0252-413 5542；www.marmariskoop.com；General Mustafa Muğlalı Caddesi）每小时有1班车可至达拉曼镇（15里拉，1.5小时），从那里可以换乘出租车（很贵）至机场。

船

4月底至10月，每天有双体船从马尔马里斯东南1公里的码头开往罗得岛（单程/同日往返/不限日期往返 含港口税 57/58/100欧元，1小时），9:15和17:00两地对发。3月至5月也有零星船次。希腊也有运营这条路线的双体船公司，不过价格一般会贵10%。

旅行社，包括镇上的**Yeşil Marmaris**（见304页地图；☏0252-412 1033，0533 430 7179；www.rhodesferry.com；Barbaros Caddesi 13；⏰9:00～23:30）和东南2公里处马尔马里斯巡航码头上的**Marmaris Ferry**（☏0252-413 0230；www.marmarisferry.com；Mustafa Munir Elgin Bulvarı，Marmaris Cruise Port）可售船票。至少要提前1天预订，带好护照。发船前1小时要到达码头，因为有入境手续要办理。有些旅行社为同日往返游客提供免费的酒店接车服务。

长途汽车

马尔马里斯的小长途汽车站位于市中心以北3公里处。夏季Ulusal Egemenlik Bulvarı沿路的小巴很多。汽车公司的办公室多位于市中心的General Mustafa Muğlalı Caddesi（19 Mayıs Gençlik Meydanı和84 Sokak之间）两边；有些公司提供此处到长途汽车站之间的接驳服务。目的地包括：

安塔利亚（60里拉，6.25小时）每天1班Kamil Koç和Pamukkale公司的车次。

博德鲁姆乘小巴前往穆拉（15里拉，1小时），然后换乘班车到达博德鲁姆（20里拉，2小时）。

费特希耶（25里拉，3.25小时）每小时1班Marmaris Koop公司的车次，途经达拉曼镇和戈茨克。

伊斯坦布尔（13小时）全年每日几班Metro（90里拉）和Pamukkale（100里拉）及其他公司的车次。

伊兹密尔（4.25小时）每小时1班Metro（30里拉）和Pamukkale（40里拉）及其他公司的车次。

小巴

有固定班次的小巴前往海湾地区，从19 Mayıs Gençlik Meydanı最北端Migros对面发车。

达特恰半岛和博兹布伦半岛（Datça & Bozburun Peninsulas）

如果你想要的是少些狂热的旅行经历，那么可以来这座从马尔马里斯突出去、绵延超过100公里、伸进爱琴海的崎岖半岛。其西臂叫作达特恰［有时被叫作雷沙迪耶（Reşadiye）］半岛；南部分支叫作博兹布伦（或Loryma）半岛。

从汽车、自行车、船甚至小摩托上看去，

这条海岸线都显得壮观原始。除了在半岛长满松树的海岸附近扬帆，在数百座与世隔绝的小湾中抛锚游玩之外，游客还可以探索渔村、山地城镇、小村庄以及历史遗迹，诸如达特恰半岛尖端的尼多斯（Knidos）。

达特恰（Datça）

0252 / 人口 13,000

达特恰是半岛上最大的海港城镇，距地区中心马尔马里斯大约70公里远，在沿途弯弯曲曲的路旁，散布着古老的风车和21世纪的风力涡轮机。它虽位于海边，却意外地平凡，但也因此保留了某种程度的悠闲地道。

达特恰是探索本地区很好的大本营，一旦天气转暖，海滨的一系列餐厅会一直延伸到海滩。你很有可能更愿去附近的老达特恰（见310页）。达特恰所丢失的传统神韵，在老达特恰得到了最大限度的保留。不过淡季时期的达特恰却是更好的选择，因为临近村庄的诸多商贸场所届时都会歇业。

达特恰有3个漂亮的海滩：一个是 Kumluk Plajı（沙滩），蜷身在主干道阿塔图克街（Atatürk Caddesi）的后面；另一个是在北部海岸稍大点的 Hastanealtı（字面意思是"在医院下面"）海滩；还有南部的 Taşlık Plajı（多石的海滩），背后有地面温泉流淌汇聚的天然池塘。

短途游船和旅行社，包括 Karnea Travel Agency（见309页）和 Bora Es Tour（**0252-712 2040, 0532 311 3274; www.boraestour.com; Yat Limanı**）都提供从达特恰港口出发的一日游（50里拉起，含午餐和软饮），经常会囊括尼多斯古城遗迹（见310页）。

🛏 住宿

阿塔图克街及附近有经济型的家庭旅馆，在主广场Cumhuriyet Meydanı旁的海港上方也可以找到这样的住所。在达特恰和附近的村子里租别墅和公寓是十分划算的选择；你可以到当地查询信息。

Tunç Pansiyon　　　　　　　　家庭旅馆 $$

（**0252-712 3036; www.tuncpansiyon.com; İskele Mahallesi; 标单 / 双 / 公寓 100/150/200里拉; ❄@**）这家极好的旅馆位于镇上紧邻转盘的一条街上，找Ögür出租车站和Vestel商店。里面的房间设施很简单，但是带有阳台，而且干净整洁，22个阳光充足的房间带阳台，还有一座极美的屋顶露台。友好的店主Metin提供免费洗衣服务和最多3人去尼多斯古城的驾车一日游，你只需付汽油费（约60里拉）。

★ Villa Tokur　　　　　　　　精品酒店 $$$

（**0252-712 8728; www.hoteltokur.com; Koru Mevkii; 双 / 套 85/115欧元; ❄@**）土耳其籍德国人经营的这家山顶酒店，提供15间装饰着精美家具的客房，有干净整洁的台地，可以俯瞰海景，还有一座大游泳池。从Taşlık Plajı步行上山顶需要10分钟，感觉像是到家了，而不是住在酒店。

Ulrikes Haus　　　　　　　　家庭旅馆 $$$

（**0539 970 1207, 0252-712 2931; www.ulrikeshaus.com; Akkaraca Sokak 20; 标单 / 双 60/85欧元; ❄@**）这座虽小但设计完美的酒店距离镇中心和海滩都只需要几分钟，但3个客房中有2个都有海景阳台。消息灵通的土耳其德国店主还经营着一家名叫Culinarium的餐厅（见309页），就在通往海港的路上，所以提供半膳宿服务。

Konak Tuncel Efe　　　　　　　酒店 $$$

（**0252-712 4488; www.konaktuncelefe.com; Atatürk Caddesi 55; 标单 / 双 65/85里拉起; ❄@**）这座特色建筑装饰着伊兹尼克瓷砖，有裸露的砖墙，20间客房中都装饰着现代风格混合复古家具，充满年代感。阴凉的大堂中有一间酒吧，散布着沙发和堆满书籍的桌子，顶楼带双重斜坡屋顶的家庭房的斜坡天花板能照到日光。

Kumluk Otel　　　　　　　　酒店 $$$

（**0252-712 2880; www.kumlukotel.com; Atatürk Caddesi 39; 标单 130~150里拉，双 250~300里拉; ❄**）Kumluk Otel位于港口同名咖啡馆兼酒吧之后，25间出人意料的现代风格的房间配有长镜子、玻璃门冰箱和平板电视。装潢迷人地混合了白色和三原色，玻璃露台上可用早餐。

🍴 就餐

所有餐馆外观都很不像鱼餐厅，达特恰

当地的特色菜是keşkek（羊肉馅和碎的粗小麦一起炖）。

Zekeriya Sofrası　　　　　土耳其菜 $

（☎0532 468 9997, 0252-712 4303; Atatürk Caddesi 70；菜肴10里拉起；◎8:00~23:00；☞）这家明亮的餐厅位于主街，提供现成和现点食物，能品尝到超值的土耳其家常风味。蒸菜能做出各种肉食和蔬菜，甚至包括远方尚勒乌尔法（Şanlıurfa）风味，那里正是店主的家乡。特色菜有安塔基亚borani（羔羊肉配酸奶和鹰嘴豆）。

★Culinarium　　　　　地中海菜 $$$

（☎0252-712 9770, 0539 970 1207; www.culinarium-datca.com; Yat Limanı Mevkii；主菜40~60里拉；◎3月至11月10:00至午夜）这家土耳其籍德国人经营的餐厅中提供的3道菜套餐（65里拉）可谓美食级体验，而外面环绕式的酒吧能眺望博兹布伦和锡米岛。最受欢迎的菜肴包括鱼肉馅的西葫芦花，对虾，一种加少量调料的无骨鱼排（每天3~4种）。甜点多是以达特恰著名杏仁为基础制作的，比如杏仁巧克力冰激凌蛋糕。

★Café Inn　　　　　　咖啡馆 $$$

（☎0534 1169, 0252-712 9408; http://cafeinndatca.com; Atatürk Caddesi 51；主菜18~30里拉；◎9:00至午夜）这家通风良好的时髦咖啡馆位于Kumluk Plajı海浪边上，搭配着海滩小屋风格的家具，提供很好的卡布奇诺，还有各种填馅葡萄叶（dolmades）、薄饼和比萨（18~25里拉）。多才多艺的大厨能准备任何菜肴，可尝试keşkek特色菜或早餐（16里拉），包括4种果酱和水果拼盘。

Küçük Ev　　　　　　　海鲜 $$$

（☎0533 550 0578, 0252-712 3266; www.kucukevrestaurant.com; Yat Limanı；开胃菜8里拉起，主菜30~50里拉起；◎8:00~23:00）这家已有几十年历史的时髦海滨餐馆名叫"小房子"，提供地中海风味菜肴和海鲜，包括串烤黄狮鱼或剑鱼，也有如山羊肉等外来菜式（需预订）。

Mayistra　　　　　　　意大利菜 $$$

（☎0252-712 2822; www.facebook.com/MayistraDatca; Kumluk Yolu Sokak 14；主菜15~35里拉；◎8:30至午夜；☞）这家热情的意大利餐馆位于海滨，提供各种比萨、意大利面、开胃菜和沙拉。也有大量的精选葡萄酒。

🍷饮品和夜生活

Roll Coffee House　　　　　酒吧

（☎0252-712 2266; Atatürk Caddesi 94/A; ◎9:30~15:30）这家取名不当的啤酒屋为达特恰夜生活增添了新的光彩，非常受欢迎，有90种来自世界各地的不同品牌。位于码头上方一座小商店的楼上。店主Hüseyin就和你在土耳其任何地方看见的酒吧老板一样热情。

Eclipse Music Bar　　　　酒吧、夜店

（☎0532 424 2896, 0252-712 8321; www.facebook.com/Eclipse-Music-Bar-137610333066079; Atatürk Caddesi 89; ◎5月至10月15:00至次日3:00)15:00~23:00是欢乐时光时段，外面的码头是喝啤酒赏落日的好地方。里面裸露的木梁下，波普艺术风格的人像画俯视着下面的舞池。周六晚有现场音乐演奏。

🛍购物

阿塔图克大街上的许多商店出售当地产品如无花果、lokum（土耳其软糖）、蜂蜜、蜂巢和helva（芝麻制作的甜食），以及多种熟食橄榄和香料等。

Özlü Datca　　　　　　　　饮食

（☎0252-712 3335; www.datcabalbadem.com; Atatürk Caddesi 72/H; ◎9:00~23:00）达特恰的三种主要特产杏仁、蜂蜜和橄榄油在这里大量出售。

ℹ实用信息

Karnea Travel Agency（☎0252-712 8842; www.karneaturizm.com; Atatürk Caddesi 54/B）这家旅行社由热心的Beycan Uğur经营，向游客提供当地信息，还可以预订土耳其航空公司的航班、安排接送、小汽车和小轮摩托车租赁以及提供本地的短途旅行服务。

ℹ到达和离开

长途汽车

夏季每小时有1班小巴从Pamukkale公司办

公室(☎0252-712 3101; Atatürk Caddesi)前往马尔马里斯(15里拉,1.75小时,淡季每2小时1班)。从马尔马里斯开来的车次可让你在广场前500米远的主街上和码头边的家庭旅馆下车。土耳其主要的汽车公司,如**Metro**(☎0252-712 9087; Atatürk Caddesi, Datça)和**Ulusoy**(☎0252-712 8292; Atatürk Caddesi 25; ◎8:00~22:00),在阿塔图克大街都有办公室,每天有车次前往土耳其西部城市,不过马尔马里斯长途汽车站车次更多。

船

博德鲁姆6月至9月,连接达特恰和博德鲁姆的杜林每天4班(10月每天2班)。可在达特恰市中心的**博德鲁姆渡轮协会**(Bodrum Ferryboat Association; ☎0252-316 0882, 0252-712 2323; www.bodrumferryboat.com; Turgut Özal Meydanı; ◎9:00~20:00)买票(单程/往返 35/60里拉,小汽车/自行车 单程105/10里拉)和确认时间。开船前30分钟到办公室,有接驳车去卡拉廊伊(达特恰西北5公里处)的Körmen港口。如果是在老达特恰,建议事先通知,接驳车可在主路上接你上车。

罗得岛和锡米岛在本书写作之时,没有固定班次的渡轮从达特恰开来。夏季的周六,希腊一般有渡轮从岛上来达特恰进行一日游,要前往希腊的游客可同他们一起返回。夏季**Seher Tour**(☎0252-712 2473, 0532 364 5178; www.sehertour.com; Atatürk Caddesi 88/E)等公司运营锡米岛一日游,每船每人收费约75~100欧元,最少6~8名乘客起航。

小汽车和小轮摩托车

Karnea Travel Agency(见309页)有小汽车(1日汽油/柴油 100/110里拉)和小轮摩托车(1日50里拉)租赁。

老达特恰 (Eski Datça)

☎0252/人口 8000

老达特恰曾经是一个奥斯曼行政区划的

值 得 一 游

尼多斯古城

尼多斯古城(Knidos; 门票 10里拉; ◎4月至10月 8:00~19:00,11月至次年3月 至17:00)的遗址,在公元前400年曾经是一个繁荣的多里安港口城市;而现在,它却成了散落在达特恰半岛顶端方圆3公里的一片废墟。陡峭的山坡高耸在两个海湾之上,海湾内是一片悠闲的田园风光,山坡上有梯田和一片片的小树林,长着橄榄树、巴旦木及各种果树。不时有游艇在海湾停歇,一座灯塔引人注目地高耸在一座海岬上。

半岛附近的风向变幻莫测,难以预料,所以古时候的商船不得不停靠在尼多斯古城(也有另一个被人熟知的拉丁名字Cnidus),等待顺风的来临。这使得当地的修船业、住宿业和贸易兴旺发达起来。在公元50年或60年时,众多停在尼多斯古城等待暴风雨过去的乘客之中,就曾有前往罗马受审的圣保罗(St Paul)。

尽管古老的建筑现在能被辨识的已经很少,城市的道路却完好地保存了下来。不要错过圆形的**阿佛洛狄忒神庙**(temple of Aphrodite Euploia)中曾经站立着世上第一个独立式女性雕像。而能容纳8000人的希腊**底层剧场**和公元前4世纪的**日晷**,以及**柱廊**遗迹顶上摇摇欲坠的石头十字架,曾经的**拜占庭教堂**中的一些精致雕塑,也为这里增添了更多的历史厚重感。

尼多斯遗址内的**餐厅**只在夏天营业——可以停下来饱览美景,比高价食物要值。

从达特恰到尼多斯古城有1小时的车程,道路蜿蜒,风景优美。如果租赁小汽车或小轮摩托车可以绕道半岛南部海岸上的小路。**Datça Koop**(☎0252-712 3101; near Cumhuriyet Meydanı, Datça)可承载3人前往尼多斯并返程,包括1小时的等待时间,价格为150里拉。

6月至8月间,Palamutbükü公司(10里拉)在10:30和正午各有1趟小巴从**Metro汽车公司**(见310页)旁出发,返程是在15:30和17:00。达特恰港口短途巡游夏季也到达尼多斯古城,9:30左右出发,19:00返程,50里拉含午餐和软饮。达特恰的**Karnea Travel Agency**(见309页)运营的这趟巡游价格为60里拉,陆上一日游价格为85里拉。

首府，管辖的区域延伸至现在的希腊。它比现在的"新"达特恰（见308页）要有韵味得多。铺着鹅卵石的街道蜿蜒在装点着九重葛的白墙石屋之间，让你逃遁到往昔无忧的平静海岸生活中。

食宿

Olive Farm 客栈 $$$

（☎0252-712 4151；http://guesthouse.olivefarm.com.tr；Güller Dağı Çiftliği, Reşadiye；标单60~75欧元，双80~120里拉；◉5月至10月；❄⍟🏊）这家时髦的乡村风格住宿处有13间色调柔和的客房和套房，带有明亮的寝具、田园风情的家具和以自产品牌橄榄制作的沐浴用品。儿童游戏室、花园吊床和艺术装饰使这里有一种安东尼·高迪（Antoni Gaudí）设计的农场般的风格。位于雷沙迪耶，老达特恰以北2公里处。

Eski Datça Evleri 平房 $$$

（Old Datça Houses；☎0252-712 2129；www.eskidatcaevleri.com；标单/双/标三 80/120/160欧元起；⍟）这些专门建造的房屋被叫作无花果、杏子和橄榄，营造出一种传统的时尚风格，厚重的石墙让洁白的室内保留住温度。房中有土耳其公共浴室风格的浴室和小厨房，庭院咖啡馆很有乡村风情。无花果最靠近镇中心；杏子和橄榄在山上100米处。

Datça Sofrası 土耳其菜 $$

（☎0252-712 4188；Eski Datça；开胃菜8里拉，主菜15~20里拉；◉9:00至午夜）这家露台餐厅位于一个爬满藤蔓的凉棚下，提供美味的开胃菜和烤肉，特色菜是杏仁肉丸（bademli köfte，采用达特恰杏仁制作）。

购物

Olive Farm Mill Store 饮食

（☎0252-712 8377；www.olivefarm.com.tr；Güller Dağı Çiftliği, Reşadiye；◉8:30~21:00）这家农场商店位于看似无边无际的橄榄林中，提供橄榄、初榨橄榄油、果酱以及由任何你能想象的东西蒸馏而来的醋——无花果、橘子、稻子豆等。还有一系列出色的以橄榄油制作的化妆和美容用品。位于雷沙迪耶，老达特恰以北2公里处。

❶ 到达和离开

夏季每小时有1班往返达特恰南部2.5公里处的小巴（2.50里拉）。老达特恰距离主公路只有100米远，所以可以乘坐从马尔马里斯开来的小巴在岔路口下车，然后步行。

塞利米耶（Selimiye）

☎0252 / 人口 1190

塞利米耶曾经是一座以传统造船业为主的小村子，很受游艇运动爱好者的欢迎，现在不过是位于宁静的海湾上的一条可爱的散步小道。小道边有许多餐馆、旅店和酒吧。不过登陆这里的价格一直在上涨，住宿处和餐厅收费也在随之提高，村庄也慢慢开始变成了故作时髦的博德鲁姆半岛的模样。

6月至9月，有环绕海湾的乘船一日游，可在海滩停靠游泳，花费约55里拉，包括午餐和饮品。

多山的有棱有角的博兹布伦半岛是逃离马尔马里斯狂热气氛的完美之选。真正想独辟蹊径，可以发动摩托车或小轮摩托车，顺着蜿蜒的乡村小道前行，探访被现代社会遗忘的自然乐园和乡村。从马尔马里斯取道海滨公路到达İçmeler，然后穿过山地到达Turunç、Bayırköy、Söğüt和博兹布伦，返程时穿过塞利米耶、Orhaniye、Hisarönü和达特恰—马尔马里斯主公路（这条循环之旅约120公里）。

住宿

★Jenny's House 家庭旅馆 $$$

（☎0252-446 4289, 0507 667 8155；www.jennyshouse.co.uk；Selimiye Köyü Mahallesi；标单120~200里拉，双 200~280里拉；❄⍟🏊）这座迷人的家庭旅馆位于海港的马路对面，有14个风格各不相同的房间，周围环绕着一座葱茏的花园。两个房间朝向中央的游泳池，不过我们喜欢1层带公共大阳台的两个双人间。和蔼的英国人Jenny和她的土耳其小叔Salih还能帮助介绍租赁度假住处。

两个家庭房能住4人。

Losta Sahil Ev 精品酒店 $$$

（☎0252-446 4395, 0530 762 9740；www.lostasahilevi.com；Gemecit Mahallesi 9；标单/双

200/400里拉；4月至11月；❄⛵）这座可爱的精品酒店位于海滩上2座相隔约100米的石头建筑中。13个色调柔和的房间都以希腊和吕底亚神祇的名字命名，面积宽敞，有些带小的海景阳台。我们喜欢在一座短码头尽头的阳光大露台，还有近在咫尺的休闲酒吧。

Sardunya Bungalows 平房 $$$

（☎0252-446 4003；www.sardunya.info；Silimiye Köyü Mahallesi；标单/双 150/300里拉；❄⛵）这里的15间位于沙滩后面的石头小屋很适合家庭租住，有一个漂亮的花园和热门的海滨餐厅。房间里有暗色的大块头家具和现代化的浴室。有些（如16号房）相当大。

✖ 餐饮

Paprika 甜点 $$

（☎0252-446 4369；Buruncuk Mevkii 80；甜点 10~16里拉；◐4月至10月 8:00至次日1:00）这家面朝码头的白色小屋的名字，以及外面悬挂的Julius Meinl商店招牌，会让有些人以为他们到了匈牙利。但其实并不是……这家完全是土耳其人开办的就餐处主打甜点，每天提供近30种不同的原创种类。

S.U.P. 土耳其菜 $$

（☎0555 363 2345，0252-446 4048；www.facebook.com/supselimiye；Hanımpınar Mevkii 3；开胃菜 10~15里拉，主菜 23~40里拉）这家海滨的新餐厅咖啡馆提供当地产的"美食快餐"——ızgara（烧烤）菜肴，例如肉丸和鸡肉şiş，以及村子产的面包和自制柠檬水。不过真正的亮点在于出租直立式桨叶冲浪板（25里拉每小时），以供在前面的平静海水中使用，现在你知道其名字的来历了吧。

Bülent' in Mutfağı 爱琴海菜 $$$

（Bülent's Kitchen，☎0533 326 7575；Buruncuk Mevkii 103；开胃菜 8~12里拉，主菜 25~35里拉；◐5月至10月 9:00至午夜；🍴）这家餐厅从属于一座位于码头Migros超市旁的小厨房，提供融合了家常风味与伊斯坦布尔风格开胃菜的菜肴。你可从12种橄榄油浸柑橘、芹菜、秋葵、蚕豆、茄子和西葫芦等美味小菜中任选一种，不要错过特色菜——伊兹密尔牛奶烹鱼派。

Aurora 海鲜 $$$

（☎0252-446 4097；Buruncuk Mevkii 36；开胃菜 10~20里拉，主菜 20~40里拉；◐5月至10月 9:00至午夜）这家店位于海滨上的一座古老石屋中，提供地道的开胃菜和海鲜。每天都有将近50种开胃菜，搭配各种鱼类主菜和炭烤牛排。店主Hüseyin和Suzanne都很和蔼，乐于助人，且会讲多种语言。

Piano Jazz Bar 酒吧

（☎0252-446 4086；www.facebook.com/pages/PIANO-JAZZ-BAR/430764627022582；Sahil Yolu；◐6月至9月中旬 19:00至次日2:00）在这家位于海滨的时髦蓝白"潜水酒吧"（dive bar；他们的原话，不是我们叫的）中，有一位钢琴家和歌手演出。爵士、拉丁……不管演奏什么音乐，都很吸引人。

🛈 到达和离开

每2个小时有1班往返马尔马里斯（12里拉，1小时）和博兹布伦的小巴，在塞利米耶村子最北端的主公路上停靠。

博兹布伦（Bozburun）

☎0252 / 人口 2050

沿马尔马里斯—达特恰公路驾车30公里穿越半岛，可到达博兹布伦（意思是"灰色海岬"），这里尽管常有游客光顾（大多乘坐观光游艇前来），但仍然保持着乡村农耕、打鱼和造船的传统。这里和熙熙攘攘的旅游景点不同，是一个让人身心愉悦的地方，有一些出色的住宿处，你可以向西绕过海港，从岩石上跳进蓝得炫目的海水中游泳。在当地，你也可以租一条船去探索周围风光旖旎的海湾。周二是集市日。

🛏 住宿

家庭旅馆位于码头南部海滨上。7月和8月会住满土耳其游客，所以记得预约。

Pembe Yunus 家庭旅馆 $$

（Pink Dolphin，☎0536 250 2227，0252-456 2154；www.bozburunpembeyunus.com；Cumhuriyet Caddesi 131；标单/双 含半膳宿 120/240里拉起；❄⛵）位于码头东南700米远的这家"粉红海豚"旅馆是一个热情宁静的地方，13个房间内

饰是白色调,有漂白的木头地板、蚊帐、公共露台(12号房)或小阳台(5号房)上能欣赏壮丽海景。晚餐可在水边的蓝色椅子上吃,旅馆有船只可横跨海湾去锡米岛。

Yilmaz Pansiyon& Apart　　家庭旅馆 $$

(☎0537 046 2410, 0252-456 2167; www.yilmazpansion.com; İskele Mahallesi 391; 标单/双/公寓 120/150/230里拉; ❄︎⏀🛜)这家友好的旅馆位于码头东南大约500米的地方,旧楼中有6个简单但是很讨人喜欢的客房,新楼中有11个自炊型的2卧室公寓(3号最受欢迎),带厨房和阳台。所有房价都包括早餐,在距离大海只有几步之遥的葡萄藤下的露台上提供。还会帮你安排本地的乘船观光旅行。

★Sabrinas Haus　　豪华酒店 $$$

(☎0252-456 2045; www.sabrinashaus.com; 双含半膳宿 425~1170欧元; ⏰5月至10月; ❄︎⏀🛜)你可以乘船(一位身穿制服的船长驾驶的一条快艇),或者沿海湾东部的海岸步行30分钟,就可以到达这家酒店。Sabrinas Haus绝对能满足你所求所想。酒店内有17个各不相同、设计精致的客房和套房(想象一下许多原始树林和层次不同的白色调,古董和四柱床),藏身在美丽繁茂的花园里的3座建筑中。

无边游泳池和海滨的露台和位于码头尽头的茅屋酒吧都非常棒,温泉浴池提供各种按摩服务及护理;还会组织乘坐酒店自由的88英尺的Miss Austria号传统木帆船前往锡米岛巡游和附近岛上的烛光野餐烤肉等各种活动。要注意的是,最少入住2晚(6月至9月中旬为3晚),并且14岁以下的儿童不能入住。

✖ 就餐

Papatya Lokantası　　土耳其菜 $

(☎0537 384 9579; Cumhuriyet Caddesi; 主菜 6~8里拉; ⏰7:30~23:00)当地人喜欢在清真寺旁的这家热情的小lokanta(提供现成食物的餐厅)中扎堆品尝çorba(汤)、烤肉和精心制作的土耳其热门家常菜。

Kandil Restaurant　　海鲜 $$

(☎0252-456 2227, 0532 626 2392; Kordon Caddesi 41; 开胃菜 7~10里拉, 主菜 15~30里拉; ⏰3月至11月 7:00~23:00)这家名叫"油灯"的位于海滨的餐厅是当地人的最爱,提供便宜的开胃菜、各种鱼类菜肴和烧烤,显然主打的是航海归来饥肠辘辘的水手,甚至还提供免费淋浴。

Osman's Place/
Gordon Restaurant　　牛排 $$$

(☎0252-456 2144, 0533 369 4988; www.gordonrestaurant.com; Kordon Caddesi; 主菜 25~45里拉; ⏰3月至11月 7:00至次日1:00)这家有两个名字的餐厅是海滨上价格较合理的选择之一,提供Lavazza咖啡、商店制作的蛋糕和各种土耳其和国际主菜。牛排是店主大厨的拿手菜,包括T骨、墨西哥和胡椒等种类。土耳其籍爱尔兰店主很可爱。

Bozburun Restaurant　　海鲜 $$$

(☎0537 679 9451, 0252-456 2420; Kordon Caddesi; 开胃菜 6~10里拉, 主菜 25里拉起; ⏰4月至10月 8:00~23:00)这家拥有几十年历史的餐厅是比尔·盖茨的最爱,他曾于2006年造访。餐厅位于港口,地理位置优越,靠近海关和灯塔,有户外餐位。每天都有几十种开胃菜,特色菜有烧烤和炸鱿鱼、烤章鱼及saç kavurma(快炒肉块)。

Aperitif　　海鲜 $$$

(☎0252-456 2616, 0532 211 9680; www.facebook.com/aperitif-bozburun-334850373221133/; Kordon Caddesi; 主菜 22~40里拉; ⏰8:30至午夜)Aperitif也许算得上是博兹布伦最时髦的餐馆,位于码头中心,提供出色的早餐(12~16里拉)、比萨和土耳其菜。面朝大海的露台是一大卖点。

❶ 到达和离开

每天有6班小巴开往马尔马里斯(12里拉, 1.5小时), 途经塞利米耶, 夏季会额外多加几班。
Bozburun Transfer (☎0252-456 2603, 0535 749 0113; www.marmaristransfer.biz; Atatürk Caddesi 10; 1~3人 200里拉起)有接驳车往返达拉曼国际机场(2.5小时)。

阿克亚卡(Akyaka)

☎0252/人口 2670

从喧嚣的博德鲁姆往西,从让人疯狂的

马尔马里斯向南，氛围的转变让人振奋，这座慵懒的小村阿克亚卡（Akyaka，意思是"白色海岸"）隐藏在长满松树的群山之间，在格科瓦海湾（Gulf of Gökova）的尽头有一片灰色沙滩。这里尤其受来自伊斯坦布尔和伊兹密尔富裕游客的欢迎。

阿克亚卡位于Azmak河口，是土耳其第二个加入Cittaslow（慢城联盟）运动的城镇，抗拒丑陋的开发，建筑都按照已故建筑师Nail Çakırhan的设计，建造或修复成"乌拉穆拉"（Ula-Muğla）奥斯曼风格的半砖木结构。让人疑惑的是，这里有时也被称为"格科瓦"，是几公里外的一个内陆老城的名字。

从穆拉越过Sakar关口（Sakar Geçidi；670米）的道路上，海景美得让人不禁屏住呼吸。

活动

镇中心的蓝旗**阿克亚卡海滩**（Akyaka Beach）很适合游泳，西北2公里外的**琴纳尔海滩**（Çinar Beach）水流更深，适合浮潜。夏季，渔业公司提供**乘船团队游**（30~40里拉含午餐）可到达当地海滩、海湾和**克里欧佩特拉岛**（Cleopatra Island），岛上有明亮的金色沙滩以及古希腊和罗马的遗址。全年都有乘船游前往可爱的**Azmak**（8里拉，半小时），在绿色的水草之上逐浪而行。

Orange Kiteboarding Center 风筝冲浪

(☎0536 498 0317；www.orangekiteboarding.com；Gökova Kitesurf Beach；设备租赁半天/全天 40/70欧元，8小时新手课程 360欧元) 阿克亚卡有稳定的夏季风，使它成为风帆冲浪和风筝冲浪运动，以及学习这些运动的理想地点。在Gökova Kitesurf Beach海滩上，有大约6家运营商提供设备租赁和技术指导。这里位于村子南部，步行25分钟走过Azmak即到。Orange Kiteboarding Center是这里最主要的经营商，提供风筝冲浪指导和全套设备租赁。私人课程每小时70欧元。

Free Wheelies 骑行

(☎0544 800 4011；www.gokova.com/profile/free-wheelies；Karanfil Sokak 28/A；公路自行车 每小时/天 5/20里拉起，山地自行车 10/40里拉；◎9:00~22:00) 有山地和公路自行车出

---

❶ 假日公寓

阿克亚卡有大量的假日公寓可供出租。可联系**Captain's Travel Agency** (☎0532 326 6094, 0252-243 5398；info@captains-travel.com；Negriz Sokak；❉⬆) 或**Tomsan Okaliptus** (☎0252-243 4370；www.tomsanokaliptus.com；Türkoğlu Sokak 8；❉⬆⬇)。

租，还会推荐海滩和山地的路径。

Gökova Rüzgar Sports Center 水上运动

(☎0252-243 4217, 0252-243 5108；www.gokovaruzgar.com；Hamdi Yücel Gürsoy Sokak 4；风筝冲浪板租赁每天 180里拉，8/12小时课程 350/550欧元；◎4月至10月 9:00~19:00) 这里出租设备，提供海底皮划艇、独木舟、直立式桨叶冲浪课程。位于阿克亚卡海滩，就在地标建筑Yücelen Hotel的前面。

住宿

Akyaka Kamp 露营地 $

(☎0551 448 7034, 0252-243 5156；www.akyakakamp.com；Akyaka Beach；露营地 每顶帐篷/每辆拖车 35/40里拉，双/标三/四 平房 不含早餐 150/200/225里拉，石头村舍 不含早餐 350里拉；❉⬆) 这座露营地位于阿克亚卡海滩最西端，有帐篷扎营点、平房和可住5人的石头小屋，在一座能俯瞰海滩的小山上，也有一家可爱的咖啡馆酒吧。

★ Big Blue Otel 酒店 $$

(☎0252-243 4544；www.bigblueakyaka.com；Sanat Sokak 6；双/套 60/105欧元起；❉⬆) 6间客房就在海边，白色墙壁和条纹靠垫营造出一种"科德角"的氛围……底楼的房间宽敞，有露台，3个中间的房间有阳台，能看到绝美的海景（可选择5号房，有2扇窗户）。顶楼套间King Studio能看到海景和森林，有一座巨大的阳台，外加一扇后窗。

Holifera Hotel 酒店 $$

(☎0532 742 3632, 0252-243 5863；www.holiferahotel.com；Cumhuriyet Caddesi 10；标单/标三/四 250/300/350里拉；❉⬆⬇) 几十年来

一直是阿克亚卡的一大特色，原本的Susam酒店在继任店主的照料下变成了现在的Holifera，换了新的更新鲜的风格，全部10个房间都配备镶木地板和阳台。有2间能看到街道，其余的能看到游泳池和后花园，是享用丰盛早餐的完美场所。

Yücelen Hotel 度假村 $$$

(☎0252-243 5108; www.yucelen.com.tr; Hamdi Yücel Gürsoy Sokak 4; 标单/双 65/95欧元; ❄☎☰) 海滩上的这家古典的大酒店是热门的家庭度假住宿处，有室内和露天游泳池，健身中心和桑拿房。住宿处在奥斯曼风格的街区中，过桥穿过一片静静流淌的溪流就到了。125个房间配备的是镶木或瓷砖地板，时髦的木头家具，全部都有阳台。

✖ 餐饮

Balık ekmeği（鱼三明治）在整个村子里都以9里拉起的价格出售。鱼餐厅环绕在Azmak北岸。那里风景优美，非常宁静，但菜肴都大同小异。

周三是阿克亚卡的集市日，周六集市在东南4公里的Gökova村。

Big Blue的露台是傍晚喝东西的好去处，提供鸡尾酒和冰冻奶昔。向内陆走一个街区，Nergiz Sokak和Lütfiye Sakıcı Caddesi上有3座热闹的酒吧，吸引着游客和当地扎着马尾辫的风筝冲浪手。在本书写作之时，它们名叫 The Bar、Kum Café和Poison Bar，但可能会根据季节重新改名。

Big Blue Restaurant 国际风味 $$$

(☎0252-243 4544; www.bigblueakyaka.com; Sanat Sokak 6; 开胃菜 7~10里拉，主菜 25~40里拉; ⊘8:30~23:00) 这家微风习习的餐厅咖啡馆位于一座几乎拥着海浪的露台上，提供各种菜肴，包括比萨、汉堡、泰国红咖喱和牛肉什锦菜卷，让人出乎意料。想离家更近一些的，这里也提供6种"土耳其经典菜式"和同等数量的鱼和海鲜主菜。

Mev 土耳其菜 $$$

(☎0539 231 5673; www.facebook.com/pages/mev-restaurant-akyaka/367621696698253; Nilüfer Sokak 22; 主菜 22~48里拉; ⊘11:00至午夜) 这家餐厅全部采用木头和玻璃装饰，有一座封闭的大平台，考虑到位于海滩上，那么以肉食为主的菜单就让人惊讶了，不过也有四五种鱼类菜肴，包括一种出色的炖鱼（guveç）。旺季时，这里是海滩上最繁忙的酒吧。

❶ 到达和离开

每半小时（冬季每小时1班）有1班小巴开往穆拉（4.50里拉，30分钟），每天（5月中旬至10月中旬）有2班小巴开往马尔马里斯（5里拉，45分钟）。要前往北部和西部（例如穆拉和博德鲁姆），从海滩往山上走2公里到达公路路口。那里经常有从东南4公里处的Gökova村经过此地南下的汽车。

安纳托利亚西部

包括 ➡

伊兹尼克	318
布尔萨	320
埃斯基谢希尔	333
弗里吉亚谷	336
帕穆克卡莱（棉花堡）	337
阿佛洛迪西亚斯	343
湖区	345
埃里迪尔	345
萨迦拉索斯	350

最佳餐饮

- ➡ Kebapçılskender（见330页）
- ➡ Köfteci Yusuf（见320页）
- ➡ Mezze（见335页）
- ➡ Sagalassos Lodge & Spa（见352页）

最佳住宿

- ➡ Kitap Evi（见327页）
- ➡ Fulya Pension（见347页）
- ➡ Armistis Hotel（见332页）
- ➡ Abacı Konak Otel（见334页）
- ➡ Melrose House（见341页）

为何去

安纳托利亚西部经久不变、多彩多姿又接地气，既有古代遗迹和壮丽山景，也有土耳其最丰盛的佳肴和最友善的人群。

来这里可以直截了当地体会多彩的古代文明：在遍布岩石的弗里吉亚谷徒步，在萨迦拉索斯和阿佛洛迪西亚斯古城的大理石路面上徜徉，或是沿圣保罗之路来一次林中朝圣之旅。与此同时，布尔萨这座奥斯曼帝国旧都也是土耳其人文的基石，这里有清真寺和皇陵，也有伊斯坎德尔烤肉。而帕穆克卡莱（棉花堡）闪烁的钙华池则非常适合让你在里面泼水嬉戏。

在安纳托利亚西部，那些鲜为人知的名胜堪称秘密宝地：避世桃源埃里迪尔位于宁静的湖畔，很适合徒步、乘坐当地渔民的小船来一次短途旅行，或干脆无所事事；活力四射的埃斯基谢希尔是个学生城，有优美的老城区；可以乘坐贡多拉泛舟河上，也有提供现场演出的餐厅和酒吧。

何时去

布尔萨

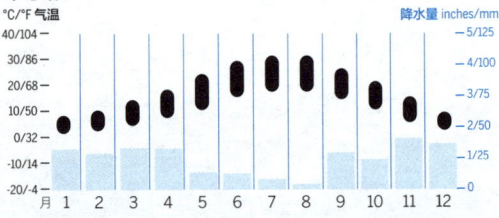

1月至2月 在靠近布尔萨的乌鲁达山滑雪，呼吸新鲜空气。

5月 天气清新晴朗，适合在群山环绕的埃里迪尔湖周围徒步和探索古迹。

9月 远离夏季拥挤的人群，安享帕穆克卡莱水晶般的钙华池美景。

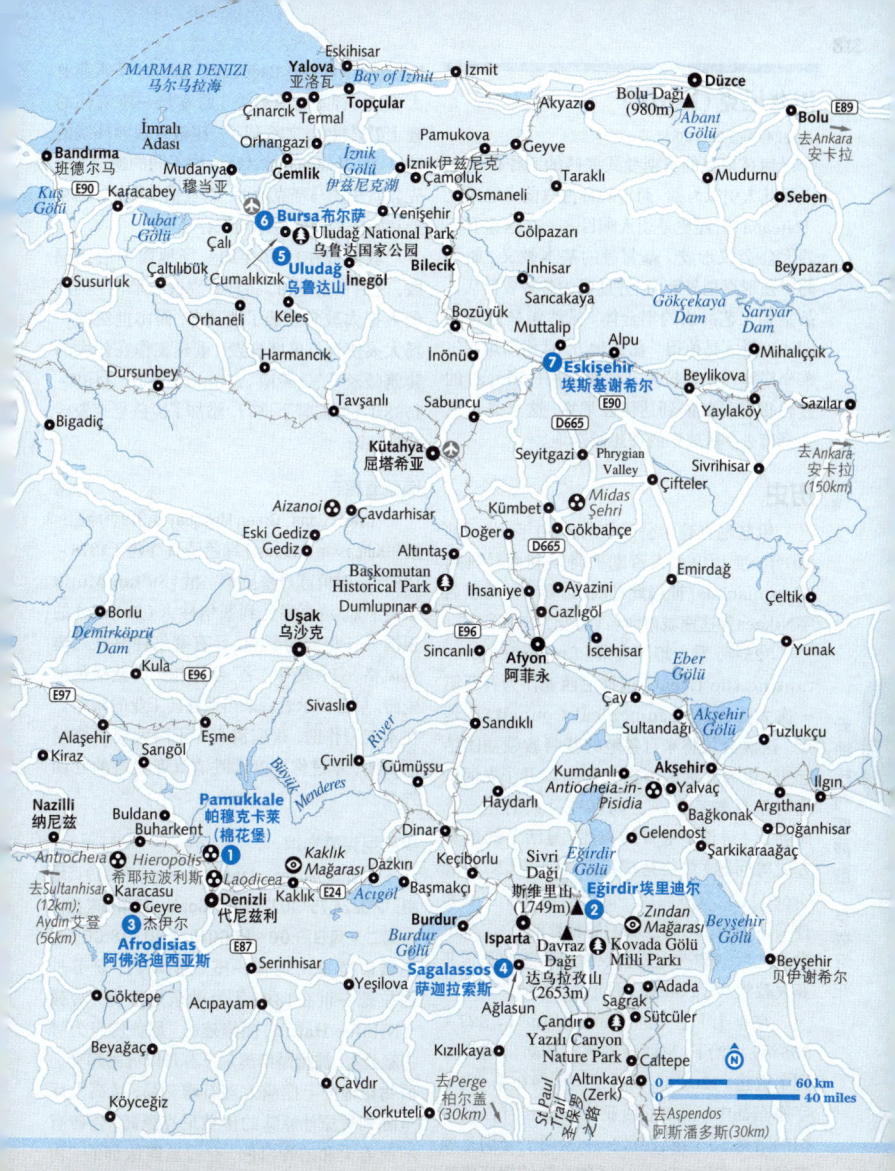

安纳托利亚西部亮点

① **帕穆克卡莱(棉花堡)**,见337页)在钙华池中消磨时间,头顶上方就是希耶拉波利斯遗迹。

② **埃里迪尔**(见345页)在田园牧歌般的湖畔寻觅民宿之乐,经由托罗斯山脉穿越圣保罗之路。

③ **阿佛洛迪西亚斯**(见343页)从通向体育场的隧道向外凝视,体验古罗马角斗士的紧张心情。

④ **萨迦拉索斯**(见350页)攀登在这座荒废的山城中,有一处经过修复的喷泉熠熠生辉。

⑤ **乌鲁达山**(见331页)乘坐世界上最长的缆车登上大雪坡。

⑥ **布尔萨**(见320页)去奥斯曼第一座都城,蜿蜒穿过巴扎,在温泉浴室中放松。

⑦ **埃斯基谢希尔**(见333页)沉迷于安纳托利亚最欧化城市的夜生活、奥斯曼区和各式美妙体验。

伊兹尼克（İznik）

☎0224 / 人口 22,700

伊兹尼克的奥斯曼式瓷砖的制作传统令土耳其人引以为傲，而它的拜占庭前身尼西亚（Nicaea）曾经更是引人瞩目——在这里召开的大公会议形成了基督教的基本教义。如今的伊兹尼克稍显破旧，并且成为各种瓷砖店、茶室和工艺品店的集合体。虽然堡垒遗迹和湖边美景才是值得一游的地方。从伊斯坦布尔乘坐横穿马尔马拉海开往亚洛瓦（Yalova）的渡轮很容易就能到达伊兹尼克，这里是远离大都市去乡村放松的理想候选地。

历史

伊兹尼克建于公元前约1000年。公元前301年，亚历山大大帝麾下将领利西马科斯（Lysimachus）征服此地时，以妻子的希腊名字Nikaea为这座城市命名（后变为Nicaea）。

325年，君士坦丁大帝（Emperor Constantine the Great）选择尼西亚作为召开第一次大公会议（Ecumenical Council）的地点。这次会议将来自各地的基督教领袖团结起来，也为此后的历次大公会议开了先河。当时基督教各宗派之间存在巨大的差异，而会议（讨论了基督的神性、复活节的推算方式等问题）最终达成尼西亚信经（Nicene Creed），以权威而统一的方式赋予了主教和神父话语权，从而推动了基督教的扩张。4个世纪之后，第7次大公会议在尼西亚的圣索菲亚大教堂（Aya Sofya）召开。

在查士丁尼一世（Justinian Ⅰ，527~565年）统治下，尼西亚的建筑和防御墙都得到了重建。1204年，当君士坦丁堡在第4次十字军东征中陷落，尼西亚成为流亡拜占庭帝国的陪都、3个继任邦之一。另两个分别是黑海的特拉布宗（Trabzon）和希腊的伊庇鲁斯（Epiros）。

1331年，奥尔汗苏丹（Sultan Orhan）征服了这座城市，建立了在伊兹尼克的首座奥斯曼神学院（medrese）。

◉ 景点和活动

圣索菲亚大教堂　　　　　　　　　历史建筑

（Orhanlı Camii, Aya Sofya；见319页地图；Kılıçaslan和Atatürk Caddesis交叉路口）圣索菲亚大教堂（神圣智慧教堂）原本是一座宏伟的查士丁尼教堂，如今成了一座被玫瑰园环绕的清真寺。其建筑包含3处结构不同的遗迹。原先教堂里的马赛克地面，以及描绘耶稣、玛利亚和施洗约翰的壁画均保存至今。

教堂曾在1065年的一场地震中遭到损毁，之后在重建时，将马赛克嵌入墙内。奥斯曼人把大教堂变成了清真寺，而16世纪的一场大火使教堂再度被毁。重建工作在伟大的建筑师米马尔·希南（Mimar Sinan, 1489~1588年）的监督下进行，添加了伊兹尼克瓷砖作为装饰。

绿色清真寺　　　　　　　　　　　　清真寺

（Yeşil Cami, Green Mosque；见319页地图；紧邻Kılıçaslan Caddesi）绿色清真寺建于1378~1387年，时值苏丹穆拉德一世（Sultan Murat Ⅰ）当权。清真寺受到塞尔柱人（Seljuk）的祖国——伊朗的影响，具有塞尔柱突厥式建筑风格。宣礼塔中"之"字形排列的蓝绿色釉瓷砖，早已预示着后来当地瓷砖工业的繁荣。在本书写作时，这座清真寺正因大规模修缮而关闭，不过你可以远眺清真寺尖塔的壮丽外观。

伊兹尼克博物馆　　　　　　　　　　博物馆

（İznik Müzesi, İznik Museum；见319页地图；☎0224-757 1027；Müze Sokak；门票 5里拉；◷周二至周日 9:00~13:00和14:00~18:00）这座城市博物馆建在一座施粥场内，是苏丹穆拉德一世在1388年为母亲尼鲁佛·哈顿（Nilüfer Hatun）而修建的。尼鲁佛身为拜占庭公主，被指婚给奥尔汗苏丹以巩固邦交。博物馆地面上摆满大理石雕刻品，挑高大厅里陈列着原汁原味的伊兹尼克瓷砖，瓷砖有的泛着柔和的青白色，有的显露浓郁的"伊兹尼克红"。其他展品还包括从伊勒皮纳尔（Ilıpınar）一座邻近古墓（tumulus）中发掘的文物，文物有8000年历史，显示了与新石器时代巴尔干文化的联系。

在本书调研时，这座博物馆正在修复之中，重新开放尚待时日。

城墙和城门　　　　　　　　　　　　　遗迹

伊兹尼克的罗马城墙一度宏伟庄严，于

İznik 伊兹尼克

◎ 景点
1. 圣索菲亚大教堂................................B2
2. 湖门..A2
3. 伊兹尼克博物馆................................D2
4. 勒弗克门..D2
5. 古罗马剧场....................................B3
6. 宫殿门..A3
7. 绿色清真寺....................................D2

⊕ 活动、课程和团队游
8. 穆拉德二世公共浴室........................B2

⊜ 住宿
9. Kaynarca Pansiyon..........................C2
10. Seyir Butik Pansiyon......................A2

⊗ 就餐
11. Çamlık Restaurant..........................A3
12. Karadeniz......................................C2
13. Köfteci Yusuf..................................B3

⊜ 购物
14. 伊兹尼克基金会..............................A3
15. Nilüfer Haltun.................................C2

拜占庭时期经过修整，现在虽已不复当年盛况，但方圆5公里的城墙仍有部分区域令人震撼。四道主城门依然穿墙矗立着，12座小门和114座塔的遗迹也始终未倒。

最令人印象深刻的城墙高达10~13米，位于**勒弗克门**（Lefke Gate；见319页地图）和南面的**耶尼谢希尔门**（Yenişehir Gate；Atatürk Caddesi）之间。其中勒弗克门有3条拜占庭时期的通道，视野甚佳，能看到南面风景。

北面的**伊斯坦布尔门**（İstanbul Gate；紧邻Atatürk Caddesi）依旧雄伟，巨大的人头石雕面朝城外。

湖门（Göl Gate；见319页地图）遗留下来的部分不多，小城门**宫殿门**（Saray Gate；见319页地图）因邻近一座奥尔汗苏丹（1326~1361年在位）的宫殿而得名，残存部分也很少。宫殿门之内还有一座拥有15,000个座位的**古罗马剧场**（Roman theatre；见319页地图）。

穆拉德二世公共浴室　　　　公共浴室

（Ⅱ Murat Hamamı；见319页地图；☏0505 744 3259；Maltepe Sokak；洗浴 成人/儿童 14/10里拉，搓澡9里拉，按摩10里拉；⊙男宾 6:00至午

夜，女宾 周一和周四 13:00~17:00）这座15世纪的公共浴室建于苏丹穆拉德二世统治时期，很干净，而且适合小孩进入。外面巨大的木柴堆会让你相信，这里真的是用木柴生火的。这是我们在土耳其最爱的公共浴室之一。

🛏 住宿

伊兹尼克最好的酒店大多都离湖不远，不过也有一些针对中档消费者的出色的内陆住宿处。

Kaynarca Pansiyon　　　　　家庭旅馆 $

（见319页地图；☎0224-757 1753；www.kaynarca.s5.com；Gündem Sokak 1；铺/标单/双/标三不含早餐 30/45/75/100里拉；☎）这家由家庭经营的旅馆位于镇中心，现在换了新的经营模式，客人在这里将受到非常热情的欢迎，回头客会注意到，员工的英语水平不比从前。客房简单干净，附近有不错的购物、餐饮选择。早餐费用为10里拉。

Seyir Butik Pansiyon　　　　家庭旅馆 $$

（见319页地图；☎0224-757 7799；www.seyirbutik.com；Kılıçaslan Caddesi 5；标单/双/家 80/120/200里拉；❄☎）铸铁阳台、五颜六色的盆栽花卉、舒适的镶有木头的房间、一尘不染的浴室——这家新开的旅馆距离湖边只有几步路。友好的店主家庭在楼下经营着一间咖啡馆，我们到访时，各种各样的活动让绿荫花园更诱人。针对团队游客，这里有超值的家庭房。

Zeytin Bahçesi Hotel　　　　精品酒店 $$$

（☎0224-757 2404；www.hotelzeytinbahcesi.com；Oğlu Süleymanşah Caddesi 119；标单/双 140/190里拉；❄☎☎）这是伊兹尼克最新开张的住宿处，也是镇上最舒服的一处。这里距离主广场大约2.5公里，名字的意思是"橄榄园"，是一家低层、经典的现代化酒店。房间宽敞，因为酷而经典的装潢更显活力，怡人的花园里刚种下橄榄树。你可以在附近的湖里游泳，或者在游泳池纳凉。

🍴 就餐

★ Köfteci Yusuf　　　　　　　肉丸、烧烤 $

（见319页地图；Atatürk Caddesi 73；肉丸一份10里拉起；⊙8:00~22:00）这家热情的当地连锁餐厅以其饱满多汁的肉丸而闻名，甚至拥有自己的ayran（酸奶饮品）品牌，还有一位厨师可以做现场料理。你也可以用肉丸搭配其他肉食，例如kuzu şiş（烤羊肉串）或tavuk（鸡肉）。这里也是早餐的最佳选择，提供的奶酪、橄榄、面包和蘸料能把桌子摆满。

Çamlık Restaurant　　　　　　海鲜 $

（见319页地图；Göl Sahil Yolu；开胃菜 6里拉，主菜 12~22里拉；⊙11:30~23:00）这家位于Çamlık Motel并得到特许卖酒的餐厅是当地人品尝烤湖鱼的最爱之处。这里能欣赏湖面的美景。天气晴好的时候，坐在湖边的花园里，或在气氛闲散的室内找个靠窗座位，享用一份开胃菜和一杯饮品。不管坐在哪里，都能享用冰爽的啤酒和强劲怡人的拉克酒（茴香白兰地）。

Karadeniz　　　　　　　　　土耳其比萨 $

（见319页地图；Kılıçaslan Caddesi 149；主菜 10~15里拉；⊙11:00~21:00）"黑海"主打带浇头的土耳其比萨，浇头种类有sucuk（香辣小牛肉腊肠）和lahmacun（阿拉伯式比萨；3里拉）。

ℹ 到达和离开

从伊兹尼克狭小的**长途汽车站**（见319页地图）出发，每天有车前往安卡拉（35里拉，6小时），途经埃斯基谢希尔。6:00至21:00，半小时有1班小巴前往布尔萨（12里拉，1.5小时），每小时有1班小巴前往伊兹尼克西北62公里处的亚洛瓦（Yalova）。在亚洛瓦有固定班次的**İDO**（www.ido.com.tr）渡轮前往伊斯坦布尔的耶尼卡帕（19里拉，1.25小时）、彭迪克（Pendik）、Kartal和Bostancı。

布尔萨（Bursa）

☎0224 / 人口 1,800,300

现代的、工业化的布尔萨离它的老城不远，就建在这个奥斯曼第一座都城的清真寺、王陵和其他遗址附近。尽管新旧混杂，有些无序，但其保留至今的奥斯曼人文精髓和众多公园，令这座城市的许多地方仍显得相当恬静。在市场闲逛之后，去呼吸一下新鲜空气，乌鲁达山（Mt Uludağ；土耳其最佳滑雪胜地）高耸入云的山峰就在附近，沿途还可经过切其尔哥（Çekirge）的温泉浴场。

2014年，布尔萨作为奥斯曼帝国的发源地，被联合国教科文组织列为世界遗产。这座城市对伊斯兰教发展做出的贡献，为其带来了清誉。本地人还是善良热情的，在具有历史意义的宗教建筑里也可以偶尔拍拍照片（只要态度尊重即可）。你会看到这里的大部分女性包裹着头巾，随处都可以听到清真寺虔诚的宣礼声。

历史

布尔萨曾作为希腊城市Kios被亚里士多德和古代地理学家斯特拉波（Strabo）提及。公元前202年，马其顿国王腓力五世（Macedonian King Philip V）死后将其送给比提尼亚国王普鲁西阿斯（Prusias），后者用自己的名字将此城命名为Prousa，这便是布尔萨这个名字的起源。

拜占庭时代，尤其是在查士丁尼一世统治时期，布尔萨的规模得以扩大，切其尔哥的温泉浴也得到了发展。然而，1075年塞尔柱人的入侵（持续了22年，直到十字军东征的铁蹄踏过），以及其他一系列的暴力事件，使这片土地的命运在征服与收复之间循环。布尔萨紧邻尼西亚（今伊兹尼克），两者结成了紧密的同盟；在随后12世纪发生的一场耸人听闻的王朝叛乱中，这两座城市也随之发生起义。拜占庭历史上还出现过更为阴森恐怖的一幕：凌虐成性的皇帝安德罗尼库斯一世（Emperor Andronikos Ⅰ Komnenos, 1183~1185年在位）攻占了布尔萨，在暴怒中，他把希腊叛军吊在栗子树上，并对其施以斩手砍脚、挖眼刺穿的酷刑。

在这样动荡的时期，布尔萨成了塞尔柱征服者们手到擒来的目标。在它周围兴起了若干军阀割据的公国，比如埃尔图鲁尔加齐（Ertuğrul Gazi）。1317年，布尔萨被奥斯曼（Osman；即奥斯曼帝国的创立者）大军围困。围城持续多年，直至1326年，布尔萨弹

伊兹尼克瓷砖

1514年，苏丹塞利姆一世占领了波斯的大不里士，将那里的工匠带至伊兹尼克。这些波斯的手工艺人烧制瓷砖的技巧非常娴熟，此后不久，伊兹尼克的窑炉生产的彩色陶器（上釉陶器）水准之高即便是今天也无法相媲美。伊兹尼克的瓷砖制作工艺在16~17世纪时达到顶峰，是奥斯曼帝国独一无二的手工艺传统。

可惜奥斯曼时代终结后，土耳其对于大型公共建筑的需求减少，导致这一工艺急剧衰落。为了重振瓷砖制作工艺，伊兹尼克基金会（İznik Vakıf Çinileri, İznik Foundation；见319页地图；www.iznik.com/en；Vakıf Sokak；⊙周一至周五 8:00~18:00）与来自全国各地的历史学家、大学图书馆和经过专门训练的匠人联手合作。

伊兹尼克基金会所有的设计师都是女性，你可以参观她们工作的场景。她们的工作成果装点在花园中，可以在展室购买，每件烟灰缸之类的小玩意儿起价60里拉左右。耐心的女工匠们遵照传统，精心设计出古朴的白色瓷器，并且只描画花卉截面图。规模宏大的作品，例如伊斯坦布尔地铁系统和安卡拉的世界银行，最少需要70天才能完成。

伊兹尼克瓷砖的成分中，85%是本地采石场出产的石英，其独特的热学特性令建筑物冬暖夏凉。它反射出的声波则营造出完美的声音效果——这些都构成了奥斯曼时代清真寺广泛使用瓷砖的理由。购买时注意看是石英（更好）还是普通陶瓷，是机器还是手工绘画。

销售多色瓷器的商店遍布镇上，也有其他陶瓷和手工艺品出售。Salim Demircan Sokak街边的小工坊、伊兹尼克基金会的工作室、大型商场包括Nilüfer Haltun（见319页地图；Kılıçaslan Caddesi；⊙9:00~19:30）是开始寻觅的好地方，后者也有咖啡馆和茶馆。在Kılıçaslan Caddesi和Salim Demircan Sokak周围，你会发现很好的工作室。四处购买之际，注意这里都有还价的余地。伊兹尼克瓷砖制造业正在经历复兴，伊兹尼克人很为此自豪，最好的证明就是许多餐厅和酒店都展示有瓷砖海报。

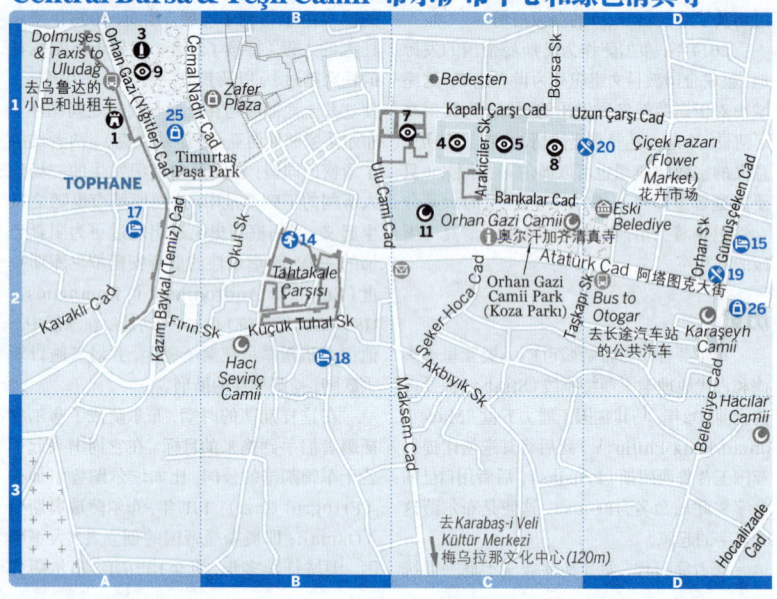

Central Bursa & Yeşil Camii 布尔萨市中心和绿色清真寺

◎ 景点
1 布尔萨城堡	A1
2 布尔萨城市博物馆	E2
3 钟楼	A1
4 埃米尔驿站	C1
5 古镜市场	C1
6 伊尔甘迪桥	G3
7 室内集市	C1
8 蚕丝驿站	C1
9 奥斯曼和奥尔汗苏丹之墓	A1
10 土耳其和伊斯兰艺术博物馆	H3
11 大清真寺	C2
12 绿色清真寺	H3
13 绿色陵墓	H3

⊕ 活动、课程和团队游
14 Çakır Ağa Hamamı	B2
卡拉格兹旅行社	(见5)

⊜ 住宿
15 喷泉酒店	D2
16 Ipek Yolu	F1
17 Kitap Evi	A2
18 Otel Çamlıbel	B2

⊗ 就餐
19 İskender	D2
20 Kebapçı İskender	D1
21 Kebapçı İskender	E2
22 Lalezar Türk Mutfağı	F2
23 Mahfel	F3

⊙ 饮品和夜生活
24 La Bella	F3

⊙ 购物
25 Bali Bey Han	A1
26 Kafkas	D2
Karagöz Antique Shop	(见5)

尽粮绝，终于投降，成为奥斯曼的首都。后奥尔汗加齐（Orhan Gazi，1326~1359年在位）继位，逐渐朝着君士坦丁堡方向扩张其帝国版图。

奥尔汗苏丹兴建了首家奥斯曼铸币厂，最后甚至能让拜占庭统治者俯首听命。尽管埃迪尔内（Edirne，时称Hadrianople）于1365年成为首都，但布尔萨在当时仍然保有重要地位。奥斯曼和奥尔汗两位苏丹都埋葬于此，穆斯林游客争相到他们墓前祈祷、歌颂他们

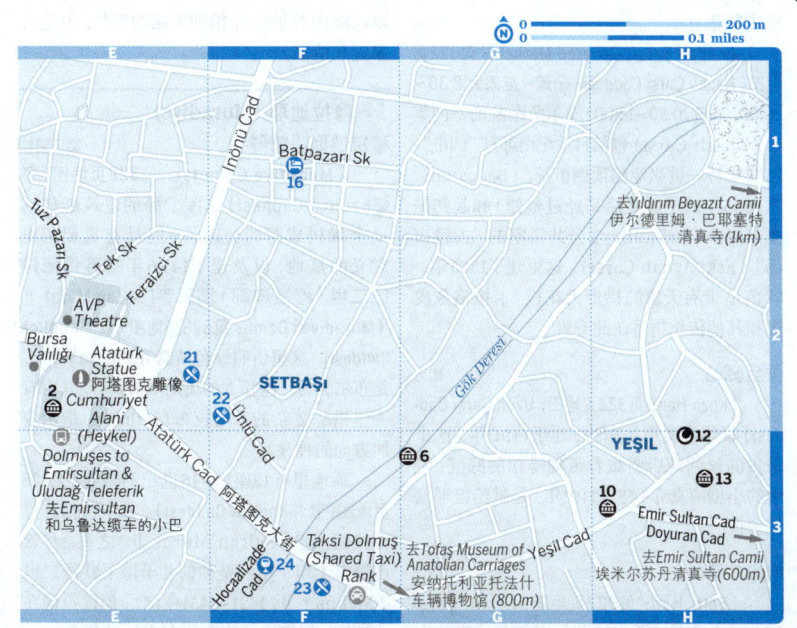

为子孙留下的馈赠。在整个奥斯曼时代，布尔萨的丝绸织造颇具传奇色彩，为土耳其贵胄竞相抢购。

人口变更始自19世纪晚期，随着奥斯曼帝国在那片地区实力逐渐衰落，巴尔干半岛的穆斯林来到了土耳其。在1923年的人口迁移之后，回到希腊的布尔萨居民选择了Kios作为他们位于希腊的定居点的名字。独立战争结束后，布尔萨在工业上取得了长足的发展，自20世纪60年代以来，该城市已成为主要的汽车产地。

◉ 景点

◈ 布尔萨市中心 (Osmangazi)

共和国广场（Cumhuriyet Alanı）又称"雕像"（Heykel），位于巨大的阿塔图克纪念碑（Atatürk monument）后方。阿塔图克大街（Atatürk Caddesi）从共和国广场往西，穿过商业中心，通往大清真寺（Ulu Cami）。再往西是Zafer Plaza购物中心，这座镶有蓝色玻璃的金字塔是一个地标性建筑。

布尔萨城市博物馆

博物馆

（Bursa Kent Müzesi, Bursa City Museum; 见322页地图；☎0224-220 2626；www.bursakentmuzesi.com；Heykel；2里拉；◎周二至周日9:30~17:00）从最早的苏丹到近现代人物，从早期的军事战役、华丽的火枪，到健壮的演员Ali Atay，这家生气勃勃的博物馆梳理了布尔萨编年史，用多媒体技术展示了各种文化和民族志的收藏。其中包括一座模拟的手工艺集市，能帮助游客理解当地生活和文化。

大清真寺

清真寺

（Ulu Camii；见322页地图；Atatürk Caddesi）这座宏伟的塞尔柱式圣殿（建于1399年）是布尔萨最显眼、最经久不变的一座清真寺。苏丹"闪电"巴耶塞特一世（Sultan Beyazıt I）曾在神前许下诺言，如果能在尼科波利斯（Nicopolis）战役中击败十字军的话，就修建20座清真寺，不过最后，曾经的许诺缩水成了这仅有的一座，只是带有20个小拱顶。两座雄伟的宣礼塔使得这些拱顶更显巍峨，而寺内巨大的方柱群和大门也同样令人震撼。讲道坛（mimber）上有精致的木雕，墙上会绘有错综复杂的书法作品。据说，布尔萨的卡拉格兹（Karagöz）皮影戏剧场，就是伴随着大清真寺的动工而出现的。

室内集市　　　　　　　　　　　　市场

（Kapalı Çarşı, Covered Markets；见322页地图；Kapalı Çarşı Caddesi；◎周一至周六 8:30~20:00, 周日 10:30~18:00）布尔萨杂乱的室内集市（Kapalı Çarşı）包括14世纪由苏丹"闪电"巴耶塞特一世兴建的顶棚市场，（Bedesten；在1855年的地震之后又经过整修）和起初是奥尔汗贝（Orhanbey）公共浴室的"古镜市场"（Eski Aynalı Çarşı）。这里建于1335年，特色是带有天窗的拱形天花板。卡拉格兹皮影和其他传统物品在此有售。

蚕丝驿站　　　　　　　　　　　　市场

（Koza Han；见322页地图；Uzun Çarşı Caddesi）紧邻古镜市场东边，建于1490年。这里昂贵的丝绸商店俯瞰着带咖啡馆的庭院，院中的小型清真寺（建于1491年）是献给巴耶塞特一世的。

埃米尔驿站　　　　　　　　　　　市场

（Emir Han；见322页地图；Kapalı Çarşı Caddesi）经由丝绸之路前往布尔萨的骆驼队，曾经就在此地驻扎，入口位于大清真寺后。商贩们在楼上住宿、做生意，他们珍贵的货物就储藏在底楼的房间里。庭院里的茶园有座精美的老喷泉。

布尔萨城堡　　　　　　　　　　　城堡

（Hisar, Bursa Citadel；见322页地图）在布尔萨城堡和周边最古老的社区Tophane，还残存着部分堡垒和城墙，下临深渊。沿Orhan Gazi（Yiğitler）Caddesi上行，即可抵达城堡（Hisar）。在山顶上有个公园，内有**奥斯曼和奥尔汗苏丹之墓**（Osman Gazi ve Orhan Gazi Türbeleri, Tombs of Sultans Osman and Orhan；见322页地图；Timurtaş Paşa Park；捐赠入场），这两位是奥斯曼帝国的开国者。奥斯曼一世的陵墓则装饰得更为华丽。

尽管在1855年的地震当中，这两座陵墓遭到了毁坏，1863年，苏丹阿卜杜勒·阿齐兹（Sultan Abdül Aziz）又按照巴洛克风格加以重修。

这里还有座6层楼高的**钟楼**（Clock Tower；见322页地图；Timurtaş Paşa Park），是曾经的四座钟楼当中硕果仅存的一座，仍具备火警功能。周围的小广场上有一座咖啡馆，从那里可以鸟瞰山谷景色并拍到美丽的照片，很适合家庭和情侣。

◉ 穆拉迪耶（Muradiye）

穆拉迪耶建筑群　　　　　　　　历史遗址

（Muradiye Complex；见328页地图；紧邻Kaplıca Caddesi）这座宁静的建筑群包括一个绿树成荫的公园、一座具有重要历史意义的墓地，以及建于1426年的**苏丹穆拉德二世（穆拉迪耶）清真寺**[Sultan Murat Ⅱ（Muradiye）Camii；见328页地图；紧邻Kaplıca Caddesi]。这里仿照绿色清真寺的绘画装饰，是布尔萨另一座伟大的奥斯曼清真寺，其中有一座错综复杂的米哈拉布（mihrab，指示麦加方向的神龛）。

墓地里有12座15~16世纪的**陵墓**（见328页地图；紧邻Kaplıca Caddesi），其中包括苏丹穆拉德二世（Sultan Murat Ⅱ）之墓。尽管占领君士坦丁堡的是他的儿子穆罕默德二世（Mehmet Ⅱ，1421~1451在位），但穆拉德在位期间，却完成了前期所有艰巨的任务——从敌国手中夺并了大量领土。

与其他信奉伊斯兰教义的王朝一样，奥斯曼帝国也未实行长子继承制——任何一位皇子在父皇逝世后都有可能继位，由此导致的无数手足相残的夺嫡之战也就在意料之中了。这里的一座座陵墓，记录了这段令人毛骨悚然的过往。葬身此地的每一位皇子（şehzades）都命丧近亲之手。许多陵墓装饰华丽，贴有精美的伊兹尼克瓷砖，也有一些相当简素，比如兼为托钵僧的苦行者苏丹穆拉德二世的陵墓。

建于15世纪的**穆拉迪耶神学院**（Muradiye Medresesi；见328页地图）在20世纪50年代被改作肺结核诊所，现在仍然是一座医疗中心。**苏丹穆拉德二世（穆拉迪耶）公共浴室**（Sultan Murat Ⅱ Hamamı；见328页地图）原本是为神学院学生所建，现在是一座政府大楼。

乌鲁梅奥斯曼民俗服饰和珠宝博物馆　博物馆

（Osmanlı Halk Kıyafetleri ve Takıları Müzesi, Ulumay Museum of Ottoman Folk Costumes & Jewellery；见328页地图；☎0224-222 7575；紧邻Kaplıca Caddesi；门票 5里拉；◎周二至周六 8:30~18:30）前身是Sair Ahmet Paşa神学院

（建于1475年），展出大约70种服饰和超过350种种类各异的首饰。

胡斯尼·纳扎尔之屋　　博物馆、历史建筑

（Hüsnü Züber Evi；见328页地图；Uzunyol Sokak 3；捐赠入场；☉周二至周日 10:00至正午和13:00~17:00）从苏丹穆拉德二世的公共浴室背后往山上走，敲门进入这座修复后的19世纪奥斯曼建筑。其中藏品包括华丽的乐器、复杂的雕刻和安纳托利亚彩绘木勺。再往上是曲折的街巷、商店和摇摇欲坠的奥斯曼老宅。

奥斯曼房屋博物馆　　博物馆

（Osmanlı Evi Müzesi, Ottoman House Museum；见328页地图；紧邻Kaplıca Caddesi；☉周二至周日 8:00至正午和13:00~17:00）**免费** 博物馆由一座建于17世纪的建筑改造而成，外部装饰精美，内部收藏有一些奥斯曼时期的实景模型。

◎ 文化公园及周边 (Kültür Parkı & Around)

文化公园　　公园

（Kültür Parkı；见328页地图）这座郁郁葱葱的公园有美丽的草坪、鲜花、茶园、餐厅、运动场和一片湖——那里可以租赁**脚踏船**（bisikleti gezisi；☉每20分钟 15里拉）泛舟湖上。在公园里还能找到**考古博物馆**（Arkeoloji Müzesi；见328页地图；Kültür Parkı；5里拉；☉周二至周日 8:00~正午和13:00~17:00），位于北部，从穆拉迪耶建筑群下山即到。

◎ 伊尔德里姆 (Yıldırım)

在共和国广场（Heykel）以东，阿塔图克大街横穿从峡谷中奔腾而至的格克河（Gök Deresi）。经过大桥后，在绿色大街（Yeşil Caddesi）掉头左转往绿色清真寺和绿色陵墓方向，而Namazgah Caddesi则一直向前延伸至乌鲁达缆车（teleferik）。

绿色清真寺　　清真寺

（Yesil Camii；见322页地图；Yeşil Caddesi）绿色清真寺建于1412~1419年，专门为了穆罕默德一世（Mehmet Ⅰ）而建，标志着奥斯曼告别了过去受波斯文化影响的塞尔柱式建筑风格。绿色清真寺是奥斯曼式建筑的典范，有着和谐的外观，在中央通道周围有雕工精美的大理石。清真寺得名于内部墙壁上蓝绿相间的瓷砖。

绿色陵墓　　历史建筑

（Yeşil Türbe；见322页地图；☉8:00至正午和13:00~17:00）**免费** 绿色清真寺对面柏树成荫的公园里就是绿色陵墓，即第5任奥斯曼苏丹穆罕默德一世（Mehmed Ⅰ Çelebi）以及他的几个子女的陵墓。这位苏丹在其短暂的统治时期（1413~1421年），于1402将帖木儿入侵之后分崩离析的帝国重新统一。尽管名为"绿色"，但其实这座陵墓并非绿色；1855年地震过后，绿色陵墓外部贴上了蓝色的屈塔希亚（Kütahya）瓷砖。整座建筑有种简洁庄严的美，最初内部铺装的瓷砖是15世纪装饰风格的典型代表。这里还有一座贴满瓷砖、令人印象深刻的米哈拉布（mihrab）。

土耳其和伊斯兰艺术博物馆　　博物馆

（Turkish & Islamic Arts Museum；见322页地图；Yeşil Caddesi；5里拉；☉周二至周日 8:30至正午和13:00~19:00）这家博物馆位于绿色清真寺以前的神学院中，藏有14~16世纪的伊兹尼克陶器、米哈拉布帘幕、首饰、刺绣、书法、托钵僧工艺品和卡拉格兹（Karagöz）木偶。

埃米尔苏丹清真寺　　清真寺

（Emir Sultan Camii；Emir Sultan Caddesi）这是座早期奥斯曼式清真寺，14世纪的埃米尔苏丹以苏丹巴耶塞特一世的女婿兼顾问、一位波斯学者外加托钵僧的名字命名。如今的清真寺建筑在1766年地震后重新修整，沿用了当时流行的奥斯曼巴洛克风格，体现了浪漫颓废的巴洛克和洛可可风格——采用大量木材、曲线，外设雕饰华美的重重拱门。

在1805年经过谢里姆三世（Selim Ⅲ）重建之后，这座清真寺又在1855年的地震中遭到损毁，再于1858年由苏丹阿卜杜勒·阿齐兹（Sultan Abdül Aziz）整修。20世纪90年代，清真寺又进行了修补润色。其内部虽然朴素，但绿树成行的墓地俯瞰着山谷，风景优美。埃米尔苏丹的**陵墓**就在这里，寺内还有几座古老而清新的**喷泉**，其中最早的可以追溯到

1743年。

凡是标有"Emirsultan"的小巴和公共汽车都可到达这里。沿埃米尔苏丹大街前行，途中会经过另一个亚历山大烤肉家族的墓地，其中埋葬着亚历山大烤肉的创始人亚历山大·乌斯塔（İskender Usta）。

伊尔德里姆·巴耶塞特清真寺 清真寺

（Yıldırım Beyazıt Camii; Yıldırım Cadessi）这座双穹顶的清真寺（1395年）位于埃米尔苏丹清真寺（Emir Sultan Camii）以北，又名"巴耶塞特清真寺"，是由穆罕默德一世之父苏丹巴耶塞特一世兴建。苏丹巴耶塞特一世（"闪电"巴耶塞特）和他的另一个儿子İsa之墓都在清真寺内。相邻的神学院现在是一家医疗中心。

伊尔甘迪桥 历史建筑

（Irgandı Köprüsü；见322页地图；Gök Deresi）这座重建后的奥斯曼建筑横跨峡谷，位于Setbaşı路桥北边，内有商店、咖啡馆和游客工艺品工坊。

安纳托利亚托法什车辆博物馆 博物馆

（Tofaş Museum of Anatolian Carriages; ☎0224-329 3941; Kapıcı Caddesi; ◐周二至周日9:00~17:00）**免费** 前身是带花园的丝绸工厂，现在收藏有各种老爷车和马车。从Setbaşı桥过去后就有路标，上山走550米就到。

◎ 切其尔哥（Çekirge）

切其尔哥是布尔萨的温泉疗养区，位于文化公园（Kultur Parki）西北2公里处。乌鲁达山（Mt Uludağ）富含矿物质的温暖泉水就从这里涌出。从远古时代起，就因其显著的疗效而备受推崇。这里的酒店一般都会有私家矿泉浴和单独的温泉浴室（kaplıcalar）。

穆拉德一世清真寺 清真寺

[I Murat（Hüdavendigar）Camii；I Murat Caddesi, Cekirge]穆拉德一世清真寺建于1366年，造型独特，运用了奥斯曼式桶形穹顶"丁"字形设计，底楼是托钵僧挂单（zaviye）的房间。二楼正面的走廊前身是神学院，其中唯一明显可见的部分，是清真寺后部上方苏丹的包厢（loge）。

苏丹穆拉德一世巨石棺 陵墓

（Sarcophagus of Sultan Murat I; I Murat Caddesi; ◐8:00~22:00）苏丹穆拉德一世（1359~1389年在位）最著名的事件是发动科索沃战役（Battle of Kosovo）并因此丧命，死后被埋葬在Hudavendigar清真寺对面这座巨大的石棺中。穆拉德的遗体被他的儿子巴耶塞特一世从科索沃带回。

✈ 活动

值得乘坐世界最长的缆车登山观景，呼吸乌鲁达国家公园（Uludağ National Park；见331页）附近凉爽清新的空气。徒步登上乌鲁达山的山顶需要3小时。可从布尔萨乘坐公共汽车、出租车或小巴抵达缆车站。

老温泉 公共浴室

（Eski Kaplıca; ☎0224-233 9309; Eski Kaplıca Sokak; 洗浴 男宾/女宾/12岁以下儿童40/30里拉/免费，搓澡 25里拉，按摩 25里拉；◐7:00~22:00）这座经过修复的14世纪的老温泉位于切其尔哥东郊，和相邻的Kervansaray Termal酒店共享一个管理团队。浴室以大理石凿成，热腾腾的房间里还设有游泳池。这里也有私人区（2人100里拉）。

卡拉格兹旅行社 团队游

（Karagöz Travel Agency；见322页地图；☎0224-223 8583; www.karagoztravel.com; Eski Aynalı Çarsı）经营者Uğur会讲英语，每周末都有团队游，很受布尔萨土耳其人和海外移民的欢迎。团队游范围从埃斯基谢希尔到土耳其爱琴海岛屿；网站上有项目介绍。也包括本地短途团队游，目的地包括Cumalikizik村，以及乌鲁达山上的游牧民村庄。

新温泉 公共浴室

（Yeni Kaplıca；见328页地图；☎0224-236 6955; www.yenikaplica.com.tr; Mudanya Caddesi 10; 洗浴 男宾/女宾 20/18里拉，按摩 25里拉；◐5:00~23:00）这座"新温泉"其实是布尔萨最古老的一座。在公元6世纪由查士丁尼一世（Justinian I）修建，后于1522年，由苏莱曼大帝座下的大宰相（grand vizier）鲁斯坦帕夏（Rüstem Paşa）加以翻修。这里有女性专用的沸水（kaynarca）浴室，面向家庭顾客的浴室在旁边的Karamustafa酒店。新温泉位于文化公园以西，从阿塔图克故居旁的Çekirge Caddesi沿路标下山即到。

Çakır Ağa Hamamı　　　　公共浴室

（见322页地图；☎0224-221 2580；Atatürk Caddesi；公共浴室 30里拉，按摩 20里拉；⊙男宾6:00至午夜，女宾10:00~22:00）Çakır Ağa是穆拉德二世手下的警卫队长，他于1484年修建了这座公共浴室，之后浴室又经过多次修复。

✰ 节日和活动

国际布尔萨节　　　　音乐节、舞蹈节

（Uluslararasi Bursa Festival；www.bursafestivali.org；⊙5月中旬）布尔萨举办的歌舞节以囊括各地区及全世界的音乐表演为特色，还会有一两位能上头版的国际"巨星"。有些表演免费，顶级演出的票价约为40里拉。节日持续约2周半，一般于5月中旬开幕。

国际金奖卡拉格兹民俗舞蹈竞赛　　舞蹈节

（International Golden Karagöz Folk Dance Competition；⊙7月）这场舞蹈盛事会让你看到国际舞蹈团体的表演，演出在文化公园的露天剧场举行。

卡拉格兹节　　　　表演艺术节

（Karagöz Festival；⊙11月）每逢奇数年的11月，为期一周的卡拉格兹节会吸引卡拉格兹皮影戏艺人、西方木偶师和牵线木偶表演者们前来表演。

🛏 住宿

布尔萨虽有众多历史景点，但这个城市的酒店主要迎合的却是商务旅行者，因此酒店定价也相对较高。历史建筑中已有一些精品酒店开业。想找经济实惠的酒店可去Tahtakale Çarşısı以东的街区。

想要休息和娱乐活动，可以去大清真寺西北4.5公里的切基尔哥的温泉（kaplıca）酒店。这处水疗郊区的山上很安静，乘坐固定班次的小巴很容易到达。

🏠 布尔萨市中心

Otel Çamlıbel　　　　酒店 $

（见322页地图；☎0224-221 2565；İnebey Caddesi 71；标单/双 50/90里拉；❄）市中心的这家前立面是蓝色的廉价酒店现在有些没落，不过带电视的套间还是干净又舒适的。共用浴室的客房比较简朴，只有电扇，不过一般都提供热水。前台员工会讲英语，服务热情。也有三人间和四人间。

喷泉酒店　　　　酒店 $$

（Hotel Çeşmeli；见322页地图；☎0224-224 1511；Gümüşçeken Caddesi 6；标单/双80/140里拉；❄❄）酒店由女性经营，地理位置优越，靠近集市，是女性游客理想的住宿场所。尽管客房有点陈旧，但空间宽敞，且一尘不染，大堂怡人的环境很适合感受布尔萨喧嚣的氛围。

Bursa City Hotel　　　　酒店 $$

（见328页地图；☎0224-221 1875；www.bursacityhotel.com；Durak Caddesi 15；标单/双85/145里拉；❄❄）这家友好的酒店就在布尔萨兔子窝式的集市商贸中心区的中央，员工英语很流利。虽然地处市中心，但最近重装过的房间很安静——尤其是天黑以后——几米之内就有大量的就餐选择。穿过各种店铺，很快就能走到建筑瑰宝——大清真寺。

★ Kitap Evi　　　　精品酒店 $$$

（见322页地图；☎0224-225 4160；www.kitapevi.com.tr；Burç Üstü 21；标单/双70/95欧元，套145~175欧元；❄@）酒店曾是一座奥斯曼老宅和书店，位于远离布尔萨宣礼塔和穹顶的城堡城墙内，是个宁静的所在。12间精美的客房都独具一格（其中一间有大理石装饰的浴室），庭院里的喷泉和栖息在此的乌龟，让人感觉远离了都市的喧嚣。

店内精致打磨过的木器，以及工艺品和彩色玻璃之类的小玩意儿，填充在一排排书架和怀旧的小装饰品之间。小酒柜和高档餐厅使这里成为消磨夜色的好地方。

Ipek Yolu　　　　精品酒店 $$$

（见322页地图；☎0224-222 5009；www.ipekyolubutikhotel.com；Batpazarı Sokak 12；标单/双 180/280里拉；❄❄）这家古典的精品酒店位于市中心一片安静的街区，由几座奥斯曼时代的建筑改造而成。宽敞的内庭是早餐和忙碌一天之后休息的完美场所，摆满古董

Muradiye, Kültür Parkı & Around
穆拉迪耶、文化公园及周边

Muradiye, Kültür Parkı & Around
穆拉迪耶、文化公园及周边

◎ 景点
1 考古博物馆 A2
2 胡斯尼·纳扎尔之屋 B3
3 文化公园 B2
4 穆拉迪耶建筑群 B2
5 穆拉迪耶神学院 B2
 穆拉迪耶陵墓 .... (见4)
6 奥斯曼房屋博物馆 B2
7 苏丹穆拉德二世（穆拉迪耶）清真寺 B2
8 苏丹穆拉德二世（穆拉迪耶）公共浴室 ..B2
9 乌鲁梅奥斯曼民俗服饰和珠宝博物馆 ..B2

✪ 活动、课程和团队游
10 新温泉 A1

🛏 住宿
11 Bursa City Hotel D3

🍴 就餐
12 Sakarya Caddesi Fish Restaurants.... D3

◐ 饮品和夜生活
13 Gren C3

的房间优雅时髦。步行很快就能抵达布满餐厅的街道，也可以前往布尔萨主广场和景点。

🛏 切其尔哥

Kadi Konağı 酒店 $$

（☎0224-235 6030；www.kadikonagihotel.com；Çekirge；标单/双 35/45欧元；❄ ⓦ）这个由家庭经营的小酒店是切其尔哥除水疗酒店之外的上佳选择。房间相对较小，但装饰时髦，而且打理得很好，附设的公共浴室可预

约免费试用。可要求带阳台的房间，一定要步行前往附近的茶园，饱览布尔萨的美景。

Marigold Hotel 豪华酒店、水疗 $$$

（☎0224-234 6020；www.marigold.com.tr；I Murat Caddesi 47, Çekirge；标单/双含洗浴 90/120欧元起；❄ ⓦ ⓟ）从大厅开始就能看见洗浴完毕穿着浴袍四处走动的夫妇，在这里可以完全地放松。房间里提供收费的传统土耳其浴产品套装，水疗区还有一座85平方米的温

泉浴池。这座现代化的酒店环境舒适宁静，附设有餐厅、酒吧、法式蛋糕店，以及四层楼高的可以通到客房的中庭。

Gönlüferah 1890
豪华酒店、水疗 $$$

(📞0224-232 1890；www.gonluferah.com；I Murat Caddesi, Çekirge；标单/双 含30分钟的浴场服务 200/270里拉起；❄️📶♿)Gönlüferah位于山顶，其历史可追溯到1890年，酒店建于20世纪初，曾招待过许多名人，厚实的地毯和奥斯曼时代的布尔萨先人肖像使酒店充满年代感。客房从标间开始，都能看到城市或山景中的"王子"和"苏丹"遗迹。

标间很小，尤其是浴室，不过长毛绒床头柜、挂灯、小酒柜中的葡萄酒和烈酒，贯彻了酒店整体的奢侈风格。

🍴 餐饮

布尔萨醇厚的亚历山大烤肉（İskender kebap，以新鲜的土耳其比萨为底的烤羊肉，上面浇上酸奶、热番茄酱和褐色奶酪）也是布尔萨烤肉，全国闻名，甜点以糖栗子（kestane şekeri，又名maron glacé）为代表，风行一时。

Mahfel
咖啡馆、冰激凌 $

（见322页地图；Namazgah Caddesi 2；冰激凌 8里拉起；⏰8:00~23:00）布尔萨最古老的这家咖啡馆位于一处美丽的溪谷绿荫下，以土耳其冰激凌闻名。可以点一份bir porsiyon，沉醉在真正的圣代味道中。如果是从共和国广场（Cumhuriyet Alanı）登山前往伊尔德里姆街区的绿色清真寺和绿色陵墓，这里是方便的歇脚处。

Lalezar Türk Mutfağı
土耳其菜 $

（见322页地图；Ünlü Caddesi 14；开胃菜和汤 6~8里拉，主菜 15~20里拉；⏰7:00~21:00）时髦的墙纸和穿马甲的侍应生让这家店从附近简单的快餐店和烤肉店中脱颖而出。菜单总在更换，有开胃菜、汤、蔬菜和肉食，进门就能看到它们都摆在闪亮的双重汽锅中，我们强烈推荐肝和肉饭。离开前不要忘了再来点布尔萨最好的大米布丁（fırın sütlac）。

Karadeniz Pide & Kebap Salonu
土耳其比萨、烤肉 $$

（Selvi Sokak 2, Çekirge；主菜15~30里拉；⏰11:00~22:00）这家餐厅装饰有布尔萨过去的老照片，友好的店员服务细致，是切其尔哥区人们最爱的餐厅，提供分量大得惊人的土耳其比萨加亚历山大烤肉（İskender kebap）以及其他各种烤串，许多都是以dürüm形式（卷在饼里）提供。

皮影戏

卡拉格兹（Karagöz）皮影戏本是中亚土耳其的传统节目，后来在布尔萨得到发展，皮影剧场逐渐遍布整个帝国境内。这些人偶用骆驼皮制成，涂上油之后变得半透明，然后再描绘上图案，由藏身在白色幕布后面的皮影师操控，以背光投影在幕布之上。

根据传说，布尔萨宏伟的大清真寺（Ulu Camii）的工头"驼背卡拉格兹"与"直背哈西瓦特（Hacivat）"一起，表演各种幽默的滑稽动作，令工人们在劳作时分心。苏丹大怒，处死了这两个滑稽的懒虫，但他俩的幽默却在布尔萨的卡拉格兹皮影戏中得到了永生。2006年，导演Ezel Akay拍摄了喜剧影片《杀影》（Killing the Shadows；原名Hacivat Karagöz Neden Öldürüldü?），重新演绎了这个传奇故事。

皮影师Şinasi Çelikkol是卡拉格兹皮影戏的翘楚，他的商店**Karagöz Antique Shop**（见322页地图；📞0224-221 8727；www.karagozshop.net；Eski Aynalı Çarşı 12；⏰9:30~19:00）很热闹，在这里可以看到木偶和即兴表演。可在附近的Misi村询问他创立的人种学博物馆的情况。他还创立了**卡拉格兹博物馆**（Karagöz Müzesi, Karagöz Museum；📞0224-232 3360；Çekirge Caddesi 59；成人/儿童 6里拉；⏰9:30~17:30，表演周三11:00），就在卡拉格兹纪念碑对面。其中藏品包括美轮美奂的土耳其、乌兹别克斯坦、俄罗斯和罗马尼亚木偶和木偶制作工具。博物馆周三上午11:00一般有表演。可到Şinasi Çelikkol的商店咨询最近的表演时间。

★ Kebapçı İskender　　　　　　烤肉 $$

（见322页地图；Ünlü Caddesi 7；旋转烤肉1份 26里拉；⊙11:00~21:00）这家正宗的肉食餐厅闻名全国——传奇的亚历山大旋转烤肉就是于1867年在这里发明的。木板镶嵌的室内装饰有贴瓷砖的柱子和彩绘玻璃窗，是品尝这道名菜的理想环境。没有菜单：直接点一份（bir）或一份半（bir buçuk）即可。

这里是布尔萨12家连锁店的主要分店；靠近蚕丝驿站的那家**分店**（见322页地图；İc koza Han；旋转烤肉每份 22里拉；⊙11:00~21:00）位于一座拱顶建筑中。

iskender　　　　　　　　　　　烤肉 $$

（见322页地图；Atatürk Caddesi 60；旋转烤肉每份 27里拉；⊙11:00~17:00）这家餐馆位于市中心，号称发明了亚历山大烤肉（İskender kebap），这里提供的分量很大，价格与对手 Kebapçı İskender相近。

Sakarya Caddesi Fish Restaurants　　　　　　　　海鲜 $$$

（见328页地图；紧邻Altıparmak Caddesi；开胃菜 7里拉起，海鲜 20~38里拉；⊙11:00~23:00）位于从前的犹太区，从大清真寺走过来大约需要10分钟，饭店所在的Sakarya Caddesi是一条鹅卵石铺就的繁忙小巷。拥挤的食客在露天餐桌间流连，侍者则端着一杯杯拉克酒（rakı，茴香白兰地）往来穿梭，有时会有操手风琴的fasıl（吉卜赛音乐）乐团演奏。

★ Gren　　　　　　　　　　　　咖啡馆

（见328页地图；www.grencafe.com；Sakarya Caddesi 46；小吃和主菜 10里拉起；⊙10:00至午夜）Gren是布尔萨最潮的"摄影咖啡馆"。会定时举办摄影展、研讨会和其他活动，跟这里古董相机的装潢和附庸风雅的年轻顾客十分搭调。可以在露台上品尝美味的浓缩咖啡，或是用新鲜果汁制作的提神苏打水，或者吃意大利面、汉堡和沙拉。周围的几座建筑中有时髦的街头艺术，附近的文身店也预示着这片生机勃勃的地区即将成为嬉皮士集中地。

La Bella　　　　　　　　　　　酒吧

（见322页地图；Hocaalizade Caddesi；⊙16:00至深夜）这家休闲酒吧的露台能俯视苍翠的Gök Deresi河谷。入口在Simit Sarayı咖啡馆旁，留意Yener Ocakbaşı的标志。也是观看备受这座城市欢迎的Bursaspor足球队赛事的上佳场所。

☆ 娱乐

梅乌拉那文化中心　　　　　　　文化

（Karabaş-i Veli Kültür Merkezi；☎0224-222 0385；www.mevlana.org.tr；Çardak Sokak 2；免费入场；⊙冬季20:30，夏季21:30）每晚花大约一个小时坐在茶园里观赏托钵僧大师（şeyh）带领他的学生们在这座拥有600年历史的托钵僧宿舍（tekke）中举行的仪式（sema）。周六晚上的仪式规模最盛大，会有好几个旋转托钵僧团体参加。

🛍 购物

Bali Bey Han　　　　　　　艺术和工艺品

（见322页地图；Cemal Nadir Caddesi；⊙日出至日落）这家工艺品店位于一座建于15世纪奥斯曼时期的客栈中。

Kafkas　　　　　　　　　　　　食物

（见322页地图；www.kafkas.com；Atatürk Caddesi；⊙7:00~23:30）挑选干果蜜饯（kestane şekeri）和其他糖果纪念品的好地方。

ℹ 实用信息

布尔萨处处高楼林立，车流滚滚不断，且多是tek yön（单行）道，路灯又不够多，可能会让你感到眼花缭乱，难以定位。穿过阿塔图克大街的时候，要走地下通道（alt geçidi）。残疾人士可以使用阿塔图克地下通道（Atatürk Alt Geçidi，是离共和国广场最近的地下通道）的电梯。附近的花店有钥匙。

旅游办公室（Tourist Office；见322页地图；☎0224-220 1848；http://en.bursa.bel.tr/kategori/bursa/tourism；Atatürk Caddesi；⊙周一至周五8:00至正午和13:00~17:00，周六和周日 8:00~12:30和13:30~18:00）帮助不是特别大，因为员工会讲的英语不多，不过有地图和宣传册。在整个布尔萨，有许多显眼、有用的棕白两色的信息标志，指向历史建筑和其他景点。

❶ 到达和离开

往返伊斯坦布尔的话，最快捷的方式是乘坐地铁—公交—**渡轮**（www.ido.com.tr）联运到穆当亚（Mudanya）。从最靠近市中心的地铁站Şehreküstü乘坐地铁前往Emek站。出站后乘坐1/M公共汽车就可抵达穆当亚渡轮码头，从那里有固定班次的BUDO渡轮往返伊斯坦布尔的卡巴塔什（Kabataş; 24里拉, 2小时）。

伊斯坦布尔有渡轮和巴士往返尔萨东北70公里（1小时）的亚洛瓦。也可乘坐全程陆路公共汽车（karayolu ile）绕行伊兹米特湾（Bay of izmit, 需要4~5小时）。较好的选择是搭乘专门的渡轮巴士（feribot ile），通过亚洛瓦东面的Topçular搭渡轮去埃斯基谢希尔（Eskihisar）；大约每20分钟1班，旅途需要20分钟。

飞机

布尔萨的**耶尼谢希尔机场**（www.yenisehir.dhmi.gov.tr）有**Anadolu Jet**（www.anadolujet.com）运营的国内航班往返安卡拉（Ankara）、埃尔祖鲁姆（Erzurum）、迪亚巴克尔（Diyarbakir）、萨姆松（Samsun）和特拉布宗（Trabzon）。

长途汽车

布尔萨的长途汽车站（otogar）位于亚洛瓦（Yalova）公路中段以北10公里处。汽车公司办公室遍布市中心，包括旁边的Atatürk Caddesi上的卡基尔阿加公共浴室（Çakır Ağa Hamamı）区域。

从布尔萨长途汽车站出发的班次频繁的班车包括：

阿菲永 35里拉, 5小时
安卡拉 50里拉, 6.5小时
班德尔马 15里拉, 2小时
恰纳卡莱 35里拉, 5小时
代尼兹利 65里拉, 9小时
埃斯基谢希尔 25里拉, 2.5小时
伊斯坦布尔 35里拉, 3小时
伊兹密尔 40里拉, 5.5小时
屈塔希亚 20里拉, 3小时

❶ 到达和当地交通

登录www.burulas.com.tr网站查阅布尔萨及其附近更多的交通信息。

抵离机场

耶尼谢希尔机场（Yenişehir Airport）位于布

布尔萨的大山

乌鲁达山（Uludağ, 意为"大山"; 2543米）靠近布尔萨和伊斯坦布尔，是土耳其最受欢迎的滑雪度假地。度假村距布尔萨33公里，但最近延长后的缆车（teleferik）现在能全程运送游客和滑雪运动爱好者一路通往山上的酒店区和雪道。

乌鲁达缆车（Uludağ Teleferik, Uludağ Cable Car; www.teleferik.com.tr/bursa; 成人/儿童35/25里拉; ⊙8:00~20:00）于2016年年中重新开放后成了世界上最长的缆车，全长共8.2公里。系统始于Teferrüç（236米），然后经过Kadıyayla（1231米）到达Sarıalan（1635米）。在Sarıalan，乘客可以下车探索茶馆、DIY烤肉餐厅和木栈道，之后继续前往终点站。Oteller（1810m）是乌鲁达酒店和滑雪运动基础设施所在地。全程需要22分钟。

夏天可以来此享受美景和清新凉爽的空气，除了12月至次年3月的滑雪季，你可能会发现酒店一片沉寂。

到达和离开

小巴、S/1和S/2公共汽车从Heykel前往**Teferrüç缆车站**（见332页; 2.50里拉, 15分钟），从那里你可以乘坐缆车上山。从穆当亚的IDO渡轮码头，有F/3直接前往Teferrüç站（6里拉, 1小时）。

夏季每天有几班小巴（14里拉, 1小时）前往滑雪村（冬季更多），出发站为布尔萨的Tophane，沿路经过Kadıyayla和Sarıalan。

从Tophane乘坐出租车价格约130里拉。冬季你没准儿能找到合乘的人，或者也可以砍砍价。骑摩托车来的话必须支付15里拉才能进入**乌鲁达国家公园**（www.bursa.com.tr; 每辆车15里拉）大门，这里距离度假村11公里。

尔萨以东约50公里处，80路公共汽车（2.50里拉，45分钟）从文化公园东北的Kent Meydanı购物中心出发。乘坐出租车前往机场价格约为50里拉。

抵离公共汽车站

市中心 38路公共汽车（3.90里拉，1小时）。去**长途汽车站**（见322页地图）可在阿塔图克大街上的eski belediye（旧市政厅）对面等车。乘坐出租车40里拉。

切其尔哥 96路公共汽车（2.50里拉，1小时）。乘坐出租车50里拉。

公共汽车

城市公共汽车提供了终点站和经停站信息。短途价格为2里拉，长途价格为2.50里拉。城市公共汽车都是预付费的，可从售票亭或靠近公交站的商店里购买单程或多次车票（留意BuKART标志）。Koza Parkı对面的阿塔图克大街沿线和旧市政厅有停靠站。1/C路公共汽车很有用，从Heykel绕行市中心的Atatürk Caddesi前往切其尔哥。

小巴

出租车小巴（见322页地图；拼客出租车），车顶上的一块发光的标志牌上写着终点站，价格和公共汽车一样（短途2里拉，长途2.50里拉）。但是速度更快，班次也更多，尤其是去切其尔哥的车次。市中心最实用的路线是逆时针从共和国广场上的İnönü Caddesi，到达Kent Meydanı、阿塔图克体育馆，沿Çekirge Caddesi去往切其尔哥方向，回程经Altıparmak、Cemal Nadir、阿塔图克大街（Atatürk Caddesi）到共和国广场。沿路都可上下客。Setbaşı路桥东也有车队，出租车小巴从那里沿同样的路线去往切其尔哥方向。

小巴从共和国广场前往Teferrüç缆车站（2.50里拉，15分钟），攀爬**乌鲁达山**（Uludağ；见322页地图）。有小巴（14里拉，1小时）从布尔萨的Tophane出发，经Kadıyayla和Sarıalan直接前往**滑雪村**（见322页地图）。

地铁

6:00至午夜，地铁（3里拉）每隔8~12分钟1班。到市中心最近的车站是室内集市和阿塔图克大街以北500米附近的Şehreküstü。

出租车

出租车起步价3里拉，3公里后每公里2里拉。共和国广场到穆拉迪耶约需15里拉；到切其尔哥需20里拉。

有轨电车

红色电车与出租车小巴路线类似，都从共和国广场到Kent Meydanı、阿塔图克体育馆再返回，便宜（短途1.90里拉，长途2.10里拉）但慢。上车前从车站附近的BuKART售票亭买票。

穆当亚（Mudanya）

📞 0224 / 人口 61,090

穆当亚是一个生机勃勃的海滨小镇，因为这里有开往伊斯坦布尔的渡轮，而为多数人所知。此地扼守马尔马拉海之要津。1922年10月11日，意大利、法国、英国和土耳其在此签订了《穆当亚停战协定》（*Armistice of Moudania*；3天后，希腊也勉强签了字）。根据这一协定，自埃迪尔内以东，包括伊斯坦布尔及达达尼尔海峡在内的领土，尽归土耳其所有。签订条约的所在地——19世纪白房子中现在有一座**穆当亚停战协定博物馆**（Mudanya Armistice House Museum; Mütareke Meydanı；5里拉；⊙周二至周日 8:00~17:00），其中收藏有与停战协定相关的老照片。

🛏 食宿

博物馆以西迷人的奥斯曼区海滨沿岸有许多鱼餐厅。周围会有许多猫在转悠。

★ Armistis Hotel　　　　　精品酒店 $$$

（📞 0224-544 6680；www.armistishotel.com.tr；Ünlü Sokak 7；房 170~200里拉；❄🛜）位于离海滨只有一个街区的优势位置，是一座迷人的精品酒店，16个房间位于一座修复过的奥斯曼遗产建筑中。可以留意房间里的细节——都很优秀——上等亚麻寝具、高端浴室用品，前台员工会讲多种语言，为酒店增添了国际化的氛围。

ℹ 到达和离开

BUDO（http://budo.burulas.com.tr）有固定班次的渡轮往返伊斯坦布尔的卡巴塔什和穆当亚（24里拉，2小时）。BUDO夏季也运营从穆当亚至泰克尔达（Tekirdağ）的班次。渡轮码头附近有一座售票和信息亭，很有帮助，能提供前往布尔萨的最佳方

式的建议。

要前往布尔萨,黄色的1/M路公共汽车可从穆当亚渡轮终点站至布尔萨的Emek地铁站(3.50里拉,每半小时1班),从那里可以前往距离市中心最近的地铁站Şehreküstü,就在室内集市的北面。

从布尔萨出发,在Emek地铁站乘坐1/M公汽可前往穆当亚渡轮码头。

要前往其他目的地,可从渡轮码头乘坐F/1公汽前往布尔萨的长途汽车站(3.65里拉,每小时1班)。

每日1班İDO渡轮(周末班次更多)可从伊斯坦布尔的耶尼卡帕和卡德廓伊到穆当亚渡轮码头以东4公里的Güzelyalı(32里拉,2.25小时)。1/G公汽往返Güzelyalı和布尔萨的Emek地铁站,从那里可以换乘地铁前往布尔萨市中心。

埃斯基谢希尔(Eskişehir)

♂0222/人口685,130

埃斯基谢希尔可能是土耳其最幸福的城市了。由于这里居住着许多大学生,肯定也是土耳其最有活力的城市之一。埃斯基谢希尔是古板的安纳托利亚中部一片自由的绿洲,吸引了越来越多土耳其本国人周末来此度假,这里甚至还有一小群外国定居者。

埃斯基谢希尔的进取精神与市长Yilmaz Büyükerşen密不可分,他意识到本地波尔苏克河(Porsuk River)的潜能,增建了步行大桥,铺设了一段沙滩,又修建了步行大道和平稳、高效的轻轨系统(夏季甚至可以乘坐贡多拉或轮船在波尔苏克河上航行)。

这一切造就了土耳其最宜居的城市,在这里,你可以与友善又开明的当地人交朋友。富于情调的老城区、热闹的夜生活、发展成熟的餐饮业、两座公园,还有一个为孩子们建立的吸引人的科学中心,埃斯基谢希尔确实大有可观。

◉ 景点

★ 奥斯曼区　　　　　　　　　　历史遗址

(Odunpazarı, Ottoman Quarter)埃斯基谢希尔保存完好的古城区是一场真正的美学的盛宴。雅致、柔和的传统房屋,与众不同的突出的楼层和木框百叶窗,分布于狭窄的石巷间,旁边伴着若干清真寺和其他历史建筑。许多房屋内部是博物馆和咖啡馆,小巷两边点缀着手工艺品和复古货摊。这是埃斯基谢希尔的第一个土耳其区,拥有奥斯曼式甚至塞尔柱式建筑。Odun意为"柴火"(这一区域曾是个柴火巴扎)。

★ 城市博物馆　　　　　　　　　　博物馆

(Kent Müzesi; Türkmen Hoca Sokak 45, Odunpazarı; 5里拉; ⓒ10:00~17:30)这里有埃斯基谢希尔的当代玻璃艺术博物馆,展出的独特作品由约70位土耳其国内和国外艺术家捐赠。熔化玻璃的传统技艺源自法老年代,当地一位埃及古物学者(兼大学教授)复兴了这门手艺,并在埃斯基谢希尔开设了一家工作室。1楼用信息板和互动屏幕详细展示了当地的历史。

★ 埃斯基谢希尔科学实验中心　　科学中心

(Eskisehir Bilim Deney Merkezi, Eskişehir Science and Experiment Centre; ♂0222-444 8236; www.eskisehirbilimdeneymerkezi.com; Sazova Park, Küthaya Yolu; 成人/学生 2/1里拉; ⓒ周二至周日 10:00~17:00)这座多彩又有趣的综合建筑就像是科学中心和游乐园之间的一个十字路口,通过可实际操作的实验,阐释了许多自然现象。交互式经典展览包括吓人的无限之桥、触发喷泉的木琴和让游客推拉蹬的平衡汽车。提供免费导览游。

库尔孙卢清真寺建筑群　　　　历史遗址

(Kurşunlu Külliyesi Complex; Mücellit Sok, Odunpazarı; ⓒ8:00~22:00)这一庄严的老城建筑群,建于1517~1525年,出自一位奥斯曼古典建筑巨擘阿寨姆·阿里(Acem Ali)之手,内部建筑在此后的几百年间又经过了反复修整。

在1492年修建的带有铅灰色穹顶的**库尔孙卢清真寺**(Kurşunlu Mosque)背后,是一座**神学院**,那里建有**海泡石博物馆**(Museum of Meerschaum; ⓒ8:00~17:00)(免费),以向本地特产的"白金"或称海泡石(土耳其语中叫luletaşı)致敬,这是一种奇异绝妙的白色岩石,被精心制作成各种工艺品。博物馆里还有一些特别精致的烟斗,和一个工艺品巴扎。

神学院旁边是座带有四个穹顶的客栈（tabhane），以前可能是座后宫。拱形的**救济院**（imaret）和紧邻的半球形**厨房**（aşevi）属于烹饪区，餐厅、厨房和壁龛烤箱都被部分保存了下来，现在分别是玻璃吹制和首饰工作室。奥斯曼式**商队驿站**（caravansarai）建于1529年后，现在是一座文化中心，用于举办婚礼。

阿特勒汗建筑群　　　　　市场，历史建筑

（Atlıhan Complex; Pazaroglu Sokak 8; Odunpazari; ⊗9:00~20:00）埃斯基谢希尔因其特产的一种白色的奇妙的岩石而闻名。这是本地开采的一种带气孔的轻质白石，被制成烟斗及其他物品。阿特勒汗建筑群中有两层本地工匠经营的店铺和一家咖啡馆，在那里你可以浏览使用这种岩石制作的各种器物，观看其制作过程。位于一楼的**Mavi Sanat Merkezi**（Atlıhan Complex 10; ⊗9:00~20:00）有一些独特而美丽的陶器和首饰。

考古博物馆　　　　　　　　　博物馆

（Archaeological Museum; Atatürk Bulvarı; 5里拉; ⊗周二至周日 8:00~18:30）这座现代化博物馆展出的史前文物，跨越赫梯、弗里吉亚和古典时代，展品包括女神雕像、地面马赛克和石棺，外加许多希腊、拜占庭和奥斯曼时期的硬币。内有一座不错的**咖啡馆**（www.facebook.com/muzedecafe; 紧邻Atatürk Bulvarı; 主菜17~25里拉; ⊗8:00至午夜），能俯瞰花园里点缀的雕像。

🛏 住宿

最值得推荐的住宿处在河畔和阿纳多鲁大学（Anadolu University）的Yunus Emre校园之间，步行距离相当于有轨电车İsmet İnönü和Bağlar站之间的距离。

最好预订，特别是在周末，许多安纳托利亚的短途度假者会来到城里，很多酒店都会抬高价格。

Hosteleski　　　　　　　　　青年旅舍 $

（☎0505 204 8060; www.eskisehirhostel.com; Yıldırımer Sokak 27/1; 铺/双/四 10/24/36欧元; ☀）这座三层楼的细高建筑提供背包客所需的一切元素：厨房、露台、休息室、洗衣服务、自行车库和电影之夜。热情的店主乐于帮助推荐优质的景点、酒吧、餐厅和下一步旅程。有宿舍和公用浴室的独立客房。早餐需要额外支付10里拉; Cengiz Topel Caddesi附近有一家面包房提供早餐。有些房间里有小厨房。

Arus Hotel　　　　　　　　　　　酒店 $$

（☎0222-233 0101; www.arusotel.com; Oğuz Sokak 1; 标单/双130/180里拉; ❈🛜）埃斯基谢希尔作为安纳托利亚最活跃的城市之一，从一些新开的酒店，比如这家，就能看得出来。酒店位于中心位置，提供现代化的宽敞房间，前台的时髦店员会讲英语，有城里最好的自助早餐。步行很短的距离就能到达酒吧、餐厅和埃斯基谢希尔独具魅力的河边。

Bulvar Hostel　　　　　　　　青年旅舍 $$

（☎0222-335 0515; www.bulvarhostel.com; Porsuk Bulvarı 15; 铺/双/家 38/110/155里拉; ❈🛜）酒店包括四床宿舍（包括女士宿舍）、舒适的双人间和一个四人家庭房。这家出色的青年旅舍位于市中心，距离河边只有几米远。装潢明亮，寝具和色彩丰富，与外面的城市风光相互映衬。如果你有洗衣需要的话，这里也有洗衣设备。

★Abacı Konak Otel　　　　　历史酒店 $$$

（☎0222-333 0333; www.abaciotel.com; Türkmen Hoca Sokak 29; 标单/双 180/260里拉; ❈🛜）几座色泽柔和的古宅围着鲜花盛开、带喷泉的庭院，住在这里，仿若拥有私家奥斯曼式宅邸一般。这家酒店位于奥斯曼区（Odunpazari），属于历史遗产保护区，这意味着酒店内部古旧的家具陈设、木地板和天花板都是原先的模样，与之相配的柔和的装饰风格颇具品位。

尽量预订。这家酒店颇受土耳其国内团队游客欢迎，尤其是周末。最近的有轨电车站是Atatürk Lisesi。

🍴 餐饮

埃斯基谢希尔天黑之后非常热闹，有出色的咖啡馆、酒馆、现场音乐演奏场所，夜店里挤满学生，许多都会讲流利的英语。被称为酒吧街（Barlar Sokak）的Vural Sokak上充

满了酒吧、烈酒吧、主题酒吧、DJ酒吧、土耳其酒馆、夜店和拼命吸引人注意的场所,还有几家烤肉店可以痛饮Efes啤酒。

★ Avlu 土耳其菜 $$

(www.abacihotel.com/en/restaurants/avlu-restaurant; Abacı Konak Otel, Türkmen Hoca Sokak 29; 开胃菜10~12里拉, 主菜26~34里拉)如果只在城里待一个晚上,那么你应该来这里。餐厅位于奥斯曼历史区的一座精心修复过的奥斯曼宅邸中,氛围优雅;提供经典土耳其菜;周二到周六20:00起有现场音乐演奏。夏季餐桌会摆到外面的亭子里。

★ Mezze 海鲜 $$

(☎0222-230 3009; www.mezzebalik.com; Nazım Hikmet Sokak 2, Kızılcıklı Mahmut Pehlivan Caddesi; 开胃菜8~12里拉, 主菜20~40里拉; ◎16:00至次日1:00)在这家出色的餐厅里,爱琴海风格的菜肴与安纳托利亚菜融为一体。刷白的色调营造出在土耳其西部海岸线慵懒就餐的氛围,共享的开胃菜拼盘和海鲜很棒。可以坐在露台上欣赏河景,享受啤酒、葡萄酒和拉克酒。

询问一下前台提供的不同鱼类的价钱,以免结账时太过惊讶。

Memphis 国际风味、小酒馆 $$

(☎0222-320 3005; www.varunamemphis.com; İsmet İnönü Caddesi 102/C; 主菜15~30里拉; ◎8:00至午夜)裸露的砖墙、葡萄酒货架、落地窗、精美的艺术品,这里拥有一种精酿啤酒厂的感觉,生啤选择从普通的Efes到Efes Malt和超级冰爽的Efes Şok Soğuk,应有尽有。食物也很美味,将土耳其风味和比萨、意大利面、墨西哥薄饼(quesadillas)、玉米卷饼(fajitas)等国际菜肴融合起来。牛排汉堡是推荐之选。

Café Del Mundo 国际风味、小酒馆 $$

(www.delmundocafe.com; Siloönü Sokak 3; 主菜14~35里拉; ◎周一至周五11:00至次日1:00,周六和周日8:00至次日1:00)这家舒服的酒吧色彩鲜艳,由游客创办、为游客服务,是城里待客最友善的地方。Del Mundo位于酒吧街附近的一座活泼的黄色建筑中,用各国纪念品(从牌照、车票、旅游指南到众多飘扬的国旗)作装饰,菜品也延续了国际主题,从泰式炒河粉(Pad Thai)到香蒜酱意大利螺旋面(pesto fusilli),应有尽有。

☆ 娱乐

Peyote 现场音乐

(www.peyote.com.tr; Vural Sokak; ◎14:00至次日1:00)Barlar Sokak上的这家店会举办各种当地音乐活动,类型包括摇滚、金属、爵士、嘻哈和原声乐器。演出在周五和周六23:00左右开始,费用约为10里拉;可先在相邻的庭院中来一杯。周三有时也有活动,所以在城里时可以过来看看。

埃斯基谢希尔市交响乐团 现场音乐

(☎0222-211 5500; Büyükşehir Belediye Sanat ve Kültür Sarayı Opera Binası, İsmail Gaspıralı Caddesi 1)埃斯基谢希尔的交响乐团是土耳其最棒的乐团之一,每周都为热情的本地听众举办音乐会,也为歌剧和芭蕾舞表演提供伴奏。演出曲目范围广泛,既有经典大师之作,也有现代音乐剧及儿童节目。乐团也在海外各地巡演,并与来访音乐家们合作演出。

❶ 实用信息

旅游办公室(☎0222-230 1368; İki Eylül Caddesi; ◎9:00~17:00)位于地区政府(Valilik)院内,工作人员不太会讲英语,但很热情,还能提供地图和宣传册。

❶ 到达和离开

火车站位于市中心西北,靠近İsmet İnönü电车站;往东3公里是长途汽车站。

长途汽车站有固定班车开往下列地方:

阿菲永 28里拉, 3小时

安卡拉 24里拉, 3.25小时

布尔萨 23里拉, 2.5小时

伊斯坦布尔 35里拉, 6小时

屈塔希亚 15里拉, 1.5小时

火车可往返:

安卡拉 30里拉, 1.5小时, 每日几班

科尼亚 38.50里拉, 2小时, 每日2班

伊兹密尔 40.50里拉, 11小时, 每晚1班

伊斯坦布尔的彭迪克 45里拉, 2.5小时, 每日6班

Europcar提供汽车租赁（☎0222-231 0182；www.europcar.com.tr；Kızılcıklı Mahmut Pehlivan Caddesi 22/B, Eskişehir；1/3天 1130/400里拉起），一日游探索弗里吉亚谷（Phrygian Valley）很方便。

❶ 当地交通

有轨电车和免费接驳车（servises）可往返汽车站。从市中心乘坐出租车前往周边地区的价格约15里拉。

大部分公交系统使用预付费车票（2.40里拉），可从带"Es Karti"黄绿色圆形标志的售票亭或小摊上买到。小巴价格为2里拉，可直接付费给司机。

轻轨系统ESTram从6:00运营至午夜；一般等待时间约7分钟。电车前面会显示终点站，但在某些交叉站点还是容易弄混，如果不确定可以问询。大多数住宿和餐饮选择都在有轨电车的İsmet İnönü和Bağlar两站之间。

出租车很多，某些街角的柱子上会有电子信号按钮，你可以按下按钮叫车。

弗里吉亚谷
（PHRYGIAN VALLEY）

安纳托利亚神秘的古代民族弗里吉亚人曾经居住在这个岩石嶙峋的山谷中（Frig Vadisi）。山谷蜿蜒经过埃斯基谢希尔、屈塔希亚和阿菲永。虽然近年来成了越来越热门的徒步旅行目的地，但相对来说山谷没有遭到什么破坏，还能看到壮观的弗里吉亚遗迹。崎岖的地貌令人精神为之一振，如同画一般美丽。阿菲永区域的遗迹保存得最为完好，埃斯基谢希尔区域的遗迹也令人震撼，而屈塔希亚区域则数量较少。

⊙ 景点

大多数遗址都在土路边，有些非常难找，哪怕你就在它们旁边。交通正在慢慢改善，因为当地政府正在募集资金，在本地区铺设一条"旅游之路"。

⊙ 埃斯基谢希尔遗址
(Eskişehir Ruins)

从塞伊特加齐（Seyitgazi）穿过雅兹勒卡亚河谷（Yazilikaya Vadisi）往阿菲永方向走，3公里后在一块指向米达斯城（Midas Şehri）的棕色路标处转而向南。沿着这条崎岖的路继续前行，又有路标指示右方2公里处是猎鹰城堡（Doğankale）和骆驼高地城堡（Deveboyukale）。在这两处景点中，随处可见从前人们居住过的洞穴。

再往南走，沿着另一条高低不平的小径走1公里，就到了纪念之墓（Mezar Anıtı）以及一座由岩石凿成、经过修复的坟墓。继续南行，你会发现另一座如同庙宇一般的坟墓"小题刻石"（Küçük Yazılıkaya）。

米达斯城（Midas Şehri）位于雅兹勒卡亚村（Yazılıkaya），这里距离小题刻石只有几公里远，位于塞伊特加齐以南32公里处。米达斯墓（Midas Tomb）是一座17米高的浮雕，用火山岩灰岩凿刻而成，用几何图案覆盖，形状类似一座庙宇的外立面。每逢节日，底部的神龛就会供奉库柏勒（Cybele）女神像。坟墓四周环绕着弗里吉亚文字题刻，其中一处写有"米达斯"之名。

坟墓后面有条小径通往一个隧道，穿过去会经过一座更小的坟墓，这座坟墓尚未完工，高踞岩石之上。再往上走是个高丘，那里耸立着一个卫城（acropolis）。现在仍可见到阶梯形的祭坛石（altar stone），可能曾用于祭祀，同样保存至今的还有墙壁和道路的遗迹。有趣的是，证明人类曾经收集水的第一证据便来自此地——板条阶梯上凿着洞，能储存雨水供旱季使用。

⊙ 阿菲永遗迹 (Afyon Ruins)

阿菲永区域有从弗里吉亚时代到土耳其时代的典型遗迹。从阿菲永以北约50公里的Doğer村开始你的探索。途中沿着D665公路北上抵达埃斯基谢希尔，22公里后在Gazlıgöl左转。Doğer村的商队驿站（han）的历史可追溯至1434年（如果上锁了，在对面的自治区政府楼里可以拿到钥匙）。从这里有土路通往百合盛开的埃姆雷湖（Emre Gölü），一栋小小的石头房屋俯瞰着湖景，曾是托钵僧居住的地方；还有一处带着粗糙石梯的岩石：40级台阶岩石（Kirkme-rdiven Kayalıkları）。然后沿土路继续向前4公里，就到了Bayramaliler和Üçlerkayasi，这里有被称为"仙人烟囱"(peribac-alar)的岩石地貌,与卡帕多基亚很相似。

过了Bayramaliler,从埃斯基谢希尔—阿菲永路再走2公里,就是郭伊努诗谷(Göynüş Vadisi),有精美的弗里吉亚石墓,用狮子图案作为装饰。

在Ayazini村——在Gazlıgöl以北约9公里处右转下D665公路——曾经矗立着一片岩石居住区Metropolis,这里也与卡帕多基亚相似。注意观看那座拜占庭教堂(church),其半圆形的后殿和穹顶都从岩石中开凿而出,还有几座岩石凿就的墓穴(tomb),刻有狮子、太阳和月亮的图案。

在Alanyurt周围、Ayazini以东的塞利米耶(Selimiye)可以看到更多洞穴;在Kurtyurdu、Karakaya、Seydiler和iscehisar有更多仙人烟囱可以探索,包括那块碉堡一样的岩石——塞迪勒城堡(Seydiler Kalesi)。

👉 团队游

在阿菲永和埃斯基谢希尔,分别有旅行社Ceba Tour (☎0506 437 6969, 0272-213 2715; cebaturizm@gmail.com; Ordu Bulvarı, Konak Apt Altı 20/B, 阿菲永; 半日团队游1/2/3人 60/100/150欧元) 和Ufuk Özkarabey (☎0532 765 2540, 0222-220 0808; www.ufkunestur.com.tr; Cengiz Topel Caddesi 42/E, 埃斯基谢希尔; ⓒ周一至周五10:00~17:00) 提供一日往返游。棉花堡和塞尔柱等城镇的旅行社也提供短途旅行。

❶ 到达和离开

要探查遗迹,最好租一辆车。可尝试埃斯基谢希尔的Europcar(见336页)。每年10月至次年4月,暴雨会使本地区的小路难以通行。

乘坐公共交通工具游览遗迹很困难,不过有小巴从阿菲永长途汽车站抵达沿途村庄。埃斯基谢希尔、屈塔希亚和阿菲永之间主干路上也有固定班次的汽车和小巴通行,沿途可以上下客,如果早点儿出发,一天内也许可以游览多个遗址。

阿菲永有小巴到Ayazini(在阿菲永—埃斯基谢希尔公路上)。从教堂那站下车,步行500米,寻找Metropolis岩石定居点。继续前行可去Doğer村,从Ayazini再坐小巴返回阿菲永,不过回程要在Gazlıgöl下车,然后搭去西北方向的小巴。

帕穆克卡莱(棉花堡)及周边
(PAMUKKALE & AROUND)

帕穆克卡莱
(棉花堡, Pamukkale)

☎0258/人口 2630

在帕穆克卡莱(棉花堡)小村一旁雄踞的山上,那一层层亮闪闪的白色钙华平台上流溢着的温暖的矿泉水——就是所谓的"棉花堡"("pamuk"在土耳其语中意为"棉花")。棉花堡早已让这里声名远扬了。在白色钙华池水上方就是希耶拉波利斯。这座古城曾是罗马和拜占庭时期的温泉疗养城,拥有数量可观的遗迹,还有一家博物馆。

这里已名列联合国教科文组织世界遗产,随之采取了措施来保护此地闪耀的悬崖。尽管可以在周围游逛的日子早已一去不复返,但棉花堡仍然是土耳其最非凡的体验之一。

风景如画的白色钙华池,吸引了一车又一车的一日游游客从这里经过,很快地泡一下、拍拍照。在这里过夜可以欣赏到遗址日落,还能避开人群,并且有时间参加一日游,去拜访美丽且少有游客的劳迪西亚和阿佛洛迪西亚斯古城遗迹,还能欣赏到帕穆克卡莱小村本身的魅力。

⊙ 景点

虽然帕穆克卡莱是以Cumhuriyet Meydanı广场为中心的旅游小镇,但在部分僻静的乡村依然能听到羊的咩咩叫声和鸟鸣。

帕穆克卡莱的两大景点:闪闪发光的白色钙华池和邻近的希耶拉波利斯古城遗址——包括在同一套票内。一张票可以游两处,各自均有国家公园,就在帕穆克卡莱村正上方的石灰石山丘上。

景点共有3处主入口,南门 (south gate; 见339页地图; ⓒ6:00~21:00) 最方便。距帕穆克卡莱约2.5公里,靠近山上的希耶拉波利斯主景点。意味着你可以一边下山一边游览希耶拉波利斯和钙华池,穿过中门出口后就可返回村子,结束旅程。北门 (north gate; ⓒ4月至10月 8:00~20:00, 10月至次年4月 至17:00) 要继续行进3公里,这里可以从大墓地 (necropolis) 和

Pamukkale
帕穆克卡莱(棉花堡)

Frontinus St进入希耶拉波利斯。同样，下山后也可返回村庄。两座门都在帕穆克卡莱的山上，比起步行，乘坐小巴或出租车最方便，或者（多数情况下）可以搭乘住宿处的免费车；希耶拉波利斯和钙华池占了遗址很大一部分，所以节省点力气吧。

中门 (middle gate；见338页地图；⊙4月至10月 8:00~20:00, 10月至次年4月 至17:00) 在帕穆克卡莱边沿、石灰岩山脚下，也就是说你先要上山，爬过钙华池才能抵达希耶拉波利斯，然后原路返回村庄——虽然不是一条合理路线，但能提供两次不同视角观赏钙华池。如果你只想在水池里放松一下的话，那从这个口走最快也最好。

注意各个入口大门开放时间不同；随时可以出去。门票仅限一次进入，所以景点必须一次游完。不过，你在里面想待多久都可以，对大多数人来说，游览一次就足够；家庭旅馆一般都乐意准备午间野餐，所以不用着急，好好玩上一整天吧。进入希耶拉波利斯考古博物馆和古游泳池（虽然你可能觉得已经心满意足，没必要花钱了）需额外缴费。

钙华池
自然保护区

(Travertines；见339页地图；门票35里拉；⊙夏季9:00~19:00) 帕穆克卡莱村庄上方的这些碟形的钙华池 (Travertines，又称石灰岩台) 已被列入《世界遗产名录》，它们蜿蜒着，沿白色粉末覆盖的山体向下排列，与明净的蓝天和下方碧绿的平原形成了令人目眩的对比。为保护流淌着的温泉矿物质水的独一无二的方解石表面，保安会要求你赤脚（或穿袜子或淋浴鞋）行走，所以如果你计划从钙华池下山然后出去的话，就得准备好随身带着鞋子。

台脊看似粗糙，其实在水流不断地冲刷之下，地面大部分都是光滑的，在部分地段甚至有点黏糊糊的。在这样的地方行走，更容易滑倒而不是割伤双脚。如果一口气走下山，大概需要30分钟。但是，不停往下走的动作，可能会使你的膝盖难以承受。

虽然台上的水池并不是特别深，不过你还是可以全身浸入温泉水中。在从钙华池下山的小路顶部有一个不停涌出温泉水的沟渠，各国游客坐在那里泡腿是当地一景。如果没带泳衣泳裤或者不想搞得太湿的话，下山

Pamukkale
帕穆克卡莱（棉花堡）

◎ 景点
1 中门 B1

🛏 住宿
2 Beyaz Kale Pension A2
3 Hotel Dört Mevsim A4
4 Melrose House A4
5 Melrose Viewpoint A2
6 Mustafa Hotel B2
7 Venus Hotel A4
8 Venus Suite Hotel A4

✕ 就餐
9 Kayaş B2
Mustafa Hotel .... (见6)
10 Ottoman House B1

途中也有很多干燥区。还要注意：要是正午时段下山，会遇到拥挤的人潮，正午强烈的阳光反射在白色山体表面会令人晕眩。下午接近黄昏时下山，相对较好。

希耶拉波利斯（Hierapolis） 遗迹

这片古罗马和拜占庭温泉城市遗迹，让我们对早已逝去的生活浮想联翩，当时希腊人、罗马人、犹太人、异教徒、基督徒以及来温泉疗养的游人们，在此和谐共处。希耶拉波利斯建于约公元前190年，由帕加马国王欧迈尼斯二世（Eumenes II of Pergamum）所建，曾是一处疗养中心。罗马帝国时期，这里繁荣起来，至拜占庭帝国时期越发兴旺，当时此地大部分居民是犹太人和东正教基督徒。频发的地震带来了灾难，在公元1334年的一场大地震之后，希耶拉波利斯终于被废弃。

希耶拉波利斯位于游客纷至沓来的"棉花堡"钙华池顶上，与土耳其大部分考古遗迹相比，这一得天独厚的位置为它带来了更多的客源和收入。这里有铺设整齐的小径、修剪得宜的树篱、开满鲜花的田野、木桥通道和阴凉的公园长椅，让希耶拉波利斯甚至比以弗所都显得雅致得多。希耶拉波利斯并不是荒凉原始之地，对于那些想要看到一座位于平坦的地面且维护有方的遗迹的人来说，这里曲线优美的山顶就能够满足他们。

➡ **拜占庭大门至古罗马剧场（Byzantine Gate to the Roman Theater）**

从南门进入，漫步欣赏5世纪用石灰钙华、大理石和其他材料建造的**拜占庭大门**（Byzantine Gate；见339页地图）和1世纪建造的**体育馆**（gymnasium；见339页地图）的陶立克柱。以健康为目的而建造的希耶拉波利斯城中的这座重要建筑，在7世纪的一次地震中倒塌。向前直行就能到达仅剩地基的**阿波罗神庙**（Temple of Apollo；见339页地图）。就像迪迪马（Didyma）和德尔斐（Delphi）一样，由宦官祭司们照看神庙的神龛。所谓的神力来源于附近的那注泉水——钚（Plutonium，以地府之神"冥王"Pluto命名）。显然只有祭司们才知道，在靠近毒雾时要屏住呼吸的秘密，毒雾从冥府（Hades）中翻腾而出，瞬间便能杀死祭司祭献的小动物和小鸟。

古罗马剧场（Roman Theater；见339页地

Hierapolis 希耶拉波利斯

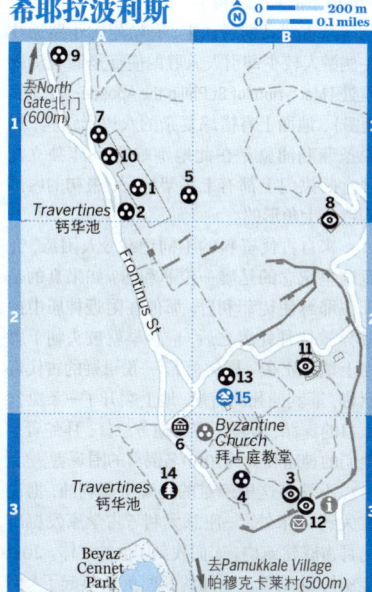

Hierapolis 希耶拉波利斯

◎ 景点
1 集市..................................A1
2 图密善拱门........................A1
3 拜占庭大门........................B3
4 体育馆..............................B3
5 希腊剧场............................A1
6 希耶拉波利斯考古博物馆......A3
7 公共厕所............................A1
8 使徒圣菲利浦殉难处............B1
9 大墓地..............................A1
10 古罗马浴场......................A1
11 古罗马剧场......................B2
12 南门................................B3
13 阿波罗神庙......................B2
14 钙华池............................A3

⊕ 活动、课程和团队游
15 古游泳池..........................B2

图）雄伟壮观，由哈德良和塞普蒂米乌斯·塞维鲁（Septimius Severus）两位皇帝修建，可以容纳12,000多名观众。舞台的大部分、某些装饰板和前排的贵宾"包厢"座位都有幸保留了下来。

➡ 使徒圣菲利浦殉难处（Martyrium of St Philip the Apostle）

从古罗马剧场往上，有崎岖的小路通往左侧游人较少却引人入胜的**使徒圣菲利浦殉难处**(Martyrium of St Philip the Apostle; 见339页地图)，地面上有错综复杂的八边形结构，据说圣菲利浦就是在此地殉难的。8座独立礼拜堂的拱门上都有十字架标记，最初的内部构造是七角形的。

来自古代资料的不同记载令人困惑，究竟这里纪念的是哪一位菲利浦？如果真的是那位耶稣使徒菲利普，那他在附近神庙中挑战异教徒拜蛇者之后，应该早就被头朝下脚在上地吊死在一棵树上了。一份可疑的古代资料称，菲利浦死的时候，地上裂开了一条血盆大口的深渊，吞噬了罗马地方总督、拜蛇者、他们的神庙和大约7000名罹难的围观者。

不管在这里殉难的是哪个菲利浦，据说在大约40米外、一座意大利考古学家发掘出的拜占庭建筑内，人们找到了他的尸体。2011年8月，这则耸人听闻的新闻重新唤起了人们对圣菲利浦和希耶拉波利斯的兴趣。既然他的殉难处明显在5世纪的一场大火里遭到了毁坏，那么发掘出的尸体也就有可能是那时从殉难处挪过来的。

➡ 希腊剧场到弗朗提诺斯街（Hellenistic Theater to Frontinus Street）

从使徒圣菲利浦殉难处出发，有一条坎坷的小路越过山坡西侧去往残存的**希腊剧场** (Hellenistic theatre; 见339页地图)，就在公元2世纪的**集市** (agora; 见339页地图) 上方。沿途能看到遗址和平原的梦幻风景。这里是迄今为止出土的最大的剧场之一，被大理石廊柱环绕，三面有爱奥尼亚式柱群，剩余的一面则由一座长方形廊柱大厅包围。

从剧场沿着陡峭小路向着白杨树林的方向到达集市（或者返回使徒圣菲利浦殉难处下山，那条路更好走一些）。穿过集市下山，你会重新来到山脊线上的主路。朝带柱廊的**弗朗提诺斯街** (Frontinus Street) 右转，这里还残存着一些原先的铺路石和柱子。这条街的两端曾以纪念碑拱门为界，是古城的主商业中轴线。北端带双塔的**图密善拱门** (Arch of Domitian; 见339页地图) 已经倾塌；就在拱门前方是一座大型**公共厕所** (latrine; 见339页地图)，有两层水道，一层排污，一层流过干净的水源。

➡ 大墓地（Necropolis）

图密善拱门的前方是荒废了的**古罗马浴场** (Roman baths; 见339页地图)，再向前则是希耶拉波利斯的亚壁古道 (Appian Way)——这条铺砌道路通往北门。一片特别的**大墓地** (见339页地图)，朝着北面延伸了几公里。这里有一堆圆形坟墓，多半埋葬的是那些古代希耶拉波利斯的治愈者未能治愈的温泉疗养病人。

希耶拉波利斯考古博物馆　　　　　博物馆

(Hierapolis Archaeology Museum; 见339页地图; Roman Baths, Hierapolis; 5里拉; ⊙8:00~17:00) 这座出色的博物馆位于以前的古罗马浴场内，展出从附近的考古遗址劳迪西亚和其余地区出土的引人入胜的石棺，希耶拉波利斯和周边地区出土的首饰、油灯和图章等小型文物。第三个展厅入口有一座狮身人面像，这里展出的则是附近剧场发现的罗马时代的雕像。入口左边是来自希耶拉波利斯集市和遗址其余部分的柱顶，令人印象深刻。

✈ 活动

帕穆克卡莱高空的热气球和滑翔伞活动越来越多，乘坐热气球和滑翔伞能鸟瞰希耶拉波利斯和钙华池。多打听几家，看看运营者的证书，检查一下他们是否保险，既是为了个人安全，也是为钱包着想。需要注意的是热气球可能只在旅游旺季运营。

古游泳池　　　　　　　　　　　　游泳池

(Antique Pool; 见339页地图, Hierapolis; 成人/6岁以下/7~12岁儿童32/免费/13里拉; ⊙夏季8:00~19:30, 冬季 至17:30) 圣游泳池中淹没了一些古代的带凹槽大理石圆柱，可以躺在上面。水中富含矿物质，36℃的水温相当温暖，古人认为这样的水拥有使人恢复健康的力量，也许现在依然有人这么想。夏天从上午11点到下午4点是高峰时段。

🛏 住宿

帕穆克卡莱有为数众多的家庭旅馆和小

酒店，分散于喧闹的村中心地区，那里能看到钙华池的风景，村中心也是旅游商务区，距离希耶拉波利斯大门步行只有很短的距离。还有些住宿处位于村南的古朴的小巷中。激烈的竞争意味着优质的服务。多数住宿点都提供棉花堡长途汽车站和希耶拉波利斯大门的免费接送业务，游泳池和洗衣服务，也会帮助游客预订团队游。

在游人如织的夏季，应该预订。露营者一般只要交一点钱，就可以在收费者的地盘上扎营。

Beyaz Kale Pension　　　　家庭旅馆 $

（见338页地图；☎0258-272 2064；www.beyazkalepension.com；Oguzkaan Caddesi 4；标单/双/四/家 70/90/140/160里拉；🅿@🛜🏊）这家亮黄色的"白色城堡"酒店位于村中心旁边的安静小街上，两层楼共有10间一尘不染的客房，其中一些更加现代化。热情的女店主Hacer烹饪的菜肴，在当地家庭旅馆餐厅中性价比最高（主菜25~30里拉），可以在惬意的屋顶露台上就餐，还能看到钙华池风景。有为孩子们提供的小床。

Hotel Dört Mevsim　　　　家庭旅馆 $

（见338页地图；☎0258-272 2009；www.hoteldortmevsim.com；Hasan Tahsin Caddesi 27；标单/双/标三/家 20/30/40/50欧元；🅿@🛜🏊）"四季"旅馆坐落在村中一条安静的小巷内，由一户热情的农民家庭经营。便宜的客房设施基本，不过有树荫遮蔽的游泳池畔露台风景很美，可以在那里品尝家庭料理。最近进行了整修，在热情好客的餐厅上搭了一座屋顶。

Mustafa Hotel　　　　家庭旅馆 $

（见338页地图；☎0258-272 2240；mustafamotel@hotmail.com；Atatürk Caddesi 22；标单/双 50/80里拉；🅿🛜）10间客房都设施基本，但便宜，而且距离村中心所有的基础设施都很近，漂亮的露台上能看到钙华池美景。楼下有一家很棒的餐厅。

★ Melrose House　　　　酒店 $$

（见338页地图；☎0258-272 2250；www.melrosehousehotel.com；Vali Vekfi Ertürk Caddesi 8；标单 35~55欧元，双 40~55欧元；🅿@🛜🏊）这里是帕穆克卡莱最接近精品酒店的住宿地，

有17间宽敞的现代风格客房，包括一间家庭房，带有圆形床铺的套房。装潢中融合了精美的屈塔希亚瓷砖和柱子、墙纸和裸露石墙，泳池畔的餐厅也值得流连。提供素食菜单。

Venus Hotel　　　　酒店 $$

（见338页地图；☎0258-272 2152；www.venushotel.net；Hasan Tahsin Caddesi；房 38~45欧元；🅿@🛜🏊）是一个隐秘的舒服住宿处，泳池畔有一个传统的土耳其餐厅，还有安静的角落可以让你阅读或者与其他旅行者闲聊。先穿过一条装饰着奥斯曼瓷砖的走廊，现代风格的客房位于后面，都很怡人，配备的是白色和蓝绿色寝具。店主还组织当地景点一日游。

Melrose Viewpoint　　　　酒店 $$

（见338页地图；☎0258-272 3120；www.melroseviewpoint.com；Çay Sokak 7；标单/双/标三/家35/40/50/60欧元起；🅿@🛜🏊）这家酒店就像是一艘装点着舷窗的蓝绿色游轮，17间客房都配备超大床、落地镜、小阳台，还有高雅的曲线线条和华丽装饰。1楼房间能看到钙华池，露台餐厅风景相当壮观。我们上次造访时，洒满阳光的屋顶餐厅正在进行最后的装修。

Venus Suite Hotel　　　　酒店 $$$

（见338页地图；☎0258-272 2270；www.venushotel.net；Sümbül Sokak 7；房 50~55里拉；🅿@🛜🏊）棉花堡最新开业的酒店，也是最好的酒店之一。房间时尚宽敞——包括小巧的阳台——共享空间围绕着一座绿荫游泳池排列。早餐是我们在土耳其见过的最好的一个，能沿着餐厅的两面长长的墙壁摆满。狗狗同经理一样会表达热情的欢迎。

🍴 就餐

帕穆克卡莱的餐厅大多都很普通且昂贵。或许你住的酒店做的菜还要好一些。最近流行的是提供亚洲菜——包括韩国菜和中国菜——的餐厅，迎合从亚洲来的游客。

Ottoman House　　　　土耳其菜 $

（见338页地图；Atatürk Caddesi 29；薄饼 6里拉；⊙11:00~23:00）游览完钙华池想吃点零食、喝杯啤酒，可以来这间位于希耶拉波利斯

中门对面的餐厅,这里提供的Gözleme由门口的一位妇人制作。穿过奥斯曼风格的沙龙到达露台,能俯瞰附近的水上公园和钙华池。主菜价格不太合理。

Kayaş 土耳其菜、酒吧 $$

(见338页地图; Atatürk Caddesi 3; 开胃菜8里拉,主菜15~25里拉; ⊙11:00~23:00)这家餐厅位于中心地段,有个长长的吧台和大屏幕电视(通常播放足球比赛),是最适合喝酒的地方,但也供应地道的土耳其菜,价格比别的地方便宜。开胃菜包括Sigara böreği(奶酪馅的雪茄形状馅饼),主菜有güveç(炖肉和蔬菜)和ış烤串。

Mustafa Hotel 土耳其比萨、国际风味 $$

(见338页地图; Atatürk Caddesi 22; 主菜10~24里拉,套餐15里拉; ⊙10:00~23:00; ⚡)主打炭烤土耳其比萨和意式比萨,不过也有烤肉、薄饼、炸泥豆三明治(felafel)、鹰嘴豆泥(hummus)和其他开胃菜。

❶ 实用信息

家庭旅馆提供旅行建议、地图和其他帮助。跟其他旅游市镇一样,大部分家庭旅馆都有自己钟爱的旅游服务供应商,对其他地方的一概予以贬低,所以要多比价。

旅游办公室(tourist office; 见339页地图; ☎0258-272 2077; ⊙夏季 8:00~17:30,冬季 至17:00)有希耶拉波利斯地图。

危险和麻烦

帕穆克卡莱的旅行社名声很差;到处都是服务糟糕、不可信赖的商店。最好不要预订去阿佛洛迪西亚斯的一日游。一定不要预订去土耳其的其他地区,例如卡帕多基亚的团队游和活动。许多旅行社和汽车公司合用办公室,所以购买汽车票的时候,确保直接和汽车运营商或他们指定的代理商交易。

旅游者有时是从代尼兹利的接驳车送来,再送达一家服务很差的家庭旅馆。亚洲旅行者尤其容易碰到这样的和其他一些骗局。如果发生这种事,直接离开去你的首选住宿处。

❶ 到达和离开

飞机

土耳其航空公司(见649页)可往返**代尼兹利Çardak机场**(Denizli Çardak Airport; www.cardak.dhmi.gov.tr)和伊斯坦布尔阿塔图克机场,飞马航空(Pegasus Airlines)可到达伊斯坦布尔的萨比哈·格克琴机场。往返帕穆克卡莱的接驳车花费约25里拉。确保不要在代尼兹利长途汽车站换车。

长途汽车

大部分帕穆克卡莱的长途汽车都需要在代尼兹利中转。长途汽车和**小巴**(见338页地图; 4里拉,40分钟)往返帕穆克卡莱和代尼兹利的现代新车站,班次频繁。如果你是从帕穆克卡莱买票出发,或是到达这里,汽车公司会在长途汽车站提供接驳服务。

长途汽车公司包括Metro(www.metroturizm.com.tr)、Kamil Koç(www.kamilkoc.com.tr)和Pamukkale(www.pamukkale.com.tr)汽车公司(见338页地图)在Cumhuriyet Meydanı及附近有办公室,大多数汽车都在这里或Mehmet Akif Ersoy Bulvarı上下客,后者是通往村子的主公路。会有焦急的揽客人等在那儿拉客,推销住宿处,你可以自行决定。大多数住宿处都会提供免费接送服务。

从代尼兹利有许多车次前往下列目的地:
阿菲永 40里拉,4小时
安卡拉 55里拉,7小时
安塔利亚 35里拉,4小时
艾登(去塞尔柱) 15里拉,2小时
博德鲁姆 30里拉,5小时
布尔萨 65里拉,10小时
埃里迪尔 30里拉,4小时
伊斯帕尔塔 25里拉,3小时
伊斯坦布尔 75里拉,12小时
伊兹密尔 20里拉,4小时
科尼亚 50里拉,6小时
马尔马里斯 30里拉,4小时
内夫谢希尔(去卡帕多基亚) 50里拉,9小时

往返帕穆克卡莱和费特希耶的直达车次,可通过Selçuk-Fethiye Bus(☎0543-779 4732; www.selcukfethiyebus.com; 40里拉; ⊙从费特希耶/帕穆克卡莱出发 周一、周三、周五和周日9:00/16:00)在线订票。车票价格包括从你的住宿处的接车服务。

小汽车

Europcar(☎0258-264 5354; www.europcar.com.tr; Denizli Cardak Airport; ⊙7:30~19:00)等运营商在代尼兹利机场以及帕穆克卡莱的酒店和家庭

旅馆提供汽车租赁业务。如果你想独自探索阿佛洛迪西亚斯，这是一个很好的选择。

出租车

从帕穆克卡莱乘坐出租车到希耶拉波利斯南门，花费约25里拉，从代尼兹利去，价格为50里拉。帕穆克卡莱的一些住宿点也会免费将你送到那里。

火车

每日有1班火车从代尼兹利附近前往塞尔柱。帕穆克卡莱的旅行社可安排去代尼兹利火车站的接驳服务，价格约为20里拉。

阿佛洛迪西亚斯（Afrodisias）

遥远的阿佛洛迪西亚斯（门票15里拉，停车10里拉；4月至10月 8:00～19:00，11月至次年3月至17:00，最后入场时间为关闭前1小时）隐藏在安纳托利亚内陆的罗马白杨、碧绿原野和婉转啼鸣的鸟群中，远离尘嚣。阿佛洛迪西亚斯可能没有单独的精美遗迹能与土耳其著名的考古遗址以弗所媲美，但它以规模宏大著称，遗址上的博物馆也很令人震撼，其中收藏着许多遗址的瑰宝。这处遗址相对来说没有受到太好的照料，只有一些小路隐没在灌木丛和荆棘之中，运气好的话可能只有你一个游人，更添探索遗失密境的异国风情。

历史

阿佛洛迪西亚斯的卫城最初是一座史前的土丘（约公元前5000年），后来于公元前6世纪建成神庙，成为一处朝圣的场所。到公元前1世纪时，由于这里既有盛产大理石的矿场，又得到了皇帝的眷顾，而发展成为繁华的大城市。3世纪时，这座人口超过15万的城市，成了罗马卡里亚省（Caria）的省府。

拜占庭时代早期，阿佛洛迪西亚斯发展成为东正教城市，阿佛洛狄忒神庙被改建为教堂。从其他建筑上拆下的石头被二次利用，用于建造防护围墙（约350年）。7世纪前，阿佛洛迪西亚斯已经更名为斯塔夫罗波利斯（Stavroupolis，意为"十字架之城"）。史料证明，直到10世纪，拜占庭主教都驻留于此。虽然在12世纪遭到遗弃，但直到15世纪，阿佛洛迪西亚斯都保留了名义上的拜占庭主教辖区地位。

这座城市在荒废之后，一座名为杰伊安（Geyre）的土耳其村庄在原址的基础上发展

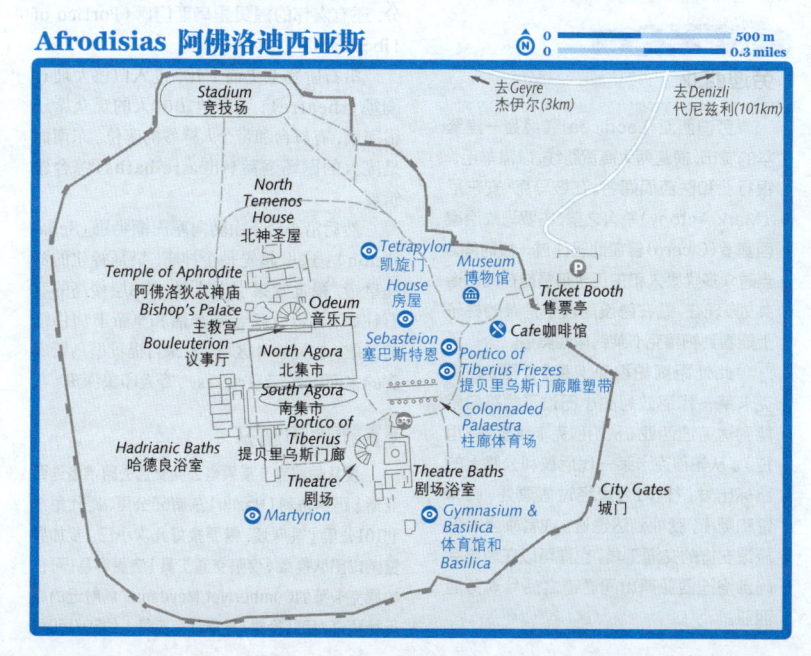

Afrodisias 阿佛洛迪西亚斯

- Stadium 竞技场
- 去Geyre 杰伊尔(3km)
- 去Denizli 代尼兹利(101km)
- North Temenos House 北神圣屋
- Tetrapylon 凯旋门
- Museum 博物馆
- Temple of Aphrodite 阿佛洛狄忒神庙
- Odeum 音乐厅
- House 房屋
- Ticket Booth 售票亭
- Bishop's Palace 主教宫
- Bouleuterion 议事厅
- Sebasteion 塞巴斯特恩
- Cafe 咖啡馆
- North Agora 北集市
- Portico of Tiberius Friezes 提贝里乌斯门廊雕塑带
- South Agora 南集市
- Colonnaded Palaestra 柱廊体育场
- Hadrianic Baths 哈德良浴室
- Portico of Tiberius 提贝里乌斯门廊
- Theatre Baths 剧场浴室
- City Gates 城门
- Theatre 剧场
- Martyrion
- Gymnasium & Basilica 体育馆和Basilica

起来。这座村庄在1956年的一场地震中遭到破坏，后搬迁到别处，以便考古学家们在原址上进行考察。

◉ 景点

从停车场有牵引机拖载着车厢，将你搭载500米，到达入口处。你可以先绕各个遗址走上一圈，最后再进入凉快的室内**博物馆**，坐下来喝杯饮料，晾干汗水。你有两种不同的路线选择，顺时针或逆时针方向游览。逆时针路线受（上午偶尔出现的）旅行团的影响较少。

在博物馆旁右转，去左手边带有爱奥尼亚式和科林斯式立柱的高大**房屋**看看。然后继续向左，精心雕琢的**凯旋门**（tetrapylon）曾在此迎接来到阿佛洛狄忒神庙（Temple of Aphrodite）的朝圣者。这座令人印象深刻的纪念建筑现已经过重建，其中85%采用的还是原先的石材。

草坪上是基南·T.埃里姆（Kenan T Erim）教授之墓（tomb）。这位来自纽约大学的土耳其教授兼考古学家于1961~1990年带头领导了此地的所有发掘工作。

沿着笔直的步道继续下行，右转穿过绿草茵茵的草地，去往270米长的**竞技场**（stadium）。这是最大、保存最完好的古代竞技场之一，超长建筑中共容纳有30,000个杂草丛生的座位。部分是为个人或公会预留的，东端是一个角斗场。从黑暗曲折的甬道望向开阔的场地时，你完全可以想象得到，那些古代勇士们大踏步走向喧闹嗜血的观众、迎接近在咫尺的死神时，心中是怀着怎样的恐惧、兴奋或是紧张激动的心情。

曾经献给爱神的**阿佛洛狄忒神庙**（Temple of Aphrodite）已被改建为长方形基督教堂（约公元500年），神庙的内殿（cella）被去除了，立柱被挪移了位置，构成了教堂的中殿，还增添了半圆形后殿。现在很难想象建筑原来的模样了。在神庙附近，宏伟的**主教宫**（Bishop's Palace）里，曾居住过罗马总督。紧邻的一条向左的小路通往美丽的大理石**议事厅**（bouleuterion，希腊化时期城市的议会厅），千年以来在泥土中几乎毫发无损。

返回岔路口，沿着路标走到tiyatro（剧场）。从这里有小路经过**北集市**（north agora），穿过2世纪早期的**哈德良浴室**（Hadrianic Baths），通往**南集市**（south agora）。其间有座长方形的游泳池，只发掘了一部分，还有宏伟的**提贝里乌斯门廊**（Portico of Tiberius）。

沿石阶登上史前土丘，进入白色大理石**剧场**（theatre），可容纳7000人的观众席还很完整，有舞台和带个人标签的座位。东南面是庞大的**剧场浴室**（theatre baths）综合建筑群。

然后沿小径下山转向**塞巴斯特恩**（Sebasteion）：这里起先是个神庙，祭拜神化的罗马皇帝，视觉效果引人入胜，有3层楼高的双石柱廊，饰以反映希腊神话和皇帝丰功伟绩的浮雕。在同一片区域，有来自提贝里乌斯门廊的多面**雕塑带**（friezes），令人印象深刻。

❶ 到达和离开

要从帕穆克卡莱乘坐公共交通去阿佛洛迪西亚斯［距纳济利（Nazilli）东南55公里、距代尼兹利101公里］很麻烦，需要换好几次小巴。参加导览游或团队换乘（仅限交通工具）会更容易；可在帕穆克卡莱的Cumhuriyet Meydanı广场附近的旅行社预订。团队换乘/导览游花费每人约50/150里

值得一游

劳迪西亚

劳迪西亚（Laodicea）曾经是一座繁华的城市，横跨两大商贸路线，以黑羊毛、银行业和医药而闻名。在被马克·安东尼（Mark Antony）杀害之前，古罗马政治家西塞罗（Cicero）曾在此居住过一段时间。当时众多犹太人和东正教基督徒在此和谐共处。现在，站在隐没于荒草的柱子上能看到帕穆克卡莱钙华池美景。

此处距离帕穆克卡莱8公里。帕穆克卡莱—代尼兹利的小巴过了岔路口就能到达劳迪西亚（从帕穆克卡莱出发3里拉）。从帕穆克卡莱—代尼兹利公路上的路标出发，徒步1公里经过售票处、咖啡馆和厕所，就能到达遗迹。或者乘坐家庭旅馆安排的交通工具，也许可以在游览完阿佛洛迪西亚斯山间遗迹之后参观劳迪西亚。

拉，不过这一价格也会随旅行团人数而波动，不同旅行社的收费也不同。一般来说，旅行社总收入低于200里拉时不会发团；5月至10月，一般会有足够的旅行者，可以保证发团。大部分运营商9:30发团，16:00返回，你有2个半小时游览时间。

湖区（LAKE DISTRICT）

湖区隐藏在安纳托利亚腹地林木苍郁的群山之中，有种世外桃源的感觉。湖区的中心是埃里迪尔。斯维里山（Sivri；海拔1749米）、达乌拉孜山（Davraz Dağı；海拔2653米）和巴拉山（Barla；海拔2800米）俯瞰着这座宁静的小镇。埃里迪尔是个很不错的旅游地，可以从这里出发进行徒步、登山或游览区域内的遗址，或者什么都不干，就只是在环抱小镇的宁静湖边放松身心。

除了湖边赏景、进行水上运动和品尝美味的鱼肉之外，埃里迪尔区域一年四季都有适宜的活动，包括5、6月份的玫瑰采摘、秋季的摘苹果和冬季的滑雪。热爱历史的徒步旅行者，可以探索圣保罗之路，登上高耸在托罗斯山脉（Taurus）陡峭山巅中的萨迦拉索斯（Sagalassos）遗迹。不过最值得一游的原因，可能是本地人的热忱款待，以及整个地区还没有受到大规模旅游开发的影响。

埃里迪尔（Eğirdir）

☑0246/人口17,600

埃里迪尔被埃里迪尔湖（Eğirdir Gölü）围绕，环抱在陡峭的山间，远离安纳托利亚的酷暑和尘埃。亮点有拜占庭堡垒、塞尔柱式建筑和老城区，环绕于沙滩和渔船间。超值的家庭旅馆提供丰盛的自制餐点，此外，埃里迪尔也是游览本区域遗址和从事各种户外活动的优选地。

跟所有的湖滨小镇一样，埃里迪尔也有许多藏在表面下的活动，因此吸引了形形色色的人群。小镇上方的山间有一所军队特种部队训练营，遥远的西岸边则隐藏着水底战训练基地。夏季，在不远的巴拉（Barla）村，会集结参与神秘的努尔运动（Nur movement）的穆斯林。夏末时节，约留克（Yürük）山上的游牧民们会下山来做生意，而秋季大量涌入的苹果批发商们则让绿岛（Yeşilada）贫富差距上升，这座岛屿55年前才和大陆及埃里迪尔其他地区有联系。

◉景点

希兹尔贝清真寺
清真寺

（Hızır Bey Camii；见348页地图）最开始是一个塞尔柱式仓库（建于1237年）。1308年Hamidoğulları emir Hızır Bey统治期间，这座位于中心区的简单的石头建筑变成了清真寺。其特色是中央大厅上方的通风天窗（上面一排窗户），以及米哈拉布（mihrab）周围的新瓷砖。可以特别注意一下雕工精美的木门、石门入口和宣礼塔褪色的蓝色瓷砖装饰。

喷泉市场
集市

（Pınar Pazarı）在8月至10月的每个周日，都可以在这座乡村集市中从约留克突厥人手中购买苹果、奶酪、酸奶甚至山羊，届时他们会从山上的堡垒下来兜售商品，为冬天做储备。在过去，足智多谋的约留克母亲们还会利用这些公共活动来为孩子们商谈婚事。喷泉市场位于埃里迪尔东南7公里处，有小巴（2.25里拉）往返。

城堡
遗迹

（Castle；见348页地图）从中心区沿半岛往前走几百米，便是Akrotiri（拜占庭时代这里的名字）遭到毁坏的城堡那巨大的墙壁。据称建于公元前5世纪的吕底亚王克罗伊斯（Lydian king Croesus）时期。

Dündar Bey神学院
历史建筑

（Dündar Bey Medresesi；见348页地图）1281年，Hamidoğulları emir Felekeddin Dündar Bey将这座位于中心区的宏伟的石头建筑（在当时是有67年历史的塞尔柱式商队驿站）改造为一座神学院（medrese）。这里的小型巴扎有加拉塔萨拉伊（Galatasaray）和费内巴切（Fenerbahçe，足球队）服装、松软的帽子和假日装备出售。

圣斯塔法诺斯教堂
教堂

（Ayastafanos Church；见348页地图）埃里迪尔幸存的最后一座东正教教堂，位于靠近İskele Park公园的绿岛。其余13座教堂在1923年人口迁移时期希腊人离开后都被拆毁了。这座建于12世纪的拜占庭式石头建筑原本的屋顶是用一艘船壳充当的。不幸的是，这里一般会锁住不开放。

活动

★ 埃里迪尔户外运动中心
探险运动

（Egirdir Outdoor Center；见348页地图；☎0246-311 6688；www.facebook.com/Egirdir-Outdoor-Centre-646795995451585；◉8:00～19:00）这家活动中心由户外运动爱好者İbrahim Ağartan及其家人经营，提供免费信息，可以租赁山地自行车（每小时/半日/1日4/25/35里拉）、组织乘船游。也可以按团队价格为独行旅游者提供至当地偏远景点的交通服务，在圣保罗之路（St Paul Trail）上有停靠点；还出租露营设备（帐篷、睡袋、垫子、帆布背包和火炉50里拉），会组织团队游和钓鱼、雪鞋徒步等各种活动。在你从城堡前往绿岛途中的左手边。

运动中心有许多良心推荐和本地区骑行、徒步的自助地图，受欢迎的导览巡游包括

不要错过

圣保罗之路

将近2000年前，使徒保罗（Apostle Paul）从柏尔盖（Perge，靠近海岸和安塔利亚）北行，穿越了安纳托利亚的荒野，抵达今日的亚尔瓦奇（Yalvaç），离埃里迪尔不远。这条蜿蜒曲折的500公里长的路线——从海平面一直爬升到海拔2200米高的山顶，沿途经过摇摇欲坠的古迹。虽然现在有些徒步的人也会从南开始，但埃里迪尔是小径北部和南部500公里范围内很好的营地，这里的选择会更多，你获得的帮助也更多。

可参考土耳其文化线路（Culture Routes in Turkey; http://cultureroutesinturkey.com）、土耳其徒步（Trekking in Turkey; www.trekkinginturkey.com）等网站，以及凯特·克劳（Kate Clow）的指南书《圣保罗之路》（St Paul Trail），在**埃里迪尔户外运动中心**（见346页）有售。

前往山顶遗迹萨迦拉索斯（Sagalassos，每人75里拉）、科瓦达湖国家公园（Lake Kovada National Park, Kovada Gölü Milli Parkı）和Çandır Kanyon（每人75里拉）的一日游。如果热衷于皮划艇或帆板运动，可请这里的工作人员帮忙向当地训练中心租借设备，仅象征性地收些服务费。还有一间洗衣房（20里拉），也可以交换图书。

斯维里山
徒步

（Sivri Dağı, Mt Sivri; Akpınar）位于圣保罗之路上的这座山峰（海拔1749米）是一条很好的一日徒步路线。从Akpınar山村到达山巅往返6公里，需要3.5小时。可通过你住宿的地方或埃里迪尔户外运动中心组织的交通工具往返Akpınar，这里距离埃里迪尔有5公里。

如果你租了车，那么可以前往Akpınar的观景台和茶馆，饱览湖景和半岛风光。从埃里迪尔乘坐出租车往返需要约20里拉。也可以向户外中心询问本地区徒步和山地骑行的选择。

埃里迪尔公共浴室
公共浴室

（Eğirdir Hamam；见348页地图；洗浴15里拉，按摩30里拉；◉7:00～23:00，男宾 周六至周三，女宾 周四和周五）这座修复过的13世纪的公共浴室位于Isparta Konay Yolu的邮局背后。

Dedegöl登山节
徒步

（Dedegöl Dağcılık Şenliği, Dedegöl Mountaineering Festival；◉5月）这个集体攀登Dedegöl山（海拔2998米）的活动由埃里迪尔登山俱乐部组织，于每年5月19日或之后的周五和周六举行。先在Karagöl大本营（海拔1600米）住一晚，凌晨4:00开始徒步一整日到达山巅，然后返回。

免费参加，提供1000名徒步者的交通和餐饮，不过必须通过埃里迪尔户外运动中心报名，并且自己准备装备。

住宿

埃里迪尔由家族经营的家庭旅馆都聚集在城堡遗迹周围（步行很快可以到达镇中心），以及半岛远端，在道路连接的绿岛上（镇中心以北1.5公里）。务必检查卧室窗户有没有纱

窗。埃里迪尔湖有一些虽然无害却很讨厌的小虫子，这些虫子会飞往任何有光的区域。

Şehsuvar Peace Pension　　　家庭旅馆 $

（见348页地图；☎0246-311 2433；www.peacepension.com；Yeşilada；标单/双 60/110里拉；☎）藏身于岛屿中央，靠近绿岛安静的广场，服务热情，有葡萄藤缠绕的阴凉露台和4间明亮干净的客房。店主不会讲太多英语，但还是会试着提供当地活动的信息。

Çetin Pansiyon　　　家庭旅馆 $

（见348页地图；☎0246-311 2154；3 Sokak 12；标单/双 40/70里拉）靠近城堡，狭窄的楼梯上方有6间简朴的客房，有些能看到湖面风景。顶楼房间有一间很简单的厨房，全部浴室最近都重装过。早餐另外收费15里拉。

★ Fulya Pension　　　家庭旅馆 $$

（见348页地图；☎0543-486 4918；www.fulyapension.com；Camiyanı Sokak 5；标单/双 40/50欧元；☀☎）最近的装修将这家著名的旅馆改造成了埃里迪尔最佳住宿点之一。房间明亮宽敞，有些保留了古老的石头墙壁和手工打造的沙发床，新开的屋顶餐厅能看到湖面和山地景色。店主会讲多种语言，还经营有埃里迪尔户外运动中心（见346页），能提供大量关于本地区的信息。

Charly's Pension　　　家庭旅馆、青年旅舍 $$

（见348页地图；☎0246-311 4611；www.charlyspension.com；5 Sokak 2；标单/双 30/40欧元；☀☎）位于城堡背后的老希腊区中央，İbrahim Ağartan和家人经营的这家旅馆提供多种选择。旅馆位于一座奥斯曼时代的建筑中，能一览湖景。这里是一个值得流连的住宿处，有丰盛的自助早餐，还可以端杯啤酒和其他住客聊聊天。会讲多种语言的店主İbrahim能提供各种信息、组织活动，能让你充分利用旅行时间。附近的Lale Pension也属于同一家老板，享受Lale悠闲氛围的客人可以步行前往Charly's用早餐。

Ali's Pension　　　家庭旅馆 $$

（见348页地图；☎0246-311 2547；www.alispension.com；Yeşilada；标单/双/标三/家 28/40/55/70欧元；☀☎）埃里迪尔这家最古老的家庭旅馆位于岛屿最远端，是一个很好的选择，8间客房都装饰精美，一尘不染。店主Birsan会讲英语和德语，她和她的渔民家人一同提供热情优质的服务，这里的家常早餐和菜肴，例如小龙虾也都很美味，且分量很足。

Göl Pension　　　家庭旅馆 $$

（见348页地图；☎0246-311 2370；www.golpension.com；Yeşilada；房间 160里拉；☀☎）"湖"旅馆是绿岛上另一处家庭经营的旅馆。屋顶露台有一个宜人的早餐厅，能看见壮观的景色，那里有两间客房连接到一个私人区。楼梯顶上有一个带倾斜天花板的可爱阁楼式房间。一般从4月底开始营业。

Choo Choo Pension　　　家庭旅馆 $$

（见348页地图；☎0246-311 4926；www.choochoopension.com；Yeşilada；标单/双/标三/家 100/140/180/240里拉）绿岛上的这个家庭旅馆由一个古老的渔民家族经营，湖滨那家Halikarnas餐厅也是他们开的。这里的9间客房就当地标准来说虽然昂贵，但都很宽敞、时尚，最近的翻修更换了新的床和寝具。屋顶有个露台，可以享受有自制börek的湖畔早餐。

Nis Otel　　　精品酒店 $$$

（Eskiciler Konaği；见348页地图；☎0246-333 2016；www.eskicilerkonagi.com；Kaynak Sokak 19；标单/双 140/210里拉；☀☎）这家精心修复的木头大宅毫无疑问提高了埃里迪尔的住宿质量。房间巧妙地将传统古董与现代装饰融为一体，漂亮的公共空间里点缀着古董和漂亮的土耳其挂毯。天气好时，早餐和膳食都在埃里迪尔非常宽敞的户外露台上供应。湖景房价格为20里拉以上。

🍴 餐饮

在家庭旅馆用晚餐美味方便，又能趁机结识其他游客。本地特色菜包括小龙虾（istakoz）和湖里的鲤鱼、鲈鱼及其他鱼类。每年3月中旬至6月中旬，湖里禁止捕鱼，这时候吃到的鱼可能都是冷冻的。绿岛上的鱼餐厅能欣赏美景，希兹尔贝清真寺区则有便宜的土耳其比萨和烤肉三明治。埃里迪尔以elma（苹果）闻名。

Eğirdir 埃里迪尔

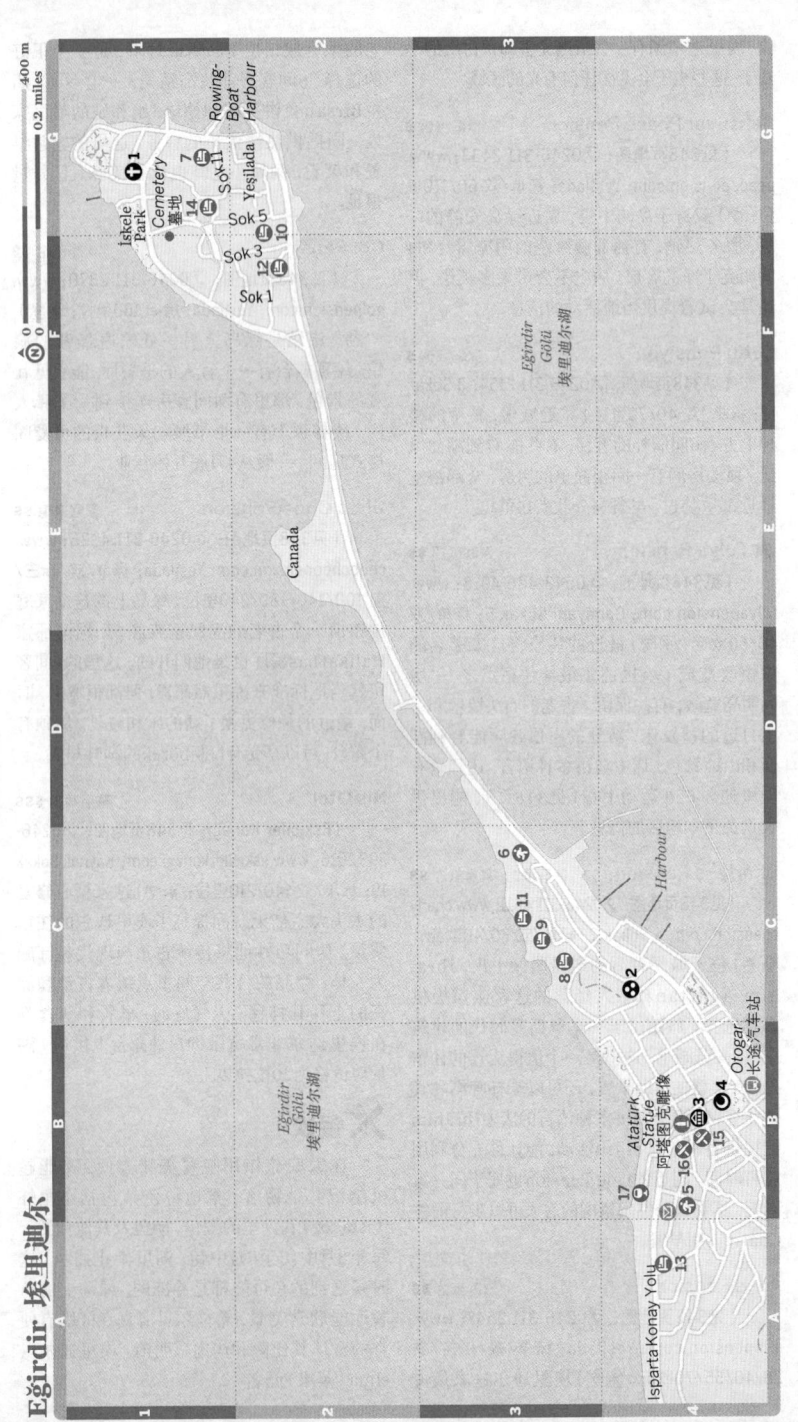

安纳托利亚西部 埃里迪尔

Eğirdir 埃里迪尔

◎ 景点
1. 圣斯塔法诺斯教堂 G1
2. 城堡 C4
3. 神学院 B4
4. 希兹尔贝清真寺 B4

✤ 活动、课程和团队游
5. 埃里迪尔公共浴室 B4
6. 埃里迪尔户外运动中心 C3

🛏 住宿
7. Ali's Pension G1
8. Çetin Pansiyon C3
9. Charly's Pension C3
10. Choo Choo Pension G2
11. Fulya Pension C3
12. Göl Pension F2
13. Nis Otel A4
14. Şehsuvar Peace Pension G1

🍴 就餐
15. Coşkun Döner B4
    埃里迪尔户外运动中心 .... (见6)
16. Günaylar B4

☕ 饮品和夜生活
17. Eğirdir Elma Evi B4

Coşkun Döner
烤肉 $

（见348页地图；烤肉 3里拉起；⊙11:00~15:00）这家"热闹"的烤肉店在街头摆着塑料餐桌，烤肉以dürüm（三明治形式）或盘装形式提供。餐后想喝一杯的话，旁边的茶馆有当地人推荐的埃里迪尔最好的啤酒。距离镇上的阿塔图克雕塑很近，步行可以到达。

埃里迪尔户外运动中心
咖啡馆 $

（见348页地图；主菜 10~15里拉；⊙10:00~20:00；⌨）这家户外运动中心提供家常食物和橄榄油制作的菜肴，包括青豆和茄子。菜单上还有Gözleme（5里拉）、卡布奇诺和意大利浓缩咖啡等。位于从城堡到绿岛道路的左边。

Günaylar
土耳其比萨、烤肉 $

（见348页地图；主菜 10~20里拉；⊙11:00~22:00）这里是中央小广场上两家土耳其比萨和烤肉餐厅中的一家，能看到广场上的阿塔图克雕像，店内也提供güveç（炖菜）和ızgara（烧烤）菜肴。

Eğirdir Elma Evi
果汁吧

（见348页地图；Kubbeli Mahallesi Mehmet Yiğitbaşı Caddesi; 果汁2里拉起；⊙8:00~19:00）埃里迪尔地区以苹果闻名。这家小巧的红色亭子位于湖畔，是一家便利的一站式商店，能买到酥脆的苹果、新榨果汁、苹果pekmez（果汁做的糖浆）甚至用苹果做成的肥皂。可以一边品尝美味的苹果干，一边欣赏美丽的湖景。

Akpınar Yörük Çadiri
茶馆

（Akpınar Koyu; 小吃 7里拉; ⊙11:00~22:00）埃里迪尔风景最好的地方就是山上5公里处Akpınar村中的这家山顶茶馆。可在舒适的室内——设计得像是游牧民的帐篷——找个餐桌，或者在巨大的露台上，享受填满奶酪、土豆和芝麻酱的薄饼。走几步，或者花20里拉乘坐出租车即可到达Akpınar村。

❶ 实用信息

最好的信息处是**埃里迪尔户外运动中心**（见346页），如果乘坐长途汽车前来，长途汽车站也有Kamil Koç的办公室。

❶ 到达和当地交通

埃里迪尔长途汽车站到城堡的家庭旅馆步行就可以到达，距离绿岛只有1.5公里远（乘坐出租车12里拉，小巴2里拉）。

飞机

土耳其航空公司（见649页）有航班可往返伊斯坦布尔阿塔图克机场和**伊斯帕尔塔的Süleyman Demirel机场**（www.suleymandemirel.dhmi.gov.tr）。

要前往位于埃里迪尔西部66公里处的伊斯帕尔塔的Süleyman Demirel机场，可从埃里迪尔乘坐小巴前往伊斯帕尔塔（5里拉，30分钟）。在伊斯帕尔塔的Migros超市下车，然后从街对面乘坐出租车（20里拉，30分钟），或者可从伊斯帕尔塔的政府大厅外或köy garaj（村长途汽车站）乘坐免费接驳车前往机场（30分钟）。

住宿点都可以提供从机场到埃里迪尔的接驳服务（130里拉起）。

长途汽车

有几班车（夏季班次加多）去往下列目

当地知识

海滩和乘船游

　　从城堡边的半岛北岸,到半岛尖端的绿岛,你会发现有几片适合放松的小海滩,许多设有食品摊和茶炉(çay ocakları)。多沙的贝勒迪耶海滩(Belediye Beach)位于镇外的Yazla(沿伊斯帕尔塔路前行不到1公里)。再往北走几公里则是阿尔提恩库姆沙滩(Altınkum Beach)。夏季,每隔15分钟就有从长途汽车站发车的小巴(2里拉)开过。出租车收费15里拉。继续向北,往巴拉方向走11公里,是多沙的贝德瑞海滩(Bedre Beach)。可骑自行车或坐出租车(30里拉)前往。埃里迪尔户外运动中心(见346页)提供山地自行车出租服务。

　　埃里迪尔一些最好的游泳地点只能乘船游(每人75里拉)抵达,你可以去那儿放松一下,钓钓鱼,在微风习习的蔚蓝湖面和青翠的潟湖中好好享受一番。6月15日至9月15日,都可以坐船游览,这已成为渔民和家庭旅馆老板们的副业。如果你随便请一位船东带你去游览的话,每个人大约得花35~40里拉,只能在湖上玩1个小时。比较明智的做法是,通过你住的家庭旅馆或是埃里迪尔户外运动中心来安排,6小时的短途旅行收费75里拉/人。旅途包括探访隐秘的海湾、游泳、日光浴、现钓鲜鱼烧烤午餐、了解当地渔民的生活等。

　　钓鱼游(每人25里拉)也可通过埃里迪尔户外活动中心预订,会很早启程(5:00~7:00),在水面停留2~3小时,日出时亲自动手帮助当地渔民收网。湖面上可能会很冷,所以穿暖些。3月15日至6月15日没有钓鱼游,因为是湖鱼的繁殖季节。

的地:

安塔利亚 25里拉,3小时

艾登(去塞尔柱) 45里拉,6小时

代尼兹利(去帕穆克卡莱) 35里拉,3.5小时

伊斯坦布尔 72里拉,10小时

伊兹密尔 52里拉,8小时

　　至少提前一天买票,尤其是到了夏季周末。埃里迪尔长途汽车站(见348页地图)的Kamil Koç和Isparta Petrol办公室也出售其他汽车公司的车票。**Kamil Koç**(www.kamilkoc.com.tr)有直达车可至卡帕多基亚的格雷梅(60里拉,8小时),不过如果你要去科尼亚(40里拉,4小时),班次更多;如果离开埃里迪尔的时间很早,可以在科尼亚游览几个小时,再继续前往卡帕多基亚。

　　远程长途汽车在邻近的伊斯帕尔塔班次更多,可乘坐频繁发车的长途汽车和小巴(5里拉,30分钟)或出租车(100里拉)。在伊斯帕尔塔,城际汽车终点站在主长途汽车站,从埃里迪尔等当地地区发来的班车终点站在市中心另一面5公里远的köy garaj。两个车站之间有接驳车。

萨迦拉索斯(Sagalassos)

　　萨迦拉索斯高高耸立在"白山"(Ak Dağ)参差不齐的山巅。参观这座古城到处散落的遗迹就是在接近神话。荒凉山中的城市遗迹似乎是在向世人阐述:萨迦拉索斯人对于维持自然、建筑和伟大的古代神祇之间神圣的和谐,有着怎样的认知。

　　萨迦拉索斯是地中海规模最大的考古项目之一,与"以弗所体验"完全背道而驰,很少有旅游巴士的打扰,也没有喧嚣的人群;有时,前来考察的考古学家和在山间游荡的羊群比游客还多。这是一个眺望远景的地方,一个能感受到安纳托利亚粗粝的风拂面的地方。当然了,还是一个可以看到相当震撼人心的古迹的地方。所以,就算差不多90分钟的时间能走马观花全部游览一遍,也还是值得你慢悠悠闲逛一番,好好欣赏这座山顶遗迹。

　　这座古城虽然曾反复遭到地震破坏,却从未被掠夺过,而且重建工作也在缓慢进展中。

历史

　　萨迦拉索斯创立于公元前1200年左右,是一帮好战的"海上民族"寻找战略防御位置时的产物。一个巨大的沼泽(或许甚至是湖泊)可能覆盖了部分低地,就是今天村庄所在的地方。这样一来,古代萨迦拉索斯就三面环山、一面背水,处于严密的保护当中。

在皮西迪亚社会中,萨迦拉索斯后来成为仅次于皮西迪亚的安提俄克之后的第二大城。当地人接受了希腊的文化、语言和宗教习俗。公元前333年,亚历山大大帝占领此地,这里最古老的遗迹可以追溯到他开创的希腊时代。尽管大部分保存至今的建筑都是罗马式样,但题词却都是希腊文(古代世界的通用语)。

罗马帝国时代,萨迦拉索斯繁荣兴旺。其出口的谷物、山泉水和铁矿石让这座城市能够自给自足,在经济上举足轻重。虽然海拔很高,但萨迦拉索斯很好地融入了罗马的安纳托利亚道路体系。公元4世纪,这里成为基督教的拜占庭前哨。然而,瘟疫和自然灾害(例如公元590年的地震)破坏了城市精密的结构,也赶走了幸存的居民。在公元7世纪的大地震之后,萨迦拉索斯被完全废弃。幸存者们搬到了其他村庄,或是住进了瓦砾堆中经过加固的村子里。

13世纪中叶,塞尔柱战士们击败了最后一拨拜占庭守军,但对奥斯曼人而言,这座偏远又损毁一大半的城市,几乎不具备什么战略价值了。于是它沉睡了几个世纪,守护这里的只有羊群和鸟群。直到1706年,一位受路易十四委托的法国旅行家"发现"了它。不过,直到1824年,英国牧师兼古文物研究者FVJ Arundell才最终辨认出了这座古城的真名。

⊙ 景点

尼禄图书馆(Neon Library)经常关闭,记得在售票亭(ticket booth; www.tursaga.com; 10里拉; ⊙7:30~18:00,夏季 至19:00)要钥匙(anahtar)。从入口可以往上右拐,自山顶一路向下走(这条路有点陡),或者从山脚前进,去上面和四周转转。

若从山脚前行,走顺时针路线,去看看大理石的廊柱街道(colonnaded street),这里标志着从低地山谷进入城市的南入口。找不到轮子压出的凹痕,说明这条街主要供步行者使用,是萨迦拉索斯的脊柱和中轴线,向上延伸穿过整个城市。

从下往上看,城市里层叠的喷泉就像是一座三层水塔。这种视觉上的错觉给人留下了深刻的印象。经过提比里安门(Tiberian gate),右边是下层集市(lower agora)和经过大规模翻修的古罗马浴场(Roman baths)建筑群。在集市后方(退回金属台阶),矗立着哈德良水神殿(Hadrianic nymphaeum),两侧都是山坡。这里保存完好的昔日喷泉里有神话中的(大多数都无头)涅瑞伊德斯(Nereids,海仙女)和缪斯(Muses)的精美雕像。一座破败的音乐厅(Odeon)紧邻其上。

现在沿着主路可以蜿蜒登上上层集市(upper agora),这里曾是市民的主要活动区域和政治中心。多亏了复原工作,这里有萨迦拉索斯最令人震撼的景点:安东尼水神殿(Antonine Nymphaeum)。这座庞大的喷泉建筑群约有9米高、28米宽。原本是用7种不同种类的石头雕砌而成,华丽地饰以美杜莎头像和鱼类图案。神殿虽然在公元590年的地震中倒塌了,但震后的瓦砾仍然堆积在一起,给现代的修复工作帮了大忙。最终的效果令人印象深刻,一座庞大的建筑支撑在一排排厚重的石柱上(包括中央的天蓝色大理石柱),大量的水通过这里涌入一条长长的容器中。喷泉里有若干雕像作装饰,其中有一座巨大的酒神狄俄尼索斯像的大理石复制品(原品就在附近的布尔杜尔博物馆内)。

市场西侧边沿的两翼是议事厅(bouleuterion);其中部分座位依然完好无损。喷泉西北面的角落,屹立着一座14米高的英雄纪念碑(heroon)。公元前333年,亚历山大大帝也在这里竖起了一座自己的塑像(目前也搬到了布尔杜尔博物馆)。越过市场的南端可以看到食品市场(macellon),用于献给马可·奥勒留皇帝(Emperor Marcus Aurelius),带有标志性的科林斯式立柱。留意中央的圆形建筑(tholos),里面有一座深深的喷泉,曾用于售卖生鲜鱼类。

从这里右拐上山,去往建于希腊晚期的多立克喷泉屋(Doric fountainhouse),它的管道现已重新与其源头—罗马时代相连。其后是萨迦拉索斯唯一修复过的有顶建筑,即尼禄图书馆(Neon Library),其内铺有精致的马赛克地板。后方的暗处,刻有一句原初的希腊文铭文,纪念Flavius Severianus Neon。这位贵族在120年出资兴建了这家图书馆。后方的矮墙上有弯曲和矩形的壁龛,用来存放阅读材料。此后数百年中,图书馆又经过改良修缮。有引人注目的镶嵌画,描绘阿喀琉斯

❶ 游览萨迦拉索斯

由于萨迦拉索斯沿着陡峭的地形延伸向上,所以来时最好穿结实的鞋。这座遗迹没有树荫,完全暴露在日光下,即便是阳光明媚的炎热天气,这里也往往会有强风,还会有云团骤然聚拢(随身多带一件衬衫或是毛衣)。夏天要赶早或晚点来,避开正午的烈日。

探索萨迦拉索斯约需1.5~4小时。标识系统十分出色,有关于不同建筑的详细的彩色标志。入口地图详细列出了遗址周围的多条道路(你可以拍下来,因为后面不会再出现);我们前文列出的路线与2小时路线是一致的。夏季,考古学家有时会提供免费导览游,并解答问题。其余时节,这里基本上就是你自己的地盘。

www.tursaga.com是一个出色的信息网站,有可以下载的地图和指南,介绍Ağlasun和萨迦拉索斯两地。

出发前往特洛伊的盛况。此画是受短暂在位(361~363年)的罗马皇帝尤利安(Emperor Julian)之命而作。这位皇帝曾试图在东正教帝国内恢复异教信仰,但他的努力不仅未获成功,反而预示了他的灭亡。

最后,位于山顶的是萨迦拉索斯拥有的9000个座位的**古罗马剧场**。这座剧场在土耳其同类建筑中仍属保存最为完好之列,虽然地震破坏了多排座位。在顶端的台阶上方,沿着与剧场平行的方向走,穿过怪异的通道,当时的演员和参赛者们就是从这里进入的(注意,这里很暗,遍地是散落的碎片,出口非常低矮)。在东面的绝壁上可一览动人心魄的全景,城市、群山和平原尽收眼底。

🛏 食宿

★ Sagalassos Lodge & Spa 酒店 $$$

(📞0248-731 3232; www.sagalassoslodge.com; Kırac Mahallesi, Yaylakent 1 Sokak 1; 标单/双130/190里拉; ❄ ⓢ ☎)这家新开的酒店位于Ağlasun和山顶的萨迦拉索斯遗迹之间,周围环绕的都是松林。现代化的宽敞房间中有巨大的浴室。酒店可以提供自行车独自探索。其余休闲项目包括一座日光浴泳池、一座水疗和健康中心,其中有一间公共浴室。出色的餐厅也对非住客开放。

❶ 到达和离开

从埃里迪尔乘坐出租车往返约200里拉(最少3人);车辆一般9:00出发,16:00返回。可通过你住的家庭旅馆或**埃里迪尔户外运动中心**(见346页)安排,他们会帮忙组织独行游客进行团队游,帮你减免费用,组织的团队游每人75里拉。

也可从伊斯帕尔塔的köy garaj乘坐每小时1班的小巴前往Ağlasun(6里拉,1小时,6:30之后发车)的小巴。每天还有少量几班**Ağslasun Minibüs Kooperatifi**(www.aglasunkoop.com)的小巴连接Ağlasun和安塔利亚(15里拉,2.5小时)。

从Ağlasun出发,往上经过一段7公里的陡峭蜿蜒的山路,就到了售票处。你也可以选择另一条3公里长的登山路。出租车往返花费为50里拉(包括在萨迦拉索斯约1小时的等待时间);也可以用同样价格劝说从伊斯帕尔塔来的小巴司机提供同样的服务。

安塔利亚和蓝绿海岸

包括 ➡

达利扬	355
费特希耶	362
卡亚寇伊	369
死海	371
帕塔拉	377
卡尔坎	380
卡什	385
奥林帕斯和西拉里	393
安塔利亚	397
西戴	411

最佳餐饮

- ➡ İzela Restaurant（见371页）
- ➡ Kalamaki Restaurant（见383页）
- ➡ Retro Bistro（见389页）
- ➡ Fethiye Fish Market（见362页）
- ➡ Yörük Restaurant（见396页）

最佳住宿

- ➡ Hotel Unique（见366页）
- ➡ Hotel Villa Mahal（见382页）
- ➡ Hideaway Hotel（见388页）
- ➡ Mehtap Pansiyon（见391页）
- ➡ Myland Nature Hotel（见396页）

为何去

古代利西亚人将他们的帝国立足于这片位于安塔利亚和费特希耶之间的泰凯半岛时就意识到了其重要意义，这里宛若地中海天堂，是土耳其最具美感的地方，碧绿的海水冲刷着围绕海岸线的沙滩，背后是覆盖着森林的山坡。蓝绿海岸是一片阳光与海的乐园，但是走出沙滩，你又会发现诸如桑索斯、特洛斯和阿惹康达等古城颤巍巍地高耸在山巅，普那拉和米拉有凿刻在崖壁间、装饰华丽的墓穴。在500公里长的利西亚之路步道中选一段进行徒步，漫步于遗迹之间，即使挥汗如雨也会感到不虚此行。

如果只想感受海滩，选择这里就对了。对于刚开始探索的人，这里有帕塔拉令人难以忘怀的海滩、连接奥林帕斯和西拉里的海滩，以及风景如画的卡普塔什。当然这三处周围都有古代遗址环绕其中。

何时去

安塔利亚

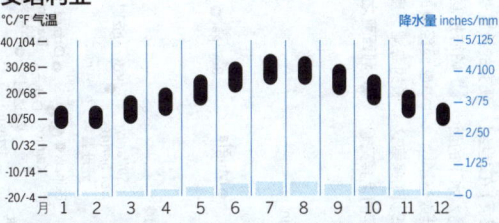

3月至4月 最好的徒步时间，在春花烂漫的崎岖山间阔步徜徉。

5月 赶在旅游高峰期之前去，扬帆地中海。9月也很适合。

6月至8月 夏季，安塔利亚、卡什、费特希耶和达利扬都很拥挤，在此期间会举办节日。

安塔利亚和蓝绿海岸亮点

❶ 凯考瓦岛（见392页）在2世纪发生的一次地震中沉入水下的西美纳城上方划皮划艇或巡游。

❷ 卡亚寇伊（见369页）探索这座一个世纪前被废弃的诡异又超现实的希腊鬼城。

❸ 帕塔拉（见377页）先到遗址中感受经典的历史，再走18公里长的海滩上度过下午。

❹ 利西亚之路（见363页）徒步走一段这著名的步道，从度假天堂（如卡什）前往快乐村庄（如卡莱克伊）。

❺ 老城（见397页）漫步安塔利亚老城区迷宫般的街巷，然后在古罗马海港跳上团队游船只。

❻ 蓝色航行（见368页）从费特希耶、戈西克或代姆雷启航，乘坐土耳其传统木帆船，探索地中一带的繁荣。

❼ 火龙奇美拉（见395页）在奥林帕斯的海滩和遗迹度过一天后，夜晚徒步登上奥林帕斯山，看一看永恒不息的火焰。

ℹ️ 到达和离开

安塔利亚是本地区的交通枢纽，夏季每天有许多来自土耳其全国各地和欧洲各国的航班。达拉曼也有一座繁忙的国际机场，土耳其所有大型汽车客运公司都有服务安塔利亚城镇的车次，往西可到达达利扬。

如果要在泰凯半岛上乘坐长途汽车，很可能会沿着海岸线先到安塔利亚或费特希耶，之后再往内陆前进。从主要城镇一般可搭上前往伊斯坦布尔的夜车，夏季还有加班车服务。

每天有渡轮连接卡什和希腊的梅斯岛[Meis，希腊叫卡斯特洛里佐岛（Kastellorizo）]。

达利扬（Dalyan）

☎ 0252 / 人口 5094

悠闲的小镇达利扬或许主要都是团队游游客，但在远离主街的地方却挤挤挨挨地排列着许多餐厅和酒吧，保留着其原本沉寂的湖畔风情。今天极富氛围的卡诺斯（Kaunos）遗址和肥沃的内陆地区，曾经是一个小小的农耕社区，夏季时节，总有来自马尔马里斯（Marmaris）和费特希耶的短途游船队沿着美丽的水道巡游。

除了家门口的遗址之外，达利扬也是探访克伊杰伊兹湖（Köyceğiz Gölü）和附近有海龟拯救中心的伊兹图兹海滩（İztuzu Beach）极好的大本营。等你沐浴着阳光享受完乘船之旅或是穿越过古城遗址，就可以在河畔找个椅子欣赏达利扬最著名的景点：古代卡诺斯威严的王陵，它们依崖壁雕凿而成，日落时分散发着金色的光辉。

👁 景点

★ 卡诺斯 考古遗址

（见358页地图；门票 10里拉；⏰ 4月至10月 9:00~20:00，11月至次年3月 8:00~17:00）卡诺斯（或称Caunus）建于公元前9世纪，直至公元前400年都是卡里亚（Carian）一座很重要的城市。因为与利西亚相邻，这里的文化带有两个帝国的特色。

进门后左边的剧院保存得非常完好。山上残存着一座卫城遗址，周围乡野的美丽景色尽收眼底。进门后正前方是罗马浴场遗址，令人印象深刻，此外还有一座6世纪的教堂，山坡下还有一座港口集市。

王陵 陵墓

（见358页地图）达利扬著名的利西亚风格的王陵，是在镇中心西南达利扬河对岸的崖壁上开凿出来的。从小镇沿着Maraş Caddesi向南到达Kaunos Sokak的最西端，就能清楚看见形状像房屋的卡里亚陵墓。或者，你也可以乘坐达利扬Saki餐厅旁停泊的一排私家划艇（往返5里拉）中的一艘。他们会载你到河对岸的坎迪尔（Çandır）小定居点，从那里徒步5分钟就能到达王陵。

伊兹图兹海滩（İztuzu Kumsalı） 海滩

伊兹图兹（意为"海龟"）海滩是一座非常棒的游泳海滩，也是地中海最大的赤蠵龟（loggerhead turtle）筑巢地之一，有强制执行的保护海龟的特别法规。虽然海滩白天对公众开放，但5月至9月的夜间（20点至次日8点）则禁止到访。海滩上有一排木桩指明海龟巢穴所在地，游客不允许靠近，以免打扰它们筑巢。

这条4.5公里长的沙滩位于达利扬镇中心以南10公里处，从陆路和达利扬河均可到达。旺季时每半小时就有1班小巴（3.50里拉，20分钟）往返于镇中心的共和国广场（Cumhuriyet Meydanı）和海滩（冬季每天4班）之间。

海龟研究、拯救和康复中心 野生动物保护区

（Deniz Kaplumbağaları Araştırma, Kutarma ve Rehabilitasyon Merkezi，简称DEKAMER；☎ 0252-289 0077；http://dekamer.org.tr；İztuzu Beach；捐赠入场；⏰ 10:00~18:00）位于伊兹图兹海滩南端的这座海龟拯救中心总部建于2009年，主要得益于琼恩·海默夫（即卡普坦·琼恩；见357页）的影响力，由她所重建的海滩小屋（baraka）现在是一座有关她的生活和工作内容的小博物馆。这里曾拯救了许多赤蠵龟和绿海龟，你还会看到被钓钩、渔网以及轮船螺旋桨所伤的30~40公斤的海龟接受治疗的过程。

🚶 活动

Dalyan Kooperatifi 乘船游

（见358页地图；☎ 0541 505 0777）乘坐由

Dalyan Kooperatifi运营的乘船游能去很多的麻烦,船就停靠在达利扬主广场西南的河上。10:00或10:30从码头出发前往克伊杰伊兹湖、苏丹温泉(Sultaniye Hot Springs)和伊兹图兹海滩。每人35里拉的旅途费用包括午餐。

还有更短的下午4小时的团队游,14:00出发,价格为25里拉。

公司的船只也可作为河上小巴往返达利扬和伊兹图兹海滩之间,往返收费为10里拉。夏季高峰期10:00或10:30~14:00每隔20分钟一班,返程时间为13:00~19:00(平季至17:00或18:00)。不要相信那些自称"海龟观赏"的游览,他们会很不道德地在白天使用诱饵引诱海龟。只能参加团队游,乘坐螺旋桨上有保护措施的船只,以保护海龟;这些船的旗帜上带有"卡普坦·琼恩海龟保护基金会"(Kaptan June Sea Turtle Conservation Foundation)的标志。

如果能召集兴趣相投者组成团队,也可以租赁一艘能乘坐8~12人的客船。2小时去卡诺斯的旅程每船费用为100里拉。如果还想去苏丹温泉,可选择3小时行程,费用为130里拉。议价时一定要弄清是每船还是每人的价格,因为这些船长会靠制造误解来抬价,这是出了名的。团队游可以穿过湖面前往克伊杰伊兹的周一市场(20里拉,10:30~16:00,在克伊杰伊兹停留3小时),沿着海岸西部从伊兹图兹海滩到Ekincik海滩和洞穴(50里拉,含午餐,10:00~16:00)。

苏丹温泉 温泉

(Sultaniye Kaplıcaları; ☎0507 853 8333; 门票8里拉; ⊙8:00~23:00)想找些真正(和肮脏)的乐趣,可以去克伊杰伊兹湖西南岸的苏丹温泉,从克伊杰伊兹和达利扬都可到达。这里冒着气泡的泥浆温泉(温度可达39℃)富含轻微的放射性元素,矿物质水中的氯离子、钠离子、硫化氢和溴化物含量很高。

要从达利扬过来,可参加乘船团队游,或乘坐小巴船(10里拉,30分钟),客满即从河畔出发(夏季每半小时1班,其余时间每小时1班)。也可以乘坐划艇过河前往坎迪尔(往返5里拉),从那里步行17公里前往。

从克伊杰伊兹到达这里,先于9:00乘坐去往Ekincik(10里拉)的公共汽车,在苏丹温泉下车。6月至9月,这班车每天一班,18:00返回。你也可以租出租车(70里拉往返),或参加乘船团队游。

Kaunos Tours 探险运动

(见358页地图; ☎0252-284 2816; www.kaunostours.com; Sarısu Sokak 1/A)这家公司位于城市地标——海龟雕塑对面的主广场最东端,提供各种水上和陆上活动,包括峡谷漂流(120里拉)、海上皮划艇(120里拉)、吉普车陆地巡游(100里拉)、导览徒步(112里拉)和一艘豪华的土耳其传统木帆船(gület),绕着戈西克地区的十几座小岛巡游(144里拉)。价格包括午餐。

Ethos Dalyan Dive Centre 潜水

(见358页地图; ☎0555 412 5438, 0252-284 2332; www.dalyandive.com; Yalı Sokak 5)这家专业机构提供浮潜和潜水之旅。一日游包括两次潜水,提供午餐,10:00出发,16:45返回。

🛏 住宿

Dalyan Camping 露营地 $

(见358页地图; ☎0252-284 5316, 0506 882 9173; www.dalyancamping.net; Kaunos Sokak 4;露营地 每人20里拉,房车50里拉,平房含早餐80~120里拉,不含浴室60~90里拉; ℗❄❋☎)这里绿树成荫,有三种户型的乡村平房,带有石头地板和基本款家具,还有用于停靠房车或扎帐篷的空间。小一些的平房没有独立卫浴或空调。提供客用厨房和洗衣机,烤肉餐厅有伸向码头的水疗露台,从那里能看到王陵。

Bahaus Resort Dalyan 青年旅舍 $$

(☎0533 688 2988, 0252-284 5050; www.bahausresort.com; İztuzu Yolu 25; 铺20欧元,房/标三/四/套 65/85/95/110欧元起; ℗❄❋☎❀)原本是一家"青年旅舍度假村",现在更适合家庭游客,是伊斯坦布尔Bahaus Hostel在南方的姊妹酒店,位于一片宽阔的农场风格的建筑中,有17个精品房,包括一间宿舍。早餐食材产自当地,定期举办烧烤,住店旅客可免费借用自行车,还组织各种活动。楼里甚至还有一家健身房。

当地知识

卡普坦·琼恩：海上环境问题专家

1975年，当英国人琼恩·海默夫（June Haimoff）乘坐她的Bouboulina号驶入达利扬时，根本没有想到海龟这回事。但之后"卡普坦·琼恩"（Kaptan June）——正如当地人亲切地称呼她的那样——却在伊兹图兹海滩上建起了小屋（baraka），在地平面高度观测赤蠵龟（caretta caretta）并建立隔离区予以保护，她得到了许多土耳其和外国环境问题专家的帮助，计划将这片海滩开发成一座拥有1800张床铺的马尔马里斯风格的酒店度假村，这成了她一生的事业。琼恩建起了海龟保护基金会（www.dalyanturtles.com），2011年，她以89岁的高龄荣获大英帝国员佐勋章。

海龟最大的威胁是什么？

人类。水坝和道路的增加破坏了许多地中海海岸。海龟栖居地因为旅游业的发展而被损毁。在对海龟造成的伤害中，有超过90%都是因为人类的钓钩和渔网，还有轮船螺旋桨造成的伤害。

基金会采取了什么措施来减少危害？

我们的第一个项目是分发当地生产的螺旋桨防护装置给达利扬河上的巡航船只。现在我们也在寻找和分销可生物降解的渔线，这样就算被海龟咽下也不会造成伤害。说服当地船只运营者安装螺旋桨保护器并不容易，但他们的兴趣正在提高。我们一直保守诺言，为船只提供和安装保护器，而不收取当地船主的费用。

伊兹图兹海滩的游客该怎么做来减少危害？

想在自然环境下看到海龟的愿望是很难满足的，他们只有在交配季节的夜晚才会出动，但海滩在那时是关闭的。有些船运公司会在白天提供"海龟观赏"之旅，用喂食它们最爱的螃蟹和鸡肉的方式引诱海龟出来，这样的行为是不适当的。我推荐旅行者参加安装了螺旋桨防护装置的轮船旅游，这些船只可以通过船上带有海龟保护基金会标志的旗帜加以识别。轮船公司，特别是年轻人经营的公司越来越支持这项事业。一旦旅行者选择了这些船，其他的也会跟进。我们希望有一天当地立法机构会参与进来，禁止不适当投喂海龟的行为，支持安装螺旋桨保护器，与此同时，我们也会继续朝着这些目标推进。

Midas Pension 　　　　　　　家庭旅馆 $$

（见358页地图；☎0252-284 2195；www.midasdalyan.com；Kaunos Sokak 32；标单/双120/150里拉；P❀❀❀）这家位于河畔的家庭旅馆很适合家庭游客入住，店主Selçuk和Saadet Nur都很热情，河畔葡萄藤凉亭下的一个码头露台使这里更完美了。有10个刷成白色的房间，5个在主楼，5个在花园，都很舒适干净，毛巾折叠成可爱的天鹅等待你的到来。旁边的Likya Pension收费相同，但没这么讨人喜欢。

★ **Kilim Hotel** 　　　　　　　精品酒店 $$$

（见358页地图；☎0532 573 9577，0252-284 2253；www.kilimhotel.com；Kaunos Sokak 11；标单/双/家 52/66/79欧元；P❀❀❀❀）有15个通风的大房间，这家安静的酒店能让你有宾至如归的感觉。土耳其裔英国人店主Becky和Emrah创造的这个悠闲的空间，会让客人感觉遇到朋友一般亲切。从装饰墙壁的挂毯到屋顶的理疗、按摩、指压和整体治疗，这座宁静的酒店里弥漫着一种文化氛围。

★ **Happy Caretta** 　　　　　　　酒店 $$$

（见358页地图；☎0532 645 8400，0252-284 2109；www.happycaretta.com；Kaunos Sokak 26；标单/双/标三 55/75/105欧元起；P❀❀❀❀）这家酒店位于遍植柏树和棕榈树的梦幻花园中，14间简洁的客房虽然小但舒适，采用时髦的自然元素装饰。此外还有一座可爱的伸向码头的露台等着你一探究竟，夜晚能眺望到灯火点点的王陵，千金难换的体验。

Dalyan 达利扬

安塔利亚和蓝绿海岸

达利扬

Dalyan Resort 度假村 $$$

（见358页地图；☏0533 683 4466，0252-284 5499；www.dalyanresort.com；114 Sokak 12；标单 90~102欧元，双 120~136欧元；P❄❅🎈🏊）这家拥有100个房间的水疗度假村位于一座突出在河面上的自有小半岛上，距离镇中心1.2公里远，有摆渡船可前往伊兹图兹海滩。服务谨慎，从九柱游戏木柱形状的游泳池能看到王陵，游泳池上方是房间和餐厅。

Kamarca House Hotel 精品酒店 $$$

（☏0252-284 4517；www.kamarcahotel.com；Tepearası Köyü；房 220欧元；P❄❅🎈🏊）如果想寻找豪华又绝对安静的美食酒店，那就去这家位于Tepearası村的精品酒店吧，就在达利扬前往克伊杰伊兹公路8公里处。客房和套间的装饰都很精彩，完美融合了自然的木石、古董家具和原创艺术品。女主人Kamer的厨艺堪称传奇；她在美国也有自己的餐厅。提供包全餐的住宿。

✖ 餐饮

达利扬的餐厅就餐环境在高品质和只针

Dalyan 达利扬

◎ 重要景点
1 卡诺斯...A5

◎ 景点
2 王陵...B2

✪ 活动、课程和团队游
3 Dalyan Kooperatifi C2
4 Ethos Dalyan Dive Centre................... C2
5 Kaunos Tours D2

🛏 住宿
6 Dalyan Camping B4
7 Dalyan Resort A4
8 Happy Caretta B4
9 Kilim Hotel B4
10 Midas Pension...................................... B4

🍴 就餐
11 Casa Nova C3
Dalyan İz .... (见18)
12 Dostlar Cafe D1
13 Kordon D2
14 Mai Steakhouse C2
15 Metin Pide D2
16 Saki C2

☕ 饮品和夜生活
17 Jazz Bar Dalyan D1

🛍 购物
18 Dalyan İz D2
19 Unique Art C3

对游客的餐馆之间摇摆,后者一般提供的都是乏味的国际菜式,大多数位于Cumhuriyet Caddesi和Maraş Caddesi。想寻找当地人喜欢的馆子,可以去南部Cumhuriyet Caddesi和Karayol Sokak之间的小街上。周六集市是采购当地新鲜食材的好时候。

Maraş Caddesi两边有大量的咖啡馆、酒吧和夜店。

Dalyan İz   咖啡馆 $

(见358页地图; ☎0542 451 5451; www.dalyaniz.com; Özalp Sokak 1; 蛋糕5~9里拉; ⊙周五至周三 9:30~19:00)因为有不断变化的家常烘焙食品和上好的手冲咖啡,这座位于花园中的可爱的咖啡馆很受达利扬外国移民的欢迎。这里还有一家商店出售有趣的手绘陶器和瓷砖,热情的土耳其裔英国人店主能提供大量有关当地的信息。

Metin Pide   土耳其比萨 $

(见358页地图; ☎0252-284 2877; Sulunger Sokak; 土耳其比萨/比萨 10/15里拉; ⊙11:00~22:00)这家花园餐厅的比萨和土耳其比萨很受当地人的欢迎,提供所有经典馅料,不过其他菜肴就没这么好了。

Dostlar Cafe   土耳其菜 $

(见358页地图; ☎0252-284 2156; Camı Karşısı 10; 主菜15里拉; ⊙11:00~22:00)这家餐厅附属于一家蜂蜜店,名为"朋友",铺着格子桌布,有一种乡村风情。提供点心馅饼(börek),全天都有土耳其早餐(kahvaltı),也有达扬常见的汉堡和国际热门食物。

★ Kordon   海鲜 $$

(见358页地图; ☎0252-284 2261; Çarşi İçi 2; 开胃菜 8里拉, 主菜 22~35里拉; ⊙11:00~22:00; 🅿🍴♿)这是达利扬一家历史悠久的鱼餐厅(1987年开业),有一座河畔花园,位于一个居高临下的位置,靠近游船停泊处。不喜欢吃鱼的人,还有大量牛排和烧烤可供选择,还有手切的薯条和大量的素食。

Casa Nova   现代土耳其菜、各国风味 $$

(见358页地图; ☎0530 223 5505, 0252-284 5057; www.casanovadalyan.com; Sağlik Sokak 5; 主菜 30里拉; ⊙8:00至次日1:00; 🍴)就是从前的Dalyan La Vie,现已变成镇上最吸引人的新餐厅,华丽的河畔露台提供从脆玉米饼到面条小吃和主食。

Mai Steakhouse   各国风味 $$

(见358页地图; ☎0252-284 2642; Sulungur Caddesi 1; 主菜 25~35里拉; ⊙11:00~22:00)这家悠闲的餐厅采用俏皮的蓝白色主题装饰,提供地道的牛排、一些地中海菜肴和其他各国风味菜式。

Saki   土耳其菜 $$

(见358页地图; ☎0252-284 5212; Geçit

Sokak；主菜17~30里拉；❷）位于河边一个通风的位置，这家地道的餐厅提供有达利扬最全面的土耳其食物。没有菜单；从玻璃柜中的自制开胃菜（8~13里拉）里选择，也有肉、蔬菜和鱼。

Jazz Bar Dalyan 酒吧
（见358页地图；❷0507 063 4614；www.jazzbardalyan.com；Gülpinar Caddesi；❷21:00至深夜）这家有霓虹灯的时髦酒吧提供有各种美味的鸡尾酒，有一个花园能享受河景，每晚都有现场音乐演奏（10月中旬到次年4月中旬，仅限周五和周六）。

🛍 购物

Dalyan İz 艺术
（见358页地图；❷0542 451 5451；www.dalyaniz.com；Özalp Sokak 1；❷周五至周三 9:30~19:00）这里旨在向顾客介绍土耳其文化，有各种精美的土耳其艺术作品，还有一个小画廊，介绍艺术家信息。展厅主题包括托钵僧、公共浴室、陶瓷，出售商品包括油画、雕塑、模型和手绘瓷砖。

Unique Art 首饰
（见358页地图；❷0546 545 1719；www.theuniqueart.com；Maraş Caddesi 42；❷4月至11月 8:30至午夜）10年里，珠宝商Kenan一直在这间商店兼美术馆中出售他的各种首饰和礼品。可选择的有来自伊斯坦布尔的珊瑚耳环、伊兹密尔的戒指，还有织物、陶瓷、用安纳托利亚东部的橄榄油和肉桂制作的肥皂。Kenan的作品带有一种复古风格，采用奥斯曼时期的图案，首饰终生保修。

ℹ 实用信息

旅游办公室（见358页地图；❷0252-284 4235；Cumhuriyet Medani；❷周一至周五 9:00至正午和13:00~17:30）位于达利扬主广场上一个风格现代的玻璃墙岗亭中，有一些宣传册和地图。

ℹ 到达和离开

小巴站位于主清真寺附近的共和国广场上，小巴在路线上随招随停。去达利扬（Dalaman）没有直达小巴。要先乘坐小巴到奥尔塔贾（Ortaca；4里拉，旺季每25分钟1班，淡季每小时1班，14公里），然后在那里换车。从奥尔塔贾长途汽车站有固定车次的长途汽车至克伊杰伊兹（6里拉，25分钟，22公里）、达拉曼（4里拉，15分钟，9公里）和费特希耶（10里拉，1.25小时，75公里）。乘坐出租车到达拉曼机场车费为80里拉。

5月至9月每天10:00有1班小巴从达利扬开往克伊杰伊兹、马尔马里斯和费特希耶。

包括**Kaunos Tours**（见356页）的旅行社提供汽车租赁。

达拉曼（Dalaman）

❷0252/人口 25,313

自从一直在扩建的达拉曼国际机场（Dalaman International Airport；见648页）在临近河畔的三角洲完工以来，这座农业小镇就几乎没有变化过，绝大多数抵达的游客很快就离开了。

从达拉曼国际机场去达拉曼镇只有5公里远，继续行进5公里就能到达D400海滨公路。除了夏季往返欧洲许多城市的航班外，土耳其航空公司（见649页）、飞马航空公司（见649页）和Atlasglobal（见649页）全年每天都有几班往返伊斯坦布尔两座机场的班次，Anadolu Jet（www.anadolujet.com）的航班可往返安卡拉。

从机场出发，**Havaş Airport Bus**（❷0555 985 1165；www.havas.net/en）运营的机场大巴班次时刻表能配合所有国内抵达的航班。去费特希耶（1小时，经戈西克）长途汽车站为10里拉，去马尔马里斯（1.5小时，经奥尔塔贾和克伊杰伊兹）长途汽车站为15里拉。要返回机场，全年每天都有5~8班。

搭乘出租车去达拉曼镇约35里拉；去达利扬约80里拉，费特希耶120里拉。

从Kenan Evren Bulvarı和Atatürk Caddesi十字路口附近的达拉曼长途汽车站，可以搭乘长途汽车去往安塔利亚（35里拉，4小时，335公里）、克伊杰伊兹（8里拉，30分钟，26公里）和马尔马里斯（15里拉，1.5小时，90公里）。向北和向东的所有路线都会经过穆拉（20里拉，2小时，87公里）或费特希耶（15里拉，1小时，46公里）。

从机场经达拉曼到公路的主路边有多家汽车租赁公司。Economy Car Rentals（www.

戈西克(Göcek)

☎0252/人口 4285

戈西克(发音geuh-jek)是西地中海沿岸的高端游艇游览胜地,迷人的海湾提供了不同于费特希耶的休闲氛围,虽然高楼大厦仍然在向小镇四周环绕的山坡上扩建。码头西端有一个很小但很干净的适合游泳的海滩,经营乘船游的公司遍布小镇,提供"12岛"一日游,绕着费特希耶湾(Fethiye Körfezi)的这一边巡游。这样的团队游大多都是私人经营,所以必须租赁整艘船,相比个人或情侣,更适合团队游。

住宿

虽然戈西克主要迎合的对象是游艇拥有者,但这里其实有适合各种预算的住宿处。多数家庭旅馆在镇中心和西边的Turgut Özal Caddesi两边。有些街道是步行街,停车位置有限,在中心区边缘找到车位,然后步行前往住宿处可能比较简单。许多经济型家庭旅馆提供的房间都不含早餐。

Göcek Dim Hotel   酒店 $$

(**☎**0532 796 2798, 0252-645 1294; www.gocekdimhotel.com/eng; Günlük Sokak 13; 标单/双 80/100里拉; P❄☎✉)这家酒店有15间简单但设备齐全的客房,有一座美丽的露台,还有中等大小的游泳池,地址位于海滩正对面、镇中心以西,非常超值。所有客房都有冰箱和电视。旁边有一家老派咖啡馆,这里位置便利,从小巴的PO车库的站台沿着Turgut Özal Caddesi直行即到。

Efe Hotel   豪华酒店 $$$

(**☎**0252-645 2646; www.efehotelgocek.com; Likya Caddesi 1; 标单 189~208里拉, 双 220~230里拉; P❄❄☎✉)这家戈西克镇迄今为止最具野心的酒店,隐藏在Skopea Marina码头以北约200米处的一座苍翠花园中,地理位置居中,有20间大而明亮的现代化客房,泳池尺寸将近奥运会标准的一半。怡人的花园酒吧里能看到山景,感觉就像是一座乡村疗养处。

Villa Danlin   酒店 $$$

(**☎**0252-645 1521; www.villadanlin.com; Çarşılçı Yolu Caddesi 36a; 标单/双 65/75欧元; ❄❄☎✉)在这家位于戈西克主街上的可爱的酒店里,你将找到家庭风格的明亮客房,服务热情。前部的迷人小建筑中有大堂和3间客房,后面的现代风格建筑内另有10间客房,能眺望到一座相当大的游泳池。

餐饮

鱼餐厅、咖啡馆、酒吧和各种餐馆都聚集在Skopea Marina码头周围,以及朝向东方的İskele Meydanı水滨步道两边。

Kebab Hospital Antep Sofrası   烤肉、土耳其比萨 $

(**☎**0252-645 1873; İskele Meydanı; 主菜 20里拉; ⏰8:00至午夜)虽然名字看上去像是开玩笑,实情并非如此,这里是戈西克最好的烤肉餐厅。在码头边找个餐桌,边享受烤肉,边看风景。如果不想吃烤肉,这里也提供阿拉伯比萨和土耳其比萨,包括备受推荐的kıymalı(与肉末),搭配一盘沙拉和洋葱。

★ West Cafe & Bistro   各国风味 $$

(**☎**0252-645 2794; www.westcafegocek.com; İskele Meydanı; 主菜 30里拉; ☎✉)戈西克最讨人喜欢的聚餐处,呈现出一种当代乡村的氛围,附设有一家橄榄油商店,菜单上有薄饼和油炸玉米粉饼。餐厅对细节的注重令人印象深刻,曲奇饼、杯装草莓味的水、出色的咖啡、人造革装订的新奇的支票夹都是证明。

有国际品牌的啤酒,例如Peroni、Hoegaarden和Guinness,菜单上有"适合啤酒"和"适合拉克酒"的小吃。

Blue Lounge Bar   酒吧

(Skopea Marina; ⏰8:00至次日2:00)这家休闲又友好的酒吧是夏天傍晚喝一杯的好去处。饮品优惠时段(17:00~19:00)鸡尾酒买一赠一,啤酒(10~12里拉)总是冰镇的,玛格丽塔酒和代基里酒是冰冻的。小吃(15里拉)有玉米脆饼和汉堡,也有常见开胃菜,如状似雪茄的馅饼。

❶ 到达和离开

开往费特希耶和达拉曼的长途汽车和小巴在

主公路上的PO车库停靠，那里位于镇中心以西1公里处（往达拉曼方向）。每小时有1班小巴开往费特希耶（7里拉，45分钟，30公里）和达拉曼（5里拉，30分钟，17公里）。要去达利扬，需要在奥尔塔贾（5.50里拉，35分钟，19公里）换车。公共汽车公司办公室在主广场，那里必不可少地有一座阿塔图克（Atatürk）的半身像。

费特希耶（Fethiye）

☎0252 / 人口 82,000

1958年，一场地震将古老的海港城市费特希耶（发音为feh-tee-yeh）夷为平地，只有历史遗址泰尔梅索斯（Telmessos）幸免于难。如今，50多年过去了，费特希耶又一次成为地中海西部地区繁荣的枢纽城市，以及乘坐土耳其传统木帆船巡游的主要基地。费特希耶城市的规模虽然在不断扩大，但也异常低调，主要是因为城内的高层建筑受到了严格的限制，木帆船在这里停靠的时间也都比较短暂，4月至10月，游客会成群结队而来。

费特希耶的天然港或许是这一地区最优良的港口，它隐藏在宽阔海湾的南部，海湾里散布着许多漂亮的小岛，包括Şövalye Adası岛。詹姆斯·邦德的影片《007之大破天幕危机》（Skyfall）中还有它的身影。费特希耶是游览死海（Ölüdeniz）的便利基地，那里也是土耳其热门的海滨旅游胜地。死海周围的乡村也有许多有趣的景点值得探索，其中包括鬼城卡亚寇伊（Kayaköy，又被称之为Karmylassos），矗立在山上。

⊙ 景点

泰尔梅索斯遗留下来值得参观的地方很少。散落在城中的遗址包括利西亚石棺，建于公元前450年左右，但在几个世纪前，这些坟墓就被盗墓贼洗劫一空。紧邻市政厅（belediye）的东边一个保存完好的**利西亚石棺**（见364页地图）。此外，在Kaya Caddesi中央还有一个**石棺**（见364页地图）；旁边的荒地上还有更多的陵墓，需要修缮。

费特希耶博物馆 博物馆

（Fethiye Museum；见364页地图；☎0252-614 1150；www.lycianturkey.com/fethiye-museum.htm；505 Sokak；门票 5里拉；⊙4月中旬至10月中旬 8:00~19:00，10月中旬至次年4月中旬 至17:00）费特希耶博物馆的展品主要是在泰尔梅索斯遗址，以及特洛斯和卡诺斯古城中发掘出来的利西亚文物，博物馆中展出的有陶器、珠宝、小雕像和祭石（包括重要的坟墓石柱以及誓言石柱）。然而馆内最珍贵的文物是从莱顿（Letoön）出土的所谓"三语言碑"（Trilingual Stele）。石碑建造于公元前338年，上面刻着的希腊语和亚拉姆语（Aramaic）可以用于译解部分利西亚文字。

阿敏塔斯之墓 陵墓

（Tomb of Amyntas；见364页地图；⊙8:00~19:00）**免费** 费特希耶最知名的景点就是巨大的阿敏塔斯之墓。这座陵墓建于公元前350年，是一座完全从岩石中雕刻出来的爱奥尼亚式寺庙，为了纪念Hermapias的儿子阿敏塔斯。这座墓位于城中心的南边，日落时分游览最佳。在它东边500米处，还有一些小的石墓。

古罗马剧场 遗迹

（见364页地图）**免费** 位于城中心，紧邻港口后部，泰尔梅索斯的这座有6000个座位的剧场可以追溯至公元前2世纪。多年来一直未受到重视，我们经过时正在进行修复。

萨里斯海滩（Çalış Beach） 海滩

位于费特希耶城中心东北5公里处，这条狭窄的碎石海滩旁点缀着大量酒店、由英国移民开办的酒馆和炸薯条店。詹姆斯·邦德系列电影《007之大破天幕危机》有部分就是在这里拍摄的。每隔5~10分钟都有小巴从清真寺旁边的小巴站出发开往海滩（2里拉，10分钟）。

十字军堡垒 堡垒

（Crusader Fortress；见364页地图）高耸在费特希耶城南的山上，沿着通往卡亚寇伊的路前行，你不可能错过那被废弃的塔楼。堡垒是由圣约翰骑士团（the Knights of St John）于15世纪初在早期（或许是利西亚、希腊和罗马时期）的地基上建造的。

🏃 活动

Ocean Yachting Travel Agency 户外运动

（见364页地图；☎0252-612 4807；www.

gofethiye.com; Fevzi Çakmak Caddesi）提供蓝色航行和当地团队游及其他活动，包括帆伞滑翔（170里拉）、全天漂流（100里拉）、前往萨克利肯特（Saklıkent）和特洛斯吉普车陆地巡游（60里拉）、达利扬团队游（75里拉），12岛乘船游（40～60里拉），乘游艇前往蝴蝶谷（Butterfly Valley；乘长途汽车到死海；50里拉）。也有大量3~7晚的巡游选择（180~300欧元）。

老土耳其浴场　　　　　　　　　公共浴室

（Tarihi Fethiye Hamamı, Old Turkish Bath；见364页地图；☎0252-614 9318；www.oldturkishbath.com; Hamam Sokak 4, Paspatur；洗浴和搓澡50里拉，按摩35~80里拉；⊙7:00至午夜）这家低调且狭小的浴室位于费特希耶城内最古老的地区Paspatur，历史可以追溯至16世纪。有独立的男女浴室（和夫妇混合浴室）。额外服务包括香薰按摩（80里拉）和面膜（10里拉）。

欧洲潜水中心　　　　　　　　　　潜水

（European Diving Centre; 见364页地图；☎0252-614 9771；www.europeandivingcentre.com; 2nd fl, Demirci Iş Hanı 26, Dispanser Caddesi 27）提供每日潜水游，和由专业潜水教练协会（PADI）组织的各种水平的潜水课程，从一日的水肺潜水发现之旅（Discover Scuba Diver，50欧元）到大师和教练级别，应有尽有。

Seven Capes　　　　　　　　　户外运动

（☎0537 403 3779; www.sevencapes.com; Kayaköy）近距离欣赏地中海美景的最佳方式就是搭乘海上皮划艇。Seven Capes是一家经验丰富的皮划艇机构，可以组织皮划艇一日游。包括在死海和蝴蝶谷之间的精彩游览，也有在星空之下的"夜划"游（60欧元）。

也会在卡什提供直立式桨叶冲浪、土耳其烹饪课程，还会组织爱琴海南部徒步游。

👉 团队游

费特希耶是想要探索周边乡村和海岸游客的主要营地。

有些乘游游不过是走马观花的派对之旅，游客被塞在船上，航行全程都在播放喧

> **不 要 错 过**
>
> ### 利西亚之路
>
> 利西亚之路据称是世界10大长距离徒步步道之一，沿着设有路标的小路绕行泰凯半岛可前往安塔利亚。这条500公里的步道穿过松林和雪松林，上方的山峰将近有3000米高，一路会经过村庄，看到绝美的海滨风景，以及利西亚城市的遗迹。可以分段走（除非你有充足的时间和精力）。
>
> 费特希耶在步道的最西端，从附近的奥瓦哲克向南可前往法拉雅和蝴蝶谷。

闹的音乐。如果你不喜欢这样的方式，一定要事先确认好。一般一日乘船游，较为忙碌的双层甲板的船只收费30~35里拉，不太拥挤的帆船价格约50里拉。

一日游也可前往蝴蝶谷（每人50里拉），可接驳到死海；达利扬（每人75里拉），包括一次接驳、一次湖上团队游、苏丹尼耶泥浆浴、达利扬镇、卡诺斯陵墓和伊兹图兹海滩；萨克利肯特峡谷（每人60里拉），包括特洛斯遗迹和一顿鳟鱼午餐。

12岛乘船团队游　　　　　　　　　乘船

（12-Island Tour Excursion Boats；见364页地图；每人 含午餐30~35里拉，乘帆船50里拉；⊙4月中旬至10月 10:30~18:30）许多游客会选择费特希耶海湾（Fethiye Körfezi）周边的一日12岛团队游，而不是更长的蓝色航行路线。游船通常会在其中的5~6个岛停靠，然后巡游其余的岛屿。无论你选择哪一条路线，都是探索海岸的好方法。

你可以在酒店和旅行社买到船票，或是直接到海边码头与游船公司讨价还价。

一般旅行团在游览费特希耶海湾时，都会在平岛（Yassıcalar）停留，并安排游泳活动。然后便前往船坞岛（Tersane Adası），可以在海中嬉戏，也可以参观附近古老的遗迹。接下来可以在水族馆湾（Akvaryum Koyu）吃午饭、游泳和浮潜。下一站就是天堂湾（Cennet Koyu），可以玩跳水，然后是克里欧帕特拉浴宫（Kleopatra Hamamı），最后到达红岛（Kızılada）享受海滩和泥浴。

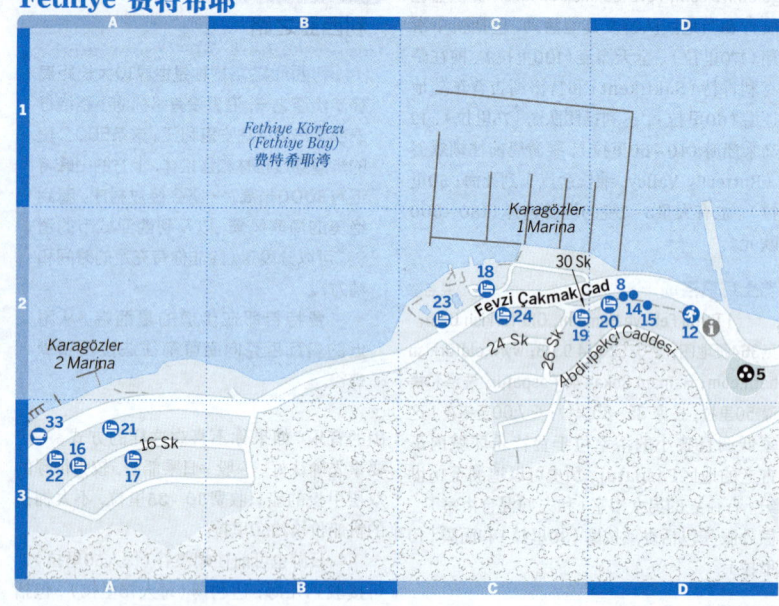

Fethiye 费特希耶

◎ 景点
1	十字军堡垒	F3
2	费特希耶博物馆	G2
3	利西亚石棺	G3
4	利西亚石棺	F2
5	古罗马剧场	D2
6	阿敏塔斯之墓	H3

⊕ 活动、课程和团队游
7	12岛乘船团队游	E2
8	Alaturka	D2
9	欧洲潜水中心	F2
10	Hanedan Boats	F1
11	Kardeşler Boats	F1
12	Ocean Yachting Travel Agency	D2
13	老土耳其浴场	E2
14	Tribe Travel	D2
15	Yeşil Dalyan	D2

🛏 住宿
16	Duygu Pension	A3
17	Ferah Pension	A3
18	Hotel Doruk	C2
19	Hotel Unique	C2
20	Tan Pansiyon	D2
21	V-Go's Hotel & Guesthouse	A3
22	Villa Daffodil	A3
23	Yacht Classic Hotel	C2
24	Yıldırım Guest House	C2

⊗ 就餐
	Cem & Can	（见26）
25	Fish Kebap Boats	G1
26	鱼市	F2
	Hilmi	（见26）
27	İskele Ocakbaşı	E2
28	Meğri Lokantasi	E2
29	Meğri Restaurant	E2
30	Paşa Kebab	E3
	Reis Balık	（见26）
31	Weekly Market	H1

⊙ 饮品和夜生活
32	Address	E2
33	Deniz Kafe	A3
34	Flow	E2

⊛ 购物
	Old Orient Carpet & Kilim Bazaar	（见28）

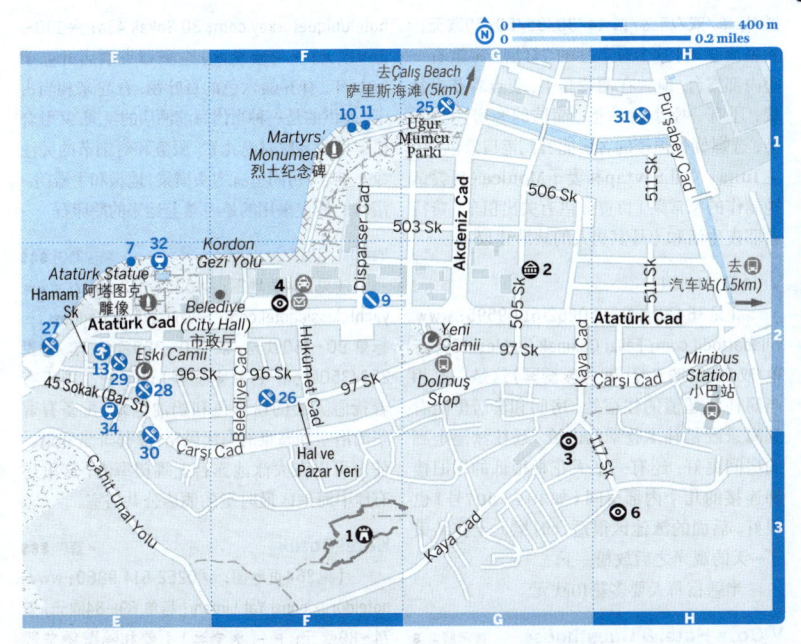

位于海滩步道的Kardeşler（见364页地图；☏0252-612 4241, 0542 326 2314; www.kardeslerboat.com）和Hanedan（见364页地图；☏0252-614 1937）十分可靠。

Alaturka 乘船

（见364页地图；☏0252-612 5423; www.alaturkacruises.com; Fevzi Çakmak Caddesi 21A; 3晚巡游 每人 220欧元）读者推荐的Alaturka提供蓝色巡航，可往来奥林帕斯。也有大巴团队游前往帕穆克卡莱、以弗所、卡帕多基亚和安纳托利亚东南部。

住宿

大部分酒店都在Karagözler1号码头后面的山上或是Karagözler2号码头背后更远的西边。许多家庭旅馆都提供长途汽车站的接送服务，不过长途汽车站和2号码头之间也有很多小巴接驳。

家庭游客如果想寻找自炊型的住宿处，大部分度假别墅和公寓都集中在Çalış海滩上的希萨厄努（Hisarönü）和奥瓦哲克（Ovacık）度假村旁边，在卡亚寇伊村中也有一些。

★ Duygu Pension 家庭旅馆 $

（见364页地图；☏0252-614 3563, 0535 796 6701; www.duygupension.com; Ordu Caddesi 54; 标单/双/标三 60/80/120里拉; P❉❄@☎☼）这家温馨友好的家庭旅馆如同一枚扣子般可爱，位于Karagözler 2号码头附近，10间温馨的客房都采用有褶边的彩色墙纸装饰，很明亮。屋顶露台能看到炫目海景。你可以找一个叫Birol的人，他是这里的万事通。

Tan Pansiyon 家庭旅馆 $

（见364页地图；☏0546 711 4559, 0252-614 1584; www.tanpansiyon.com; 30 Sokak 41; 标单 50~60里拉，双 80~100里拉，家 120~150里拉; ❄❉☎）如果你觉得背包客的生活太辛苦，那么就来感受一下这家由极具魅力的老板Öztürk一家经营的旅馆。共9个房间，虽然比较小（浴室更小），但有一座很大的屋顶露台，能眺望海湾。到处都非常干净和安静，美丽的露台上有一个厨房，可供住客使用。

Ferah Pension 家庭旅馆 $

（见364页地图；☏0532 265 0772, 0252-614 2816; www.ferahpension.com; 16 Sokak 23;

铺/标单/双/标三/四 14/30/35/50/70欧元；P❋❄🅆🅇）这个有个性的"灯塔"旅馆有一座内部露台，掩映在葡萄藤下、装点着花卉盆栽，还有一座小游泳池。简洁的客房一尘不染，选螺旋梯顶楼的客房能看到港口景色。店主Tuna、女儿Sevtap和妻子Monica（可尝试她制作的家常菜）负责提供有关出租车、费特希耶夜生活和土耳其男人的旅游建议。

Villa Daffodil　　　　　　　　　酒店 $

（见364页地图；☏0252-614 9595；www.villadaffodil.com；Fevzi Çakmak Caddesi 139；标单/双 35/50欧元起；P❋❄🅆🅇）这是一家相当简朴但超值的住宿处，房间和套房里能看到海景或是林木苍翠的山坡。通往泳池走廊的房间更好，还有一座天花板很低的用旧楼梯连接的几个内部房间（如304~307号）也很好。后面的泳池区很适合时髦人士在结束了一天的观光之后放松一下。

半膳宿每人要多花10欧元。

V-Go's Hotel & Guesthouse　　　青年旅舍 $

（见364页地图；☏0252-612 5409；www.v-gohotel.com；Fevzi Çakmak Caddesi 109；铺/房 17/58欧元；P❋@🅆🅇）这家青年旅舍靠近Karagözler2号码头，是渴望派对狂欢的穷游背包客们的最爱。这里的26间宽敞客房和宿舍房分布在两幢建筑中，中间是个有酒吧、休闲座椅和游泳池的大露台。如果想参加活动，这里就是最佳选择，想找安静的住处，还是去别处看看吧。

Yildirim Guest House　　　家庭旅馆 $$

（见364页地图；☏0252-614 4627；www.yildirimguesthouse.com；Fevzi Çakmak Caddesi 53；铺/标双/双/标三 40/110/120/180里拉；P❄🅆🅇）这家名叫闪电的家庭旅馆位于一片有4座旅馆的区域，很受日本游客的欢迎，脱颖而出靠的是服务而非基础设施。有6张床的女性宿舍和混合宿舍、一个4张床的男性宿舍，以及简单干净的房间。店主Omer Yapis了解大量当地信息，他还经营有Tribe Travel（见369页），所以安排接送和短途旅游很方便。

★ Hotel Unique　　　　　　精品酒店 $$$

（见364页地图；☏0252-612 1145；www.hoteluniqueturkey.com；30 Sokak 43a；房 130~260欧元；P❋❄🅆🅇）这座石头酒店开办于2014年，有五颜六色的百叶窗，看起来相当古老，提供的是一种当代海滨酒店的氛围，又融合了奥斯曼乡村时尚元素。服务和对细节的关注令人难忘，房间里有木头横梁、地板和手雕门，浴室地板上采用的是海滩上运来的鹅卵石。

Yacht Classic Hotel　　　　精品酒店 $$$

（见364页地图；☏0252-612 5067；www.yachtclassichotel.com；Fevzi Çakmak Caddesi 1；标单 90~160欧元，双 120~200欧元，套/别墅 250/350欧元；P❋❄🅆🅇）这家精品酒店有着抚慰人心的粉彩色和奶油色调，配备有奢华的浴室和高雅的当代风格，整体非常和谐。住客可以在大泳池露台上眺望海港，这里还有地中海地区最时髦的酒店公共浴室。

Hotel Doruk　　　　　　　　　酒店 $$$

（见364页地图；☏0252-614 9860；www.hoteldoruk.com；Yat Limanı；标单 69~84欧元，双 74~89欧元；P❋❄🅆🅇）不要和隔壁堡垒般的Hotel Status弄混，这家历史悠久的酒店至今仍是费特希耶很好的住宿选择，泳池畔的早餐厅能俯瞰Karagözler1号码头。前台出售的当地产橄榄油填补了其在商业上的低调，30个房间有一半有阳台，能看到海湾。

✕ 就餐

Weekly Market　　　　　　　　　集市 $

（见364页地图；☏）每到周二，费特希耶盛大的集市就会在运河沿线开市。这条运河就位于Atatürk Caddesi和体育馆旁边的Pürşabey Caddesi之间。

Fish Kebap Boats　　　　　　　鱼餐厅 $

（见364页地图；Kordon Gezi Yolu；烤鱼 8里拉；⏱11:00~22:00）一艘小船停在Uğur Mumcu Parkı旁边，提供鱼肉三明治（balık ekmek）、鱼和炸薯条（15里拉），座位就在起伏的甲板上。提供的当地鱼比较便宜，但最好在午餐时段来，因为小厨房在忙碌一天后可能不太干净。

★ Meğri Lokantasi　　　　　　熟食餐馆 $$

（见364页地图；☏0252-614 4047；www.megrirestaurant.com；Çarşı Caddesi 26；拼盘 7~

14里拉; ⓘ11:00~22:00; ◎)想在费特希耶的午餐时段找到我们,十有八九会在这家餐馆如愿。这家餐馆(提供成品食物)平时都会挤满当地人,队伍甚至排到了大街上,提供极其美味可口、价格又相当便宜的家常菜。各种各样荤食(7里拉)和肉食(14里拉)都放在一个巨大的玻璃柜子里,你可以随便选择搭配,全部都很美味。

★ Hilmi   海鲜 $$

(见364页地图; ⓘ0252-614 2232; www.hilmi.com.tr; Hal ve Pazar Yeri; 开胃菜7里拉,主菜30里拉; ⓘ11:00~22:00)这家时尚的小餐馆用蓝色和红色椅子搭配白色餐桌,能让你体会鱼市热闹的同时又省却了从鱼贩手中购买的麻烦。讨人喜欢的开胃菜和主菜包括贻贝、章鱼、大蒜黄油干辣椒对虾,还有看上去很诱人的炸有机蘑菇。

★ Paşa Kebab   土耳其菜 $$

(见364页地图; ⓘ0252-614 9807; www.pasakebap.com; Çarşı Caddesi 42; 土耳其比萨12~19.50里拉,烤肉17.50~30里拉; ⓘ11:00至次日1:00)周ြ总是热闹非凡,长长的菜单像短篇小说,提供美味的土耳其菜。如果很饿,试试Paşa的特色菜,这是一种混合了牛肉、番茄、碾碎的干小麦和奶酪的超大份美味烤肉。

İskele Ocakbaşı   烤肉 $$

(见364页地图; ⓘ0252-614 9423; Şehit Feti Bey Parkı; 开胃菜6里拉起,主菜20~45里拉; ⓘ9:00至次日1:00)这家餐馆让食客可以在时尚的环境中品尝烤肉和牛排。烧烤是从其ocakbaşı(烧烤房,或者说"火炉边")制作的,都很出色,热情的服务更让这里出类拔萃。户外阴凉的露台上能眺望到港口随波起伏的船只,真是额外的惊喜。

★ 鱼市   海鲜 $$$

(Balık Pazarı, Balık Halı; 见364页地图; Hal ve Pazar Yeri; ⓘ11:00~22:00)在餐厅旁围成一圈做生意的鱼贩可谓是费特希耶最有氛围的就餐体验: 购买鲜鱼(每公斤10~35里拉)和鱿鱼(45里拉),带去餐厅请他们烹饪,然后观看鱼贩和票贩子、卖花人、演奏fasıl(吉卜赛音乐)的街头艺人一起,争相获取顾客的关注。

鱼贩子都是厉害的捕鱼人,不过你可以试试Pehlivan Baş。他们可能会试着将你带到合作的餐厅,但你当然没有义务一定要在那里吃。这些餐厅基本没有什么特色,它们一般收费都是开胃菜8里拉,烹饪鱼每人6里拉,会加橄榄油和大蒜酱汁、柠檬、芝麻菜和红茶。一定要确定他们没有把你没点的开胃菜端到你桌上,以防多收费。Reis Balık(见364页地图; ⓘ0532 472 5989, 0252-612 5368; www.reisrestaurant.com; Hal ve Pazar Yeri; ⓘ11:00~22:00)和Cem & Can(见364页地图; Hal ve Pazar Yeri; ⓘ11:00~22:00)都是很好的选择。市场中央的带顶棚庭院旁边也有一家小的蔬菜市场和出售奶酪和蜂蜜的商店。

Meğri Restaurant   各国风味 $$$

(见364页地图; ⓘ0252-614 4046; www.megrirestaurant.com; 40 Sokak 10; 开胃菜和沙拉 9~20里拉,主菜 22~50里拉; ◎)如果不想再吃混合着番茄、黄瓜、欧芹的土耳其沙拉,想换个口味,这里(不要和附近的Meğri Lokantasi弄混)是极佳选择。我们真的很喜欢这里的西兰花和鸡肉沙拉,也喜欢他们丰富的开胃菜种类,坐在Paspatur人行道的遮阳篷下享用。主菜从意大利面到牛排、烤肉,应有尽有,还有大量素食。

🍷 饮品和夜生活

酒吧、夜店、小酒馆(meyhanes)和介于这些之间的场所都散落在老城区的45 Sokak步行街上。这片享乐地区被称为酒吧街(Barlar Sokak)是马尔马里斯和博德鲁姆相同区域的缩小翻版。在Kordon Gezi Yolu阿塔图克雕像附近,有几家酒吧和餐厅,是水滨观赏日落的好地方。

Flow   酒吧

(见364页地图; ⓘ0506 389 8220; 45 Sokak 11; ⓘ16:00至深夜)这座"艺术休闲酒吧"在酒吧街上其他的喧闹酒吧中脱颖而出,不拘一格的海滩家具散落在人行道上,鸡尾酒菜单上包括"黑白俄罗斯"。周三、周五和周六从21:00到深夜,有现场音乐演奏。

Deniz Kafe   咖啡馆

(见364页地图; 2 Karagözler Kürek Yarışları; ⓘ9:00~23:00)这家小小的酒吧兼咖啡

蓝色航行

对大多数游客来说，花上四天三夜的时间，沿着蓝绿海岸乘坐土耳其传统木帆船旅行，是土耳其之行的亮点之一，这样的航行被当地人称为"蓝色航行"（mavi yolculuk）。虽然广告上写的通常是从费特希耶到奥林帕斯之间的航行。实际上，轮船会从代姆雷（Demre）出发或停靠，往返奥林帕斯的路程则需要乘坐公共汽车（1.25小时）。从费特希耶出发之后，航程通常会游览死海和蝴蝶谷，停靠在卡什、卡尔坎（Kalkan）和/或凯考瓦岛（Kekova），最后一晚将会在凯考瓦岛东端对面的Gökkaya海湾度过。另一条人少一点儿（有人说更漂亮）的路线是从爱琴海上的马尔马里斯到费特希耶之间的航线。

航行的费用中通常包含了食物，不过有时你也要自己掏钱买水和软饮。如果你想喝酒的话，肯定是要花钱购买的。所有的船舶上都有淋浴、卫生间和双人或三人房（通常有6~8间），房间虽然小了点儿，但是却很舒适。多数人都会睡在甲板上的垫子上，因为房间里没有空调。

蓝色航行的价格依据季节变化，不过一般都不便宜——夏季一般为200~300欧元——所以出发之前，一定要货比三家。我们也接到过游客的反馈，称旅行经历让人失望，管理差劲，运营商不诚实。下面有一些建议以供参考，以免受骗上当：

➡ 向其他游客咨询，听听他们的意见。

➡ 不要理会公共汽车站外的黄牛，直接去旅行社购票（可考虑是这里列的名单）。

➡ 一定要讨价还价，不过不一定要选最便宜的那家，因为他们的食物和服务质量可能也会缩水。

➡ 如果你在码头上，先检查一下你乘坐的船，并且要求查看乘客名单。

➡ 询问一下船长和工作人员是否会讲英语。

➡ 询问日程细节，以及天气和航行条件是否能坚持。

➡ 不要贪小便宜，比如免费的水上活动等。他们通常只是开出空头支票，一旦出了事故，你也得不到赔偿，因为他们很少购买保险。

➡ 确认你所乘坐的船是否使用风帆（虽然大部分船都不会使用），以免忍受柴油机的噪声。

➡ 不要在伊斯坦布尔购买船票，因为那儿的旅馆、旅行代理商和团队游经营者会收取一大笔手续费。

➡ 一定要预订，因为旅游旺季（7月和8月）时，游客很多，但舱位有限。而进入淡季之后，就很少有船出海了。

下列大本营在费特希耶的船主自己经营游船，信誉很好。每年4月下旬到10月，每天都有游船出海。

Alaturka（见365页）读者推荐的，提供往返奥林帕斯的蓝色航行。

Before Lunch Cruises（☎0535 636 0076；www.beforelunch.com；3夜巡游 每人275~350欧元）由一家著名公司运营，有自己的特别日程，包括戈西克湾，根据天气和航行条件选择亮点。生态友好型团队游包括两种可选的上午的徒步活动。价格要比大多数船公司贵上不少，但得到的游客赞誉更多。

Ocean Yachting（见362页）非常专业的装备，有3~7夜巡游路线选择。

馆的桌子能碰到Karagözler2号码头停泊的船只，甚至还有一座木台伸到了水面上。非常适合喝着冰啤酒或茶打发悠闲的下午时光。

Address
酒吧、咖啡馆
(见364页地图；☎0252-614 4453; Kordon Gezi Yolu;⊙16:00至深夜)名字就透露了一切：宽敞的水滨花园是当地人喝茶，当地移民喝啤酒观看两个大屏幕上转播足球赛的根据地。点一杯Efes啤酒和一壶水烟(nargile; 11里拉)融入这两群人。

🛍 购物

Old Orient Carpet & Kilim Bazaar
地毯
(见364页地图；☎0532 510 6108；c.c_since.1993@hotmail.com; 45 Sokak 5;⊙4月中旬至10月 9:00至午夜,11月至次年4月中旬 至18:00)这家店出售的地毯,如同直布罗陀海峡般货真价实,很多内行都会来这儿购买。可以参考店主Celal Coşkun的专业意见选购地毯(包括基里姆地毯)。希望能保护濒临消亡的地毯制作艺术,店主还开设制作和修复地毯的课程。

ℹ 实用信息

旅游办公室(见364页地图；☎0252-614 1527; İskele Meydanı;⊙8:00至正午和13:00~17:00)帮不了多少忙,不过有两三种精美的宣传册和免费的城镇地图提供。

ℹ 到达和离开

费特希耶繁忙的长途汽车站位于市中心以西2.5公里处,还有一个小巴**车站**(见364页地图)位于市中心以东1公里处,靠近加油站。你也可以在汽车站外的家乐福超市门前的主路上乘坐小巴到死海、法拉雅(Faralya)和卡巴克(Kabak)。

开往安塔利亚(35里拉,6小时,300公里)的公共汽车和小巴会沿着海岸线向东走,旅游旺季时至少每小时1班,中途停靠卡尔坎(16里拉,1.5小时,83公里)、卡什(20里拉,2小时,107公里)和奥林帕斯岔路口(33里拉,4.75小时,228公里)。通向安塔利亚(30里拉,3.5小时,200公里)的内陆公路更快一点。

5月至8月,**Tribe Travel**(见364页地图；☎0252-612 2936; www.tribetraveltours.com; Fevzi Çakmak Caddesi 25a)运营的接驳车大多数日子都可前往帕穆克卡莱(40里拉,4小时,240公里)和塞尔柱(50里拉,4.5小时,285公里),8:30从费特希耶的住宿处接车,两地返程时间都是15:30。

如果想去附近的地区,可以到市中心新清真寺附近、TTNet商店对面方便的**小巴站**(见364页地图)乘坐小巴,目的地包括奥瓦哲克(4里拉)、希萨厄努(4里拉)、卡亚寇伊(4.50里拉)、死海(5.50里拉；换车前往法拉雅和卡巴克)、戈西豆(5.50里拉)和萨克利肯特(11里拉)。

双体船每天会从旅游办公室对面码头开往希腊的罗得岛(Rhodes,单程/当天往返/不限日期往返 50/60/75欧元,1.5小时)。每年4月到10月中旬,游船通常每周一、周三、周四和周五的9:00从费特希耶出发前往罗得岛,并于16:30返回。可以在码头附近的**Ocean Yachting Travel Agency**(见362页)和**Yeşil Dalyan**(见364页地图；☎0252-612 8686; www.yesildalyantravel.com)买到船票。

ℹ 当地交通

小巴(2里拉)提供沿Atatürk Caddesi、Çarşı Caddesi,开往长途汽车站的单程运营服务,也会沿Fevzi Çakmak Caddesi往返市中心以西Karagözler2号码头的酒店和家庭旅馆,也有小巴前往萨里斯海滩。从长途汽车站搭乘出租车到Karagözler2号码头的家庭旅馆需要花费约22里拉,而到达拉曼国际机场则需要花费100~120里拉。

可前往Fevzi Çakmak Caddesi和Karagözler1号码头部分寻找旅行社和汽车租赁机构,包括**Levent Rent a Car**(☎0252-614 8096; www.leventrentacar.net; Fevzi Çakmak Caddesi 37b)。租赁小摩托每天30里拉起,小汽车70里拉起。

卡亚寇伊(Kayaköy)
☎0252 / 人口 2200

从费特希耶往南走约9公里便是卡亚寇伊(古代的Karmylassos)。这是一座可怕的鬼城,有4000幢诡异的被遗弃的石屋及其他建筑。这里过去曾是希腊小镇莱维西(Levissi)。这座仿佛被时间封存的村子位于一片葱茏的山谷中,附近有一些葡萄园,如今这里是土耳其一希腊和平与合作关系的凭吊处。到了晚上,当村子里被废弃的教堂点灯后,卡亚寇伊显得十分超现实。

历史

1923年土耳其独立战争后，在国际联盟的监督下，土耳其与希腊进行了大规模人口交换。自此之后，莱维西便几乎被荒弃。大多数希腊穆斯林来到了土耳其，而奥斯曼基督徒则从土耳其沿海区域迁移到了希腊。这个被遗弃的城市是2004年路易·德·伯尔尼埃（Louis de Bernières）的小说《无翼之鸟》（*Birds Without Wings*）中，那个虚构的Eskibahçe的原型。

由于奥斯曼基督徒的人数远多于希腊穆斯林，许多土耳其城镇在人口交换后便成了空城。希腊人也的确从塞萨洛尼基来到了卡亚寇伊，不过他们定居在下方山谷里的现代化村庄，那里也是如今住宿处和餐厅所在地。原本被当地人称为卡亚（Kaya）的卡亚寇伊随后在1957年的一场地震中被毁。

20世纪80年代，土耳其旅游业的繁荣让一个开发公司产生了修复卡亚寇伊石屋，并将其变为一个度假村的想法。当地人从中看到了商机，自然是很开心的。但土耳其的艺术家与建筑师们对此表示震惊，并敦促文化部将卡亚寇伊宣布为历史纪念地，使其免于遭受不受管制的开发。

◉ 景点

★ 卡亚寇伊（莱维西）废村 遗迹

[Kayaköy (Levissi) Abandoned Village; 门票5里拉，关闭之后免费; ⓥ4月至10月 9:00~20:00，11月至次年3月 8:00~17:00] 莱维西这座摇摇欲坠的遗址极富氛围。山坡上那些没有屋顶、破烂不堪的房屋就像是守护着下方现代化乡村的哨兵。

没有损坏的房屋不多，除了两座教堂：低处山坡上17世纪的 Kataponagia教堂 和靠近山顶的 Taxiarkis教堂。两座教堂都保留了一部分的绘画装饰和黑白鹅卵石马赛克地板。Kataponagia教堂的墓地里有一个藏骨室，保留着已被碾碎的尸骸。

靠近Taxiarkis教堂的地方还有一座荒废的城堡，屋顶的塔楼高出Kataponagia教堂，能看到壮丽的山谷景色。

🛏 住宿

山顶遗迹下方山谷里的现代村庄里有大量的家庭旅馆。也有很多自炊公寓，这使得卡亚寇伊成了一座很适合家庭、朋友或团体游客探索本地区的美丽大本营。

Selçuk Pension 家庭旅馆 $

(☎0252-618 0075, 0535 275 6706; istanbulrestaurant@hotmail.com; 房100里拉; 🅿❄✱) 坐落于附属的İstanbul Restaurant背后的花园和蔬菜园之中，共有6个房间和公寓（最多能住4人，150里拉）。虽然有些老旧却一尘不染，空间十分宽敞，有家的感觉。其中有些带小阳台，可以看到奇妙的荒村景观。

★ Villa Rhapsody 客栈 $$

(☎0532 337 8285, 0252-618 0042; www.villarhapsody.com; 标单/双/标三 43/59/78欧元; 🅿❄✱☎✱) 这家热情的宾馆共有16个带阳台的舒适房间，可以俯瞰到一个漂亮的围墙花园和池畔酒吧。从两位主人——土耳其的Atilla和荷兰的Jeanne那里，你能获得各种有关当地徒步、活动和餐厅的建议，早餐很丰盛。客栈位于村子以西200米处，就在通往Gemiler海滩和圣尼古拉斯岛（St Nicholas Island）7公里长的公路起点。

★ Günay's Garden 度假村 $$$

(☎0534 360 6545, 0252-618 0073; www.gunaysgarden.com; 2/3床别墅 每周1020/1118欧元; 🅿❄✱@☎✱) 这家极其出色的精品度假村有6间自炊型别墅，是想以卡亚寇伊为营地的家庭游客或结伴出游的团队的最佳选择。酒店隐藏在茂密的花园中，环绕着一个波光粼粼的游泳池。其中一些别墅的前后都有阳台，从那里看到的荒村景致让人浮想联翩。

🍴 就餐

除了下方现代化村庄里有一些出色的餐厅、咖啡馆之外，山上的遗迹中也提供风味煎饼（gözleme）和点心馅饼，大约5里拉。这里也有一家小商店和面包房。

Cin Bal Kebap Salonu 露天烧烤 $$

(☎0252-618 0066; www.cinbal.com; 主菜20里拉，肉 每公斤65里拉; ⓥ11:00~22:00) 可以说这是该区域最有名的烧烤餐馆。Cin Bal的特色菜包括土炉（tandir）羊肉和烤肉等。室内和室外葡萄藤下的花园都有餐位。如果

想尝试亲自动手烧烤，员工会为你端上烤架；或者也可以挑选切割好的部分，交给专业人士来制作。紧邻希萨厄努路。

★ Izela Restaurant　　地中海菜 $$$

(📞0534 360 6545, 0252-618 0073；www.gunaysgarden.com；开胃菜/主菜 20/45里拉；⏰7:30~22:00；📶🅿) 这家可爱的餐厅位于Günay's Garden的绿荫之中，泳池畔的酒吧里有开胃酒。特色是地中海菜，但混合了现代土耳其的烹饪方式。提供的大分量菜有包括海鲜、牛排，还有一个开胃菜组合，可以让你品尝到土耳其西南风味（两种32里拉）。

厨房的创新体现在经典菜单上，菜肴包括令人难忘的锅烤羊羔腿肉和imam bayıldı（意思是"伊玛目晕倒了"；著名的茄子）。几乎所有食材都取自当地（例如隔壁的农场）——从橄榄油、蔬菜到鸡肉、鸭肉和火鸡。

İstanbul Restaurant　　土耳其菜 $$$

(📞0252-618 0148；www.kayakoy.co.uk；主菜 30~70里拉；⏰4月至10月 8:00至午夜；📶🅿) 友好又有趣，这家地理位置居中的餐馆提供极好的家庭式烧烤和开胃菜，原料都来自周围的蔬菜园和果园，是个在遗迹附近吃晚餐的理想地点。既有美味的传统土耳其料理，也有从柏林来的大厨发明的国际风味菜新菜单。提供费特希耶和死海免费接送服务。

店主Engin在后面还有3间池畔的单卧或双卧小屋（每周1600里拉起）。全部都设备齐全，可供自炊，有水疗，采用的是雪松地板和横梁。

Levissi Garden　　地中海菜 $$$

(📞0252-618 0173, 0532 354 4038；www.levissigarden.com；主菜 40里拉；⏰11:00~22:00；🅿) 在这栋有400年历史的石屋里，有一家令人惊艳的红酒酒吧和餐馆。酒窖中藏有数百瓶最好的土耳其葡萄酒。从它那年代久远的石头烤箱中，源源不断地出品着地中海特色菜，例如klevtiko（用红酒、香草和大蒜烹饪的羊腿）。还有非常好吃的开胃菜。需要预订，以免失望而归。靠近希萨厄努路上的遗迹。

当地知识

从卡亚寇伊徒步

利西亚之路（见363页）从卡亚寇伊至死海的部分虽长途跋涉，但能欣赏到宁静的森林和令人惊艳的海滨风景。对狂热的徒步爱好者来说，如果没有时间进行长途徒步，这条半日徒步之旅非常精彩。路标指示的步道起点在卡亚寇伊被遗弃的村庄遗址中，全程都有路标指示。整个徒步需要2.5小时（8公里）。

你也可以徒步翻山，穿过森林前往费特希耶（5公里，1.5小时），或者向西前往Gemiler海滩和圣尼古拉斯岛（7公里，2小时）。

ℹ 到达和离开

5月至10月，去往费特希耶的小巴（4.5里拉，20分钟，9公里）大约半小时1班，淡季可能得几个小时1班。从费特希耶乘坐出租车价格为50里拉，从死海出发则要稍微便宜一些。所有小巴往返卡亚寇伊的途中都会经过希萨厄努，那里有每10分钟1班开往死海的小巴。从希萨厄努出发，步行穿过松林到达卡亚寇伊大约需要半小时。

死海（Ölüdeniz）

📞0252 / 人口 4708

死海（发音为eu-leu-den-eez）位于费特希耶以南15公里处。草木葱茏的国家公园旁边是受保护的潟湖，还有绵延的沙滩，高大的巴巴山（Baba Dağ）的倒影横跨海面，就像一个从光滑的宣传册中长出来的梦境。但问题是，如同许多风景名胜区一样，这里在成功吸引来旅游团的同时，也成了这种旅游模式的受害者——夏季高峰期，"死海"的宁静会被周边俗气的小镇来的游客打破，变成"失乐园"。

不过如果你想在海滩上悠闲的过一天，选择这里绝对不会错。同样，如果你想飞越群山，死海也是土耳其最好的双人滑翔伞运动地之一。附近就是美妙的利西亚之路（见363页）的起点，高高在上，远离海滩的嬉闹和喧嚣。

◉ 景点和活动

一连串海滩俱乐部从镇子向北伸展，包括糖海滩（Sugar Beach；见372页）和**海马**（Seahorse；☎0252-617 0888；www.seahorsebeachclub.com；Ölüdeniz Caddesi；房车 标单/双 68/75欧元起，房 110~160欧元，四 280欧元；ＰＥＥ圖冷）可以进入他们的海滩，使用他们的设施，包括日光浴躺椅、遮阳伞、淋浴、独木舟、明轮船，收费各不相同。有些还提供全包式的日票，也包括午餐、饮品和小吃，大约每人40欧元。

死海海滩和潟湖 海滩

（Ölüdeniz Caddesi；潟湖门票 成人/儿童 7/3.50里拉，自行车/小汽车停车 7/25里拉）海滩是绝大多数人到访死海的原因。村外环绕的优质海滨沙滩是免费的，而著名的潟湖海滩是一个受保护的国家公园——死海自然公园（Ölüdeniz Tabiat Parkı），需要买票进入。公共海滩和潟湖在夏季都人潮汹涌，但周围有群山环绕，仍是个消磨时间的可爱地方。这儿还有淋浴、厕所和咖啡馆，可租赁遮阳伞、躺椅和游乐船。

乘船短途游 乘船

（乘船巡游 每人 含午餐 40~50里拉；◷11:00-18:00）整个夏天都有船从死海海滩出发，探索周边的海岸。最典型的一日乘船游览路线一般包括蓝色洞穴（Blue Cave）、蝴蝶谷、圣尼古拉斯岛骆驼海滩（Camel Beach）、水族馆湾，还有费特希耶出发的12岛乘船团队游（见363页）和一处冷水泉，另外还有游泳的时间。可以咨询旅游办公室，获取更多的信息。

⌂ 住宿

Sultan Motel 酒店 $$

（☎0252-616 6139；www.sultanmotel.com；Ölüdeniz Yolu；标单/双/标三 75/100/165里拉；ＰＥＥ圖冷）从希萨厄努下山到死海，这家酒店在紧邻主路的左边，位于利西亚之路的起点，深受徒步者的欢迎。泳池露台、20个房间和单间公寓中都能看到下方死海的美景。单间公寓设备齐全，最近重新经过装修，配有自炊式厨房。

Oyster Residences 精品酒店 $$$

（☎0252-617 0765；www.oysterresidences.com；224 Sokak 1；标单/双/标三 140/150/200欧元起；◷5月至10月；ＰＥＥ圖冷）这间令人愉悦的精品酒店建于2004年。其设计灵感来自费特希耶古代的建筑风格，因此看上去像是拥有百年历史。26个房间明亮且通风，装修呈现新热带风格，非常迷人。客房前面就是一个苍翠繁茂的花园，一直通向海滩。这一切都相当令人赞叹。

Sugar Beach Club 度假村 $$$

（☎0252-617 0048；www.thesugarbeachclub.com；Ölüdeniz Caddesi 63；平房 标单 220~250里拉，双 250~300里拉，标三 300~330里拉，四 330里拉；ＰＥＥ圖冷）这家超酷的住宿处已经成为死海最受欢迎的地方。装修设计绝对一流：一片棕榈树下的私人海滩与休息区，还有海景酒吧和餐厅，后面还有二十多间涂成各种颜色的平房，配有浴室和空调。位于环礁湖入口以北500米处。

✕ 餐饮

环绕在海滨的餐厅和酒吧提供冰啤和各国风味菜肴，可以观赏海景。4月中旬至10月以外的时间，大部分餐厅和酒吧都会歇业。

İnci Restaurant 土耳其菜 $$

（☎0536 967 6716；Jandarma Sokak；主菜 30里拉；◷11:00-22:00；冷）死海较为地道的餐馆之一，名为"珍珠"，提供土耳其经典菜、家常菜（evyemekleri）、各国风味菜肴和每日特色菜。可选择2人份的土耳其晚间套餐（82里拉）、每日套餐（67里拉）、意大利面、烤肉和更清淡的菜肴（12里拉），如薄饼和汉堡。从游客中心向内陆走一段路即可到达。

Cloud 9 各国风味 $$

（☎0252-617 0391；Belcekız 1 Sokak；主菜 20~30里拉；◷11:00-22:00；冷）这家很受欢迎的聚餐场所的菜单上有比萨、土耳其比萨、牛排、海鲜、汉堡、煎蛋卷和沙拉，淡季品种有限。可以在外面的绿荫餐桌边喝一杯莫吉托或生啤，能听到酷炫的背景音乐，是在海滩度过一天之后的理想去处。附近的游

乐园在午餐时段很受家庭游客的欢迎。

Buzz Beach Bar   各国风味 $$$

(☏0252-617 0526; www.buzzbeachbar.com; Belcekız1 Sokak; 主菜20~65里拉; ⊗8:00至次日2:00; ⊜)这家两层高的餐厅位置不错,就位于海边。菜单选择丰富,汉堡、意大利面(21~30里拉)、菲力牛排和海鲜,应有尽有。屋顶露台是海滩日落时分品尝鸡尾酒或啤酒的最佳选择。

❶ 实用信息

旅游办公室(☏0252-617 0438; www.oludeniz.com.tr; Ölüdeniz Caddesi 32; ⊗5月至10月8:30~23:00,11月至次年4月 周一至周六 至17:00)旅游办公室是实用的问讯处,还可以提供预订服务,位于中心地段,靠近海滩。附近有自动柜员机和停车场。

❶ 到达和离开

旺季时,大约每隔10分钟,就有小巴从费特希耶(5里拉,25分钟,16公里)开往死海,沿途会经过奥瓦哲克和希萨厄努。淡季时,白天每隔20分钟、晚上每小时会有小巴开往死海。夏季时,每小时有1班小巴(春季每天4班,冬季3班)前往法拉雅和卡巴克。乘坐出租车前往卡亚寇伊,需要花费约35里拉,去费特希耶则需要花费50里拉。

蝴蝶谷和法拉雅(Butterfly Valley & Faralya)

距离死海12公里,藏匿在七海角(Yedi Burun)海岸的法拉雅村,又名乌祖亚尔特(Uzunyurt)。从村子下山,便是天堂般的蝴蝶谷,那里有一片美丽的海滩和一个可爱的小道穿梭其间的苍翠峡谷。这里是独特的泽西虎蝶(Jersey tiger butterfly)的故乡,蝴蝶谷的名字也由它而来。

到达蝴蝶谷有两种方式:从死海乘船,或是从法拉雅村步行下山,但沿途十分陡峭。如果你选择后者,记得选择合适的鞋,并沿着标记路线(用红点标示)走。一般来说,下山要花30~45分钟,再回到山上则要花1小时。在最陡峭、最危险的徒步路段,有固定绳索以供抓扶。下雨时要格外小心,因为岩石很

> **不要错过**
>
> ### 滑翔伞运动
>
> 从1960米高的巴巴山(Baba Dağ)上一跃而下约需40分钟,可以从天空中看到蓝色潟湖和蝴蝶谷的迷人景色。天气好的时候,甚至能看到罗得岛。
>
> 运营商包括**Easy Riders**(☏0252-617 0148; www.easyriderstravel.8m.com; Ölüdeniz Caddesi)、**Pegas Paragliding**(☏0252-617 0051; www.pegasparagliding.blogspot.com.tr; Çetin Motel, Ölüdeniz Caddesi)和**Gravity Tandem Paragliding**(☏0252-617 0379; www.flygravity.com; Denizpark Caddesi),他们一般收费200里拉,淡季有折扣。无论选择哪家公司,一定要弄清楚,公司是否提供保险,飞行员是否有相应的资质和经验。在海滩上,也可以玩帆伞滑翔。

滑——曾有徒步者坠落身亡。

法拉雅是利西亚之路(见363页)上的一段,是徒步的首选区域。这里有一条带路标的很棒的步道,可翻过山脉到达卡巴克。

🛏 食宿

蝴蝶谷有一处简朴的**露营地**(Kelebekler Vadisi; ☏0555 632 0237; http://thebutterflyvalley.blogspot.com.tr; 含半膳宿 帐篷或铺 每人35里拉,平房 45里拉; ⊗3月至10月),上面的法拉雅村有更多的家庭旅馆可供选择。

Butterfly Guesthouse   家庭旅馆 $$

(☏0533 140 8000, 0252-642 1042; www.butterflyguesthouse.com; 标单/双 50/60欧元,不带浴室 30/45欧元; ℙ❋⊜)位于法拉雅的卡巴克一端,店主Önur、Gülser和女儿Eliz在乡间小路上经营着这座刷成白色的房子,周围是鸣啭的鸟儿和咯咯打鸣的公鸡,让人体验到当地的生活氛围。主建筑中有5个简单的房间,其中3个房间公用1个浴室,柑橘和橄榄花园中还有一个宽敞的现代化房间。

Melisa Pansiyon   家庭旅馆 $$

(☏0252-642 1012, 0535 881 9051; www.melisapension.com; 标单/双/标三/四/家 80/

120/145/180/300里拉，屋顶露台 标单/双/标三 60/100/120里拉；P🐕❋🛜🏊）与七海角海岸附近的旅馆一样，这家土耳其裔澳大利亚人经营的家庭旅馆提供热情的服务，有4间精心维护且令人愉快的房间、一个漂亮的花园，还有一间储存充足、供自炊型住客使用的厨房，以及一个可以俯瞰山谷的葡萄藤装饰的露台。主人Mehmet会说英语，并且对当地非常了解。

George House　　　　家庭旅馆 $$

(📞0535 793 2112, 0252-642 1102; www.georgehousefaralya.com; 含半膳宿 露营地 每人55里拉，标单/双/标三 120/170/255里拉，不带浴室 80/140/210里拉；P🐕❋🛜🏊) 法拉雅的这家旅馆位于通往海滩小路的最高处，悬崖露台能饱览壮丽的山谷景色，提供平房（有些带空调和浴室）、家庭旅馆房间和露营地。还有一间可住4人的带小厨房的公寓（120里拉）。

Die Wassermühle　　　　豪华酒店 $$$

(The Watermill; 📞0252-642 1245; www.natur-reisen.de; 房/套 含半膳宿 111/119欧元起; ⏰4月中旬到10月；P❋🛜🏊) 这个由德国人经营的度假村隐藏在你进入法拉雅之后，左边一个被树木遮蔽的斜坡下。这里是法拉雅最新潮和凉爽的地方。套房（带厨房）和标准间都十分宽敞，全部采用自然材料装修。从餐馆和泉水游泳池的露台上俯瞰，视野十分开阔。

Gül Pansiyon　　　　咖啡馆 $

(📞0252-642 1145; www.gulpensiyon.com; 主菜 17里拉；⏰11:00~22:00；🛜)"玫瑰"餐厅位于主要的公路上，提供风味煎饼（8里拉）、汤（corba）、肉丸（köfte）、海鲜和鸡肉，可在一座能俯瞰山谷的绿荫露台上用餐。

ℹ 到达和离开

你可以在费特希耶或死海参加一个去蝴蝶谷的乘船旅游团，或是乘坐摆渡船（往返20里拉）游览。摆渡船在4月至10月每天11:00、14:00和18:00从死海出发，返回死海的时间为9:30、13:00和17:00发船。在7月和8月，每天双向都会多加两趟船。

每小时会有1班小巴（春季每天4班，冬季3班）经由死海（6里拉，20分钟，11公里）往返费特希耶（7里拉，40分钟，26公里）。从死海到这里的陆路途中会经过一些美到令人屏息的风景。乘出租车从费特希耶出发大概需要60里拉。

卡巴克（Kabak）
📍0252

卡巴克位于法拉雅以南6公里，离其余地区都较远，是野营与徒步爱好者、瑜伽控们的天堂。总之，这里属于每一个热爱原生态美景的人。这里曾是一个保存完好的隐秘之地——也是土耳其别样生活方式的天堂——但现在已被世人所知，两边长满棕榈树的山谷，从海滩上方蜿蜒而过，其中散布着12处露营地。不过，这里仍然是费特希耶最安静的地区之一，所有想要重返自然的人都会喜欢待在这儿。无论你是驾驶着高底盘的汽车，还是步行走下陡坡来到卡巴克山谷（Gemile海滩），以两座峭壁为翼的壮美海滩景色，都会让你觉得不虚此行。

🛏 食宿

在卡巴克山谷的住宿选择包括露营、带帐篷顶的平台和平房。几乎全部住宿都包括半膳宿。和Gemile海滩不同，这里没有独立的餐馆，你只能在往返法拉雅路上的卡巴克村找到餐馆。大多数野营点在4月中旬到10月开放，其中很多营地都可以安排接你下山。需要提前通过电话、电邮和短信预订。

Reflections Camping　　　　平房 $$

(📞0252-642 1020; www.reflectionscamp.com; 含半膳宿 每人 自带帐篷/露营地帐篷 50/60里拉，平房 240里拉，不带浴室 110~180里拉；🛜) 🐾由前店主美国人Chris自己搭建起来的平房，现在这个地方已经转手，但新主人似乎也很坚持露营地简单、可持续的理念。这里有舒适的住宿，再配上可远望卡巴克最棒的海景的露台。平房中有4座是用压实的土包建造的，其余则都是竹子和木头建筑。

★ Turan Hill Lounge　　　　平房 $$$

(📞0252-642 1227, 0532 710 1077; www.turancamping.com; 含半膳宿 每人 自带帐篷/豪华帐篷 75/85里拉，半开放式平房 不带浴室 标单/双 170/200里拉，阳台房 标单 270~330里拉，

双 320~380里拉，豪华房 420~440里拉；P❄︎❋❆）这里是土耳其豪华野营地的缩影，也是卡巴克第一家住宿处，20年过去，这家由Turan、Ece和Ahmet经营的地方依然是潮流引领者。这里早已脱离了原本的嬉皮士风格，而成为一处时髦的奢侈露营地。有帐篷平台、半开放式乡村小屋和一些非常可爱的平房五颜六色，充满个性。

Olive Garden   平房 $$$

（☎0536 439 8648, 0252-642 1083; www.olivegardenkabak.com; 含半膳宿 标单/双 150/250里拉；P❋❆）和卡巴克的露营地不同，散发着浓郁魅力的Olive Garden并不在山谷中，而是在距离村庄只有100米外的一条小道上，很方便。住宿处是木头平房，周围景观的确美极了，无边泳池在宝蓝色浅湾上空。店主Faith从前是一位主厨，这里的食物超赞。

Turan Hill Lounge   咖啡馆 $

（☎0252-642 1227; www.turancamping.com; 主菜 18里拉;⊙正午至14:30）位于一片悬挂着灯笼和木鱼的海景露台上，提供的午餐菜单上有海鲜、卷饼、煎蛋卷、比萨和意大利面。推荐配有帕尔玛干酪的蘑菇奶酪意大利面。

❶ 到达和当地交通

从法拉雅伸展而出的公路继续前行6公里就能到达卡巴克小村。6月至10月，每小时有1班小巴往返希萨厄努（7里拉，40分钟，20公里），途经死海和法拉雅。冬季每天3班。从费特希耶乘出租车价格约70里拉。

靠近村尾Last Stop Cafe的主路上的小巴站，一般会有四轮驱动车或面包车运送乘客前往营地（50里拉，1~8人），或者你可以徒步20分钟前往山谷。致电0538 888 0298安排接车。

特洛斯（Tlos）

特洛斯位于风光旖旎的乡村平原里露出的一座高耸的岩石上，是古代利西亚最重要的城市之一。其重要的地位令人印象深刻，固若金汤的城市直至19世纪初仍然有人居住。

沿着蜿蜒的道路爬上遗址，可找到顶部建有一座奥斯曼风格堡垒的卫城。之下有一条狭窄的小道通往石墓，包括打败火龙奇美拉的战士柏勒洛丰（Bellerophon）之墓。在岩石表面雕刻着神庙般的外立面，左边有骑着飞马的英雄珀伽索斯（Pegasus）的精美浮雕。

售票亭旁边是竞技场遗迹，中央的游泳池表明，这里既被用作社交和仪式活动，也被用于运动和游戏。

剧场从售票亭沿山路上行100米即到。保存得很好，大部分大理石座椅仍然完整无缺，舞台墙壁正在重建中。试试在舞台的碎石堆中寻找雕刻有鹰、演员面具和花环的岩块。道路正对面是古代浴场（注意药剂师符号——蛇与权杖——雕刻在南部的一面外墙上）和大教堂的遗址。

遗址开放时间为4月中旬至10月的9:00~19:00, 11月至次年4月中旬的8:00~17:00。门票5里拉。

🍴 食宿

遗址有一家小咖啡馆提供风味煎饼（8里拉）和鲜榨橙汁。Güneşli和特洛斯半途的Mountain Lodge提供半膳宿服务。

Mountain Lodge   小屋 $$$

（☎0252-638 2515; www.tlosmountainlodge.com; 每人 40~60欧元;❋@❆❋）位于一座鸟鸣阵阵的美丽花园中，有许多绿荫座椅区和一座温泉浴池，是一处避世的宁静宝地。家常小屋风格的客房看上去就像是古老的石屋，每间都有阳台。小屋位于Güneşli和特洛斯之间道路的半途，从Güneşli徒步2公里即到，或者可提前致电安排接车。

对徒步者和自然爱好者来说，这里是理想的住宿处。晚餐每人需要额外支付15欧元。

❶ 到达和离开

从费特希耶出发，每20分钟有1班小巴途经特洛斯至萨克利肯特（8.50里拉，45分钟）。有些班车直接前往萨克利肯特，这样一来你需要在Güneşli村岔路口下车，从那里徒步（一路都是上山）4.5公里即到。

萨克利肯特峡谷（Saklıkent Gorge）

☎0252

从去往特洛斯的岔路口向南约12公里，

就可到达这条壮观的峡谷（门票 成人/学生 6/3里拉；8:30~19:30），这实际上就是高耸在东北方的Akdağlar群山中的一条裂缝。峡谷长约18公里，高200米，有些地方因为太过狭窄，甚至连阳光也无法穿透。幸运的是，你可以穿过，不过做好准备，全年气候都可能非常寒冷——即便是在夏季。

沿着一条高架在河面上的木板路就能到达峡谷。悬空在水面之上的木板平台可供休息、喝茶、品尝新鲜鳟鱼，同时观赏其他游客靠绳索滑行穿越河面，然后准确地落在峡谷中。好的鞋子必不可少，不过可以租赁塑料鞋和头盔（5里拉）。

峡谷停车场的河对面就是 Saklıkent Gorge Club（0252-659 0074, 0533 438 4101; www.gorgeclub.com.tr; 露营地 30里拉，河畔平台 铺位 50里拉，树屋 铺位 70里拉，树屋 标单/双 110/140里拉，小屋 标单 100~125里拉，双 125~250里拉；P ），这座乡村风格的背包客露营地有简朴但非常真实的树屋、露营地和为不想将就的游客准备的时髦小屋。附设有一座游泳池、酒吧和餐厅，很方便。除露营地外，价格都包含半膳宿。

这座俱乐部可组织各种活动，例如漂流（1/1.5/3小时 40/60/100里拉）、峡谷漂流（1小时，70里拉）、穿越森林过河的飞索（40里拉）、导览徒步（从峡谷2小时起，到在Akdağlar的1~2天徒步游）、钓鱼、四驱车陆地巡游、特洛斯和帕塔拉之旅等。

❶ 到达和离开

每20分钟有1班小巴往返费特希耶和萨克利肯特之间（11里拉，1小时）。5月至10月最晚一班的返回时间为22:00，11月至次年4月为19:00。夏季每天有1班小巴从帕塔拉前往费特希耶（13里拉，1小时），出发时间为11:00，返程为16:00。

普那拉（Pınara）

从费特希耶出发，沿着D400公路向东南方走大约46公里，就是通往普那拉及其壮丽遗迹的岔路口。普那拉曾经是古代利西亚最重要的6个城市之一。尽管这个景区面积巨大，但它其实算不上这个区域最棒的遗址。不过它那极为壮丽和孤绝的景观还是值得一游的。

高高矗立在遗址上方的是一整片如蜂巢般的岩石石柱，并有石墓夹杂其间。至于这是如何凿刻以及为什么凿刻的，考古学界还有诸多争论。其余坟墓位于城市遗址之中。东南部那座名叫皇陵（Royal Tomb）的石墓，有精美的浮雕，有几幅呈现了利西亚的围墙城市。普那拉的剧场位于一片风景如画的山地景色之中，保存得比较好，但是它的音乐厅和阿佛洛狄忒神庙（带有心形的石柱）却只剩遗迹。注意一下神庙台阶上巨大的（解剖学上也非常像的）阴茎，这是建筑工人们早期的一种涂鸦。

遗址开放时间为4月中旬至10月9:00~19:00，11月至次年4月中旬为8:00~17:00。门票5里拉。

❶ 到达和离开

从普那拉岔路口，道路蜿蜒穿过柑橘园，跨越灌溉渠，3.5公里后到达Minare村，然后向左急转弯上陡坡继续前行2公里即到。最后一段路岩石很多，不过可以乘车。

每半小时会有从费特希耶发出的小巴（5里拉，1小时）把你放在普那拉岔路处，从那儿你可以走到景区。夏季会有出租车在岔路口等待揽客，15~20里拉把你送到遗址，并等待你游览结束将你送回。

桑索斯（Xanthos）

曾经是利西亚的首都和最宏大的城市，桑索斯遗址（0242-871 6001; 门票 10里拉；4月中旬至10月 9:00~19:00，11月至次年4月中旬 8:00~17:00，售票处在景点关闭前半小时关门）位于费特希耶东南63公里处，高耸在克纳克（Kınık）之上的一座露出的岩石上，有一座精美的古罗马剧院和带柱子的墓地。

从克纳克出发，上一小段山坡，穿过城门，便能见到了不起的涅瑞伊得斯纪念碑（Nereid Monument，现收藏于伦敦的大英博物馆）曾经矗立的地方。伟大的桑索斯有一段以战争和毁灭为主题的动荡历史。它曾至少两次被明显强于自己的敌军包围，接着市民便出现大规模的自杀。

在露天停车场的对面，你会看见带集市的古罗马剧场，不过卫城损坏严重。由于最好的雕塑[比如哈耳庇埃纪念碑（Harpies Monument）]和铭文铸器，在1842年时已经被查尔斯·费洛斯（Charles Fellows）运到了伦敦，今天你在这里看到的大多数铭文和装饰只是后人的仿制品。

沿着售票处、咖啡馆前的道路与柱廊街（上山往公路方向走）走，能看到一些精美的镶嵌画，还有迷人的舞者雕花石棺和狮子雕花石棺，以及一些保存完好的石墓。

❶ 到达和离开

任何一班往返费特希耶和卡什的小巴（每小时1班）都可以将你放在公路上的桑索斯岔路口（8里拉，1小时，63公里），从那里步行1.5公里即可抵达遗址，或者抵达更近的克纳克村。

莱顿（Letoön）

在1988年，莱顿和利西亚首都桑索斯作为一处景点被列入了联合国《世界文化遗产名录》。这里有一些利西亚之路上最好的遗址（门票8里拉；⏰4月中旬至10月 9:00~19:00，11月至次年4月中旬 8:00~17:00）。这个在普那拉岔路口以南17公里处的前宗教中心，经常被认为是桑索斯的一个附属，但其实莱顿是有自己的独特魅力的。

莱顿的名字及其重要地位都源自一座献给勒托（Leto）的宗教圣殿。相传她是宙斯的情人，并为他生下了阿波罗和阿尔忒弥斯。宙斯的妻子赫拉对此可不怎么高兴，她下令让勒托必须永世游荡在国家与国家之间。根据当地民间传说，后来，勒托大部分的时间便在利西亚度过，她也因此成为利西亚的神。利西亚城市联邦于是就建造了这座令人惊艳的宗教圣殿，用来安置她的雕像。

❶ 到达和离开

从费特希耶发出经由Eşen开往库姆洛瓦（8里拉，1小时，60公里）的小巴大约每半小时有1班。他们可以让你在莱顿岔路口（有标志牌）下车，从那里步行1公里，很方便就能到达遗址。

如果从费特希耶和北部开车出发，看到标志"Letoön/Kumluova/Karadere"向右转下公路，4公里之后再向右转。行驶3.5公里之后，在丁字路

当地知识
在莱顿和桑索斯之间徒步

莱顿和桑索斯之间的5公里徒步路线是利西亚之路上很好走的一段。从莱顿出发，在库姆洛瓦（Kumluova）村岔路口右转。前行1公里左右到达利西亚之路的交叉路口，有路标。向去往桑索斯方向的那条路走，就可以到达克纳克（Kınık）村和遗址入口。

口向左转，100米之后右转，按照标志继续行驶1公里，沿途是大片田地、果园和数英亩的番茄大棚区，便能最终到达遗址。

帕塔拉（Patara）
☏0242/人口 950

距桑索斯8公里、位于海岸线上的帕塔拉，可以说是土耳其绵延不断、最长的海滩，同时也是大量利西亚遗址的所在地。海滩和遗址向内陆1.5公里处是悠闲的小村庄Gelemiş，你可以一边散步欣赏遗址，一边享受阳光。这里曾经是嬉皮士之旅的重要一站（现在大多数游客都沿利西亚之路抵达），一个如此有魅力的地方，却没有遭到破坏并依旧保持着传统的乡村生活方式，真是个奇迹。

◉ 景点和活动

帕塔拉在利西亚之路（见本页）上，也在一条通往帕塔拉渡槽的2日步道中，一条沿着海岸走（12公里，4.5小时），另一条从内陆走（10公里，4小时）。你可以从渡槽乘坐汽车返回Gelemiş（5里拉）。还有一条较短的7公里的环路，穿过村庄（在Golden Pension右转）前往森林，越过沙丘抵达海滩，返回要经过遗址。

古帕塔拉 考古遗址

（Ancient Patara；门票 含帕塔拉海滩 15里拉；⏰4月中旬至10月 9:00~19:00，11月至次年4月中旬 8:00~17:00）帕塔拉宏伟的遗迹散落在通往海滩的路途中。遗址的主要部分是拥有5000个席位的剧院。隔壁的议事厅是古代帕塔拉的"议会"，那里应该就是利西亚联盟代

表碰头的地方。经过历时两年、耗资850万里拉的整修后,已得到彻底修复。廊柱街从这里伸展向北,两边有重新立起的柱子。这里曾经可能是帕塔拉最宏伟的林荫大道,两边商铺鳞次栉比,南端则是市场。

在主要遗址区之外,还有帕塔拉漫长的历史留下的更多遗址可以探索。从售票处沿着Gelemiş至帕塔拉的海滨公路前行,经过2世纪修建的三重拱门的门德斯图斯凯旋门(Arch of Modestus)之后,有一个墓场,里面有大量附近利西亚人的墓穴。继续沿路前行,穿过一个海港浴场建筑群,和一个拜占庭天主教堂的废墟后,就进入遗址的中心区了。

廊柱街有一条土路通往一座尼禄皇帝修建的灯塔,据称是世界上最古老的三座灯塔之一。这里是古港口,从前与以弗所的规模相当,现在是一片芦苇丛生的湿地。这里也有曾经用来存放谷物和橄榄油的巨大的哈德良粮仓(Granary of Hadrian),以及一个科林斯风格的庙式墓穴(temple tomb)。

很多文献可以证明帕塔拉重要的历史地位。这里是4世纪拜占庭米拉的主教,后来在传说中成为圣诞老人的圣尼古拉斯(St Nicholas)的出生地。在此之前,帕塔拉就因它的阿波罗神庙和神谕而著称,但基本没有什么遗址保留到今天。这里曾经是利西亚的主要港口,这也解释了那个至今仍矗立在那里的巨大谷仓的来历——在古罗马时代拥有3座教堂和5座浴室。而且,根据《圣经》中《使徒行传》第21章第1节至第2节所说:圣保罗和路加,在从罗得岛到腓尼基的第三次传道中,曾在这里换船。议事厅入口两边的铭文匾额让人对千年前这里的日常生活有所了解,非常有趣。

如果想多次游览,购票长期有效票比较划算,可以在10日内进入10次。

古代利西亚简史

利西亚王国的范围大致从安塔利亚延伸到达利扬,将这片被称为泰凯半岛的沿海地区包围在其中。居住在这片地区的这群神秘人士,即利西亚人的历史至少可以追溯到公元前12世纪。但他们在历史上的第一次出现,是在荷马的《伊利亚特》对特洛伊攻击的描写中。他们当时被认为可能是古赫梯人(Hittites)联盟部落Lukkans人的后裔。

到了公元前6世纪,利西亚已经被波斯帝国控制。自此之后,利西亚的守护国便和今天白金汉宫的护卫换得一样频繁。波斯人投降于雅典人,接着这里又依次被亚历山大大帝、埃及托勒密王国和罗得岛人征服。

公元前168年,利西亚从罗马统治下赢得了独立。之后立即建立了利西亚联盟,这是一个由23个非常独立的城邦组成的松散邦联。在投票问题上,桑索斯、帕塔拉、普耶拉、特洛斯、米拉和奥林帕斯这6个大城市各有3票,其他的城市则只有1票或2票。利西亚联盟经常被称为是历史上第一个原始民主联盟,而古帕塔拉遗址里的议事厅则被称为"历史上第一个议会"。

一定程度上,维持了一个多世纪的和平要归功于这种联盟架构。但公元前42年,由于内战期间利西亚是支持恺撒的,因此联盟决定不向刺杀恺撒的布鲁图(Brutus)进贡,这显然不是一个明智的决定。布鲁图的大军包围了桑索斯,城内寡不敌众但不愿投降的市民集体自杀。

利西亚重新回到了罗马帝国的控制之下。公元43年,利西亚被合并进了临近的潘菲利亚(Pamphylia)省份。这个联合体在4世纪,即潘菲利亚成为拜占庭的一部分之后,也正式终结。

利西亚留下的物质文化和文字记载非常少。他们是一个母系社会,有自己的独特语言——至今仍未被完全破译。它最宝贵的财富便是令人惊艳的古代墓穴遗迹。悬崖墓穴、"房屋"墓穴、圣体安置所和雕花石棺——泰凯半岛的山脉和山谷几乎到处都能看到它们的身影,其中大多数也很容易通过步行或车辆到达。

帕塔拉海滩 *海滩*

（Patara Beach；门票含帕塔拉遗迹15里拉）背靠着巨大沙丘，这个18公里长的美丽沙滩是土耳其最好的海滩之一。因为足够长，因此即便是在旅游旺季的夏天也能找到安静的场所。你可以在海滩上租到遮阳大伞（小伞7.50里拉，大伞10里拉）和日光浴床（7.50里拉）。如果渴了，这里还有一家咖啡馆。在某些季节，海滩的某些部分是不能去的，因为这里是一个重要的海龟筑巢地。一般到黄昏就会关闭，并禁止露营。

要到达这里，你可以通过从帕塔拉遗址到这里的一段长1公里的公路，或是在Gelemiş的Golden Pension右转，沿路穿过村子，这条路会一直延伸到这块考古区域的西面沙丘。在5月到10月，每半小时有1班小巴（3里拉）从公路穿过村子前往海滩。如果计划多次游览，购买长期票比较划算，可以在10日内进入10次。夏季可以询问家庭旅馆老板，夜里和学生们一起去清点海龟蛋。

Kirca Travel *独木舟、骑马*

（☎0242-843 5298；www.kircatravel.com）Kirca最棒的活动是桑索斯河6小时的独木舟游览（70里拉，含午餐），也有骑马游、1天的徒步游，以及四驱车巡游桑索斯和萨克利肯特峡谷。

住宿

进入Gelemiş之后，主路和左边的山坡上就会出现不少酒店和家庭旅馆。在Golden Pension右转之后，就能进入村子的中心地带，穿过峡谷，在另一边，会有更多的住宿处。除夏季外，绝大多数酒店的客房都会有幅度很大的折扣。许多住宿处还提供自炊式公寓，因此是家庭游客和长期住客的绝佳大本营。

★ Akay Pension *家庭旅馆* $

（☎0532 410 2195, 0242-843 5055；www.pataraakaypension.com；标单/双/标三/公寓 70/100/130/180里拉；P❄✳@✦✲）Akay有11间干净整齐、装饰甜美、带有可以俯瞰柑橘园阳台的房间，全部都配有崭新的浴室。也有两个为家庭游客提供的两卧公寓。你可以在一个舒适的奥斯曼风格休息区闲晃，并结识其他游客。主人Kazım和他的妻子Ayşe都非常热情，而老板娘做的菜更是堪称一绝，如果住在这里，至少要吃一次这儿的套餐（26里拉起）。

★ Flower Pension *家庭旅馆* $$

（☎0242-843 5164, 0530 511 0206；www.pataraflowerpension.com；标单/双/标三/单间公寓 30/40/50/50欧元，公寓 60~85欧元；P❄✳@✦✲）Flower有15间明亮、通风并且带有阳台的客房，阳台可以俯瞰花园，包括2个自炊式单间公寓和2个配备厨房的卧室公寓。花园里还有4个清爽的新房间。经理Bekir对当地非常了解，他的妈妈Ayşe负责打理厨房，制作最美味的土耳其美食（晚餐25~30里拉），夏季每隔一周有1次烧烤。

Golden Pension *家庭旅馆* $$

（☎0242-843 5162；www.pataragoldenpension.com；标单/双/标三 30/35/40欧元；P❄✦）这家帕塔拉最早的家庭旅馆由前任村长Arif及家人经营，虽然位于主十字路口中心区，但很安静。有16间温馨的客房（全部有阳台），以及一座有美丽的绿荫露台的热门餐厅。要选择能看见花园风景的房间。半膳宿每人需要多交7欧元。

Patara View Point Hotel *酒店* $$

（☎0242-843 5184；www.pataraviewpoint.com；标单/双 带电扇 140/170里拉，公寓 每周1800里拉；P❄✳@✦✲）这座带有乡村时尚风格的酒店有一座美丽的游泳池和27间面海或面山的客房，还有一个舒适的图书室，奥斯曼风格的露台上有驱蚊用的雪松篝火。店主Muzaffer对历史很感兴趣，在这里你会看见350多件古董，外面能看到古老的农具，包括一个拥有2000年历史的橄榄油磨、一座古老的蜂箱和一座复制的利西亚坟墓（给他的狗）。

就餐

很少有人注意到，大多数家庭旅馆都会为住客和非住客提供出色的家常菜肴。在村子中心，从Golden Pension旅馆刚下山的地方，有3家风格简约的咖啡馆提供风味甜薄饼（5~8里拉），可以带走，也可以在里面吃。

Tlos Restaurant 土耳其菜 $

(☎0242-843 5135；主菜12~20里拉；◎8:00至午夜；☛)这里的主厨兼老板Osman留着小胡子，脸上也常挂着微笑。餐厅很受欢迎，提供美味的土耳其比萨（6~15里拉）、砂锅菜（guveç）和开胃菜（3~8里拉），包括一道烘焙蒜味蘑菇。

Lazy Frog 各国风味 $

(☎0242-843 5160；主菜15~25里拉；◎8:00至次日1:00)这家地处中心且颇受欢迎的餐馆，有自己的菜园。这里提供牛排、各种素食餐和风味煎饼，可以在露台上轻松地用餐。

❶ 到达和离开

所有往返费特希耶和卡什的公共汽车都可以把你放在离村子3.5公里的公路上，5月至10月从这里每30~40分钟会有1班开往村子的当地小巴（3里拉）。如果是年初或年末到访，可致电你在Gelemiş的住宿处查询具体信息。

Gelemiş夏季每小时有1班小巴往返卡尔坎（6里拉，20分钟，15公里）和卡什（8里拉，45分钟，40公里），每天11:00也有1班车去往萨克利肯特峡谷（10里拉，1小时，52公里）。全年都可以在主路的岔路口乘坐前往费特希耶（12里拉，1.5小时，73公里）和安塔利亚（30里拉，3.75小时，230公里）的小巴。

卡尔坎（Kalkan）

☎0242/人口 3349

卡尔坎是一座富裕的海港城镇，大部分坐落在一片能俯瞰到堪称完美的海湾的山地上。这里也以出色的餐厅和那片虽小但地理位置居中的海滩而闻名。需要注意的是，卡尔坎英国移民和游客很多，价格比包括附近卡什在内的其他大多数地方都要昂贵。

在20世纪20年代之前，这座繁荣的希腊渔村一直被叫作Kalamaki，现在主要依靠高端旅游业生存发展。城镇一直在向山上扩展，每一季都有新的别墅群出现。不过紧凑的旧城仍然保留着原始的魅力。

✈ 活动

大多数人都将卡尔坎作为探访利西亚遗址或参加当地地区活动的大本营。除了邻近港口的海滩（见381页地图；Yat Limanı）和城镇通往卡什的路以东7公里处的卡普塔什这片完美的小海湾之外，水上活动场所还包括海滩俱乐部，一些酒店的游泳露台，例如Caretta，象征性付费就能进入。

Boat Trips 乘船

(见381页地图；◎4月中旬至10月 每天开放)卡尔坎很适合乘船一日游。运营商，如**Anıl Boat**(见381页地图；☎0533 351 7520；Kalkan harbour)，都排列在海港旁边，收费为一日水上活动每人50里拉（每船180欧元），包括中途停靠游泳，有时会去卡普塔什海滩（Kaputaş Beach），含午餐。

Aristos Watersports 水上运动

(见381页地图；☎0537 600 9827；www.kalkanwatersports.com；İskele Sokak)这家拥有10年历史的土耳其裔澳大利亚经营商提供刺激的水上活动，包括高速船巡游、滑水、喷气式滑水车、充气艇、桨板冲浪、尾波滑水和单板冲浪。

Dolphin Scuba Team 潜水

(见381页地图；☎0542-627 97 57；www.dolphinscubateam.com；İskele Sokak；白天52欧元，专业潜水教练协会初级水肺潜水 60欧元)卡什的潜水可能更出名，但这里也有两三处沉船，卡尔坎港口以西的海域有大量海洋生物。Dolphin Scuba提供娱乐潜水以及各种专业潜水教练协会（PADI）和世界潜水联合会（CMAS）课程。所有不会潜水或想要尝试浮潜的朋友和家庭游客也可以一道来（13欧元）。

🛏 住宿

卡尔坎绝大多数住宿处都是出租的私人别墅和公寓。5月至10月，镇上多数客房都会被旅行社和批发商预订一空，所以必须预订。卡尔坎主打高端消费，中档住宿处较少。在其余旅游地，如卡什，能找到好得多的经济型住宿处。

Gül Pansiyon 家庭旅馆 $

(见381页地图；☎ 0242-844 3099；www.kalkangulpansiyon.com；7 Nolu Sokak 10；标单/双/

Kalkan 卡尔坎

Kalkan 卡尔坎

◎ 景点
- **1** 公共海滩 C4

✪ 活动、课程和团队游
- **2** Anıl Boat B4
- **3** Aristos Watersports B3
- **4** Boat Trips B4
- **5** Dolphin Scuba Team B3

🛏 住宿
- **6** Courtyard Hotel C3
- **7** Gül Pansiyon C2
- **8** White House Pension C3

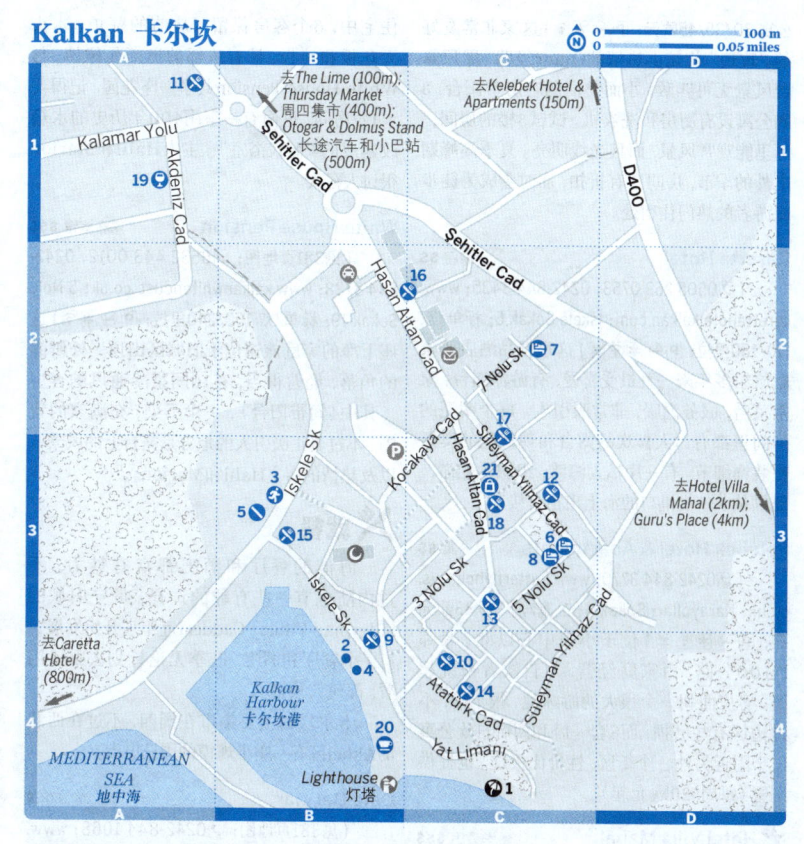

🍴 就餐
- **9** Aubergine B4
- **10** Cafe Del Mar C4
- **11** Hünkar Ocakbaşı A1
- **12** Iso's Kitchen Restaurant C3
- **13** Kalamaki Restaurant C3
- **14** Korsan Fish Terrace C4
- **15** Marina Restaurant B3
- **16** Mussakka C2
- **17** Salonika C2
- **18** Zeytinlik C3

🍷 饮品和夜生活
- **19** Blue Turtle A1
- **20** Fener Cafe & Brasserie B4

🛍 购物
- **21** Just Silver C3

公寓 30/35/45欧元；P❄️🍴）这家非常友好的"玫瑰"旅馆由热情的Ömer经营，屋顶露台风景无可匹敌，小而整洁的客房带阳台，3间公寓设有厨房和洗衣机。试试3楼的房间，那里能观赏风景，而且光线明亮。夏季高峰期之外的季节，房间会有折扣，届时会成为徒步旅游者的热门住宿处。

Caretta Hotel　　　　　酒店 $$

（☎0505 269 0753, 0242-844 3435; www.carettahotelkalkan.com; İskele Sokak 6; 标单/双 110/180里拉；P❄️🍴）这家精品酒店兼家庭旅馆多年来一直最受喜爱，有游泳露台、家常菜肴，服务温暖，非常吸引人。14个明亮的房间里都有讨人喜欢的露台和现代化的奥斯曼装饰细节。有一片私人海滩，组织乘船游，提供从卡尔坎港口的海上出租车接车。

Kelebek Hotel & Apartments　　　公寓 $$

（☎0242-844 3770; www.butterflyholidays.co.uk; Karayolları Sokak 4; 公寓/房 32/36欧元起；P❄️🍴）位于小镇中心以北，紧邻D400公路，由家庭经营，对自炊者来说超值。客房面朝一个很大的游泳池，很干净，不过边缘有些磨损，而8套一卧和两卧自炊公寓位于附近另外一个街区，性价比极佳。也提供别墅（每周520欧元起）。

★ Hotel Villa Mahal　　　豪华酒店 $$$

（☎0242-844 3268, 0533 766 8622; www.villamahal.com; Kışla Caddesi; 标单/双/标三 200/250/325欧元起；P❄️🍴）这里是土耳其最时尚的酒店之一，位于卡尔坎海湾东部一座悬崖之上。13间客房都采用炫白的极简主义设计，四处泼洒着缤纷的地中海色彩，能到海面全景。无边泳池悬在崖壁边缘，非常壮观，只需走下石阶就能到达海边的橄榄树荫遮蔽的海滨浴场。

位于距卡尔坎2公里处的公路旁，有免费水上出租车到达镇中心。往返卡尔坎的普通出租车价格约15里拉。最少三晚起住。

Courtyard Hotel　　　　精品酒店 $$$

（见381页地图；☎0242-844 3738, 0532 443 0012; www.courtyardkalkan.com; Süleyman Yilmaz Caddesi 24-26; 标单/双 240/420里拉；P❄️🍴）位于几座修补过后的19世纪乡村住宅中，6个客房保留了从前的壁炉、木头天花板和地板，带有浓郁的奥斯曼风情，与White House Pension共享一座花园。记得要求1号房间，里面有一座用400年历史的水箱改建成的"洞穴浴室"。主人Halıl和Marion很讨人喜欢。

White House Pension　　　家庭旅馆 $$$

（见381页地图；☎0532 443 0012, 0242-844 3738; www.kalkanwhitehouse.co.uk; 5 Nolu Sokak 19; 标单/双 160/240里拉；P❄️🍴）这座干净的家庭旅馆位于旧城区山顶一处僻静的角落，经营得当，有10间紧凑通风的客房（其中4间带阳台），一尘不染，充满家的氛围。不过真正吸引人的地方是露台上的风景，以及热情的店主Halıl和Marion。

🍴 就餐

海港的餐厅和酒吧都富有魅力，不过内陆也有一些有趣的选择。贯穿旧城的Süleyman Yilmaz Caddesi近年来开始发展，有了小餐厅和酒吧。旺季无论计划去哪里用餐，都建议预订。

卡尔坎的主要集市在周四，不过在西北的Akbel区有一座小规模的周日集市。

Cafe Del Mar　　　　　　咖啡馆 $

（见381页地图；☎0242-844 1068; www.cafedelmarkalkan.com; Hasan Altan Caddesi 61a; 蛋糕 12里拉；⏰11:00~22:00; 🍴）迷人的蓝色酒吧风格的门引领人们进入这座小咖啡馆，里面点缀着古董古玩，挂着灯笼，摆着富于曲线美的金属家具。来这里享用甜食吧：咖啡有卡布奇诺（8里拉）和冰咖啡、蛋糕、鸡尾酒和水烟（30里拉）。上方是一家能看到海景的烧烤餐厅。

Iso's Kitchen Restaurant　　土耳其菜 $$

（见381页地图；☎0242-844 2415; http://isoskitchenrestaurant.com; Süleyman Yilmaz Caddesi 17; 开胃菜 9.50里拉起，主菜 30里拉；⏰11:00~23:00）曾经是一座位于橄榄农场的村舍，现在提供烧烤、砂锅菜、海鲜，特色菜包括香辣肉丸串。名字来源于店主Ismael的昵称。餐厅坐落在一条鹅卵石小巷，在一座古老的希腊石屋中。

Hünkar Ocakbaşı　　　　　　　烤肉 $$

（见381页地图；✆0242-844 2077；Şehitler Caddesi 38e；主菜 10~35里拉）这家地道的烧烤餐厅（ocakbaşı）是当地人周日享用午餐的热门场所，提供各种深受欢迎的传统烤肉。也有土耳其比萨和西式比萨，以及5种砂锅菜，其中一种是素食。

Guru's Place　　　　　　　安纳托利亚菜 $$

（✆0536 331 1016，0242-844 3848；www.kalkanguru.com；D400；开胃菜 12里拉，主菜 15~35里拉；⊙8:00~23:00；🅿）友善的Hüseyin及其家族已经在这个地区生活了4个世纪，这家景色优美的海滨餐厅也有20年历史了。食物地道新鲜，都来自他们自己的菜园。菜单选择不多，主要是每天的特色菜和土耳其经典菜，例如土耳其饺子（mantı）。

该餐厅位于通往卡什的海滨公路上，如果自驾，注意别眨眼，就在Gümüşün Yeri餐厅对面。上午提供2小时的烹饪课程。

★Kalamaki Restaurant　现代土耳其菜 $$$

（见381页地图；✆0242-844 1555；www.kalkankalamaki.com；Hasan Altan Caddesi 47a；主菜 45里拉；⊙11:00~22:00；🅿）这是家风格现代的餐厅，楼上露台有一间极简主义的时髦酒吧，提供融入了欧洲风格的精品土耳其菜。试试美味的梅子杏仁羊肉或者分量很足的素食烤串。店主Tayfur一直都在大力创新——就连英国厨神戈登·拉姆齐（Gordon Ramsay）都曾提到过这里。

★Mussakka　　　　　　　土耳其菜 $$$

（见381页地图；✆0242-844 1576，0537 493 2290；www.mussakkarestaurant.com；Hasan Altan Caddesi；主菜 25~65里拉；⊙9:00至次日2:00；🅿）这家悠闲优雅的餐馆采用粉色主题装饰，有木柴炉，能看到海景，服务热情，菜肴包括香槟、虾调味饭、自制的希腊茄盒、炒菜（saç kavurma）端上桌时还在呲呲作响。还提供6种不含肉的主食（25~36里拉），冬季有咖喱之夜，还有餐后水烟（25里拉）。

Aubergine　　　　　　　现代土耳其菜 $$$

（Patlıcan；见381页地图；✆0242-844 3332；www.kalkanaubergine.com；İskele Sokak；主菜 19~65里拉；⊙8:00至次日3:00；🛜🅿）这家时尚餐厅位于码头，有一座绿荫露台，内部也有舒适餐位，仅地理位置就很吸引人了。特色菜如慢火烤野猪肉、奥斯曼羔羊肉炖菜，还有为餐馆名字带来灵感的多汁的茄子（imam bayıldı）。

Salonika　　　　　　　　　小酒馆 $$$

（见381页地图；✆0242-844 2422；www.salonika.co；Süleyman Yilmaz Caddesi；主菜 40里拉；⊙11:00~23:00；🅿）这座有蓝色装饰物的白色建筑自称是小酒馆（meyhane），餐桌一直摆到小巷边，内部采用的是裸露的石墙，但氛围却浪漫而不粗俗。有时会有现场音乐演奏搭配开胃菜（9里拉起，拼盘2种价格30里拉），土耳其菜有炖羊肉、烧烤和鱼。

Marina Restaurant　　　　土耳其菜 $$$

（见381页地图；✆0536 487 2163；İskele Sokak；主菜 30~60里拉；⊙8:00至次日1:00）这家值得信赖的烧烤餐厅就在地标建筑Pirat Hotel楼下，出色的菜单上有土耳其和各国风味的菜肴，包括烤肉、希腊茄盒、意大利面、牛排、海鲜和鸡。白色与蓝绿色的装饰和木柴炉使得这里成为在海边品尝开胃菜（9里拉，拼盘2种价格26里拉）的舒适选择。

Zeytinlik　　　　　　　　现代土耳其菜 $$$

（Olive Garden；见381页地图；✆0242-844 3408；1st fl, Hasan Altan Caddesi 17；主菜 25~40里拉；🅿）这座英国土耳其合资餐厅位于Merkez Cafe楼上，提供有附近最大胆的土耳其食物。试试鱼肉dolmas（咖喱角状的薄酥皮羊肉碎三角），或者任意素菜。

Korsan Fish Terrace　　　　海鲜 $$$

（见381页地图；✆0242-844 3076；www.korsankalkan.com；Atatürk Caddesi；主菜 30~45里拉；⊙10:00至午夜）位于19世纪修建的帕塔拉石屋的屋顶，是卡尔坎最好的海鲜餐厅之一。自制柠檬水堪称传奇，夏季晚上定期有现场爵士乐演奏。不爱吃鱼也没关系，这里也准备了除鱼肉之外的现代土耳其和各国风味菜式。

🍷 饮品和夜生活

Blue Turtle　　　　　　　　　　酒吧

（见381页地图；✆0242-844 1614；www.

blueturtle.club; Akdeniz Caddesi; ◷11:00至次日3:00）可俯瞰海滨人群，在夏季晚上，这座凉爽的酒吧定期在花架庭院中举办现场音乐演奏。冬季小图书馆会是一个娱乐场所。因为要从海边爬一段陡峭的山坡，所以或许最好是在晚餐时间之前来，不要等到之后。

The Lime　　　　　　　　　　　酒吧

（☎0242-844 1144; Şehitler Caddesi 36; ◷8:00至次日1:00）这家位于水滨的花园酒吧餐厅之前叫Lemon Garden，当地移民喜欢来这里品尝鸡尾酒和比萨、打乒乓球、缅怀故人。登录Facebook查看即将举办的问答之夜和现场音乐演奏。

Fener Cafe & Brasserie　　　咖啡馆

（The Lighthouse; 见381页地图; ☎0242-844 3752; Yat Limanı; ◷8:00至次日1:00）卡尔坎最接近茶馆的地方就在小"灯塔"（Fener）里，在当地人、外国移民和游客中都很受欢迎。白天想在卡尔坎约人？来这里就对了。

🛍 购物

Just Silver　　　　　　　　　　首饰

（见381页地图; ☎0242-844 3136; www.justlivingkalkan.com; Hasan Altan Caddesi 28）设计和出售耳饰、鼻饰、颈饰、手饰和脚饰等装饰品，已有30年历史，是卡尔坎最著名的提供银饰和镀金的传统及现代首饰商店。

❶ 到达和离开

每小时有1班小巴和小型公共汽车往返帕塔拉（6里拉，25分钟，15公里）、费特希耶（16里拉，1.5小时，83公里）及卡什（6里拉，35分钟，29公里），途经卡普塔什的海滩（3里拉，15分钟，7公里）。

从帕穆克卡莱出发前往伊斯坦布尔（110里拉，11小时，840公里）的车次19:15会经过这里，去往伊兹密尔（63里拉，5.5小时，440公里）的车次22:30经过这里。Ulusoy、Varan和Kamil Koç也有经停卡尔坎的车次。

伊斯兰穆拉尔（İslamlar）

这座高山区的前希腊山村位于卡尔坎以南6.5公里处，是本地最受欢迎的度假地。这里的迷人之处在于夏季温度比海滨地区要低5℃，十几家鳟鱼餐厅的水箱都使用冰凉的山泉水。村子里有两座仍用水力运转的水车，其中一座就在广场上，还有一块巨大的磨石是为了帮助当地居民磨面，可以去看一看。

🛏 食宿

大约有7家路边餐厅提供当地产的鳟鱼和其他菜肴，可远观地中海风景。有一家小商店出售基本补给品和酒。

Grapevine Cottage　　　　　村舍 $$

（☎0534 744 9255; www.grapevinecottage.host-ed.me/index.htm; İslamlar; 村舍 双 每周 450欧元; P🐕🛜）位于柑橘和葡萄园中的这座自炊型村舍有迷人的双人间，富于艺术气息和乡村风情，由Briton Deborah经营。早餐露台能俯瞰到千金不换的海景，花园里到处是鸡鸭走来走去，这些都更加吸引那些想要享受田园生活的游客。

Değirmen　　　　　　鱼、土耳其菜 $$

（☎0242-838 6295, 0532 586 2734; İslamlar; 主菜11~35里拉; ◷11:00~22:00; 🍴）在这家地道餐厅的路上，会经过一座鳟鱼农场，这里有从自家田地采摘，然后在地下室研磨制作的芝麻酱。楼上露台视野开阔，菜单上有开胃菜、海鱼、肉，以及必不可少的鳟鱼。

❶ 到达和离开

从往南6.5公里的卡尔坎没有固定班次的小巴经停。从卡尔坎乘出租车过来需花费约40里拉。

贝齐尔干（Bezirgan）

美丽的山村贝齐尔干位于卡尔坎沿路东北方17公里处的一座高山峡谷中，是土耳其乡村生活的缩影。利西亚高山城堡皮尔哈（Pirha）的遗址耸立在725米处，下面是果园和种有小麦、大麦、鹰嘴豆、巴旦木和芝麻的田地。在寒冷的月份，能看到远处积雪覆盖的山巅。

从卡尔坎上山，在村子最西端醒目的谷仓开始，9公里（3小时）的步道是利西亚之路的一部分。你也可以从这里走到伊斯兰穆拉尔（约10公里），可走公路，也可走山顶古老的磨坊小路，这条路曾被当地人用来运送玉米到伊斯兰穆拉尔的磨坊。

住宿选择有Owlsland（Erol's Pansiyon；0242-837 5214；www.owlsland.com；Bezirgan；每人45欧元，含半膳宿65欧元；P🐕🐾🐦），这座拥有150年历史的农舍坐落在果园之中，很有田园乡村风情，经营者是迷人的土裔苏格兰夫妇Erol和Pauline。有3个舒适的房间，从前曾是一个厨房、一个马厩和Erol祖父母的卧室，最大限度保留了原始风味，装点着古老的农具。楼下客房有阳台，传统内饰和木柴炉尤为迷人。

❶ 到达和离开

每小时有1班高山牧场（yayla）小巴从卡尔坎开往安塔利亚，途经Elmalı，在贝齐尔干的两座清真寺都会停车（4里拉，30分钟）。

如果自驾车从卡尔坎北上，穿过连接费特希耶和卡什的D400公路，然后沿着去往Elmalı的路标前行。道路是平稳的坡道，能看到跨海美景，一直向山中前行。到达山口后，就能看见下方左手边的贝齐尔干村了。

要前往Owlsland，在村子最远端的带有路标的岔路口前往贝齐尔干，随后开始上坡前往伊斯兰穆拉尔。1公里后右转，继续走1公里，Owlsland就在你的右边。

卡什（Kaş）

📞0242/人口 7558

这里的海滩也许不能算本地区最好，但其位于泰凯半岛中央位置，气氛柔和，还有各种探险活动，这些都使得卡什——发音（大致）接近"cash"——成为探索周边地区的理想营地。对潜水爱好者来说，这里也是土耳其水下探险中心，有最好的沉船潜水，就在海岸边。除了形形色色的乘船之旅外，皮划艇之旅和徒步也很方便安排。

美丽的老城、村广场和港口一直向西伸展，是6公里长的Çukurbağ半岛。起点处能找到保存完好的古代剧院，是利西亚最初的城镇安提费罗斯（Antiphellos）唯一留存的遗址。卡什山上的崖壁中有一些利西亚石墓，夜里亮灯后也能看见。

海岸不远处是从地缘政治上看显得很奇怪的希腊小岛梅斯（卡斯特洛里佐），在港口上看非常显眼，可参加登岛一日游。

◉ 景点

安提费罗斯遗址 遗迹

免费 这里曾经是一座小定居点，也是往深入北部的山区中一座大一些的利西亚小镇费罗斯（Phellos）的港口。它的小型希腊风格**剧院**（见386页地图；Hastane Caddesi）位于主广场以西500米处，可容纳约4000名观众，保存完好。你也可以步行前往在镇子上方在陡峭崖壁上雕凿而成的**石墓**（见386页地图；Likya Caddesi），夜里有照明。这一路很费劲，所以趁一天里凉爽的时候去。

从主广场东侧陡峭的Uzun Çarşı Sokak路[这条罗马时代的路被当地人称为"滑溜街"（Slippery St）]上行，就能到达**王陵**（见386页地图；Uzun Çarşı Sokak）。这是公元前4世纪利西亚石棺的典型代表，坐落在一座很高的地基之上，棺盖上有两个狮子头雕塑。

大卵石海滩 海滩

（Büyük Çakıl Plajı, Big Pebble Beach；Hükümet Caddesi）想游泳可去大卵石海滩，这个相对较干净的海滩距离卡什镇中心约1.3公里。虽然大部分是鹅卵石，但其一端有一小片沙滩。有阴凉的咖啡馆可供休息，也出租太阳伞和躺椅。

阿兹海滩 海滩

如果在海滩上玩了一整天，那么最好从卡什港跳上一辆**水上出租车**（见386页地图）去往阿兹海滩对面半岛上三座海滩中的一座。三座海滩上都有咖啡馆，可以租到躺椅和太阳伞，水湾里水波平静。这里也有一条很好的步道（3公里）可供徒步，属于利西亚之路上比较轻松的一段，起点在大卵石海滩。

🏃 活动

卡什是地中海潜水运动的中心，这里有沉船，水中生物也多到超乎你的想象。这里还是进一步探索本地区的理想营地，当地旅行社提供大量一日游和探险活动。多数公司的团队游多多少少有些雷同，不过一般都可以量身定制，价格也可商量。

Kaş 卡什

安塔利亚和蓝绿海岸 卡什

热门选择中，去往凯考瓦（Kekova，25欧元起）的各种乘船之旅是很好的一日游项目，包括停船游泳，还有时间参观多个遗址。也有去往凯考瓦地区的热门皮划艇团队游，还有旅途更长的游览项目，可前往包含利西亚Aperlae遗迹的区域。从码头租船是个很好的选择。整船环游卡什周边岛屿一日花费为200~250里拉，最多可容纳8人。

Dragoman
户外活动

（见386页地图；☏0242-836 3614；www.dragoman-turkey.com；Uzun Çarşı Sokak 15）这家活跃的户外活动中心已经在潜水界打造出了名气，提供的水下活动套餐包括专业潜水教练协会和国际潜水联合会课程以及同海洋生物学家浮潜的活动。户外活动有许多有趣独特的选择，比如"美人鱼"团队游、桨板冲浪、植物园短途游、骑马和海岸活动。还提供出色的一日和多日海上皮划艇、徒步和山地自行车路线。

Bougainville Travel
户外活动

（见386页地图；☏0242-836 3737；www.bougainville-turkey.com；İbrahim Serin Caddesi 10，Kaş）这家由英裔土耳其人经营的旅行社名声远扬，各种活动和团队游组织经验丰富，可提供凯考瓦岛乘船游（30欧元）、皮划艇漂流（50欧元）、山地骑行（40欧元）、双人滑翔伞（20~30分钟 80欧元）、水肺潜水（一次含全套设备 23欧元，一次体验潜水 30欧元，专业潜水教练协会课程 300欧元）和海上皮划艇（35欧元）。

Xanthos Travel
户外活动

（见386页地图；☏0242-836 3292；www.xanthostravel.com；İbrahim Serin Caddesi 5/A）这里提供的凯考瓦地区乘船一日游（30欧元）

Kaş 卡什

◎ 重要景点
1 安提费罗斯剧院 A2

◎ 景点
2 王陵 E3
3 岩墓 E1

✈ 活动、课程和团队游
4 Bougainville Travel E2
5 Dragoman E2
6 Xanthos Travel D2

🛏 住宿
7 Anı Pension B2
8 Ateş Pension B2
9 Hideaway Hotel B2
10 Hilal Pansiyon B2
11 Meltem Pension B2
12 Nur Beach Hotel F4

🍴 就餐
13 Bella Vita and Ratatouille D3
14 Bi Lokma E3
15 Enişte' nin Yeri C3
16 Havana Balık Evi D2
17 Hünkâr Ocakbaşı D2
18 Retro Bistro D2

🍷 饮品和夜生活
19 Asmaltı C3
20 Echo Cafe & Bar D3
21 Hideaway Bar & Cafe D3

🛍 购物
22 Seyahan Jewellery E2
23 Turqueria E2

很受欢迎,同时还有各种不同的海上皮划艇之旅,能让你近距离接触沉没的城市遗址(35~45欧元)和潜水之旅。喜欢陆上运动的游客也可以在这里找到吉普车陆地巡游的项目,可前往Akdağlar山间的山村Gömbe和Yeşil Gölü(30欧元),还有多种山地骑行、徒步、皮划艇、游绳下降和滑翔伞可供选择。

🛏 住宿

Kaş Camping 露营地 $

(☎0242-836 1050; www.kaskamping.com; Hastane Caddesi 3; 露营地 1/2人 12/16欧元, 小木屋 含早餐 标单/双 57/80欧元, 平房 不带浴室和早餐 标单/双 21/32欧元; ▣🐾🛜)位于卡什以西800米处半岛起始点的一座迷人的岩石露头上,这座热门营地距离海边100米,有一座露台酒吧。有供自己搭建帐篷或自驾车停泊的地方,还有可爱的小木屋和更多的基本型平房。非住客也可以使用海滩,每天5欧元。

Sundiving(☎0242-836 2637; www.sundiving.com; Kaş Camping, Hastane Caddesi 3)提供水肺潜水团队游,专业潜水教练协会课程和度假套餐。

Anı Pension 家庭旅馆 $

(见386页地图; ☎0242-836 1791, 0533 326 4201; www.motelani.com; Süleyman Çavuş Caddesi 12; 铺/标单/双 35/50/90里拉; ▣⊖🐾@🛜)这家店有7床宿舍和厨房供住客使用,

是卡什经济型住宿处的领头羊，最近由店主Ömer及兄弟Ahmet进行过整修。宽大的客房都带有阳台，屋顶露台是休闲中心，可以喝杯啤酒纳凉，与其他旅行者交换旅途故事。

★ Hideaway Hotel 酒店 $$

（见386页地图；☎0242-836 1887；www.hotelhideaway.com；Anfitiyatro Sokak 7；标单45欧元，双55~65欧元，套80欧元；Ｐ❄❋＠☎♨）积极勤奋的店主Ahmet了解大量当地的旅游信息，客房大且通风（有些有海景），采用纯白的极简主义设计，有闪闪发亮的现代风格浴室。有一座可以纳凉休憩的游泳池，惬意的屋顶露台是早上练瑜伽的好地方，可在酒吧日落小酌，欣赏梅斯岛风景。

★ Ateş Pension 家庭旅馆 $$

（见386页地图；☎0532 492 0680，0242-836 1393；www.atespension.com；Anfitiyatro Sokak 3；铺/标单/双/标三/家 50/130/145/185/210里拉；Ｐ❄❋☎）"热情旅馆"在两座楼中提供有4床宿舍和私人房间，比卡什其余家庭旅馆都好，客房有舒适的羽绒被，配备现代风格的浴室。店主Recep和Ayşe都非常热情，会在有部分顶棚的屋顶露台上提供土耳其盛宴（30里拉）和多达55种食物的早餐，那里是个悠闲的场所，可以交换图书，还能看到部分海景。

Meltem Pension 家庭旅馆 $$

（见386页地图；☎0242-836 1855；www.meltempansiyon.com；Meltem Sokak；标单80里拉，双150~160里拉；Ｐ❄❋☎）这处家庭旅馆非常友好，客房结构简单，明亮通风，有现代化的浴室，大部分都带有阳台。屋顶阴凉的露台是夜里消闲的好去处，夏季会有户外烧烤。

Hilal Pansiyon 家庭旅馆 $$

（见386页地图；☎0532 615 1061，0242-836 1207；www.hilalpension.com；Süleyman Çavuş Caddesi 8；标单/双/标三 60/100/140里拉；Ｐ❄❋＠☎）"新月旅馆"由热情的Süleyman经营，提供18间简单却一尘不染的客房，屋顶的绿荫露台上能看到镇全美景，冰箱里有Efes啤酒。夏季每天会举办户外烧烤（25~30里拉），住客可免费使用自行车，活动和团队游也可享受10%的优惠。

★ Olea Nova Boutique Hotel 精品酒店 $$$

（☎0242-836 2660；www.oleanova.com.tr；Demokrasi Caddesi 43；房/家/套 120/220/310欧元起；Ｐ❄❋＠☎♨）这家时髦的精品酒店位于橄榄树树林和别墅群中，距离卡什市中心6公里远，开阔的视野能越过水面看到希腊的梅斯岛，是那些想要寻找宁静休憩处的旅人的佳选。20间客房全部采用古朴的白色极简主义风格，游泳池、旁边的酒吧餐厅和私人海滩是休闲中心。

★ Nur Beach Hotel 精品酒店 $$$

（见386页地图；☎0242-836 1828；www.nurotel.com；Hükümet Caddesi；房 300~400里拉；Ｐ❄❋☎）这里有一种当代海滩的氛围，20个房间里有13间能看到海景，5间有小的私人泳池。我们喜欢豪华房中碎玻璃般的效果、鸟笼灯罩以及巨大的大理石浴室。标准房有水疗，502号是一个阁楼风格的标准间，风景无敌。夏季早餐在海滩上供应。

Hotel Hadrian 酒店 $$$

（☎0242-836 2856；www.hotel-hadrian.de；Doğan Kaşaroğlu Sokak 10；房含半膳宿 150欧元起；Ｐ❄❋☎）这家由德国店主经营的哈德良风格的酒店，位于约卡什半岛中间，宛若热带绿洲，有20间客房和家庭套房（200欧元起），白色阳台上爬着九重葛。250平方米的巨大的海水游泳池和位于850平方米的花园中的餐厅、酒吧都很棒，酒吧风景令人惊叹。

🍴 就餐

卡什餐饮业非常发达，旧城区有许多餐厅、小酒吧和酒馆可供选择。主广场——共和国广场东南有一些很棒的餐厅，尤其是Sandıkçı Sokak周围。

周五集市（Ugar Mumcu Caddesi；◯周五7:00~19:00）在长途汽车站附近举办。

Havana Balık Evi 海鲜 $

（见386页地图；☎0242-836 4111；Öztürk Sokak 7；主菜8~20里拉；◯9:00至午夜；♨）这家鱼餐厅里有便宜美味的balık ekmek（8~10里拉）——土耳其海滨一道简单的鱼肉三明治。其余与鱼肉主题相关的还有温馨的balık guveç（鱼肉砂锅菜，20里拉）和hamsı tava（炒土耳其凤尾鱼，15里拉）。

★ Hünkâr Ocakbaşı　　　土耳其菜 $$

（见386页地图；☏0242-836 3660；Çukurbağlı Sokak 7e；土耳其比萨 10~16里拉，主菜 18~30里拉；⏱11:00~22:00）想快速享用一顿高质量午餐？当地美食爱好者会推荐这家干净友好的餐馆，提供包括午间简餐[2里拉的小比萨（lahmacun）可能会是你见过的最小的比萨]、烤肉、混合烧烤和砂锅菜等食物。这里是尝试土耳其经典菜式和由当地风格改良的国际菜肴的好地方，例如有锅烤比萨配香辣酱（sucuk）。

Bi Lokma　　　安纳托利亚菜 $$

（见386页地图；☏0242-836 3942；www.bilokma.com.tr；Hükümet Caddesi 2；主菜 20~28里拉；⏱9:00至午夜；🅿）也被称作"妈妈的厨房"，绿色餐桌散落在露台花园中，能俯瞰海港。所谓的"妈妈"就是Sabo，她的女儿现在接过接力棒，制作绝妙的传统土耳其经典开胃菜（10种拼盘25里拉），著名的自制土耳其饺子（20里拉）和点心馅饼（18里拉）。

Enişte' nin Yeri　　　土耳其菜 $$

（见386页地图；☏0242-836 4404；Necip Bey Caddesi 5；主菜 15~32里拉；⏱11:00~22:00）这里有地道的土耳其烤肉、烧烤、汤和沙拉等极佳的菜肴。可以在后面美丽的庭院用餐，有露天和带顶棚的区域，有一个炉子制作土耳其比萨（15~22里拉）和小比萨（5里拉）。推荐好吃的beyti烤肉，卷在小面包中，洒上酸奶、番茄和黄油酱。

★ Retro Bistro　　　各国风味 $$$

（见386页地图；☏0242-836 4282；İbrahim Serin Caddesi；主菜 26~52里拉；⏱11:00~22:00）这家餐厅投入了相当多的精力和创意制作家常意大利面、比萨面饼、面包和水浴（sous vide）烹饪，提供的菜肴包括烹饪长达2天的羊小腿肉。创意菜包括各种馅的汉堡，如家常蒜泥蛋黄酱、烤肉酱，以及黑海比萨，用的是墨鱼汁染黑的拿波里面饼。

Bella Vita and Ratatouille　　　各国风味 $$$

（见386页地图；☏0531 724 5846；erkal mavis@yahoo.com；1st fl, Cumhuriyet Meydanı 10；开胃菜 20~46里拉，主菜 22~60里拉）两大最受欢迎的各国风味法式小馆，位于一个能俯瞰主广场的地方，已加入意大利面和汉堡大军，提供多样化菜品，包括牛排、比萨和从经典到美味的海鲜菜品。三道菜土耳其品尝套餐（10里拉）采用地中海食材制作，如萨克利肯特的蜂蜜、土耳其精品葡萄酒和当地调味料。

🍷 饮品和夜生活

去古城寻找氛围很好的酒吧和酒馆，去主广场——共和国广场寻找户外露天餐位的酒吧。

Echo Cafe & Bar　　　酒吧

（见386页地图；☏0242-836 2047；www.echocafebar.com；Limanı Sokak；⏱16:00至次日4:00）这家休闲酒吧位于港口一座古老（公元前5世纪）的储水箱旁，非常前卫时髦，从上流社会爱喝的代基里酒到现场演奏和录音的爵士乐，包罗万象。花园里有篝火闪烁，这座历史建筑楼上有个带有可爱的小阳台的通风画廊，能俯瞰水面。

Asmaltı　　　酒吧

（见386页地图；紧邻Limanı Sokak；⏱16:00至深夜）这家酒吧位于"葡萄树下"，灯光朦胧，木头露台就在水面上，是在日落喝啤酒（12里拉）或品尝鸡尾酒眺望梅斯岛风光的最佳选择。

Hideaway Bar & Cafe　　　酒吧

（见386页地图；☏0242-836 3369；Cumhuriyet Meydanı 16/A；⏱16:00至次日3:00）这座迷人的花园咖啡馆和酒吧很招人喜欢，可从主广场上的一座不起眼的大门进入。这里是我们最喜欢的下午喝咖啡提神和晚间来一杯放松的地方，距离喧嚣的地区仅几步之遥，但完全是另一个世界。

🛍 购物

Turqueria　　　古玩、艺术品

（见386页地图；☏0242-836 1631；nauticakas@superonline.com；Uzun Çarşı Sokak 21；⏱3月中旬至11月中旬 9:00至午夜，11月中旬至次年3

月中旬 预约入场)由一对迷人的土裔德国夫妇Orhan和Martina经营,他们已在卡什生活多年。这里就像是阿拉丁的财富山洞,能看到古老的广告、骆驼皮制作的卡拉格兹皮影、伊斯坦布尔著名设计师Hüseyin Sağtan设计的首饰。

Seyahan Jewellery 首饰

(见386页地图;☎0242-836 1618;www.seyahan.com; Uzun Çarşı Sokak 10;◎9:00~14:00和18:00至午夜)这家店是伊斯坦布尔首饰店的分店,出售来自整个安纳托利亚地区的精美银饰,均由店主Matthias和Laura在拜访手艺人和收藏之旅中挑选而来。简单的饰品价格从50里拉起,复杂些的高达1000里拉。

❶ 实用信息

旅游办公室(见386页地图;☎0242-836 1238; Cumhuriyet Meydanı;◎4月中旬至10月 9:00~18:00,11月至次年4月中旬 周一至周五 8:00~17:00)主场上的办公室提供的帮助有限,有城镇地图和一些宣传册,还有酒店清单。

❶ 到达和离开

长途汽车 从位于镇中心以北350米处的**长途汽车站**(见386页地图; Atatürk Bulvarı)出发,每天都有1班Kamil Koç的车至伊斯坦布尔(110里拉,15小时,985公里);发车时间是18:30;1班至伊兹密尔(63里拉,8.5小时,440公里),途经帕穆克卡莱(棉花堡),发车时间为21:45。夏季有Metro公司和帕穆克卡莱的加班车。Kamil Koç的车次夏季20:30开往安卡拉(95里拉,9小时,690公里);去其他地方,必须在费特希耶换车。Batı Antalya的车每2小时1班,前往费特希耶(20里拉,2.5小时,107公里)。

小巴 每20分钟有1班前往卡尔坎(7里拉,35分钟,29公里);每半小时有1班前往安塔利亚(30里拉,3.5小时,188公里),途经代姆雷(7里拉,1小时,45公里)和奥林帕斯岔路口(15里拉,2.5小时,109公里)。去往帕塔拉(10里拉,45分钟,40公里)的车每小时至少1班。Öz Kaş每天10:00有1班车前往萨克利肯特峡谷(10里拉,1小时,52公里)。

Servis 每20分钟1班,从长途汽车站去往市中心再返回。

Meis Express Ferry (见386页地图;☎0242-836 1725; www.meisexpress.com; 成人 25欧元,3~6岁儿童 12.50欧元,0~2岁儿童 免费)梅斯岛特快渡轮全年都有,10:00出发,16:00返回(冬季为15:00)。旅途20分钟。售票处在共和国广场。

于恰鄂兹和凯考瓦 (Üçağız & Kekova)

☎0242/人口 400

于恰鄂兹(发音ooch-eye-iz)是一个半岛和岛屿环绕的港湾,同时也是一个田园风情的小渔村,并声称本地禁止开发。这么多年来,这里几乎没什么变化,港口背后小巷里的田园村舍依然像水彩画一样。于恰鄂兹一般是土耳其传统木帆船巡游的中途站,也是游览凯考瓦的沉没之城和人迹罕至的卡莱克伊(Kaleköy)村的起始站。夏季时节,停车场每天会挤满团队游的车队,人潮涌等待的船只中,到了一天结束的时候,人们踏上离开的汽车,夜晚的于恰鄂兹很快就恢复了宁静。留下来过夜也是一桩乐事,不过除了品味幽深的寂静之外没有太多事可做。

在西边Sıcak半岛上的是Aperlae,一座十分有年代感的利西亚孤城,是利西亚之路上的一站。

🍴 食宿

于恰鄂兹的家庭旅馆都提供前往海滩和凯考瓦岛及周边游泳池的免费游船服务。对利西亚之路(见363页)一段区域的徒步之旅来说,这里也是极好的基地。除Likya Pension旅馆,其余住宿处多在海滨。

海滨最西端能找到很好的海鲜餐厅,最东端的休闲咖啡馆提供诸如风味煎饼之类的小吃。大多数家庭旅馆提供的晚餐都采用当地食材即家常烹饪技巧,有些会为徒步者提供早餐食物。

★ Onur Pension 家庭旅馆 $$

(☎0242-874 2071, 0532 762 9319; www.onurpension.com; 标单/双/标三 35/45/60欧元起;◎2月至10月; ❢❋❀)这家经营得当的家庭旅馆位于港口上,风景优美,有8间干净整洁的小房间,其中4间是海景房,还有可爱

的阁楼房，床铺就在屋檐下。店主Onur乐于助人，他是一名徒步导游，了解当地徒步路线并提供指南。

★ Cennet Pension　　　　家庭旅馆 $$

(☎0242-874 2250, 0533 462 8554; kekova14@mynet.com; 标单/双/标三/家 40/50/60/60欧元; P❄❉≋) 确实是一座"天堂"(店名)：爱好社交的Mehmet和友善的妻子Zuhra提供8个宽大明亮、一尘不染的客房，就位于水边，有一座自炊厨房，露台上能看到海港的无敌风景。我们喜欢花园里的果树（桑树、梅子、橘子、柠檬、香蕉和杏等）和Zuhra的家常菜（鱼晚餐50里拉）。

Likya Pension　　　　家庭旅馆 $$

(☎0242-874 2251, 0531 596 8408; likyapansiyon@outlook.com; 标单/双/标三 25/45/55欧元，晚餐25~30里拉; P❄❉≋) 这座宁静的绿洲偎依在一片苍翠的果园中，就在港口往上的一条小巷子里，早餐露台能看到海景。8间舒适的客房位于3座建筑中，都充满了乡村风情。欢迎顾客使用厨房和洗衣设施，店主Halil还可以提供皮划艇、潜水用具、汽车租赁服务，也可以开船接送徒步者。

Apollonia Lodge　　　　家庭旅馆 $$

(☎0535 592 1236; www.apollonialodge.com; Boğazcık; 标单/双/标三/家 120/150/180/180里拉) 这家旅馆由卡莱克伊Mehtap Pansiyon（见本页）的Saffet及家人创办，旨在为从卡什（距离这里18公里，5小时）过来的利西亚之路徒步者提供住宿处，去卡莱克伊（距此16公里）途经Aperlae和于恰鄂兹。位于一小块农田里的一座坚固石屋中，越过环绕在清真寺周围的山谷，能看到Boğazcık村。

İbrahim Restaurant　　　　土耳其菜 $$

(☎0533 363 9206, 0242-874 2062; 主菜18~35里拉; ⓢ11:00~22:00) 这座村子里最早开办的餐厅已有35年历史，一直很受欢迎，提供美味烤肉和海鲜主菜，以及肉丸、砂锅菜和各种开胃菜（7.50里拉）。其面朝海港的位置是另一大优点。

ⓘ 到达和离开

卡什的车不到这里，但卡什的旅行社每天会有1班团队游船开往于恰鄂兹，如果有空座位（20里拉）他们都会载你一程。从卡什出发的时间一般是10:00。如果是一群人，可以联系一条船从卡什前往于恰鄂兹或卡莱克伊，都是35里拉。

每天14:45有1班小巴（24里拉，4小时）从安塔利亚开到于恰鄂兹。17:30在沿途的代姆雷停靠（7里拉，30分钟）。小巴从于恰鄂兹出发的时间是每天8:00。旅馆可以安排从安塔利亚国际机场（90欧元）、达拉曼国际机场（90欧元）、代姆雷（50里拉）和卡什（80里拉）接车。如果乘坐出租车，让司机不要打表，不然票价会翻倍。

卡莱克伊（Kaleköy）

☎0242 / 人口 150

卡莱克伊的海滨乐园是地中海西部真正让人喜爱的地方之一，这里有古代西美纳（Simena）的遗址，村子上方高耸着的十字军堡垒（门票 10里拉; ⓢ4月中旬至10月 8:00~19:00，11月至次年4月中旬 至17:00）能眺望大海，令人印象深刻。堡垒之内有从岩石中雕凿而出的古代世界最小的剧院，附近能找到几座神庙和公共浴室的遗址。从堡垒顶上能看到下方的利西亚墓地，以及郊外隐约可见的古老城墙。

🍴 食宿

★ Mehtap Pansiyon　　　　家庭旅馆 $$$

(☎0242-874 2146, 0535 592 1236; www.mehtappansiyon.com; 标单/双/标三 80/90/100欧元; ❄❉≋) 这家拥有10间客房的旅馆，从垂着九重葛的露台上能看到港口的无敌风景和沉入水下的利西亚墓地。其中4间客房位于有200年历史的石屋中，非常安静，登记入住之后，你可能就想睡一觉了。另外4间位于一座拥有两千多年历史的利西亚建筑中，还有2间位于一座专门建造的木屋中。

Paradise Teras　　　　家庭旅馆 $$$

(☎0535 794 9186; 房200里拉; ❄❉≋) 3间奥斯曼风格的房间和家庭房很有卡帕多基亚的味道，有组织地建在一座悬崖中，厕所开在其中的一条裂缝里。另外2个房间是石屋，全景露台能俯瞰卡莱克伊的绝美海湾，浅湾中有一座利西亚坟墓。

餐厅提供比萨、土耳其食物和家常山羊奶冰激凌。

Simena Pansiyon　　　　　　家庭旅馆 $$$

（☎0532 779 0476, 0242-874 2025; www.simenapansiyon.com; 房 80欧元; ❂❄📶）这家拥有150年历史的华丽的希腊石屋（注意阳台上可爱的马赛克）距离卡莱克伊港口稍稍有些远，靠近Hassan Deniz Restaurant餐厅，有4间客房遍布着彩色装饰和古董。在共用的宽大阳台上可以眺望海面，悠闲地度过一日。

Hassan Deniz Restaurant　　　　海鲜 $$

（☎0242-874 2101; 主菜 25里拉; 📶）注意不要和旁边的Hasan's Roma弄混，船主和船员们很喜欢这里的鲜鱼和美味的开胃菜。长码头上有一张餐桌，静谧的夜晚可以在这样的美景中用餐。

❶ 到达和离开

要从于恰鄂兹前往卡莱克伊，可以乘船（10分钟; 30里拉，如果在这里住宿则免费）或沿着利亚之路中的一条4公里长的步道步行（45分钟）前往，途中你将经过一座船厂，登上一座堡垒。路上大部分地区都可通行汽车; 可在船厂最远处停车。

代姆雷（Demre）

☎0242/人口 16,200

官方名叫"卡莱"（Kale），但几乎所有人还是以旧名字"代姆雷"相称，这座不规则伸展的灰扑扑的小镇曾经是米拉的利西亚（后来的罗马）城。直到4世纪，这里地位一直重要，甚至拥有自己的大主教——最著名的就是以圣尼古拉斯为原型的圣诞老人，现在仍在勾起西方世界的想象力。60年，圣保罗在去往罗马（据《圣经》中使徒行传第27章第4节至6节记录）的途中曾在这里的港口——安德里亚科（Andriake）换船，因此将米拉标记在了礼拜仪式的地图上。

代姆雷曾位于海边，但因为宝贵的冲积土——沉积的泥土、沙砾——从代姆雷河流冲过来，使这里逐渐移向内陆。这些肥沃的淤泥是城镇的财富之源，这里至今仍是水果

探索凯考瓦地区

抵达凯考瓦地区时，从海滨公路进来时看到的渔村是于恰鄂兹（见390页）。跨过半岛上的河边到达东南部的卡莱克伊（当地人称卡莱），这是一座受保护的村庄，位于古城西美纳的遗址。村子南部及海湾入口是凯考瓦长形小岛及其著名的水下遗址; 当地人一般会用这个名字来代指整个地区。

考虑到乘坐公共交通抵达凯考瓦地区的困难，多数人会选择从卡什或卡尔坎乘船前往，要先乘坐汽车到于恰鄂兹才能登船。

凯考瓦岛北部海岸便是遗址所在，其中一部分沉入海平面6米以下，因此被叫作**沉没之城**（Batık Şehir）。这些遗址由发生在2世纪的一系列大地震造成，现在能看见的绝大多数都是古代西美纳的居民区。建筑地基、楼梯、泊船处和破碎的双耳细颈酒罐仍可看到。在沉没之城附近禁止抛锚和游泳。

游览完凯考瓦之后，在船上用午餐，然后前往卡莱克伊，途中会经过两三座（非常值得拍照）紧邻岸边、沉没的利西亚古墓。一般探索卡莱克伊地区和攀登山顶城堡的时间只有1小时。

从卡什前来每人需花费25欧元，一般10:00出发，18:00左右返回。包括附近Aperlae遗址在内的游览一般要多花5欧元。也可以与于恰鄂兹港口的船主或你的住宿处的店主商量，组织游览。私人船只团队游价格为120里拉（1.5小时）至300里拉（3.5小时）。徒步者可以乘船从于恰鄂兹前往Aperlae（100里拉），然后徒步返回。

能最近距离接触凯考瓦沉没之城遗址的是海上皮划艇团队游（每人30欧元，包括Aperlae的游览50欧元，含中转和午餐），由卡什的旅行社经营，例如**Bougainville Travel**（见386页）和**Dragoman**（见386页）。卡莱克伊的一些旅馆会借皮划艇给客人。

蔬菜种植、分销的重要中心。

◉ 景点

米拉
考古遗址

(Myra; 门票 20里拉; ⊙4月中旬至10月 9:00~19:00, 11月至次年4月中旬 8:00~17:00) 如果时间有限, 只能在蜂巢般密集的利西亚石墓中选择一处参观, 那就去令人难忘的米拉古城的遗址吧。位于从代姆雷主广场向内陆前行2公里处, 是利西亚遗址中最精美的一处。这里有一座保存完好的**罗马剧场**, 附近散落的石头上雕刻着一些戏剧面具。河畔大墓地附近的所谓的**彩绘古墓**(Painted Tomb), 里外都有一个男子及其家人的浮雕肖像。

从广场(距离公路3公里)沿Alakent Caddesi北上2公里到达石墓, 步行20分钟或者花费10里拉搭乘出租车。

圣尼古拉斯教堂
教堂

(Church of St Nicholas; Noel Baba; Müze Caddesi; 门票 15里拉; ⊙4月中旬至10月 9:00~19:00, 11月至次年4月中旬 8:00~17:00) 圣尼古拉斯教堂规模也许不及圣索菲亚大教堂, 马赛克镶嵌画也许不如伊斯坦布尔的科拉教堂(卡里耶博物馆)华丽, 但使徒圣尼古拉斯于343年在此逝世, 因此对圣者和游客有很大的吸引力。虽然圣尼古拉斯遗骸已不在这里(意大利商人于1087年打碎石棺, 可能将他的遗骸运到了巴里), 但教堂中的拜占庭壁画和马赛克地面都很有趣。

安德里亚科
遗迹

免费 代姆雷镇中心西南5公里处是海滨定居点Çayağzı, 这里曾经是地中海东部和罗马帝国之间海路交通要道上的重要粮食中转港口, 当时被罗马人称作安德里亚科。

安德里亚科古城遗址分散在进入Çayağzı的道路南北的广阔地区。139年由哈德良皇帝建造完工的大**粮仓**位于南部。

🛏 食宿

★ Hoyran Wedre Country House
精品酒店 $$$

(☎0532 291 5762, 0242-875 1125; www.hoyran.com; 标单/双 100/120欧元起; ⊙4月至10月; P🐾❄️🛜🏊) 如果说这里有酒店的

话, 那么这座石头建筑群可谓是托罗斯山脉(Taurus Mountains)中的一座乡村绿洲, 能越过郊野俯瞰凯考瓦地区的惊艳美景。20间客房和套间都是传统风格(板条抹灰墙), 装饰着古董家具, 木头阳台或石头露台。

İpek Restaurant
土耳其比萨、烤肉 $

(☎0242-871 5150; Müze Caddesi; 土耳其比萨/主菜 8/15里拉; ⊙11:00~22:00) "丝绸"餐厅的桌子摆在步行街Müze Caddesi边, 上面铺有讨人喜欢的绿色桌布, 是午间快速用餐, 吃土耳其比萨、小比萨、烤肉或烧烤的好地方。在Türkiye Bankası的对面。

ℹ 到达和离开

往返卡什的长途汽车和小巴(8里拉, 1小时, 45公里)每半小时1班, 也可往返安塔利亚(22里拉, 2.5小时), 途经奥林帕斯和西拉里(Çıralı)岔路口(18里拉, 1.5小时)。

长途汽车站位于主广场西南200米处。从圣尼古拉斯教堂往南的Eynihal Caddesi从门口经过。

奥林帕斯和西拉里
(Olympos & Çıralı)

☎0242

在代姆雷东北约65公里处, 经过了菲尼克(Finike)和库姆卢贾(Kumuluca)之后, 有一条道路从主公路通向东南, 从这里右转, 然后沿着路标前行11公里, 就到了奥林帕斯古城及其海滨遗址和背包客营地社区。在山脉的另一边, 过了狭窄的Ulupınar河之后就是西拉里, 这座度假小村有几十家酒店和家庭旅馆, 看上去像是昨天才建起的, 但实际上却有着最神秘的经典地标: 火龙奇美拉(Chimaera)的永恒火焰。利西亚之路(见363页)有7.5公里长的部分蜿蜒穿过地中海地区的山间, 连接着这两座村庄。

奥林帕斯

公元前2世纪, 奥林帕斯是利西亚的一座重要城市, 近来因成为背包客的海滩度假村而变得更加出名。在通往遗址和海滩的1.5公里长的山谷沿岸有几十家露营地, 从中找一座"树屋"住下, 这一直是传奇般的旅游经历。

过去这些年来,从前嬉皮士之旅的热门地区已经得到了相当大的改善,夏季这里成为人潮拥挤、郁郁葱葱的旅游热点。

不管爱它还是讨厌它,奥林帕斯始终在令人愉悦的环境中提供超值又随性的派对氛围。不过要记住,"树屋"这个名字并不恰当,大部分小屋都扎扎实实地建在地面上。如果打算留宿,别忘了带足现金,奥林帕斯可没有自动取款机或银行。

◉ 景点和活动

多数人来到遗迹前的海滩是为了放松和游泳,不过这里的旅行社和露营地也会组织各种活动,包括乘船巡游(全天含午餐20~25欧元)、溪谷漂流(全天之旅30欧元)、海上皮划艇(半日之旅18欧元)、滑翔伞(75欧元)、潜水(体验潜水25欧元,2次潜水含设备46欧元)、山地骑行之旅以及攀岩。一些质量最好、难度最高的攀岩地在Hörguc,是奥林帕斯对面的一座城墙。

所有的露营处都可安排夜间交通工具去游览火龙奇美拉(30里拉)。

奥林帕斯海滩(Olympos Beach) 海滩

对大多数游客来说,沙子和页岩海滩是这里的主要吸引点。从西拉里一端进入免费,从奥林帕斯进,你必须穿过奥林帕斯遗迹,所以必须付钱。

奥林帕斯遗址 考古遗址

(Olympos Ruins; ☏0242-238 5688; www.muze.gov.tr; 门票 含奥林帕斯海滩 20里拉, 停车 4里拉; ☉4月至10月 9:00~19:00, 11月至次年3月 8:00~17:00)奥林帕斯古城遗址散落在一条直接通往海滩的绿荫深谷中,Ulupınar河的涓涓细流在旁边流过。如果计划多进几次,可以购买长期票,允许10天内进入10次。

🛏 食宿

奥林帕斯树屋营地住宿价格一般包括半膳宿(早餐和晚餐)。除旺季之外,住宿会有很大折扣。单人平房的费用一般是由两个人分担的,所以一般会是单人设施。

许多树屋(有时是稍微离开地面的小型乡村平房)有公用浴室,多数营地现在都有带套间和空调的平房。不是所有的树屋门锁都

ⓘ 自动柜员机

西拉里有一台自动柜员机;奥林帕斯没有,不过在公路上的奥林帕斯岔路口有一台柜员机。

很可靠,所以最好把贵重物品寄存在前台。

在奥林帕斯住宿要特别注意个人卫生。尤其是夏季游人众多,露营地废物处理能力可能会到达极限,所以要注意就餐地点和内容。每年都有游客在这里患病。

★ Şaban Pansion 平房 $

(☏0242-892 1265; www.sabanpansion.com; Yazırköyü; 铺 45里拉, 平房 标单/双/标三 100/140/180里拉, 树屋 不带浴室 标单/双 75/100里拉; ℗☯✻☎)这里是我们的最爱,可以在果园的吊床上休息,或者在溪边的木头平台上享用爱好社交的店主Meral的家常菜。这里不是派对场所,而是一个宁静的休息处,晚上可以围着篝火悠闲地聊天。房间位于迷人的小屋和树屋之中。房费是半膳宿。

Kadır's Tree Houses 露营地、家庭旅馆 $

(☏0242-892 1250, 0532 347 7242; www.kadirstreehouses.com; Yazırköyü; 铺 40~45里拉, 标单/双/标三 带空调 90/120/180里拉, 不带空调 75/100/150里拉; ✻☎)这座住宿处让奥林帕斯在地图上看起来就像一座一直在不断增长的蓬勃的西方城镇,而不像其他地方,跟战俘营似的。住宿处包括带私人浴室的四床宿舍、不带浴室的五床树屋和平房。酒吧是山谷中最热闹的,奥林帕斯探险中心 (Olympos Adventure Center, ☏0532 686 1799; www.olymposadventurecenter.com)也在这里。房费含半膳宿。

Orange Pension 平房 $

(☏0242-892 1317; www.olymposorangepension.com; Yazırköyü; 铺/房 45/150里拉; ℗☯✻☎)松木平房有一丝《海角乐园》(Swiss Family Robinson)的感觉,与其他露营地相比也相当宽敞。有些房间甚至配有电视。缺点是房与房之间有些挤;走廊上就能看到1楼房间,瓦楞屋顶就像背包客的棚屋。前院的酒吧餐厅有吊床和绿荫座位。房费含半膳宿。

Pehlivan Pansiyon　　　　　　咖啡馆 $

（☎0242-892 1113；www.olympospehlivan.com；主菜 10里拉；⏱11:00~22:00；🌐）当地人推荐这家"英雄"旅馆的风味煎饼，由头戴头巾的女士卷制和烹饪，当然比隔壁餐馆提供的难嚼的煎饼要好吃。夏季提供酒、三明治和烧烤，木头平台上有坐垫可供倚靠。就在内陆通往奥林帕斯遗迹的门口附近。

西拉里

西拉里（发音为"cher- ah -luh"）是个适合家庭游客的休闲小村。大部分高档家庭旅馆和酒店一直排列到海滩沿岸，两边还有十几家餐厅。对背包客来说，这里比奥林帕斯往下1公里的海滩更加宁静。而且靠近神秘魔幻的火龙奇美拉。

火龙奇美拉　　　　　　　　历史遗迹

（门票 6里拉；⏱24小时）在土耳其语中被称为Yanartaş，即"燃烧的岩石"，一丛丛火焰自然地从奥林帕斯山岩石斜坡中闪烁出来。夜间看上去就像是地狱场景，值得游览，而且不难想象为什么古代人会将这些离奇的火焰视作怪兽的呼吸——部分是狮子、部分是山羊、部分是蛇，威胁着利西亚。

据称是神话英雄柏勒洛丰骑着双翼飞马，朝怪兽嘴中灌铅杀死了火龙奇美拉。直至今日仍有天然气从地下渗出，接触到空气便燃烧形成火焰。天然气的具体构成仍未探明，据称其中含有甲烷。虽然火焰被覆盖后就能熄灭，但会在附近出现新的完全分离的火焰。夜里在主要地区会有20~30丛火焰，从海上清晰可见。

最佳游览时间是晚饭之后。从西拉里出发沿着主公路方向3.5公里处的火龙奇美拉路标顺山路前行，直至到达一条山谷，然后向上步行前往一座停车场。从那里继续向山上走20~30分钟，爬上一条陡峭的小路就能到达，可以携带或租赁手电。从奥林帕斯出发，几乎所有的营地每天晚饭后都会安排交通工具。

🛏 食宿

Sima Peace Pension　　　　　平房 $$

（☎0532 238 1177, 0242-825 7245；www.simapeace.com；紧邻Yanartaş Yolu；标单/双 30/50欧元；🅿🌐）这家旅舍位于海滩往上约750米处，乡村风格的平房周围环绕着果树，有吊床、秋千椅、摇摆木马，1楼阳台上能看到田野风光。精致的房间里有设施简单的浴室，楼上的房间能提供一种类似树屋风格的体验。在鹦鹉Coco的协助下，古怪的店主那高

值 得 一 游

阿惹康达

阿惹康达（Arykanda；门票 5里拉；⏱4月中旬至10月中旬 9:00~19:00, 10月中旬至次年4月中旬 8:00~17:00）建在5片台地上，是土耳其地势最引人注目的遗址之一。城市最精彩的景点是10米高的两层浴场建筑群，位于最低的台地上的体育场旁边。沿着通往旁边台地的小路可以到达一座柱廊大集市。它的北部拱桥通往一座音乐厅。其上是建于2世纪的精美剧院和竞技场。上层台地上还有一座集市、一个议事厅和蓄水池。

作为泰凯半岛上最古老的遗址之一，阿惹康达从公元前2世纪建立之初就一直是利西亚同盟的一部分，但并不是拥有3张选票的"六大"城市集团成员之一。这或许是因为阿惹康达的肆意挥霍和随心所欲。这里显然是利西亚的狂欢胜地，一直债务累累。公元43年，阿惹康达和利西亚其余地区一同被罗马兼并，在拜占庭时期幸存下来成为一个定居点，直至9世纪被遗弃。

如果从海岸驾车前来，在D400公路没有其他亮点的省城菲尼克有出口，从那里继续北上30公里就能抵达阿惹康达。

从菲尼克去往Elmalı的小巴（13里拉）可以让你在山脚下通往遗址的入口处下车，从那里沿一条陡峭的步道前进3公里就能到达遗址。从菲尼克西南29公里处的代姆雷搭乘出租车费用约125里拉。

Hotel Canada 酒店 $$

(📞0242-825 7233, 0532 647 9522; www.canadahotel.net; 标单/双 30/40欧元起, 4人平房 80欧元起; P※❄@⑲)这个美丽的住处能提供最西拉里风格的住宿体验：温暖、友好，还有自制蜂蜜。主建筑中的客房都很舒适，花园里满是吊床、柑橘树，还有11座平房。加拿大人Carrie和她的美食爱好者丈夫Şaban能提供出色的套餐。距离海滩750米远，可找辆免费的自行车骑下去。

★ Myland Nature Hotel 平房 $$$

(📞0242-825 7044, 0532 407 9656; www.mylandnature.com; Sahil Yolu; 标单/双 70/95欧元; P❄@⑲)🌿这里整体来说是一个富于艺术气息的酒店，满目绿色，一定能让你不由自主吟唱出风铃般的歌声。旁边的海滩上提供免费瑜伽、冥想、自行车和雨伞。一尘不染的宽敞木屋环绕在一座漂亮花园的周围，里面的橘树上挂着吊床。早餐包括有机水果，是从4.5公顷的花园里采摘的。

★ Odile Hotel 酒店 $$$

(📞0242-825 7163; www.hotelodile.com; Sahil Yolu; 标单/双 70/80欧元, 平房 含厨房 标单/双/标三/四 100/120/150/180欧元; P❄❄@⑲)在这座乡村庄园似的酒店中，宽敞的现代化平房坐落在一个弧线形游泳池周围，露台面朝群山，有一座养护得很好的花园。主建筑群环绕着另一座游泳池和一座儿童泳池，背后的"奢华"大平房弥漫着好闻的雪松味道。对想要自己做饭的家庭游客来说，这里是很棒的选择。房费包括下午茶。

★ Orange Motel 家庭旅馆 $$$

(📞0242-825 7328; www.orangemotel.net; Yanartaş Yolu; 标单/双 50/70欧元, 2卧平房 105欧元; P❄❄@)位于橘园中，感觉就像一座农场，虽然位于中心位置。春季来这里，你永远也忘不掉浓郁的香气和嗡嗡的蜜蜂。花园里挂着吊床，房间都是真的木头套房，还有一个房屋旅行代理处。早餐有自制橘子和柠檬果酱，以及橘花蜜。

Olympos Lodge 度假村 $$$

(📞0242-825 7171; www.olymposlodge.com.tr; 标单 195欧元, 双 225~540欧元; P❄❄⑲)这里是西拉里最优雅的住宿处，就位于海滩上，有1.5公顷天堂般的私人柑橘园，修剪整齐的花园，还有孔雀四处漫步。14个客房华丽时尚，散发着波希米亚风情; 2个房间能看到海景。凉爽的季节度假村会开放一座可爱的冬季花园和一个桑拿房。

★ Yörük Restaurant 土耳其菜 $$

(📞0536 864 8648; Köprü Başı Mevkii; 风味煎饼 7~9里拉, 土耳其比萨 9~14里拉, 主菜 15~28里拉; ⊙11:00~22:00; P⑲❄)就在进入西拉里的大桥后面，是村子里最好的餐厅，感觉像是一座Yörük游牧民族的露营地，中央有火堆，还有帐篷区。柜台后面摆着开胃菜和海鲜，开放式厨房制作细长的土耳其比萨、轻盈松软的风味煎饼、土耳其饺子、烤肉和烧烤。价格实惠，服务热情，有小孩子玩耍的地方。

ℹ 到达和离开

实际上所有经海滨公路往返费特希耶和安塔利亚的长途汽车都可以让你在奥林帕斯和西拉里交叉处上下车。只需要确定你想去哪一边，因为两边相隔500米远。从那里出发，有小巴（6里拉）均可到达两处。

去往奥林帕斯（距D400约10公里），5月至10月每天8:00~20:00之间每半小时有1班小巴。返程小巴9:00从奥林帕斯出发，每小时1班一直持续到19:00。10月至次年4月一般每2小时1班，最后一班18:00从奥林帕斯发出。

去往西拉里（7公里）的车次要少很多; 小巴一般客满才会发车，所以你可能要等待一段时间。夏季一般大约每小时就会发1班，冬季上午下午各1班。到达西拉里后，小巴一般沿海滩公路绕行，然后转向内陆，经过去往火龙奇美拉的岔路口，然后沿着山腰边缘返回村子。

如果预订，许多住宿处会安排公路接车，如果住一段时间，可能会免费提供接车服务，或者收取25里拉的接车费用。从安塔利亚国际机场接车约需250里拉。等在岔路口的出租车去西拉里约30里拉，奥林帕斯35里拉。

当地旅行社，包括**Dark Travel**（📞0242-892 1311, 0507 007 6600; www.darktravel.com;

Yazırköyü）和**Yanartaş**（☎0242-825 7188；www.yanartas.net；Sahil Yolu；乘船团队游 含午餐 60里拉）可出租汽车。

安塔利亚（Antalya）

☎0242/人口 1,027,500

安塔利亚曾经只被看作是通往土耳其里维埃拉（Turkish Riviera，即蓝绿海岸）的大门，如今却凭借自身魅力发展成了一个真正的旅游目的地。安塔利亚就坐落在安塔利亚湾（Antalya Körfezi），是土耳其地中海西海岸最大的城市，它将古典传统和现代时尚完美地融合在了一起。市中心是保存完好的老城（Kaleiçi）区（字面上的意思为"在城堡里"），蜿蜒的街巷旁许多精心修缮的奥斯曼时期的房屋提供极富氛围的住宿处。老城环绕着一座壮丽的罗马时代港口，能看到山崖顶端苍茫山岳的轮廓，是值得为之举杯欢庆的景色。市中心之外有两片海滩，以及土耳其最好的博物馆之一。

历史

公元前2世纪，帕加马（Pergamum）的阿塔罗斯二世（Attalus Ⅱ）创建了安塔利亚这座城市，并起名为Attaleia。公元前133年，他的侄子阿塔罗斯三世（Attalus Ⅲ）将这里割让给了罗马。在两个多世纪后的130年，罗马皇帝哈德良（Hadrian）到这里视察，他穿过一座凯旋门（就是现在的哈德良门），进入这座城市，并在这里建立了属于自己的荣耀。

后来这里陆陆续续有过很多位"领主"。首先是拜占庭人取代了这里的罗马人，之后塞尔柱土耳其人又于13世纪初期占领了这里。后者将安塔利亚重新命名为红色尖塔（Yivli Minare），这随即也成为安塔利亚的象征。

1391年，这座城市成为奥斯曼帝国的一部分。第一次世界大战之后，奥斯曼帝国灭亡，而安塔利亚也被划分给了意大利。1921年，阿塔图克的军队赶走了外国势力，解放了这座城市，并将其作为安塔利亚省的省会。

◉ 景点和活动

老城 历史遗址

（Kaleiçi；见400页地图）安塔利亚的历史区从主广场**要塞大门**（Kale Kapısı；见400页地图）开始，这里有古老的石头**钟楼**（Saat Kulesi；见400页地图）和城市创建者**阿塔罗斯二世雕像**作为标记。其北边是**İki Kapılar Hanı**，一座可追溯到15世纪末的占地广阔的室内巴扎。

沿着从钟楼对面开始的Uzun Çarşi Sokak向南走，很快会在左边看到18世纪的**特科里·穆罕默德帕夏清真寺**（Tekeli Mehmet Paşa Camii，见400页地图；Paşa Camii Sokak），这是一座由Berlerbey（"统治者中的统治者"）特科里·穆罕默德帕夏所建造的清真寺，先后于1886年和1926年进行过大范围修复。留意窗户上方和穹顶基座彩色瓷砖上的精美阿拉伯铭文。

继续向这片保护区内走，那里的许多优雅、古老**奥斯曼房屋**已得到修复，被改造成家庭旅馆、精品酒店和商店。往东，在Hesapçi Sokak街最高处是宏伟的**哈德良门**（Hadriyanüs Kapısı；见400页地图；Atatürk Caddesi），也称Üçkapılar（"三重门"），是在130年，为纪念前来安塔利亚的罗马皇帝哈德良建造的。

罗马海港（见399页）位于斜坡的底部，从公元前2世纪起，一直是安塔利亚重要的生命线，直到20世纪末，它才被西边12公里处的一个新港口所取代，新港口位于康亚尔特海滩（Konyaaltı Plajı）的最末端。这个海港在20世纪80年代被重建，如今是游艇和观光游船的停靠码头。有一座**升降梯**（asansör；见398页地图）从共和国广场最西端沿着崖壁下降到达海港。

在老城西南角，**卡拉阿里奥鲁公园**（Karaalioğlu Parkı，见400页地图；Atatürk Caddesi）（一座开满鲜花的迷人大花园，能看到大海风光的全景）里有一座**希迪尔利克塔**（Hıdırlık Kalesi，见400页地图；Karaalioğlu Parkı），这座14米高的塔楼建于1世纪或2世纪。一开始是一座陵墓，后来因为优越的地理位置，高耸在海湾上方，于是在城市的防御中发挥了重要作用，成了一座瞭望塔和灯塔。

安塔利亚博物馆 博物馆

（Antalya Museum；见398页地图；☎0242-236 5688；www.antalyamuzesi.gov.tr/en；Kon-

Antalya 安塔利亚

安塔利亚和蓝绿海岸

安塔利亚

Antalya 安塔利亚

◎ **重要景点**
  1 安塔利亚博物馆........................A2

◎ **景点**
  2 升降梯..C2

❌ **就餐**
  3 Arma Restaurant........................C2
  4 Can Can Pide ve Kebap Salonu........D2

⭐ **娱乐**
  5 安塔利亚国家歌剧院和芭蕾团舞售票亭........................C2

🔒 **购物**
  6 İki Kapılar Hanı..........................D1

yaaltı Caddesi；门票20里拉；⏰4月至10月 9:00~19:00，11月至次年3月 8:00~17:00，售票处于闭馆前30分钟关门）不要错过这个综合性博物馆，这里展示着从石器时代和青铜时代一直到拜占庭时期的各种各样的物品。区域发掘厅（Hall of Regional Excavations）展示着从利西亚（如帕塔拉和桑索斯）的古城遗址和弗里吉亚（Phrygia）发掘出来的各种文物。而万神殿（Hall of Gods）里展示的是15位奥林匹斯神祇的精美雕像，大部分都保存得相当完好，让人浮想联翩。这些雕像大多是在柏尔盖（Perge）发现的，包括庄严的美惠三女神（Three Graces），一号展厅中主要是高耸的跳舞女郎（Dancing Woman）。

红色尖塔
历史遗址

（Yivli Minare, Fluted Minaret；见400页地图；Cumhuriyet Caddesi）这座美丽、造型独特、还有凹槽的红色尖塔是安塔利亚的标志，是塞尔柱苏丹Aladdin Keykubad一世于13世纪初期所建造的。旁边的清真寺（1373年）至今还在使用中。

苏那和伊南·基拉斯老城博物馆
博物馆

（Suna & İnan Kıraç KaleiçiMuseum；见400页地图；📞0242-243 4274；www.kaleicimuzesi.org；Kocatepe Sokak 25；成人/儿童 3/1.50里拉；⏰周四至周二 9:00至正午和13:00~17:00）这座小小的民族志博物馆，位于一栋精心修复后的安塔利亚宅邸中。2楼有一系列精心设计过的实景模型，描绘的是奥斯曼安塔利亚的一些最重要的宗教仪式和习俗。更加令人难忘的是恰纳卡莱陶瓷系列收藏。展览位于大厅背后的建筑里，那里曾是圣乔治（Aya Yorgi）希腊东正教教堂，现在已经整体重建，很值得入内一看。

苏丹阿拉丁清真寺
清真寺

（Sultan Alaadın Camii；见400页地图；Seferoğlu Sokak）这座宝贵的清真寺隐藏在老城的后巷中。1834年建成时是希腊东正教Panhagia教堂，1958年之后被改成清真寺。在祷告殿中有安塔利亚独一无二的彩绘屋顶，其中有复杂的星星图案，直至今日仍保存着原样。

耶尼卡普希腊教堂 教堂

（Yenikapı Greek Church, Hagios Alypios；见400页地图；☏0242-244 6894；www.spccturkey.com；Yeni Kapı Sokak）这座19世纪的小教堂于2007年被修复，内部有漂亮的壁画和手工雕刻的装饰。这里依然为东正教服务。

凯斯克尖塔 历史遗址

（Kesik Minare, Truncated Minaret；见400页地图；Hesapçı Sokak）它是一座尖塔的残余部分，标识着一座在过去几个世纪内，在安塔利亚的宗教生活中扮演过诸多角色的重要建筑遗址。这座建筑建于2世纪，最初是一座罗马神庙。在6世纪，被改建成为圣母玛利亚的拜占庭教堂。3个世纪之后又成为清真寺。1361年，这里又被改为教堂，但是19世纪的一场大火，破坏了建筑的绝大部分。

康亚尔特海滩（Konyaaltı Plajı） 海滩

想好好了解海滩文化，可从市中心向西前往康亚尔特，乘坐有轨电车到终点站（Müze），然后继续向西走下蜿蜒小路。

拉拉海滩（Lara Plajı） 海滩

位于市中心以南，比西边的康亚尔特沙子要多。有小巴沿着Atatürk和Fevzi Çakmak Caddesis前来这里。

塞法公共浴室 公共浴室

（Sefa Hamamı；见400页地图；☏0532 526 9407, 0242-241 2321；www.sefahamam.com；Kocatepe Sokak 32；◉周一至周六11:00~20:00）这里氛围很好，保留着13世纪塞尔柱时期的许多建筑。洗浴花费为30里拉，包括肥皂按摩和擦洗的全套服务为55里拉，精油按摩额外收费30里拉。男女浴池分开，也提供混浴。

鱼市场公共浴室 公共浴室

（Balık Pazarı Hamamı, Fish Market Bath；见400页地图；☏0242-243 6175；Balık Pazarı Sokak；◉4月至10月8:00~23:00，11月至次年3月至20:00）这家有着700年历史的公共浴室提供泡澡、搓背加上一块香皂的土耳其洗浴全套服务，一共需要80里拉。男女有分开的独立区域，也提供混浴。

团队游

乘船短途游主要是在老城的**罗马海港**（见400页地图；İskele Caddesi）。提供1小时、2小时和6小时的旅程（最高10/15/30欧元；你的住宿处可能会给你更多优惠）。后者包括午餐，还会在凯梅尔（Kemer）、安塔利亚湾海岛和一些海滩停靠，供游客游泳。此外，每天还有渡轮（10里拉）往返海港和凯梅尔码头之间，两个方向各3趟（冬季会减少）。

渡轮的具体时间和信息，可登录www.antalyaulasim.com.tr查询。

安塔利亚是去往赛利斯、泰尔梅索斯、柏尔盖、阿斯潘多斯、塞尔盖等古城遗址进行短途游览，以及桥谷（Köprülü Kanyon）激浪漂流的极佳营地，前往西戴（Side）镇也很方便。安塔利亚的老城区有大量旅行社都可提供团队游。

Nirvana Travel Service 团队游

（见400页地图；☏0532 521 6053, 0242-244 3893；www.nirvanatour.com；İskele Caddesi 38/4）提供各种途游，包括泰尔梅索斯一日游，中途可停靠Düden瀑布（Düden Şelalesi），还有柏尔盖和阿斯潘多斯（Aspendos），还可去帕穆克卡莱（棉花堡）。提供卡帕多基亚3日游。带导游和不带导游的都有，一日游最少四人成团。

住宿

Sabah Pansiyon 家庭旅馆 $

（见400页地图；☏0555 365 8376, 0242-247 5345；www.sabahpansiyon.com；Hesapçı Sokak 60；标单/双/标三25/30/45欧元，自炊型2卧公寓75~100欧元；⊖❄⏰❄）得益于Sabah兄弟的经营有方，以及他们组织的大量交通工具和团队游，一直以来这里都是节约型旅行者的第一选择。客房大小不同，但都很可爱、简洁，而且非常干净。绿荫庭院是结识其他游客的绝佳场所，早餐在巷子对面的Yemenli（见403页）。

Lazer Pension 家庭旅馆 $

（见400页地图；☏0242-242 7194；www.lazerpansiyon.com；Hesapçı Sokak 61；标单/双/标三19/35/50欧元；⊖❄⏰❄）安塔利亚常客

Kaleiçi 老城

安塔利亚和蓝绿海岸

安塔利亚

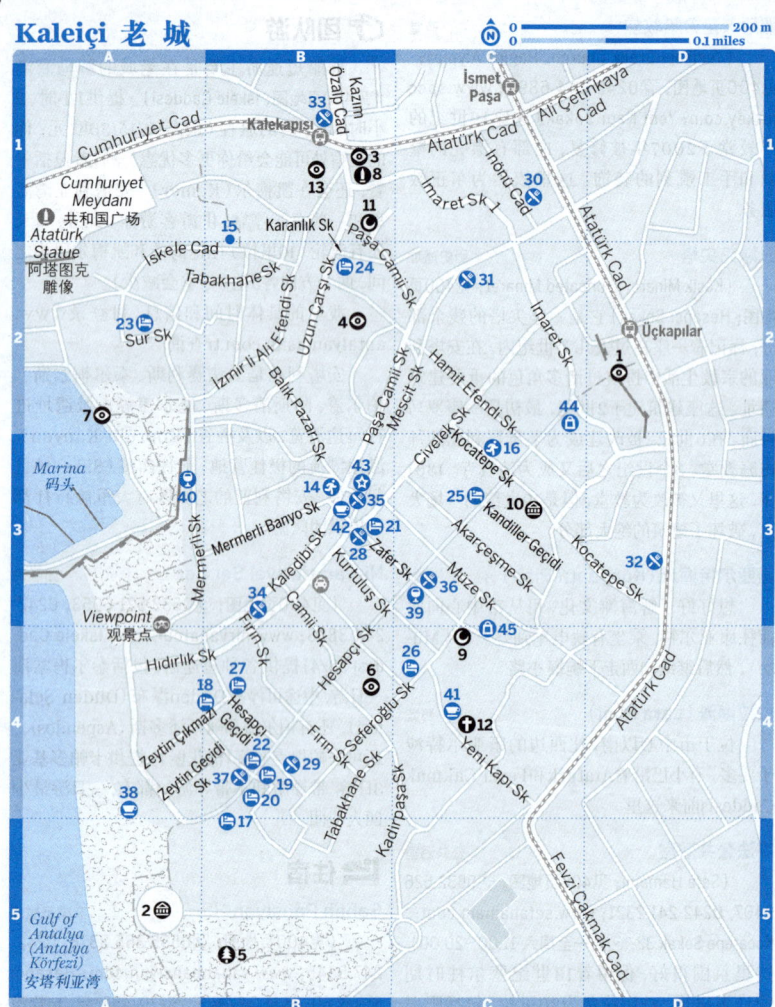

推荐这家出色的旅馆，宽敞的房间里有现代化的浴室、楼上有一个露台，庭院里装饰着盆栽。采取了很多措施保证房间的干净，也使得这家位于老城的旅馆在竞争中处于优势。

★ White Garden Pansion 家庭旅馆 $$

（见400页地图；☎0242-241 9115；www.whitegardenpansion.com；Hesapçı Geçidi 9；标单/双 40/60欧元，自炊型公寓 95~140欧元；☷❈@☎☲）是一家很讨人喜欢的住宿处，充满着古怪的奥斯曼元素，现代化的房间里采用复古的装饰，老板Metin和员工所提供的服务更是无可挑剔。旅馆本身是一座精致的修复建筑，庭院格外迷人，有一座大泳池。这里提供土耳其最好的早餐。

Mediterra Art Hotel 精品酒店 $$

（见400页地图；☎0242-244 8624；www.mediterraart.com；Zafer Sokak 5；标单/双 35/55欧元；☷❈☎☲）这座高档的大师级木石建筑曾经是一座希腊酒馆，19世纪的壁画和涂鸦就是最好的证明。酒店一流的无边泳池让客人尽享清凉，夏季和冬季分别有特色餐厅。在4栋建筑中分布着33间小而适度奢

Kaleiçi 老城

◎ 景点
1 哈德良之门	D2
2 希迪尔利克塔	A5
3 要塞大门	B1
4 老城	B2
5 卡拉阿里奥鲁公园	B5
6 凯斯克尖塔	B4
7 罗马海港	A2
8 钟楼	B1
9 苏丹阿拉丁清真寺	C4
10 苏那和伊南·基拉斯老城博物馆	C3
11 特科里·穆罕默德帕夏清真寺	B1
12 耶尼卡普希腊教堂	C4
13 红色尖塔	B1

❸ 活动、课程和团队游
14 鱼市场公共浴室	B3
15 Nirvana Travel Service	B1
16 塞法公共浴室	C3

🛏 住宿
17 Hotel Blue Sea Garden	B5
18 Hotel Hadrianus	B4
19 Lazer Pension	B4
20 Mavi & Anı Pansiyon	B4
21 Mediterra Art Hotel	B3
22 Sabah Pansiyon	B4
23 Tekeli Konakları	A2
24 Tuvana Hotel	B2
25 Villa Perla	C3
26 Villa Verde	C4
27 White Garden Pansion	B4

❸ 就餐
28 ÇaY-Tea's	B3
29 Cunda Meze	B4
30 Dönerciler Çarşısı	C1
31 Hasanağa Restaurant	C2
32 LeMan Kültür	D3
33 Parlak Restaurant	B1
Seraser	(见24)
34 Sim Restaurant	B3
35 Tarıhı Balık Pazarı Unlu Mamülleri	B3
36 Vanilla	C3
37 Yemenli	B4

❸ 饮品和夜生活
38 Castle Café	A4
39 Dem-Lik	C3
40 Kale Bar	A3
41 Paul's Place	C4
42 Pupa Cafe	B3

❸ 娱乐
43 Filika Cafe-Bar	B3

❸ 购物
44 Osmanlı Sultan Çarık	C2
45 Yaz	C4

华的客房。客房里可爱的细节包括床头板上雕刻的星星，楼梯平台上的奥斯曼风格的墙绘。

Villa Verde　　　　　　　　家庭旅馆 $$

（见400页地图；☎0242-248 2559；www.pensionvillaverde.com；Seferoğlu Sokak 8；标单/双 40/50欧元；❸❸❸）这里所有的客房都以水果的名字命名，大部分采用炫白色调和木头装饰，有一种新鲜的极简主义魅力。记得选择"葡萄柚"（Greyfurt）或"桑葚"（Dut）房间，醒来就能看到凯斯克尖塔遗址；避开"橘子"（Portakal），淋浴配置低于标准水平。后面的庭院酒吧是一个很好的聚会场所。

前面就在凯斯克尖塔的地方，花架下的餐厅（主菜 20里拉）提供迷人的户外用餐环境，供应土耳其菜和比萨，能看到游荡的街头艺人。

Hotel Blue Sea Garden　　　　酒店 $$

（见400页地图；☎0242-248 8213，0537 691 4164；www.hotelblueseagarden.com；Hesapçı Sokak 65；标单/双/标三/套 30/50/65/75欧元；❸❸❸❸）这里的惊喜是泳池和可爱的户外区，两层楼里的房间新近都重修过。店内餐厅是可以度过夜晚时光的迷人地方，酒店组织汽车租赁和团队游。

转角过去的"精品"附楼有小的经济型房间，以及讨人喜欢的标准间，里面有裸露的石头和砖墙。在Blue Sea Garden用早餐的客人可以使用游泳池。

Hotel Hadrianus　　　　　　　　酒店 $$

（见400页地图；☎0242-244 0030；www.hadrianushotel.com；Zeytin Çıkmazı 4；标单/双/标三 40/50/70欧元；❸❸❸）名字来源于130年到访的罗马皇帝（城市最早的游客），有11

个房间，位于一座占地750平方米的花园里。酒店是老城名副其实的绿洲，早餐在挂有吊床的树下。房间里有人造古董和奥斯曼风格的装饰，顶楼房间更大。

Mavi & Anı Pansiyon 家庭旅馆 $$

（见400页地图；☏0242-247 0056；www.maviani.com; Tabakhane Sokak 13-23; 标单/双 30/45欧元；❄❄）这座修复后的奥斯曼建筑有一座美丽安静的花园，公共区域装饰着安纳托利亚风格的古老家具和小古董，客房充满旧世界特色，而有一些是土耳其风格（床铺在一个很低的平台上）。唯一的不足是设施简朴的淋浴间。如果想去往更当代化的住处，附近也有4座公寓，全部都有厨房设施。

★ Tuvana Hotel 精品酒店 $$$

（见400页地图；☏0242-247 6015；www.tuvanahotel.com; Karanlık Sokak 18; 标单/双 250/270里拉；Ⓟ❄❄@🌐🏊）这里的6座严谨的奥斯曼建筑已经被改造成时髦精致的城市酒店，包括47间客房和套房。房间装饰豪华，带有古老的风情，有涂漆地板、挂毯和壁挂，现代设施包括DVD播放器和保险柜。游泳池是酒店额外的惊喜，有3座餐厅：Seraser（见400页）、Il Vicino和Pio。

Tekeli Konakları 精品酒店 $$$

（见400页地图；☏0242-244 5465, 0545 662 2117; www.tekeli.com.tr; Dizdar Hasan Sokak; 标单/双 60/85欧元；❄❄🌐）这座漂亮的酒店弥漫着一种亲近的历史感，位于一片柠檬黄的奥斯曼建筑中，有8个房间。装饰有彩绘玻璃，浴室贴满伊兹尼克瓷砖，床铺是在抬高的奥斯曼风格的平台上，甚至还有一个陈列柜，里面摆放奥斯曼陶瓷和挂毯。

Villa Perla 精品酒店 $$$

（见400页地图；☏0242-248 4341; www.villaperla.com; Hesapçı Sokak 26; 标单/双 70/90欧元；❄❄🌐）我们喜欢这座地道的奥斯曼建筑，依偎在一个庭院中，有橘树、泳池、海龟，寒冷的夜晚有火堆，感觉像是流亡苏丹所住的破旧的家。建于12世纪的石头台阶顶部有7间舒适客房，有木头天花板、四柱床，橱柜上还有彩绘民间图案。

现代化便利设施包括足浴。附设餐厅（主菜 25里拉）的开胃菜拼盘（6/12道开胃菜 17/30里拉）赢得了读者的推荐，有浪漫的庭院，石墙餐厅里有壁炉。

✕ 就餐

老城区及附近汇集了数不胜数的咖啡馆和餐厅，许多都将餐桌摆在圆石小巷上。如果想找便宜的食物，那么就往东走，去Dönerciler Çarşısı (Market of Döner Makers; 见400页地图; İnönü Caddesi)，或去北边要塞大门（见

值 得 一 游

法赛利斯及周边

古代利西亚港口法赛利斯（Phaselis）位于D400公路奥林帕斯和西拉里出口以北约16公里处。遗址（门票 20里拉；⊙4月至10月 8:00~19:00，11月至次年3月 至17:00，售票处于关门前30分钟关闭）松林覆盖，环绕在三座形状完美的小海湾周围。在往内陆约9公里的地方，有一座奥林帕斯缆车（Olympos Teleferik; ☏0242-242 2252; www.olymposteleferik.com; 成人/7~16岁儿童 单程 16/8欧元，往返 32/16欧元；⊙5月和6月 9:30~18:00，7月至9月 9:00~19:00，10月 至18:00，11月至次年3月 10:00~16:30，4月 至17:00)攀上将近2365米高的Tahtalı Dağ（意为"林木茂盛的山峰"），也是Beydağları Sahil国家公园（Beydağları Sahil National Park; Olimpos Beydağları Sahil Milli Parkı）的中心山峰。

公路上从安塔利亚（9里拉，45分钟，58公里）和凯梅尔（6里拉，20分钟，15公里）来的车次都很多，而且都会经过法赛利斯和奥林帕斯缆车出口。

缆车公司每天10:00~17:00之间每小时有1班接驳车从公路出口到达缆车车站。周三和周六也提供直达车往返安塔利亚（成人/儿童 15/7.50欧元）和凯梅尔（10/5欧元），必须预订。

397页)对面那条街,那里有屋顶烤肉店。Yeni Kapı Sokak以北的Atatürk Caddesi西端有小吃酒吧和模仿星巴克的咖啡馆,到处都是漫步的学生。

★ ÇaY-Tea's 咖啡馆 $

(见400页地图; ☎0542 732 7000; www.cayteas.com; Hıdırlık Sokak 3; 主菜20里拉; ⓗ4月中旬至10月中旬 9:00至午夜,10月中旬至次年4月中旬 周一至周五 14:00~22:00,周六和周日 9:00至午夜)在这家不拘一格的荷兰-土耳其咖啡馆中,复古家具摆放在街道上,葡萄酒窖里有一个迷人的乡村厨房风格的空间,搭配柠檬、人造花装饰,心形的盘子中放着一块饼干。菜单上有三明治(12里拉)、煎蛋卷、煎饼、自制蛋糕、下午茶和更多大分量的菜肴。

★ Can Can Pide ve Kebap Salonu 土耳其菜 $

(见398页地图; ☎0242-243 2548; Arık Caddesi 4; 土耳其比萨和dürüm卷饼8里拉; ⓗ周一至周六 7:00至午夜)Can Can(jan jan)一定动用了许多心思(can),值得步行过来体会社区餐厅用餐的体验,桌子摆在街边,当地人会购买双重蒸锅里的炖菜,一直营业到深夜。可选择çorba(汤)、薄脆kıymalı土耳其比萨、阿达纳dürüm(皮塔饼卷烤牛肉)和土耳其饺子。

Tarıhı Balık Pazari Unlu Mamülleri 面包店 $

(见400页地图; Balık Pazarı Sokak; 点心3~5里拉)是午间快餐或下午茶的好选择,这家出色的小面包房有大量令人难以置信的甜食和开胃烘焙食品。我们喜欢kıymalı(肉)和sosis(香肠)雪茄状的馅饼点心、菠菜风味煎饼,无花果、榛子或苹果馅的撒糖点心。搭配从冰箱里拿出来的酸奶饮品(ayran),在外面找个凳子。

Cunda Meze 土耳其菜 $$

(见400页地图; ☎0242-243 8060; www.castleboutiquehotel.com; Tabakhane Geçidi 7; 开胃菜 6~11里拉,主菜 25~30里拉; ⓗ11:00~22:00; ☛)紧邻艾瓦勒克的受希腊影响的爱琴海岛屿,这家餐厅菜如其名。在这座Castle Boutique Hotel的庭院里,你看到的第一个东西就是一座装满橄榄油浸开胃菜的冰箱。从这里开始老城的夜晚,端一盘经典土耳其开胃菜(25里拉1种),徜徉在点着灯的泳池、橘树和彩灯之间。

Hasanağa Restaurant 土耳其菜 $$

(见400页地图; ☎0242-247 1313; Mescit Sokak 15; 主菜 25~30里拉; ⓗ11:00~22:00)如果你晚上来这里,就会发现花园里的就餐区和葡萄酒室(şarap odası)挤满了人。20:00以后会有土耳其传统音乐和民族舞蹈表演。菜品几乎可以预料到是土耳其风味的,有肉丸、综合烧烤和其他类似的食物,不过厨房也制作时令沙拉(约8里拉)。

7 Mehmet Restaurant 土耳其菜 $$

(☎0242-238 5200; www.7mehmet.com; Atatürk Kültür Parkı 201; 开胃菜 8里拉,主菜 20~40里拉; ⓗ11:00~22:00)这是安塔利亚最出名的一间餐厅,距离市中心以西几公里远,宽敞的室内和室外就餐区占据了一座小山,可以俯瞰康亚尔特海滩和城市景色。菜单上多是烧烤、鱼和开胃菜,没有什么特别之处,不过饭菜品质很高,吸引的是商务人士和其他眼光敏锐的食客。

Yemenli 土耳其菜 $$

(见400页地图; ☎0242-247 5346; Zeytin Sokak 16; 主菜 20里拉,套餐 15里拉)这家可爱的餐厅提供值得信赖的土耳其热门菜式,可以在绿荫花园庭院中用餐,也可以在翻修过的迷人石屋中享受美食。由Sabah Pansiyon原班人马经营(名字来源于他们在也门出生的祖父),因此服务热情又敏捷。

LeMan Kültür 咖啡馆 $$

(见400页地图; ☎0242-243 7474; www.lmk.com.tr; Atatürk Caddesi 44; 主菜 15~25里拉; ⓗ9:00至午夜)如果想受安塔利亚时髦年轻人的生活,位于哈德良门南边的这家花园咖啡馆是最好的选择。这个连锁咖啡馆以卡通和漫画(都是顾客的作品)为主题,很受学生的欢迎。

Parlak Restaurant 安纳托利亚菜 $$

(见400页地图; ☎0242-241 6553; www.parlakrestaurant.com; Kazım Özlap Caddesi 7;

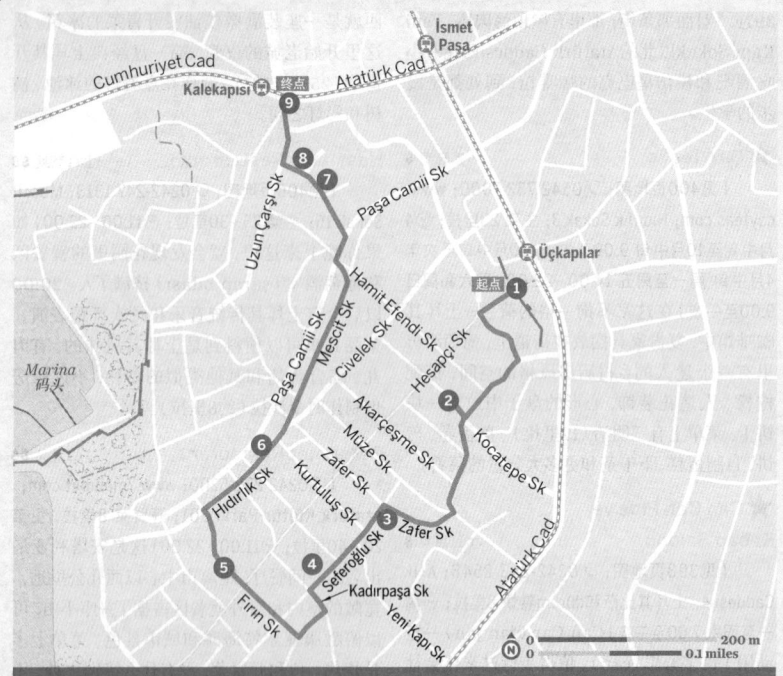

步行游览
老城古往今来的建筑

起点: 哈德良门
终点: 要塞大门
全程: 1.5公里; 2小时

旅途从穿越 ❶ **哈德良门**（见397页）的拱门开始，经过左边第一条窄巷进入老城安静的居民区。你会看见精美的奥斯曼宅邸的样本。注意个性十足的突出在外的凸窗（土耳其语为cumba），女主人会在那里招待客人——能看到外面，但外人看不见她们。

右转走进Kocatepe Sokak，参观 ❷ **苏那和伊南·基拉斯老城博物馆**（见398页）。原路返回，继续沿着巷子走，直至抵达一座带喷泉的广场。在这里左转进入Zafer Sokak，再左转进入Seferoğlu Sokak，抵达 ❸ **苏丹阿拉丁清真寺**（见398页）。在 ❹ **凯斯克尖塔**（见399页）遗址最远处再次左转进入Kadirpaşa Sokak，注意这座经过精心修复的奥斯曼宅邸，这里有一座石头和鹅卵石的大门。这里之前是安塔利亚文化中心，展览安塔利亚的建筑历史，可能会重新开放。

你会发现，几乎所有的房子都是用石头建成的——1895年的一场火灾将原本的木头房屋大部分都毁掉了。右转进入美丽的 ❺ **Fırın Sokak**，这里有一些修复过的宅邸被用作家庭旅馆，也有一些摇摇欲坠的房屋等待修复，然后右转进入Hıdırlık Sokak。

沿着道路前进时，你会看见坍圮的 ❻ **古罗马和拜占庭时代的城墙**遗址，它们曾经将整座城市都包围在里面。沿着道路继续走，直至看见一段孤零零的形似门牙的墙壁，道路从这里分叉。走左边的路，沿着游客商店林立的Mescit和Paşa Camii Sokaks前进; 注意另一块巨大的 ❼ **旧城墙**遗址，以及一些被遗弃的完全用木结构框架搭成的奥斯曼房屋。

最后游览17世纪的 ❽ **特科里·穆罕默德帕夏清真寺**（见397页），然后从 ❾ **要塞大门**（见397页）离开。这里有一座古老的石头钟楼（saat kulesi），以及一座城市创建者阿塔罗斯二世的雕像。

主菜20里拉；⊙11:00~22:00）在紧邻Kazım Özlap Caddesi步行街的地方，就可以找到这家位于原来的商队驿站中的宽敞的露天庭院餐厅，很受当地人欢迎。这里的木炭烤鸡（半只13里拉）很出名，是在炭火上烤的，还有上好的开胃菜。

Sim Restaurant　　　　土耳其菜 $$

（见400页地图；☎0242-248 0107; Kaledibi Sokak 7; 主菜16~30里拉；⊙11:00~22:00）这家简单而迷人的小餐馆由一个友好的家庭经营，提供实在的家常风味土耳其菜。天气好的时候，可以在店前窄小过道的天篷下用餐，背靠着古老的拜占庭墙壁。环境安静，很适合品尝烤肉、肉丸、6种任选开胃菜和点心馅饼（8.50里拉）。

★ Vanilla　　　　各国风味 $$$

（见400页地图；☎0242-247 6013; www.vanillaantalya.com; Hesapçı Sokak 33; 主菜30~50里拉；⊙11:30至午夜）这家杰出的摩登餐厅由英国厨师Wayne经营。垫高的椅子，玻璃外观，怡人的户外用餐区点缀着藤条靠背的椅子，营造出一种流畅而简洁的氛围。店里有各种地中海风格的国际菜肴，包括各种美味的比萨（25里拉）。

Seraser　　　　地中海菜 $$$

（见400页地图；☎0242-247 6015; www.seraserrestaurant.com; Karanlık Sokak 18; 主菜25~55里拉；⊙正午至午夜）Tuvana酒店里的这家招牌餐厅采用精美的奥斯曼风格装饰，有帕夏风格的椅子和玻璃珠吊灯，还有可爱的户外餐位，供应国际美食，主打意大利菜。这里的土耳其咖啡焦糖蛋奶冻（crème brûlée）是一道传奇甜品。午餐菜单更随便，周三、周五和周六的20:00~23:00有现场音乐演奏。

酒店里还有比萨餐厅Il Vicino、拉丁餐厅和鸡尾酒吧Pio。

Arma Restaurant　　　　海鲜 $$$

（见398页地图；☎0242-244 9710; www.clubarma.com.tr; İskele Caddesi 75; 开胃菜/主菜35/40里拉；⊙11:00~22:00; ☒）餐馆的所在地曾是一个油库，就在海港上方的悬崖边。这家高端的鱼餐厅（balık evi）的特色是开胃菜和海鲜（包括海鲈鱼、虾）。在温暖的夜晚，在精美的露台上欣赏五星级夜景是这个城市中最浪漫的用餐体验。开胃菜的选择众多，包括蘑菇和帕尔玛式意大利烩饭。

🍸 饮品和夜生活

风景绝佳的啤酒花园人声鼎沸，到处都可以看到不同风格的现场音乐表演，从摇滚到türkü（土耳其民乐）什么都有：老城天黑后有许多活动可供选择。老城晚上氛围很好，酒馆、酒吧和咖啡馆的桌子摆满圆石街道，有许多现场音乐演奏。Yeni Kapı Sokak有一片酒馆，酒吧则在凯斯克尖塔以南的Hesapçı Sokak两边。

★ Castle Café　　　　咖啡馆、酒吧

（见400页地图；☎0242-248 6594; Hıdırlık Sokak 48/1; ⊙8:00~23:00）悬崖边的这家热闹的聚会场所是当地人的最爱，饮品便宜（300ml啤酒11里拉），吸引了大量年轻的土耳其顾客。服务虽慢，但露台上的风景令人印象深刻，能看到海滩和城市以西的山峦，也有分量充足的酒吧小吃，比如鱼和炸薯条，以及汉堡（24里拉）。

Dem-Lik　　　　酒吧

（见400页地图；☎0242-247 1930; Zafer Sokak 6; ⊙正午至午夜）这家悠闲的花园酒吧兼咖啡馆有餐桌散布在石墙边和果树树荫下，有许多的安塔利亚大学生，一边喝着冰镇啤酒，听着土耳其行吟诗人现场表演爵士、雷鬼、布鲁斯和其他音乐（周三、周五和周六晚上），一边改变着这个世界。菜单上也提供便宜的意大利面和其他国际菜肴（10~15里拉）。

Paul's Place　　　　咖啡馆

（见400页地图；☎0242-244 6894; www.spccturkey.com; Yeni Kapı Sokak 24; ⊙周一至周五9:30~18:00; ☒）这家悠闲的咖啡馆位于圣保罗文化中心，好评如潮。不管你拥有什么信仰，都可以在这里享用手冲咖啡（5里拉）和美味的烘焙食品（6里拉）。提供汤（4里拉）和午间简餐（11里拉），还有一个藏书很多的图书馆和一家小的礼品店。

Kale Bar
酒吧

（见400页地图；☎0242-248 6591；Mermerli Sokak 2；⊙11:00至午夜）这家露天酒吧属于CH Hotels Türkevi酒店，可以很好地俯瞰到全安塔利亚最壮观的港口和海景。鸡尾酒的价格相应也比较高，约为20里拉。

Pupa Cafe
咖啡馆

（见400页地图；Paşa Camii Sokak；⊙16:00至深夜）这座悠闲的花园咖啡馆在一座拜占庭厚石墙旁边。轻松又友善，四处散落着盆栽、挂着灯笼，无论选择茶（2里拉）还是拉克酒（茴香白兰地，15里拉），"船舷"（Ship's Stern）都是晚上安静聊天的好选择。菜单上还有超值海鲜和土耳其热门菜式（20里拉）。

☆ 娱乐

Filika Cafe-Bar
现场音乐

（见400页地图；☎0242-244 8266；Paşa Camii Sokak；⊙20:00至次日5:00）这里有乐队进行现场的流行乐及摇滚乐表演，位于老城区中心，吸引着安塔利亚的时尚一族。可坐在外面，享受地中海芳香的夜晚，倾听飘来的音乐。

安塔利亚文化中心
剧院

（Antalya Kültür Merkezi；☎0242-249 5326；100 Yıl Bulvarı, Atatürk Kültür Parkı）位于市中心以西，靠近7 Mehmet Restaurant（见403页），这个剧院会举办有趣的文化节目，包括歌剧、芭蕾、民族舞，以及大学合唱团的演出。

安塔利亚国家歌剧院和芭蕾团舞售票亭
表演艺术

（见398页地图；www.biletiva.com；Cumhuriyet Caddesi；⊙周一至周六 9:00~19:00）出售《卡门》《恰纳卡莱》（一出有关加里波利战役的土耳其作品）等演出的门票。

🔒 购物

Yaz
首饰、时尚

（见400页地图；☎0533 556 3339；Zafer Sokak 31；⊙周一至周六 10:00~20:00）形象设计师Ebru的概念店，出售土耳其设计、咖啡和蛋糕。可挑选香水、坐垫、首饰（20~500里拉）和T恤衫（50~120里拉），上面有着有趣的设计，例如正在自拍的奥斯曼骑士。

Osmanlı Sultan Çarık
鞋店

（见400页地图；☎0242-247 1540, 0532 677 0642；info@osmanlicarik.com；Hesapcı Sokak 3；⊙9:00~18:00）这家专营"奥斯曼苏丹拖鞋"的店铺会大大激发你的购物欲，纯手工制作的染色牛皮和水牛皮尖头拖鞋。此外还有凉鞋、靴子和包出售。

İki Kapılar Hanı
集市

（Old Bazaar；见398页地图）这座不规则的室内巴扎建于15世纪末期，中心区域在Kazım Özalp Caddesi和İsmet Paşa Caddesi之间，就在老城区北边。有许多首饰、金属器和织物，还有晒干的水烟、奥斯曼图案的瓷砖、香料和蜘蛛侠服装。

ℹ️ 实用信息

Antalya Guide（www.antalyaguide.org）一个综合性网站，有从气候到文化活动等所有与安塔利亚相关的信息。

旅游办公室（见398页地图；☎0242-241 1747；Cumhuriyet Caddesi 55；⊙8:00~18:00）一间很小的旅游信息办公室，位于共和国广场周围茶馆最西端的Cumhuriyet Caddesi旁边。员工会讲一些英语，提供城市地图和一些宣传册。

ℹ️ 到达和离开

飞机

安塔利亚繁忙的**国际机场**（见648页）在市中心以东10公里，D400公路上。机场有一个游客问询处，还有许多租车公司的柜台。土耳其航空公司有许多连接土耳其和欧洲的航班，夏季还有欧洲航空公司运营的航班。**土耳其航空**（见649页）和**飞马航空**（见649页）每天都有几个航班往返伊斯坦布尔，**Sun Express**（见649页）运营的航班往返一些交通便利的目的地，包括开塞利（前往卡帕多基亚）。

长途汽车

安塔利亚的长途汽车站在市中心以北4公里处，位于D650公路上。由两个大型车站组成，前面是一个公园。从主公路或停车场向长途汽车站看过去，位于右边的是提供长途运输服务的城际汽车站（Şehirlerarası Terminali），左边的则是省内汽车站(Ilçeler Terminali),发出的车辆开往附近城市,如西戴和阿拉尼亚等。

❶ 当地交通

抵离机场

AntRay有轨电车正向东部的机场延伸;İsmet Paşa是最靠近老城的车站。如果你到访时,机场有轨电车还未开通,可乘坐电车,经过一站地到达Murat Paşa(1.80里拉),然后换乘600路公交(4.20里拉,半小时1班)。

要乘坐任何公共交通工具,你都必须从报刊亭或公共汽车上购买一张安塔利亚卡(Antalyakart,可充值的公交卡)。价格为10里拉,包括5里拉押金。

出租车价格为40~50里拉。

每小时还有1班**Havaş**(📞0242-330 3800; www.havas.net;10里拉;⏱4:00~22:00)的班车,从康亚尔特海滩附近的5M Migros购物中心出发(约45分钟)。时间能赶上每一班国内航班,在长途汽车站停靠后沿着环路前往5M Migro。

抵离公共汽车站

AntRay是去往市中心最快的交通工具。从汽车站沿路标到达高架桥下通道,那里可通往有轨电车站。注意这个通道很长,而且光线暗淡,所以单身女性在人少时不要走。

需要在电车站售票处购买一张安塔利亚卡(可充值交通卡)。价格为10里拉,包括5里拉押金,电车(1.80里拉)和公交车(2.10里拉)都可使用交通卡。20分钟(8站)即可到达市中心的İsmet Paşa站,就在老城区外面。

机场出租车停靠点附近的巴士站,有约每20分钟1趟的40路公共汽车开往市中心的Atatürk Caddesi大街,车程约1小时。如果要从老城区去长途汽车站,可乘坐小巴和公交,包括93路,前往Fahrettin Altay/Cebesoy Caddesi;可在车子前方寻找"otogar"或"terminal"的字样。

在长途汽车站和老城区之间乘出租车的话,费用应该是25里拉。

小汽车和摩托车

这里有许多汽车租赁代理公司,包括**Gaye**

安塔利亚长途汽车站发车信息

目的地	票价(里拉)	行程(小时)	距离(公里)	班次(每天)
阿达纳	60	11	565	每2小时1班
阿拉尼亚	22	3	135	每20分钟1班
安卡拉	60	8	555	频繁
恰纳卡莱	80	12	770	9:00;2班过夜车
代尼兹利(帕穆克卡莱)	40	4	225	数班
埃里迪尔	24	3.5	195	每小时1班至俄斯帕尔塔(伊斯帕尔塔;从那里转车)
费特希耶(海滨)	35	6	300	每小时1班
费特希耶(内陆)	30	3.5	200	数班
格雷梅/于尔古玉普	55	9	485	2班过夜车
伊斯坦布尔	80	11.5	785	频繁
伊兹密尔	55	8	470	数班
卡什	30	3.5	188	每30分钟1班
凯梅尔	12	0.75	55	每15分钟1班
科尼亚	49	5	305	数班
马尔马里斯	50	6	365	数班
奥林帕斯/西拉里	14	1.5	80	每30分钟1班
西戴/马纳夫加特	15	1.5	75	旺季每20分钟1班

Rent a Car（☎0242-247 1000；www.gayerentacar.com；İmaret Sokak 1），大多数住宿处都可安排租赁。

公共交通

要乘坐任何公共交通工具，都必须从报刊亭或公共汽车上购买安塔利亚卡（可充值公交卡）。价格为10里拉，包括5里拉押金。电车价格为1.80里拉，公交车为2.10里拉。

安塔利亚有一种特有的单轨老式电车（antik或nostalji tramvay），全程6公里，有10站，是穿越城市最快捷的方式。运营时间是每天7:00～23:00，每半小时一班。12:00和12:42会在要塞大门停靠，然后沿着Cumhuriyet和Konyaaltı Caddesi前往安塔利亚博物馆（Müze站）。

另一种叫作AntRay的双轨电车比较先进，这条线路有16个站，它将城市的北部与南部及市中心和东部连接了起来。它大大增加了往返长途汽车站的方便程度，不过正在从Meydan往东部的机场和阿克苏（Aksu；去柏尔盖）延伸。

这两条电车线互不相连，但AntRay的İsmet Paşa站距离老式电车的中心要塞——大门站只有几步之遥。

8路公共汽车连接市中心和康亚尔特和拉拉海滩。详细的公交车和电车时刻表及信息，登录www.antalya-ulasim.com网站查询。

出租车绕行市中心价格约10里拉，从老城前往机场40～50里拉，去长途汽车站25里拉。

安塔利亚周边（Around Antalya）

安塔利亚是前往特梅索斯、柏尔盖、阿斯潘多斯古城遗址短途游的便利出发点。后面两座遗址位于城市以东，紧邻D400，从西戴前往也很方便。特梅索斯在安塔利亚西北山间，紧邻前往费特希耶的内陆公路。

◉ 景点

阿斯潘多斯 　　　　　　　　　　　　考古遗址

（Aspendos；门票 25里拉，停车 5里拉；⏲4月中旬到10月中旬 9:00～19:00，10月中旬至次年4月中旬 8:00～17:00）人们驱车来到这座位于现代化村庄Belkıs旁边的古城遗址，就是为了亲眼看看那了不起的剧场，它被誉为是至今保存最完好的古罗马剧场。该剧场是罗马人在马可·奥勒留大帝（Emperor Marcus Aurelius, 161~180年）统治期间——阿斯潘多斯的黄金年代建造的，在13世纪被塞尔柱人作为商队驿站。但这座城市的历史可以上溯至古老的赫梯帝国（Hittite Empire, 公元前800年）。

20世纪30年代初，阿塔图克来这一地区参观旅游之后，宣称阿斯潘多斯有如此多极好的经典历史建筑，闲置着太可惜。随后就开始了大规模的整修工作，这令很多历史学家不满。那座能容纳15,000人的剧场，也开始上演歌剧、演唱会，并举行各种各样的活动，包括**阿斯潘多斯歌剧和芭蕾舞节**（Aspendos Opera & Ballet Festival, Aspendos Opera ve Bale Festivalı；www.aspendosfestival.gov.tr）和**金橙电影节**（Golden Orange Film Festival, Altın Portakal Film Festivalı；www.altinportakal.org.tr；⏲11月至12月）都在这里举行。一直持续到今天。剧场内音响效果很好，晚上这里的气氛会变得很庄严。

除剧场之外，古城遗址占地面积很大，其中包括一个**竞技场**、**集市**和一座建于3世纪的**天主教堂**，不过建筑保留下来的部分很少。沿着剧场出口右边的小路一直走，就可以找到它们。继续走就会到达古城**水渠**的遗址。

阿斯潘多斯位于安塔利亚以东47公里、Belkıs以北3公里处。如果自驾，从D400公路的阿斯潘多斯岔路口开出来后，很快就可以在右手边看到一座修复后的塞尔柱时期拱柱**桥**，有7个圆拱横跨在桥河（Köprü River）上。这座桥的历史可上溯至13世纪，是在一座更古老的罗马桥的基础上建造起来的。

从安塔利亚出发，开往马纳夫加特的小巴（15里拉）沿着D400公路走，可以在通往阿斯潘多斯的岔路口处停车，你可以从那里步行（45分钟）或搭车，继续前行4公里就可以抵达阿斯潘多斯遗址。公路交叉路口有等待载客的出租车可以送你去剧场，但是车费高达20里拉。你也可以乘小巴到Serik（15里拉），从那里徒步9公里或者搭乘另一辆小巴去Belkıs。

你也可以选择参加从安塔利亚出发的短途旅行团，途中还可以去一趟柏尔盖。从安塔利亚打车到这里的费用约为150里拉。

柏尔盖

考古遗址

(Perge；门票 25里拉；⏱4月中旬至10月中旬 9:00~19:00，10月中旬至次年4月中旬 8:00~17:00) 在安塔利亚以东17公里、阿克苏以北2公里，位于D400公路上的柏尔盖是古代潘菲利亚最重要的城市之一。在遗址内部，穿过巨大的罗马城门（Roman Gate）和它的4个拱门后，左手边是南水神殿（nymphaeum）和保存完好的浴场，右边是方形大集市。走过希腊城门（Hellenistic Gate）和它的两座巨塔之后，是一条完好的廊柱街，至今那里还有许多石柱矗立在街道两旁，令人难忘。

狭窄的凹形水道一直通往廊柱街的中心，水源来自北水神殿（nymphaeum），该建筑可追溯至2世纪，从那里可以沿着一条小路抵达山顶上的卫城。

柏尔盖曾有过两个黄金时代：一个是在公元前2世纪到前3世纪的希腊化时期（Hellenistic period），另一个则是罗马人统治下的2世纪和3世纪（遗址大部分都建于这个时期）。土耳其考古学家1946年开始对这里进行考古发掘，发现了一系列雕像，它们目前都在安塔利亚博物馆（见397页）展出，大多数都保存完好。

遗址的发掘和修复工作仍在继续。在编写这本书的时候，拥有12,000座位的剧场关闭了，不过同等规模的竞技场已经开放。两处都在抵达遗址入口的路边。

安塔利亚的AnyRay有轨电车正向东部的阿克苏延伸。如果你到访时还未开通，可乘坐电车到Meydan，从那里再搭乘前往阿克苏（3里拉，30分钟，15公里）的AC03公共汽车。之后只需要再步行2公里，就可以从北边到达遗址。安塔利亚有许多旅行社都经营去往柏尔盖和阿斯潘多斯的短途团。出租车团队游费用约为100里拉；150里拉的团包括游览阿斯潘多斯。

特梅索斯

考古遗址

(Termessos；门票 5里拉；⏱4月中旬至10月中旬 9:00~19:00，10月中旬至次年4月中旬 8:00~17:00) 在一个崎岖山谷的高处，距离安塔利亚西北34公里的地方，隐藏着规模庞大的特梅索斯古城遗址。这里曾经的居民既不是希腊人也不是利西亚人，而是皮西迪亚人（Pisi-

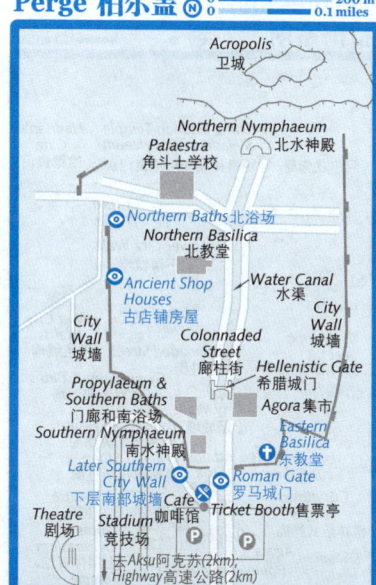

dian），他们非常凶猛好战。在公元前333年，他们成功击退了亚历山大大帝，公元前70年，罗马人（聪明地）接受了特梅索斯人的要求，让他们成为独立的盟国。

在进入遗址的路——国王之路（King's Rd）末端的停车场里，你会看到下层城市遗址。山丘上那座朝西的大门曾经是阿尔忒弥斯—哈德良神庙（Artemis-Hadrian Temple）和哈德良门廊（Hadrian Propylaeum）的入口，从那里沿着一条陡峭的小路往南走，你会在两边看见下层城墙遗址，步行约20分钟后你就会穿过城门（city gate），到达下层体育馆（gymnasium），左手即是浴场。

从下层城市遗址上行不久，就可以看到上层城墙和廊柱街（colonnaded street）遗址。正上方就是上层集市（agora）和它的5个大蓄水池，很值得你慢慢游览，在这里还能找到阴凉一点的地方。

上层集市东边是剧场，位于山顶上，位置绝佳，四周群山环绕，天晴的时候可以眺望到山下的安塔利亚。从剧场往西南方向走，可以看到石灰石建造的议事厅（bouleuterion），但是经过议事厅南面坍塌的阿尔忒弥斯神庙（Temple of Artemis）和宙斯神庙

Termessos
特梅索斯

地图要素：
- Artemis-Hadrian Temple and Hadrian Propylaeum 阿尔忒弥斯-哈德良神庙和哈德良门廊
- Hadrian's Gate 哈德良门
- Cistern 蓄水池
- Lower City Walls 下层城墙
- Rock Tomb 岩墓
- City Gate 城门
- Lower City Walls 下层城墙
- Tomb of Alcetas 阿尔塞塔斯之墓
- Colonnaded Street 廊柱街
- Gymnasium & Baths 体育馆和浴场
- Upper City Walls 上层城墙
- Termessian House 特梅索斯人房屋
- Attalos Stoa 阿塔罗斯柱廊
- Osbaras Stoa 奥斯巴拉斯柱廊
- Unidentified Building
- Corinthian Temple 科林斯式神庙
- Theatre 剧场
- Heroon
- Upper Agora 上层集市
- Upper Gymnasium 上层体育馆
- Agora 议事广场
- Bouleuterion
- Temple of Zeus 宙斯神庙
- Temple of Artemis 阿尔忒弥斯神庙
- 去Southern Necropolis 南部墓地 (2km)

(Temple of Zeus)的时候要特别小心。

位于山谷最顶端的是南部墓地（necropolis），距离遗址入口的停车场3公里，步行需要1个小时。

特梅索斯景点分散，你需要按照路标指示的小路翻过乱石堆，爬上陡峭的山坡才能到达各个部分。参观这里至少需要2个小时，记得多带一些饮用水。

从安塔利亚出发的出租车团队游花费约170里拉，或者参加短途旅行团会便宜约50里拉。更省钱的方式是在安塔利亚长途汽车站搭乘开往Korkuteli（12里拉）的长途汽车，在**Güllükdağı特梅索斯国家公园**（Termessos Milli Parkı）入口处下车。夏天时，会有出租车等在入口处，可以载你经过9公里长的国王之路（King's Road）抵达古城遗址，并在你游览完毕后再接你回来，车费25里拉，不过要议价。

塞尔盖和桥谷
(Selge & Köprülü Kanyon)

古代**塞尔盖**遗址分布在托罗斯（Tau-rus）山顶的Altınkaya村内，在壮观的桥谷上方12公里处，遗址在一座国家公园内，最高处海拔达到2500米。道路从桥河（Köprü River）开始爬坡，穿过越来越陡峭的岩石结构和橄榄园，背后是积雪覆盖的山巅。

如今约有350米长的城墙被保留了下来，但最引人注目的遗址还是古城的**剧场**。这座剧场曾于3世纪修复。剧场旁边就是**集市**。当你漫步在村子和遗址中，想到塞尔盖曾拥有超过2万的人口，你一定会有另外一番感受。

活动

漂流

峡谷内有二十多家公司组织峡谷漂流，如**Antalya Rafting**（0532 604 0092, 0242-311 4845; www.antalya-rafting.net）和**Gökcesu Rafting**（0242-765 3384, 0533 522 3205; www.gokcesu.net），还有独立的当地向导，如**Adem Bahar**（0535 762 8116）。Antalya Rafting会组织一日游活动，在不太湍急的溪流中，进行一次漂流的费用为23欧元起，包括安塔利亚酒店接车、一节教学课、一次2~3小时的漂流和午饭。

徒步

在Oluk桥附近，你会发现村民们热情地想带你从桥谷出发，沿着罗马古道徒步约2小时上山，下山1.5小时，费用约为60里拉。Adem Babar是一位非常出色的职业向导，很熟悉这片区域。

你也可以参加团队导游徒步游，去博兹布伦山（海拔2504米）和Kuyucak山脉（Kuyucak Dağları）的其他地方，费用约为每团每天60里拉。你还可以花3天时间，穿越位于圣保罗之路（St Paul's Trail）上的桥谷。

食宿

在桥河的西岸，经过造型现代的卡拉比克桥（Karabük Bridge）约4公里的地方，在去往Bürüm桥途中，有一些开在河边的家庭旅馆和餐馆。大多数都提供漂流和团队游，费用包括住宿、食物和漂流。

Selge Pansiyon 家庭旅馆 $
（0535 577 9475, 0242-765 3244; www.

selgepansiyon.com；标单/双 60/100里拉；P❄☎）这家超值的经济型住宿处正好位于河面上，提供小木屋，室内有松木装饰，还有小巧的套房淋浴间。

Perge Pansiyon 家庭旅馆 $$

（☎0242-765 3074，0533 475 8108；info@pergepansiyon.com；标单/双/标三/四 100/140/210/280里拉；P❄✳☎）这里是更具规模和更现代的住宿选择，有木屋的平房，门前就是水滨，周围有精心打理的美丽的花园、果园、捕鱼梁，木头平台将这一切尽收眼底。

在这森林般的背景中，Perge's餐厅（套餐20～30里拉）提供鱼、羊肉、鸡或肉丸配薯片、米饭、沙拉和一杯饮品。

❶ 到达和离开

安塔利亚有许多旅行社经营包含桥谷国家公园（Köprülü Kanyon Milli Parkı）和塞尔盖在内的团队游。除非你自己驾车，否则旅行团就是你最好的选择。

如果你有自己的交通工具，半天就可以游览完此地，不过这里还是值得多花点儿时间的。通往塞尔柱和桥谷的路口在D400公路上，距离阿斯潘多斯公路以东5公里处（距离安塔利亚51公里）。往山上继续行走30公里后，道路左右分岔，左边的路标指示通往卡拉比克，右边则通往Beşkonak。如果你沿着河西岸的公路行驶前往卡拉比克，会路过大部分的峡谷漂流公司和3个家庭旅馆。过了岔路口后前行约11公里，就是漂亮的古代Oluk桥。在这里，有一条柏油马路通往Altınkaya村，沿路向山上爬12公里就可以抵达村子和塞尔柱遗址，一路上的风景会越来越壮丽。

如果你沿着通往Beşkonak的河东岸的路走，在岔路口前行6.5公里后就可以抵达峡谷和狭窄的Oluk桥，宽度勉强能过一辆汽车。

西戴（Side）

☎0242/人口 11,933

港口旁雅典娜神庙重建的柱廊一直伸向蔚蓝的天空。建于2世纪的西戴剧场位于古城的小山顶上，仍然是周围乡野中最宏伟的建筑。这些古代遗迹之间是曾经安宁的渔村那长长的小道，现在早已经被纪念品摊贩和竞争意识很强的餐厅所占据。虽然游人流一直源源不断，但商店之间散落着许多壮丽的罗马和希腊遗址，显得并不是很和谐。这意味着，（如果闭上眼睛一分钟）你可以想象顾客挑选的是托噶长袍（togas），而非T恤衫。

◉ 景点和活动

不仅整个镇子都是一座考古遗址，连从西戴长途汽车站过来穿过的一片遗迹林立的空地也让人印象深刻。驾车或漫游在这条通往剧场和停车场的路上，有点像徐步穿行在以弗所的感觉。路边的木板路经过城墙遗迹，碎石路面两边都有石柱伸向远方。

★ 阿波罗和雅典娜神庙 遗迹、神庙

（Temples of Apollo & Athena；见412页地图）这座紧凑的遗址一直是地中海海岸上最浪漫的地方之一，阿波罗和雅典娜是西戴的神祇，不过阿波罗后来变得更加重要。雅典娜神庙的历史可追溯到公元前2世纪，有6根柱子一直屹立在原处，上面有美杜莎头的雕刻饰带。

剧场 遗迹

（见412页地图；门票 20里拉；◐4月下旬至10月下旬 8:00～19:00，10月下旬至次年4月下旬 至17:00）建于2世纪，这座能容纳20,000人的壮观剧场，是附近阿斯潘多斯剧场的有力竞争对手。注意舞台建筑（skene）的墙壁上有人物和面孔浮雕，包括喜剧与悲剧的场景。

西戴博物馆 博物馆

（见412页地图；门票 10里拉；◐8:00～17:00）位于一座5世纪的浴室建筑中，规模也许有些小，但收藏的雕塑、石棺、浮雕和钱币却让人难忘。

集市 遗址

（见412页地图）就在西戴剧场以东，从博物馆横过马路就到了集市遗址，这里曾经是古代城镇的奴隶市场。

国家集市 遗址

（State Agora；见412页地图）国家集市的残骸壮观地耸立在西戴的东部海滩上。有一块互动展板展示曾经装点建筑的两座雕塑。

堤喀神庙 遗址

（Temple of Tyche；见412页地图）圆形的提

Side 西戴

Side 西戴

◎ 重要景点
1. 阿波罗和雅典娜神庙 B3

◎ 景点
2. 集市 D1
3. 古代公共厕所 D1
4. 西戴博物馆 D1
5. 国家集市 D2
6. 堤喀神庙 D1
7. 剧院 C1

◎ 活动、课程和团队游
8. Boat Tours A2

◎ 住宿
9. Beach House Hotel C2
10. Hotel Lale Park C2
11. Hotel Poseidon C2
12. Hotel Sevil C3
13. Sempati Motel B3
14. Side Doğa Pansiyon D2

◎ 就餐
15. Balık & Köfte Ekmek A3
16. Karma A2
17. Moonlight Restaurant C3
18. Ocakbaşı B2
19. Soundwaves Restaurant C2

◎ 饮品和夜生活
20. Apollonik's B3
21. Stones Bar B3

喀神庙遗址是献给命运女神的。
　　旁边就是有趣的**古代公共厕所**（Ancient Latrine；见412页地图），有24个大理石便位。

珊迪海滩（Sandy Beach） 海滩
　　西戴主海滩就是镇中心以北的这处沙滩，背后有一排排度假酒店。沿出镇的主公路（Side Caddesi）前行，在长途汽车站对面的Şarmaşık Sokak左转。有固定班次的小巴从西戴剧场附近去海滩。

乘船游　　　　　　　　　　　　　　　乘船
　　（见412页地图；团队游15~20欧元）一日游从海港出发，内容包括前往海滩、观赏海豚、马纳夫加特瀑布、集市，以及从水上眺望阿波罗和雅典娜神庙。

住宿

Sempati Motel　　　　　　　家庭旅馆 $

（见412页地图；☎0242-753 3935；sempatimotelside@gmail.com；Mercan Caddesi 74；标单/双/标三 20/28/34欧元起；🌀❄@🛜）这座家庭经营的"同情"（店名）旅馆的好处在于，简洁安静的房间里，毛巾折叠得很艺术，床上有塑料花装饰，顶楼露台能看到神庙，还能透过村子的屋顶能看到大海，早餐是在花园里提供。不好的地方是浴室过于狭窄，挤在阁楼房的斜坡屋檐下。

★Beach House Hotel　　　　酒店 $$

（见412页地图；☎0242-753 1607；www.beachhouse-hotel.com；Barbaros Caddesi；标单/双 25/50欧元；🌀❄@🛜）这座酒店的前身是知名的Pamphylia Hotel酒店，在20世纪60年代吸引了许多名人，因为优越的海滨位置和热情的土耳其裔澳大利亚人店主，培养了许多忠诚的常客。多数房间面朝大海，全部都带阳台。我们喜欢屋顶露台（有一座小游泳池），图书馆里有许多海滨读物，花园里还有拜占庭遗址。

Hotel Poseidon　　　　　　汽车旅馆 $$

（见412页地图；☎0242-753 2687；www.poseidonmotel.com；Lale Sokak 11；标单/双 37.50/50欧元；🌀❄🛜）提供20个汽车旅馆风格的小房间，围绕着一座花园排开，会讲英语和德语的店主Cem经验丰富，通过热情的服务，以及他的旅行社组织的乘船和漂流团队游，使得这里与其他住宿处区分开。房间是白色的，铺着迷人的瓷砖地板，有电视和小冰箱。楼下的房间更宽敞。

Hotel Sevil　　　　　　　　酒店 $$

（见412页地图；☎0242-753 2041；www.hotelsevil.com；Ceylan Caddesi；标单/双 40/50欧元；🌀❄🛜）位于一座小桑树林和棕榈树林周围，这座中档酒店有一个可爱的户外小酒吧，里面能听到海潮声，氛围悠闲，服务热情。客房全部带有阳台（有些能看到海景），有木板装饰，简洁的风格非常经典。

Hotel Lale Park　　　　　　酒店 $$

（见412页地图；☎0242-753 1131；www.hotellalepark.com；Lale Sokak 7；标单/双/公寓 50/55/110欧元；🌀❄🛜）这里是西戴最可爱的小酒店之一，"郁金香花园"简洁宽敞的客房环绕在一座修剪整齐的花园四周，其中有一座可爱的泳池和露天酒吧。管理人员很热情，所有的设施都干净得闪闪发亮。晚餐（25里拉）相比其他餐厅超值，也对非住客开放。要在中午左右预约。

Side Doğa Pansiyon　　　　家庭旅馆 $$

（见412页地图；☎0242-753 6246；www.sidedoga.com；Lale Sokak 8；房/标三 50/55欧元；🌀❄🛜）这座可爱的石头建筑中五颜六色的墙面装饰，使得宽敞的房间呈现出一种新鲜、清爽的气息，庭院装饰着鲜花，绿荫下是住客休闲的好去处。总之，这家旅馆是西戴很好的住宿选择。

就餐

Balık & Köfte Ekmek　　　　三明治 $

（见412页地图；Harbour；三明治 10里拉；⏰11:00~22:00）这座渔船改造的餐厅在西戴海港上随波起伏，提供超值的鱼肉和肉丸三明治。也有开胃菜拼盘和当天制作的鱼汤。在一个餐厅普遍都很贵的旅游城镇，这里就是想省钱的旅游者的天堂。

★Ocakbaşı　　　　　　　　土耳其菜 $$

（见412页地图；☎0242-753 1810；Zambak Sokak 46；主菜 25~45里拉；⏰11:00~22:00）服务友好，菜单上有大量美味的土耳其烧烤、开胃菜、海鲜、炖菜和蔬菜，从1986年以来就一直是西戴非常热门的就餐地点。餐厅氛围很好，可俯瞰一座灯光照耀的2世纪的古罗马浴场。夏季可能会有些拥挤吵闹，如果不喜欢被挤在一大群团队游客中间用餐，最好尽早来（19:30之前）。

Soundwaves Restaurant　　各国风味 $$

（见412页地图；☎0242-753 1059；Barbaros Caddesi；主菜 25~35里拉；⏰11:00~22:00）这家历史悠久的餐厅服务友好，氛围悠闲。菜单选择不多，但都由一位经验老到的大厨制作，有海鲜特色菜。记得询问是否有美味的箭鱼烤串，再配上些开胃菜和冰啤酒。餐厅属于Beach House Hotel，海滨露台是眺望月升的完美场所。

Moonlight Restaurant 海鲜 $$

（见412页地图；☎0242-753 1400；Barbaros Caddesi 49；主菜20~35里拉）这家老店于1983年开业，提供土耳其经典菜式，有大量的当地葡萄酒，服务专业但不古板。海鲜是菜单的主打，而且非常新鲜。想来一顿浪漫的晚餐，可以去海边的露台。

Karma 各国风味 $$$

（见412页地图；Turgut Reis Caddesi；主菜32~68里拉；⊙11:00~22:00）这家漂亮的国际化餐厅和酒吧有一座无可匹敌的花园，面朝波光粼粼的大海（由水下的蓝光点亮）。重点是肉食，各国风味的菜肴上能看到法式鸡肉和烤里脊牛排。

🍷 饮品和夜生活

西戴古城周围散落着许多颇有风味的饮酒处，港口附近有一些魅力十足的地方，Barbaros Caddesi周围也有一些聚会场所。

Apollonik's 酒吧

（见412页地图；☎0242-753 1070；Liman Yolu；⊙16:00至深夜）位于阿波罗和雅典娜神庙旁边，是西戴最古老的酒吧，现在也仍是最受当地人欢迎的聚会场所，巴伐利亚村舍风格的酒吧，外表个性十足。提供不错的食物（汉堡15里拉）和经典的鸡尾酒（19里拉），名字的起源就像宙斯和狄俄尼索斯一类的名称。可以在露台上边眺望海港边品尝，或者依偎在室内放着垫子的香柏木座椅上享用。

Stones Bar 酒吧

（见412页地图；Barbaros Caddesi 119；⊙16:00至深夜）酒吧的自行车骑手主题从Easy Rider海报、旧自行车和轻便摩托车上就能看出来，外面还有一座壁炉，空的杰克丹尼（Jack Daniel）威士忌酒瓶被用作烛台。外面露台上能看到壮丽的海滨景色，是享受日落小酌的完美场所，夏天大多数夜晚会有现场音乐演奏。

ℹ️ 实用信息

旅游办公室（见412页地图；☎0242-753 1367；⊙4月下旬至10月下旬 周一至周六 8:00~22:00，10月下旬至次年4月下旬 至17:00）工作人员会讲德语和土耳其语，在剧场旁边。提供游览遗迹用的轮椅。

ℹ️ 到达和离开

古城限制车辆进入。只能在午夜至次日10:00之间进出。可把车停在古城入口，6小时10里拉，6~24小时20里拉。

西戴长途汽车站位于古城以东。夏季，有班车（1里拉）运送游客往返长途汽车站和古城城门。

连接西戴长途汽车站和东北4公里处的马纳夫加特长途汽车站（3里拉）之间的小巴班次很多，从那里有长途汽车开往安塔利亚（15里拉，1.5小时，75公里），阿拉尼亚（15里拉，1.5小时，60公里）和科尼亚（30里拉，4小时，230公里）。前往西戴的话，大多数汽车都会让你在马纳夫加特长途汽车站下车，或是在公路上的西戴岔路口的加油站停车，那里有免费的班车可带你去西戴。从马纳夫加特前往西戴的小巴10:00前停靠在古城城门，之后会停靠长途汽车站。

乘出租车从西戴前往马纳夫加特长途汽车站价格约15里拉；需要注意，古城城门口的出租车司机一开始的要价会更高。

地中海东部

包括 ➡

阿拉尼亚...................417
阿纳穆尔...................422
塔舒朱.....................424
锡利夫凯...................425
吉斯克莱西.................427
梅尔辛(伊切尔)............429
塔尔索.....................431
阿达纳.....................432
安塔基亚(哈塔伊)..........437

最佳餐饮

➡ Hatay Sultan Sofrası (见440页)
➡ Deniz Kizi (见424页)
➡ Öz Asmaaltı (见434页)
➡ Çağlayan Restaurant (见440页)

最佳住宿

➡ Hotel Bosnalı (见434页)
➡ Centauera (见419页)
➡ Liwan Hotel (见440页)
➡ Hotel Esya (见423页)

为何去

这里是一片质朴的土耳其地中海海岸地区。工业港口城市之间分布着几个各具地方特色的海滨度假胜地。摇摇欲坠的遗址散落在大片高度农业化的乡村地区,这里甚至连游客的影子也看不到。在古老的城镇塔尔索和安塔基亚,老城区在喧哗的现代城市街区中,还坚守着浓郁的怀旧氛围。

哈塔伊省南部是一个将多个地区、多种语言和食物融合在一起的迷人地方,许多人流连忘返。此外,众多重要的基督教早期遗址也是地中海东部地区的一大特色。本地区的历史涉及许多帝王和征服者,包括黑山赫梯王朝末期遗址、罗马时代的阿奈姆里乌姆,以及盛极一时的奇里乞亚的崖顶城堡。这一片被绝大多数人错过的地中海区域,会让到访的人感到分外惊喜。

何时去

安塔基亚

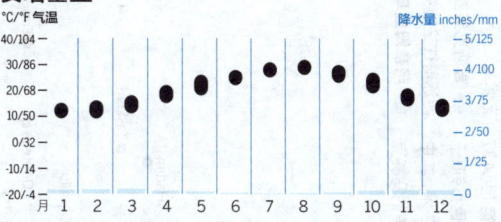

4月和5月 趁着春天丰收的季节,大嚼阿纳穆尔的香蕉和草莓。

7月和8月 温度计上的读数飙升,土耳其人举家前往吉斯克莱西海滩避暑。

10月 秋天是探索安塔基亚古城的理想季节,可流连于咖啡馆之间,品尝美味的土耳其甜品。

地中海东部亮点

1. **哈塔伊考古博物馆**（见437页）在安塔基亚（哈塔伊）惊叹于罗马和拜占庭时期的艺术，其中还有一些世界上最精美的马赛克艺术品。

2. **吉斯克莱西城堡**（见427页）秦美丽孤独的古城遗址，只有吃草的牛羊是你的同伴。游泳前往这座完美的岛上城堡。

3. **阿奈姆里乌姆**（见422页）探到巨大的天堂裂痕，体验昏暗的

4. **天堂与地狱洞**（见429页）下

5. **纳里库伊**（见428页）品尝烤鲜鱼，有鸟可在你脚边游泳。感觉。

6. **黑山**（见437页）在雕塑中解释梯历史。

7. **塔尔索**（见431页）在秦城老城中感受旧时岁月的风情。

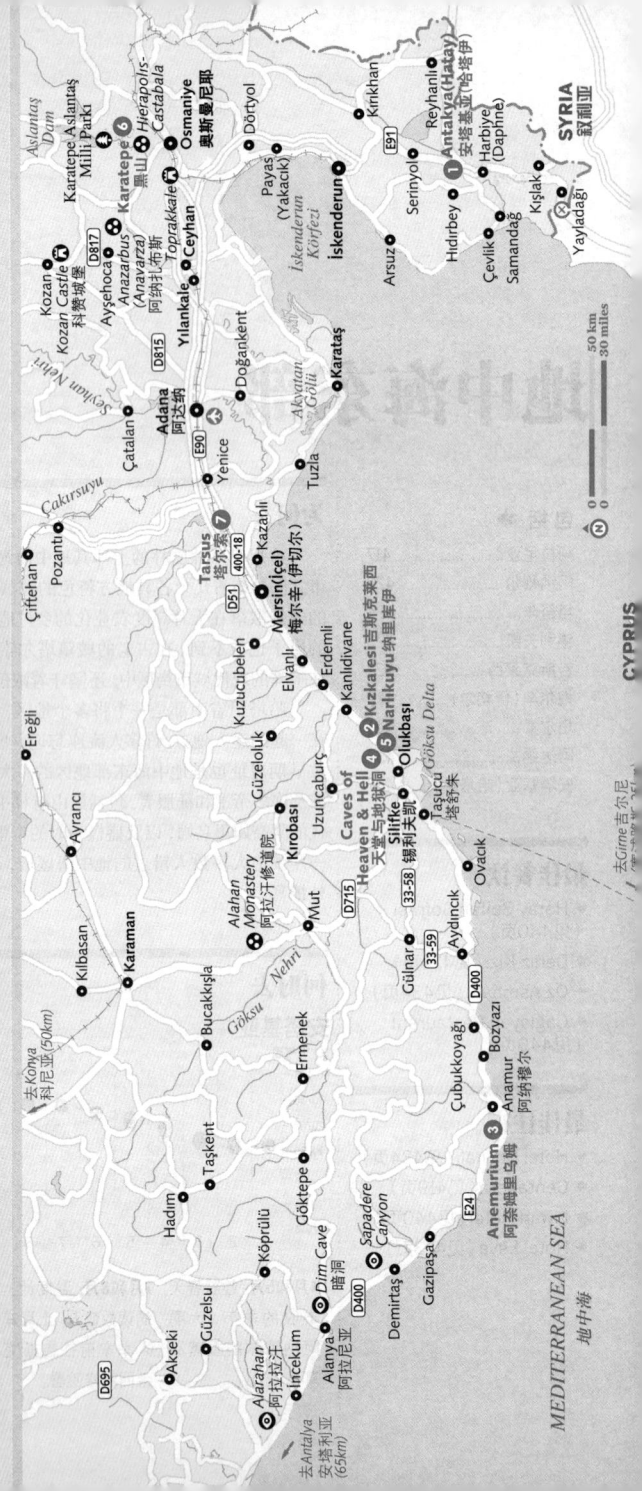

阿拉尼亚（Alanya）

☎0242/人口109,656

阿拉尼亚从前是一系列地中海政权的海边堡垒，最近几十年蓬勃发展，成长为人口稠密的旅游港湾，游客主要是追逐日光的荷兰人和北欧人。到了夜晚，市中心简直就是海边的"拉斯维加斯"。除了可以搭乘游船沿海岸游玩，也可漫步海边，很多游客则只是流连于酒店的游泳池和应有尽有的自助餐厅，或许天黑之后他们会去喧嚣的夜店。

不过，把目光从酒吧和文身店上移开一会儿吧，你会发现阿拉尼亚也有许多魅力。在现代化的城市中心南边，高高矗立在海角上的是一处令人印象深刻的堡垒建筑群，其中不容错过的是塞尔柱（Seljuk）王朝时期的城堡遗址。另外的几处遗址都能给人一种身临其境的感觉。狭窄的街巷两边，传统的红瓦屋顶房屋一直延伸到山腰上。看过之后，你就会发现阿拉尼亚就是一部双城记。

⊙ 景点

★ 阿拉尼亚城堡　　　　　　　　堡垒

（Alanya Kalesı, Alanya Castle；见418页地图；Kaleyolu Caddesi）免费阿拉尼亚这座庄严的城堡耸立在岩石丛生的半岛高处，周围环绕着6.5公里长的城墙，暂时还在静候列入联合国教科文组织《世界遗产名录》名单之中。从托普哈内区（Tophane）陡峭的街道爬上去，感受一下它的规模，城堡建于塞尔柱朝时期，俯瞰整个城市和奇里乞亚（Cilician）山。坐落在山顶上的是**伊池城堡**（İç Kale, Inner Fortress；见418页地图；门票15里拉；⊙4月至10月 8:00~19:30，11月至次年3月 至17:00），其中有许多遗址（虽然保存得并不好），你可以看到6个蓄水池和一个建于11世纪的拜占庭教堂的外壳。

如果不想攀爬陡峭的3.5公里的上坡路，可以从大巴扎背后的小巴车站（小型公交车沿公交线随叫停车）乘坐4路公共汽车（2.50里拉，9:00~19:00每小时1班，夏季半小时1班），或是在旅游办公室对面等车（每个整点后10分钟到站，夏季则还有1班于每个整点前一刻钟到站）。出租车单程大约15里拉。

船坞　　　　　　　　　　　　历史建筑

（Tersane；见418页地图；门票5里拉，包含红塔和岗哨的联票10里拉）从红塔处古老的港口围墙出发，有一条木头栈道向南一直通往船坞，这里是土耳其仅存的一个建于塞尔柱时期的船坞。古老的陶瓷碎片散落在石头丛中，留下曾在此扎根的一系列文明的痕迹——海浪拍打在修复的石拱上，极富氛围。沿着栈道从这里沿海岸线继续前进，可到达一处小**岗哨**（见418页地图；门票5里拉，包含红塔和船坞的联票10里拉），在塞尔柱时代，这里曾是一座海滨瞭望塔。

Ehmedek　　　　　　　　　　街区

（见418页地图）在通往阿拉尼亚城堡的上坡路上，会经过一个岔路口，从这个路口可以到达Ehmedek村庄。在奥斯曼帝国和塞尔柱王朝时期，这里是土耳其人聚集区。现在依然可以看到不少木头房屋，环绕在建于16世纪的阿拉尼亚境内最古老的**苏莱曼清真寺**（Süleymaniye Camii；见418页地图；Ehmedek Sokak）周围。此处还可以看到建于奥斯曼时期的**室内集市**（bedesten，基于清真寺样式设计的带顶篷的市场；见418页地图）和一座很有特色的13世纪的陵墓**Akşebe Türbesi**（见418页地图）。这里还有一座**文化中心**（Kültür Evi, Ömürlü Kemal Atli Culture House；见418页地图；Kocabas Sokak；⊙周二至周日 9:30~12:30和14:00~18:30）免费，重现了奥斯曼时代的舒适生活。

红塔　　　　　　　　　　　　历史建筑

（Kızılkule, Red Tower；见418页地图；İskele Caddesi；门票5里拉，包含船坞和岗哨在内的联票10里拉；⊙9:00~19:00）这是一座5层楼高的八角形防御塔楼，直径近30米，高度超过30米，内部有1个中央蓄水池用以储水，位于İskele Caddesi的尽头，巍然屹立于港口之上。塞尔柱王朝的苏丹凯库布德一世（Alaeddin Keykubad Ⅰ）于1226年修建了此塔（也是他修建了上文提到的阿拉尼亚城堡）。红塔是亚美尼亚统治下的城镇归顺苏丹之后的第一座建筑，现在也是城市的象征。值得一游，尤其是其中有趣的博物馆。

阿拉尼亚博物馆　　　　　　　　博物馆

（Alanya Museum；见418页地图；İsmet Hilmi

Alanya 阿拉尼亚

地中海东部

阿拉尼亚

Balcı Caddesi；门票 5里拉；☉夏季 周二至周日 9:00~19:30，冬季 8:00~17:00)阿拉尼亚这座于2012年翻新的博物馆虽然不大，但是馆内的手工艺品值得一看，其中有工具、罐子、珠宝、信件和钱币，都来自周边地区的文化遗址。亮点展品包括一尊2世纪的52厘米高的赫拉克勒斯青铜像，十分精美。

阿拉尼亚水上公园 游乐园

（Alanya Aqua Park；见418页地图；☎0242-519 3674；www.alanyaaquapark.net；İsmet Hilmi Balcı Caddesi 62；成人/儿童 25/15里拉；☉9:00~ 18:00；🅿）孩子们受够了城堡和遗址？阿拉尼亚市中心附近的这座大型水上公园有泳池和15条滑道，能提供刺激的水上活动，既适合小孩，也适合他们的家长。也有为精疲力竭的大人们准备的日光浴躺椅区。

🚶 活动和团队游

许多当地旅行社会组织沿阿拉尼亚西海岸参观遗址和去阿纳穆尔（Anamur）参观的团队游。经典的阿斯潘多斯（Aspendos）、西戴（Side）和马纳夫加特（Manavgat）的

Alanya 阿拉尼亚

◎ 重要景点
1 阿拉尼亚城堡...C5

◎ 景点
2 Akşebe Türbesi..B4
3 阿拉尼亚水上公园...B1
4 阿拉尼亚博物馆...B1
5 室内集市..B4
6 Ehmedek..B4
7 警卫室..D4
8 伊池城堡..B4
9 Ömürlü Kemal Atli 文化中心.........................B4
10 红塔...C3
11 苏莱曼清真寺..B4
12 船坞...D4

◎ 活动、课程和团队游
13 Excursion Boats..D2

◎ 住宿
14 Centauera..C4
15 Lemon Villa...C4
16 Tayfun Pansiyon..C2
17 Temiz Otel...C2
18 Villa Turka...C4

◎ 就餐
19 Bistro Floyd...C2
20 İskele Sofrası...C3
21 Lokanta Su..C2
22 Mahperi Restaurant......................................D2
23 Sofra..C2

◎ 饮品和夜生活
24 Club Zapfhahn...C2
25 Ehl-i-Keyf..C2
26 Tudors Pub..C3

◎ 娱乐
27 Çello Türkü Bar...C3

◎ 交通
去城堡的公共汽车..(见28)
28 小巴站...C1

团队游每人需要大约22欧元。阿纳穆尔和阿奈姆里乌姆古城之旅,每人需要大约35欧元。Sapadere峡谷游(见421页)每人需要25欧元。

游艇 乘船游
(见418页地图;每人 包括午餐 70里拉)每天上午10:30分左右,从Rıhım Caddesi附近出发,旅途时长6个小时,沿海岬航行,途经几个岩洞和克里欧佩特拉(Cleopatra)海滩。其他的路线还包括在港口附近观赏日落(20里拉起)。有些船看起来像海盗船,其实是漂浮的派对场所——有满是泡沫的舞池和应有尽有的一切。

住宿

阿拉尼亚有数以百计的酒店和家庭旅馆,不过它们几乎都是为团队游客准备的。İskele Caddesi和附近的长途汽车站是寻找低预算住宿处的最佳选择,城堡下方的托普哈内区,有少量奥斯曼时期的房子,改建之后成了精品酒店。

Tayfun Pansiyon 家庭旅馆 $
(见418页地图;☏0242-513 2916; Tolupaşa Sokak 17a; 标单/双 不含早餐 30/40里拉)隐藏在城市中心的住宅区,该旅馆是除了阿拉尼亚那些珠光宝气的住宿处之外,一个很好(如果不说豪华)的住宿选择。可爱的女店主不会讲英语(和荷兰语),房间陈设简单,但很干净。隔壁有一座绿荫花园,一天结束时可以过来休息,附近的Damlataş Caddesi有很多咖啡馆可以用早餐。

Temiz Otel 酒店 $$
(见418页地图;☏0242-513 1016; www.temizotel.com.tr; İskele Caddesi 12; 标单/双 80/120里拉; ❄☎)如果你想住在城市的中心地区,那么Temiz有32间虽显平淡但相当宽敞的客房。前面的房间带有阳台,但浅睡者请要求后面的房间,因为凌晨时分会听到酒吧的嘈杂声响。

★ Centauera 精品酒店 $$$
(见418页地图;☏0242-519 0016; www.centauera.com; Andızlı Camii Sokak 4, Tophane; 房 60~120欧元; ℗❄☎)Centauera酒店是一个远离了阿拉尼亚市中心的快乐世界,距离海港10分钟的步行距离,可以看到雅致的港湾,大多数清晨,你只听得见鸟叫声。这家酒店由奥斯曼时期的建筑改造而成，其中充满了古老的优雅气氛，经营者Koray非常友好。因为只有5间客房，所以是相当隐蔽的选择。

我们喜欢豪华客房中的卷边式浴缸，所有房间均配备了一些奢华的设施，例如咖啡机。如果预约，还可以按要求提供晚餐。

Lemon Villa　　　　　　　　　精品酒店 $$$

（见418页地图；0242-513 4461；www.lemonvilla.com; Tophane Caddesi 20；房/套 65/150欧元起；）这间由奥斯曼帝国时期的房屋改造而成的酒店的石墙客房中，保留了许多原汁原味的细节，例如屋顶的装饰板材、悬挂的灯笼和原始的壁炉。此外，顶楼的两间套房尤其奢华，能看到相当壮观的海景。

Villa Turka　　　　　　　　　精品酒店 $$$

（见418页地图；0242-513 7999；www.hotelvillaturka.com; Kargı Sokak 7, Tophane; 房/套 84/130欧元；）这座酒店由一座拥有200年历史的奥斯曼时期的建筑修复而成，能看到原本的木头天花板和瓷砖地板。一共有10个房间，每个房间里都有高品质的亚麻布床单，蜜色的雪松木室内装饰和古董。从房间可以看到托罗斯（Taurus）山脉和附近的红塔。早餐通常提供阿拉尼亚附近农场出产的美味有机食品。

🍴 就餐

★ İskele Sofrası　　　　　　土耳其菜 $$

（见418页地图；Tophane Caddesi 2b；开胃菜 9里拉，主菜 20~50里拉；9:30至次日1:00；）由友好的Öz家族三代经营的这家餐厅就在从海港上山的地方。开胃菜从来不会少于10种——可能还会有girit ezmesi，就是将羊乳酪、胡桃和橄榄油捣成泥，味道令人难忘。菜单上主打各式常见烧烤和大量海鲜，也有专门制作的羊肉火锅，需要提前一天预约。

在露台上可以看到海景，喝上一杯冰啤酒，完美至极。

Sofra　　　　　　　　　　　安纳托利亚菜 $$

（见418页地图；0242-513 1016；İskele Caddesi 10；主菜 15~28里拉；8:00~16:00，淡季 9:00起）是阿拉尼亚市中心罕见的让人振奋的就餐处：这家传统土耳其风格的熟食餐厅，提供平易近人的家常食物，服务人员会发自内心地欢迎你。奥斯曼烤小牛肉、慢烹白豆、包菜卷、茄子油煎饼……在土耳其许多地方这些菜肴可能都不会引以为奇，但这里的味道堪称天赐。

Bistro Floyd　　　　　　　　　　欧洲菜 $$$

（见418页地图；0242-511 4444；www.echt-hollands.com; Damlataş Caddesi 19；主菜 35~45里拉；10:00至午夜，冬季 17:00起；）这家土耳其-荷兰餐厅所在的地方可能是Damlataş Caddesi仅存的奥斯曼房屋中最美的一座。内部经过精心修复，外面的宽敞露台能让寻欢作乐的人品尝美味的土耳其菜、荷兰菜等欧洲食物，而又不用担心妨碍彼此。

Lokanta Su　　　　　　　　　地中海菜 $$$

（见418页地图；0242-512 1500；Damlataş Caddesi 16；主菜 43~52里拉；10:00~23:00）是游人如织的Damlataş Caddesi最著名的餐厅之一，显然是针对高端市场（房子原本属于总督，虽然进行过修复，但原始的正立面被保留下来），是一座可爱的庭院餐厅，拥有阿拉尼亚最好的葡萄酒单。食物很棒，有儿童菜单，甚至还有一个儿童鸡尾酒菜单。

Mahperi Restaurant　　　　　各国风味 $$$

（见418页地图；0242-512 5491；www.mahperi.net; Rıhtım Caddesi; 主菜 27~41里拉；8:30至次日1:00）在不良商人到处都是的阿拉尼亚，这家建于1947年的餐厅却经营得很不错。临海的餐厅很有品位，主打鱼和牛排，还有经过精挑细选的土耳其常菜。它也因此在这个城市脱颖而出。

🍷 饮品和娱乐

在阿拉尼亚你可以找到土耳其最庸俗、最耀眼、最喧闹的夜店。如果这些正是你想要的，那么它们让你乐趣横生，不过独自旅游的女性可能会觉得这些深夜的景观会有些低俗。对于那些不喜欢派对的旅行者，这里也有许多收敛一些的夜生活方式。

Ehl-i-Keyf　　　　　　　　　　　　咖啡馆

（见418页地图；0555-227 4957；www.ehlikeyfnargile.com; Damlataş Caddesi 32;

⊙10:00至次日3:00）这里是改建后的奥斯曼建筑，有着阴凉的花园，是阿拉尼亚耀眼、青春、时尚的巢穴，也是对抗城里旅游气息十足的各式酒吧、咖啡馆的解毒良药。好好享受一下，喝点茶，抽一管水烟，下一盘西洋双陆棋，或是喝上一杯鲜榨的果汁。注意，此处只出售不含酒精的啤酒。

Club Zapfhahn 夜店

（见418页地图；Rıhtım Caddesi 34；⊙5月至10月22:00至次日3:00）阿拉尼亚最受欢迎的俱乐部之一，里面挤满了兴致勃勃的有趣的年轻人、当地人和度假狂欢者。仲夏时节，一般每晚都有不同的DJ，如果你感兴趣，这里还有脱衣舞者。

Tudors Pub 酒吧

（见418页地图；☎0546-532 1160；www.tudorsantalya.com；İskele Caddesi 80；⊙14:00至次日3:00）在这家位于海港旁边的多层时髦酒吧中，现场音乐和像样的啤酒是主要卖点。建筑让人想起16世纪威尔士的皇家建筑，虽然没有什么亮点，不过可以提供皇室般的夜间享受。

Cello Türkü Bar 现场音乐

（见418页地图；☎0242-511 4290；İskele Caddesi 36；⊙14:00至次日3:00）这家欢乐友好的土耳其酒吧有现场演奏的"抗议和民间音乐"。你若想喝点raki酒（茴香白兰地），或是喝上几瓶啤酒，享受一个听觉盛宴的夜晚，这里就是最佳选择。为了逃离港口超级夜店制造的隆隆轰鸣声，当地人不等演出开始（22:00）就蜂拥至此。

❶ 实用信息

旅游办公室（见418页地图；Damlataş Caddesi；⊙周一至周五 9:00~17:00）在Damlataş和İskele Caddesis街角附近有一家小的分支机构。

❶ 到达和离开

长途汽车站就在海滨公路（Atatürk Caddesi）旁，在市中心往西3公里的地方。淡季时，长途汽车班次较少，但一般每小时就有1班车前往安塔利亚（22里拉，2.5小时，115公里），每日有8班可到达阿达纳（Adana，60里拉，9小时，440公里）。前往科尼亚（Konya；50里拉，5.5小时，320公里）的汽车走的是Akseki—贝伊谢希尔（Beyşehir）路线。

如果你是从西戴出发沿海岸线旅行，从马纳夫加特长途汽车站发出的大部分车次，都能方便地让你在市中心大巴扎后面的中心小巴车站下车。

❶ 当地交通

在Atatürk Caddesi以北，大巴扎后面清真寺附近的**小巴站**（见418页地图）可以搭乘小巴去长途汽车站（2里拉）。从长途汽车站出发，朝着海岸公路方向前行，右边就是小巴站。

101路和102路公共汽车也走同一条路线（2.50里拉）。从市中心搭乘出租车前往长途汽车站，需要花费15里拉。

阿拉尼亚周边 （Around Alanya）

从阿拉尼亚出发，沿D400公路往东前进，道路北部及其周边有几处值得一看的地方，其中就有鲜有人拜访的古代**莱尔提斯**（Laertes）和**斯耶德拉**（Syedra）的遗址。在D400公路11公里处的岔口标志处往北前进6公里，就到达**暗洞**（Dim Mağarası, Dim Cave；☎0242-518 2275；www.dimcave.com.tr；成人/儿童 10/4里拉；⊙9:00~19:00），这里是一个地下仙境，有壮观的钟乳石和各式石笋造型，最深处的洞中有一个晶莹剔透的水池。一条360米长的通道可带领你穿过这座洞穴。在27公里处转弯，沿着岔路往东北方向继续前进18公里，就到了美丽的**Sapadere峡谷**（Sapadera Kanyonu；成人/儿童 4/2里拉；⊙9:00~19:00）。步行者要通过一条750米长的小路进入峡谷。

安塔利亚往西30公里，刚经过Incekum海滩有一处转弯，之后沿着道路往北前进9公里，就到达**阿拉拉汗**（Alarahan），这是一个13世纪的商队驿站（han），可手持手电筒在其内部探险。附近的山谷口有一处13世纪的**Alara城堡**（Alara Kalesi）的遗址。

从阿拉尼亚往东南方向，沿着峭壁而建的山路弯弯曲曲，偶尔或往下延伸，直抵大海，穿过肥沃的河流三角洲，土地上种满了香蕉，放眼望去全是温室大棚。沿此路前往阿纳穆尔（Anamur）要行驶很长时间，但是沿途的海景和凉爽的松林让人陶醉。这里曾是古代被称为崎岖奇里乞亚的地方，因为山势险峻，还有可怕的海盗藏在隐蔽的海湾里突袭过往的船只，这里多多少少被看作禁区。

阿纳穆尔（Anamur）

☏0324/人口 36,401

被肥沃的香蕉种植园和巨大的草莓大棚环绕的阿纳穆尔，是一个繁荣的农业城镇，还有一个附属的休闲度假胜地。海滨的İskele区有讨人喜欢的沙滩带，夏季每到周末，当地人前往海滨避暑，这里就会充满活力。海滩东端流传着马穆尔城堡（Mamure Castle）的故事，紧邻镇子西边的是巨大的拜占庭城市阿奈姆里乌姆大量摇摇欲坠的废墟。

不管你来这里是为了参观古城遗址还是去海滩休闲放松，一定要品尝当地的香蕉（muzler）。这里到处都有一堆堆的香蕉出售，比进口的品种要短，味道也更甜。跟着前来度假的土耳其人入乡随俗吧，买上一口袋去沙滩大嚼。

阿纳穆尔位于D400公路以北，主环岛东南约2.5公里处就是İskele海滩区。阿奈姆里乌姆位于城镇以西8.5公里处，马穆尔城堡位于以东7公里处。

◎ 景点

★ 阿奈姆里乌姆古城
考古遗址

（Anemurium Antik Kenti, Anemurium Ancient City；门票 5里拉；⊙9:00~19:00）阿奈姆里乌姆古城安静得可怕的遗址一路伸展500米，扩展到下面的鹅卵石沙滩上，巨大的城墙在山腰日渐剥落。从**巨大的墓地区**（本身看上去就像一座城市）向东南方向步行，穿过一座修建于公元4世纪的**长方形会堂**，后面有一条马赛克地砖铺砌的道路通往海边。教堂之上是两条**高架渠**中的一条。古城保存最完好的建筑是**浴场**，地面上有些部分仍旧保留着彩色的马赛克镶嵌装饰。

对面那座可追溯到2世纪的**剧场**也值得探索，其中保存更完整的**剧场**有900个座席，地上贴有瓷砖。

阿奈姆里乌姆城由腓尼基人在公元前4世纪建立，历史上遭受过大量破坏，包括在52年受到的一个邪恶的奇里乞亚部落的攻击，现存大部分遗址都是在自那之后的罗马时代晚期和拜占庭时代所建。考古学家发现，580年左右，这里还曾遭到地震的摧毁。

从西部或从奇里乞亚山（Cilician moun-

濒危的海龟！

阿纳穆尔海滩是土耳其其地中海沿岸十几个赤蠵龟（土耳其语：deniz kaplumbağası）——一种扁头大海龟，一生绝大多数时间都在水中度过——筑巢地中的一个。

5~9月，雌性海龟在夜间登陆海岸并在沙子中产卵。它们使用后蹼挖出一个约40厘米深的巢，在其中产下70~120枚乒乓球大小的白色软壳蛋，然后再埋起来。如果受到惊扰，海龟会遗弃巢穴回到海中。

约60天后，埋在沙子中的蛋会孵化，温度将决定孵化小海龟的性别，低于30℃将全部是雄性，高于30℃将全部是雌性。气温稳定在30℃时，雌雄小海龟都会有。

小海龟一经孵化（夜间气温凉爽，捕食者少），就会返回大海，它们会被海面反射的光所吸引。如果酒店和餐厅离海滩太近（地中海西部经常出现这种情况），光线会让小海龟迷惑，会引得它们爬上海滩遭遇危险——比如阿纳穆尔的D400公路。路边不远处马穆尔城堡旁的水道中能看见许多小海龟。

赤蠵龟也会在阿拉尼亚东南部的Demirtaş和Gazipaşa海滩以及格克苏三角洲筑巢。在地中海西部，重要的筑巢地点有达尔扬、费特希耶、帕塔拉、代姆雷（卡莱）、库姆卢贾（Kumluca）和特基罗瓦（Tekirova）（都在代姆雷东北），以及贝莱克（Belek，安塔利亚东）。

tains)下到阿纳穆尔,有一处路标指明阿奈姆里乌姆遗址。沿路继续颠簸前行2公里就到达售票台(gişe),再前进500米就到达停车场。

🛏 住宿

绝大多数游客会选择热门的İskele区过夜。家庭旅馆和酒店从Fevzi Çakmak Caddesi(或İskele Yolu)一直排列到港口,在İnönü Caddesi附近和海滨主街两旁也有。城镇公共汽车站就在海滨十字路口。

★ Hotel Esya 酒店 $$

(☎0324-816 6595; www.anamur.gen.tr/hotelesya; İnönü Caddesi 55; 标单/双 50/100里拉; ❋🛜)既是一家多层海滨酒店,也是一家家庭旅馆,这里一定是阿纳穆尔最友好的住宿选择。简洁的客房非常舒适,早餐一般包括新鲜烹饪的炸酥点和奶酪糕点(sigara böreği)。家中会讲英语的儿子随叫随到,不过法语、土耳其语或洋溢的微笑也是通用的语言。

Hotel Luna Piena 酒店 $$

(☎0324-814 9045; www.hotellunapiena.com; Süleyman Bal Sokak 14; 标单/双 80/140里拉; ❋🛜)这家米黄色的块状酒店距离海滩只有几步之遥,32间客房中铺设着镶木地板,阳台能眺望海景,浴室宽敞,多采用闪闪发光的白色装饰。

Yan Hotel 酒店 $$

(☎0324-814 2123; www.yanhotel.com; Adnan Menderes Caddesi; 标单/双 80/120里拉; ❋🛜)位于一条安静的小街上,有优美的海景和枝叶繁茂的可爱花园,这里距离海滩只有30米。楼下的酒吧是喝啤酒的好去处,客房虽然都是基本款,但明亮通风。

🍴 餐饮

İskele Sofrası 土耳其菜 $

(Sokak 1909; 主菜 15里拉; ⊙10:00至午夜)位于海滩之后仅一个街区,这家热门的充满海军色彩的家庭餐厅提供顶级的开胃菜和大分量烧烤——beyti烤肉(碎羊肉和大蒜)。菜单上有美味的鱼类和阿纳穆尔最好的土耳其比萨,还提供冰镇啤酒。

Mare Vista Restaurant 各国风味 $$

(☎0324-814 2001; İnönü Caddesi 28; 主菜 15~25里拉; ⊙11:00至午夜)这家海景餐厅就在海滩对面,提供土耳其菜肴,以及比萨、沙拉和三明治。是个非常悠闲的地方(也是部分魅力所在),所以可以再要一杯啤酒。偶尔会有现场音乐演奏,尤其是在夏天。

Masalim 茶室

(İnönü Caddesi; ⊙3月至12月 7:00至次日2:00)我们真的很喜欢这家正好坐落在海滨的茶室,沙子会在脚趾间流动。这里由一对友好的姐妹经营,亮点包括便宜的食物和两张基里姆地毯装饰的躺椅。点上水烟,或者叫一杯冰冻啤酒,聆听欢快的土耳其流行音乐飘洒在层叠的海浪声中。

ℹ 实用信息

旅游办公室(☎0324-814 5058; ⊙周一至周五 8:00至正午和13:00~17:00)在警察局之后的长途汽车站大楼,非常有用,员工会讲一些英语。

ℹ 到达和离开

阿纳穆尔的长途汽车站在D400公路和19 Mayıs Caddesi的交会处。每天有很多车可至阿拉尼亚(30里拉,3小时,130公里)、塔舒朱/锡利夫凯(Taşucu/Silifke; 30里拉,3小时,140公里)和阿达纳(45里拉,6小时,305公里)。

ℹ 当地交通

去往İskele的城镇公交从长途汽车站后面的小停车点出发(1.50里拉,每30分钟1班)。乘车前需提前购买车票,在停车站点马路对面的小杂货店(bakkal)有售,或者司机也可以在卖票的商店停车。乘坐出租车往返İskele和长途汽车站之间的花费大约为12里拉。

如果去阿奈姆里乌姆,可从小停车点前清真寺对面的Yağmur市场外招手叫停开往Ören(2里拉,每半小时1班)的小巴。告诉司机,他会让你在通往阿奈姆里乌姆的主公路拐弯处下车,从那里步行2.5公里即到。搭乘出租车去古迹往返需花费70里拉,其中包括1小时的等待费用。

去Bozyazı(2里拉)的小巴班次频繁,会让你在马穆尔城堡外下车。或者你也可以从İskele出发,沿着沙滩步行3.5公里便可以到达这里。向东走到İnönü Caddesi的尽头，在船只停泊处过桥，然后顺着煤渣路走到海滩，向城垛的方向继续前进。

塔舒朱（Taşucu）

☎0324/人口 9035

塔舒朱（发音为tah-shoo-joo）也许只是其附近锡利夫凯的工作港口，但可爱的沙滩和保护得当的海滨步道使得这里也发展成了旅游目的地。塔舒朱是一个极其低调的度假胜地，因为能将游泳、日光浴与参观附近的格克苏三角洲（Göksu Delta）湿地的活动结合起来，而成为观鸟爱好者的最爱。

塔舒朱也是重要的交通枢纽，有渡轮可搭载行人和驾车的旅客往返塞浦路斯北部的吉尔尼（Girne）。海滩正对着Sahil Caddesi，这条大街始于渡轮码头，一路向东延伸，沿路有几家不错的家庭旅馆。港口周围的游船沿着海岸线提供一日往返游（40里拉/人），也可到达附近的岛屿。

住宿

除夏季外，所有酒店价格都有极大的优惠。

Taşucu Motel　　　家庭旅馆 $$

（☎0324-741 2417; www.tasucumotel.com; Sahil Caddesi 25; 双/标三 150/200里拉; ❄️🛜）最近刚翻修过，客房宽敞通风，且能看到海滨风景，凉爽的屋顶露台很适合在一天结束后去放松一下。旅馆位于海滩主路上，海滨步道正对面。

Meltem Pansiyon　　　家庭旅馆 $$

（☎0324-741 4391; www.meltempansiyon.net; Sahil Caddesi 75; 标单/双/标三 不含早餐 80/100/120里拉; ❄️🛜）这家坐落在沙滩上的家庭旅馆非常热情好客，绝对是家庭出行的选择。20间朴素的房间中有大约8间面对大海，其余的房间配备了正对着街道的阳台。早餐（另付7.5里拉）将在令人愉悦的海边后院中为您呈上。

Lades Motel　　　酒店 $$

（☎0324-741 4008; İsmet İnönü Caddesi 45; 标单/双 90/180里拉; ❄️🛜♨）这家酒店外观（稍稍有些褪色）是20世纪70年代汽车旅馆的经典模样，客房带有阳台，能眺望游泳池和港口，看上去很棒，房间内备的是新床和现代化的浴室。这里是观鸟者的最爱，楼下酒吧是和观鸟同伴对比观察笔记的重要场所。地点在去港口的路上。

Holmi Hotel　　　酒店 $$

（☎0324-741 5378; www.holmipansiyon.com; Sahil Caddesi 23; 双 100里拉; ❄️🛜）这家位于海滨主路边的家庭旅馆有15间客房，屋顶露台在天气炎热的时候非常舒适。半数客房能看到海景，还提供住客共享的厨房。经过翻修，所有的房间都有闪亮的现代化浴室。

就餐

想品尝物超所值的海鲜，可去港口停靠的游船看看。它们还兼作餐厅，有鱼肉三明治（6里拉）和海鲜烧烤。

Alo Dürüm　　　土耳其菜 $

（☎0324-741 5657; İsmet İnönü Caddesi 17; 主菜 15~16里拉）这家怡人的露天餐厅就在海滨主要街道中央，店主Ahmet非常热情。大分量的土耳其烤肉（döner, 叉烤羔羊肉）和烤肉三明治（dürüm）很受当地人和游客的欢迎。不要错过tantuni dürüm（牛肉、胡椒、大蒜和洋葱三明治; 7里拉）。

★ Deniz Kizi　　　海鲜 $$

（☎0324-741 4194; İsmet İnönü Caddesi 62c; 主菜 20~35里拉; ⏰周二至周五 正午至23:00, 周六 14:00起, 周一 19:00起）这家"美人鱼"（店名）就是你在到访地中海地区时想吃的那种鱼餐厅，提供超新鲜的鱼，简单且配分量很足的烈酒。位于海滨一座可爱的坚固石屋中，屋顶露台上挂着贝壳，会制作出色的balık buğulama——用番茄、干胡椒和欧芹炖鱼。糕点也是顶级的。

Baba Restaurant　　　海鲜 $$

（☎0324-741 5991; İsmet İnönü Caddesi 43; 主菜 20~30里拉）这里被誉为本地区最好的餐厅，露台是来上一口冰冻啤酒或者啜食意大利进口冰激凌（4~6里拉）的好地方。不过吸引食客的还是出色的食物，尤其是诱人的开胃菜（3~5里拉）。

❶ 到达和离开

船

Akgünler Denizcilik（☎0324-741 4033；www. akgunlerdenizcilik.com；İsmet İnönü Caddesi, Galeria İş Merkezi 12）运营的汽车渡轮（feribotlar）周日、周二和周四从塔舒朱前往塞浦路斯北部的吉尔尼（乘客 单程/往返 75/130里拉，驾车上船单程/往返 175/330里拉）。如午夜登船，船只于2:00离开港口，到达吉尔尼的时间是8:00。你必须于22:30到达港口办理入境手续。返程渡轮每周一、周三和周五午夜从吉尔尼出发。此港口税不包含在渡轮费用中：出塔舒朱为20里拉，从吉尔尼出发是30里拉。

该公司也运营一艘同一条线路的快船，周三和周五正午从塔舒朱出发，周四和周日同一时间从吉尔尼返程。成人单程/往返价格为115/195里拉。

长途汽车

南下锡利夫凯的长途汽车可让你在主路上往港口的岔路口下车（提前告诉司机）。从那里走上5分钟就能轻松到达海滨和酒店。

每半小时有一班小巴（2里拉）连接塔舒朱和锡利夫凯长途汽车站，从那里可以乘坐长途汽车。小巴路线贯通整个海滨，在Sahil Caddesi和İsmet İnönü Caddesi两条街上随处招手即停。

锡利夫凯（Silifke）

☎0324/人口 57,427

锡利夫凯是一个历史悠久的河畔城镇。引人注目的城堡高耸在富含矿物质的蓝绿色格克苏河上，它在古代被称为Calycadnus。附近的其他考古和自然景点也值得游览。

这座曾经被称为Seleucia ad Calycadnum的城池由塞琉古一世（Seleucus I Nicator）建于公元前3世纪。他曾是亚历山大大帝最能干的部将，并在亚历山大大帝逝世后建立了统治叙利亚的塞琉古王朝（Seleucid dynasty）。

使这里闻名的还有一个事件——神圣罗马帝国皇帝腓特烈·巴巴罗萨（1152~1190年在位）率军进行第三次十字军东征时，在这附近的河中溺亡。显然他是因为盔甲太重而沉入河中的。

❷ 景点

锡利夫凯城堡　　　　　　　　　　城堡

（Silifke Kalesi, Silifke Castle）**免费** 这座拜占庭时期修建的山顶要塞设有壕沟、24座塔楼和拱顶地下室，曾经是锡利夫凯的指挥中心。因为城堡内部还在进行挖掘，城墙是令人印象最深刻的地方。在本书写作之时，正在进行的考古和修复工作意味着整个城堡都禁止入内。希望等你游览时，会重新开放。

Tekir Ambarı　　　　　　　　　　水池

（Su Sarnıcı；Eğitim Sokak）**免费** Tekir Ambar是一个从岩石中开凿出的古代蓄水池，有螺旋梯进入。要去水池，先去İnönüBulvarı和Menderes Caddesi会合点，接着登上小巷（348 Sokak）到达 Küçük HacıKaşaplar肉店。左转到达学校前面的Eğitim Sokak。水池就隐藏在篮球场背后的土堆中。

锡利夫凯博物馆　　　　　　　　博物馆

（Silifke Museum；Taşucu Caddesi 29；⊙8:00~17:00）**免费** 这家当地博物馆位于锡利夫凯市中心以东，在前往塔舒朱方向的主路上。博物馆内展示有罗马时期的雕像和半身像，希腊风格的黑红陶瓷。4个展厅的藏品中还包括古代钱币和珠宝，双耳细颈酒罐和陶罐，以及罗马和拜占庭时期的工具和武器。

中心清真寺　　　　　　　　　　清真寺

（Merkez Camii, Central Mosque；Fevzi Çakmak Caddesi）也称阿拉丁清真寺（Alaeddin Camii；Aladdin's Mosque），这座塞尔柱王朝时期的清真寺建于1228年，不过几个世纪以来经历过多次翻修。

圣塔克拉教堂　　　　　　　　　　教堂

（Aya Tekla, Church of St Thekla；Aya Tekla Sokak；门票 5里拉；⊙9:00~17:00）这座基督教教堂是为了纪念圣保罗早期信徒之一的圣塔克拉而修建。据称塔克拉在这里度过了晚年，她想要用保罗的教诲改变塞琉西亚人。因为惹怒了当地治疗师的祖先，他们决定处死她，但等他们来到塔克拉居住的洞穴时，她已经消失无踪。这座大气（尽管简朴）的教堂是在塔克拉曾居住过的洞穴中开凿而出，是重要的朝圣遗址。

5世纪，山洞上青草覆盖的小山之上曾经修建过一座大型的教堂，但是如今只剩下一块门牙形的半圆形后殿遗址。

在D400公路上设有路标，教堂位于锡利夫凯西南3公里处。往返塔舒朱和锡利夫凯之间的所有小巴都可以让你在拐弯处下车，从那里步行1公里就可到达遗址。

食宿

可以品尝一下锡利夫凯的yoğurdu，这种当地酸奶驰名整个土耳其。

Göksu Otel 酒店 $$

(☎0324-712 1021; Atatürk Bulvarı 20; 标单/双 80/120里拉; ❄) 就在活动中心，在镇中心和河畔之间，如果想在锡利夫凯过夜，这里是很好的选择。能看见桥和城堡。豆青色和橙色的大厅家具，以及磨损的酒红色地毯有一种过时的感觉，但房间相当舒适。

Tekin Ali Usta 土耳其菜 $

(☎0324-714 3370; Seyhan Caddesi 4a; 主菜 15~20里拉; ⏰8:00~22:00) 这里就是你想要的经典土耳其熟食餐厅和烤肉店的样子：友好的店主，烹饪完美的阿拉伯比萨 (lahmacun)、mercimek çorbasi (扁豆汤配面包、香草、泡菜辣椒、柠檬和橄榄油) 和其他最受欢迎的菜式，天气炎热时会开电扇，空间宽敞。

Gözde Restaurant 烤肉 $

(☎0324-714 2764; Özlem İş Hanı 7; 主菜 14~18里拉; ⏰10:00~23:00) 这家主营烤肉串和阿拉伯风味比萨的户外餐厅提供美味的汤、开胃菜和烧烤，用餐区位于一条小街的绿荫下。

❶ 实用信息

旅游办公室 (☎0324-714 1151; Veli Gürten Bozbey Caddesi 6; ⏰8:00至正午和13:00~17:00) 就在Atatürk Caddesi以北，你会发现许多文学作品，员工很敬业。

❶ 到达和离开

从锡利夫凯长途汽车站出发，每小时有一班车可至阿达纳 (30里拉, 3小时, 165公里)。也有其他班次可至梅尔辛 (Mersin; 15里拉, 2小时, 95公里)、阿拉尼亚 (45里拉, 6小时, 265公里) 和安塔利亚 (55里拉, 8小时, 395公里)。

去塔舒朱的小巴 (2里拉) 每20分钟一班，从格克苏河南岸的一个靠近石桥的站点出发，出城时会经过长途汽车站。搭乘出租车去塔舒朱价格为25里拉。

锡利夫凯周边
（Around Silifke）

锡利夫凯东南的格克苏三角洲有茂盛的盐沼地、湖泊和沙丘，这片重要的湿地是将近330种鸟类的家园。锡利夫凯的北部和东北部，欧尔巴高原 (Olba Plateau) 灌木覆盖的山坡沿海岸线延伸60公里，之后与奇里乞亚平原会合，构成无边无垠的良田。这里是土耳其考古遗址最丰富的地区，许多景点从吉斯克莱西 (Kızkalesi) 出发更容易到达。

乌兹恩加伯克 (Uzuncaburç)

罗马Diocaesarea的残留遗址 (门票 3里拉; ⏰8:00~19:00) 就在锡利夫凯东北30公里处的乌兹恩加伯克村中。这里最早是希腊时期的欧尔巴城，崇拜Zeus Olbius的狂热邪教的发源地。

Zeus Olbius神庙令人动容，它有24根笔直的柱子，位于廊柱街左边，神庙旁边有许多带有浮雕的石棺。重要的罗马建筑还包括一座水神庙 (nymphaeum, 2世纪)，一座拱形城门和堤喀神庙 (Temple of Tyche, 1世纪)。

在主要遗址入口处有一座小型古罗马剧场 (Roman theatre)。如果想参观罗马人洗劫欧尔巴之前的希腊式建筑，向北穿过村子，会经过一座巨大的5层瞭望塔，后面有一条罗马公路。继续走600米进入谷地，那里的路边有一座大墓地，其中有岩石中开凿的墓室和更多的石棺。

出了锡利夫凯向乌兹恩加伯克方向进发，大约8公里处便是Demircili——古代的Imbriogon，在这里你会经过几座典型的罗马古墓，看上去很像房屋。

在廊柱街老桑树下信息亭工作的Hamza可以用他的小摩托载游客前往附近同样让人难忘的欧尔巴 免费 遗址。多给些小费，你会发现很值得。

❶ 到达和离开

去往乌兹恩加伯克的小巴（8里拉）从锡利夫凯旅游办公室斜对角的Celal Bayar Caddesi出发，时间为平时的10:00和周末的正午。从乌兹恩加伯克出发，15:00有一班车可至锡利夫凯。

租用出租车的往返价格为150里拉，一般包括参观Demircili古墓的费用。

吉斯克莱西（Kızkalesi）

☎0324/人口 1709

在海滨村镇吉斯克莱西可爱的海滩两边，各挡着一座完美的城堡：一座在内陆，另外一座高耸在岸边不远的一座风景如画的海岛上。不幸的是，小镇本身却是由丑陋的混凝土板公寓楼街区组成，仿佛是在5分钟内建成的。6月到9月热气蒸腾的周末，当地人成群结队来到沙滩上，吉斯克莱西只有在此时才充满活力。对考古和历史爱好者来说，小镇是热门大本营，从这里可以前去探索周围散落在欧尔巴高原上名副其实的露天遗址博物馆。

◎ 景点

吉斯克莱西城堡

城堡

(Maiden's Castle, Kızkalesi Castle; ⓒ 9:00~17:00) 免费 吉斯克莱西城堡位于距海岸300米的一座小岛上，就像一个悬浮的梦境。你可以探索中庭的马赛克镶嵌画和拱顶画廊，或爬上4座塔楼中的一座（东南角那座景色最好）。游泳可以到达城堡，但多数人选择从克利卡斯城堡（Corycus Castle）附近的海滨码头出发，乘船（10里拉）前往这里。另一选择是租赁海豚主题的脚踏船（25里拉左右）前来。

克利卡斯城堡

城堡

(Korykos Kalesi, Corycus Castle; 门票 5里拉; ⓒ 8:00~20:00) 吉斯克莱西海滩北端的克利卡斯城堡，是拜占庭人修建（或重建）的，曾短暂地为奇里乞亚的亚美尼亚人所占领，一条长堤曾把这里与吉斯克莱西相连。小心地顺着破旧的梯道走到东面，那里有一座废弃的塔楼，能眺望吉斯克莱西城堡的美丽风景。

公路对面是一座大墓园，曾经是商人的埋骨之地。坟墓和岩石雕刻中有一座5世纪的武士举剑的浮雕。

埃拉伊萨－塞巴斯特（Elaiussa-Sebaste）

遗迹

免费 吉斯克莱西东北约4公里处的Ayaş有大量古代埃拉伊萨－塞巴斯特的遗址，这座城市可追溯到罗马时代早期，甚至可能是赫梯时期所建。左（西）侧重要建筑包括一座有2300个席位的山顶剧院、拜占庭教堂遗址、一地上铺着鱼和海豚马赛克图案的罗马神庙，以及一座浸泡式十字形浸礼池。公路东边是拜占庭宫殿遗址。

> **另辟蹊径**
>
> ### 阿拉汗修道院
>
> 这座著名的阿拉汗修道院（Alahan Monastery；门票 5里拉；ⓒ 9:00~17:00）曾被提名列入《世界遗产名录》。修道院耸立在一座梯状斜坡上，能眺望下方格克苏山谷的壮丽景色。入口之上是一座在悬崖壁上开凿出的洞穴教堂。宏伟的入口装饰有大量天使和魔鬼的浮雕，它们带领你进入西柱廊大厅的遗址，那里的科林斯式柱子是重新竖立的。通往巨大的5世纪建造的东柱廊大厅的道路两旁点缀着更多的遗址，大厅保存完好，被认为是穹顶柱廊建筑早期最宏大的实例。
>
> 虽然现在托罗斯山脉松林中央的斜坡上空无一物，但在拜占庭时期，这座修道院旁边是一条重要的贸易和交流通道，考古学家认为在5世纪和6世纪，阿拉汗可能是土耳其最重要的宗教中心。
>
> 要来这里，从锡利夫凯出发取道内陆公路（D715）到达Mut（1.5小时，76公里），接着继续北上24公里到达Geçimli村，从那里的路标爬上一条3公里长的陡坡就可到达修道院。

🛏 住宿

Yaka Hotel　　　　酒店 $$

(📞0324-523 2444; www.yakahotel.com.tr; 标单/双 80/120里拉; ✲🛜) 这是吉斯克莱西最友好的酒店。17间客房全部呈现无可挑剔的整洁状态，早餐（或者特别预订的晚餐）在迷人的花园中进行。酒店店主Yakup Kahveci精通多种语言，机智灵敏。本地区没有什么事情是Yakup不知道或不能组织的。这家酒店也是结识其他旅行者，尤其是那些对考古感兴趣的人的好地方。

Hotel Hantur　　　　酒店 $$

(📞0324-523 2367; www.hotelhantur.com; 标单/双/家 40/50/60欧元; ✲🛜) 这家酒店在海边有座椅，20间颜色鲜艳的客房都很酷炫舒适。只有后面的客房有阳台，不过想体验真正的海滨风情，就放弃阳台选择面朝海边的房间吧（例如301号房间）。通风的前花园是另一大福利，家庭经营者也很友好。

Rain Hotel　　　　酒店 $$$

(📞0324-523 2782; www.rainhotel.com; 标单/双/标三/家 50/70/80/90欧元; ✲🛜) 这家酒店一直都是热门之选，氛围温暖友好，18间宽敞的客房都非常干净，少数有小阳台。酒店楼下的休息室是放松和结识其他旅行者的好地方，这里的旅行社（工作人员会讲英语和德语）可以为住客提供许多各式各样的活动和团队游。

🍴 餐饮

你可以搭乘公共汽车（2.50里拉，白天每30分钟1班）去纳里库伊（Narlıkuyu）的海滨餐厅用餐，车程为10分钟，是个不错的用餐选择。

Zeugma　　　　烤肉 $

(Silifke Mersin Bulvarı; 主菜 14~20里拉; ⏱9:00至次日4:00) 这里是主要的餐馆聚集地——一排热情的烤肉/土耳其比萨餐厅中最好的一家，提供扁豆汤、阿拉伯比萨和烤肉。都是在自家木柴炉子中制作，满头大汗的烘烤师（fırıncı）就是面包如此美味的原因所在。

Paşa Restaurant　　　　烤肉 $

(📞0850-602 4757; Plaj Yolu 5; 主菜 14~20里拉; ⏱5月至9月 8:00至午夜) 这座位于中央Cumhuriyet Meydanı旁边的大型露天餐厅供应烧烤和开胃菜，价格比海滨餐厅要划算。员工超级细心。

Villa Nur　　　　咖啡馆 $$

(📞0324-523 2340; Avcılar Sokak 30; 主菜 20里拉) 如果想吃些非土耳其的食物，那么这家海滨的家庭旅馆可能会满足你。由一对土耳其裔德国夫妇经营，欧洲风味的蛋糕非常美味。

Albatros　　　　酒吧

(www.albatrosbeachclub.com; ⏱21:00至次日4:00) 吉斯克莱西海滩上最大的夜店/酒吧之一，是在户外日落小酌的完美场所，海上的城堡风光一览无余。旺季时夜生活很热闹，顾客更年轻，氛围更喧闹。

ℹ 到达和离开

吉斯克莱西到锡利夫凯（15里拉，30分钟，24公里）和梅尔辛（18里拉，1.5小时，60公里）的小巴班次很多。

吉斯克莱西周边 (Around Kızkalesi)

在吉斯克莱西西南和东北处有一些名副其实的名胜古迹。从隐匿着重要马赛克镶嵌画的海边休闲小村，到深入地球内部的斜坡，具有重要的价值。

有车次频繁的小巴连接纳里库伊和吉斯克莱西。你需要乘坐出租车，或者步行前往阿达姆卡亚拉尔（Adamkayalar）及天堂与地狱洞（Caves of Heaven & Hell）。

纳里库伊 (Narlıkuyu)

可爱的小村纳里库伊位于吉斯克莱西西南5公里处的海滨边，以鱼餐厅闻名，但附近超凡脱俗的洞穴也不可忽视。

村中有一座非常值得参观的**马赛克博物馆**（Mozaik Müzesi）免费。村子被环绕在一座怡人的地中海海湾之中，这里是赤蠵龟的最爱。

低处小海湾一边可爱的露台上,同名的纳里库伊(☎0324-723 3286;海鲜按公斤计价,餐40~70里拉;⊙8:00~23:00)海鲜餐厅也很讨人喜欢。海鲜菜肴会搭配大量沙拉和美味前菜,包括泡制的kaya koruğu,这是一种长在海岸岩石上的野生植物。没有菜单,包括各种配菜的鱼价格约为50里拉。

天堂与地狱洞(Caves of Heaven & Hell)

在纳里库伊附近,沿一条道路蜿蜒向北行进1.5公里就能到达天堂与地狱洞(门票15里拉;⊙8:00~19:00),这个落水洞由一条地下河冲刷而成,具有重要的神话意义。纳里库伊和主入口的交叉点处,道路相当陡峭。精明的当地人一般会提供出租车上山服务,单程5里拉。

从售票处向左经过450级零散的台阶就到了天堂洞(Cennet Mağarası)。巨大的地下洞穴长200米、宽90米、深70米。山洞口正前方的是修建于5世纪的拜占庭圣母玛利亚教堂(Chapel of the Virgin Mary)遗址,它小巧但却精美,在19世纪曾被短暂用作清真寺。进入洞穴后,台阶湿滑且没有扶手,所以最好穿上合适的鞋子,走路时小心。巨洞最深处是提丰洞(Tayfun Mağarası),这里潮湿、犬牙交错,就像一个恶魔的剧场。当地人相信,这里是通往永恒火炉的入口,斯特拉波(Strabo)在《地理学》(Geography)一书中有所述及。根据传说,山洞的地下河与地狱的冥河斯提克斯河(River Styx)相连——当你听到地下深处传来的潮水声时,才会觉得这种说法貌似有理。

从售票处继续上山就到达地狱峡谷(Cehennem Mağarası),从120米深的峡谷上方伸出的惊心动魄的平台上眺望,周围崖壁几乎垂直。据说,宙斯击败长着100个头的喷火怪兽提丰(Typhon)后,就将其关押在此。

主入口以西约600米处是气喘洞(Astim Mağarası),据称能减轻磨难。值得多花5里拉探索这些超凡脱俗的洞窟,里面有令人震惊的石灰岩结构。

阿达姆卡亚拉尔(Adamkayalar)

阿达姆卡亚拉尔[又称男人岩崖(Men Rock Cliff)]是位于吉斯克莱西以北8公里处一座有着17幅罗马时代浮雕的崖壁,很难到达,但值得一去。它们是1世纪修建的大墓地的一部分,其中不朽的武士们挥舞着斧子、剑和长矛,还有一些市民,有时还能看到他们的妻子和孩子。它高耸在一座令人屏气凝神的峡谷的崖壁上方,要上去有些困难(和危险)。

从海滨公路内陆的一端穿过吉斯克莱西,有一个从西边(上山)到达这里的路标。沿道路上山前行5公里,在另一处路标左拐,停车场在这条路之下约2公里处。沿着蓝色和棕色箭头走下一个很难走的斜坡,进入峡谷750米处,不要单独行动,你可能会坠崖或被困。

坎利戴文(Kanlıdivane)

吉斯克莱西东北约8.5公里处的Kumkuyu有一条道路,前行3公里就可到达坎利戴文遗址(门票5里拉;⊙8:00~19:00),这里就是古城Kanytelis。

坎利戴文的中央("疯狂的嗜血之宫")是一座60米深的洞穴,过去罪犯就被抛在这里,等待着被野兽吞食的命运。向下看,能看到崖壁上的一些浮雕,如一家六口(西南)和一位罗马士兵(西北)。深坑周围的遗址包括4座拜占庭教堂,东北部的一座大墓地,一座2世纪的寺庙墓穴。

梅尔辛(伊切尔)
[Mersin(İçel)]

☎0324 / 人口 898,813

半个世纪前,梅尔辛曾是阿达纳的出海口和富饶的内地农业区。现在这里是土耳其最大的港口,但却成了一个快速扩张的平凡之地,游客一般不会来探索。不过梅尔辛(官方新命名为伊切尔,即其所在省的名字)也确实有一些吸引人之处,不容小觑:博物馆和食物只是其中两项。如果揉揉眼睛,海滨的有些街道几乎让人感觉置身法国马赛,在港口停靠的游艇上懒洋洋地吃顿海鲜午餐,一定不是最糟糕的消磨下午时光的方式。

◉ 景点

梅尔辛博物馆 博物馆

(Mersin Museum; Atatürk Caddesi Kültür

梅尔辛博物馆中收藏有从附近墓地（tumuli）和遗址（包括吉斯克莱西附近的埃拉伊萨-塞巴斯特）发掘出的一些文物，包括一座巨大的酒神雕像、一些奇怪的碎片，例如罗马时代的玻璃剧场"标记"，希腊时代的雕像和约有3500年历史的赫梯文物。

希腊正教教堂　　　　　　　　　　　　教堂

（Greek Orthodox Church; Atatürk Caddesi Kültür Merkezi; ⊙圣餐仪式 周日 9:00~11:15）梅尔辛博物馆附近的这座带有围墙的教堂修建于1852年，至今仍在使用，而且还有一座可爱的圣像。要想进入，可去教堂左侧正对4302 Sokak的地方摇铃。

阿塔图克府　　　　　　　　　　　　博物馆

（Atatürk Evi, Atatürk House; Atatürk Caddesi 36; ⊙周二至周日 8:00~17:00）**免费** Atatürk Caddesi人行道旁的这座博物馆是一座有7间房间的别墅，阿塔图克曾在这里居住。里面有许多他生前留下的照片、服饰和其他器物，还有一座怡人的花园。

🛏 住宿

长途汽车站附近的廉价和中档酒店很多。

Tahtalı Hotel　　　　　　　　　　　酒店 $

（☎0324-238 8853; www.hoteltahtali.com; Mersinli Ahmet Caddesi 21; 标单/双 50/100里拉; ❄🛜）就在梅尔辛长途汽车站的马路对面，虽然距离汽车站太近，地理位置不太好，但这里是一家很不错的廉价住宿处。客房没有什么值得一提的地方，但干净、安全又服务热情。距离火车站也很近。

Nobel Oteli　　　　　　　　　　　商务酒店 $$

（☎0324-237 2210; www.nobeloteli.com; İstiklal Caddesi 73; 标单/双 130/180里拉; ❄🛜）在其高大浮夸的黄色建筑外表之下，Nobel是市中心住宿的明智之选，其中有74间宽敞舒适的客房，设计精巧，还配备有卫星电视。休息室是商务活动的中心，旁边的餐厅午餐时很热闹。

🍴 餐饮

梅尔辛当地特色菜是tantuni烤肉——炒牛肉丁配洋葱、大蒜和辣椒，卷在皮塔饼似的lavaş ekmek中。说实在的，tantuni烤肉通常会搭配şalgam suyu，这是一种由烧沸的芜菁汤加醋制成的深红色果汁，并不能算土耳其美食的最高杰作。

甜食可尝试cezerye，这种半胶状的蜜饯以胡萝卜和核桃仁制成。想品尝便宜的各式海鲜，可以去尝试港口周围漂浮的鱼餐厅。鱼肉三明治（balık ekmek）价格在6里拉左右。

Hacıbaba　　　　　　　　　　　　土耳其菜 $$

（☎0324-238 0023; İstiklal Caddesi 82; 主菜 15~22里拉; ⊙24小时; 🛜）这家非常受欢迎的餐厅号称从不打烊，提供美味的填馅辣椒（zeytinyağli biber dolması）和其他土耳其家常菜。也有烤肉和土耳其比萨，如果你喜欢的话。

Erden　　　　　　　　　　　　　　　海鲜 $$

（☎0324-237 6314; 4701 Sokak 10b; 主菜 18~25里拉; ⊙11:00至午夜）市中心的Silifke Caddesi和Atatürk Caddesi两街之间有一排鱼餐厅。这一家似乎是其中最好的。

❶ 实用信息

旅游办公室（☎0324-238 3271; İsmet İnönü Bulvarı; ⊙周一至周五 8:00至正午和13:00~17:00）位于城市东端港口附近。

❶ 到达和离开

长途汽车

梅尔辛长途汽车站在城市东郊。从这里前往市中心，从主出口离开后右拐到达主路（Gazi Mustafa Kemal Bulvarı）。到马路对面搭乘西行的城市公共汽车（2里拉）。从市内到达长途汽车站的公共汽车从火车站外发车，Mersin Oteli对面也有站点。

从长途汽车站出发，去往阿达纳（15里拉，1小时，75公里）、锡利夫凯（25里拉，2小时，85公里，每小时3班）的车次最多，途中会经过吉斯克莱西（10里拉，1小时）；从这里也可以到达阿拉尼亚（55里拉，8.5小时，375公里）。每30分钟有一班小巴可至塔尔索（5里拉）。

火车

6:00~22:30去往塔尔索（4里拉，20分钟）和阿达纳（5里拉，45分钟）的车次很多。

塔尔索（Tarsus）

☎0324 / 人口 252,649

塔尔索最著名的子孙圣保罗如果在诞辰2000年后回到故乡，恐怕也很难认出这个遍地都是混凝土公寓楼的地方。但对朝圣者和历史爱好者来说，此地散落的早期基督教遗址就是逗留的理由。漫步在市中心的历史城区，错综复杂的窄巷两旁排列着各式各样破旧失修的房屋，你会切实发现这座城市经久不衰的永恒魅力。

⊙ 景点

老城 历史遗址

（Antik Şehir, Old City）紧凑的老城区位于Adana Bulvarı和Hal Caddesi之间。它包括一条60米长的美丽的罗马道路和迷宫般的街巷，道路两旁林立着古老的塔尔索式房屋，许多都已摇摇欲坠，但其中的一座现在改造成了Konak Efsus精品酒店。

东南有几座古老的清真寺，包括旧清真寺（Eski Camii），这座中世纪的建筑原本是一座献给圣保罗的教堂。旁边隐约还能辨认出巨大的古老罗马浴场的砖墙。

Atatürk Caddesi对面是19世纪末期修建的官员清真寺（Makam Camii），东侧的建筑据说是先知但以理（Prophet Daniel）的坟墓。西面是修建于16世纪的大清真寺（Ulu Camii），它有一座罕见的建于19世纪、充作钟楼的尖塔。旁边修建于19世纪的四十个勺子市场（Kırkkaşık Bedesten），现在仍然是一座室内集市。

圣保罗之井 历史遗址

（St Paul Kuyusu, St Paul's Well; Hal Caddesi; 门票5里拉; ⊙8:00~19:00）老城边缘（Atatürk Bulvar有路标）是圣保罗故居遗址，游客可以透过树脂玻璃观看传说中的圣保罗出生地。井就在房子露台旁边。

圣保罗教堂 教堂

（St Paul Kilisesi, Church of St Paul; Abdi İpekçi Caddesi; ⊙8:00~20:00）**免费** 老城以南的这座东正教教堂修建于19世纪50年代，原本是为了纪念圣保罗。但在20世纪90年代中期以前，这里一直被用作储藏库（以及其他用途），直至后来才被文化部修复，并于2011年开放礼拜仪式。内部天花板上有一些简单的壁画。

克里欧佩特拉之门（Cleopatra's Gate） 大门

从老城西南沿着İsmetpaşa Bulvarı大街走1公里就能到达罗马时期修建的Kancık Kapısı，其字面意思即是"婊子之门"（Gate of the Bitch），更著名的称谓是克里欧佩特拉之门。但除了名字之外，这里和埃及艳后没有任何关系，虽然据称公元前41年，她曾在这里和马克·安东尼幽会。

塔尔索博物馆 博物馆

（Tarsus Museum; Muvaffak Uygur Caddesi 75; ⊙8:00~17:00）**免费** 这座博物馆位于老城西南约750米处，其中展示有少量但有趣的古代雕塑、钱币和其他文物，历史可追溯至希腊化时代及更早。

🍴 食宿

★Konak Efsus 精品酒店 $$

（☎0324-614 0807; www.konakefsus.com; Tarihi Evler Sokak 31-33; 标单/双 40/60里拉; ❄☎）这家怡人的精品酒店由一座传统的奥斯曼时期建筑改造而成，提供塔尔索最好的膳宿条件。其中8间带石墙的客房，有古董家具和21世纪风格的水暖，名字也各不相同，这一切都是独一无二的。克里欧佩特拉套房尤其精致，带有可爱的露台。这里非常热门，尤其是在周末，所以推荐预订。庭院餐厅也非常不错。

Cafe Maça 咖啡馆 $

（Tarihi Evler Sokak; 土耳其饺子7里拉; 蛋糕

朝圣之地

犹太人保罗（原名撒乌耳）是基督教早期最热心的说服异教徒改变宗教信仰的说教者，他一生中曾让整个古代世界的几百名异教徒和犹太人转变为新宗教信仰者。67年，他在罗马逝世之后，他的出生地就被追随者视为神圣之地。今天朝圣者们仍然会聚集在他在塔尔索的故居遗址上，饮用从30米深的井中取出的水。

4~7里拉；◎9:00~23:00）我们非常喜欢这家坐落在一座有200年历史的建筑之中的时髦咖啡馆，沿着Konak Efsus酒店前的道路向前走就可以找到。这里由一对友好且富有艺术气质的夫妇经营，是品尝美味的自制土耳其饺子（mantı）、咖啡和蛋糕最好的地方。

❶ 到达和离开

塔尔索长途汽车站位于市中心以东3公里处。出租车价格为10里拉，城市公共汽车价格为1.50里拉。连接塔尔索和梅尔辛（6里拉，29公里）、阿达纳（6里拉，42公里）的小型汽车和小巴很多。它们一般会在克里欧佩特拉之门旁边和Adana Bulvarı沿线上下客。

火车站位于旅游办公室西北，在Hilmi Seçkin Caddesi的尽头，有固定班次可至梅尔辛（4里拉）和阿达纳（5里拉）。

阿达纳（Adana）

☏0322/人口 1,660,000

虽然谱系可追溯至古代赫梯人，但阿达纳这座活力四射的现代都市景点不多，有一些不错的咖啡馆和酒吧，交通连接便利。作为土耳其第四大城市，阿达纳是探索西南人迹罕至的历史遗址和废墟很好的大本营，如果你之前一直是沿着地中海沿岸悠闲地旅行，城市的喧嚣可能正好是你所需要的。

城市被D400公路分成两部分。道路北部[大街在这里被称作Turan Cemal Beriker Bulvarı，自西向东，跨越肯尼迪大桥（Kennedy Bridge）]树木繁茂，是富人区。南部是时髦的高层公寓区，有路边酒吧和咖啡馆，氛围开始变得杂乱，建筑物到处扩张。塞伊汗河（Seyhan River）将市中心限定在东部。

◉ 景点和活动

不幸的是，阿达纳的两座出色的博物馆——考古博物馆（Fuzuli Caddesi 10）和民族志博物馆（Ziyapaşa Bulvarı 143）都已经过整修后重新开放。这座新的建筑计划占地近70公顷，位于从前的纺织厂，将包括工业、农业、儿童及城市博物馆，以及考古和民族志博物馆。

★ 萨班哲中心清真寺　　　　清真寺

（Sabancı Merkez Camii, Sabancı Central Mosque；见433页地图；Turan Cemal Beriker Bulvarı）萨班哲中心清真寺拥有六座宣礼塔，是阿达纳最庄严的一座清真寺，优雅地耸立在塞伊汗河左岸。作为伊斯坦布尔和沙特阿拉伯最大的清真寺，它是由已故的工业巨头Sakıp Sabancı（1933~2004年）所建，这位慈善家是土耳其第二富有的家族王朝的创建者。建筑有一座54米高的中央穹顶，从头到尾都由大理石和金箔所覆盖。这座清真寺能容纳约28,500名朝拜者。

大清真寺　　　　清真寺

（Ulu Cami, Great Mosque；见433页地图；Kızılay Caddesi）这座建于16世纪的美丽的大清真寺令人想起开罗的马穆鲁克清真寺（Mamluk mosques），用黑白相间的条形大理石和精致的窗框装饰。包括一座神学院（medrese）和一座陵墓（türbe），其中有Ramazanid Beys的遗体。米哈拉布（mihrab；指向麦加方向的壁龛）中的瓷砖来自屈塔希亚（Kütahya）和伊兹尼克。

罗马桥　　　　桥梁

（Taşköprü, Roman Bridge；见433页地图；Abidin Paşa Caddesi）这座跨越在塞伊汗河上的石桥位于Abidin Paşa Caddesi最东端，可能修建于罗马时代哈德良皇帝（公元117~138年在位）的统治时期，6世纪经过修复。土耳其语中叫"Taşköprü"，300米长的石桥有21个桥拱——其中7个现已被淹在水下——一直到2007年仍能通行汽车。

油清真寺　　　　清真寺

（Yağ Camii, Oil Mosque；见433页地图；Ali Münif Caddesi）油清真寺（1501年）带有庄严的大门和典型塞尔柱风格的建筑，最早是圣雅克教堂。

圣保罗天主教堂　　　　教堂

（Bebekli Kilise, St Paul's Catholic Church；见433页地图；10 Sokak）这座教堂由亚美尼亚社区于1870年所建，至今仍是罗马天主教的礼拜场所。

梅斯坦公共浴室　　　　公共浴室

（Mestan Hamamı, Merry Hamam；见433页地图；Pazarlar Caddesi 3；浸泡和搓澡 15里拉；

Adana 阿达纳

Adana 阿达纳

- ◎ **重要景点**
  - 1 萨班哲中心清真寺 D2

- ◎ **景点**
  - 2 罗马桥 D3
  - 3 圣保罗天主教堂 B3
  - 4 大清真寺 C4
  - 5 油清真寺 B4

- ✪ **活动、课程和团队游**
  - 6 卡尔斯公共浴室 C4
  - 梅斯坦公共浴室 .... (见10)

- 🛏 **住宿**
  - 7 Hotel Bosnalı D3
  - 8 Ibis Hotel A2
  - 9 Otel Mercan B3

- 🍴 **就餐**
  - 10 Öz Asmaaltı B4
  - 11 Şen B1

- 🛍 **购物**
  - 12 游客办公室和手工艺品店 A2

⏰ 6:00~23:00) 梅斯坦公共浴室就在市中心，是尝试泡澡和搓澡的好地方。

卡尔斯公共浴室 公共浴室

（Çarşı Hamamı, Market Hamam; 见433页地图; Ali Münif Caddesi 145; ⏰ 男宾 5:00~9:00和15:30~22:30, 女宾 9:00~15:30) 这家极富氛围的具有当地特色的浴室是享受传统土耳其浴的好地方。

住宿

Otel Mercan　　　　　　　　　　　酒店 $$

（见433页地图；0322-351 2603；www.otelmercan.com；Küçüksaat Meydanı 5；标单/双 80/130里拉；❋❄）这里是我们在阿达纳住过的最友好的酒店。员工和经理都很乐于助人，而且位置就在市中心，超级便利。休息室比房间的翻修时间要近，不过别致的客房还是很舒适的。

Ibis Hotel　　　　　　　　　　商务酒店 $$

（见433页地图；0322-355 9500；www.ibishotel.com；Turhan Cemal Beriker Bulvarı 49；房115里拉起；➡❋❄）这里的小房间是名副其实的Ibis风格，时髦、现代，配备有一切现代设施，我们为他们建设无烟楼层的决定而鼓掌。它在主公路边，但是位于热闹核心商务区的中心位置，并不是每个人都会被吸引。

★ **Hotel Bosnalı**　　　　　　　精品酒店 $$$

（见433页地图；0322-359 8000；www.hotelbosnali.com；Seyhan Caddesi 29；标单/双 99/130欧元；❋❄）这家值得炫耀的酒店是地中海东部最好的住宿处。酒店位于一座1889年由一位富有的波斯尼亚移民建造的大厦中，全部以瓷砖铺地，采用手工雕刻的木质天花板，装饰着奥斯曼风格的古董家具。屋顶餐厅能眺望城市的美丽风景，员工都很友好、专业，是当地住宿的最佳选择。

餐饮

阿达纳烤肉举世闻名，即将绞碎的牛肉或羊羔肉拌以红辣椒粉，穿在烤肉扦子上烤制。上菜时还会搭配切片洋葱，撒上微酸的漆树香料和烤番茄。

Şen　　　　　　　　　　　　土耳其菜 $

（见433页地图；62001 Sokak 16a；主菜15~18里拉；⏰11:00~23:00；🍽）从Ataturk Caddesi向北走，右转进入62002 Sokak，接着左转进入62001 Sokak，就能找到这家休闲的社区熟食餐厅，这里很受附近办公室上班族的欢迎，有大量的素食选择。最好的餐位是在露台上的凉亭之下。

★ **Öz Asmaaltı**　　　　　　　　　烤肉 $$

（见433页地图；0322-351 4028；Pazarlar Caddesi 9；阿达纳烤肉20里拉）这家最受当地人欢迎的烤肉店，表面看来不过又是一座阿达纳烤肉餐厅，但主菜和开胃菜比其他地方都好，是品尝阿达纳烤肉的好地方。你还能品尝到开胃菜、沙拉，或许还有kadayıf（糖浆浸面团，上覆凝脂奶油）。

阿达纳长途汽车站发车信息

目的地	票价（里拉）	行程（小时）	距离（公里）	班次（每天）
阿德亚曼（内姆鲁特山）	35	6	335	频繁
阿拉尼亚	55	10	440	频繁
安卡拉	55	8	475	每小时1班
安塔基亚	20	3.5	190	每小时1班
安塔利亚	67	11.5	565	频繁
迪亚巴克尔	45	8	535	频繁
加济安泰普	25	3	220	每小时1班
伊斯坦布尔	75	14	920	频繁
开塞利	40	5.5	355	频繁
科尼亚	40	5	335	频繁
尚勒乌尔法	35	5.5	360	频繁
锡利夫凯	30	2.5	165	频繁
凡城	70	14	910	最多8班

Newport Irish Pub 爱尔兰小酒馆

(Şinasi Efendi Caddesi 23; ⓒ8:00至次日1:00; ⓐ)只不过名字(和一些装潢)是爱尔兰小酒馆,其实是逛完Atatürk Parkı以北高端市场后,晚上休闲的好地方。开放式布局和角落的位置很适合观看人来人往,每天15:00~18:00是减价供应时段。

购物

★ 游客办公室和手工艺品店 礼品和纪念品

(见433页地图; ☎0322-359 5070; İnönü Caddesi 71; ⓒ周一至周六 8:30~17:30)阿达纳新建的这座游客办公室旁边有一家政府管理的商店,出售手工艺品、首饰、陶瓷、乐器等商品。都是在周边村落制作的,有许多展现了一些逐渐失传的技艺:精心彩绘的陶瓷尤为漂亮,价格公道。

实用信息

旅游办公室(见433页地图; ☎0322-363 1448; Atatürk Caddesi 7; ⓒ周一至周六 8:30~17:30)

到达和离开

阿达纳机场(Şakirpaşa Havaalanı)位于D400公路中段以西4公里处。长途汽车站位于D400再西行2公里处的路北。火车站在Ziyapaşa Bulvarı最北端、İnönü Caddesi以北1.5公里处。

长途汽车和小巴

阿达纳的大型长途汽车站有直达长途汽车和/或小巴,可前往土耳其各地。注意,去往Kadirli(15里拉,2小时,108公里)和科赞(Kozan; 10里拉,1小时,72公里)的小巴从塞伊汗河右岸的Yüreği长途汽车站出发。

火车

Çukurova Ekspresi的卧铺列车从Ziyapaşa Bulvarı北端华丽的车站(gar)开往安卡拉(Ankara; 19:30, 35里拉, 12小时)。Toros Ekspresi(7:00, 25里拉, 6.5小时)和İçanadolu Mavi(15:45, 25里拉, 6.5小时)每天都有火车可至科尼亚。6:00至23:15,几乎每小时有两列火车途中经过塔尔索(4里拉)至梅尔辛(5里拉)。

当地交通

从机场搭乘出租车至市区需要20里拉,从长途汽车站去市区约25里拉。从市中心乘坐出租车至Yüreği长途汽车站花费为7.50里拉。

值得一游

伊兰城堡

伊兰城堡(Yılankale; 蛇城堡)修建于13世纪中叶,当时这里还是奇里乞亚的亚美尼亚王国的一部分,其名称来自曾经缠绕在入口之上的盾徽中的大蛇。从停车场出发有一条100米长、路况良好的道路,接着是一条坎坷的小路。到达城堡最高点需要爬上一段陡坡,登上岩石,走过门房、水池和拱顶内庭。不过站在麦田的高处,你会感觉身居世界最高点。

伊兰城堡位于阿达纳以东38公里处,就在D400公路以南3公里刚过的地方。

阿达纳周边(Around Adana)

阿达纳是前往地中海东部一些最迷人的古代遗址的自然大本营。从伊斯肯德伦海湾(İskenderun Körfezi, Bay of İskenderun)向内陆进发,这里的城堡和居住点少有游客探访,这片土地与亚美尼亚奇里乞亚王国相连,位于科赞的Sis是其都城。有些地方,如阿纳扎布斯(Anazarbus)的历史可追溯至罗马时期,甚至更早。

科赞(Kozan)

这座位于阿达纳东北方向72公里的大型集市城市,曾经是奇里乞亚王国的都城Sis,能眺望广袤(和难以防守)的Çukurova平原上一系列的城堡。高耸在平原上的让人震撼的科赞城堡(Kozan Kalesi) **免费** 由利奥二世(Leo Ⅱ, 1187~1219年在位)修建,横卧在一道狭窄的山脊之上,蜿蜒900多米。

在去往城堡1公里长的路途中有一座教堂的废墟,当地人称之为manastır(修道院)。1293~1921年,这里是Sis的Katholikos主教的座堂,他是亚美尼亚教会两大高级主教之一。

城堡之中,许多建筑遗址淹没在荒草之中,继续向上可到达右边的多座高塔。左边一座巨大的塔楼曾经是皇室住所。这里总计有

44座塔楼和瞭望台,还有一座室内集市遗址。

科赞有一些可爱的老建筑,可从阿达纳乘坐小巴沿着D815公路进行愉快的一日往返游。

古怪的Yaver' in Konaği(Yaver's Mansion; ☎0322-515 0999; Manastır Sokak 5; 标单/双 80/100里拉; ✽@🛜)酒店位于通往城堡的坡路的最下方。位于一座建于1890年的古宅中,老楼里有纯朴却舒适的客房,还有两座新建的附属建筑。这里还有一家不错的餐厅,提供在户外石头烤炉中制作的极其美味的lahmacun薄皮小比萨。

每天只有几班车从阿达纳开往科赞(18里拉,1.25小时)。

阿纳扎布斯(Anazarbus)

当罗马人于公元前19年搬迁至这一地区时,这里已经有一座亚述人的定居点,他们在一座山顶上修建了这座堡垒城市,用以镇守肥沃的平原,并将之命名为阿纳扎布斯的凯撒利亚(Caesarea ad Anazarbus)。后来,奇里乞亚被分为两部分,塔尔索仍旧是西部的都城,阿纳扎布斯则成为东部的主要城市。几个世纪以来,这里曾易手数十次,先后落入波斯、阿拉伯、拜占庭、汉达尼德王子阿勒波、十字军、一个当地的亚美尼亚国王、拜占庭(再一次),以及土耳其和马穆鲁克之手。当最后一支军队于1375年扫平亚美尼亚王国时,这座城市就被废弃了。

离开公路行进约5公里后,就到达了一个丁字路口和城墙中的一座大门,之后就是堡垒城市,但现在只剩田野里散落的古老砖石。右转会到达看守者(bekçi)之屋,可寻找蓝色大门。这里的财富包括罗马石棺(其中一个雕刻有3世纪皇帝塞普蒂姆乌斯·塞维鲁的脸)和装饰有华丽的提图斯、海豚、鱼和海鸟图案的马赛克镶嵌画的泳池。导览徒步游(慷慨些吧)会带你参观体育场、剧院和浴场。一定要参观6世纪的使徒教堂遗址中的献祭石,它散落在田野中,上面有一个十字架以及阿尔法和欧米伽的符号,城堡南部有一个非常罕见的罗马式拱形马厩,主引水渠上的几座拱门仍然挺立在那里。

从遗址和村落上方能看到山顶的城堡。如果想徒步登上城堡(400级台阶),一定要穿上合适的徒步鞋。这座占地广阔的堡垒最远处的残留遗址位于山脊的另一端,极其危险,不要进入,近年来至少有一名旅游者在试图翻越山脊攀登至城堡最远处的遗址时丧生。

❶ 到达和离开

如果从伊兰城堡驾车前往,需要先回到D400

奇里乞亚的亚美尼亚王国

11世纪早期,塞尔柱突厥人从伊朗向西席卷,和衰落的拜占庭王朝争夺安纳托利亚大部分地区的控制权,接着就朝亚美尼亚高地推进。成千上万的亚美尼亚人逃亡至南方,在崎岖不平的托罗斯山脉和地中海沿岸寻找避难所。1080年,年轻的王子鲁本(Prince Reuben)领导众人在这里建立了奇里乞亚王国(Cilicia,又称小亚美尼亚)。

在大亚美尼亚(Greater Armenia)疲于抵御外敌、逐渐失去其独立国家的地位之际,奇里乞亚王国的亚美尼亚人尽享富裕和繁荣。因为所处的地理位置非常适合贸易往来,他们很快就接受了欧洲的理念,其中就包括欧洲的封建等级制度。奇里乞亚有了男爵、骑士和奴隶,设在Sis(今天的科赞)的宫廷甚至穿上了西方的服饰,拉丁语和法语成为全国通用的语言。十字军东征时,曾将这里的城堡作为他们前往圣地途中的安全港湾。

亚美尼亚的这段历史是科学和文化的鼎盛阶段,学校和修道院迅速发展,传授神学、哲学、医学和数学。这一阶段也是亚美尼亚教会手稿绘本的黄金时期,该绘本以其大量的装饰和在西方的影响而著称。

奇里乞亚王国的昌盛持续了将近300年的时间,最后败给了埃及的马穆鲁克人。亚美尼亚的最后一任统治者利奥五世(Leo V)在他最后几年的日子里游说欧洲,想要寻求帮助以求复国,最终在1393年卒于巴黎。

公路上，沿D817（科赞/Kadirli）向北行驶27公里到达Ayşehoca村庄，那里右边有条道路，路标指向阿纳瓦萨（Anavarza）/阿纳扎布斯，向东行驶5公里。如果乘坐小巴或小公共汽车，可在此下车搭顺风车。从科赞出发，沿着D817公路向南行驶28公里，在Ayşehoca村左转。

黑山—阿斯兰塔斯露天博物馆（Karatepe-Aslantaş Open-Air Museum）

考古迷应该径直前往黑山—阿斯兰塔斯露天博物馆（Karatepe-Aslantaş Acık Hava Müzesi；门票5里拉；⊙10:00~19:00），地址就在同名的国家公园内。这些遗址可追溯到公元前8世纪，当时这里是奇里乞亚后赫梯王朝的重要城镇，其中最大一的座名为Azitawatas。今天展览的遗址包括雕塑、石头浮雕和石雕牌匾——其中有些在帮助考古学家破译卢维语（Luwian language）象形文字中发挥了重要作用。

黑山虽小但却有很精彩的博物馆，就在入口大门旁边，其中的展品都是从这里挖掘出土的，并且附有许多信息板介绍遗址的重要地位。这里还有遗址的微缩模型，帮助参观者将一切尽收眼底。

黑山的第一组雕像在宫殿门（Palace Gate）展出，这里能眺望到山顶的森林和杰伊汗湖（Ceyhan Gölü），这个人工湖泊用来发电和娱乐。从这里看过去，防御城市的1公里长的城墙遗址还很明显。防护罩下的雕像有狮子、狮身人面像以及一排排精美石雕，其中有一个展示的是Azitawatas宫廷的一次休闲宴宴，雕刻有献祭的公牛、音乐家和战车的图案。

东北的下层门（Lower Gate）有黑山最好的石雕，浮雕场景包括带有划桨手的船上厨房、与狮子战斗的武士、一个在树下哺乳孩子的女人和赫梯太阳神。守卫浮雕的狮身人面像保存完好。

安塔基亚（哈塔伊）及周边 [Antakya (Hatay) & Around]

在本书写作之时，包括英国外交及联邦事务部等政府机构都建议，如非必要，请不要前往安塔基亚（哈塔伊）、伊斯肯德伦（İskenderun）和周边区域。他们还进一步提醒，不要前往距叙利亚边境10公里范围内。上一次我们造访本地区时去过安塔基亚，不过建议游客在前往该区域时先了解一下情况。

安塔基亚（哈塔伊）[Antakya (Hatay)]

✆0326 / 人口 218,568

官方名字为哈塔伊的安塔基亚建在古代安条克（Antiocheia ad Orontem）的土地上，靠近叙利亚边境，是个富饶的现代城市。在古代罗马时期，安条克是个重要的基督徒聚居区，由原本人口就不少的曾经被圣保罗领导的犹太社区发展而成。如今，安塔基亚是多种信仰的混合之地——伊斯兰教逊尼派和阿列维派，以及东正教——城市呈现出一种国际化的文明风范。当地人称他们的家乡为"和平之城"（Barış Şehri），正是如此。在安塔基亚这座众教合一的城市，你至少能发现五种不同的宗教和教派，每个街区都可能代表着不同的信仰。

阿拉伯文化的影响深入了当地的生活、食物和语言。是的，这座城市是在1939年才成为土耳其的一部分，而在这之前的多少个世纪里，它都是以这样或那样的方式归属于叙利亚的。大多数游客来到安塔基亚是为了参观它的考古学博物馆，还有的是前往圣彼得教堂朝圣。一定要花上些时间从容地漫步在奥龙特斯（Orontes, Asi）河畔，也一定要信步穿梭于这座城市的集市和后街小巷。我们确信，安塔基亚是土耳其地中海沿岸被低估的一块瑰宝。

⊙ 景点

★哈塔伊考古博物馆　　　博物馆

（Hatay Arkeoloji Müzesi, Hatay Archaeology Museum；✆0326-225 1060；www.hatayarkeolojimuzesi.gov.tr；Atatürk Caddesi 64；门票8里拉；⊙周二至周日 9:00~18:30，冬季 8:00~16:30）该博物馆的罗马和拜占庭时期的马赛克收藏品是世界上最好的之一，藏品年代覆盖1~5世纪。很多马赛克都来自这里以南9公里处的塔尔索或哈比耶（Harbiye，古代称Daphne），几乎完好无损。

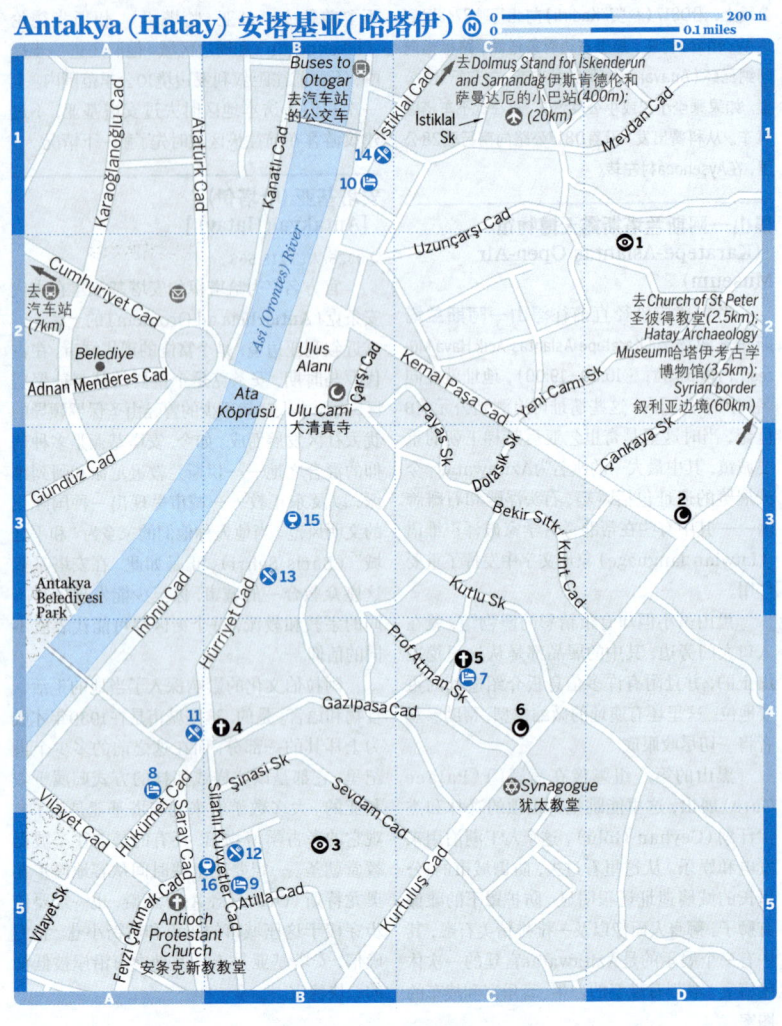

Antakya (Hatay) 安塔基亚（哈塔伊）

Antakya（Hatay）安塔基亚（哈塔伊）

◎ 景点
- 1 巴扎 D2
- 2 Habibi Neccar Camii D3
- 3 老城 B5
- 4 正教 B4
- 5 罗马天主教堂 C4
- 6 塞尔马耶清真寺 C4

🛏 住宿
- 7 Antakya Catholic Church Guesthouse C4
- 8 Antik Beyazıt Hotel A4
- 9 Liwan Hotel B5
- 10 Mozaik Otel B1

⊗ 就餐
- 11 Anadolu Restaurant A4
- 12 Antakya Evi B5
- 13 Çağlayan Restaurant B3
- 14 Hatay Sultan Sofrası B1

🍷 饮品和夜生活
- 15 Antakya Vitamin Bar B3
- 16 Barudi Bar B5

本书写作之时，博物馆正处于期待已久的搬迁的最后阶段，新址位于去往Reyhanlı的主公路边，新馆为博物馆专门建造，经过圣彼得教堂前行1公里即到。

新博物馆计划用出色的现代化设施展现这里炫目的藏品，其中有许多因为旧址缺乏展示空间而从未展出过。

博物馆的重要展品包括《俄刻阿诺斯与忒堤斯》(Oceanus & Thetis, 2世纪)全身作品，还有《马赛克大餐》(Buffet Mosaic, 3世纪)，上面描绘有鸡肉、鱼肉和各式蛋类菜品，还有《塔拉萨和裸体的渔夫》(Thalassa & the Nude Fishermen)，上面有骑着鲸鱼和海豚的孩子。精美绝伦的3世纪马赛克作品《那喀索斯》(Narcissus)和《俄耳普斯》(Orpheus)则是讲述了神话故事。还有一些马赛克作品的主题更为奇特，博物馆最著名的三幅分别是一个长着巨大阴茎的快乐的驼背人、黑皮肤的渔夫，以及一幅神秘的画像，描绘了一只渡鸦、一只蝎子和一只狗，还有一把戳向"邪恶之眼"的叉子。

除了马赛克作品，博物馆还展览有该地各土堆和墓穴中发现的文物，其中就有伊斯肯德伦以北16公里处的Dörtyol附近赫梯王朝墓地的考古发现。当地引以为傲的是一个房间里的安塔基亚石棺(Antakya Lahdı)，石棺装饰极尽华丽，棺盖上有个未完成的躺卧雕像。

圣彼得教堂
教堂

(St Pierre Kilisesi, Church of St Peter；门票15里拉；⊙9:00至正午和13:00~18:00)这座早期的基督教教堂在十字山(Mt Staurin)的斜坡上凿山而建。人们认为此地是那些刚刚改信基督的教徒秘密聚会祈祷的第一个地点。彼得和保罗都曾在安条克生活过一些年头，几乎可以肯定的是，他们也曾在此讲道。当地传统认为这个山洞为福音书作者圣路加所有，他的出生地就是安条克，他把这个山洞捐献给了迅速兴起的基督会众。

1098年，十字军在第一次东征时占领了安条克，他们修建了教堂前面的围墙和前廊，也就是教堂西边的窄门廊。在圣餐桌的右边依稀可辨早期壁画的痕迹，有些图案简单的马赛克地板保存到了今天。据说角落里的滴水可以治疗疾病。

教堂在城镇东北2.5公里的地方，沿着Kurtuluş Caddesi步行约半个小时就可以到达。

老城
历史遗址

(Old Town；见438页地图)安塔基亚大多数幸存的老房子都在Kurtuluş Caddesi和Hurriyet Caddesi曲折的街巷中。这些老房子都有雕刻的石头门楣或是木头的挑高屋顶，以及筑有围墙的院子。老城稍微向北的地方，在修建于7世纪的清真寺Habibi Neccar Camii (Kurtuluş Caddesi；见438页地图)周围，你会发现更多保存完好的安塔基亚建筑实例。天主教教堂里的牧师们认为，圣彼得在42~48年就住在这个地方，那个时候这里是犹太人聚居区。

东正教教堂
教堂

(Orthodox Church；见438页地图；Hürriyet Caddesi 53；⊙礼拜仪式 8:30和18:00)居住在这里的1200多名坚定的基督徒，绝大多数都在这座精美的东正教教堂做礼拜。1900年，毁灭性的地震摧毁了这座教堂，后在俄国人的帮助下得到重建。教堂前面是一个漂亮的庭院，位于街道边几步之遥。教堂里有几幅精美的基督画像，一个古代的石头诵经台，还有一个珍贵的教堂募捐盘。

罗马天主教堂
教堂

(Roman Catholic Church；见438页地图；Prof Atman Sokak；⊙10:00至正午和15:00~17:00，弥撒时间 每天8:30和周日18:00)这座由意大利人管理的罗马天主教堂始建于1852年，位于城市的老城区，占用了两栋房子。教堂的附属礼拜堂以前是其中一栋房子的客厅。

塞尔马耶清真寺
清真寺

(Sermaye Camii; Capital Mosque；见438页地图；Kurtuluş Caddesi 56)宣礼塔上有一个装饰极为华丽的阳台(şerefe，在安塔基亚的宣传画上可以看见它)。

巴扎
集市

(Bazaar；见438页地图)Kemal Paşa Caddesi以北的后街上就是杂乱无章的集市。沿着主要的购物街道Uzunçarşı Caddesi就可以较为轻松地游览集市。

住宿

Antakya Catholic Church Guesthouse
客栈 $

（见438页地图；0326-215 6703；www.anadolukatolikkilisesi.org/antakya；Prof Atman-Sokak；每人40里拉；🅿）绝对是个不错的地方（如果能入住的话）。这家宾馆由当地的天主教堂经营，有9个整洁的双人间，房间周围是树荫之下的庭院（很适合思考）。房客会受到邀请（不是必需的）参加每日在对面教堂里举行的弥撒。

Mozaik Otel
酒店 $$

（见438页地图；0326-215 5020；www.mozaikotel.com；İstiklal Caddesi 18；标单/双 85/150里拉；🅿🛜）这家中档酒店虽然位于市中心附近，靠近巴扎，但却出人意料的安静。服务稍微打了折扣，相当随意，不过24个房间都配有民族风情的床罩，装饰着马赛克的复制品。很棒的Hatay Sultan Sofrası（见本页）餐馆就在隔壁，非常不错。

Antik Beyazıt Hotel
精品酒店 $$

（见438页地图；0326-216 2900；www.antikbeyazitoteli.com；Hükümet Caddesi 4；标单/双/标三 110/150/200里拉；🅿🛜）酒店所在的建筑始建于1903年，为法国殖民地时期黎凡特风格的建筑，是安塔基亚最早的精品酒店。虽然看起来有些破旧，但服务一如既往的热情。酒店大厅的古董家具、东方地毯，还有华丽的枝形吊灯，叙述着更为雅致的过去。酒店有27个房间，相当简单。一楼的房间最有特色。

★ Liwan Hotel
精品酒店 $$$

（见438页地图；0326-215 7777；www.theliwanhotel.com；Silahlı Kuvvetler Caddesi 5；标单/双 150/220里拉；🅿🛜）酒店建筑建于20世纪20年代，设计风格博采众长，曾为叙利亚总统所有，4层楼共有24个装修很有品位的房间。餐厅设在露天庭院里（以前是带有双拱门的内花园），凉爽的月份会加上顶盖。对那些喜欢旧式酒店的人来说，这里的气氛让人欣喜。

房间设施离奇古怪，并非所有的房间都有窗户，因此订房间时要留意。大多数周末的23:00至次日2:30，颇有情调的石砌酒吧里会有现场音乐表演，所以如果你睡眠浅，最好还是在别处找个舒适的环境。

餐饮

在Hürriyet Caddesi路边和附近都有很多餐馆。河边的Antakya Belediyesi Parkı、奥龙特斯河的左岸，有几家茶馆，在那儿喝上一杯，吃点小吃，是放松的好去处。

★ Çağlayan Restaurant
烤肉 $

（见438页地图；Hürriyet Caddesi 17；烤肉三明治 8里拉）Hürriyet Caddesi上或许有不少土耳其旋转烤肉，但这里的烤肉三明治却是所有同类型的综合：极其美味，塞满了各种好吃的，尝一个就是一顿盛宴。一定要点香辣酱。

Antakya Evi
安纳托利亚菜 $

（见438页地图；0326-214 1350；Silahlı Kuvvetler Caddesi 3；主菜 15~20里拉；🕙10:00至午夜）这里是一处老别墅，装饰着照片，摆放着古董家具。这儿有许多辛辣的哈塔伊特色食物、当地的开胃菜（9里拉），以及"彪悍"的烧烤菜品。周五和周六晚上可以期待土耳其民族音乐的现场表演。

★ Hatay Sultan Sofrası
安纳托利亚菜 $$

（见438页地图；www.sultansofrasi.com；İstiklal Caddesi 20a；主菜 15~25里拉；🕙9:00~21:00）安塔基亚平价美食的首选，这个熙熙攘攘的地方就是一头扎进哈塔伊品尝融中东和土耳其风味于一体的融合菜的入场券。经理口齿清晰，热爱带领食客浏览菜单，还会帮你从各种开胃菜和当地香辣烤肉中挑选。留点胃口尝尝土耳其甜点künefe。

Anadolu Restaurant
土耳其菜 $$

（见438页地图；0326-215 3335；www.anadolurestaurant.com；Hürriyet Caddesi 30a；主菜 20~30里拉；🕙11:00至午夜）很受家庭欢迎，当地的上层人士，还有可报账的人群喜欢到这里消费。这里是安塔基亚的热门餐馆，有华丽的户外花园、金色的桌布，棕榈树的叶子奋力穿过顶棚、悬在头顶。这里的开胃菜不错，有很多选择。肉菜有安纳托利亚烤肉串和特色菜纸包烤肉串（kağıt）。

Barudi Bar   酒吧

（见438页地图；Silahlı Kuvvetler Caddesi；⊙13:00至次日2:00）这里是安塔基亚最常见的约会场所，有隐蔽的内部庭院，提供各种进口啤酒，鸡尾酒酒单也令人印象深刻。

Antakya Vitamin Bar   果汁酒吧

（见438页地图；Hürriyet Caddesi 7；⊙10:00至午夜）旅途劳累，需要补充点维生素吗？这家热情的酒吧摆满名人顾客的照片，是享受鲜榨果汁或水果奶昔（7里拉）的好地方，后者是一种由香蕉、开心果、蜂蜜和酸奶制作的当地特色饮品，可保证你饱腹半日。

❶ 到达和当地交通

飞机

安塔基亚的**哈塔伊机场**（Hatay Airport；☏0326-235 1300；www.hatay.dhmi.gov.tr）位于城市以北20公里处。**飞马航空**（Pegasus Airlines；www.flypgs.com）和**土耳其航空公司**（Turkish Airlines；www.turkishairlines.com）都有固定航班往返伊斯坦布尔，70里拉起。搭乘出租车从机场前往安塔基亚市中心花费约30里拉。**Havaş**（☏0555 985 1101；www.havas.net；每人10里拉）运营的固定班次的机场巴士前往安塔基亚市中心。

长途汽车

安塔基亚的市内长途汽车站在市中心西北方向7公里的地方。搭乘长途汽车，可以直达安卡拉、安塔利亚、伊斯坦布尔、伊兹密尔、开塞利（Kayseri）和科尼亚，通常会途经阿达纳（20里拉，3.5小时，190公里）。有多个班次的长途汽车开往加济安泰普（Gaziantep；25里拉，4小时，262公里）和尚勒乌尔法（30里拉，7小时，400公里）。

也有小型公共汽车和小巴开往伊斯肯德伦（6里拉，1小时，58公里）和萨曼达厄（Samandağ；5里拉，40分钟，28公里），发车地点就在İstiklal Caddesi大街的尽头，Yavuz Sultan Selim Caddesi大街路边的壳牌加油站。

长途汽车站和市中心之间，搭乘出租车单程花费15里拉。许多大型公共汽车公司都有免费的servis（班车）可到达安塔基亚市中心，抵达时可咨询。在汽车站外就可以搭乘5路、9路、16路和17路公共汽车（1.50里拉），到达奥龙特斯河的西岸，这里是酒店聚集的地方。

安卡拉和安纳托利亚中部

包括 ➡

安卡拉..................444
萨夫兰博卢
（番红花城）..........457
博阿兹卡莱、哈图沙什和
雅兹勒卡亚..........462
阿马加霍裕克..........466
乔鲁姆..................467
阿马西亚..............468
托卡特..................472
锡瓦斯..................475
科尼亚..................478

最佳餐饮

➤ Atış Cafe（见461页）
➤ Somatçi（见483页）
➤ Sema Hanımın Yeri（见477页）
➤ Balıkçıköy（见452页）

最佳住宿

➤ Kahveciler Konağı（见460页）
➤ Teşup Konak（见471页）
➤ Hich Hotel（见483页）
➤ DeepsHostel（见450页）
➤ Derviş Otel（见483页）

为何去

在这片高地草原，无论是在赫梯遗址的缝隙间、弗里吉亚人的土冢裂痕中，还是在塞尔柱商队驿站墙上的划痕里，都能找到神秘强大的突厥人留下的痕迹，他们曾在这片土地上战无不胜。就在这里，亚历山大大帝挥剑斩断了戈尔迪之结，迈达斯国王点物成金，尤里乌斯·恺撒到来了、看见了、征服了。在科尼亚，托钵僧第一次旋转。而土耳其国父阿塔图克沿着满是尘土、通往安卡拉的古罗马大道，缔造了他的世俗革命。安卡拉是土耳其的首都，是地理政治中心，但并没有得到应有的评价。萨夫兰博卢（番红花城）和阿马西亚盛产水果，奥斯曼的建筑风采依旧。在这里，周末度假游客穿梭于弯曲横梁的宅子里，探寻逝去年代的光辉。传奇的历史和富饶的今天都交汇于此。

何时去

安卡拉

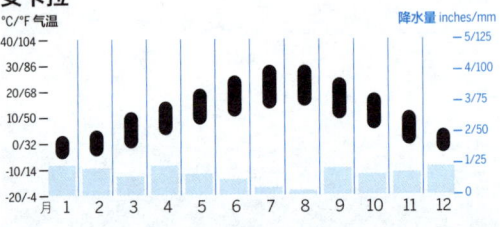

5月至6月 水果丰收的季节：樱桃的大小如同婴儿的拳头，杏的颜色比婴儿的脸庞还要甜美。

7月至8月 加入夏季游客潮，前往奥斯曼风格的城镇——萨夫兰博卢（番红花城）和阿马西亚。

12月 在科尼亚的梅乌拉那节，你可以领略到伊斯兰教苏非派的人文精神，让人叹为观止。

安卡拉和安纳托利亚中部亮点

❶ **萨夫兰博卢**（番红花城；见457页）集市的鹅卵石小巷和木梁房屋让时光倒流。

❷ **安纳托利亚文明史博物馆**（见445页）在**安卡拉**这座全国最好的博物馆中缕清土耳其的根源脉络。

❸ **科尼亚**（见478页）在梅乌拉那博物馆向鲁米致敬，然后拜访城市里的塞尔柱和奥斯曼建筑。

❹ **哈图沙什**（见464页）造访腹地山间安纳托利亚的第一个帝国。

❺ **迪夫里伊**（见473页）在这个偏远小镇上，为大清真寺和医院的精美门廊惊叹。

❻ **阿马西亚**（见468页）在修复过的宅邸上方崖壁中开凿出来的古墓前沉思。

❼ **托卡特**（见472页）漫步小巷，探寻神学院、清真寺和博物馆。

安卡拉

📞0312/人口 545万

安卡拉的奥斯曼宫殿华丽富贵,建筑气派堂皇,这是土耳其其他城市所没有的,但是厚重的历史并没有让安卡拉沉闷下来,它依然拥有活泼的青春节拍。将安卡拉和伊斯坦布尔相比较是没有意义的。尽管这里的环境平淡朴素,没有什么值得歌颂的地方,但这座城市里神气十足的学生和神秘的各国使馆,让这座城市充满活力。

安卡拉作为土耳其的首都,从一个到处都是尘土飞扬的安纳托利亚(Anatolia)闭塞之地,成长为一个成熟的国际事务之都,变化惊人。土耳其在经济上取得的成就,从Kavaklıdere附近兴旺的餐馆到Kızılay街区供人们谈论时事的路边咖啡屋,就可窥见一斑,经常出入咖啡屋的是学生、老前辈和生意人。生机盎然的路边生活场景足以成为你前来拜访的理由。除此之外,安卡拉还有两座引以为傲的纪念建筑,它们在土耳其历史上具有核心地位,一座是设计精巧的安纳托利亚文明史博物馆(Museum of Anatolian Civilisations),另一座是凯末尔陵墓(Anıt Kabir),后者是为了纪念现代土耳其之父穆斯塔法·凯末尔·阿塔图克而建的巨大博物馆。

历史

虽然在安卡拉发现了可追溯到公元前1200年的赫梯帝国遗址,但是当弗里吉亚人将南北向和东西向的贸易线路作为聚居地之后,这座城市才真正繁荣起来。后来亚历山大大帝占领了这里。亚历山大的帝国解体后,这里又成为塞琉古王朝(Seleucids)的领地。最后在公元前250年左右,被加拉太人(Galatians)占领。奥古斯都·恺撒(Augustus Caesar)将它纳入了古罗马帝国的版图,并命名为Ankyra。

拜占庭王朝对这里的统治持续了若干个世纪,这期间,不断有波斯人和阿拉伯人前来突袭劫掠。后来塞尔柱突厥人来到安纳托利亚,并夺取了这座城市,但是这里防守不易。奥斯曼帝国的苏丹巴耶塞特一世(Yıldırım Beyazıt)在附近被中亚征服者帖木儿(Tamerlane)俘获,后来死于狱中。这座城市被认为是不祥之地,慢慢地变成了闭塞之所,除了出产山羊之外,再也没有什么值得称道的地方。

可是在阿塔图克选择安哥拉(Angora;1930年之前安卡拉的旧名)作为他争取民族独立的根据地之后,一切都改变了。1920年,阿塔图克在此建立了临时政府,那时这里不过是一个只有3万人的聚居地,面积很小,到处都是尘土。独立战争胜利之后,阿塔图克宣布这里为新成立的土耳其共和国的首都,并开始着手发展这座城市。1919~1927年,阿塔图克从未涉足伊斯坦布尔,他想把安卡拉打造成一座成功之城。

安卡拉爆炸案

土耳其首都近来因为各种负面原因登上了国际新闻头条。2015年10月,自杀性炸弹袭击了一处和平集会,该集会的目的在于抗议土耳其当局与国家东南部的库尔德工人党(PKK)之间一直持续的暴力对峙,集结地点在安卡拉火车站外。这起双重爆炸案由ISIS成员实施,造成103人死亡,250人受伤。

接着在2016年伊始,事态继续恶化,安卡拉又发生了两起袭击案。第一起是在2月,一辆装有炸弹的汽车在护送安保人员的队伍附近爆炸,造成28人死亡,60人受伤。第二起袭击发生在3月,就在市中心,在Kızılay区Atatürk Bulvarı一座繁忙的公共汽车枢纽附近,造成37人死亡,125人受伤。库尔德军事组织TAK(库尔德自由之鹰)声称对这两起袭击事件负责。

炸弹袭击案之后,首都安保程度有了相当大的提高。整个城市都能看见安保人员,包括地铁站和历史遗址入口;大型交通枢纽都设置了行李安检器;所有通往安卡拉的主干道都建起了检查站,查看身份证件(如果是乘坐汽车前来,一定要随身携带护照)。

Ankara 安卡拉

安卡拉和安纳托利亚中部

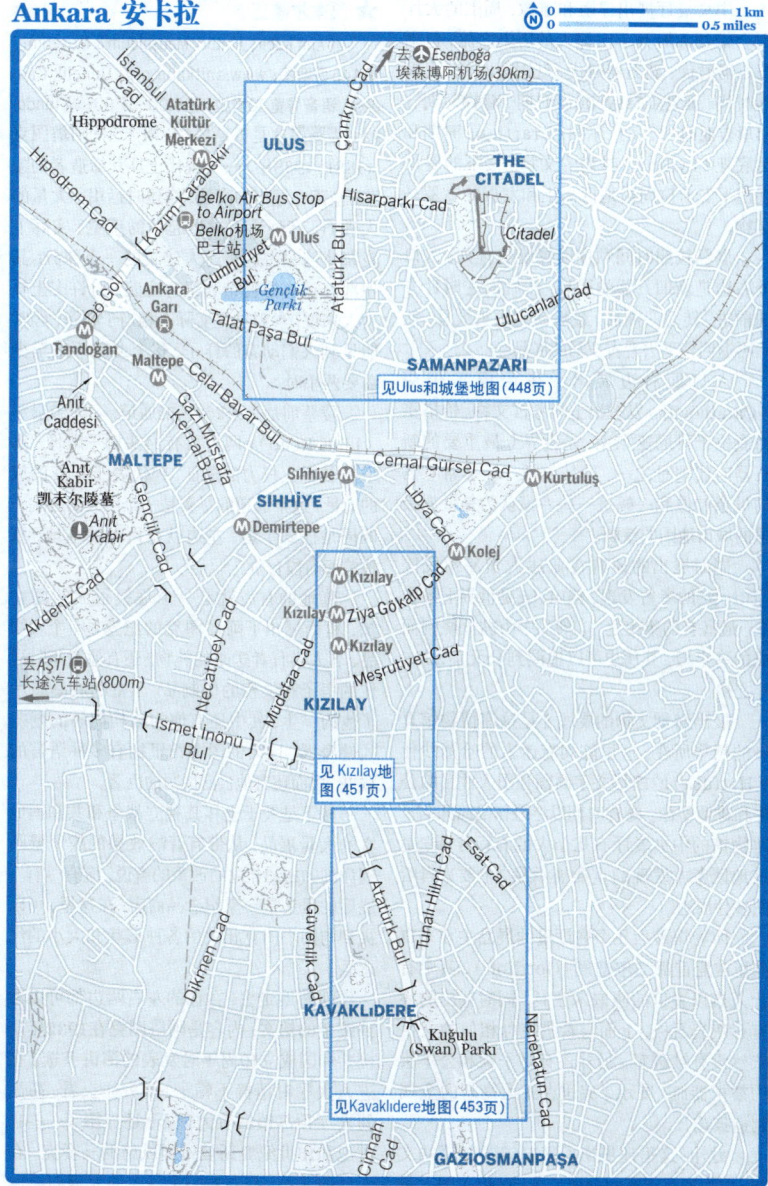

安卡拉

◎ 景点

★ 安纳托利亚文明史博物馆　博物馆

(Anadolu Medeniyetleri Müzesi, Museum of Anatolian Civilisations; 见448页地图; ☎0312-324 3160; www.anadolumedeniyetimuzesi.gov.tr; Gözcü Sokak 2; 门票 20里拉; ⊙8:30~18:45; ⓂUlus) 这是一座顶级博物馆, 很好地梳理了土耳其复杂的古代史, 精心陈列的展品包括安纳托利亚每一处重大考古遗址出土的文物。

中央展厅展出浮雕和雕像，周围的大厅则会带领you展开一次惊人的历史之旅，包括旧石器时代、新石器时代、红铜器时代、青铜器时代、亚述（Assyrian）时期、赫梯时期、弗里吉亚时期、乌拉尔图（Urartian）时期和吕底亚（Lydian）时期的文物。楼下的展厅展出了安卡拉周边地区出土和发掘的古罗马文物。

展品按照时间顺序以螺旋状排列：入口处右边是新旧石器的展品，然后按逆时针方向前进，转完一圈后，最后回到中央展厅，然后再返回楼下去看古罗马的展品。

入口处右边展出了**恰塔霍裕克**（Çatalhöyük）发掘出土的考古文物。恰塔霍裕克位于科尼亚东南，是世界上最重要的新石器时代遗址之一。展品包括一座非常有名的母亲神像和一幅被一些专家认为是世界最早的城市地图的壁画。

同时展出的还有在亚述人贸易殖民区**Kültepe**的考古发现，Kültepe是世界上最古老、最富有的集市之一。展品中由黏土烧制而成的写字板，其历史可以追溯到公元前2000年之初。

展出**赫梯**文物的展厅才是这座博物馆真正的精华所在，这里陈列有迷人的哈图沙什（Hattuşa）的楔形文字匾额和引人注目的公牛和雄鹿塑像。赫梯时期以浮雕作品而闻名，博物馆的中央展厅有几个大的石板浮雕，是该地区考古发现的重要展示品，主要来自哈图沙什周边。

博物馆最后几个展厅里的展品主要来自弗里吉亚首都**戈尔迪翁**（Gordion），其中有让人难以置信的镶嵌木家具。同时展出的还有石灰岩石板，上面与希腊字母相似的文字依然没有被破解。另外还有狮子头和公羊头的祭祀器皿，展示了弗里吉亚人高超的金属制造技艺。

另外，这里还展出了**乌拉尔图时期**的文物。因为拥有丰富的金属矿藏，乌拉尔图人是安纳托利亚地区最好的金属工匠，展出的刀具、马嚼子、祭祀用的盘子和盾牌就证明了这一点。最后一间展厅中还有**新赫梯时代**的文物和人形的赤陶神像，有的神像长有蝎子尾巴，以展示他们具有神圣的力量。

★ **凯末尔陵墓** 纪念碑

（Anıt Kabir; Atatürk Mausoleum & Museum；见445页地图；www.anitkabir.org；Gençlik Caddesi；语音导览10里拉；◉9:00~17:00；Ⓜ Tandoğan）**免费** 这是穆斯塔法·凯末尔·阿塔图克（1881~1938年）——现代土耳其缔造者的陵墓，坐落在城市的高处，修建时运用了大量的大理石，有种让人肃然起敬的感觉。实际上陵墓本身只占这座迷人建筑的一小部分，其他部分还有博物馆和纪念庭院。对许多土耳其人来说，参观这里实际上相当于朝圣，经常能见到人们动容的样子。整个参观下来至少需要两小时。

陵墓前是一条262米的通道，名为**雄狮路**（Lion Road），两边共有24头狮子雕像。狮子是赫梯人权力的象征，曾代表土耳其民族的力量。这条通道的尽头是一个巨大的庭院，四周是柱廊步道，左边就是巨大的墓地，墓地前面有段台阶。

墓地的右边就是一个规模很大的**博物馆**，里面展出了阿塔图克的纪念物、个人物品、名人崇拜者送来的礼物，还有他童年时居住的房子和学校的仿制品。丰富的展品展示了他的一生，其中还有他的结构简易的划船式健身器。巨大的图书馆里拥有多种语言的藏书，里面还有他自己撰写的巨著。

楼下是关于土耳其独立战争和共和国成立的大量展品，从带有音响效果的战争壁画到详细的1923年之后改革的解说，应有尽有。展厅的尽头是一家纪念品商店，在这里，可以买到与阿塔图克相关的各种形状和大小的纪念品。

朝**墓地**走去，在你的左右两边都可以看到镀金的铭文，内容是阿塔图克在1932年庆祝共和国成立10周年时发表的演讲节选。在进入大厅时请摘下帽子，仰头往上看，高高的大厅顶棚镶嵌着大理石，还点缀了一些15世纪和16世纪奥斯曼帝国风格的马赛克。在大厅的北端，矗立着一个巨大的大理石**纪念塔**（cenotaph），它是由一整块重达40吨的大理石雕刻而成的。真正的墓室就在纪念塔下面。

这座纪念陵墓位于一座公园小山上，这里在Kızılay街区以西约2公里、距Tandoğan

以南1.2公里的地方。Tandoğan是安卡拉地铁线上离墓地入口最近的地铁站，有免费的班车定期来往于山路上，直达入口处；也可以选择步行，走到陵墓大约15分钟，这一过程也令人愉快。要注意的是，入口处有安检，随身背包也要进行扫描。

城堡　　　　　　　　　　　　　　　景区

（Ankara Kalesi, Citadel；见448页地图；Gözcü Sokak；MUlus）要在安卡拉闲逛，这座雄伟的城堡是最有趣的地方了。厚厚的城墙和令人着迷的蜿蜒街道建成于9世纪，至今保存完好。在9世纪，拜占庭帝国皇帝米哈伊二世（Michael II）下令修建了外城墙。内城墙则始建于7世纪。

进入**手指门**（Parmak Kapısı），即主门之后，穿过左边的一道大门，就可以在左手边看到**城堡清真寺**（Alaettin Camii）。这座城堡清真寺始建于12世纪，曾经历过大规模的重建。在你右边，可以看到一条陡峭的道路，沿此路而上是一段台阶，上了台阶就是 Şark Kulesi（东塔），在塔上可以看到城市的全景。另一座在北面的塔Ak Kale（白色堡垒）不太容易找到，登上此塔，也可以看到不错的风景。

一些当地人依然居住在这座城堡之内，这里的房屋墙壁中经常有破碎石柱上的石墩，以及大理石雕像的残肢断臂建造的部分。很长一段时间里，这个街区都极其破旧，但过去的几年中这一地区的面貌有了一些改善，不过一旦离开主路，依然能找到许多狭窄破旧的小巷可以探索。

埃里姆坦考古和艺术博物馆　　　　博物馆

（Erimtan Archaeology & Arts Museum，见448页地图；0312-311 0401；www.erimtanmuseum.org；Gözcü Sokak 10；门票10里拉；周二至周日10:00~18:00；MUlus）这是安卡拉最新的博物馆，有许多惊人的藏品，主要是古罗马（不过也有青铜时代、赫梯时代和拜占庭时代）时期的文物，都是土耳其商人、考古热心人士Yüksel Erimtan多年来的收藏。展览的设计很有创意，着眼于讲故事，包括最先进的多媒体展览。这里有一些最华美的陶瓷和首饰，以及大量的钱币、来自Kültepe的楔形文字匾额和一件装饰精美的乌拉尔图腰带。

楼下的咖啡馆坐落在一座宁静的花园里，提供出色的咖啡。

地下层举办临时展览，也有一个文化活动项目。登录网站看看在你游览期间这里会举办哪些活动。

拉哈米·M.考契工业博物馆　　　　博物馆

（Rahmi M Koç Industrial Museum；见448页地图；0312-309 6800；www.rmk-museum.org.tr; Depo Sokak 1；成人/学生 8/4里拉；周二至周五10:00~17:00，周六和周日至19:00；MUlus）拉哈米·M.考契工业博物馆坐落在修复得很漂亮的Çengelhan大楼中（这里还有一座时髦的酒店和餐厅），迷人程度出人意料。三层楼的展厅覆盖包括运输、科学、音乐、计算、阿塔图克和地毯等主题，有些展厅还有交互展示。

瓦基夫·埃瑟莱利博物馆　　　　　博物馆

（Vakıf Eserleri Müzesi, Ankara Museum of Religious Foundation Works；见448页地图；Atatürk Bulvarı；周一至周日 9:00~17:00；MUlus）**免费** 清真寺里有铺地毯的传统，这有助于保存土耳其最好的地毯品种。博物馆里收藏的大量地毯曾经装饰在土耳其各地清真寺的地面上，直到2007年才面向公众展出。如果对土耳其纺织品感兴趣，那这间博物馆就是必去之地。博物馆还收藏了迷人的奥斯曼帝国时期的手稿、锦砖、金属制品和有着复杂图案的雕刻木板。

民族志博物馆　　　　　　　　　　博物馆

（Etnografya Müzesi, Ethnography Museum；见448页地图；Türkocağı Sokak, Samanpazarı；10里拉；8:30~19:00；MSıhhiye）民族志博物馆是一座由白色大理石建造的后奥斯曼时期建筑（建于1927年）。在1953年前，这里一直被作为阿塔图克的陵墓。建筑的前方有一尊阿塔图克骑马的塑像，入门的大厅里还保留着原来的墓室，四面墙上挂有阿塔图克葬礼时的照片。

该博物馆的藏品都是精品，展示了婚礼和成年礼、安纳托利亚珠宝、地毯的制作、塞尔柱陶器、15世纪早期的门和咖啡（位于表现割礼仪式中神情焦虑的人体模型对面）。

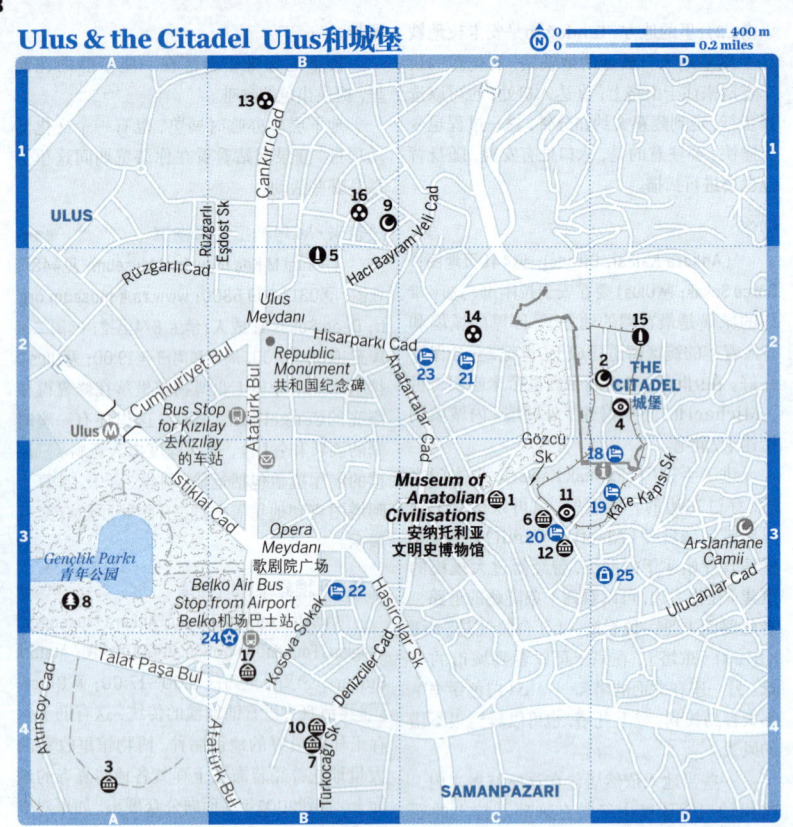

Ulus & the Citadel Ulus和城堡

Ulus & the Citadel Ulus和城堡

◎ 重要景点
1 安纳托利亚文明史博物馆......................C3

◎ 景点
2 城堡清真寺..D2
3 翟尔现代博物馆....................................A4
4 城堡..D2
5 尤利安石柱..B2
6 埃里姆坦考古和艺术博物馆................C3
7 民族志博物馆..B4
8 青年公园..A3
9 哈吉巴伊拉姆清真寺............................B1
10 绘画和雕塑博物馆................................B4
11 手指门..C3
12 拉哈米·M.考契工业博物馆................C3
13 古罗马浴场..B1
14 古罗马剧场..C2
15 东塔..D2
16 奥古斯都和罗马神庙............................B1
17 瓦基夫·埃瑟莱利博物馆....................B4

◎ 住宿
18 And Butik Hotel......................................D3
19 Angora House Hotel................................D3
20 Divan Çukurhan......................................C3
21 Hitit Otel..C2
22 Otel Mithat..B3
23 Otel Pınar..C2

◎ 就餐
Kınacızade Konağı..........................（见19）

◎ 娱乐
24 安卡拉国家歌剧院................................B4

◎ 购物
25 Hisar Area..D3

绘画和雕塑博物馆 博物馆

(Resim ve Heykel Müzesi, Painting and Sculpture Museum；见448页地图；Türkocağı Sokak, Samanpazarı；◉周二至周日 9:00～18:00；ⓂSıhhiye) 免费 绘画和雕塑博物馆展出了土耳其最好的艺术家的作品。从残酷的战争场面到社会百态，展出作品描绘了19世纪和20世纪土耳其的艺术发展，其趋势与欧洲艺术史一致，艺术形式愈加抽象。

哈吉巴伊拉姆清真寺 清真寺

(Hacı Bayram Camii；见448页地图；Hacı Bayram Veli Caddesi；ⓂUlus) 哈吉巴伊拉姆清真寺是安卡拉最受尊敬的清真寺。哈吉巴伊拉姆是伊斯兰教的"圣人"，他在1400年左右创建了Bayramiye托钵僧会。安卡拉曾是制度的中心，哈吉巴伊拉姆依然受到虔诚的穆斯林的尊敬。这座清真寺建于15世纪，在18世纪的时候加贴了瓷砖。周围商店里出售各种宗教用品（其中还包括传说中先知穆罕默德使用过的木头牙刷）。

考贾泰湃清真寺 清真寺

(Kocatepe Camii；见451页地图；Bankacı Sokak；ⓂKızılay) 考贾泰湃清真寺巨大的轮廓是安卡拉的象征。这座清真寺是世界上最大的清真寺之一，但却非常新（建于1967~1987年）。清真寺地下室是一个超市，这也充分说明了土耳其现代社会的优先顺序。

青年公园 公园

(Gençlik Parkı, Youth Park；见448页地图；Atatürk Bulvarı；🅟) 安卡拉供家庭下午游玩的最大地方就是位于市中心的青年公园了。这是一座中东传统风格的公园，有几座怡人的茶园[çay bahçesi, 单身女性游客可以去那些名字中带有aile（家庭）或family字样的]，有许多色彩绚丽的喷泉，还有一些塑料恐龙（很显眼）。月亮公园（Luna Park）游乐场有为孩子们准备的娱乐设施，还有一些看上去很吓人的设施，能让青少年获得兴奋的体验，价格便宜。

翟尔现代博物馆 美术馆

(Cer Modern；见448页地图；📞0312-310 0000；www.cermodern.org；Altınsoy Caddesi 3；成人/儿童 15/10里拉；◉周二至周日 10:00～20:00；ⓂSıhhiye) 这家巨大的"艺术家公园"和美术馆坐落在一座旧火车仓库中，展出整个欧洲的现代和挑战性艺术品，此外这里还有一家出色的咖啡馆和商店。文化活动也会在这里举行。

✦ 节日和活动

安卡拉音乐节 音乐节

(Ankara Müsik Festivalı, Ankara Music Festival；www.ankarafestival.com；◉4月) 为期3周的经典音乐演奏会，在安卡拉多个场馆举行。

安卡拉电影节 电影节

(Ankara Film Festival；www.filmfestankara.org.tr/en；◉4月至5月) 这座城市的电影节一般每年春天举办，持续两周，展出国内外的电影。

🛏 住宿

🛏 Ulus和城堡
(Ulus & the Citadel)

Otel Pınar 酒店 $

(见448页地图；📞0312-311 8951；Hisarparkı Cad-desi 14；标单/双 50/90里拉；❄🛜；ⓂUlus) 听着，不要期待任何花哨的东西。如果你降低你的期待值，会发现这里的小房间就是出色的经济型住宿之选。房间的漆有些剥落，没有光泽，但都打理得干净整洁，有电视（没有英语频道），还有大量的热水可供淋浴。

Hitit Otel 酒店 $$

(见448页地图；📞0312-311 4102；www.otelhitit.com；Hisarparkı Caddesi 12；标单/双 100/150里拉；❄🛜；ⓂUlus) 安卡拉有大量的中低档选择，但是让这家酒店与众不同的是其真诚的欢迎态度，以及接待处会讲英语的员工（在这个城市很罕见）。房间有些俗丽和过时，不过都一尘不染，都带有小的客厅区和卫星电视。

And Butik Hotel 历史酒店 $$

(见448页地图；📞0312-310 2304；www.andbutikhotel.com；İstek Sokak 2；房100里拉起；🛜；ⓂUlus) 这家酒店坐落在城堡中央，个性十足，非常超值，由一座奥斯曼时期的建筑精心

古罗马遗址

古罗马浴场（Roma Hamalar, Roman Baths；见448页地图；Çankırı Caddesi；5里拉；⊙8:30~17:00；MUlus）建于3世纪，遗址面积不小，布局依然清晰可见。一定要看看标准的古罗马更衣室（apoditerium）、冷水室（frigidarium）、温水室（tepidarium）和热水室（caldarium）。此外这里还发现了一个拜占庭时期的墓地和弗里吉亚遗址。

奥古斯都和罗马神庙（Temple of Augustus & Rome；见448页地图；Hacı Bayram Veli Caddesi；5里拉；周二至周日 8:30~17:00；MUlus）除了两三处庄严的刻有文字的墙体之外，这座为了尊奉罗马皇帝奥古斯都而建的神庙（25年）遗存痕迹很少。

尤利安石柱（Jülyanus Sütunu, Column of Julian；见448页地图；Çam Sokak；MUlus）是为了纪念叛教者罗马皇帝尤利安（Roman Emperor Julian the Apostate）到访安卡拉而建造的。石柱矗立在广场之上，周边都是政府建筑，石柱的顶上通常都顶着一个鹳鸟巢。

古罗马剧场（Roman Theatre；见448页地图；Hisarparkı Caddesi；MUlus）从Hisarparkı Caddesi，你可以看到这座古罗马剧场的遗址，它始建于公元前200年至公元前100年左右。

改造而成。小巧的房间充满了传统色彩，主人非常热情，酒店还附带一个小小的庭院花园。唯一可挑剔的地方在于，无线网络信号一般在房间里接收不到。

Otel Mithat　　　　　　　　　酒店 $$

（见448页地图；☎0312-311 5410；www.otelmithat.com.tr；Tavus Sokak 2；标单/双/标三 30/43/54欧元；⊙※⑨；MUlus）重新铺上了新潮的地毯，换上了平整中庸的床上用品，这里的房间清新现代。有个缺点是浴室非常小，但是总的来说，这里的性价比很高。和安卡拉大多数这个价位的酒店不同，该酒店禁止吸烟的政策实行得很严格，很合非吸烟者的心意。

★Angora House Hotel　　历史酒店 $$$

（见448页地图；☎0312-309 8380；www.angorahouse.com.tr；Kale Kapısı Sokak 16；标单/双/标三 44/60/75欧元；⊙⑨；MUlus）改建后的奥斯曼建筑，每一处都散发着微妙的雅致，令人着迷。6个宽敞的房间，以深色木料装修为基调，弥漫着古老世界的味道。房间里使用乳白色的19世纪风格的纺织品，铺设着多彩的土耳其地毯。庭院花园周围筑有围墙，是远离城堡街区的一处静居之所。酒店服务周到、令人愉快，平添了酒店的魅力。

Divan Çukurhan　　　　　　历史酒店 $$$

（见448页地图；☎0312-306 6400；www.divan.com.tr；Depo Sokak 3, AnkaraKalesi；房120欧元起，套180~400欧元；※；MUlus）这家出色的高档酒店可以让你尽情领略16世纪Çukurhan商队驿站的历史氛围。酒店的内庭院有个夸张的玻璃顶，每个房间的设计主题都不一样，充满现代的时髦风格。想要享受一下奢华和质量上乘的服务，这里是最好的选择。

在线预订通常能获得很大的折扣。

Kızılay & Kavaklıdere

★Deeps Hostel　　　　　　青年旅舍 $

（见451页地图；☎0312-213 6338；www.deepshostelankara.com；Ataç 2 Sokak 46；铺/标单/双 不含早餐 30/55/90里拉；⊙⑨；MKızılay）这是安卡拉最经济的旅舍，热情的店主Şeyda建造的这家旅舍房间色调丰富、光线充足，集体宿舍非常宽敞，也有小的私人房，极其干净，共用浴室设施现代。更棒的是，旅舍还提供大量的建议和信息。这家旅店还有一个设备齐全的厨房，楼下有一个可爱的公共区域，在那儿，大家可以交换一下各自的旅行见闻。

Hotel Kayra　　　　　　　　酒店 $$

（见451页地图；☎0312-419 7575；www.hotelkayra.com；Bayındır 2 Sokak 46；标单/双 100/120里拉；※⑨）这家酒店受土耳其游客欢迎的理由很充分——Kızılay区最便宜的酒店之一。房间虽小，缺乏个性，但有很好的床铺，值得信赖的热水服务和卫星电视。旁边是一所学校，距离Kızılay咖啡馆聚集区很近，不过如果睡眠较浅，这里可能不是最好的选择。

Gordion Hotel
历史酒店 $$$

（见453页地图；☎0312-427 8080；www.gordionhotel.com；Büklüm Sokak 59；标单/双170/200里拉起；🅿️❄️🛜）这家独立酒店是一家非常雅致的市中心公馆，位于Kavaklıdere的中间地段，客房华丽庄严。酒店有地下游泳池、使用Vakko织品的大厅、几个世纪前的雕刻艺术品，还有温室餐厅、美丽的床和藏书室，藏书室里有大量的DVD。根据现在的汇率，真是超值。

🍴 就餐

Ulus中心区大多数餐馆都很便宜。

Kızılay都是街头餐厅和咖啡馆。提供的多数食物都是小吃或快餐类的混合，想找个像样的餐厅可能比看上去要难。

Kavaklıdere主要是欧洲菜，比较精致，主要迎合大使馆工作人员的口味。

🍴 城堡

Kınacızade Konağı
土耳其菜 $

（见448页地图；☎0312-324 5714；Kale Kapısı Sokak 28；主菜8~23里拉；🕐周一至周六9:00~21:00；🌐；MUlus）这家餐厅是奥斯曼时期的建筑，出售一系列地道的土耳其烤肉菜品，还有更加便宜的土耳其比萨和风味薄饼（gözleme）。餐馆的正面是木头框架，年久失修，斑驳脱落，成为一道风景，荫蔽的庭院是悠闲享用午餐的好地方。

🍴 Kızılay

Ata İskender
烤肉 $

（见451页地图；☎0312-419 9027；Karanfıl Sokak 19/1；主菜10~22里拉；🕐10:00~22:00；MKızılay）如果我们在安卡拉想吃乌尔法烤肉或旋转烤肉（布尔萨烤肉；土耳其烤肉放在新鲜的土耳其比萨上，加番茄酱和棕色黄油），就会去这里。没有什么噱头，只是一家典型的土耳其烧烤餐厅，提供的服务可靠，配有很棒的沙拉和一些精心烹饪的肉食。

451

Kızılay

📍 景点
1 考贾泰湃清真寺 B3

🛏 住宿
2 Deeps Hostel B1
3 Hotel Kayra B2

🍴 就餐
4 Ata İskender A2
5 Big Baker B2
6 Masabaşı Kebapçisi B2

🍷 饮品和夜生活
7 Aylak Madam A4
8 Biber A1

Big Baker
汉堡 $

（见451页地图；☎0312-419 3777；www.bigbaker.com.tr；Yüksel Caddesi 17a；主菜16~22

里拉; ⊙8:00~22:00; 🛜🅿; Ⓜ️Kızılay)汉堡风潮已经吹到了安卡拉,这里就是城里最好的一家。有墨西哥风味、山羊乳奶酪、烤肉汉堡可选,如果想真正地品尝一下土耳其的简单汉堡,可以尝试一下Köz Patlıcanlı,有烤茄子和胡椒。

Masabaşi Kebapçisi　　　　烤肉 $$

（见451页地图；☎0312-417 0781；www.masabasi.com.tr; Mithat Pasa Caddesi; 主菜 18~25里拉; ⊙11:00~23:00; Ⓜ️Kizilay)似乎不管是一天里的什么时候,这里都有大量人群在吃数量多得惊人的各种烤串和其他烤肉,许多人会说这里是附近同类餐厅中最好的。

🍴 Kavaklıdere

Mangal　　　　　　　　　土耳其菜 $$

（见453页地图；☎0312-466 2460；www.mangalkebap.com; Bestekar Sokak 78; 主菜 15~25里拉; ⊙9:00~22:00)二十多年来,这家社区之星餐厅一直在准备完美的土耳其比萨和各种你能想得到的、甚至根本想不到的烤串或烤肉。这里非常时髦,因此低价成了意外的惊喜。

LeMan Kültür　　　　　　 各国风味 $

（见453页地图；☎0312-310 8617；www.lmk.com.tr; Bestekar Sokak 80; 主菜 10~25里拉; ⊙11:00至午夜; 🛜)该店的名字源于深受大众喜爱的土耳其漫画,也采用了相应的装修风格。要在参加派对之前,好好吃上一顿,这里就是一个很好的选择。在这里,也可以找到受过良好教育的帅哥美女。食物一般是肉丸、汉堡、比萨和烤肉。饮品价格合理,音响里播放的音乐从独立电子乐到土耳其流行音乐,什么都有。

Elizinn　　　　　　　　　　甜点 $

（见453页地图；www.elizinn.com.tr; Tunali Hilmi Caddesi 81; 蛋糕 7~9里拉; ⊙7:30~22:00; 🛜)喜欢吃甜点和好玩的东西吗?那么你可以每天下午和数不清的当地人一起蜂拥至此,你会爱上这里难以让人抗拒的各式点心、蛋糕和其他蜜糖食品。这里也有正餐,但以三明治作为前菜,价格为18里拉。和当地人一样,过来喝杯茶,吃点甜食吧。

★ Balıkçıköy　　　　　　 海鲜 $$

（见453页地图；☎0312-466 0450；Kırlangıç Sokak 3; 主菜 18~25里拉; ⊙正午至午夜)安卡拉很受欢迎的海鲜餐厅。尝一尝侍者推荐的冷盘开胃菜,然后选一道煎烤的鱼——煎银鱼是最受欢迎的菜式,烹饪得都很棒,上菜也快。需要预订。

Marmaris Balıkçisi　　　　海鲜 $$

（见453页地图；☎0312-427 2212; Bestekar Sokak 88/14a; 主菜 17~30里拉; ⊙11:00~23:00)这家广受好评的海鲜餐厅价格非常公道,店内采用很贴切的蓝白海洋主题装饰,你可以从冰块上挑选出想吃的深海生物,迅速煎烤完毕,蘸上橄榄油和柠檬,让味蕾好好享受一番吧。

虽然菜单很长,但一般只有列出的一小部分有售,因此可以指定新鲜、应季的海鲜品种。

Mezzaluna　　　　　　　意大利菜 $$

（见453页地图；☎0312-467 5818; Turan Emeksiz Sokak 1; 主菜 22~40里拉; ⊙正午至23:00)这里是土耳其首都最高级的意大利餐馆,总是很繁忙。餐馆擅长制作安卡拉最好的意大利面,大厨们在操作台上忙着拍打比萨饼坯,带着围裙的侍者则忙着递送比萨。可以选择开胃菜(antipasti)、意大利调味饭(risotto)、木炭烤制的比萨和海鲜(味道比牛排好得多)。

Günaydın　　　　　　　　牛排 $$

（见453页地图；☎0312 466 7666; www.gunaydin.com; Arjantin Caddesi 6; 主菜 20~30里拉; ⊙10:00~23:30)这家热门的烧烤(izgara)餐厅的肉菜很有特色。这里就是肉食者的天堂,有大量的烤肉、牛排和肋骨,每天都以专业、快速的服务接待食客。

La Gioia　　　　　　　 各国风味 $$$

（见453页地图；www.lagioia.com.tr; Tahran Caddesi 2; 主菜 20~40里拉; ⊙10:00~23:45; 🛜)这家非常时髦的咖啡馆兼小酒馆位于大使馆区的中心地带,看上去极具巴黎特色——顾客也是。如果吃腻了土耳其中部随处可见的烤串,那么可以享受一下这里令人振

奋的沙拉：黑米沙拉、烤海鳊鱼沙拉和羊乳奶酪沙拉，这只是其中的几种而已。

主餐厅是一个巨大的温室风格的大厅，不过天气好的时候你也可以在外面的餐桌用餐。

🍷 饮品和夜生活

想要和安卡拉的学生人群过一个晚上，那就去Kızılay吧，特别是Sakarya Caddesi和Tuna Caddesi之间的Bayındır Sokak，是学生聚集的地方。这里高楼林立，有些建筑从一楼到五楼都是酒吧、咖啡馆和夜店（gazino），很多夜店现场演奏土耳其流行音乐。这里的很多夜店即便是女性游客去逛逛，也不会感觉不自在。

Aylak Madam　　　　　　　　　　咖啡馆

（见451页地图；☎0312-419 7412；Karanfıl Sokak 2；⊙10:00至深夜；MKızılay）这是一个超酷的法国小酒馆兼咖啡馆，周末的时候也经营早午餐（10:00~14:30）。早午餐味道非常好，还出售三明治和醒脑的卡布奇诺咖啡，播放着柔和的融合了爵士风的音乐。研究生和作家经常光顾这儿，或是蜷缩在笔记本电脑前，或是拿着钢笔敲着写了一半的手稿。

Hayyami　　　　　　　　　　　　葡萄酒吧

（见453页地图；☎0312-466 1052；Bestekar Sokak 82b；⊙正午至深夜）以苏非派的哲学家命名，这家酒馆餐厅很兴旺，底层庭院吸引着前来就餐的人。这里有各式各样的葡萄酒，酒单很长，可供选择，你可以着类似西班牙小吃的各种菜式，包括烤香肠（salçalısosis）和超大盘的奶酪（主菜14~25里拉）。

Café des Cafés　　　　　　　　　咖啡馆

（见453页地图；☎0312-428 0176；Tunalı Hilmi Caddesi 83；⊙8:00~23:00）这里的风格离奇却不失品质，沙发非常舒服，是Kavaklıdere很受欢迎的咖啡馆。拉过一把椅子，坐在街边的小平台上，看着人来人往，喝上一杯橘子肉桂风味的热巧克力，是多么幸福的一件事。

Cafemiz　　　　　　　　　　　　咖啡馆

（见453页地图；www.cafemiz.com.tr；Arjantin Caddesi 19；⊙9:00~22:00）这家咖啡馆

Kavaklıdere

🛏 住宿
1 Gordion Hotel...B1

🍴 就餐
2 Balıkçıköy..B3
3 Elizinn..B1
4 Günaydın...B3
5 La Gioia...B3
6 Leman Kültür...A1
7 Mangal...A1
8 Marmaris Balıkçisi...A2
9 Mezzaluna..B3

🍷 饮品和夜生活
　Café des Cafés......................................（见3）
10 Cafemiz..B3
11 Hayyami...A1

是大使馆区的最爱，花园很安静，是探索安卡拉的喧嚣之后充电的好地方。端杯红酒或咖啡（饮品 9里拉起）坐下来，享受（相对的）宁静。还有一个品种很多的沙拉、三明治和甜品菜单。

Bibar　　　　　　　　　　　　　　酒吧

（见451页地图；Inkılap Sokak 19；⊙16:00至

深夜；MKızılay）这里什么样的人群都有，既有面色苍白、喜欢哥特式摇滚的学生，也有其他的摇滚爱好者，还有只是想摇滚一下的普通人。有些晚上，这里的音乐和这里的人群一样，也是多种多样的。同一条路上还有其他几十家喧闹的、可痛饮啤酒的酒吧，户外都有大大的露台。

☆ 娱乐

安卡拉国家歌剧院
表演艺术

（Opera Sahnesi, Ankara State Opera House；见448页地图；0312-324 6801；www.dobgm.gov.tr；Atatürk Bulvarı 20；MSıhhiye）安卡拉国家歌剧和芭蕾舞团的大型表演都在这里上演。表演月份主要是从9月至次年6月，如果在这期间你来到安卡拉，看一场演出也是值得的。

购物

要想看看时尚的土耳其人是怎么消费的，那就沿着Kavaklıdere的Tunalı Hilmi Caddesi往南走，你可以看到很多当地的商店，旁边也有很多熟悉的商场，比如Mango和英国的百货商店马莎百货（Marks & Spencer）。在市中心之外有几个大型的购物中心，其中就有ANKAmall，从Akköprü地铁站下来，很容易就到了。

Hisar Area
艺术和手工艺品

（见448页地图；MUlus）城堡手指门（Parmak Kapısı）入口处东南方向的小街小巷一直是安哥拉毛交易的中心。从大门口的干果摊出发，顺着山势往下走，沿路你会看到打铜器的匠人。你也会路过很多地毯和古董店，还有很多小画廊和手工艺商店，很值得进去转转。

实用信息

医疗服务
药剂师轮流值班，全天24小时服务，注意"nobetçi"（意为24小时服务）的标志。

Bayındır医院（Bayındır Hospital；0312-428 0808；www.bayindirhastanesi.com.tr；Atatürk Bulvarı 201, Çankaya）一所最新的现代化私人医院。

现金
在Ulus、Kızılay和Kavaklıdere有很多家银行，都有自动柜员机。如果要兑换货币，汇兑处（dövizbürosu）提供的兑换汇率都很划算，通常都不收手续费。

旅游信息
旅游办公室（见448页地图；0312-310 3044；Kale Kapısı Sokak；10:00~17:00；MUlus）安卡拉旅游总局在城堡内。在AŞTİ长途汽车站和火车站也有分支办事处（通常都没有工作人员）。

到达和离开

飞机
安卡拉的**埃森博阿机场**（Esenboğa airport；见649页）虽然也有国内和国际的航班，但是伊斯坦布尔的机场选择却更多，一般价格也更优惠。

土耳其的国内航空公司可从埃森博阿机场直达阿达纳、达拉曼、伊斯坦布尔、伊兹密尔和马拉蒂亚（Malatya）。要前往国目的地，马汉航空（Mahan Air; www.mahan.aero/en/）可前往德黑兰（Tehran）；约旦皇家航空（Royal Jordanian; www.rj.com）可前往阿曼（Amman）；飞马航空（Pegasus Airlines; www.flypgs.com）可直达北塞浦路斯；太阳航空（Sun Express; www.sunexpress.com.tr）可前往德国多个城市；卡塔尔航空（Qatar Airways; www.qatarairways.com）可前往多哈（Doha）。

长途汽车
每个土耳其城市或是城镇，无论大小，都有直达安卡拉的长途汽车。超级大的长途汽车站，也被称作**AŞTİ**（Ankara Şehirlerarası Terminali İşletmesi; Mevlâna Bulvarı），就在安卡拉地铁线路的西端、Kızılay以西4.5公里的地方。

安卡拉有长途汽车来往于伊斯坦布尔（40~45里拉，6小时）、安塔利亚（60里拉，9小时）、伊兹密尔（60里拉，8小时）等其他主要目的地，每天都有多次班车。前往卡帕多基亚（Cappadocia；40里拉，4.5小时）的长途汽车终点站通常都设在内夫谢希尔（Nevşehir）。因此车票上一定要注明你的终点站，比如格雷梅（Göreme）、于尔古玉普（Ürgüp），这样你就能够乘坐汽车公司从内夫谢希尔继续向前行驶的免费班车（servis）。

到土耳其各地的长途汽车班次都很多，因此到车站、买好车票上路，通常花不到1个小时。但如果是在公共假日，就不是这样了。

长途车底层的行李间（emanet）每存放一件行李收费4里拉，需要出示护照。

安卡拉火车站长途火车信息

目的地	途经（主要车站）	火车名	行程时间（小时）	出发时间
阿达纳	开塞利	Çukurova Mavi Tren	11	每天 20:07
迪亚巴克尔	开塞利、锡瓦斯、马拉蒂亚	Güney Kurtalan Ekspresi	22.25	周一、周三、周四、周五和周六 11:15
伊兹密尔	埃斯基谢希尔	İzmir Mavi Tren	13.25	每天 18:05
卡尔斯	开塞利、锡瓦斯、埃尔祖鲁姆	Doğu Ekspresi	27.75	每天 18:00
马拉蒂亚	开塞利、锡瓦斯	Eylül Mavi Tren	14.5	每天 19:00
塔特万（渡轮至凡城）	开塞利、锡瓦斯、马拉蒂亚	Vangölü Ekspresi	36	周二和周日 11:15

火车

高速铁路将**安卡拉火车站**（Ankara Garı, Ankara Train Station; Talat Paşa Bulvarı）和伊斯坦布尔的彭迪克（Pendik, 伊斯坦布尔东部25公里处的一个郊区小镇）连接起来。每天班次为6班，旅程只需4小时，经济车厢票价70里拉。至少要提前15分钟抵达火车站，因为安检程序很烦琐。

高速列车通往埃斯基谢希尔（经济/商务 30/43里拉，1.5小时，每天5趟车）和科尼亚（经济/商务 30/43里拉，2小时，每天7趟车），旅途很舒服，高速高效。

❶ 当地交通

如果要在城里停留几天，值得购买1里拉的**安卡拉卡**（Ankara Kart；所有地铁站售票处和城里许多报刊亭都有售）；乘坐地铁和公交车都能享受折后2.35里拉的价格。

抵离机场

埃森博阿机场位于城市以北33公里的地方。

Belko机场巴士（📞444 9312; www.belkoair. com; arrivals floor, AŞTİ Otogar; 10里拉）连接机场和AŞTİ长途汽车站（汽车总站；45分钟）、Kızılay（1小时）和 Ulus（1.25小时）。每天5:00至午夜每30分钟发车1次抵离机场。午夜以后，每小时1班。

巴士从机场乘客抵达的H门（国内抵达）前出发，国际抵达的乘客绕左转离开航站楼。要前往机场，巴士从AŞTİ（一楼到达大厅）出发，去往机场的途中，在**Kızılay**（见451页地图；Atatürk Bulvarı, Gama İş Merkezi Bldg）和**Ulus**（见445页地图；19 Mayıs Stadyumu, door B, 紧邻Kazım Karabekir Caddesi）的站点停站上客。从机场进市区，Ulus的下车点在**歌剧院广场**（Opera Meydanı; 见448页地图；Atatürk Bulvarı）。

乘坐出租车往返机场和城市，费用约为70里拉。从Belko机场巴士在Ulus的站点前往城堡区的酒店价格约10里拉。

抵离长途汽车站

从这里出发，最容易的进城方式就是搭乘地铁，地铁在AŞTİ长途汽车站有站点。在Maltepe下车，步行10分钟，就能到达火车站，或者可以到Kızılay，那里有中等价位的酒店。在Kızılay街区换车（搭乘地铁），前往Ulus，那儿的酒店更便宜。

从汽车站前往市中心，出租车的费用大约是30里拉。

抵离火车站

安卡拉火车站（Ankara Train Station）在Ulus Meydanı西南1公里、Kızılay西北2公里的地方。有许多小巴沿着Cumhuriyet Bulvarı往东北方向前往Ulus; 沿着Talat Paşa Bulvarı往东前往Kızılay。

从火车站到歌剧院广场（Opera Meydanı）只有1公里多的距离，如果要去Gazi Lisesi, 只有几百米的距离，沿着Talat Paşa Bulvarı大街往东的任何一辆巴士，都可以把你带到那里。

公共汽车

安卡拉有发达的公交线路网。巴士车头和车侧的标志比路线号码更加实用。标记有"Ulus"和"Çankaya"的公交车沿着Atatürk Bulvar全程行驶；有"Gar"标记的是去火车站；有"AŞTİ"标记的是去长途汽车站。

> ### 安哥拉毛
>
> 你能说出山羊毛和兔毛之间的区别吗？没有你想象的那么容易——或者如果只根据毛来分辨，就没有那么容易。关于安卡拉著名的安哥拉毛有个普遍的误区，就是认为这种安哥拉毛来自安哥拉山羊——一种野生喜马拉雅山羊后代的耐寒品种。实际却不是这样，安哥拉山羊身上柔软蓬松的毛正确的名称是马海毛（mohair）。而安哥拉毛，严格意义上指的是安哥拉兔身上的毛，这是当地一种可爱的小动物，它的毛在过去可以换取同等重量的黄金。

任何有EGO Bilet标志的地方都有4里拉的标准车票出售（从地铁站售票处购买最方便），或者是购买一张安卡拉卡（见455页）。

小汽车

安卡拉的交通一片混乱，交通指示牌也不够多，还是不要自己驾车，搭乘公共交通会更容易一些。

如果你计划租一辆车离开安卡拉，在大型国际公司旁就有很多小型地方公司可以租到车。大多数公司的办事处都设在沿着Tunus Caddesi路边的Kavaklıdere，还有埃森博阿机场也有他们的办事处。选择搭乘公共汽车去机场，从那里租车更方便，那样可以避免在安卡拉市内驾驶。

地铁

如果想往来于Ulus和Kızılay、前往长途汽车站，最便捷的方式就是搭乘安卡拉的地铁。目前安卡拉有两条地铁线：一条是安卡拉线（Ankaray line），从西边的AŞTİ长途汽车站途经Maltepe和Kızılay到达东边的Dikimevi；另一条是地铁线（Metro line），从Kızılay出发，朝着西北方向，途经Sıhhiye和Ulus，到达Batıkent。两条路线在Kızılay相交。地铁每日从6:15运行到23:45。

单程车票4里拉，可以在所有车站买到车票。或者花2.35里拉购买一张安卡拉卡（见455页）。

出租车

到处都有出租车，所有的出租车都有计价器（一般都内置在镜子里），起步价为2.70里拉。穿过市中心花费为12里拉，晚上费用上调，穿过市中心同样路程的花费则要超过15里拉。

安卡拉周边（Around Ankara）

戈尔迪翁（Gordion）

戈尔迪翁是古代弗里吉亚的首都，有大约3000年的人类居住历史。现在戈尔迪翁位于安卡拉西南106公里Yassıhöyük的一个村庄中。

弗里吉亚人早在公元前9世纪就居住在戈尔迪翁，而后戈尔迪翁很快就成为弗里吉亚的首都。尽管城市在西米里族人（Cimmerian）入侵之际被毁掉，但是后来又得到了重建。重建之后又有了吕底亚人的入侵，接着波斯人又来了。亚历山大也来到了这里，在公元前333年挥剑斩断了戈尔迪之结，这个故事家喻户晓。但是到了公元前278年，加拉太人（Galatian）占领了这里，彻底摧毁了这座城市。

Yassıhöyük周围的地表坑洼洼，就像月球表面，这些是古代弗里吉亚国王的坟茔。大约有90座坟茔已被确认，35座已经开始挖掘。可以进入最大的墓地参观，也可以参观戈尔迪翁的卫城遗址，在卫城遗址的发掘中，发现从青铜器时代到加拉太时期一共有5个时期文明的痕迹。

⊙ 景点

米达斯古墓　　　　　　　　　　　　遗址

（Midas Tumulus；含戈尔迪翁博物馆 5里拉；☺8:30~19:00）1957年，奥地利考古学家阿尔弗雷德·科特（Alfred Koerte）发现了戈尔迪翁，同时还发现了一位弗里吉亚国王完好的墓地，下葬时间可能在公元前740年至公元前718年。坟冢高53米，直径为300米，里面的墓穴实际上是一座有山形墙的雪松木"小屋"，周围是柏木木桩。这是安纳托利亚，甚至是全世界发现的最古老的木质结构房屋。通往坟冢深处的通道是现代修建的。

在墓穴里，考古学家发现了一具男性尸体，年龄在61~65岁，身高1.59米，尸体周围堆满了陪葬品，其中有桌子、青铜器皿和碗，据说这些东西都是葬礼筵席上使用过的。人们依然不知道墓主人的名字（虽然弗里吉亚国

戈尔迪翁博物馆 博物馆

（Gordion Museum; 含米达斯古墓 5里拉; ☉8:30~19:00) 在米达斯古墓对面的博物馆里展出了马其顿和巴比伦钱币、在美索不达米亚的叙利亚-黎凡特（Syro—Levantine）地区出土的青铜器和玻璃珠珠宝，展示了戈尔迪翁在安纳托利亚贸易、交通和军事行动上的中心地位。

卫城 遗址

免费 出了Yassıhöyük村就是饱经风霜、建于公元前8世纪的卫城，从这里的考古发掘中，人们得到了有关戈尔迪翁多个文明的大量数据。这座遗址有大量乱七八糟的、半埋没的城墙，因为游人稀少，会给人一种荒凉的感觉，像是要被遗忘了。

❶ 到达和离开

安卡拉长途汽车站和Polatlı之间有Baysal Turizm运营的巴士，每半小时1班车（8里拉，1小时）。Ulus旁边的一座小型汽车站（其实更接近于停车场）也有直达Polatlı的小巴。到了Polatlı之后，可以搭乘小巴（5里拉）前往Yassıhöyük，行程18公里。但前往小巴站，要步行1.5公里，而且小巴班次很少。幸运的话，你可以花费少于100里拉就搭乘到Polatlı的出租车，并在约定的等待时间返回。也可以尝试从Polatlı搭便车，去戈尔迪翁的路按路标指示就在长途汽车站前50米处。不过，即便搭到了顺风车，可能也会在距离Yassıhöyük村7公里处的岔路口被放下车，从那里可能只能步行前往（然后再步行返回岔路口）。

萨夫兰博卢 （番红花城，Safranbolu）

☏0370/人口 44,000

萨夫兰博卢（番红花城）的老城区名为Çarşı，都是红瓦屋顶的建筑，蜿蜒的小街小巷旁是一间间的糖果店和皮匠店。这里与世隔绝，最开始成名是因为生意人发现了这里珍贵的藏红花香料。现在一座座木头结构的府邸，被改建成为风格奇特的精品酒店。人们蜂拥而至，是为了在这里领略过去那种令人陶醉的气息。在这儿过上一夜，沉醉在迷人的奥斯曼场景当中——裂了缝的木地板、雕刻图案丰富的天花板，还有传统的壁橱式浴室。逛一逛古老的公共浴室，在集市的商店里转一转，沉迷于鹅卵石塑造出来的奇特之美，这样度过一天也会感到相当的疲惫。如果历史让你感到索然无趣了，那就在附近美丽的耶尼杰森林（Yenice Forest）走一走，这片森林是在重新绘制当地地图时被发现的。到处走一走，看一看，你就会明白联合国教科文组织为什么会在1994年将这片地区列入世界遗产名录当中。

历史

在17世纪，奥斯曼帝国在盖雷代（Gerede）和黑海沿岸的主要贸易路线途经萨夫兰博卢，给这座城镇带来了商业、名望和金钱。在18世纪和19世纪，萨夫兰博卢富有的居民用晒干的泥砖、木料和灰泥在这里修建了住宅。同时，数量更为庞大的工匠们也非常富足，他们修建的房子没有那么气派，但是同样非常结实。如今萨夫兰博卢就是因为这些留存下来的住宅而闻名。

以前最富有的萨夫兰博卢人都拥有两套住房。冬天的时候他们住在集市（Çarşı）的房子里。老城区位于三条山谷交会处，因此可以免受寒风的侵袭。天气炎热的时候，他们就搬到葡萄园（Bağlar）的花园郊区去度夏。1938年在卡拉比克（Karabük）修建了炼铁厂和炼钢厂，现代的厂房侵占了葡萄园，但是集市得以毫发无损地幸存下来。

在19世纪，萨夫兰博卢大约有20%的居民是奥斯曼希腊人，但是在"一战"之后，人口交换的过程中，这些人的后代中大多数都回到了希腊。他们的主教堂供奉的是圣·史蒂芬，后来被改建成了Kırankôy的大清真寺（Ulu Cami）。

◉ 景点和活动

★ 集市 建筑

（Çarşı;见458页地图）想体验萨夫兰博卢真正的精华部分，就在鹅卵石小巷中随意漫游。无论往哪看，都是视觉的盛宴。在这里，

Safranbolu - Çarşı
萨夫兰博卢（番红花城）–集市

每一座房屋都是原始的老建筑，几乎就没有现代建筑的痕迹。很多最好的历史建筑都得到了修复，随着时间的推移，拯救出越来越多的老建筑，它们被改建成了酒店、商店和博物馆。

官员故居博物馆
博物馆

(Kaymakamlar Müze Evi；见458页地图；Hıdırlık Yokuşu Sokak；成人/学生4/3里拉；9:00-17:30)这是一栋典型的萨夫兰博卢房屋，有着奥斯曼房屋所有的经典特征。这里曾是一位陆军中校的府邸，如今你爬上楼梯，抬头仰望装饰着木质天花板的房间，依然可以感受到豪宅的氛围。静置舞台（上面的人物造型比较萎靡）再现了壁橱浴室里沐浴和婚宴的场面。

外面花园里有一座安静的咖啡馆。

辛西驿站
历史建筑

(Cinci Hanı；见458页地图；Saraçlar Sokak；2里拉；9:00~21:00)集市最著名、最宏伟的建筑就是这一处建于17世纪的商队驿站，如今已经成了酒店。这里也欢迎非旅馆住客探索：爬上驿站的屋顶就可以看到全镇屋顶的全景。周六的时候，客栈后面的广场上会有市场。

铁匠市场
市场

(Demirciler Arastası, Metalworker's Bazaar；见458页地图；Debbag Pazarı Sokak)人还没到，就能先听见哐当哐当的锤击声。这片有趣的区域是萨夫兰博卢传统铁匠的工作区，他们至今仍在这里进行贸易，你会看见他们制作农具和家庭用品。

在后面，你还会找到商店，里面出售古董，还能看到铁匠在精心雕刻手工托盘和盘子。

Safranbolu - Çarşı 萨夫兰博卢（番红花城）- 集市

◎ 重要景点
- 1 集市 B3

◎ 景点
- 2 辛西驿站 C3
- 3 铁匠市场 B4
- 4 Hıdırlık Tepe D4
- 5 以赛特帕夏清真寺 C4
- 6 官员故居博物馆 D3
- 7 库普鲁鲁·穆罕默德帕夏清真寺 C3

⊕ 活动、课程和团队游
- 8 辛西公共浴室 C2

⊜ 住宿
- 9 Bastoncu Pansiyon D3
- 10 Efe Guesthouse C2
- 11 Gülevi B2
- 12 Imren Lokum Konak C2
- 13 Kahveciler Konağı C1
- 14 Leyla Hanım Konağı A3
- 15 Mehveş Hanım Konağı B1
- 16 Selvili Köşk B1

⊗ 就餐
- 17 Atış Cafe D3
- 18 Bizim Cafe C3
- 19 Taşev D4
- 20 Zencefil C3

⊙ 饮品和夜生活
- 21 Çızgı Cafe C2
- 22 Saraçoğlu Kahve Evi C3

⊙ 购物
- 23 Safranbolu Tasarım Design C2
- 24 Yemeniciler Arastası B3

以赛特帕夏清真寺
清真寺

（İzzet Paşa Camii；见458页地图；Manifaturacılar Sokak）这座清真寺是奥斯曼帝国时期建造的最大的清真寺之一，由大维齐尔（宰相）于1796年修建，并于1903年修复。清真寺的设计受到了欧洲建筑风格的影响。

库普鲁鲁·穆罕默德帕夏清真寺
清真寺

（Köprülü Mehmet Paşa Camii；见458页地图；Manifaturacılar Sokak）这座清真寺始建于1661年，建筑很结实，有着头盔一样的屋顶，旁边就是鞋匠集市（Yemeniciler Arastası）。庭院里的金属日晷是在19世纪中叶修建的。

Hıdırlık Tepe
观景台

（见458页地图；Hıdırlık Yokusu Sokak；1里拉）想从最佳视角观赏城镇风光，可以去Hıdırlık山顶，这里有一个公园和咖啡馆，视野开阔。

辛西公共浴室
公共浴室

（Cinci Hamam；见458页地图；☏0370-712 2103；Kazdağlıoğlu Meydanı；全套服务 35里拉；☉男宾 6:00～23:00；女宾 9:00～22:00）全土耳其最有名的公共浴室之一，男女浴室分开。如果在土耳其旅途中，想搓一次澡，直到把皮肤搓红，就选这里吧。

✸ 节日和活动

国际金奖藏红花纪录片电影节
电影节

（International Golden Saffron Documentary Film Festival, Altınsafran Belgesel Film Festivali；www.altinsafran.org；☉10月）这个为期3天的电影节汇聚了土耳其和外国纪念片，节日期间，辛西驿站和其他历史建筑会放映电影，举办座谈会，也会举办大量其他的文化活动，包括摄影展，通常会与电影竞赛单元一起举行。

⌂ 住宿

在周末和假日，萨夫兰博卢很受土耳其游客的欢迎。在特别繁忙的旅游旺季，房价可能会上涨，所以最好提前预订。在萨夫兰博卢，住宿的确会奢侈一些，这是必须的，毕竟你在其他地方，是不可能住在这样地道的古建筑里的。如果你不愿住酒店，而要住家庭旅店，旅游办公室（见461页）提供了设施简单的家庭旅馆（the Safranbolu'daki Ev Pansiyonları Listesi）名录。

Bastoncu Pansiyon
家庭旅馆 $

（见458页地图；☏0370-712 3411；www.bastoncupension.com；Hıdırlık Yokuşu Sokak 4；铺/标单/双 30/70/100里拉；☏）这座拥有350年历史的建筑在萨夫兰博卢无人不晓，很有杂

乱无章的感觉。房间和宿舍之间的楼梯就像迷宫一样，房间里保留了原有的木质镶板，陈设有干花瓶，有的房间里（气味稍有些难闻）有壁橱式浴室。旅舍的经营者是一对友好的夫妇，会讲英语和日语，非常了解旅客的需求。

Efe Guesthouse　　　　　　　　家庭旅馆 $

（见458页地图；☎0370-725 2688；www.efeguesthouse.com；Kayadibi Sokak 8；铺/标单/双 25/70/90里拉；☏）这里的花费只是别处酒店的一小部分，却能感受到萨夫兰博卢奥斯曼风格的全部魅力。如果你真是囊中羞涩，可以住在设施简单的宿舍里，楼上也有舒适的个人房间，很有当地特色。

★Kahveciler Konağı　　　　　　精品酒店 $$

（见458页地图；☎0370-725 5453；www.kahvecilerkonagi.com；Mescit Sokak 7；标单/双 90/150里拉；☏）酒店的8个房间比较大，有白色的墙壁、漂亮的木质天花板，窗外景致非常可爱，可以看到红瓦屋顶。酒店主人Erşan友好和蔼，他将祖父的房子打造成像家一样舒适的酒店，服务热情。这里的浴室相对于萨夫兰博卢的标准而言，非常宽敞，不需要爬到壁橱里去，对腿脚不灵活的人来说很方便。

Selvili Köşk　　　　　　　　　精品酒店 $$

（见458页地图；☎0370-712 8646；www.selvilikosk.com；Mescit Sokak 23；标单/双 100/160里拉；☏）该酒店的翻修工程非常棒，从楼梯扶手上的雕花到天花板上的雕刻，样样不差，入住此处，能获得皇室般的感受，体会到浪漫的回归。每一寸地板都铺上了绚丽的地毯，沿墙边设置的长凳（sedirs）上也铺了毯子，房间洒满阳光，床上铺的亚麻被单上有当地的刺绣。

浴室隐藏得非常巧妙，要打开壁橱的门才能看得见（对于那些不能、不想爬进壁橱使用浴室的人，还是另觅他处吧）。

Mehveş Hanım Konağı　　　　　精品酒店 $$

（见458页地图；☎0370-712 8787；www.mehveshanimkonagi.com.tr；Mescit Sokak 30；标单120里拉，双 150~180里拉；☏）这家酒店的每一个角落和缝隙里都摆满了小件奇珍物品和奥斯曼风格的日常用品，是一个漂亮的住处。酒店的工作人员服务称职、令人愉快；酒店的房间很宽敞，木质天花板上雕刻着复杂的图案，墙边设有长椅（sedir），壁橱式浴室非常小（有些客房共用较大且现代化的浴室）。这里还有一个可爱的隐蔽的花园。

Gülevi　　　　　　　　　　　　精品酒店 $$$

（见458页地图；☎0370-725 4645；www.canbulat.com.tr；Hükümet Sokak 46；标单 75~100欧元，双 90~120欧元，套 150欧元起；☏）著名的建筑设计师夫妇İbrahim和Gül全权负责这座酒店的设计，完美地重新诠释了奥斯曼风格的美学特点。萨夫兰博卢的这家酒店在这方面是最为突出的。酒店名为"玫瑰屋"，是一处消费得起的杰作。周围的树荫之下是绿草茵茵的花园，房间（分布在三座房子里面）的颜色都很柔和，有华美的镶板木料、土库曼地毯，整个陈设华丽而不俗气，极具艺术气息。

有幸入住此处的客人，可以在小小的地下洞穴酒吧喝上一杯，这里曾是房子的地下金库，或者还可以在私家餐馆就餐，菜谱上的食物都源自当地最好的食材。

Imren Lokum Konak　　　　　　精品酒店 $$$

（见458页地图；☎0370-725 2324；www.imrenkonak.com；Kayyim Ali Sokak；标单/双 160/220里拉；☏）这座酒店位于一座古老的奥斯曼时期的建筑中，客房虽然完全保存了古老的萨夫兰博卢风情，但也足够现代，是实实在在的用户友好型酒店。这里有一个宽敞的露天庭院和餐厅，吸引了许多从安卡拉前来过周末的游客，这样也保证了假日的氛围。

Leyla Hanim Konaği　　　　　　历史酒店 $$$

（见458页地图；☎0370-725 1272；www.leylahanimkonagi.com；Çeşme Mahallesi Hükümet Sokak 25；标单/双 150/250里拉；☏）这里曾经是士兵的军营，如果那些人能看到它现在的模样，他们一定完全猜不出，这家出色的精品酒店曾经就是他们相当肮脏的家。现在这里在保留了古典、优雅的同时，也融合了现代的光芒，例如能看到深紫色的帷幔垂在裸露的石墙上。

✖ 餐饮

萨夫兰博卢的餐饮业正处在发展上升阶段，许多餐馆提供的都是当地菜肴（许多食材来自黑海地区）。核桃意大利面（Erişte）是特色之一。还一定要尝试一下当地产的软饮Bağlar Gazozu的所有口味，该品牌创立于1936年。

★ Atış Cafe　　　　　安纳托利亚菜 $

（见458页地图；Celal Bayer Caddesi；主菜10~15里拉；◎10:00~22:00；☎✎）萨夫兰博卢有许多提供地区菜肴的漂亮的咖啡馆，但这家却因为友好的服务和分量充足的家常菜成为我们的最爱。可以尝试当地菜肴peruhi（黄油酱浸意大利面团）和Rum manti（豆瓣酱肉汤土耳其饺子），可以在小小的露台上用餐，也可以在怡人舒适的花卉风格的沙龙内享用。

Zencefil　　　　　　安纳托利亚菜 $

（见458页地图；☎0370-712 5120；Celal Bayer Sokak；主菜10~20里拉；◎9:00~21:00；☎✎）这家餐厅由一对美食爱好者夫妇经营，提供有大量的当地菜，例如keşkek（一种肉和小麦菜肴）和kuymak（土耳其风味奶酪火锅）。所有的食物都在你眼前现场烹饪，服务热情。

Bizim Café　　　　　　土耳其菜 $

（见458页地图；Çeşme Mahallesi；主菜5~12里拉；◎10:30~18:00）位于老集市区的深处，是一个家庭经营的餐馆，做什么就卖什么，味道都不错，很受欢迎，比如葡萄叶饭卷（dolmades）和美味的辣汤。这家餐馆很受当地人的欢迎。

Taşev　　　　　　　现代土耳其菜 $$

（见458页地图；☎0370-725 5300；www.tasevsanatvesarapevi.com；Hıdırlık Yokuşu Sokak 14；主菜17~30里拉；◎周二至周日10:00~23:00；☎✎）这里是萨夫兰博卢一家真诚的当代餐厅，提供厚厚的牛排和奶油意大利面。土耳其奶酪是奶酪爱好者必点的。服务温馨，他们会热情地解释菜单，并帮你从长长的葡萄酒酒单中挑选。

Saraçoğlu Kahve Evi　　　　咖啡馆

（见458页地图；Manıfaturacılar Sokak；土耳其咖啡7.50里拉；◎10:30~22:00）这里是享用精心制作的土耳其咖啡（Türk kahve）和一些美味小吃的好地方——用银制托盘呈送，包括一碟土耳其软糖和一杯当地甜果汁（şerbet）。

Çızgı Café　　　　　　　　水烟咖啡馆

（见458页地图；☎0370-717 7840；Arasta Arkası Sokak；主菜7~15里拉）在外面小巷中的带坐垫长椅上坐下看人来人往，或者可以进去找一间温暖亲切的小房间坐下。菜品不多，都是当地风味，其中就包括cevizliyayım（撒有核桃仁的通心面），不过多数人过来都是为了喝茶、品着咖啡、吸着水烟（nargile）、聊天，消磨一天的时光。

🛍 购物

鞋匠集市　　　　　　　　　　市场

（Yemeniciler Arastası, Shoe-Maker's Bazaar；见458页地图；Arasta Arkası Sokak；◎9:30~19:00）经过重新修复，过去在这里制作轻便平底鞋的鞋匠早就迁出了集市，但是这里依然是开始寻觅手工艺品的最佳地方。这里的小店主要是出售织物。注意价格可能会很高。

Safranbolu
Tasarım Design　　　　艺术品和手工艺品

（见458页地图；Sadrı Artunç Caddesi；◎10:00~19:00）想找些完全不同的东西，这家由当地议会（belediye）赞助的工匠商店是个好选择。这里东西不多，但很有趣（主要是艺术印刷品和陶瓷），设计中将传统土耳其纹样和当代风格融为一体。

ℹ 实用信息

集市在Kazdağlıoğlu Meydanı有一家银行，还有自动柜员机。

旅游办公室（见458页地图；☎0370-712 3863；www.safranboluturizmdanismaburosu.gov.tr；

Kazdağlıoğlu Meydanı；⏱9:00~17:30)土耳其最有用的旅游办公室之一。工作人员通晓旅游事务，会多种语言，能提供各种忠告和建议，甚至还能帮助游客预订巴士车票。

❶ 到达和离开

大多数巴士都会先在卡拉比克停车，终点站则是Kıranköy长途汽车站[Kıranköy otogar，实际叫"萨夫兰博卢长途汽车站"，但是在萨夫兰博卢上城区]。从Kıranköy车站出发，大部分汽车公司都提供免费班车，载你前往Kıranköy中心，在那儿附近就有小巴站可以前往集市。

在Kıranköy中心区有几家汽车公司办公室。走有"Şehirlerarası Otobüs Bilet Satış Büroları"标志的小街，沿着Sadrı Artunç Caddesi大街走3个街区就能找到。在这里可以购买接下来的汽车票，都提供接驳车前往Kıranköy长途汽车站。班车的目的地包括安卡拉（30里拉，3小时）、伊斯坦布尔（55里拉，7小时）和卡斯塔莫努（Kastamonu；20里拉，2小时）。

从阿玛斯拉（Amasra）搭乘公共汽车到Bartin（20里拉，1.5小时）换乘。去往Bartin的汽车每小时过一刻钟发车。

如果你是自驾车，从安卡拉—伊斯坦布尔公路的盖雷代出口出来，然后按着指向卡拉比克/萨夫兰博卢的路标一路往北前进。

从卡拉比克到安卡拉目前没有火车。

❶ 当地交通

小巴（1.25里拉）从**集市主广场**（见458页地图）出发，穿过山坡，到达Kıranköy中心，每15分钟1班车。到了终点站之后，你可以搭乘其他小巴前往卡拉比克。搭乘整条路线，只需要付费一次。从集市到Kıranköy，搭乘**出租车**（见458页地图；📞0370-725 2595；Hilmi Bayramgil Caddesi）花费10~12里拉。

博阿兹卡莱、哈图沙什和雅兹勒卡亚（Boğazkale, Hattuşa & Yazılıkaya）

到了安纳托利亚平原的中心地带，有两处联合国教科文组织认定的世界文化遗产遗址，展示了赫梯文明鼎盛时期的重要历史时刻。哈图沙什（Hattuşa）是赫梯王国的首都，而雅兹勒卡亚（Yazılıkaya）则是宗教圣地，有精美的岩石雕刻作品。

参观附近的遗址最好是以博阿兹卡莱（Boğazkale）为大本营。博阿兹卡莱是安卡拉以东200公里处的一个农业村庄，具备简单的游客设施。如果你想要好一点的条件，就得待在其他地方，如果你愿意很早起床出发的话，也可以待在安卡拉。

前往本地区要在松古尔卢（Sungurlu）转车，许多往返安卡拉和萨姆松（Samsun；25里拉，从安卡拉出发2.5小时）的长途汽车都会到达那里。

博阿兹卡莱

📞0364/人口 1300

在博阿兹卡莱村子里，道路上铺满了鹅卵石，你可以看到鹅、母牛和推着独轮车到处乱跑的孩子们。这里的农家宅院里有赫梯和拜占庭时期的大门，让你时时刻刻都能感觉到一个曾经伟大的城市就在身旁。大多数游客来到此处，就是为了参观哈图沙什和雅兹勒卡亚，如果天气不热的话，步行就可以到达，但是值得一看的，可不只有这两处地方。哈图沙什周围的山谷里不仅有赫梯时期的山洞，还有鹰巢、蝴蝶和新石器时期的堡垒，非常适合徒步旅行。雅兹勒卡亚以东4公里的地方就是**雅兹勒卡亚山**（Yazılıkaya Dağı），爬上山顶观看日落，或是在赫梯遗址奔波一天之后，到Budaközü河**可游泳的水潭**（当地人称之为hoşur）凉爽一下。

到了傍晚，只有偶尔从主街道扬尘而过的汽车声音会打破博阿兹卡莱的安静。乡村的静谧或许会让你再待上一个晚上。

这里有一个银行，里面有一个自动柜员机。

博阿兹卡莱博物馆　　　　　博物馆

（Boğazkale Museum；见463页地图；Sungurlu Asfalt Caddesi；5里拉；⏱8:00~19:00）令人惊喜的是，这座小小的博物馆里面用大量的英文信息板，解释了赫梯帝国的历史和文化。陈列的都是赫梯时期的工具和武器。其中引以为傲的展品是两座斯芬克斯的塑像。这两座塑像曾经守卫在哈图沙什的Yer Kapı大门口，以前都是在柏林和伊斯坦布尔展出，在2011

Boğazkale & Hattuşa
博阿兹卡莱和哈图沙什

Boğazkale & Hattuşa
博阿兹卡莱和哈图沙什

◎ 重要景点
1 哈图沙什......................................B4

◎ 景点
2 狮子之门......................................A4
3 博阿兹卡莱博物馆..........................A2
4 大城堡...B3
5 大神庙...B2
6 南部城堡......................................B3
7 国王之门......................................B4
8 Nişantaş......................................B3
9 黄色城堡......................................B3
10 耶尼杰城堡..................................A4
11 大地之门....................................B4

🛏 住宿
12 Aşıkoğlu Hotel & Pension..............A2
13 Hittite Houses.............................A1

曼风格的咖啡馆兼餐厅也友好、舒适。晚上会播放有关赫梯的纪录片。

在餐厅享用套餐的价格是30里拉，一份像样的木炭烤土耳其比萨10～15里拉。如果你提前打电话，酒店可以派出租车来松古尔卢长途汽车站接你。

Hittite Houses　　　　　　　　　　客栈 $$

（见463页地图；☏0364-452 2004；www.hattusas.com；Sungurlu Asfalt Caddesi；标单/双/家 60/100/120里拉；🅿︎🍴📶）外墙是根据赫梯时期的风格仿建的，里面的大房间阳光充足（有些带阳台），是便宜之选，前面宁静的花园是一日探索后休息的好地方。管理这家酒店的是见多识广的对面Aşıkoğlu酒店拥有者，因此这里的客人也可使用Aşıkoğlu酒店的设施和服务。

ℹ 到达和离开

选择乘坐公共交通前往博阿兹卡莱，需要路过松古尔卢。从松古尔卢搭乘的长途汽车应该会将你从松古尔卢长途汽车站送到博阿兹卡莱**小巴站**（见463页地图），小巴站距离足球体育场和公园附近的长途汽车站有1公里的距离。周一至周五的7:30～17:30，有5班小巴（5里拉）从松古尔卢出发。到了周末就只有选择出租车了，现在的费用

年才归还博阿兹卡莱。博物馆提供免费的语音导览。

🛏 食宿

村子里的酒店全部都有餐厅。如果想吃小吃，可以去村子中央一座存货充足的杂货店（bakkal），在银行对面。

Aşıkoğlu Hotel & Pension　　　　客栈 $$

（见463页地图；☏0364-452 2004；www.hattusas.com；Sungurlu Asfalt Caddesi；标单25～80里拉，双40～120里拉，标三150里拉，露营地和2人房车30里拉；🅿︎🍴📶）友好热情的服务使此处与众不同。无论经济型还是中档客房，都极为整洁，让你从哈图沙什回来后能立马倒头就睡。不过在冬季，没有暖气的客房会非常冷。有一座绿荫苹果园，可供露营，奥斯

是50里拉。注意松古尔卢长途汽车站的有些出租车司机会坚持打表计价（结果费用会超过150里拉）。如果有问题，可以给你在博阿兹卡莱的酒店打电话。

从卡帕多基亚来的游客要注意了，博阿兹卡莱和约兹加特（Yozgat；东南41公里）之间是没有小巴的，最好是从松古尔卢出发。

哈图沙什

哈图沙什（见463页地图，含雅兹勒卡亚遗址 8里拉；⊙8:00～19:00）地处山区，位置偏僻。这里曾是从叙利亚一直延伸到欧洲的赫梯王国的首都。在赫梯时期，这里曾是一座繁忙宏伟的城市，人口数量达到1.5万，防御城墙的长度达到6公里，部分城墙的厚度是古代世界里最厚的，城墙上布满了瞭望塔和秘密通道。

从村庄走到遗址（见463页地图），可以看到一部分重建的城墙，令人感慨。想象一下吧，赫梯人从海上路线和贸易路线将石头运到这个偏远的地方，打造了这个工程杰作，继而建立了庞大的帝国，这需要多大的动力！

⊙ 景点

大神庙 神庙

（Büyük Mabet, Great Temple；见463页地图）大神庙的大型建筑群始建于公元前14世纪，在公元前12世纪左右被毁，是离入口最近的考古遗址，也是哈图沙什保存最好的赫梯神庙遗址。即便如此，在参观的时候，你也需要充分发挥想象力。

顺着宽阔的街道而下，在你的左边可以看到神庙的行政区域。破损的绿色软玉方石块，被认为在赫梯的宗教中具有举足轻重的作用。

在你的右手边就是神庙的主殿，主殿的周围是存储室，据说有三层楼高。20世纪早期，在这些存储室里发现了大型的陶器存储罐，还有数以千计的楔形文字泥板。注意看一看大门的门槛，上面有安装转轴的孔，还有转动大门留下来的弧形印迹。人们认为这座神庙是祭拜风暴之神特舒卜（Teshub）和太阳之神Hepatu的祭坛，其中一座神像的大岩石底座保留至今。

黄色城堡 遗址

（Sarı Kale, Yellow Fortress；见463页地图）在大神庙以南250米的地方有个岔路口，选择右边的岔路，沿着蜿蜒的山路往上走，在你的左手边，古城的中间就可以看到几处建筑遗址。黄色城堡有可能是在赫梯时期建筑的基础上所建造的弗里吉亚防御工事。

耶尼杰城堡 遗址

（Yenice Kale；见463页地图）在另一处岩石层上是耶尼杰城堡，此处可能是皇室居住的地方，或是小型的神庙。从东边可以爬到顶端。

狮子之门 大门

（Aslanlı Kapı, Lion's Gate；见463页地图）此处有两座石狮（其中一座石狮的修复很糟糕）守卫着这座城市不受邪恶力量的侵扰。哈图沙什的防卫城墙至少有6座大门，拥有4000年的历史。狮子大门是其中的一座，它本身可能就没有竣工过。从这道大门，你可以看到哈图沙什防御工事保存最好的一部分，这些防御工事一直沿着东南方向，从大地之门（Yer Kapı）绵延到国王之门（Kral Kapı）。

这些围墙展示了赫梯人在工程建筑上的高超造诣，根据需要，他们可以顺势而建，也可以改变地势而建。天然裸露在地面上的岩石被利用起来，成为围墙的一部分，而且还建筑了大型的防御围墙，成为人造堡垒的一部分。

大地之门 大门

（Yer Kapı, Earth Gate；见463页地图）大地之门是哈图沙什最壮观的大门，后面有个人工堆成的土丘，土丘中间有一条长70米的地道。赫梯人在修建这个地道的时候，使用了支撑式的拱状结构（两块石头的平面互相支撑），真正的拱状结构，是很多年之后才发明出来的。

大地之门或许很原始，但是这样的拱状结构在几千年的时间里发挥了作用。直到今天，你也可以像当年的赫梯士兵一样穿过这条石头地道，从后门（postern）出来。之后，宽宽的石头斜坡上有多处雄伟的阶梯，选择任何一处阶梯往上爬，经过斯芬克斯之门（Sphinx Gate）就可以再次进入这座城池。以前有4座斯芬克斯的塑像守卫在外，现在大

❶ 参观哈图沙什

➡ 从博阿兹卡莱镇上出发，步行到遗址，一路上风景非常美丽，路途也很轻松。

➡ 要在清晨早早地来到遗址游览，在这个时候，没有21世纪的长途汽车和兜售纪念品的小贩扰乱这片土地的清净。

➡ 从哈图沙什的售票亭沿着上山的小道，前往大神庙（见463页），斜坡对面有座房屋的遗址。

➡ 这里有5公里长的环形山路，如果你想要步行，穿上防滑结实的鞋子，带上足够的水（遗址处没有商店）。

➡ 沿途没有什么阴凉的地方，所以请戴上帽子，涂上防晒霜。

➡ 在哈图沙什购买的门票也可以在雅兹勒卡亚遗址处使用，不过有时确实得提醒哈图沙什售票处的员工，他才给你票，所以确保拿到一张门票。

门外仍然保留了其中一座塑像，另外两座在博阿兹卡莱博物馆，还有一座不知去向。在2011年雕塑原作返回之前，博阿兹卡莱博物馆内门装饰的是两座复制的斯芬克斯塑像。

从此处可以看到神庙上城区（upper city temple district）美丽的风景。

国王之门　　　　　　　　　　　　　　大门

（Kral Kapı, King's Gate；见463页地图）国王之门的名字源于浮雕上面君主模样的形象。这个国王模样的人物，是保卫城市的赫梯战神。原来的浮雕已经转移到了安卡拉的安纳托利亚文明史博物馆妥善保存，现在的这个是复制品（相当明显）。

Nişantaş　　　　　　　　　　　　　　遗址

（见463页地图）在Nişantaş的一块石碑上刻着的赫梯文字隐约可见，文字叙述了最后一位赫梯国王苏庇路里乌玛二世（Suppiluliuma II，公元前1215至公元前1200年）的事迹。

南部城堡　　　　　　　　　　　　　　遗址

（Güney Kale, Southern Fortress；见463页地图）就在这块石碑对面的一条小路往上，有发掘出来的南部城堡，那里面有一间保存很好的**象形文字室**（用栅栏保护了起来），里面有人形浮雕。

大城堡　　　　　　　　　　　　　　　遗址

（Büyük Kale, Great Fortress；见463页地图）虽然城堡的大部分已经被发掘整理出来了，但是很多更老一些的文明层都被重新掩盖起来，为的是保护遗址，所以你很难辨认出你所看到的东西。这处堡垒有皇室宫殿和赫梯王朝的国家档案馆。

👉 团队游

哈图沙什出租车之游　　　　　　　　　文化

（Hattuşas Taxi；☏0535 389 1089；www.hattusastaxi.com）Murat Bektaş通晓有关赫梯王朝的信息，他组织的哈图沙什及其周边的团队游都非常棒。要是你没有多少时间，我们强烈推荐你参加他的哈图沙什、雅兹勒卡亚和阿拉加霍裕克（Alacahöyük）的赫梯文化一日游（每人100~110里拉）。

❶ 到达和当地交通

哈图沙什大门入口距离村口的Aşıkoğlu Hotel和博阿兹卡莱博物馆1公里。

如果没有自己的交通工具，在哈图沙什和雅兹勒卡亚游玩就需要步行或是搭乘出租车。从遗址入口和售票亭出发，绕遗址一圈的环形路（不包括2公里以外的雅兹勒卡亚）总长5公里。绕环形路一周至少需要1.5小时，还要加上参观遗址的时间，所以在这里游玩，足足要花上3个小时。

雅兹勒卡亚

雅兹勒卡亚（Yazılıkaya Yolu Üzeri，含哈图沙什遗址 8里拉；⏱8:00~19:00）的意思是"刻字的石头"，距离哈图沙什约2公里，在户外的石头走廊里，你就会看到这些"刻字的石

哈图沙什的赫梯人

这个名字很容易让人想到身着兽皮的野蛮人，但是赫梯人实际上是高度文明的民族。他们在3000多年前征服了巴比伦，还挑战过埃及法老，掌控着一个巨大的中东帝国。在1834年，一个法国的旅游者Charles Texier偶然发现了赫梯王朝首都哈图沙什的遗址，在这之前，除了《圣经》和巴比伦的石板上有几处提到赫梯的文字之外，人们对它的存在几乎没有任何线索。

1905年，考古挖掘发现了值得一提的艺术品，还发现了赫梯王朝的国家档案馆，出土了数以千计的陶器石板，上面写满了楔形文字。根据这些石板，历史学家和考古学家才能建构起赫梯帝国的历史。

最早讲印欧语系语言的赫梯人，在公元前2000年席卷了安纳托利亚，征服了当地的哈梯（Hatti）民族，并且借用了他们的文化和名字。他们在哈梯王国的首都哈图沙什定居下来，在接下来1000年的时间里，赫梯人扩展了哈图沙什的领地，并且使得这个城市更加美丽。在公元前1660年至公元前1190年，哈图沙什都是赫梯帝国的首都。在其鼎盛时期，和埃及共同治理叙利亚，版图一直扩展到欧洲。

赫梯人供奉超过1000个神，最重要的是风暴或天气之神特舒卜，以及太阳女神Hepatu。楔形文字的陶板展示了一个秩序井然的社会，有超过200条的法律，凶残的行径要被判处死刑，而偷盗行为的惩罚就轻得多，但前提是要补偿受害者的损失。

赫梯王朝在公元前1298年打败了埃及，但是在随后的几个世纪中，由于内部的纷争和诸如海上民族入侵安纳托利亚等事件，赫梯王朝逐渐衰败。哈图沙什被付之一炬，哈图沙什的居民则作鸟兽散。只有外围城邦幸存了下来，而后来也被亚述人吞并。

头"。这里有两条走廊，一条走廊大一些，在你的左手边，以前是赫梯王朝最神圣的宗教圣堂；另一条要窄一些，在你的右手边，此处的石刻保存得最为完好。两处走廊合在一起，就是已知最大的赫梯岩石圣堂，石刻保存完好，会让你想看到它刚雕刻好的样子。

在大一点的那条走廊上，从 石室A（Chamber A）的浮雕壁画上，可以看到很多的女神和戴着尖帽子的男神正在列队行进，这里的浮雕遭到严重风化。浮雕中的神像头和脚是侧面像，而身躯却是正面像，这是赫梯浮雕作品的普遍特点。之后有些更大的浮雕作品，刻画了神灵聚会的场面。风暴之神特舒卜站在两座神山之上（山被刻画成了男人的形象），旁边就是他的妻子太阳女神Hepatu，站在一头豹子的背上。在她的身后，是他们的儿子和（可能是）两个女儿，分别被一头小一点的豹子和双头鹰驮着。最大的一幅浮雕在对面的墙上，描绘的是这处建筑群的缔造者，长着胡子的国王图特哈里四世（Tudhaliya Ⅳ），他站在两座高山上。岩壁突出的部分很有可能是用来供奉祭品、献祭牺牲或是祭酒的。

石室B（Chamber B）的入口处刻画着一位长着双翼的狮首侍卫，按照习俗，在进入之前，你应该征求他的同意。普遍认为这座窄一些的走廊是国王图特哈里四世的纪念堂，由他的儿子苏庇路里乌玛二世修建。巨大的石灰岩石块可能是国王塑像的底座，一直埋在土里，直到一个世纪之前才被挖掘出来，保护得较好。从雕刻中，可以看到12位冥界之神手持半月弯刀，列队而行。在对面的石墙上，在冥界主神（被刻画成一把宝剑的模样）Nergal的浮雕上面，宝剑的手柄上有4个狮子的脑袋（两个面朝剑锋，一个朝左，另一个朝右），分别代表着这位神灵的双膝和双肩。

阿拉加霍裕克（Alacahöyük）

农垦小村阿拉加霍裕克位于博阿兹卡莱以北36公里处，距离乔鲁姆（Çorum）以南52公里。这处遗址非常古老，但发掘区很小，而且大部分可搬走的纪念物现在都收藏在安卡拉的安纳托利亚文明史博物馆（见445页）

中，因此如果你在参观完哈图沙什之后还有多余的时间，再考虑到这里看一看。

◎ 景点

阿拉加霍裕克博物馆　　　　博物馆

（Alacahöyük Museum，含发掘区 5里拉；⊙8:00~19:00）博物馆位于发掘区旁边，展出的是艺术家对遗址不同历史阶段的印象的作品，也有一些可追溯至红铜时代和旧青铜时代的文物。

纪念之门（Monumental Gate）　考古遗址

遗址入口的纪念之门有两尊无眼的狮身人面像守卫。细腻的浮雕（复制品，原件在安卡拉）展示的是音乐家、吞剑者、献祭的动物和赫梯国王、王后——这是为了暴风之神特舒卜（以一只公牛显示）所举行的节日庆典的一部分。走进大门之后，右边的主要发掘区是一座赫梯宫殿或寺庙建筑。

皇室井墓（Royal Shaft Graves）　考古遗址

纪念之门左边用塑胶保护起来的是前赫梯时代的井墓，可追溯至公元前2300年至公元前2100年，每具遗骸都单独埋葬，并葬有大量个人物品和一些牛头骨，考古学家推测那些是葬礼用餐后遗留下来的。

隧道　　　　　　　　　　考古遗址

发掘区后部最左边有一条地下隧道。穿过隧道，朝下面的田野看一看，了解一下这座历经数千年的阿拉加霍裕克遗址是如何建立的。

❶ 到达和离开

阿拉加霍裕克和博阿兹卡莱之间没有公共交通服务，因此到达遗址最好的办法是搭乘出租车或自驾。如果实在想来，可以从乔鲁姆乘坐汽车或小巴至阿拉贾（Alaca），再从那里转车到达阿拉加霍裕克（每日一至两班，周末不发车）。

乔鲁姆（Çorum）

☏0364 / 人口 243,700

乔鲁姆这座繁荣但却并不出众的省城坐落在乔鲁姆河一条支流的冲积平原上，被誉为土耳其的鹰嘴豆之都。城市里到处都是鹰嘴豆烤炉（leblebiciler）和一袋袋白色的小豆子，其分类依据的细微差别显然只有鹰嘴豆交易商才能分辨。

在这里停留的主要理由是乔鲁姆博物馆，里面有保存完好的哈图沙什的文物。虽然可以作为探索本地区赫梯和前赫梯时代遗迹的大本营，但城镇本身相当乏味，所以除非你想体验一下小城生活，不然去博阿兹卡莱村过夜是更好的选择。

乔鲁姆博物馆　　　　　　　博物馆

（Çorum Museum；Cengiz Topel Caddesi；8里拉；⊙8:00~19:00）等旅游者到达乔鲁姆的时候，他们很有可能看够了小城市博物馆。但如果你对土耳其的前赫梯时代和赫梯时代的历史感兴趣，乔鲁姆的这座博物馆还是很值得停留的。博物馆的重头展品是阿拉加霍裕克皇室陵墓的复原，其中有公牛头骨和一具戴着皇冠的遗骸，其他有趣文物还有赫梯的典礼水罐——其边缘环绕着喷水的公牛，此外还有赫梯图达里亚王（Tudhaliya）的精美宝剑。

🛏 食宿

Anitta Otel　　　　　　　商务酒店 $$

（☏0364-213 8515，0364-666 0999；www.anittahotel.com；İnönü Caddesi 80；标单/双 140/180里拉起；❄🛜♨）这家城里最时髦的酒店所提供的服务或许并不值得被授予五星等级，但不管怎样都算是一个舒适的住宿处。这里设施多样，屋顶餐厅提供出色的土耳其和各国风味菜肴。有两种房型可供选择，区别只在于大小和写字台。两个房间有残障人士通道。

Grand Park Hotel　　　　　　酒店 $$

（☏0364-225 4131；www.grandpark.com.tr；İnönü Caddesi 60；标单/双 70/120里拉；❄🛜）在这座精巧的酒店中，宽敞的客房采用了轻现代装饰风格，带有整洁的浴室。热情的员工和闪电般快速的无线网络是额外的惊喜。

❶ 到达和离开

因为处于安卡拉—萨姆松公路（Ankara-Samsun highway）上，所以乔鲁姆交通便利。固定班次的长途公交车可至阿拉贾（5里拉，45分钟）、途经松古尔卢（8里拉，1.25小时）至安卡拉（25里拉，4

小时)、萨姆松(20里拉，3小时)。每天也有2班车去阿马西亚(15里拉，2小时)和开塞利(35里拉，4.75小时)。

长途汽车站位于中心区外3公里处。几乎所有的公司都有接驳车前往小镇。出租车价格约13里拉。

阿马西亚(Amasya)

0358 / 人口 98,900

Yeşilırmak河横穿阿马西亚。在Yeşilırmak河的北岸，半木结构的奥斯曼房屋就像是法式蛋糕店橱窗里的巧克力蛋糕一样，密密匝匝地挤在一起。在河的南岸，则是一个更加现代的新土耳其城市，它歌颂着历史上在这个狭窄多石的山谷地带统治过的历代帝国，同时也持有一种开放的态度，极力发展。高高的悬崖上面是一个个本都王陵墓室(Pontic tombs)，墓室旁边是一座高耸的城堡，悬崖下面是宣礼塔和神学院(medreses)。阿马西亚的环境让人容易联想到惊天动地的大事件，但是这儿的生活却是平静缓慢的，就像火车装着苹果穿过隧道出城一样。根据当地的传说，这些隧道是由Ferhat开凿出来的，他悲剧性地爱上了苏丹王后的妹妹Sirin。

历史

在赫梯时代，这里被称为Hakmış，自从公元前5500年开始，阿马西亚地区就一直有人居住。公元前4世纪，亚历山大大帝征服了阿马西亚，接着这里又成为波斯总督(行省的长官)家族统治的王国首都。在国王米特里达梯二世(Mithridates Ⅱ，公元前281年)统治期间，本都王国(Kingdom of Pontus)进入了一个黄金时期，以阿马西亚为总部，统治了安纳托利亚很大一部分地区。在本都鼎盛时段的后期，在阿马西亚诞生了世界上第一位地理学家斯特拉波(Strabo，公元前63年至公元25年)。

罗马统治时期，阿马西亚继续着它的黄金时代，被罗马人命名为"第一城"，并有像庞培(Pompey)这样的统治者将它作为行政中心。尤里乌斯·恺撒征服了阿马西亚当地的一个城镇，说出了他的名言：Veni, vidi, vici，意为"我来，我见，我征服"。

罗马人走了之后，拜占庭人来了，接着是Danişmend突厥人，然后又是塞尔柱人、蒙古人和Abazhistan共和国。在奥斯曼时期，阿马西亚是重要的军事基地，是考验苏丹继承人是否合格的试金之地。后来这里又成为研究伊斯兰教的中心，在19世纪的时候，这里有18所神学院和2000名学生。

"一战"之后，阿塔图克在这里遇见了他的支持者，并经过反复讨论，确定了争取土耳其独立的基本原则，发表在《阿马西亚公告》(*Amasya Circular*)上。

◉ 景点

◉ 河流北岸

Hatuniye Mahallesi区域都是修复后的奥斯曼房屋，中间穿插着现代的复制版建筑，它们位于河流北岸。天黑以后，河畔建筑、城堡和背后山上的岩石陵墓会亮灯，就像建筑版的圣诞树，采用的都是不怎么精致的蓝色和红色的向上照明灯。

★ 本都王陵   墓地

(Kral Kaya Mezarları, Tombs of the Pontic Kings; 见469页地图; 10里拉; ⊗8:30~18:30)本都王陵开凿在河北岸的岩石上，十分醒目。这些墓室深凿在石灰岩岩石中，最早的可以追溯到公元前4世纪，是用来祭拜这些神化了的统治者的。凑近一些，陵墓就没那么宏伟了，有些还覆盖着涂鸦。从南岸整体看过来，场面最为宏大。

山谷中有20多个(空)墓室，但能上去的只有4座。从兜售纪念品的摊位到售票处有一段台阶。过了售票处，这条路一分为二，往右，可以看到宏伟的墓室(见469页地图)，还能欣赏阿马西亚美丽的全景。往左，就能看到少女宫殿浴室(Baths of the Maidens Palace; 见469页地图)的遗址，修建于14世纪，穿过一条在岩石中凿出的通道，就能看到另外两三个墓室(见469页地图)。

Hazeranlar Konağı   历史建筑

(见469页地图; Hazeranlar Sokak; 5里拉; ⊗周二至周日 8:30~17:00)这座建筑修建于1865年，修复于1979年。Hasan Talat是总督兼诗人Ziya Paşa的财务大臣，这栋建筑是他

Amasya 阿马西亚

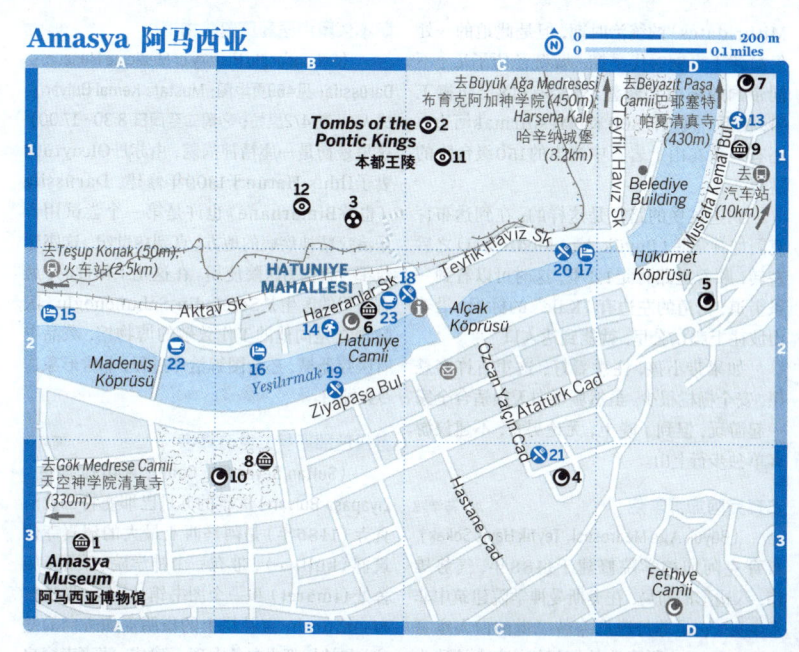

Amasya 阿马西亚

◎ 重要景点
- **1** 阿马西亚博物馆 A3
- **2** 本都王陵 C1

◎ 景点
- **3** 少女宫殿浴室 B1
- **4** 螺旋宣礼塔清真寺 C3
- **5** 银色清真寺 D2
- **6** Hazeranlar Konağı B2
- **7** 穆罕默德帕夏清真寺 D1
- **8** Minyatür Amasya Müzesi B3
- **9** 萨本久奥卢医药历史博物馆 D1
- **10** 苏丹巴耶塞特二世清真寺 B3
- **11** 陵墓 C1
- **12** 陵墓 B1

✪ 活动、课程和团队游
- **13** 穆斯塔法贝伊浴室 D1
- **14** 星星浴室 B2

🛏 住宿
- **15** Gönül Sefası A2
- **16** Şükrübey Konağı B2
- **17** Uluhan Otel C2

🍴 就餐
- **18** Amaseia Mutfağı C2
- **19** Sehzade Balık Ekmek B2
- **20** Strabon Restaurant C2
- **21** Taşhan Restaurant C3

🍷 饮品和夜生活
- **22** On Cafe A2
- **23** Sehr-i Zade Konağı Hotel Cafe B2

为自己的妹妹Hazeran Hanım修建的。修复后的房屋按照当时的风格进行了装饰,有枝形吊灯和雕刻的木制家具,整个房间呈现出一种雅致的氛围。地下室是**美术董事会**(Directorate of Fine Arts)的画廊,经常举办不同的展览。

哈辛纳城堡 城堡

(Harşena Kale; Kale; 5里拉; ⊗8:00~19:00)这座城堡(Kale)颤颤巍巍地矗立在Harşena山的顶端,从这里可以看到山谷下壮丽的景致。大部分修复过的城堡围墙始建于本都时期,也许就是米特里达梯国王(King

Mithridates）的统治时期，但是此地的一处堡垒建于青铜时代早期。城堡经历了几个不同帝国的摧毁和修整，曾经有过8层防御工事，往下一直延伸300米到Yeşilırmak河边，还有一条在山上岩石中凿出的150级台阶的隧道。

到达城堡的路径是这样的：在到达布育克阿加神学院（Büyük Ağa Medresesi）之后左转，顺着道路行走1公里，这时可以看到一条街道，街道的左边有"Kale"的标识。沿着山坡往上爬1.7公里，就能到达入口。

如果带小孩，注意看好；这里有许多悬崖，安全栅栏很少。虽然城堡白天很适合全家一起游玩，但到了晚上，无论男女，不建议游客单独步行上山。

布育克阿加神学院　　　神学院

（Büyük Ağa Medresesi, Teyfik Havız Sokak）布育克阿加神学院修建于1488年，气势雄伟，八边形的布局，在奥斯曼神学院建筑中非常少见。它是苏丹巴耶塞特二世的白人宦官Hüseyin Ağa所建造的，这位宦官也被称为Grandagha。这里依然是神学院，想要成为哈菲兹（hafız），能够背诵整本《古兰经》的神学家）的男孩在这里受训，不对公众开放。

神学院前面有一座小瀑布，虽然并非完全天然，但在当地家庭中却很受欢迎。

◎ 河流南岸
★ 阿马西亚博物馆　　　博物馆

（Amasya Museum；见469页地图；☏0358-218 4513；Atatürk Caddesi；5里拉；⊙8:30~17:00）这是一家顶级博物馆，陈设的精美珍宝遍及青铜时代、赫梯时期、本都时期和罗马时期。一定要看看著名的阿马西亚小雕像（Statuette of Amasya），这是赫梯风暴之神特舒卜的青铜像。馆内的亮点在于14世纪伊尔汗国（İlkhan）时期独一无二的木乃伊。这些尸体的内脏并没有被取出就被制成了木乃伊，是在Burmalı Minare清真寺下面发现的。儿童或容易呕吐的人不宜观看这些木乃伊。

这里还有大量手稿，奥斯曼的工艺品和各种燧石火枪，以及从阿马西亚的天空神学院清真寺（Gök Medrese Camii）迁来的木门原件。所有展品都有详尽的英语解说。

萨本久奥卢医药历史博物馆　　　博物馆

（Sabuncuoğlu History of Medicine Museum；Darüşşifa；见469页地图；Mustafa Kemal Bulvarı；成人/儿童 4/2里拉；⊙周二至周日 8:30~17:00）这里最初是一座精神病院，由苏丹Olcaytu的妻子Ildus Hatun于1309年修建。Darüşşifa（也称Bimarhane）也许是第一个尝试用音乐治疗精神疾病的地方。直到18世纪，这座建筑都一直作为医院使用。在这儿工作过的、最有名望的医生是Serefedin Sabuncuoğlu。医院现在是向他的工作致敬的博物馆，藏品中有医疗器械，还会图解治疗过程，非常形象，令人惊讶。

苏丹巴耶塞特二世清真寺　　　清真寺

（Sultan Beyazıt II Camii；见469页地图；Ziyapaşa Bulvarı）优雅的苏丹巴耶塞特二世清真寺（1486年）是阿马西亚最大的清真寺建筑群（külliye），带有一个神学院、喷泉、施舍处（imaret）和一个图书馆。大门、米哈拉布（mihrab，宣礼塔上的指明麦加方向的壁龛）和神坛都由白色大理石建成，清真寺窗户以联锁式的木质雕刻为特点（kündekari）。周围环绕着修剪整齐的草坪，是很受当地人欢迎的聚会场所。

在清真寺庭院内有一座面积虽小却相当奇怪的Minyatür Amasya Müzesi（见469页地图；Ziyapaşa Bulvarı, Sultan Beyazıt II Camii；2里拉；⊙9:00至正午和13:00~19:00），这是一座重建的几近完美的阿马西亚模型。

螺旋宣礼塔清真寺　　　清真寺

（Burmalı Minare Camii, Twisted Minaret Mosque；见469页地图；Özkan Yalçın Caddesi）这座塞尔柱时代的清真寺建于1237~1247年。内部是纯白色，穹顶内有一座蓝色瓷砖镶框的金色米哈拉布。外面有一座尖塔，螺旋形的石头设计是后来在17世纪添加的。

天空神学院清真寺　　　清真寺

（Gök Medrese Camii, Mosque of the Sky-Blue Seminary; Atatürk Caddesi）天空神学院清真寺是为阿马西亚的塞尔柱总督Seyfettin Torumtay修建的，建于1266~1267年。作为大门建筑的拱状壁龛（eyvan），在安纳托利亚是独一无二的，穹顶墓室（kümbet）上曾经镶

满了天蓝色（gök）的瓷砖，清真寺因此得名。

穆罕默德帕夏清真寺　　　　　　清真寺

（Mehmet Paşa Camii；见469页地图；Mustafa Kemal Bulvarı）穆罕默德帕夏清真寺很漂亮，由Şehzade Ahmet的老师拉拉·穆罕默德·帕夏（Lala Mehmet Paşa）于1486年修建，他是苏丹巴耶塞特二世的儿子。一定要看一看漂亮的大理石神坛（minber）。这座建筑群最早还有修建者的墓室、施舍处、医院（tabhane）、公共浴室和客栈（handan）。

银色清真寺　　　　　　　　　　清真寺

（Gümüşlü Cami, Silvery Mosque；见469页地图；Meydanı, Atatürk Caddesi）银色清真寺是阿马西亚最早的奥斯曼风格的清真寺，始建于1326年，后来在1491年的地震、1612年和1688年的大火之后都经历了重建。1903年进行了加固，然后在1988年又被修复过。

✖ 活动

星星浴室　　　　　　　　　　　公共浴室

（Yıldız Hamamı, Star Hamam；见469页地图；Hazeranlar Sokak；洗浴和按摩12里拉；⊙男宾6:00~10:00和16:00~23:00, 女宾10:00~16:00）是13世纪由一位塞尔柱指挥官修建的，在16世纪修复过。是河北岸较好的浴室选择。

穆斯塔法贝伊浴室　　　　　　　公共浴室

（Mustafa Bey Hamamı；见469页地图；Mustafa Kemal Bulvarı；洗浴和按摩12里拉；⊙男宾6:00~10:00和16:00~23:00, 女宾10:00~16:00）这座奥斯曼风格的浴室修建于1436年，是一座很适合选来彻底清洁自己的历史建筑。

🛏 住宿

★ Teşup Konak　　　　　　　精品酒店 $$

（☎0358-218 6200；www.tesupkonak.com；Yalıboyu Sokak 10；标单/双 130/180里拉；❋❀）这个精华住宿由会讲英语和德语的店主Levent经营，他会竭尽所能为你提供帮助。房间（2个带阳台，位于河面上）里一切都很高雅简单，用暗色木头天花板和横梁，搭配华丽的白色亚麻寝具，浴室是宽敞的当代风格（在阿马西亚很少见）。

Gönül Sefası　　　　　　　　　客栈 $$

（见469页地图；☎0358-212 9461；www.gonulsefasi.com；Yalıboyu Sokak 24；标单/双80/150里拉；❀）这是一个家庭经营的客栈，庭院里摆放着古董农耕用具，在小小的餐厅中，每个角落都装点着奥斯曼风格的小物品，平添了很多当地特色。大房间雅致简单，有舒服的床。有两个小阳台连在一起，就位于Yeşilırmak河的上面。一定要争取住到其中一个房间，可以享受这个可爱整洁的小地方。

Şükrübey Konağı　　　　　　　客栈 $$

（见469页地图；☎0358-212 6285；www.sukrubeykonagi.com.tr；Hazeranlar Sokak 55；标单/双 70/140里拉；❀）家庭旅行住宿的好选择，该宾馆的房间简单温馨，房间坐落在庭院四周，以温暖好客的氛围著称。房间外面都有窄窄的阳台，或是可以看到庭院，或是可以看到Yeşilırmak河。

这座酒店非常低调，只有一个非常小的路标。

Uluhan Otel　　　　　　　　　精品酒店 $$

（见469页地图；☎0358-212 7575；www.oteluluhan.com；Teyfik Haviz Sokak 15；房 150~180里拉；❋❀）靠近横跨Yeşilırmak河主桥，位置优越。这里的服务非常好，2座修复过的奥斯曼建筑中有宽敞的房间，装饰的是古典的欧洲风格家具，有木雕天花板，现代化的浴室闪闪发光。你会想找个位于河畔建筑的房间，因为能看到风景。

🍴 餐饮

阿马西亚最好吃的东西都在酒店里，但是在Hatuniye Mahallesi还是有几家不错的咖啡馆和餐馆，城中心也分布着大量便宜的餐饮店。阿马西亚以苹果闻名，秋天来的旅客一定要好好啃一啃这里的苹果。

Amaseia Mutfağı　　　　　　土耳其菜 $

（见469页地图；Hazeranlar Sokak；主菜9.50~22里拉；⊙11:30~23:00；❀）爬上吱吱作响的楼梯来到这座位于古老奥斯曼房屋中的餐厅，大口品尝土耳其饺子（mantı）、葡萄叶饭卷，或者选一种烧烤肉食。食物值得信赖，服务极好，如果你能幸运地在小阳台找到桌

Sehzade Balık Ekmek 土耳其菜 $

（见469页地图；Ziyapaşa Bulvarı；三明治6~8里拉；⏰11:00~23:00）鱼肉三明治（balık ekmek）和肉丸三明治（köfte ekmek）都在Yeşilırmak河边停靠的一艘船上供应。不要去吃晚餐，届时他们会为了吸引学生，而播放极其热闹的土耳其摇滚乐。不过这里却是享用便宜午餐的绝佳场所。

Strabon Restaurant 现代土耳其菜 $$

（见469页地图；☎0358-212 4012；Teyfik Haviz Sokak；主菜17~25里拉；⏰10:00~23:00）这是我们在阿马西亚最喜欢的一处河边桌位。这儿的冷热开胃菜（6~12里拉）味道不错而且新鲜。这里的烤肉没有什么油，烤鱼（balık）烹饪技法完美，连鱼骨都剔掉了。如果不饿，这里也是聚在一起喝上几杯啤酒的好地方。

Taşhan Restaurant 土耳其菜 $$

（见469页地图；☎0358-212 9900；11 Özan Yalçın Caddesi；主菜16~35里拉；⏰11:00至午夜）1758年建造时本是一座商队客栈，现在经过完全修复，变成了一座酒店和餐厅，装潢漂亮，是阿马西亚享用精致晚餐的最佳场所。菜单上全部都是传统土耳其菜，魅力在于到大庭院中用餐，那里是行商曾经进行贸易活动的场所。

Sehr-i Zade Konağı Hotel Cafe 咖啡馆

（见469页地图；Teyfik Haviz Sokak；啤酒10里拉；⏰10:30~23:00）在这里的河畔露台上停下来，享用几杯啤酒吧。咖啡馆很受当地人和游客的欢迎，他们喜欢傍晚时来喝茶，或者喝着啤酒欣赏日落。如果不想再去别处用晚餐，这里也有一些简餐，如风味煎饼（6里拉）。

On Cafe 咖啡馆

（见469页地图；Şifre Sokak 4；饮品5~13里拉；⏰11:00至午夜）这家咖啡馆或许没有风景可看，但有庭院餐位，古老的官邸和摇摇晃晃的木头阳台上还有更多餐桌，是喝果汁、咖啡或享用各色刨冰的好地方。也有甜食，例如提拉米苏和风味小吃。

❶ 实用信息

旅游办公室（见469页地图；Alçak Köprüsü；⏰周一至周六8:00~17:00）位于一座小木屋中，有两种宣传页发放，不过信息有限。

❶ 到达和离开

长途汽车

长途汽车站[博阿兹阔伊（Boğazköy）]位于阿马西亚市中心东北10公里处，非常方便，就在主路边。所有汽车公司都有免费班车前往各自位于市中心的售票处。出租车价格为20~25里拉。

从汽车站出发，有班车前往萨姆松（15里拉，2.5小时）和托卡特（15里拉，2小时）；每天有4~5班车前往安卡拉（35里拉，5小时）、乔鲁姆（15里拉，2小时）、伊斯坦布尔（60里拉，11小时）和开塞利（Kayseri；40里拉，6小时）。

火车

阿马西亚**火车站**（☎0358-218 1239；İstasyon Caddesi；⏰4:00~22:00）每天都有当地火车前往萨姆松和锡瓦斯。

托卡特（Tokat）

☎0356/人口 137,800

当地人声称，在托卡特，你能听到文明的脚步声在你身后慢慢跟上来。历史爱好者们在安纳托利亚中心的这座古城能饱览清真寺、豪宅、土耳其浴室和商队驿站（hans）。

这座城市的历史不可避免地与安纳托利亚的征服者有关。赫梯人和弗里吉亚人、米底人和波斯人、亚历山大大帝、本都王国、古罗马、拜占庭、Danışmend突厥人、塞尔柱人和蒙古黑汗王国都曾经来过这个贸易城市。

700年的淤积泥沙使得地势仍在上升，建筑保证了这座城市不会很快陷入默默无闻的境地。你可以探索迷宫般的小巷，参观出色的博物馆，或者享受一下托卡特著名的按摩师的服务，轻松地度过一天。

◉ 景点

塔舒驿站（Taş Han）背后，以及向西延展至托卡特博物馆的街区里，杂乱的小巷两旁排满了古老的半木结构奥斯曼房屋，探索起来很有意思。

★托卡特博物馆　　　　　　　　　　博物馆

（Tokat Müzesi, Tokat Museum; Sulusokak Caddesi; ⊙周二至周日 8:00~17:00）**免费** 这座令人难忘的博物馆坐落在精心修复过的室内集市（Arastalı Bedesten）中，藏品包括装饰精美的青铜时代和赫梯时期的文物、弗里吉亚陶瓷、希腊时代首饰、古罗马坟墓、图像和遗址文物，它们是从托卡特的教堂收集而来（包括希腊东正教代表施洗者约翰将头靠在一个浅盘上），全部都有大量的英文信息，帮助你理解这里展出的历史。轻轻松松就成了安纳托利亚中部最好的博物馆。

天空神学院　　　　　　　　　　神学院

（Gök Medrese, Blue Seminary; GOP Bulvarı）这座神学院由当地一名当权者建于13世纪塞尔柱王朝覆灭、蒙古侵略者即将来临的时期，它同时也是一所医院和学校。

正面屋顶上的天蓝色（gök）瓷砖已所剩无几，但内部庭院墙壁上还存留许多，让人足以联想其全盛时代的模样。

不要错过

迪夫里伊的神圣之门

迪夫里伊（Divriği）的大清真寺和医院（Darüşşifası）拥有的780年历史的四重石门雕刻得如此精美，以至有些人说这样的技艺证实了神的存在。

虽然迪夫里伊定居点看上去似乎有点不起眼，在土耳其众多古老精美的宗教建筑中光芒黯淡，但这里曾经是塞尔柱王朝一个公国（beylik）的都城，其统治者是当地的埃米尔艾哈迈德·沙阿（Ahmet Şah）和妻子Melike Turan Melik，这两座相邻的建筑就是在1228年由其建造的。

大清真寺和医院（Ulu Cami and the Darüşşifası, Grand Mosque & Hospital; ⊙8:00~17:00）**免费** 的入口实在是大得惊人，上面的浮雕如此浓密、细腻，让人难以想象石块从前平整的样子。它就像品位高雅的塞尔柱王朝时期的家庭影院，这样的作品只有城里既有钱又有品位的埃米尔才能想得出来。

穿过14米高的医院大门，内部弥漫着一种宁静的氛围（这是安纳托利亚最古老的医院之一）。带有穹顶的巨大的内部庭院中央是一座八角形游泳池，带有一个螺旋形溢水口，叮咚作响的流水打破室内的寂静，抚慰着病人的情绪。地上升起的平台可能是为想要慰问病人的音乐家们准备的。18世纪之后，这座建筑被用作神学院。

医院旁边的清真寺西门有大量奢华的基里姆地毯图案、玫瑰花结和织纹效果。注意大门两端的双头鹰雕刻。清真寺内部非常简洁，有一座雕刻细致的木制清真寺讲经坛（minber）和一座特色米哈拉布（宣礼塔上的指明麦加方向的壁龛）。

清真寺北面是壮观的北门，上面有令人目眩的有灿烂的花卉图案的羊角、阿拉伯书法和大量几何图案及勋章。登上楼梯到东面，可以眺望较小的沙阿之门。

从大清真寺跨越公路，在迪夫里伊古老街区中荒废的奥斯曼房屋中漫步，很容易就能消磨一个小时的时间。尤其值得注意的是，可以找一下尤为宏伟的 **Shevkut Efendi Evi**，虽然整座建筑看上去像是随时都可能坍塌，但其八角形的塔楼依然高耸在屋顶之上。

从锡瓦斯开来的小巴从长途汽车站旁的终点站出发，时间为9:00、正午、15:00和17:00（20里拉，2.5小时），从迪夫里伊返回锡瓦斯的时间为8:30、正午和16:30。在Kangal都会停靠。

从锡瓦斯出发的出租车往返需要200里拉左右。带上身份证，因为经过Kangal后有时会有一个警察检查站。

每天有3班（非常慢）火车往返锡瓦斯和迪夫里伊。

自驾车要注意，从迪夫里伊没有通往Erzincan的路，只能先向西北到达Zara，然后在沿公路向东行驶。

梅夫拉维哈尼 博物馆

(Mevlevihane; Bey Sokağı; ⊙周一至周五 8:00~18:00, 周六和周日 9:00起) 免费 在GOP Bulvarı的Latifoğlu Konağı前左转, 跨过运河就到了这座修复过的托钵僧宿舍以及收藏相关物品的博物馆, 这里由苏丹艾哈迈德一世(1603~1617年在位)的宰相Muslu Ağa于1613年所建。作为托卡特最宁静的一个角落, 这座建筑位于街区的一小片花园中央, 周围是错综复杂的街巷和奥斯曼时期的建筑, 都饱经岁月的侵蚀。

馆内展品包括从本地区清真寺中集中而来的金属制品、插图本《古兰经》和祈祷者所用的地毯。仪式厅(旋转仪式举办场地)在楼上。展厅中会展出许多有趣的托钵僧随身用品, 不过效果却不幸地被俗气的图解旋转祭拜仪式(sema)的人体模型所削弱。

沿着花园小径绕到建筑后部可到达Muslu Ağa Köşkü, 这里是宰相的家庭住所。

外面运河对面是托卡特的奥斯曼钟楼, 上面是阿拉伯数字。

Sulusokak Caddesi 建筑

托卡特许多老建筑虽然严重受损, 但仍然在Sulusokak Caddesi大街的街道两边留了下来, 在20世纪60年代萨姆松—锡瓦斯主要公路建成之前, 这条街是主要通道。因为有古老的建筑和满是灰尘的街道, 这里是一个有趣的探索之地。

Sulusokak Caddesi从GOP Bulvarı大街的Cumhuriyet Meydanı北侧向西延展, 经过Ali Paşa清真寺(1572年), 这座寺院宏伟的中央穹顶带有经典的奥斯曼特色。沿路继续前行, 在你右边能看到小巧的Ali Tusi Türbesi(1233年), 这座塞尔柱时期的砖石建筑中有一些精美的蓝色瓷砖。

继续前行, 还是在右边, 砖木结构的Sulu Han仍在使用, 内部涂成了绿松石色和白色。这座建于17世纪奥斯曼时期的商队驿站是为到访隔壁室内集市(Arastalı Bedesten)的商人提供住宿, 现已精心改造成了托卡特博物馆(见473页)。集市之后是建于16世纪的Takyeciler清真寺, 体现了奥斯曼时期大清真寺九穹顶风格。

马路对面与集市相对的两座壮观的建筑现在正进行修复, 其中的Yağıbasan Medresisi(1152年)是安纳托利亚修建的第一座敞开式穹顶神学院, 旁边是建于16世纪的巨大的奥斯曼时期的Deveciler Hanı, 这是托卡特最精美的一座商队驿站。

继续前行, 就来到了建于14世纪小巧的Kadı Hasan清真寺和奥斯曼时期的帕夏浴室(Paşa Hamamı, 1434年)。

塔舒驿站 历史建筑

(Taş Han; GOP Bulvarı; ⊙8:00~20:00) 免费 建于17世纪的Taş Han是奥斯曼时期的一座商队驿站和工坊, 庭院中有一家咖啡馆, 是游览时停靠休息的好地方。拱形游廊内的商店出售各种手绘头巾(yazmas)和其他织物、铜器和小摆件。

Sümbül Baba Türbesi 陵墓

(GOP Bulvarı)从塔舒驿站向北走几百米就是这座八角形塞尔柱时期的古墓, 这座古墓的历史可以追溯到1291年。

托卡特城堡 城堡

(Tokat Kalesi, Tokat Castle)托卡特城堡建造于5世纪, 在塞尔柱王朝和奥斯曼帝国时期经历过修复。虽然遗址不多, 但景致很美。要到达城堡, 沿着Sümbül Baba Türbesi古墓旁边的路前行约1公里。女性旅游者不要独自前往。

Latifoğlu Konağı 历史建筑

(GOP Bulvarı; ⊙8:00至正午和13:00~17:00) 免费 这座建于19世纪的华丽Latifoğlu Konağı位于Cumhuriyet Meydanı以南的两个街区处, 是奥斯曼风格的巴洛克建筑典范, 其中的展厅已经修复到从前的艳丽风格, 有精致的木雕天花板和复杂的经过美化的灰泥细节。

活动

Ali Paşa Hamam 公共浴室

(GOP Bulvarı; ⊙男宾 5:00~23:00, 女宾 9:00~17:00)这些浴室是1572年为苏莱曼大帝的子嗣之一Ali Paşa所建, 穹顶上镶嵌着玻璃泡以吸收自然光。男女浴室分开, 全套服务花费为15里拉左右。

🛏 住宿

Çamlıca Otel
酒店 $$

(📞0356-214 1269; 79 GOP Bulvarı; 标单/双 60/100里拉; 🅿) 听好，不要有任何过高的期待，因为这样的话，这里的米黄色小房间一定会让你失望。不过它位于市中心且便宜、舒适、友好，是过夜的安全选择。

Çavuşoğlu Tower Hotel
商务酒店 $$$

(📞0356-212 3570; www.cavusoglutowerhotel.com; GOP Blvd 172a; 房180里拉起; ❄🅿❋) 这里是城里最漂亮的酒店，客房宽敞，有落地窗（从地板一直到天花板，会让眩晕的人站不住）。早餐很好，令人难忘，有游泳池和健身房。虽然并没有达到四星标准，但这里可是托卡特。

🍴 餐饮

餐厅都聚集在GOP Bulvarı。在这里可尝试托卡特烤肉（烧烤羊肉块和土豆、番茄、茄子及大蒜）。

★ Ocakbaşı Mis Kebap
烤肉 $

(Hükümet Caddesi; 主菜13~23里拉; ⏰10:00~23:00) 询问当地人托卡特最好的烤肉店（和其余差不多的餐厅）在哪里，他们很有可能会说是这家热闹的高档餐厅。这里打扮整齐的侍者会给你解释每道菜，服务高效。如果不是一个人前往，一定要尝试分量大得吓人的托卡特烤串（40里拉）。

Chef Un's Çi Börek – Mantı
土耳其菜 $

(Mihatpaşa Caddesi; 土耳其饺子10里拉; ⏰8:00~20:00; 🅿) 门口有盆栽花卉，采用蓝白色装饰，侍应生有文身，氛围更近似于土耳其地中海地区，而非安纳托利亚腹地。午餐时间，土耳其本地人会一碗碗地狼吞虎咽，所以你知道土耳其饺子的味道一定很好。这里也提供点心馅饼，以及味道很好的汤。不过要明白你是冲着饺子来的。

Cadde
咖啡馆 $

(GOP Bulvarı; 主菜8~18里拉; ⏰8:00至午夜; 🅿) 这座现代咖啡馆挤满了学生和年轻的专业人士，他们懒散地躺在舒适的沙发上，一边一杯杯地喝茶，一边闲聊，或者吃一顿便宜的午餐或晚餐。总有套餐特色菜，例如汤和旋转烤肉（16里拉），这里是城里最便宜的托卡特烤肉之一。

Konak Café
水烟咖啡馆

(📞0356-214 4146; GOP Bulvarı; 主菜7~15里拉; ⏰9:00~23:00) 这家热情的咖啡馆有多层户外的阴凉座椅，可供你游览完所有的历史街巷后前来休憩。菜单上有常见的köftes和烤肉，不过只点一杯果汁、茶或是抽抽水烟也是很舒服的。位于Latifoğlu Konağı之后。

ℹ 到达和离开

托卡特的小型**长途汽车站**(Gültekin Topçam Bulvarı)位于主广场东北1.7公里处。汽车公司会提供往返市区的接驳车，但要等一阵子。或者如果你不想等，可以乘坐出租车，费用为14里拉左右。

有些汽车公司在Cumhuriyet Meydanı附近设有售票处。确定发车时间，提前订票，因为托卡特发出的车次不多。市中心的汽车公司办公室也提供前往长途汽车站的接驳车。

半固定班次的车次目的地包括：阿马西亚（15里拉，2小时）、安卡拉（50里拉，7.5小时）、伊斯坦布尔（70里拉，12小时）、萨姆松（30里拉，3小时）和锡瓦斯（15里拉，1.5小时）。

当地小巴从塔舒驿站以东一个独立街区**İlçe ve Köy总站**(Meydan Caddesi)发车。

锡瓦斯（Sivas）

📞0346 / 人口 319,500

锡瓦斯拥有丰富多彩却时常上演悲剧的历史，有最精美的塞尔柱王朝建筑，是探索狂野东部的旅途过程中很好的停靠站。从地理上来看，这座城市正处于土耳其的中心，在政治上也是如此，它在内战准备阶段所发挥的作用决定了这一点。议会大楼回响着阿塔图克及其追随者探讨伟大的解放目标时所作出的计划、战略和原则的声音。入夜后，市广场（meydan）上的红旗与附近宣礼塔的灯光竞相引起人们的关注，İnönü Bulvarı或许是除安卡拉之外、安纳托利亚中部地区最平整的道路。马路上不时有马匹和马车疾驰而过，经过霓虹灯前，就像是安纳托利亚过去的幽灵重现。

⊙ 景点和活动

★ 斯法伊耶神学院　　　　　神学院

（Şifaiye Medresesi；见477页地图；Hükümet Meydanı）**免费** 这里的历史可追溯到1218年，曾是塞尔柱王朝建立的最重要的医学院，也曾是安纳托利亚首屈一指的医院。但其建造目的不仅是为了救治疾病，也是为了美观，800年过去了，这里仍然令人印象深刻。

装饰中包括变形的太阳、狮子和月亮、公牛的图案，以及阿塞拜疆风格的蓝色瓷砖和苏丹用阿拉伯语撰写的一首诗。今天庭院里摆满了茶馆餐桌，周围的拱形大厅（eyvans）里有纪念品摊。

★ 斯福特尖塔神学院　　　　神学院

（Çifte Minare Medrese, Seminary of the Twin Minarets；见477页地图；Hükümet Meydanı）**免费** 斯福特尖塔神学院（1271年）是在蒙古İlkhanid的宰相Şemsettin Güveyni于Kosedağ战役打败塞尔柱王朝之后下令建造的，其中有两座尖塔（çifte）。事实上，这一部分是仅存的建筑，以及精致的大门和外立面。站在斯福特尖塔神学院和斯法伊耶神学院之间的道路上，看一看数百年间权力更迭所带来的影响。

布鲁西耶神学院　　　　　神学院

（Bürüciye Medresesi；见477页地图；Hükümet Meydanı）**免费** 通过一座塞尔柱纪念门就到了这座神学院，建筑是1271年所建，当时为"实证科学"（positive sciences）的教学地。入口左边的一座低调沙龙里有赞助者伊朗商人Muzaffer Bürücerdi的贴着瓷砖的陵墓。庭院和内部经常用作展览，夏季会变成一座茶园。夜间建筑会被聚光灯照亮，是喝茶休闲的好地方。

城堡清真寺　　　　　　　清真寺

（Kale Camii，见477页地图；Hükümet Meydanı）这座低矮的奥斯曼时期的城堡清真寺（1580年）是由苏丹穆拉德三世的大宰相马哈茂德·帕夏（Mahmut Paşa）所建。

天空神学院　　　　　　　神学院

（Gök Medrese, Sky-blue Seminary；见477页地图；Cumhuriyet Caddesi）虽然最近正在进行修复，未来几年内都会关闭，但还是能从神学院外部看到双子宣礼塔和（搭满脚手架的）外立面。神学院是1271年在苏丹Gıyasettin Keyhüsrev三世的大宰相萨希卜伊阿塔的命令下建造的，他还为科尼亚的萨希卜伊阿塔清真寺建筑群提供了资金。这里的外立面用瓷砖、砖雕装饰得生气勃勃。

大清真寺　　　　　　　　清真寺

（Ulu Cami, Great Mosque；见477页地图；Cemal Gürsel Caddesi）大清真寺（1197年）是锡瓦斯最古老、最重要的建筑，也是安纳托利亚地区最古老的清真寺之一。建筑修建于Danışmends时期，巨大、低矮的大厅有如茂密森林般的50根柱子。砖石宣礼塔是在1213年加建的，非常粗，如果从道路南面看过去，会发现其倾斜度非常明显。内部的主祷告区周围有11块精美的夹石环绕，1955年修复时发现了装饰华丽的米哈拉布。

库尔孙卢公共浴室　　　　公共浴室

（Kurşunlu Hamam；见477页地图；男宾 0346-222 1378，女宾 0346-221 4790；Kurşunlu Caddesi；洗浴和按摩 15里拉；男宾 7:00~23:00，女宾 9:00~18:00）这座巨大的多穹顶建筑修建于1576年，这之后有长达30年的时间一直被用于盐仓，其后才修复到从前的盛况，重新用作浴室。男女浴室分开。

🛏 住宿

Otel Çakır　　　　　　　酒店 $

（见477页地图；0346-223 4526；www.cakiroteli.com；Kurşunlu Caddesi；标单/双 70/100里拉；）只要没有过高的期待，这家酒店是住宿的好地方。小巧的房间干净整洁，友好的经理能讲少量英语。

Revag Palace　　　　　商务酒店 $$

（见477页地图；0346-223 4105；www.revagpalace.com.tr；Atatürk Caddesi 91；标单/双 120/160里拉；）这家酒店懂得怎样讨土耳其商务人士的欢心；大房间里有装满超值啤酒的小冰箱。便利设施（水壶、卫星电视和现代化的浴室）很棒，员工非常友好。

★ Sultan Otel　　　　　　酒店 $$$

（见477页地图；0346-221 2986；www.sultanotel.com.tr；Eski Belediye Sokak 18；标单/双

Sivas 锡瓦斯

◎ 重要景点
1 斯福特尖塔神学院..................................B2
2 斯法伊耶神学院......................................B2

◎ 景点
3 布鲁西耶神学院......................................B2
4 天空神学院..B3
5 城堡清真寺..B2
6 大清真寺..C2

⊕ 活动、课程和团队游
7 库尔孙卢公共浴室..................................C2

⊜ 住宿
8 Otel Çakır..D2
9 Revag Palace..D2
10 Sultan Otel..C1

⊗ 就餐
11 Sema Hanımın Yeri..............................A2
12 Sultan Sofrasi..D2

⊖ 饮品和夜生活
13 Kahve Sarayı...A3

120/200里拉；❋❋❋）这家精品酒店有27个客房，经过整修，配备了温和中性色调的时髦设施和家具，现代化的浴室闪闪发亮。到处都一尘不染，管理专业；屋顶的酒吧兼餐厅和自助早餐的多种选择是它的加分项。这里似乎也是锡瓦斯唯一一家严格禁烟的酒店。

✘ 餐饮

★ Sema Hanımın Yeri　　　安纳托利亚菜 $

（见477页地图；☏0346-223 9496；Reşat Şemsettin Sokak；主菜6~12里拉；⊙8:00~23:00）这家小餐厅位于一条紧邻Inönü Caddesi的小街上，热情的Sema夫人向大量当地年轻顾客提供自制食物，如香辣坚果肉丸（içli köfte）。如果你此前从来没有在土耳其人家里用过餐，那么这里就是你最好的选择。

Sultan Sofrasi　　　　　　　　　烤肉 $

（见477页地图；Atatürk Caddesi 67；主菜8~15里拉；⊙11:00~23:00）这家总是很热闹的烤肉店提供精心制作的肉食菜肴，吸引了情侣、疲劳的工人和戴着贝雷帽的多米诺骨牌老玩家在内的各类顾客。

Kahve Sarayı
咖啡馆

（见477页地图; Istasyon Caddesi; 热饮 6~10里拉, 奶昔和冰沙 11~14里拉; ⊗9:30~22:00）欧洲风味的咖啡已经来到锡瓦斯。这里总是挤满了人，商务人士、吵闹的学生、热恋中的情侣都喜欢进来喝杯卡布奇诺或果汁刨冰。还有一个不错的菜单（主菜13~23里拉），有烧烤、土耳其版本的油炸玉米饼和汉堡。

❶ 到达和离开

长途汽车

从锡瓦斯开出的长途汽车不多。从**长途汽车站**（Kayseri Caddesi）出发，每小时有1班车去往托卡特（15里拉, 1.5小时），也有定期的班车去往阿马西亚（30里拉, 3.5小时）、安卡拉（35里拉, 7小时）、伊斯坦布尔（70里拉, 13小时）、开塞利（25里拉, 3小时）和萨姆松（35里拉, 6小时）。

这些长途汽车都提供到达市中心的服务。或者，可以从长途汽车终点站搭乘去**市中心**（见477页地图）的任意一辆城市公共汽车（1.75里拉, 不过你需要购买锡瓦斯交通卡, 3里拉），地点就在长途汽车站旁。去往Atatürk Caddesi的汽车终点站就在帕夏清真寺山坡上。乘坐出租车从长途汽车站前往市中心需要13里拉。

火车

锡瓦斯**火车站**（☎0346-221 7000; İstasyon Caddesi）是东西和南北铁路线的主要枢纽。每天主要的特快列车有往返安卡拉和卡尔斯（Kars）的Doğu Ekspresi，以及往返安卡拉和马拉蒂亚的4 Eylül Mavi Tren。也有当地列车可至Kangal、迪夫里伊和阿马西亚。

有一辆公共汽车从**Hikmet İşik Caddesi**（见477页地图）开往火车站。

科尼亚（Konya）

☎0332 / 人口 1,200,000

科尼亚既是一座有着虔诚宗教精神的经

不 要 错 过

观看旋转托钵僧

梅夫拉维（Mevlevi）的祭拜仪式又称sema，是一种用于宗教仪式的舞蹈，代表了与神的结合。就是在这种宗教仪式上，托钵僧有了他们著名的旋转舞，位列联合国教科文组织第三次发布的人类非物质文化遗产名录。观看仪式是一种令人难忘且具有感召力的浪漫经历。在全世界，有很多托钵僧能够表演类似的仪式舞蹈，但是只有原始的土耳其版本，才是最流畅、最纯粹的。比起其他地方卖力的笨拙动作，这里的舞蹈才称得上优雅、忘我。

托钵僧身着白色的长袍和拖地的裙装，这代表他们的裹尸布。他们宽大的黑色斗篷，代表世俗的坟墓，圆锥形的帽子则代表他们的墓碑。

庆典开始的时候，哈菲兹（hafız）——一位熟记《古兰经》的学者，为梅乌拉那吟诵一段祈祷文，并且背诵一段《古兰经》的韵文。一个半球形的铜鼓发出隆隆的鼓声，接着就是芦笛（ney）发出悲哀的调子。然后大师（şeyh）鞠躬行礼，带领托钵僧在礼堂绕圈。转了三圈之后，托钵僧们脱掉他们的黑色斗篷，以示摆脱了俗世的纷扰。接着托钵僧们一个接一个，双手合抱于胸，开始在地板上旋转，表明他们摆脱了俗世的生活，得到了重生，和神在神秘的宇宙中结合在一起。

他们举起右手，接受上天的祝福，而左手则朝下，将上天的祝福传到人间。每个人都在旋转，又组成一个缓缓旋转的整体。这期间大师会巡视每个托钵僧，确保他们的仪式表演正确无误。

舞蹈不断地重复。最后哈菲兹再次唱诵《古兰经》里的篇章，结束这场与神的结合。

好好计划一下，在周六的时候到科尼亚来，那时候祭拜仪式庆典会在**梅乌拉那文化中心**（Mevlâna Culture Centre, Whirling Dervish Performance; www.emav.org; Aslanlı Kışla Caddesi; ⊗周六 19:00; ❿Mevlâna Kültür Merkezi）免费举行。没有必要预订，但是有必要在18:40前到，以确保有座位。

济强市，也是一座保守而忙碌的大学城，历史上它是旋转托钵僧的故乡，又是塞尔柱文化的精神堡垒，现在它又是经济发展迅猛的城市。新旧融合给这座城市赋予了极大的魅力。在阿拉丁山（Alaaddin Tepesi）附近，既有古老的清真寺和迷宫一般的集市区，又有现代的科尼亚，时髦的大学生在传统茶馆里谈论着宗教和政治。如果你途经此地，比如从海岸线到卡帕多基亚，可以抽时间去这座土耳其最引人注目的城市之一进行探索。

历史

大约4000年前，赫梯人称这个城市为"Kuwanna"，弗里吉亚人称它为"Kowania"，罗马人称之为"Iconium"，而突厥人称之为"Konya"。以哥念（Iconium）是一个重要的外省城镇，圣保罗和圣巴拿巴（Barnabas）曾几次到访此处。

在1150～1300年，科尼亚是塞尔柱鲁姆苏丹国（Seljuk Sultanate of Rum）的首都，这个国家覆盖了安纳托利亚大部分地区。塞尔柱苏丹们在科尼亚修建了几十处优美建筑，其建筑无疑是土耳其风格，但是也有波斯和拜占庭的根基在里面。科尼亚传统上就处在土耳其的中心地带，是富裕的"面包篮子"农业区域，现在轻工业、朝圣旅游业与农业有了同等重要的地位。

⊙ 景点

★ 梅乌拉那博物馆　博物馆

（Mevlâna Museum；见480页地图；☏0332-351 1215；Asanlı Kışla Caddesi，语音导览10里拉；⊙周一10:00~18:30，周二至周日 9:00~18:30；🚌Mevlâna）**免费** 无论是不是穆斯林，来到科尼亚，最主要的原因就是参观梅乌拉那博物馆，这里以前是旋转托钵僧的住所。我们得感谢杰拉莱丁·鲁米（Celaleddin Rumi，后来被称作梅乌拉那），正是因为有了他，世界上才有了旋转托钵僧，以及梅乌拉那博物馆。博物馆听起来似乎死气沉沉，但事实完全不同。作为土耳其最大的朝圣中心之一，这座博物馆一直充满了活力。

对穆斯林而言，这是个非常神圣的场所，每年有150万人前来朝拜，其中大部分是土耳其人，你可以看到很多人在这儿祈祷，希望得到鲁米的帮助。进门之前，女性应该用头巾遮住头和肩膀，而且不允许穿着短裤进入。

从较远的地方就可以看到此处建筑，它的圆顶上有个笛子状的尖塔，整个圆顶铺满了青绿色的瓷砖，是土耳其独特的景致之一。穿过漂亮的花园，再穿过**托钵僧之门**（Dervişan Kapısı），就进入了庭院，中心有个可以进行净体的喷泉。

在陵墓的入口处，奥斯曼风格的银门上镌刻着这样的话"不完整地走进去，完美地走出来"。进门前先脱鞋。进入陵墓后，一定要看看左手边青铜质地的大**四月之碗**（Nisan tası）。4月的降雨对这个地区的农业非常重要，这个13世纪的碗，曾经用来收集4月的雨水，至今人们仍然认为4月的雨水是神圣的。人们曾经把梅乌拉那头巾的一端放在水里蘸一下，然后把水提供给那些生病需要治疗的人喝。左边还有6个石棺，石棺的主人是巴哈丁·维利德（Bahaeddin Veled，鲁米的父亲）的支持者，从阿富汗一路跟随着他。

继续往前走，到达的房间位于笛子状尖塔的圆顶下面，在这里你可以看到**梅乌拉那之墓**（Mevlâna's Tomb，其中最大的那一个），两侧是他的儿子维利德苏丹和其他有名的托钵僧的石棺。石棺上面都覆盖着天鹅绒的罩子，上面有繁复的金线刺绣。梅乌拉那和他儿子的石棺上面的罩子上覆盖着大头巾，是精神权威的象征，覆盖的头巾数目越多，说明其精神领袖的地位也就越高。巴哈丁·维利德的木制棺椁是竖着放置的，这种布局使得梅乌拉那的虔诚信徒们说，因为梅乌拉那的神圣地位，连他的父亲都不得不站着以示敬意。平台上共有66个石棺，有些石棺是看不到的。

梅乌拉那之墓建于塞尔柱时期。清真寺和托钵僧聚会的舞蹈厅（semahane），也就是旋转舞仪式举行的地方，是奥斯曼帝国的苏丹们后来加盖的[穆罕默德二世（Mehmet the Conqueror）是一位梅乌拉那的信徒，苏莱曼一世（Süleyman the Magnificent）则对这个教派慷慨捐赠]。谢里姆一世（Selim Ⅰ）征服了埃及，捐出了马穆鲁克（Mamluk）水晶灯。

墓室左边的小**清真寺和舞蹈厅**有物品展出，其中有乐器、《玛斯纳维》的原稿、梅乌

Konya 科尼亚

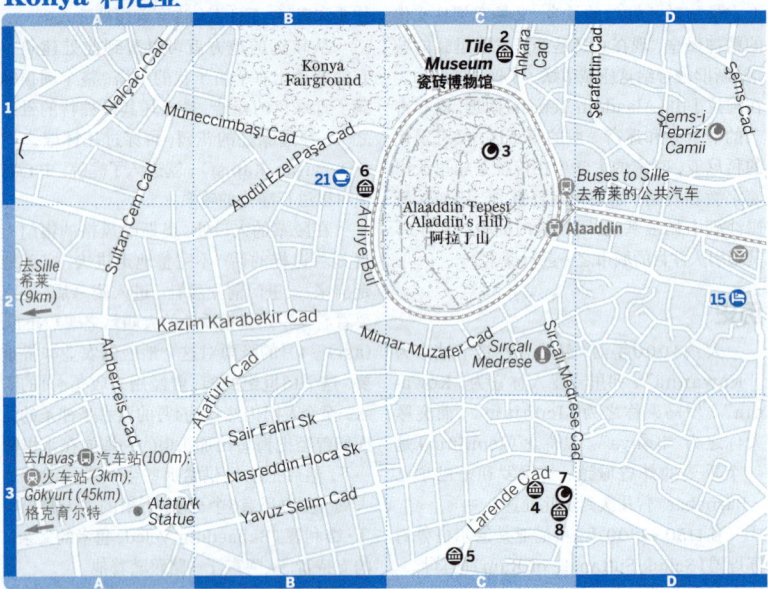

拉那祈祷用的垫子,还有一本9世纪羚羊皮革的基督教手稿。里面还有一个首饰盒,装有几缕梅乌拉那的胡须,另外还有一本超级袖珍版的《古兰经》,书写这本经书的人为此而失明。注意米哈拉布(mihrab)左边的祈祷毯(seccade),上面有麦加圣堂的图案。这张祈祷毯产自伊朗,使用丝线和羊毛编织,非常精致,一共有300万个绳结(大约每平方厘米要打结144次)。

住所的**厨房**(matbah)在庭院的西南角。厨房的陈设是按照梅乌拉那时期的风格摆放的,厨房里设有打扮成托钵僧的人物模型。留意这里的木制练习板,这是初级托钵僧用来学习如何旋转的。托钵僧居住过的单人小房间设在庭院的北边和西边,里面有大量的陈设,讲述着托钵僧的生活。

参观博物馆的游客非常多,观看展示内容需要连推带挤、接踵摩肩。如果想静静参观所有展品,可以选择非周末的清晨来。但另一方面,忙碌的日子里,这里的气氛几乎让人上瘾,即使不能好好探索博物馆的展品,似乎也无关紧要了。

在博物馆旁边的是**塞利米耶清真寺**(Selimiye Camii;见480页地图;Mevlâna Caddesi)。

★ **瓷砖博物馆**   博物馆

(Karatay Medresesi Çini Müzesi, Tile Museum;见480页地图;◯0332-351 1914;Alaaddin Meydanı;5里拉;◯9:00~18:40)这里以前是塞尔柱王朝时期的一座神学院(建于1251年),修复得非常美丽。内部的中央穹顶和墙面展示了一些保存得很好的塞尔柱铺砖。里面的陶瓷藏品也非常出众,其中就有在贝伊谢希尔湖(Lake Beyşehir)发掘Kubad Abad宫殿时出土的塞尔柱八边形瓷砖。埃米尔·杰拉莱丁·卡拉塔伊(Emir Celaleddin Karatay),一位塞尔柱时期的将军、宰相和政治家修建了这座神学院,死后埋在角落的一个房间里。

木制品和石雕艺术博物馆   博物馆

(Tas ve Ahsap Eserler Müzesi, Museum of Wooden Artefacts & Stone Carving;见480页地图;◯0332-351 3204;Adliye Bulvarı;5里拉;◯9:00~18:40)前身是细塔神学院(İnce Minare Medresesi),现在是木制品和石雕艺术博物馆,于1264年为塞尔柱的宰相Sahip Ata而修建。里面有许多雕刻作品,它们的图案与瓷砖和陶器的图案相似。塞尔柱人并不遵循

Konya 科尼亚

◎ **重要景点**
1 梅乌拉那博物馆 F2
2 瓷砖博物馆 C1

◎ **景点**
3 阿拉丁清真寺 C1
4 考古博物馆 C3
5 民族志博物馆 C3
6 木制品和石雕艺术博物馆 B1
7 撒西比-阿塔清真寺 C3
8 萨希卜伊阿塔基金会博物馆 C3
9 塞利米耶清真寺 F2

🛏 **住宿**
10 Bera Mevlâna E2
11 Derviş Otel F2
12 Hich Hotel F2
13 Hotel Rumi F2
14 Hotel Yasin E2
15 Ulusan Otel D2

🍴 **就餐**
16 Deva 1 Restaurant F2
17 Konak Konya Mutfağı F3
18 Şifa Lokantası E2
19 Somatçi F3

🍷 **饮品和夜生活**
20 HI Cafe F2
21 Osmanlı Çarşısı B1

🛍 **购物**
22 巴扎 E2

伊斯兰教禁止使用人和动物形象的传统,图案中有鸟(比如塞尔柱人的双头鹰)、人、狮子和豹子。

八边形的青绿色**宣礼塔**外部有浮雕,这座塔有超过600年的历史,神学院因此而得名。现在这座塔看起来不高,这是因为闪电摧毁了它的顶部。

阿拉丁清真寺
清真寺

(Alaaddin Camii;见480页地图)在科尼亚,除了梅乌拉那圣地(梅乌拉那博物馆)之外,这里就是最重要的宗教建筑了。这座塞尔柱清真寺坐落在阿拉丁山上,是为鲁姆苏丹国的阿拉丁·凯库巴德一世(Alaeddin Keykubad Ⅰ,1219~1231年在位)修建的。这座布局凌乱的13世纪建筑是由一位大马士革的建筑师设计的,充满阿拉伯风格。多少个世纪以来,这座清真寺经历了装饰、整修、摧毁,又经历了修复。清真寺北面原来的入口气势宏大,使用了早期拜占庭和罗马时代的建筑装饰物。

清真寺周围环绕着**阿拉丁山**,这里是城里最受欢迎的花园和公园。春天最美丽的时候,这里就像一条鲜艳的盛开着郁金香的毯子。这里还有几家怡人的茶馆和咖啡馆。

阿拉丁山上的清真寺和周边区域在我们上次到访期间正在进行大修。

撒西比-阿塔清真寺
清真寺

(Sahibi Ata Külliyesi;见480页地图;Larende Caddesi;⊙9:00至正午和13:00~17:00)在这个内部建有宣礼塔的宏伟大门后面,就是撒西比-阿塔清真寺,最初建于Alaaddin Keykavus统治的时期。在1871年,它被一场大火摧毁,后来以13世纪的风格重建。这里的米哈拉布是典型的蓝色塞尔柱瓷砖作品。

萨希卜伊阿塔基金会博物馆
博物馆

(Sahib-i Ata Vakıf Müzesi;见480页地图;Sırçalı Medrese Caddesi;⊙9:00~17:00)**免费**

鲁米——旋转舞的创始人

鲁姆苏丹国时期的鲁米（Celaleddin Rumi）是世界上最伟大的神秘派哲学家之一。他的诗歌和宗教著作（大多数都是波斯语——当时的文学文字）至今仍是伊斯兰世界最受人们热爱和尊重的作品。鲁米后来被他的追随者尊称为梅乌拉那（意思是"我们的向导"）。

鲁米于1207年出生在Balkh（阿富汗）。在蒙古人入侵之际，他们举家搬到了麦加，然后又搬到了鲁姆苏丹国，并于1228年抵达了科尼亚。鲁米的父亲巴哈丁·维利德（Bahaeddin Veled）是一位著名的教士，被誉为学者中的苏丹（Sultan of Scholars），鲁米则成长为一位出色的伊斯兰神学院学生。1231年，他的父亲去世了，随后他前往阿勒颇（Aleppo）和大马士革（Damascus）学习，并于1240年返回科尼亚居住。

1244年，他遇到了Mehmet Şemseddin Tebrizi（也称为Şemsi Tebrizi或Şems of Tabriz），他父亲的苏非派（伊斯兰教神秘主义教派）信徒之一。Tebrizi对鲁米产生了深厚的影响，但是由于鲁米的信徒很妒忌Tebrizi对鲁米（他们的大师）的决定性影响，一群愤怒的信徒于1247年将Tebrizi处死。Tebrizi的死对鲁米打击很大，从此他不再过问世事，开始了冥想沉思，创作出了他最伟大的诗作：长达2.5万句的长诗《玛斯纳维》（*Mathnawi*，土耳其语为"Mesnevi"）。他还写了很多格言警句、四行诗（ruba'i）和对句抒情诗（ghazal）等诗作，收集在他的《大作品集》（*Divan-i Kebir*）中。

梅乌拉那教义的中心思想就是包容，就如下面的诗篇中写的那样："来吧，无论你是谁。即使你是没有宗教信仰的人、异教徒或是崇拜火的人，来吧。我们并非因为绝望才聚在一起。即使你忏悔的誓言已经被你背弃了一百次，还是来吧。"

鲁米于1273年12月17日去世，这一天被称为他和真主安拉的"成婚之夜"。他的儿子维利德苏丹（Sultan Veled）组织他的追随者成立了教会，称为梅夫拉维（Mevlevi），或是旋转托钵僧。

梅乌拉那死后几百年的时间里，在奥斯曼王朝的版图内，建起了上百座托钵僧住所。过去，托钵僧在国家的政治、社会和经济生活方面是一股保守势力，有很大的影响，很多奥斯曼苏丹都是梅夫拉维苏非派（神秘派）的信徒。阿塔图克将托钵僧视为土耳其民族进步途中的障碍，因此在1925年下令取缔，但还是有几个修道会作为宗教社团幸存下来。位于科尼亚的这处住所在1957年被设立为"文化协会"，旨在保护历史传统，从而获得了新生。

这座古老的托钵僧住所的内部是红砖和蓝色瓷砖，里面是萨希卜伊阿塔基金会博物馆，如今还收藏着宗教用品，很有意思。

考古博物馆   博物馆

（Archaeological Museum；见480页地图；0332-351 3207；Larende Caddesi；5里拉；周二至周日9:00~18:30）这座到处都是灰尘的考古博物馆展示的是有趣的恰塔霍裕克的考古发现，其中有一个小女孩的骨骸，她的手里还抓着用石头和骨头做的饰物。同时还展出了拥有漫长历史的文物，从红铜时代的赤陶罐子到赫梯时代的楔形文字，其中有亚述人的油灯，形状像一串葡萄；还有一具罗马石棺，石棺上用隆雕的手法叙述了大力士赫基拉克勒斯的故事。

民族志博物馆   博物馆

（Ethnographic Museum；见480页地图；Larende Caddesi；5里拉；周二至周日8:30~12:30和13:30~17:00）很少有人前来参观。里面奥斯曼时期的手工艺藏品很不错，不过有些展览看上去好像落了灰尘，没有受到精心保护。

科于诺鲁博物馆   博物馆

（Koyunoğlu Museum；Kerimler Caddesi 25；周二至周日8:00~12:30和13:30~17:00）**免费** 这家博物馆很有意思，铁路督查Izzet Koyunoğlu的足迹遍及整个土耳其，在他的旅途中，他收集了所有可收集的、稀奇古怪的东西。那只鹈鹕标本看起来疲惫不堪，让人无比同情。还有各种很棒的展品，其中有史前骨骸、犀牛角做的念珠、猛犸象骨、黄杨木的勺子（上面有关于食物的至理名言）、19世纪的马车座钟，还有科尼亚的老照片。

节日和活动

梅乌拉那节　　　　　　　　　　　宗教

（Mevlâna Festival; Mevlâna Culture Centre; ◎12月）每年的梅乌拉那节会持续两个星期，并于12月17日，也就是梅乌拉那和真主安拉的"成婚之夜"达到高潮。要尽早预订门票（和住宿），可以联系旅游办公室（见484页）寻求帮助。如果没能买到票，市中心旁边的林荫道也会举行舞蹈，但是质量有所区别。

住宿

科尼亚当然不缺酒店，但是要注意在梅乌拉那节期间，房间价格会上涨，一定要预订。

Ulusan Otel　　　　　　　　　　酒店 $

（见480页地图；☎0332-351 5004, 0532 488 2333; ulusanhotel@hotmail.com; Çarşi PTT Arkasi 4; 标单/双 40/80里拉; ◎⚡）这是科尼亚便宜酒店中的珍宝。房间都是最基本的配置，但是非常明亮，一尘不染。共用的浴室非常洁净（有些房间有自己的浴室），公共区域装饰了很多家常小摆设。

Hotel Yasin　　　　　　　　　　酒店 $

（见480页地图；☎0332-351 1624; www.otelyasin.com; Yusuf Ağa Sokak 21; 标单/双 50/100里拉; ⚡）这家酒店位于露天市场的中心，选择这里不仅仅是因为价格便宜。背包客们会发现这里有许多称心的房间都保养得当，光线充足，服务友好。

★ Derviş Otel　　　　　　　　精品酒店 $$

（见480页地图；☎0332-350 0842; www.dervishotel.com; Güngör Sokak 7; 房 50~75欧元，家 100欧元; ◎❄⚡）这是一栋有着200年历史的建筑，被改建成一家相当不错的精品酒店。7个宽敞的房间色调柔和，木地板上铺的是当地的地毯，床铺非常舒适，浴室设备现代。酒店管理热情周到，提供真正的个人服务，相较于科尼亚其他不怎么知名的酒店，这是最佳的选择。

Hotel Rumi　　　　　　　　　　酒店 $$

（见480页地图；☎0332-353 1121; www.rumihotel.com; Durakfakih Sokak 5; 标单/双/标三 35/55/70欧元; ❄⚡）酒店的房间（有家庭便利设施，如水壶）有些偏小，色调为时尚的米黄色。工作人员乐于提供真诚的服务，在楼顶上的早餐室正好可以看到梅乌拉那博物馆绝妙的景致。这里是科尼亚中心地带中一片安静的绿洲。

Bera Mevlâna　　　　　　　　商务酒店 $$

（见480页地图；☎0332-350 4242; www.bera.com.tr; Mevlâna Caddesi; 标单/双 100/150里拉; ❄⚡）这家中等规模的土耳其商务风格酒店有宽敞的房间，漂亮的现代化浴室，物超所值。员工友好，市中心的地理位置简直无与伦比。

★ Hich Hotel　　　　　　　　　精品酒店 $$$

（见480页地图；☎0332-353 4424; www.hichhotel.com; Celal Sokak 6; 房 80~150欧元; ◎❄⚡）这家设计酒店将当代风格的家具和豪华元素融为一体，如房间中的浓缩咖啡机，位于两座150年历史的古老又优雅的建筑中。这里有华丽的地板瓷砖，大量的彩绘玻璃窗。外面有座阳光充足的花园露台咖啡馆，片刻工夫你就可以来到梅乌拉那博物馆。

餐饮

科尼亚的特色菜是烤炉（firin）烤串。使用烤炉烘烤一片片（希望是）鲜嫩肥美的羊肉，配上蓬松的面包。这座城市里的烘焙师做的土耳其比萨也很不错，上面堆有切碎的羊羔肉、奶酪或是鸡蛋。在科尼亚，土耳其比萨被称作etliekmek（有肉的面包）。

★ Somatçi　　　　　　　　　安纳托利亚菜 $

（见480页地图；☎0332-351 6696; www.somatci.com; Mengüc Sokak 36; 菜 6.50~25里拉; ◎9:00~23:00; ✍）这家餐厅再现了塞尔柱和奥斯曼时代的古老食谱，采用最优质的食材，将每一道菜都做得很华丽。员工很乐意推荐菜肴，餐厅本身也位于一座精心修复过的老建筑中，恰到好处。

★ Konak Konya Mutfağı　　安纳托利亚菜 $

（见480页地图；☎0322-352 8547; Piriesat

Caddesi 5; 主菜 10~22里拉; ⓘ11:00~22:00; ⓘ）这家传统餐厅的主人是著名的美食作家Nevin Halıcı，她将自己的创意融入土耳其传统之中。在外面找一张桌子坐下，享受爬满葡萄藤的柱子和满是玫瑰芳香的花园。tirit（酸奶和棕色奶油浸面包沫）及fıran kebap都很好。酷爱茄子的人不能错过sebzeli közleme（烧烤的烟熏茄子和羊羔肉），喜欢甜食的人当然要留点肚子品尝这里美味的甜点。

Deva 1 Restaurant　　烤肉 $

（见480页地图；ⓘ0332-350 0519; Mevlâna Caddesi; 主菜 16~22里拉; ⓘ11:30~22:00）这里是我们最喜欢的品尝科尼亚特色fırın kebap的地方。肉总是很多汁，烹饪方式堪称完美。

Şifa Lokantası　　熟食餐馆 $

（见480页地图；ⓘ0332-352 0519; Mevlâna Caddesi 29; 主菜 8~21里拉; ⓘ10:00~21:30; ⓘ）超级快的服务速度使得这家便宜讨喜的餐厅成了午餐人群的最爱。土耳其比萨填满了馅料，新鲜美味，烤肉很棒，总是有几种蔬菜可供选择。

HI Cafe　　咖啡馆

（见480页地图；Mevlâna Caddesi; 咖啡 8~10里拉; ⓘ10:30~20:00）这家时髦的咖啡馆是科尼亚追逐潮流的证明，提供卡布奇诺、法压壶冲泡的咖啡和果汁刨冰，就在梅乌拉那博物馆门口。咖啡馆散发着浓厚的当代气息——有厚重的木板和糖霜食物——温馨的服务比咖啡给人的感觉更好。

Osmanlı Çarşısı　　咖啡馆

（见480页地图；ⓘ0332-353 3257; İnce Minare Sokak 35a; ⓘ11:00~21:00）一座20世纪早期颇具风情的房子。在露台和街边都有位子，还有很多的靠垫，学生们在这儿吸着水烟谈论政治，老前辈们也坐在他们占据了一年又一年的椅子上玩着多米诺骨牌。

🛍 购物

巴扎　　市场

（Bazaar; 见480页地图）科尼亚的巴扎从邮局大楼一直延伸到梅乌拉那博物馆，狭窄的街道上挤满了摊位，到处都是沿街叫卖的小贩，偶尔还有马车经过。出售宗教用品和廉价纪念品的商店都集中在梅乌拉那博物馆的那一端。

ℹ 实用信息

旅游办公室（见480页地图；ⓘ0332-353 4020; Aslanı Kışla Caddesi; ⓘ周一至周日 9:00~17:00）员工非常热心，信息实用，发放免费的城市地图，还有覆盖科尼亚及周边历史遗址的各种宣传册，组织导览团，提供每周旋转托钵僧表演的信息。

危险和麻烦

科尼亚一直都以保守的宗教信仰著称。这一点可能会给你带来不便，而且你还得特别小心，不要招惹虔诚的信徒，不要惹麻烦。如果你是在斋月的时候来参观，就得知道白天斋戒的时候，餐馆是关门的。为了尊重那些斋戒的人，白天在公共场合不要吃喝东西。

比起其他的土耳其城市，非穆斯林妇女在这片注重礼节规矩的保守之地，更容易遇到麻烦，穿着保守能让你避免很多问题。男性身着短裤到处闲逛，不会遇到大问题，但是最好还是穿长一点的裤子，以便融入当地的风俗。

曾有男性游客报告说自己在Tarihi Mahkeme浴室遭到猥亵。

ℹ 到达和离开

飞机

土耳其航空公司（ⓘ0332-321 2100; Ferit Paşa Caddesi; ⓘ周一至周五 8:30~17:30, 周六 至 13:30）和**飞马航空公司**（www.flypgs.com）每天都有几趟班机往返伊斯坦布尔和科尼亚。

机场在城市中心东北方向13公里处，搭乘出租车的费用为40~50里拉。

Havaş（ⓘ0332-239 0105; www.havas.net; Turkish Airlines Office, Ferit Paşa Caddesi; 10里拉）运营一趟机场巴士（30分钟，时间取决于航班到达/出发时间）往返机场和科尼亚。巴士从阿拉丁山附近的土耳其航空公司办事处发车。

长途汽车

科尼亚的**长途汽车站**（İstanbul Caddesi）在阿拉丁山以北7公里的地方，从市中心可以乘坐有轨电车到达。有定点长途汽车发往主要目的地，其中就有安卡拉（30里拉，3.5小时）、安塔利亚（40里拉，5小时）、伊斯坦布尔（70里拉，11.5小时）、卡拉曼（20里拉，1.5小时）、内夫谢希尔

值得一游

希莱

如果你想从科尼亚出发来一次轻松的远足,那就朝着村庄希莱(Sille)出发吧。在那儿,有一面岩石崖壁上全是洞穴住所和小教堂,可以眺望山谷中线条柔和的村舍,花盆里三色堇盛开如锦。

在当地巴士站最后一站附近,有一座圆顶的拜占庭**圣海伦教堂**(Ayaelena Kilisesi, St Helen's Church; Hükümet Caddesi; ◎周二至周六 9:00~18:00),据说是由君士坦丁大帝的母亲、海伦娜皇后(Empress Helena)修建的,不过现在的建筑要追溯到19世纪末。内墙和栋梁上的壁画——有一幅描绘的是基督洗礼的场景,还能看到圣徒——已经全面修复。

在北面的山上有一处毁坏的小教堂**Küçük Kilese**(◎周二至周日 9:00~18:00),也已完成修复,现在是**时间博物馆**(Zaman Müzesi),收藏有少量各个时代的计时工具。藏品本身并无什么特别,不过露台上能看到整座村庄,所以值得爬山前来。

除了教堂之外,村子后面还有一系列在软性岩石上开凿出来的**洞穴居所**和小礼拜堂,维护得都不是太好,但探索起来很有趣。

到达和离开

64路公共汽车从**科尼亚**(见480页地图)阿拉丁山对面的Mevlâna Caddesi(在邮局附近)出发,大约每30分钟1班车,前往希莱(3.20里拉,25分钟)。回程的车次从圣海伦教堂对面的汽车站出发。

要乘坐公共汽车,需要有科尼亚ELKart交通卡(1里拉,在希莱和科尼亚都可购买)。

(30里拉,3小时)和锡瓦斯(50里拉,7小时)。在Mevlâna Caddesi沿途和阿拉丁山附近都有汽车公司售票处。

Karatay终点站(Eski Garaj, Karatay Terminal;见480页地图;Pırıeasat Caddesi)在梅乌拉那博物馆西南方向1公里的地方,有公交车和小巴发往当地村庄。

火车

火车站(Alay Caddesi)位于市中心西南方向3公里的地方。科尼亚和安卡拉之间每天有7班高速列车(经济/商务 30/43里拉,2小时)。

❶ 当地交通

如果要乘坐科尼亚的城市公共汽车、有轨电车和小巴,你需要购买科尼亚ElKart卡(1里拉),在售票亭、报刊亭和各大交通运输车站和附近的许多小杂货店都能买到。

从长途汽车站前往市中心,搭乘任何一趟从车站东边出发到阿拉丁山(30分钟)的有轨电车,车票价格为3.20里拉,凭票可以乘坐有轨电车两次。有轨电车每天运行24小时,午夜之后每小时1趟车次。从车站到市中心搭乘出租车,大约需要25里拉。

从火车站到市中心,有半小时1班的小巴。从火车站搭乘出租车到梅乌拉那博物馆大约需要15里拉。

Mevlâna Caddesi沿途有数不清的小巴和城市公共汽车。主要公共汽车站(可乘坐公汽前往长途汽车站和郊区)在Mevlâna Caddesi和Adliye Bulvarı街交叉路口。

科尼亚周边(Around Konya)

恰塔霍裕克(Çatalhöyük)

这可不是因为科尼亚平原的炎热而产生的幻觉。**恰塔霍裕克**(◎8:00~17:00)**免费** 高出平地20米的东土丘是世界上最大的新石器时期聚居地的遗址。大约9500年前,有多达8000人聚居于此地,这座土丘有13个土层的建筑,每个土层大约有1000个建筑物。这个古代中心除了发掘区域之外,就没有多少东西遗留下来了,这里吸引着全世界的考古学家。

如果你是在6月至9月来访,这个时候正是大多数考古发掘的时间,你还可以找个专家聊聊天。其他时候,这里的**博物馆**会很好地展示遗址和考古发掘地点。考古发掘工作开始于1961年,在英国考古学家James Mellaart的带领下进行,之后在当地团体的参与之下，一直持续到现在。Mellaart有关母亲神教崇拜的理论引起了争议，引得土耳其政府将该遗址关闭了30年。

在博物馆的入口处有一座**实验房**，是一座重建的泥砖棚屋，用于检测关于新石器时代的各种理论。恰塔霍裕克古人居住的住宅，都紧紧地连在一起，房子之间依靠屋顶的梯子相连，而不是依靠街道相连。房子一旦破损，就将它填满，然后在它之上再修新的房屋。地板之下发现过骨骸，也许大多数房子同时也兼作圣所。这处聚居地组织高度发达，但是看不出有明显的中央政府体系的迹象。

从博物馆出发，可以穿过土丘到达有顶的**北掩体**（north shelter），考古发掘出了几处建筑的遗址，其轮廓依稀可见。经过一条小路就可以到达**南区**。这里有厚达21米的考古沉积层，这个遗址最有名的发现都是在这儿出土的。由Mellaart开始的最底层的挖掘，是恰塔霍裕克最深的考古层，沉积了超过9000年的物质。在两个发掘区的观景台上都有解说牌，能够帮助你了解这个地方。

ℹ 到达和离开

科尼亚位于这里西北方向33公里的地方。从科尼亚搭乘公共交通到达这里，需要乘坐Karkın小巴，巴士从卡拉塔伊终点站（也称Eski Garaj）发车，发车时间为周末的7:00、9:30和16:50。在Kük Koy下车（7.50里拉，45分钟），然后步行1公里就到了恰塔霍裕克，你也可以让巴士司机把你一路送到目的地。返回时，小巴从Kük Koy发车的时间是7:15、15:00和19:00。周末乘汽车前往比较困难：周六9:00和正午有车，周日无车。

从科尼亚出发到恰塔霍裕克，搭乘出租车往返花费大约50里拉。

格克育尔特（Gökyurt）

位于科尼亚西南处的卡帕多基亚地区的一角，格克育尔特（古时的Kilistra）的景色会使你想起在卡帕多基亚的厄赫拉热峡谷（Ihlara Valley）看到的景色：一条峡谷中，两边的岩石上凿出了住所和中世纪的教堂，但是这里没有拥挤的人群，可以作为半日短途游的理想目的地。

人们认为，圣保罗在他的三次安纳托利亚之行期间，都在此处停留过。这个地方长期以来都是基督教的朝圣之地。

这里还有一座特别漂亮的教堂，完全是在岩石中凿出来的，但是没有壁画。洞穴所在的村庄中，到处都是始终满面笑容的村民，他们真的会牵着你的手带你去最美的洞穴。这里探索完毕之后，可以出发开始自己的探险，步行穿越周围绝美的风景，寻找更多的洞穴居所。

ℹ 到达和离开

到达这里唯一的方式，就是从45公里外的科尼亚直接出发，或是开车，或是搭乘出租车，如果是乘出租车，往返（包括候车时间）会收费150~200里拉。从科尼亚的卡拉塔伊终点站每天有几趟公交车前往Hatunsaray，距离格克育尔特还有18公里，但从那里你必须搭乘出租车，而Hatunsaray的出租车司机出了名的会敲乘客的竹杠，收取的费用会比从科尼亚直接出发还要贵。

如果是自驾车，你得走安塔利亚公路，然后一路按着标识来到Akören。大约34公里之后，就可以到达距离Hatunsaray只有几公里的地方，在路的右边有一个小小的棕色色指示牌，上面写着"Kilistra-Gökyurt, 16km"。要是骑自行车，得小心到处乱跑的牧羊犬。

卡帕多基亚

包括 ➡

格雷梅	490
乌奇希萨尔	501
恰乌辛	503
阿瓦诺斯	505
于尔古玉普	513
穆斯塔法帕夏	519
阿拉山国家公园	524
厄赫拉热峡谷	525
开塞利	529

最佳餐饮

➤ Cappadocia Home Cooking（见520页）

➤ Ziggy Cafe（见517页）

➤ Saklı Konak（见503页）

➤ Topdeck Cave Restaurant（见499页）

➤ Alamet-i Farika（见532页）

最佳住宿

➤ Hezen Cave Hotel（见512页）

➤ Koza Cave Hotel（见498页）

➤ Kelebek Hotel（见497页）

➤ Sota Cappadocia（见516页）

➤ Esbelli Evi（见516页）

为何去

仿佛是从天马行空的神话世界中走出，又被安放在荒凉的安纳托利亚平原中的一块土地上，卡帕多基亚的地貌以奇异的蜂窝状丘陵和高耸的岩石为主，造就出一种非现实的超然之美。这片土地上的人类历史也同样璀璨迷人。人们很早就学会利用这里的软质岩石，在地下挖洞居住，乡村地区因此散落着迷人的洞穴风格建筑。格雷梅露天博物馆中装饰着壁画的石窟教堂、代林库尤和凯马克勒的地下窑洞避难所是最著名的景点，也可以选择入住一家卡帕多基亚的洞穴酒店，享受21世纪的洞穴居住体验。

无论你是被徒步的欲望怂恿来此，或是着迷于这里的历史文化，还是被做一夜现代穴居人的想法所吸引，这里月球表面般的奇异地貌都将令你永生难忘。连绵起伏的丘陵山谷仿佛一个暗橙色与奶油色相间的调色板，一切都是那么的梦幻缥缈。

何时去

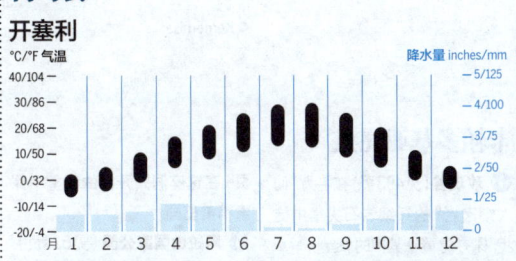

开塞利

5月 到月球般荒凉的山谷中，参加卡帕多克斯节，品味艺术、音乐，练练瑜伽。

7月 穿上你的徒步鞋。这是造访阿拉山的最佳时间。

12月至次年2月 加入滑雪胜地埃尔吉亚斯山上的初学者队伍。

卡帕多基亚亮点

① **玫瑰谷**(见493页)在名为"仙人烟囱岩"的纤细岩石尖塔中徒步,探寻隐藏在其中的教堂。

② **代林库尤**(见511页)钻进卡帕多基亚最深的地下城市探索拜占庭时期的隧道。

③ **格雷梅露天博物馆**(见491页)在这座洞穴开凿的教堂中探索精美壁画。

④ **阿拉山国家公园**(见524页)在小路上体验塔亚斯山美景。

⑤ **济尔维**(见505页)想象一下在被遗弃的山洞内、粗糙崖壁中的洞窟生活。

⑥ **厄赫拉热峡谷**(见525页)徜徉在苍翠山野和垂直峭壁间,探寻凿刻在岩石中的教堂。

⑦ **乌奇希萨尔城堡**(见502页)从山顶眺望起伏的岩石全景。

⑧ **索安利村**(见521页)探索在圆锥形岩石中开凿出的修道院。

历史

公元前1800年至公元前1200年，赫梯人定居在卡帕多基亚（Kapadokya）。其后这里由一些小王国掌控，接着，波斯人和罗马人先后到来。罗马人最终在这里建造了地区首府恺撒利亚（Caesarea），也就是今天的开塞利（Kayseri）。在罗马帝国和拜占庭帝国时期，卡帕多基亚成为早期基督徒的避难所。4~11世纪，基督教在这里发展兴盛。本地大部分的教堂、修道院和地下城市都是在这段时间兴建的。后来，统治这里的塞尔柱王国和奥斯曼帝国，也都对基督徒持宽容态度。

随着时间的流逝，卡帕多基亚逐步失去了它在安纳托利亚的重要性。直到1907年一个法国牧师重新发现了开辟在岩石内的一些教堂，它的光辉历史才被人们记起。20世纪80年代，游客蜂拥而至，开启了卡帕多基亚的新时代。如今，卡帕多基亚是土耳其最著名、人气最旺的旅游胜地之一。

团队游

卡帕多基亚有数不清的旅行社。每年旺季开始前，旅行社之间会统一协商并设置旅行团的价格。不过，不同公司的导游质量和游览路线还是会有些许差异，所以还是应该货比三家。

大部分旅行社都提供两种标准的当地全日游，即红色团队游和绿色团队游。

红色团队游一般包括参观格雷梅露天博物馆、乌奇希萨尔岩石城堡（Uçhisar rock castle）、帕夏贝和戴夫兰特峡谷（Paşabağı and Devrent Valleys）和阿瓦诺斯（Avanos）。绿色团队游包括厄赫拉热峡谷（Ihlara Valley）的徒步之旅和地下城之旅。大多数公司的红色团队游价格在100~110里拉，绿色团队游为120里拉。

大部分旅行团的行程最后一站会是某家地毯店、玛瑙店或者陶器工坊，这些商店也值得一看。店里会有传统的卡帕多基亚工匠在现场工作，很有趣。但如果你对这些不感兴趣，可以在旅行前声明不进商店。当地大部分的酒店都会与一到两家旅行社合作。不同旅行社之间的日程会有稍许区别，所以值得多看几家。

绝大多数旅行社都会组织日间徒步导览游，一般是在玫瑰谷（Güllüdere）、Kızılçukur（红色游）或梅斯肯德尔峡谷（Meskendir Valleys）。资费根据目的地、难度等级和距离的不同而不同。

其余热门团队游目的地有索安利峡谷（Soğanlı Valley，包括在凯斯里克修道院和索贝索斯停留）和去内姆鲁特山（Nemrut Dağı）的多日之旅。

我们强烈建议，你不要刚到伊斯坦布尔就订好昂贵的全包游服务。如果时间有限，又想去卡帕多基亚玩，最好直接找一家卡帕多基亚当地的旅行社预订。

❶ 危险和麻烦

大部分开往卡帕多基亚的长途汽车都停靠在内夫谢希尔（Nevşehir）西边的终点站，那里有免费的接驳车把你送到最终的目的地。不过你要确认车票上写明了长途车开往格雷梅（Göreme）或者于尔古玉普（Ürgüp）等，而不仅仅是到"Cappadocia"。要注意内夫谢希尔长途汽车站的一些旅游公司名声很差，他们会引诱你选择他们的私营接驳车，然后在车上强行兜售他们的短途游和在内夫谢希尔的旅店。我们建议，不要购买内夫谢希尔任何旅行社的服务。正牌大公司的接驳车通常都会直接对接你的长途汽车，而且车身上都有清晰的公司标志。

如果你在内夫谢希尔找不到正规公司的接驳车或者出租车，但已经在附近的村子订好了酒店，最好致电酒店寻求帮助。很长时间以来，内夫谢希尔公共汽车站的混乱都是一个问题。周边地区的旅游行业也都很清楚这回事。

在卡帕多基亚中部的峡谷中漫步是非常美妙的体验，千万不要错过。但单独前往，且不想雇用导游的游客，在进入这片荒凉之地探险前，最好能和其他人结伴而行，因为近些年山谷里发生过数起女性旅游者遇袭事件。另外，建议天黑后不要去峡谷和没有路灯的小路。

据说，与全世界其他许多热门旅游目的地相比，卡帕多基亚对女性独行游客来说仍然是非常安全的地方。就和在其他旅游目的地一样，游客应当遵守一些安全常识。独行游客应该谨慎接受新认识的人去峡谷的邀约。所有的徒步游客都应该将酒店电话储存在手机中，作为明智的预防措施，以防迷路或遇到事故。

ⓘ 到达和离开

飞机

卡帕多基亚中部有两个机场：**开塞利机场**(Kayseri Airport; Kayseri Erkilet Havalimanı; ☎0352-337 5494; www.kayseri.dhmi.gov.tr; Kayseri Caddesi) 和**内夫谢希尔机场**(Nevşehir Airport; Nevşehir Kapadokya Havalimanı; ☎0384-421 4451; www.kapadokya.dhmi.gov.tr; Nevşehir Kapadokya Havaalanı Yolu, Gülşehir)。两家每天都有数趟航班抵离伊斯坦布尔。主要的航空公司有**土耳其航空**(www.turkishairlines.com)和**飞马航空**(Pegasus Airlines; www.flypgs.com)。

内夫谢尔机场于2016年年中开始关闭，开放期限不定，所以航班可能只能从这里往返开塞利。

长途汽车

伊斯坦布尔和其他土耳其西部城市到卡帕多基亚的长途汽车大多数都是过夜车，终点站是内夫谢希尔。如果你买的车票终点站是乌奇希萨尔（Uçhisar）、格雷梅（Göreme）、阿瓦诺斯（Avanos）或者于尔古玉普（Ürgüp），公交公司会有接驳车把你送到目的地。从安卡拉出发，全天有多趟车。

火车

最近的火车站在尼代（Niğde）和开塞利。

ⓘ 当地交通

抵离机场

卡帕多基亚机场和许多村庄之间都有摆渡车服务，价格公道，但必须预订。如果已经预订住处，最方便的办法是请你入住的酒店为你安排一张机场摆渡车的车票，不过要注意的是，有些酒店开出的接驳服务价格高到离谱。你也可以直接向机场摆渡车公司订票。

机场摆渡服务公司有好几家，不过首选还是**Helios Transfer**（见492页地图；☎0384 271 2257; www.heliostransfer.com; Adnan Menderes Caddesi 24/A, Göreme; 抵离每个机场 每位乘客10欧元）和**Cappadocia Express**（见492页地图；☎0384-271 3070; www.cappadociatransport.com; Iceridere Sokak 3, Göreme; 抵离内夫谢希尔机场 每位乘客20里拉，抵离开塞利机场 每位乘客25里拉），它们的车次覆盖了两个机场到达和离开的所有航班，并能对阿瓦诺斯、卡瓦辛（Cavasin）、格雷梅、内夫谢希尔和于尔古玉普的所有酒店住客提供接送服务。

小汽车和摩托车

卡帕多基亚是自驾游的天堂。车辆稀少，路况也不错。当地有充足的停车位，但从一些洞穴旅馆的停车场进出还是有些难度的。

当地交通

当地的小巴（2~4里拉，根据距离远近而价格不同）往返于于尔古玉普和阿瓦诺斯，途经奥塔希萨（Ortahisar）、格雷梅露天博物馆、格雷梅、恰乌辛（Çavuşin）、帕夏贝（Paşabağı）和济尔维（Zelve）。从于尔古玉普发出的班次在8:00~19:00，每小时1班。反方向从阿瓦诺斯发出的班次在8:00~20:00，也是每小时1班。你可以在沿途任意地方上下车。

村庄之间也有其他小巴服务。

可以跟团游览位于卡帕多基亚西南的厄赫拉热峡谷，当天往返。如果你想自己去那里，就要做好在当地住宿的打算，因为在内夫谢希尔和阿克萨赖（Aksaray）换车都会拖延你的旅行时间。

出租车

出租车是往来村庄之间便利的交通方式，尤其是在夜晚公共交通工具停运之后。可以打表，但是长途路程会包括等待的时间——例如去索安利利或厄赫拉热——通常报价一致。

格雷梅（Göreme）

☎0384 / 人口 2200

格雷梅的四周被一片金色的沟壑峡谷所环绕，月球表面般的地貌如同史诗般苍茫。这座蜜糖色的村庄建于凿开的山坳里。经过多年的发展，如今这里已不再是最初农业村庄的模样。尽管近年来由于一阵频繁的道路施工，且部分古老的运河铺设了混凝土，村子中央的"闹市"区遭遇了只能被描述为"并不美观的改造"，但在村后小巷内，魅力依旧。新开业的精品洞穴酒店层出不穷，满眼都是，但游客还是要注意避让路上的拖拉机——它们轰隆隆地在狭窄的街道上爬行。老妇人们则坐在路边，一边织地毯，一边晒太阳。不远处的格雷梅露天博物馆是拜占庭历史风情的浓缩；而当你走出小镇，你仿佛置身于童话之中；路上的每一个转弯，你都会看到一座石窟教堂。拥有如此得天独厚的自然环境和人文魅力，难怪格雷梅一如既往地让慕名前来的游客沉醉其中。

◉ 景点

★ 格雷梅露天博物馆　历史遗址

（Göreme Açık Hava Müzesi, Göreme Open-Air Museum；☎0384-271 2167；Müze Caddesi；30里拉；⏰4月至11月 8:30~18:45，12月至次年3月至16:45）格雷梅露天博物馆也是土耳其的世界文化遗产之一。这里是卡帕多基亚之行的必到景点，至少值得花2小时游览。这里最早是一个重要的拜占庭修道院定居点，曾经住着大约20个修士，从17世纪开始，这里成了朝圣地。整个拜占庭修道院艺术风格的建筑群包括石窟教堂、礼拜堂和修道院，位于距格雷梅市中心1公里远的山上。

注意，博物馆亮点——黑暗教堂（Karanlık Kilise）要额外收取10里拉的门票。

从博物馆售票处沿着卵石路一直走，就会到达**圣巴塞尔礼拜堂**（Aziz Basil Şapeli）。这座礼拜堂为纪念出生于开塞利的圣巴塞尔（St Basil）而建造，是卡帕多基亚最重要的圣徒之一。正厅左侧挂着圣巴塞尔的画像，右侧挂着马耳他十字架（Maltese cross），旁边的圣乔治（St George）和圣西奥多（St Theodore）正在斩杀一条象征异教徒的恶龙（已经褪色）。在半圆形后殿的右边，能看到圣母玛利亚抱着婴儿耶稣，耶稣头上的光环里有个十字架。

上方是建于12世纪的**苹果教堂**（Elmalı Kilise），游客需要弯腰才能进入。教堂俯瞰着一条杨树峡谷，建筑保护得相对较好，有赭红色的简单装饰和专业的圣经故事壁画。门的上方画的正是"耶稣升天"（Ascension）的场景。据说，教堂的名称来自附近生长的一棵苹果树，也有一种说法是，因为教堂第三个穹顶上画着大天使加百利手中拿着圆球的场景，后来被误传拿着个苹果。

11世纪，拜占庭帝国的士兵为了纪念自己的保护神，开凿了**圣芭芭拉礼拜堂**（Azize Barbara Şapeli），教堂入口左侧就雕刻着圣芭芭拉。他们还在屋顶上画了一些土红色的神秘场景——中间一个可能代表"耶稣升天"，远侧圣乔治画像上的奇怪生物可能是一条龙，以及用来屠龙的两个十字架。

ℹ️ 参观博物馆

➜ 清晨尽早到达或者在快闭馆时到达，以避开团队游客。

➜ 如果可能，避开周末，此时是博物馆最繁忙的时段。

➜ 不要错过黑暗教堂（Karanlık Kilise）——值得多花10里拉。

➜ 博物馆虽然在山上，但路途易行，距离镇子有1公里远。

➜ 注意防晒——这是一座露天博物馆。

继续上山，会看到**蛇教堂**（Yılanlı Kilise），也叫圣欧诺菲力乌斯教堂（St Onuphrius）。这里圣乔治那条无所不在的恶龙仇敌一如既往地有着悲惨的命运。当人们给教堂取名时，把这条龙误认为蛇，简直是雪上加霜的耻辱。右侧墙上，雌雄同体的埃及隐士圣欧诺菲力乌斯用一片棕榈叶遮羞。向前直行，能看到耶稣像的旁边有一个小人像，他是教堂的捐建者之一。

震撼人心的**黑暗教堂**（Karanlık Kilise，门票10里拉）内遍布精美的壁画，是博物馆中最著名的教堂。因为原本窗户就很少，因而得名"黑暗教堂"。幸运的是，正是因为缺少光照，壁画的鲜丽色彩才得以保存下来，其中包括全能之主耶稣、十字架上的耶稣、被犹大背叛，以及其他一些场景。教堂曾斥巨资修复，门票费用是为了限制游客数量，以保护壁画。

在黑暗教堂的后面是小巧的**圣凯瑟琳礼拜堂**（Azize Katarina Şapeli），里面有圣乔治、圣凯瑟琳和《祈祷图》（Deesis，耶稣被圣母和施洗者约翰拥坐在中央）的壁画。

建于13世纪的**便鞋教堂**（Çarıklı Kilise）的名称来自地板上的足印。这些脚印象征耶稣升天前留下的最后足迹。教堂的中央穹顶下，画着4个福音书作者，门的左上方画着犹大背叛耶稣的故事。

山脚下，是**女修道院**（Rahibeler Mana-

Göreme 格雷梅

Map labels

- 去Uçhisar乌奇希萨尔(4km); Nevşehir内夫谢希尔(12km)
- 去Uçhisar(2270m); Çavuşin(3km); Avanos阿瓦诺斯(8km)
- Helios Transfer Helios换乘站
- Adnan Menderes Cad
- 去Güllüdere (Rose) and Kızılçukur (Red) Valley Trailheads玫瑰谷和红谷小径起点(50m)
- Dolmuş Stop for Çavuşin, Zelve & Avanos 去恰乌辛、泽尔维和阿瓦诺斯的小巴站
- Dolmuş Stop for Ürgüp 去宇尔古普的小巴站
- 去Tokalı Kilise托卡勒教堂(600m); Göreme Open-Air Museum 格雷梅露天博物馆(700m); Aziz Basil Şapeli圣巴塞尔小礼拜堂(780m); Elmalı Kilise苹果教堂(830m); Azize Barbara Şapeli圣芭芭拉小礼拜堂(850m); Rahibeler Manastırı女修道院(880m); Yılanlı Kilise圣乔治教堂(890m); Aynalı Kilise镜子教堂(1.5km); Meskendir Valley Trail Head梅斯肯德尔谷小径起点(1.5km); Ürgüp宇尔古普(7km)
- 去Saklı Kilise 隐藏教堂(250m)
- Zemi Valley Trailhead 泽米谷小径起点
- Müze Cad (Open-Air Museum Rd)
- Sunset View Hill
- Bus Stand for Uçhisar & Nevşehir 去乌奇希萨尔和内夫谢希尔的公共汽车站
- Otogar 长途汽车站
- Cappadocia Express
- Güvercinlik (Pigeon) Valley Trailhead 鸽子谷小径起点

Streets
Kağnı Yolu, İlkokul Sk, Direk, Ragıp Üner Cad, Posta Sk, Park Sk, Sağlık Sk, Fatih Sk, Müze Cad, Müdür Sk, Ünlü Cad, Kale Cad, Hafız Şükrü Sk, İçeridere Sk, İsalı Cad, Camii Sk, Konak Sk, Kazım Eren Sk, Hafız Abdullah Efendi Sk, Harim Sk, Aslan Sk, Uzundere Cad, Karşıbucak Cad, Çakmaklı Sk, Aydınlı Sk, Gülgör Sk, Adnan, Çakmaklı Sk

Göreme 格雷梅

◎ 景点
- **1** 魔眼教堂 G4

❸ 活动、课程和团队游
- **2** Butterfly Balloons A3
- **3** Dalton Brothers G2
- **4** 埃利斯卡帕多基亚公共浴室 C2
- Fatma's Turkish Cooking Class .... (见36)
- **5** Heritage Travel A3
- **6** Hitchhiker C2
- 凯勒贝克土耳其浴水疗 .... (见18)
- **7** Metis Travel D3
- **8** Middle Earth Travel B1
- **9** Nomad Travel C2
- **10** Turkiye Balloons E1
- **11** Voyager Balloons D2
- **12** Yama Tours C3

ⓑ 住宿
- **13** Ali's Guest House C3
- **14** Aydınlı Cave House B3
- **15** Dorm Cave B3
- **16** ErenBey Cave Hotel B4
- **17** Hanzade Suites C3
- **18** Kelebek Hotel B3
- **19** Kemal's Guest House B2
- **20** Kismet Cave House B1
- **21** Köse Pension D1
- **22** Koza Cave Hotel A3
- **23** Shoestring Cave Pension B4
- **24** Taşkonak B4
- **25** Vista Cave Hotel B4

❺ 就餐
- **26** Dibek C3
- **27** Fırın Express C3
- **28** Keyif Cafe B2
- **29** Nazar Börek D2
- **30** Nostalji Restaurant D4
- **31** Orient Restaurant B1
- **32** Peking Chinese Restaurant D2
- **33** Pumpkin Cafe C4
- **34** Seten Restaurant A4
- **35** Topdeck Cave Restaurant B3

❺ 饮品和夜生活
- **36** Cafe Şafak D2
- **37** Fat Boys C2
- **38** M&M Cafe C3

ⓐ 购物
- **39** Argos D2
- **40** Göreme Market D1
- **41** Naile Art Gallery C3
- **42** Tribal Collections B3

stırı)。它原先有几层楼高，如今只剩下一个宽敞简陋的食堂和一座位于几个台阶之上的小礼拜堂，里面的壁画并不出众，不过现在因为岩石坠落，整座建筑都被警戒隔离起来。

离开博物馆时，别忘了参观一下路对面的**托卡勒教堂**（Tokalı Kilise）。沿通往格雷梅的下山路走50米即到，持博物馆通票就可进入。它是格雷梅最大最精美的教堂之一，拥有一间地下礼拜堂，以及具有叙事线索（而非仪式性）的精美壁画，近期刚刚进行过修复。走进教堂前，会经过一座10世纪的"旧"托卡勒教堂，有桶状的拱顶和描绘耶稣生平的壁画。楼梯上面，是不到100年之后建的"新"教堂，也有同样主题的壁画。地板下的洞穴原本是坟墓，但在人口交换时期，和被迁走的希腊基督徒一起搬走了。

玫瑰谷[Güllüdere（Rose）Valley] 户外

免费 玫瑰谷的环形徒步道路对各个水平的徒步者来说都比较容易行走，沿途还能观赏到卡帕多基亚最精美的仙人烟囱岩的美景。除了这广为人知的特色之外，这里还有些隐藏的秘密，那就是人迹罕至的石窟教堂，有多样的壁画和精细复杂的石雕花纹装饰。

如果你的时间只够徒步穿越卡帕多基亚的一条峡谷，这条是必选。

从玫瑰谷的入口标牌沿途可到达**石柱教堂**（Kolonlu Kilise），它是在一块外观没有任何特色的岩石中开凿出来的。从这条路穿过果园，然后跨过水沟上的小桥，进入教堂幽暗低矮的大厅。爬上石阶，你会来到一处白色岩石构成的中殿，里面竖立着粗壮的石柱，都是直接从山岩中开凿出来的。

从这里沿路返回果园，再沿着主路通向**十字架教堂**（Haçlı Kilise），那里的入口有一家阴暗的岩洞咖啡馆，是个歇脚的好地方。要通过一架摇摇欲坠的木梯子才能进入这座教堂，教堂内的拱顶壁画可以追溯到9世纪，天花板上还刻着一个壮观的大十字架。

从十字架教堂向北，在岔路口沿右侧的道路可以通向**三十字架教堂**（Üç Haçlı Kilise）。这座教堂的天花板保存完好，非常漂亮，但带着王冠的耶稣壁画有些受损。

魔眼教堂 教堂

（El Nazar Kilise, Church of the Evil Eye；见492页地图；门票5里拉；⊙8:00~17:00）这座教堂建于10世纪，是从一整块常见的圆锥形岩石中开凿出来的。如今内部大量丰富多彩的壁画已被精心修复。你可以沿着起点位于Müze Caddesi沿线的小路，朝路标为泽米谷（Zemi Valley）的方向走，到达这里。

隐蔽教堂 教堂

（Saklı Kilise, Hidden Church）Müze Caddesi上有一块黄色的标牌指向隐蔽教堂，1956年，这里才被重新发现。先要沿着路爬到山顶，再沿着左边的小路前进。走下坡路时，留意右边下坡的台阶。

镜子教堂 教堂

（Aynalı Kilise, Mirror Church；门票5里拉）从露天博物馆入口沿Müze Caddesi向山上走1公里就到了通往山下少有游人的镜子教堂的小路，路上有标牌。这座教堂的主礼拜堂只装饰着土红色的几何图案，但亮点在于由岩石内部一系列大厅连接起来的狭窄的隧道网。此地的守卫艾哈迈德（Ahmet）会为游客提供手电筒。

🚶 活动

Mehmet Güngör 徒步

（📞0532 382 2069；www.walkingmehmet.net；3/5/7小时60/80/100欧元）Mehmet Güngör就是"行走的穆罕默德"的意思。当地人都这样称呼这位格雷梅经验最丰富的徒步导游。他对周边山谷道路的信息了如指掌，就像一本百科全书。他能够根据客户的兴趣爱好和体能条件，制定最佳的行程。强烈推荐。

Cappadocia Bike 山地自行车

（📞0505 656 1064；www.cappadociabike.com；骑行团队游 每人20~40欧元 包括往返酒店的车费）这家刚开办的小店用骑行车带大家欣赏卡帕多基亚狂野怪异的风景。全天团队游路线是环形的，从格雷梅出发，经由济尔维器天博物馆和于尔古普，穿过玫瑰谷和梅斯肯德尔谷。时常较短的上午游和日落游则能看到仙人烟囱岩，一路骑行穿越鸽子谷和爱之谷。选用的是BTWIN 24高速山地自行车，并提供头盔。

Dalton Brothers 骑马

（见492页地图；📞0532 275 6869；www.cappadociahorseriding.com；Müze Caddesi；2/4小时45/85欧元）Ekrem Ilhan——格雷梅本地马语者——在埃尔吉亚斯山（Erciyes Dağı）训练卡帕多基亚的野马，并运营这家用于旅行马厩的店铺，从那里你可以骑马出发探索卡帕多基亚。

许多马都不适合新手。如果不是熟练的骑手，请一定要提前说清楚。

Fatma's Turkish Cooking Class 烹饪

（见492页地图；📞0536 965 2040, 0384-271 2597；www.cafesafak.weebly.com；每人100里拉）这些在Çingitaş家族的房屋外运营的烹饪课程，将让你学会安纳托利亚平原丰盛菜肴的制作方法，并成为专业人士。课程在9:00~13:00举行，将教授你学习土耳其各式扁豆汤、包心葡萄树叶、填馅茄子和卡帕多基亚aside（面团和糖浆）布丁。在Şafak（28 Müze Caddesi）咖啡馆预订。

埃利斯卡帕多基亚公共浴室 公共浴室

（Elis Kapadokya Hamam；见492页地图；📞0384-271 2974；Adnan Menderes Caddesi；洗浴、擦身和按摩85里拉；⊙10:00~22:00）这家浴室可提供经典的洗浴按摩体验，有混合区和女士专用区。需要注意的是，所谓"按摩"只是一眨眼的工夫。推油按摩要额外付钱（每分钟2里拉）。

凯勒贝克土耳其浴水疗 公共浴室

（Kelebek Turkish Bath Spa；见492页地图；📞0384-271 2531；Kelebek Hotel, Yavuz Sokak；洗浴和擦身35欧元，30分钟按摩35欧元）在观赏完柱状矿体岩之后，一身疲惫的你可以到卡帕多基亚这家最奢侈的浴室体验土耳其浴服务，附带全套Spa增值服务。

👉 团队游

Heritage Travel 团队游

（见492页地图；📞0384-271 2687；www.

turkishheritagetravel.com；Uzundere Caddesi；一日团队游 每人 现金/信用卡 45/55欧元）这家广受推荐的当地旅行社提供的一日团队游的项目与卡帕多基亚大多数旅行社都不同，包括"未发现的卡帕多基亚"之旅，可前往索安利、穆斯塔法帕夏、凯斯里克修道院和代林库尤地下城（Derinkuyu Underground City）。也有各种更加特别的活动，包括国王山谷内的吉普车巡游和烹饪课程，以及在丰收季节（9~10月）采摘葡萄和制作葡萄汁糖浆（pekmez）的一日游。

此外，他们还提供前往哈吉贝克塔什（Hacıbektaş）的私人之旅，一个探索卡帕多基亚拜占庭遗产的壁画之旅，以及定制的土耳其旅程。

Middle Earth Travel 探险

（见492页地图；☏0384-271 2559；www.middleearthtravel.com；Adnan Menderes Caddesi；每人 每日 徒步 50~90欧元，骑行 90~180欧元）这家以探险游为特色的旅行社提供各种徒步一日游和自行车团队游，以及多日骑行和徒步穿越阿拉山国家公园（Ala Dağlar National Park）的团队游，沿着利西亚之路（Lycian Way）或圣保罗之路（St.Paul's Trail）行进，越过卡奇卡尔山脉（Kaçkar Mountains）或爬上阿勒山（Mt Ararat）。价格取决于人数和行程。

Nomad Travel 团队游

（见492页地图；☏0384-271 2767；www.nomadtravel.com.tr；Belediye Caddesi 9；团队一

不要错过

在格雷梅周围的山谷漫步

格雷梅周边有风景秀丽的格雷梅国家公园（Göreme National Park）。那里的峡谷很容易就能步行探索，走完每条峡谷大约要花1~3小时。各条峡谷之间大多连通，所以一天可以走好几条。如果再充分利用当地的诸多小巴（dolmuşes）线路，会更方便。记得出发前带上一瓶水和太阳镜。

下面是一些风景最好、最方便到达的山谷：

白色峡谷（Bağlıdere Vadısı，White Valley）从乌奇希萨尔（Uçhisar）到格雷梅。

爱之谷（Görkündere Vadısı，Love Valley）从格雷梅的日落山（Sunset View Hill）出发，沿泽米谷旁的小路，能看到形状特别的岩石构造。

玫瑰谷（Güllüdere Vadısı，Rose Valley）从格雷梅北部出发，途经恰乌辛（Çavuşin）和Kızılçukur观景点（就在奥塔希萨转弯处对面）；沿途有绝美的教堂，还能将全景尽收眼底。

鸽子谷（Güvercinlik Vadısı，Pigeon Valley）连接格雷梅和乌奇希萨尔，沿途有漂亮的多彩鸽舍。

长谷（İçeridere Vadısı）从格雷梅的İçeridere Sokak向南延伸。

剑谷（Kılıçlar Vadısı，Sword Valley）沿着通往格雷梅露天博物馆道路上的Müze Caddesi北行。

红谷（Kızılçukur Vadısı，Red Valley）在玫瑰谷和梅斯肯德尔谷之间，风景怡人，也有多变的鸽舍。

梅斯肯德尔谷（Meskendir Vadısı）起点紧邻Kaya露营地，过了格雷梅露天博物馆后，沿Müze Caddesi北行有各种地下通道和鸽舍。

泽米谷（Zemi Vadısı）起点在Müze Caddesi以南。

温馨提示：虽然很多山谷都已经有起始点的指示牌，玫瑰谷和红谷沿路的关键点也都有标牌，但许多山路仍然只有最基本的标志，没有详细的地图。如果你不紧紧跟着道路痕迹走，很容易迷路。

日游100~150里拉）提供的"红色"一日团队游可前往格雷梅周边的主要景点，"绿色"团队游则包括峡谷徒步和凯马克勒地下城（Kaymaklı Underground City；见511页）。此外，也提供非常棒的索安利村团队游，还有3日内姆鲁特山之旅（250欧元），周一出发。如果没有时间继续向东探索的话，这是个值得选择的短途游。

Metis Travel 团队游

（见492页地图；☎0384-271 2188；www.metistravel.com；Müdür Sokak 9；团队一日游 每人100里拉起）这家精品旅行社由Koza Cave Hotel（见498页）的老板经营，所以在细节方面的服务是第一流的。他们经营卡帕多基亚的经典"红色"和"绿色"一日团队游，也有探索卡帕多基亚亮点的小型团队游。私人行程可选择前往哈图沙什，还有一个"卡帕多基亚修道院"之旅，前往本地区游客较少的拜占庭遗址。

Yama Tours 团队游

（见492页地图；☎0384-271 2508；www.yamatours.com；Müze Caddesi 2；团队一日游110~120里拉）这家热门的背包客友好型旅行社经营有一日卡帕多基亚北部（格雷梅露天博物馆、帕夏贝和阿瓦诺斯）和南部（厄赫拉热峡谷和代林库尤地下城）之旅，也可以帮你安排其他各种卡帕多基亚的探险和活动。还运营有前往哈吉贝克塔什和索安利的团队游，一路能看到许多景点。

✦ 节日和活动

Klasik Keyifler 古典音乐节

（☎0532 614 4955；www.klasikkeyifler.org；◎8月）Klasik Keyifler是一项具有创新性的活动，由土耳其最著名的演奏明星在舒适天然的环境中举办多场室内音乐演出。这个夏季音乐节在8月降临卡帕多基亚，其间你能听到舒曼的钢琴曲在济尔维（Zelve）和穆斯塔法帕夏（Mustafapaşa）的山谷中回响。演出的间歇还会举办大师研讨会。

🛏 住宿

格雷梅多数酒店都全年营业，淡季有很大折扣。如果乘汽车前往，并且已经预订，许多酒店很乐意从格雷梅长途汽车站接走客人。由于市政厅（belediye）设计的蓝色酒店路标过于复杂，而且很难辨认，因此让酒店派车接你是前往酒店的好方法。

Köse Pension 家庭旅馆 $

（见492页地图；☎0384-271 2294；www.kosepension.com；Ragıp Üner Caddesi；铺20里拉，屋顶小屋 每人35里拉，双/标三120/135里拉；❄🍴🏊）这家旅社也许缺少洞穴酒店的风情，但同样是游客的最爱，而且还是格雷梅的廉价之选。这家热情的旅社由能干的Sabina管理，提供各种一尘不染的客房，全都配备有华丽的浴室、光鲜的床单和舒适的床垫，也有基本型客房和一间宽敞的顶层宿舍。游泳池也能让在炎热户外徒步一天的你放松身心。

还有丰盛的早餐可选（5~8里拉），包括好喝的咖啡，晚餐25里拉，冰箱里随时有啤酒供应。

Shoestring Cave Pension 青年旅舍 $

（见492页地图；☎0384-271 2450；www.shoestringcave.com；Kazım Eren Sokak；铺40里拉，双/套130/210里拉；❄🍴）近来刚装修过的独立房间让这家老派背包客天堂华丽升级——虽然我们并不喜欢套房里迪斯科照明般的床头板——但时髦的洞穴宿舍也让预算拮据的游客仍然可以找到可靠的过夜场所。带酒吧的游泳池露台提供了不错的社交氛围，可以找个长椅，和其他人交换在土耳其的旅途故事。

Ali's Guest House 青年旅舍 $

（见492页地图；☎0384-271 2434；www.alisguesthouse.com；Harım Sokak 13；铺/双/标三7/20/30欧元；❄🍴）我们以前抱怨过，格雷梅的背包客住宿处总把自己包装成精品酒店的样子，所以面对这家廉价旅舍应该翘起大拇指。这里有两间舒适的洞穴宿舍（一间仅限女性），公用的浴室虽小但干净，楼上有三间舒适的独立客房。户外庭院是一个摆满盆栽的公共休息处。

Dorm Cave 青年旅舍 $

（见492页地图；☎0384-271 2770；www.travellerscave.com；Hafız Abdullah Efendi Sokak 4；铺/双10/30欧元，套45欧元起；❄🍴）在卡帕多

基亚，能住到便宜的洞穴，谁还想花大把钱呢？这家旅舍提供三间宽敞的洞穴宿舍，庭院那头有一间小公共浴室，楼上有三间小型独立客房。他们还在隔壁开办了分店，提供全新的舒适客房，不过以那个价格，你还不如去山上寻找有露台的酒店。

★ Kelebek Hotel　　　　　　　精品酒店 $$

（见492页地图；0384-271 2531；www.kelebekhotel.com；Yavuz Sokak 31；仙人烟囱岩 标单/双 44/55欧元，豪华 56/70欧元，套 68/85欧元起；P❀❄⚐❀）专业的酒店经理Ali Yavuz带领一支优秀的团队，经营着这家格雷梅本土精品酒店，从创业之初至今，就可以看出卡帕多基亚旅游业的蓬勃发展。房间内的每一处细节都透露着安纳托利亚的气息，分布在一座迷宫般的楼梯周围，阳台连接着两栋华丽的石屋，每栋都建造在突向天际的仙人烟囱岩上。

这里还设有一间室内公共浴室，一座带酒吧和吊床的游泳池露台，乡村花园项目为住客带来了一丝卡帕多基亚古老的气息——含烹饪课程和附赠的峡谷早餐——这里还在继续创新。难怪住客临走时，仍沉醉其中。

Taşkonak　　　　　　　　　　　客栈 $$

（见492页地图；0384-270 2680；www.taskonak.net；Güngör Sokak 23；标单/双/套/家 35/40/80/120欧元；❄⚐）Angela和Yılmaz经营着这家度假酒店。在这里，你能得到彻底的放松。标准间虽小但很温馨，宽敞的石窟套房带有闪闪发光的当代风格的浴室（3号房有卷边式浴缸和双人淋浴间），是格雷梅镇中性价比最高的选择。露台的风景美得令人窒息，早餐供应新鲜烘烤的甜点和口味正宗的咖啡，用餐的住客无不微笑，庆幸自己有这么好的运气。

ErenBey Cave Hotel　　　　　精品酒店 $$

（见492页地图；0384-271 2131；www.erenbeycavehotel.com；Kazım Eren Sokak 19；双/套 60/125欧元；❄⚐）这家相当豪华的精品酒店淡定地主打奇形怪状的洞穴客房。Eren家族将他们世代居住的祖屋改造成了9间格外

当地知识

选择卡帕多基亚的哪座大本营

格雷梅（Göreme）这座美丽的村庄是卡帕多基亚旅游业的中心，为高、中、低预算的游客准备了大量的住宿处；餐厅和咖啡馆很发达；步行很容易进入主要山谷；还有格雷梅露天博物馆。与其他村庄和景点也有便利的交通连接。

于尔古玉普（Ürgüp）这里是边远村庄的中心。住宿处主要都是高档的类型；有各类餐厅和咖啡馆，与村庄和景点有便利的交通连接。

奥塔希萨（Ortahisar）这个沉闷的传统农业村庄围绕着一座岩石城堡展开。提供中高档住宿处；只有几家就餐选择；步行能进入游人较少的山谷，对热心徒步的人来说，也可前往主要山谷。有便捷的交通连接。

恰乌辛（Çavuşin）这个小村坐落于一座被劈开的崖壁之下。提供中高档酒店；只有几家就餐处；步行很容易前往主要的山谷和格雷梅。

乌奇希萨尔（Uçhisar）围绕在卡帕多基亚最大的岩石城堡周围的村庄。住宿处主要是较大的高档酒店，也有一些精品酒店；就餐处较少；步行可前往一些主要山谷；有便捷的交通连接。

阿瓦诺斯（Avanos）河畔小城，以制陶业闻名。酒店大多是小的中档精品选择；有很好的餐厅和咖啡厅；与村庄和景点有便捷的交通连接。

穆斯塔法帕夏（Mustafapaşa）以大量古老的希腊房屋建筑而闻名的小村庄。有一些小的中高档酒店；有两座餐厅和咖啡馆；步行可前往游客较少的山谷；到于尔古玉普的交通很便利。

宽敞而且相当漂亮的客房，全部都充满了怪诞的设计。9号房间有用岩石雕凿出的四柱床和能眺望远处风景的浴缸，充满梦幻色彩。

Hanzade Suites 精品酒店 $$

（见492页地图；☎0384-271 3536；www.hanzadesuites.com；Ali Çavuş Sokak 7；双 60欧元，套 80~100欧元；❄❉☎）好东西不在于个大。这家曾经的经典乡村住宿处现已由店主Mustafa改造成了一个舒适的天堂，7间宽敞的客房将当地手工艺品与现代优雅风格轻松地融为一体，而且坚持了极简主义特色。我们尤其喜欢华丽的黑玛瑙和石灰华地板，以及令人向往的高靠床。员工也极其出色。

Vista Cave Hotel 精品酒店 $$

（见492页地图；☎0384-271 3088；www.vistacavehotel.com；Aydınlı Sokak 15/1；房 40~65欧元，套 70~90欧元；❄❉☎）名叫"风景"，本来也是一处风景：屋顶露台上的全景风光使得安心享用一顿早餐有了理由。石头中开凿出的房间有阳台，优雅明亮，洞穴中开辟出来的套房有雕刻的天花板图案，以及许多传统奥斯曼风格的装饰。店主Senol和Yvette能提供许多当地建议，附赠的家常食物赢得了许多饥肠辘辘的客人的芳心。

Kismet Cave House 客栈 $$

（见492页地图；☎0384-271 2416；www.kismetcavehouse.com；Kağnı Yolu 9；标单 42欧元，双 50~80欧元，家 120欧元；❄☎）这家酒店可以放心。住过的客人都一直极力称赞Kismet的舒适体验，热情的老板Faruk喜欢旅行。客房（有些是真正的仙人烟囱岩）内装饰了很多当地的古董、木雕、多彩的地毯和别致的艺术品，公共区域则摆放了很多舒适的靠垫，散布在各个角落。老实讲，这是一家堪称伟大的安纳托利亚洞穴酒店，在各个方面都让人感到宾至如归。

2016年年中起，路对面开始修建一座新的洞穴酒店附属建筑，有套房风格的房间和一座公共浴室。

Kemal's Guest House 客栈 $$

（见492页地图；☎0384-271 2234；www.kemalsguesthouse.com；Ayzazefedi Sokak 4；标单/双/标三 130/160/225里拉；❄❉☎）这个老派的客栈有新的石头房间，依旧洋溢着传统的好客气质。Kemal是一名顶级大厨（晚餐宴席15欧元），他的荷兰妻子Babara会带领住客外出到卡帕多基亚的小径上徒步。在阳光斑驳的花园内或在屋顶露台找把舒适的椅子眺望乌奇希萨尔的风景，你会对其他"精品酒店"嗤之以鼻。

★ Koza Cave Hotel 精品酒店 $$$

（见492页地图；☎0384-271 2466；www.kozacavehotel.com；Cakmaklı Sokak 49；双 80~90欧元，套 110~175欧元；❄❉☎）🌿Koza Cave Hotel给格雷梅带来了新式的环保生态酒店理念，它是可持续旅游哲学的大师级选手。激情洋溢的老板Derviş在荷兰居住了几十年，他把荷兰人对生态环境的重视态度带入了这10间美妙的客房里。洗漱水会重复利用，房间里也大量采用了可回收材料和本地手工制造的家具，营造出生态环保的氛围。强烈推荐。

Aydınlı Cave House 精品酒店 $$$

（见492页地图；☎0384-271 2263；www.thecavehotel.com；Aydınlı Sokak 12；房间 60~70欧元，家 140欧元，套 100欧元起；❄❉☎）房主穆斯塔法巧妙地将自己的家改建成蜜月情侣的天堂，而这些情侣正渴望这种怪诞的洞穴房屋风情。露台上散放着农具，曾用来晾干水果、酿酒的沙龙现在成了超值的洞穴房间，路面下方有一条秘密隧道，可通往一座公共浴室和一座附属的新的花园房。

🍴 就餐

当地特色菜是陶罐炖肉（testi kebap）、陶罐烹饪的肉、鸡或蔬菜），村里几乎每家店都有。

在每周三举行的**集市**（见492页地图；⌚周三 9:00~16:00）上，可以挑选当地新制作的奶酪和各式各样的其他美食。

Nazar Börek 土耳其菜 $

（见492页地图；☎0384-271 2441；Müze Caddesi；gözleme和börek 7~9里拉；⌚10:30~22:00；☎）来这儿品尝由友好的Rafik及其团队制作的开胃烤饼（gözleme）和sosyete böregi（一种带馅的螺旋形面食，配酸奶和番

茄酱）。甜点爱好者应该品尝一下土耳其产的古怪甜奶酪künefe。夏季，外面支起冰激凌摊时，可以点一份künefe搭配美味的樱桃或柠檬卡赫拉曼马拉什（Kahramanmaraş）冰激凌，着实美味。

Fırın Express　　　　　　土耳其比萨 $

（见492页地图；0384-271 2266；Cami Sokak；土耳其比萨 7~13里拉；⊙10:00~22:00；）镇上最好的土耳其比萨（pide）就在这家店里，难怪总会有当地人来买。溶洞般的木质烤炉中有各种肉类和蔬菜比萨，还有和鸡蛋搅拌在一起的什锦馅。我们推荐土耳其茄子（patlıcanı）比萨、菠菜奶酪（ıspınaklı kaşarlı）比萨，再尝尝这里的ayran（一种酸奶饮料）。如果多买一些，你还能和老板讲讲价。

Keyif Cafe　　　　　　　　土耳其菜 $

（见492页地图；Karşıbucak Caddesi；开胃菜 7里拉，主菜 7~23里拉；⊙10:30~22:00；）我们最爱的新餐厅之一，一天结束的时候，可以过去吃着开胃菜，喝着啤酒（10里拉），悠闲地度过。小套餐里提供不错的沙拉，以及开胃烤饼和土耳其烤肉经典菜，大量精选的当地红酒卖得最好。

Nostalji Restaurant　　安纳托利亚菜 $$

（见492页地图；0384-271 2906；Kale Sokak 4；主菜 12~15里拉，陶罐炖菜 35~45里拉；⊙11:00~22:00）准备好胃口，开怀大吃这里的灵魂食物吧——几个世纪以来一直作为卡帕多基亚农民的主要口粮。这里将村庄家常菜提升到了精致晚餐的水准。主要加分项是佐餐开胃菜和沙拉，以及免费的接送服务（需要预约）。如果不想上山，这里就是完美的选择。

Peking Chinese Restaurant　　中国菜 $$

（见492页地图；0384-271 2128；Bilal Eroğlu Caddesi 5；主菜 16~25里拉；⊙11:00~22:00；）几年前，我们从不曾想过，会在格雷梅的菜单上看到馄饨。这里门外挂着中国红灯笼，提供面条、饺子和川菜。如果晚餐想避免各种陶罐炖菜（testi kebap），这里是很好的选择。

★ Topdeck Cave Restaurant　　安纳托利亚菜 $$$

（见492页地图；0384-271 2474；Hafız Abdullah Efendi Sokak 15；主菜 21~43里拉；⊙周三至周一 18:00~22:00）在这里用餐就像在朋友家里做客。天赋出众的主厨Mustafa和他热情的家人，将自己家里一间宽敞的洞穴房间改造成了舒适的餐厅。孩子们会上来端菜，并满足客人的各种要求，为客人提供享用安纳托利亚美食的建议，通常还会建议加上辣味酱汁。

可点混合开胃拼盘（32里拉），你的胃会很感激你的选择。推荐预约。

★ Seten Restaurant　　　现代土耳其菜 $$$

（见492页地图；0384-271 3025；www.setenrestaurant.com；Aydınlı Sokak；主菜 16~45里拉；⊙11:00~23:00）这家餐厅充满了安纳托利亚的艺术气息。在这里用餐，是眼睛和胃的双重享受。餐厅名称Seten来自古时候用来碾磨小麦的石头。对于初来土耳其的新人，这里是了解土耳其美食的课堂，而熟悉土耳其的老游客则可以尽情享受各种美味。热情的服务员为各种经典的菜肴添分加彩，还有美味出众的前菜。

可尝试牛肉块盖茄泥（hünkar beğendi）或填馅南瓜花（çiçek dolması），看看为什么这里能提供目前为止格雷梅最精致的用餐体验。

Pumpkin Cafe　　　　　安纳托利亚菜 $$$

（见492页地图；0542 808 5050；İçeridere Sokak 7；套餐包括软饮、茶和咖啡 60里拉，素菜 50里拉；⊙18:00~23:00；）这家像扣子一样小巧的咖啡馆是格雷梅最合适的用餐地之一，小小的阳台上装饰着奇怪的雕刻南瓜（还有别的一些什么）。每日更新的四菜套餐（主菜可选）提供的都是新鲜的家常菜，全部都非常丰盛，也因为有着村里最友好的服务而脱颖而出。

Orient Restaurant　　　　各国风味 $$$

（见492页地图；0384-271 2346；Adnan Menderes Caddesi；开胃菜 10~15里拉；主菜 15~50里拉；⊙11:00~22:30）这家餐厅令人难忘的肉类菜单轻而易举地涵盖了从传统土耳

其菜看到更多的欧陆风味。大多数人来这里都是为了吃这里的特色菜——牛排（45里拉），不过我们更喜欢悠闲地花时间享用一顿午餐，多种开胃菜就摆在盛开着玫瑰的露台上。

Dibek
安纳托利亚菜 $$$

（见492页地图；☎0384-271 2209; Hakkı Paşa Meydanı 1; 主菜23~45里拉; ⊙周一至周六11:00~23:00; ✍）这间家庭餐厅位于一栋有475年历史的老楼里。客人都会随意地靠在软垫上，享受着传统的土耳其大餐和餐厅自酿的葡萄酒。晚餐后一定要点自制的酸味樱桃酒作为餐后酒。店主Mehmet爱好葡萄酒，还在楼下的洞穴酒窖中运营有葡萄酒品尝时段的活动（品尝5种酒外加一瓶带走25欧元起，必须预订）。

饮品和夜生活

Fat Boys
酒吧、餐厅

（见492页地图；☎0535 386 4484; Belediye Caddesi; 500ml Efes 11里拉, 主菜12~32里拉; ⊙正午至深夜; ✍）非常出彩的一家酒吧餐厅。我们喜欢坐在堆满绵软沙发的露台上，嚼着鹰嘴豆泥，拿一杯Efes，看世界的变化。菜单上提供超值的土耳其热门菜式，外加国际酒馆中的食物，包括汉堡和澳式馅饼，还有一道让人停不下来的茄子汤（是的，确实如此）。毫无疑问是格雷梅最好的夜间去处，员工友好、备货充足。

Cafe Şafak
咖啡馆

（见492页地图；Müze Caddesi; 咖啡6~8里拉, 冰沙10里拉; ⊙10:00~22:00; ⛶）对咖啡爱好者来说，这里毫无疑问是格雷梅最好的咖啡馆。店主Ali是在咖啡种类繁多的墨尔本受训成为咖啡师的，同他母亲（Fatma）一起提供出色的卡布奇诺、浓缩咖啡和牛奶咖啡。他们也制作三明治和开胃烤饼——包括香蕉和巧克力口味——也为前往峡谷的徒步者准备野餐包（15里拉）。

M&M Cafe
咖啡馆

（见492页地图；Isalı Caddesi; 饮品4~10里拉, 小吃7~10里拉; ⊙10:00~22:00）在我们这本书中，任何能提供带棕榈树搅拌棍和聪明豆的冰咖啡的地方都会赢得一个大大的赞。热咖啡没什么好说的，但各色冰咖啡小吃却在卡帕多基亚的夏季白天大受欢迎。这里还有开胃烤饼和鸡肉肉夹馍，可享用一顿便宜的午餐。

购物

Tribal Collections
地毯

（见492页地图；☎0384-271 2760; www.tribalcollections.net; Köşe Cikmazı Sokak 1; ⊙9:00~21:00）店里不仅有众多精美的地毯，店主Ruth还会为顾客详细讲解地毯的各种基础知识（可以把这里想象成地毯101），从历史到编制工艺都能娓娓道来。

Naile Art Gallery
艺术和手工艺品

（见492页地图；☎0544 477 3144; www.nailesanat.com; Gül Sokak 6/1; ⊙10:00~19:00）卡帕多基亚艺术家Naile Bozkurt在这家画廊中展览和出售她的湿拓（ebru）作品，这里也收藏大量传统和当代艺术作品，以及她用瓷砖和丝绸雕刻制作的高度抽象的现代湿拓作品。

Argos
陶瓷

（见492页地图；☎0384-271 2750; Cevizler Sokak 22; ⊙10:00~20:00）高档的手工陶瓷店，当代陶器和传统陶器一应俱全，有许多在其他陶瓷店看不见的非同寻常的作品，以及一些罕见的石器。

实用信息

Belediye Caddesi和Uzundere Caddesi大街和周边有许多自动柜员机，镇里有些旅行社也能兑换现金，不过最好还是去**邮局**（PTT; 见492页地图; Posta Sokak; ⊙周一至周五 9:00~12:30和13:30~17:00）或者**Deniz银行**（Müze Caddesi 3; ⊙周一至周五 9:00~12:30和13:30~17:00）。

长途汽车站的**食宿信息游客问询点**（见492页地图；☎0384-271 2558; www.goreme.org）不是官方运营的（大多数长途汽车到站时都会开放）；而是由**格雷梅旅游协会**（Göreme Turizmciler Derneği）运营的。这个协会由格雷梅的酒店和餐厅老板组成，因此问询点的作用仅仅是指导游客在镇中寻找食宿，那里的员工没法提供其他有价值的信息，不过他们会发放免费地图。

❶ 到达和离开

格雷梅**长途汽车站**(见492页地图)每天都有开往土耳其各地的长途汽车,但大部分都是往西去的,你会先乘免费接驳车到内夫谢希尔的长途汽车站,然后再换乘其他主线汽车。还要注意,上午出发前往伊斯坦布尔的车要途经安卡拉,因此比傍晚出发的要早开1小时。要去阿克萨赖(Aksaray)的话,也要到内夫谢希尔换乘。

❶ 当地交通

公共汽车

格雷梅与卡帕多基亚其他村庄之间交通便利。于尔古玉普-阿瓦诺斯的小巴(2~3.50里拉,取决于你在哪里下车)双向都可以在沿途搭乘或下车。去于尔古玉普在8:00~19:00有车,每小时过20~25分时在格雷梅停靠,而去阿瓦诺斯的车则是在8:00~18:00(途经济尔维露天博物馆)的每小时过10~15分时停靠。

Göreme Belediye Bus Corp还有固定车次从格雷梅长途汽车站到达内夫谢希尔(2.50里拉),途中会经过乌奇希萨尔(2里拉),8:00~18:30每30分钟1班。要搭乘公共交通工具前往代林库尤和凯马克勒地下城,乘坐这趟车,然后在内夫谢希尔中央小巴站换乘。

小汽车和摩托车

有好几个地方可以租借山地自行车、电动车、小汽车和越野四轮车(quads)。**Hitchhiker**(见492页地图;☎0384-271 2169;www.cappadociahitchhiker.com; Uzundere Caddesi)是其中之一。

因为格雷梅没有加油站,所以租来的车的油会所剩无几,可以在奥塔希萨尔附近的主干道旁找个车库加油。

出租车

乘坐出租车前往于尔古玉普的价格约30里拉。

乌奇希萨尔(Uçhisar)

☎0384 / 人口 3900

自从地中海俱乐部(Club Med)进入开发状态,美丽的小镇乌奇希萨尔(Uçhisar)就开始高速发展。法国游客很喜欢这座美丽的山巅小镇,每年夏天,都会有法国人来到乌奇希萨尔城堡(Uçhisar Castle)脚下的时尚酒店尽情享乐。这座城堡就像一块伟岸的长方形岩山,从格雷梅就能看到,尽管人工的痕迹比较明显,但它是卡帕多基亚独特地貌的一处重要景观。不幸的是,人们在修建大酒店时考虑得不太周全,破坏了村庄中梦幻的仙人烟囱岩景观,也对乌奇希萨尔著名的超现实般的风景造成了一定的破坏。但除此之外,乌奇希萨尔仍然是游玩卡帕多基亚的一个更加僻静的选择。

格雷梅长途汽车站发车信息

目的地	票价(里拉)	行程(小时)	班次(每天)
阿达纳	40	5	上午2班,下午3班,傍晚1班
安卡拉	40	4.5	上午4班,下午6班,晚上1班
安塔利亚	55	9	上午2班,傍晚5班
恰纳卡莱	70	16	傍晚1班
代尼兹利(前往帕穆克卡莱)	55	11	傍晚6班
费特希耶	65	14	傍晚3班
伊斯坦布尔	65	11~12	上午1班,下午1班,傍晚5班
伊兹密尔	60	11.5	傍晚3班
开塞利	15	1	上午1班,下午3班,傍晚1班
科尼亚	35	3	上午3班,下午1班,傍晚7班
马尔马里斯/博德鲁姆	70	13	傍晚2班
尚勒乌尔法	65	11	下午1班,傍晚1班
塞尔柱	65	11.5	傍晚2班

⊙ 景点和活动

乌奇希萨尔周围有一些很好的徒步线路,从小镇边缘通往白谷(Bağlıdere Vadısı)和鸽子谷(Güvercinlik Vadısı)。

乌奇希萨尔城堡 堡垒

(Uçhisar Kalesi, Uçhisar Castle; 6.50里拉; ⊙8:00~19:00)这座城堡是一整块裸露的高大火山岩,高高耸立。它是卡帕多基亚最著名的地标之一,从几英里外就能看到。城堡中充满了隧道,几百年来当敌军占领周围平原时,这里一直被村民用作避难所。蜿蜒攀登阶梯通往能眺望全景的最高点,远眺夕阳从卡帕多基亚郊野的峡谷岩石上落下,一路景致令人心生崇敬。

✵ 节日和活动

卡帕多克斯节 文化节

(Cappadox Festival, www.cappadox.com/en/; ⊙5月)在古老的洞穴建筑中举办日出呼吸控制法(pranayama)讲习会、电子放克和实验摇滚音乐会;虽然是土耳其较新的节日活动,但一定会越办越好。活动包括音乐、自然徒步、艺术展览、瑜伽和美食活动,将3天的盛大表演与土耳其当代文化和卡帕多基亚的自然之美完美地融合在一起。

🛏 住宿

Kilim Pension 客栈 $$

(☎0384-219 2774; www.sisik.com; Göreme Caddesi; 双 60欧元; 🛜)作为乐观开朗、会说多国语言的"Şişik"的骄傲,Kilim Pension家庭旅馆朴实低调,真正给人以"宾至如归"的感觉。爬满葡萄藤的露台绚丽动人,舒适的餐厅提供一流的当地美食,宽敞的房间简洁明亮,通风良好,时髦的浴室也为客房加分。赠送的有专人陪伴的徒步服务非常值得推荐。

Uçhisar Pension 家庭旅馆 $$

(☎0384-219 2662; Göreme Caddesi; 标单/双 80/100里拉, 洞穴房 50~80欧元; 🛜)Mustafa和Gül将传统土耳其的好客之道很好地延续到他们这家温馨的家庭旅馆。简单的客房空间足够宽敞,墙壁粉刷雪白,还有干净的床单和小巧清洁的浴室。楼下宽敞的洞穴套房采用传统装饰。夏天,你可以在屋顶的吊床上摇晃片刻,会让你不禁感叹,如此低价就能享受价值百万美元的美景。

★ Kale Konak 精品酒店 $$$

(☎0384-219 2828; www.kalekonak.com; Kale Sokak 9; 标单100欧元, 双120欧元, 套 135~150欧元; 🛜)极简主义的时尚,加上一些艺术品位,再与奥斯曼帝国的经典风格相平衡,塑就了这家轻松舒适又典雅的酒店。宽敞的客房外,穿过地下走廊前往舒适的阅读角,公共空间摆放着柔软的沙发,绿树成荫的露台就在乌奇希萨尔陡峭的城堡附近。

酒店顶楼的大理石浴室是乌奇希萨尔最精致的地方,而整个酒店就是奢华的缩影。

Şira Hotel 酒店 $$$

(☎219 3037; www.hotelsira.com; Göreme Caddesi 87; 双/套 100/120欧元起; 🛜)会说多国语言的Filiz和她的家人一起创办了这家美丽的度假酒店,舒适的现代设施和传统的建筑风格和谐融合。露台的全景视野可能会让你舍不得离开,酒店提供的美酒佳肴和周围美丽的自然环境更是锦上添花。餐厅的现场演出也会让你眼花缭乱。

Argos 豪华酒店 $$$

(☎0384-219 3130; www.argosincappadocia.com; Kaya başı Sokak; 房/套165/680欧元起; ❋🛜)由伊斯坦布尔Argos广告公司设计并创建,兼具奢华和别致的穴居时尚,这座酒店也标志着这家公司在酒店业又前进了一步。酒店依山而建,一座座"大厦"和洞穴由窄道和修剪整齐的草坪相连。在原本的酒店区,知名建筑设计师建筑设计师精心而细致的修复营造出最正宗的氛围。

🍴 就餐

Kapadokya Peri Cave 咖啡馆 $

(Uçhisar Valley; 烤饼 6~10里拉; ⊙10:00~18:00)从乌奇希萨尔城堡(见本页)前面的山脊出发沿着路标下行至山谷,在一座仙人烟囱岩前面的一个露台上就能找到村里最可爱的咖啡馆,由一个友好的当地家庭经营。坐在破旧的沙发上喝茶或咖啡,店主会给你制作出色的开胃烤饼。

⭐ Saklı Konak 安纳托利亚菜 $$

(☏0384-219 3066; www.saklikonakhotel.com; 2 Karlık Sokak 3; 主菜20~40里拉; ⊙周二至周日10:00~22:00) 我们想不出比这家舒适的餐厅更适合品尝乡村美食的地方了，店主Rıza会耐心为你解释品种不多的菜单，食物都是当地妇女按照传统做法在黏土炉（tandır）中制作的，食材产自邻居的菜园。完完全全是当地的风味，当代风格的陈设，搭配开胃菜和贴心的私人服务——我们喜欢。

Center Café & Restaurant 土耳其菜 $$

(☏0384-219 3117; Belediye Meydanı; 主菜10~35里拉; ⊙11:00~22:00) 这家位于市中心广场的低调的咖啡馆兼餐厅的总经理，曾经是地中海俱乐部的顶级大厨，菜单上有美味的前菜、烤肉、牛排和热门的北非炖菜。青翠的花园到了夏季就是绿树成荫的乐园，很适合慵懒地边吃午餐边观看乡村生活的场景。我们甚至舍不得推荐这家餐厅。

House of Memories 土耳其菜 $$

(Göreme Caddesi; 主菜18~25里拉; ⊙10:30~22:00) 朴素的乡村风格，独特的服务理念，是我们喜欢这家供应传统土耳其热门菜式的小餐厅的原因。位于乌奇希萨尔城堡（见502页）背后的主酒店的路上。

🛍 购物

Kocabağ Winery Shop 酒厂

(www.kocabag.com; Adnan Menderes Caddesi; ⊙10:00~19:00) 卡帕多基亚这家酒厂市场的销售点是镇上品尝葡萄酒最好的地方。门外摆放着少量不同品种的葡萄酒，以供感兴趣的行家品鉴，而商店中则展示有酒厂所有的产品，还可以免费品尝。地址位于乌奇希萨尔镇广场的主路上。

ℹ 到达和离开

内夫谢希尔—阿瓦诺斯长途车和内夫谢希尔—格雷梅小巴，都会经过乌奇希萨尔，在镇子地势最低的主路上，乘客可以自由上下车。

开往内夫谢希尔的小巴（2里拉）在主广场上的市政厅（belediye）对面出发，7:00~19:00每半小时1班。

到格雷梅的出租车大约18里拉。

ℹ 博物馆通票

如果想尽可能多地参观卡帕多基亚的历史遗址，这张新发售的通票（www.muze.gov.tr/en/museum-card）有很大的折扣。价格110里拉，有效期为3天，可进入：恰乌辛大教堂（见本页）；代林库尤地下城（见511页）；格雷梅露天博物馆（见491页），包括黑暗教堂（见491页）；厄赫拉热峡谷（见525页）；凯马克勒地下城（见511页）；奥兹库约克地下城（见508页）；济尔维露天博物馆（见505页）。如果不买通票，参观所有上述景点的价格总和将远远超出通票价格，还可能面临排队的烦恼。即便是仅去通票所包括的一座地下城，也能省许多钱。

在所有覆盖的景点都可以购买通票。

恰乌辛（Çavuşin）

恰乌辛小村就在格雷梅和阿瓦诺斯正中间的一处悬崖脚下，许多荒弃的旧房子分布在山坡上，构成了一片摇摇欲坠的石头废墟。小村最热闹的地方是悬崖底部的纪念品商店，每天中午旅游巴士开进小镇，那里就会活跃起来。当最后一辆巴士离开小村，恰乌辛就像按了静音按钮，即刻恢复平静。

⊙ 景点和活动

恰乌辛是穿越玫瑰谷、红谷和梅斯肯德尔谷的观景徒步线的出发点。你最远能走到红谷观景点（6.5公里），然后向外走到于尔古玉普—奥塔希萨（Ürgüp-Ortahisar）公路，扬手招一辆小巴返回住宿地。

恰乌辛大教堂 教堂

(Çavuşin Kilisesi, Nicephorus Phocas Church; Göreme-Avanos Hwy; 门票8里拉; ⊙8:00~17:00) 在恰乌辛北边的公路旁，你会发现这座教堂。沿着一架陡峭摇晃的铁扶梯可进入这座教堂。这里是卡帕多基亚在偶像破坏时代（iconoclastic）之后建造的第一座教堂，内有一些精美的壁画。但很多年以来，它一直被用作一间大鸽舍。

恰乌辛古村落遗址
(Çavuşin Old Village Ruins) 遗迹

免费 从恰乌辛新区向山上走，经过主广场就会看到老村遗址。你可以爬上断崖，穿过这片迷宫般的废弃房屋，房屋全都在岩石内开凿。由于酒店正好建在遗址中央，所以稍稍破坏了这里不被时间打扰的氛围，但值得探索的地方还有很多。

施洗者圣约翰教堂
(Church of St John the Baptist) 教堂

免费 施洗者圣约翰教堂就位于恰乌辛古村落遗址通往悬崖的道路顶端，是卡帕多基亚最古老的一座教堂。虽然内部壁画已经严重受损褪色，但洞穴中依然屹立的石柱令人印象深刻，门口看到的乡村景色令人心生崇敬。

👉 团队游

Mephisto Voyage 探险

(📞0384-532 7070; www.mephistovoyage.com; Mehmet Yılmaz Caddesi) 这家探险游公司总部在İn Pension（见本页）的家庭旅馆，声誉很好。公司已有15年历史，提供卡帕多基亚和托罗斯山（Taurus Mountains）多日徒步、骑马和自行车骑行套餐服务。它也因为是卡帕多基亚唯一一家能为行动不便人士特别设计的旅途的运营商，而名声远扬，提供独轮残疾车（Joëlette system）。

🛏️ 食宿

İn Pension 家庭旅馆 $

(📞0384-532 7070; www.pensionincappadocia.com; Mehmet Yılmaz Caddesi; 旧楼 双 30欧元, 新楼 双/标三 40/50欧元; 套 70~100欧元; 🛜) 小村主广场旁的这个小家庭旅馆自带一个旅游咨询台，由店主Mephisto Voyage经营。有2间简洁的廉价客房，新楼有装扮一新的明亮的双人间，带小浴室。楼下的豪华客房有许多传统的石头结构，装饰风格很可爱。

★ Azure Cave Suites 精品酒店 $$$

(📞0384-532 7111; www.azurecavesuites.com; 房/套 60/100欧元起; 🛜) 这家华丽的洞穴酒店就在恰乌辛山顶，能看到不可思议的风景，是很浪漫的住宿处。地中海风格的装饰使得它在千篇一律的卡帕多基亚洞穴酒店中显得新颖独特。我们还特别迷恋新建的花园房附属建筑，里面有闲适的公共休息室。11号房有热水浴缸，视野无敌。

Kavi Cafe 咖啡馆 $

(烤饼5里拉; ⏰10:00~18:00) 就在恰乌辛古村落遗址小路的最顶端，施洗者圣约翰教堂前，风格低调，摇摇晃晃的绿荫露台上有旧的沙发。经营咖啡馆的是当地一个可爱的家庭，他们还为徒步者准备美味的开胃烤饼和、开胃菜（1里拉）及咖啡（3里拉），以帮助他们恢复体力。

Seyyah Han 土耳其菜 $$

(📞0384-532 7214; Maltepi Sokağı; 主菜15~30里拉; ⏰10:00~22:00) 这家非同一般的餐厅主打大量肉食主菜，有旋转烤肉及各种配菜，例如慢炖羊颈（kuzu gerdan）。外面的露台是恰乌辛享用日落晚餐的好地方。

ℹ️ 到达和离开

恰乌辛位于内夫谢希尔-阿瓦诺斯长途车和于尔古普-阿瓦诺斯小巴线路上，二者皆为1小时1班。可以走到公路上，等车路过时招手搭乘。

帕夏贝（Paşabağı）

这条峡谷就在通往济尔维的岔路半途，靠近一处仙人烟囱岩警察局（jandarma）。峡谷是三叉形的，里面能看到卡帕多基亚最好的蘑菇岩仙人烟囱岩。修道士曾经在这里隐居，你能爬上其中一座仙人烟囱岩看到里面的修道士定居点，有希腊式的十字架装饰。一条木栈道通往一座修道院，里面有三幅偶像破坏时期的壁画，免受破坏，中间一幅画描绘了怀抱婴儿耶稣的圣母玛利亚。

ℹ️ 到达和离开

帕夏贝在于尔古玉普-阿瓦诺斯小巴路线上。要去阿瓦诺斯，车辆于整点过25分左右抵达山谷。要前往相反方向的格雷梅和于尔古玉普，可以在路上等到整点过10~15分钟时，趁车辆路过时招手搭乘。

济尔维（Zelve）

恰乌辛和阿瓦诺斯之间的道路在济尔维有一条岔路，通往济尔维露天博物馆（Zelve Açık Hava Müzesi, Zelve Open-Air Museum；门票10里拉；⊙8:00~19:00），那里是三条山谷汇聚之处，有许多废弃的房屋和教堂。9~13世纪，济尔维是修士隐居的地方。这里虽然不像格雷梅露天博物馆那样，有很多令人赞叹的带有壁画的教堂，但这里嶙峋壮丽的峡壁风景异常优美，值得游览。

直到1952年，山谷里仍然有人居住，但因为继续居住过于危险，村民都被迁移到几公里之外的Aktepe，现在也叫新济尔维（Yeni Zelve）。

有一条环绕峡谷的徒步路线非常好，能够抵达许多洞穴，但风化侵蚀仍然在不断损坏峡谷的构造，有些地方因为有落石而被封锁了。

在济尔维入口停车场外有一些咖啡馆，简单的菜单上有开胃烤饼（gözleme）和menemen（胡椒番茄炒蛋，有时会加奶酪）。

❶ 到达和离开

于尔古玉普－阿瓦诺斯小巴在济尔维停靠。如果之后还想继续前往阿瓦诺斯，有小巴会在大约每个半点钟的时候在济尔维停车站短暂停留；反方向去往格雷梅和于尔古玉普的车每小时过十分或一刻时抵达。

沿着平坦的公路走上1.5公里就能轻松从济尔维前往帕夏贝。

戴夫兰特峡谷（Devrent Valley）

看，那里有只骆驼！戴夫兰特峡谷在当地被称为"幻想谷"（Imagination Valley），有千奇百怪的岩石结构，也是卡帕多基亚最密集的火山锥景点。欣赏这些奇形怪状的火山锥，就像孩子在看云，让人浮想联翩。试试能不能辨别出海豚、海豹、拿破仑的帽子、接吻的鸟儿、圣母玛利亚和各种爬行动物的造型。

大部分的火山锥顶部都是平坦暗色的硬石，它会保护火山锥并避免其风化，而低处的一圈则会先分崩离析。这一过程被地质学家称为差异侵蚀（differential erosion），不过你也可以称之为奇怪的现象。

戴夫兰特山谷就在阿瓦诺斯和于尔古玉普的公路上（东端）。这条路上没有公共交通工具，不过如果天气不是太热，不妨沿着路边步行，从济尔维过来很容易。从济尔维遗址入口往回走200米来到一个岔路口，右转到通往于尔古玉普的路，向前2公里就会来到Aktepe（新济尔维，Yeni Zelve）。向右继续沿着于尔古玉普的路上山，不到2公里就到了。

想缩短步行时间，于尔古玉普-阿瓦诺斯小巴也能在Aktepe放你下来。可以在戴夫兰特山谷的纪念品摊喝些茶和冷饮，不过你只能去济尔维、于尔古玉普或阿瓦诺斯吃午餐。

阿瓦诺斯（Avanos）

📞0384/人口 13,500/海拔 910米

红河（Kızılırmak）就像缓慢流淌的血液一样，流经这座城市。这里独特的生命元素——红色黏土和白色的山泥混合，能够制成当地著名的陶器。通常陶器上涂着蓝绿色或者棕土色，赫梯人则特别喜欢黄色。陶器通常由男性制作，女性涂色。除了常规的旅行团（只在这里停留一会儿，下车走进陶器店，然后就回到车上离开了）之外，阿瓦诺斯的外国游客相对较少，你可以独自在蜿蜒的小巷中漫步，走向山腰。小巷两边是逐渐破败的希腊奥斯曼式房屋。偶尔有一些不和谐的威尼斯式贡多拉驶过河面，但你仍然可以在河边尽情享受落日，细细品味杯中的红茶。

⦿ 景点

多数游客来阿瓦诺斯是为了观看陶匠工作。旅行团会分散进入小镇外围主路边的陶器店，镇中心小型独立的陶器工坊更悠闲，价格也更公道，大多数店主都会很乐意教你制作一两件陶器。

切兹·加里普头发博物馆 博物馆

（Chez Galip Hair Museum; 110 Sokak 24; ⊙8:30~18:00）免费 这座陶器美术馆位于邮局对面的小巷，设有卡帕多基亚最著名的头发博物馆。是的，没错，这座博物馆收藏有许多过去女性游客留给后人参观的头发——大

约有16,000份头发挂在后面山洞的墙壁和屋顶上。你会觉得好笑或者有些（好吧，是非常）恐怖。还可以自愿捐赠自己的头发。这里备有剪刀，咔嚓咔嚓。

格雷陶瓷博物馆 博物馆

（Güray Ceramic Museum; Dereyamanlı Caddesi; 门票3里拉; ◎9:00~19:00）这家相当时髦的博物馆坐落在格雷陶器展厅地下新挖

不要错过

俯瞰卡帕多基亚

如果你从来没有乘坐过热气球，卡帕多基亚是你初次体验热气球的最佳地点之一。这里的热气球飞行条件相当适宜，全年几乎所有早晨都能起飞。从高空俯视本地区精彩的风景是一次梦幻般的体验，很多游客认为热气球是土耳其旅行中最大的亮点之一。高昂的价格包括往返酒店和热气球升空地的交通费用，还有起泡葡萄酒。

通常，热气球会在日出后马上起飞。不过，因为很多游客不愿早起，声誉最好的几家公司，如今也提供上午晚些时候的第二次飞行。但在这时，气流会变得不稳定，产生潜在的危险。所以无论如何，你都应该选择日出后的那次飞行。

你会发现，当地有相当多的热气球公司，但是有的公司设备质量较差，工作人员缺乏经验，也不给游客购买保险。记住，热气球行业虽然被着侈的光芒包围，但仍然是探险活动，不可能没有危险。过去几年这里就曾发生过3次重大的热气球事故。想为自己负责任的话，就应该仔细选择可靠的公司，确保公司资质良好，飞行员经验丰富、善于沟通。你甚至可以要求公司出示执照和飞行记录册。千万不要贪小便宜，选择那些降低安全标准或者会超载（如果没有别的问题，那至少也只会让你看见低价钱所对应的风景）的公司。

还应该注意，热气球依靠风力前进，所以热气球公司也不能确定某一次飞行的具体行程线路。所有的公司都会尝试飞临仙人烟囱岩，但有些时候，风向会让你无法到达那里。在偶然的情况下，为了安全起见，飞行员会在恶劣的天气条件下取消飞行。如果碰到这种情况，你可以第二天再来，或者拿到退票款。虽然这会带来不便，但绝对比冒险起飞要好多了。

所有的热气球乘客都应该穿一件暖和的外套或者夹克衫，平底鞋和裤子。大部分声誉良好的公司都不允许6岁以下的儿童乘坐热气球。

下面是一些声誉良好的热气球公司：

Butterfly Balloons（见492页地图；☎0384-271 3010; www.butterflyballoons.com; Uzundere Caddesi 29, Göreme）这家热气球公司名声很好，几乎没有缺点。飞行员都是技巧娴熟的专业人士。英国人麦克（Mike）有丰富的国际经验，是英国皇家气象协会（Royal Meteorological Society）的会员。一次标准飞行（1小时，最多20名乘客）的价格为每人175欧元。

Royal Balloon（☎0384-271 3300; www.royalballoon.com; Dutlu Sokak 9）这家声誉良好的热气球公司由经验丰富的飞行员Suat Ulusoy带队。一次标准飞行（1小时，最多20名乘客）的价格为每人175欧元。

Turkiye Balloons（见492页地图；☎0384-271 3222; www.turkiyeballoons.com; Mezar Sokak 8）这家的大多数土耳其籍热气球飞行员都曾在多家公司有超过十年的飞行经验。标准飞行（1小时，最多20名乘客）价格为每人160欧元。

Voyager Balloons（见492页地图；☎0384-271 3030; www.voyagerballoons.com; Müze Caddesi 36/1, Göreme）主要推荐理由是，这里有掌握多种语言的飞行员团队和职业化的服务。一次标准飞行（1小时，最多24人）价格为每人160欧元。

出的大量洞穴中，展示有多年来私人收藏的陶器艺术品。由古代陶器展厅展出的是远在红铜时代的作品。

从阿瓦诺斯镇中心到达这里，先从Taş Köprü桥（位于Atatürk Caddesi西端）跨过河流，从第一个路口右转到达Kapadokya Caddesi，然后跟随路标走。

团队游

Kirkit Voyage 团队游

（0384-511 3259; www.kirkit.com; Atatürk Caddesi 50, Avanos）这家旅行社有极好的声誉，员工热情友好，能说多国语言。除了常规的旅行团之外，他们还能提供徒步、自行车、独木舟、骑马和雪橇游，并且提供机场接送服务（需要预约）。强烈推荐骑马游，2小时的价格是40欧元，一天的价格是80欧元，包括全套骑马装备和午餐。

住宿

Ada Camping 露营地 $

（0384-511 2429; www.avanosadacamping.com; Jan Zakari Caddesi 20; 露营 每人 15里拉; ）这一由家族经营的大型营地位置绝佳，紧邻Kızılırma河边。卫浴区没那么干净，但大量的树荫和草地可以扳回一局。旁边还有一家餐厅和一个大游泳池，虽然是冷水，但也十分诱人。地址在主桥以西，河道南岸。

★Kirkit Hotel 精品酒店 $$

（0384-511 3148; www.kirkithotel.com; Genç Ağa Sokak; 标单/双/标三/家 40/55/70/90欧元; ）位于阿瓦诺斯正中心，是一家悠闲的洞穴旅馆，客房里满是基里姆地毯（无桩编织的挂毯）、古老的黑白照片、雕工复杂的橱柜和乌兹别克床罩（suzanis）。中央的庭院里点缀着植物和独特的古董物件。经理Kirkit令人难以置信地博学，也非常乐于助人。这里是玩玩卡帕多基亚的理想落脚地。

Venessa Pansiyon 家庭旅馆 $$

（0384-511 3840; www.venessapension.com; 800 Sokak 20; 房间 120~150里拉; ）阿瓦诺斯的这家酒店很朴素，由一位热心的当地历史专家Mükremin Tokmak经营。简洁明亮的客房满是当地产的基里姆地毯和传统软垫（yastık），舒适的屋顶露台景观开阔，富有当地特色。旅馆还有一间小小的卡帕多基亚艺术展览和博物馆，也欢迎非住客参观。

Sofa Hotel 精品酒店 $$

（0384-511 5186; www.sofahotel.com; Gedik Sokak 9; 双 40~70欧元; ）Sofa Hotel显得杂乱无章，却吸引了大量酷爱旅行的人。由艺术家Hoja设计，他一生的大部分时间都在改建这栋奥斯曼风格的建筑，将其打造成这家酒店。客房装饰不拘一格，将传统土耳其装饰与现代风格相结合，并大量运用木梁装饰和彩色织物。

就餐

阿瓦诺斯周五举行的大**集市**（周五 9:00~17:00）是这个地区最好的集市。在Kızılırmak河道南岸举行，靠近Taş Köprü桥。

★Hanım Eli 安纳托利亚菜 $

（Atatürk Caddesi; 主菜 8~15里拉; 11:00~21:00）这是一家低调的餐馆，提供丰盛的本地菜肴，食材新鲜、风味浓郁。以家常风格烹饪的菜肴非常精致，且并不浮夸。这里的土耳其饺子（mantı）是我们在卡帕多基亚吃到的最美味的。聪明的食客会选择在这里品尝安纳托利亚灵魂菜肴，价格又没有格雷梅和于尔古玉普的贵，是享用午餐的好地方。

Kapadokya Urfa Sofrası 烤肉 $

（Atatürk Caddesi; 土耳其比萨和烤肉 6~7里拉, 主菜 12~20里拉; 10:30~22:00）在阿瓦诺斯诸多烤肉店里，我们最爱这一家，位于主广场旁边，服务热情，食物超值。想找便宜美味的午餐吗？我们推荐点两个阿拉伯风味比萨（lahmacun, 3里拉）。想要分量更足的？这里的薄面包片烤香辣碎肉（beyti sarma, 14里拉）超级棒。

Dayının Yeri 烤肉 $$

（0384-511 6840; Atatürk Caddesi; 主菜 17~30里拉; 10:30~23:00）当地人会抱怨这家店涨价了，不过这家现代烤肉餐厅是卡帕多基亚最好的餐厅之一。只要你不点前菜，总价还是很实惠的。离开时记得一定要外带一份新鲜的künefe（脆炒面、甜芝士和糖浆混合起来，加热后撒上开心果）。

就在Taş Köprü（镇主桥）附近。

Bizim Ev 各国风味 $$$

(📞0384-511 5525; Baklacı Sokak 1; 主菜20~55里拉; ⏰11:00~23:00)这是一个洞穴酒窖，你很容易就能在酒窖里花掉几小时品尝美酒，不过记得要走上楼梯，在风景秀丽的露台用餐。服务风格优雅、谦逊，菜单有牛排、土耳其烤肉、家养鳟鱼和烤羊肉等特色菜。

🛍 购物

阿瓦诺斯许多小陶器工坊都坐落在主广场周围的小巷里以及邮局对面的商店中。

Le Palais du Urdu 陶器

(⏰10:00~18:00)这家独特的制鼓和陶器工坊是我们在阿瓦诺斯最喜欢的工匠商店，如果面朝山的话就在你右边。

ℹ 实用信息

阿瓦诺斯旅游办公室(📞0384-511 4360; Atatürk Caddesi; ⏰8:30~17:00)分发免费城镇地图，不过并不总是严格按照办公时间开放。

ℹ 到达和离开

在阿瓦诺斯的小**长途汽车站**(Kapadokya Caddesi)预订长途汽车车票，跨过Kızılırmak河从镇中心步行10分钟即到。这里的汽车公司都提供前往内夫谢希尔的接驳车。

从阿瓦诺斯到内夫谢希尔的小巴（4里拉）在7:00~19:00每20分钟1班。每个整点有1班车途经恰乌辛、格雷梅，前往乌奇希萨尔（3里拉）。其他时刻开出的班次直达乌奇希萨尔。

前往于尔古普的小巴（4里拉）在7:00~20:00每小时1班，途经济尔维、帕夏贝、恰乌辛、格雷梅和格雷梅露天博物馆。

两趟车都会在Atatürk Caddesi上下客。

阿瓦诺斯周边 (Around Avanos)

阿瓦诺斯近郊有两个景点，参加城镇一日游就能轻松游览。奥兹库纳克地下城（Özkonak Underground City）最为有趣，尤其是如果你想避开人群探索卡帕多基亚著名的地下城之一的话。

奥兹库纳克地下城 (Özkonak Underground City)

阿瓦诺斯以北大约15公里的奥兹库纳克村庄有一座地下城，差不多就是凯马克勒和代林库尤（Derinkuyu）地下城的缩小版，也有酒窖和滚石门。虽然**奥兹库纳克地下城**（Özkonak Yeraltı Şehri; 10里拉; ⏰8:00~19:00）看上去不如大型地下城那样壮观震撼，但这里的游客也少多了。

去地下城最方便的方式是从阿瓦诺斯乘小巴（2里拉，30分钟，8:30~17:30，每小时1班）。注意这趟车因为缺少游客，可能会不准时，所以最好向当地人打听一下最近的时刻表。周末无车。告诉司机在地下城（yeraltı şehri）下车。小巴会在加油站停下，离地下城的入口还有500米。

黄色商队驿站 (Sarıhan)

黄色商队驿站(Sarıhan, Yellow Caravanserai; 📞0384-511 3795; www.sarihan1249.com; Kayseri Yolu; 3里拉; ⏰9:00至午夜)建于1249年，入口处有精致的大门，顶部还有一座小清真寺。20世纪80年代后期，驿站经过修复。这里是至今保存最完好的塞尔柱王国的驿站之一。沿着公路向它驶去，会让你觉得自己像一名13世纪的商人，正打算让骆驼在这里休息一下，好赶上前面的商队。

在驿站内，你仍然要发挥自己的想象，来欣赏只剩下石柱的庭院，以便感受建筑的历史氛围。

这里最主要的看点是每晚45分钟的**托钵僧旋转舞**（Sema; 📞0384-511 3795; 门票25欧元; ⏰21:00）。驿站在阿瓦诺斯以东6公里处，没有小巴经过，也很少有愿意让你搭便车的人。所以如果不能自驾前往，交通就是个问题。从阿瓦诺斯乘坐出租车往返大约30里拉，含等候时间。

内夫谢希尔 (Nevşehir)

📞0384 / 人口 98,800 / 海拔 1260米

古老贫穷的内夫谢希尔被卡帕多基亚美丽的乡村环绕，这个省城只有乏味的公寓楼，几乎没有什么能吸引旅行者的地方。但情况正在改善：市政府在清理内夫谢希尔城堡周围

古老的街区时发现了一座地下城。后续发掘工作已找到一座巨大的隧道网络和一座最早可追溯到5世纪的壁画教堂。该遗址在2018年后对游客部分开放，你可以先和当地人确认一下。

内夫谢希尔博物馆 博物馆

（Nevşehir Museum; ☎0384-213 1447; Türbe Sokak 1; ⓘ8:00~17:00）免费 这家小小的博物馆位于一栋丑陋的建筑内，距市中心1公里远。博物馆包括一间好得出奇的考古学陈列室，里面陈列有弗里吉亚人、赫梯人的文物和青铜时代的器皿和工具，还有一些罗马帝国、拜占庭帝国和奥斯曼帝国的文物。楼上的人种学展区积着厚厚的灰，没什么意思。

要从卡帕多基亚的村庄乘小巴过来，进入内夫谢希尔中心城区后在Migros超市下车，穿过马路后你会在下一个路口看见Müze标志。

❶ 到达和当地交通

内夫谢希尔是本地区到达附近的卡帕多基亚乡村的主要交通枢纽。

搭乘出租车去格雷梅的花费为35里拉左右。

飞机

内夫谢希尔机场（Nevşehir Airport, 见490页）位于镇子西北30公里处，经过古玉谢希尔（Gülşehir）。

机场有摆渡巴士（见490页）到卡帕多基亚中部的各个村庄，必须预订。

长途汽车

内夫谢希尔的**长途汽车站**（Aksaray Nevşehir Yolu）位于城市西南2.5公里处。大部分从伊斯坦布尔和土耳其西部其他城镇开来的汽车终点站都在这里，不过汽车接着会提供免费的接驳服务到达格雷梅、于尔古玉普、奥塔希萨、阿瓦诺斯和乌奇希萨尔。

内夫谢希尔交通便利，市中心Osmanlı Caddesi的小巴站发出的车次能到达周边的卡帕多基亚村镇。周一至周六当地小巴从这里出发，可到达格雷梅（2.50里拉，7:30~19:30每30分钟1班）、乌奇希萨尔（2里拉，7:30~19:30每半小时1班）、于尔古玉普（3.50里拉，7:00~20:00每15分钟1班）、阿瓦诺斯（4里拉，7:00~19:00每20分钟1班）、奥塔希萨（3.50里拉，8:00~17:00每小时1班）、凯马克勒和代林库尤地下城（5里拉，9:00~19:00每30分钟1班）和尼代（12里拉，9:00~19:00每小时1班）。许多村子的小巴周日班次都会减少。去往哈吉贝克塔什（Hacıbektaş）的车次从街角的Has Hacıbektaş办公室出发。

古玉谢希尔（Gülşehir）

☎0384/人口 12,300

小镇外围有两处岩石景点，值得路过的游客看一看。位于内夫谢希尔以北19公里处。

◉ 景点

圣让教堂 教堂

（Karşı Kilise, Church of St Jean; Kırşehir-Nevşehir Yolu; 5里拉; ⓘ8:00~17:00）位于通往古玉谢希尔的主要公路旁，就在去往镇中心的岔路口之前（继续走500米），有一个路标指示着通往建于13世纪的不可思议的圣让教堂。这座从岩石中开凿而出的两层楼教堂里有精美的壁画，描绘了天使报喜、十字架降临、最后的晚餐和犹大的背叛等基督教故事（这些场景在卡帕多基亚的教堂里很罕见），1995年才经过精心的修复，恢复其原本的光彩。

露天宫殿 修道院

（Açık Saray, Open Palace; Kırşehir-Nevşehir Yolu; ⓘ8:00~17:00）免费 这座精致的石刻修道院里包含了教堂、餐厅、宿舍和厨房。所有的房间都是在仙人烟囱岩里开凿的，其历史可追溯至6~7世纪。这里紧邻古玉谢希尔一内夫谢希尔的大路，距古玉谢希尔镇中心4公里。

❶ 到达和离开

从内夫谢希尔到古玉谢希尔的小巴从Alibey Camii北边的Lale Caddesi上的车站出发（3.50里拉，行程25分钟，每30分钟1班）。告诉司机你要在Açık Saray或者Karşı Kilise下车，回来时可以少走些路。回程时，就在路边搭过路的巴士即可。去往哈吉贝克塔什也可以在公路上招手拦停小巴。

哈吉贝克塔什（Hacıbektaş）

☎0384/人口 5200

如果不是漂亮的托钵僧小屋（dergah）和主广场上的博物馆的话，哈吉贝克塔什可

进入地下

卡帕多基亚地区庞大的地下城市网络，被认为是赫梯人最早挖掘的。相关的记载最早出现在古希腊历史学家色诺芬（Xenophon）的著作《长征记》（Anabasis，写于公元前4世纪）中。

6~7世纪，拜占庭的基督教势力延伸到了这里，教徒扩建了地下城市，用来躲避迫害。如果阿拉伯或者波斯军队靠近，一列烽火会燃起作为警告——几小时就能从耶路撒冷传到君士坦丁堡。当警告传到卡帕多基亚时，基督教徒就会带上可随身携带的财物躲进地下城，在地下洞窟里躲上几个月。

地下城的居民还发明了一种防御措施：把通风井伪装成水井。来袭的军队可能会往这些"水井"里投放可燃毒药，试图污染水源。居民用火产生的烟会被松软的凝灰岩吸收，或者从通风井重新散发出来——把敌人蒙在鼓里。

有些地方的通风井将近100米深，它们在地下城的建造过程中也起到了其他重要的作用。挖掘新房屋时，瓦砾碎片会从通风井运送到地面，挖掘才能继续进行。有些地下城的规模相当庞大——代林库尤（Derinkuyu）和凯马克勒（Kaymaklı）最多的时候分别住有10,000人和3000人。

大约已有37个地下城对外开放，估计至少还有100多个地下城尚未被发掘。这些地下避难所的总规模究竟有多大，可能永远也无法知晓。最新在内夫谢希尔（见508页）发现的一座正在进行发掘，它有可能会颠覆目前普遍接受的关于地下用途的理论，因为考古学家称，有证据表明，该地下城用于永久居住，而非临时避难所。

游览地下城，就好像上了一堂历史课。狭窄的通道将你带入地球深处，沿途有打着栓柱的马厩，带有祭坛和洗礼池的教堂，开有通风孔的墙壁、谷仓和磨坊，还有漆黑一片的厨房和烤炉。虽然很有意思，但也要做好遇到不愉快的准备，人群会很拥挤，有时候还会遇到患有幽

能只是一个毫无特别之处的安纳托利亚小镇而已。在这里可以一瞥贝克塔什阿列维派的历史和文化。每年一度的**哈吉·贝克塔什·维利朝圣和节日**（☉8月16日至18日）期间如果你正好在此，那么也将是一次迷人的体验。

13世纪，哈吉·贝克塔什·维利（Hacı Bektaş Veli）出生于伊朗的内沙布尔（Nishapur）。他建立了一个宗教政治团体，将伊斯兰教的逊尼教派、什叶教派与东正教融合在一起。据说，他生前曾游历安纳托利亚，并在开塞利、锡瓦斯和克尔谢希尔居住过。后来他移居到一个小村子，就是现在的哈吉贝克塔什。

对于哈吉·贝克塔什本人我们所知甚少，但他的著作Makalât描绘了一种神秘的哲学，不像主流伊斯兰的理念那样刻板压抑。书中描述了悟道的四个阶段（四重门）。尽管一直遭到主流伊斯兰教的嘲笑，但贝克塔什托钵僧在奥斯曼帝国时代仍然产生了巨大的影响。1925年，贝克塔什托钵僧和其他一些托钵僧派别一起被阿塔图克取缔。

对现代的阿列维团体（Alevi community）来说，每年一次的贝克塔什托钵僧朝圣是非常重要的一项活动。第一天的活动通常都由政客主导，第二天、第三天开始则是音乐和舞蹈的狂欢。

哈吉贝克塔什维利博物馆 博物馆

（Hacıbektaş Veli Müzesi, Hacıbektaş Veli Museum; Atatürk Caddesi; ☉8:00~19:00) **免费**
这座宁静的托钵僧小屋（dergah）位于哈吉贝克塔什镇中心，现在是一座博物馆，同时也是那些贝克塔什（Bektaşi）信徒的朝圣地。有几间房间里的摆设还是按照贝克塔什当年生活时的样子摆放，还有展示托钵僧生活的实景模型和美丽的服饰、乐器和珠宝展览。**会议室**（Meydan Evi）最早是举办仪式的地方，其中有复杂的木雕楔形椽屋顶，横梁象征着九层天堂。

博物馆内庭中的玫瑰花园是**大师室**（Pir

闭恐惧症的游客。尽可能避免周末来游玩，土耳其国内的旅游团会让这里更加拥挤。

以下是4座最有趣的地下城，不过还有一些其他选择，包括位于古泽尔育尔特（Güzelyurt，见527页）村和阿瓦诺斯附近的奥兹库纳克（见508页）的地下城。

凯马克勒地下城（Kaymaklı underground city；门票30里拉；◎8:00~19:00）迷宫般的隧道和一共8层的地下房屋（只开放了4层），这座地下城是最方便游览的，也是人气最高的。你如果能提早在7月和8月来，就能避开旅游团，或者可以选择在12:30~13:30的用餐时间来来。

代林库尤地下城（Derinkuyu underground city；门票25里拉；◎8:00~19:00）这座地下城在凯马克勒往南10公里，一共有7层，都是大石窟房间。当你到达最底层时，可以从通风井底部往上看看你离地面有多远——幽闭恐惧症患者慎看。

Gaziemir地下城（门票10里拉；◎8:00~18:00）离代林库尤有一条路之隔，从古泽尔育尔特向东18公里，就到了这座地下城。在这里，能看到教堂、一家酿酒厂、食物仓库、土耳其浴室和泥火炉。路边的骆驼骨头和石头上栓动物用的孔，说明了此处也曾经是一个地下商队的基地。

Özlüce地下城（◎9:00~18:30）**免费** 在凯马克勒村的北侧入口右转，7公里之后就是Özlüce村。这座地下城比凯马克勒和代林库尤的都要小，开发不多，游客也更少。

到达和离开

虽然你也可以从格雷梅、阿瓦诺斯或者于尔古玉普参加团队一日游来游览地下城，但自行前往也很方便。Derinkuyu Koop公司在内夫谢希尔有小巴抵达代林库尤（5里拉，45分钟，9:00~18:30每半小时1班），在凯马克勒也停靠（3里拉，30分钟）。小巴在Osmanlı Caddesi的中央汽车站出发。

从凯马克勒到Özlüce或Gaziemir，你需要叫一辆出租车，或者自己开车。

卡帕多基亚 奥塔希萨

Evi），其中有哈吉·贝克塔什·维利之墓。走下台阶，穿过小厅（托钵僧曾在这里祈祷），进入Kırklar Meydanı（是举行托钵僧仪式的地方），这里的墙上装饰着五颜六色的花卉和几何图案。哈吉·贝克塔什·维利的陵墓在右边的一间独立房间中。

从大师室穿过玫瑰花园就到了另一位宗教领袖Balım Sultan的陵墓，外面有一棵700年历史的老桑树——古老的树枝用木桩支撑着。

❶ 到达和离开

从内夫谢希尔出发，Lale Caddesi上的两家小巴公司提供往返哈吉贝克塔什的车次（5里拉，40分钟）。Has Hacıbektaş的办公室靠近Alibey清真寺，8:00~14:00每小时1班。沿着道路向北的两个街区就是Hacıbektaş公司的办公室，发车时间为7:30、8:45、10:30、12:30、13:30、14:45、17:00和18:00。

返程小巴在哈吉贝克塔什的长途汽车站（8:00~17:00每小时1班）发车。每天还有7班开往安卡拉的车。

奥塔希萨（Ortahisar）

☑ 0384/人口 3600

奥塔希萨的名字来自当地锯齿状的城堡。这里是卡帕多基亚农业精神的缩影，从中心广场下行，你会发现鹅卵石街道两边都是美丽的老旧石屋废墟，这条通道通往一条岩石上点缀着鸽舍的峡谷。上行途中（朝着公路方向），你会看见那些存放土耳其柠檬的洞穴建筑仍在发挥作用。这里的秘密多年来一直为游客所忽视，现在正逐渐被发现。过去20年里，随着游客前来欣赏这座卡帕多基亚古老村庄令人陶醉的田园之美，这里开办了一批精品酒店和更大的豪华酒店。虽然游客突然间蜂拥而来，但奥塔希萨的大部分乡村自然风情依然保存完好。小巷中驴车往来频繁，年长的男性整日在外面的茶馆晃悠，如果你4月间前来，这里储藏柠檬的洞穴会全然敞开，柠檬的香气弥漫整个镇子。

⦿ 景点和活动

点缀着鸽舍的**奥塔希萨山谷**从Tahir Bey Sokak的南端最容易进入。从村子东南角前往**Uzengi山谷**（有一些最不可思议的鸽舍风景）也很便利。

奥塔希萨城堡
城堡

（Cami Sokak, Ortahisar Castle；2里拉；◑9:00~18:00）城堡位于奥塔希萨村中心。18米高的石墙在拜占庭时期用于防御入侵。修复工程已经完成，摇摇欲坠的建筑物已得到加固，城堡现已重新开放；你可以顺着危险的金属阶梯登上半途的观景露台，欣赏壮观的风景。傍晚的光线最适合照相。

潘卡利教堂
教堂

（Pancarlı Kilise, Beetroot Church；5里拉；◑4月至10月 9:00~16:30）这间少有人到访的11世纪的教堂依偎着一块尤其上镜的橙色岩石。小小的中殿内部有保存完好的绚丽壁画，周围的崖壁中有凹室，曾经是隐修僧侣的生活区。要到这里，先从奥塔希萨城堡向东南方向前进，沿着Hacı Telegraf Sokak下山。上桥过河，沿着东部（有路标）农场的道路走3公里。

文化民俗博物馆
博物馆

（Kültür Müzesi, Culture Folk Museum; Cami Sokak 15；5里拉；◑9:00~17:00）文化民俗博物馆在奥塔希萨城堡旁边的主广场上，这里到处都是旅行团的游客，不过仍然是一个了解当地文化的好去处。在实景模型上，能看到多种语言标签，戴着女式头巾和老头帽（şapkas）的居民模型在做yufka（未发酵的面包卷）、葡萄糖浆（pekmez）和基里姆地毯。

哈拉克迪勒修道院
（Hallacdere Monastery） 修道院

免费 这座宏伟的洞穴修道院非常气派，里面的教堂有气势恢宏的立柱，还有一些不寻常的细节。留意立柱顶端的动物头和墙上雕刻的人像。修道院在通往镇子的主公路旁，奥塔希萨镇中心东北1公里处。

Cemal牧场
骑马

（Cemal Ranch；☎0532 291 0211；www.cemalranch.com；İsak Kale；包括往返酒店的交通 1/2小时 75/150里拉，4/6小时 包括活动后的晚饭 300/400里拉）牧场坐落在令人惊艳的峡谷景色之中，提供周边田野上的骑马郊游。短一些的骑行可穿过奥塔希萨峡谷，参观哈拉克迪勒修道院。4~6小时的跋涉能给你足够多的时间探索人迹罕至的Üzengi峡谷，然后品尝一些高品质的土耳其家常菜。牧场位于奥塔希萨镇中心以东1公里处（有清晰的路标）。

🛏 住宿

Castle Inn
精品酒店 $$

（☎0384-343 3022；www.castleinn.com.tr；Bahçe Sokak 5；房间 55~95欧元；❆）这家古老的希腊酒店共有5间客房，距离村广场只有几步路，是舒适的选择。店主Suat很有风度，会热情地提供建议，并讲述一些历史八卦。每间石拱房间（有一个洞穴套房）中都摆放有Suat在旅途中搜集的一些纪念品，露台还能饱览村庄美景。

Elaa Cave Hotel
精品酒店 $$

（☎0384-343 2650；www.elaacavehotel.com；Tahir Bey Sokak 4；房 40~50欧元；❄❆）外面的街巷中有悠闲踱步的鸡群，但进了酒店大门，安纳托利亚乡村风情的审美却同土耳其现代风格融为一体。生动的色彩搭配精心雕刻的木头饰板和精美的地毯，6个舒适的洞穴房间里都装饰着奇怪的艺术品。提供不错的浓缩咖啡和早餐，屋顶露台有一种别致的当代氛围，是欣赏奥塔希萨岩石城堡日落的完美之地。

★ Hezen Cave Hotel
精品酒店 $$$

（☎0384-343 3005；www.hezenhotel.com；Tahir Bey Sokak 87；标单/双 125/145欧元，套 220欧元起；◑3月至11月；❄❆）我们已经爱上了这家酒店。重复利用的电线杆（hezen）支撑起了门厅高挑的空间。在能360°饱览乡村美景的露台享用丰盛的早餐，点滴细节处处体现出这是一家设计感十足的华丽酒店。洞穴客房的门、窗户和家具上有杂乱的粉彩，增添了一种酷炫的当代时尚感。

Queen's Cave   精品酒店 $$$

（☎0384-343 3040；www.queenshotelcapadocia.com；Dere Sokak 24~26；双 60~80欧元，家 140~180欧元；❄️🅿️）隐藏在奥塔希萨底部，位于一座薰衣草和三色堇花园中央。洞窟和石头开凿的传统客房融合了舒适的现代化设施，采用大量木头和石头装饰，显露出一种独特的石窟客房的氛围。有一座备用厨房，互相连通的套间很适合家庭或团队游客。如果想尝试穴居体验，可预订仙人烟囱岩客房。

The House Hotel   豪华酒店 $$$

（☎0384-343 2425；www.thehousehotel.com；Hacı Telgraf Caddesi 3/1；房 109~229欧元；❄️🅿️🛜）时髦的风格降临奥塔希萨，来自伊斯坦布尔的House Hotel为村庄生活带来了一些当代前卫元素。宽敞的房间里有巨大的平板电视和大理石覆盖的浴室，搭配双人淋浴，装潢十分简约，以便让原本的洞穴墙壁在套间中散发光彩。

Muti Restaurant（☎0384-341 5858；Hacı Telgraf Caddesi No 3/1, The House Hotel；28~46里拉；⏰11:30~23:00）在二楼和屋顶露台上提供正式的土耳其餐。

🍴 就餐

Hisar Teras Cafe   土耳其菜 $

（Cami Sokak；烤饼 8里拉起；⏰10:00~21:00）从奥塔希萨中央清真寺向下走几家即到，你会发现这里如此平易近人。可以直接走到后面的阳台，坐在舒适的旧沙发上，欣赏绝美的村庄风光。菜单和装修一样低调，但这无所谓，因为你来是为了吃开胃烤饼的。这里的烤饼是我们吃过的最大最多汁的，在黄油中浸泡得最透。

Kapadokya Cafe   熟食餐厅 $

（Cami Sokak；烤肉和饼 2.50~3.50里拉，菜 8里拉起；⏰10:30~22:00）这是村中心价格便宜、气氛愉悦的餐厅中，我们最喜欢的一个。在这个小店中，只有两张桌子，提供的都是乡村风味的丰盛的土耳其热门菜式。

Tandır Restaurant   安纳托利亚菜 $$

（☎0384-477 8575；Manzara ve Kültür Park, Esentepe Mahallesi；主菜 15~30里拉；⏰11:00~ 22:00；🅿️）奥塔希萨的顶级餐厅，供应大量当地家常菜肴，还能饱览周围的岩石城堡。菜单上提供传统菜肴，如带馅的烤葫芦花（kabak çiçeği dolması）和泥炉烤羊（tandır kuzu），服务态度很亲切。从村中心上山，在Manzara ve Kültür Park公园里。

ℹ️ 到达和离开

小巴从奥塔希萨主广场出发，可至于尔古玉普（2.50里拉，周一至周六 8:00~17:00 每30分钟1班）和内夫谢希尔（3.50里拉，周一至周六 8:00~18:00 每小时1班）。要去格雷梅，必须向山上走1公里到主干道的奥塔希萨转弯口，从那里可以拦到于尔古玉普－阿瓦诺斯的小巴。

可以在**Nevşehir Seyahat**（☎0384-343 3383；www.nevsehirlilerseyahat.com.tr；Tepebası Meydanı）汽车公司位于村中心的办公室预订前往土耳其其他目的地的车票。

于尔古玉普（Ürgüp）

☎0384/人口 20,700

1923年，希腊人从于尔古玉普的定居点被驱逐出境，大量在岩石中开凿的房屋被留下任由荒废，直至旅游业开始发展。现在，90多年过去了，这些上个时代的幸存物获得新生，成为卡帕多基亚最奢华的精品酒店。于尔古玉普是那些不喜欢乡村环境的旅行者的合适居所，其热闹、现代的中心区与仍然依附在山腰的旧日乡村小巷形成鲜明对比。镇上亮点不多。不过，于尔古玉普却明智地将自己打造成探索卡帕多基亚腹地的最佳基地，附近就有精品酒店。

⦿ 景点和活动

美惠三女神仙人烟囱岩   地标

（Three Graces Fairy Chimneys, Üç Güzeller; Nevşehir-Ürgüp Yolu）这三座黑顶的仙人烟囱结构（也被称为"美惠三女神"）是于尔古玉普最著名的地标。就在镇外，能眺望地势起伏的乡野，是捕捉日落照片的首选之地。沿着从Tevfik Fikret Caddesi最高处绕道向奥塔希萨前进的主路1公里处，即可到达。

★ 老村   景区

（Old Village；见514页地图）于尔古玉普的

Ürgüp 于尔古玉普

老村小巷中有许多当地典型的优秀传统石材建筑，非常值得游览。

Temenni Wishing Hill
观景点

（见514页地图；Cami Kebir Sokak）这里是一位圣人的墓地，也是一家咖啡馆。能360度全景纵览于尔古玉普。

Turasan Winery
酒厂

（见514页地图；☎0384-341 4961；Tevfik Fikret Caddesi；品酒活动20里拉；⊙8:30~18:00）卡帕多基亚充沛的阳光和肥沃的火山土，非常适合生长美味甘甜的葡萄。有些酒庄将奥斯曼和希腊的酿酒传统传承至今。在这里，你可以品尝一些本地出产的美酒。

Tarihi Şehir Hamamı
土耳其浴室

（见514页地图；☎0384-341 2241；İstiklal Caddesi；洗浴、擦身和按摩45里拉；⊙7:00~22:00）这家浴室的一部分以前是小教堂，虽然是男女混浴，但很可靠。

👉 团队游

于尔古玉普有好几家旅行社，提供卡帕多基亚周边的团队游服务。

Argeus Tourism & Travel
团队游

（见514页地图；☎0384-341 4688；www.argeus.com.tr；İstiklal Caddesi 47）提供2~15天的土耳其各地团队游，其中包括9天的卡帕多基亚山地自行车游，也有卡帕多基亚私人一日游，还提供代订机票和租车服务，同时也是于尔古玉普的土耳其航空代理，运营一个声誉良好的机场接驳服务，配合土耳其航空抵达开塞利（25里拉）和内夫谢希尔（20里拉）的航班。需预订。

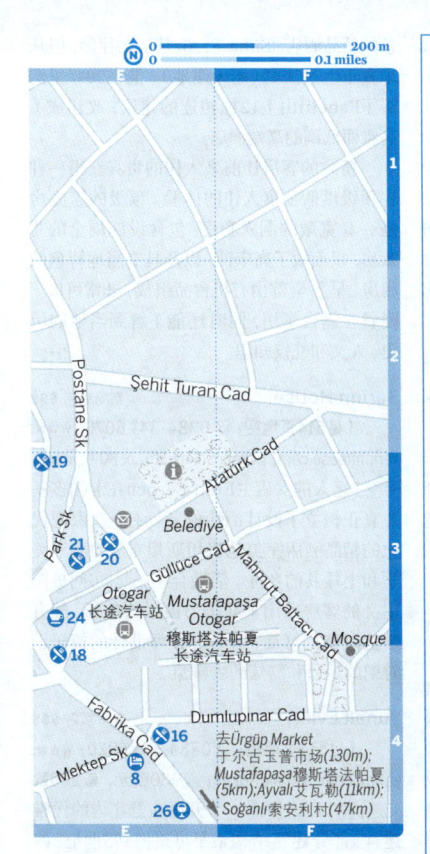

Ürgüp 于尔古玉普

◎ **重要景点**
1 老村..C3

◎ **景点**
2 Temenni Wishing Hill..........................D3
3 Turasan Winery A2

✈ **活动、课程和团队游**
4 Argeus Tourism & Travel C4
5 Peerless Travel Services C4
6 Tarihi Şehir Hamamı C4

🛏 **住宿**
7 Canyon Cave Hotel..............................A2
8 Cappadocia Palace E4
9 Esbelli Evi...A1
10 Hotel Elvan...C4
11 Melekler Evi..B2
12 Serinn House A1
13 Sota Cappadocia...............................B3
14 Yunak Evleri C2

🍴 **就餐**
15 Cappadocia Restaurant D4
16 Develili Deringöller Pide ve Kebap Salonu....................................E4
17 Han Çirağan Restaurant D3
18 Merkez Pastaneleri E4
19 Osmanlı Konağı E3
20 Yeni Lokanta E3
21 Zeytin Cafe E3
22 Ziggy Cafe C2

🍷 **饮品和夜生活**
23 Angel Café Bistro...............................D4
24 Cafe In..E3
25 Efendi Şarap Evi.................................C2
26 Moonlight Cafe E4

Peerless Travel Services 团队游

（见514页地图；☏0384-341 6970；www.peerlessexcursions.com；İstiklal Caddesi 41）提供卡帕多基亚地区内的私人定制团队游和套餐游，包括一些独辟蹊径的选择，如尼代周边景点的一日游观光，到访索安利和苏丹沼泽（Sultan Marshes）的2日吉普巡游，冬季埃尔吉亚斯山（Erciyes Dağı）4日滑雪套餐。也提供土耳其全境游服务。

🛏 住宿

于尔古玉普有很多豪华的精品酒店，大部分都在古村区内，从现代化的镇中心向上爬山就能到。如果你想找中档或者廉价的旅店，最好去格雷梅。有些酒店从11月到次年3月不营业，因为冬天于尔古玉普的天气很糟糕，当地人宁愿躲在室内，游客也很少会来。

Hotel Elvan 家庭旅馆 $

（见514页地图；☏0384-341 4191；www.hotelelvan.com；Barbaros Hayrettin Sokak 11；标单/双/家 60/80/150里拉，豪华房120里拉；🌐）有了这家家庭旅馆，谁还需要精品酒店啊。友好的店主Hasan和家人会带给你家一般的温馨服务。这家旅馆设在一个内部庭院中，里面摆满了多彩的盆栽。22间整洁的客房都配有雏菊花床单和一尘不染的浴室。一楼新改造的石拱豪华房有时髦的黑玛瑙石灰华浴室和电视。

Canyon Cave Hotel 精品酒店 $$

（见514页地图；0384-341 4113；www.canyoncavehotel.com; Sair Mahfi Baba 3 Sokak 9; 房63~95欧元；套130欧元; ）店主Murat İşnel营造出一种愉快的社交氛围，这里有9个房间，位于山顶的屋顶酒吧能眺望整个于尔古玉普的风景，以及巍峨的埃尔吉亚斯山。房间（都是全洞穴或半洞穴式）面积宽敞，装饰简单，早餐讲究，用咖啡壶盛咖啡，配有香蕉面包。

Cappadocia Palace 酒店 $$

（见514页地图；0384-341 2510；www.hotel-cappadocia.com; Mektep Sokak 2; 标单/双/标三 80/140/170里拉，洞穴房220里拉; ）于尔古玉普的老牌酒店，管理高效。住客可选择宽敞的洞穴客房，浴室大到可以跳舞；或者选择比较普通（面积较小）的快捷旅馆型客房，价格不高，但也能享受精品酒店的氛围。

★ Sota Cappadocia 精品酒店 $$$

（见514页地图；0384-341 5885；www.sotacappadocia.com; Burhan Kale Sokak 12; 房/套 130/180欧元起; ）于尔古玉普新开的嬉皮士酒店。Nil Tuncer在著名室内装饰设计师Oytun Berktan的帮助下，将8个房间设计成极简风格，感觉就像住在纽约的家中，只是洞穴墙壁上有着涡旋状的自然色彩。浓重的黑色色调，做烤饼的平底锅被再次利用作为墙壁装饰的艺术品，挂灯是从一辆俄罗斯油轮上抢救出来的——如此高调的风格撼动了卡帕多基亚。

这里服务态度认真，对所有的小细节都非常重视。住客可以借用这里的iPad和大堆书籍，也可以在摆着日光躺椅的露台上休息，还有一座储量充足的酒吧，早餐包括浓缩咖啡和面包。更棒的是，这家小酒店还采取了可持续发展措施，重新利用灰水，采用生态球（而非煤）进行中央供暖。

★ Esbelli Evi 精品酒店 $$$

（见514页地图；0384-341 3395；www.esbelli.com; Esbelli Sokak 8; 房80~270欧元；3月至10月; ）浴室里播放着爵士乐、浴缸旁摆着威士忌，还有墙后的暗道能通往覆满葡萄藤的花园——这里是卡帕多基亚最具特色的精品酒店。Süha Ersöz是一名律师，但从未真正上过法庭（谢天谢地）。他在20年里购买了Esbelli山上12栋相连的建筑，改建成了高雅而低调的高端酒店。

精致的客房让前来入住的贵宾获得一种在顶级度假公寓入住的体验。顶级的家庭房是一套宽敞的洞穴套房，包含设施周全的儿童房，里面放了高床铺，以及具有当地特色的厨房。早餐全部由有机食品组成，非常可口。晚餐在露台享用，同时还能了解到当地的历史、人文和礼仪知识。

Serinn House 精品酒店 $$$

（见514页地图；0384-341 6076；www.serinnhouse.com; Esbelli Sokak 36; 双80欧元起; ）迷人的女店主Eren Serpen在卡帕多基亚真正树立了设计酒店的新标杆。这家现代化的精品酒店完美地将伊斯坦布尔的欧洲美学和土耳其的乡村生活融合在一起。6间极简主义的客房采用了冲击力极强的色彩，配有学院风格的灯具、著名设计师设计的椅子、时髦的地毯和酷炫的咖啡桌。

Yunak Evleri 豪华酒店 $$$

（见514页地图；0384-341 6920；www.yunak.com; Yunak Sokak; 双180欧元，套200欧元起; ）酒店仿佛一个开凿在悬崖内的优雅迷宫。部分建筑结构最早可追溯到5世纪，四周鲜花盛开，石头台阶通往开凿在岩石中的优雅房屋。这是一家只属于最讲究的奢侈旅行者的酒店。

Melekler Evi 精品酒店 $$$

（见514页地图；0384-341 7131；www.meleklerevi.com.tr; Dere Sokak 59; 双85欧元起; ）这家甜美的小酒店充满了艺术气息。每间客房都是一个室内设计的天堂（不用惊讶，店主Arzu就是一位职业室内装潢师），高保真音响和高科技淋浴系统与粗糙的翼状雕刻、硕大的老派石炉和淳朴的乡村风情完美融合。

就餐

于尔古玉普周六的大型**市场**（Fabrika Caddesi; 9:00~16:00）汇聚了各种活动，有各式各样的当地产品，在Migros超市的停车场举行。

Zeytin Cafe
熟食餐馆 $

（见514页地图；0384-341 7399；Atatürk Bulvarı；菜肴6~15里拉；10:00~22:00；）我们在于尔古玉普时最爱的午餐选择，就是这家热情的现代式熟食店（lokanta），其中有各种自制炖菜、土耳其饺子和土耳其经典菜式。去里面的柜台边，从每日更新的菜单中点菜。

Develili Deringöller Pide ve Kebap Salonu
土耳其比萨 $

（见514页地图；Dumlupınar Caddesi；土耳其比萨6~13里拉；10:00~22:00；）让我们告诉你一个当地居民隐藏了多年的秘密——这个餐厅有卡帕多基亚最棒的土耳其比萨。

Merkez Pastaneleri
面包房 $

（见514页地图；Güllüce Caddesi；烤货1里拉起，一个冰激凌球2里拉；9:30~20:00）这家法式蛋糕店（pastane）从1975年开始营业，至今仍在制作一些卡帕多基亚最好的烘焙食品，包括便宜饱腹的馅饼（börek）和诱人甜腻的果仁蜜饼。夏季，很多卡帕多基亚当地人，会专程开车去于尔古玉普，只为买到这里的冰激凌（dondurma）。推荐蜂蜜杏仁味，吃了就知道原因了。

Yeni Lokanta
熟食餐馆 $$

（见514页地图；0384-341 6880；Postane Sokak 3；主菜10~32里拉；10:30~22:00）这家新浪潮熟食店（lokanta）取得了巨大的成功。这里将传统工人食堂改造成了21世纪风格的餐馆，有着衣着优雅的侍应生、当代风格的餐厅，和一些让人难忘的菜肴。不过价格却依然是熟食店的水平，有开胃菜和小菜，如馅饼，价格为4~8里拉，烧烤16里拉起。这里的烤肉丸（izgara köfte）很夯实。

Osmanlı Konağı
安纳托利亚菜 $$

（见514页地图；0384-341 5441；Sağırmescit Sokak；餐2/4人团队每人30/25里拉；18:00~23:00）这家舒适的家庭经营餐厅只有4个餐桌，妈妈亲自下厨，提供超值的乡村美食。没有菜单；取而代之的是，会有一系列菜肴（6种开胃菜和5种主菜）端上你的餐桌，全部都是分享式——都是他们当天决定烹饪的食物。可谓是贯穿安纳托利亚腹地的一次品尝之旅。

Han Çirağan Restaurant
餐厅、酒吧 $$

（见514页地图；0384-341 2566；Cumhuriyet Meydanı；主菜15~35里拉；10:00至次日1:00；）这里的食物融合了土耳其热门菜式和现代风味，服务热情。吃过晚饭后，还可以到楼下非常时髦的酒吧中休息放松，感受大都市般的夜生活。这里的红酒非常不错，马提尼也还行。

Cappadocia Restaurant
土耳其菜 $$

（见514页地图；Cumhuriyet Meydanı；餐20~25里拉；10:00~21:00）内行的旅行者会和当地居民一起聚集到这家店摆放在人行道的餐桌周围，点上几道量足又丰盛的卡帕多基亚特色菜。

★ Ziggy Cafe
现代土耳其菜 $$$

（见514页地图；0384-341 7107；www.ziggycafe.com；Teyfik Fikret Caddesi 24；前菜套餐60~65里拉，主菜20~45里拉；11:30~23:00；）充满魅力的店主Selim和Nuray将餐厅的成功都归功于可爱的宠物狗。两层楼的露台整天都放着美妙的歌曲，挤满了喝着鸡尾酒、大吃卡帕多基亚美味前菜套餐的顾客，这些都是由大厨Ali Ozkan制作。餐厅保留了卡帕多基亚饮食随意却质量上等的传统。

🍷 饮品和夜生活

小镇主广场（Cumhuriyet Meydanı）上的露天餐桌是喝东西的最好去处，顺便还能看看卡帕多基亚的美景。我们在于尔古玉普发现的气氛最轻松欢快的酒吧在Han Çirağan（见514页地图）餐厅。不过下面这些地方也很赞。

Efendi Şarap Evi
葡萄酒吧

（见514页地图；0384-341 4024；Tevfik Fikret Caddesi 12；葡萄酒品尝15里拉，杯/瓶装葡萄酒10里拉/25里拉；11:00~20:00）这里的绿荫露台是卡帕多基亚品尝葡萄酒最理想的场所。品尝套餐包括7种葡萄酒，外加一个奶酪拼盘，此外你还可以以瓶或杯的形式购买你最爱的品种，可以坐在露台上休闲地观看世界的变幻。

Cafe In
咖啡馆

（见514页地图；Cumhuriyet Meydanı；⊙10:30~22:00）这家极小的咖啡馆提供镇上最好的咖啡。街边的桌子是漫步中心区之后坐下来喝杯啤酒的好地方。也有像样的意大利面和一些创意沙拉。

Angel Café Bistro
酒吧

（见514页地图；☎0384-341 6894；Cumhuriyet Meydanı；⊙11:00至深夜）年轻人躺坐在一圈沙发椅上，音箱里播放着嘻哈乐。到了深夜，这里才会露出本来的面目。

Moonlight Cafe
酒吧、餐厅

（见514页地图；☎0384-341 8442；Fabrika Caddesi；⊙11:00至次日2:00）这家咖啡馆酒吧晚上会现场演奏土耳其传统音乐。这个地下洞穴酒吧有着奇妙的氛围，当地音乐人会来此演奏深情的音乐。里面很吵，不要指望能在这里聊天。许多当地人还用旧名"Barfiks"称呼这里。

❶ 实用信息

旅游办公室（见514页地图；☎0384-341 4059；Kayseri Caddesi 37；⊙周一至周五 8:00~17:30）实用的旅游办公室会赠送一份小镇地图和于尔古玉普的酒店名单。

❶ 到达和离开

从Güllüce Caddesi**长途汽车站**（见514页地图；Güllüce Caddesi），7:00~20:00，每15分钟有1班小巴去内夫谢希尔（3.50里拉）。于尔古玉普和阿瓦诺斯之间有小巴车（4里拉），途经奥塔хиsa、格雷梅露天博物馆、格雷梅村、恰乌辛和济尔维，从长途汽车站发车，8:00~19:00每小时1班。

开往穆斯塔法帕夏的小巴在8:00~20:30大约每30分钟1班（2里拉），开往奥塔希萨的小巴（2.50里拉）8:00~19:00每30分钟1班。上面两班车都在长途汽车主站旁边的**穆斯塔法帕夏长途汽车站**（Mustafapaşa otogar；见514页地图；Güllüce Caddesi）发车。

每天也有2班车前往艾瓦勒（Ayvalı）和塔沙金帕夏（Taşkınpaşa）。从连接Dumlupınar Caddesi和主汽车站的停车场出发。

❶ 当地交通

如果你不愿意走从镇中心到Esbelli Mahallesi的陡峭山路，可以在主广场排队打**出租车**（见514页地图）。

于尔古玉普也是适合租车的大本营，大部分租车公司都在主广场或者İstiklal Caddesi。一辆小排量的手动挡三厢车，例如菲亚特Palio的租金大约每天90~100里拉，如果是大一些的自动挡车就要120~140里拉。

Europcar（☎0384-341 8855；www.europcar.com；İstiklal Caddesi 10；⊙8:30~19:00）

Avis（☎0384-341 2177；www.avis.com.tr；İstiklal Caddesi 19；⊙8:30~18:30）

Acar（☎0384-341 5576；www.acarrentacar.com．

于尔古玉普长途汽车站发车信息

目的地	票价(里拉)	行程(小时)	班次(每天)
阿达纳	40	5	上午2班，下午3班和傍晚1班
安卡拉	40	5	上午3班，下午3班和傍晚1班
安塔利亚	50	10	上午1班和傍晚1班
恰纳卡莱	80	17	傍晚1班
伊斯坦布尔	65	11	上午1班和傍晚2班
伊兹密尔和塞尔柱	65	11.5	傍晚1班
开塞利	10	1.25	7:00~16:00之间每小时1班，17:30和18:30
科尼亚	30	4	上午2班，下午1班，傍晚3班
马尔马里斯/博德鲁姆/帕穆克卡莱	55~70	11~15	傍晚1班
梅尔辛	40	5	上午1班，下午1班
特拉布宗	80	12	傍晚1班

仙人烟囱岩的形成

让卡帕多基亚闻名于世的仙人烟囱岩（peribacalar）是1200万年前本地区一系列巨大的火山喷发所造成的。有个常见的误解是说，造成火海的元凶是现在仍然高耸在卡帕多基亚地区上方的正休眠的埃尔吉亚斯山（Erciyes Dağı）和哈桑山（Hasan Dağı）。但这些火山其实是后来才形成的。真正的"行凶者"早已因为自然侵蚀而变得平坦，只剩下能证明它们存在过的蛛丝马迹。

在那个火山活跃的时期——持续了几百万年——整个地区都发生过剧烈的火山喷发，火山灰凝结后形成的多层岩层在地质学上被称作凝灰岩（即凝结的火山灰）。这一层层岩层因为风、水和冰的侵蚀作用，缓慢地被蚕食。

这一自然侵蚀作用正是塑造卡帕多基亚怪异地貌的力量。在这里，坚硬的岩层坐落在稍软的岩层之上，当其余部分被侵蚀干净后，正下方的软质岩层仍保持完好，这样就形成了一个个奇异而独立的尖峰，昵称为"仙人烟囱"。从不同的角度看，就像巨大的阳具或是特大号的蘑菇。当地村民则简单地把它们称作"城堡"（kalelar）。

---

tr; Belediye Pasajı 26, İstiklal Caddesi）

有些租车行还会出租助动车和摩托车，每天50里拉起，自行车出租则是25里拉起。

穆斯塔法帕夏（Mustafapaşa）

☎0384/人口 1600

这是个美丽的卡帕多基亚小村，虽然近年来逐步开始发展，但目前还不为大多数游客所知。穆斯塔法帕夏在"一战"前的希腊语名称是Sinasos。这里有本地区最好的一些希腊风格的经典石雕建筑，是曾经繁荣的希腊社会的历史见证，那时富裕的希腊奥斯曼贸易商人占本地人口的很大一部分。参观完曾经的辉煌日益剥落的石雕小教堂外立面之后，教堂所在的峡谷中的自然风景相当优美。

进入穆斯塔法帕夏，就会来到一个开阔的十字路口，那里是Sinasos广场（Sinasos Meydanı），有路牌指示着当地一些石窟教堂的方位。沿着下山的路就会来到共和国广场（Cumhuriyet Meydanı），也就是村庄的中心，有一座土耳其随处可见的阿塔图克半身像和几间茶馆。

⊙ 景点和活动

从穆斯塔法帕夏向西4~8公里的Gomeda峡谷也不错。当地导游Niyazi提供25欧元的私人或团队导览服务，可以通过Old Greek House（见520页）联系。

圣科斯坦迪诺斯-叶莱尼教堂　　教堂

（Ayios Kostantinos-Eleni Kilise; Church of SS Constantine & Helena; Cumhuriyet Meydanı; 5里拉; ◎8:30~17:30）圣科斯坦迪诺斯-叶莱尼教堂就在穆斯塔法帕夏的主广场，建于1729年，在1850年修复。门口的石葡萄雕刻很精美，但穹顶内部褪色的19世纪壁画很残破。其中还有一系列的信息板，解释穆斯塔法帕夏的历史和20世纪初期希腊土耳其人口交换的故事。

圣瓦西里奥斯教堂　　教堂

（Ayios Vasilios Kilise; St Basil Church; 5里拉; ◎9:00~18:00）从Sinasos广场沿标牌指示走1公里，就能在一条小溪旁边的山顶看到这座12世纪的教堂。教堂内部的壁画是20世纪画的，没什么吸引人之处。门口应该有拿着钥匙的管理员。如果找不到人，就去市政厅（belediye）问问。

神学院（Medrese）　　神学院

免费 这所19世纪的伊斯兰学校（神学院）位于Sinasos广场与共和国广场（Cumhuriyet Meydanı）之间，大门的花纹雕刻精美。据说在地基移动时，门廊两头的立柱会转动，作为地震前的预警。大门一般是开着的，所以你可以进入庭院。

修道院谷（Monastery Valley）　　公园

沿着Zafer Caddesi走到村子末尾的旧桥，出村进入这座点缀着仙人烟囱岩的小山谷。有4座岩石中开凿出的小礼拜堂和一座修道院，不过大部分都锁着，而且与卡帕多基亚其他教堂相比令人失望——不过仍然是一趟有意思的散步之旅。

🛏️ 食宿

Old Greek House和Pacha Hotel内都有餐厅。

Old Greek House　　　　　历史酒店 $$

(📞0384-353 5306; www.oldgreekhouse.com; Şahin Caddesi; 双 150里拉; 🛜) 连前市长都曾经入住这家拥有250年历史的希腊建筑，对我们来说应该也足够了。最著名的是奥斯曼帝国风味的套餐（50里拉起），可以在宏伟的大厅里享用，此地还另有14间宽敞干净的客房，充满古典氛围。

Pacha Hotel　　　　　　　家庭旅馆 $$

(📞0384-353 5331; www.pachahotel.com; Sinasos Meydanı; 标单/双/标三30/50/60欧元; 🛜) 这间不规则分布的奥斯曼时期的希腊建筑以其干净整洁的客房和楼上装饰着当地古董的美味餐厅（餐10欧元）而著名。爬满葡萄藤的庭院是在夏季慵懒的午后放松休闲的好去处。

Upper Greek House　　　　　酒店 $$$

(📞0384-353 5352; www.uppergreekhouse.com; Zafer Sokak; 双 200里拉; 🛜) 这家安静的酒店位于穆斯塔法帕夏一座山顶上，石拱客房宽敞通风，装饰简洁优雅，寝具华丽耀眼，可直接通往大露台或楼下的绿荫庭院。

Perimasali Cave Hotel　　　酒店 $$$

(📞0384-353 5090; www.perimasalihotel.com; Sehit Aslan Yakar Sokak 6; 双 120~150欧元, 套 200~250欧元; 🛜) 大量的雕刻、镀金外墙和闪亮的射灯，点缀着这家富丽堂皇的酒店。酒店的专业程度不亚于五星级酒店，只是风格未必符合所有人的口味。酒店服务充满魅力，露台的风景也很迷人。

Hanımeli Kapadokya Restaurant　　　　　　　安纳托利亚菜 $$$

(Yılmaz Sokak 14; 套餐 每人40里拉; ⏰11:00~22:00) 这家热情的餐厅坐落在Karagöz家的屋顶上，汇聚了各种丰盛的自制佳肴。前菜之后是你可选的全套主菜——推荐 testi kebap（陶罐烧肉、鸡肉或蔬菜），这里的这道菜尤其美味。如果打算全部吃完，那你比我们强——还有甜点要吃呢。

ℹ️ 到达和离开

主广场在8:00~20:00，每30分钟有1班小巴（2里拉）出发前往于尔古玉普。打车前往约25里拉。

艾瓦勒（Ayvalı）

📞0384 / 人口 500

可爱的小村庄艾瓦勒在于尔古玉普以南的一个山谷里，是古老卡帕多基亚的缩影。静谧的村庄周围环绕着农田，鹅卵石小巷两旁满是摇摇晃晃的石屋。目前来说，前来此处的游客还很少。

如果没有自己的交通工具，那么去艾瓦勒会有点麻烦。从于尔古玉普的穆斯塔法帕夏长途汽车站出发，去往艾瓦勒的小巴每天8:30、14:00和17:00（2里拉，20分钟）出发。从艾瓦勒返回于尔古玉普的小巴发车时间为8:00、9:30和15:00。

🛏️ 食宿

Aravan Evi　　　　　　　　　客栈 $$$

(📞0384-354 5838; www.aravan.com; Ayvalı; 标单/双/标三 70/90/125欧元; 🛜) 想体验简单的生活又不想放弃现代的舒适？这家迷人的宾馆只有3间可爱的石拱客房，采用传统、优雅的装饰风格。入住这里可以逃避喧闹的生活，将会是一次很受欢迎的体验。美丽的露台餐厅（对非住客也开放，必须预订）是一次品尝卡帕多基亚菜肴和特色陶锅（tandır）菜的美味之旅。

★Cappadocia Home Cooking　　　　　　　安纳托利亚菜 $$$

(📞0384-354 5907; www.cappadociahomecooking.com; Ayvalı; 含烹饪课程和餐 每人50欧元) 周围环绕着有机菜园，能眺望艾瓦勒的幽深峡谷，Tolga和他的家人敞开大门，为你提供了一次品尝名副其实的家庭风味的卡帕多

基亚菜肴体验。这里提供膳食，烹饪课程也值得强烈推荐，可享受亲自烹饪的魅力，老师是Tolga活力四射的母亲Hava。这里是美食爱好者的天堂。必须预约。

餐馆位于艾瓦勒主路上。Tolga可以安排卡帕多基亚住宿处的接送服务。也有两个房间，想获得民宿体验的客人可以选择。

索安利（Soğanlı）

0352/人口500

让我们先澄清一个事实，《星球大战》（Star Wars）中并没有任何镜头是在索安利拍的，甚至也没有在土耳其其拍摄过。但星战迷们别失望，索安利（门票5里拉；⊙8:00~18:45）仍然有充足的理由吸引你们前来。位于穆斯塔法帕夏以南36公里处的这个小村庄附近有两道隐蔽的峡谷——下索安利峡谷和上索安利峡谷，里面藏着好多庄严的石刻教堂。花上一个下午的时间在这里徒步游览，面对仿佛外星球的景色，也许你能写出自己的星战剧本。

从穆斯塔法帕夏的主干道转向Yeşil-hisar，向南4公里就能到索安利村。售票处在村广场的Hidden Apple Garden（见522页）餐厅旁边。遗址停车场处有一些摊位，当地妇女售卖的玩偶也是索安利村比较著名的特产。

◎ 景点

两个峡谷最早在罗马帝国时期被用作坟场，后来拜占庭时期则变成宗教场所。

最有趣的教堂在上索安利（Yukarı So-

值得一游

索安利村公路之旅

如果旅途中只想租一次车/出租车，那么就趁到访索安利的时候租吧。不仅是因为公共交通很难到达索安利的峡谷，而且这一路的风景的确很美。开阔的乡村风景与卡帕多基亚中部地区的峡谷截然不同，你还可以在那些平淡的乡村停车感受一下格雷梅30年前的样子。下面是我们推荐的沿途停靠点。

杰米尔教堂（Cemil Church；门卫处 0535 045 1160）免费 杰米尔镇位于穆斯塔法帕夏以南6公里处，在索安利主路上有路标，这里的鹅卵石街道上到处都是鸡群，山腰上的希腊人住宅年久失修而摇摇欲坠。沿着道路标牌穿过村子就到达了有蓝色圆柱的美丽的杰米尔教堂，内部还残留有壁画（不过全都损坏严重）。要确定教堂是否开放（近年来一般门会关闭），可以在抵达前先给门卫打电话询问。

凯斯里克修道院（Keşlik Monastery；门票5里拉；⊙4月至11月 9:00~18:30） 这座拜占庭时期的石窟建筑群位于穆斯塔法帕夏以南10公里处，形成了一个迷宫，其中居住着几百名僧人。建于13世纪的主修道院礼拜堂中有已经黑化的壁画，友好的遗址看守人Cabir Coşkuner会为你解密。僧侣居住的迷宫般的区域中有一座餐厅和厨房。隔壁的圆锥岩石中有9世纪的Stephanos教堂，其中十字形屋顶上的壁画保存非常完好，一直伸展到穹顶。

塔沙金帕夏清真寺（Taşkınpaşa Mosque）免费 位于凯斯里克修道院以南7公里处的地方，山间的鹅卵石街道上，拖拉机颠簸前进，这里的名字是根据拥有600年历史的塞尔柱清真寺得来的。建于14世纪的讲道坛原件现在保存在安卡拉的民族志博物馆。塔沙金帕夏本身就隐没在两座塞尔柱古墓的其中一座。驿站时期，贸易商们就居住在拱门之下。回到主路，你会发现一座带有精美装饰门框的神学院。

索贝索斯（Sobesos；Şahinefendi Village；⊙8:30~17:30）免费 在索贝索斯古城中，从Şahinefendi村的标牌出发，罗马浴场的各个部分很容易找到。后面建于4世纪晚期的拜占庭教堂遗址里有一些精美的罗马和拜占庭时代的马赛克镶嵌画和坟墓。这里的壁画目前正在进行修复，不接待游客，可向当地人询问最新信息。

ganlı；村口右拐），整条峡谷步行2小时就能往返，很方便。所有教堂都有路标，但路上要当心，并穿上便于行走的鞋子，因为你攀爬的松动的凝灰岩斜坡可能会很滑。

去**下索安利**（Aşağı Soğanlı）的话，从索安利村口左转即可到达。

托卡勒教堂 教堂

（Tokalı Kilise；Buckle Church）也称扣带教堂，从村里的主路往外走800米左右，在售票厅前面有标牌，沿着右侧陡峭的台阶向下能走到。

天空教堂 教堂

（Gök Kilise；Sky Church）位于托卡勒教堂左边。天空教堂有两个一模一样的中殿，中间被立柱隔开，尽头则有两个半圆殿。圣像的双层饰带都已经严重磨损了。

黑帽教堂 教堂

（Karabaş Kilisesi；Black Hat Church）进入上索安利峡谷后，右侧的第一座教堂。里面的壁画描绘了耶稣基督的一生，还有大天使加百利和其他一些圣贤。壁画中的一只鸽子体现了其在修道士心目中的重要地位，他们还在岩石中开凿出鸽舍来饲养鸽子。

圣乔治教堂 教堂

（Yılanlı Kilise；Church of St George, Snake Church）也叫蛇教堂，位于上索安利峡谷最深处，教堂内的壁画故意被黑色油墨覆盖了，可能是为了保护它们。一间房间的屋顶有个洞，周围环绕着黑色岩石，说明这里曾经点过火。

穹顶教堂 教堂

（Kubbeli Kilise；Domed Church）从圣乔治教堂往左转，穿过上索安利峡谷底部，爬上另一侧的山坡，就能找到这座教堂。穹顶教堂的造型非常独特，东方式的穹顶也完全是从岩石中凿出来的。

隐蔽教堂 教堂

（Saklı Kilisesi；Hidden Church）隐蔽教堂藏在上索安利峡谷的一处山坳里，离穹顶教堂很近，正如其名字一样，位置的确很隐蔽——只有走近了才能发现。

鹿教堂 教堂

（Geyikli Kilise；Deer Church）位于下索安利峡谷，有一座修道士餐厅，墙壁上还清晰可见圣尤斯塔斯（St Eustace）和鹿的壁画（教堂名字就源出于此）。

圣芭芭拉教堂 教堂

（Tahtalı Kilise；Church of St Barbara）位于下索安利峡谷最深处。有保存完好的拜占庭和塞尔柱装饰花纹。

食宿

索安利有两座简单的餐馆，都位于进入峡谷前的停车场周边。在上索安利峡谷的最里面有一座便利的咖啡馆。

Hidden Apple Garden 土耳其菜 $

（Soğanlı Kapadokya Restaurant；☎0352-653 1045；3菜午餐套餐 20里拉；⊗8:30~19:30）从索安利（见521页）售票处旁边的楼梯向下就能找到这座安静的花园，Yılmaz Ablak和他的家人在这里提供乡村风味的丰盛菜肴。我们可以花上一天时间来品尝他妻子制作的香辣番茄洋葱酱（acılı ezme），不过还是留点肚子品尝主菜，如炖菜（güveç），以及简单但分量十足的酸奶和蜂蜜甜点。

露营者可以在花园里免费扎帐篷。这里有干净的厕所和一个淋浴房。Yılmaz在他自己的房子中也提供住宿（每人 含半膳宿 100里拉）。

到达和离开

你不可能凭借公共交通到达索安利村。从开塞利乘公交最远能抵达Yeşilhisar（3.50里拉，7:00~21:00之间每半小时1班），然后你必须找一辆出租车，讲好价格，让司机送你走完最后的15公里。从于尔古玉普出发，每天有4趟小巴前往塔沙金帕夏，但接下来就没有公共交通了。如果自己租车/坐出租车，或者参加一日团就会方便许多。

尼代（Niğde）

☎0388 / 人口 128,000

尼代在内夫谢希尔以南85公里处，背靠着白雪皑皑的阿拉山脉（Ala Dağlar）。塞尔柱人最早建立了这座城市，现在这里是一个繁忙的农业中心,也拥有少量的历史古迹。除非格外喜欢外省小城,否则你可能不会想在这里留宿,但如果你想拜访传奇的老古穆斯勒修道院(Eski Gümüşler Monastery),就得在这里住一晚。修道院在尼代东北10公里外。你也可以经过露营地村庄所在的那条路线,走进阿拉山国家公园。

⊙ 景点

尼代市中心散落有精美的塞尔柱时代古墓,例如 Hüdavend Hatun Türbesi(Hatun Caddesi)就建于1312年。

老古穆斯勒修道院

修道院

(Eski Gümüşler Monastery; Gümüşler; 5里拉; ⊙8:30~17:00)少有人参观这个开凿在岩石中的老古穆斯勒修道院,里面有卡帕多基亚保存最完好、最动人的壁画。这里直到1963年才被重新发现。

高耸的教堂正殿中画着多彩的拜占庭壁画,作画年代在7~11世纪。最为有趣的是半圆殿左边的《圣母和圣子》(*Virgin and Child*),瘦长的圣母玛利亚面带蒙娜丽莎般的微笑——据说这是世界上现存的唯一一幅微笑着的圣母玛利亚。

虽然壁画是修道院中最著名的景观,但这里的诸多房间也很值得探索。沿着石头开凿的一个通道走进一片开阔的庭院,这里本来用于储存葡萄酒和橄榄油,也有人居住,还有一间厨房和餐厅。地面上的一个小孔用于通气,下面连接着9米深的通风管,通往两层地下室。沿着楼梯可以到地下室,或者向上通往一个卧室。

修道院位于尼代东北10公里的一处悬崖旁。要前往修道院,老古穆斯勒市政(Gümüşler Belediyesi)的小巴(2里拉,行程20分钟)在尼代旧长途汽车站旁边的小巴站发车,每小时1班。进入古穆斯勒后,小巴通常会开过指向修道院的那些标牌。不要惊慌,过一会儿小巴就会开到修道院正门。返回尼代的时候,站在修道院入口对面的公交车站等待。返程的车大约在整点差10分和整点过20分经过车站。

尼代博物馆

博物馆

(Niğde Müzesi, Niğde Museum; ☎0388-232 3397; Dışarı Caddesi; 5里拉; ⊙8:00~17:00)尼代博物馆展示保存完好的亚述城市Acemhöyük(在阿克萨赖旁边)出土的文物,还有赫梯和弗里吉亚时代(Phrygian Ages)的Tyana(现在叫Kemerhisar,是罗马帝国的中心城市和赫梯帝国的首都,在尼代南面19公里)雕刻。这里也收藏有一些10世纪的木乃伊(4具婴儿木乃伊,还包括20世纪60年代在厄赫拉热峡谷出土的11世纪金发修女木乃伊)。

🛏 食宿

Hotel Şahiner

酒店 $$

(☎0388-232 2121; www.hotelsahiner.com; Giray Sokak 4; 标单/双 80/120里拉; ✻✿)这家酒店毫无疑问并没有太大特色,但专业的员工,宽敞干净的房间加上舒适的大床,让酒店仍然成为在尼代下榻的首要和安全之选。酒店位于镇中心Bankalar Caddesi边的一条小巷内。

Konyalı Hanedan

熟食餐馆 $

(İsmail Hakkı Altan Caddesi; 主菜 7~18里拉; ⊙10:30~22:00)这家熟食店位于尼代繁忙的步行街(阿塔图克雕像旁,隔一个街区就是)上,供应大份的土耳其比萨和咝咝作响的烤肉。每道菜都会赠送小山一样高的面包和沙拉。

❶ 到达和离开

长途汽车

尼代长途汽车站(Adana Yolu)在城外4公里的主干公路上。Derinkuyu Koop运营的车次每小时1班,前往内夫谢希尔(12里拉,1.5小时),途经代林库尤和凯马克勒地下城(见511页)。汽车站也有车前往安卡拉(35里拉,4.5小时,每天5班)、阿克萨赖(Aksaray; 15里拉,1.5小时,7:00~21:00每小时1班)、伊斯坦布尔(70里拉,11小时,每日5班)、开塞利(15里拉,1.5小时,7:00~21:00每小时1班)和科尼亚(35里拉,3.5小时,每天10班)。

旧长途汽车站(Emin Erişingil Bulvarı)位于市中心。有小巴至老古穆斯勒修道院(2里拉,20分钟,半小时1班)和Çamardı(5里拉,1.5小时,每小时1班),另外去郊区村镇的班次也很多。

尼代的长途汽车站和市中心之间白天有城市公共汽车（2.25里拉）运营，从旧长途汽车站旁经过，每20分钟1班。上车前可买一张通票（4.50里拉，可乘坐2次）。一般可以在上车后再买票。

火车

尼代的**火车站**（İstasyon Caddesi）位于安卡拉-阿达纳的铁路线上，在市中心İstasyon Caddesi的尽头。每天有1班Çukurova Mavi Ekspresi于23:21开往安卡拉（27.50里拉，9.5小时）。

阿拉山国家公园（Ala Dağlar National Park）

阿拉山国家公园位于开塞利、尼代和阿达纳之间，是蜿蜒的托罗斯山脉的中段。这里凭借风光独特的徒步路线而闻名。沿途你将看到崎岖的大理石山崖，穿越一座点缀着湖泊的高原。对于鸟类爱好者来说，去阿拉山可以看到难以寻觅的里海雪鸡，它们在托罗斯（Taurus）高山上安家。

最受欢迎的徒步路线从尼代以东40公里的小定居点Çukurbağ和Demirkazık开始。Çukurbağ也是计划所有阿拉山探险活动的最佳营地，因为这里无所不知的家庭旅馆经营者可组织大量的活动。

从开塞利以南80公里的Yahyalı也能进入山区。从Yahyalı走60公里会来到Zamantı河上的Kapuzbaşı瀑布（最佳观赏时间是3月至5月），一定会给你留下深刻的印象。

最佳徒步时间是6月至9月下旬。其他时间，这里的天气会很恐怖，还很少有村庄，除了一些山地居民的小屋之外，找不到其他补给点。记得带上保暖的衣物，准备好迎接极端天气。

山区有很多不同的道路可选，最著名的是跨越阿拉山山脉的5日徒步路线，从Demirkazık开始，穿越Karayalak山谷和美丽的Yedigöller（七大湖高原，海拔3500米），在Kapuzbaşı瀑布群结束。也有许多短一些的旅途和一日徒步活动。

虽然一个人在山中徒步更有冒险感，但除非你经验非常老道，否则还是应该雇一个导游，或者参加旅游团。所有的徒步安排，包括导游和装备租赁都可以通过Çukurbağ的各家客栈办理。价格取决于徒步者的数量或天数；5日徒步3人团包括向导、骡子（托运行李）、赶骡人、食物和所有设备租赁，大约需要每人500欧元。如果你倾向于跟团徒步，格雷梅的Middle Earth Travel（见495页）是参团的好选择。这家旅行社提供3天和5天的阿拉山徒步项目，每人320欧元起，3天项目最少4人成团。其余的旅行社还包括尼代的Sobek Travel（☎0388-232 1507；www.trekkinginturkeys.com；Avanoğlu Apt 70/17, Bor Caddesi, Niğde），以及安塔利亚的Terra Anatolia（☎0242-244 8945；www.terra-anatolia.com；1312 Sokak, Suer Apt 12/3, Gençlik Mahalle, Antalya），他们也能组织阿拉山徒步团队游。

住宿

Ala Dağlar Camping　　　　　　露营地 $

（☎0534 201 8995；www.aladaglarcamping.com；Çukurbağ Köyü Martı Mahallesi；露营 每人20里拉，无浴室小屋 标单/双/标三 65/80/100里拉，简易小屋 标单/双/标三/四 100/120/150/180里拉起）这家露营地的老板是一对热爱登山的夫妇Zeynep和Recep。露营地位于山上，面积很大，提供带基础设施的山地小木屋。共用设施（包括厨房）不错，如果不想做饭，这里有一间咖啡馆，还能雇到徒步和登山导游，组织多种活动。露营地在Çukurbağ村路口2公里远处。

Özşafak Pension　　　　　　　家庭旅馆 $$

（☎0536 230 3120；www.ozsafak.net；Çukurbağ；房间含半食宿 每人 30欧元，露营地 每人 10欧元）这家舒适温馨的家庭旅馆由当地热情的导游Beşar经营，他会讲英语，还能帮你安排所有的徒步和观鸟活动。客房虽然极其简单但很干净，床铺铺有厚厚的羽绒被。旅馆阳台上能看见壮观的山色，早餐和晚餐都提供新鲜精致的当地食物。

位于主路与Çukurbağ村交会处的右侧。事先告知小巴司机的话，都会让你在这里下车。

Şafak Pension & Camping　　　家庭旅馆 $$

（☎0388-724 7039；www.safaktravel.com；Çurkurbağ Village；房间 含半食宿 每人 30欧元，露营地 每人 10欧元）由当地热情的导游Hasan

值得一游

苏丹沼泽

花一个下午穿着胶鞋，在苏丹沼泽（Sultansazlığı）里跋涉，听上去不是很吸引人。但你能够在水塘里看到一群火烈鸟，或者看到一只老鹰俯冲而下叼起一只好奇的松鼠宝宝，这样的场面足够动人心魄。这片巨大的湿地已被国际湿地公约秘书处列入保护名录，地址位于索安利村和阿拉山脉之间，包括沼泽、湿草甸和干草原，是观鸟的胜地。每年都有许多观鸟者前来观赏300多种候鸟，它们在这里繁育或越冬。在Ovaciftliği有一座信息中心，令人难忘的木板路和野生动物观赏塔，自驾穿越干草原的小路很容易，而且免费。想完全置身于湿地之中，你需要一艘船。

友善的 **Sultan Pansion** (☏0352-658 5549；www.sultanbirding.com；Ovaçiftliği，Sultansazlığı；标单/双/标三 30/50/65欧元，乘船游 每人 每小时 30欧元；P✱@🛜)店主经营的乘船游很受好评，从他们的酒店出发，酒店本身也背靠沼泽。如果想过夜，这是你唯一的选择。这里崭新的房间虽简单但舒适。

经营，他会讲多种语言，可以组织种类繁多的各式活动。客房简洁干净，有充足的热水、取暖器和舒适的床铺。露营地提供电力，也有自己的卫浴设施。旅馆的露台和花园风景怡人，能看到Demirkazık山。旅馆就位于主路与Çurkurbağ村的交叉路口。

❶ 到达和离开

从尼代长途汽车站乘坐前往Çamardı的小巴（5里拉，1.5小时，周一至周六 7:00~17:00每小时1班，周日班次减少），请司机在Çukurbağ村路口让你下车（在Çamardı前5公里）。周一至周六 6:00~17:30从Çamardı前往尼代的小巴有10班，周日有3班。

厄赫拉热峡谷（Ihlara Valley）

☏0382

厄赫拉热峡谷在阿克萨赖东南部，一路穿过植被茂盛的原野，现在这里是世界上最美的徒步景点之一。这里过去称为Peristrema，是拜占庭修道士最喜欢的隐居地之一。修道士在这里的悬崖开凿了教堂。

沿着蜿蜒的Melendiz Suyu河，走近崎岖的悬崖，途经彩绘的教堂、一堆堆的鹅卵石和充满鸟语蛙鸣的森林，绝对是一种让你终生难忘的体验。最佳旅行时间是5月（春花大量盛开）或者9月，沿途的游客较少。

◉ 景点

徒步走完厄赫拉热村和岩洞村之间的厄赫拉热峡谷（Ihlara Vadısı, Ihlara Valley；门票含岩洞修道院、古泽尔育尔特修道院峡谷和阿克萨赖博物馆 20里拉；◉8:00~18:30）小路全程，可以领略到美丽的田园风情。大部分游客多是参加团队游，只走能看到最多教堂的短路线：从**厄赫拉热旅游机构**（Ihlara Vadisi Turistik Tesisleri）出发，经过360级陡峭的台阶进入峡谷，出口在贝里瑟马（Belisırma）。这就意味着道路的其余部分非常宁静，能看到农夫辛勤地犁地，牧人驱赶着羊群，一片田园牧歌的美好景象。

厄赫拉热村、贝里瑟马（Belisırma）和**岩洞村**（Selime）也有入口。从厄赫拉热村走到厄赫拉热旅游机构的台阶需要花费约1小时，包括沿途在教堂停留的时间，从这里走到贝里瑟马需要1.5小时，从贝里瑟马走到岩洞村又需要1小时。

所以如果打算走全程，最好一早就出发。特别是在夏天，一路还要找地方遮阳休息。峡谷底部的道路上，沿途标记着教堂的位置。

格雷梅、阿瓦诺斯和于尔古玉普的旅行社提供的包括厄赫拉热峡谷的团队游每人约120里拉。

芳香教堂 教堂

（Kokar Kilise, Fragrant Church）有一些精美的壁画，可追溯到9~11世纪。

Pürenli Seki Kilisesi 教堂

这间拥有两座中殿的教堂有大量10世纪

Ihlara Valley
厄赫拉热峡谷

和12世纪的壁画，描绘着福音书中的故事。

丹尼尔·潘托纳萨教堂 教堂

(Ağaçaltı Kilise, Daniel Pantonassa Church) 这座十字形分布的教堂最出名之处在于屋顶上描绘着耶稣升天画面的壁画，保存完好。

风信子教堂 教堂

(Sümbüllü Kilise, Hyacinth Church) 留了一些壁画，不过最有价值的还是简洁优雅的建筑立面。

蛇教堂 教堂

(Yılanlı Kilise, Snake Church) 大部分壁画已经损毁，但有一幅仍然能辨认出，描绘了被惩罚的罪人，上面特别明显的是一条三头蛇，每个头里咬着一个罪人。还有因为不给自己小孩哺乳而被夹住乳头的妇女。

圣乔治教堂 教堂

(Kırk Dam Altı Kilise, St George's Church) 教堂的壁画上有很多破损难辨的涂鸦，不过仍然看得出原画的恢宏。在入口处，你会看到圣乔治骑着一匹白马，正在斩杀一条三头蛇。

圆柱教堂 教堂

(Direkli Kilise; Belisırma village) 这座十字形的教堂有4根圆柱，以及部分保存下来的描画着圣人的壁画。宏大的内殿原来有两层楼，从现存的台阶和墙上支撑架留下的洞上可以看出端倪。这座教堂在贝里瑟马村，紧邻厄赫拉热峡谷的主要步道上。贝里瑟马起点售票处旁有路标指示教堂入口。

Bahattın的谷仓教堂 教堂

(Bahattın' in Samanlığı Kilise, Bahattın's Granary; Belisırma village) 这座教堂位于贝里瑟马村崖壁的表面，紧邻圆柱教堂 (见本页)，是一座小教堂，有损坏但依然栩栩如生的壁画，展现了耶稣的一生。曾经被一个当地人用来存放谷物，因此得名。

岩洞修道院 修道院

(Selime Monastery; Selime village; 门票含厄赫拉热峡谷、古泽尔育尔特修道院峡谷和阿克萨赖博物馆20里拉; ⊙8:00~18:00) 岩洞村的修道院是一座令人赞叹的石窟建筑，其中包含了一间硕大的厨房，上面有高耸的烟囱，以及3座教堂。马厩里有开凿在岩石上的喂食槽，这一切都显示出当年这里穴居生活的痕迹。

🛏 食宿

如果你想游览完整的峡谷，又没有自驾车，那你就必须在这里过夜。在峡谷的两端（厄赫拉热村和岩洞村）都有价廉物美的家庭旅馆。要注意，大部分旅馆在非旅游季节（12月至次年3月）都不营业。

岩洞村和厄赫拉热村都有河畔餐厅；在峡谷中途，贝里瑟马村下方，有一片为饥饿的徒步者开办的低调的餐厅，可以在河面上的平台上用餐。鳟鱼是当地的特色菜。

🛏 厄赫拉热村 (Ihlara Village)

Akar Pansion & Restaurant 家庭旅馆 $

(☎0382-453 7018; www.ihlara-akarmotel.

com; lhlara village; 标单/双/标三 50/90/120里拉; ⑲）在厄赫拉热峡谷住宿的最佳选择之一。客房宽敞、床单洁净、一尘不染。可以选择新楼内的客房，带有独立阳台。旅馆员工热情友好、会说英语，能解答你任何关于厄赫拉热峡谷的问题。餐厅有美味的当地菜肴（10～20里拉），自带的商店还出售野餐原料。

Star Restaurant & Pension　土耳其菜 $

（☎0382-453 7020；Ihlara village；主菜15～20里拉；◉10:00～21:00；⑲）这家由家庭经营、氛围热情的餐厅就在河边，美妙、凉爽的露台是徒步过后享用午餐和喝杯啤酒放松的好地方。特色菜是当地鳟鱼，不过也有砂锅肉食和素食选择。餐厅楼上有10间简单的客房（标单/双 50/100里拉），还附设有一个小小的草地露营区（露营位30里拉）。

岩洞村 (Selime)

Çatlak Hotel　酒店 $$

（☎0382-454 5006；www.catlakturizm.com.tr；Selime village；标单/双80/100里拉；⑲）这家酒店采用20世纪70年代的浮夸装饰，客房宽敞，员工友好。

Çatlağın Yeri Restaurant　土耳其菜 $

（☎0382-454 5006；Selime village；主菜15～25里拉；◉10:30～22:00）这家河畔的大餐厅位于岩洞村厄赫拉热峡谷小路起点的对面，员工友好，提供大量的肉丸（köfte）、当地鲜鲑鱼和烤饼。还提供露营。

贝里瑟马 (Belisırma)

Tandırcı Restaurant & Camping　土耳其菜 $

（☎0382-457 3110；Belisırma village；主菜15～20里拉；◉11:00～20:00）跟团的游客经常会错过这家餐厅，也就错过了一家出色、阴凉的河滨美食胜地，这里的午餐有当地鳟鱼（15里拉），还有能补充徒步体力的肉类烤饼（20里拉），并提供免费的露营地。

Belisırma Restaurant　土耳其菜 $

（☎0382-457 3057；Belisırma village；主菜15～20里拉；◉11:00～20:00）餐厅很受团队游客欢迎，提供标准的主菜，如鳟鱼和炖肉（güveç），服务热情。有免费露营位。

❶ 到达和离开

周一至周五，阿克萨赖和厄赫拉热村之间每天有6班小巴，沿着厄赫拉热峡谷途经岩洞村和贝里瑟马。小巴从阿克萨赖出发的时间分别是7:30、10:00、正午、14:00、16:00和18:00。从厄赫拉热村出发的时间是6:45、8:00、9:00、11:00、13:00和16:00（5里拉，45分钟）。周末的班次会减少。要想去古泽尔育尔特，你可以让司机在岩洞村的丁字路口放你下来，在这里等一辆去古泽尔育尔特的小巴。

古泽尔育尔特 (Güzelyurt)

☎0382 / 人口 2600 / 海拔 1485米

这个小山村的石头小屋散布在山坡上，小巷里游走着好斗的小公鸡和迷路的奶牛。村下的峡谷里隐藏着石窟教堂的遗迹。村子周围是一些岩石丘陵，一个靠湖的修道院，还能看得到远处哈桑山（Hasan Dağı）的轮廓。节奏缓慢的生活能让你重新认识卡帕多基亚的乡村。

在奥斯曼帝国时期，这里叫作Karballa（Gelveri）。直到1924年的人口交换之前，这里居住着1000个希腊家庭和50个土耳其穆斯林家庭。两国交换人口之后，这里的希腊人搬迁到了希腊的Nea Karvali，而原本居住在希腊Kozan和Kastoria的土耳其人搬到这里居住。现在，每年7月这里都会举行**土耳其-希腊友好节**（Turks & Greeks Friendship Festival），以此纪念两国的友好关系。

◉ 景点

修道院峡谷　历史遗址

（Monastery Valley；5里拉，或包括在厄赫拉热峡谷门票中；◉8:00～18:30）全长4.5公里的修道院峡谷中有许多石窟教堂和在崖壁中开凿出来的房屋。这里是一个散步的好去处，有很多视野开阔的观景点。从古泽尔育尔特的主广场按照标牌指示右转，继续前进400米就能到达售票亭。

售票亭的右边就是**古泽尔育尔特地下城**（Güzelyurt Underground City）。修复后的建筑有好几层，包括一个非常惊险的区域，你会从一个地板上的洞里钻下去。

售票亭后面的第一座主要建筑是精美的

大教堂清真寺（Büyük Kilise Camii, Mosque of the Great Church）。385年，这座教堂为纪念圣格里高利·纳齐安（St Gregory of Nazianzus）而建，1835年修复，直到1924年的人口交换后改为一座清真寺。圣格里高利（330～390年）就在这里长大，成为一位神学家、宗派创始人和希腊教会的第四任教皇。看看木质讲道台，据说这是来自俄国沙皇的礼物。

走上几层楼梯，对面宁静的**帕纳贾教堂**（Sivişli Kilisesi, Church of the Panagia），虽然损毁严重，但仍然鲜艳多彩，半圆殿和穹顶上都有壁画装饰。爬上屋顶，你将获得鸟瞰古泽尔育尔特的完美视野。

在售票处继续前行2公里，就进入两边有高耸崖壁的峡谷。**屏风教堂**（Kalburlu Kilisesi, Church with a Screen）的正门非常华丽，也是峡谷中第一座建在岩石高处的教堂。几乎与此相连的是**煤炭教堂**（Kömürlü Kilisesi, Coal Church），正门上方有一道精致的雕花过梁，门上则有一些马尔他十字（Maltese crosses）装饰。

高教堂和修道院 修道院

（Yüksek Kilise & Manastır, High Church & Monastery）这座宗教建筑坐落在岩石高处，俯瞰着古泽尔育尔特湖。沿着古泽尔育尔特向西1公里，通往厄赫拉热峡谷的公路，看到标牌后转向南再前进2公里就到。修道院外表平平，内侧墙壁上有很多涂鸦，远看更美。从教堂看湖光山色，视野绝佳。

红教堂 教堂

（Kızıl Kilise, Red Church）背靠一片荒凉的原野，几公里外就能看到红教堂的红色石墙。它是卡帕多基亚地区最古老的教堂之一，为献给拿撒勒的圣格里高利，建于5世纪或6世纪。它距古泽尔育尔特8公里，沿着通往尼代方向的路行驶，刚过Sivrihisar村就到了。

食宿

主街上靠近主广场的位置有2家熟食店（lokanta），供应土耳其烤肉和土耳其比萨。

Osmanoğlu Hotel 客栈 $$

（☎0533 736 3165, 0382-451 2767; osmanoglukonak@hotmail.com; Necdet Sağlam Caddesi; 洞穴房80里拉起，标单/双/家100/150/200里拉）在这家位于古泽尔育尔特主路上的迷人客栈中，母子组合Nuriye和Semih以卡帕多基亚的热情服务招待宾客。石拱大房间中装饰着当地特色的乡村风情织物，窗户采用传统香柏木镶框。楼下有舒适的洞穴房间，但幽闭恐惧症的人要注意：这些洞穴是没有窗户的。

Ailem Restaurant 熟食餐馆 $

（Necdet Sağlam Caddesi; 主菜8～18里拉; ⊙11:00～21:00）这家熟食餐馆位于村中心，值得信赖，提供各种可以饱腹的炖肉、豆子和简单的肉食菜肴。

❶ 到达和离开

小巴从阿克萨赖前往古泽尔育尔特（5里拉，1小时）的出发点在Eski Garaj路对面，出发时间为7:30、9:45、11:30、13:30、15:30、17:30、18:30。从古泽尔育尔特返回阿克萨赖的小巴于6:30和7:30出发，此后每2小时1班，直到17:30。周末班次减少。双向的小巴都能让你在岩洞村的T字路口下车，你能在那里换乘去厄赫拉热峡谷的小巴。

阿克萨赖（Aksaray）

☎0382 / 人口 196,000

在土耳其经济迅猛发展的大环境下，哈桑山（Hasan Dağı）脚下的阿克萨赖陷入了"发展病"：虽然经济繁荣，消费力增强，但现代化的市中心变得乏味不堪，难以吸引游客的兴趣。不过你可以把这里作为去厄赫拉热峡谷的中转站，在此处停留几小时。如果是这样，大清真寺（Ulu Cami）能提醒你留意塞尔柱的建筑之美。漫步市中心，这里交通拥挤的主路上依然有马车驶过，这也是在安纳托利亚必不可少的经历。

◉ 景点

阿克萨赖博物馆 博物馆

（Aksaray Müzesi; Atatürk Bulvarı; ⊙周二至周日8:30～17:30）**免费** 很容易就能找到这家大型博物馆，就在从公共汽车站到阿克萨赖市中心的主要公路旁。展品近来有所增补，包括早期卡帕多基亚人类的历史，有详细的英语信息牌，不过亮点还是厄赫拉热峡谷中出土的少量木乃伊展品。

大清真寺 清真寺

（Ulu Cami; Bankalar Caddesi）大清真寺的装饰特点是塞尔柱后期的土耳其风格。正门还留存了一点最初建造时的黄色石材。

斜方尖碑 纪念碑

（Eğri Minare, Crooked Minaret; Nevşehir Caddesi）这座古怪的方尖碑位于阿克萨赖老城区，建于1236年，如今倾斜角度达到27度。当地人理所当然地把它称作"土耳其的比萨斜塔"。

食宿

Ahsaray Otel 商务酒店 $$

（☏0382-216 1600; www.otelahsaray.com; Karayolu Caddesi 1; 标单/双 100/150里拉; P❋📶）到目前为止，这家酒店是阿克萨赖的最佳住宿选择，尽管其位置——靠近长途汽车站，步行2公里可抵达市中心——有些恼人。友好的经理会讲英语，会竭尽所能地帮助游客，宽敞的商务风格房间里有水壶、平板电视、舒适的大床，浴室里有金色设备。

Harman 土耳其菜 $

（☏0382-212 3311; Bankalar Caddesi 16a; 主菜9~22里拉）阿克萨赖最好的餐厅，餐厅里挂有前来用餐的土耳其明星与服务员合影的照片。烤肉、土耳其比萨和汤都一级棒，选择颇多。

❶ 到达和离开

从阿克萨赖**长途汽车站**（Konya Caddesi/Atatürk Bulvarı），有前往安卡拉（25里拉，4.5小时）、格雷梅（15里拉，1.5小时）、途经内夫谢希尔（15里拉，1小时）、科尼亚（20里拉，2小时），途经苏丹哈讷（Sultanhanı，5里拉，45分钟）和尼代（20里拉，1.5小时）的长途汽车。城市公共汽车定时往返于公共汽车站和市中心。从公共汽车站到市中心打车大约16里拉。

小巴从市中心Migros超市对面停车场里的**Eski Garaj**（老长途汽车站; Atatürk Bulvarı）出发，往返古泽尔育尔特（5里拉，1小时）、厄赫拉热峡谷（5里拉，45分钟）和苏丹哈讷（5里拉，45分钟）。2016年年中，因为Eski Garaj在进行一次全面改造，小巴都从站前路边和对面（Migros超市前）出发。

阿克萨赖周边（Around Aksaray）

阿克萨赖和内夫谢希尔之间的公路是世界上最古老的贸易路线之一，以前叫长路（Uzun Yol），连接塞尔柱古都科尼亚和其他大城市（开塞利、锡瓦斯和埃尔祖鲁姆），最终抵达波斯（伊朗）。

在过去，这条长路的沿途有一些商队用来休息和贸易的驿站（hans）。现在阿克萨赖还有三个商队驿站旧址可供参观，其中保存最完好的是**阿兹卡拉驿站**（Ağzıkara Hanı; 门票3里拉; ⏱8:00~18:00），在阿克萨赖东北16公里处，建于1231~1239年。

继续朝内夫谢希尔的方向前行，你会经过13世纪的**Tepesidelik Hanı**，在阿克萨赖东北23公里处。继续前行10公里，会到达建于12世纪的**Alay Hanı**。

❶ 到达和离开

从阿克萨赖打车往返阿兹卡拉驿站需花费约50里拉。你也可以乘坐任意一辆前往内夫谢希尔的车，在驿站下车。

开塞利（Kayseri）

☏0352/人口 130万/海拔 1067米

开塞利是继科尼亚之后土耳其最具伊斯兰特色的城市。这里融塞尔柱王国的古墓、清真寺和现代化风景于一体的城市，也是被称为"安纳托利纳之虎"的经济繁荣城市之一。大多数游客迅速穿过城市，都是为了从机场出发前往卡帕多基亚村庄，这样只能看见开塞利郊区破旧的高楼以及丑陋的工业区。而这座土耳其经济繁荣之城的市中心充满惊喜。花一个下午到狭窄的巴扎街道里闲逛，或是去探索塞尔柱王国和奥斯曼帝国的纪念遗迹——一切都笼罩在高耸的埃尔吉耶斯山（Erciyes Dağı）的阴影之下，与城市以西更为著名的仙人烟囱岩景观形成有趣的对比。

◉ 景点

开塞利中部现已建成一条"文化之路"，在重要遗产建筑门外都安放有信息板和路线图。

Kayseri 开塞利

Kayseri 开塞利

🔴 **重要景点**
1 塞尔柱文明博物馆..................B1

🔵 **景点**
2 古普古坡格鲁博物馆..................D3
3 开塞利城堡..................C2
4 Mahperi Hunat Hatun Complex........D2
5 萨哈比耶神学院..................B1

🟢 **住宿**
6 Hotel Büyük..................B3

🟠 **就餐**
7 Elmacıoğlu İskander Merkez..................D2
8 İstanbul Balık Pazarı..................D1

🟣 **购物**
9 室内集市..................C2

★ 塞尔柱文明博物馆 博物馆

（Selçuklu Uygarlığı Müzesi, Museum of Seljuk Civilisation；见本页地图；Mimar Sinan Parkı；2里拉；◎周二至周日 9:00~17:00）这家出色的博物馆坐落在修复后的斯福特神学院（Çifte Medrese）中，建于13世纪，既是医院，又是神学院，是塞尔柱苏丹凯霍斯鲁一世（Keyhüsrev I）和他妹妹戈弗希尔·内希比（Gevher Nesibe）的遗赠，被认为是世界第一座医学培训学校。精美的塞尔柱王国艺术品、文化和历史展品，以及最新式的多媒体展览与这栋宁静的建筑相得益彰。不过，我们有一个不太满意的地方，就是信息牌的英语翻译不够全面。

古普古坡格鲁博物馆 博物馆

（Güpgüpoğlu Konağı, Ethnography Museum；见本页地图；Tennuri Sokak；◎周二至周日 8:00~17:00）**免费** 不要理会实景模型中那些破旧不堪的人体模型，去参观内部华丽的彩绘木墙板和屋顶吧。这座建筑可追溯到15世纪，其黑白石墙外立面明显受到了马穆鲁克（Mamluk）建筑风格的影响。19世纪时，作曲家和词人 Ahmet Mithat Güpgüpoğlu 曾在这栋拥有多彩横梁和雕工复杂的木质结构房屋中居住。

这座建筑在2018年维修之后如今应已重新开放。

Mahperi Hunat Hatun Complex 历史建筑

[见本页地图；Seyyid Burhaneddin (Talas)

Caddesi] 免费 简朴庄重的Mahperi Hunat Hatun Complex是开塞利最精美的塞尔柱遗迹之一，于13世纪苏丹Alaattin Keykubat统治时期建造。其中包括 Hunat Hatun神学院，其阴凉的庭院现在成了一个咖啡馆，周围的学生宿舍现在开了许多艺术家商店，还有 Mahperi Hunat Hatun清真寺和一座仍在运营的公共浴室。

开塞利城堡 城堡

（Kayseri Kalesi, Kayseri Castle；见530页地图；Cumhuriyet Meydanı）黑玄武岩建造的不朽的开塞利城堡，最初是在罗马皇帝戈尔迪安三世（Gordian Ⅲ）统治时期建造的，300年后在拜占庭皇帝查士丁尼的统治下重建。不过今天看到的壮观的建筑多半是13世纪塞尔柱王国苏丹Alaattin Keykubat统治时期的作品。城堡目前正在进行大规模修复，现在已进行到最后阶段。工程结束后（预计在2018年），内部将被改造成为开塞利考古博物馆的新家，还将建起一座艺术中心。

萨哈比耶神学院 神学院

（Sahabiye Medresesi；见530页地图；Ahmetpaşa Caddesi）这座塞尔柱王国的神学院建于1268年，其内部现在是一座咖啡馆，周边的房间是书店。门口装饰有大量的钟乳石，尤其著名。

考古学博物馆 博物馆

（Hoca Ahmet Yesevi Bulvarı, Archaeological Museum；5里拉；周二至周日8:00~17:30）开塞利的这座考古博物馆规模虽小，但"五脏"俱全，其中收藏有从附近的Kültepe（古代的Kanesh，赫梯人的主要城市，也是赫梯的第一座都城）发现的文物。其余展品包括一副带有大力神的奴隶图案的精美石棺，一具令人毛骨悚然的儿童木乃伊。这里距离Cumhuriyet Meydanı有1.5公里，要找到博物馆，沿着Talas Caddesi走，直到到达墓地。左转到墓地后面，博物馆就在右边最远处。

需要注意的是，等开塞利城堡修复完成后，博物馆将搬到那里。

Ahi Evran Zaviyesi 博物馆

[Esnaf ve Sanatkarlar Müzesi；Seyyid Burhaneddin（Talas）Caddesi；9:00~ 17:00] 免费 这座13世纪的技工和匠人学校内部阴郁，很适合探索。这里的展览就像是落满灰尘的旧货拍卖会，展品有书法、金属器、农具和地毯织机。沿着Talas Caddesi下行1公里就到，位于公墓对面。

启蒙者圣格里高利教堂 教堂

（Surup Krikor Lusavoriç Kilise, Church of St Gregory the Illuminator；Necip Fazıl Bulvarı；欢迎捐款）免费 这座建于19世纪的教堂是安纳托利亚幸存的少数亚美尼亚教堂之一。穹顶内部有破旧的壁画和三座镀金祭坛，能让你一瞥开塞利曾生机盎然的亚美尼亚人社区的重要地位。要进去，绕过教堂后墙，按门铃，门卫——留在城里的五位亚美尼亚人之一——会让你进门。教堂在Necip Fazıl Bulvarı往下2公里处，紧邻Osman Kavuncu Bulvarı。

Tarihi Kayseri Mahallesi 建筑

（开塞利历史街区；Bayram Sokak和Şiremenli Caddesi之间）开塞利用了多年时间推倒市中心破旧的社区，以便兴建闪耀的现代塔楼建筑，但是这个项目是近年来思维重大转变的一个案例。在这个街区中，一排传统开塞利房屋（eyleri）已经修复得非常精美，等完成后将成为咖啡馆、餐厅、精品酒店、公共浴室，和出售当地食材的精品店。

住宿

★ İmamoğlu Paşa Hotel 酒店 $$

（0352-336 9090；www.imamoglupasaotel.com.tr；Kocasinan Bulvarı 24；标单/双 90/140里拉；）开塞利这家引人注目的中档住宿处让人惊艳。当代风格的房间里有宽屏平星电视、淋浴、水壶，可能还有城里最舒服的床和迷你冰箱（是的，有啤酒）。你可能会想在6楼或更高层找个房间，因为能看到埃尔吉耶斯山。位于火车站对面的路上，旁边就是警察局。

Hotel Büyük 酒店 $$

（见530页地图；0352-232 2892；www.kayseribuyukotel.com；İnönü Bulvarı 55；标单/双/标三 85/135/200里拉）这座酒店的外观可能没啥吸引力，但里面的房间都是现代化风格，有平板电视和水壶，而且都打理得非常干净。就但浴室有点局促。

Radisson Blu
商务酒店 $$$

(☎0352-315 5050; www.radissonblu.com; Sivas Caddesi 24; 房103欧元起)这家酒店是开塞利发展的一个标志,有着非常时髦的当代风格,有巨大的房间,搭配浅灰色和荧光黄色,外加全套现代化设备和落地窗,能看到美丽的城市风光。屋顶酒吧和餐厅(也对非住客开放)是欣赏埃尔吉斯山美景和日落小酌的最佳场所。

🍴 就餐

开塞利有许多特色菜,包括特有的五香熏牛肉pastırma(香料中保存的腌干牛肉)。

★ Alamet-i Farika
安纳托利亚菜 $

(☎0532-232 1080; Deliklitaş Caddesi 8; 主菜10~24里拉; ⓧ10:00~22:00)内部装潢完全是欧洲的优雅风格,但食物却是顶级的安纳托利亚风味。大口品尝土耳其饺子,吃光这里的特色肉食çentik kebap(土豆上面的烤肉,浇上酸奶和番茄酱),再留点胃口给甜腻的甜点。最后来杯土耳其咖啡,还会搭配用优雅茶杯盛上的柠檬水。

Elmacioğlu İskander Merkez
烤肉 $

(见530页地图; ☎0352-222 6965; 1st & 2nd fl, Millet Caddesi 5; 主菜10~22里拉; ⓧ10:30~22:00)补充一下热量吧,改天再节食。搭电梯到顶楼的餐厅,这里能眺望城堡,点上亚历山大烤肉(土耳其烤肉配新鲜土耳其比萨,盖着番茄酱和棕色黄油)特色菜。你的身材可不会感谢我们,不过你的味蕾会。

İstanbul Balık Pazarı
海鲜 $

(见530页地图; ☎0352-231 8973; Sivas Caddesi 12; 鱼三明治6里拉,主菜15~20里拉; ⓧ10:00~22:00)从门口的鱼贩子手中选好你要的鱼,然后走到餐厅埋头品尝海鲜,不过我们来这里是为了鱼肉三明治(balık ekmek)。鱼是在你眼前现烤的,有4~5种鱼肉糜可选——可作为便宜又美味的午餐。

🛍 购物

室内集市
市场

(Kapalı Çarşı, Vaulted Bazaar; 见530页地图; Cumhuriyet Meydanı; ⓧ10:00~20:00)因为坐落在古老的贸易路线交会处,开塞利自很早以前起就是一个重要的商贸中心。这座集市是奥斯曼帝国时期修建的最大市场。曾在19世纪70年代和20世纪80年代进行过修复,目前仍是城市的中心,值得游览。

ℹ️ 实用信息

旅游办公室(见530页地图; ☎0352-222 3903; Cumhuriyet Meydanı; ⓧ周一至周五 10:00~12:30和13:30~17:00)分发有地图和各种宣传册。

ℹ️ 到达和离开

飞机
开塞利机场(见490页)位于市中心以北9公里处。从市中心搭乘出租车到机场需花费15里拉左右,或者可以花1.25里拉搭乘城市公共汽车。

如果想直接去某个卡帕多基亚村庄,**接驳车**(见490页)会在机场上下客。必须预约。

长途汽车
开塞利大型**长途汽车站**(☎0352-336 4373; Osman Kavuncu Bulvarı)位于市中心以西9公里处。几乎所有的汽车公司都有免费接驳车到达市中心。如果没有接驳车,可以搭乘出租车(15里拉)、从主干道乘坐当地公交车(1.25里拉),或乘坐有轨电车(1.85里拉)。

去于尔古玉普的小巴(8里拉,1小时,8:00~19:30有11班车次)从主长途汽车站的停车场对面的小建筑出发。去格雷梅没有直达小巴,不过可以搭乘去于尔古玉普的车,然后在那里换车,或者乘坐任意一班去往内夫谢希尔的大型客运公司的客车。大部分都会让你在内夫谢希尔下车,从那里再搭乘接驳车。不过有一些也会允许在去往格雷梅的路上下车。Nevşehir Seyahat运营的19:00那趟班车是你的最佳选择,不过Süha和Metro的也值得询问一下。

火车
开塞利火车站(Kayseri Garı; Kocasinan Bulvarı)每天都有4 Eylül Mavi train(安卡拉和马拉蒂亚之间)、Doğu Ekspresi(安卡拉和卡尔斯之间)和Çukurova Mavi(安卡拉和阿达纳之间)运营的列车。每天往返开塞利和阿达纳的Erciyes Ekspresi的列车目前因为轨道作业不运营。

从火车站到市中心,出站穿过大马路,你可

以搭乘任意一辆沿Atatürk Bulvarı去往Cumhuriyet Meydanı的公共汽车。或者可以沿Altan Caddesi步行，这条路不像Atatürk Bulvarı那么繁忙。

埃尔吉亚斯山（Erciyes Dağı）

埃尔吉亚斯山滑雪胜地（Erciyes Dağı Ski Resort; Erciyes Kayak Merkez; www.kayserierciyes.com.tr; Erciyes Dağı; 1日滑雪通票 45里拉）位于险峻美丽的埃尔吉亚斯山的东北侧，过去几年来，已经斥资几百万里拉进行翻新，以期建成足以和欧洲的滑雪胜地相媲美的地方。滑雪道有现代化的贡多拉滑雪缆车连接其间，非常梦幻，这里的滑雪道既适合新手，也能满足那些寻找空旷斜坡的老手。

❶ 到达和离开

滑雪胜地距离卡帕多基亚乡村约80公里（1.5小时车程），距离开塞利市中心25公里（30分钟）。在滑雪季，有接驳车往返这里和开塞利市中心。

黑海海岸

包括 ➡

阿玛斯拉	536
锡诺普	538
萨姆松	542
温耶	543
奥尔杜	545
特拉布宗	546
苏美拉修道院	552
长湖	554
里泽	554
霍帕	555

最佳餐饮

➡ Okyanus Balık Evi（见541页）
➡ Sofra Osmanli Mutfagi（见544页）
➡ Vosporos（见550页）
➡ Kayadibi Saklıbahçe（见554页）

最佳住宿

➡ Sebile Hanım Konaği（见554页）
➡ Denizci Otel（见540页）
➡ Hotel İkizevler（见546页）
➡ Adelante（见550页）

为何去

当众多游客选择涌向南部地区的地中海和西部的爱琴海时，土耳其人引以为傲的黑海也毫不逊色。这里地处亚热带，满眼葱郁，枝繁叶茂。历史悠久的希腊海滨城市背靠梯田茶园，远方则是景色绝美的内陆山地。在经历了阿玛斯拉的海边假日热潮和特拉布宗大都市的繁华喧嚣之后，你可以在小渔村里放松一下，或者进入内陆登上亚拉拉尔的高山牧场。这条壮观的海岸线通往一条跨越土耳其的路线，也可以由此前往安纳托利亚其他地区，沿途风光旖旎。

这是一个历史悠久的地区，各种文明和帝国传奇如同黑海的浪涛一样在这里兴衰起伏，留下了许多遗迹。那些城堡、教堂、修道院和在建筑史上具有重要意义的清真寺，令人回想起本都古国、热那亚和奥斯曼帝国的历代君主。据说希波吕忒女王和她的亚马孙女战士部落也曾居住在这里。亚森布尔努（亚森海角）的教堂则留有伊阿宋乘坐阿尔戈号，历经艰险取得金羊毛的神话传说。

何时去

特拉布宗

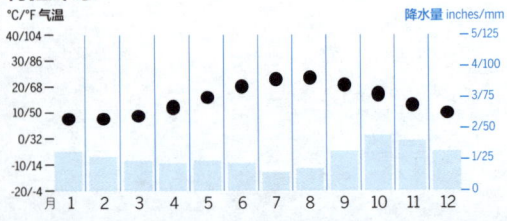

5月 传统的国际吉雷松阿克苏节开启春季狂欢。

6月至8月 听从黑海海滩的召唤；特拉布宗有夏季节庆活动。

4月和9月 感受阿玛斯拉和锡诺普淡时闲散生活的魅力。

黑海海岸亮点

1. **苏美拉修道院**（见552页）穿越松林去这座崖壁怀抱的盛景。
2. **锡诺普**（见538页）感受这座古老渔港四周一家一家的气氛。
3. **D010海滨公路**（见537页）数一数从阿马斯拉到锡诺普的公路上有多少个令人目眩的转弯。
4. **阿马斯拉**（见536页）在这座美丽城镇的拜占庭城墙下游泳。
5. **特拉布宗**（见546页）感受大都市的繁华街道，然后去公共浴室泡一泡洗去一身的尘埃。
6. **长湖**（见554页）去长湖这类小村参加一日往返游，探索山地高原和高山小屋。
7. **铜匠街**（见544页）温郎可汤着碎碎声的铜匠街让人仿佛回到过去的时光。
8. **奥尔杜**（见545页）跳上缆车，在城镇高处享受野餐。

阿玛斯拉（Amasra）

☎ 0378 / **人口** 6800

阿玛斯拉小镇横贯于一座拥有两个海湾和一座岩石海岛的半岛之上，由一座罗马时代的桥梁相连，这里是黑海最美丽的港口。阿玛斯拉自古以来就人丁兴旺，其地理位置优越，战略意义非凡，与其他旅游城市之间交通不便，却因此而更显独特。土耳其人很喜欢这个度假胜地，但它与许多爱琴海和地中海的度假胜地相比显得相当低调。

公元前6世纪或者更早，这里就修建起一座被称为Sesamos Amastris的希腊殖民地（荷马在其作品中有所提及）。后来拜占庭人将阿玛斯拉作为本都王国的一部分，但在征服者穆罕默德二世（Mehmet the Conqueror）不战而占之后，又于1270~1460年将此港口租赁给热那亚人作为贸易站。在奥斯曼帝国的统治之下，阿玛斯拉在贸易上的重要性转移到了黑海的其他港口，今天这里是一个悠闲且迷人的市镇。

在东部的大港口（Büyük Liman）和西部美丽的小港口（Küçük Liman）都能找到餐厅和酒吧。绝大多数住宿处都更靠近大港口。广场上俯视着小港口的雕像是土耳其摇滚明星Barış Akarsu，这个备受喜爱的当地男孩于2007年因车祸逝世，年仅28岁。

◉ 景点和活动

阿玛斯拉城堡（Amasra Kalesi） 城堡

免费 阿玛斯拉城堡由古罗马人、拜占庭人和热那亚人共同修建，它占据着控制Boztepe和Zindan海港入口的两侧海岬，可从小港口穿过三座巨大的城门进入，或者从大港口的石阶前往，由一座古罗马的大桥连接。城堡周围现在大多是居民区，不过也有一些令人印象深刻的城墙和遗迹幸存下来，包括修复过的9世纪拜占庭式**教堂清真寺**（Kilese Camii）和**Dereağzı隧道**，它从城堡下方通向一座淡水湖。

阿玛斯拉博物馆 博物馆

（Amasra Müzesi, Amasra Museum；☎ 0378-315 1006; http://amasramuzesi.com; Çamlık Sokak 4; 5里拉; ⏰ 8:00~17:00）这座精彩的博物馆位于小港口南端一座建于19世纪的海军学校中。4个展厅中的展品有钱币和地毯，年代从希腊化时代、罗马时代、拜占庭时代，到奥斯曼帝国时代，体现了阿玛斯拉的多元历史。

Boat Trips 乘船游

（Büyük Liman）阿玛斯拉的魅力要从海上欣赏才能真切体会。可以去大港口，那里有几家运营商提供乘船环游港口和附近岛屿游览的项目（45分钟15里拉起，6小时70里拉，包括途中游泳活动和岛上午餐）。大部分船只在夏季周末运营，不过有一些全年营业。

🛏 住宿

6月中旬至9月中旬的周末是夏季旺季，价格比其余时间要贵50%，在许多地方，即便是单独旅行者，也会被收取双人间的费用。大多数酒店只在11月至次年4月的周末营业。

Kuşna Pansiyon 家庭旅馆 $$

（☎ 0378-315 1033; www.kusnapansiyon.com; Kurşuna Sokak 36a; 标单/双70/140里拉; ❄ @ 📶）这家位于城堡周围家庭旅馆的经营者是热情的Doğu一家，他们真正考虑到了游客的需求。9间明亮的现代型客房中有一间可爱的阁楼间，能眺望到青翠的花园和岩石海湾。早餐有自制火腿和无限量供应的茶和咖啡。位于教堂清真寺附近，从大港口游船旁的阶梯进入。

Balkaya Pansiyon 家庭旅馆 $$

（☎ 0378-315 1434; www.balkayapansiyon.com; General Mithat Ceylan Caddesi 35; 标单/双不含早餐 70/130里拉; 📶）这是阿玛斯拉最便宜的家庭旅馆之一，有15间格局简洁、粉刷雪白的小客房，这些房间都位于大港口旅游办公室背后的一条小街上，旁边有一些罗马遗迹。104房间能看到美丽的风景。

Timur Otel 酒店 $$

（☎ 0378-315 2589; www.timurotel.com; Çekiciler Çarşısı 53; 标单/双 78/180里拉; ❄ 📶）这家非常热情的酒店有25间一尘不染（虽然有些阴暗）的客房，能眺望到一座有喷泉的广场，地址就在大港口旁边。双层玻璃保证了即使身处清真寺旁，也能一夜安眠。有些房间能看到大港口和群山的美丽风景。

🍴 就餐

海滨区域有诸多餐厅，大多都获得了特许，可向食客出售酒水。这里的鲜鱼佳肴口感极佳，按份（portion）供应。也有一些熟食餐厅（lokanta），主打肉类和蔬菜等食物。

Amasra Sofrası
土耳其菜 $

（☎0378-315 1994; Iskele Sokak 25; 主菜14~20里拉; ☺7:00至午夜; ☻）位于大港口以西的一座安静的广场上，这家热情的烧烤屋兼熟食餐厅有户外餐桌，可欣赏街景人潮。晚餐时，很多当地人会前来这里享受素食、土耳其比萨、土耳其烤肉和鱼。

Balıkçının Yeri
海鲜 $$

（☎0378-315 2683; Büyük Liman Caddesi 57a; 鱼 例份 15~25里拉; ☺8:00至午夜）这家"渔民餐厅"引人注目的开放式门脸装饰着世界各国的国旗，这使得它从大港口北端许多廉价海鲜餐厅中脱颖而出。餐厅主要食材为胭脂鱼（Barbun）、海鲈鱼（levrek）和鲑鱼（solmon），你也可以买一份外带鱼肉三明治（balık ekmek; 6里拉）去海滩吃。

Hamam Cafe
咖啡馆 $$

（☎0378-315 3878; www.hamamcafe.com; Büyük Liman; 村庄早餐20里拉; ☺8:30~23:30; ☻）这家悠闲的咖啡厅位于大港口一座奥斯曼时代的公共浴室内，非常适合在五彩灯光之下，在废弃的göbek taşı（正中加热的"肚脐石"）上品茶和玩西洋双陆棋。peynirli gözleme（填馅奶酪开胃薄饼）让人欲罢不能，阿玛斯拉的土耳其水饺（15里拉）也很有特色。

★ Mustafa Amca' nın Yeri
海鲜 $$$

（☎0378-315 2606; www.amasracanlibalik.com; Küçük LimanCaddesi 8; 鱼 例份 25~45里拉, 开胃菜 7里拉; ☺8:00至午夜）这个意为"穆斯塔法大叔的餐厅"的小店从1945年就开始在这里营业了，不容错过。餐厅立面由鹅卵石和木料构成，如瑞士小屋一般，内部装潢以航海风格为主，一只聒噪的鹦鹉更为餐厅增添了几分情趣。该餐厅烹饪的鲜鱼（canlı balık）味道绝佳，服务上乘，还有一个能饱揽绝美海景的露台，因而备受当地人推崇。

🍷 饮品和夜生活

★ Lutfiye
咖啡馆

（☎0378-315 3222; www.lutfiye.com; Küçük LimanCaddesi 20a; ☺9:00至午夜）中央闪耀的枝形吊灯乍一看会显得夸张，不过这家经典的小咖啡馆提供出色的咖啡、零食和早餐，配有悠闲的背景音乐，也出售橘子酱、土耳其坚果软糖（nut-studded lokum）和芝麻糖（helva），也是街市外市场中售卖俗媚纪念品的替代选择。

Çınar
酒吧

（☎0378-315 1018; www.amasracinarbalik.com; Küçük Liman Caddesi 1; ☺9:00至午夜）这家面朝西方的"悬铃木"酒吧能观赏到最美的阿玛斯拉日落和无敌的海港美景。和隔壁的鱼餐厅是姐妹店，那里提供清凉的生啤，还有各种鸡尾酒和前菜。

Ağlayan Ağaç Çay Bahçesi
茶园

（☎0378-315 2930; Nöbethane Sokak; 茶1里拉; ☺8:00~22:00）这家茶馆的名字非常有特色，叫作"垂枝树茶园"，要找到这里，需沿着路标穿过城堡周围的地区，然后爬上Boztepe。你可以一边在崖顶喝茶，一边远眺"兔子岛"，观赏海鸥群阵阵啼鸣，绕岛飞行。

ℹ️ 到达和离开

如果沿海滨向东出发可搭乘早班小巴，白天稍晚的时候班次很少。

城际汽车公司的车次不到阿玛斯拉。去往Bartın的小巴（4里拉，30分钟）每30分钟1班，从邮局附近发车。Bartın有车可至萨夫兰博卢（18里拉，2小时）、安卡拉（35里拉，4.5小时）和伊斯坦布尔（45里拉，7小时）。去锡诺普需要在卡拉比克（Karabük; 18里拉，2小时）和/或卡斯塔莫努（25里拉，4小时）转车。

Metro和Kamil Koç在阿玛斯拉主广场的阿塔图克雕像旁有办公室。

阿玛斯拉至锡诺普（Amasra to Sinop）

从阿玛斯拉到锡诺普的**D010海滨公路**

长320公里，一路盘旋于海岸崎岖的山间，沿途风景令人屏气凝神。路上车辆稀少，每个转弯处都有绝美的风景，还能看见绿松石般波光粼粼的海面、林木苍翠的海岬和高低起伏的marla崖壁。这座与众不同的悬崖就像是用来盖屋顶的火山板岩。虽然道路铺设条件良好，但平均驾驶速度仅为45公里/小时，这意味着到达锡诺普需要7个多小时。想乘坐公共交通工具，需要利用在沿途小村镇之间接驳的当地汽车。天亮就出发吧，不要指望一天就能走完全程。

许多村子有露营地，比如Bozköy海滩以西的恰克拉斯村（Çakraz）。位于阿玛斯拉东部45公里处的Kurucaşile有一些家庭旅馆和低调的酒店，村子里还能看到正在建造的船只。阿玛斯拉其他一日就能往返的地方还包括两座风景如画的海滩村庄：卡坡苏玉（Kapısuyu）和继续向东前行10公里处的基德罗斯（Gideros）的小海港，这座悠闲的小海湾如梦似幻。这里有2家餐厅，可以大肆品尝当地海鲜、观赏日落，比如Günbatımı（ ☎ 0366-871 8140; Gideros Koyu; 鱼25～40里拉; ⓧ 9:00～23:30）。从这里的道路下行可以到达Kalafat和Kumluca，这座砂石海滩绵延8公里。Kumluca以东3公里处的吉代（Cide）是许多小巴的终点站。小镇西端有许多海滨家庭旅馆（大多只在6月至9月营业）和鱼餐厅，距离中心长途汽车站2公里左右。

出了吉代，道路多为山路，尤其曲折崎岖。向东约12公里的地方有一个路标指向库斯柱村（Kuscu Köyü），这座小村能通往陡峭的河谷Aydos Canyon。距离伊内博卢（İnebolu）31公里处的多安尤特（Doğanyurt）是另外一座怡人的港口村镇，其中有一个定期在周五举办的集市、一个大型码头和一些小咖啡馆，以及熟食餐厅。从这里行驶至阿玛斯拉需4.5小时。

锡诺普以西150公里（3小时行程）的伊内博卢（İnebolu）可以作为停靠点；到下午晚些时候，很难找到继续前行的交通工具。镇中心以西800米处的Yakamoz Tatil Köyü（Phosphorescence Holiday Village; ☎ 0366-811 3100; www.yakamoztatilkoyu.com.tr; İsmet paşaİsmetpaşa Caddesi; 平房 标单/双 70/100里拉; 房 标单/双 80/120里拉; ▣ ⓢ ▨）有一家咖啡馆和特许餐厅（主菜 20里拉）；夏季要预订。镇中心古老的奥斯曼时期的房屋涂刷成独特的牛血红色，有一条相对较热闹的海滨步道；可在İne Balık & Et（ ☎ 0366-811 4123; Hacı Mehmet Aydın Caddesi 9; 主菜18～35里拉; ⓧ 8:00～23:00）就餐。

伊内博卢以东24公里处的阿邦纳（Abana）有一座美丽的海滩，前行23公里在恰塔泽伊庭（Çatalzeytin）附近的美景中有一条长长的卵石滩。向东前行一小段，在到达Türkeli之前4公里处的Güllüsu Aile Balık Lokantası（Güllüsu 家族鱼餐厅; ☎ 0535-487 7241; Oymayaka Köyü; 主菜15～30里拉; ⓧ 9:00至午夜）可以再次享用鱼肉盛宴。到了阿杨哲克（Ayancık）道路分开，北边到达锡诺普（58公里）的路线风景更优美。走这条路将跨过一座桥，还要继续穿越阿杨哲克。

锡诺普（Sinop）

☎ 0368/人口 38,600

景色怡人的锡诺普盘踞在一处多石的海角上，是一座极美的城镇。这里位于安纳托利亚最北部，是海滩上唯一一个朝南的市镇。有一句老话说"黑海拥有三个海港——7月、8月和锡诺普"。即便是在冬季最可怕的气候环境下，船只进入黑海的其他港口可能存在危险，但城市的天然海港却可以保持平静，使船只可以安全地抵达和离开。

锡诺普在今天是一个散发着繁忙大都市气息的度假地。它将近3000年贸易港的历史和传承体现在满城皆是贩卖轮船模型的商铺里。

公元前8世纪，作为米利都在安纳托利亚的爱琴海海岸上的殖民地，锡诺普的商业开始发展。在本都王国（在这里定都）、罗马和拜占庭帝国的成功统治下，锡诺普成为一个繁忙的贸易中心。塞尔柱人（Seljuk）于1214年占领这里之后，将锡诺普作为一个港口，但是奥斯曼人更愿意建设附近的萨姆松（Samsun），因为那里的陆路交通更为便利。在1853年11月30日，一支俄国舰队对锡诺普发动了突袭，当地驻军伤亡惨重，死伤近3000人。这促使了克里米亚战争（Crimean War）的爆发。在这场战争中，奥斯曼人联合英法两国，一起击垮了俄

Sinop 锡诺普

Sinop 锡诺普

◎ 重要景点
1 锡诺普老监狱 A2

◎ 景点
2 Pervane神学院 C1
3 锡诺普考古博物馆 D1
4 锡诺普要塞 D3

🛏 住宿
5 Denizci Otel D2
6 Otel 57 .... D2
7 Otel Mola C2
8 Yılmaz Aile Pansiyonu D2

🍴 就餐
9 Antep Sofrası D2
  Mangal .... (见5)
10 Okyanus Balık Evi C2
11 Öz Diyarbakır Mangal Sofrası D2

🍷 饮品和夜生活
12 Burç Café D3
13 Nihavent D2

🛍 购物
  Yöresel El Sanatları Satış
  Mağazası .... (见2)

国西行和南下扩张的野心。

◎ 景点

★ 锡诺普老监狱　　　　　　　历史建筑

（Tarihi Sinop Cezaevi, Historical Sinop Prison; 见本页地图; www.sinopale.org/historical-sinop-prison; Sarkaya Caddesi; 5里拉; ⏰4月至9月9:00~19:00, 10月至次年3月 至17:00）这里曾经是要塞内的一座粗陋监狱，牢房、空旷的走道、训练场和少年管教所中据说有鬼魂出没，令人难忘。监狱于1887年建造，直至1997年其中的犯人被转移到附近一座更加现代化的监狱后，这里才结束了作为监狱的使命。监狱被弃用后，其建筑格局基本维持原貌，小小的路标为这里平添了一丝阴沉的魅力。风格不一的石质建筑也是这里的一大亮点，一些墙壁是利用旧时的石柱和打磨过的石块制成的。

锡诺普要塞　　　　　　　　　　要塞

（Sinop Kalesi, Sinop Fortress; 见本页地图）**免费** 因为容易受到来自海上的袭击，早在公元前2000年，赫梯王朝就首先在锡诺普建设了防御要塞。不过现存的城墙出自罗马、拜占庭、塞尔柱和奥斯曼人之手，是在本都国王米特利达梯六世（Mithridates Ⅵ）于公元前72年所建城墙的原址上修建而来的。此城墙曾一度全长超过2公里，部分地方厚达3米，有7座城门和25米高的哨塔。海港旁边的塔楼依然是最壮观的部分，可以攀爬，上面还有一家休闲的酒吧Burç Café（见541页）。

锡诺普考古博物馆　　　　　博物馆

（Sinop Arkeoloji Müzesi, Sinop Archaeological Museum；见539页地图；www.sinopmuzesi.gov.tr；Okullar Caddesi 2；5里拉；⊗周二至周日8:00~19:00）这座杰出的博物馆中的亮点包括：4世纪创作的精美的Meydankapı马赛克镶嵌画，其中描绘的是四季和七位缪斯；公元前4世纪的一尊狮子啃食鹿的大理石雕塑；各种钱币，最著名的一枚来自Gelincik；各种拜占庭时期的宗教器物，包括一座来自当地教堂的造像。花园里有墓葬石碑，马赛克镶嵌画，以及公元前4世纪塞拉皮斯神庙（Temple of Serapis）的遗迹。

Pervane神学院　　　　　　历史建筑

（见539页地图；Batur Sokak；⊗8:00~22:00）1262年，权势强大的塞尔柱大维齐尔Muinettin Süleyman Pervane修建了这座神学院，作为塞尔柱于半个世纪前征服锡诺普的纪念。建筑布局颇具几何之美，有一座大理石入口和八角形中央喷泉，现在这里被改造成了咖啡馆和一些商铺，出售当地特色手工艺品，其中包括精致亚麻织物，这是锡诺普的一大特色。

🛏 住宿

Yılmaz Aile Pansiyonu　　　家庭旅馆 $

（见539页地图；☎0368-261 5752；Tersane Çarşısı, Tersane Caddesi；标单/双 50/100里拉；@🛜）这家由家庭经营的旅馆隐藏在一条窄巷中，距离海滨也只有几步路，12间客房虽然简单，但都经过了修复。47号房间有独立浴室，能看到海景。

★Denizci Otel　　　　　　酒店 $$

（见539页地图；☎0368-260 5934；www.denizciotel.com.tr；Kurtuluş Caddesi 13；标单/双 100/150里拉；❄🛜）这座海滨酒店是一个很棒的选择，墙壁上装饰着东方艺术作品和由Lawrence Alma-Tadema创作的稍带情色感的画作复制品。27间大客房中都有等离子大电视和飘窗。503号客房是首选。

Otel 57　　　　　　　　　酒店 $$

（Elli Yedi；见539页地图；☎0368-261 5462；www.otel57.com；Kurtuluş Caddesi 29；标单/双 80/150里拉；❄🛜）这家友好的酒店前台摆放着一尘不染的人造皮椅。20间房间都很舒适（虽然小），自助早餐的选择也很丰富。店内的客人一部分是游客，一部分是土耳其商人。如果你一定想了解，店名中的"57"是锡诺普省的编号，会出现在当地的汽车牌照上。

Otel Mola　　　　　　　　酒店 $$$

（见539页地图；☎0368-261 1814；www.sinopmolaotel.com.tr；Barınağı Karşısı 34；标单/双 170/240里拉；❄🛜）靠近港口的这家店有24间客房，许多房间（包括201号和202号）都面朝大海。实木镶花地板上铺着地毯，带阳台，还有一座后花园。这里因员工的友好服务而颇受好评。

🍴 就餐

锡诺普的海滨一带分布着许多持证经营的露天海鲜餐厅。在内陆地区，则可以尝试一下锡诺普风格的土耳其式饺子mantı，内含大量酸奶。

Mangal　　　　　　　　　土耳其菜 $

（见539页地图；Kurtuluş Caddesi 15；主菜15~20里拉；⊗8:00~21:00）这里的墙上挂着一幅幅钓鱼的照片，还有一把把枪。这个温馨的烧烤店供应土耳其式饺子和烤鱼、烤鸡，以及肉丸（köfte）。

Antep Sofrasi　　　　烤肉串、土耳其比萨 $

（见539页地图；☎0368-260 3434；Atatürk Caddesi 3a；主菜16~20里拉；⊗8:00至午夜）很多当地人会来这家涂成鳄梨色的错层式餐厅享用烤肉串。从茄子烤肉到伊什肯德伦烤肉（新鲜土耳其烤肉比萨酱配风味番茄酱和棕色黄油）都有。这里气氛友好，是个非常适合女性游客用餐的好地方，离锡诺普考古博物馆也不远。

★ Okyanus Balık Evi   海鲜 $$

（Ocean Fish House；见539页地图；☎0368-261 3950；www.mevsimbalikcilik.com；Kurtuluş Caddesi；主菜 25~45里拉；⊙11:00~23:00）这家餐厅可能是黑海海岸上最好的鱼餐厅，店主Mert Kanal的祖父最初是在这里的一楼卖鱼。这里的鱼绝对新鲜，而且只在旺季营业，开胃菜味道绝佳。黄昏之际，在屋顶露台啜饮拉基酒，然后再品尝一道鲜鱼大餐，实在是一种享受。

Öz Diyarbakır Mangal Sofrası   土耳其菜 $

（见539页地图；☎0368-261 1909；Kurtuluş Caddesi 18；主菜 18~25里拉；⊙10:00至午夜；🅿）🍴靠近海滨的酒吧和旅馆。这个餐厅面积大，但装潢简单，供应好吃的阿拉伯式比萨（lahmacun）、汤、土耳其比萨和各种烤肉串。还可以提供外卖服务（Paket servis）。

🍷 饮品和夜生活

海滨一带有很多花园茶室，里面为客人提供西洋双陆棋以及其他许多类似的游戏。在海港后方，通往堡垒的方向有不少酒馆和酒吧。

Burç Café   酒吧

（见539页地图，Tersane Caddesi, Sinop Kalesi；⊙10月至3月 8:00~18:00，4月至9月 至午夜）这家酒吧位于堡垒的塔楼上，风景迷人，吸引着成群的年轻人。在旺季有现场乐队演出，同时可以欣赏海景。记得去的时候一定要多带件衣服，因为哪怕是在夏天，也可能会有点冷。啤酒13里拉。

Nihavent   酒馆

（见539页地图；☎0368-261 6633；Balıkçı Yolu Aralığı 3；⊙18:00至次日2:00）从许多方面来看，这里是餐厅，但作为酒馆更好玩，位于去往港口的一条窄巷中，服务热情，现成的啤酒有好几种，夏季有现场音乐演奏。

🛍 购物

地区手工艺品商店   艺术和手工艺品

（Yöresel El Sanatları Satış Mağazası；见539页地图；Batur Sokak, Pervane Medresesi；⊙周一至周六 9:00~17:00）这家位于修复后的Pervane神学院中的可爱的商店，出售刺绣亚麻桌布、围巾和装饰品，新品和古董皆有。会讲英语的店员迷人又热情，很乐意提供旅游信息。

ℹ 实用信息

最有用的旅游信息（英语）来源是位于Pervane神学院的**Yöresel El Sanatları Satış Mağazası**商店。**旅游办公室**（见539页地图；İskele Caddesi；⊙6月中旬至9月中旬 8:00~19:00，5月中旬至6月和9月中旬至10月 9:00~17:00）和**信息亭**（见539页地图；Sakarya Caddesi；Tarihi Cezaevi；⊙4月至9月 8:00~19:00，10月至3月 至17:00）相对帮助不大。

ℹ 到达和离开

土耳其航空公司（Turkish Airlines；www.thy.com）只有往返伊斯坦布尔的航班。锡诺普机场（Sinop Airport）位于市中心以西5公里处，打车去机场费用约为25里拉。

锡诺普的长途汽车站位于小镇西南边5公里处，在去往卡斯塔莫努（Kastamonu）的主干道上。开往那里的小巴在博物馆旁的Okullar Caddesi发车（2里拉）。

锡诺普长途汽车站发车信息

目的地	票价（里拉）	行程（小时）	距离（公里）	班次（每天）
安卡拉	50	7	443	2班
伊斯坦布尔	70	11	700	2班
卡拉比克（开往萨夫兰博卢和阿玛斯拉）	35	4	340	1班
卡斯塔莫努	25	3	170	5班
萨姆松（开往特拉布宗）	25	3	168	每小时发车

去往Akliman和Gerze的小巴从**村镇长途汽车站**（见539页地图；Sakarya Caddesi）发车。

萨姆松（Samsun）

☎0362/人口 541,300

很少有旅行者会在萨姆松这个不规则分布的港口城市停留，大多都是为了在这里转车。确实，即使是富于进取的热那亚人，15世纪在这里停留也只是将城市付之一炬而已。不过，既然共和国广场（Cumhuriyet Meydanı）周围就有住宿处和餐厅，交通便利，又有几座黑海海岸上最好的博物馆，萨姆松还算是西行或东去途中值得逗留的停靠站。从共和广场向东有Cumhuriyet Caddesi，向南是阿塔图克公园（Atatürk Park），北边环绕的是海滨公路（Atatürk Bulvarı）。从广场向西的主干道是Gazi Caddesi。

◉ 景点

考古和民族志博物馆　　博物馆

（Arkeoloji ve Etnoğrafya Müzesi; www.samsunkentmuzesi.com; Cumhuriyet Caddesi 35; 5里拉; ⊙8:00~17:00）这座博物馆中最令人惊艳的展品是在附近的卡拉·萨姆松（Kara Samsun，阿米索斯）发现的巨大的罗马-拜占庭马赛克镶嵌画。其中描绘的是特洛伊战争中的西蒂斯和阿基里斯、四季、海怪，以及仙女。其余亮点还有公元前1世纪传奇的本都王米特里达斯六世统治时期的优雅的黄金首饰。

阿米索斯古城　　考古遗址

（Amisos Antik Kenti, Amisos Ancient City; Amisos Tepesi）**免费** 萨姆松考古和民族志博物馆收藏大量阿米索斯文物，都是1995年在山顶的遗址中发掘出来的。山上南部有一座岩石内开凿的坟墓，带有两座墓室；北部的坟墓则包含3个相互连接的墓室。两座墓地周围环绕的木板路上都有一些解说标牌。要来这里，乘坐**SHRS**（Samsun Hafif Raylı Sistem; www.samulas.com.tr）的有轨电车到Batıpark（Baruthane站），然后登上**萨姆松阿米索斯山地缆车**（Samsun Amisos Tepesi Teleferik Hattı; Batıpark & Amisos Tepesi; 门票 2.50里拉; ⊙9:00~22:00），4分钟就能带你到达山顶。

⛉ 住宿

主广场——共和国广场以西的（Tarihi Bedesten Çarşısı，老巴扎市场）区域内有很多超值的住宿处。

Otel Necmi　　酒店 $

（☎432 7164; www.otelnecmi.com.tr; Tarihi Bedestan Sokak 6; 标单/双/标三 不含浴室 60/95/145里拉; ❄ ⛉）这家充满个性的廉价酒店位于主广场——共和广场以西的老巴扎区的入口处，感觉就像是来到了古怪的舅舅家一样，这里的前台装饰有盆栽植物、镜子和古老的大椅子。20间客房既不清爽也不宽敞，不过员工热情，会讲一些英语，也会提供地图和建议。

Samsun Park Otel　　商务酒店 $$

（☎0362-435 0095; www.samsunparkotel.com; Cumhuriyet Caddesi 38; 标单/双/标三 70/100/130里拉; ❄@⛉）预订就可以在漆成白色的萨姆松公园酒店中享受到一间小巧但舒适的客房。地址位于主广场以东200米处，有37间客房。我们最爱的是601号房。

Yıldızoğlu Hotel　　商务酒店 $$$

（☎0362-333 3400; www.yildizogluhotel.com; Talimhane Caddesi 13; 标单/双 130/200里拉; ❄⛉）这家时髦的酒店位于中央广场以东、警察局对面，提供46间客房，其中有绿松石饰物、黑色的小灯罩、冰箱和小浴室。酒店设施包括一座免费的健身中心、桑拿和前台区蓝色灯光下的酒吧。丰盛的早餐包括汤、填馅糕点（börek）和蔬菜包米饭或肉（dolmas）。

🍴 就餐

Gaziantep Kebap Salonu　　烤肉串、土耳其菜 $

（☎0362-432 0227; Osmaniye Caddesi 7; 主菜 8~12里拉; ⊙8:00~23:00）这家具有土耳其东南部风情的餐厅是一家悠闲的社区烤串餐厅（kebapçı）。情侣们和男人帮在享用阿拉伯比萨（lahmacun）和从附近托卡特运来的当地酸奶饮品（ayran）。从Cumhuriyet Caddesi向东走，过了Hotel Amisos酒店后右转即到。

Sıla Restaurant　　肉丸、烤肉串 $

（Cumhuriyet Caddesi 36; 主菜 16~18里拉;

(8:00~20:00)这家餐厅位于主广场以东100米处,是享用肉食午餐的热门地;可尝试鸡肉şiş烤串配黑辣椒。服务老练迅速,尤其是店里的侍者,即使按照土耳其标准,他们也是协调忙碌环境的大师。

★ Pamuk Kardeşler
Balık Restaurant   海鲜 $$

(☎0362-445 0433; www.pamukkardesler.com; Batıpark; 主菜 25~45里拉; ⊙11:30至午夜)这家特许餐厅是Batı公园内的缆车附近,码头沿岸的三家海鲜餐厅中的一家,位置最远但品质最好。可尝试烤凤尾鱼(hamsisis),再来一道胭脂鱼(barbun)。步行沿着海滨步道(Sahil Yürüyüş Yolu)前往或者可乘坐Samulaş有轨电车(Fener站)。

❶ 实用信息

旅游办公室(☎0362-431 1228; Atatürk Bulvarı, Atatürk Kültür Merkezi; ⊙6月至9月 周一至周五 9:00~17:00,周六和周日 至18:00)位于Büyük Samsun Otel和Atatürk Kültür Merkezi(阿塔图克文化中心)之间,接待热情,有少量宣传册可供选择。

❶ 到达和当地交通

飞机

市区和萨姆松Çarşamba机场之间有固定班次接驳车(10里拉,30分钟),**Havaş**(☎0362-444 0487; www.havas.net)也有车次连接机场和奥尔杜(Ordu, 20里拉, 2小时),途中取道温耶(Ünye)和Fatsa(15里拉)。

Anadolu Jet(www.anadolujet.com)飞往安卡拉和伊斯坦布尔。

Onur Air(www.onurair.com)飞往伊斯坦布尔。

飞马航空(www.flypgs.com)飞往伊斯坦布尔和伊兹密尔。

Sun Express(www.sunexpress.com)飞往安塔利亚和伊兹密尔。

土耳其航空(Turkish Airlines; www.turkishairlines.com)飞往安卡拉、伊斯坦布尔和一些德国和奥地利城市。

长途汽车

汽车公司在Cumhuriyet Caddesi尽头的共和广场设有办公室。从那里到内陆3公里处的长途汽车站之间有接驳车往返。从长途汽车站到共和广场的小巴(2.50里拉)也很多,长途汽车站有行李存放处。

小汽车和摩托车

城里和萨姆松Çarşamba机场有许多汽车租赁代理公司,包括Avis和Budget。

温耶(Ünye)

☎0452/人口 82,500

这座海边城镇位于萨姆松以东90公里处,是安纳托利亚最古老的定居点之一。有证据表明,从赫梯时代,甚至石器时代开始这里就有人类文明存在。在奥斯曼帝国时代,温耶还是丝绸之路和海滨公路重要的交会点。相较于萨姆松,这里面积较小,而且更保守,但美丽程度却与萨姆松相当。温耶有一些可爱的奥斯曼时代和希腊式建筑,还有海滨步道

萨姆松长途汽车站发车信息

目的地	票价(里拉)	行程(小时)	距离(公里)	班次(每天)
阿马西亚	15	2.5	130	班次频繁
安卡拉	50	6~7	420	班次频繁
吉雷松	30	3.5	220	班次频繁
霍帕	50	9.5	520	班次频繁
伊斯坦布尔	80	11	750	班次频繁
开塞利	60	7	530	班次频繁
锡诺普	25	3.5	168	每小时1班
特拉布宗	35	5.5	355	班次频繁
温耶	12	1.5	95	半小时1班

和保存完好的迷宫般蜿蜒的街巷，值得一游。这些景点分布于从主广场（共和国广场）通向海滨的海滨路沿线。

◎ 景点

铜匠街 街道

（Bakırcılar Sokak, Street of Coppersmiths）这条古老的街道就在Orta Camii（中间清真寺）附近，是许多铜匠的居住地，包括**Bizim Bakırcı**（Our Coppersmith, Bakırcılar Sokak 13; ⊙8:00～17:00），他至今仍然在为房屋捶打和制作物品，和祖先们几个世纪以来所做的一样。

托兹克帕兰岩墓 坟墓

（Tozkoparan Mağara Mezarı）免费 这座古老的洞穴坟墓是本地区多座古墓中的一座，位于市中心以东5公里处的D010海滨公路旁。墓穴入口侧面雕刻着公牛图像，其历史被认为可追溯到公元前7000年至公元前5000年。往东的小巴可以让你在古墓路口的水泥厂下车（2里拉）。搭乘出租车费用为30里拉（往返40里拉，含等待时间）。

温耶博物馆 博物馆

（Ünye Müze Evi, Ünye Museum House; ☎0452-324 0209; Hacı Emin Caddesi 24; ⊙周一至周日 9:00～18:00）免费 这座虽小但野心勃勃的博物馆位于一座拥有250年历史的美丽的奥斯曼古宅中，通风良好，从中可了解几个世纪以来将温耶建设成为家园的九大不同民族的历史、生活方式和民俗。位于主广场——共和国广场西侧的山上。

老公共浴室 公共浴室

（Eski Hamam, Old Hamam; Cumhuriyet Meydanı 8a; 16里拉; ⊙男性 周一、周三、周四和周日 5:00至午夜，女性 周二和周六 11:00～17:00; 周五 至21:00）这家旧浴室位于主广场东南角，从前是一座教堂。

🛏 住宿

Gülen Plaj Camping 露营地 $

（☎0452-324 6686; Devlet Sahil Yolu, Uzunkum; 露营位 每人 20里拉，平房 200里拉）这里能眺望到市中心以西2.5公里处的海滩美景，树林中的木屋带有阳台和厨房，可住4人。

★ Sebile Hanım Konağı 精品酒店 $$

（☎0452-323 7474; www.sebilehanimkonagi.com; Çubukçu Arif Sokak 10; 标单/双/套 110/175/230里拉; ❄️🛜）这家山巅酒店建于1877年，位于从前的亚美尼亚区，现已经过成功修复。14间舒适的客房有木头装饰，带有浴室、冰箱，墙壁上装饰有可爱的纺织品。最便宜的客房是顶层有双重斜坡屋顶的那些。可以选择有石雕壁炉和桑拿的201号奢侈客房，或者两个套间中的一间（105号或205号）。

出色的特许**餐厅**（主菜 15～25里拉）每天10:00～23:00营业，暖和的月份会在庭院里设餐位。从共和广场沿着路标，然后在旧城墙西侧上山即到。

Otel Güney 酒店 $$

（☎0452-323 8406; www.otelguney.com; Belediye Caddesi 14; 标单/双 60/100里拉; ❄️🛜）这家酒店是主广场南部的一处很棒的选择，17间客房一尘不染，带有现代化浴室，5楼有一个美丽的屋顶露台咖啡厅。可能是温耶最超值的住处。

🍴 就餐

Kaptan Balıkçılık 海鲜 $

（Captain Fishery; ☎0452-323 2333; Kasaplar Sokak 11; 主菜 15里拉; ⊙10:00～23:00）这家餐厅隐藏在鱼码头旁的市场中，是温耶出色的经济型鱼餐厅，闪耀的白色外墙和码头的喧嚣形成鲜明对比。可尝试炖对虾（karides güvec, 15里拉）或鱼肉三明治（5里拉）。

★ Sofra Osmanlı Mutfagi 土耳其菜 $$

（☎0452-323 4083; Belediye Caddesi 25a; 主菜 18～22里拉; ⊙7:00～22:00）这家餐厅位于一座可爱的石屋中，带有一座面朝海滨公路的露台，位置在主广场以东的几个街区外。这里在午餐时段门庭若市，打着领结的侍者动作敏捷地为顾客提供土耳其比萨、烤串和奥斯曼风味菜肴（Osmanlı mutfağı）。羊排盖烤茄子非常美味。

Kahve Durağı 咖啡馆

（☎0452-310 2020; www.kahveduragi.com.

tr; Cumhuriyet Meydanı 3; ⏰7:30至午夜; 📶)位于主广场西南一座翻新过的别墅风格联排住宅中,是一家全国连锁品牌在这里开办的分店,很受欢迎,悠闲的露台上提供的咖啡是年轻客人的最爱。如果饿了,这里也有一些简单的食物,如吐司三明治(tost)和肉丸。

❶ 实用信息

旅游办公室(📞0452-323 4952; Hukumet Binası, Cumhuriyet Meydanı; ⏰周一至周五 8:30~17:30)位于主广场东南的一个岗亭中。

❶ 到达和离开

汽车公司在海滨路上有办公室。长途汽车可去往萨姆松(25里拉,1.5小时)和奥尔杜(25里拉,1.5小时)。要去Fatsa(5里拉),可从去佩尔申贝(Perşembe, 10里拉)的旧海滨公路沿线搭乘汽车。

奥尔杜(Ordu)

📞0452/人口 154,900

这座由古希腊人建立的贸易港口曾被罗马、拜占庭人和许多其他民族统治过,奥尔杜是一座繁荣、迷人的城市,也是独一无二的世界榛子之都。这里的地理位置得天独厚,市中心坐落在樱桃港(Kiraz Limanı)和美丽的绿色山坡博兹泰佩(Boztepe, 海拔550米)之间。市区向四面八方扩展,蜿蜒的窄巷则让古老的中心城区有种村落的别致感。棕榈树排列的海滨步道在温暖的季节绽放光芒,非常漂亮。市区以西5公里处有一片很好的沙滩。

◉ 景点

帕夏奥鲁宅邸和民族志博物馆　博物馆
(Paşaoğlu Konağı ve Etnoğrafya Müzesi, Paşaoğlu Mansion & Ethnography Museum; www.ordukulturturizm.gov.tr; Taşocak Caddesi; ⏰8:00~17:00)**免费** 这座有趣的博物馆位于一座1896年为一位当地富豪建造的奢华石质豪宅中,奥斯曼帝国虽然于20世纪初解体,但从这座建筑中,你依然能感受到奥斯曼上流人士的精致都市生活。博物馆挑梁很高,装潢华丽的室内陈列着武器、服饰和一件阿塔图克的本地刺绣,他曾于1924年到访。地址位于共和广场西北(上山)500米处,要经过一个市场;可以找找标有"Müze-Museum"字样的标牌。

奥尔杜Boztepe缆车　缆车
(Ordu Boztepe Teleferik Hattı, Ordu Boztepe Cable Car; 周一至周五6里拉, 周六和周日8里拉;

旧海滨公路

在温耶以东30公里处的博拉曼(Bolaman), D010海滨公路向内陆伸展,不再与海岸相接,直至到距离奥尔杜7公里的地方。这是一段壮观的路途,要穿过土耳其最长的一条公路隧道(3.82公里),并且内陆的分岔路成了旧海滨公路的一条美丽的替代路线。

从博拉曼东北蜿蜒前行数公里后,有一个小小的棕色标牌指示着向左500米就会到达崎岖的**亚森海角**[亚森布尔努(Yason Burnu)],那里有一座小礼拜堂(1868年),已经取代了一座曾经由海员们在这里修建的古老神庙。他们是为了标记此地是詹森和他的阿尔戈英雄们勇敢迎战海角周围的海浪,一路去往科尔基斯(现在位于格鲁吉亚)寻找金羊毛的地方。附近的一座咖啡馆中提供鱼和肉丸(köfte)。向东是可爱的**Çaka**,这条400米长的白沙海滩被视为黑海上最好的海滩。这里还有一处绿荫环绕的野餐区。

奥尔杜以西15公里处的渔港**佩尔申贝**(Perşembe)是黑海边一座节奏缓慢的迷人小村。夜里,当地人会在细长的码头上捕鱼,鱼餐厅也会用当日新鲜捕获的鱼准备菜肴,可能会从海岸上能看见的几十座养鱼场购买。从海边的鱼餐厅穿过主路,安静的**Otel Dede Evi**(📞0452-517 3802; Atatürk Bulvarı 266; 标单/双 100/150里拉; 🅿️📶)有带电视和冰箱的干净客房。

这条路最好是有自己的交通工具才好通行,不过也有小巴(2.75里拉)去往佩尔申贝,起点位于Fasstta以西和奥尔杜以东的中间地区。

9:00~23:00）从海滨步道乘坐缆车（teleferik）到Boztepe的贡多拉站（海拔498米），这里的风景令人振奋，能看到海湾、城市和背后的群山。山顶有一座咖啡馆和餐厅，土耳其冰激凌车四散分布，还有一片可供野餐的绿荫区。

Taşbaşı文化中心 历史建筑

（TaşbaşıTaşbaşı Kültür Merkezi, Taşbaşı Cultural Centre; Menekşe Sokak; ⊙8:00至正午和13:00~17:00）**免费** 这座曾经的希腊教堂（1853年）坐落在一座山顶花园之中，周围分布着许多损毁的雕塑，从这里可以眺望远处的海景，现在是一座文化中心。不举办活动时，文化中心通常空无一人，但这里的朴素之美不容错过。而且它位于一处迷人的社区之中，这个市中心以西500米处的古老希腊式住宅区中，有着摇摇晃晃的房屋和两家可爱的精品酒店。

食宿

Taşbaşı Butik Otel 精品酒店 $$

（☎0452-223 3530; www.tasbasihotel.com; Kesim Evi Sokak 1; 标单/双 120/180里拉; ❄️📶）这栋整修过的山顶宅邸是奥尔杜古老的希腊社区中最显眼的建筑，往山上走几步就到。虽然装饰有时显得劣质，但能眺望到壮美的黑海景色。6间客房分别用奥尔杜的每个区命名，我们最爱的绝对是Zaferi Milli。

Atlıhan Hotel 酒店 $$

（☎0452-212 0565; www.atlihanhotel.com.tr; Kazım Karabekir Caddesi 9; 标单/双 100/150里拉; ❄️📶）这座热情的酒店就在奥尔杜市中心，位于市政厅背后海滨旁的一个街区。这家热情的酒店坐拥壮丽的海景，顶楼还有一家爵士俱乐部（⊙16:00至次日2:00）。39间客房都相当宽敞，浴室装饰采用现代化风格。304号房的两个窗口能看到海景。

★ Hotel İkizevler 精品酒店 $$$

（Twins Hotel; ☎0452-225 0081; www.ikizevlerhotel.com.tr; Sıtkıcan Caddesi 44-46; 房200里拉; ❄️📶）名字意为"双子"，这座讨喜的精品酒店的12间客房都是优雅的奥斯曼风格。这里原本是两座庄园，现在位于古老的希腊社区的山顶，从Taşbaşı文化中心（见546页）往内陆方向走很短的一段距离即到。木地板，古董挂毯，巨大的浴室，这些都为这座遗产建筑增添了休闲氛围。

Ordu Kervansaray Lokantası 土耳其菜 $

（☎0452-214 9518; Kazım Karabekir Caddesi 1; 主菜 15里拉; ⊙6:00~21:00; 🍴）这家热闹的餐厅位于同名酒店的楼下（但两者其实没有关联），其中提供各种烤串、米饭，还有一些甜点，餐垫上有奥尔杜老照片。令人垂涎欲滴的hazır yemek（现成食物）都盛在蒸汽缭绕的双重蒸锅里，包括填馅辣椒、炖绿叶菜和大量其他的素食选择。

Grand Mıdı Restaurant 海鲜 $$

（☎0452-214 0340; Atatürk Bulvari 121a; 主菜 20里拉; ⊙10:00至次日1:00）这家木质海上餐厅位于自有的60米码头上，和奥尔杜的美味餐厅一样，是用晚餐的好地方。海鲜自然值得推荐，可尝试balık buğulama——番茄炖鱼，或选择多种茄子菜肴中的一道。

❶ 实用信息

旅游办公室（☎0452-223 1444; www.ordu.gov.tr; Atatürk Bulvarı; ⊙周一至周四 10:00~18:00, 周五和周六 至20:00, 周日 至14:00）这家热情的旅游办公室位于海滨路靠近内陆一面的一座岗亭内，距离市政厅以西约250米处。

❶ 到达和当地交通

奥尔杜的长途汽车站位于海滨路上，市中心以东5公里处。有固定车次可至吉雷松（Giresun; 20里拉, 1小时）、温耶（25里拉, 1小时）和佩尔申贝（2.75里拉, 20分钟）。你也可以在海滨路上招手上车。

从中心广场有当地小巴上山到达Taşbaşı文化中心，或者向另一个方向到达长途汽车站附近（2里拉）。

特拉布宗（Trabzon）

☎0462 / 人口 244,100

特拉布宗是由米利都的希腊商人于公元前8世纪所建，多年来曾先后被辛梅里安人、米堤亚人、古希腊人、拜占庭人和其他民族统治过。曾是丝绸之路上重要的一站，现在也仍是黑海上最繁忙的港口。虽然不是黑海海岸最大的城市，但绝对是本地区最复杂的。特拉布宗有点过于沉溺于自己的事务，而对遥远的伊斯坦布尔或是安卡拉所发生的事情却不怎么关心。

庄严肃穆的中世纪教堂圣索菲亚（Aya Sofya，现在是清真寺）和附近苏美拉（Sumela）的拜占庭时期修道院，与特拉布宗市中心东边极其繁忙的Atatürk Alanı中心广场所体现出来的现代都市气息形成强烈的对比。确实，Rose Macaulay在《特拉布宗的塔楼》（The Towers of Trebizond, 1956年）中描写过的那座富有异国情调的城市，现在已成为遥远的回忆。

Atatürk Alanı（也称Meydan Parkı）以东，陡峭的山下就是港口。从市中心往西走，经过市场就是风景如画的老城区奥塔希萨（Ortahisar），它横跨一座峡谷的两边。

历史

特拉布宗有记载的历史始于公元前8世纪中期，当时来自锡诺普的米利都殖民者在这里建起了居住地Trapezus，并在港口上方平地trapezi（希腊语，意为"桌子"）修建了卫城。

在此后的2000年里，这座港口城市发展得很好。直到1204年，基督教第四次十字军东征占领了君士坦丁堡，迫使那里的名门望族逃亡到安纳托利亚。随后，科穆宁（Comnenus）家族在黑海沿岸建立了特拉比松帝国（Trebizond），阿历克塞一世·科穆宁（Alexius Comnenus Ⅰ）为皇帝。

接下来的两个多世纪中，特拉比松的皇帝和皇后们巧妙地平衡和维系着与塞尔柱人、蒙古人和热那亚人的关系。通过与安纳托利亚东部地区和波斯进行贸易，国家逐渐繁荣起来。在阿历克塞二世（1297~1330年）统治期间，帝国达到了顶峰，但随后便在派系纷争中逐渐衰落。特拉比松帝国一直到1461年才被奥斯曼人所征服，比君士坦丁堡的陷落晚了8年。

景点

步行街Kunduracılar Caddesi从Atatürk Alanı一直通往特拉布宗的集市，而集市就位于市场（Çarşı）区内部。在修复后的特拉布宗中部最大的清真寺**巴扎清真寺**（Çarşı Camii, Market Mosque；见548页地图；市场区）的旁边是**集市区**（Taş Han，见548页地图）和**Alaca Han**（见548页地图；市场区）商队驿站。此外还有特拉布宗最古老的市场**Bedesten**（室内巴扎；见548页地图），里面到处都是作坊、商铺和咖啡馆。

★圣索菲亚清真寺和博物馆　清真寺、博物馆

（Aya Sofya Müzesi ve Camii, Aya Sofya Mosque & Museum；☏0462-223 3043; Ayasofya Caddesi; ⊙6月至8月 9:00~19:00, 4月、5月、9月和10月 至18:00, 11月至次年3月 8:00~17:00) **免费** 最初被称作神圣智慧教堂（Hagia Sophia）的圣索菲亚清真寺和博物馆位于特拉布宗市中心以西4公里处，靠近海边的一座平台上。始建于1238~1263年，尽管壁画和镶嵌画地板遵循的都是当时流行的君士坦丁堡风格，但明显受到格鲁吉亚和塞尔柱风格的影响。在1461年被奥斯曼人统治后，这里被改为清真寺，随后被俄国人用作弹药库和医院，直至20世纪60年代被修复。

2013年，当地宗教界权威获得了对建筑的控制权，将其重新改造成清真寺。当地法官裁决对教堂的改造不合法，命令将其用作一座博物馆。现在，这里两种功能兼具，不过有些屋顶壁画和地板镶嵌画已经被覆盖了。

教堂布局横跨广场，房顶采用单拱圆顶，明显受到格鲁吉亚风格的影响。在南边的门廊有一幅壁画描绘了亚当和夏娃被逐出伊甸园的故事。在该建筑的西边，圆顶教堂的前廊上有整栋建筑里保存最完好的壁画，画中所描述的都是《圣经》里的各种故事。而且在这里可以看到一只鹰的浮雕，那是这座教堂的始建者科穆宁家族的标志。遗憾的是，大部分可以用手接触到的壁画都已经被严重磨损了。最精美的壁画（天使报喜、玛利亚访亲和多疑的托马斯等）都位于主殿中。拱顶上令人震惊的Christ Pantocartor现在已经被防水布覆盖，不过从十字翼东部可以一窥究竟。

博物馆坐落在一个花园中，旁边有座建于1427年的方形钟塔，1997年又出土了一座2世纪的罗马神庙的大理石遗迹。花园**咖啡**馆

Trabzon 特拉布宗

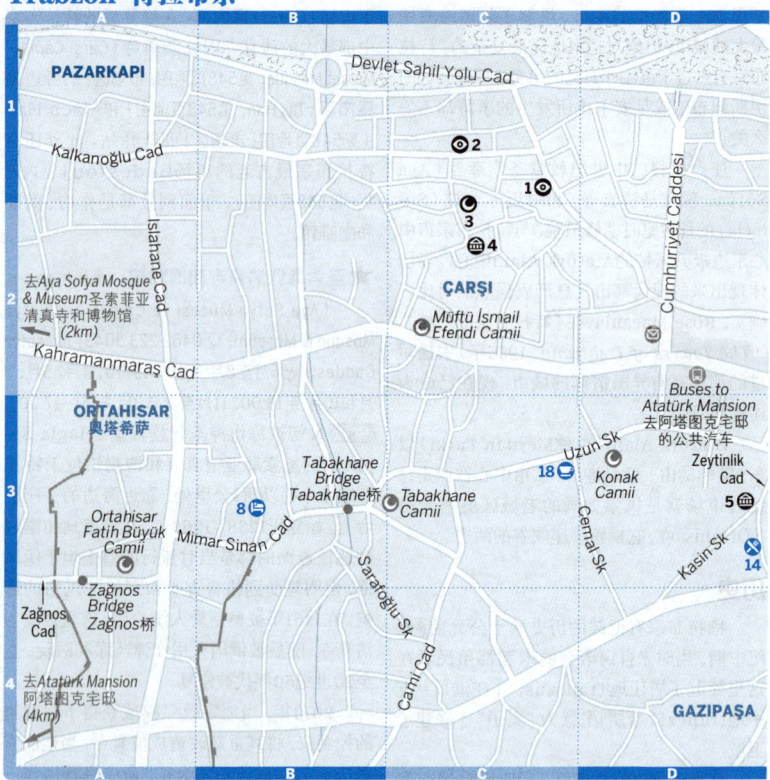

◎ 景点
- **1** Alaca Han C1
- **2** Bedesten C1
- **3** 巴扎清真寺 C2
- **4** 集市区 C2
- **5** 特拉布宗博物馆 D3

✪ 活动、课程和团队游
- **6** Eyce Tours G3
- **7** Meydan Hamamı F3

🛏 住宿
- **8** Adelante B3
- **9** Hotel Efe H2
- **10** Hotel Nazar H2
- **11** Hotel Nur G3

🍴 就餐
- **12** Bordo Mavi E2
- **13** Fevzi Hoca Balık-Köfte E3
- **14** Kalender D3
- **15** Vosporos F3
- **16** Yeşil Mandıra G3

🍷 饮品和夜生活
- **17** Koza Caffe E2
- **18** Stress Cafe C3

以供应特拉布宗最好的kuymak和kaygana（当地香草煎蛋卷）而闻名。

从海滨公路往山上走可以看到路标指引，在Atatürk Alanı最东南端附近有小巴（1.75里拉）抵达这里。乘坐出租车需花费15里拉左右。

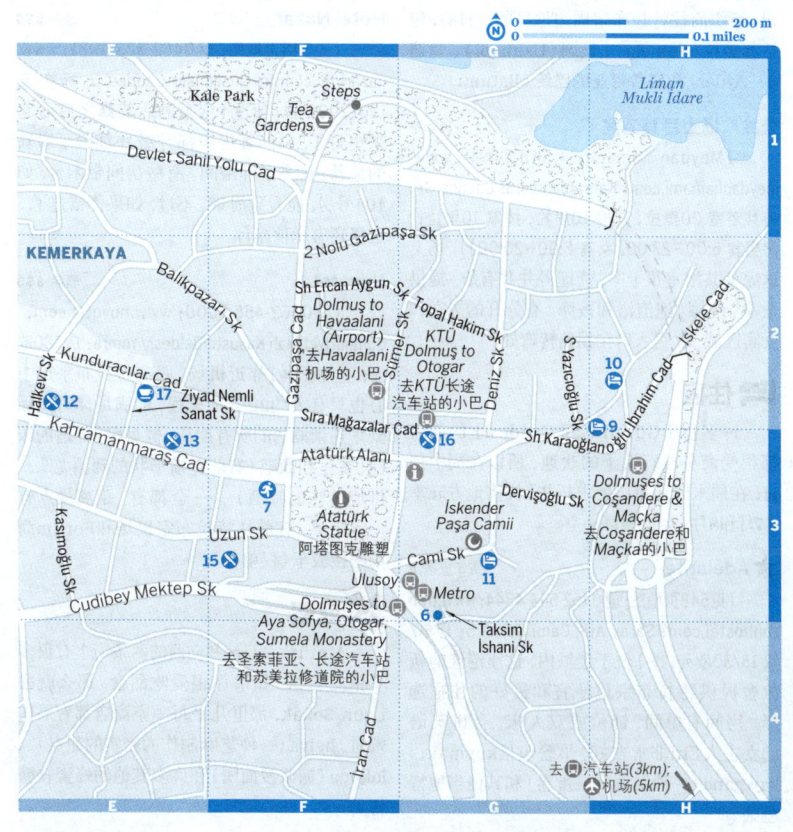

特拉布宗博物馆

博物馆

(Trabzon Müzesi, Trabzon Museum; 见548页地图; Zeytinlik Caddesi 10; 5里拉; ⏰周二至周日9:15~17:45) 这座意大利风格的科斯塔基宅邸 (Kostaki Mansion, 建于1917年) 最初是为一个希腊银行家建造的, 采用的是奥斯曼黑海建筑风格。阿塔图克曾于1924年在这里短暂地居住过。作为土耳其最漂亮的省级博物馆之一, 这里装潢精美的展厅中有彩绘的屋顶, 带雕刻的木门和原创设计的家具, 陈列的民族志和奥斯曼文物也都很有意思。位于地下室的考古区域有一些更精彩的陈列品, 包括1997年在Tabakhane出土的一尊扁平的赫尔墨斯青铜雕像, 还有一些圣像、钱币和来自罗马、拜占庭和科穆宁王朝的首饰。

阿塔图克宅邸

历史建筑

(Atatürk Köşkü, Atatürk Mansion; ☎0462-231 0028; Köşk Caddesi; 门票 2里拉; ⏰4月至9月 8:00~19:00, 10月至次年3月 至17:00) 这座三层炫白的宅邸建于19世纪末, 位于Atatürk Alanı西南5公里处森林环绕的Soğuksu, 视野开阔并有可爱的花园。最初是为一个富有的希腊银行家族而建造的, 被设计成具有克里米亚半岛流行的黑海风格, 后于1924年赠送给来访的阿塔图克, 据称他的遗嘱有一部分就是在这里写的。能看到这位伟人的照片和纪念品, 包括书房桌子上面刻的第一次世界大战达达尼尔战役的地图。

可以乘坐标有"Köşk"标志的城市公共汽车, 从Kahramanmaraş Caddesi上邮局对面出发, 会在宅邸外停车 (2里拉)。搭乘出租车费用为20里拉。

🏃 活动

Atatürk Alanı周围有无数当地的旅游公

司，组织前往特拉布宗周边地区的一日游，包括苏美拉（Sumela）、长湖（Uzungöl）、爱迪尔（Ayder）和格鲁吉亚的巴统（Batumi）。

公共广场土耳其浴室　　　　　　土耳其浴室

（Meydan Hamamı；见548页地图；www.meydanhamami.com; Kahramanmaraş Caddesi 3; 公共浴室 20里拉，洗擦 10里拉，按摩 10里拉; ⊙男宾 6:00~23:00，女宾 8:00~20:00）广场上这家公共浴室很干净，管理得井井有条。提供桑拿、洗擦、泡泡浴和按摩。有分开的男宾和女宾区域，女宾入口在拐角转弯处。

🛏 住宿

许多位于Güzelhisar Caddesi上的酒店都很受商务旅行人士的欢迎，所以在周中预订，在周末时还可以要求折扣。许多地方旺季（7月和8月）会被预订一空。

★ Adelante　　　　　　　　　　青年旅舍 $

（见548页地图；☏0462-544 4344; www.trabzonhostel.com; Saray Atik Cami Sokak 5; 标单/双 15/30欧元; 🛜）位于老城内，这座绝佳的新旅舍提供特拉布宗最便宜和最好的住宿选择。房间有单间，铺位或双人床。会讲英语的女主人Elif非常友好。早餐包括kuymak、kay-gana（一种细香草煎蛋卷）和其他当地特色菜。

Hotel Efe　　　　　　　　　　　　　酒店 $

（见548页地图；☏0462-326 8281; Güzelhisar Caddesi 2; 标单/双 50/80里拉; ❄🛜）在特拉布宗市中心像这样便宜的酒店不会太多，员工非常友好。这座高高瘦瘦的酒店和旁边一些更贵的酒店相比，并没有太大区别。有18个房间。晚起的人会很高兴了解到自助早餐一直持续到11:00。

★ Hotel Nur　　　　　　　　　　　酒店 $$$

（见548页地图；☏0462-323 0445; Cami Sokak 15; 标单/双 120/240里拉; ❄🛜）这里长期以来一直是旅游者的最爱，顶楼有一间漂亮的休息室/酒吧，员工非常热情，10间客房带浴室，5间是公用浴室。有些客房很小，不过能眺望Atatürk Alanı的风景，也算一种弥补。附近的清真寺凌晨5:00会大声播放唤礼词。久住价格更低。

Hotel Nazar　　　　　　　　　　　酒店 $$$

（见548页地图；☏0462-323 0081; www.nazarotel.com.tr; Güzelhisar Caddesi 5; 标单/双 120/200里拉; ❄🛜）这家酒店装修之后看起来更好了，41间客房中都升级并铺设了崭新的地毯，配备了淋浴间。有些房间带阳台，如404号房，能看到海景。不过，如果你错过了，这里还有屋顶露台。

Novotel　　　　　　　　　　　　　酒店 $$$

（☏0462-455 9000; www.novotel.com; Cumhuriyet Mah Kasustu Beldesi, Yomra; 房180欧元; ❄@🛜）靠近机场，距离特拉布宗市中心也只有大约20分钟车程，能满足你对国际豪华连锁酒店的所有期待。健身房、舒适的床铺、餐厅和酒吧（有萨克斯形状的啤酒龙头，供应美味的啤酒）——全都有。距离景点有一定距离，有前往特拉布宗机场和Forum商场的接驳车（仅单程）。

🍴 就餐

Atatürk Alanı和向西的两条街上有很多不错的餐馆。如果你很爱吃甜食，那么就去Uzun Sokak，那里几乎每一家商店都有果仁蜜饼、helva（一种芝麻制作的密实的甜点）、lok-ma（糖浆浸面团）和许多其他的蜂蜜软糖售卖。

★ Vosporos　　　　　　　　　　土耳其菜 $

（见548页地图；☏0462-321 7067; Uzun Sokak, Zafer Çarşısı 53; 主菜 15里拉; ⊙周六至周四 正午至21:00，周五 至22:00）这家很受欢迎的木质庭院咖啡馆供应美味食物，位于Uzun Sokak路旁一座购物中心的3楼，餐厅里有描绘着苏美拉、阿塔图克宅邸和其他当地景点的壁画。可尝试铅笔一般细的填馅葡萄叶，或当地特色菜kuymak。

★ Kalendar　　　　　　　　　　土耳其菜 $

（见548页地图；☏0462-323 1011; Zeytinlik Caddesi 16b; 主菜 15里拉，沙拉 6~10里拉; ⊙周一至周六 8:30~21:00; ❄）这家特拉布宗博物馆旁边的咖啡馆兼餐厅很受欢迎，有一种大都市的气质。这里非常适合在参观完博物馆后点一杯咖啡，叫一份西红柿和胡椒炒蛋（menemen）或者kuymak（特拉布宗"玉米

粥")。前排的桌子可以俯瞰到一条小街。而且在工作日的时候，你可以点拼盘，从七八种热菜和三四种凉菜（可在任意凉菜中选择）。

Yeşil Mandıra　　　　　　　　　熟食店 $

（Green Dairy；见548页地图；0462-321 2243；www.yesilmandiratrabzon.com；Sıra Mağazalar Caddesi 13a；8:00~22:00）这家名为"绿色乳制品"的熟食店是特拉布宗最好的食品店，有水果干和坚果（kuruyemiş）、土耳其软糖（lokum）、水果皮冻（pestil）、蜂蜜（bal）、风干香辣牛肉（pastirma）和大量奶酪。

Bordo Mavi　　　　　　　　　各国风味 $$

（见548页地图；0462-323 3325；www.bordomavirestaurant.com；Halkevi Sokak 12；主菜20~28里拉；8:00~23:00）这家国际化的花园咖啡馆毗邻被当地人视为偶像的特拉布宗足球队俱乐部。店里的员工都身着球队队服。菜单上有比萨、意大利面和三明治，还有早餐和土耳其菜式可供选择。

Fevzi Hoca Balık-Köfte　　　鱼、肉丸 $$

（见548页地图；0462-326 5444www.fevzihoca.com.tr；Kahramanmaraş Caddesi 8, İpekyolu İş Merkezi, 2nd fl；鱼/肉丸35/30里拉；正午至22:00）这家时髦的主打鱼和肉丸的小餐厅没有菜单。你只需要选择大份（büyük）或小份（küçük）的海鲜或肉丸，然后搭配沙拉、腌菜和甜点大口吃下。

🍷 饮品和夜生活

Kahramanmaraş Caddesi沿路有一些最顶级的酒吧。大多数酒吧都是午夜关门。

Stress Cafe　　　　　　　　咖啡馆、酒吧

（见548页地图；0426-321 3044；Nemlioğlu Cemal Sokak 2；24小时；）这里有特拉布宗最好的现场音乐表演和水烟，名叫"压力咖啡馆"，这里慵懒闲散的氛围和其名称背道而驰，其氛围让人昏昏欲睡。咖啡馆的奥斯曼装修风格有一点点过时（尤其是埃及雕塑"门童"），但无疑是一个令人放松的天堂。现场音乐表演大多都是从19:30在顶楼开始，持续到23:00。

Koza Caffe　　　　　　　　　　　咖啡馆

（见548页地图；0462-321 0225；1st fl,

Ziyad Nemli Sanat Sokağı 1；11:00~23:00；）位置在Şekerbank斜对面，这家咖啡馆的内饰有些怪异，有点像一座涂漆的混凝土"洞穴"，各式鱼缸和仿中世纪的内饰混搭在一起。在屋外的小阳台上找一个座位，坐下来喝一杯咖啡，吃点零食。

❶ 实用信息

旅游办公室（Tourist Office；见548页地图；0462-326 4760；Atatürk Alanı；6月至9月8:00~17:30, 10月至次年5月 周一至周五 至17:00）这个地方位于Atatürk Alanı东北角翻新的市政大楼一楼。员工能提供很大的帮助，并且一般都会讲英语，还有一些英文著作。据传旺季的时候，这里每周7天，每天24小时都开着门。

❶ 到达和离开

飞机

Anadolu Jet（www.anadolujet.com）航班飞往安卡拉和伊斯坦布尔。

Onur Air（www.onurair.com.tr）航班飞往伊斯坦布尔。

飞马航空（Pegasus Airlines；www.flypgs.com）航班飞往安卡拉和伊斯坦布尔。

Sun Express（www.sunexpress.com.tr）航班飞往安塔利亚和伊兹密尔。

土耳其航空（Turkish Airlines；www.turkishairlines.com）航班飞往安卡拉和伊斯坦布尔。

船

由于与俄罗斯的紧张关系，往来特拉布宗和索契的常规渡轮已经暂停。俄罗斯的Olympia Line（www.olympia-line.ru）运营有一趟汽车渡轮，每周2班（380里拉，5小时），但要在订票网站上操作，你需要俄罗斯人的帮助。

长途汽车

Metro（见548页地图；www.metroturizm.com.tr）和**Ulusoy**（见548页地图；www.ulusoy.com.tr）等长途汽车公司办公室都分布在Atatürk Alanı附近，运营车次可到达的目的地包括格鲁吉亚的巴统（Batumi）和第比利斯（Tbilisi）。

去阿迪尔（Ayder）和卡奇卡尔山（Kaçkar Mountains）要先搭乘去往霍帕（Hopa）的长途汽车，然后在Ardeşen或者最好是在Pazar换车。如果错过了当天去卡尔斯（Kars）的车次，可去往霍

特拉布宗长途汽车站发车信息

目的地	票价（里拉）	行程（小时）	距离（公里）	班次（每天）
安卡拉	60	12.5	780	8班
埃尔祖鲁姆	30	5	325	4班
霍帕	20	2.5	165	每小时1班
伊斯坦布尔	80	17.5	1110	3班
开塞利	70	12	686	5班
里泽	10	1.5	75	每小时1班
萨姆松	30	7	355	每小时1班
锡诺普	50	9.5	533	1班
第比利斯（格鲁吉亚；途经巴统）	50	9.5	430	2班

帕或埃尔祖鲁姆，那里班次更多。要去亚美尼亚的埃里温（Yerevan），必须在格鲁吉亚的第比利斯换车。

有一班Havaş运营的长途汽车往返吉雷松（Giresun，22里拉）。

小汽车

你可以通过Economy Car Rentals租车，在特拉布宗市里或机场都可以提车和交车。**Avis**（☏0462-325 5582；www.avis.com.tr）、**Dollar Rent A Car**（☏0462-444 1170；www.dollar.com.tr；Taksim Caddesi）、**Europcar**（☏0462-444 1399；www.europcar.com.tr；Cikmaz Sokak 38/1A，紧邻Kunduracılar Caddesi）以及**National**（☏0462-325 3252；www.nationalcar.com.tr）。在城里或机场也有办公室。

❶ 当地交通

抵离机场

机场在市中心向东5.5公里处，开往机场的小巴（havaalanı；1.75里拉）从Atatürk Alanı北边的一条小街上开出。车会停在机场海滨路的另一边，下车后需要过一个天桥，步行500米才能到达航站楼入口。

打车去机场的费用为25里拉。标有"Park"或"Meydan"字样的公共汽车从机场开往Atatürk Alanı。

Havaş（☏0462-325 9575；www.havas.net）运营抵离机场的区间巴士（5里拉），但是因为他们的车行路线是沿着市中心南边的Yavuz Selim Bulvarı，所以不太方便。他们另外一辆抵离Ardeşen（20里拉）的巴士对旅行者反而更有帮助，会经停奥夫（Of）和里泽（Rize，15里拉）。

公共汽车和小巴

特拉布宗的公共汽车站位于港口以东3公里处，在海滨路靠陆地的一边。从汽车站去Atatürk Alanı，需要穿过车站大厅前面的海滨路，然后左转走到公交车站，乘坐任何一辆标有"Park"或"Meydan"字样的公车即可。开往Atatürk Alanı的小巴都标着"Garajlar-Meydan"。从公共汽车站打车到Atatürk Alanı的费用约为10里拉。

从市里去汽车站，需要在Atatürk Alanı最东南端附近，搭乘标有"Garajlar"的小巴，或是在Otel Horon旁边搭乘标有"KTÜ"的小巴。

小巴（1.75里拉）大多都从Atatürk Alanı东南端附近的天桥下发车，但是你沿路招手，他们也会停。

苏美拉修道院（Sumela Monastery）

这间希腊东正教的圣母玛利亚修道院（Monastery of the Virgin Mary）更广为人知的名字是**苏美拉修道院**（Sümela Manastırı，Sumela Monastery；☏0462-326 0748；www.sumela.com；Altındere Vadisi, Maçka；25里拉；◎4月至10月 9:00~19:00，11月至次年3月 8:00~16:00），位于特拉布宗南边46公里处，是黑海海岸上一个具有历史意义的亮点。修道院建于4世纪。土耳其共和国成立和"人口交换"完成之后，修道院于1923年被废弃。建筑的亮点是其中的主教堂，里外的壁画虽然都已被毁，但色彩仍然明亮鲜艳。本书调研之时，修道院完成了大规模修整中的一期工程，旅行者可以进入主教堂和庭院参观，但小教堂、宿舍、图书馆等其他建筑的开放仍要尚待时日。

苏美拉得名于附近的Melat山，不可思议地靠在一块陡峭的岩壁上，脚下是常绿森林和奔流的山涧。这是一个很神秘的地方，特别是当下面绿树成荫的山谷里腾起薄雾之时（绝大多数时候），隐藏其中的清真寺唤礼辞穿过树林悠然传来，这里会变得格外神秘莫测。

早一些或晚一些前往，以避开成群的土耳其游客。在Altındere峡谷国家公园（Altındere Vadısı Milli Parkı）的入口处会对每辆私家车/摩托车收取10/5里拉的费用。往里走约2公里，是一个浓荫密布的河边公园，里面有野餐桌和一个餐馆。

走过餐馆并跨过人行天桥，通往修道院的主路就从这里开始，路很陡但还不算难走。你会在30分钟的时间内上升300米，当你穿过森林和高山草原的时候，空气会明显变冷。在山谷中更深一点的地方还有另外一条路。沿着混凝土公路往山上走1公里，跨过两座桥，直到你看见右边山涧上的一座木头人行桥就到了。这条路竖直向上穿过树林，途中经过Ayavarvara礼拜堂的空壳。通常要比主路安静许多，并且两条路所花费的时间一样。

你可以开车到达离修道院售票处很近的地方，但是在高峰期的时候这3公里的车程绝对是个挑战，会有车辆从狭窄的山路上迎面开来。途中会路过一些瀑布和一个观景台，在那里你可以看到修道院悬在一个峭壁之上，高高地俯视着脚下的森林。

从停车场出发，沿着一条非常陡峭难走的步道走300米就到了被罩在巨大山崖之下的售票处和修道院建筑群。在通往主教堂的路途中，你会经过一座19世纪高架渠的遗址、一间警卫室、一间带壁炉的图书馆、一个厨房、一个面包店和一座穹顶食堂。教堂被一座天然洞穴分成两部分，但最后还是建成一座巨大的半圆形后殿的形状。它的内外都覆

黑海菜肴

当地的黑海菜食材独特，很多菜品只能在当地才能尝到。（但在整个土耳其的受欢迎程度也越来越高）。

鱼在这些地区占据着统治地位，其中又以凤尾鱼（hamsi）为最，这一点并不出人意料。它在里泽甚至被用来制作一种奇怪的密实的面包，名叫hamsikoli。海滨的潮湿气候十分适合茶、榛子和樱桃的生长，但对小麦不利，因此小麦就被适应性更强的玉米取代了。这里流行一道用黄油、奶酪烹制的玉米粥一般的食物muhlama（在特拉布宗叫kuymak）。还可以和肋骨一起做成馅料，作为主食。如果作为早餐，足以帮你应付整日的跋涉。

你可能在别处读到过，这里的Tembel和Fadime——本地区称男人和女人的俚语——并不迷恋卷心菜。包心菜（beyaz lahana）一般要么腌制，要么煮熟，而红球甘蓝（kırmızı lahana）会被切成细丝放进沙拉，但当然不会是黑海的主食。这里人们大量食用的——用来煮汤、炖菜、沙拉和dolmas——是karalahana，字面意思是"黑卷心菜"，但实际上是"缩小版"的羽衣甘蓝。羽衣甘蓝卷（lahana sarması）经常会以玉米或鱼肉做馅。羽衣甘蓝汤（Karalahana çorbası，包括其他一些蔬菜，如甜青椒，还有玉米粉）是里泽的一道特色菜。

如果你的味蕾渴望更甜的食物的刺激，可尝试Laz böreği，一种浸在奶油冻中的酥饼，由里泽省数量众多的拉兹人（Laz）发明。本地区另一个少数民族海姆辛人（Hemshin）也同样以制作酥点的技艺而闻名。当你发现黑海许多酥点厨师都闻名土耳其，就知道这里的酥点一定错不了。

两个品尝黑海菜最好的地方是Maçka的Kayadibi Saklıbahçe（见554页）和特拉布宗的Vosporos（见550页）。

盖着美丽的彩色壁画,描绘着圣母玛利亚从出生至最后审判的所有场景。其中最早的壁画可以追溯到9世纪,但其实大多数都是19世纪的作品。可惜的是许多壁画都被破坏了,有些甚至还是最近被恶意损坏的。

修道院现已被大幅修缮过,展示着过去几个世纪以来虔诚的教徒们所使用的各种礼拜堂和房间。虽然修复工作还在进行,但丝毫不影响游客的体验。但是在人多的日子,比起参观那些狭小的内部空间来说,壮丽的建筑物外观可能会更加令人难忘。

Ulusoy和Metro公共汽车公司都有从特拉布宗(往返25里拉,1小时)发出的车,早上10:00从特拉布宗出发,冬季13:00从苏美拉返回,夏季14:00返回。特拉布宗的**Eyce Tours**(见548页;0462-326 7174; www.eycetours.com; Taksim İşhanı Sokak 11, 1st fl)运营团队游。

从特拉布宗开往Maçka(3里拉,每20分钟1班)的小巴从Atatürk Alanı开出,沿坡而下,穿过港口的海滨路。有些会继续前往Coşandere甚至苏美拉。去Maçka/苏美拉的出租车花费为90/130里拉;从Maçka去苏美拉花费为40里拉。

如果自驾,从特拉布宗出发,沿E97公路南下,在特拉布宗南边29公里的Maçka左转。有些路标会把修道院写成"Meryemana"(圣母玛利亚),这是它在本地区的名字。

🛏 食宿

Coşandere Tourist Resort
家庭旅馆、汽车旅馆 $$

(Coşandere Turistik Tesisleri; 0462-531 1190; www.cosandere.com; Sumela Yolu; Coşandere; 半/全膳宿 125/150里拉,小木屋 半/全膳宿 320/380里拉; 🅿)位于Maçka东南边5公里处小溪边的村庄Coşandere中。这个家庭旅馆将包着松木的谷仓进行了改造,最多可住6个人。此外还有一座高大的木头建造的楼房,类似汽车旅馆,很受旅行团队的欢迎。这里会组织各种团队游、徒步游和一日游,包括山地(yayla)旅行。如果你没有自备交通工具的话,那么这些都是很方便的出行选择。

这里的**餐馆**(0462-531 1190; www.cosandere.com; Sumela Yolu, Coşandere; 主菜 18里拉)有户外餐位,提供时髦可口的午餐,Akçaabat肉丸或saç kavurma(用沉重的金属煮锅烹制的羊肉或牛肉粒)都是不错的选择。

★Kayadibi Saklıbahçe
黑海菜肴 $

(0462-512 2318; www.kayadibisaklibahce.com; Tünel Çıkışı, Maçka; 主菜 10里拉; ⊙8:00~23:00)这家名为"隐秘花园"的餐厅能看到Maçka的绝美风景,因为提供本地区最好的黑海风味菜肴,例如,用干酪烹制的、玉米粥一般的kuymak,以及羽衣甘蓝叶包肉馅(etli karalahana sarması)和玉米面包(mısır ekmeği)等,轻而易举地在Maçka拔得头筹。光是为了这里就值得一游了。

长湖(Uzungöl)

0462/人口 1600

长湖(Long Lake)的湖畔有一座清真寺和森林茂密的山岳,不禁让人想起瑞士,这座"隐蔽的山谷"虽然仍保持着田园风情,但也有大量俗气的酒店。目前这里能提供超过2000间客房,来自海湾各国的游客也越来越多。但最近的快速开发,包括湖边建起的一座围墙,让长湖与东边Kaçkars相比,显得有些刻意,不过却是去索安利山和Haldizen山Demirkapı周边小湖泊徒步的合适基地。夏季的周末这里游客如潮,可以试着在工作日前往。

有小巴往返北部43公里远的奥夫(Of,12里拉)和特拉布宗(20里拉)。

里泽(Rize)

0464/人口 107,400

里泽位于土耳其风景如画的茶种植区中央,是一座围绕着迷人主广场而建的现代都市。高耸出城市上空的绿色山坡上种植着茶树,看上去就像东南亚,茶叶烘干混合之后被船运送到整个土耳其。里泽人也为从当地走出的总统雷杰普·塔伊普·埃尔多安(Recep Tayyip Erdoğan)而自豪,他在这里长大,现在里泽还有一座以他的名字命名的大学。

从海滨公路向内陆走200米就是主广场,必不可少地有一座阿塔图克纪念碑,还有修复后的美丽的邮局和族长清真寺(Şeyh

Camii)。主干道Cumhuriyet Caddesi和Atatürk Caddesi从广场向东伸展，与海滨平行。

景点

齐拉阿特茶园 花园

(Ziraat Tea Garden; Narenciye Sokak 31) 里泽的这座芬芳的茶园位于Çaykur茶厂旁边，从族长清真寺后的主公路(Zihni Derin Caddesi)向山上走20分钟即到。可以享受这里的优美风景，品尝当地茶叶泡出的新茶，观看一个缩小版的茶叶生产模型。从主广场去茶园，出租车价格约为10里拉。

里泽城堡 城堡

(Rize Kalesi, Rize Castle; ⊙8:00~23:00) 免费 这座古老的城堡是由拜占庭人在城后陡峭的山坡上所建的，有一座较低的城堡和上面所谓的内城堡，后者可能建于6世纪，里面设有一间咖啡馆，能眺望无敌海景。要去城堡，沿Atatürk Caddesi向主广场西部走，左转上Kale Sokak。搭乘出租车到这里需花费约10里拉。

食宿

Green Hotel 酒店 $$

(☎0464-236 0000; www.rizegreenotel.com; Cumhuriyet Caddesi 195; 标单/双 100/150里拉; ❋❅) 这座酒店就在镇中心往东一点，有72个打理得很好的干净房间，是一个值得信赖的选择。配色有些不搭(薄荷绿搭配火烈鸟粉和樱桃红)，但住起来很舒适。

Sefam Iskender & Kebap 土耳其菜 $

(☎0464-201 0222; Deniz Caddesi 6a; 主菜 12~14里拉; ⊙24小时) 有一座小露台通往Deniz Caddesi街的步行区域，服务非常友好，是品尝当地菜肴，例如白豆炖肉(kuru fasulye)、油酥点心和奶油冻(laz böreği)的好地方。

Evvel Zaman 土耳其菜 $$

(☎0464-212 2188; www.evvelzaman.com.tr; Harem Sokak 2; 主菜 18~25里拉; ⊙9:00~23:00; ❅) 这个经修复过的奥斯曼风格的房屋位于主广场东南角，就像是一座活泼的博物馆，甚至能看到刀剑展示柜。这里是品尝传统黑海风味的好地方，例如凤尾鱼调味饭(hamsi pilavi)和乡村早餐(köy kahvaltısı)，都是采用当地村庄的产品制作的。

到达和离开

汽车公司办公室和旅行社都在主广场内。

去往霍帕(Hopa; 18里拉, 1.5小时)和特拉布宗(16里拉, 1.25小时)的小巴车次最多。去往北部的Kaçkars, 可搭乘东去的小巴到达Ardeşen (5里拉)。更好的选择是到达Pazar(5里拉)，然后转车。

长途汽车站位于旧海滩的路上，在主广场西北2公里处。去特拉布宗、Pazar、Ardeşen和霍帕，从Halkbank附近的小长途汽车站搭乘当地小巴比较方便，地址在主广场东北的几个街区外。

霍帕(Hopa)

☎0466/人口 18,900

霍帕位于格鲁吉亚边境西南37公里处，是一座典型的边境城镇，有便宜的酒店、贸易集市和外卖餐厅。从海滨公路向内陆延伸的街道两旁，枝叶繁茂，有可以下西洋双陆棋的咖啡馆、没有窗户的酒吧、擦鞋匠，是小镇日常商务区，女人的头巾和手机商店都以土耳其传统方式无缝融合在一起。虽然非常讨人喜欢，但这里不值得过夜，除非是往返格鲁吉亚途中很晚到达这里。

食宿

Sahil Caddesi酒店周边及背后有许多餐馆。

Otel Heyamo 商务酒店 $$

(☎0466-351 2315; www.hotelheyamo.com; Sahil Caddesi 44; 标单/双 90~120里拉; ❋❅) 哗哗作响的人工瀑布后面就是酒店大厅，点有荧光灯的走廊里有40间花哨但舒服的客房，配有平板电视、小书桌，和折叠成天鹅形状的毛巾，很有艺术气息。一半的客房带阳台，面朝大海，屋顶还有一间宽敞明亮的早餐厅。

Green Garden Kebap 土耳其比萨、烤串 $

(☎0466-351 4277; Eski Hopa Artvin Yolu, Belediye Parkı; 主菜 15~20里拉; ⊙11:00至午夜)

这家经营得当的熟食餐馆和烤肉餐厅将餐桌摆在公园里，和公园同名，出售美味的土耳其比萨、阿拉伯比萨、烤肉和沙拉。会讲英语的员工不多，但菜单是图片式，友好的氛围使得这里的就餐体验轻松而愉快。

❶ 到达和离开

霍帕长途汽车站位于镇西1.5公里处的旧海滨路上（乘坐小巴1里拉）。每天有7趟车前往埃尔祖鲁姆（Erzurum；40里拉，3小时），有大量的车前往阿尔特温（Artvin；20里拉，1.5小时）、里泽（10里拉，2.5小时）和特拉布宗（25里拉，2.5小时）。

要去格鲁吉亚，**Metro**（www.metroturizm.com.tr）在7:00和凌晨1:00有车发往第比利斯（40里拉，8小时），途经巴统（10里拉，1小时，每小时1班）。从巴统乘坐16路汽车到边境，然后等待前往霍帕的小巴。

从霍帕乘坐出租车到格鲁吉亚边境的花费为35里拉。

安纳托利亚东部

包括 ➡

埃尔祖鲁姆	560
卡奇卡尔山	564
格鲁吉亚山谷	573
卡尔斯	577
阿尼	581
多乌巴亚泽特	586
阿勒山	589
内姆鲁特山国家公园	590

最佳餐饮

- Sini Ev（见579页）
- Emirşeyh Nedim（见562页）
- Ocakbaşı Restoran（见579页）
- Hanımeli Kars Mutfağı（见579页）

最佳住宿

- Hotel Katerina Sarayı（见578页）
- Taşmektep Otel（见567页）
- Otel Doğa（见567页）
- Laşet Bungalov Tatil Evleri（见577页）
- Karahan Pension（见572页）

为何去

如果你偏爱辽阔的边疆，那就来土耳其东北部吧。除了令人惊叹的风景和遗迹，如阿尼之外，险峻的峡谷、广阔的干草原、巍峨的群山，还有高原草甸，完全由你一人独享。整个安纳托利亚东部，尤其是卡尔卡奇山，都是徒步游、滑雪和漂流的天堂。

安纳托利亚东南部颇具特色，库尔德人是这里的主要居民，他们对游客非常热情友好。不幸的是，库尔德工人党与土耳其政府之间的斗争，再加上靠近边境的地区可能受到叙利亚战争的影响，使得大部分地区对游客来说都很危险。在计划此地的旅行之前先看看你本国政府给出的旅行建议。

内姆鲁特山国家公园是旅行的亮点，这里有让人难以忘怀的具有2000年历史的雕像，在本书写作之时，尚无危险。

何时去

埃尔祖鲁姆

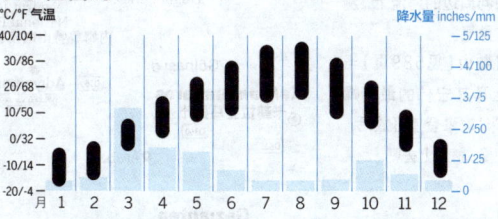

5月 干草原上鲜花盛开，满目都是绚丽的色彩，扑鼻而来的是各种芳香，春天的温暖唤醒了山间草原。

6月至9月 去卡奇卡尔山周边徒步、乘筏，探访内姆鲁特山国家公园。

12月至次年4月 在卡奇卡尔越野滑雪，感受阿尼在雪中的独特之美。

安纳托利亚东部亮点

❶ **阿尼**（见581页）是中世纪亚美尼亚人位于干草原上的首府，沉醉其中，感受古老的遗迹。

❷ **卡奇卡尔山**（见564页）徒步翻越3000米以上的山口或海拔较高的亚拉伊尔（高山牧场），或者从附近宁静的村庄，如伯赫尔和欧尔干拉尔出发进行一日徒步。

❸ **格鲁吉亚教堂**（见574页）探索这些拥有1000年历史的教堂遗迹，如**奥斯克范克**。

❹ **卡尔斯**（见577页）在这座受俄罗斯影响的独特城市漫步，这里有让人沉醉的餐厅、咖啡馆和一座古老的城堡。

❺ **内姆鲁特山**（见590页）在"神之宝座"上观赏日落（或日出），沉浸在怪异的氛围之中。

❻ **埃尔祖鲁姆**（见560页）在这座喧嚣的干草原城市中，探索塞尔柱人、蒙古人和奥斯曼人留下的遗产，如清真寺和神学院。

❼ **激浪漂流**（见566页）在**优素费利**周边的河流上，测试你的勇气。

❽ **阿勒山**（见589页）当这座土耳其宏伟的最高峰（5137米）对攀登者开放后，不要犹豫，攀登上去吧。

Akhaltsikhe
GEORGIA
格鲁吉亚
Marneuli
AZERBAIJAN
阿塞拜疆
Batumi
巴统
Türkgözü
Sarp
Posof
Hopa
霍帕
Meydancık
Karagöl Sahara National Park
Karagöl Sahara 国家公园
Akhalkalaki
Borçka
D010
Fındıklı
Şavşat
Aktaş
Şeytan Kalesi
Çıldır
Artvin
Pazar
Ardeşen
Ardahan
Çıldır Gölü
Doğruyol
Rize
里泽
Çamlıhemşin
Barhal (Altıparmak)
Ardanuç
D955
D965
Yaylalar (Hevek)
亚拉拉尔
Susuz
Arpaçay
Gyumri
久姆里
Yusufeli
优素费利
Olur
Göle
D060
Kaçkar Mountains
卡奇卡尔山
Tekkale
特克城堡
İşhan
Penek
佩内克
Akşar
Kars
卡尔斯
Ani
阿尼
ARMENIA
亚美尼亚
Öşkvank
奥斯克范克
Oltu
Bagnair Monastery
Bagnair修道院
Çoruh River
乔鲁河
Şenyurt
D957
Sarıkamış
Keçivan
凯池万
D070
YEREVAN
埃里温
Kağızman
Tortum
Çengilli
禅格伊利
去Nahçıvan 纳希切万（阿塞拜疆115km）
D080
Aras River
Horasan
Tuzluca
Iğdır
伊迪尔
D950
Pasinler
D100
Aralık
Mt Ararat阿勒山 (Ağrı Dağı;5137m)
Erzurum
埃尔祖鲁姆
Aşkale
Ilıca
Ağrı
Mt Küçük Ağrı (3925m)
Palandöken
帕拉杜肯
Doğubayazıt
多乌巴亚泽特
Tercan
İshak Paşa Palace
伊沙克帕夏宫
Tutak
Gürbulak
Bazargan
Yedisu
Patnos
Çaldıran
Malazgirt
Sarısu (Aktepe)
Erciş
Muradiye
Erentepe
Süphan Dağı (Mt Süphan) (4053m)
IRAN
伊朗
Bingöl
D300
D959
Göldüzü
Nemrut Dağı (Mt Nemrut) 内姆鲁特山 (3050m)
Ahlat
Adilcevaz
Murat River
穆拉特河
Muş
Lake Van (Van Gölü)
凡湖
Erçek
Özalp
Van
凡城
Tatvan
塔特万
Bitlis
Gevaş
Gürpınar
Güzelsu
Başkale
Baykan
D360
Diyarbakır
迪亚巴克尔
Batman
巴特曼
D370
Kurtalan
Siirt
Esendere
Bismil
Tigris River (Dicle Nehri)
底格里斯河
Hasankeyf
Hakkari
Yüksekova
Cilo Dağı (Mt Cilo) (4168m)
D400
Şırnak
Çığlı
D950
Midyat
Silopi
Cizre
Mardin
马尔丁
D380
Kiziltepe
Zakho
Nusaybin
Amuda
Qamishle
IRAQ
伊拉克
Mosul
摩苏尔

埃尔祖鲁姆（ERZURUM）

☎0442/人口 386,000

对喜爱建筑和历史的人来说，埃尔祖姆如同天堂。主要的街道两旁有绝妙的塞尔柱、萨图克（Saltuk）、蒙古和奥斯曼风格的清真寺和神学院。广告牌和宣礼塔混杂在一起，映衬在高山和草原形成的天堂一般的背景之下。

埃尔祖鲁姆不仅仅是一座历史名城，这座土耳其东部的中心城市，还是个现代大都市。整个城市生机盎然，街道两旁都是购物中心。虽然也是土耳其最虔诚、保守的城市之一，但是这里的两座大学共计拥有超过10万名大学生，他们为街上和咖啡馆增添了几分热闹和轻松的氛围。如果是冬天来到这里，可以去附近热闹的帕拉杜肯滑雪胜地，那里有丰富多彩的夜生活。

历史

埃尔祖鲁姆地处重要的战略位置，通往君士坦丁堡、俄罗斯和波斯的道路在此会合，历史上多易手。亚美尼亚人、罗马人、拜占庭人、波斯人、阿拉伯人、格鲁吉亚人、萨图克人、塞尔柱突厥人、蒙古人和土库曼人都征服过此地，后又失去了这座城市。直到奥斯曼帝国统治时期，谢里姆一世（Selim the Grim）在1514年代表奥斯曼人第一次征服了这座城市。直至1915年，仍有许多亚美尼亚人在此居住。俄罗斯军队分别在1829年和1878年占领了这里，之后又在1916年第三次占领这座城市。

1919年7月，凯末尔·阿塔图克来这里出席大会，在这次大会上发出了重组军队以争取土耳其独立的呼吁。这次重要的会议即埃尔祖鲁姆大会，规定了土耳其的部分边界，也就是后来的《民族协议》（National Pact）中规定的边界，这些地域成为土耳其共和国的一部分。

⊙ 景点和活动

诸多宏伟的百年清真寺、神学院和陵墓就排列在主街Cumhuriyet Caddesi上。

★亚库蒂耶神学院　　　　　　　神学院、博物馆

（Yakutiye Medresesi,Turkish-Islamic Arts & Ethnography Museum；见561页地图；Cumhuriyet Caddesi；5里拉；⊙4月至10月 8:00~19:00，11月至次年3月 至17:00）这座美丽的蒙古神学院矗立在埃尔祖鲁姆的中央公园中，始建于1310年。蒙古人借鉴了塞尔柱建筑的基本特点，并形成了自己的风格，这一点可以从外立面和入口侧面的几何、动物和植物图案看出来。南部的宣礼塔贴有精美的镶嵌画，即便在中亚地区也不会显得突兀。神学院现在是一座博物馆，展出东部地区传统的手工艺品，以及一个《古兰经》学习小组的静态画面，还有一座古老的埃尔祖鲁姆厨房。

★双子塔神学院　　　　　　　　　　　　神学院

（Çifte Minareli Medrese, Twin Minaret Seminary；见561页地图；Cumhuriyet Caddesi）塞尔柱风格的双子塔神学院建于13世纪下半叶，在很多人眼里，它是埃尔祖鲁姆最杰出的建筑。两座纹路纵横的砖石宣礼塔伫立在一座宏伟的拱门上，塔上镶嵌着引人注目的蓝色小瓷砖。大门两边各自镶嵌着很有意思的不同图案，通往一座庄严的长柱廊庭院。走到庭院尽头，看看雄伟的12面的穹顶大厅，这里可能是神学院创建者之墓。

★城堡　　　　　　　　　　　　　　　　　堡垒

（Kalesi；见561页地图；紧邻Cumhuriyet Caddesi；5里拉；⊙8:00~17:00）要想看到埃尔祖鲁姆最好的景致，那就到城堡去。这座城堡由拜占庭皇帝狄奥多西一世（Theodosius）的一位将军修建于5世纪，原址之前可能是乌拉图（Urartu）的防御工事，在之后的岁月里，经历了多次摧毁和修复。在城堡里面，有萨图克（Saltuk）突厥人于12世纪修建的一座清真寺和一座砖石宣礼塔。19世纪以后，宣礼塔成了钟楼：爬上旋转楼梯再登上一截梯子，就能观赏整个埃尔祖鲁姆城的风光。

三陵　　　　　　　　　　　　　　　　　　墓地

（Üç Kümbetler, Three Tombs；见561页地图；紧邻Yenikapi Caddesi）这三座宏伟的陵墓位列埃尔祖鲁姆最精美的建筑名单。2座小一些的12面陵墓可能建于14世纪，最大的一座为八面体，据称是埃米尔萨图克（Emir Saltuk）的陵墓，他于11世纪末在埃尔祖鲁姆

Erzurum 埃尔祖鲁姆

安纳托利亚东部

埃尔祖鲁姆

Erzurum 埃尔祖鲁姆

◎ 重要景点
1 双子塔神学院 D3
2 城堡 C2
3 亚库蒂耶神学院 B3

◎ 景点
4 三陵 D3

◈ 活动、课程和团队游
5 Medam Turizm B2

◉ 住宿
6 Butik Rafo Otel B1
7 Hekimoğlu Otel B1
8 Hotel Grand Hitit B1

◈ 就餐
9 Arzen B3
10 Aspava B3
11 Çagin Cağ Kebap Lokanta C1
12 Emirşeyh Nedim D3
13 Erzurum Evleri C3
14 Güzelyurt Restaurant B3
15 Kılıçoğlu B3
16 Salon Asya B3

◉ 购物
17 Rüstem Paşa Çarşısı C2

建立了萨图克突厥统治。可以特别留意近乎于圆锥体的屋顶和装饰精美的凹窗。陵墓位于双子塔神学院以南100米处的一片围墙内。

Medam Turizm
滑雪

(见561页地图; ☎0442-235 3538; Esadaş apt 1/4, Mumcu Caddesi和Ankara Sokak交叉路

口；滑雪/滑雪板一日套餐110/135里拉；⊙8:00~23:00）到滑雪季的时候，这家旅游公司提供经济型一日套餐，从埃尔祖鲁姆市中心前往帕拉杜肯（Palandöken）滑雪村，价格包括往返滑雪村的交通费用、滑雪通票和午餐。

🛏 住宿

主街Cumhuriyet Caddesi以北约600米的Kazım Karabekir Caddesi周围有几家可靠的低价位和中等价位的酒店，如果你想人住豪华酒店，就要待在帕拉肯滑雪胜地，在埃尔祖鲁姆市中心以南5公里的地方。

Hekimoğlu Otel　　　酒店 $$

（见561页地图；☎0442-234 3049；hekimogluotelomer@hotmail.com；Kazım Karabekir Caddesi 66；标单/双/标三60/100/130里拉；🛜）前台工作人员非常热情，是埃尔祖鲁姆主酒店区一个很超值的选择。客房有些小，但简洁干净，粉红色的寝具增添了一丝色彩。楼下有一家繁忙的提供现成食物的餐厅（lokanta），是长时间乘坐安纳托利亚汽车之后的好去处。

Hotel Grand Hitit　　　酒店 $$

（见561页地图；☎0442-233 5001；www.grandhitithotel.com.tr；Kazım Karabekir Caddesi 26；标单/双/标三110/170/240里拉；🛜）这家酒店拥有舒服的大房间，房间有一种现代化的氛围，有深色和浅色的木制装饰、弹性很好的床垫、大浴室、小冰箱和保险箱。酒店运营专业，是单身女性的好选择。

Butik Rafo Otel　　　精品酒店 $$$

（见561页地图；☎0442-235 0225；www.rafootel.com；Milletbahçe Sokak 25；标单/双130/210里拉；🅿🛜）房间色彩亮丽，有石块瓷砖嵌板，浅色木头装饰，以及快速的无线网络，令人舒心，符合"Butik"品牌形象。房间和浴室都是中等大小，但你可以在两间明亮的大厅休息室里放松——其中一间有一个令人放松身心的鱼缸。

🍴 餐饮

Cumhuriyet Caddesi上的餐馆提供各种小吃，从çiğ köfte（搅碎的生羊肉，拌上碾碎的小麦、洋葱、香料和盐）到土耳其软糖（lokum），应有尽有。到Arzen（见561页地图；Cumhuriyet Caddesi；小吃和简餐5~12里拉；⊙7:00至午夜；🛜）或Kılıçoğlu（见561页地图；Cumhuriyet Caddesi 13；蛋糕和甜点9~10里拉；⊙6:00至午夜；🛜）去品尝蜜糖果仁千层酥、冰激凌和浓缩咖啡，或者去Aspava（见561页地图；Cumhuriyet Caddesi；主菜8~14里拉；⊙24小时）或Salon Asya（见561页地图；Cumhuriyet Caddesi 27；主菜8~14里拉；⊙8:00至午夜）品尝价格实惠的土耳其比萨和烤肉。

★ Emirşeyh Nedim　　　烤肉、肉丸 $

（见561页地图；www.emirseyh.com.tr；Tebrizkapı Caddesi 172；主菜12~18里拉；⊙9:00~23:00；🍴）埃尔祖鲁姆的肉食之王，在一座可爱的两层楼建筑里，里面的石柱雕刻精美，凹陷式样的天花板色彩亮丽。食物美味，服务上乘，不论是家庭旅客，还是情侣友人，在此用餐都会心满意足。Emirşeyh肉丸（köfte）、任意一种烤肉或混合烧烤（karışık ızgara）都很美味，而且准备了烤肉都有不同大小可供挑选。

Çagin Cağ Kebapcısı Lokanta　　　烤串 $

（见561页地图；Orhan Şerifsoy Caddesi；主菜7~20里拉；⊙7:00~22:00）氛围友好，装饰明亮又现代，主打当地热门的cağ kebap（放在水平架子上烤的羊肉）。你可以用餐叉吃木火烤肉，或是像当地人一样直接拿着烤肉扦子吃。每串7里拉，并配有小面包干和美味沙拉及蘸酱。侍者会一直上菜，直到你吃饱为止。

Erzurum Evleri　　　安纳托利亚菜 $

（见561页地图；www.tarihierzurumevleri.com；Yüzbaşı Sokak 5；主菜10~25里拉；⊙9:00~23:00）这座300岁的老房子被改造成了一座氛围很好的餐厅咖啡馆。有一系列小包厢和凹室，里面配的是矮桌和坐垫；2个大点的房间里有椅子和常规高度的桌子。所有房间都配有奥斯曼式的日常用具。招牌菜是当地的埃尔祖鲁姆菜，包括汤、奶酪馅的点心（böregi）和一种美味的tandır kebap（碎羊肉配米饭、土豆泥和沙拉）。

Güzelyurt Restaurant　　　土耳其菜、欧洲风味 $$

（见561页地图；☎0442-234 5001；www.guzelyurtrestaurant.com.tr；Cumhuriyet Cadde si

42；开胃菜5~14里拉，主菜14~28里拉；正午至午夜；埃尔祖鲁姆最时髦的餐馆，从1928年就开始经营了。罩起来的窗户、打着领带的侍者，虽然与时代不符，但却有一种迷人、古雅的老派风格，不过菜量不大。多样的开胃菜包括大量素食，主食主要是肉，包括特色菜şiş tava（嫩牛肉块和番茄、辣椒、葱）和Wienerschnitzel。

购物

Rüstem Paşa Çarşısı 珠宝

（Taşhan；见561页地图；Adnan Menderes Caddesi；8:00~23:00）埃尔祖鲁姆以制造珠宝和用当地的黑琥珀（oltutaşı）制造的装饰品而闻名。在这家怀旧的市场（çarşı）里买一些东西吧。这个市场是由苏莱曼一世（Süleyman the Magnificent）的大维齐尔在16世纪修建的，当时用作商队客栈。

实用信息

旅游办公室（见561页地图；www.facebook.com/erzurumtdb；Havuzbaşı；10:00~18:00）这里的员工会讲英语，非常乐于助人，他们会竭尽所能帮助旅行者。也提供很有用的地图和宣传册。

到达和离开

飞机

Anadolu Jet（见649页）可往返伊斯坦布尔、安卡拉和布尔萨。

飞马航空（见649页）可往返伊斯坦布尔。
Sun Express（见649页）往返伊兹密尔。**土耳其航空**（见649页）往返伊斯坦布尔和安卡拉。

长途汽车

长途汽车站在市中心西北沿机场公路9公里处。汽车公司在Cumhuriyet Caddesi街及西段有办公室。**Metro**公司的车次可前往多个目的地。

要去卡尔斯，**Kars Vipturizm**（见581页）运营的小巴（25里拉，3小时）在7:30~18:00之间每1~2小时，从市中心以南2公里处Yenişehir区的Yavuz Sultan Selim Bulvarı的办公室出发。售票处在**Kamilkoç办公室**（Cumhuriyet Caddesi；9:00~22:00），有接驳车将你从那里送往出发地点。

Yeşil Artvin Ekspres（www.yesilartvinekspres.com.tr）运营的车次可去优素费利，大多也经过阿尔特温和霍帕。这些车次的车票，以及前往迪亚巴克尔的车票在**Has Bingöl办公室**（Çaykara Caddesi）出售。Yeşil Artvin Ekspres的车次从长途汽车站出发，大部分会在15~20分钟后，在**Şükrüpaşa Semt Garajı**（紧邻Necip Fazıl Kısakürek Caddesi）停靠，这是位于市中心以北约3公里处的一座小车站。前往Şükrüpaşa Semt Garajı（2里拉）的小巴每隔几分钟从Hastaneler Caddesi（Havuzbaşı转盘以北的第一个街角）出发。

要去多乌巴亚泽特，大部分车次都是天不亮就出发，不过Ağrı Yavuz Turizm有一趟车是11:30

埃尔祖鲁姆长途汽车站发车信息

目的地	票价（里拉）	行程（小时）	距离（公里）	班次（每天）
安卡拉	65~75	12~14	872	大约20班
阿尔特温	30	3	192	4班
迪亚巴克尔	50	6	320	7班
多乌巴亚泽特	330	4	275	4班
霍帕	40	5	266	4班
伊斯坦布尔	80~90	17~20	1290	大约15班
开塞利	50~60	9~11	628	10班
里泽	40	6	390	13班
特拉布宗	30~35	5	310	大约20班
凡城	40	7	410	6班
优素费利	25	2.5	140	3班

出发。在**Kanberoğlu办公室**(Çaykara Caddesi)买票。

要到伊朗，可以搭乘长途汽车前往多乌巴亚泽特，从那里中转。

火车
Doğu Ekspresi(http://en.tcdd.gov.tr/mainline-trains+m97)每天13:57有一班列车前往卡尔斯(16.50里拉，4.5小时)，12:26有一班列车前往安卡拉(41里拉，20小时)，经过锡瓦斯(23里拉，10小时)和开塞利(29里拉，13小时)。

小汽车
国际汽车租赁公司Europcar、Avis和Enterprise在埃尔祖鲁姆都有分店。

❶ 当地交通
飞机场在市中心西北方向13公里的地方，从市中心搭乘出租车前往机场，大约需要50里拉。有巴士在机场接机，前往埃尔祖鲁姆中心地带需花费2.50里拉；要去机场，可以选择有标记"Havalimanı"字样的车，从Hastaneler Caddesi的**汽车站**(见561页地图)出发，时间为航班出发前80分钟。

有些汽车公司有接驳小巴，往返长途汽车站和市中心。K4公共汽车(2.50里拉)也连接长途汽车站和市中心。要去长途汽车站，在Havuzbaşı转盘北边Hastaneler Caddesi街上南行的车站乘车。搭乘出租车大约需要35里拉。

卡奇卡尔山
(KAÇKAR MOUNTAINS)

卡奇卡尔山是黑海阿尔卑斯山(Pontic Alps，土耳其语中称为Kuzey Anadolu Dağları，意思是北安纳托利亚山)最东部，同时也是

Kaçkar Mountains 卡奇卡尔山

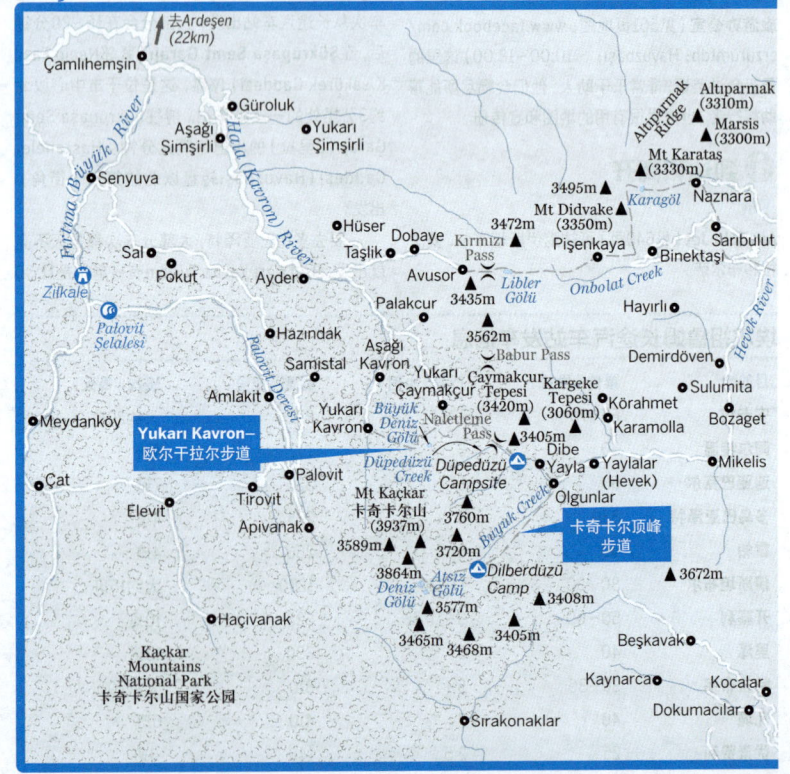

最高的一部分，自西向东，从黑海向内陆绵延约1000公里。主要山脉中有3000米以上的高峰，从西南约50公里处伸展向东北，覆盖着积雪的崎岖山峰高耸在山地湖泊和高山亚拉拉尔（yaylalar，山地牧场）之上，下方的山谷密林丛生，河流蜿蜒。

这片绝美的地区值得你花几天时间来探索。在崇山峻岭中徒步是吸引绝大多数游客来此的原因。这里有几十条可徒步的小径，从山谷和高山牧场一日徒步，到穿越山脉或翻越最高峰卡奇卡尔山（Kaçkar Dağı；3937米）的多日徒步都有。该地区其余的亮点包括激浪漂流、体验当地人的生活，他们只在夏季才会前往高海拔的村庄。

活动

除徒步、远足和漂流之外，冬季这里也会吸引许多来滑雪的游客；你需要自带设备，并提前做好安排。阿迪尔的Kardelen（☎0537 243 1648，0464-657 2107；www.ayderkardelen.com；标单/双/标三/四 100/200/300/320里拉；☉3月中旬至12月；P☎）和欧尔干拉尔的Kaçkar Pansiyon（见573页）是两家能招待滑雪者的住宿处，Türkü Tour（☎0464-651 7230；www.turkutour.com；İnönü Caddesi 47）提供冬季项目。

徒步

卡奇卡尔山徒步季节很短；登山的最佳时间是7月中旬至8月底，那时雪线最高。有些登山路线从6月底到9月中旬都对外开放，具体取决于天气状况。从5月至9月，甚至10月，低处山坡有许多步道（也需要天气允许）开放。7月和8月晴朗干爽的天气较多，最值得期待；9月和10月秋季的色彩更美。

徒步贯穿山脉耗时会超过一天。耗时一周的路线包括环线，途中会穿过许多条山谷，可能还会经过山口。最容易通行的山口，也是唯一有路标（堆石界标）的一处，是西侧Palakçur和东侧Körahmet之间的海拔3100米高的Babur山口。穿越卡奇卡尔山路线最常用的一个山口是Naletleme山口（3215米），位于Yukarı Kavron（西）和欧尔干拉尔（东）之间；走这条路线，需要耗费漫长的一天。

攀登卡奇卡尔山顶峰，一般是从欧尔干拉尔往上7.5公里（步行约3.5小时）的Dilberdüzü大本营（见573页）开始。从大本营爬上顶峰（1100米高）然后返回需要一整天。夏季，Dilberdüzü有一间咖啡馆，可租借帐篷、垫子和睡袋，还提供山地导游服务。如果没准备好长途跋涉，从欧尔干拉尔到Dilberdüzü，然后再原路返回，也不失为一个很好的远足选择。

受欢迎的徒步选择（最少4天）是登顶，并且再穿越山脉一至两次。其余可选路径包括从北部翻越Altıparmak山脉[从伯赫尔（Barhal）到阿维索尔（Avusor），或反过来，2~3天]，或者选择4~6天的环线，从欧尔干拉尔或亚拉拉尔（Yaylalar）前往西侧的村庄，如Yukarı Kavron、Amlakit或Elevit，途经通往卡奇卡尔山南部或西南部的山口。

山脉以西的几个村庄，以及东侧的伯赫

尔、亚拉拉尔和欧尔干拉尔有家庭旅馆。但一些步道上你只能选择露营。如果不想翻越山岭，还可以住进一家家庭旅馆，从那里进行一日徒步。所到之处风景都很漂亮。在西侧，与Palovit有公路连接的Samistal景色最为绮丽。在东侧，伯赫尔、亚拉拉尔和欧尔干拉尔的家庭旅馆提供有土耳其的Culture Routes出版的英语宣传页，详细介绍了当地6条一日步道。

一般说来，你必须爬上1900米的高度才能走出森林，享受到全景视野。但在较低海拔的地方徒步，风景也是很美的，在森林中你能看到奔流的河水、古代格鲁吉亚教堂和奥斯曼时期的桥梁。

任何长于一天的徒步，都必须尽你所能做好路线和前期准备工作。

旅游资源

下面是一些有用的徒步和远足资源：

➡ 《卡奇卡尔山：土耳其黑海山区徒步》(The Kaçkar: Trekking in Turkey's Black Sea Mountains) 强烈推荐，这本书中详细介绍了卡奇卡尔许多不同的徒步路线，包括一份出色的地图，外加详细的规划和背景资料；可以在网站www.trekkinginturkey.com获取。

➡ Culture Routes in Turkey (www.culturerouteinturkey.com) 有住宿处名录和其他有关卡奇卡尔山信息。

➡ Kulindağ Dağevi (www.kulindag.com) 有关于村庄家庭旅馆和山地住宿处的信息。

➡ 卡奇卡尔山官网 (www.kackar.org) 是土耳其语网页，不过提供了有用的地图和照片。

导游

如果计划选择高海拔或多日徒步，聘请一个当地导游是个不错的主意。步道多数没有标记，多雾的天气会让你很难找到正确的前进方向。导游还可安排骡子拖运行李和露营设备，以及往返步道起点的交通工具。在徒步旺季（7月和8月），建议预约导游和拖运动物，因为需求量很大。

必不可少的装备包括质量好的鞋子和雨衣、御寒或防晒的衣服、防晒霜和头巾。导游一般能提供露营、住宿和烹饪设备，但自己带会更便宜。徒步费用可能会包括膳食，但如果你自己携带食物，可能还需要分给导游。

专业的徒步机构 **Middle Earth Travel**（www.middleearthtravel.com）总部设在卡帕多基亚，提供英文导游陪同的卡奇卡尔山一周徒步和远足团队游，价格约每人760欧元，包括特拉布宗或埃尔祖鲁姆机票。当地运营商 **Türkü Tour**（见565页）提供的一周团队游项目价格约1700~1900里拉。

在阿迪尔、Yukarı Kavron、伯赫尔和欧尔干拉尔等村庄有家庭旅馆，能组织导览徒步游。尤其推荐伯赫尔的 **Barhal Pansiyon**（☎0535 264 6765，德语 +49 89 818 981 619；www.barhalpansiyon.com；半膳宿 每人 6月中旬至9月 75里拉，10月至6月中旬 65里拉；🅿🛜）和 **Karahan Pension**（见572页）以及亚拉拉尔的 **Çamyuva Pension**（见573页）。一般情况下基本费用包括每天150里拉的骡子和导游，每天40里拉的一顶帐篷和两个睡垫。一头骡子能驮3个人的行李。

2人徒步加上全程导游的陪同，含帐篷、垫子、运输和食物，从阿迪尔出发的话，费用为每天200~250美元。

Çoruh Outdoor（☎0533 453 3179，0466-811 3151；www.coruhoutdoor.com.tr；Ersis Caddesi, Yusufeli）这家著名公司提供漂流、徒步、远足和观光项目。办公室不是一直开门，不过你可以电话联系经理Sirali Aydin；他会讲一些英语。

激浪漂流

伯赫尔河和伊斯皮尔河（İspir River）在优素费利交汇，形成的乔鲁河是世界上最适合激浪漂流的河流之一，有极佳的湍流和绝妙的可供嬉戏的洞穴，提供的漂流等级从2级到5级不等。

不幸的是，在优素费利下游12公里处修建的优素费利大坝将使得大多数激浪都不复存在（村庄也将被淹没）。大坝将于2019年竣工。

5月到10月，恰穆里海姆辛下游的费尔蒂纳河（Fırtına/ Büyük river）上可能会有激浪。这里的水速比优素费利附近的激浪要稍稍缓和一点，不过这里的景致可能会让你印象更为深刻。

优素费利

伯赫尔河从Sarigöl下游到优素费利的河

段，4月至9月中旬可以进行漂流（等级3和4，漂流大约2小时）。伊斯皮尔河和乔鲁河分别位于优素费利上游和下游，难度等级为2（适合初学者）~5，5月至9月适合漂流。不过，伊斯皮尔河漂流能否成行还得看从距优素费利34公里处的Arkun大坝是否放水，事先很难预测。

当地运营商还组织2~3小时漂流，每人100里拉，最少4人成行（他们一般会凑人来达到数量）。

优素费利大坝竣工后，可能只能在伯赫尔河上的5公里长的河段漂流。

Oktay Alkan　　　　　　　　　　　漂流

(☎0466-811 3620; www.birolrafting.com; Greenpiece Camping & Pansiyon, Arıklı Mahallesi) 当地小伙子Oktay是土耳其国家皮划艇激流回旋队的队员，夏季他会在优素费利皮划艇旅程中担任向导。

恰穆里海姆辛
Dağ-raft　　　　　　　　　　　　漂流

(☎0464-752 4070; www.dagraft.com; 每人60~120里拉; 🅿) 提供费尔蒂纳河漂流项目，包括从初学者往上（1~4级；3~13公里）的所有难度，也提供高空滑索，翻越奔腾的河流（15里拉）。位于Ardeşen公路上，距离恰穆里海姆辛13公里。

卡奇卡尔山西部
(Western Kaçkars)

从黑海海岸很容易抵达卡奇卡尔山西侧，这里的山谷有流速很急的哈拉（Hala，或Kavron）河和费尔蒂纳河，两者在恰穆里海姆辛交汇，两条河都有许多支流。这片地区多雨，陡峭的山谷两侧长满了繁茂的森林。1900米以上出林木线后，山谷高处有更加开阔的亚拉拉尔（高山牧场），背景是积雪覆盖的崎岖山岳。旺季（从6月至9月，取决于天气），高处山谷有很好的徒步和远足路线，还有夏季高原季节性的村庄。通往卡奇卡尔山南部和东南部的山口在7月至9月能通行。

4月至6月是最潮湿的季节（一般每个月降雨会超过20天）。7月和8月是最干旱的。

恰穆里海姆辛及周边
(Çamlıhemşin & Around)

☎0464

小村恰穆里海姆辛位于D10海滨公路20公里处，海拔约为300米，是气候转变的关键地。雾气和细雨说明你已经离开海岸区，如果继续向山谷高处攀登，你会感受到高山对气候、地形和植被的影响将更为强烈。这座村庄是一个功能性的普通小镇，但却有一种朴实的魅力。当地居民多半是海姆辛人。

在恰穆里海姆辛最高处，道路开始分叉；左边攀上哈拉山谷可到达阿迪尔（17公里），直接上行可攀上费尔蒂纳山谷，朝Çat前进。两条路线都很美，一路会经过林木茂密的山谷，跨过几座优雅的奥斯曼时代的石拱桥，桥上经常能看到自拍的游客。

恰穆里海姆辛有邮局、超市、自动柜员机和（向下2公里往海岸方进）一座加油站。可以补充些食品。

旅游办公室 (⊙周一至周五 8:00~17:00) 位于村子最北端主公路旁的政府大楼。工作人员很热情，会讲一些英语。

🛏 食宿

★ Otel Doğa　　　　　　　　　客栈 $$

(☎0464-651 7455; www.facebook.com/oteldoga; Şenyuva Yolu; 房间 每人 50里拉，半膳宿 75里拉; ⊙4月至10月; 🅿 ❄ 🛜) 这家友好的老派酒店就在美丽的费尔蒂纳山谷道路的河边，位于恰穆里海姆辛以南4.5公里处，服务热情，管理得很好。你可以在河畔的餐厅品尝美味的当地家常菜肴。几乎所有的卧室都有独立浴室，许多房间有阳台；可以选择角落里的房间。

★ Taşmektep Otel　　　　　精品酒店 $$$

(☎0464-651 7010; www.facebook.com/camlihemsintasmektepotel; Halil Şişman Caddesi, Konaklar Mahallesi; 标单/双/标三 5月中旬至7月和9月至11月中旬 45/75/100欧元，8月 60/90/110欧元; ⊙5月中旬至11月中旬; 🅿 ❄ 🛜) 位于村庄去往费尔蒂纳山谷路途往南约1公里处，这家精品酒店所有者是当地一家非政府组织，之前是一座古老的石头校舍。有一种现代乡村的风格，酒店里大量的照片和古董讲述着建筑

海姆辛文化

卡奇卡尔山西北部是海姆辛人的故乡，许多人认为他们是中世纪亚美尼亚移民的后裔，不过他们现在都是穆斯林，讲土耳其语。海姆辛人习惯同他们的牧群一起迁居，夏季从低地家园迁往高地yayla（高山牧场）村庄，不过如今大多数海姆辛人都搬到了城镇，甚至移民到了其他国家，只在夏季度假或从事季节性旅游工作的时候返回高山村庄。

夏季你可能会看见一群群海姆辛度假客围在草地上跳horon舞，这是一种介于康茄舞（conga）和霍基-科基舞（hokey-cokey）之间的舞蹈形式，伴随着一种山羊皮风笛tulum所演奏的独特的尖锐音乐。还会看见所有山地女都戴上华丽的头巾，大多与开襟毛衫、长裙和运动鞋或羊毛靴并不协调。在**恰穆里海姆辛阿迪尔节**（见569页）期间，许多移民海外的海姆辛人都会返回恰穆里海姆辛。

和当地社区的历史。房间宽敞通风，装饰有松木家具。

Ekodanitap　　　　　　　　　　　家庭旅馆 $$$

（☎0464-651 7787；www.ekodanitap.com；Aşağı Çamlıca Yolu；半膳宿 平房 标单/双/标三/四 200/320/480/640里拉，树屋 标单/双 110/220里拉；❄）✦ 这家颇具特色的酒店很隐秘，想要到达这里，需要先沿着一条蜿蜒的公路（从海岸往恰穆里海姆辛走，即将进村前有路标）往上走约1公里，然后沿着一条森林小路走400米。可以在露台上享用美味的膳食，包括自家种植的有机食物，从露台上还可以眺望深邃葱绿的费尔蒂纳山谷。一共有4个木头平房作为房间，带阳台（足够舒服，虽然不够豪华），或者选择有公用浴室的小"树屋"。

❶ 到达和离开

8:00~18:00小巴大约每小时1班，从海岸上的Pazar前往恰穆里海姆辛（5里拉，45分钟），然后继续前往阿迪尔（7里拉，30分钟），反之亦然。返回Pazar的班车途中会在Ardesen村停靠，但上山前往恰穆里海姆辛的车次在海滨公路的转弯处停靠，那里位于Ardesen以西3公里处。

费尔蒂纳山谷（Fırtına Valley）

☎0464

这座美丽的绿色河谷非常陡峭，曾经是土耳其电影《蜂蜜》（Bal）的拍摄地，是体验传统海姆辛文化的好地方。位于恰穆里海姆辛到Şenyuva的7公里路途中，青翠的山坡上有纵横的钢丝绳，是用来起吊货物并运送到偏远山地村舍的，这些村舍交错排列在公路上方林木茂密的山坡上。可以找找建于20世纪早期的山顶住宅，当时许多本地家庭靠着在革命前夕的俄罗斯当大厨和面包师而取得富裕的生活。

在距离恰穆里海姆辛5公里的地方（过了Otel Doğa就是）和Şenyuva，都有奥斯曼早期建造的优雅石拱桥横跨在奔腾的费尔蒂纳河上。在费尔蒂纳河上游200米的咖啡馆露台上，你能观赏到绝佳的石桥风景。

山谷上方的道路一直修到河畔小村Çat（共1250米），小村距恰穆里海姆辛27公里，可以作为徒步旅行的大本营。

◉ 景点

Zilkale　　　　　　　　　　　　　　城堡

（成人/儿童和老人 3里拉/免费；⊙8:00~18:00或更晚；ⓟ）从Şenyuva往南，沿着道路往山上行进5.5公里后到达修复后的13世纪的Zil城堡。在陡峭的峡谷上方的一块岩石高峰上，坚固的城墙围着一座矩形的石塔，这是拜占庭和奥斯曼时期的一座防御前哨。道路对面的山腰有繁茂的杜鹃花丛。

Çat Yayla　　　　　　　　　　　　　村庄

沿着Çat上山的道路走3.5公里就到了Çat夏村（海拔1800米）。天气暖和，路途变得通畅之后，当地人会搬到那里去。徒步去往值得一游的亚拉拉尔，那里能看见积雪覆盖的山巅，春季开满金风花。经过Elevit路看到奥斯曼时期建筑的石头拱桥Çılançç Köprüsü后左转，再走700米就是。

🛏 住宿

峡谷公路沿路的家庭旅馆和小酒店日益兴旺，甚至分布到偏远的Çat，而在Elevit、Palovit和Amlakit更高处也有其他家庭旅馆。7月和8月建议预订房间。家庭旅馆在10月至次年4月大多会歇业。

Toşi Pansiyon　　　　　　　　　　家庭旅馆 $$

(📞0464-654 4002；www.tosipansiyon.com；Çat；半膳宿 每人 90里拉；⊙大约3月至11月；🅟) 这是在Çat村外往南走看到的第一家家庭旅馆，房间干净，服务热情，有一座特许卖酒的河畔餐厅和木屋住宿处，房间在主楼。提供徒步建议。

ℹ 到达和离开

长途汽车和小巴

夏季当高山村庄有人居住时，每天至少有1班小巴从恰穆里海姆辛沿着费尔蒂纳山谷上行前往Çat及更远的村庄。班次时间会变化，所以要向当地人咨询最新的时刻表。

7月和8月，以及6月和9月的大多数日子，每天都有1班小巴从Pazar（恰穆里海姆辛小巴车站旁）前往Palovit（35里拉，约3.5小时），途经恰穆里海姆辛、Çat、Elevit和Tirovit，出发时间大约为7:30；另一趟车大约同一时间从相同地点出发，每周数班，开往Çat以南约20公里处的Vercenik（35里拉，约3小时），途经恰穆里海姆辛和Çat。想在恰穆里海姆辛乘坐这些车（大约8:30到达），可要求酒店前台给司机打电话，让他停车等你。

7月至9月底，有1趟小巴周三和周六8:00从恰穆里海姆辛（Dogum面包房）开往Amlakit（25里拉，约3.5小时），途经Çat、Elevit、Tirovit和Palovit。14:00从Amlakit返程。

小汽车

从Çat的土路出发——5/6月至9/10月干爽时节（取决于天气），普通车辆均可小心通行——上行向东或东南可前往Elevit、Haçivanak、Tirovit、Palovit和Amlakit，向南可前往卡莱克伊、Başyayla和Verçenik。沿着道路继续上行，经过Palovit Şelalesi（瀑布）后也可抵达Amlakit和Palovit——比从Çat和Elevit走要快，不过路况较差。

出租车

从恰穆里海姆辛出发，单程到Çat需要大约70~80里拉，到Elevit大约需要100里拉。

阿迪尔 (Ayder)

📞0464

作为卡奇卡尔旅游业的中心，这座曾经的高山草甸村庄现已成为一座非常热门的旅游中转站，除了土耳其国内游客之外，也迎来了一车又一车的沙特阿拉伯人、伊朗人和格鲁吉亚人；从春天到秋天，这里都游人如织。阿迪尔环境很棒，位于海拔1300米的一座青翠山谷中，瀑布如丝般倾泻而下，卡奇卡尔山各种档次的住所就分布于此。村庄沿着山谷向上自西向东延伸超过2公里，卡奇卡尔山国家公园（Kaçkar Dağları Milli Parkı）就在附近。

在村子海拔最低处（西侧）有一台自动柜员机。

🚶 活动

本地区出色的一日徒步游可往返高处的Hüser（单程5公里，攀爬大约1000米），沿着位于Hazındak和Sal之间阿迪尔西侧山脊，饱览全景风光，途经Pokut——从阿迪尔沿着一条陡坡上行至Hazındak即可抵达，也可驾车前往Sal。

Kaplıca　　　　　　　　　　　　　　水疗

（温泉；📞0464-657 2102；www.ayderkaplicalari.com；13里拉，私人浴室 50里拉；⊙9月至次年6月 8:00~19:00，7月和8月 至22:00) 阿迪尔附近这座一尘不染的大理石水疗（kaplıca）中心是一天徒步之后舒缓肌肉的好地方，这里的水温有时高达56℃。

🎆 节日

恰穆里海姆辛阿迪尔节　　　　　　文化节

（Çamlıhemşin Ayder Festival，⊙6月的第1或第2个周末）这个非常受欢迎的初夏节日亮点在于通过民间舞蹈和音乐展示海姆辛文化，还能看到颇具土耳其东北部风格的血腥斗牛（boğa güreşleri）场景，两头公牛脑袋死死抵在一起，直至一方放弃后退。

🛏 食宿

除了古老的木质家庭旅馆之外，如今这

里也有了许多高山风格的酒店和各种规模（和品位）的家庭旅馆；新的建筑必须依循传统风格建造（如采用木头包边）。那些位于公路之上的陡峭的山腰住处一般都只能从公路上方较远处的小路前往。一般行李都得要用"teleferik"缆绳拉上山。

6月至8月的周末，这里的旅馆会被预订一空，恰穆里海姆辛阿迪尔节期间，几乎找不到住处。

一些旅馆全年营业；有些则在12月至次年3月歇业。

Fora Pansiyon 家庭旅馆 $$

（☎0464-657 2153；www.turkutour.com；Aşağı Ambarlık；标单/双 130/180里拉；❄❅☎）山腰的这间家庭旅馆提供乡村风格的松木板房间，有些带私人浴室，有些则只有铺位和床。全景露台上的晚餐（30里拉）很棒，如果你已在路上跋涉多日，那么洗衣房将是很受欢迎的设施。旅馆靠近村子西头，从Hotel Yeşil Vadi对面台阶上左转200米即到。

Zirve Ahşap Pansiyon 家庭旅馆 $$

（☎0464-657 2177；mirayzirve@hotmail.com；Aşağı Ambarlık；含/不含早餐 60/50里拉；✦4月至11月中旬；❄☎）这家非常超值的廉价旅馆位于公路上方，在村子西侧，有3层干净的客房，全部带浴室，有些铺的是迷人的基里姆地毯。虽然风景一般，但是旅馆前台的椅子是坐下来与热情的店家聊天的好地方。

Villa de Pelit 精品酒店 $$$

（☎0464-657 2111；www.villadepelit.com；标单/双/标三 7月至9月 262/350/525里拉，10月、11月、4月至6月 135/180/270里拉；✦4月至11月；❄❅☎）酒店位于靠近小巴/出租车站以东600米处的草甸最高处，有织物制成的室内陈设、黑色的人造革床头、卫生间、大小不一的浴室、咖啡和泡茶设备。餐厅提供土耳其菜和国际风味菜肴（主菜15~30里拉），透过喧嚣忙碌的餐厅能看到下方绿色山腰上奔腾而下的急流。从Vesile Otel酒店旁边的小路往上走200米即到。

Pilita 土耳其菜 $

（主菜10~25里拉；✦4月至10月8:00~23:00；☎✦）一个古雅的地方，或许当天只能提供用粉笔写在黑板上的所有菜肴中的一半，但你可能会享受精心准备的菜肴，开胃菜有茄子沙拉和酸奶（yoğurtlu patlıcan），主菜有碎肉馅的包菜卷（sarma）、牛排（bonfile）甚至黄油虾（tereyağı karides）。

有卖酒许可，员工会讲英语，你可以坐在舒适的餐厅坐垫长椅上，或者坐在门前的露台上。位于小巴/出租车站以东600米处。

ℹ 到达和离开

小巴和出租车站位于村子海拔最低处（西头）。

8:00~18:00，每小时有1班小巴开往或驶离Pazar（11里拉，1.25小时），途经恰穆里海姆辛。冬季车次很少（1月和2月每天每个方向只有2班）。从恰穆里海姆辛乘出租车去阿迪尔大约需35里拉。

道路通畅之时（大约6月至11月/12月），有小巴会开往山巅的村庄。一般是从恰穆里海姆辛途经阿迪尔前往Yukarı Kavron（20里拉，1.5小时；从阿迪尔出发10里拉，1小时），反之也是同样的时间和价格，7:00或8:00至18:00每1~2小时1班；从恰穆里海姆辛途经阿迪尔前往Avusor的车（25里拉，1.5小时，从阿迪尔出发15里拉，1小时）每天只有1班，8:00出发，下午返回。从阿迪尔到Yukarı Kavron、Yukarı Çaymakçur、Avusor和Huser的路没有铺砌好，一般只能在同一时期驾驶普通车辆小心地通行。

卡奇卡尔山国家公园的大门在从恰穆里海姆辛抵达阿迪尔之前的4公里处。

卡奇卡尔山东部 (Eastern Kaçkars)

卡奇卡尔山东侧通常比西侧更干燥，也就意味着这里徒步条件相对较好，不过却少了一些茂密的森林植被。主要村庄优素费利也是一个激浪漂流中心（在被规划中的新水库淹没之前），而且也是探索格鲁吉亚山谷的便利营地。

优素费利 (Yusufeli)

☎0466/人口 7250/海拔 560米

这座可爱的谷地小镇位于伯赫尔河和伊斯皮尔河的交汇处（两条河在这里交汇形

成乔鲁河），但很遗憾，小镇即将被水淹没。乔鲁河下游约12公里处正在建造优素费利大坝，2019年竣工后，形成的水库将淹没镇子——也将冲毁大多数激浪漂流场地，正是这些场地让村庄广为人知。新（Yeni）优素费利镇的建设已经在伯赫尔河西岸开始。目前，优素费利仍然是卡奇卡尔的南大门，也是通往格鲁吉亚山谷的绝佳大本营，以及激浪漂流的中心。

镇子跨坐在伯赫尔河两岸，有3座1公里长的公路桥和3座步行桥跨过河面。

食宿

Greenpiece Camping & Pansiyon
家庭旅馆、露营地 $

（☎0466-811 3620；www.birolrafting.com；Arıklı Mahallesi；标单/双/标三 不含早餐40/60/90里拉，露营帐篷/小面包车 每人 15/20里拉，早餐15里拉；[P][停车][空调][网]）这家悠闲的家庭旅馆由Birol Alkan和他的家人经营，位于伯赫尔河西岸，位于最高一座桥的上游300米处。露营区有浴室，住客可使用厨房。旅馆包括6个有空调的位于楼上的房间，后面的木屋中还有6个舒适的单间。

员工英语流利，可以组织漂流活动。

Otel Almatur
酒店 $$

（☎0466-811 4056；www.almatur.com.tr；Ersis Caddesi 53；标单 70~85里拉，双 120~140里拉，套 标单/双 140/200里拉；[空调][网][停车]）这里有铺着新亚麻床品的大床，附带冰箱，透过窗户能看到美景，尤其是4楼角落的房间（405和406）。5楼餐厅彩色玻璃窗风景更好，饭食（主菜10~15里拉）包括肉丸、开胃菜和蔬菜（sebzeli）烤肉，附赠的早餐很丰盛。

İhtiyaroğlu
家庭旅馆 $$

（☎0466-824 4086；Sarıgöl Yolu；标单/双/标三 60/120/150里拉，平房 300里拉，露营位 20里拉；[P][网]）从优素费利向伯赫尔走13公里，从一条弯曲的小路下行500米就到了这个令人惊喜的旅馆。木屋风格的建筑围绕着一座河畔花园展开，19个房间无懈可击，被松木环绕，也有4个能入住6人的平房。就算不在这里过夜，也值得来河畔的露台上享受烤鳟鱼（15里拉）；餐厅营业时间为7:00~23:00。

乘坐前往Sarıgol、伯赫尔或亚拉拉尔的小巴很容易抵达旅馆。露营者能使用这里的厕所，但不能淋浴。

Yusufeli Kültür Evi
咖啡馆 $

（Yusufeli Culture House；İnönü Caddesi；菜3~5里拉；⌚正午至23:00）这座由镇政府经营的咖啡馆是享受当地超值咖啡的好地方，你也可以在这里下西洋双陆棋、使用游泳池、搭配土耳其软糖喝土耳其咖啡。还可以坐在宽敞的主室，里面有舒适的座椅，也可以坐在河畔的通风露台。从旅游办公室以南的小广场上台阶就能到达。

❶ 实用信息

旅游办公室（İnönü Caddesi；⌚5月至10月 每天8:00~21:30，11月至次年4月 周一至周五8:00~17:30）在镇中心的主街上。

❶ 到达和离开

优素费利长途汽车站位于主街和河之间，在旅游办公室以南150米处。

前往阿尔特温的小巴每天11班（17里拉，1.5小时），6:00~16:30发车。**Yeşil Artvin Ekspres**（www.yesilartvinekspres.com.tr）的车次去往埃尔祖鲁姆（25里拉，2.5小时）的时间为7:00、9:00和23:00，去往霍帕（30里拉，3小时）和特र布宗（45里拉，6小时）的时间为9:00。可以在阿尔特温换乘去霍帕和特रिब布宗的车。

有1班从阿尔特温开往卡尔斯的车（35里拉，4小时），经过D950阿尔特温—埃尔祖鲁姆公路Su Kavuşumu的岔路口，那里位于优素费利以东10公里，经过这里的时间大约为13:00。可以乘坐开往阿尔特温的小巴（5里拉）或出租车（大约35里拉）到Su Kavuşumu。

从优素费利驾车前往卡奇卡尔，一路沿着山谷（部分是峡谷）行进，景色壮观，能看到奔涌的伯赫尔河和Hevek河。蜿蜒的道路铺设良好（虽然许多道路是单行道），一直通到伯赫尔（29公里）。之后是土路，但是路况很好，一直通往亚拉拉尔（距伯赫尔21公里），从那里开始到欧尔干拉尔（3.5公里）的道路有些部分是水泥路。谨慎又自信的司机可以大胆驾驶一般的车辆到达欧尔干拉尔，不过遇到雨天和融雪天，出发前可以向当地人寻求建议，以预防可能发生的灾害（包括落石和山

特克城堡和四教堂
(Tekkale & Dörtkilise)

★ 四教堂（Dörtkilise） 教堂

四教堂是一座宏伟的建于10世纪的格鲁吉亚教堂（格鲁吉亚语中称为"Otkhta Eklesia"），位于优素费利西南7公里处，特克城堡村一条绿色河谷往上的6公里处。这是一座拥有三座中殿的大教堂，没有圆顶，与附近的伯赫尔教堂类似，几乎是掩藏在遥远山坡的树丛之中。虽然已荒废腐坏，长出了杂草和藤蔓，石砖上生着美丽的苔藓，但很大程度上依然保存完整。

特克城堡（Tek Kale Kalesi） 城堡

这座荒废的中世纪格鲁吉亚城堡位于从优素费利出发进入村庄之前的1公里处，矗立在公路的高处，岩石高峰上有一座小教堂，很难进入。

❶ 到达和离开

11:00、15:00和17:00有小巴从优素费利**Otel Almatur**（见571页）门外的路边出发前往特克城堡（2里拉）。从特克城堡出发，你可以沿着道路前往四教堂：距离村庄6公里（不过路标上说是7公里），教堂隐藏在左边的一段石墙上方的树林里，差不多过了150米，你会在一处泉眼见到篆刻的"Mehmet Kaçmazın hayratısıdır yap 2007"字样，它才会显现出来。

从优素费利乘坐出租车往返四教堂价格为80里拉（包括1小时等待时间）。

如果自驾，注意从特克城堡出发的窄路只有最初的3公里是铺砌的，下雨天要小心。

伯赫尔（Barhal）

☎0466/人口1500/海拔1300米

伯赫尔（现在的官方名称是Altıparmak）是探索卡奇卡尔地区的迷人营地。这座村庄位于青翠的山谷之中，山景优美，有2条奔涌的河在其中心交汇。这里有热情的家庭旅馆，能提供徒步导游、设备、一日徒步和长期历险的建议。

◉ 景点和活动

伯赫尔是跨越Altıparmak山脉的主要起点，穿过3107米高的Kırmızı山口可到达Ayusor——需要2~3天，取决于你选择的路径。英文宣传单上详细列出了4条很好的一日徒步路线，由Culture Routes in Turkey出版，家庭旅馆都有提供。

伯赫尔教堂 教堂、清真寺

（Barhal Church;ⓟ）这座宏伟的建于10世纪的格鲁吉亚教堂（格鲁吉亚语中称为Parkhali）耸立在距离村中心1公里远的地方。是一座有三座中殿，没有圆顶的大教堂，结构缺少装饰，但气势巍峨，四面的瑰丽百叶窗连拱廊弥补了这一不足。这里被改用作清真寺已经有相当长的时间，被保护得很好。住在隔壁建筑中的伊玛目会开门供游客参观。

小礼拜堂徒步 徒步

想眺望山村的风景和远处参差的山巅，可以从伯赫尔教堂翻越山谷登上两座废弃的小礼拜堂（从那里能看到山脊上的那座小礼拜堂）。步道大约5公里长（往返90分钟），从教堂和Karahan Pension通路尽头对面的木板桥开始。

Karagöl Lake Hike 徒步

风景非常优美，走起来相当费劲的一条全天徒步路线，从伯赫尔西北7公里处的Naznara出发，攀登至卡奇卡尔山中最美的湖泊之一Karagöl，然后经由Sarıbulut村返回。

🛏 食宿

村子中心有几家食品店和咖啡馆。

★ Karahan Pension 家庭旅馆 $$

（☎0539 559 5059、0466-826 2071；www.karahanpension.com；每人 含早餐/含半膳宿55/75里拉；⊙4月至11月；ⓟ🛜）这家舒适的宾馆由Mehmet和儿子Ahmet、Bekir（会讲一些英语）经营，位于村庄之上1公里处的美丽山坡上，有一座露台和客厅，是休息的好地方。客房虽然布置简单，但很迷人，有的铺有小地毯，有的是裸露的地板，Mehmet做的家常菜和自产的蜂蜜很美味。

❶ 到达和离开

伯赫尔位于优素费利西北29公里处。14:00和16:00有2~3班小巴从优素费利的长途汽车站出发前往伯赫尔（18里拉，1.25小时），乘客足够多后就发车，从伯赫尔返回的时间为6:30或7:00。如果不能按时赶上长途汽车，你可能只能乘坐出租车（约150里拉）。

亚拉拉尔 (Yaylalar, Hevek)

☎0466 / 人口 700

从伯赫尔去亚拉拉尔的21公里的道路蜿蜒狭窄，要沿着奔腾的Hevek河河谷前行，但一路的田园风景非常值得观赏，有许多传统的农舍，到处是风景如画的山地牧场（yaylalar）。你也许会赞同这里的标语——亚拉拉尔是"人间天堂"。这里是一日徒步的出色营地，时间长一些的探险活动包括攀登卡奇卡尔山巅峰，途经Naletleme、Körahmet或Babur山口的翻山徒步。

Çamyuva Pansiyon 家庭旅馆 $$

（☎0466-832 2001, 0534 361 6959；www.facebook.com/camyuvapansiyon；含半膳宿 每人100~110里拉，不含浴室 80里拉，房 不含浴室 30里拉；☎）这里像是一座很大的瑞士木屋，有松木装饰的舒适的房间，从阳台能看到附近的村庄。街对面的木头平房能住5人，下面是汩汩流淌的小溪——夏季舒适宜人，冬季很寒冷。附近的另一座房屋里有供预算有限的住客使用的公共浴室。

❶ 到达和离开

优素费利长途汽车站有小巴前往亚拉拉尔（35里拉，1.75小时，一般每天2班），大约在14:00和16:00乘客够多就发车。从亚拉拉尔返回的时间大约为6:00。从优素费利乘坐出租车前往亚拉拉尔大约需要250里拉。

欧尔干拉尔 (Olgunlar)

☎0466 / 人口 50

在宁静的小村欧尔干拉尔（Meredet），感觉就像是到了世界尽头。这座田园小村位于海拔2130米一座孤绝的山巅之上，风景令人振奋，有潺潺的流水，能呼吸到土耳其最新鲜的空气。这里的家庭旅馆是距离卡奇卡尔山和Naletleme山口（前往Yukarı Kavron）最近的住处。从这里也有通往南部和西南部的山口。欧尔干拉尔冬季也会吸引滑雪游客。

🛏 食宿

除家庭旅馆提供的膳食外，这里还出人意料地有一座设备齐全的咖啡馆。

Dilberdüzü Camp 露营 $

（每顶帐篷营地 / 租赁 5/20里拉；⏲7月中至9月中）2016年，**优素费利旅游发展协会**（Yusufeli Turizm Geliştirme Kooperatifi, Yusufeli Tourism Development Cooperative；☎0505 453 4151；www.facebook.com/Yusufeli-Turizm-Gelistirme-Kooperatifi-1102734493111759）为徒步者和登山者在名叫Dilberdüzü的地方建立了营地，从欧尔干拉尔沿着山谷徒步上行7.5公里（约需要3.5小时），便能到达这里。帐篷、睡袋和垫子都能出租，这里有一家咖啡馆（菜7.50~15里拉），外加一顶应急帐篷，提供前往卡奇卡奇山顶峰徒步的导游服务（每天100美元）。

Kaçkar Pansiyon 家庭旅馆 $$

（☎0538 306 4564, 0466-832 2047；www.kackar.net；含半膳宿 每人 5月至12月 30欧元，1月至4月 40欧元；🅿 🍴 ☎ ）是一座包裹着松木的世外桃源，是徒步者的首选。有超级干净的客房、客用厨房、舒适的全景休息区和美味的饭食。选一个能眺望溪流的房间。热情的店主Ismail会说法语和一些英语。除非有预订，不然12月和1月上半月可能会歇业。

❶ 到达和离开

欧尔干拉尔离亚拉拉尔3.5公里远，坐落在一条风景优美的道路旁。跟司机提前说明，从优素费利前往亚拉拉尔的小巴（在14:00~16:00从优素费利长途汽车站出发）会继续开往欧尔干拉尔（35里拉，2小时）。返程时如果提出要求，他们会在17:30左右来欧尔干拉尔接车。

远东北 (FAR NORTHEAST)

格鲁吉亚山谷 (Georgian Valleys)

位于优素费利东北的这座壮观的山村，

连同北部和东北部的山区（远达土耳其和格鲁吉亚边境）都曾属于中世纪的格鲁吉亚。这里有大量的教堂和城堡，大多荒草丛生，与世隔绝，散发着凄美的浪漫气息。历经时光的洗礼，这些建筑镶嵌在美景之中，让探险者为它们的魅力所倾倒。从春到秋，山谷和白杨树、樱桃树和杏树一同转为绿色，与上方裸露的岩石山腰形成鲜明的对比。

历史

该地区南起托尔图姆（Tortum），北达土耳其格鲁吉亚边界，在格鲁吉亚语中被叫作Tao-Klarjeti，中世纪时，格鲁吉亚有两个公国存在于此。从公元前几百年开始，这里一直是格鲁吉亚东部伊维利亚（Iveria）王国（或称Kartli）的势力范围，但到了8世纪，由于战争和外敌入侵，这里基本上已成为焦土。9世纪，伊维利亚王国的首都第比利斯被阿拉伯人控制，Tao-Klarjeti重新有人定居，逐渐繁荣起来，在拜占庭人的帮助下，发展为格鲁吉亚基督教文化的中心。在巴格拉季昂尼（Bagrationi）国王们的统治下，Artanuji（现在阿尔特温东部的阿尔达努斯）成了首都，在僧侣格里高利（Grigol Khandzteli）的带领下，城市掀起了广泛的修道院和教堂建筑运动。到1000年时，这片长只有150公里，宽120公里的与世隔绝的崎岖山地，已经拥有将近300座格鲁吉亚教堂、修道院和城堡。

11世纪初期，阿布哈兹（Abkhazia，格鲁吉亚西北部）的巴格拉特（Bagrat）国王继承了Tao-Klarjeti和格鲁吉亚东部地区，格鲁吉亚绝大部分领土终于正式统一到一位统

Georgian Valleys & Around
格鲁吉亚山谷及周边

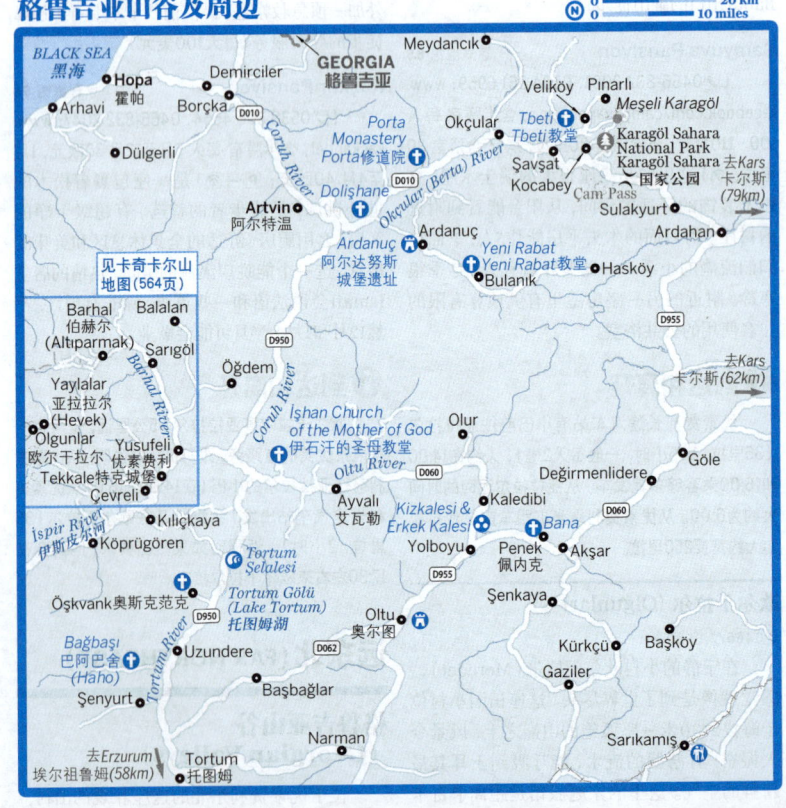

治者的名下。格鲁吉亚西部的库塔伊西（Kutaisi）是首都，直至1122年，伟大的格鲁吉亚国王大卫四世（Davit Ⅳ，"建立者大卫"）终于重新夺回第比利斯，开启了格鲁吉亚中世纪的"黄金时代"，并在女王他玛（Tamar）的统治（1184~1213年）之下达到巅峰。

11世纪，Tao-Klarjeti曾遭遇拜占庭和塞尔柱突厥人的入侵。因为这些原因，格鲁吉亚的统治中心开始向北移动，这片地区的重要地位开始衰落。突厥人被建立者大卫（David the Builder）赶走后，仍继续进攻；接着蒙古人来了，他们在1235年攻占了这片地区。13世纪末，Tao-Klarjeti被纳入格鲁吉亚南部公国萨姆茨赫（Samtskhe, Meskheti）的统治之下，他们设法与蒙古人和平共处，并牵制住塞尔柱人，但最终还是没能阻止中亚征服者帖木儿（Tamerlane, Timur）在1394年的侵略。16世纪30年代，奥斯曼土耳其人从西部入侵该地，1555年，奥斯曼和波斯萨法维王朝通过签订《阿马西亚条约》（*Treaty of Amasya*）分割了萨姆茨赫，西部（Tao-Klarjeti）归奥斯曼所有。随后的几个世纪里，这里的大多数人口都皈依了伊斯兰教，教堂被转化为清真寺或是被废弃。不过许多当地人仍然保留着一些格鲁吉亚的文化和气质，靠近现在土耳其和格鲁吉亚边界线的一些村庄依然使用格鲁吉亚语。

❶ 到达和离开

从埃尔祖鲁姆或阿尔特温租车是游览山谷的最佳方式。在优素费利租赁出租车往返伊石汗（包括等待时间）为100里拉，或者一日300里拉。

公共交通有上午从村庄开往优素费利，下午返回的小巴。埃尔祖鲁姆有小巴开往巴阿巴舍（Bağbaşı）。乘坐公共汽车也可以往返埃尔克吉姆和优素费利或阿尔特温与巴阿巴舍或奥斯克范克（Öşkvank）的岔路口，徒步或搭便车上行6~8公里即可抵达教堂。

伊石汗的圣母教堂（İşhan Church of the Mother of God）

1032年，伊石汗这座宏伟的圣母教堂，地位达到巅峰，成为Tao-Klarjeti最重要的教堂。教堂由一位亚美尼亚大主教于7世纪修建，后来由格鲁吉亚人重修过几次。之后这里成了一座清真寺，20世纪80年代，教堂的屋顶坍塌，当时整座建筑的墙壁上都还覆盖有壁画，但现在只剩遗迹可循。

从外面你能欣赏到教堂宏大的规模，以及这座十字形建筑的组成部分。教堂有几乎呈圆锥形的圆顶，高大的拱形游廊，窗户周围有精致的浮雕艺术。

里面有四根独立的柱子支撑圆顶，尤其壮观，半圆形后殿中有一座精美的马蹄形拱廊，柱顶各不相同。

土耳其政府正在对伊石汗圣母教堂进行修复，无法看到教堂内部。目前尚未对外开放。

从优素费利向东到D950阿尔特温—埃尔祖鲁姆公路（9公里），右转7公里后到与D060公路的交会点，跟着棕色的"İşhan Kilisesi"路标前行13公里。教堂所在的伊石汗村庄上部所处的位置壮观，沿着山腰开凿出的一条陡峭狭窄的山路攀登7公里就能到达。雨天尽量减速行驶，因为道路湿滑。

托尔图姆湖和托尔图姆瀑布（Tortum Gölü & Tortum Şelalesi）

令人难忘的托尔图姆瀑布（Tortum Selalesi）位于D950伊石汗岔路口以南16公里处，有路标显示距离主路700米远，能眺望到一座茶园。

继续南下，D950公路绕行至8公里长的托尔图姆湖的西岸，这里是约3个世纪以前由山体滑坡所形成的。

İskele Et & Balık Lokantası（📞0535 366 9052；主菜6~16里拉；⊙营业时间多变；🅿）稍稍有些破旧，但位置很好，位于一座凸起在湖面上的岬角上。提供当地鳟鱼（alabalık）和各式各样的烤肉。也可以在这里露营，还可以租用划艇到湖上游览。

奥斯克范克大教堂（Öşkvank Cathedral）

从托尔图姆湖最南端继续南下2公里，有路标指示向西离开D950公路可到达大教堂，它位于Çamlıyamaç村，沿着一条美丽的峡谷道路上行8公里就能到达。

这座建于10世纪中叶的大教堂（格鲁吉

阿尔达努斯和萨福赛特

阿尔特温东部地区景色极美，河流、峡谷、山峰、森林、亚拉拉尔(山地牧场)仿佛织成了一块织锦，因为靠近格鲁吉亚，高加索风情也为这里增添了别样的魅力。线路之外的许多村镇、一些中世纪的格鲁吉亚教堂和城堡风景也让人感到愉快。

因为公共交通工具不多，所以自助旅途中，自己有车是最好的。在进入次级公路时，最好听取当地人的建议，因为有可能路况不好。

在阿尔特温以东约18公里蜿蜒的D010海滨公路上，有一个岔路口，路标上写着"Dolişhane Kilisesi 3"，从这里能攀上建于10世纪的美丽的格鲁吉亚**Dolişhane小教堂**(Hamamlı village)。教堂里面是空的，但有几处浮雕，其建造者是国王萨姆巴特二世(Sumbat II，拥有一座教堂)，南部外墙上有天使加百列和米迦勒。回到D010，继续行进3公里跨过Okçular河(在这一段是一个水库)。在桥的尽头右转可前往**阿尔达努斯**(Ardanuç; 11公里)，沿着路标还可以前往壮观的**阿尔达努斯城堡遗址**[Ardanuç (Gevernik) Kalesi]，周围都是陡峭的悬崖。将车停在东侧下方，沿着小路爬到城堡最北端，这里有一座短梯，上面是铁制台阶，是这座几乎无法攻取的要塞的唯一入口。也难怪阿硕特一世(Ashot I)于9世纪初期在这里建立了他的格鲁吉亚王国之后便将阿尔达努斯定为首都。

到达阿尔达努斯后继续前行17公里(村子里有路标，继续走也有路标)就到了10世纪或11世纪建造的格鲁吉亚**Yeni Rabat教堂**(靠近Bulanık)。教堂虽然已经被废弃，但大致仍保存完好，精致地坐落在一片草坪平台上，俯瞰着一片葱郁的山谷。从Bulanık村过来的最后1.5公里道路没有铺砌，有一个很陡的下坡——雨天很危险。

在阿尔达努斯岔路口东北，D010公路沿着林木茂盛的幽深的Okçular (Berta)河谷前进。13公里后有一个棕色的路标，指示向左"距离Porta修道院还有2公里"(Porta Monastiri 2)。这是通往废弃的**Porta修道院**(Porta Monastery)的2公里爬山步道的起点，格鲁吉亚人一般把这里称作Khandzta。这座修道院建于782年，是为了响应僧侣Grigol Khandzteli在

亚人称Oshki)是格鲁吉亚山谷中现存最宏伟的两座中世纪教堂之一，另一座是位于大教堂东北48公里处的伊石汗圣母教堂。与伊石汗不同的是，奥斯克克兹处于半荒废的状态，但这反而增添了一种古色古香的风情。大教堂是Tao-Klarjeti最重要的修道院之一，也是当时的学术中心，至少一直到15世纪都很活跃。它是本地区格鲁吉亚旧教堂中最壮观的一座，令人印象深刻，也是11世纪初期在格鲁吉亚库塔伊西修建的巴格拉特大教堂(Bagrati Cathedral)的范本。

这是一座有三座中厅的十字形建筑，上方依然有一座圆顶，南部的正立面非常宏伟，能看到高大的封闭式拱廊和大天使浮雕，还有一只鹰抓住一只鹿的场景。大教堂里外的浮雕都是本地区教堂中最精美的。教堂内部装潢令人吃惊，四座宏伟的柱子高高耸立着，支撑起高大的拱顶，上面有12扇窗户的大鼓，圆顶就耸立在大鼓之上。

Haho教堂 (Haho Church)

巴阿巴舍村(Bağbaşı)有本地区规模较大，保存也较完好的一座格鲁吉亚教堂。这座建于10世纪晚期的Haho教堂(格鲁吉亚人也称为Khakhuli)曾经是一座大修道院的一部分，是艺术和学术的中心，直至16世纪依然活跃。现在这里被用作清真寺，所以已经经过一定的修复。

从D950公路的奥斯克范克岔路口向南走13公里(Uzundere以南6公里，埃尔祖鲁姆以北80公里)，有一个路标指示向西可前往巴阿巴舍。沿着美丽的山谷道路上行3公里，看到"Taş Camii Meryem Ana Kilisesi"的路标右转。继续前行3公里，右手边就是Haho教堂。

欧尔图和佩内克 (Oltu & Penek)

美轮美奂的**欧尔图要塞**(Oltu Kalesi)据推测是在公元前1000年由Urartus所建，高

Tao-Klarjeti发起的修道院运动。上行的步道很陡,不过位于一座林木茂盛的峡谷,环境很浪漫。沿D010公路向东北继续行进17公里,有一条柏油路北上到达Meydancık,这是一座靠近格鲁吉亚边境的典型的山地牧场。

在Meydancık岔路口以东10公里处,D010公路旁,有一座城镇名为萨福赛特(Şavşat),童话般的萨福赛特城堡(Şavşat Kalesi; P)像卫兵一样拱卫在一旁。这里是格鲁吉亚王子在中世纪Tao-Klarjeti境内的领地之一——Shavsheti的统治力量所在地。详细的发掘工作已经展开,信息板上标记了一座葡萄酒窖和一座奥斯曼公共浴室。

在萨福赛特城堡旁边有一个路标指示这里可以前往Karagöl Sahara国家公园(Karagöl Sahara National Park)。沿着这条路前行7公里,会看见左边有一个棕色标牌写着"距离Cevisli Kilesesi还有4公里"(左边有一个棕色标牌写着"Cevisli Kilesesi"),继续行进就能到达建于10世纪的格鲁吉亚Tbeti教堂(Tbeti Church; Cevizli village)的废墟,位于一座具有田园风情的亚拉拉尔村庄之中,旁边有2个咖啡馆。南面外墙上有美丽的假柱廊和一些栩栩如生的浮雕。

Laşet Motel(Laşet Tesisleri; ☎0466-571 2136; www.laset.com.tr; Şavşat-Ardahan Karayolu; 标单/双 100/170里拉; P⚡)位于萨福赛特以东10公里处的D010边的一条小溪旁,有8个用木板装饰的舒适房间,特许餐厅提供很好的鱼和烤肉。店主Mete会讲一些英语,在5公里外还经营了一家出色的**Laşet Bungalov Tatil Evleri**(Laşet Bungalov Tatil Köyü; ☎0466-571 2157; www.laset.com.tr; Kocabey village; 标单/双/标三/四 150/200/300/400里拉; P⚡),舒适的松木平房设备齐全,能眺望到村子和远处的群山,特许餐厅也有一样出色的菜单。

继续向东,沿着D010离开森林峡谷,蜿蜒穿过Çam山口(2470米),通往阿尔达汉(Ardahan)周边的高山干草原。

耸在宁静的欧尔图村上方。要塞目前正处于关闭维修状态,不过出行前你可以上网查询一下是否已经重新开放。城堡在罗马和拜占庭时代具有重要意义,后来被塞尔柱人和热那亚殖民者占领,接着在16世纪被奥斯曼人接管。

宏伟的7世纪亚美尼亚巴纳大教堂(Bana Cathedral)位于一座距离佩内克州2.5公里远的小山上,周围是葱绿色的草地,群山构成了一组梦幻的背景。建筑处于荒废状态,很难想象它曾经的样子:三层楼高的圆形建筑,高30米,有一座圆锥形的圆顶,类似于亚美尼亚于同一时代修建的著名的兹瓦尔特诺茨大教堂(Zvartnots Cathedral)。

从Yolboyu村以北的D060公路上能看见两座中世纪的城堡,即Kizkalesi和Erkek Kalesi,它们显然是一对儿(名字的意思分别是"女孩堡"和"男孩堡"),设计意图是控制两河交汇的山谷。女孩堡距离Yolboyu 3.5公里,位于公路以东的一座悬崖顶部,景色怪异,连同附近的地貌给人一种超现实的感觉,崎岖的峡谷在那里变成了略带红色的崖壁。"男孩堡"要继续向北500米,耸立在一块岩石高地上,下方是一条被白杨树包围的河流。

卡尔斯(Kars)

☎0474 / 人口 79,300 / 海拔 1768米

因为有俄国占领时代所建的粉彩石头建筑和规划良好的网格平面,卡尔斯看上去就像是俄罗斯瞬间移动到安纳托利亚东北部来了。城市因为融合了库尔德、阿塞拜疆、土库曼斯坦、土耳其和俄罗斯风格的影响而显得越发独特。因此成为土耳其作家奥尔罕·帕慕克著名小说《雪》的背景也就不足为奇了。

卡尔斯一般被视作探索阿尼遗迹的营地,但这里的风景其实也值得花些时间来游览,沉浸在热闹的氛围中(卡夫卡斯大学贡献

❶ 前往格鲁吉亚

从土耳其有多个陆路过境点进入格鲁吉亚，**Türkgözü** 的过境处可从Posof（阿尔达汉北部）前往Vale[格鲁吉亚，阿哈尔齐赫（Akhaltsikhe）以西]；**Aktaş** 的过境处可从Çıldır（阿尔达汉以东，卡尔斯以北）前往卡尔特萨希（Kartsakhi，格鲁吉亚，阿哈尔齐赫以西）。前往格鲁吉亚大部分地区旅行的时间选择很少，主要受交通时刻（而时刻表又是出了名的多变，所以到当地先查清楚）的限制。**Sarp** 的过境通道在黑海海岸上，巴统以南，从本地区北部过去很方便。这些过境通道都24小时开放。

了很大的力量），品尝一些当地美味的菜肴。这里也是探访周围草原偏远山村和景点的便利的营地。

⊙ 景点

卡尔斯有许多当时俄罗斯人建造的大楼，以及其他一些所谓波罗的海（即俄罗斯北部）建筑的实例；外观看上去相当沉郁，但在土耳其是相当罕见的。这些建筑有一部分已经被改造成精品酒店和咖啡馆。可沿着Ordu Caddesi找一找建于1883年的黄白两色的**旧政府大楼**（Old Governor's Mansion；见580页地图），这里是1921年卡尔斯条约的签署地；也可以看看19世纪晚期修建的**税务局**（Revenue Office；见580页地图），这座三层楼建筑的正立面装饰有长假柱。**加济卡尔斯安纳托利亚高中**（Gazi Kars Anatolian High School；见580页地图）占据着一座建于19世纪晚期的冬季宅邸。**费特希耶清真寺**（Fethiye Camii；见580页地图；Cumhuriyet Caddesi）是由一座19世纪的俄国东正教教堂改造而成的，位于美丽的市中心南部，现在有两座宣礼塔取代了原本的洋葱头圆顶。

卡尔斯文化和艺术协会　　　博物馆

（Kars Kültür Sanat Derneği, Kars Culture & Art Association；见580页地图；Bakırcılar Caddesi 39；⊙周一至周六 8:00~17:00）**免费** 这座小图书馆和博物馆由当地历史学家Vedat Akçayöz所有的油漆店扩建而成（招牌上写着Yeni Akçay Kollektif Şirketi），其中展示了莫洛肯派（Molikans，俄语"饮牛奶者"）和杜科波尔派（Doukhobor Spiritual Christian）的物品（他的祖母是一名莫洛肯派成员）。这些爱好和平的基督教团体因为不肯归顺俄罗斯东正教教会，一些莫洛肯派信徒便在一个多世纪以前的俄占时代来到了卡尔斯（所有人现在几乎都移民离开）。Vedat英语流利，也是研究阿尼主纪念区下方"地下城"的权威人士。

卡尔斯博物馆　　　博物馆

（Kars Müze；Kars Musuem；Cumhuriyet Caddesi；⊙8:30~17:00）**免费** 这座城市博物馆位于市中心东北处，在通往阿尼的路边，其中的展品来自青铜时代早期（囊括了一些来自阿尼地区的展品，呈现了那里定居点的久远历史）、乌拉尔图、罗马时代、塞尔柱和奥斯曼时代。博物馆楼上有一些精美的基里姆地毯和奥斯曼长衫。

🛏 住宿

Hotel Temel　　　酒店 $

（见580页地图；☎0474-223 1376；Yenipazar Caddesi 9；标单/双 60/80里拉；🛜）这座酒店的客房有点破旧，但很整洁，配有洁净的床单，采用令人放松的蓝黄配色的休息室里，有豪华的蓝色和金色椅子。附近**Hotel Temel 2**（见580页地图；☎0474-223 1616；Yenipazar Caddesi；标单/双/标三 不含早餐30/50/75里拉；🛜）的房间虽窄小、古老，但很干净。

★ Hotel Katerina Sarayı　　　精品酒店 $$

（☎0474-223 0636；www.katerinasarayi.com；Celalbaba Caddesi 52；标单/双/标三 120/180/220里拉；🅿🛜）这家于2015年开始营业的酒店位于一座于1879年修建的俄罗斯风格石头大宅中（原本是一座军队医院），呈现出一种沙俄风格的优雅和舒适感，有高耸的天花板，基里姆地毯，镀金花卉床头板和镜框。位于卡尔斯河畔一个可爱安静的地方，就在城堡下方，从市中心步行过来只需要10分钟。

Kar's Otel　　　精品酒店 $$$

（见580页地图；☎0474-212 1616；www.karsotel.com；Halitpaşa Caddesi 31；标单/双

99/139欧元；🅿🛜）这家精品酒店有7间客房，位于一座建于19世纪的俄式大楼中，感觉就像是一个奢侈的蚕茧。颜色粉嫩的客房非常舒适，有大床和地毯，大理石浴室中有很好的洗漱包。餐厅、庭院和房间里全天候提供小吃外加冷热饮品（有酒）。

🍴 餐饮

卡尔斯的餐饮业是东北地区最好的，有2家相对较好的餐厅和一些主打当地家常菜的餐馆。这座城市以几种特色菜闻名，包括烤鹅、蜂蜜和奶酪。咖啡馆也很热闹。

★ Ocakbaşı Restoran 土耳其菜 $

（见580页地图；📞0474-212 0056；www.kaygisizocakbasi.com；Atatürk Caddesi；主菜13~22里拉；⏰8:00~23:00；🛜📋）这座拥有40年历史的出色的餐厅是当地人的最爱，楼上有大餐厅，提供美味的地区特色菜和土耳其菜肴，例如特色的alinazik（牛里脊条和茄子、番茄、辣椒；你也可以要求et siz素食版本）和一些美味的土耳其比萨，食材搭配不同一般（包括素食选择）。

★ Sini Ev 安纳托利亚菜 $

（Borsa Sokak 71；主菜10~20里拉；⏰周一至周六 8:00~21:00；🛜📋）这家低调友好的餐厅距市中心有些距离，但美味的当地家常菜值得过来体验一番。选择包括每日新做的汤（如酸模、扁豆和一种酸奶香草为料的冷汤）、填馅蔬菜（茄子、辣椒或葡萄叶）配肉或不配肉、豆子和鹰嘴豆菜肴、茄子和烤肉丸、烤肉和炸肉。没有烧烤。

Hanimeli Kars Mutfağı 安纳托利亚菜 $

（见580页地图；www.karshanimeli.com；Faikbey Caddesi 156；主菜10~15里拉；⏰9:00~21:00；🛜）这家餐厅有一种简朴的乡村厨房的氛围，特色菜是受高加索地区影响的家常菜肴。包括亚美尼亚风味的蒸肉丸（Revan köfte），一种被叫作eriste aşi的口感顺滑的意大利面汤，以及意大利饺子般的hangel。提供烤鹅，出售美味的卡尔斯蜂蜜，还有一种用紫罗勒制作的当地提神饮品reyhane。

Anatolia Cafe 咖啡馆 $

（见580页地图；Mesut Yılmaz Parkı；主菜10~25里拉，蛋糕和甜点 7.50~10里拉；⏰8:00~22:00；🛜）这家宽敞的咖啡馆氛围悠闲宁静，位于河畔，地理位置优越。从诱人的蛋糕、甜点到奶酪开胃菜、过滤咖啡、比萨、肉丸和玉米卷饼都很棒。

Han-I Hanedan 土耳其菜 $

（见580页地图；Faikbey Caddesi；主菜15~25里拉；⏰8:00~13:00；🛜）如果你想边喝啤酒或葡萄酒边吃饭，这里是你的最佳选择，提供的主要土耳其和国际风味的肉食，包括çoban kavurma（羊肉炖羊肉和辣椒、番茄）和马德拉斯鸡肉（Chicken Madras）。也有开胃菜和烤鹅（70里拉）。

Pasha Cafe 咖啡馆

（见580页地图；Gazi Ahmet Muhtar Paşa Caddesi；⏰9:00至午夜）这里是卡尔斯35岁以下年轻人的最爱，员工热情，楼上有一座带玻璃墙的出色的画廊，从早到晚都很热闹，尤其是当现场有土耳其流行歌曲演唱时（19:00起）。蛋糕、甜点和咖啡（5~10里拉，包括哥伦比亚过滤器）都很好，菜肴稍逊，但分量很足（主菜10~25里拉）。

Barış Türkü Evi 酒吧、咖啡馆

（见580页地图；Atatürk Caddesi；⏰9:00至次日2:30；🛜）位于一座古老的大厦中，这家咖啡馆兼作酒吧，提供啤酒，吸引了学生和35岁以下的年轻男女前来，尤其是周五和周六晚上有现场土耳其/高加索/库尔德音乐演奏时。

ℹ️ 实用信息

旅游办公室（见580页地图；📞0474-212 6865，0474-212 2179；Faikbey和Gazi Ahmet Muhtar Paşa Caddessi交叉路口；⏰周一至周五 8:00~17:00）有卡尔斯和阿尼实用宣传册。

ℹ️ 到达和当地交通

卡尔斯机场位于市中心以南6公里处。有一趟标记着"Servis Otobüs"（5里拉）的接驳车从到达大厅外进城。要前往机场，这趟车会在航班出发前大约1.5小时在售票处载客。乘坐出租车价格为20~25里拉。

如果没有自己的交通工具，游览卡尔斯周边乡村，包括阿尼遗迹，最好的办法是联系Celil

Kars 卡尔斯

安纳托利亚东部

卡尔斯

Kars Castle 卡尔斯城堡

Beylerbeyi Sarayı

去 Hotel Katerina Sarayı (500m)

Şehit Öğretmen Vedat Sk

Kümbet Camii Kümbet 清真寺

Kars Canal

Eski Otogar

Aşık Murat Çobanoğlu Cad

Atatürk Cad

Şehit Hulusi Aytekin Cad

Kars River 卡尔斯河

Gazi Ahmet Muhtar Paşa Cad

Ordu Cad

Halitpaşa Cad

Küçük Kazım Bey Cad

Sabuncular Cad

Bakırcılar Cad

Bulvar Cad

Metro

Yenipazar Cad

Kazım Paşa Cad

Prof Dr Metin Sözen Cad

Atatürk Cad

Health Directorate Building
卫生理事会大楼

Turgutreis

Kars Vipturizm

Faikbey Cad

Army Base

Mesut Yılmaz Parkı

Şehit Yusuf Bey Cad

Lise Cad

去 Sini Ev (300m); Turgutreis
图尔古特雷伊斯
汽车站(2.5km);
去机场(5km)

去 Kars Museum (1.6km);
卡尔斯博物馆(1.6km);
汽车站(5km);
Ani 阿尼(46km)

Ordu Cad

Cumhuriyet Cad

Ersözoğlu（☎0532 226 3966；celilani@hotmail.com），他英语流利，可以充当私家司机（导游另收费）。或者可以租赁出租车和合作司机。

飞机

下列航空公司有飞往卡斯尔的航班：

Anadolu Jet（www.anadolujet.com）往返伊斯坦布尔和安卡拉。

飞马航空（www.flypgs.com）往返伊斯坦布尔。

Sun Express 往返伊兹密尔。

Kars 卡尔斯

◎ 重要景点
- **1** 卡尔斯城堡 A1
- **2** Kümbet清真寺 B2

◎ 景点
- **3** Cuma Hamam A2
- **4** 圣徒清真寺 B2
- **5** 费特希耶清真寺 D6
- **6** 加济卡尔斯安纳托利亚高中 B4
- **7** 卡尔斯文化和艺术协会 C3
- **8** Mazlum Ağa Hamam A2
- **9** Muradiye Hamam A1
- **10** 旧政府大楼 B4
- **11** 税务局 B4
- **12** Taş Köprü A2
- **13** 乌卢清真寺 B2

⊜ 住宿
- **14** Hotel Temel C3
- **15** Hotel Temel 2 .... C3
- **16** Kar's Otel B3

⊗ 就餐
- **17** Anatolia Cafe B5
- **18** Han-I Hanedan C4
- **19** Hanımeli Kars Mutfağı B6
- **20** Ocakbaşı Restoran C4

⊙ 饮品和夜生活
- **21** Barış Türkü Evi B3
- **22** İstihkam Aile Çay Bahçesi A2
- **23** Pasha Cafe C4

长途汽车

卡尔斯的长途汽车站位于市中心东北4公里处，提供长途客运服务。接驳车可运送乘客往返汽车公司在市内的办公室，多数都在Faik Bey Caddesi和附近的地区。目的地包括埃尔祖鲁姆（25里拉，3小时，11:00~16:00间8趟），特拉布宗（60里拉，7小时，Kanberoğlu的车12:30发车）和安卡拉（70里拉，17小时，Doğu Kars的车16:00发车）。**Metro**（见580页地图；www.metroturizm.com.tr；Faikbey Caddesi）每天有1班车开往阿马西亚（90里拉，11小时）和伊斯坦布尔（100里拉，22小时），发车时间为11:00。

去往埃尔祖鲁姆有更方便的小巴服务（25里拉，3小时，每天12班，5:00~17:30），由**Kars Vipturizm**（见580页地图；http://karsvip.com；Atatürk Caddesi 187）运营，从市区办公室出发。

Turgutreis（见580页地图；www.turgutreis.com.tr；cnr Faikbey & Atatürk Caddesis）能将乘客送往他们要去的长途汽车站，位于市中心东北2公里处。9:00有车前往凡城（50里拉，6小时），11:00有车去往开塞利（70里拉，12小时）。

去当地城镇的小巴从**老长途汽车站**（见580页地图；Halitpaşa Caddesi）小巴终点站发车。目的地包括**阿尔达汉**（15里拉，1.5小时，8:00~17:00每小时1班）、**Çıldır**（20里拉，1.25小时，正午和13:00）、**伊迪尔**[Iğdır；去多乌巴亚泽特（Doğubayazıt）和阿塞拜疆；20里拉，2.5小时，7:00~17:00大约每小时1班]、**Posof**（30里拉，2小时，正午至13:30间1班）、**萨勒卡默什**（8里拉，1小时，7:30~18:00大约每小时1班）。

从老长途汽车站出发的还有**Yeşil Artvin Ekspres**（www.yesilartvinekspres.com.tr）运营的车次，9:30发车，可至黑海海岸上的阿尔特温（40里拉，5小时）和霍帕（45里拉，6.5小时）。去优素费力，可要求在埃尔祖鲁姆—阿尔特温公路上的Su Kavuşumu路口下车，从那里到优素费利的最后10公里有小巴运营。

小汽车

不要选择卡尔斯市中心的汽车租赁公司，因为他们一般不给上保险。最好在埃尔祖鲁姆租车。

火车

Doğu Ekspresi每天有1班去安卡拉（47里拉，24小时）的车，途经埃尔祖鲁姆（16.50里拉，4小时）、锡瓦斯（29里拉，14小时）和开塞利（35里拉，17小时），7:45发车。这条铁路沿途风景优美，尤其是到锡瓦斯的那一段。当拖延很久的新卡尔斯—第比利斯—巴库铁路最终贯通（官方预计在2017年通车）后，将有火车往返格鲁吉亚的阿哈尔卡拉基（Akhalkalaki）和第比利斯，以及阿塞拜疆的巴库。

阿尼（Ani）

阿尼遗址（8里拉；◎4月至10月 8:00~19:00，11月至次年3月 至17:00）于2016年被联合国教科文组织认定为世界遗产，在卡尔斯以东45公里的地方，即使你不是建筑迷，这里也

> **不要错过**
>
> ### 卡尔斯城堡之路
>
> 卡尔斯城堡（Kars Kalesi）高耸在卡尔斯河拐弯处的上方，值得挪动膝盖爬上去游览，天气晴朗时能看到城镇和草原美景。城堡下方依偎着各种让你联想到卡尔斯历史的遗址。城堡下面的这条长2公里的徒步路线需要大约1.25小时。
>
> 在到达河边之前，在Atatürk Caddesi右转，前往建于16世纪的奥斯曼圣徒清真寺（Evliya Camii, Saint's Mosque；见580页地图；Aşık Murat Çobanoğlu Caddesi），其中有一座圆顶坟墓，埋葬的是11世纪的安纳托利亚苏非派圣徒Hasan-i Harakani。在清真寺上方，是用玄武岩建造的宏伟的**Kümbet清真寺**（Kumbet Camii；见580页地图），它建于932~937年，原本是一座教堂，当时卡尔斯是亚美尼亚巴格拉提德（Bagratuni）王朝的首都。圆锥形屋顶下方的鼓上装饰有十二使徒的浮雕。教堂于1604年被改造成为一座清真寺，这时塞尔柱人征服了卡尔斯，19世纪俄罗斯人又将这里重新改造成教堂，并加上了门廊。
>
> 在Kümbet清真寺上方，17世纪的乌卢清真寺（Ulu Camii, Grand Mosque；见580页地图）是城里最大的奥斯曼清真寺。过了这里，蜿蜒的道路向上通往卡尔斯城堡（Kars Kalesi, Kars Castle；见580页地图）**免费**的大门。资料表明，塞尔柱突厥人于1153年在这里建造了一座要塞。但在1386年被中亚征服者帖木儿所毁，此后的几个世纪中重建过好几次。要塞在第一次世界大战之中和之后都曾经历过恶战。俄国军队在1920年撤退之时，卡尔斯的控制权被移交到亚美尼亚军队手中，直至共和国军队夺取城堡。清真寺内部有土耳其士兵的兵营、军械库、小清真寺（mescit）和Celal Baba的陵墓——他于1239年蒙古人入侵时去世。此外还有一家咖啡馆。
>
> 从城堡返回，沿着河流东岸前往迷人的用16世纪的玄武岩建造的大桥**Taş Köprü**（见580页地图）。1719年它曾被洪水冲毁，后被奥斯曼人重建。大桥两边是奥斯曼时代的**Muradiye Hamam**（见580页地图）和**Cuma Hamam**（见580页地图）两座公共浴室的遗迹。掉头返回城市，路过18世纪用玄武岩修建的矩形浴室**Mazlum Ağa Hamam**（见580页地图）之后，可到达一座葱茏的茶园İstihkam Aile Çay Bahçesi（见580页地图；Atatürk Caddesi；⊙10:00至午夜）。

绝对是值得一看的地方。第一眼看上去，就会让你惊叹：草地上巨大石头建筑的残垣断壁，仿佛漂浮在绿色的海洋之上，这曾是古老城市的地标建筑。阿尼曾是亚美尼亚雄伟的首府，居住人口将近10万人，无论是实力还是荣耀，这座城市都足以与君士坦丁堡媲美。令人心碎的遗址、任凭风吹雨打的高原，高耸在构成了土耳其—亚美尼亚的边界的Arpaçay河谷（亚美尼亚人称Akhurian河）上方，见不到人群，气氛阴冷，令人难忘。只有边界处汩汩的河水声打破这里的寂静，让人不禁想起这里曾经的一切：欣欣向荣的王国、亚美尼亚庄严的礼拜仪式、丝绸之路上的贸易点，旅行者、商人和贵族们在忙着各自的生意。

历史

因其天然的屏障，巴格拉提德国王阿硕特三世（Ashot Ⅲ，在位时间925~977年）在961年将阿尼选作首都的新址，从卡尔斯搬到了此地。阿硕特三世的继承人Smbat二世（Smbat Ⅱ，在位时间977~989年）和Gagik一世（Gagik Ⅰ，在位时间990~1020年）继续着阿尼的繁荣，但是后来内讧和拜占庭的入侵削弱了亚美尼亚王国的实力。

拜占庭在1045年占领此处，之后从波斯而来的伟大的塞尔柱人夺取此地，之后又是格鲁吉亚王国，曾经一度由当地库尔德的埃米尔治理这一区域。此地的争夺一直断断续续，直到1236年蒙古人来到这里，把其他人都清除出去，真正地占领了这个地方。习惯游牧生活的蒙古人觉得城市没有什么用处，因此当1319年的大地震摧毁阿尼大部分的建筑时，他们毫不在意。中亚征服者帖木儿在14世纪后期展开的掠夺加速了这座城市的衰败，贸易路线改经他处，阿尼没有了赖以生存的财政收入，也就随之消亡了。地震摧毁的建筑从那个时候开始慢慢地被风化。

◎ 景点

亚美尼亚积雪覆盖的阿拉加茨山（Mt Aragats，4090米）从东部俯瞰阿尼。天气晴好时，在你抵达阿尼前2公里的高地上，能看见大约100公里开外的阿拉加茨山。如果你想提前做一些功课，Virtual Ani（www.virtualani.org）是个不错的起点。

遗迹售票处在Arslan Kapısı大门内。参观此处至少要安排2个半小时。注意有些地方是禁止进入的；如果想参观伊池城堡（İç Kale），在售票处提前询问是否可以通行。

Arslan Kapısı　　　　　　　　　　大门

（见584页地图）结实的Arslan Kapısı（或是称为Aslan Kapısı-Lion Gate，狮子大门）就在阿尼遗迹之内，据说是以Alp Arslan的名字命名的，这位塞尔柱苏丹于1064年征服了阿尼，但是也有可能是以内墙浮雕上的aslan（意为狮子）命名的。

救世主教堂　　　　　　　　　　教堂

（Church of the Redeemer; Church of St Prkitch; 见584页地图）这座救世主教堂（建于1034~1036年）的一半已经被1957年的一次闪电摧毁了。其修复应该是为了迎接从君士坦丁堡运过来的部分耶稣遇难时的真十字架（True Cross）；建筑正面的亚美尼亚铭文转述了这段历史。还有一块十字架石（khatchkar），是用一块精美的长方形雕刻而出的，高约3米。教堂靠近一座12世纪的塞尔柱榨油厂（见584页地图）遗迹。

★圣格里高利教堂
（蒂格兰霍恩兹）　　　　　　　　教堂

（Church of St Gregory, Tigran Honents; Resimli Kilise; 见584页地图）这座教堂的名字为启蒙者圣格里高利教堂（在土耳其语中是Resimli Kilise，意为带图画的教堂），非常恰当地矗立在Arpa Çayı峡谷之上，在一座11世纪公共浴室（hamam; 见584页地图）的下方，由虔诚的商人蒂格兰·霍恩兹于1215年修建。比起此地大多数建筑，它的状况还算不错。看一看镌刻在外墙上的一大段亚美尼亚铭文，还有彩色的生动壁画，壁画刻画了《圣经》里描述的场景和亚美尼亚教堂的历史。

教堂的特色还在于保存得很好的浮雕，尤其是南墙上，其中还有动物的图案。

处女修道院　　　　　　　　　　教堂

（Convent of the Virgins; Kusanatz; 见584页地图）矗立在Arpaçay峡谷上方，引人注目。不幸的是，这座处女修道院禁止入内，可能也修建于11世纪。修道院小教堂的圆顶边缘呈锯齿状，很独特，周围还有防御性的围墙。从梅纽赛尔清真寺（Menuçer Camii; 见584页地图）可以清楚地看到这座修道院，但是要想近距离观察，就得从标有丝绸之路（Silk Road）字样的小路下到山谷之中。远一点的地方还有一座可能建于9世纪的丝绸之路桥（见584页地图）的遗址，从梅纽赛尔清真寺也能看见，就在下游一点的地方。

★大教堂　　　　　　　　　　主教座堂

（Cathedral; 见584页地图）阿尼的这座大教堂于1010年竣工，后来被塞尔柱人重新命名为费特希耶清真寺（Fethiye Camii，意为胜利清真寺），是遗迹中最大、最宏伟的建筑。阿尼曾是亚美尼亚东正教主教任职的地方，三个不同的通道分别归主教、国王和平民使用。在穆斯林占领阿尼之后，这座建筑就被改成清真寺，但是后来基督教徒又把它改回了教堂。曾经有一个由四个巨大的柱子支撑的宽大穹顶，但是这个穹顶在几百年前就倒塌了。

从远处看，这个建筑没有什么特色，但是走近一点，仔细观察，就可以看到吸引人的装饰元素，其中就有几个舷窗式的窗户，细长的窗户周边装饰着优雅的回纹饰，有几个三角形的壁龛，主入口附近有亚美尼亚铭文，还有一个环绕整个建筑的假拱廊，拱廊里是细细的柱子。

从大教堂继续向西朝着梅纽赛尔清真寺的方向前进，你会经过一片考古挖掘区域，应该是以前的街道，两边都曾是商店和工坊。继续往北走，就可以看到一处倒塌了的宣礼塔的遗址，据说是属于Ebu'l Muhammeran清真寺的。

Ani 阿尼

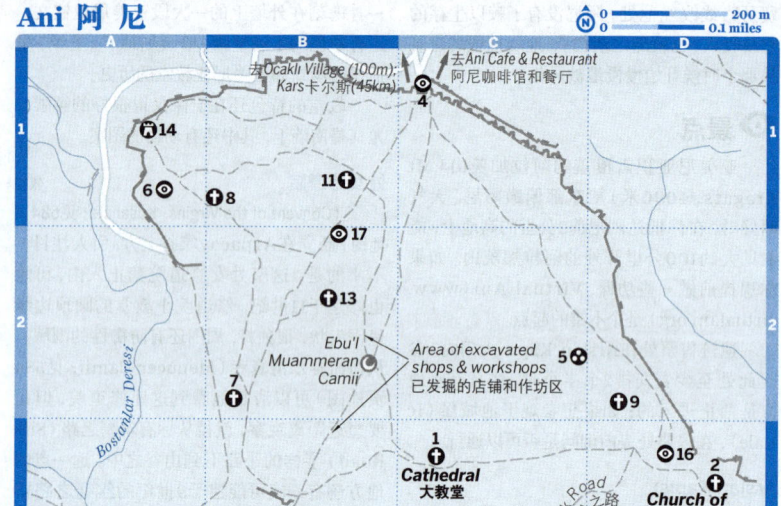

Ani 阿尼

◎ 重要景点
- 1 大教堂..C3
- 2 圣格里高利教堂（蒂格兰霍恩兹）.........D3
- 3 梅纽赛尔清真寺...................................B3

◎ 景点
- 4 Arslan Kapısı..C1
- 5 Bezirhane (Oil Press)...........................C2
- 6 洞穴教堂..A1
- 7 圣格里高利教堂...................................B2
- 8 圣格里高利教堂...................................B1
- 9 救世主教堂..D2
- 10 处女修道院...C3
- 11 克鲁吉亚教堂.....................................B1
- 12 伊池城堡..A4
- 13 圣使徒教堂...B2
- 14 塞尔柱宫殿..A1
- 15 丝绸之路桥..C3
- 16 Small Hamam....................................D3
- 17 火神庙..B2

★ 梅纽赛尔清真寺　　　　　　清真寺

（Menuçer Camii；见584页地图）建筑高高的八边形宣礼塔已经没有了顶端部分，但六个拱顶都还在。清真寺是塞尔柱突厥人于1072年修建的，被认为是安纳托利亚第一座土耳其清真寺。清真寺混合了亚美尼亚和塞尔柱设计风格，因为当时塞尔柱人雇佣亚美尼亚建筑师和工匠修建而成。注意看装饰天花板的彩色石头镶饰。宣礼塔上有一处阿拉伯文铭文：bismil-lah（意为"以真主安拉的名义"）。

如果你胆大的话，可以爬上里面脏兮兮的旋转楼梯（如果没有锁闭），看一看美丽的景致。楼梯没有护墙，所以要小心。往南是考古发掘区,有房屋遗址,房屋里面有炉子、一个谷仓和若干浴室。清真寺旁边的建筑有可能是一座塞尔柱神学院或是宫殿。

伊池城堡
堡垒

(İç Kale, Citadel;见584页地图)伊池城堡高耸在阿尼高原最南端的岩石高处。倒塌的石堆中有一半是宫殿教堂(Church of the Palace),这是阿尼最古老的教堂(建于622年)。在过去,伊池城堡是禁止入内的,不过2016年开始允许进入。

这里还有巴格拉提德(Bagratid)王宫的遗迹,可能是亚美尼亚早期Kamsarakan王朝在5世纪或6世纪修建的城墙,还有一些城墙或许要追溯到乌拉尔图时代(公元前8世纪)。从这里能看到美丽的Kız Kalesi小教堂,高耸在Arpaçay峡谷上方的一块岩石高峰之上,但是禁止入内。

圣格里高利教堂
教堂

(Church of St Gregory, Abughamrents;见584页地图)这座保存完好的圆形建筑的教堂有一个圆锥形的屋顶,教堂始建于980年。这座教堂是为了富有的Pahlavuni家族而建,其建筑师也修建了救世主教堂。建筑外墙有12个边,有深深的神龛,神龛上有扇贝形状的雕刻;在神龛上面,鼓形穹顶窗子周围是双层假拱廊装饰。外观是12面体,里面的布局却像一片六叶苜蓿。

圣使徒教堂
教堂

(Kervansaray, Church of the Holy Apostles;见584页地图)圣使徒教堂始建于1031年,在塞尔柱人于1064年夺取该城市之后,他们加盖了一道门,上面还有漂亮的穹顶,并把这座教堂当作商旅客栈使用,因此有了Kervansaray的名字。

这座教堂保存得非常好,有装饰性的雕刻、舷窗式的窗户,教堂正厅里有对角相交的拱门,天花板上有彩色石头镶饰拼成的几何图案。还要看一看各种亚美尼亚铭文,还有长方形石块上雕刻的十字架石(khatchkar)。

火神庙
神庙

(Zoroastrian Temple, Fire Temple;见584页地图)人们认为这处神庙遗址是在4世纪时修建的——一个受波斯萨珊王朝影响的时代,后来可能被改成基督教的小教堂使用过。遗址处有四根矮矮的圆形柱子。

圣格里高利教堂
教堂

[Church of St Gregory(Gagik I);见584页地图]这座曾经非常巨大的圆形教堂在圣使徒教堂的西北方向,巨大的建筑始建于998年。该教堂和阿尼大教堂的设计方案都出自同一位建筑师。巨大的穹顶在完工后不久就倒塌了,建筑的其余部分现在也都成了废墟。你还能看到外墙和很多柱子。

洞穴教堂
洞穴、教堂

(Cave Church;见584页地图)这座10世纪的教堂在是阿尼高原周边岩石中开凿出的十几座教堂中最容易接近的一座,就在塞尔柱宫殿南边。

塞尔柱宫殿
宫殿

(Seljuk Palace;见584页地图)在阿尼高原最西端,过了圣格里高利教堂就是一座塞尔柱宫殿。环绕在这座城市的防御围墙之中——费尽心血,过度修复的宫殿和周围的环境看起来格格不入,不过入口星星图案的红色石雕非常漂亮。

格鲁吉亚教堂
教堂

(Gürcü Kilisesi, Georgian Church;见584页地图)这座格鲁吉亚教堂的墙只有一面还立在遗址处,不容错过。教堂可能始建于13世纪,曾经是庞大的建筑,但是南墙的大部分在1840年倒塌了。还有三处拱廊,其中两处上面有浅浮雕,一个刻画的是天使报喜(Annunciation),另一个表现的是圣母拜访(Visitation)。

> **另辟蹊径**
>
> ### 阿尼的地下城
>
> 阿尼高原周边的悬崖和山谷中隐藏着数百座洞穴,它们大多都是数千年来由人力开凿而出。这些洞穴被用作住所、畜棚、教堂,最重要的用途或许是鸽舍,你会看到在岩石中开凿出来的一排排整齐的鸽笼。这座"地下城"禁止探索,不过任何人都可以四处转转(只是不要走下Arpaçay峡谷,那里是禁区)。

❶ 到达和离开

到阿尼，最容易的方式是搭乘往返出租车（小汽车或小巴），从卡尔斯出发，由知识丰富、会讲英语的司机向导**Celil Ersözoğlu**（见579页）组织。1~2人收费150里拉，3人或更多每人50里拉，包括3小时的等待时间，以及途中的阿尼的历史讲解。单程需要50分钟。Celil会组织游客以凑齐人数。他还提供可选的导游服务：200里拉参观主要高原遗迹，或是"地下城"；350里拉两处一起（5~6小时）。

从卡尔斯搭乘讲土耳其语的司机驾驶的出租车往返，在遗址逗留2小时，价格一般为120里拉左右。酒店可以为你安排。停留更长时间则需要加钱。

多乌巴亚泽特（Doğubayazıt）

📞0472 / 人口 77,000 / 海拔 1950米

多乌巴亚泽特的环境非常漂亮。北边是土耳其的最高峰，像保护神一般的阿勒山（Ağrı Dağı，5165米），从天边拔地而起。南边则是美丽的伊沙克帕夏宫（İshak Paşa Palace），高耸在崎岖山峰之下的一块岩石上，俯瞰着城镇。城镇本身——被游客们戏称为"狗饼干"——没有多少吸引人的地方，只是一处攀爬阿勒山（对登山者开放）和探索周边景点的基地，散发着边境城镇的野性魅力。从卡尔斯或是埃尔祖鲁姆来到此地，你立刻就会感到这座居民主要是库尔德人的城镇的不同的氛围。

◉ 景点和活动

★ 伊沙克帕夏宫　　　　　　　　　　宫殿

（İshak Paşa Sarayı，İshak Paşa Palace；5里拉；⊙4月至10月 9:00~18:00；11月至次年3月 8:00~16:00）辉煌的伊沙克帕夏宫在小镇东南6公里处的一处小小的高地平台之上，上方是光秃秃的峭壁。这座宫殿于1685年开始修建，1784年在奥斯曼将军伊沙克帕夏的领导下完工，结合了奥斯曼、塞尔柱、格鲁吉亚、波斯和亚美尼亚的风格。有小巴（2里拉）往返于镇政府大楼背后的车站和宫殿之间，一直运营到大约17:00，车上坐满大概一半位置就发车。搭乘出租车前往，单程费用为25里拉；来回路程费用约为30里拉，其中包括在宫殿的1小时等候时间。

宫殿一些部分上方的防护玻璃屋顶让你在雨天也能参观。

直至20世纪30年代初，宫殿都被围绕在老巴亚泽特镇之中，但在库尔德人起义之后，土耳其军队拆毁了老镇子（在宫殿下面周边地区还能看见散落的遗迹），由此也导致了现代多乌巴亚泽特城的建立。

通过这座精美的宫殿主入口，就到了第一庭院（first courtyard），该庭院以前可能对商人和客人开放。可以探索最右边角落里的地牢。

只有家人和特别的客人才能进入第二庭院（second courtyard）。从那里可进入男屋（selamlık，男人区）和后宫（haremlik，女人区）。进入庭院后有一道阶梯通往左侧下方，那里是仆人区和粮仓。庭院右侧的台阶向上通往男屋。进来之后，客人可以在右边的礼仪大厅和庭院娱乐。男屋还有一座可爱的清真寺，原本的浮雕装饰（注意生命之树）和天花板壁画大部分都保存了下来。

男屋出口外面有一座精美的坟墓，被认为是伊沙克帕夏的陵墓，上面有大量的装饰，既有塞尔柱的雕刻，又有波斯风格的浮雕。

后宫的入口高耸在庭院最远端，装饰绝妙。这个女人区中有厨房、公共浴室、（蹲式）厕所，房间里有石雕壁炉和全景窗户，亮点无疑是美丽的仪式大厅。此处融合了各种建筑

---

❶ 前往阿塞拜疆

从伊迪尔出发，**Iğdırlı Turizm**（📞0476-228 6901；www.igdirliturizm.com.tr）每天有6班车向东前往阿塞拜疆的飞地纳希切万（Nakhichevan；10里拉；行程3小时）。在Meydan东侧的售票处购票：从这里有接驳车开往市中心之外的终点站，车次从那里出发。要注意的是，你需要签证，而且必须提前获得。最近的**阿塞拜疆领事馆**（📞0474-223 6475；http://kars.mfa.gov.az；Ordu Caddesi 9, Kars）在卡尔斯。从纳希切万到巴库（Baku），中间隔着亚美尼亚，只能搭乘飞机。

Doğubayazıt 多乌巴亚泽特

安纳托利亚东部 多乌巴亚泽特

风格：墙上有塞尔柱风格的三角形石雕工艺，亚美尼亚的鲜花浮雕装饰，装饰华丽的柱子顶端表现出格鲁吉亚风格的影响，还有黑白棋盘石墙部分。

宫殿东侧悬崖上有**老城堡**（Eski Kale，old castle）的遗迹，可能修建于乌拉尔图时期（大约公元前800年），老巴亚泽特修建于16世纪的清真寺依然耸立在其脚下。城堡右侧是用条纹石修建的**阿哈默德·汉尼之墓**（Ahmad Khani，Ahmedê Xanî，17世纪一位深受爱戴的库尔德诗人和哲学家）。在停车场上方的山峰可以看到这座宫殿的美景和多乌巴亚泽特以及远处的阿勒山。

Yeni Hamam 公共浴室

（见587页地图；Şehit Mehmet Özer Sokak；15里拉；⊙男宾 6:00～22:00，女宾 7:00～18:00）征服了阿勒山之后，如果想放松一下疲劳酸痛的肌肉，这座公共浴室很受徒步导游和当地人的推荐。经营得很好，非常洁净。可以找个私人按摩（短/长10/30里拉）；女性一般会喜欢土耳其咖啡按摩。

Doğubayazıt 多乌巴亚泽特

活动、课程和团队游
1. Sunrise Trekking D4
2. Tamzara Turizm B2
3. Yeni Hamam A4

住宿
4. Hotel Doğuş D4
5. Star Apart Hotel B4
6. Tehran Boutique Hotel B3

就餐
7. Ergül'ün Mutfağı D4
8. Evin Restaurant C3

🛏 住宿

多乌巴亚泽特一些便宜的酒店不推荐女性游客入住,不过幸运的是,这里有相当多不错的中档选择。

Murat Camping　　　　　　露营地 $

(☎0542 437 3699; www.facebook.com/murat-camping-395575547195635; İshakpaşa Yolu; 露营地 每顶帐篷或露营车15里拉,铺/房10/50里拉; [P][🌐]) 位于伊沙克帕夏宫脚下,提供露营地、可充电的露营车位、简单的客房和宿舍。可以提供徒步、登山和探险建议,附设一家特许卖酒的烤肉餐厅,能看到阿勒山景色,很受游客们的欢迎,还有一座小型游乐场,所以别指望你住的会是一个安静的乡村住宿处。早餐要多交10里拉。

★ Tehran Boutique Hotel　　　精品酒店 $$

(见587页地图; ☎0472-312 0195; www.tehranboutiquehotel.com; Büyük Ağrı Caddesi 72; 标单 60~100里拉;双 100~160里拉; [❄🌐]) 非常舒适和宽敞的房间,有些能看到阿勒山风景,带阳台,有自己的泡茶和咖啡设备,小冰箱里储存有啤酒和软饮,闪闪发光的现代化浴室里有宽敞的莲蓬头淋浴房。顶楼提供(视野最好)美味的早餐,大厅有酒吧和诱人的座位。

Star Apart Hotel　　　　　　公寓 $$

(见587页地图; ☎0472-312 6261; www.starhoteldogubayazit.com; Mustafa Alpdoğan Caddesi 57; 标单/双/标三 60/110/150里拉; [🌐]) 明亮的大公寓,有两张双人床或一张双人床和两张单人床的选择,还有很好的瓷砖浴室、厨房、冰箱、洗衣机和熨斗——是一个徒步或在路上走了很久之后的完美住所。

Hotel Doğus　　　　　　　　酒店 $$

(见587页地图; ☎0472-312 6161; http://dogushotel.net; Belediye Caddesi 100; 标单/双/标三 60/100/130里拉; [❄🌐]) 提供一尘不染的明亮的房间,有木头表面的家具和瓷砖浴室,早餐很棒。

🍴 就餐

Evin Restaurant　　　土耳其菜、库尔德菜 $

(见587页地图; Dr İsmail Beşikçi Caddesi; 主菜 9~15里拉; ⏰周一至周六24小时) 市中心最有品位的餐厅,侍者穿着制服,午餐时招待的都是职业人士,有两层楼,提供美味的烤肉、土耳其比萨和阿拉伯比萨,不过也有当地特色菜,例如bozbas(炖菜或牛肉、豆子、番茄和茄子汤,盛在罐子里供应)和abdigör köfte(嫩牛肉制作的肉丸,切开与洋葱和香草煮制,而非烧烤)。最后还可以来一道美味的甜点水果布丁(asure)。

Ergül'ün Mutfağı　　库尔德菜、安纳托利亚菜 $

(见587页地图; Dr İsmail Beşikçi Caddesi; 主菜 7~11里拉; ⏰7:00~20:00; [🌐]) 这家家庭经营餐厅很干净,提供多种库尔德菜和安纳托利亚菜,一周里每天都有不同的当日特色菜,是喝汤和品尝素食的好地方。肉食爱好者应该在周一、周四或周六过来,因为这些时候会提供当地的特色菜abdigör köfte。

ℹ 实用信息

这里的货币兑换处不兑换伊朗里亚尔。如果要去伊朗,可以过境后到第一个城镇巴扎尔干(Bazargan)将土耳其里拉兑换掉;别的地方很难兑换。

旅游信息办公室(见587页地图; Rıfkı Başkaya Caddesi; ⏰周一至周五7:30至正午和12:30~16:00)提供大量地图和宣传册,工作人员会讲英语,不过只有想开门时才营业。

ℹ 到达和当地交通

飞机

最近的机场在伊迪尔(Iğdır)或阿勒(Ağrı),两地每天都有Anadolu Jet的航班往返安卡拉,土耳其航空公司的航班每天都可往返伊斯坦布尔。航空公司运营有接驳车,根据所有航班时间往返多乌巴亚泽特:

阿勒 15里拉,100公里,1.5小时
伊迪尔 12里拉,70公里,1.25小时

长途汽车和小巴

长途汽车站位于市中心以西3公里前往阿勒的D100公路上。前往埃尔祖鲁姆(30里拉,4小时)的车次大多数在10:00~15:00发车。"Hastane"的车次(1里拉)从市中心(Ağrı Caddesi)开往长途汽车站,"Belediyesi"的车次从长途汽车站开往市中心;出租车价格为15

去往伊沙克帕夏宫（2里拉，至17:00）的小巴从市政厅背后出发。

去往伊迪尔、凡城（Van）和Gürbulak（去伊朗）的小巴从多乌巴亚泽特市中心的各自的站点出发。

伊迪尔（8里拉，45分钟）从Ağrı Caddesi街以北的Abdürrezzak Aladaş Sokak出发，每小时1~2班。

卡尔斯 乘小巴到伊迪尔换乘。

凡城（25里拉，3小时）6:30从Abdürrezzak Aladaş Sokak路边出发，8:00~16:00大约每2小时1班。

伊朗 6:00~17:00左右从市中心的Ağrı Caddesi前往Gürbulak边境（8里拉，30分钟）。在10:00之前出发；过了这个时间段之后，等候车子坐满人则需要较长的时间。到了伊朗之后，支付1里拉或0.5里拉乘坐一辆合乘出租车前往巴扎尔干（3公里），在那里可以换钱，找到继续前进的交通工具。边境24小时开放。

阿勒山（Mt Ararat）

在土耳其东部的任何旅途景点，阿勒山都是一处亮点。自从有时间记载开始，阿勒山的双子峰就是传说故事中的主角，其中最著名的传说就是这里是挪亚方舟的落脚点。西边的山峰叫作Büyük Ağrı（大阿勒），海拔5165米，而Küçük Ağrı（小阿勒）海拔为3925米。攀登大阿勒是一次梦幻且富于挑战（非技术性）的体验。2016年阿勒山曾被宣布为军事禁区，禁止登山者攀登。

攀登阿勒山

所有登山者都必须有许可证，必须有一名土耳其登山协会（Turkish Mountaineering Federation）、阿勒省文化和旅游部或多乌巴亚泽特区政府批准的导游陪同。可靠的导游对保证你的安全来说很重要。山上曾发生过游客死亡事件。2010年，苏格兰人Donald Mackenzie在寻找挪亚方舟时失踪。

批准手续时有变化，不过最近的许可证（70美元）是由多乌巴亚泽特区政府办公室颁发的。可发给个人登山者（可先拿到许可证再找导游）或带领登山者攀登的旅行社或导游。过程一般需要2~3天。如果找的是著名旅行公司，最方便的办法一般是由他们帮你申请。

个人可登录http://dogubayazitrehberi.com申请和缴费，或者可亲自前往多乌巴亚泽特的旅游信息办公室（见588页）申请。不管以哪种方式，都必须提供护照复印件、登山日期，以及一些个人信息，如血型。持证者和导游在出发前往阿勒山的当天向多乌巴亚泽特的警察（jandarma）报到。

在多乌巴亚泽特，有非正式的向导、酒店工作人员或是小商贩，声称他们能更便宜更快捷地办理好许可证，不要相信他们。其中可能会涉及行贿，但是更糟糕的是他们会让你觉得他们已经办理了许可证，但事实是，并没有得到官方的正式许可就前往阿勒山了。有徒步旅行者因为相信这样的骗局被抓了起来。一定要按照官方的程序来，一定要有许可证已被颁发的证据。

不同的旅行社和不同的全包旅游，价格不同。四处问问，看看不同价格都包含了哪些项目，可以考虑加入一个旅游团。有些旅行社提供固定日期的开放团队登山，个人可以以团队价格参加。价格通常是：一个4个人的团队，4~5天的旅程，从多乌巴亚泽特出发，价格包含了向导、交通、许可证、驮马、宿营和食物，每人400欧元。多数可靠的旅行社推荐5天的徒步游，为的是在攀登山峰之前，能够更好地适应当地水土。有些旅行社提供的团队游包括一晚住宿，以及每次徒步结束后在多乌巴亚泽特用晚餐。可提前一个月左右联系旅行社，这样就有时间弄清具体的徒步内容。

虽然费用较高，而且要花大力气（阿勒山非常陡峭，盛夏也可能非常冷），但攀登阿勒山是绝妙的经历。一路上的景色美不胜收，地貌风景让人惊叹不已。适合登山的季节在6月中旬到9月中旬，最暖和最美的时候是7月中旬和8月底。即使是在盛夏的时候，过了4800米的高度，你就得善于使用攀登鞋钉，熟练掌握各种雪山攀登的技巧。

一般情况下，出发地点是在山麓南侧Eli Köyü和Çevirme村附近约2200米高的地方。两个村子都有前往海拔3200米的第一个营地的路线，第二个营地在海拔4200米左右。5日徒步会在第二天开始适应，这一天要从3200米爬到4200米然后再返回3200米；第三天会在4200米高处露营；第四天大约2:00开始登顶，然后返回海拔3200米过夜。

你也可以环绕这座山参加1~2天的徒步游。如果你一直在2500米以下的高度活动，就不需要办理这么多的官方手续，但是有向导相伴还是最好的选择。路途中有遇到牧羊恶犬的危险。一日徒步每人的费用应该会在100欧元左右，包括交通工具和结束后的晚餐。另外一个选择就是徒步穿越多乌巴亚泽特周围南部的山区，其中在伊沙克帕夏宫和伊朗之间有部分丝绸之路的路段。

导游

Tamzara Turizm 徒步

（见587页地图；☎0472-312 5232, 0541 655 3582; www.mtararattour.com; Dr İsmail Beşikçi Caddesi 147C, Doğubayazıt）基地在多乌巴亚泽特，经营者Mustafa Arsin会讲英语，他已经登顶阿勒山超过200次。网站提供有用的信息。也会组织阿勒山滑雪团队游。办公室大门在Ahmedi Hani清真寺的前院。

Sunrise Trekking 徒步

（见587页地图；☎0543 365 4249, 0543 564 7725; www.araratsunrises.com; Kat 3 No 22, Mertoğlu İş Merkezi, Belediye Caddesi, Doğubayazıt）这个土耳其一波兰团队主要接待来自国外的团队游客，不过也有常规的固定日期开放团队攀登阿勒山项目，网站上会列出详情。顾客好评度高。

Middle Earth Travel 徒步

（www.middleearthtravel.com）总部设在卡帕多基亚的全国徒步团队游专家，提供阿勒山攀登套餐。

East Turkey Expeditions 徒步

（☎0551 111 8998; zaferonay@hotmail.com）当地运营者Zafer Onay组织的阿勒山攀登项目受到很多人的推荐。他知识丰富，会讲英语。

内姆鲁特山国家公园
（NEMRUT DAĞI NATIONAL PARK）

没有照片能如实地反映出这片与世隔绝的光秃山巅的真实面貌，这里多风，有奇怪的砾石覆盖的50米高的圆锥形坟墓，目光冷酷的雕塑有些部分已经破损，有些饱经风霜。

内姆鲁特山（Nemrut Dağı, nehm-root dah-uh）引人入胜的顶峰海拔2106米，位于东南托罗斯山脉（Anti-Taurus Range）之中，北接马拉蒂亚，南邻卡塔。它坐落在138平方公里的内姆鲁特山国家公园（Nemrut Dağı National Park; www.milliparklar.gov.tr/mp/nemrutdagi; 12里拉）之中，这里也有其他来自古老科马基尼王国（Commagene）的遗迹。（不要把它与凡湖边上的内姆鲁特山搞混，那里没多少人去参观）。

自驾前往山巅比较容易，从卡塔或马拉蒂亚参加旅游团也比较方便。距离山巅几公里远的地方，还有几家住处；大部分都有公共交通可抵达，而且可驾车运送住客前往山巅。

可以在5月至9月到访内姆鲁特，这时到山顶的公路应该没有积雪。道路应该从3月中旬到11月中旬都可通行，但是无法保证道路是否顺畅。7月和8月最暖和，但即便是在盛夏季节，山顶也会寒风嗖嗖，特别是在日出时分，那是一天中气温最低的时刻。无论什么时候上山，最好带上暖和的衣物。

历史

自公元前250年以后，这一地区处于塞琉古王国（Seleucid, 希腊化时期亚历山大大帝的继承者）和波斯帕提亚帝国（Parthian）的边界线上。

在塞琉古王国的统治下，科马基尼的统治者宣布王国独立。公元前80年，罗马人趁着塞琉古王国内乱之际，进犯安纳托利亚。一个名叫米特里达梯一世卡里尼科斯（Mithridates Ⅰ Callinicus）的罗马盟友宣布加冕为国王，并将都城定在如今Kocahisar村附近的阿尔萨美亚。

米特里达梯一世死于公元前64年，继位者是他的儿子安条克一世伊皮法尼斯（Antiochus Ⅰ Epiphanes, 公元前70年至前38年在位）。为了巩固王国的安全，他在继位之后立即与罗马人签订了互不侵犯条约，使自己统治的地区成为罗马应对帕提亚人侵犯的缓冲区。他同罗马帝国与帕提亚帝国的关系都十

Nemrut Dağı Area 内姆鲁特山地区

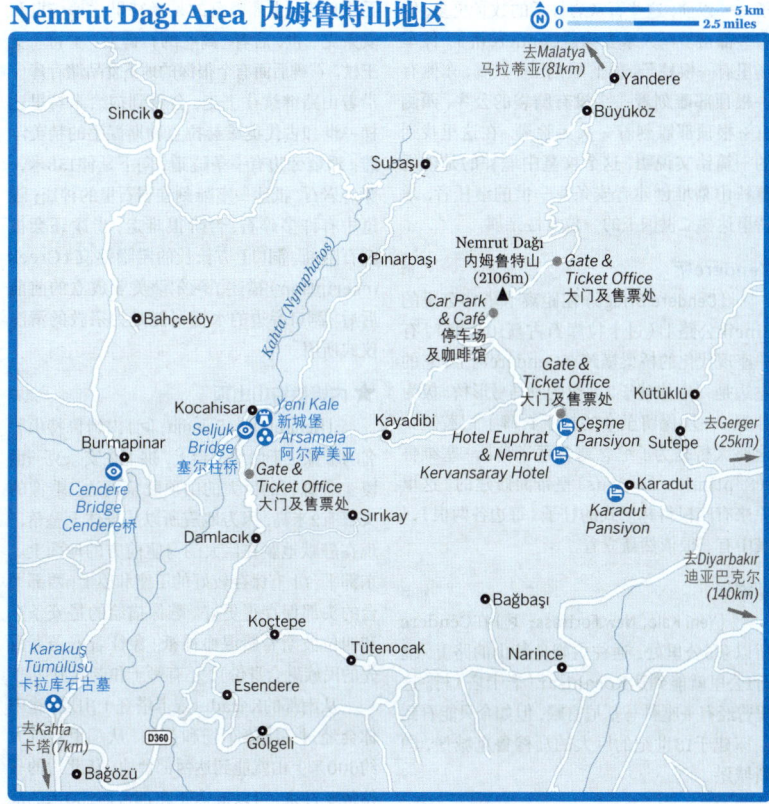

分友好，这令他沉醉于繁荣的假象之中。安条克下令在内姆鲁特山顶修建了壮观的神庙与陵墓。这位好大喜功的帝王在山顶上开辟了两片平台，把自己和神（他或许觉得神是他的亲戚）的巨大雕像放进去，然后又下令在两座岩架之间堆起一座50米高的假山顶，国王及其三位女眷的陵墓很可能就在这些成吨的岩石下面。

安条克一世在位30年之后，在一场与罗马的冲突中，他站在了帕提亚人一方。于是在公元前38年，他被罗马人废黜。科马基尼的巅峰时期只维持了32年，即在安条克统治之下的时期。

不久，内姆鲁特山就被完全遗忘了——1881年，一个受雇于奥斯曼人的德国工程师到这里来勘测交通路线，偶然发现这个偏僻的山顶上这些现已非常著名的雕塑群，他目瞪口呆。1953年，美国东方研究学院（American School of Oriental Research）开始了在这里的考古发掘工作。

景点

卡拉库石古墓 遗迹

（Karakuş Tümülüs；P）在卡塔以北8公里处的D360公路旁，有一个岔路口通往Sincik；沿着这条路走1.2公里，在第二个岔路口左转700米后即可抵达卡拉库石古墓，这是一座建于公元前36年的大型墓堆。覆盖在墓堆上的散落的小石块透露出它与内姆鲁特山顶上巨大的圆锥形墓堆有很多相似之处——天气晴好时，从东北很远处都能看到最高峰上的墓堆。

与内姆鲁特山上的墓堆不同的是，游客可以在此攀爬登顶。它的周围环绕着几根柱子——以前，这些石灰岩柱子的数量更多，但有些都被罗马人拿去修建Cendere桥了。停车场里有一根柱子，顶上雕刻了一只鹰，东侧有一根顶部雕刻着一头没有脑袋的公牛，西侧有一根顶部雕刻着一头无脸豹。在这里找到的一篇铭文说明，这个坟墓中埋葬的是内姆鲁特山墓堆创建者安条克一世的继任者，米特里达梯二世国王的一位女性亲属。

Cendere桥 *桥*

（Cendere Bridge）在距离卡塔19公里的Sincik公路上（过卡拉库石古墓10公里）上，有一座现代化的桥梁横跨在Cendere河上。它的左边是一座修建于2世纪的罗马弓形桥，极为壮观。一块保留至今的拉丁石碑上记载道：这座大桥是为了纪念塞普蒂米乌斯·塞维鲁（Septimius Severus）皇帝而修建的。这里原来有四根科林斯式的柱子（每边各两根），其中有三根依然矗立着。

新城堡 *城堡*

（Yeni Kale, New Fortress；P）在Cendere桥以东5公里处，通往内姆鲁特山的路上，绕行1公里就能到达Kocahisar（老卡塔）村。这里曾经有一座科马基尼宫殿，但如今只能看到一座建于13世纪的巨大的马穆鲁克城堡，即新城堡。

塞尔柱桥 *桥*

在Kocahisar通往内姆鲁特山的公路上，往东很快就有一个岔路口，这是一条老路，离开新路向北穿过卡塔（Nymphaios）河，河上有一座优雅的塞尔柱桥。

阿尔萨美亚 *遗迹*

（Arsameia, Eski Kale；P）**免费** 在Kocahisar岔路口以南约1.5公里处，主路又会分成两条道路，左边的那条路通向一座国家公园大门和售票处，继续走1.5公里，就到了古代科马基尼的首都阿尔萨美亚（Arsameia）。这里有一条路，往山上走400米，途中会经过好几座有趣的遗址，最后到达一堆乱石遗迹，这里是米特里达梯一世的山顶宫殿，视野很好。

先往左上行约100米，可抵达一座巨大的石碑，上面描绘了太阳神密特拉（Mithras，即阿波罗）的雕像。再往前还有两块残留的石碑底座，上面雕刻的是米特里达梯一世和安条克一世，后者（高些的石碑上）手持一支王杖。石碑后面有个很深的地下食品储存库。沿着山路继续往上走，会看到描绘米特里达梯一世和古代英雄赫拉克勒斯握手的精美浮雕。浮雕旁边有一条隧道，向下延伸158米，穿过岩石，抵达一座雕刻在岩里的神庙；隧道中有许多碎石，台阶很难走，半途还会被圆石阻断。洞口上方长长的希腊铭文（Greek inscription）描述了阿尔萨美亚成立的前前后后。洞口旁边的水槽可能是为宗教的清洗仪式所用。

★内姆鲁特山山顶 *遗迹*

（Nemrut Daği Summit；P）内姆鲁特山著名的雕像位于两块平台上，拱卫在安条克一世覆盖着砾石的巨大的山顶陵墓两边。雕像的头部有2米高，因为地震所以从身体上坠落，现在静默地躺在巨大的身躯前方的地面上。东部平台上有保存较好的王座和躯干；西部平台的头部保存得更好。雕像描绘的是安条克和四位波斯希腊混血神祇（象征着安条克祖先的民族融合身份），还有狮子和老鹰卫兵。

从南部的Karadut或卡塔登上山顶，途中你会经过一座停车场和茶摊，从那里步行大约600米上山就能到达西部台地。从北边的马拉蒂亚过来，可以抵达距东部台地250米的范围内。从一边的平台绕过墓堆到另一边大约要走300米。

两边的雕像都是按照同样的顺序排列的：从左到右分别是狮子、老鹰、安条克、科马基尼提喀（财富和生育女神）、宙斯-Oromasdes、阿波罗-米特拉、赫拉克勒斯-Artagnes、老鹰、狮子。

东边雕像的后背上还刻有希腊的铭文。以前，每座神庙周围的矮墙上有描绘安条克的先辈们的浮雕，他们都是古希腊和古波斯的历代王室家族成员。有一条庄严肃穆的道路通向遗迹，里面是安条克称为建立在"万世不朽地基"上的"神之宝座"。

⮕ 团队游

主要的团队游中心是卡塔和马拉蒂亚，不过从尚勒乌尔法和卡帕多基亚也有团队游前来。

从卡塔出发

过去，卡塔一直以宰客而出名。一定要弄清楚，在团队游的途中，除了去山顶之外，还能看到什么，要去多长时间，是否包括停车费和餐饮费，是否有正式的导游，还是只有一位司机陪同。

从卡塔前往内姆鲁特山，游客有长途和短途团队游可选。大多数长途团队游都能看到壮丽的日出或日落风景。如果选择日出团队游，你将在大约3:00离开村子，抵达内姆鲁特山观看日出。大约一个小时之后，经过阿尔萨美亚（见592页）、Kocahisar、Cendere桥（见592页）和卡拉库石古墓（见591页）下山。返回卡塔大约是在10:00。日落团队游也是同样的环线，不过方向是相反的。大约在13:00或14:00出发，先欣赏"附带景点"，然后爬上山顶，最后返回卡塔（大约在20:00或21:00）。

短途团队游持续大约3小时，从卡塔前往山顶然后返回，在山顶只有1小时的游览时间，会跳过途中的有趣景点。团队游价格每年都会变化，还取决于不同季节的需求量，在我们调研时，不分长短，10~12人小巴价格一般为150里拉。Kommagene Tours和 Zeus Hotel（☏0416-725 5694; www.zeushotel.com.tr）值得信赖。

另一个选择是从卡塔长途汽车站租一辆出租车。Otogar Taksi（☏0416-725 6264）短途游价格为100里拉左右，长途游为125里拉。不过，不要指望会提供任何的信息。

从马拉蒂亚出发

从马拉蒂亚也能前往内姆鲁特山。不过，从北部前往内姆鲁特山意味着你会错过南部（从卡塔出发）其他的有趣景点，除非你特别安排——或者步行翻过山顶，再搭便车。

5月到10月，会讲英语的Ramazan Karataş（☏0536 873 0534; ramo4483@hotmail.com）或马拉蒂亚旅游办公室（Tourist Office; ☏0422-323 4490）组织的小巴团队游能省却许多麻烦。正午从马拉蒂亚出发，第二天10:00左右返回，可以在山顶上看到日出和日落。住宿是在简单却舒适的Güneş Motel Karapinar（见594页），位于北部山顶以下14公里处的Yandere村，晚餐和早餐（不包括午餐和停车费）在内每人总价为160里拉。如果没有其他人要去，独行或两人游客可能得多交钱。

从卡帕多基亚出发

卡帕多基亚的旅游公司提供内姆鲁特山小巴团队游，不过单程距离超过500公里。2日团队游价格每人大约200欧元，但很长时间都在车上。如果时间充足，可选择更悠闲的3日团队游——一般也包括哈兰（Harran）和尚勒乌尔法。签约前先弄清楚过夜细节和驾驶时间。

卡塔的 **Kommagene Tours**（☏0532 200 3856, 0416-725 5385; www.nemrutguide.com）提供一个3日2晚的套餐，费用包括住宿和前往卡帕多基亚接车，然后将你送到阿德亚曼（Adiyaman）机场或当地长途汽车站，价格为每人775里拉。

🛏 食宿

Karadut有几个住宿处，从这里到山顶之间也有一些住宿选择。山北的Yandere有一家庭旅馆。西南的Kayadibi有村舍住宿处，由卡塔的 **Kommagene Hotel**（☏0532 200 3856, 0416-725 9726; www.kommagenehotel.com; Mustafa Kemal Caddesi; 标单/双/标三 20/35/45欧元；露营 每车/帐篷 10/6欧元；Ｐ❄⏰）经营，可以从那里骑马前往山顶。

Nemrut Kervansaray Hotel　　　酒店 $$

（☏0416-737 2190; osmanaydin.44@hotmail.com; Karadut; 标单/双 半膳宿 44/64欧元；Ｐ❄⏰）Karadut两家较大的酒店之一，一共有22个房间，房间虽小，但很吸引人，有舒适的床铺，大玻璃门的浴室，有些还能看到山景，有私人阳台。员工会讲英语，附设一个很好的餐厅，提供葡萄酒和冰啤，夏季游泳池很受欢迎。

Işık Pansion　　　家庭旅馆 $$

（☏0416-737 2010; www.nemrutisikpansiyon.com; Karadut; 标单/双/标三 不含餐 9/19/19欧元；露营位 20里拉；Ｐ❄⏰）位于Karadut村中心，只有5个明亮的房间，铺设了彩色寝具。提供丰盛的早餐（10里拉），也提供晚餐（12里拉起）。

Hotel Euphrat　　　酒店 $$

（☏0416-737 2175; Karadut; 标单/双 半膳

宿120/180里拉，不含餐60/110里拉；P🛇❄）这家酒店相对较大（46个房间），但很矮，不过员工很友好。宽敞的房间很干净，有写字台和玻璃墙浴室，外加游泳池，餐厅露台能看到壮丽的山景。旺季很受团队游客欢迎；淡季有很大的折扣。

Karadut Pansiyon　　　　　家庭旅馆 $$

（☎0416-737 2169, 0533 616 4564; karadut pansiyon@hotmail.com; Karadut; 每人 不含餐30~40里拉，露营地5里拉；P❄🛇）这家旅馆位于Karadut村中心沿路上1公里处，由和善的两兄弟经营。14间客房虽然狭小，但非常整洁（有的房间带有空调），房间内还有干净的卫生间、一个公用的厨房。提供出色的膳食（早餐/晚餐10/20里拉），露天的露台酒吧里还提供葡萄酒和啤酒。

Güneş Motel Karapinar　　　家庭旅馆 $$

（☎0536 972 1482; www.nemrutgunes motel.com; Yandere; 每人 半膳宿80里拉;🛇）位于Yandere村，距离山顶14公里，在从马拉蒂亚来的路旁。在一条奔涌的小溪旁，有宽敞通风的休息区，6个房间虽小，但新刷了油漆，带浴室。

❶ 到达和离开

有3条路通往山顶。从东南侧，有一条铺砌得很好的公路从Karadut村上行12公里抵达一座汽车停车场，继续走500米就到山顶。从西南侧，另一条很好的铺砌公路，经过阿尔萨美亚后攀爬10公里，与从Karadut来的公路交会，继续向前3公里就到了山顶停车场。

从北侧的马拉蒂亚，有一条长93公里、路况很好的铺砌公路，经过D300公路，接着穿过Kubbe Geçidi山口和Pazarcık、Tepehan和Yandere村，到达老汽车旅馆Güneş Motel。从那里沿着一条未铺砌的道路行进2.5公里（有些部分凹凸不平，不过普通车辆均可通行），就到了距离山顶200米远的停车场。无法驾驶汽车从北侧翻越山顶到达南侧。

过了Karadut上方的 **Çeşme Pansiyon**（☎0416-737 2032; cesmepansion02@gmail.com; 房 不含餐50里拉，露营位20里拉）就是**内姆鲁特山国家公园**（见590页）大门，如果从西南过来，就在阿尔萨美亚岔路口，从北侧前来，过了老汽车旅馆Güneş Motel就是。

小汽车

从卡塔出发前往内姆鲁特山的南坡有46公里，沿途会经过**卡拉库石古墓**（见591页）、**Cendere桥**（见592页）、Kocahisar和**阿尔萨美亚**（见592页）。或者走另一条路，沿着D360公路行驶，途经Narince，然后从Karadut前往山顶，这条路要长一些，但花费时间差不多，小心驾驶，不算停车时间，都需要大约1小时15分钟。两条路都是铺砌得很好的公路。记住路上大部分时间都需要低挡行驶，会比在一般公路上驾驶耗油。

从马拉蒂亚出发的公路也是铺砌得很好的道路，不过有些部分很曲折陡峭，直至老旅馆Güneş Motel（93公里，约2小时），从那里继续行进2.5公里就到山顶停车场（距离山顶200米），这条路还没有铺砌，部分路段凹凸不平，但在干爽的季节一般车辆都可以通行。

山顶没有公路连接南北两侧，不过有一条不错（干爽季节）的20公里长的道路，从山的西侧绕过，从西南的Kocahisar通往Büyüköz，那里位于山顶以北13公里处，在从马拉蒂亚来的路上。从Kocahisar出发的头12公里，一直到Subaşı村的路段都很平坦。到Büyüköz的最后8公里的路段没有铺砌，有些陡峭的急弯。不过在干爽的季节，自信的司机小心驾驶即可经过。如果是由北向南走这条路，在Büyüköz以北的岔路口有路标（指向卡塔）。

出租车和小巴

7:00~8:00有2~3班小巴从Karadut开往卡塔（6里拉，45分钟）。多出点钱，他们会到酒店或旅馆载客前往山顶（从Çeşme Pansiyon到卡塔10里拉）。每1~2小时还有小巴前往卡塔，一直持续到17:00，出发地点是在Karadut下行2.5公里处的Gerger公路的Karadut岔路口。

Karadut有些旅馆店主会前往卡塔的长途汽车站接客，每车40~60里拉（与出租车费用差不多）。事前讲定价钱。

Karadut所有的旅馆和酒店都可以载客往返山顶，到任何地方价格都是每辆小汽车或小巴50~110里拉，包括1小时的等待时间。一般说来，房间越便宜，车费也越便宜。

了解土耳其

今日土耳其 **596**
在经历了自杀式炸弹袭击、安纳托利亚东南部的冲突事件以及军事政变之后,政局刚刚稳定下来的土耳其又开始面临经济的困境。

历史 **599**
从古安纳托利亚到后阿塔图克时代,土耳其史诗般的传奇历史绵延千年,荡气回肠。

建筑 **615**
从古罗马剧场到奥斯曼宫殿,土耳其的建筑让旅行者有机会见证有形的历史。

艺术 **619**
土耳其文化远比伊斯坦布尔的夜店更加鲜活,地毯、奥尔罕·帕慕克的小说,还有多愁善感的电影,这一切都令人迷醉。

民族 **624**
除了土耳其人,你可能还会遇见库尔德人、拉兹人、海姆辛人、约留克人、犹太人、希腊人、亚美尼亚人、切尔卡斯亚人、阿布哈兹人……

环境 **628**
这个连接欧亚大陆的国家拥有不少天时地利,但也面临着高速发展所带来的挑战。

今日土耳其

十多年的经济高速发展，使得土耳其的生活标准有了极大的提高，但长期存在的问题依然没有得到解决——包括与库尔德人之间的冲突，伊斯兰教义与世俗生活方式的龃龉，而一场失败的军事政变更加剧了局势的紧张程度。叙利亚战争将"伊拉克与黎凡特伊斯兰国"（Islamic State of Iraq and the Levant, ISIL）的自杀式投弹者送到了伊斯坦布尔，土耳其则成了难民逃往欧洲的门户。土耳其借此拟定协议，以收回难民作为条件，来换取在欧盟的特权。

最佳电影

《野马》（*Mustang*, 2015年）土耳其与法国合拍的电影，讲述了偏远村庄中孤儿姐妹的故事。

《纯真的记忆》（*Innocence of Memories*, 2015年）有关奥尔罕·帕慕克的纯真博物馆的纪录片。

《冬眠》（*Winter Sleep*, 2014年）在白雪皑皑的安纳托利亚，一个个鲜活的人物上演着悲欢离合。

《切肤之歌》（*The Cut*, 2014年）土耳其籍德国导演法提赫·阿金（Fatih Akin）拍摄的一部戏剧作品，背景设定在1915年的亚美尼亚大屠杀期间。

《安纳托利亚往事》（*Once Upon a Time in Anatolia*, 2011年）由一个夜间在草原上搜寻尸体的人展现真实的土耳其。

最佳读物

《建筑师的学徒》（*The Architect's Apprentice*）Elif Şafak著，一部魔幻现实主义的传奇，讲述了奥斯曼建筑师米马尔·希南（Mimar Sinan）的故事。

《我脑袋里的怪东西》（*A Strangeness in My Mind*）奥尔罕·帕慕克著，通过一位安纳托利亚街头钵扎

政治骚乱

自杀式炸弹袭击和与库尔德反叛军的冲突发生后，土耳其的骚乱局势在2016年7月达到顶峰。军中有人发起了针对执政党——正义与发展党（AKP）的政变。在这个动乱之夜，土耳其国会遭到轰炸，一支军队封锁了伊斯坦布尔的博斯普鲁斯海峡大桥——这座大桥随后更名为7月15日殉道者大桥（15th July Martyrs' Bridge），以此纪念在这场失败的叛乱中丧生的平民。事件发生后，当局开除及拘留了超过10万名嫌疑者，其中很多人都曾担任法官、将军、公务员、教师等公职。此外，当局还与美国进行交涉，控诉土耳其牧师费图拉·葛兰（Fetullah Gülen）为政变策划者，要求将其引渡回国。土耳其当局还提前释放了3.8万多名囚犯，空出监狱来关押政变者，国际特赦组织（Amnesty International）对被拘留者的待遇表示担忧。

恐怖袭击

土耳其当局曾与库尔德工人党（PKK）签订了为期两年的停火协议，但随着协议的瓦解，土耳其境内的暴力冲突也愈演愈烈，最终引发了政变。土耳其军方与库尔德反叛军在安纳托利亚东南部的冲突演变为内战，千疮百孔的吉兹雷（Cizre）就是实例。在这个被炮火蹂躏的城市，空无一人的房屋上弹孔累累，情形和叙利亚边境别无异样。库尔德工人党内部的分支集团库尔德自由之鹰（Kurdistan Freedom Falcons; TAK）也在安卡拉和伊斯坦布尔实施过炸弹袭击。与此同时，"伊拉克和黎凡特伊斯兰国"（ISIL）的自杀式炸弹投手也袭击了伊斯

坦布尔的竞技场（Hippodrome），城市主干道独立大街（İstiklal Caddesi）和阿塔图克国际机场（Atatürk International Airport）。

经济发展的过山车

土耳其的经济在18世纪的郁金香时代达到顶峰，之后就一蹶不振，直到近期才重现生机。2016年的政变对于这个曾经动乱不休的国家而言，可谓打击巨大。2002年正义与发展党开始掌权，这个伊斯兰党派以铁腕统治着这个世俗化的国家，带领国民迎来了经济的高速增长，也大幅提升了基础设施和国民的生活标准。在土耳其，中产精英的生活可能曾经比他们的西方同僚要幸福得多。在富裕的地区，比如博德鲁姆和伊斯坦布尔的一些地方，当地经济蒸蒸日上，乍看上去，土耳其国父阿塔图克设想的追赶欧洲的现代化之梦似乎已然实现。与此同时，在被称为"安纳托利亚之虎"的以蓝领阶层为主的新兴城镇，经济也得到迅猛发展；正义与发展党提升了伊斯兰教的社会地位，让许多当地人深感欣慰。这些保守派盘踞的腹地影响力远大于伊斯坦布尔和地中海、爱琴海海岸上的自由派，他们对正义与发展党的做法持批评态度。

然而，2018年后，土耳其的经济在与美国的较量中经历着闪崩。8月中旬，特朗普突然在推特上宣布对土耳其进口的钢铝分别加收50%和20%的关税，土耳其里拉随即接连多日贬值，兑美元汇率一度跌至7.24：1。据媒体称，这与土耳其拒绝释放美国牧师布伦森有直接关联。埃尔多安号召全民团结起来，不可向经济威胁屈服，同时转而寻求欧盟国家和俄罗斯的帮助。

政治局势

在这些人的支持下，雷杰普·塔伊普·埃尔多安（Recep Tayyip Erdoğan）在结束两任首相任期后，正式开始担任土耳其总统。传统意义上，土耳其总统只是个承担礼节性功能的虚职，首相才是真正的掌权者，但埃尔多安却是实际的政治领袖；首相艾哈迈德·达武特奥卢（Ahmet Davutoğlu）基于与埃尔多安的政治分歧辞职。正义与发展党的绝对地位在2015年6月的大选中有所动摇，支持库尔德人的民主党（HDP）赢得了80个席位，因而组成了一届悬浮议会。2017年4月，土耳其以公投的形式通过了宪法修正案，决定在2019年11月大选之后将政体由议会制改为总统制，并取消总理的职位。但仅仅一年之后，埃尔多安宣布将提前于2018年6月举行大选，以克服周边局势的不确定性。在这一次大选中，埃尔多安以52.5%的得票率巩固了他的执政。正义与发展党也得以维持在土耳其政党中的独大地

人口：**81,600,000（2018年）**

面积：**783,562平方公里**

城市人口：**占总人口的73.4%**

失业率：**10.9%**

平均寿命：**74.57年**

如果土耳其有100人

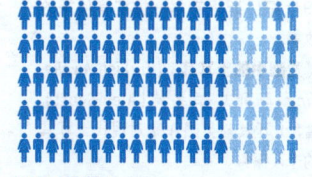

75人是突厥人
18人是库尔德人
7人是其他少数民族

信仰体系
（占人口百分比）

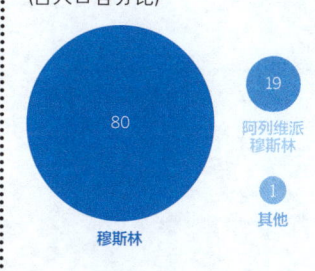

80 穆斯林
19 阿列维派穆斯林
1 其他

每平方公里人口数

土耳其　美国　英国

👤 ≈ 30人

小贩的眼睛描述了20世纪的伊斯坦布尔。

《**无翼之鸟**》(*Birds Without Wings*)路易斯·德·博尼尔斯(Louis de Bernières)著,也是《科雷利上尉的曼陀林》(*Captain Corelli's Mandolin*)的作者,讲述土耳其和希腊人口交换的历史。

《**禁卫军之树**》(*The Janissary Tree*)贾森·古德温(Jason Goodwin)著,雅西姆(Yashim)系列的第一部,讲述19世纪伊斯坦布尔一位宦官侦探的故事。

《**觉醒中的土耳其**》(*Turkish Awakening*)阿列夫·司各特(Alev Scott)著,土耳其裔英国作家对现代土耳其的个人探索。

位,但它的优势被进一步削弱。

新闻自由

为了给提前举行的大选营造声势,正义与发展党对一些具有争论的事件予以否认,例如在2013年所爆发的加济公园(Gezi Park)抗议,此次抗议让伊斯坦布尔市中心成为"战区",警察姗姗来迟,笨拙地处理了这次环保抗议活动。在这种独裁的政治环境中,土耳其在2016年世界新闻自由指数(2016 World Press Freedom Index)上的排位为180个国家中的第151位。政府压制新闻自由的行动包括将两位《共和报》(*Cumhuriyet*)的编辑量刑入狱5年,因为他们刊发了一则故事,内容有关土耳其秘密地向叙利亚的伊斯兰反叛军提供武器。

与欧洲的关系

欧洲难民危机后,土耳其提出了一项颇具争议的协议。土叙边界和土耳其其他地区的难民营中已经有两百万难民,在此基础上,土耳其愿意接受欧盟境内的难民,还保证会关闭从土耳其爱琴海岸到希腊群岛的人口走私路线。但作为交换,土耳其人进入欧盟国家的签证流程必须简化,土耳其加入欧盟的申请需加快处理,并需要欧盟的财政支援。不过正义与发展党和欧洲的关系常常擦枪走火,举个例子,德国最近承认了发生在1915~1917年的亚美尼亚种族灭绝大屠杀;土耳其则继续否认"大屠杀"这一事实。

历史

命运将土耳其放在两大洲的交叉点。作为一架大陆桥、一个交会点和一座战场，土耳其见证了远古以来的各色人等——神秘主义者、商人、游牧民和征战者——在欧洲与亚洲之间来来往往。许多人在这里留下了印记，因此土耳其国境内散落着拜占庭人的城堡、希腊人和罗马人的遗迹、塞尔柱人的商队驿站和奥斯曼人的宫殿，土耳其灿烂历史中写满了非凡又迷人的事件、文化和名人。

早期文化、城市与冲突

根据考古发现，早在旧石器时代，安纳托利亚（土耳其在亚洲境内的领土）就居住着很多狩猎采集者。大约公元前9500年，新石器时代的人类就已经在格贝克力石阵的石柱上进行雕刻了。到公元前7000年，已经出现了一些民居聚落。恰塔霍裕克（Çatalhöyük）大约出现在公元前6500年。它有可能是世界上第一个城市，是一系列革新的中心。当地人创造出了极具特色的陶制品。在安卡拉的安纳托利亚文明史博物馆（Museum of Anatolian Civilisations），可以看到有关文物。

红铜时代，安纳托利亚东南部的部落在美索不达米亚文化的熏陶下，已经开始使用金属工具。在安纳托利亚的土地上，出现了数目更多、规模更大的社群，并相互影响。到了公元前3000年，冶金术的发展推动了数个安纳托利亚王国的建立。其中一个就位于安纳托利亚中心地带的阿拉加霍裕克。即便地处这一地理位置，也显示出这里曾受到高加索地区文明的影响，从而说明安纳托利亚高原同外界的贸易往来范围之广。

贸易在西海岸同样也有发展，主要表现在特洛伊人与爱琴海岛屿及希腊大陆的往来。大约在公元前2000年，哈梯人在靠近开塞利的卡内什（Kanesh）建立了都城，控制着整个贸易网络。也是从此时开始，安纳托

考古学家伊恩·霍德（Ian Hodder）的《恰塔霍裕克：豹的传奇》（Çatalhöyük: The Leopard's Tale）一书讲述了该遗址的发掘过程，栩栩如生地描绘了这座城市全盛期的面貌。

大事年表	公元前9500年	公元前6500年	公元前4000~前3000年
	在格贝克力山丘（Göbekli Tepe），新石器时代的人类建造了环形巨石阵，之前它们被认为是原始时代的墓地，现在被认为是世界上仍未发掘的最古老的朝圣之地。	世界上第一座城市恰塔霍裕克建立于此时。房屋以蜂窝形式一层一层向上建造，历经多年，共建了13层，层与层之间由梯子连接。在鼎盛时期，城市人口约为8000人。	青铜时代初期，哈梯文化在阿拉加霍裕克地区开始发展。尽管早在红铜时期，就已经陆续不断有哈梯人定居于此。哈梯人会制作首饰、金属制品和武器。

利亚的历史真正象化了。刻有日期、事件和名字的泥板提供了书面记录，历史转变成了"真实"。

虽然真正意义上的安纳托利亚文明仍然没有出现，但之后千年的基调已经被定下：文化往来、贸易与战争将会是安纳托利亚历史中反复出现的主题。

青铜时代：赫梯人

哈梯人（Hatti）的衰落非常迅速，赫梯人吞并了他们整个领土。大约公元前1800年，赫梯人把都城从阿拉加霍裕克迁到了哈图沙什（靠近今天的博阿兹卡莱）。赫梯人留下的宝贵遗产，既包括他们的首都，也包括他们的国家档案和独树一帜的艺术风格。在经历了一系列内部动乱之后，在公元前1450年，这个王国以一个帝国的形态重新出现。在创立第一个安纳托利亚帝国的过程中，赫梯人尽管一方面表现得十分好战，但也展现出了另一些帝国特征——不仅统治着附属国，还展现出了对道德的追求和在外交方面的努力。尽管如此，在公元前1298年，赫梯帝国还是入侵了拉美西斯二世（Ramses Ⅱ）统治下的埃及。但之后，他们又把自己的公主许配给了已被打得没了脾气的拉美西斯作为补偿。

赫梯帝国晚期饱受其附属国的侵扰，其中就包括特洛伊。最后的致命一击来自已掌握炼铁技术的希腊人（当时他们被称为"海上民族"）的入侵。作为内陆国家的赫梯帝国，在一个海上贸易蓬勃发展的时代，自然是处于下风，并且他们还缺少那项最新的技术——炼铁。

此时，一个新的王朝在特洛伊成为新的地区势力。特洛伊人也受到了希腊的侵袭，最终在公元前1250年，爆发了特洛伊战争。这给了赫梯人喘息的机会，但新一批的入侵者大大加速了他们的灭亡。在极少数地区，赫梯文化得以保存。之后各个城邦创造出了新赫梯文化，它成为将美索不达米亚地区宗教与艺术输向希腊的渠道。

经典帝国：希腊与波斯

后赫梯时代的安纳托利亚，聚居着众多民族，包括安纳托利亚原住民和新来的不速之客。在东部，乌拉尔图人在凡湖（Lake Van）边建立起了一个新的王国。公元前8世纪，弗里吉亚人来到了安纳托利亚西部。戈耳狄俄斯国王（即戈耳狄俄斯之结的故事中那位著名的国王）带领弗里吉亚人在戈尔迪建立了都城。他的儿子迈达斯（Midas）统治期间，是其势力最为

在19世纪对博阿兹卡莱遗址重新发掘之前，人们对赫梯人的了解，仅限于《旧约》中含混不清的寥寥数笔。

公元前2000年

赫梯人，这一印欧民族，开始踏上了安纳托利亚的土地，并且征服了赫梯人，宣布哈图沙什为他们的都城。接着，赫梯人建立了自己的王国，版图扩张至巴比伦和埃及。

公元前1200年

特洛伊城被毁，而之后荷马的《伊利亚特》（Iliad）让它得到永生。迈锡尼人包围这座战略位置极其重要的城市长达十年之久。这里邻近达达尼尔海峡，是黑海贸易的咽喉要道。

公元前547年

波斯帝国的居鲁士大帝占领了安纳托利亚，波斯与希腊的对立从此展开。之后，大流士一世和薛西斯一世又加深了波斯对安纳托利亚的影响，并在对希腊殖民地的掠夺中先发制人。

公元前333年

在击败了波斯人之后，亚历山大大帝征服了大半个安纳托利亚。波斯皇帝大流士三世抛下了自己的妻儿与母亲。他的母亲一气之下与其断绝了母子关系，并认亚历山大大帝为养子。

强盛的时期。公元前725年，戈尔迪惨遭马背上的民族——辛梅里安人屠城。即使是迈达斯点石成金的神力，也无法扭转这一劫难。

在西南海岸，利底亚人建立了由城邦组成的联盟，面积从今日的费特希耶延伸到安塔利亚。在内陆地区，吕底亚人则以都城萨迪斯（Sardis）为中心，牢牢掌握着安纳托利亚西部。他们还铸造了最早的货币。

同时，随着古希腊殖民地沿着地中海海岸不断出现，希腊文化也开始渗透到安纳托利亚。大多数居住在安纳托利亚的民族都受到了希腊的影响：弗里吉亚国王迈达斯有一位希腊妻子；奇夫拉的传说被利西亚人借鉴利用；而吕底亚艺术则是希腊艺术与波斯艺术的混合产物。这种倾慕似乎也是双向的：希腊人为吕底亚的克罗伊斯王的财富所折服，甚至还创造出"像克罗伊斯一样富有"这一短语；而利西亚人也是唯一没有被希腊人嘲笑为"蛮族"的安纳托利亚民族。

蒸蒸日上的希腊文化最终还是引起了注意。波斯皇帝居鲁士（Cyrus）当然不会对自家后院发生的事情不管不顾。公元前547年，他入侵了安纳托利亚，打败了吕底亚人之后，他的军队接着将自己的控制范围扩大到了爱琴海地区。在国王大流士一世（Darius I）和薛西斯（Xerxes）统治期间，波斯帝国阻止了希腊海岸殖民地的扩张。他们同样征服了内陆，安纳托利亚内陆土生王国的时代就此终结。

波斯帝国派遣地方代管人来治理安纳托利亚，但并不是一切都那么顺他们的心意。他们不断面临来自不安于被统治的安纳托利亚人的顽强抵抗，其中包括公元前494年，爱奥尼亚（Ionian）的城市米利都（Miletus）发生的叛乱。这起据说是由雅典挑唆而发生的叛乱因遭到镇压而无疾而终。波斯人以雅典纵容此事为由入侵了希腊大陆，但最终在马拉松溃败。

亚历山大大帝与后亚历山大时代

波斯对安纳托利亚的统治一直延续到了公元前334年，直到亚历山大和他的冒险者们横穿过达达尼尔海峡，决心把安纳托利亚从波斯统治中解放出来。他们一路所向披靡，将波斯人驱逐到了特洛伊附近。接着大军又兵临萨迪斯，萨迪斯主动投降。在包围了哈利卡那索斯（Halicarnassus，即今天的博德鲁姆）之后，亚历山大一路向东，以摧枯拉朽之势解决掉了奇里乞亚（Cilician）平原上又一股波斯势力。

亚历山大是一个攻打江山的征服者，在建设国家方面却并不擅长。他去世后没有留下继承人。乱世之下，他创立的帝国也在一系列内战中土崩

创作了特洛伊战争史诗巨作《伊利亚特》的古希腊人荷马，据说就是在公元前700年之前，出生在士麦那（今天的伊兹密尔）。

传统认为，圣约翰是在以弗所写作的第四福音书，他将圣母玛利亚也一起带去了那里。不知疲倦的圣保罗很好地利用了罗马帝国的公路系统，跨越安纳托利亚，散布福音。

公元前205年	公元前133年	公元45~60年	330年
地中海沿岸的数座城邦组成了利西亚联盟，其中包括桑泰斯、帕塔拉和奥林波斯。之后法塞利斯也加入进来。罗马的入侵和统治也没能瓦解这个联盟。	帕加马国王阿塔罗斯三世在弥留之际，将自己的国家赠予罗马。罗马人迅速在热闹的港口以弗所建都，充分利用蓬勃发展的海上贸易。	最初来自安条克[即现在的安塔基亚（Antakya）]的圣保罗，在安纳托利亚大地上进行着他艰苦漫长的劝解改宗之旅。据说以弗所是圣约翰和圣母玛利亚生命的终结地。	君士坦丁宣布了"新罗马"为东罗马帝国（拜占庭帝国）的都城，它之后被更名为君士坦丁堡。君士坦丁改信基督教，并于325年举办了第一次尼西亚会议（Council of Nicaea）。

亚历山大大帝与戈耳狄俄斯之结

公元前333年，在弗里吉亚的旧都戈尔迪，亚历山大大帝遇到了戈耳狄俄斯之结。传说能解开它的人，便能统治亚细亚。亚历山大大帝绞尽脑汁也无法解开这个结，心烦气躁的他最后挥剑把它一劈为二。接着他继续向东挺进，亚细亚就在他的眼前了。他的军队从波斯到印度河，一路势不可当，直到整个已知世界都差不多成了他的领土。不过，亚历山大创建的这个巨大的帝国并不长命，或许他当初在面对那团讨厌的麻线时，应该更有耐心点儿。

瓦解。不过，亚历山大成功地消除了波斯对安纳托利亚的影响，将其纳入希腊文化圈。随着亚历山大军队的到来，希腊化开始稳步展开，这一进程于几个世纪前开始，就此达到顶峰。以贸易为命脉的巨大城邦网络，在整个安纳托利亚势不可当地发展了起来。其中最重要的便是帕加马（今天的贝尔加马）。帕加马的国王们都是伟大的战士，同时也大力支持艺术的发展。其中最著名的统治者当属欧迈尼斯二世（Eumenes II），保存至今的帕加马卫城大部分就是在他统治时期建成的。同希腊神殿和水道同样值得注意的，是逐渐传播的希腊语，安纳托利亚的本土语言正是因此而最终彻底消亡的。

在安纳托利亚这个文化大熔炉里，不同王国以"每月最佳口味"的形式轮番出炉，此消彼长。公元前279年，凯尔特人（Celts）轻松胜出，以今日安卡拉为中心，建立起了自己的王国——加拉太（Galatia）。再往东北，米特里达梯家族（Mithridates）在之前已经创立了以阿马西亚（Amasya）为中心的本都王国；而来自凡湖区域的亚美尼亚人，在亚历山大大帝允以自治权之后，也重新确立了自己的地位。

同时，爱琴海另一边的罗马人，随着势力日渐强大，开始对安纳托利亚广泛的贸易网虎视眈眈。

罗马统治

公元前190年，罗马军团在马尼萨（Manisa）击败了塞琉古国王（Seleucid）安条克大帝（Antiochus the Great）。阿塔罗斯三世（Attalus III）在去世前将帕加马这座最伟大的后亚历山大时代的城市赠予了罗马人。它也因此成为罗马将安纳托利亚揽入怀中的滩头阵地。到公元前129

395 年	412 年	527 ~ 565 年	654 ~ 676 年
在狄奥多西一世统治期间，罗马帝国成了基督教国家，异教信仰不被允许，希腊文化持续渗透。他死后，帝国按照戴克里先一个世纪前划下的界线，分为东西两部分。	狄奥多西二世在君士坦丁堡建起了城墙以保护该城的财富。城墙的确十分有效，成功抵御了数次围袭，只失守过一次：1453年，城墙被征服者穆罕默德二世攻破。	查士丁尼一世统治时期是拜占庭帝国的黄金时期。他将北非和西班牙的大部分领土纳入了版图，同时也大力推动帝国内部的改革，在建筑方面也取得很大发展。	阿拉伯穆斯林夺取了安卡拉，包围了君士坦丁堡。阿拉伯对西部的入侵只是暂时的，但拜占庭版图的东部和南部边界（埃及与叙利亚）则彻底丢掉了。

年，以弗所已成为罗马帝国在亚洲的首府。接着，在不到60年的时间里，罗马人将版图扩张至了亚美尼亚，直逼波斯帝国边境。

随着时间的流逝，罗马帝国的国力日渐衰微。到3世纪晚期，为了稳固帝国的局面，戴克里先曾尝试将帝国分为东西两个行政单位，同时试图消灭基督教。这两项尝试均以失败告终。尽管是以地下形式，且不时遭到迫害，基督教这一新兴宗教的影响仍不断扩大。

同时，戴克里先的改革最终导致了一场内战，君士坦丁赢得了胜利。早些时候，君士坦丁已经改信基督教。据说他在天使的指引下，在古希腊从前的拜占庭城上，建立了"新罗马"。这就是之后的君士坦丁堡（现在的伊斯坦布尔）。在弥留之际，君士坦丁接受了洗礼，到4世纪末期，基督教成为罗马帝国的官方宗教。

公元前47年，尤里乌斯·恺撒就一场军事胜利发表了著名的"我来，我见，我征服（Veni, vidi, vici）"的演讲，地点就在临近托卡特（Tokat）的济莱（Zile）。

罗马衰亡，拜占庭崛起

尽管在君士坦丁堡建立了新都城，罗马帝国依旧举步维艰。在狄奥多西一世（Theodosius，379~395年在位）的坚定领导结束之后，帝国分裂了。西部地区（罗马）此后走向了衰落，成为"蛮族"的聚集之地；东罗马，即拜占庭帝国，选择了基督教和希腊语，得以繁荣昌盛。

拜占庭：低调的欧洲帝国

在讨论欧洲历史时，拜占庭经常是最后才被想起的帝国。由于拜占庭人从未承认罗马教皇的正统地位，他们一直被认为是不属于拉丁基督教世界的局外人，也因此基本被认为欧洲之外的一部分。但事实上，拜占庭一直是欧洲的一道壁垒，几个世纪以来，它保护着欧洲不受伊斯兰世界军队扩张势力的侵袭。地处欧洲外围的拜占庭历经11个世纪，把东正教会同希腊的语言及文化糅合在一起，为我们留下了伟大的文化与艺术遗产。但总的来说，人们对拜占庭的记忆，多只是其政治的错综复杂和阴谋诡计，提起它时，多少还会有些不屑一顾。

在1453年君士坦丁堡陷落之后，希腊便几乎被欧洲忘在了脑后。直到19世纪，如拜伦和雪莱等浪漫主义诗人，为将希腊从奥斯曼帝国解放出来而集结，才让希腊重新火了起来。但这些希腊文化爱好者向往的是古希腊的荣光，是柏拉图、亚里士多德和萨福的希腊，而不是拜占庭。

867年	976~1025年	1071年	1080年
巴西尔一世充实了拜占庭的财富，恢复了军事力量，艺术也再次繁荣起来。他被称为马其顿王朝的开国皇帝，但他其实是来自色雷斯的亚美尼亚人。	在巴西尔二世（"屠杀保加利亚人的刽子手"）统治期间，拜占庭达到了鼎盛。他克服国内重重危机，将国界线东部扩张至亚美尼亚，重新夺回意大利，并击溃了保加利亚人。	新来的访客——塞尔柱突厥人，在曼齐刻尔特（Man-zikert）同拜占庭军队交战，并将其击溃。塞尔柱人并没有乘胜追击，但经此一战，拜占庭人也已元气大伤。	塞尔柱人对安纳托利亚的入侵，迫使亚美尼亚人逃往地中海沿岸，他们在那里建立了奇里乞亚王国（Cilicia）。奇里乞亚王国使亚美尼亚文化发展到了新的高度，并延续了将近300年。

朱迪斯·赫林(Judith Herrin)所著的《拜占庭：一个中世纪的帝国传奇》(Byzantium: The Surprising Life of a Medieval Empire)一书，利用主题法，为我们讲述了拜占庭王朝的生活，为我们揭开了这个我们知之甚少的帝国的神秘面纱。

在查士丁尼一世(Justinian, 527~565年在位)统治期间，拜占庭继承了罗马帝国的衣钵。他修建了圣索菲亚大教堂(Aya Sofya)，编纂了罗马法典，同时也将帝国的版图扩张至西班牙南部、北非和意大利。自此，拜占庭真正将自己同罗马区分开来，尽管在感情上，国民仍觉得同罗马一脉相承。讲希腊语的拜占庭人仍自称为罗马人，之后，土耳其人称自己为"Rum"。查士丁尼的野心最终造成了帝国的过度扩张。瘟疫同时渐渐渗入帝国内部的斯拉夫部落，阻碍了拜占庭的继续扩张。

之后，与波斯的一场旷日持久的拉锯战，进一步削弱了拜占庭帝国的实力，安纳托利亚的东部成为阿拉伯半岛来势汹汹的阿拉伯军队的囊中之物。公元654年，阿拉伯人占领了安卡拉，并于669年包围了君士坦丁堡。这是一个新的民族，他们带来了新的语言、文明，还有一个新的宗教：伊斯兰教。

在西部的战场上，哥特人和伦巴底人(Lombards)一路高歌猛进。到了8世纪，拜占庭的势力被推回到了巴尔干半岛(Balkans)和安纳托利亚。帝国至此只能忍气吞声。直到867年，巴西尔一世(Basil)登上皇位，帝国的财富得以迅速增长，在与埃及、保加利亚和俄国的战斗中获得了一场又一场胜利。据说巴西尔二世在位期间(976~1025年)，曾经下令挖出1.4万名保加利亚战俘的眼睛，从而得到"屠杀保加利亚人的刽子手"的绰号。巴西尔二世死后，帝国内根本没有在韬略或是残暴上能与他比肩的继任者，拜占庭的扩张史就此彻底画上了句号。

第一个突厥帝国：塞尔柱帝国

1054年，曾在395年时把罗马帝国一分为二的界线，成为天主教与东正教的分界线。直到今天这种局面依然持续。

从大约8世纪开始，游牧民族突厥人从中亚一路向西行进，途中遇到了波斯人，并开始信奉伊斯兰教。阿拔斯帝国(Abbasid empire)的部分地区也被来势汹汹而又好斗尚武的突厥人吞并。接着，突厥人以波斯为中心，建立起了自己的王国。突厥塞尔柱家族的图鲁尔(Tuğrul)在巴格达接受了苏丹的封号。自此塞尔柱人便开始侵袭拜占庭的领土。1071年，图鲁尔的儿子阿尔普·阿斯兰(Alp Arslan)在曼奇科特打败了拜占庭军队。作战灵活的突厥骑兵占尽优势，安纳托利亚高原门户洞开，突厥军队一路高歌猛进，而拜占庭帝国的挽歌也就此奏响。

但塞尔柱突厥人并非就此顺风顺水。12~13世纪，十字军入侵，并在安条克(Antioch, 今安塔基亚)和埃德萨(Edessa, 今尚勒乌尔法)建立了几个小国，但持续时间并不长。作为塞尔柱同时代发生的小插曲，十字军东

1204年	1207~1270年	1243年	1300年
第四次十字军东征洗劫了君士坦丁堡。由此可以窥见西部基督教世界对东部东正教的不屑与轻视。	贾拉尔·阿德·丁·鲁米，即梅乌拉那，是旋转托钵僧梅夫拉维苏非教团的创始人。鲁米是一位伟大的神秘派诗人和哲学家。蒙古入侵后，他逃亡至科尼亚，并居住在了那里。	蒙古人的铁骑踏出中亚，占领了埃尔祖鲁姆，并在克塞山(Köse Dağ)打败了塞尔柱人。塞尔柱帝国自此只能苟延残喘，蒙古人就此离去，只有几个小国得以存活。	面对垂死的拜占庭和惶恐不安的塞尔柱，在埃斯基谢希尔附近发展起来的奥斯曼人开始崛起。他们开始同拜占庭军队正面对抗，慢慢地吸引自己的追随者，形成了自己的影响力。

征还洗劫了拜占庭的首都君士坦丁堡,而至少在表面上,拜占庭还是十字军的同盟。与此同时,塞尔柱人内部因权力争夺而产生裂痕,他们的帝国也开始分裂。

塞尔柱人的文化,在以科尼亚为中心的苏丹国鲁姆,得以继续发扬光大。创立了梅夫拉维(Mevlevi)或称旋转托钵僧规则的苏非神秘主义(Sufi mystic)代表人物杰拉莱丁·鲁米(Celaleddin Rumi),是那个时期科尼亚地区文化艺术发展达到高峰的一个例证。尽管从民族上来说,他们是突厥人,但塞尔柱人却是传播波斯艺术文化的使者。他们把羊毛地毯带到了安纳托利亚,引入并传播了非凡的建筑形式。时至今日,在埃尔祖鲁姆、迪夫里伊、阿马西亚、科尼亚和锡瓦斯,我们仍旧可以看到他们留下的遗迹。这些建筑是安纳托利亚真正意义上的第一批伊斯兰艺术形式建筑,他们也成为奥斯曼文化艺术的原型。

与此同时,成吉思汗的蒙古族后裔杀进了安纳托利亚,于1243年,在克塞山打败了塞尔柱人的军队。安纳托利亚由此支离破碎,如同由一众小国拼成的马赛克瓷砖。但在1300年,一位名叫奥斯曼的突厥贝伊(bey,部落首领)建立起了一个新的帝国,继而彻底结束了拜占庭时代。

奥斯曼国:初生牛犊

最初,奥斯曼人徘徊在拜占庭与塞尔柱人领土的中间地带。在一个以破坏和分裂为标志的时代,奥斯曼人提供了一种理想模式,吸引了大批追随者,并迅速建立起了一个行政和军事体系,这为他们的扩张提供了条件。如许多安纳托利亚的历代统治者一样,奥斯曼从一开始就对安纳托利亚所有的文化表现出了包容接纳的态度。于是,他们的文化就演变成为融合希腊、突厥、伊斯兰与基督教文化元素的综合体。

看似不可战胜的奥斯曼人一路向西行进,在布尔萨建立了自己第一个都城。接着,他们进入了欧洲领土,于1362年占领了阿德里安堡(Adrianople,今埃迪尔内)。他们于1371年将领土扩张至亚得里亚海地区。1389年,他们在科索沃波尔耶遭遇塞尔维亚人,并将其击败,有效控制了巴尔干半岛。

在巴尔干半岛,奥斯曼人遇到了坚定的基督教社群。通过米利特(millet)体系,奥斯曼人将他们和平地招入了自己的麾下。在米利特体系下,少数族群和宗教团体被官方承认,并被允以自治权。遗憾的是,无论是傲慢的基督教徒,还是鲁莽蛮干的尚武民族,都不认可这个体系。1396年,

1324 年
奥斯曼一世在同拜占庭作战中,于布尔萨去世。整座城市成为奥斯曼的第一个都城,在其子兼继任者奥尔汗(Orhan)的统治下,奥斯曼迅速扩张。

1349 年
作为拜占庭的同盟,奥斯曼人在奥尔汗一世的带领下对欧洲发动了第一次军事突袭。在此之前,奥尔汗一世已经确立伊斯兰教为奥斯曼人的正统宗教。

1396 年
尼科波利斯十字军,一股集合了东欧与西欧的军事力量,想要阻止突厥人以破竹之势攻进欧洲。奥斯曼的军队出其不意地打败了他们。欧洲门户就此打开。

1402 年
在战胜了尼科波利斯十字军后,巴耶塞特将目光锁定在了终极目标——君士坦丁堡上。自以为是的他同鞑靼战神帖木儿正面交战。他的军队最终惨败,其本人也被帖木儿俘虏。

苏丹巴耶塞特一世（Beyazıt）在保加利亚的尼科波利斯（Nicopolis）大败最后一次十字军东征的军队。大概自此之后，巴耶塞特便认定自己是常胜将军，对鞑靼战神帖木儿（Tamerlane）发起了挑衅。结果是败军之将巴耶塞特被俘，声势浩大的奥斯曼帝国随着帖木儿入侵安纳托利亚而停滞。

奥斯曼东山再起：君士坦丁堡及其他

帖木儿俘走巴耶塞特后，奥斯曼慢慢地缓过劲儿来。巴耶塞特的儿子们为权力展开了争斗，最后，穆罕默德一世（Mehmet I）于1413年登上了王位。奥斯曼又重新开始扩张。借其重新恢复的势头，他们拿下了安纳托利亚剩下的部分，碾轧了希腊，对君士坦丁堡发动了第一次攻击，并且第二次打败了塞尔维亚人。

当1451年穆罕默德二世成为苏丹时，奥斯曼已经恢复了从前的声势。君士坦丁堡，拜占庭此时最后一道壁垒，已经被奥斯曼的领土包围。作为一个还没经过考验的苏丹，穆罕默德没有选择，必须攻下君士坦丁堡。他在博斯普鲁斯海峡上修建了一道堡垒，实行海上封锁，并且扩充军队。拜占庭向欧州求援，尽管他们也明白这是无谓之举。在经历了7个星期的包围后，君士坦丁堡于1453年5月29日被攻陷。看起来已势不可当的奥斯曼人，令整个基督教世界不寒而栗，谄媚的外交官们声称：穆罕默德完全有资格继任之前的罗马和拜占庭帝国。此时，他已经被称为"征服者穆罕默德"。

奥斯曼战争机器没有停下，在东西部战场上继续轮番作战。在禁卫军制度下，信奉基督教的少年改为信奉伊斯兰教，接受军事训练，这意味着奥斯曼是欧州唯一拥有常备军的国家。他们作战灵活，极具组织纪律性。继任的历位苏丹继续扩张着奥斯曼的版图。"冷酷者"谢里姆一世（Selim）于1517年占领了汉志（Hejaz），麦加和麦地那便位于汉志国境内，奥斯曼也因此成为伊斯兰教两座圣城的守护者。然而，他们并不仅仅是鲁莽的武夫：1492年，苏丹巴耶塞特二世（Beyazıt Ⅱ）邀请了被西班牙宗教法庭流放的犹太人来到伊斯坦布尔，展现出了帝国对多元文化的包容。

在苏莱曼苏丹（Sultan Süleyman, 1520~1566年在位）历时46年的统治期间，奥斯曼进入了黄金时代。苏莱曼大帝的杰出，既表现在他为奥斯曼编纂了法典，也表现在其军事建树上。在战场上，奥斯曼人享受打败匈牙利的胜利，还将地中海沿岸的阿尔及利亚和突尼斯纳入了自己的版图。苏莱曼领导编纂的法典将世俗法律和伊斯兰法律兼容并蓄，极其富有远

历史

奥斯曼东山再起：君士坦丁堡及其他

为了保卫君士坦丁堡，康斯坦丁十一世皇帝在金角湾横贯一条锁链以阻止奥斯曼船只越境。穆罕默德二世命令船只从陆路进攻——从抹了油的原木上滑下——以打击拜占庭防御者的气焰。

菲利普·曼塞尔（Philip Mansel）的《黎凡特：地中海的壮丽与灾难》（Levant: Splendour and Catastrophe on the Mediterranean），为我们描画出了那些伟大的港口城市：士麦那（今伊兹密尔）、贝鲁特和亚历山大港，并为我们讲述了这些奥斯曼财富与文化中心的起落兴衰。

1453年	1480~1481年	1512~1517年	1520~1566年
穆罕默德二世恰好在一次月食之日，包围了君士坦丁堡。背水一战的拜占庭人，将月食解释成必败的恶兆，认为这预示着基督教的末日。突厥人很快就取得了胜利。	一心想成为神圣罗马的真正继承人的穆罕默德二世入侵了意大利。他成功占领了普利亚大区的奥特朗托，但却死在了向罗马行进的路上。	"冷酷者"谢里姆一世在查尔迪兰打败波斯人。他继续攻下叙利亚和埃及，接受了哈里发的头衔，接着占领了伊斯兰圣城麦加和麦地那。	苏莱曼大帝执政时期，奥斯曼帝国发展到顶峰。苏莱曼率领军队攻占了布达佩斯、贝尔格莱德和罗得岛，让帝国的版图扩大了一倍。

见。他对艺术的大力支持,则让奥斯曼艺术发展到了顶峰。

苏莱曼还因是第一个结婚的奥斯曼苏丹而闻名。之前的苏丹沉溺于三宫六院,而苏莱曼是真正爱上了罗克塞拉娜(Roxelana),并迎娶了她。可惜,一夫一妻并没有带来幸福的家庭:一系列宫廷阴谋导致了他的长子和次子丧生。罗克塞拉娜上位之后,奥斯曼迎来了被称为"苏丹女权时期"的一段时期。1566年,身心俱疲的苏莱曼死于多瑙河的一次军事作战中。

欧洲病夫

想要确切给出奥斯曼帝国开始衰落的时间点和原因是很困难的,但一些历史学家以苏莱曼大帝之死作为精确的节点。苏莱曼之后的苏丹都无法承担起帝国的大业。罗克塞拉娜为苏莱曼所生的儿子谢里姆二世,被人轻蔑地称为"酗酒者",只做了很短一段时间的苏丹。勒班陀(Lepanto)的海军灾难便是在他的眼皮底下发生的,这也显示着奥斯曼海军已不复当年之勇。自苏莱曼之后,便再没有苏丹率军亲征。之后的苏丹,都只是在宫中过着"囚徒"生活,对外面的现实世界几乎完全不知情,也没有什么心思处理国事。再加上历时250年的扩张所引发的必然的惰性,预示着那支响当当的、曾被马丁·路德誉为"战无不胜的奥斯曼军队"开始走下坡路了。

1683年,包围维也纳是奥斯曼扩张征程中的最后一次尝试,此次尝试宣告失败。自此之后,奥斯曼国势便开始螺旋式下降。奥斯曼帝国的确地域广袤,实力强大,但是在社会发展、军事和科学上,他们却开始落后于西方。1799年拿破仑对埃及的进攻,预示着欧洲已经愿意同奥斯曼一战。同时,中欧的哈布斯堡家族(Habsburgs)和俄国也逐渐成长为中坚力量。奥斯曼却一直只把眼光局限在内部,对其他地方的突飞猛进毫不知情。

民族主义——一个从西方世界引进的观点——加速了帝国的灭亡。几个世纪以来,奥斯曼帝国境内的众多民族,都处于一个相对和谐的共存状态,但欧洲民族国家的建立,激起了被统治民族意欲摆脱奥斯曼帝国的枷锁并决定他们自己命运的决心。很快,奥斯曼帝国的版图就开始松动了:希腊于1830年取得了独立,1878年罗马尼亚、黑山、塞尔维亚和波斯尼亚也相继脱离奥斯曼帝国。

奥斯曼帝国版图的缩小带来了一场改革,但力度太小,时间太晚。1876年,阿卜杜勒·哈米德二世(Abdülhamid)批准修宪和建立奥斯曼历史上第一个议会,但他又以1878年的事件为借口颠覆了宪法。自此之后,他统治期间的独裁程度不断提高。

苏莱曼的妻子罗克塞拉娜,是很多艺术作品的灵感来源,其中包括不少绘画、约瑟夫·海顿的第63交响曲和数本乌克兰语、英语和法语小说。

1553 年	1571 年	1595 - 1603 年	1683 年
苏莱曼下令将长子穆斯塔法勒死。但根据历史记载,是苏莱曼的妻子洛克塞拉娜密谋害死了穆斯塔法,好让自己的儿子登上皇位。	奥斯曼海军在勒班陀遭遇到复苏的欧洲力量的毁灭性打击。此时,欧洲已经掌握了大西洋与印度洋的贸易,并正在经历文艺复兴的大发展时期。	"居家"苏丹穆罕默德三世为保住皇位,下令勒死了自己的19个兄弟。他的继任者艾哈迈德一世建起了皇家监狱,囚禁有可能继承皇位的人,用美女和珍馐消磨他们的野心。	穆罕默德四世苏丹包围了维也纳,以自己军队的溃败告终。在17世纪末,奥斯曼人第一次提出了议和,并且失去了伯罗奔尼撒、匈牙利和特兰西瓦尼亚。

蠢蠢欲动的不仅仅是被统治的民族，土耳其知识分子也开始寻找改变命运的办法。联合进步委员会（The Committee for Union and Progress，简称CUP）在马其顿成立，委员会的成员深受西方影响，并且都是改革派。1908年，这个名称被改为"青年土耳其党"的委员会逼迫阿卜杜勒·哈米德二世退位，并要求恢复宪法。然而，土耳其人的任何喜悦和欢呼都难以持久。第一次巴尔干战争让保加利亚和马其顿也从奥斯曼地图上消失了，保加利亚、希腊和塞尔维亚的军队，迅速向伊斯坦布尔挺进。

过去备受尊敬、令人生畏的奥斯曼帝国，现在被视为"欧洲病夫"。欧洲的外交家们开始盘算着，如何挑到帝国最肥的那块肉。

"一战"及其余波

军事危机带来了一段三头统治的时期，而倡导民族主义的联合进步委员会的"帕夏"（paşa，将军）们，实际掌握了对这个面积不断缩小的帝国的控制权。他们成功抵御了前来"结盟"的巴尔干军队，挽救了伊斯坦布尔，然后在即将爆发的世界大战中站在中立的一方。奥斯曼人因此四面楚歌，在多个战线抵御来自西方世界的攻击：在色雷斯同希腊作战，在安纳托利亚东北部同俄国作战，在阿拉伯半岛同英国作战，在加里波利同多国部队作战。就是在这一片动荡中，亚美尼亚悲剧（见611页）的序幕，即将拉开。

"一战"末期的土耳其已经乱作一团：法国、意大利、希腊和俄国支持的亚美尼亚占领了安纳托利亚部分地区。1920年《色佛尔条约》（Treaty of Sèvres）签署之后，帝国正式被瓜分，只给土耳其人留下了大草原的一小片狭窄地带。被胜利冲昏头脑的欧洲人没有料到会遭到土耳其人的反抗，但土耳其民族运动却开始发展起来，色佛尔的屈辱则为民族运动打了一剂强心针。他们的领袖便是领导了加里波利胜利的穆斯塔法·凯末尔（Mustafa Kemal）。他开始组织土耳其的抵抗运动，在安卡拉建立了一个国民议会，远离敌军和喜欢干预的外交官。

与此同时，一支希腊军队从伊兹密尔出发了。希腊人看到了实现他们重建拜占庭帝国伟大理想的机会。他们攻下了布尔萨和埃迪尔内——这份挑衅来得正是时候，穆斯塔法·凯末尔正需要用它来召集全国范围的支持。在最初的一次小规模冲突之后，希腊人加紧向安卡拉进发，但土耳其的顽强抵抗，让他们的队伍在萨卡里亚战役（Battle of Sakarya）之后，便无法向前。两军在杜姆卢珀纳尔（Dumlupınar）再次交战。在这里，土耳

苏来亚·法罗琦（Suraiya Faroqhi）所著的《苏丹的主题：奥斯曼帝国的文化和日常生活》（Subjects of the Sultan: Culture and Daily Life in the Ottoman Empire）一书描绘了奥斯曼人民的日常生活，并对其乡镇、仪式、节日、食物和饮品，以及帝国的历史都做了一番介绍。

1760～1790年代	1826年	1839年	1876年
尽管进行了现代化的尝试，并接受过法国的军事训练，奥斯曼还是不得不屈服于俄国的叶卡捷琳娜二世。叶卡捷琳娜二世自封为奥斯曼东正教会的保护者。	马哈茂德二世开始进行重大改革的一年，改革侧重于行政和军队现代化。因此发生了"吉兆之变"（Auspicious Event），而禁卫军的叛军最终被处死。	改革在继续。一份注明各类法律及政治权利，名为《坦志麦特》（Tanzimat）的宪章被颁布。其最重要的原则就是帝国内穆斯林与非穆斯林的平等。	阿卜杜勒·哈米德二世登上皇位。国民议会第一次召开，宪法被修订。塞尔维亚和黑山受到了泛斯拉夫主义运动的鼓舞，开始了独立斗争。

其人狠狠教训了希腊人。希腊人开始往伊兹密尔撤退，而在那里，他们被赶出了安纳托利亚，一路仓皇之下，还不忘趁乱打劫。

穆斯塔法·凯末尔成了土耳其人民的英雄。他实现了多年前"青年土耳其党"的梦想：建立土耳其民族国家。1923年签署的《洛桑条约》（Treaty of Lausanne）一洗《色佛尔条约》的耻辱，外国势力就此离开了土耳其。现代土耳其的国界线被确定下来。

阿塔图克和共和国

土耳其人将安卡拉确立为他们的首都，废除了苏丹制。穆斯塔法·凯末尔成了这个新建的世俗共和国的总统，之后他接受"阿塔图克"这个名字，字面意思为"土耳其之父"。自此土耳其人重新上路了。穆斯塔法·凯末尔果真是精力无限、高瞻远瞩：他的理想是让土耳其成为现代化的发达欧洲国家中的一个。

多年的战争已经让这个国家满目疮痍，因此，他们的确需要一位坚定的领导人。阿塔图克时代是一个开明专制的时代。阿塔图克建立了民主制度，却从没有让任何反对的声音阻碍他。他最终的动力，是改善国民的生活。但凯末尔主义的某一方面，却为之后埋下了隐患：凯末尔主义坚持这个国家只能是土耳其人的。考虑到奥斯曼帝国曾饱受民族分离主义运动之苦，强调民族统一或许符合当时的情况。但这样一来，却否定了库尔德人

在历史学家彼得·哈特（Peter Hart）所著的《加里波利》（Gallipoli）一书中，他用细节还原了这场悲壮的"一战"战役：从策划阶段到澳新军团的血腥登陆，再到最后的撤退。

加里波利战役

在第一次世界大战中，多线作战的奥斯曼帝国，只在加里波利守住了自己的阵地。一方面是由于英军最高指挥的无能，另一方面是因为土耳其指挥官穆斯塔法·凯末尔（Mustafa Kemal）的足智多谋。拥有钢铁意志的他极大地鼓舞了官兵的士气，守住了阵线，还使入侵者伤亡惨重。入侵者不仅包括英军，还有1915年4月25日登陆的澳新兵团。

地势的复杂，半岛自然环境的限制，加上壕沟战短兵相接，这场战役注定要陷入血腥的僵局。不过，从一些报告中，可以看到攻守双方不同寻常的文明礼仪。8个月之后，协约国军队最终撤退。

当时谁也不曾预想到，两段经久不衰的关于国家意识的传奇，也将诞生于加里波利溅满鲜血的沙滩上：澳大利亚人将这场残忍的战役，视为他们国家意识觉醒的标志；而土耳其人则把他们对加里波利海岸的成功保卫，视为国家独立之路的开端。

1908年	1912~1913年	1915~1918年	1919~1920年
以萨洛尼卡为基地，联合进步委员会（CUP）的"青年土耳其党"要求恢复宪法。在接下来的选举中，联合进步委员会以绝对的优势赢得了选举。	第一次与第二次巴尔干战争。作为塞尔维亚的盟军，希腊与保加利亚军队攻占了奥斯曼帝国曾经的第二大城市萨洛尼卡和埃迪尔内。后来同盟走向了瓦解。	第一次世界大战，土耳其作为同盟国成员出战。在四个战场作战的土耳其，只在加里波利一处击败了侵略者。战争后期，一支英国舰队驻扎在了伊斯坦布尔附近海域。	土耳其独立战争打响。1920年的《色佛尔条约》只把安纳托利亚的狭窄地带留给了土耳其人。但在穆斯塔法·凯末尔的领导下，土耳其人为保卫国土发起了反击。

布鲁斯·克拉克（Bruce Clark）的《两度陌生人》（Twice a Stranger），深入探寻了20世纪20年代土耳其与希腊之间的人口交换。通过对背景事件和当事人的采访，克拉克让我们对这两个国家紧张复杂的关系，有了更深一步的理解。

的文化存在。果不其然，几年之后，库尔德人爆发了暴乱。而这只是整个20世纪期间，库尔德人频繁暴乱的序幕。

在爱琴海建立单一民族国家的愿望促成了希腊与土耳其之间的人口交换：安纳托利亚的希腊语社群乘船被运到了希腊，而居住在希腊的穆斯林则被转移到了土耳其。这样的人口交换带来了灾难性的后果。不少村庄从此变成"鬼村"，比如费特希耶附近的卡亚寇伊（Kayaköy）。人口交换的目的在于防民族纷争之患于未然，但这却成了土耳其历史上非常苦涩的一段时期，同时也给土耳其的国家发展拖了后腿。土耳其人后来发现，奥斯曼社会受过良好教育的精英大部分都不见了，因为他们大多不说土耳其语。

阿塔图克的远见让土耳其全国发生了天翻地覆的变化。从帽子到语言，所有的一切都被仔细研究，如果有需要，就会对它进行改革。土耳其发生了一系列变化：开始采用西方公历，采用拉丁字母改造字母表（替代阿拉伯文），推广标准化语言，取缔了土耳其毡帽，实行普选制度化，并且宣布土耳其人要开始有姓氏了（之前他们是没有姓氏的）。1938年11月，阿塔图克去世。作为建立民族国家和将土耳其带入现代化的最大功臣，可以说，他的确无愧于"土耳其之父"之名。

民主化的努力

大刀阔斧的改革步伐很大，但并没有彻底改变土耳其经济、军事上的孱弱。阿塔图克的继任者伊斯梅特·伊纳尼（İsmet İnönü）使土耳其免去卷入第二次世界大战的命运。"二战"结束后，土耳其成了美国的同盟。作为防御苏联的一道壁垒，土耳其的地理位置有极其重要的战略意义，因此它接受到了美国的大量援助。这份新友谊因土耳其军队出兵朝鲜而更加坚固，土耳其也成了北约成员国。

同时，民主发展也有了新动力。1950年民主党声势浩大地赢得了选举。执政的十年间，民主党并没有做到名副其实，而是变得愈加专制。军队于1960年介入，将他们赶下了台。军方的执政时间不长，他们带来了宪法的自由化。但实质性的变化，还要等到几十年之后。军队视自己为阿塔图克理想的守护者。在必要的时候，他们觉得自己有义务保证共和国在正确的轨道上运行。

20世纪60年代至70年代，各色政党开始在土耳其出现，但这样的百花齐放并没有带来民主的蓬勃发展。20世纪60年代后期，左翼激进主义

1922 年	1923 年	1938 年	1945 - 1950 年
土耳其人抵挡住了入侵安纳托利亚的希腊远征军，并把他们赶出了士麦那（伊兹密尔）。土耳其重新确立了自己的独立地位，欧洲势力也予以承认。	《洛桑条约》由坚定的将军和政治家伊斯梅特·伊纳尼签字生效，《色佛尔条约》犯下的错误被纠正。土耳其共和国受到了国民议会成员的一致支持。	阿塔图克于11月10日在伊斯坦布尔的多玛巴赫切宫去世，享年57岁。宫殿内所有的挂钟都停在了他去世的那一刻：早上9点05分。	"二战"结束后，躲过"二战"的土耳其在杜鲁门主义之下接受了援助，条件是土耳其要进行民主化改革。1950年，土耳其举行了民主选举，民主党胜出。

和政治暴力成为时代特色，于是中间党派开展了一轮右倾运动。1971年，军方再次介入，直到1973年他们才将权力移交。

安纳托利亚的亚美尼亚人

用生灵涂炭来形容奥斯曼帝国末年的形势是毫不夸张的。但如果说起持续那么长久的悲伤同时还有争议的事情，则没有什么可以和安纳托利亚的亚美尼亚人的命运相提并论。故事开始于目击者的叙述。1915年4月，奥斯曼军队将亚美尼亚人向叙利亚沙漠方向驱赶。故事的结尾，是亚美尼亚人基本上从安纳托利亚内陆消失。这之间究竟发生了什么，仍存在巨大的争议。

亚美尼亚人坚持认为他们是20世纪第一起精心策划的"种族屠杀"的受害者，150万亚美尼亚人被草率处死，或是死于征途中。他们认为奥斯曼帝国颁布了驱逐令，要将亚美尼亚人从安纳托利亚斩草除根。直到今天，亚美尼亚人仍在要求土耳其人承认这是一起"种族屠杀"。

尽管一些西方国家官方承认亚美尼亚种族屠杀事件，但土耳其则否认曾经发生过这样的事。他们承认，的确有数万亚美尼亚人死去，但声称那项命令意在"重新安置"，而并非屠杀亚美尼亚人。根据土耳其官方的说法，死亡是由疾病和饥饿造成的，是混乱的战争时期的直接后果。甚至有人称，土耳其人才是亚美尼亚军方"种族屠杀"的受害者。

将近一个世纪过去了，这一问题仍然悬而未决。2007年，直言不讳的土耳其亚美尼亚裔记者赫兰特·丁克（Hrant Dink）惨遭土耳其极端民族主义者杀害。这似乎证明了两国互相的仇视情绪是无法化解的，但显然和解进程也已出现了一丝曙光：数千名土耳其人上街游行，高举"我们都是亚美尼亚人"的标语牌，声援这位惨遭杀害的记者。

土耳其与亚美尼亚的艺术家、学生、学术和民间组织团体的接触也日益频繁。但政治上的阻力仍然存在，双方仍然难以达成一致。最重要的原因，便是民族主义的呼声仍然高涨。虽然巴拉克·奥巴马在2008年美国总统竞选时，曾作出承诺，但美国并未承认亚美尼亚"种族屠杀"；在2014年发表的一则声明中，他将这一悲剧描述为"20世纪最可怕的暴行之一"。这个议题经常会被提起，并带来一系列的外交争论和谴责。但在土耳其和亚美尼亚两国政府正式解决这个问题之前，这些风波是不可能真正停止的。外交回暖期间两国签署了旨在促进关系正常化的协议，但这一短暂回暖期在2010年结束。

尽管国界线自1993年就已关闭，但土耳其与亚美尼亚两国的贸易继续蓬勃发展。土耳其的工厂通过邻国格鲁吉亚，将自己的产品运送到亚美尼亚。这证明如果亚美尼亚和土耳其能放下对彼此的不信任，他们双方都将会有非常大的收获。

1971年	1980年	1983年	1985～1999年
不断升级的政治斗争使得军方再一次介入，以重建秩序。军队首领交给了总理一份书面的最后通牒，这次事件也因此被称为"有备忘录的政变"。	土耳其的第三次军事政变。这一次军队出动是为了平息左翼组织同右翼组织之间的大规模街头暴力。国家安全理事会成立。	1980年政变后的选举，预示着尼扎尔时代到来了。图尔古特·厄扎尔信奉实用主义，推动经济改革，鼓励国外投资。土耳其开始向西方世界开放，旅游业开始腾飞。	阿卜杜拉·奥贾兰建立库尔德工人党（PKK），一个主张建立库尔德民族国家的武装政治组织。安纳托利亚东南部开始了一段长时间、低强度的战争状态，直到1999年奥贾兰被捕。

> 早在12世纪,欧洲观察家就用"土耳亚"(Turchia)代指安纳托利亚。土耳其人则是到20世纪20年代才开始这么称呼自己的。

整个20世纪70年代,政治混乱深深困扰着土耳其,所以在1980年,军方再次夺取了政权。为达到重新建立秩序的目的,他们建立了令人生畏的国家安全理事会(National Security Council)。不过1983年,军方仍然允许了大选。就是在这一年,土耳其人迎来了几十年来第一个令人高兴的局面。祖国党(Motherland Party,简称ANAP)的领袖图尔古特·厄扎尔(Turgut Özal)赢得了大多数选票,将土耳其重新带回了正轨。他是一位亲穆斯林的足智多谋的经济学家。他实施的一系列重要经济与法律改革,使土耳其跟上了国际社会发展的脚步,并为当代土耳其的勃勃生机播下了种子。

进入新千年

1991年,联合国军进军伊拉克,厄扎尔领导的土耳其允许多国部队从安纳托利亚南部的基地发动空袭。在被遗忘了几十年之后,这时的土耳其通过这样的支持,确认了其在国际社会的位置和同美国重要的盟友关系。海湾战争结束后,数百万伊拉克库尔德难民逃往安纳托利亚。这一"出埃及记"引起了国际媒体的关注,库尔德问题也成了大众关注的焦点,伊拉克北部的库尔德安全区也因此建立起来。但这同时也助长了库尔德工人党(Kurdistan Workers' Party,简称PKK)的气焰,他们为建立独立的库尔德民族国家而制造了更为频繁的暴力活动。尽管他们遭到了土耳其军队的铁拳回击,但东南部因此爆发了一场内战。

与此同时,图尔古特·厄扎尔在1993年的突然去世造成了权力真空。20世纪90年代,土耳其经历了数个软弱的联合政府,几个名字草草登上土耳其政治舞台又匆匆离去。在此期间土耳其还短暂地出现了首位女总理——坦苏·奇莱尔(Tansu Çiller)任职三年。尽管被寄予厚望,但她还是没有找到库尔德问题的解决办法,也没能挽回经济的颓势。

1995年12月,宗教政党福利党(Refah)在政坛老将内吉梅丁·埃尔巴坎(Necmettin Erbakan)的领导下组建了政府。被权力冲昏头脑的福利党政客们,发表了一系列伊斯兰教言论,激怒了军队。1997年军队宣布,福利党公开挑衅宪法中宗教介入政治世界的禁令。福利党政府在这样一个所谓的"后现代政变"中下台,以解散终场。

1999年年初,库尔德工人党领袖——阿卜杜拉·奥贾兰(Abdullah)被捕。在经历了一个躁动的90年代之后,奥贾兰的逮捕对国家来说似乎是一个好兆头。他的被捕为解决库尔德问题提供了一个巨大的契机,但近年来安纳托利亚东南部发生的让人回想起最黑暗岁月的冲突,却表明土耳其

> 活跃在伊斯坦布尔的记者安德鲁·芬克尔(Andrew Finkel)所著的《土耳其:每个人都需要知道的事实》(Turkey: What Everyone Needs to Know)一书中,探索了土耳其文化、社会和政治的方方面面。

1997 年	2002 年	2005 年	2007 - 2011 年
内吉梅丁·埃尔巴坎领导的,受伊斯兰教旨启发而建立的,由福利党牵头组建的联合政府被解散。这显然是迫于军方的压力,这起事件也被称为"后现代政变"。	雷杰普·塔伊普·埃尔多安领导的新正义与发展党(AKP),在选举中取得了压倒性的胜利,这反映了土耳其人对已有政党的不满。经济开始复苏。	加入欧盟的谈判正式开启,经济与法律改革开始实行。欧盟部分成员国对土耳其加入欧盟的抵触,导致了一些土耳其人对入欧的热情减弱。	正义与发展党的又一次大胜,在议会中获得的席位有所增加。同时还赢得了两次赞成修宪的公投。

仍在寻找解决办法。1999年8月,伊兹密特的毁灭性大地震浇灭了所有新千年前的乐观情绪。政府对这次危机的处理令人失望,但全球范围内涌向土耳其的援助和同情,还是让土耳其人获得了安慰,让他们感到自己还是国际大家庭的重要成员。

正义与发展党的崛起

一股新的政治势力在新千年崛起。雷杰普·塔伊普·埃尔多安(Recep

祖国之父

关于土耳其人对阿塔图克的忠诚,许多西方访客都有自己的看法。土耳其人对此的回应是他的能力和远见造就了土耳其共和国,没有他就没有现在的土耳其。在一个产生了希特勒和墨索里尼的年代,阿塔图克成为政治人物中的一盏明灯,并且向世界证明:激进的改革,如果能做到审时度势,是可以取得巨大成功的。

土耳其人对阿塔图克的敬仰,体现在全国范围的方方面面。他出现在邮票和纸币上,全国各地的市政广场上都能看到他的雕像。不计其数的桥梁、机场和高速公路以他的名字命名。而且,似乎从爱琴海南部到黑海,只要是他在哪栋房子里待过一晚,现在就都变成了博物馆;伊兹密尔的那座值得一游。

土耳其的学生们都对阿塔图克的生平故事十分熟悉,这都是通过死记硬背实现的。他们还能把这些事迹忠实地背下来。但也许历史书的确单纯化了阿塔图克在现实中的形象。虽然他公开宣称自己是土耳其文化的拥护者,但他却更喜欢歌剧,而不是土耳其音乐;尽管被称为"土耳其之父",他本人却并没有留下子嗣。

多年的征战、推动改革和公共事务,过早耗尽了阿塔图克的生命。阿塔图克于1938年去世,去世时年纪并不大(57岁)。他的朋友和继任者,伊斯梅特·伊纳尼(İsmet İnönü)继任总统,保证阿塔图克一定会被国民所颂扬,为他唱的赞歌也将继续。事实上,任何被认为污蔑阿塔图克的言行,都会被视为是极大的冒犯,并且违法。

推荐几本十分精彩的阿塔图克传记:帕特里克·金洛斯(Patrick Kinross)的《阿塔图克:一个国家的重生》(Ataturk: The Rebirth of a Nation)是严格从土耳其官方的角度出发的;安德鲁·曼戈(Andrew Mango)的《阿塔图克》(Atatürk)则是客观陈述,用大量细节回顾了他不平凡的一生;而苏库鲁·汉尼厄古鲁(Şükrü Hanioğlu)的《阿塔图克:思想传记》(Atatürk: An Intellectual Biography)则回顾了启发并赋予阿塔图克远见卓识的各种思潮。

2013 年	2014 年	2016 年	2018 年
在加济公园抗议活动中,针对正义与发展党的批评纷至沓来,示威者反对伊斯坦布尔的一处购物商场项目,抗议引发了为期数周的动荡局势,以及8位平民和2位警察的死亡。	在土耳其政府和库尔德反叛分子短暂的"和解进程"期间,动荡的局面持续恶化。因为不支持库尔德人反抗叙利亚"伊斯兰国"(Isis)组织,谈判最终破裂,暴乱由此发生。	叙利亚战争导致数百万难民涌入土耳其,伊拉克和黎凡特伊斯兰国的自杀式炸弹袭击了伊斯坦布尔的竞技场、独立大街和阿塔图克国际机场。7月,军队派系发起了一次失败的政变。	6月,土耳其举行总统和议会选举,埃尔多安7月初组建新政府,实行总统制,总理职位被取消。

Tayyip Erdoğan)领导的正义与发展党(Justice and Development Party,简称AKP)于2002年赢得政权,这预示着新一轮社会改革时代的到来,转好的形势也让他们在经济上有所发展。扎根于伊斯兰教的正义与发展党,上台伊始便开始寻求加入欧盟,并立志排除政治世界的军事干扰。

对正义与发展党的支持,更多来自被昵称为"安纳托利亚之虎"的一些发展迅速的城市,比如科尼亚和开塞利。这些内陆城市正在经历经济的腾飞,这证明早年便开始的现代化与经济发展项目,终于开花结果了。土耳其的经济发展势头依然非常强劲,GDP从2006年的5千亿美元增长到2014年的8千亿美元。这给很多土耳其人吃了一颗定心丸:未被欧盟体系接收,反而避免了陷入困扰希腊的经济危机中。

正义与发展党在对外政策上走上了一条新的道路,尝试同邻国恢复联系。这一政策总体看来,还是获得了一定的成功,直到2012年叙利亚内战的爆发。在国内,正义与发展党一边着手于削弱军方对土耳其政坛的干预,一边针对诸如少数族裔权利、库尔德问题、同亚美尼亚的紧张关系,以及对阿列维派(安纳托利亚一个穆斯林少数派)权利承认等历史遗留问题"开启对话"。不过,到目前为止,这些"开启对话"的尝试还没有产生真正长效的解决方法。正义与发展党也受到了国内外的多方指责,尤其是针对他们限制包括社交媒体在内的新闻自由。还有一部分则是针对其伊斯兰政治哲学侵害对女性的尊重,限制了一部分由来已久的社会自由,其中包括饮酒的权利。2014年进入总统任期的埃尔多安(Erdoğan)提出的一系列宏伟计划,诸如开凿一条连接黑海与马尔马拉海的新运河的提议,以及在伊斯坦布尔的恰姆勒贾(Çamlıca)修建世界范围内最大的清真寺之一的设想,也招来了相当多的白眼。

此般争议产生了巨大的影响:对于正义与发展党及其想要建立极化社会的议程,土耳其人有的完全支持,有的坚决反对。但不管怎么看,有一点很明确,土耳其正走在发展的道路上。

对于那些想要了解更多土耳其历史的人们来说,诺曼·斯通(Norman Stone)的《土耳其简史》(*Turkey: A Short History*)可以说是一部抛砖引玉之作。这本书总结了土耳其历史中的重要事件和人物,简洁全面、生动易读。

2018年
8月,由于土耳其拒绝释放一名被疑为"涉恐"的美国牧师布伦森,美国总统特朗普宣布对土耳其实施大规模制裁,土耳其里拉疯狂贬值。10月,布伦森被释放。

2018年
10月2日,沙特阿拉伯裔记者卡舒吉进入沙特驻伊斯坦布尔领事馆后失踪,土耳其媒体宣布卡舒吉被沙特派遣的15人小组杀害并肢解,并不断披露证据,引起国际社会强烈反响。

2018年
10月底,伊斯坦布尔市区以北35公里的伊斯坦布尔新机场开始试运营,它将是世界上最大的机场之一。

2019年
随着叙利亚内战逃至土耳其的基督徒增加,伊斯坦布尔在近100年来的第一座新教堂开始动工。

建筑

土耳其之所以有丰富的建筑遗产,是因为上千年来有无数的文明在这里起起落落。从新石器时代的神庙建筑到拜占庭和奥斯曼时代的皇家遗迹,这里呈现的炫目的建筑风格,充分展示了多元文化是如何影响并塑造这片土地上的历史的。

远古时代(公元前9500~公元前550年)

安纳托利亚最古老的建筑遗迹格贝克力石阵的巨石雕刻可追溯到公元前约10,000年。恰塔霍裕克(见485页)的泥砖结构建筑需通过屋顶进入,始建于公元前7500年左右。阿拉加霍裕克(见466页)则有更复杂的建筑,可以追溯到公元前4000年。特洛伊(见170页)城建成之后(公元前3000年),神殿设计便开始进步。而在缺少树木的东南部,独树一帜的"蜂窝状"建筑结构得以发展。现在,你仍可以在哈兰(Harran)看到。

后来,哈图沙什(见462页;从公元前1660年成为赫梯首都)的巨大城门、城墙和壁垒遗址,展现出了结合景致的更深一层的建筑思考。

希腊与罗马风格(公元前550~公元330年)

古希腊建筑展现出了高度发达的规划意识以及在设计与建筑方面的进一步思考。这体现在他们将拱顶和拱门融入进自己的建筑中。之后的罗马人基于希腊人的革新,弘扬发展出了自己的建筑。罗马人在公路修建上也是颇有建树,他们建立起一个连接贸易社群和军事哨所的四通八达的公路系统。

今天可见到的古希腊古典建筑的精美遗迹包括,阿斯潘多斯(见408页)的剧场,萨迦拉索斯(见350页)的水道口,贝尔加马的卫城(见200页)区,莱顿(见377页)的精美神庙。其余宏伟遗址还包括阿佛洛迪西亚斯(见343页)、特梅索斯(见409页)、帕塔拉(见377页)和希耶拉波利斯(见339页)。

斯特凡纳·耶拉西莫斯(Stéphane Yerasimos)的《君士坦丁堡:伊斯坦布尔的历史遗产》(Constantinople: Istanbul's Historical Heritage)栩栩如生地为我们讲述了这座城市众多伟大建筑的历史和背景。

> **罗马帝国的亚细亚都城**
>
> **以弗所**(见232页)是土耳其境内罗马城市建筑的杰出代表。它保留了石板路的街道、体育馆、城市排水系统、马赛克和剧院,形成了一个很规范的罗马设计和建筑模式。
>
> 以弗所曾是一座发达的贸易城市,因此充满了宏大的建筑。阿尔忒弥斯神庙以其林立的高大圆柱著称,是古代世界七大奇迹之一。但后来,它被一位拜占庭主教下令摧毁。以弗所的**露天大剧院**(见254页)是罗马帝国中规模最大的剧院之一。它证明了罗马人在剧院设计与声学上已经有极高的造诣。而附近的**塞尔苏斯图书馆**(Library of Celsus,见255页)则凭借精妙的设计,使其看上去比实际还要大一些。

有关拜占庭建筑师所面临的挑战，参见罗伯特·奥斯特浩特（Robert Ousterhout）所著的《拜占庭的建筑大师》（*The Master Builders of Byzantium*）。

拜占庭风格（公元330~1071年）

教会建筑把拜占庭与不信奉基督教的希腊建筑区分开来。拜占庭人发展了教堂的相关设计，并采用了诸如砖头、石膏等新材料。在穹顶建筑方面，拜占庭人展现了极高的成就，其建筑典范就是圣索菲亚大教堂（见72页）的巨大穹顶。

马赛克是拜占庭设计风格的一个重要标志。在哈塔伊考古博物馆（见437页）可以见到很棒的马赛克作品。你还可以前往伊斯坦布尔的科拉教堂（见94页；现在被称为卡里耶博物馆）观赏大量奢华的马赛克镶嵌画。同样位于伊斯坦布尔的地下水宫（见79页）集中体现了拜占庭土木工程师日益精进的技艺。

在东部，亚美尼亚石匠们发展出了自己独有的建筑风格。阿克达玛岛上那座建于10世纪的教堂就是极好的例证，阿尼（见581页）则保留了能让人大开眼界的遗址。

塞尔柱风格（1071~1300年）

塞尔柱人的建筑受波斯文化的影响较大，主要表现在设计方面，还有包括库法体和复杂石雕艺术的华丽的装饰风格上。塞尔柱人创造出了国际风格，将突厥游牧民族的设计传统、波斯的技术，以及受到地中海地区影响的安纳托利亚希腊人的建筑元素融合到了一起。

塞尔柱人为我们留下了一大笔由壮观的清真寺和在入口处有精巧设计的伊斯兰学校组成的宝贵建筑遗产。在科尼亚（见478页）、锡瓦斯（见475页）和迪夫里伊（见473页），你都能看到其中的典范之作。作为丝绸之路的庇护者，塞尔柱人也建立了横贯安纳托利亚的商队驿站；两个最佳范例是Sultanhani村和苏丹驿站（Sultan Han）。在安纳托利亚的农村，散布着塞尔柱人规模庞大的圆锥形墓穴，在巴特尔加奇、科尼亚和凡湖两岸都可以见到。

在东南部，塞尔柱人的对手阿尔图格突厥人（Artuklu Turks），建成了马尔丁城和哈桑凯伊夫，在那里有独树一帜的蜜糖色石雕艺术和砖制墓穴，同时也修饰并增建了迪亚巴克尔雄伟的黑色玄武岩城墙。

奥斯曼风格（1300~1750年）

从14世纪开始，随着奥斯曼在安纳托利亚的扩张，他们也越来越受到

帝国清真寺

对很多游客来说，带有圆润穹顶和高耸宣礼塔的清真寺，是土耳其最重要的标志。从规模和宏伟程度上来说，最令人印象深刻的清真寺，当属那些皇室下令修建的帝国清真寺。

每一座帝国清真寺都有一个库里耶（külliye），即环绕在它周围的公益用途建筑群。这其中包括医院、救济院、孤儿院、施舍处（imaret）、旅客招待所、神学院、图书馆、浴场，以及一片为这座清真寺的皇家资助人及他的家人和其他一些重要人物的安葬而修建的墓地。随着岁月的流逝，这些建筑中的大部分已经被拆除或改作他用，但伊斯坦布尔**苏莱曼清真寺**（见89页）的库里耶，至今仍保留得相对完整。

在苏莱曼大帝统治期间，奥斯曼帝国著名建筑师米马尔·希南对这种设计进行了改进，此后历久不衰，土耳其全国各地的现代清真寺还在使用这种设计的各种版本。

拜占庭风格，尤其是教会建筑的影响。奥斯曼建筑吸收了这些拜占庭建筑的元素，特别是拱顶的运用，将其融入他们自己原有的波斯风格建筑中，发展出了一种全新的风格："T"形建筑群。埃迪尔内的三阳台清真寺（见154页）成为其他清真寺的模板。它是最早一批大胆采用"T"形设计的清真寺之一，也是第一座建有洗礼喷泉前院的、大圆顶奥斯曼清真寺。

除了清真寺之外，奥斯曼人也发展出了独树一帜的民用建筑，其中包括一种多层楼房。它的一层为石制，一楼以上的楼层是突出来的，用雕花支柱保持平衡。这些楼房有专门的女屋（haremlik）和男屋（selamllk）。在天花板和细木器上，都能看到木工工艺。同时还装饰有华丽的壁炉，房间配有矮长凳（sedir）。这些房间的面积很大，极大地方便了人数众多的聚会交流，这也是奥斯曼时期人们生活的一个特征。时至今日，你仍可以在阿马西亚（见468页）、萨夫兰博卢（见457页）、Muğla和贝伊帕扎勒看到这种设计的房屋。

随后的几个世纪，在伊斯坦布尔，建筑师们发展出了yali（大规模的海滨住宅，全木结构），供贵族消暑用。在博斯普鲁斯海峡，仍保留了一些这类建筑的典范。

土耳其巴洛克与新古典主义风格（1750~1920年）

从18世纪中期开始，洛可可和巴洛克风格大举"入侵"土耳其。由此，土耳其建筑开始出现大量曲线、褶边、卷纹设计和壁画装饰，这被有些人称为"土耳其巴洛克风格"。这个时期的代表作，便是奢华得有些夸张的多玛巴赫切宫（见102页）。尽管在这个时期，修建清真寺已是大势已去，但奥斯曼人仍然非常喜欢那些户外凉亭。伊斯坦布尔的库曲克苏宫（Küçüksu Kasrı；见106页）便是个不错的例子。

19世纪至20世纪早期，外国建筑师或在国外接受训练的建筑师开始将新古典主义元素融入建筑中：将欧洲建筑与土耳其巴洛克结合起来，并同时有所保留奥斯曼古典的风格元素。维达·泰克（Vedat Tek）是一名曾在巴黎求学的土耳其建筑师。他主持修建的首都中央邮局，将奥斯曼元素同欧洲对称建筑元素融合到了一起。他的风格有时被视为第一次民族主义建筑运动的一部分，这个运动也是土耳其共和国建国伊始，现代化项目的组成部分。这项运动力图专注于奥斯曼设计元素，并与现代欧洲风格相融合，从而创造出一种"民族"风格。这种风格的代表作包括安卡拉的民族志博物馆（见447页）和伊斯坦布尔的贝贝克清真寺（见106页）。德国建筑师亚赫蒙德（Jachmund）设计的锡尔凯吉火车站（Sirkeci Train Station）是这种折中新古典主义的又一典范。

现代建筑（1920年至今）

20世纪40年代以来，土耳其经历了快速发展时期，随之而来的，是一栋栋乏味的灰色公寓楼和办公楼在安纳托利亚的各个城镇拔地而起。但如果我们考虑到土耳其的自然景观、气候，以及同喧闹街区的互动，即便是这些建筑，也有它独特鲜明的个性。

20世纪40年代和50年代，掀起了新一轮的民族主义建筑运动。为政府项目工作的土耳其本土建筑师们，致力于发展出一种能反映土耳其传统

奥斯曼建筑风格的影响不仅局限在现代土耳其国境内，整个巴尔干半岛上现在仍有奥斯曼时期修建的建筑（清真寺、城堡、大厦和桥梁）。

西贝尔·博兹多安（Sibel Bozdoğ）和埃斯拉·阿克詹（Esra Akcan）所著的《土耳其历史上的现代建筑》（*Turkey: Modern Architectures in History*）一书审视了新土耳其建筑背后的思想和影响。

和新共和国壮志的本国特色建筑风格。这一类建筑倾向于扎实的结构和纪念碑式的设计。代表作包括安卡拉的凯末尔陵墓（见446页）和加里波利的恰纳卡莱烈士纪念碑（Canakkale Martyrs' Memorial；见167页）。

20世纪90年代，建筑业涌入了更多的私人投资。这也带来了建筑风格的多样化。国际都市的玻璃办公楼如雨后春笋般矗立在伊斯坦布尔的黎凡特（Levent）商业区。同时也出现了一些未来主义的建筑，如安卡拉的埃森博阿机场（Esenboğa Airport）。

最近几十年发生的最有趣的变化，便是土耳其人开始越来越重视自己的历史，特别是关于奥斯曼时期的历史。这意味着，他们将重新发扬光大自己的建筑遗产，尤其是那些可以通过旅游业转化为美元的建筑。现在，许多重修项目都集中在苏丹艾哈迈德和伊斯坦布尔的其他地区，也包括全国其他地区的城市，如安卡拉、安塔利亚和托卡特。

艺术

土耳其的艺术底蕴深厚且内容丰富多彩，充分展示了千百年来安纳托利亚大地上众多文化与文明的涨落兴衰。国际上最知名的或许仍然要数织物和陶瓷工匠遗产，不过当代艺术家、作家、电影创作者通过在土耳其其漫长的历史中寻找灵感，于作品中评论自己的国家在当今世界的角色，也正在打造出自己的知名度。

地毯

说到土耳其的艺术形式，旅行者首先想到的恐怕就是地毯了。到了土耳其，很少有游客不花些时间逛逛地毯店。

这些深受游客喜爱的地毯，是一种古老的纺织文明的积淀。很早以前，中亚草原上的突厥游牧民族就开始编织帐篷和马鞍袋，为地毯编织打下了技术基础。

突厥人对其他民族传统的吸收和改进表现在其文化的方方面面。一路向西行进的突厥人，最终在12世纪将融入了波斯图形和中国祥云图案的手工地毯带到了安纳托利亚。

在安纳托利亚，独树一帜的地区设计得到了发展。乌沙克（Uşak）地毯以其星辰和团花的图案，最先引起了欧洲的注意：文艺复兴时期的画家霍尔拜因（Holbein）把它们画进了自己的一些作品中。自此之后，地毯逐渐从小作坊式作业发展成了规模巨大的产业。现在仍然有农村妇女织地毯，但她们通常会签订合同，按照设定的图案编织，工钱是按最终成果支付的，而不是按工时支付的。

由于担心这种古老的制造工艺失传，土耳其文化部已经资助相关项目，以复兴纺织和染色技术。全国染色研究和发展项目（Doğal Boya Arlştlrma ve Geliştirme Projesi）便是其中之一。在一些店铺里会有这些"项目地毯"出售，一般质量都非常不错。

文学

土耳其的小说写作是在20世纪才发展起来的。但土耳其人仍留下了丰富的文字遗产，其中有不少是关于土耳其的，让我们得以深入了解这个国家和民族。

土耳其的经典文学包括口口相传的战争史诗、苏非神秘主义诗歌（比如鲁米，梅夫拉维托钵僧旋转舞的创建者）的一些作品，以及来自游吟诗人（aşık）的挽歌。旅行者也许会读到纳斯尔丁·霍加（Nasreddin Hoca）的故事，一个带有浓郁传奇色彩、近乎圣人的人物，以古怪的幽默感与左翼的政治"智慧"著称。

爱维亚·瑟勒比（Evliya Çelebi）是土耳其文学史上的巨擘之一。从1630年起，他开始周游奥斯曼长达40年，并写出了10卷的见闻录。从最新出版的瑟勒比选集——《一位奥斯曼旅行者》（An Ottoman Traveller）中，你可以了解到他独特的视角。

诺贝尔文学奖得主：奥尔罕·帕慕克

土耳其文学界最响亮的名字当属奥尔罕·帕慕克（Orhan Pamuk）。他在土耳其早已家喻户晓。20世纪90年代早期，他的作品第一次被翻译成了外国文字。自此之后，他便逐步建立了自己的国际声誉。而在此之前，他早已是土耳其最受尊敬的作家之一。帕慕克是一个有独特行文风格的文学家，他用精心设计的情节和丰满的人物，直击当代土耳其面对的重大问题。

他的《黑书》（*Black Book*）是一本通过一系列报纸专栏讲述的存在主义推理小说；《我的名字叫红》（*My Name is Red*）讲述了一个16世纪凶杀谜案，并从哲学角度思考了艺术理念。在他的纪实文学作品《伊斯坦布尔：一座城市的记忆》（*İstanbul: Memories and the City*）中，反思了他和这座迷人的城市之间的复杂关系；他最早期的作品《杰夫代特先生》（*Cevdet Bey and His Sons*）2014年首次翻译成英文出版。

他2008年的小说《纯真博物馆》（*The Museum of Innocence*）为我们讲述了伊斯坦布尔富有的男青年凯末尔和女售货员芙颂的爱情故事，以极致丰富的细节著称。2012年，帕慕克以小说里的那家博物馆为蓝本，在伊斯坦布尔实地开设了一家真正的**纯真博物馆**（见100页），展示了日常生活中转瞬即逝的东西。他最新的小说《我脑袋里的怪东西》（*A Strangeness in My Mind*）将故事场景再度设在伊斯坦布尔，追溯当地一位钵扎（boza，一种用水、糖和发酵的谷物制作的饮品）小贩四十多年来的生活，展现出了帕慕克在描写当代土耳其环境方面令人叹服的功力。

帕慕克在2006年被授予诺贝尔文学奖。他是迄今为止唯一一个拿到过诺贝尔奖的土耳其人。

亚沙尔·凯末尔（Yaşar Kemal）是第一位在世界范围内，引起广泛反响的土耳其小说家。他的作品多以展现乡村生活严酷现实为主题。《瘦弱的默德》（*Memed, My Hawk*），讲述了安纳托利亚村民的绝望处境，为他赢得了诺贝尔文学奖提名。

近年来，多产的土耳其—美国作家兼学者埃利芙·沙法克（Elif Şafak）也引起了国际上的关注。她的作品《伊斯坦布尔孤儿》（*The Bastard of Istanbul*）聚焦亚美尼亚人的悲剧，褒贬不一；《爱的四十条规则》（*The Forty Rules of Love*）重述了鲁米和大不里士的沙姆士（Shams of Tabriz）的故事。两书在土耳其都很畅销。她的所有作品，包括最新的《夏娃的三个女儿》（*The Three Daughters of Eve*）都在讲述现代土耳其面临的问题以及其灿烂的历史。

艾雪·库林（Ayşe Kulin）有非常庞大的读者群，她的小说也被翻译成了多种文字。《开往伊斯坦布尔的最后列车》（*Last Train to İstanbul*），讲述了一名土耳其外交官试图从纳粹那里挽救犹太家庭的故事；而《告别时刻》（*Farewell*）的故事背景，则是"一战"后协约国占领土耳其的那段时期。

伊尔凡·欧加（Irfan Orga）的自传体小说——《一个土耳其家庭的画像》（*Portrait of a Turkish Family*）的时间背景，是在奥斯曼帝国晚期与共和国早期，讲述了他的小康家庭是如何败落的。在《大篷车向前开》（*The Caravan Moves On*）中，欧加描述了他如何与游牧民族在托罗斯山脉一起行进，展现了20世纪50年代的乡村生活。

哈坎·甘迪（Hakan Günday）是土耳其文学界一颗冉冉升起的新星。他的小说《无止境的逃离》[Daha（*More*）]是对难民危机和人口贩卖的一次坚毅审视。

土耳其近年来最大的文化输出产品是电视剧——《辉煌世纪》（*Muhteşem Yüzyıl*），这部制作豪华的电视剧详细描述了苏丹苏莱曼大帝的生平与爱情，在土耳其和其余国家吸引了大批观众。

音乐

即便是在这个YouTube和西方流行音乐大行其道的时代，土耳其的民族音乐仍然有着十分旺盛的生命力，本土的音乐明星层出不穷。

流行、摇滚、实验音乐

几乎所有地方都在放土耳其音乐：出租车、酒吧，还有长途汽车。土耳其流行乐节奏跳跃，歌手嗓音尖细。但不可否认的是，这些音乐活力四射，别具一格。

谢珊·阿克苏（Sezen Aksu）被誉为土耳其流行音乐女王，她的风格多样，自20世纪70年代以来发行了多张专辑。不过，真正走向国际的是帅气流行男歌手塔尔康（Tarkan）。他1994年的专辑*A-acayıpsin*在土耳其和欧洲取得了销量上的巨大成功，使他成为土耳其音乐史上唱片销量最多的男歌手。他1999年发行的*Şımarık*使他第一次登上了欧洲排行榜的榜首。他目前仍在发行专辑，而他"电臀都市玉男"的风格早已在土耳其家喻户晓。

布尔汉·奥卡尔（Burhan Öçal）是土耳其最优秀的打击乐手。他的*New Dream*把土耳其音乐时髦化，产生了非常大的影响。他的色雷斯全明星系列专辑探寻了他的家乡色雷斯的音乐。

梅尔坎·德德（Mercan Dede）发行过一系列将传统乐器与电子舞曲融合在一起的专辑。巴巴祖拉（BaBa ZuLa）和他的风格类似，巴巴祖拉创造出了一种将电子乐、土耳其琉特琴（saz）和流行乐融合到一起的音乐，并有现场的肚皮舞演员伴舞。

著名的摇滚乐队包括杜曼（Duman）和Mor ve Ötesi。maNga将金属乐、摇滚乐和安纳托利亚民间音乐融合在一起，形成了自己的独特风格。他们2012年发行的专辑*e-akustik*值得找来一听。

Arabesk

Arabesk是土耳其各地出租车司机的最爱之一。它是一种受阿拉伯影

土耳其音乐入门

我们为你挑选了以下入门音乐：

➡ *Turkish Groove*（合辑）土耳其入门音乐的必选之一，收录的曲目都来自土耳其音乐界的名家大腕儿。

➡ *Crossing the Bridge: the Sound of İstanbul*（合辑）一部介绍土耳其音乐场景的纪录片原声带。

➡ *Işık Doğdan Yükselir* 谢珊·阿克苏（Sezen Aksu）的作品，当代民谣，囊括了各个地区的民谣风格，令人惊艳。

➡ *Nefes* 梅尔坎·德德（Mercan Dede）作品，苏非电子舞曲混合音乐，苏非神秘主义与电子舞曲的混合物，节奏强劲。

➡ *Duble Oryantal* 巴巴祖拉（Baba Zula）作品，混合音乐，是巴巴祖拉的经典之作*Belly Double*的混音是由英国电音大师——Mad Professor制作的。

➡ *Gipsy Rum* Burhan Öçal和İstanbul Oriental Ensemble的作品，吉卜赛风格，收录了令人赞叹的土耳其吉卜赛入门音乐。

响的柔情歌曲，用弦乐和轻柔打击乐伴奏。

两位著名的arabesk歌手，一位是取得了巨大成功的库尔德歌手易卜拉欣·塔特勒赛斯（İbrahim Tatlıses），他体格壮硕，留着八字胡，曾做过建筑工人，在2011年，他还躲过了一次谋杀；另一位则是奥尔罕·詹思贝（Orhan Gencebay），他是一位多产的艺术家和演员。

电影

每年12月举行的安塔利亚国际电影节（International Antalya Film Festival）是土耳其电影业的年度盛事，影界人士同各行业重要人物济济一堂。电影节所涵盖的作品有土耳其电影，也有国际电影。时间为期一周。

土耳其一直是外国电影人钟爱的外景地：007系列电影中的《007：大破天幕杀机》（*Skyfall*, 2012年）和连姆·尼森（Liam Neeson）的动作片《飓风营救2》（*Taken 2*, 2012年）便有在伊斯坦布尔拍摄的场景；罗素·克劳的《占水师》（*The Water Diviner*, 2014年）故事的发生地和拍摄地也都在土耳其。

土耳其本国的电影在20世纪60年代至70年代走向成熟。政治色彩浓烈的影片同无数轻松的宝莱坞风格影片，被人们并称为绿松（Yeşilcam）电影。进入80年代，由于电视使大部分观众流失，土耳其电影工业开始衰落，但90年代以来，又有了复苏的迹象。

尤马兹·古尼（Yılmaz Güney）是第一位走向国际的土耳其电影人。他1982年的影片《自由之路》（*Yol*）探讨了周末被释放回家的囚犯所面临的两难处境。这个悲剧电影让他和另一位导演的影片同时获得了1982年戛纳的金棕榈奖，但这部电影在土耳其却一直被列为禁片，直到2000年才被解禁。古尼的不肯妥协导致了他同当局的数次冲突，并曾几次入狱。他于1984年在流亡期间客死法国。

土耳其导演也很有喜剧天赋。伊尔马兹·艾多甘（Yılmaz Erdoğan）的威逊特利·图巴（*Vizontele Tuuba*, 2004年）以诡异的视角，讲述了东南部偏远小镇哈卡里（Hakkari）第一台电视机的到来；婚庆协会（*Düğün Dernek*, 2013年）也保持了古怪的幽默感。弗森·欧兹派特（Ferzan Özpetek）的《土耳其浴室》（*Turkish Bath*, 1997年）为他赢得了国际声誉。电影主人公是一位居住在意大利的土耳其人，在被告知继承了一间土耳其浴室后，他极不情愿地来到了伊斯坦布尔。

2004年，法蒂赫·阿金（Fatih Akin）凭借《勇往直前》（*Head On*）拿下了柏林电影节金熊奖，并引起了极大关注，故事讲述了土耳其移民在德国的生活，让人十分揪心。他接下来的作品《在人生的另一边》（*Edge of Heaven*, 2007年），再次深入思考了土耳其人在德国的生活经历。2010年，赛米·卡普

安纳托利亚的电影导演

努里·比格·锡兰（Nuri Bilge Ceylan）是当今国际影坛上名声最响亮的土耳其导演。2002年，他凭借《远方》（*Distant*）崭露头角。电影是一段对土耳其流动人群生活的冥想。自此之后，他便成为国际各大电影节的常客。并于2003年赢得了戛纳评委会大奖。2008年，他又凭借《三只猴子》（*Üç Maymun*）赢得了戛纳最佳导演奖。

他2011年的电影《安纳托利亚往事》（*Once Upon a Time in Anatolia*）讲述了在土耳其蛮荒山区的漆黑夜幕中，通宵搜寻一具尸体的紧张故事。电影中有大量沉默的风景镜头和奇怪的对话。2014年他因为《冬眠》（*Winter Sleep*）而荣获戛纳电影节金棕榈奖。自尤马兹·古尼之后，他是第一位荣获此奖项的土耳其导演。

EBRU——在水中跳舞的颜色

名列联合国非物质文化保护遗产的水拓画艺术,简称湿拓,大约起源于8世纪至9世纪,据说发端于现已失传的中国。15世纪时经丝绸之路传来的这门传统手工艺在土耳其得到了保护和发扬,受到越来越多人的珍视和喜爱。

湿拓作画的水介质是混合了植物粘和粉水,颜料为牛胆汁调和酝酿的土、矿物粉颜料;画刷是用钓鱼线将马鬃缠绑在玫瑰花枝上制成的,常用的6把金属画锥,从发丝细到小指一半粗不等。画师会在装满水介质的长方形画盆里,先用画刷蘸颜料在水面上甩撒出大理石花纹状背景,再拿画锥颜料在背景上画出花朵,画完后将专用纸轻轻贴放在水面上,稍停后拎起,整幅画面就拓在纸上了,晾干即成。湿拓画不仅可以拓纸,还可以拓陶瓷(如盘碟花瓶)、木器(如相框)、布料(如纱巾)甚至皮革。美妙的作画过程能让人身心放松,也被视为艺术治疗(Art Therapy)的一种。

拉诺格鲁(Semih Kaplanoğlu)凭借电影《蜂蜜》(*Honey*)拿下柏林电影节金熊奖,影片讲述了一个发生在黑海地区的成年礼故事;而新锐导演热哈·艾尔丹(Reha Erdem)的《珍》(*Jîn*, 2013年)也是一出有趣的寓言。

2015年,土耳其—法国导演蒂尼斯·艾葛温(Deniz Gamze Ergüven)凭借她备受好评又争议不断的首部电影《野马》(*Mustang*)引发轰动,电影讲述的是五姐妹反抗保守家庭的故事。这部电影后来获得奥斯卡最佳外语片提名。

视觉艺术

土耳其绘画或肖像画的历史并不悠久。土耳其人将自己的艺术才能倾注到纺织品、地毯、大理石纹水拓画(ebru,又称土耳其湿拓画)、书法和陶瓷工艺之中。伊兹尼克在16世纪成为瓷砖生产的中心。伊斯坦布尔蓝色清真寺和其他奥斯曼时期清真寺的瓷砖,都来自伊兹尼克。而在土耳其大大小小的巴扎里,你都能找到大理石纹水拓画、书法和陶瓷工艺品。

想了解当代土耳其艺术家们的想法,伊斯坦布尔是最好的选择。伊斯坦布尔现代艺术博物馆(İstanbul Modern;见103页)是土耳其最棒的当代艺术馆,独立大街(İstiklal Caddesi)上的小型私人画廊也非常值得一看。

阿拉·古勒(Ara Güler)是土耳其最受尊敬的摄影师之一。60多年来,他记录了土耳其生活的面孔。他的《阿拉·古勒的伊斯坦布尔》(*Ara Güler's İstanbul*)是摄影师对这座了不起的城市的犀利捕捉。

舞蹈

土耳其有大量不同种类的民间舞蹈,这其中有狂热的,也有具有催眠作用的。而且,土耳其人跳起舞来经常热情四溢,陷入忘我,扭动着臀部和肩膀,摇来摇去,和西方的舞蹈大不一样。

土耳其民间舞蹈可以分为几个大的门类。Halay是一种由一个挥着手绢的舞者领舞的舞蹈,最初来自安纳托利亚中部。在婚礼上和小酒馆(meyhanes)里,当大家都喝完了自己的rakı时,Halay尤其常见。来自黑海地区的horon是最吸引眼球的一种舞蹈,它包括了许多哥萨克式的踢腿动作。

托钵僧的旋转舞(sema)并不只是在土耳其有,但土耳其是你最有可能看到这一表演的地方。

肚皮舞虽然不是起源于土耳其,但土耳其女性却深谙此项艺术,她们以最袒胸露肩的服饰和最热情奔放的舞姿而闻名。

民族

土耳其人口接近8000万，其中大多数是土耳其人。库尔德人是人数最多的少数民族，同时还存在众多其他少数民族，其中既有穆斯林也有非穆斯林。全部加起来，土耳其境内大概有40个民族。无论是穆斯林或是基督徒，突厥人、库尔德人或是其他民族，土耳其人都是顾家、随和、好客、喜欢热闹且热情的。

土耳其人（Turks）

大卫·麦克道尔（David McDowall）的《库尔德现代史》（*A Modern History of the Kurds*）研究了在土耳其、伊拉克和伊朗的库尔德人的处境，审视了近两个世纪以来，纷纷建立起现代国家的库尔德人的遭遇。

中古时期的中国文献第一次明确提到土耳其人。中国人称其为"突厥"，根据记载，他们主要活跃在6世纪的蒙古。现代土耳其人是1000多年前经欧亚大陆向西行进的中亚游牧民族的后裔。因此，土耳其人同俄罗斯南部、阿塞拜疆、伊朗、中亚各国和中国西部，在文化和语言上都保持着联系。

在他们西行的途中，现代土耳其人的祖先们遇到了波斯人，并信奉了伊斯兰教。塞尔柱人建立了第一个位于中东地区的土耳其帝国。1071年的一场战役中，塞尔柱人打败了拜占庭人，从而为土耳其各游牧民族打开了安纳托利亚的大门，加速了土耳其人向西迁移。后来的几百年，安纳托利亚发展成为奥斯曼帝国的中心，并成为当代土耳其共和国的核心地带。绵延长达几个世纪的奥斯曼帝国，其统治范围延伸到了欧洲东南部，所以今天的部分塞浦路斯人、伊拉克人、马其顿人、希腊人、保加利亚人和乌克兰人中，都拥有土耳其血统。

因为同中亚和巴尔干半岛的各民族有同样的祖先，从塞尔维亚的新帕扎尔，到中国的喀什，当地人与土耳其人交流起来大都没有问题。土耳其语属于突厥语系，整个欧亚大陆突厥语系人口超过1亿5千万，语言基本是互通的。

以家庭的方式

家庭和社区对土耳其人来说是非常重要的。土耳其人有一个可爱的习惯：以家庭称谓来称呼接纳朋友、熟人甚至陌生人。老师可以称呼自己的学生为çocuğum（我的孩子）；路上的老年人可以被过路人称为amaca（叔叔）；而公共汽车上的老年女性可以欣然接受陌生人叫她teyze（婶婶）。

各个年龄层的男女都可以称呼年长的男性为abi（大哥），称女性为abla（姐姐），如此简单亲切，真的是很有意思。孩子们也经常管年长的男性家庭友人为dede（爷爷）。

这既是一种尊重的表现，也是一种亲密的表达。也许正是这种亲密，使如今居住在大城市高层公寓楼的土耳其人，仍能保持着那种社区感。

民族间的分离还是"民族兄弟情"?

1978年,阿卜杜拉·奥贾兰(Abdullah Öcalan)成立了库尔德工人党(PKK)。它成为土耳其历史上时间最长也最暴力的库尔德组织。如今,工人党仍旧是一个非法组织。许多库尔德人虽然并不一定支持工人党建立一个独立的库尔德国家的主张,但仍旧希望能读到本族语言的报纸,让自己的孩子接受本族语言的教育,并能收看到库尔德语的电视节目。面对工人党的暴力行为和领土要求,土耳其政府的回应是将库尔德人的权利主张定性为"分离主义"。冲突持续升级,直至安纳托利亚东南部的大部分区域进入完全的紧急状态。在经历了15年的交火、苦难和超过3万人丧生后,1999年,奥贾兰在肯尼亚被捕。

21世纪初,在奥贾兰被捕后,军方和政府的一系列理性的处理办法已经有了成效,在"库尔德问题"的处理上取得了一些进展。2002年,土耳其政府批准播放库尔德语的广播,也放开了语言学校教库尔德语的禁令,同时东南部紧急状态令也被解除。政府2009年的"开启库尔德"(Kurdish Opening)表达了政府愿意讨论库尔德社会与政治根源问题的意愿。TRT6这一政府赞助的库尔德语电视频道广受称赞,被视为一个积极的开端。2013年初,政府与奥贾兰谈判,随后双方均宣布武装冲突状态结束。

但停火状态没能持续。2015年年中,叙利亚战争蔓延至土耳其边境,政府军和库尔德工人党再起冲突。当年年底,土耳其东部几座原本就已长期处于冲突状态的城市发生了小规模的战斗。目前的战斗已经造成超过200,000人无家可归,历史城市中心,例如迪亚巴克尔遭受了不可挽回的损毁。2016年,整个土耳其境内冲突事件一再发生,安卡拉、布尔萨和伊斯坦布尔遭到一系列自杀式炸弹袭击,TAK(库尔德自由之鹰,工人党一个小的分支)宣布认领。在当前这种局势下,最终解决并结束40年冲突的局面看来还有很长的路要走。

库尔德人(Kurds)

几千年以来,库尔德人都居住在山区,即现代土耳其与伊朗、伊拉克和叙利亚国界线交界的地方。土耳其有庞大的库尔德人口,据估算已经超过了1500万。其中大约有800万库尔德人住在人烟稀少的安纳托利亚南部,而其他700万人则分散在各处。他们大多融入了土耳其社会的主流,而且基本都是逊尼派穆斯林。

尽管和土耳其人做了几个世纪的邻居,在文化和民间传统上,库尔德人仍和土耳其人有着明显的不同。他们的语言来自波斯语。有些库尔德人认为他们是古波斯的米堤亚人(Medes)后代。库尔德人有自己的起源神话。它同诺鲁孜,即波斯新年有关(3月21日)。

库尔德人同土耳其人之间的矛盾冲突有非常详细的历史记载。20世纪20年代,库尔德人和土耳其人为国家独立并肩作战,但在1923年的《洛桑条约》(Treaty of Lausanne)中,库尔德人并未被赋予少数族裔的权利。这个新成立的土耳其国家颁布法令,声称土耳其应是单一民族国家,或只有土耳其人可以居住在此。库尔德人的文化存在就被彻底否决了。在经历了奥斯曼帝国统治时期的民族分裂后,这种做法或许看上去是审慎的,但库尔德人人口众多,迅速产生许多问题。

近几年,土耳其政府仍旧拒绝承认库尔德人的存在,坚称他们是"山区土耳其人"。直到今天,在人口普查表和身份证上,他们仍不可以称自己为"库尔德人"。不过,库尔德人不被承认的现状正在逐渐改善。现在,有了库尔德语的报纸、书籍和媒体宣传,一些学校现在也被允许开设库尔德语课程。

有少数土耳其库尔德人属于雅兹迪教派(Yazidi),一种土生信仰和苏非教义的复杂混合物。孔雀天使Tavus Melek被视为上帝指派来保护世人的守护者。

在2015年6月的选举中，支持由Figen Yüksekdağ领导的库尔德HDP（人民民主党）和库尔德政治家Selahattin Demirtaş赢得了13%的选票，这似乎表明，总体上库尔德人的声音在土耳其有了更高的接受度。但前几年的暴力事件中损害了这些成果。

信仰伊斯兰教的少数民族

土耳其境内居住着不少其他穆斯林少数民族，有原先就居住在此的，也有新迁移过来的。大多数人都被视为土耳其人，但尽管如此，他们仍保持着自己的文化习惯和语言。

拉兹人（Laz）与海姆辛人（Hemşin）

黑海地区是拉兹人与海姆辛人的故乡。他们是排在库尔德人之后的土耳其最大的少数族裔。

拉兹人主要居住在特拉布宗与里泽之间的峡谷地带。如果到了特拉布宗以东，你的注意力绝对会被当地妇女的栗色条纹头巾吸引。拉兹的男人曾经是让人闻风丧胆的战士。他们从前是基督徒，但现已信奉伊斯兰教。拉兹是一个高加索民族，以他们的幽默感和商业嗅觉著称，其语言同格鲁吉亚有相似之处。

和拉兹人一样，海姆辛人从前也是基督徒。他们大多数的故乡在黑海最东边的海岸，尽管那里的海姆辛人人口数也许已经不到15,000了。海姆辛人中的大多数已经移居到了城市，以做面包和糕点师傅维持生计。在阿迪尔（Ayder）及其周边，通过豹纹围巾精心缠裹而成的头饰就能轻松辨认出海姆辛妇女。

> **土耳其的伊斯兰教**
>
> 对很多旅行者来说，土耳其之旅是他们对伊斯兰国家的初次体验。伊斯兰教实际上同基督教和犹太教有很多共同之处。同基督教徒一样，穆斯林相信真主安拉（神）创造了世界，这一切也差不多和《圣经》的描述相一致。他们同样尊敬亚当、诺亚、亚伯兰罕、摩西和耶稣，奉他们为先知，尽管他们并不相信耶稣是神圣天赐的。穆斯林称犹太人和基督教徒为"有经者"，意为先于伊斯兰教的天启教（来自《圣经》和《摩西五经》）教徒。
>
> 伊斯兰教同基督教与犹太教不同的是，他们相信伊斯兰教是这些早期经外传说的"完美结晶"。对他们来说，摩西和耶稣的确也是先知，但穆罕默德是最伟大的一个，真主安拉将最后的神谕传达给了穆罕默德。
>
> 几百年来，伊斯兰教发展出了众多"流派"。但整个穆斯林社群，都坚持伊斯兰的五项善功，即念（证词）、礼（每日礼拜）、斋（斋月把斋）、课（施救济）、朝（到麦加朝觐）这五功。
>
> 在土耳其，伊斯兰教的信奉范围最广，但大多数土耳其人对于宗教义务和宗教实践持有相对宽松的态度。斋月里的斋戒还是非常普遍的，伊斯兰教圣日和节日也都得到保留和遵守，但是对很多土耳其人来说，伊斯兰教节日是他们唯一会去清真寺的日子。多年来，土耳其的穆斯林也吸收并改良了一些其他传统，所以看到穆斯林在希腊东正教的神殿里祈祷，也不用觉得大惊小怪。而作为少数派的阿列维派，则发展出了一种融合安纳托利亚的民间元素、苏非主义和什叶派元素的传统。

民族 · 信仰伊斯兰教的少数民族

20世纪50年代以来，越来越多的人口持续迁移到城市地区。因此目前城市聚集了土耳其70%的人口。许多城市像伊斯坦布尔一样迅速扩张，古老的市中心被一圈又一圈未经严密规划的大型人口聚集区层层包围。

其他民族

11世纪来到安纳托利亚的约留克人（Yörük），是当代土耳其与土耳其游牧民族的最后的纽带。居住在托罗斯山脉的他们仍保留着游牧民族的生活方式。约留克人每年赶着羊群在夏季和冬季牧场之间迁徙，他们名字的意思便是"走"。

在土耳其的东南部尽头，特别是与叙利亚的国界线附近，聚集着不少阿拉伯语社群。在整个土耳其，还有不少在奥斯曼帝国末期，从高加索和巴尔干半岛地区来到这里的穆斯林。这其中包括切尔卡斯亚人（Circassians）、阿布哈兹人（Abkhazians）、克里米亚鞑靼人（Crimean Tatars）、波斯尼亚人（Bosnians）以及来自中国的维吾尔族人。

不信仰伊斯兰教的少数民族

奥斯曼帝国曾经以众多犹太和基督教居民而著称。20世纪之后，这个数字急剧减少。

犹太人居住在安纳托利亚的历史已经超过了2000年。16世纪，一大批犹太人因西班牙宗教法庭而逃难到了这里。今天大多数土耳其犹太人都居住在伊斯坦布尔，其中有一些仍说拉地诺语，一种西班牙犹太人说的语言。

亚美尼亚人在安纳托利亚也有非常长的居住史。有一个亚美尼亚民族在4世纪曾居住在此，当时他们成为第一个集体信奉基督教的民族。亚美尼亚人创造了自己的字母表，并不断在拜占庭、波斯和奥斯曼帝国的边界地区建立起自己的王国。到1915年，安纳托利亚已经四处遍布亚美尼亚社群。而关于亚美尼亚人在奥斯曼帝国（见611页）晚期境遇的一系列争议，也显示出土耳其与亚美尼亚两国的关系大体上并不是那么友好。现在仍有大约7万名亚美尼亚人居住在土耳其。他们主要居住在安纳托利亚的偏远地区，尤其是迪亚巴克尔。

土耳其同亚美尼亚的关系的确紧张，但幸好现在已经有了和解的迹象。过去几十年里，阿克达玛岛（Akdamar Island）和迪亚巴克尔的亚美尼亚教堂得到翻新，并开始举办宗教仪式（阿克达玛岛每年一次）以吸引国界线另一边的信徒。

希腊人是土耳其另一个信奉基督教的重要的少数族裔。在奥斯曼帝国境内，曾居住着大批希腊人，但在经历了共和国早期的人口交换和20世纪50年代的动荡局势后，希腊人成为伊斯坦布尔的一个少数派社群。不过近几年，土耳其同希腊的关系有了逐渐升温的态势，一些年轻的希腊人也回到了伊斯坦布尔，参加工作或是学习。

多山的安纳托利亚东南部同样也是古老的基督教社群的故乡。这其中包括了叙利亚东正教会的追随者，他们说亚拉姆语，历史上居住在马尔丁以东的Tür Abdin。迪亚巴克尔也居住着加色丁礼天主教会（Chaldean Catholic Church）的教徒。

土耳其国境内收留了世界上数量最多的难民，预计有250万。难民大多来自叙利亚，不过也有许多来自阿富汗和伊拉克的社区。

环境

土耳其一只脚踏进了欧洲，另一只脚还留在亚洲，这两部分被伊斯坦布尔著名的博斯普鲁斯海峡、马尔马拉海和达达尼尔海峡分隔开来。因为处于两个大陆的交会点，所以土耳其的动植物种类相当丰富，从坎高犬到紫色九重葛都应有尽有。土耳其高速的经济增长和城市化进程也许让人羡慕，但随之而来的环境问题却也十分棘手。就目前来看，土耳其在环境问题上的表现实在不尽如人意。

陆地

这个拥有7200公里海岸线、皑皑雪山、连绵起伏的大草原、辽阔湖泊和宽广河流的国家，自然景观之丰富，令人赞叹。土耳其的国土面积为769,632平方公里，而色雷斯东部（土耳其的欧洲部分）仅占3%。剩下的97%则位于安纳托利亚地区（土耳其的亚洲部分）。

> 风和水对凝灰岩（tuff，由史前火山喷发产生喷射数英里远的火山灰压缩形成的岩石）的侵蚀造就了卡帕多基亚的仙人烟囱岩。

国土最西端的爱琴海海岸遍布小海湾、海滩和岛屿，其中的岛屿虽然距离土耳其大陆只有几公里远，但是大部分属于希腊。内陆的安纳托利亚西部有面积辽阔的湖区。海拔2453米的乌卢达山也矗立在那里。土耳其境内有50多座海拔超过2000米的山峰。

地中海海岸背倚巍峨的托罗斯山脉。安塔利亚以东地形开阔，为一片肥沃的平原，直至阿拉尼亚（Alanya），山脉在此合拢。

安纳托利亚中部是广袤的高原，高原上是连绵起伏的草原，不时被山川和卡帕多基亚不可思议的仙人烟囱岩隔断。

黑海地区也多被山川包围，海岸线多是崎岖陡峭的山脉。在它的最东端，海拔3937米的卡奇卡尔山是卡奇卡尔山脉的最高点。山峰和冰川又环绕着高山湖泊和高地牧场（yaylalar）。

多山却有些令人生畏的安纳托利亚东北部的其他部分也同样拥有壮美粗犷的自然风光，从优素费利峡谷、流过卡尔斯草原，到白雪皑皑的阿勒山（海拔5137米），都是土耳其同伊朗、亚美尼亚和阿塞拜疆交界地区的主要景观。安纳托利亚东南部由于常年受大风侵袭，有地势起伏的草原和崎岖不平露出地表的岩层，以及环绕在山中的绝美盐碱湖——凡湖。

野生动植物

鸟类

在土耳其境内，已经发现了大约400种鸟类，其中大约250种会从非洲到欧洲的迁徙中经过这里。春季和秋季，是观赏鸟类的绝佳时机。热切期盼的观鸟者聚集在此寻找红翅悬壁雀、云斑伯劳、吕佩尔柳莺，再把里海雪鸡加入心愿单。土耳其国内零星散布着几个鸟类保护区（kuş cennetler）。

濒危物种

安纳托利亚的狮子、海狸和里海虎早已灭绝，而猞猁、黑纹灰鬣狗和安纳托利亚豹也已不见踪影。2013年，迪亚巴克尔省拍摄到一只豹子同牧羊犬在一处陡峭的悬崖顶厮斗过后的场景；之前目击这种豹子是2010年在锡尔特省和1974年在贝伊帕扎勒郊外。还有一种猫科动物，就是令人惊艳的纯白色凡猫，通常是一只蓝眼一只琥珀眼，也在它的故乡土耳其成了濒危物种。好消息是，比雷吉克（Birecik）的半野生北部隐鹮保护区的一个再配种项目已经设法将这种濒危鸟类的种类提升到了205只。

稀有的赤蠵龟会在土耳其境内多处地中海海滩筑巢，其中就包括阿纳穆尔、帕塔拉、达利扬的Iztuzu海滩和格克苏三角洲。在福恰（Foça）栖息着一些珍稀的地中海僧海豹，但是会很幸运地在这里看到它们。绿色和平组织曾批评土耳其不遵守有关地中海蓝鳍金枪鱼的国际捕捞限额制度，使得这种鱼开始面临灭绝的危险。

植物

土耳其是温带国家中生物多样性最丰富的国家之一。它肥沃的土地不仅出产了丰富的水果和蔬菜，更孕育出多样的植物种类：这里有超过9000种植物，超过三分之一是土耳其本地物种，许多则为土耳其特有。

松树、柏树、桃金娘、月桂、迷迭香、薰衣草和百里香是这里的常见树和植物。沿海地区还有从南美引进的紫茉莉。伊斯帕尔塔（Isparta）是世界主要的玫瑰精油产地之一，这种宝贵的精油从玫瑰花瓣里萃取，用于制作化妆品和香水。

国家公园与保护区

最近几年，得益于申请加入欧盟的努力，土耳其加快了自己的环境保护步伐。土耳其境内有14处拉姆萨尔湿地（拥有国际重要性的湿地），也是CITES（濒危野生动植物国际贸易公约）的成员国之一，以禁止国际濒危物种的交易。现在，有将近100片区域被指定为国家公园（milli park1s）、自然保护区和自然公园。从道理上说，这些公园和保护区内的环境应该得到保护，狩猎也应该得到控制。多数时候，这些政策的实施还是到位的；但在另一些地区，游人到此野餐和乱扔垃圾的问题仍然没有得到解决。

国家公园旅游业的发展程度并不高，设施也十分不齐备。国家公园内的步行路线经常缺失标志，野营点匮乏。大多数相对热闹的国家公园，因其历史文物的纪念价值和它的自然环境，吸引着旅行者。

环境问题

环境法实施不到位、资金匮乏和教育的严重不足，都使得环境问题未能被视为土耳其国内诸多亟待解决问题的重点。但也出现了问题改善的一丝曙光，这很大程度上是因为土耳其竭力遵从欧盟法律。

土耳其核能

土耳其的环境保护主义者们当前所面临的最大挑战之一，便是政府计划到2023年要在土耳其建设两座核电站。尽管直到当地民众的抗议，阿库尤（Akkuyu，地中海东海岸）发电站的初期建设阶段依然将按计划展开；

最佳观鸟场所

希尔德尔湖（Çıldır Gölü）重要的繁殖场所，人迹罕至。

格克苏三角洲 这里已经记录到的鸟类种类超过330种。

苏丹沼泽 拉姆萨尔国际湿地公约中广袤的湿地，靠近开塞利。

对坎高犬的繁育，最初是为保护山区牧场的羊群免遭狼群和熊的袭击。这些身形巨大、黄毛黑头的动物在土耳其东部最为常见。

尽管在环境保护上存在诸多不足，土耳其在海滩清洁上却做得不错。土耳其有444座海滩和21座港口是符合蓝旗标准(Blue Flag status)的。登录www.blueflag.org可查看完整名单。伊斯坦布尔的博斯普鲁斯海峡中幸存的海豚和只在科尼亚地区可见的安纳托利亚野生绵羊都是保护动物。土耳其还于2009年签订了《京都议定书》。

而第二个选址，黑海城镇锡诺普，依然处于草拟阶段。民间组织Sinop is Ours（www.sinopbizim.org）依然在发声抗议。土耳其地震多发，这大大增加了核反应堆的风险，但更多的核电站正在计划之中。

政府表示核电站的建设将有助于经济增长，同时减少对俄罗斯和伊朗天然气供应的依赖。土耳其电力消费以每年6%的速度增长，而国内唯一的发电原料只有产量丰富的煤。

博斯普鲁斯海峡

土耳其环保事业面临的最大挑战之一来自博斯普鲁斯海峡之间往来穿梭的海上交通。根据1936年蒙特勒会议制定的公约，海峡主权归土耳其所有，但同时土耳其必须允许船只自由通行。在当时，每年大约只有几千艘船只从这里经过，但现在这个数字已经飙升至每年45,000艘。其中大约10%为油轮，每年运载超过1亿吨的危险物质通过这里。

博斯普鲁斯海峡已经发生过数起严重的事故，比如1979年"独立号"（Independent a）油轮的撞船事故，造成43人死亡，并有大约95,000吨原油（大约是著名的阿拉斯加埃克森·瓦尔迪兹号漏油事故的2.5倍）泄漏并燃烧。墨西哥湾的灾难发生之后，2010年土耳其政府重新开始了为原油运输另寻路线的努力。新的计划充满了野心，其中包括开凿一条总价高达120亿美元的运河来分流油轮，同时博斯普鲁斯海峡沿岸也将相应出现两个新建城市和世界最大的机场。目前在阿塞拜疆首都巴库和土耳其港口城市杰伊汉（Ceyhan）之间，已经建成一条长达1800公里的输油管道。另一条联通杰伊汉和萨姆松的输油管道也在规划当中。

建筑

土耳其的飞速发展已经让环境付出了惨重的代价。大型建设项目，包括伊斯坦布尔最近竣工的亚乌兹苏丹塞利姆大桥（Yavuz Sultan Selim Bridge）和仍在建设中的第三机场，都导致博斯普鲁斯地区的森林遭到大面积毁坏。在爱琴海和地中海海岸地区，像库沙达瑟和马尔马里斯这样的地方（从前是平静的小渔村），如今已经几乎完全被城市扩张拖下水，几乎要失去它所有的魅力。

大坝

缺水缺电的土耳其是全球建筑大坝数量较多的国家。全国境内已

受欢迎的公园

下面列出的这些，是最受国外旅行者欢迎的土耳其公园。登录土耳其文化旅游部的网站（www.turizm.gov.tr）可以获取更多信息。

加里波利国家历史公园（见162页）曾经的战场，位于一个被海湾包围、未受到破坏的美丽半岛上。

格雷梅国家公园（见495页）布满了仙人烟囱岩的不同凡响的峡谷景观。

卡奇卡尔山国家公园（见569页）有出色步道的美丽山岭。

桥谷国家公园（见410页）陡峭的峡谷和壮丽的景色，有激浪漂流设施。

内鲁姆特山国家公园（见590页）人造高地上叠立着前罗马时期的石雕头像，景观极佳。

地震威胁

土耳其国土之下至少有三条活跃的地震断层线，分别位于安纳托利亚北部、安纳托利亚东部和爱琴海。土耳其大部分国土都位于安纳托利亚北部断层线的南部，这条断层线与黑海海岸平行伸展。南部的阿拉伯和非洲大陆板块向北推进，安纳托利亚板块却向欧亚大陆板块推挤，并向西挤进希腊板块。

1939年以来，土耳其已经发生了超过25次有记录的、最高达到里氏7.8级的重大地震。1999年，安纳托利亚西北部的伊兹密尔（科贾埃利省）和阿达帕扎勒（萨卡里亚省）发生了里氏7.6级的大地震，遇难人数超过18,000人。2011年，凡湖地区发生里氏7.1级地震，600余人遇难，4000多人受伤。地震还造成了11,000栋房屋严重受损，数千当地居民无家可归。

由于市内无证豆腐渣工程盛行，一旦发生重大地震，伊斯坦布尔将会遭受毁灭性破坏。2010年，这里发生了里氏4.4级地震，虽然没有造成人员伤亡和重大损失，但也充分暴露了其糟糕的应对灾难的能力。当地人第一时间想到的应对措施不是紧急疏散，而是转向电话和社交网站。

经有600多座大坝以及许多在建的大坝，而新提出的大坝修建计划也引来了诸多争议。规模巨大的东南安纳托利亚项目（Southeast Anatolia Project，简称GAP）是土耳其目前最大的工程项目之一。GAP是要控制幼发拉底河和底格里斯河两河流域的上游水流。这是一枚潜在的定时政治炸弹，可能会引起土耳其与下游同样干旱的国家产生一系列摩擦。伊拉克、叙利亚和格鲁吉亚一致反对这一项目，而一份来自联合国的报告也显示，项目的修建有侵犯人权的危险。

在土耳其，最具争议性的GAP项目之一就是伊利苏大坝（Ilisu Dam），项目计划在2019年淹没哈桑凯伊夫这个东南部的古城。由于这个项目，该古城在2008年成为世界文化遗产守护计划（World Monuments Watch）列出的全世界最濒危的100处文化遗产之一（这不是土耳其第一次出现在这个名录上，并且也不会是最后一次）。尽管遭到当地和国际上的抗议，但大坝竣工的进程已无可阻挡。尽管城市的主要遗址——哈桑凯伊夫曾经是丝绸之路上的一个贸易中心，位于安纳托利亚和美索不达米亚的交界处——遗迹现已装运妥当，即将被运往高地，但城市遗址中预计有80%将消失在水下，同样即将消失的还有底格里斯河的文化积淀以及数十个村落。大约8万人将被重新安置，其中有许多是库尔德人及其他少数族裔。

在安纳托利亚东北部，有一个位于乔鲁河上的独立的大坝项目已经改变了本地区山谷风景的面貌，也标志着河上激浪漂流活动的结束。优素费利大坝（Yusefeli Dam）项目的开启（计划时间为2019年）将使得目前这个优素费利镇子消失在水下。

已知的世界上最古老的温泉城市阿利安诺伊（Allianoi），已于2011年淹没在约坦勒大坝（Yortanl1 Dam）的洪流中。欧盟文化遗产主席、男高音歌唱家普拉西多·多明戈（Plácido Domingo）坚持到最后一刻的呼吁，也没能保住这个贝尔加马附近建于2世纪的罗马温泉城市。

其他问题

土耳其在环保方面仍有许多不足。在伊斯坦布尔的街道上，蓝色的回土耳其的58座"自然遗址"大多数是关于保护树木的,其中包括安塔利亚西南部菲尼克有1500~2000年历史的香柏;伊斯坦布尔有1000年历史的一棵悬铃木;特拉布宗南部居米什哈内(Gümüşhane)附近2100米高的地区的一棵有700年历史的杜松。

收垃圾桶已经变得越来越平常了,但土耳其政府在教育公民和企业上任重道远。

这个国家数量曾一度非常丰富的钓鱼水道目前正在极速减少,原因便是过度的商业捕鱼行为和水污染。近来颁布的季节性禁渔法令要求夏季禁止捕鱼,但许多人认为此举只是亡羊补牢。尽管土耳其有潜在的可再生能源,但提案表中计划兴建80座全新的煤电站,以应对国家不断扩大的发展需求。

土耳其加入欧盟的阻碍包括水处理、废水处理、食品安全、水土流失、森林采伐、生物多样性退化、空气质量、工业污染控制和风险管理、气候变迁和自然保护等问题。

导演法蒂赫·阿金的(Fatih Akn)《污染伊甸园》(*Polluting Paradise*)讲述了他父亲所在的村庄被垃圾填埋场毁掉的令人心碎的故事,深刻地诠释了土耳其的环境问题。

生存指南

出行指南 634
签证 634
保险 634
现金 635
折扣卡 636
使领馆 636
电源 637
海关条例 637
旅游信息 637
营业时间 638
节假日 638
住宿 638
地图 641
邮政服务 641
电话 641
上网 642
时间 643
厕所 643
旅行安全 643
法律事宜 645
残障旅行者 645
LGBTQI旅行者 646
女性旅行者 646
语言课程 647
志愿服务 647

交通指南 648
到达和离开 648
入境 648
飞机 648
陆路 649
海路 652
团队游 652
当地交通 653
飞机 653
自行车 653
船 653
长途汽车 654
小汽车和摩托车 .. 655
小巴和中巴 657
当地交通工具 657
团队游 658
火车 658

健康指南 660
语言 664
幕后 672
索引 673
地图图例 677
我们的作者 678

出行指南

签证

→ 持中国大陆护照的旅行者须在https://www.evisa.gov.tr/zh申请有效期180天内、停留时间30天的单次入境电子签证,签证费60美元。香港旅行者可免签停留90天,澳门旅行者可免签停留30天,台湾旅行者须申请停留时间30天的电子签证,但免签证费。

→ 你需要在出行前三个月内申请土耳其电子签证。申请签证时,你需要证明自己拥有往返的交通票据、预订的酒店订单和每天50美元以上的消费能力。在填写护照详情以及抵达土耳其的日期后,点击确认电邮中的链接,用万事达或维萨信用卡或借记卡支付。

→ 完成这一步程序后,可下载Adobe PDF格式的电子签;您还会收到一封附链接地址的电邮,以便稍后打印签证。

→ 我们建议你将电子签证打印出来,以便在抵达土耳其时出示;在该国境内保存好签证。

→ 建议至少在出发前48小时申请签证。

→ 详细信息可登录外交部网站(www.mfa.gov.tr)或电子签证申请网站(www.evisa.gov.tr)查询。

→ 无须照片。

→ 对中国大陆旅行者来说,土耳其的电子签证只有单次入境旅游签证一种,且无法延期。但你可以随时重新申请。

居住许可

→ ikamet tezkeresi(居住许可)有多种。

→ 详情登录e-ikamet.goc.gov.tr查看。

→ 入境后通过这个网站申请。

→ 如果没有土耳其雇主或配偶支持你的申请,你可以获得旅游许可。

→ 旅游许可一般有效期为一年;受理价格根据申请者国家和申请部门而有区别,最低几百里拉起,包括管理费。

→ 更多信息可参考帕特·雅尔(Pat Yale)所著的《土耳其居住手册》(A Handbook for Living in Turkey)。

　　移民网站和论坛——包括istanbul.angloinfo.com,www.mymerhaba.com,thisismyistanbul.wordpress.com/turkey-online和www.turkeycentral.com——也有(逸闻趣事)信息和建议提供。

保险

→ 有必要购买一份覆盖被窃、遗失物品和医疗范围的旅游保险。

→ 保险种类复杂多样,一定要仔细阅读签约细则。

→ 有些保险会在其条款中将"危险项目",包括潜水、摩托运动甚至徒步旅行明确排除在保险范围之外。

→ 如果你去政府明令禁止旅游的地方游览,比如靠近叙利亚边境的地区,有些保险可能不会为你提供任何保障。

→ 平安、美亚、华泰、太平洋及安联等保险公司均提供各种境外保险计划,涵盖境外旅行期间的个人意外伤害和医疗保障、紧急救援保障、个人责任、旅程阻碍及/或个人财物保障。15天的土耳其之旅保险费用在150~600元。惠择网(www.hzins.com)有各家保险公司的保险计划介绍和价格对比。

→ www.lonelyplanet.com/travel-insurance提供全世界

现金

土耳其现行的货币是土耳其里拉（Turkish lira; 缩写为TL）。里拉的纸币面值有5里拉、10里拉、20里拉、50里拉、100里拉和200里拉，硬币面值分别为1库鲁（kuruş）、5库鲁、10库鲁、25库鲁、50库鲁和1里拉。

没有零钱常常是个大问题；要随身准备好一定量的小额钞票和硬币，方便购买一些小物件。邮局里一般都有西联汇款的账户。

自动柜员机

持有维萨卡、万事达卡、顺利卡（Cirrus）和万事顺卡（Maestro card）的用户，都可以在自动取款机上取款，一般提供土耳其里拉，有时也提供欧元和美元。在大多数城镇都有自动柜员机，你可以在自动柜员机上找到这些卡的标志。所有的机器都有英语等外文的说明。

在土耳其四处游览时，可以依靠自动柜员机提取现金，但去往村庄时，必须事先准备好充足的现金，因为村子里是没有自动柜员机的。此外，你也要预留一些，以防ATM机突然发生故障无法取款。万一在独立的ATM机亭取款时发生卡被吞的事故，想马上拿回银行卡可能不太容易。因为这些取款机大多是经销商代理的，不是银行经营的。

持中国银联卡的旅行者可以在带有银联标识和土耳其担保银行（Garanti Bank; 绿白色相间的标志）标识的自动柜员机和POS机上使用。在土耳其使用银联卡进行交易，根据发卡银行的不同，其资费标准也不同，从免费到千分之五不等，而取款行还要扣点手续费。

信用卡

你可以在旅馆、商店和餐厅使用维萨卡和万事达卡，但在家庭旅馆和主要景区之外的当地餐馆不能使用。你还可以用信用卡提取现金。美国运通卡（Amex）只适用于部分高档场所。另外，应该事先告知信用卡银行你的旅行计划，否则，你的信用卡业务有可能在

讨价还价的技巧

一般来说，当顾客进入一家土耳其商店准备买些东西时，店主会为他们提供一个舒适的座位、一杯饮品（茶、咖啡或是饮料），然后寒暄着聊会儿天，大概说一下店里的商品，了解顾客的品位、喜好和要求。最后，店主会拿出一些商品让顾客仔细挑选。

顾客询问价格，店主出价，听到价格后顾客一脸怀疑，按3/4或是一半还价。这个程序会来回回持续好几次，直到得出双方都满意的价格为止。但如果砍完价又不买，将是十分讨人嫌的事。

要是你们在最后的价格上没法达成一致，不妨就礼貌地说再见，然后走出商店吧。实际上，走出商店倒是很好地检验你最后给出的价格是不是砍到位了。如果店主知道你还能在别家找到更便宜的价格，他们很可能会把你叫回来，降低自己的价格。即使他们没有把你叫回来，你也完全可以在货比三家后回到这家商店，然后按店家的出价买下这件东西。

要想成功砍价，你就得做好慢慢来的准备，而且你还要了解你想购买的那件商品及其市场价格。最好的办法是多转几家商店，找同样的商品，多问价但是别还价。砍价时，一定记得要礼貌且幽默，这样的话，店主也会同样对待你。你如果表示会多买几件，用主流货币付钱，或者付现的话，砍价时往往比较容易得到折扣。

如果你没有大把的时间四处逛的话，那就按最古老的方式买东西吧：选一件你喜欢的东西，价格可以接受，付钱，然后高兴地带回家吧。不用考虑你是不是以全世界最便宜的价格买下了它。

一般来说，最好不要在买食物或付交通费时讨价还价。在景区以外的地区，旅馆可能会接受你的议价。但在景区里，除了在冬天或长期入住时，可以向店主申请一个折扣之外，一般是不会轻易获得折扣的。

土耳其不能使用，因为土耳其的确发生过信用卡诈骗事件。

外国货币

欧元和美元是外国货币中最受欢迎的币种。在一些旅游景区的商店、旅馆和餐厅可以使用外国货币。此外，如果打车出去的路程很远，出租车司机们也会接受外币。

货币兑换

土耳其里拉对西方国家货币的汇率很低，在土耳其本地兑换货币要比在其他地方好一些。另外，土耳其里拉在境外一点也不值钱，所以，离开之前最好花光它们。

有些货币兑换所会承兑其他主流货币，如英镑和日元，但是美元和欧元才是使用最广泛的外币。

最好在货币兑换所里兑换外币，这里一般不收取手续费，银行兑换货币则要收取一定的手续费。货币兑换所常常建在旅游区和市场区，市场区的兑换所汇率更高一些。一些经营货币兑换业务的邮局、商店和旅馆汇率也较高，而且这些场所的营业时间还比银行要长。

银行主要负责次要货币的兑换业务，但是手续很烦琐。土耳其没有货币兑换的黑市。

商业街和旅游区随处可见兑换所。个别兑换所提供人民币兑换，汇率不高，最好还是携带美元或欧元兑换。宾馆及很多商铺直接收取美元或欧元，但买门票以及在偏远的地方则需使用土耳其里拉。

小费

在小费方面，土耳其非常接近欧洲。在这里，不会发生像在中东地区其他地方一样，游客被缠着索要小费的现象。在餐厅、酒店和出租车上，一般需要给小费，其余地方随意。

餐厅 经济型餐馆只需给点零钱作为小费即可；中高档餐厅小费额度为账单的10%~15%。

酒店 行李搬运工需要给中高档酒店的搬运工支付一些小费，费用为房费的3%。

出租车 计程车小费大约为50库鲁。

旅行支票

一般来说，银行、商店和旅馆认为兑换旅行支票是很麻烦的事情，他们要么让你到别处使用，要么会收取一定的兑换手续费。如果必须先兑换它，可以到大银行试试。

折扣卡

土耳其文化旅游部发行了多种折扣卡，凭借折扣卡可随意进出多个博物馆和景点。可登录www.muze.gov.tr/en/museum-card查询更多信息。

博物馆通票：伊斯坦布尔（见140页）五日卡（180里拉）能够在城市主要景点参观，可以节省一百多里拉，通票景点包括圣索菲亚大教堂，而且还可以免排队入场。

博物馆通票：卡帕多基亚（见503页）三日卡（115里拉）包含了格雷梅露天博物馆在内的主要景点。

博物馆通票：爱琴海 七日卡（185里拉）包含了从伊兹密尔到穆拉的31座博物馆，包括以弗所和帕加马。

博物馆通票：地中海 七日卡（185里拉）包含了从蓝绿海岸东部到阿达纳的27座博物馆和景点，包括特克岛上的利西亚遗址。

博物馆通票：土耳其 十五日卡（315里拉）包含了从托普卡帕宫到阿尼的全国300座博物馆和景点。

伊斯坦布尔交通卡（见142页）可充值交通卡，可节省伊斯坦布尔的一部分公共交通费用。

下列卡可提供住宿、就餐、娱乐、交通和旅游折扣。也可以在土耳其办理，但是在自己国家办理会更方便：

国际学生证（International Student Identity Card；www.isic.org）

国际青年证（International Youth Travel Card；www.isiccard.com.au/youth-teacher-cards）

国际教师证（International Teacher Identity Card；www.isiccard.com.au/teacher-card-itic）

使领馆

➤ 土耳其大多数使领馆工作时间是每周一至周五，上午8点或9点至12点，而午饭后至下午5点或6点，则是供人们领取签证的时间。

➤ 部分伊斯兰国家的使领馆工作时间为周日至周四。

➤ 用土耳其语询问去领事馆的路线，你可以说："（国家名）başkonsolosluğu nerede?"

➤ 大使馆一般位于首都安卡拉。

➤ 部分其他城市也设有领事馆。

中华人民共和国大使馆（☎0312-4900660; http://tr.china.embassy.org/chn/; FERİT RECAİ ERTUĞRUL CAD. NO: 18 ORAN / ANKARA）

中华人民共和共驻伊斯坦布尔总领馆（☎领事部0212-299 2188, 领协助电话0534 732 2512; http://istanbul.china-consulate.org/tur/; Ahi Çelebi Cadesi Çoban Sokak No:4, Tarabya, Sarıyer, İstanbul）

阿塞拜疆大使馆（☎0312-491 1681; ankara.mfa.gov.az; Diplomatik Site, Bakü Sokak 1, Oran）

保加利亚大使馆（☎0312-467 2071; www.mfa.bg/embassies/turkey; Atatürk Bulvarı 124, Kavaklıdere）

格鲁吉亚大使馆（☎0312-491 8030; www.turkey.mfa.gov.ge; Diplomatik Site, Kılıç Ali Sokak 12, Oran）

希腊大使馆（☎0312-448 0647; www.mfa.gr/ankara; Zia Ür Rahman Caddesi 9-11, Gaziosmanpaşa）

伊朗大使馆（☎0312-468 2821; en.mfa.ir; Tahran Caddesi 10, Kavaklıdere）

伊拉克大使馆（☎0312-468 7421; www.mofamission.gov.iq; Turan Emeksiz Sokak 11, Gaziosmanpaşa）

俄罗斯大使馆（☎0312-439 2122; www.turkey.mid.ru; Karyağdı Sokak 5, Çankaya）

英国大使馆（☎0312-455 3344; ukinturkey.fco.gov.uk; Şehit Ersan Caddesi 46a, Çankaya）

美国大使馆（☎0312-455 5555; turkey.usembassy.gov; Atatürk Bulvarı 110, Kavaklıdere）

电源

➡ 电流为230伏, 交流电, 频率50赫兹。

➡ 你需要购买电源转换插头, 大多数商店有售。

➡ 一个通用的AC适配器也是必要的装备。

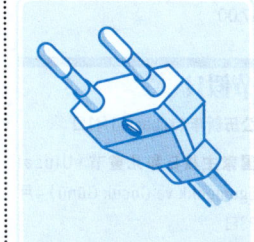

230V/50Hz

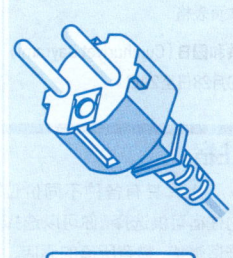

230V/50Hz

海关条例
入境

如果携带超过15,000美元的珠宝和其他物品, 你应该向海关声明, 以便出境时能顺利带出。带入境内的古董, 必须在所有人的护照上登记, 以避免在离境时出现困难。未经特别允许, 不得携带利器（包括露营用刀）和武器入境。严禁在土耳其境内携带、交易和吸食大麻及其他毒品。

入境携带以下商品可免税:

➡ 200支香烟

➡ 200克烟草

➡ 咖啡、速溶咖啡、巧克力和糖制品各1公斤

➡ 500克茶叶

➡ 1升或2瓶750毫升装葡萄酒或烈酒

➡ 5瓶香水（每瓶最多120毫升）

➡ 个人电子设备, 但每种仅限一台

➡ 现金无限制

➡ 价值300欧元以下的纪念品或礼物（15岁以下儿童为145欧元以下）

出境

➡ 购买真正的古董并且带离土耳其属于违法行为。

➡ 地毯商应出具证明以确保你所购买的不是古董地毯。

➡ 应向商家咨询所购商品是否可携带出境。

➡ 保留好购物的收据和小票。

旅游信息

土耳其的每个城镇, 不论

大小，都设有由**文化旅游部**管理的游客咨询处。那里的员工通常都很热情，并且都很乐于助人，会发给你一些宣传册，但是他们可能对当地并不是十分了解，懂英语的也很少。旅行社老板、旅馆店主往往能给你提供更有用的信息。

文化旅游部（www.turizm.gov.tr）有土耳其在海外旅游办公室的详细信息。

营业时间

多数博物馆周一闭馆；在4月至10月，博物馆会比平常闭馆时间晚1.5小时到2小时。酒吧等其他商业场所营业时间也会按季节变化，一般夏天比冬天营业时间更长；游客较多的地区，旅行社营业时间也会更长，并且在夏天时周末也工作。

在神圣的斋月，工作时间会缩短，而斋月一般是在夏初。比较传统的伊斯兰城市如科尼亚，实际上每周五（穆斯林的安息日）从中午祈祷的时候就关门歇业了；而在其他地方，周五仍旧是工作日。

本书提供的是夏季（旺季）的营业时间；平季和淡季一般会缩短。下面是标准营业时间：

信息咨询 周一至周五8:30至正午，13:30~17:00

就餐 11:00~22:00
饮品 16:00至深夜
夜店 23:00至深夜
购物 周一至周五9:00~18:00（旅游区和大城市时间更长，且周末营业）

政府部门、各种办事处和银行
周一至周五8:30至正午，13:30~17:00

节假日

公历新年（Yılbaşı）1月1日
国家主权日和儿童节（Ulusal Egemenlik ve Çocuk Günü）4月23日
国际劳工日（劳动节）5月1日
青年节和运动日（Gençlik ve Spor Günü）5月19日
开斋节（Şeker Bayramı，糖果节）见本页表格
民主和自由日 7月15日
胜利日（Zafer Bayramı）8月30日
古尔邦节（Kurban Bayramı）见本页表格
共和国日（Cumhuriyet Bayramı）10月28日至29日

住宿

土耳其有各种不同价位的住宿可供选择，你可以选择舒适豪华、物有所值的酒店，也可以选择伊斯坦布尔和卡帕多基亚等地，备受旅游散客青睐的民宿和旅舍。

每年的旅游淡季（10月至次年4月，伊斯坦布尔是11月至次年3月底），房价低至5折至8折，但是重要的节日，如圣诞节、复活节和重要的伊斯兰节日期间除外。伊斯坦布尔和安卡拉周边地区的房价在夏季周末往往会有所提高。

如果打算在海滨景区停留一周以上的时间，你可以咨询包价旅游的相关事宜。尤其是英国、德国和法国的旅游公司，经常会组织前往爱琴海南部和地中海地区的包价游，价格中包含住宿和机票，是一种经济实惠的选择。

在比较西化的地区，如伊斯坦布尔，旅馆常以欧元和里拉报价（有时还不用里拉）。而在游客较少的地区则普遍使用里拉报价。许多地方接受欧元（在伊斯坦布尔甚至可以使用美元）。本书中提到的货币单位是商家报价时给出的币种。

大部分旅馆都可以通过网站预订。

价格区间

本书的价格区间是以双人间价格为标准统计的。本书报价均为旅游旺季（通常为6月至8月，而伊斯坦布尔的旅游旺季为每年4月、5月、9月、

主要的伊斯兰教节日

伊斯兰教历法是按照阴历计算的，比格里高利历法（公历）稍短，所以，每年伊斯兰历新年会比上一年早大约11天。下列给出的是大概日期。

伊斯兰历年	新年	圣纪	斋月开始	斋月结束	古尔邦节
1440年	2018年9月11日	2018年11月20日	2019年5月6日	2019年6月5日	2019年8月11日
1441年	2019年8月31日	2019年11月9日	2020年4月24日	2020年5月24日	2020年7月31日
1442年	2020年8月20日	2020年10月29日	2021年4月13日	2021年5月13日	2021年7月20日

10月、圣诞节和复活节）的价格。除非另有说明，所有报价均包含增值税，房间带独立浴室，且包含早餐。本书所列旅馆按价格区间排序，经济的排在前面，同时每一价格区间内按作者的推荐程度排列。

在旅游区，酒店业者会根据欧元汇率来调整客房价格，以避免里拉汇率浮动对生意造成的影响，因此以里拉标注的房价会根据其对欧元的汇率涨落。相应地，旅游业不那么发达的地区更倾向于只用里拉定价——这更加剧了土耳其各地区之间本就已经很大的价格差距。因此我们为我们制定的价格范围预留了一些余地：例如有时候一些根据欧元与里拉的汇率计算会逐渐挤入中档等级的廉价家庭旅馆，我们仍会将其标记为廉价。

与之相对，在旅游区，例如伊斯坦布尔的苏丹艾哈迈德，为应对2016年年初伊斯坦布尔自杀式炸弹袭击所带来的旅游业危机，多家住所都调低了旺季高涨的房价。本书调研期间所收集的房价为一般情况下的旺季价格，而非折扣价格。

伊斯坦布尔和博德鲁姆半岛
€ 90欧元以下
€€ 90~200欧元
€€€ 200欧元以上

其他地区
€ 90里拉以下
€€ 90~180里拉
€€€ 180里拉以上

公寓
➡ 经济实惠，尤其适合家庭和小团体游客。

> ### 在线预订住宿处
> Lonely Planet作者提供的更多住宿评价，可登录http://lonelyplanet.com/hotels查询。你会找到独立评价，也有最佳住宿处的推荐。最好的是，你还能在线预订住宿处。

➡ 除了少部分爱琴海和地中海地区之外，可供假日租赁的公寓非常少。

➡ 如果你想在沿海目的地，比如卡什、安塔利亚和博德鲁姆半岛租一间公寓的话，可以与emlakçı（地产代理公司）联系，他们掌握着当地假日租赁公寓的信息。

➡ Emlakçı非常善于与外国游客打交道。

➡ 还可以找找apart otels，即附带可以自己做饭的单元房的酒店。

露营
➡ 大多数露营设施都分布在海边，且通常都是由私人经营的。

➡ 在内陆地区，除了卡帕多基亚和内姆鲁特山国家公园之外，其他地区的露营设施很少。

➡ 内陆地区最好的露营设施在Orman Dinlenme Yeri（林业部门管辖的林地）。位置偏远，通常需要你自己驾车前往。

➡ 有时，你入住的宾馆和旅店会提供租赁的露营设施，你可以花点钱，在指定的场地露营。

➡ 女性旅行者应严格按照官方要求，在指定地点露营，并且尽量选择人多的地方，尤其是在东部。

如果你在非官方指定的地方露营，带给你的麻烦往往多于享受：

➡ 警察可能会突然前来检查，要求你搬往指定地点。

➡ 东部地区有野生狼群；谨慎起见，不要把食物和垃圾留在帐篷外以防吸引狼群。

➡ 同时也要小心坎高犬。

青年旅舍
➡ 在繁华的旅游区，有很多的青年旅舍提供宿舍床位。

➡ 通常，每个宿舍床位的费用一般为每晚10~20欧元。

➡ 在伊斯坦布尔、卡帕多基亚、爱琴海和蓝绿海岸地区有国际青年旅舍联盟提供的住宿处。

酒店
经济
➡ 在大多数城市和度假胜地，经济舒适的旅馆非常充足。

➡ 在伊斯坦布尔、安卡拉、伊兹密尔和包价旅游团经常光顾的城镇，比如阿拉尼亚，想找到舒适且便宜的住处是十分困难的事情。

➡ 通常，最便宜的旅馆，单人间每晚需要花费40里拉（不带私人浴室）到50里拉（带私人浴室），费用包含早餐。

在旅游区以外的地方，单身旅游者无论男女，入住廉价

> **无客房**
>
> 从每年的10月中旬至次年的4月中旬，爱琴海、地中海和黑海沿岸地区的大多数旅馆、公寓、露营基地都会处于歇业状态。因此，淡季时去这些地方旅游，一定要提前确定旅馆是否可以提供客房。

住宿处时都应该小心，要在前台仔细弄清楚工作人员的意思，并观察这里的氛围；廉价住宿处有盗窃甚至性侵事件发生（虽然很少）。

中档

➡ 一星级和二星级旅馆的住客多为男性，但对女性住客而言，这里的氛围相较经济型酒店更为友好。

➡ 这类旅馆中带独立卫生间的双人间，收费一般约为每晚100~150里拉，含早餐。

➡ 在较传统的土耳其城镇，旅馆里只提供土耳其语的电视节目和土耳其式早餐，而且不像膳宿公寓那样收取额外费用。

➡ 在许多中档旅馆，你只有在前台提出要求或是在门把手上挂提示牌，女佣才会为你整理床铺、打扫房间。

➡ 前台应该会张贴房间的费用。

➡ 不要比公示的价格多付一分钱，而且往往这个价格还会有折扣。

➡ 有时候，你可以通过讨价还价得到一个更低的价格。

➡ 外国的未婚情侣同宿，偶尔会遇到问题。

➡ 在东部以外的地区，夫妇们通常会得到双床房，尽管他们要求的是大床房。

➡ 当未婚情侣中的一方是土耳其人时，许多旅馆会拒绝接待他们。

➡ 越是便宜和偏远的旅馆，在管理上越是趋于保守。

精品酒店

➡ 精品酒店往往在古老的奥斯曼帝国的官邸、商队驿站和其他历史建筑的基础上，翻新或重建而成。

➡ 这些古老的建筑配备了现代化的设备，逐渐发展出了新的特色。

➡ 它们大多数定位是中高档旅店。

➡ 了解更多信息请登录**Small Hotels**网站（www.boutiquesmallhotels.com）。

家庭旅馆

在游客热衷的目的地，你能够找到家庭经营的旅馆。这些旅馆里，干净舒适的单人间或双人间需要花费60里拉或90里拉。许多家庭旅馆还提供三人间和四人间。较昂贵的家庭旅馆和精品酒店相差无几。

入住这种旅馆需注意，进门时一定要脱下鞋子。选择膳宿公寓而非小而便宜的旅店，特别是在旅游业发达的地区，其优势包括：

➡ 有简单的饭菜供应

➡ 可以进行图书交换

➡ 提供洗熨服务

➡ 员工通常能掌握至少一门外语

私人家庭旅馆

在少数地区，还保留着传统的私人家庭式旅馆。在旅游旺季时，主人会让游客住到自己家的房间。他们通常不会为自己做正式的广告，如果想住进这种旅馆的话，你可以向当地人询问，也可以留意路边张贴的房屋租赁信息。主人们一般不会说英语，所以掌握一些常用的土耳其语还是很有用的。

树屋

奥林帕斯以其"树屋"而闻名，这是一种海滨森林中简陋的住宿处。这种背包客经常光顾的住宿处已经成功地扩散到了地中海西部地区，例如西拉里（Çıralı）和萨克利肯特峡谷附近。

掮客

在一些旅游小镇如塞尔柱里，从你刚走下大巴开始，就有人向你热情地推荐旅店。有的人还会欺骗你说，你所找的旅店已经不存在了。这是为了引你上钩，选择他推荐的旅店，而他就可以得到回扣。出租车司机有时也会这样帮旅店拉生意。

一般这种情况下，你最好

> **就餐价格区间**
>
> 价格区间表示的是一道标准主菜的价格。
>
> € 低于20里拉
>
> €€ 20~35里拉
>
> €€€ 高于35里拉

委婉地拒绝。但是如果你正好打算节省旅费，就不必了。这些人有时会为一些新开的旅店招揽生意，而新开的旅店往往是比较便宜的。在跟他们去旅店之前，一定要说明你只是去看看情况，而不是一定要入住那里。

许多旅店开设了不太正规的连锁店，会将游客从一家旅店转到另一家。若是在一家旅店住得舒适，你可能会喜欢店主的推荐，但是一定要坚定立场，在未亲眼看过之前，不要随便签订任何合同。

预订服务

Lonely Planet（www.lonelyplanet.com/turkey/hotels）酒店推荐和预订。

Simpson Travel（www.exclusiveescapes.co.uk）时髦公寓，浪漫精品酒店和豪华别墅。

地图

在游客中心和书店你可以找到很多地图，但是高质量的地图却很难买到。在伊斯坦布尔的话，试试去独立大街（İstiklal Caddesi）的书店吧。在网上可以登录Tulumba.com和亚马逊。

我们推荐Mep Medya的城市和区域地图，旅游地图包括：

➜ *Türkiye Karayolları Haritası*（比例尺1：1,200,000），土耳其全国旅游地图。

➜ *Adım Adım Türkiye Yol Atlası*（《一步一步游土耳其》——土耳其道路地图集；比例尺1：400,000）。

媒体

近年来，土耳其的新闻自由遭遇严酷考验，局势每况愈下。在政府的干预下，公众难以获得公平、公正的新闻。土耳其境内只有两家主流英语报纸：Hürriyet Daily News（www.hurriyetdailynews.com）和Daily Sabah（www.dailysabah.com）。Hürriyet Daily News是一家世俗报纸，而Daily Sabah却毫不掩饰地支持正义与发展党，因此也饱受诟病。

The Guide İstanbul（www.theguideistanbul.com）是一份双月刊城市指南，内含大量分类列表，同时发行纸质杂志和网络版本，其中杂志可在酒店获取。

邮政服务

土耳其的邮局使用黄底黑字的"PTT"标志。大多数的邮局营业时间为周一至周五8：30左右至正午和13：30至17：00，在上文都有说明，主要城市的一些邮局营业时间较长。

信件寄往或寄出土耳其，需要花费一周到数周不等。寄往欧美的明信片或信件需花费2.80里拉（最重20克）。

寄信的时候，yurtdışı投信口是用来投递寄往外国的信件，yurtiçi投信口则用来投递寄往土耳其其他城市的信件，而şehiriçi是用来投递寄往本地的信件。登录www.ptt.gov.tr可查看更多信息。

包裹

如果你想从土耳其寄些东西，在海关检查前，千万不要封住包裹。最好是带着包装材料去邮局。

航空邮件含关税价格为一公斤内40里拉，超过部分每公斤将另外加收一定数额（比如寄往欧洲，每公斤加收5里拉）。

邮寄包裹需要花费几个月才能寄到。

国际快递公司，如DHL的快递业务范围也包括土耳其。

电话

土耳其电信局（Türk Telekom; www.turktelekom.com.tr）垄断了土耳其的电信服务业务，价格越高，服务效率也就越高。在土耳其境内，以"444"开头的号码无须加拨区号，不管在哪儿拨号，收费都按当地通话费率计算。

计时电话

如果你只是想快速地打一个电话，最好去找一个有"kontörlü telefon"（计时电话）标志的售货亭，店主按你的通话时间收费。在旅游区拨打欧洲、英国、美国和澳大利亚的号码，话费可以低至每分钟0.5里拉。

手机

➜ 土耳其人很热衷于使用手机。

➜ 土耳其全国大多数地区的接收信号都很好。

➜ 手机号码以四位数字开头，打头的是🗐05。

➜ 主要的通信网络有**Turkcell**（www.turkcell.com.tr），服

务最全面的则是**Vodafone**（www.vodafone.com.tr）。

→ Vodafone商店里排队的人较少，但Turkcell的网络覆盖率更广，尤其是在东部地区。

→ 有一种即付即打的SIM卡，包括35里拉的预付费，售价65~95里拉；各个分店售价不同。

→ 登录Turkcell网站（tinyurl.com/ckynd6j），可查看旅行套餐情况。

→ Avea推出一种SIM卡，价格为29里拉（含1里拉预付费）。

→ 购买SIM卡时，你需要出示护照，确保售卡人将你的信息输入卡中，以激活你的账户。

→ 如果想购买SIM卡和预付费卡，在街角的电话亭、商店和手机销售点等随处可以买到。

→ 你可以买一张当地的电话卡，放进自己的手机内使用，但是网络在120天后会自动检测出非本国手机，并禁止其使用。

→ Turkcell的预付费卡所能买到的最小面值分别为15里拉。

预付费卡面值越大，所提供的服务越好。

数据包一般是20里拉至25里拉1GB，也有更大的数据包提供。

发送"YILDIZ 1 GB"至2222，可以以19里拉的价格购买1GB流量。

→ 有些商店会收取少量佣金（如20里拉预付费的卡收取22里）。

→ 通信商推出了短信包（可用于土耳其境内及境外）。

→ 拨打"*123#"可以查询预付费余额。

→ 如需要英文服务和信息，Turkcell用户可以拨打8088。

→ Turkcell用户拨打"*135*53"，加电话号码，再加"#"可以使用被叫方付费的功能。

→ 中国移动、中国联通和中国电信均支持在土耳其的国际漫游。通话、短信和网络数据资费标准可以查看各大运营商的网站。

长期停留

要在土耳其停留超过120天，为避免你自己的手机被禁止使用，可在抵达后的一个月内注册。

→ 将手机带至政府税务所，出示护照和土耳其居留许可，填写一张表格。

→ 你需要知道手机的15位数字国际移动设备标识（IMEI），这一标识是独一无二的。

→ 没有土耳其身份证的外国人可在表格上填写0009151009。

→ 注册费用为现金132里拉。

→ 带上手机、护照、居留许可和注册收据前往可以办理这一业务的手机店，购买一张SIM卡。

→ 购买二手手机的价格大约为50里拉至70里拉——相比冗长的注册过程，这种方法便宜简便。

付费电话和电话卡

→ 在大多数的公共建筑、设施、广场和汽车站，都能找到Türk Telekom的付费电话。

→ 使用付费电话可以拨打国际长途。

→ 付费电话的电话卡可以在电信中心购买，也可以在商店购买，商店的售价稍高一点。有些付费电话可以使用信用卡结算。

→ 目前使用的电话卡有两种：通过磁条读取信息的磁条卡和可内置芯片的智能卡。

→ 电话卡以通话时长为单位，包括单位为50（3.75里拉）、100（7.5里拉）、200（15里拉）、350（19里拉）等几种卡。

→ 电话卡售价一般为5~20里拉。

→ 一张5里拉的电话卡应该足够拨打当地电话或拨打短时间城际电话；10里拉的卡可以拨打城际和短时间国际电话。

国际通用电话卡

→ 拨打国际长途最省钱的办法是买一张电话卡。

→ 电话卡可以在固定电话、付费电话和手机上使用。

→ 拨打国际长途时，首先拨该国的接入号码，然后输入卡上的PIN密码，就可以拨号了。

→ 一定要买信誉好的电话卡，如**IP卡**（www.ipccard.com）。

→ 在旅游区，你随处可以买到这种电话卡，但是在其他地方则很少见。

上网

→ 土耳其全国大多数的正规旅馆都提供无线网络。

→ 在诸如咖啡馆、地毯商店、汽车站和渡轮码头等场所，你也可以搜索到无线网络。

→ 本书中，标注无线局域网图标（🛜）即表明商家为顾客提供无线网络服务。

➡ 标注网络图标表明商家提供计算机以方便顾客上网。

网吧

➡ 尽管无线网络和掌上设备的日渐普及使网吧的发展势头有所下降，但土耳其的网吧仍然很常见。

➡ 网吧一般上午9点开始营业并持续到午夜，收费为每小时2里拉（伊斯坦布尔为3里拉1小时）。

➡ 各地的上网速度都不太一样，但是都很快。

➡ 网吧中网络病毒泛滥。

➡ 最好的网吧里才有英文键盘。

➡ 一些网吧里有土耳其语的键盘，要注意，英文键盘中"i"在土耳其语键盘中是没有点的"I"。

➡ 在土耳其语键盘中，想要打出"@"，你需要同时按住"Alt"键和"q"键。

时间

➡ 全年使用欧洲东部夏令时（比格林尼治标准时间早3小时），比北京时间晚5小时。北京正午12点为当地早晨7点。

➡ 土耳其的公共汽车时间表以及其他时间表都使用24小时制，但是人们的日常谈话却很少使用24小时制。

厕所

多数旅馆都使用坐式马桶，但方便冲水的蹲式厕所更普遍。厕所内一般不提供厕纸，所以最好自备一些。水龙头上没有出水标记，一般是左边出冷水，右边出热水。

通常你可以将厕纸冲进下水道，但在伊斯坦布尔的老城区内，这样做容易导致下水道堵塞。如果不确定的话，还是将厕纸丢进纸篓里吧。厕所内，通常会有标志提醒你使用纸篓。一些土耳其人（还有一些来自中东地区和亚洲国家的人）便后，会用一种冲洗设施清洗自己，然后再用纸擦干，这样用过的纸就只是湿了而没有弄脏。初来乍到的人，可能会难以接受。

在主要景区和交通枢纽都能找到公厕，大部分需要花费50库鲁。清真寺里也都有厕所（男厕和女厕都有），内急时可以去那里。

旅行安全

尽管土耳其算不上危险的旅行目的地，但是旅行期间保持谨慎总是明智的。

尽管2016年伊斯坦布尔市中心发生了自杀式炸弹袭击，但此类事件发生的概率依然很小。截至目前，海滨度假区尚未发生过恐怖袭击，但伊斯坦布尔和安卡拉的机场已遭遇过袭击。恐怖分子通常会

政府旅游建议

最新旅游信息，可登录下列网站查询：

中华人民共和国外交部（微信：外交小灵通；https://www.fmprc.gov.cn/web/wjwbwxws/）

澳大利亚外交贸易部（Australian Department of Foreign Affairs and Trade, ☎61 2 6261 3305; www.smartraveller.gov.au）

荷兰外交部（Dutch Ministry of Foreign Affairs, ☎31 77 465 6767; www.minbuza.nl）

德国联邦外交部（German Federal Foreign Office, ☎49-3018-17-0; www.auswaertiges-amt.de）

加拿大全球事务部（Global Affairs Canada, ☎1 613 996 8885; www.travel.gc.ca）

日本外务省（Japanese Ministry of Foreign Affairs, ☎81-3-3580-3311; www.mofa.go.jp）

新西兰外交与贸易部（New Zealand Ministry of Foreign Affairs and Trade, ☎64 4 439 8000; www.safetravel.govt.nz）

英国外交与联邦事务部（UK Foreign & Commonwealth Office, ☎44 20 7008 1500; www.fco.gov.uk/travel）

美国国务院领事事务司（US Department of State's Bureau of Consular Affairs, ☎1 202-501-444; www.travel.state.gov）

选择政府和军事设施作为袭击目标。

注意文化差异。举个例子，土耳其法律规定，侮辱土耳其共和国便犯了不敬之罪，会遭到惩罚。

在较为保守的地区，男女相处的禁忌较多，需要注意这其中的文化差异。如有拿不准的地方，可参照当地女性的做法。

性侵

安纳托利亚中部和东部地区，曾发生过针对游客的性侵案件，受害人包括男性和女性。因此，你如果是独自一人或者要前往偏僻的地方旅行，应该事先做好调查咨询，多在论坛了解情况。

示威

游行和示威在土耳其城市中很常见，尤其是在伊斯坦布尔。最好避免此类事件，因为游行和示威往往会导致与警方的冲突，例如2013年塔克西姆广场上所发生的示威。

蚊蝇

盛夏时，蚊子是一个令人头疼的大问题，即便在伊斯坦布尔也是一样。它们能将你的海滩之夜变成一个噩梦。一些旅馆会备有蚊帐和电子灭蚊器，但是自带驱虫剂和蚊香也是很好的办法。

不敬之罪

在土耳其，侮辱、诽谤和藐视阿塔图克、土耳其共和国、土耳其国旗、土耳其政府和土耳其人民等行为，是触犯法律的重罪。即便是在争吵中说出不敬的话，也常会导致外国人入狱。

安全标准

土耳其并不是一个安全意识很高的国家：人行道上总有坑洞没修好；走在路上，有时会有"惊喜"从天而降；人们开车时，会经常不系安全带；海滩上也很少有救生员；小巴司机一边转方向盘，一边给乘客找零钱。

骗局和麻醉药

伊斯坦布尔有各种各样的骗局。其中最臭名昭著的往往是针对单独旅行者的：一个衣冠楚楚的本地人在街头和你友好地攀谈，和你相谈甚欢，然后邀请你去酒吧。畅饮几杯酒之后，开始有漂亮女孩贴上来，要你请她们喝酒，最后把账单递给你的时候，你会被上面的天文数字吓一大跳。哪怕你说身上的现金不够也没用，他们会强迫你双手放到脑后，走到附近的ATM机取款。如果这种事不幸地发生在你身上，一定要向旅游警察报告。有游客在带警察返回自己被骗的地方之后，拿回了自己部分或全部的钱。

另一种类似的骗局不如前者普遍：游客在喝了被偷偷下药的饮料之后昏迷，醒来后发现自己在一个莫名其妙的地方，从头到脚的物品都不见了——或者更糟糕。

在大城市旅行的单身游客在没摸清情况之前，不要接受来自陌生人的邀请。你可以邀请这些新朋友去你选定的酒吧；如果他们执意不去，就说明他们很可能有问题。

曾经有新闻报道发生在火车上的麻醉药骗局，乘客被麻醉后遭到抢劫。土耳其人通常很爱和人打交道，他们是很好的旅伴，但是，除非你完全了解信任那个人，否则不要轻易接受别人给的食物和饮料。

古文物

在一些古遗址所在城市，如以弗所和柏尔盖，旅行时要注意，千万不要买街头小贩向你兜售的钱币和文物。因为在土耳其，购买文物是严重的违法行为，可能会被判很长时间的监禁。这些小贩很有可能是和警察串通好的。

擦鞋匠

当你在伊斯坦布尔苏丹艾哈迈德地区旅游时，如果一个擦鞋匠走在你前面，"不小心"掉了他的刷子，千万不要去捡。他会坚持要给你"免费"擦鞋作为回报，然后再狠狠敲诈你一笔。

吸烟

土耳其人非常喜欢抽烟。有一个关于土耳其人爱抽烟的笑话：谁比一个土耳其人更爱抽烟？两个土耳其人。

在密闭的公共场所是严禁吸烟的，违反者会被处以罚款。旅馆、餐厅和酒吧通常也禁烟，不过随着夜色渐浓，有些酒吧也会"法外施恩"。

除旅行路线的中档旅馆之外，公共场所严格执行禁烟令；私人房间内相对宽松一些，可能会备有烟灰缸。

原则上，公共交通工具内部也是禁烟的，但是出租车司机和巴士司机经常在驾驶中吸烟。

街头犯罪

土耳其治安相对较好，但

在伊斯坦布尔、伊兹密尔和安卡拉这样的大城市，街头犯罪时有发生，罪犯通常是年轻男子，也有可能是小男孩。案件高发地多集中在街头闹市，比如巴扎和车站。常见的犯罪行为包括扒窃、划包、抢包，抢劫也有发生，但不多见。

恐怖袭击

土耳其境内的恐怖袭击日益猖獗，2016年1月的惨剧就是佐证。与"伊斯兰国"(ISIS)组织有瓜葛的圣战分子正从饱受战火摧残的叙利亚和伊拉克入境。"伊斯兰国"的自杀式投弹者将目标瞄准伊斯坦布尔主要旅游区的苏丹艾哈迈德，造成10人死亡，15人受伤，受害者大多是德国游客。该恐怖组织在土耳其通常被称为"达伊沙"(Daesh)，他们心怀恶意，旨在通过恐怖袭击破坏土耳其的旅游业，藉此报复土耳其与美国合力抗击"伊斯兰国"组织的行为。

2016年3月又发生了一起类似的袭击，造成5人死亡，36人受伤，受害者是来自欧洲和中东的游客，事发地点是伊斯坦布尔贝伊奥卢的主街独立大街。2016年6月，"伊斯兰国"变本加厉，袭击了伊斯坦布尔的阿塔图克国际机场，造成超过40人死亡，200人受伤的悲剧，受害者多为来自世界各地的游客。

上述恐怖袭击发生之前，安卡拉曾在2015年10月遭遇了两起爆炸案，致使参与库尔德人和平集会的100多名与会者死亡，受伤人数更多。在2015年7月，安纳托利亚东南部与叙利亚交界的苏鲁奇（Suruç）地区遭遇袭击，超过30人死亡。这两次事件和袭击都被认为是由"伊斯兰国"自杀式投弹者所为。以上是影响力最大的事件。此外还有其他一些组织策划的袭击，例如2016年2月和3月安卡拉所遭遇的袭击，这两次事件是由库尔德自由之鹰（TAK），一个从库尔德工人党（PKK）分裂出来的小派系所为。

2015年和谈停摆，两年停火期结束后，土耳其政府与库尔德工人党依然争斗不休。被美国和欧盟视为恐怖组织的库尔德工人党想为土耳其的库尔德人争取更多的权力和自治权。除自由之鹰在安卡拉和伊斯坦布尔发动的投弹轰炸之外，库尔德工人党及其分支组织所发动的袭击大多发生在远离游客路线，地处安纳托利亚东南部的偏远山区，针对的是土耳其军队和政府。如果要到访安纳托利亚东南部，请提前查询当地最新的局势，因为在迪亚巴克尔等城市地区也曾发生战斗。

在本书写作之时，包括中国在内的一些国家依然认为土耳其东南部的安全局势不容乐观。不过无须过度恐慌，正如在西方城市所见的暴行一样，这些袭击都是随机的。从统计学来说，遭遇此类事件的概率极低，所以请客观看待媒体报道。恐怖分子的目的就是制造恐慌，搅乱时局，所以不要落入他们的圈套。在安排土耳其之行时，请务必小心，但也要客观、理智地掂量局势。入境后请注意避开政治集会和云集的人群。

不要造访紧挨叙利亚边境的地区，那里是土耳其最危险的地方。在那里会有被土耳其一库尔德冲突所困，以及被叙利亚恐怖分子绑架或伤害的危险。

交通

作为行人，要明白有些土耳其司机是十分危险而且咄咄逼人的。他们并不太遵守交通规则，也不太考虑谁的"先行权"。在任何情况下，都要主动避开机动车辆，哪怕不得不跳开你自己的路。

法律事宜

理论上来说，你应当一直随身携带本人护照。实际上，你还是随身携带一份护照复印件为好。

不敬之罪、购买走私古文物和毒品，在土耳其都是违法行为。土耳其的监狱可不是什么好地方，你肯定不想在那里浪费生命。

残障旅行者

虽然条件正在改善，但对于残障旅行者来说，在土耳其旅游是个极大的挑战。坡道、宽敞的门廊以及设备完善的卫生间很少见，盲文和音频信息也难觅踪迹。就连过马路都很危险，当然，在土耳其，每个人过马路都很危险。

在航空公司、高档宾馆和一些景点，已经配备了一些适宜过轮椅（tekerlekli sandalye）的通道，其他地方也开始出现坡道。在城市里，尤其是土耳其西部的一些城市，如埃迪尔内、布尔萨和伊兹密尔，开始引入人行道的下斜路缘。这些下斜路缘，看起来设计得很巧妙。塞尔柱、博德鲁姆和费特希耶是比较适

无障碍旅行

可登录http://lp travel.to/accessible travel下载Lonely Planet提供的免费无障碍旅行指南。

合行动不便者旅行的城镇，因为那里都很平坦。伊斯坦布尔的电车、地铁、缆车和双体船渡轮是公共交通中最适宜轮椅通行的交通工具。İstanbul Deniz Otobüsleri（İDO）从伊斯坦布尔横穿马尔马拉海、通过博斯普鲁斯海峡的海上巴士双体船渡轮，一般可以通行轮椅。城市和城内公共汽车一般可容纳轮椅，不过有完全无障碍设施的交通工具很少。也可乘坐安卡拉和伊兹密尔地铁。在www.raillynews.com/2014/accessibility-disabled-2015-target-turkey网站可找到大城市为方便残障人士而在交通运输网络上做出的努力。

土耳其航空公司为游客提供大部分国内航班20%的优惠折扣，国际航班25%的折扣，对残障人士提供至少40%的优惠折扣，有时对陪同人员也有优惠。部分火车上也有专供残障人士使用的升降机、厕所和其他设备，不过大部分仍然需要通过台阶上下。大型公共汽车和渡轮公司一般对残障人士也有折扣。

组织机构

方便残障旅行者的网站和组织有：

Access-Able（www.access-able.com）有少量土耳其住宿处、旅游公司以及交通公司的名单。

Apparleyzed（www.apparelyzed.com）有伊斯坦布尔的设施介绍。

Hotel Rolli（www.hotel-rolli.de）专为坐轮椅的残障人士设计。

Mephisto Voyages（www.mephistovoyage.com）专为行动不便、使用Joëlette轮椅的人士服务。

Physically Disabled Support Association（www.bedd.org.tr）该组织的总部位于伊斯坦布尔。

SATH（www.sath.org）残疾人发展和旅游协会。

LGBTQI旅行者

同性恋在土耳其不属于刑事犯罪，但对性少数群体的偏见依然根深蒂固。针对同性恋者的暴力事件时有发生，这些报道也反映了人们对同性恋的立场。

伊斯坦布尔有大量的同性恋场所，安卡拉也一样。而在其他城市，只有零星的一两个同性恋酒吧。

更多土耳其LGBT人士所面临的挑战，可登录iglhrc.org/region/turkey, www.ilga-europe.org and ilga.org/country/turkey网站查询。

BHN Mavi Tours（www.turkey-gay-travel.com）这是一家接受同性恋的伊斯坦布尔旅游公司，他们的网站上有很多实用的链接。

Kaos GL（www.kaosgl.com）这是一家总部设在安卡拉，为同性恋群体争取权利的组织。该组织发行了一份面向同性恋群体的杂志，同时运营着一家英文网站。

Lambdaistanbul（www.lambdaistanbul.org）Lambda是国际同志联盟在土耳其的分部。

LGBTI News Turkey（http://lgbtinewsturkey.com）有相关新闻和链接。

女性旅行者

只需遵守简单的规则，女性在土耳其旅行将会是非常简单的事情。

住宿

旅游区以外的那些便宜且脏乱的旅馆并不适合女性游客居住。最好还是选择家庭经营的中档旅馆。

如果你刚一进门，大厅里的谈话声就立马停住，那么最好不要住在这种旅馆。

晚上有人敲你房间的门，千万不要开；而且早上要向经理投诉。

我们建议女性游客一定要选择官方指定的露营地点并在人多的地方露营，尤其当你在东部旅行时。否则你可能会面临危险。

着装

注意你的言谈举止和着装要与周围的环境相协调。多看看你周围的当地妇女怎样着装。在伊斯坦布尔的贝伊奥卢区，你可能会看到穿着短上衣和紧身牛仔裤的女性，但是除了伊斯坦布尔夜店和旅游业非常发达的海滨地区之外，低胸装和短裙是绝对不可以穿的。

游览清真寺时，记得带条围巾包住头。

在街上你可以不用戴头巾，但在安纳托利亚东部，为了避免引起当地人侧目，你最好还是穿长袖上衣和宽松的长裤。

饮食

餐厅和茶室一般都有专供家庭进餐的房间以吸引女性和儿童游客。寻找这种餐厅只需找aile salonu这个词。

浪漫假期

在一些充满浪漫气息的景点，如卡帕多基亚，不是没发生过一些女性游客和当地男子共度浪漫假期的事情。这种事情使一部分居心叵测的人专门找这样的机会下手。比方说，一些男人先与女游客建立亲密的友谊，然后会杜撰一些悲剧故事，向她们寻求经济帮助。

地域差异

在土耳其西部地区的餐厅和商店中，与男子说笑可能会很有趣，因为大多数男性不会多想。

但在东部地区，经过几个城镇，你能见到的妇女屈指可数，她们一般也会使用头巾和长袍将自己包裹得严严实实。在这些地区，妇女的生活被禁锢在家庭里。在安纳托利亚东部，和男子聊天来练习土耳其语（或库尔德语）并不是个好主意，男人们通常会误会你；甚至哪怕朝他笑一下或是眼神交流都容易被误会。和男人打交道时，一定要表现得礼貌而又正式，而不是友善。

交通

乘坐出租车或中巴时，避免挨着司机的座位，此举会被误解为是一种诱惑。

在公交车上，单身女性可以坐在车的前部，挨着司机旁边的座位。在夜晚的公交车上，曾经发生过女性被男乘客或售票员骚扰的事件。如果你遇到这样的情况，一定要大声抗议，让车上乘客都听到，并且到达终点后，要继续投诉，你有权利获得别人的尊重。

语言课程

伊斯坦布尔是学习土耳其语最热门的地方，不过在安卡拉、伊兹密尔、安塔利亚和其余地方也有课程提供。签约前可以选择一个班坐下来试听一下，因为你体验的质量肯定会根据老师和学生的不同而有所区别。

私人机构一般更贵，istanbul.en.craigslist.com.tr网站会有私人教师广告，海外网站www.mymerhaba.com上也可以找到。也有许多教材和在线资源可供选择，推荐David和Asuman Pollard所著的"Teach Yourself"系列图书和CD光碟。

学校包括：

Dilmer（www.dilmer.com）在伊斯坦布尔。

International House（www.turkishlesson.com）在伊斯坦布尔。

Tömer（tomer.ankara.edu.tr）在安卡拉、伊斯坦布尔、伊兹密尔、安塔利亚、阿达纳、布尔萨和萨姆松。

Turkish For Foreigners（www.spokenenglishtr.com）在伊斯坦布尔。

Turkish Language Center（www.turkishlanguagecenter.com）在伊兹密尔。

志愿服务

土耳其的志愿服务机会很多，从教书育人到在有机农场劳作都可以。

Alternative Camp（www.ayder.org.tr）一个完全自愿的组织，主要为残障人士组织露营活动。

Culture Routes in Turkey（tinyurl.com/d6fld8l）提供为登山路线设置路标及维修的志愿机会，比如利西亚之路。改造旧住宅为徒步游客住宿处的项目即将启动。

European Youth Portal（europa.eu/youth/evs_database）欧盟数据库——可信赖的机会。

Gençlik Servisleri Merkezi（www.gsm.org.tr/en）GSM在土耳其组织青少年志愿工作夏令营。

Gençtur（genctur.com.tr）Gençtur组织包括农场住宿的公益旅行，该组织在伊斯坦布尔和柏林都设有办事处。

GoAbroad.com（www.volunteerabroad.com）一家提供土耳其境内跨国公司的各种服务信息的公司，该公司总部设在美国。

Open Arms in Kayseri（www.oakcharity.org）基层慈善组织，致力于改善开塞利广大难民的生活条件。

Ta Tu Ta（www.tatuta.org）世界有机农场机会组织（Worldwide Opportunities on Organic Farms，简称WWOOF）在土耳其的分支。该组织将全国的有机农场联合起来，为志愿者提供以工作换取食宿的机会。

交通指南

到达和离开

你可以登录Lonely Planet网站lonelyplanet.com/bookings在线预订航班、汽车以及旅游团。

入境

中国大陆旅行者和中国台湾旅行者须申请电子签证，需在出发前在线购买。

护照

一定要确保进入土耳其之后，你的护照至少还有6个月的有效期。

飞机

如果你计划在4月至8月底去土耳其旅行，提前几个月在网上预订机票是个不错的主意。计划好去一个目的地之后，你可以向旅行社咨询航班和住宿信息。有时在土耳其本地的航空公司或一些小的航空公司，你可以买到较便宜的机票。

机场

下列是在土耳其西部的主要国际机场：

伊斯坦布尔新机场(İstanbul Yeni Havalimanı; 代码ISL; ☏444 1442; www.istanbulhavalimani.com/en; Tayakadın District Terminal Street No.1 Arnavutköy)位于市区以北35公里，在2018年10月开始正式运营，这座新机场将成为亚欧非最大的交通中转站。2019年4月7日，阿塔图克机场的所有客运航班将逐步挪至这个新机场运营。

阿塔图克国际机场(IST, Atatürk Havalimanı; 见146页地图; ☏+90 444 9828; www.ataturkairport.com)伊斯坦布尔主要机场，位于Yeşilköy，苏丹艾哈迈德以西23公里处。国际候机楼(Dış Hatlar)闪亮如新，组织有序。附近的国内航站楼(İç Hatlar)较少，但一样繁忙。

萨比哈·格克琴国际机场(SAW, Sabiha Gökçen Havalimanı; ☏0216-588 8888; www.sgairport.com)这座机场位于伊斯坦布尔的亚洲区，很受低价欧洲航空公司的欢迎，但位置不如阿塔图克国际机场便利。

安塔利亚国际机场(Antalya Havalimanı; ☏444 7423; www.aytport.com)停靠着来自土耳其和欧洲各地的航班。

阿德南·曼德列斯机场(Adnan Menderes Airport; ☏0232-455 0000; www.adnanmenderesairport.com)有许多航班从欧洲各地飞往伊兹密尔的阿德南·曼德列斯机场。

博德鲁姆国际机场(Bodrum

气候变化和旅行

任何使用碳基燃料的交通工具都会产生二氧化碳，这是人为导致气候变化的主要原因。现代旅行多依靠飞机，空中旅行耗费的燃料以每公里人均计算或许比大部分汽车少，其行驶的距离也远很多。飞机在高空所排放的气体（包括二氧化碳）和颗粒同样会对气候变化造成影响。许多网站提供"碳排量计算器"，以便人们估算个人旅行所产生的碳排量，并鼓励人们参与减缓全球变暖的旅行计划，以抵消个人旅行对环境所造成的影响。Lonely Planet会抵消其所有员工和作者旅行所产生的碳排放影响。

离境税

离境税包含在票价之中。

International Airport; BJV; www.bodrumairport.com)迎接欧洲各地的航班,大多数是夏季的包机和廉价航空,也有土耳其航空公司从伊斯坦布尔和安卡拉飞来的航班。也被称为米拉斯-博德鲁姆国际机场(Milas-Bodrum Airport)。

达拉曼国际机场(Dalaman International Airport; ☏0252-792 5555; www.yda.aero/Dalaman_en/index.php)从欧洲许多城市飞来的季节性航班,全年都有从伊斯坦布尔来的航班。

埃森博阿机场(Ankara Airport; ☏0312-590 4000; www.esenbogaairport.com; Özal Bulvarı, Balıkhisar)大量国际和国内航班会飞抵安卡拉,不过伊斯坦布尔的机场选择更多。

航空公司

土耳其航空公司(Turkish Airlines; ☏0850-333 0849; www.turkishairlines.com)是土耳其的国有航空公司,拥有广泛的国际和国内航空运输网络及许多廉价航空子公司。如**Sun Express**(☏444 0797; www.sunexpress.com)和**Anadolu Jet**(☏444 2538; www.anadolujet.com)一般认为是一条安全航线,拥有国际航空运输协会(International Air Transport Association,缩写IATA)颁发的安全运行证明。但和许多航空公司一样,运营多年来曾发生过数次事故和灾难——自1974年以来总共发生了9起空难。最近一次是2009年一架飞机在阿姆斯特丹史基浦机场坠毁,造成9人丧生。

中国

从中国飞往土耳其,都是从伊斯坦布尔阿塔图克国际机场入境。如果乘坐卡塔尔航空航班在多哈转机,则可以飞抵安卡拉入境。

中国国际航空公司(www.airchina.com.cn)每天都有从北京、上海、广州至伊斯坦布尔的直航往返航班。

中国南方航空公司(www.flychinasouthern.com)每周三天,有乌鲁木齐一伊斯坦布尔直航往返航班;可以搭乘从自己所在城市至乌鲁木齐的南航航班,全程联票价格可能比直航更便宜。

土耳其航空公司(Türk Havayolları; www.thy.com)与中国国际航空公司共享代码,各自售票,航班表与中国国际航空公司相同。

此外,阿联酋航空公司(www.emirates.com)、卡塔尔航空公司(www.qatarairways.com/cn/cn/homepage.page)、阿提哈德皇家航空(www.etihad.com/zh-cn)、俄罗斯航空公司(www.aeroflot.ru/cms/zh)也有从中国经停其他国家飞往土耳其的航班。

欧洲大陆

除了德国之外,从欧洲所有的机场飞往土耳其的费用都差不多。德国是土耳其本土之外最大的土耳其人聚居区。

大多数欧洲航空公司的航班都可以直飞伊斯坦布尔。也有一些需要转机的航班价格更加实惠,例如从阿姆斯特丹起飞,在法兰克福或慕尼黑转机到伊斯坦布尔。

欧洲的若干城市还有飞往土耳其西部主要机场的廉价航班或包机。

德国康尔多航空公司(Condor; www.condor.com)

荷兰Corendon航空公司(www.corendon-airlines.com)

Eurowings(www.eurowings.com)

飞马航空(Pegasus Airlines; ☏0888-228 1212; www.pegasusairlines.com)

Sun Express(☏444 0797; www.sunexpress.com)

欧洲东部

Atlasglobal(☏0850-222 0000; www.atlasglb.com/en)每周两班往返伊斯坦布尔和亚美尼亚的埃里温。航空公司的官网不会出现航班信息,不过可以从两地的代理商购买。

中东地区和亚洲其他国家

从中亚和中东地区飞往土耳其,你可以选择土耳其航空或其他国有航空公司的航班。

若是飞行里程更远,更省钱的方法是经由迪拜、吉隆坡或新加坡飞往伊斯坦布尔。

土耳其Atlasglobal航空公司(☏0850-222 0000; www.atlasglb.com/en)

阿塞拜疆航空公司(Azerbaijan Airlines, www.azal.az)

Correndon Airlines(www.corendonairlines.com)

Onur Air(☏0850-210 6687; www.onurair.com.tr)

飞马航空(☏0888-228 1212; www.pegasusairlines.com)

陆路

如果你乘坐公共汽车和火车过境,经常会出现2~3小时的耽搁——如果有同行乘客没带齐文书,可能会更长。在边境两边,你都要下车填写相关的文件,行李都要接受检查。从东面或东南面国家(格鲁吉亚、阿塞拜疆、伊朗和伊拉克)往返的安保措施最严。火车庞大的载客量以及边境浩大的车队,都会延长旅客的等候时间。

土耳其和大多数邻国的关系都很紧张,这会影响你入境的时间和地点。在动身去土耳其之前,一定要查清楚最新的信息;信息来源包括Lonely Planet的Thorn Tree论坛,中国驻土耳其大使馆和土耳其驻华大使馆。

如果带齐了文书,自驾车跨越土耳其边境应该更容易。

亚美尼亚

本书写作之时,土耳其-亚美尼亚边境关闭。

长途汽车

可至第比利斯(格鲁吉亚),然后可连接至亚美尼亚。每周还有一班往返埃里温和伊斯坦布尔。

从土耳其经Türkgözü和Aktaş边境口岸前往格鲁吉亚,从格鲁吉亚城镇继续前往亚美尼亚的小巴只在上午发。

阿塞拜疆

伊迪尔(土耳其)东部地区偏远的Borualan—萨达拉克(Sadarak)过境点可去往阿塞拜疆的"飞地"纳希切万(Nahçıvan, Naxçıvan),这里被争议地区纳戈尔诺-卡拉巴赫(Nagorno—Karabakh)与阿塞拜疆其他地区隔开,要前往其他地区的唯一方式就是乘飞机。

长途汽车

从伊斯坦布尔和特拉布宗有长途汽车可至巴库,或从第比利斯(格鲁吉亚)继续行至巴库。许多车次使用的是伊斯坦布尔的Emniyet Garajı车站,而非主要汽车站。伊迪尔每日也有车去往纳希切万。下面是连接伊斯坦布尔和巴库的汽车公司:

Alpar (www.alparturizm.com.tr; Büyük İstanbul Otogarı)

Mahmut (www.mahmutturizm.com.tr; Emniyet Garajı)

Ortadoğu Turizm (ortadogutur.com.tr)

Öznuhoğlu (www.oznuhogluseyahat.com)

Perla Trans (perlatrans.com.ro)

火车

卡尔斯—第比利斯—巴库的线路于2017年开通。

保加利亚和东欧

保加利亚的边境守卫只是偶尔允许步行者穿越国境线,所以你最好坐汽车或者搭便车去。土耳其和保加利亚之间有三个过境点:

Kapitan Andreevo-Kapıkule 这是土耳其和保加利亚最主要的过境点,24小时开放。这里也是世界上第二繁忙的陆上边境检查站。位于土耳其埃迪尔内西北部18公里的E80公路上,距离保加利亚的斯维林格勒(Svilengrad)9公里。

Lesovo-Hamzabeyli 在埃迪尔内东北约25公里的地方,但是尽量不要走这个地方,因为这里通常是大卡车的过境点。

Malko Tǎrnovo-Aziziye 位于埃迪尔内东北70公里[经过克尔克拉雷利(Kırklareli)]、布尔加斯(Burgas;保加利亚)以南92公里处,只有通向保加利亚黑海景区的行程会经过这一过境点。

长途汽车

伊斯坦布尔的六家运输公司每天有班车发往东欧地区的终点站,地点包括阿尔巴尼亚、保加利亚、塞尔维亚(科索沃)、马其顿和罗马尼亚。许多车次是从伊斯坦布尔的Emniyet Garajı发车,而非汽车总站。

Alpar (www.alparturizm.com.tr; Büyük İstanbul Otogarı)

Huntur (www.hunturturizm.com.tr)

Metro Turizm (☎0850-222 3455; www.metroturizm.com.tr)

Nişikli (www.nisikli.com.tr)

Varan (☎0850-811 1999; www.varan.com.tr)

Vardar (www.vardarturizm.com.tr)

火车

每天**Bosfor/Balkan特快**都有联运车从伊斯坦布尔开往布加勒斯特(罗马尼亚)和索非亚(保加利亚)。在本书调研之时,伊斯坦布尔—索非亚的旅途要靠长途汽车,索非亚—布加勒斯特特段靠火车。出发时间为每天的10:00(到索非亚65里拉,到布加勒斯特125里拉)。

要注意的是,火车经过土耳其—保加利亚边境站时是凌晨,你需要下车(目前是长途汽车)去盖出入境的章。我们曾听说,在边境发生过针对女性的骚扰事件,所以单身女性还是另选一条路线为好。想了解更多信息，参见网站**The Man in Seat 61**(www.seat61.com/turkey2)和**土耳其国家铁路局网站**(☎444 8233; www.tcdd.gov.tr)。

格鲁吉亚

Sarp 主要过境点，24小时开放，位于霍帕(土耳其)和巴统(格鲁吉亚)之间的黑海沿岸。

Türkgözü 在Posof(土耳其)附近的过境点，位于卡尔斯(土耳其)北部，阿哈尔齐赫(Akhaltsikhe,格鲁吉亚)东南。边境理论上24小时开放。

Aktaş 在Türkgözü以南，可从阿尔达汉(Ardahan)通往阿哈尔齐赫(格鲁吉亚)，缩短了驾车前往亚美尼亚的时间。边境理论上24小时开放。

长途汽车

在伊斯坦布尔、安卡拉、特拉布宗和其他城市，一些客运公司提供去往巴统/库塔西伊(Kutaisi)和第比利斯的客运服务。许多车次使用的是伊斯坦布尔的Emniyet Garajı车站，而非汽车总站。

靠近格鲁吉亚的地区，长途汽车和小巴从特拉布宗经里泽、帕扎尔、霍帕和萨尔前往巴统(或反向)。

往返阿尔达汉(土耳其)和阿哈尔齐赫(格鲁吉亚)的车次两个方向每天各1班，途经Türkgözü。理论上来讲，车次会继续开到第比利斯，但并非一直如此。

每天有3趟车经由Aktaş连接阿尔达汉和阿哈尔齐赫(格鲁吉亚)，会在阿尔达汉和边境之间的Çıldır停靠。

乘长途汽车或小巴过境一般需要约1小时，乘客一般会步行过境等车。因此一般而言乘汽车到边境，步行穿过然后到另一侧换乘会比较快。

Golden Turizm (goldenturizm.com.tr)

Mahmut (www.mahmutturizm.com.tr; Emniyet Garajı) 每天有从伊斯坦布尔开往第比利斯的汽车。

Metro Turizm (☎0850-222 3455; www.metroturizm.com.tr)

火车

卡尔斯—第比利斯—巴库的铁路于2017年10月开通。

希腊和西欧

希腊和土耳其边境上的守卫会允许你步行穿过国境线。下列过境点都是24小时开放:

Kastanies-Pazarkule 位于埃迪尔内西南方约9公里处。

Kipi-İpsala 位于亚历山德鲁波利斯(Alexandroupolis,希腊)东北方向29公里,土耳其Keşan的西面35公里处。

长途汽车

德国、奥地利和希腊有很多直达伊斯坦布尔的长途汽车。如果你正好是在其他欧洲国家旅行的话，可能需要转车。有几家客运公司从希腊或其他地方发车:

Derya Tur (www.deryatur.com.tr, 土耳其语) 运营去往雅典(希腊)的车。

Metro Turizm (☎0850-222 3455; www.metroturizm.com.tr)

Ulusoy (☎0850-811 1888; www.ulusoy.com.tr) 往返德国。

Varan (☎0850-811 1999; www.varan.com.tr) 运营去往奥地利的车。

小汽车和摩托车

沿着E80高速公路穿越巴尔干半岛，途经埃迪尔内和伊斯坦布尔，然后到达安卡拉。在意大利和希腊之间选择汽车渡轮会减少你开车从西欧到土耳其的时间，但会花上一笔钱。

主干道从亚历山德鲁波利斯通往Kipi-İpsala,之后经过Keşan,可向东前往伊斯坦布尔，或者向南到加里波利、恰纳卡莱和爱琴海。

火车

从西欧乘火车去土耳其，你需要在东欧转车。如果你从伦敦坐火车去伊斯坦布尔，建议你选择途经巴黎、慕尼黑、萨格勒布、贝尔格莱德和索非亚(或4晚,途经巴黎、慕尼黑、布达佩斯和布加勒斯特)历时三天的路线。更多信息可以访问网站www.seat61.com/turkey。

伊朗

Gürbulak-Bazargan 是土耳其和伊朗之间一个繁忙的过境点，位于多乌巴亚泽特(土耳其)东南方35公里处，24小时开放。

Esendere-Sero 这个过境点位于凡城(土耳其)东南，出于安全原因，目前不推荐这条陆路过境。

长途汽车

从伊斯坦布尔和安卡拉有定时班车。Thor Travel Agency (www.thortourism.com)每周有三辆公共汽车从安卡拉开往大不里士和德黑兰。

从多乌巴亚泽特（Doğubayazıt）出发

你可以坐小巴去Gürbulak边境点，然后步行或和别人共乘一辆出租车越过边境。这里是伊朗最繁忙的边境点，在土耳其繁忙程度排第二。过境最多需要1个小时，一般挥挥手就让游客们过去了，没有什么麻烦的问题。你可以在巴扎尔甘（Bazargan）兑换还没有使用的土耳其里拉，到了大不里士和德黑兰就不太容易兑换了。在巴扎尔甘可以换乘。

从凡城出发 有直达长途汽车至乌尔米耶（Orumiyeh；伊朗）。

火车

了解更多信息，可以访问网站www.tcdd.gov.tr和www.seat61.com/iran。

Trans-Asya Ekspresi特快列车 在本书写作之时，伊斯坦布尔－德黑兰的车次已经暂停，时间不明。另一个选择是乘火车到安卡拉，然后继续向东带向导过境，乘坐火车从特拉布宗到德黑兰。参见www.orientbahn-reisen.de/de/aktuelles/#turkey-to-iran-train。

凡城-大不里士 本书写作之时也已暂停。

伊拉克

在Silopi（土耳其）和Zahko（伊拉克库尔德地区）之间的哈布尔-Ibrahim al-Khalil过境点之间没有城镇和村庄，不能徒步穿越。在本书写作之时，因为安全问题不推荐这条路，西方政府建议不要前往安纳托利亚东南部旅游，以及越过伊拉克边境。在较近的未来情况似乎不会有所改变。

长途汽车

每天有1趟直达汽车从迪亚巴克尔开往伊拉库尔德地区的杜胡克（50里拉，6小时）或埃尔比勒（60里拉，9小时），也有从吉兹雷发出的车次。

出租车

出租车比长途汽车要麻烦，从Silopi到Zahko需花费$50~70。司机会熟练地穿过迷宫般的检查站，处理文书工作。返程时注意司机可能会往你的包里塞违禁品。

叙利亚

本书写作之时，因为内战原因，有警告提醒游客停止所有的叙利亚旅游活动。各种建议也警告不要前往土耳其靠近叙利亚边境的地区旅游。查看政府旅游建议和www.lonelyplanet.com/thorntree的更新。

海路

每个季节渡轮起航的时间都不相同，冬季很少有渡轮提供轮船服务。而且每年的航行路线也都有所变化。登录网站Ferrylines（www.ferrylines.com），可以获得有用的轮船服务信息。

从土耳其到希腊日间营业的渡轮比较多。记得带上你的护照，还要确认你的签证仍然有效，这样晚上你才能回到土耳其。

路线

艾瓦勒克—希腊的莱斯沃斯岛（www.erturk.com.tr/en，www.jaletour.com）

博德鲁姆—希腊的卡琳诺斯岛、科斯岛、罗得岛和锡米岛（www.bodrumexpresslines.com，www.bodrumferryboat.com，www.erturk.com.tr/en，www.rhodesferry.com）

切什梅—希腊的希俄斯岛（www.erturk.com.tr/en）

伊斯坦布尔—乌克兰的伊利切夫斯基（www.sea-lines.net）

卡什—希腊的梅斯（www.erturk.com.tr/en，www.meisexpress.com）

库沙达斯—希腊的萨摩斯、帕特摩斯、伊卡利亚（www.bareltravel.com，www.erturk.com.tr/en，www.meandertravel.com）

马尔马里斯—罗得岛（www.erturk.com.tr/en，www.marmarisferry.com，www.rhodesferry.com）

塔舒朱—"北塞浦路斯"的吉尔尼（www.akgunlerdenizcilik.com）

图尔古特雷伊斯—卡琳诺斯岛、科斯岛和莱罗斯岛（www.bodrumexpresslines.com，www.bodrumferryboat.com）

团队游

许多国际旅游公司都提供土耳其旅游服务。

Backroads（www.backroads.com）这家公司提供地中海和爱琴海的自行车和航海组合游。

Cultural Folk Tours（www.culturalfolktours.com）文化历史方面的团队游。

Dragoman（www.dragoman.com）陆路旅游，从伊斯坦布尔出发，穿越整个土耳其和中东，可到达许多遥远的目的地。

EWP（www.ewpnet.com）该公司提供专业的登山旅行和徒步旅行。旅行范围包括利西亚之路、卡帕多基亚、弗里吉亚山谷及其他地区。

Exodus（www.exodus.co.uk）一家探险旅行公司，服务范围包括徒步旅行、自行车旅行、皮划艇活动、潜水和历史探险等。

Imaginative Traveller（www.imaginative-traveller.com）有多种主题旅游，如美食游。

Intrepid Travel（www.intrepidtravel.com）提供多种小型团队游，包括土耳其、中东和东欧，针对那些喜欢自助旅游的理念但又喜欢有人做伴的游客。

Pacha Tours（www.pachatours.com）一家提供大众游、主题套餐游和希腊旅行的老牌专业旅游公司。

当地交通

飞机

土耳其全国遍布四通八达的航线，许多航线都经过中心城市，如伊斯坦布尔和安卡拉。在这么大的国家旅行，乘飞机是很好的选择。下列航空公司之间的激烈竞争也使得飞机票一直保持着实惠的价格：

土耳其国内航空公司

Anadolu Jet（☏444 2538；www.anadolujet.com）是土耳其航空的子公司，主要在土耳其航空航运网络中的40个机场之间营运。

土耳其Atlasglobal航空公司（☏0850-222 0000；www.atlasglobal.com/en）仅在有限的航空路线飞行，范围包括阿达纳、安塔利亚、博德鲁姆、达拉曼、伊斯坦布尔、伊兹密尔和塞浦路斯北部的尼科西亚。

Onur Air（☏0850-210 6687；www.onurair.com.tr）往返伊斯坦布尔和阿达纳至特拉布宗等十二个城市。

飞马航空（☏0888-228 1212；www.pegasusairlines.com）有30多个机场的航运网络，包括偏远的东部城市，诸如埃尔祖鲁姆和卡尔斯等。

Sun Express（☏444 0797；www.sunexpress.com）土耳其航空的子公司，拥有涵盖约20个机场的航运网络，多数是从安塔利亚、伊斯坦布尔和伊兹密尔起飞的航班。

土耳其航空公司（☏0850-333 0849；www.turkishairlines.com）土耳其的国有航空公司，国内主要航空服务的提供者，航运网络涵盖从恰纳卡莱到埃尔祖鲁姆的所有机场。

自行车

在土耳其骑自行车旅行的亮点在于，你可以欣赏沿途美丽绝伦的风光，轻松地到达名胜古迹。尤其是在东部，你会发现自己身在某个昏暗的街角，周围都是好奇而热情的当地居民。

自行车和零部件

质量好的备用零件只能在伊斯坦布尔和安卡拉买到。**Bisan**（www.bisan.com.tr）是土耳其最大的自行车生产商，但是你也可以在国际品牌商店买到如**Delta Bisiklet**（www.deltabisiklet.com）的零件，Delta Bisiklet在伊斯坦布尔、安卡拉、伊兹密尔、安塔利亚、阿达纳、科尼亚和凯里都有分店，而且在全国范围内提供零部件的快递服务。

危险

包括以横行霸道闻名的土耳其汽车司机、残破的路缘，在东部地区还有乱扔石头的孩童、狼群、凶猛的坎高犬。在城市之间骑行，要避开主要干道，二级道路更安全，沿途景色也更美。

租用自行车

如果你想体验一下自行车旅行，在沿海的一些城镇和卡帕多基亚有提供自行车短期租用的服务。

地图

对于自行车旅行来说，最好的地图是*Köy Köy Türkiye Yol Atlasi*，在伊斯坦布尔的书店都能买到。

运送

一般乘汽车、火车或渡轮时，你可以免费运送自行车，但有的会按自行车占的空间收费。火车一般不接受自行车。

船

Istanbul Deniz Otobüsleri公司（İDO；☏212- 0850 222 4436；www.ido.com.tr）和**BUDO**（budo.burulas.com.tr）提供横跨马尔马拉海的客运和货运轮船业务，往返伊斯坦布尔的航线包括：

➡ 伊斯坦布尔卡巴塔什（Kabataş）—王子群岛

- 巴塔什—布尔萨
- 卡德廓伊—布尔萨
- Yenıkapı—班德尔马、布尔萨和Yalova

Gestaş（www.gdu.com.tr）可运送乘客和汽车横渡达达尼尔海峡，往返土耳其爱琴海上的博兹贾阿达岛和格克切岛。

长途汽车

土耳其的城际长途汽车系统非常完善，配有现代化且舒适的汽车，通达全国各城市，流水发车且价格合理。在旅途中，还提供热饮和小吃，空气中也弥漫着土耳其人最爱的kolonya味道（一种柠檬味古龙水）。

公交运输公司

下列是土耳其最好的公交运输公司，拥有最广泛的运输网络：

Kamil Koç（☎444 0562；www.kamilkoc.com.tr）该公司主要提供土耳其西部和中部以及黑海岸的主要城市和城镇的运输服务。

Metro Turizm（☎0850-222 3455；www.metroturizm.com.tr）服务范围遍及全国城市及城镇。

Ulusoy（☎0850-811 1888；www.ulusoy.com.tr）服务范围遍及西部和中部，以及黑海海岸上的主要城市和城镇。

Varan（☎0850-811 1999；www.varan.com.tr）服务范围主要是土耳其西部地区，外加安卡拉和黑海海岸。

费用

公共汽车的票价由不同公司之间的竞争决定，公司有可能提供诸如学生折扣等优惠价格。票价也反映了市场的承受能力，所以从大城市开往乡村和从乡村开往城市的汽车价格可能就不一样。

订票

尽管你只要走进长途汽车站，就能买到下一辆汽车的票，但是在公众假期、周末、6月中旬到9月中旬的学校假期期间，提前计划好还是比较明智的。你可以在所列的运输公司网站上在线购买或预订座位。

在长途汽车站 当你走进一个大型的长途汽车站，会有一些上前拉客的人，声称可以把你送到你的目的地。一般来说，去买知名客运公司的票比较靠谱。虽然价格可能稍高一点，但是这些公司的车一般都维护得比较好，而且会严格按时发车，在长途行驶中会安排替班司机。如果是短途旅行的话，一些公司运营着庞大的地区交通网络。

关于性别 通常，未婚男女是不允许坐在一起的，但是对外国人很少有这方面的规定。可能会有人询问你是否已婚，但不要求出示婚姻状况的证明；或者不论男女游客的车票上，都会被标记上"bay"（男性）。

退票 买票后想退票一般很难，但是你可以在同一家客运公司要求换一张票。

身份识别 订票时带上护照/身份证，因为许多汽车公司现在都要求查看证件。旅途中也带好护照以备安全检查。

所有的座位都可以预订，你购买的车票上会有一个号码，对应特定的座位。代理售票人那里会有一张座位表，已售的座位会被划掉。一般售票人随机给你分配座位，但是你可以要求看座位表，不要选择下列座位：

前排位置 晚上坐公共汽车时，不要选前排司机后面的座位，因为那里放脚的空间太小，另外你还有可能得吸司机的二手烟，听他和售票员一直聊天到天亮。

车轮上方的位置 可能会很颠簸。

中门前边的位置 这里的座位不能斜倚。

中门后边的位置 放脚的空间很小。

最后排的位置 坐在这里会很闷，而且如果是单身女性的话，容易给有不良企图的人带去"影院后座"的联想，即认为你在期盼制造浪漫的机会。

公共汽车站

土耳其多数的城市和城镇都有汽车站，称为"otogar"、"garaj"或"terminal"，一般位于城市郊区。除了来往于城市间的公共汽车之外，汽车站还有开往边远地区或乡村的dolmuşes（按既定路线行驶的小巴）。汽车站内一般都有行李寄存处，你只要象征性地付些钱，就能寄存物品了。

不要相信在汽车站告诉你"你去的地方已没有汽车或小巴"的出租车司机，他们不过是想骗你坐自己的出租车。你应该去和公共汽车运营商核实一下。

有些城市的公车站不在市区，但在市区会有一座"老站"，有小巴从这里发车前往附近的城镇。"老站"曾是该城的总汽车站，因此而得名。

班车（Servis）

由于汽车站都在远离市中心或城镇中心的郊区，客运公司会提供免费的班车供乘客到达/离开汽车站。这些班车开往另一个长途汽车站或市中心，途中可以下车。询问班车，你可以问"Servis var mı?（有班车吗？）"只有少数城市没有班车服务，如安卡拉和科尼亚。

发车离开

在客运公司的售票中心买票时，你可以询问有没有班车；他们很可能会让你在预订发车时间前1小时就在售票处等候。

不足之处

班车服务可以让你省去到汽车站的打车费或公交车票钱，但是却很费时间。因此，如果你要赶着去一个地方的话，坐出租车还是很划算的。

骗局

旅馆老板们会骗你：开往他们旅馆的私人小巴就是班车。出租车司机会告诉你班车已经开走了，或者没有班车，这样你就只能选择他们的出租车了。如果真的错过了一辆班车，你可以去售票处问问，通常班车有固定的班次。

小汽车和摩托车

在土耳其自驾游，你可以自由自在地欣赏乡村景色和海岸风光，也可以驶入隐蔽的乡村或探索未知的遗址。

土耳其面积很大，如果是长途旅行，自驾游既费时又费钱。所以，长途旅行你可以考虑飞机、火车和公共汽车等交通工具，短途观光才考虑小汽车。

在交通拥挤的大城市，选择公共交通四处转转，是比较容易和轻松的方式。

机动车协会

土耳其最大的机动车协会是土耳其旅行和汽车协会（Türkiye Turing ve Otomobil Kurumu；www.turing.org.tr）。

摩托车爱好者可以登录Horizons Unlimited（www.horizonsunlimited.com/country/turkey），了解有关土耳其的信息；或者也可登录One More Mile Riders Turkey（www.ommriders.com），查询在土耳其骑摩托车旅行的更多信息。

自带车辆

你可以带自己的车辆进入土耳其，六个月内不收取任何费用。确保自己带上与车辆相关的登记证明：纳税登记号和保险单。

事实上，如果你带车辆入境，在你的护照上会标注出来，这样能保证你出境的时候可以把车带走。

检查站

土耳其东部的路障很多，因为警察要检查过往车辆及其文件是否正常。在安纳托利亚东南部，你可能会遇上土耳其军方设置的路障。有时如果前方地区有动乱发生，这一地区的道路可能会被完全关闭。

驾照

驾驶汽车需要有效的驾驶证。一般携带你本国的驾照就足够了，但是如果土耳其当地警察对你的国家不熟悉的话，一个国际驾照（international driving permit，简称IDP）会派上用场。

罚款

如果你超速驾驶的话，可能会被穿蓝色制服的交警拦下，并当场处以罚款。如果你明白自己没有违规，而交警明显是想要钱，最好装聋作哑。如果他们态度坚决的话，你可能不得不掏钱，但是如果你索要罚款凭证，他们可能会放弃中饱私囊。如果交警不要求当场缴纳罚款，你可以联系你租车的公司（或在归还车时说明这一情况），租车公司会缴纳这一罚款，然后从你的信用卡里划钱。其他事故的罚款也都这样处理，比如未缴纳高速路费等。

燃料及备件

土耳其的汽油和柴油价格较高，在每升7.5里拉上下浮动。加油站在西部地区随处可见，而且许多都是大型石油公司。在安纳托利亚广阔的中部和东部地区，早上出门的时候灌满油箱，绝对是个好主意。

汽车备件（Yedek parçaları）在大城市一般很容易找到，尤其是一些欧洲的汽车品牌。在其他地方，光是订备件和运送就得等上一两天。富有独创精神的土耳其机械师通常也能维修一些美国的汽车型号。在城镇郊区的工业区（sanayi bölgesi）一般都有修车店，能提供快捷且实惠的维修服务；要修轮胎的话，你可以去找一个轮胎维修店（oto lastikçi）。

摩托车的配件，除了大城市之外并不是随处可见。

租车

在土耳其，你必须年满21周岁，并且有一年以上驾龄才能租车。大多数租车公司需要信用卡支付。大多数汽车都是手动换挡，自动挡的车价要高一些。多数知名的租车公司对于异地还车的收费非常高，从150里拉起，长途能高达几百欧元。

一些大型的国际汽车租赁公司，包括Avis、Budget、Europcar、Hertz、National和Sixt在土耳其的主要城市、城镇和机场都有租车业务。在安纳托利亚东部地区，尤其要注意，一定要选大的租车公司，因为本地的公司可能不会办理保险。甚至东部的一些租车公司实际上只是特许经营，所以要仔细查看合同条款，特别是涉及保险的部分。最好要一份英文合同。

如果你的汽车遭遇了交通事故，或者造成了交通事故，在警察到达并做出事故报告之前，千万不要移动车辆。你需要及时联系租车公司。在事故发生后，你的租车保险可能会因为下列情形而无效：有证据表明事故是由于你醉酒驾驶或过量服用药物后驾驶，以及超速驾驶引起的，或者你在事故发生后48小时内没有将事故报告提交给租车公司。

除非你专门要求，否则租车公司在运送车辆时是不会给车辆加油的。

CarHireExpress.co.uk（www.carhireexpress.co.uk/turkey）提供租车预约。

Economy Car Hire（www.economycarhire.com）价格比其他公司低，包括Avis和Thrifty。

Economy Car Rentals（www.economycarrentals.com）价格比其他公司要低，包括经济型和全国型；如果你想租车，推荐先上这个网站。

Rentalcars.com（www.rentalcars.com）价格比其他公司要低，包括Alamo。

保险

如果自带车辆入境，你必须购买承保第三方损失的国际保险（详细情况可以在www.turing.org.tr/eng/green_card.asp上获得）。通常在入境时就能直接购买该保险（费用为每月80欧元）。

如果你选择租一辆车，很有可能只能购买全额的非超额保险。如果这不是唯一的选择，那么基本的强制保险，应该包含对车辆的损毁和被盗的保险责任；购买超额保险的话，你能减少或免除多余的赔付。

同其他国家一样，车窗玻璃和轮胎不在保险范围之内。如果购买玻璃和轮胎的单独险，每天需要另外多付几欧元。

路况

至少在主干道上，道路的路面状况和道路标识都是良好的。从埃迪尔内附近的保加利亚边境到伊斯坦布尔和安卡拉，以及伊兹密尔附近的海岸到安塔利亚都建有完善的高速公路。

其他地方的道路一直在修建完善中，但是东部地区的路况仍是最差的，寒冷的冬天会对路面造成极大的破坏。在安纳托利亚的东北部，路况每年都在变化，在前往二级公路之前，你可以向当地人问清路况。东北部地区经常进行道路施工，即便在主干道上，也只能以时速30公里的慢速行驶。阿尔特温和优素费利的大坝和附近道路的建设会导致可能要等待半小时才能通行。就你的行程向当地人询问；有些公路车流量要依照既定的时间表，路边有标识。

冬天开车时，一定要十分小心结满冰的路面。在严冬，除了爱琴海和地中海沿岸地区之外，在其他地方行驶，都要在轮胎上装备铁链。在偏远地区，警察有可能会拦住你的车，检查你是否装备齐全以应对紧急情况。在山区，例如安纳托利亚的东北部地区，春季潮湿的天气和冰雪融化引起的滑坡和落石是非常危险的。如果你在伊斯坦布尔和安卡拉之间行车，一定要小心博卢（Bolu）的浓雾带，即便在夏季，能见度也会降到很低。

交通规则

理论上，土耳其的汽车应该靠右行驶，并且从右侧避让车辆。实际上，它们都在中间行驶，也从不避让车辆。如果没有特殊说明，市区限速为每小时50公里，公路为每小时90公里，高速为每小时120公里。

交通安全

土耳其的道路并不是太安全，据称每年会有10,000人在交通事故中丧生。土耳其的司机普遍没有耐心，轻率莽撞；很少使用指示灯，对周围的人不管不顾；在开阔的路面和市区车速都很快；即使在看不见的拐角，他们还是会难以抑制自己超车的冲动。为了能在土耳其的道路上平安驾驶，你要做到：

➡ 小心谨慎并且以防守的姿态行车。

➡ 不要指望和你同路的司机遵守道路标志和交通规则。

➡ 由于只有少数的公路是分车道公路，而且许多双车道道路十分蜿蜒曲折，所以你可能要做好准备，在一排行驶迟缓的超载卡车后面向前挪着开车。

➡ 尽量避免夜间开车，因为夜间你可能看不到路上的坑洞、动物，甚至没开灯或没有灯的车辆，或者停在路中间的车辆。司机在夜间行驶时，有时要闪灯以表明自己正在行车。

➡ 如果你要去偏远的景点，可以雇一辆出租车，而不要自己去应付二级公路的碎石路面。这可能是一笔额外花费，但是一个熟悉路线且能镇定开车的司机是大有助益的。

➡ 美国驻安卡拉大使馆为司机们提供了一份安全指南，你可以登录网站turkey.usembassy.gov/driver_safety_briefing.html阅读。

通行费

土耳其有高速公路收费系统，被称作HGS（Hızlı Geçiş Sistemi——"快速客运系统"）。如果在土耳其租车，通行费是自动缴纳的；汽车上会安装一个电子芯片标签或者一个小的塑料通行费应答器。只需要向租赁公司缴纳固定费用（约€10）就可以无限使用。

如果要确定汽车是否安装此设备，其位置应该是在风挡玻璃的中上部。如果没有，最后可能被罚款。

如果你是自驾车，就必须注册，然后在邮局分支机构中尽早购买点数。

小巴和中巴

小巴（dolmuş）主要提供城市和城镇内的交通服务，此外也往返于各地之间。在小点儿的镇子和乡村旅行时，你可以选择小巴。你可以用土耳其语这么问"（你的目的地）dolmuş var mı?"意为：有去（你的目的地）的小巴吗？小巴一般按预定时间发车，但他们往往要等所有的座位都坐满了才会开车。要想告诉司机你想下车，可以说："inecek var（有人要下车）。"

中巴一般的路线，对于小巴来说太漫长了，人又没有多到能坐满一辆正规的大巴。车上的座椅一般都很窄，而且是直挺挺的靠背，对于长途旅行来说非常不舒服。

当地交通工具
公共汽车

在多数城市坐公共汽车时，你需要提前在售票亭买票。售票亭一般在汽车站或中转站都能找到，有时候汽车站旁的小商店也负责卖票。票价通常为2里拉。

有时国营的公共汽车运营线路上也会有私营的公共汽车在运营；他们通常比较老旧，接受现金或车票。

本地小巴

小巴（Dolmuş）是一种小型的公共汽车，或者是在市内沿着固定路线运营的拼车式出租车。通常比公共汽车更快、更舒服、价格稍高一点。在较大的城市里，小巴站牌通常都有专门的标识，你可以找"D"和"Dolmuş İndirme Bindirme Yeri（小巴上下客点）"的标志。小巴站点一般都设在主要的广场、车站和十字路口等处，方便寻找。

地铁

一些城市如伊斯坦布尔、伊兹密尔、布尔萨和安卡拉已经有了地铁设施。乘坐地铁简单便捷，但是你可能要先通过验票处，才能找到路线图。一般坐地铁时，你需要先购买jeton（交通代币，约5里拉），然后投进验票机。

出租车

土耳其的出租车都装有数字计价器。上车后，如果司机没有打开计价器，你要马上提醒说"saatiniz（请开计价器）"。有的城市计价标准不尽相同，夜间（gece）价格比白天（gündüz）要高50%，因此要检查司机是否按正确的价格计价。但在一些城市，如伊斯坦布尔，就没有白天和夜间的价格差别。

有些出租车司机，尤其是在伊斯坦布尔，会要求外国游客支付一口价的车费。有些情况（比如他们将你载到飞机场，回程的时候可以接到别的生意）下要的价格会很合理。但更多的时候，他们要价都特别高，骗你上当，而且不开计价器。假如你碰到这种情况，就换一辆出租车吧，如果有时间，你还可以向警察投诉。通常，只有当你使用出租车为个人旅游服务时，并且包含了等你的时间（比如参观一个历史遗迹），你才能接受他们提出的一口价，这样比使用计价器要省钱一些。通常，出租车公司会规定长途旅行的固定价格区间（这个价格还有讨价还价的余地）。一定要和司机提前商量好价钱，免得最后发生争端。

有轨电车

一些城市里有有轨电车，在市内四处逛逛，坐电车是非常快捷而方便的选择，而且通常只要花3~5里拉。

团队游

每年我们都会听到不少游客抱怨，他们被当地的旅行社骗了，尤其是伊斯坦布尔苏丹艾哈迈德地区的旅行社。其实，还是有很多优秀的旅行社的。你可以给自己的旅行做一个预算，然后在动身之前，多到几家旅行社转转。

经营商

Amber Travel（☏0242-836 1630；www.ambertravel.com）英国的徒步、骑行和海上漂流专营探险旅行公司。

Bougainville Travel（见386页地图；☏0242-836 3737；www.bougainville-turkey.com；İbrahim Serin SokakCaddesi 10, KaşKaş）这家英国一土耳其旅行社历史很长，总部设在卡什，提供多种地中海活动和团队游。

Crowded House Tours（☏0286-814 1565；www.crowdedhousegallipoli.com；Zubeyde Hanim Meydani 28, Eceabat）加里波利半岛和包括卡帕多基亚和以弗所在内的其他地区团队游。

Eastern Turkey Tours（☏0530 349 2793, 0432-215 2092；www.easternturkeytour.org；Ordu Caddesi, Van）推荐这家总部设在凡城的机构，专营安纳托利亚东部、格鲁吉亚和亚美尼亚团队游。

Fez Travel（☏0212-520 0434；www.feztravel.com）提供土耳其团队游，包括加里波利半岛和传统木帆船巡航。在土耳其西部有4个办公室。

Hassle Free Travel Agency（☏0286-213 5969；www.anzachouse.com；Cumhuriyet Meydani 59, Çanakkale）有加里波利半岛和土耳其西部其他地区团队游以及木帆船（gület）巡航。总部在恰纳卡莱和伊斯坦布尔。

Kirkit Voyage（☏0384-511 3259；www.kirkit.com；Atatürk Caddesi 50, Avanos）卡帕多基亚的这家专业公司提供定制土耳其团队游，目的地包括伊斯坦布尔和以弗所。工作人员会讲法语。

火车

随着铁路建设的改善，以及在建的高速铁路如伊斯坦布尔一安卡拉线的出现，乘火车在土耳其境内旅行，越来越受到游客的青睐。

如果打算节省开支，你可以选择夜间坐火车以节省住宿费。许多爱好者也很享受火车上从容不迫的旅行，欣赏车窗外流动的迷人风景，认识其他同乘的旅客。有时火车意外的停靠和车内原始的厕所，在旅程结束后都将成为你冒险的一部分。

车厢等级

经历过现代化完善修建之后，土耳其火车大多和西欧其他普通列车一样。多数都铺设地毯，车厢装有空调，配有可倾斜的铂尔曼式座位；有些车有6座车厢。Yüksek Hızlı Treni（高速列车，简称YHT）时速可达250公里，有两种等级可选，没有餐车。

许多普通列车都有餐车和küşet（卧铺）车厢，这是一种4人隔间，隔间内把座位放下就是一张张床。在örtülü卧铺车厢内才会提供寝具。而在另一种名为yataklı vagon的卧铺车厢内，设置有1~2张床的隔间，内有盥洗用具、寝具、冰箱，甚至带一个公用浴室，这种车厢是单身女性在夜间旅行的最佳选择。

费用

火车票的价格往往是同等距离汽车票的一半，高铁除外。买往返票比买两张单程票便宜20%。学生（可能需要土耳其本国的学生证）、ISIC持卡人和老人（60岁以上）可以得到20%的优惠。8岁以下的儿童乘火车免票。

InterRail Global和One Country、Balkan Flexipass的火车通票可以在土耳其的铁路系统正常使用，InterRail Global和特选通票也可以。你可以在主要车站办一张铁路旅行卡（Train Tour Card），一个月内在土耳其无限次乘坐城际火车。也有仅限高铁、城际列车（卧铺和卧铺车厢除外）或卧铺和卧铺车厢使用的旅行卡。

长途列车

下列是从安卡拉始发的列车：

→ 经开塞利到阿达纳

→ 经开塞利、锡瓦斯和马拉蒂亚到迪亚巴克尔

→ 经埃斯基谢希尔到伊兹密尔

→ 经开塞利、锡瓦斯和埃尔祖鲁姆到卡尔斯

→ 经开塞利、锡瓦斯、马拉蒂亚和迪亚巴克尔到库尔塔兰（哈桑凯伊夫附近）

→ 经开塞利、锡瓦斯和马拉蒂亚到塔特万

交通网络

除了沿海地区之外，**土耳其国家铁路网**（Turkish State Railways; ☎444 8233; www.tcdd.gov.tr）几乎覆盖全国。如果想去爱琴海和地中海地区，你可以先乘火车到伊兹密尔或科尼亚，然后再坐公共汽车去目的地。

本书写作之时，如果想从安纳托利亚坐国家铁路网络上的火车，你必须先穿过城市到达彭迪克[Pendik; 市中心东南25公里处，靠近萨比哈·格克琴国际机场（Sabiha Gökçen International Airport），可乘坐地铁到达Kartal，然后换乘汽车或出租车]。从彭迪克有高速列车经埃斯基谢希尔到达安卡拉。或者坐轮渡穿过马尔马拉海到达班德尔马，从那里换乘火车去伊兹密尔。从安卡拉有开往安纳托利亚东部的火车。更新信息可以登录www.seat61.com/Turkey2网站查看。

高速列车路线：

→ 安卡拉—科尼亚

→ 埃斯基谢希尔—科尼亚

→ 伊斯坦布尔彭迪克—埃斯基谢希尔—安卡拉

其他实用的路线：

→ 伊斯坦布尔—伊兹密尔（包括往返班德尔马的轮渡）

→ 伊兹密尔—塞尔柱—代尼兹利

预订

出行之前最好提前几天订座位，虽然出发前也可以购买。对于yataklı车厢的卧铺，越早预订越好，尤其是在宗教节日或公众假期期间。周末的火车往往是最拥挤的。

你可以在火车站（仅限大车站购买卧铺票），通过旅行社购买车票，在网站www.tcdd.gov.tr购买会麻烦一些。www.seat61.com/Turkey2.htm可以为你的购票交易提供步骤明晰的操作指导。

时刻表

列车时刻表可能会有变动，所以你需要在网站www.tcdd.gov.tr上再次确认。

时刻表上有时显示的是车站名而不是城市名，例如以巴斯曼（Basmane）火车站来代指伊兹密尔。

健康指南

出发前

推荐接种的疫苗

不论去哪里旅行,旅行者都应注下列推荐疫苗:

- 白喉-破伤风-百日咳
- 流感
- 麻疹-腮腺炎-风疹(MMR)
- 小儿麻痹症
- 水痘

我们还推荐赴土耳其旅游的游客注射下列疫苗:

- 甲型肝炎和乙型肝炎
- 破伤风
- 伤寒
- 狂犬病是土耳其的地方病,所以你如果要去偏远的地区旅行,建议你注射狂犬病疫苗。

迪亚巴克尔、马尔丁和尚勒乌尔法省区5月至10月曾发现有疟疾患者。

出发前4~8周注射疫苗,向医生要一份国际预防接种证书(或"黄皮书"),上面注明你已经种过的疫苗。

常备药品清单

下列旅行常备药品,你可以考虑放进药品箱里:

- 跌打损伤膏
- 解热镇痛药扑热息痛或阿司匹林
- 胶带或纸带
- 抗菌软膏或药膏
- 抗生素(在偏远地区旅行时)
- 止泻类药物(如洛派丁胺)
- 抗组胺药(用于花粉病和过敏反应)
- 消炎药(如布洛芬)
- 绷带、纱布和纱布卷
- 以避蚊胺为主要成分,可用于涂抹在皮肤上的驱蚊剂
- 用于衣物、帐篷和蚊帐内的驱虫剂
- 净化水的药片
- 口服补液盐(如Dioralyte)
- 小折刀
- 剪刀、安全别针和镊子
- 类固醇药膏或可的松
- 防晒霜(土耳其的防晒霜非常贵)
- 注射器和针头(如果去偏远地区旅行的话)
- 温度计

网络资源

出行前访问本国的旅行健康网站(如果有的话)。**Lonely Planet**(www.lonelyplanet.com/

保险

土耳其的医生通常希望用现金结算医疗费用。所以你要提前了解自己的保险是报销,还是直接向服务提供者支付你的海外医疗费,后者可能性很小。如果你必须先付费,一定要保留好所有的付款凭证。一些保险条款会要求你致电(被叫方付费)家乡的保险公司,对你的问题做出直接的评估。另外,也有必要确定你的保险是否包含救护车及交通费。有些保险项目并不包括运送患者回国或到大城市进行紧急治疗的项目,而在十分紧急的情况下,这可能是你获得医疗救援的唯一方法。

turkey)网站的"健康"专题中有更多资料。

在土耳其

在土耳其旅行保持健康的关键是做好预防工作。这里的传染性疾病一般都是在生活环境较差的贫困地区流行，而且只要你平时多加注意，就能够有效预防。

医疗服务和费用
治疗

如果你遇到一些小问题，如割伤、擦伤和刺伤等，可以去当地的保健中心（sağlık ocağuı），但是里面的护理人员一般只会说土耳其语。

如果酒店不能推荐最近的医疗帮助资源，可咨询你的保险公司为你提供的旅行援助，或者遇到紧急情况时，你可以联系本国的大使馆或领事馆。

医疗机构水准

在伊斯坦布尔和安卡拉的一些顶级的私人医院能够提供世界一流的医疗服务，当然价格也很昂贵。在其他地区，即便私立医院，也并不是全部拥有高水准的医疗水平，国有医院的医疗水平甚至更低。

医院和诊所 就医时，你需要从药房买药，甚至要买消毒敷料包和静脉注射液。医院的护理条件有限而且水平很低，因为医院一般认为会有家人或朋友来照料土耳其病人。

牙医 土耳其牙科治疗的水平参差不齐，而且使用一些消毒不彻底的医疗用具还有感染乙型肝炎和艾滋病的危险，所以一定要看好医生使用的器具是否消毒彻底。你购买的保险，除了对紧急牙病治疗提供保险服务外，通常不涵盖其他项目。

药剂师 对于一些小病，药剂师可能会给你一些建议，并给你开非处方药，包括一些在你本国可能需要医生处方的药品。如果你需要的话，他们也可以为你提供专业的医疗建议。

自来水

在土耳其进行短期旅行时，最好不要喝自来水。一定要喝瓶装水，或者将自来水煮沸10分钟，也可以使用水源净化片或过滤器对水进行处理。

不要直接饮用河水或湖水，里面可能含有细菌和病毒，从而导致腹泻或呕吐。

传染性疾病
白喉

传播途径 近距离呼吸道传播。

症状和表现 患者高烧并伴有剧烈咽痛，有时会在患者咽喉部形成一个隔膜，需要做气管切开手术以防止患者窒息死亡。

预防 有可能和疾病高发区的人接触的游客需要注射白喉疫苗，一般和破伤风疫苗一起注射，在许多国家都是儿童日常接种的疫苗。

甲型肝炎

传播途径 被污染的食物和水。

症状和表现 患者会出现黄疸、小便赤黄、眼白泛黄、高烧以及腹痛等症状。虽然这一疾病很少会致人死亡，但会造成长时间的昏睡，身体恢复较慢。

预防 甲型肝炎疫苗采用注射式接种，一次注射对接种者的保护时间比较长。有些国家甲型肝炎疫苗会和乙型肝炎或伤寒疫苗合并为单次剂量进行注射。

乙型肝炎

传播途径 被感染的血液、针头以及性接触。

症状表现 黄疸和肝功能衰竭。

预防 由于乙肝是土耳其的地方病，所以进入土耳其最好要接种乙肝疫苗。许多国家已经把乙肝疫苗作为儿童日常的接种疫苗。

利什曼病

传播途径 被携带病毒的白蛉或狗叮咬及咬伤。叙利亚边境地区更普遍。

症状表现 患者皮肤会缓慢地出现肿块或溃烂。甚至可能会逐渐发展为严重的威胁生命的高烧，通常伴有贫血和体重下降。

细螺旋体病

传播途径 通过受感染的啮齿动物的排泄物传播，尤其是老鼠的排泄物传播，一般只有到贫困边远地区的游客才有可能感染。

症状表现 患者会出现高烧、黄疸、肝炎以及致命的肾衰竭。

疟疾

传播途径 蚊虫叮咬。如果你打算去土耳其东南部地区旅行的话，一定要提前咨询医生。其余地区没有危险。

症状表现 疟疾最初发病都是表

旅途腹泻

为了防止发生腹泻,不要喝自来水,但经煮沸、过滤或化学方法(加入碘片或净水片)进行消毒后的水可以饮用。只食用自己煮熟或剥开的新鲜水果蔬菜,不要饮用可能未经消毒的牛奶制品。吃自助餐可能会有风险,因为食物可能会没有充分熟透。在一家食客较多的餐馆里吃现场制作的饭菜,会是一个较安全的选择。

如果你患上了腹泻,一定要喝大量的液体,最好的选择是口服含糖分和盐分的补液。较轻程度的腹泻无须治疗,但如果每天腹泻超过四五次,你就应该服用一些治疗腹泻的药物(如洛哌丁胺);没有的话,也可以服用抗生素(通常是喹诺酮类药物)。如果腹泻带有血水,持续72小时以上或伴有高烧、恶寒、战栗或严重的腹痛,你应该立即就医。

现为明显的颤抖、高烧和出汗。另外患者会普遍出现肌肉酸痛、头痛和呕吐。在被携带病毒的蚊子叮咬后,几天到三周内随时可能表现出上述症状。疟疾可能在你刚服用预防疟疾的药物,药效还未起作用时发病,或者停止服用预防药物之后也可能会发病。旅游者冬季返回之后,可能会将疟疾误认为是流感。

预防措施 服用抗疟疾的药物是比较麻烦的,但是疟疾可以致命。因此当患病风险比较大时,你还是应该服用这类药物。

狂犬病

传播途径 被感染动物咬伤或舔舐破损皮肤。

症状表现 最初表现为伤口部位有疼痛感或刺痛感,随后伴有高烧、食欲不振和头痛。"狂暴型"狂犬病患者会逐渐表现为焦躁、躁动不安、迷失方向感,颈部僵硬有时会出现癫痫和抽搐,并且害怕水。"早瘫型"狂犬病会影响患者的脊椎神经,导致肌肉麻痹和心肺功能衰竭。这两种类型的狂犬病如不及时救治,都是致命的。

预防措施 去偏远地区旅行的游客,很有可能在被动物咬伤后24小时内,无法及时注射咬伤后疫苗,需要提前接种疫苗。被长毛的恒温动物咬伤、抓伤或舔舐后必须立即清理伤口。如果你之前没有注射过狂犬疫苗而被咬伤,那么必须尽早开始一个疗程的注射。疫苗并不能提供免疫力,只是为你寻求医疗救助争取时间。

肺结核

传播途径 近距离呼吸道传播。被感染的牛奶和奶制品偶尔也可以成为传播途径的一种。

症状表现 可能无明显症状,但发病后表现为持续几个月的咳嗽、体重下降或发烧。X光照射是确定是否感染肺结核的最好办法。

预防措施 对于要和当地人密切接触的人群——探访家人、计划长住、教师、护理人员,应该注射卡介苗(BCG vaccine)。由于这是一种活疫苗,孕妇和免疫功能不全的人,不适合接种。

伤寒

传播途径 被已感染的粪便污染的食物和水。

症状表现 最初的症状为发烧和腹部出现粉红色皮疹,也可能出现败血症。

预防措施 伤寒预防疫苗是注射形式。有些国家也有口服的疫苗。

环境引发的疾病和不适
热病

病因 大量流汗,造成体内水分流失和不正常的体液和盐分循环。尤其在炎热的天气进行户外运动时,常会发生。

症状表现 头痛、晕眩和疲倦。

预防措施 喝足够量的水(要使尿液浓度降低)。当你感到口渴时,表明身体已经缺水了。

治疗措施 通过喝水和果汁来补充流失的体液,用凉水和风扇进行降温。治疗盐分流失,可以通过喝含盐分高的液体,如菜汤或肉汤,也可以在饭菜中多加一些盐。

中暑

病因 极度的高温和高湿度、缺水、饮酒和滥用药物,或在太阳暴晒下从事体力活动。

症状表现 患者会出现体温过高、停止出汗、不合理的亢奋行为,最终导致失去意识,直至死亡。

治疗措施 用凉水擦洗全身,并使用风扇以快速降温。此外还需要静脉注射,给患者输入应急液和电解质液。

蚊虫叮咬

病因 蚊子、白蛉(常见于地中海

沿岸)、蝎子(见于干旱或干燥气候区)、蜜蜂、黄蜂(见于爱琴海和地中海沿岸地区)、蜈蚣。

症状表现 即便蚊子不携带疟疾病毒,被蚊子叮咬也会产生刺痛和伤口感染。白蛉叮咬会产生恼人的刺痛,有时还可能会传播利什曼病的病毒或白蛉热。土耳其有一种白色的小蝎子,被它咬一口,会让你疼上一天。

预防措施 携带含避蚊胺的驱虫剂;使用香茅油蜡烛;穿浅色长衣长裤。傍晚以后避免去河边和沼泽地区。带上防蚊头罩或蚊帐。

治疗措施 用抗组胺剂按摩,减少炎症。

蛇咬伤

预防措施 在野外探险或者在长满蕨类植物的废墟,以及人迹罕至的历史遗迹附近游览时,不要赤脚走路,也不要将手伸进不明坑洞或裂缝内。

治疗措施 不要惊慌。事实上,半数被毒蛇咬伤的人都没有被注射入蛇毒。用夹板(如木棍)和绷带将被咬伤部位固定并绑紧。不要使用止血带,也不能用刀割或用嘴吸伤口。注意蛇的外表以辨明种类,尽早将伤者送往能够接受医疗救治的地方,以便在有需要的情况下,能够及时获得抗蛇毒血清。

语 言

土耳其语属于乌拉尔—阿尔泰(Ural-Altaic)语系,是土耳其和"北塞浦路斯"的官方语言。全世界使用土耳其语的人数大约为七千万。

对于说英语的人来说,土耳其语的发音是很简单的,因为大部分土耳其语的发音在英语中都可以找到。把本书发音指南中的蓝色部分当成英语来读,别人差不多就可以听懂了。需要注意的是,"ew"代表元音"ee"发圆唇音(如"few"),"uh"的发音类似"ago"中的"a"。土耳其语种种的"r"发音总是卷舌的,"v"的发音要比英语中的发音稍微柔和一些。

土耳其语中的重音要轻一些,在本书的发音指南中,重音表示为斜体。

基本用语

你好。
Merhaba. — mer·ha·ba

再见。
Hoşçakal. — hosh·cha·kal
(离开者说)

Güle güle. — gew·le gew·le
(留下者说)

是的。
Evet. — e·vet

不。
Hayır. — ha·yuhr

劳驾
Bakar mısınız. — ba·kar muh·suh·nuhz

对不起。
Özür dilerim. — er·zewr dee·le·reem

请。
Lütfen. — lewt·fen

谢谢。
Teşekkür ederim. — te·shek·kewr e·de·reem

不客气。
Birşey değil. — beer·shay de·eel

你好吗?
Nasılsınız? — na·suhl·suh·nuhz

很好,你呢?
İyiyim, ya siz? — ee·yee·yeem ya seez

你叫什么名字?
Adınız nedir? — a·duh·nuhz ne·deer

我的名字是……
Benim adım... — be·neem a·duhm ...

你会说英语吗?
İngilizce konuşuyo musunuz? — een·gee·leez·je ko·noo·shoo·yor moo·soo·nooz

我明白了。
Anlıyorum. — an·luh·yo·room

我不明白。
Anlamıyorum. — an·la·muh·yo·room

> **想了解更多?**
>
> 想获得更多、更深入的语言信息以及常用短语,可以参考Lonely Planet出版的《土耳其语常用语手册》(Turkish Phrasebook)。你可以在**shop.lonelyplanet.com**上购买该书,或者在苹果应用商店(Apple App Store)购买Lonely Planet常用语手册的iPhone版。

住宿

在哪能找到……?	Nerede ... bulabilirim?	ne·re·de ··· boo·la·bee·lee·reem
露营地	kamp yeri	kamp ye·ree
客栈	misafirhane	mee·sa·feer·ha·ne
酒店	otel	o·tel
家庭旅馆	pansiyo	pan·see·yon
青年旅舍	gençlik hosteli	gench·leek hos·te·lee

每人/每晚多少钱?
Geceliği/Kişi başına ne kadar?
ge·je·lee·ee/kee·shee ba·shuh·na ne ka·dar

包含早餐吗?
Kahvaltı dahil mi?
kah·val·tuh da·heel mee

你们有……吗?	...odanız var mı?	...o·da·nuz var muh
单人间	Tek kişilik	tek kee·shee·leek
双人间	İki kişilik	ee·kee kee·shee·leek
空调	klima	klee·ma
浴室	banyo	ban·yo
窗	pencere	pen·je·re

方位

……在哪?
... nerede?   ...ne·re·de

地址是什么?
Adresi nedir?   ad·re·see ne·deer

你能写下来吗?
Lütfen yazar mısınız?   lewt·fen ya·zar muh·suh·nuhz

你能(在地图上)指给我看吗?
Bana (haritada) Gösterebilir misiniz?
ba·na (ha·ree·ta·da) gers·te·re·bee·leer mee·seen·neez

正对面就是。
Tam karşıda.   tam kar·shuh·da

在交通灯旁边
trafi ışıklarından   tra·feek uh·shuhk·la·ruhn·dan

在拐角处	köşeden	ker·she·den
在后面	arkasında	ar·ka·suhn·da

主要句型

灵活运用下面的句型和恰当的词，你就可以在土耳其勉强应付旅途中的日常了：

(下一班公共汽车)什么时候?
(Sonraki otobüs) ne zaman?
(son·ra·kee o·to·bews) ne za·man

(市场)在哪里?
(Pazar yeri) nerede?
(pa·zar ye·ree) ne·re·de

在哪里可以(买票)?
Nereden (bilet alabilirim)?
ne·re·den (bee·let a·la·bee·lee·reem)

我有(预订)。
(Rezervasyonum) var.
(re·zer·vas·yo·noom) var

你有(地图)吗?
(Haritanız) var mı?
(ha·ree·ta·nuhz) var muh

这有(厕所)吗?
(Tuvalet) var mı?
(too·va·let) var muh

我想要(菜单)。
(Menüyü) istiyorum.
(me·new·yew) ees·tee·yo·room

我想(打个电话)。
(Bir gşme yapmak) istiyorum.
(beer gerrewsh·me yap·mak) ees·tee·yo·room

我必须要(申报这个)吗?
(Bunu beyan etmem) gerekli mi?
(boo·noo be·yan et·mem) ge·rek·lee mee

我需要(帮助)。
(Yardıma) ihtiyacım var.
(yar·duh·ma) eeh·tee·ya·juhm var

665

语言

住宿

离……很远	uzak	oo·zak
在……前面	önünde	er·newn·de
在附近	yakınında	ya·kuh·nuhn·da
在对面	karşısında	kar·shuh·suhn·da
向左转。	Sola dön.	so·la dern
向右转。	Sağa dön.	sa·a dern

餐饮

你有什么推荐？
Ne tavsiye edersiniz? — ne tav·see·ye e·der·see·neez

那道菜是用什么做的？
Bu yemekte neler var? — boo ye·mek·te ne·er var

我不吃……
... yemiyorum — ...ye·mee·yo·room

干杯
Şerefe! — she·re·fe

很好吃！
Nefi sti — ne·fees·tee

买单，谢谢。
Hesap lütfen. — he·sap lewt·fen

我想预订一张桌子……	bir masa ayırtmak istiyo rum	...beer ma·sa a·yuhrt·mak ees·tee·yo· room
在(8)点	Saat (sekiz) için	sa·at (se·keez) ee·cheen
(2)人	(İki) kişilik	(ee·kee) kee·shee·leek

关键词

开胃菜	mezeler	me·ze·ler
瓶	şiş	shee·she
碗	kas	ka·se
早餐	kahvaltı	kah·val·tuh
(太)凉的	(çok) soğuk	(chok) so·ook
杯子	fi ncan	feen·jan
熟食	şarküteri	shar·kew·te·ree
晚餐	akşam yemeği	ak·sham ye·me·ee
一道菜	yemek	ye·mek
食物	yiyecek	yee·ye·jek

餐叉	çatal	cha·tal
玻璃杯	bardak	bar·dak
杂货店	bakkal	bak·kal
清真食品	helal	he·lal
高脚椅	mama Sandalyesi	ma·ma san·dal·ye·see
热的(温的)	sıcak	suh·jak
餐刀	bıçak	buh·chak
犹太食物	koşer	ko·sher
午餐	öğle yemeği	er·le ye·me·ee
主菜	ana yemekler	a·na ye·mek·ler
市场	pazar	pa·zar
菜单	yemek listesi	ye·mek lees·te·see
盘子	tabak	ta·bak
餐馆	restoran	res·to·ran
辛辣的	acı	a·juh
汤匙	kaşık	ka·shuhk
素食主义者	vejeteryan	ve·zhe·ter·yan

肉类和鱼类

凤尾鱼	hamsi	ham·see
牛肉	sığır eti	suh·uhr e·tee
鱿鱼	kalamares	ka·la·ma·res
鸡肉	piliç/ tavuk	pee·leech ta·vook
鱼肉	balık	ba·luhk
羊肉	kuzu	koo·zoo
肝脏	ciğer	jee·er
贝	midye	meed·ye
猪肉	domuz eti	do·mooz e·tee
小牛肉	dana eti	da·na e·tee

水果和蔬菜

苹果	elma	el·ma
杏	kayısı	ka·yuh·suh
香蕉	muz	mooz
辣椒	biber	bee·ber
胡萝卜	havuc	ha·vooch
黄瓜	salatalık	sa·la·ta·luhk
水果	meyve	may·ve
葡萄	üzüm	ew·zewm
甜瓜	kavun	ka·voon
橄榄	zeytin	zay·teen
洋葱	soğan	so·an

橘子	portakal	por·ta·kal
桃子	şeftali	shef·ta·lee
土豆	patates	pa·ta·tes
菠菜	ıspanak	uhs·pa·nak
番茄	domates	do·ma·tes
西瓜	karpuz	kar·pooz

其他

面包	ekmek	ek·mek
奶酪	peynir	pay·neer
鸡蛋	yumurta	yoo·moor·ta
蜂蜜	ba	bal
冰块	buz	booz
胡椒	kara biber	ka·ra bee·ber
米饭	pirinç/	pee·reench/
	pilav	pee·lav
盐	tuz	tooz
汤	çorba	chor·ba
糖	şeker	she·ker
土耳其软糖	lokum	lo·koom

饮品

啤酒	bira	bee·ra
咖啡	kahve	kah·ve
橙汁	(portakal)	(por·ta·kal
	suyu	soo·yoo)
牛奶	süt	sewt
矿泉水	maden suyu	ma·den soo·yoo
软饮料	alkolsüz	al·kol·sewz
	içecek	ee·che·jek
茶	çay	chai
水	su	soo

标志

Açı	开放
Bay	男性
Bayan	女性
Çıkış	出口
Giriş	入口
Kapalı	关闭
Sigara İçilmez	禁止吸烟
Tuvaletler	厕所
Yasak	禁止

| 葡萄酒 | şarap | sha·rap |
| 酸奶 | yoğur | yo·oort |

紧急情况

救命!
İmdat! — eem·dat

我迷路了。
Kayboldum — kai·bol·doom

走开!
Git başımdan! — geet ba·shuhm·dan

有事故发生。
Bir kaza oldu. — beer ka·za ol·doo

我可以借用你的手机吗?
Telefonunuzu — te·le·fo·noo·noo·zoo
kullanabilir — kool·la·na·bee·leer
miyim? — mee·yeem

快叫医生!
Doktor çağırın! — dok·tor cha·uh·ruhn

快叫警察!
Polis çağırın! — po·lees cha·uh·ruhn

我生病了。
Hastayım — has·ta·yuhm

这里疼。
Burası ağrıyor — boo·ra·suh a·ruh·yor

我对(坚果)过敏。
(Çerezlere) — (che·rez·le·re)
alerjim var — a·ler·zheem var

购物和服务

我想买……
... almak istiyorum — ... al·mak ees·tee·yo·room

我只是看看。
Sadece bakıyorum. — sa·de·je ba·kuh·yo·room

我能看一下吗?
Bakabilir miyim? — ba·ka·bee·leer mee·yeem

质量不好。
Kalitesi iyi değil. — ka·lee·te·see ee·yee de·eel

这个多少钱?
Ne kadar? — ne ka·dar

太贵了。
Bu çok pahalı. — boo chok pa·ha·luh

你还有更便宜的吗?
Daha ucuz birşey — da·ha oo·jooz beer·shay

疑问词		
怎样?	Nasıl?	na·seel
什么?	Ne?	ne
什么时候?	Ne zaman?	ne za·man
在哪儿?	Nerede?	ne·re·de
哪个?	Hangi?	han·gee
谁?	Kim?	keem
为什么?	Neden?	ne·den

var mı	var muh	
账单出错了。		
Hesapta bir	he·sap·ta beer	
yanlışlık var.	yan·luhsh·luhk var	
自动柜员机	bankamatik	ban·ka·ma·teek
信用卡	kredi kartı	kre·dee kar·tuh
邮局	postane	pos·ta·ne
签名	imz	eem·za
旅游办事处	turizm bürosu	too·reezm bew·ro·soo

时间和日期

现在	Saat	sa·at
几点了?	kaç?	kach
(10)点整。	Saat (on).	sa·at (on)
(10)点半。	(On) buçuk.	(on) boo·chook
早上	öğleden evvel	er·le·den ev·vel
下午	öğleden sonra	er·le·den son·ra
晚上	akşa	ak·sham
昨天	dün	dewn
今天	bugün	boo·gewn
明天	yarı	ya·ruhn
周一	Pazartesi	pa·zar·te·see
周二	Salı	sa·luh
周三	Çarşamba	char·sham·ba
周四	Perşembe	per·shem·be
周五	Cuma	joo·ma
周六	Cumartesi	joo·mar·te·see
周日	Pazar	pa·zar

一月	Ocak	o·jak
二月	Şubat	shoo·bat
三月	Mart	mart
四月	Nisan	nee·san
五月	Mayıs	ma·yuhs
六月	Haziran	ha·zee·ran
七月	Temmuz	tem·mooz
八月	Ağustos	a·oos·tos
九月	Eylül	ay·lewl
十月	Ekim	e·keem
十一月	Kasım	ka·suhm
十二月	Aralık	a·ra·luhk

交通

公共交通

这辆…… 几点到达/离开?	ne zaman kalkacak/ varır?	...ne za·man kal·ka·jak/ va·ruhr
船	Vapur	va·poor
公共汽车	Otobüs	o·to·bews
飞机	Uçak	oo·chak
火车	Tren	tren

它在(Maltepe)停靠吗?
(Maltepe'de) (mal·te·pe·de)
durur mu? doo·roor moo

下一站是哪里?
Sonraki durak son·ra·kee doo·rak
hangisi? han·gee·see

请告诉我何时到达(贝西克塔什)。
(Beşiktaş'a) (be·sheek·ta·sha)
Vardığımızda var·duh·uh·muhz·da
lütfen bana lewt·fen ba·na
söyleyin. say·le·yeen

我想在(卡德廓伊)下车。
(Kadıköy' (ka·duh·kay·
de) inmek de) een·mek
istiyorum. ees·tee·yo·room

我想要……	(Bostan- cı'ya)	(bos·tan- juh·ya)
一张去 (Bostancı)	... bir billet	...beer bee·let

的票	lütfen.	lewt·fen
头等的	Birinci	bee·reen·jee
	Mevki	mev·kee
二等的	Ikinci	ee·keen·jee
	mevki	mev·kee
单程票	Gidiş	gee·deesh
返程票的	Gidiş-dönüş	gee·deesh·der·newsh
第一个	ilk	eelk
最后一个	son	son
下一个	geleçek	ge·le·jek
我想要	bir yer ...	beer yer
一个……	isti	ees·tee·
的座位	yorum.	yo·room
过道	Koridor	ko·ree·dor
	tarafında	ta·ra·fuhn·da
窗户	Cam kenarı	jam ke·na·ruh
取消了	iptal	eep·tal
	Edildi	e·deel·dee
推迟了	ertelendi	er·te·len·dee

数字

1	bir	beer
2	iki	ee·kee
3	ü	ewch
4	d	dert
5	beş	besh
6	altı	al·tuh
7	yedi	ye·dee
8	sekiz	se·keez
9	dokuz	do·kooz
10	on	on
20	yirmi	yeer·mee
30	otuz	o·tooz
40	k1rk	kuhrk
50	elli	el·lee
60	altm1ş	alt·muhsh
70	yetmiş	et·meesh
80	seksen	sek·sen
90	doksan	dok·san
100	yüz	yewz
1000	bin	been

站台	peron	pe·ron
售票处	bilet	bee·let
	gişesi	gee·she·see
时间表	tarife	ta·ree·fe
火车站	istasyon	ees·tas·yon

自驾和骑行

我想	Bir ...	beer ...
租一辆……	kiralamak	kee·ra·la·mak
	istiyorum.	ees·tee·yo·room
四驱车	dört çeker	dert che·ker
自行车	bisiklet	bee·seek·let
小汽车	araba	a·ra·ba
摩托车	motosiklet	mo·to·seek·let
自行车	bisik·	bee·seek·
自商店	letçi	let·chee
儿童座椅	çocuk	cho·jook
	Koltuğu	kol·too·oo
柴油机	dizel	dee·zel
头盔	kask	kask
机械	araba	a·ra·ba
	tamircisi	ta·meer·jee·see
汽油	benzin	ben·zeen
服务站	benzin	ben·zeen
	istasyonu	ees·tas·yo·noo

这条路通往（塔克西姆）吗？
(Taksim' e) (tak·see·me)
giden gee·den
yol bu mu? yol boo moo

我能在这停车（多久）吗？
Buraya (ne kadar boo·ra·ya (ne ka·dar
süre) park sew·re) park
edebilirim? e·de·bee·lee·reem

这辆汽车/摩托车在（Osmanbey）坏了。
Arabam/ a·ra·bam/
Motosikletim mo·to·seek·le·teem
(Osmanbey'de) (os·man·bay·de)
Bozuldu. bo·zool·doo

我的轮胎瘪了。
Lastiğim patladı. las·tee·eem pat·la·duh

我的车没有油了。
Benzinim bitti. ben·zee·neem beet·tee

术语表

acropolis——建在山顶的古典的希腊卫城

ada(sı)——岛屿

agora——希腊罗马式城市内用于贸易和政治活动的露天场所

Anatolia——安纳托利亚，土耳其在亚洲的部分；也被称为小亚细亚

arabesk——土耳其具有阿拉伯风格的音乐

arasta——清真寺附近的一排商店，其租金用来供养清真寺

Asia Minor——小亚细亚，见词条"Anatolia"

bahçe(si)——花园

bedesten——封顶的、防火的市场，储存、售卖较贵重的货物

belediye(sarayı)——市议会、市政厅

bey——对男子的尊称，用在名字后

bilet——票券

bouleuterion——希腊式城市内的议事室、会议室

bulvar(ı)——林荫大道；常简写为"bul"

cadde(si)——街道；常简写为"cad"

cami(i)——清真寺

caravanserai——为商队提供的大型商旅客栈

çarşı(sı)——市场、集市；有时指镇中心

çay bahçesi——茶园

çayı——溪流

çeşme——泉水、喷泉

Cilician Gates——西里西亚门，土耳其南部托罗斯山中一个重要的山口

dağ(ı)——山脉

deniz——海洋

dervish——托钵僧

dolmu——合乘出租车；可以是迷你公共汽车或者轿车

döviz(bürosu)——货币兑换(处)

emir——土耳其的部落首领

eski——古老的（指物，不指人）

ev pansiyonu——私人家庭旅馆

eyvan——神学院或清真寺里有拱顶的大厅；阳台

fasıl——奥斯曼时期的古典音乐，一般由吉卜赛人演奏

GAP——安纳托利亚东南部开发计划，一个大型的发展水力发电和灌溉计划

geçit, geçidi——山坳通道

gişe——售票亭

göl(ü)——湖泊

gület——土耳其传统木帆船

hamam(ı)——公共浴室

han(ı)——见词条caravanserai

hanım——对女子的敬称

haremlik——女屋，家庭或女子居住的地方；也可参见词条selamlık

heykel——雕塑

hisar(ı)——建筑要塞或城堡

Hittites——赫梯人，公元前2000年左右居住在安纳托利亚的居民

hükümet konağı——政府大楼、省政府

imam——阿訇，穆斯林呼祷者

imaret(i)——专门面向穷人的施粥场，一般属于修道院

indirim——折扣

iskele(si)——码头

jeton——交通工具代币

kale(si)——要塞或城堡

kapı(sı)——门、大门

kaplıca——温泉或浴室

Karagöz——木偶皮影戏剧院

kaya——洞穴

KDV——增值税

kebapçı——烤肉店

kervansaray(ı)——土耳其语"商队驿站"

kilim——基里姆地毯，一种平织地毯

kilise(si)——教堂

köfte——肉丸

köfteci——制作或出售肉丸的人或店

konak, konağı——官邸、宅邸

köprü(sü)——桥

köşk(ü)——亭台、别墅

köy(ü)——村庄

kule(si)——塔

külliye(si)——包括神学院、医院和施舍处的清真寺

kümbet——拱形、圆顶；圆顶坟墓

liman(ı)——海港

lokanta——餐厅、快餐店

mağara(sı)——洞穴
mahalle(si)——社区
medrese(si)——伊斯兰神学院,或是隶属清真寺的学校
mescit, mescidi——祈祷室、小型清真寺
Mevlâna——也被称为鲁米(Celaleddin Rumi, 1207~1273年),伟大的神秘主义者和诗人,梅夫拉维旋转托钵僧舞的创始人
meydan(ı)——公共广场
meyhane——酒馆
mihrab——清真寺里放置的壁龛,指向麦加所在的方向
milli parkı——国家公园
mimber——清真寺的讲道台
minare(si)——宣礼塔,用来召唤穆斯林祈祷
müze(si)——博物馆

nargile——传统的水烟筒、水烟袋
necropolis——大墓地、公墓
oda(sı)——房间
otobüs——公共汽车
otogar——长途汽车站
Ottoman——奥斯曼的,或与奥斯曼帝国有关的,该帝国从13世纪末持续到"一战"结束

pansiyon——膳宿公寓、家庭旅馆
paşa——将军、总督
pastane——糕点店;另见pastahane
pazar(ı)——每周一次的集市、市场
peribacalar——仙人烟囱岩
pideci——制作或出售土耳其比萨(pide)的人或店
plaj——沙滩
PTT——邮局

Ramazan——斋月

saat kulesi——钟塔、钟楼
şadırvan——穆斯林进行洗礼仪式的泉水
saray(ı)——宫殿
sedir——土耳其人家里可以合并为床的长椅
şehir——城市
şehir merkezi——市中心
selamlık——男屋,公共场所或男性居住场所;另见haremlik
Seljuk——塞尔柱土耳其人的;11世纪至13世纪统治安纳托利亚的第一个土耳其国家
sema——托钵僧的旋转舞仪式

semahane——托钵僧举行旋转舞仪式的礼堂
servis——来往于汽车站间的迷你巴士,班车
sinema——电影院
sokak, sokağı——街道、小巷;常简写为"sk"
Sufi——苏非主义,穆斯林神秘主义流派

TCDD——土耳其国家铁路总局
tekke(si)——托钵僧的居所
tersane——船坞
Thrace 色雷斯,土耳其的欧洲部分
tramvay——有轨电车
TRT——土耳其广播公司
tuff, tufa——凝灰岩、石灰华
türbe(si)——陵墓

valide sultan——在位苏丹的母亲
vilayet, valilik, valiliği——省级行政中心

yalı——靠水而建的豪宅
yayla——高原牧场
yeni——新的
yol(u)——道路、公路

幕后

说出你的想法

我们很重视旅行者的反馈——你的评价将鼓励我们前行,把书做得更好。我们同样热爱旅行的团队会认真阅读你的来信,无论是表扬还是批评都非常欢迎。虽然很难——回复,但我们保证将你的反馈信息及时交到相关作者手中,使下一版更完美。我们也会在下一版特别鸣谢来信读者。

请把你的想法发送到**china@lonelyplanet.com.au**,谢谢!

请注意:我们可能会将你的意见编辑、复制并整合到Lonely Planet的系列产品中,例如旅行指南、网站和数字产品。如果不希望书中出现自己的意见或不希望提及你的名字,请提前告知。请访问lonelyplanet.com/privacy了解我们的隐私政策。

声明

气候图表数据引用自Peel MC, Finlayson BL & McMahon TA(2007)'Updated World Map of the Köppen-Geiger Climate Classification', *Hydrology and Earth System Sciences*, 11, 1633-44。

第58~59页、第60~61页和第236~237页3D导览图由Javier Zarracina绘制。

封面图片:土耳其红茶,Luca Da Ros/4Corners©。

本书部分地图由中国地图出版社提供,其他为原书地图,审图号GS(2019)1057号。

关于本书

这是Lonely Planet *Turkey* 的第15版,本书的作者为詹姆斯·班布里奇、布雷特·阿特金森、史蒂夫·法隆、杰西卡·李、维吉尼亚·马克斯威尔、休·迈克诺坦和约翰·诺贝尔。上一版由詹姆斯·班布里奇、布雷特·阿特金森、斯图尔特·巴特勒、史蒂夫·法隆、威尔·古尔利、杰西卡·李和维吉尼亚·马克斯威尔共同调研并撰写。

本书为中文第五版,由以下人员制作完成:

项目负责	关媛媛
项目执行	丁立松
翻译统筹	肖斌斌
翻译	传思翻译 陈磊
内容策划	章舒娅 王靖 寇杰沐昀(本土化内容)
视觉设计	李小棠 庹桢珍
协调调度	沈竹颖
责任编辑	李偲涵
编辑	戴舒 朱思旸
地图编辑	马珊
制图	田越
流程	孙经纬
终审	杨帆
排版	北京梧桐影电脑科技有限公司

感谢李菲、张琳洁、刘霜、寇家欢、洪良、武媛媛、黄静仪对本书的帮助。

索引

A

Abana 阿邦纳 538
Adamkayalar 阿达姆卡亚拉尔 429
Adana 阿达纳 432~435, **433**
Afrodisias 阿佛洛迪西亚斯 245, 343~345, **343**, **244**
Akkum 阿库姆 229
Aksaray 阿克萨赖 528~529
Akyaka 阿克亚卡 313~315
Ala Dağlar National Park 阿拉山国家公园 524~525
Alacahöyük 阿拉加霍裕克 466~467
Alaçatı 阿拉恰特 225~228
Alahan Monastery 阿拉汗修道院 427, **248**
Alanya 阿拉尼亚 417~421, **418**, **4**
Alibey Island 阿里贝伊岛 197~198, **240~241**
Altıparmak 阿尔特帕马克 572~573
Amasra 阿玛斯拉 536~537
Amasya 阿马西亚 468~472, **469**
Anamur 阿纳穆尔 422~424
Anatolia 安纳托利亚 299~352, 442~486, 557~594
Anazarbus 阿纳扎布斯 436~437
Anemurium Ancient City 阿奈姆里乌姆古城 422~423, 249, **249**

000 地图页码
000 图片页码

Ani 阿尼 14, 253, 581~586, **584**, **15**, **252~253**
Ankara 安卡拉 444~456, **445**, **448**, **451**, **453**
Antakya 安塔基亚 437~441, **438**
Antalya 安塔利亚 397~408, **398**, **400**
Arasta Bazaar 阿拉斯塔巴扎 63
Ardanuç 阿尔达努斯 576
Arykanda 阿惹康达 395
Assos 阿索斯 187~190
Avanos 阿瓦诺斯 505~508
Aya Sofya 圣索菲亚大教堂 12, 72~75, **73**, **12**
Aya Sofya Tombs 圣索菲亚墓群 75
Ayancık 阿杨哲克 538
Ayder 阿迪尔 569~570
Aydıncık 阿伊丁塞克 179~180
Aydınlık Köyü 阿德勒克村 275
Ayvacık 艾瓦哲克 190~191
Ayvalı 艾瓦勒 520~521
Ayvalık 艾瓦勒克 192~197, **193**

B

Babakale 巴巴卡莱 189
Barhal (Altıparmak) 伯赫尔 (阿尔特帕马克) 572~573
Bay of Edremit 埃德雷米特湾 191~192
Behramkale 贝赫拉姆卡莱 187~190
Bergama 贝尔加马 198~204, 241, **199**, **202**, **240**
Bergama Acropolis 贝尔加马卫城 200~201
Beyoğlu 贝伊奥卢 97~103, **98~99**
Bezirgan 贝齐尔干 384~385
Biga Peninsula 比阿半岛 189
Bitez 比特兹 295~296
Black Sea Coast 黑海海岸 534~556, **535**
Blue Mosque 蓝色清真寺 80~81
Bodrum 博德鲁姆 285~295, **286**
Bodrum Castle 博德鲁姆城堡 287~289
Bodrum Peninsula 博德鲁姆半岛 283~303, **285**
Boğazkale 博阿兹卡莱 462~464, **463**
Bosphorus 博斯普鲁斯海峡 10, 630, **10**
Bosphorus Ferry Tour 博斯普鲁斯海峡渡轮观光 104~109
Bozburun 博兹布伦 312~313
Bozburun Peninsula 博兹布伦半岛 19, 307~313
Bozcaada 博兹贾阿达 184~187, **185**, **240**
Bozcaada Wine Festival 博兹贾阿达葡萄酒节 186
Bursa 布尔萨 320~332, **322~323**, **328**
Butterfly Valley 蝴蝶谷 373~374
Büyükada 比于卡达岛 148~149

C

Çakraz 恰克拉斯 538
Çamlıhemşin 恰穆里海姆辛 567~568

Çanakkale 恰纳克卡莱 170~175, **172**
Çandarlı 钱达尔勒 204~205
Cape Helles British Memorial 赫勒斯角不列颠纪念碑 166, **239**
Cappadocia 卡帕多基亚 10, 487~533, **11**
Carian Trail 卡里亚之路 282
Çatalhöyük 恰塔霍裕克 485~486
Çatalzeytin 恰塔泽伊庭 538
Çavuşin 恰乌辛 503~504
Çeşme 切什梅 222~225, **223**
Ceylan, Nuri Bilge 努里·比格·锡兰 622
Chimaera 火龙奇美拉 395
Cide 吉代 538
Çıralı 西拉里 393, 395~397
Çorum 乔鲁姆 467~468
Cunda 仲达 197~198, **240**

D

Dalaman 达拉曼 360~361
Dalyan 达利扬 355~360, **358**
Datça 达特恰 308~310
Datça Peninsula 达特恰半岛 19, 307~313
Demre 代姆雷 392~393
dervishes 托钵僧 19, 133, 478, 482, 508, **19**
Devrent Valley 戴夫兰特峡谷 505
Didyma 迪迪马 243, 280~281, **242**
Dilek Peninsula 迪莱克半岛 275
Divriği 迪夫里伊 473
Doğanyurt 多安尤特 538
Doğubayazıt 多乌巴亚泽特 586~589, **587**
Dolmabahçe Palace 多玛巴赫切宫 102
Dörtkilise 四教堂 253, 572

000 地图页码
000 图片页码

E

Eceabat 埃杰阿巴德 169~170
Edirne 埃迪尔内 151~159, **152**
Edremit 埃德雷米特 191~192
Eğirdir 埃里迪尔 345~350, **348**
Ephesus 以弗所 12, 24, 232~237 254~260, 243, 615, **234**, **13**, **243**
Ephesus Museum 以弗所博物馆 260
Erciyes Dağı 埃尔吉亚斯山 533
Erzurum 埃尔祖鲁姆 560~564, **561**
Erzurum Eski Bademli 埃尔祖鲁姆老巴德姆利 179
Eski Datça 老达特恰 310~311
Eski Foça 老福恰 205~207
Eskişehir 埃斯基谢希尔 333~336

F

Faralya 法拉раё 373~374
Fethiye 费特希耶 362~369, **364~365**
Fırtına Valley 费尔蒂纳山谷 568~569

G

Galata Tower 加拉塔塔 103
Gallipoli Historical National Park 加里波利国家历史公园 162
Gallipoli Peninsula 加里波利半岛 16, 160~169, 239, **161**, **163**, **16**, **238~239**
Georgian Valleys 格鲁吉亚山谷 573~577, **574**
Geyikli 盖伊克利 189
Gideros 基德罗斯 538
Göcek 戈西克 361~362
Gökçeada 格克切岛 177~181, **178**
Gökyurt 格克育尔特 486
Göltürkbükü 古托克布库 300~302
Gordion 戈尔迪翁 456~457
Göreme 格雷梅 490~501, **492**

Grand Bazaar 大巴扎 17, 88~89, 63, **136~137**
Great Palace of Byzantium 拜占庭大皇宫 66
Gülpınar 居尔珀纳尔 189
Gülşehir 古玉谢希尔 509
Gümüşlük 古姆斯鲁克 297~299
Gündoğan 古恩多干 300
Güzelyurt 古泽尔育尔特 527~528

H

Hacıbektaş 哈吉贝克塔什 509~511
Hatay 哈塔伊 437~441, **438**
Hattuşa 哈图沙什 462, 464~465, **463**
Hevek 海威克 573
Heybeliada 海贝利阿达 148
Hierapolis 希耶拉波利斯 339~340, **339**
Hopa 霍帕 555~556

I

İçel 伊切尔 429~430
İçmeler Köyü 伊斯梅勒小峡谷 275
Ihlara Valley 厄赫拉热峡谷 525~527, **526**
İnebolu 伊内博卢 538
İslamlar 伊斯兰穆伊尔 384
İstanbul 伊斯坦布尔 64~149, **65**, **68~69**, **74**, **76~77**, **90~91**, **98~99**, **136~137**
İstanbul Archaeology Museums 伊斯坦布尔考古博物馆 86~87
İstanbulkart 伊斯坦布尔卡 143
İzmir 伊兹密尔 207~220, **208**
İznik 伊兹尼克 318~320, **319**

K

Kabak 卡巴克 374~375
Kaçkar Mountains (Kaçkar Dağları) 卡奇卡尔山 564~573, **564~565**

Kadıköy 卡德廓伊 103~104
Kaleköy (Gökçeada) 卡莱克伊（格克切岛）178
Kaleköy (western Mediterranean) 卡莱克伊（地中海西部）391~392
Kalkan 卡尔坎 380~384, 381
Kapısuyu 卡坡苏玉 538
Kaplan 卡普兰 265
Kariye Museum (Chora Church) 卡里耶博物馆（科拉教堂）94
Kars 卡尔斯 577~581, **580**
Kaş 卡什 385~390, **386~387**
Kavaklı Burun Köyü 卡瓦科里布伦村 275
Kayaköy 卡亚寇伊 369~371
Kayseri 开塞利 529~533, **530**
Kekova 凯考瓦 14, 390~391, 392, **14**
Kemal, Yaşar 亚沙尔·凯末尔 620
Kızkalesi 吉斯克莱西 427~428
Knidos 尼多斯 243, 310, **19**, **242~243**
Konya 科尼亚 478~485, **480~481**
Kozan 科赞 435~436
Kuşadası 库沙达斯 269~276, **270**

L

Lake Bafa 巴法湖 281~282
Laodicea 劳迪亚亚 245, 344, **244**
Letoön 莱顿 377
Lycian Way 利西亚之路 13, 363, 371, 377, **13**

M

Manisa 马尼萨 220~222
Marmara 马尔马拉 150~181, **151**
Marmaris 马马里斯 303~307, **304**
Merkez 梅尔克兹 178~180
Mersin 梅尔辛 429~430

Milas 米拉斯 282~283
Miletus 米利都 243, 278~280, **279**, **243**
Mudanya 穆当亚 332~333
Mustafapaşa 穆斯塔法帕夏 519~520

N

Narlıkuyu 纳里库伊 428~429
Nemrut Dağı 内姆鲁特山 18, 255, 590~594, **591**, **18**, **252**
Nevşehir 内夫谢希尔 508~509
Niğde 尼代 522~524

O

Olba Plateau 欧尔巴高原 426
Olgunlar 欧尔干拉尔 573
Oltu 欧尔图 576~577
Ölüdeniz 死海 371~373
Olympos 奥林帕斯 393~395
Ordu 奥尔杜 545~546
Ortahisar 奥塔希萨 511~513
Ortakent 奥塔肯特 296~297
Öşkvank 奥斯克范克 575~576
Özkonak Underground City 奥兹库纳克地下城 508

P

Pamukkale 帕穆克卡莱（棉花堡）18, 337~343, **338**, **18**
Paşabağı 帕夏贝 504
Patara 帕塔拉 377~380
Penek 佩内克 576~577
Perşembe 佩尔申贝 545
Phaselis 法赛利斯 402
Phrygia 弗里吉亚 456
Pınara 普那拉 376
Priene 普里埃内 277~278, 243, **277**, **242**
Princes' Islands 王子群岛 145~148

R

Rize 里泽 554~555

Roxelana 罗克塞拉娜 607

S

Safranbolu 萨夫兰博卢（番红花城）19, 457~462, **458**, **19**
Sagalassos 萨迦拉索斯 245, 350~352, **245**
Saklıkent Gorge 萨克利肯特峡谷 375~376
Samsun 萨姆松 542~543
Sancaklar Camii 圣卡克拉尔清真寺 158
Sarayiçi 萨拉伊斯 155~156
Sardis 萨迪斯 221
Şavşat 萨福赛特 576
Selçuk 塞尔柱 260~268, **262**
Selge 塞尔盖 410~411
Selimiye 塞利米耶 311~312
Side 西戴 411~414, **412**
Silifke 锡利夫凯 425~426
Sille 希莱 485
Sinop 锡诺普 538~542, **539**
Şirince 斯利因斯 268~269
Sivas 锡瓦斯 475~478, **477**
Sığacık 瑟阿哲克 228~229
Soğanlı 索安利 521~522
Süleymaniye Mosque 苏莱曼清真寺 89~92
Sultan Marshes 苏丹沼泽 525
Sumela Monastery 苏美拉修道院 17, 552~554, 253, **17**, **253**

T

Tarsus 塔尔索 431~432
Taşucu 塔舒朱 424~425
Tekirdağ 泰克尔达 159~160
Tekkale 特克城堡 572
Temple of Athena Polias 雅典娜波利亚斯神庙 188, **262**
Teos 提欧斯 229
Tepeköy 泰派廓伊 180~181
Thrace 色雷斯 150~181, **151**
Three Graces Fairy Chimneys 美惠三女神仙人烟囱岩 513
Tire 泰尔 265

索引 T-Z

Tlos 特洛斯 375
Tokat 托卡特 472~475
Topkapı Palace 托普卡帕宫 82~86, **82, 84**
Torba 托尔巴 302
Tortum Gölü 托尔图姆 575
Tortum Şelalesi 托尔图姆瀑布 575
Trabzon 特拉布宗 546~552, **548~549**
Troy 特洛伊 175~177, **176**
Turgutreis 图尔古特雷伊斯 297
Turquoise Coast 蓝绿海岸 353~414, **324**

U

Üçağız 于恰鄂兹 390~391
Uçhisar 乌奇希萨尔 501~503
Uludağ 乌鲁达山 331
Ünye 温耶 543~545
Ürgüp 于尔古玉普 513~519, **514~515**
Üsküdar 于斯屈达尔 88

X

Xanthos 桑索斯 376~377

Y

Yalıkavak 亚勒卡瓦克 299
Yason Burnu 亚森布尔努 545
Yaylalar (Hevek) 亚拉拉尔（海威克）573
Yazılıkaya 雅兹勒卡亚 465~466
Yılankale 伊兰城堡 249, 435
Yukarı Kaleköy 上卡莱克伊 179
Yusufeli 优素费利 570~572

Z

Zelve 济尔维 505
Zeytinli 塞汀利 180~181

000 地图页码
000 图片页码

地图图例

景点
- 海滩
- 鸟类保护区
- 佛教场所
- 城堡
- 基督教场所
- 孔庙
- 印度教场所
- 伊斯兰教场所
- 耆那教场所
- 犹太教场所
- 温泉
- 神道教场所
- 锡克教场所
- 道教场所
- 纪念碑
- 博物馆/美术馆/历史建筑
- 历史遗址
- 酒庄/葡萄园
- 动物园
- 其他景点

活动、课程和团队游
- 人体冲浪
- 潜水/浮潜
- 潜水
- 皮划艇
- 滑雪
- 冲浪
- 游泳/游泳池
- 徒步
- 帆板
- 其他活动

住宿
- 住宿场所
- 露营地

就餐
- 餐馆

饮品
- 酒吧
- 咖啡馆

娱乐
- 娱乐场所

购物
- 购物场所

实用信息
- 银行
- 使领馆
- 医院/医疗机构
- 网吧
- 警察局
- 邮局
- 电话
- 公厕
- 旅游信息
- 其他信息

地理
- 棚屋/栖身所
- 灯塔
- 瞭望台
- 山峰/火山
- 绿洲
- 公园
- 关隘
- 野餐区
- 瀑布

人口
- 首都、首府
- 一级行政中心
- 城市/大型城镇
- 镇/村

交通
- 机场
- 过境处
- 公共汽车
- 缆车/索道
- 自行车路线
- 轮渡
- 地铁
- 单轨铁路
- 停车场
- 加油站
- 出租车
- 铁路/火车站
- 有轨电车
- 其他交通方式

路线
- 收费公路
- 高速公路
- 一级公路
- 二级公路
- 三级公路
- 小路
- 未封闭道路
- 广场
- 台阶
- 隧道
- 步行天桥
- 步行游览路
- 步行游览支路
- 小路

境界
- 国界
- 一级政区界
- 未定国界
- 地区界
- 军事分界线
- 海洋公园
- 悬崖
- 墙

水文
- 河流、小溪
- 间歇河
- 沼泽/红树林
- 暗礁
- 运河
- 水域
- 干/盐/间歇湖
- 冰川
- 珊瑚礁

地区特征
- 海滩/沙漠
- 基督教墓地
- 其他墓地
- 公园/森林
- 运动场
- 一般景点(建筑物)
- 重要景点(建筑物)

注:并非所有图例都在此显示。

我们的故事

一辆破旧的老汽车,一点点钱,一份冒险的感觉——1972年,当托尼(Tony Wheeler)和莫琳(Maureen Wheeler)夫妇踏上那趟决定他们人生的旅程时,这就是全部的行头。他们穿越欧亚大陆,历时数月到达澳大利亚。旅途结束时,风尘仆仆的两人灵机一闪,在厨房的餐桌上制作完成了他们的第一本旅行指南——《便宜走亚洲》(Across Asia on the Cheap)。仅仅一周时间,销量就达到了1500本。Lonely Planet 从此诞生。

现在,Lonely Planet在都柏林、富兰克林、伦敦、墨尔本、奥克兰、北京和德里都设有公司,有超过600名员工和作者。在中国,Lonely Planet被称为"孤独星球"。我们恪守托尼的信条:"一本好的旅行指南应该做好三件事:有用、有意义和有趣。"

我们的作者

詹姆斯·班布里奇(James Bainbridge)

统筹作者;伊斯坦布尔(苏丹艾哈迈德及周边,西区,贝西克塔什、奥塔廓伊和尼尚塔什),安塔利亚和蓝绿海岸 詹姆斯是一位英国作家,常年居住在南非的开普敦,他在那里为世界各地的出版物撰稿。他参加Lonely Planet项目已有超过十年的历史,统筹编写了五版《土耳其》,并撰写了第一版的Discover Turkey。他非常高兴返回伊斯坦布尔,他曾在那里生活,并上过土耳其语课,此外他也去了地中海地区,之前他在为Lonely Planet Traveller杂志调研时曾途经当地。詹姆斯还为本版的"计划你的行程""今日土耳其""历史"和"生存指南"章节贡献了绝大部分内容。

若想了解詹姆斯的更多信息,请登录https://auth.lonelyplanet.com/profiles/james_bains。

布雷特·阿特金森(Brett Atkinson)

色雷斯和马尔马拉,安纳托利亚西部 土耳其是布雷特最喜欢的国家之一。他第一次来到这里是在1985年,从此之后便成了这里的常客。这是他第五次Lonely Planet土耳其之旅,沿途探索了布尔萨和埃迪尔内宏伟的奥斯曼建筑,加里波利半岛上澳新军团的悲壮历史,还到访了其他令人惊艳的目的地,比如闲散的格切克岛和大都会埃斯基谢希尔。布雷特是一位美食和旅行作家,他参与撰写的Lonely Planet指南覆盖了欧洲、亚洲和太平洋地区,跨越50多个国家。可登录www.brett-atkinson.net了解他最近的目的地。

史蒂夫·法隆(Steve Fallon)

以弗所,博德鲁姆和爱琴海北部 史蒂夫在地中海地区的卡尔坎蓝绿海岸有自己的房子,他视土耳其为自己的第二故乡。但本书的任务却让他去了其他地方——爱琴海南部海岸,他在以弗所探究历史,加入了一个赛舟会离开博德鲁姆海岸,并再次感受了达特恰和博兹布伦半岛之美。好吧……"Türkçe'yi hala mağara adamı gibi konuşuyor(他说起土耳其语来活像穴居人)",但没有土耳其人会叫他"泰山",至少现在还没有。可登录www.steveslondon.com了解史蒂夫的动态。

杰西卡·李（Jessica Lee）

安卡帕和安纳托利亚中部，卡帕多基亚 杰西卡在土耳其做了四年的探险导游之后，2011年搬到这里居住，从那以后土耳其就成了她的家。这是她参与编写的第三版《土耳其》指南，为了这一版，她重新返回安纳托利亚中部地区古老的奥斯曼时代小街，并穿上徒步鞋跋涉前往阿拉山。她还参与了"户外"章节，并为"了解土耳其"部分撰写了"建筑""艺术""民族"和"环境"。若想了解杰西卡的更多信息，请登录lonelyplanet.com/members/jessicalee1。

维吉尼亚·马克斯威尔（Virginia Maxwell）

伊斯坦布尔（巴扎区，贝伊奥卢，卡德廓伊和渡轮之旅），伊兹密尔和爱琴海北部 虽然维吉尼亚主要生活在澳大利亚，但每年都会在土耳其待一段时间。她还参与编写了《伊斯坦布尔》的城市指南以及口袋指南。

休·迈克诺坦（Hugh McNaughtan）

黑海海岸，地中海东部 休原本是一位英语讲师，但他将补助金申请换成了签证申请，并将对旅游的热爱变成了全职工作。他在家乡（墨尔本）做过一些餐厅评价的工作，之后便抓住机会一路吃到了黑海海岸和地中海东部。他最快乐的时光莫过于同两个女儿一起在路上，要说什么更吸引他的注意力，那大概就是板球了。

约翰·诺贝尔（John Noble）

安纳托利亚东部 约翰从少年时代就开始旅行，从20世纪80年代起开始成为Lonely Planet的作者。他参与编写或统筹的Lonely Planet指南数量已经超过三位数，涵盖了全球许多国家，主要是西班牙、俄罗斯或英语国家（一般还有大量的当地语言）。如今，每当开发不熟悉的旅程，探索不同的人和目的地，尤其是远离游人的偏远地区时，他还是会如以往一样兴奋。他尤其热爱山地，从英国湖区到喜马拉雅。可到Instagram他的账号@johnnoble11查看他拍摄的照片。

土耳其

中文第五版

书名原文：*Turkey*（15th edition, Feb 2017）
© Lonely Planet 2019
本中文版由中国地图出版社出版

© 书中图片由图片提供者持有版权，2019

版权所有。未经出版方许可，不得擅自以任何方式，如电子、机械、录制等手段复制，在检索系统中储存或传播本书中的任何章节，除非出于评论目的的简短摘录，也不得擅自将本书用于商业目的。

图书在版编目（CIP）数据

土耳其 / 澳大利亚 Lonely Planet 公司编；传思翻译，陈磊译. -- 3 版. -- 北京：中国地图出版社，2019.4（2019.11 重印）
书名原文：Turkey
ISBN 978-7-5204-1039-7

Ⅰ.①土… Ⅱ.①澳…②传…③陈… Ⅲ.①旅游指南 – 土耳其 Ⅳ.① K937.49

中国版本图书馆 CIP 数据核字（2019）第 042386 号

出版发行	中国地图出版社
社　　址	北京市白纸坊西街 3 号
邮政编码	100054
网　　址	www.sinomaps.com
印　　刷	北京华联印刷有限公司
经　　销	新华书店
成品规格	197mm×128mm
印　　张	21.75
字　　数	1156 千字
版　　次	2019 年 4 月第 3 版
印　　次	2019 年 11 月北京第 9 次印刷
定　　价	118.00 元
书　　号	ISBN 978-7-5204-1039-7
审图号	GS（2019）1057 号
图　字	01-2013-3109

如有印装质量问题，请与我社发行部（010-83543956）联系

虽然本书作者、信息提供者以及出版者在写作和出版过程中全力保证本书质量，但是作者、信息提供者以及出版者不能完全对本书内容之准确性、完整性做任何明示或暗示之声明或保证，并只在法律规定范围内承担责任。

Lonely Planet 与其标志系 Lonely Planet 之商标，已在美国专利商标局和其他国家进行登记。不允许如零售商、餐厅或酒店等商业机构使用 Lonely Planet 之名称或商标。如有发现，急请告知：lonelyplanet.com/ip。